U0907149

中国信息化年鉴
2014

工业和信息化部　主管

《中国信息化年鉴》编委会　编

電子工業出版社

Publishing House of Electronics Industry

北京·BEIJING

图书在版编目（CIP）数据

中国信息化年鉴．2014 /《中国信息化年鉴》编委会编．—北京：电子工业出版社，2015.10
ISBN 978-7-121-27300-1

Ⅰ．①中… Ⅱ．①中… Ⅲ．①信息工作－中国－2014－年鉴 Ⅳ．①G203-54

中国版本图书馆 CIP 数据核字（2015）第 231494 号

主　　办：中国通信工业协会
协　　办：海尔集团
　　　　　北京宁远图志文化交流中心
责任编辑：李　敏
特约编辑：王　纲
印　　刷：涿州市京南印刷厂
装　　订：涿州市京南印刷厂
出版发行：电子工业出版社
　　　　　北京市海淀区万寿路 173 信箱　邮编 100036
开　　本：880×1 230　1/16　印　张：34　字　数：1168 千字　彩　插：46
版　　次：2015 年 10 月第 1 版
印　　次：2015 年 10 月第 1 次印刷
定　　价：480.00 元

凡所购买电子工业出版社图书有缺损问题，请向购买书店调换。若书店售缺，请与本社发行部联系，联系及邮购电话：（010）88254888。

质量投诉请发邮件至 zlts@phei.com.cn，盗版侵权举报请发邮件至 dbqq@phei.com.cn。

服务热线：（010）88258888。

《中国信息化年鉴》编委会

安徽省经济和信息化委员会　副主任　王灯明
福建省发展和改革委员会　副主任　吴亮碧
甘肃省工业和信息化委员会　副主任　王海峰
广西壮族自治区工业和信息化委员会　巡视员、副主任　兰红星
黑龙江省工业和信息化委员会　副主任　刘爱丽
湖北省经济和信息化委员会　副主任　卜江戎
湖南省经济和信息化委员会　副主任　李　球
江苏省经济和信息化委员会　副主任　胡学同
江西省工业和信息化委员会　副主任　王亦斌
宁夏回族自治区经济和信息化委员会　副主任　张宏年
青海省经济和信息化委员会　副主任　张洪溢
山西省经济和信息化委员会　副主任　朱　鹏
四川省经济和信息化委员会　副主任　李建疆
新疆维吾尔自治区经济和信息化委员会　副主任　苏国平
新疆生产建设兵团工业和信息化委员会　副主任　姜玉波
浙江省经济和信息化委员会　副主任　吴君青
河南省工业和信息化厅　副厅长　孟西林
吉林省工业和信息化厅　副厅长　孙大维
陕西省工业和信息化厅　副厅长　蔡苏昌
内蒙古自治区经济和信息化委员会　巡视员　兰　惠
河北省工业和信息化厅　副巡视员　宋进珠
山东省经济和信息化委员会　副巡视员　张忠军
海南省工业和信息化厅　总工程师　董学耕
广东省经济和信息化委员会　处长　肖良颜
南京市经济和信息化委员会　副主任　郑加强
宁波市经济和信息化委员会　副主任　杜永华
西安市工业和信息化委员会　副主任　赵　平
沈阳市经济和信息化委员会　副主任　葛　苏
济南市经济和信息化委员会　副主任　赵炳跃
广州市科技和信息化局　总工程师　饶　坚
成都市经济和信息化委员会　主任助理　台宪青
青岛市经济和信息化委员会　处长　张金凯
武汉市信息中心　主任　王留军
中国中钢集团公司　信息管理中心总经理　李　红
中国北车股份有限公司　信息管理部部长　王顺强
中国核工业集团公司　科技与信息化部副总工程师　田佳树

《中国信息化年鉴》编辑部

主　　任：黄　宁

编　　辑：李　军　张淑梅　胡国安　曹宝峡　刘　杰　赵鑫华

特约编辑：周夫荣　董春华

联系电话：010-56293293

传　　真：010-83293239

电子信箱：zgxxh@zgxxh.org.cn

《中国信息化年鉴》官方网址：www.zgxxh.org.cn

编辑说明

《中国信息化年鉴》是全面反映我国信息化建设实况的大型专业资料工具书。本年鉴由中华人民共和国工业和信息化部主管，中国通信工业协会主办，《中国信息化年鉴》编委会编辑出版，旨在总结中央及地方信息化发展的全面情况，聚焦工业化和信息化融合的实际问题，深入研究及探讨信息化发展面临的突出问题，集中展示我国信息化建设成就与经验，分享两化融合带来深刻的产业变革，集纪实性、实效性与案例参考性为一体，为国家相关部委、各级人民政府、各类企事业单位以及相关各个领域的信息化发展决策提供强有力的信息支持及实例参考。

《中国信息化年鉴》自 2014 年起，每年编印一卷，重点记载上一年与当年我国信息化建设发展的整体情况以及信息化与工业化融合的实际情况。2014 卷主要收录了 2013 年全年的相关资料，按内容分类编排，文章表述方式以条目为主；检索部分包括中文目录、图表索引。

《中国信息化年鉴 2014》共 10 篇和 1 个附录，包括内容如下。

（一）综述篇：概述我国信息化发展总体情况。

（二）部委篇：国家重点部委信息化建设与发展的最新进展情况及近期信息化工作重点和举措。

（三）地区发展篇：全国各省、自治区、直辖市、计划单列市、新疆生产建设兵团及港澳台地区信息化发展情况。

（四）两化融合篇：全国工业化和信息化融合的进展情况，先进城市推进两化融合进程中的主要做法和成效，示范企业的先进经验。

（五）专题研究篇：国家信息化发展的焦点、热点、难点等方面的专家观点和研究报告。

（六）政策法规篇：主要收录我国通过或颁布的关于信息化建设的纲要、法规、条例及地方政府推进信息化建设的政策措施等。

（七）先进典范篇：重点介绍全国信息化建设优秀城市和先进典范单位以及信息化专家的经验和成果。

（八）信息化大事记：记录国家、行业和地方的信息化相关事件，包括政策法规、重大技术变革、重要活动及会议等。

（九）国际资料篇：收录部分国家和地区的数字化战略、电子政务战略、云计算、互联网发展等方面的相关资料。

（十）基础数据篇：（1）历年信息化相关基础数据；（2）历年全国各省、自治区、直辖市、计划单列市、新疆生产建设兵团及港澳台地区信息化相关基础数据；（3）国际组织及世界各国信息化方面的相关统计数据。

（十一）附录：信息化领域相关参考资料。

由于我们水平及编辑力量有限，本年鉴肯定存在不足及需要改进的地方，恳请读者批评指正，以便在今后的工作中不断提高完善，进以提高来年年鉴的整体编辑水平。

本年鉴在编撰过程中，得到了国家、地方、各企业信息化相关部门领导及专家学者的大力支持，使《中国信息化年鉴 2014》编撰工作得以顺利开展，在此一并表示诚挚的感谢。

《中国信息化年鉴》编辑部

2015 年 7 月

目　录

综述篇

中国信息化发展概况

《中国信息化年鉴》编辑部

2013 年，我国信息化发展态势良好。国家政策强力推进信息化，两化融合促进结构优化升级成效显现，智慧城市开启区域信息化新阶段，移动互联网创新应用和商业化进程加速，电子政务更加注重集中管理和集成应用，信息消费在扩大内需中作用凸显。同时，各地方政府已经密集出台落实国家信息化政策的配套措施，社会服务各领域信息化普及率得到进一步提升，智慧城市建设重点已经向民生领域倾斜，移动互联网从娱乐主导向电子商务转移，电子政务网上服务得到进一步普及，4G 网络快速发展刺激新一轮信息消费。

2013 年，国家先后发布《关于促进信息消费扩大内需的若干意见》(以下简称《若干意见》)、《"宽带中国"战略及实施方案》(以下简称《实施方案》)，以及《信息化和工业化深度融合专项行动计划（2013—2018 年）》(以下简称《行动计划》)。其中《实施方案》首次将宽带网络定位为我国经济社会发展战略性公共基础设施，提出到 2015 年我国固定宽带家庭普及率达到 50%，3G/LTE 用户普及率达到 32.5%，行政村通宽带比例达到 95%，城市和农村家庭宽带接入能力基本达到 20Mbps 和 4Mbps，部分发达城市达到 100Mbps；到 2020 年，固定宽带家庭普及率达到 70%，3G/LTE 用户普及率达到 85%，行政村通宽带比例超过 98%。城市和农村家庭宽带接入能力分别达到 50Mbps 和 12Mbps，发达城市部分家庭用户可达 1Gbps。《若干意见》提出，通过加强信息基础设施建设，加快信息产业优化升级，大力丰富信息消费内容，提高信息网络安全保障能力，以促进信息消费持续稳定增长。《行动计划》中提出，到 2018 年重点行业大中型企业两化融合水平逐级提升，处于集成提升阶段以上的企业达到 80%，中小企业应用信息技术开展研发、管理和生产控制的比例达到 55%，应用电子商务开展采购、销售等业务的比例达到 50%。这一系列政策的出台和落实将推动我国信息网络基础设施进入高速发展期，信息技术应用进入全面深化期，为我国信息化全面发展注入强劲动力。

工业化和信息化融合促进结构优化成效显现。2013 年，两化融合在全国范围内深入开展，取得积极成效。两化融合改造提升了传统产业，培育了战略性新兴产业，壮大了生产性服务业。不少制造业企业通过两化融合实现了服务化转型，逐步占据价值链高端。例如，中国电子科技集团把信息技术用于轨道交通、智能机器人等方面，取得突破性进展，附加值大幅提高，国内市场占有率超过 50%。两化融合中产生了工业软件、信息服务、创意设计、电子商务等新兴信息服务业，物流运输、金融保险、商务会展等传统服务业也利用信息技术加快现代化，生产性服务业的壮大进一步优化了产业结构。两化融合催生了智能装备、物联网等战略性新兴产业。

全国农业信息化继续成效显著。2013 年，国家继续以"金农"工程、"三电合一"工程、"12316 三农综合信息服务平台"等重大项目为支撑，推动农业信息化全面发展。农业信息化政策环境进一步优化，2013 年的中央一号文件《加快发展现代农业　进一步增强农村发展活力的若干意见》和《关于加快推进农业信息化的意见》对 2013 年农业农村工作作出全面部署，确立了今后一个时期的战略目标和重点任务，强调"加快用信息化手段推进现代农业建设”。农业信息化基础设施继续完善，村通工程深入实施，截至2013年年底，20户以上自然村通电话比例从年初的95.2%提高到95.6%，行政村通宽带比例从年初的88%提高到91%，全国开展信息下乡活动的乡镇覆盖率达到85%；农村地区广播电视“户户通”工程稳步推进，新增直播卫星用户近900万户，累计达到3200万户，成为世界上用户数量最多的直播卫星平台。农业生产智能化水平不断提高，国家物联网应用示范工程智能农业项目建设进展顺利，区域农业物联网试验工程取得明显成效；农产品电子商务发展迅猛，全国农产品电商平台超过3000家；“金农”工程一期建设顺利完成，“金农”工程二期开始筹备；12316农业信息服务已覆盖全国1/3农户，年均助农减损增收逾百亿元。2013年，信息技术在农业生产、经营、管理和服务各个环节中的应用均发挥出了巨大的作用，信息化已经成为新时期农业农村经济工作的重要支撑。

社会信息化普及率得到进一步提升。宽带网络普及率提升，移动互联网加速发展以及云计算等新兴信息技术应用创新和普及，推动社会信息化应用普及率进一步提高。医疗卫生领域，中西部地区的社区卫生服务中心和部分乡镇卫生院开始安装和应用HIS和CIS系统，上海等东部地区的区域卫生信息平台开始支持双向转诊和远程医疗，截至2013年，建立了省一级支持跨区域的信息共享的卫生平台省份达10个，全国电子健康档案的建档率超过了70%，其中12个卫生信息化试点省份已经超过了81%。教育领域，云计算和大数据技术，推动“大规模开放网络课程”（MOOC）模式成为在线教育热点，北京大学、清华大学、复旦大学纷纷宣布加入MOOC，上海市成立“高校课程共享中心”，来自市内30多所高校的学生都可选修平台上所提供的通识类课程并计入学分。农村信息化领域，中国银联已将手机支付业务延伸到了16分省（市）的县乡，为农村地区的生产生活带来了便利。2014年，更多社会资本将涌向电子医疗、在线教育等领域，云计算将得到广泛应用，精准农业、农村电子商务等领域信息化将会得到更大发展。

智慧城市推进区域信息化加速。2013年，智慧城市得到了各级政府的积极响应，大有“忽如一夜春风来，智慧城市遍地开”的磅礴气势。继首批90个国家智慧城市试点后，2013年8月5日，住建部公布2013年度国家智慧城市试点名单，试点城市多达103个，其中绝大部分为大城市的区县和中小城市，共包括83个市、区；20个县、镇以及在2012年首批试点基础上扩大范围的9个市、区。同时，智慧城市建设在部分地区已初见成效。如天津智慧城市建设已实现传感、通信、GPS等信息技术在桥梁负载、楼宇电梯、客运交通、旅游景区安全监控等领域应用；邯郸市智慧城市建设相继推出数字城市管理系统、教育通、出租车信息管理系统、沃税通网络发票、新农保手机支付等一批重点行业应用产品；全国最早提出并实施智慧城市建设的宁波已实现全市平均互联网宽带接入能力达30Mbps，3G无线宽带网络已覆盖城区用户总数达到289万户，4G试点网络基础设施建设初步实现主城区和两个高教园区的全覆盖，同时人口基础数据库已实现了公安、人社、教育、卫生、计生、民政六个部门人口数据的有效整合，自然资源和空间地理数据库已实现16个部门、21个系统间的数据共享，智慧物流、智慧健康等示范项目成效明显。

从当前我国智慧城市的建设情况来看，智慧民生已成为撬动智慧政府和智慧产业的支点。行政审批事项、公民在线办事以及政府信息公开等涉及公民权益的事项最终推动智慧政府的发展，而在智慧城市的发展背景下，“政务云”成为重点关注和建设对象。随着城镇化的发展，市民与农民将逐渐变得模糊，产业转移的潜台词不再是将污染产业和劳力密集的产业从沿海迁入内地或迁入环保意识不强的地区，以3D打印为标志的第三次工业革命以及以“创客”、“众包”和“众筹”为特征的社会化生产/创业/就业模式推动智慧产业的发展，并因此改善民生。居家上班、远程服务逐渐流行，绿色、智慧的生产生活方式逐渐普及。

移动互联网创新应用和商业化进程加速，并向电子商务转移。随着信息网络技术的不断升级，移动互联网与社会生产领域结合的愈发紧密，满足各行各业需求的应用和服务层出不穷。如政务领域，2013年8月，由福建联通与榕基软件打造的国内首个省级政务移动办公云平台对外发布，公务人员可利用手机或平板电脑随时随地、安全便捷地进行政务处理和信息查阅。医疗领域，越来越多医院将信息系统 HIS 部署在手机和平板电脑上，医疗机构通过微信等平台提供医疗资讯和诊疗服务，慢性病管理移动应用和服务不断涌现。企业移动互联网应用已经覆盖从 OA 办公深入经营、内部控制以及战略决策等各个层面。我国移动互联网商业化进程加快，产业增长强劲。2013 年，QQ、人人网等社交网络逐渐移动化，为手机用户最常用的应用。手机微博、微信渐成关键性应用。各种服务互相交融，实时社交功能刺激移动网络使用量增长，比如购物、分享、导航、地理位置等。移动互联网的商业化进程加快，截至 2013 年年底，67%的移动互联网收入来自应用，33%应用来自广告，全球移动互联网的流量已快速增长到互联网总流量的 13%。

在终端日趋普及、功能日趋强大、应用日趋丰富的形势下，移动互联网应用领域进一步拓展，正从娱乐主导型向消费和电子商务型转变。用户使用除了娱乐沟通外，基于移动互联网的手机支付购物订票位置商业服务等移动消费与电子商务活动也在日趋增多，并进一步向大众化、普及化发展。更多具有移动电子商务特点的应用走向市场；社交、评论、购物网站紧密结合，逐渐演化成“社交+本地+移动”的模式；跨平台、跨网络、跨终端的免费即时通信工具发展迅速，跨平台的软件开发和搜索引擎有更多的商业机会；移动网络游戏继续稳定增长，跨平台、跨终端发展成为网络游戏行业的发展方向。随着技术的不断发展，移动电子商务应用的实效将越来越明显，移动商务产业链上的各个行业都跃跃欲试，开始参与到电子商务应用中，提供订票、购物、娱乐、交易、银行业务、无线医疗等服务。

电子政务更加注重集中管理和集成应用。为落实《国家电子政务“十二五”规划》的要求，工业和信息化部在陕西、福建、海南等 22 个省市部署开展基于云计算的电子政务公共平台顶层设计试点后，2013 年 9 月又确定北京市等 18 个省级地方和北京市海淀区等 59 个市（县、区）作为首批基于云计算的电子政务公共平台建设和应用试点示范地区，进一步鼓励地方在现有基础上建设集中统一的区域性电子政务云平台，支撑各部门业务应用发展，防止重复建设和投资浪费，促进互联互通和信息共享，实现基础设施、信息资源、业务应用的集成和统一管理。例如，北京市东城区采用建立了面向特殊人群的云计算电子政务系统和社区服务网；无锡推出基于云计算的“感知民生”8 个电子政务民生应用项目；天津滨海新区电子政务云中心一期工程完成并开始试运行。同时在总结试点经验基础上，全国通信标准化技术委员会启动“基于云计算的电子政务公共平台”的服务管理规范、系统和数据技术接口规范等 8 项国家标准研制工作，通过制定完善国家标准以指导和规范电子政务云平台建设工作。编制完成了“基于云计算的电子政务公共平台”术语与定义、系统架构、服务建设实施规范、功能与性能要求、服务测试规范、安全规范 6 项标准征求意见稿。云计算、大数据等新兴技术应用创新和普及，使得政务网上服务普及。电子政务建设过程和流程在新技术应用下得到改变，有效解决中西部地区电子政务技术层次低、页面效果差、反应速度慢等问题，推动中西部地区普及电子政务网上服务。如新疆伊犁州，开始利用云计算技术建设电子政务公共服务平台，面向州、县、村提供电子政务网上服务。与此同时，更多政府网站将利用微博、微信等平台，增强政务网上服务互动水平。如国务院办公厅主办的中国政府网开通了官方微博和官方微信，通过微博、微信等新媒体形式向社会公众公开国务院的重要决策部署和政策文件等内容。

信息消费促进扩大内需作用明显。2013 年，我国信息消费规模不断扩大，带动效应明显提升。主要体现在如下几个方面。一是国产信息终端产品崛起。联想取代 HTC 成为中国 Android 设备品牌第二名，小米跻身前五，步步高进入前十。2013 年上半年，我国智能手机销量为 15239 万台，同比增幅高达 89.7%，智能手机占整体市场份额上升至 84.2%；平板电视市场整体销量已经达到了 1134.9 万台，智能电视销量达到 511.1 万台，国产品牌市场占有率超过 70% 。二是数据流量消费保持高速增长。2013 年 1～8 月，全国电信业实现电信业务总量 9221.2 亿元，同比增长 7.9%。其中，数据及互联网业务实现收入 2202.0 亿元，同比增长 29.8%，固定和移动数据及互联网业务分别同比增长 7.1%、54.9%，对电信业务收入的增长贡献分别为 12.4%、69.2% 。三是信息服务消费增长明显。2013 年，预计全国电子商务交易额达 9 万亿元，同比增长 24.3%，其中，B2B 交易额达 7 万亿元，同比增长 15.25%；软件技术服务消费 2.3 万亿元，同比增长 24.4%。

信息技术在经济和社会各领域的应用继续向更广阔和更深层次拓展。2013 年，信息技术在工业企业的应用范围不断扩大，钢铁、化工、汽车、航空等行业大中型企业数字化设计工具普及率超过 60%，重点行业关键工序数控化率超过 50%，已有 89%的机械企业建立了财务管理系统，超过 90%的钢铁企业应用了采购、财务、销售等系统，ERP、SCM、CRM 等信息系统在石化、建材、食品、轻工等行业的应用继续普及、深化；信息化和工业化融合发展成效显著，机床数控化率不断提升，医疗电子市场规模大幅增长，汽车电子在全国已形成集研发、生产、供给一条龙的产业集群，商业化的物联网应用已在全国逐渐兴起，传统企业转型升级取得积极成效，《信息化和工业化深度融合专项行动纲领（2013—2018 年）》为未来 5 年两化融合和信息技术应用制定出具体量化目标。服务业各领域信息化步伐明显加快，新一批信息化业务系统上线运行，互联网金融创新产品不断推出，城市智能交通系统覆盖面持续扩大，信息系统安全维稳工作进一步加强，公共信息服务平台、移动互联网应用取得了快速发展，银行、保险、交通、旅游、物流等领域的管理效率和服务水平大幅提升。电子商务继续保持高速增长，移动电子商务发展迅猛，网络购物市场依然火爆，电子商务已经成为推动经济转型和企业创新的重要驱动力。社会领域信息化深入推进，信息化顶层设计得到普遍重视，信息资源整合与共享工作扎实推进，基础环境不断优化，公共服务平台建设和应用成效显著，教育、卫生、人口健康、气象、地震、测绘、公安等领域的业务信息化程度进一步提高。文化领域信息化建设为弘扬民族文化、丰富百姓文化生活、激发社会正能量发挥了积极作用。

信息产业成为经济发展重要推动力。2013 年，全国规模以上电子信息制造业收入、利润总额和税金占工业总体比重分别达到 9.1%、6.6%和 4%；电子信息产品进出口总额达 13302 亿美元，占全国外贸进出口总额的 32%，比上年提高 1.3%。软件业创造增加值超过 1 万亿元，占第三产业比重为 4%；软件业新增就业人员占全国城镇新增就业 4%。基础电信业完成增加值 6041 亿元，同比增长 4.5%，对 GDP 的直接贡献为 1.1%，占第三产业 GDP 的比重为 2.3%；基础电信业固定资产投资完成 3754.7 亿元，同比增长 3.9%；全年新建光缆线路 265.8 万公里，同比增长 17.9%。截至 2013 年年底，移动电话普及率达到 90.8 部/百人，比上年提高 8.3 部/百人；互联网普及率为 45.8%，较 2012 年年底提升 3.7 个百分点；互联网宽带接入用户数和移动互联网用户数分别达到 1.9 亿户和 8.1 亿户，比 2012 年年末分别增加 1906 万户和 4319 万户；3G 网络已经覆盖到全国所有乡镇，3G 用户总规模突破 4 亿户，渗透率达到 32.7%，比上年同期提高 11.8 个百分点。2013 年，智慧城市建设稳步推进，全国各地区信息化整体水平继续呈上升趋势，北京、上海、天津、浙江、广东、江苏等地信息化发展在全国居领先地位，各地区间信息化发展不均衡的问题仍比较突出，不同地区信息化发展程度在结构上存在较大差异。

网络与信息安全状况总体保持平稳状态，基础网络安全防护水平进一步提高，公共网络治理取得成效，但国家网络信息安全依然面临严峻的考验。2013 年，境内外黑客活动日趋频繁，国家级有组织攻击频发，政府网站面临攻击依然严重，网络设备后门、个人信息泄露等事件频现，网络钓鱼日益猖獗，移动互联网恶意程序数量继续大幅增长，经济信息安全威胁增加，金融安全和信息消费面临风险，这些都严重影响到国家及广大网民利益，对社会经济和国家安全造成威胁和挑战。2013 年，网络和信息安全工作得到党和国家高度重视，政府相关部门为保障国家网络与信息安全采取了一系列的措施。2013 年 11 月 12 日中央决定设立国家安全委员会，旨在完善国家安全体制和国家安全战略；继续推进网络信息安全立法工作，加快完善信息安全审查制度，加大依法管理网络的力度，不断健全网络安全保障体系；开展了防范治理黑客地下产业链专项行动，推动移动互联网恶意程序治理工作，保护用户和企业切身利益与财产安全；积极参与网络安全国际合作，完善跨境网络安全事件处置协作机制，建立安全可信的网络大环境。

经济领域信息化

【工业领域信息化】

2013 年，信息技术在工业企业的应用范围不断扩展，信息化应用不断深化，两化深度融合，促进转型升级效果显著。

（一）原材料工业

1. 钢铁行业

钢铁行业在行业经营状况整体低迷的情况下，仍然规范信息化管理体系，优化资源配置，进一步提升信息化应用水平，以信息化手段促进整体产业节本增效。2013 年，企业的信息化资金投入保持在每年 50 亿元左右，其中管理信息化投入比重略大于自动化投入；近 95%的企业制定了信息化发展战略，并作为企业战略的重要组成部分；83.6%的企业能够结合企业的整体规划建立企业级信息化发展规划；92%的企业主干网覆盖了核心办公区域，68%的企业主干网覆盖了内部核心生产区域；约 80%的企业个人电脑建立了统一的防病毒体系，可以随时更新病毒库；半数以上的企业硬件资源、数据库资源和应用软件资源采取区域集中管理。

钢铁行业两化融合不断深化，精益生产、精准控制、精细管理成为当前钢铁企业信息化建设的主攻方向。精益生产方面，大中型钢铁企业不断加强集中管控，正逐步实现 MES 与计划、产线产能、订单转换等集成。宝钢股份 2013 年完成了产销一体化系统升级改造项目；沙钢的同信镀锌 MES 项目也实现了与其现有冷轧集成 MES 系统的全面集成；莱钢开发的精炼炉智能专家系统软件，实现了接收 MES 生产计划、工艺参数设置等；太钢研发的径锻生产线全自动生产管理系统达到了以生产工艺和工序全流程为对象的闭环控制；新余钢铁开发应用的基于个性化订单的制造执行系统，使其交货周期缩短了 46%，销售订单应答时间由原来的 3 天缩短为 1 小时。在精准控制方面，鞍钢、武钢、首钢等大型企业开始依托信息化手段实现产品规范、冶金规范、作业标准、工艺操作等支撑精细化管理，不断拓展在线采集与精准控制数据分析、预警功能。在精细管理方面，部分企业开始运用现代化管理系统实现企业专业管理的精细化，运用企业层面 ERP、设备资产、人力资源、投资项目、库存、购销业务等信息化系统，建立专业管理精细化和综合性流程化的管控规则，如山钢 2013 年构建的基于信息系统的岗位实时自动考核体系、首钢集团 2013 年的 KPI 项目、济钢开发的订单测算分析系统等。

与新兴产业结合，利用云计算和物联网等高新技术手段成为企业两化深度融合的重要领域，2013 年持续高速发展的电子商务为钢铁企业提供了机遇和挑战。物联网应用方面，沙钢的冷轧行车定位无线调度系统结合了沙钢冷轧 MES 系统、炼轧集成 MES 系统、玖隆仓储管理系统、各产线机组二级系统辊道跟踪等，利用库区无线局域网、行车运行轨道 RFID 标签等，实现了成品的全物流流程跟踪，能够实时跟踪库存变动，提高了发货出库及翻运出库的准确性。云计算技术应用方面，截至 2013 年年底，宝钢建成的云计算中心已为宝钢集团标准财务系统、统一认证系统、宝钢工程技术集团经营共享系统、宝钢化工公司经营管理系统等提供了 PaaS 服务，并为中国航空无线电电子研究所、地铁电科等提供了 IaaS 和 PaaS 服务。另外，全国钢铁行业约 50%的企业建立了电子商务平台，并逐渐通过自身的销售平台开展电子采购交易等。

2．有色金属行业

有色金属企业两化融合工作扎实前行。2013 年 7 月，包头铝业有限公司等 12 家有色金属企业进入了工业和信息化部 2013 年工业企业能源管理中心建设示范项目企业推荐名单。2013 年 8 月完成了有色金属加工及制品行业两化融合发展水平评估报告。

有色金属电子商务平台建设成绩斐然。新疆博亚有色金属交易市场股份有限公司正式挂牌成立，这标志着新疆首家有色金属电子商务平台成立；山西首家有色金属电子商务平台——山西国盛有色金属交易中心正式运营；广东有色金属交易平台上线；国内首家有色金属现货电子交易所——昆明泛亚有色金属交易所已上市，包括铟、锗、钴、钨、铋、镓、白银、钒、锑、碲、硒共 11 个品种，累计成交额超过 2500 亿元，全国各地交易商总数超过 12 万个，稀有金属贸易总量超过 25 万吨。另外，行业内的一些大型企业也都在着手筹建自己的电子商务平台，电子商务发展使供应链模式改变了产业原有的经营导向。

有色金属行业经济运行与预测预警系统建设稳步推进。该系统于 2012 年开始建设，第一阶段有色金属行业统计信息网上直报系统已基本建设完成。项目第二阶段正在建设中，目标是建设有色金属行业基础数据库，利用统计数据采用定量分析方法，挖掘数据所隐藏的潜在价值，建立有色金属产业分析及预测模型。

3．建材行业

建材行业继续推进两化深度融合。2013 年，建筑材料工业信息中心、中国建筑材料工业规划研究院联合发布《关于加快推进建材行业两化深度融合的意见建议》，提出加强规划引领和标准支撑，突破技术瓶颈，着力推广应用成熟信息技术，实施智能化企业建设推进计划。建筑材料工业信息中心对玻璃行业进行了两化融合发展水平评估，结果表明：玻璃行业两化融合总体发展水平处于单项覆盖阶段并且单项覆盖阶段向集成提升阶段发展趋势明显。玻璃行业两化融合发展水平总体分为以下四个阶段：有 22.2%的企业为起步建设阶段，重点关注两化融合基本条件和支撑环境；40%的企业为单项覆盖阶段，单项业务应用较为成熟，但综合集成基本尚未开展；22.2%的企业为集成提升阶段，不同程度开展了关键业务系统间的综合集成；15.6%的企业为创新突破阶段，两化融合效益凸显。

建材企业通过信息技术应用的渗透性和带动性，不断提升核心竞争力。中国建材集团实现集团管控从定性化向定量化转变，公司根据集中管控需求和下属工厂专业生产管控特点，按照“集团级决策支持平台+平台级 ERP 管控系统/电子商务+工厂级智能生产系统”的模式，构建集团运营管控一体化平台，实现集团公司与成员企业管理的纵向贯通和业务的横向集成，实现经营数据的适时交互和无缝连接，同时通过可靠的预警预测系统，杜绝违规操控引发的生产事故，保证安全和质量。华新水泥通过对客户服务的电商平台和 B2C 平台功能的融合和互联网技术、移动化的应用，为所有用户建立一个多途径（PC、手机、移动终端）登录的官方唯一购买平台——华新网上商城，并通过支点计划、经销商服务计划，为消费者提供从需求到产品交付的全方位购买体验。据统计，在试运行的 2013 年，华新网上商城就累计完成业务水泥交易量 821.7 万吨，占公司全年水泥销量的 17.2%。

（二）能源行业

1．煤炭行业

煤炭行业通过两化融合，促进转型升级，经济效果逐步显现。中煤集团通过 ERP 系统采购集中度达 90%以上，2013 年通过系统集中采购额达 185 亿元，节省资金超 10 亿元。神华宁煤集团通过两化融合减少岗位用工 400 余人，年降低人工成本 4000 多万元。开滦集团综合自动化系统投入运行后，通过系统的智能综合分析功能，矿井故障处理时间平均减少 30%，每年创效益 2.34 亿元；6 个综合自动化矿井生产人员普遍减少，每年可节省人工成本 2.16 亿元。

大型企业大型信息化系统项目建设继续推

进。神华集团 ERP、SRM 系统项目全面上线，集团人、财、物、销协同资源整合平台全面建成。中煤平朔集团 EAM 资产管理平台，为设备管理决策提供数据依据。山东能源集团实现了总部及所属单位核心业务“纵向贯通、横向集成、数据共享”。开滦集团推进 49 个两化融合项目建设，推进传统煤炭产业向高端、高质、高效迈进。阳煤集团计划推进 15 个信息化系统建设项目。晋煤集团全业务覆盖的一体化 ERP 系统建设全面启动。

煤炭电子商务快速发展。神华集团电子商务平台上线一年，完成交易量近 1.8 亿吨，近期单月突破 2000 万吨。山东能源集团煤炭营销电商平台——中国能源矿产交易中心 2013 年完成煤炭在线交易量 782 万吨，成交额达 40.56 亿元。中煤集团煤炭销售电子商务平台——中煤商务正式启动并上线运营。

智能矿山建设成为煤炭企业两化融合的新亮点。2013 年 12 月 27 日，神华数字矿山锦界示范矿井正式上线运行。锦界示范工程自主研发了综合智能一体化生产执行系统和生产控制系统两大核心平台，具有高度生产自动化、高度协同管理、开放的综合智能一体化平台和反映真实地理地质信息的功能。山西焦煤集团开展了矿山全息感知技术与管控模式探索研究工作，建立了自主知识产权的全息化数字矿山管理平台技术。平煤神马集团的矿井综合自动化系统实现了煤矿安全、生产、决策支持和信息管理的一体化。西山煤电集团与太原重机合作开发煤炭综采成套装备智能系统，为井下无人开采提供技术支持和建设经验。

2．石油石化行业

2013 年，石油石化行业各信息系统应用持续深入，与生产、管理深度融合，为行业利润保证提供了足够的支持作用。

中国石油天然气集团公司信息化ERP应用集成、物联网系统、数据中心等项目建设取得重大进展。信息基础设施建设方面，广域网总带宽达到 17.2 万兆，有 10 个区域网络中心、17 个机房完成改造；230 个小机房的设备整合搬迁至辽河、新疆等区域中心；海外网络累计接入 172 家海外分支机构；昌平数据中心完成综合办公楼、数据中心楼以及能源中心楼主体建筑施工，吉林数据中心已具备投用条件，集团公司“两地三中心”的数据中心架构已经形成；云技术平台项目制定了平台技术方案、数据中心内部网络方案和三个数据中心之间的网络连接方案，正在开展实施。信息系统建设方面，油气水井生产数据管理系统（2.0）等 14 个项目完成建设，全面上线应用；新启动 27 个项目建设，其中，以 ERP 为核心的信息系统应用集成建设全面启动；持续推进油气生产物联网系统等 19 个项目。信息系统应用方面，1800 多亿元的勘探开发投资通过 ERP 系统下达和监控执行，勘探与生产技术数据管理系统实现了对核心数据资产的保护，全年为 464 个研究项目提供 130TB 数据服务，有效缩短了项目研究周期；炼油与化工运行系统支持炼化企业提高精细化管理水平，降低生产成本，通过系统应用，乙烯加工损失率明显降低，年增效 1650 万元，节约人工成本 540 万元；配送“一卡通”全面应用，规范简化了作业流程，提高了运行效率，节省了劳动用工；全国天然气管道与油品管输业务已全部纳入信息系统管理，为油气输送调度优化运行提供科学依据。

中国石油化工集团公司进一步开展了信息化和产业自身主业深度融合发展。经营管理平台建设方面，全面实施了 ERP 应用登高计划，对“营改增”试点省份的 44 家企业 ERP 系统配置进行了调整；完成了塔河、北海等 3 家分转子企业 ERP 系统部署，调整了物装（国事）、燃料油等 16 家企业 ERP 组织架构，扩展提升了西北油田、安庆石化、湖北石油等 100 多家企业 ERP 功能。生产营运平台建设方面，总部生产营运指挥系统（二期）完成建设，系统覆盖了 90 多家企业，生产数据自动获取率由 85%提升到 90%；供应链管理系统（PIMS）完成了 34 家炼油企业生产计划优化（PIMS）模型调优提升，炼化企业 2013 年降本增效 12 亿元；HSE 管理系统在 27 家炼化企业完成推广，有效提升了企业 HSE 精细化管理水平；环境在线监测系统功能进一步完善，实现了对 29 家企业的 108 个废气、废水排放口数据的在线监测管理；建立了油田企业勘探开发生产数据源头采集体系，为 100 多套系统的专业应用提供了有效数据支撑；完成了中原、河南、江汉 3 家油田企业勘探开发数据中心建设；加油卡系统在区外211座加油站进行系统部署（已累计部署了区外1920座加油站），中国石化加油卡系统已覆盖全国31个省市石油公司；完善了化工销售物流管理系统功能，实现了物流费用100%线上结算，实现了对内外贸物流关键节点和106家承运商、7000余台车辆的实时监控，2013年节约物流成本8300多万元。信息基础设施与运维平台建设方面，中石化总部和30家企业网络进行了完善提升，完成了山东、河南、上海、广州、新疆5个区域中心建设，实现了51家企业的网络就近接入；制定了重要应用系统异地灾备总体规划，建成了南京灾备中心机房和资金集中、加油卡、HR等10个异地灾备系统；制订了中国石化云规划，搭建了以基础设施云，初步实现了服务器存储资源的共享利用；优化了统一通讯（Lync）系统性能，加快了推广应用，截至2013年年底已开通企业用户25万个；启动了总部互联网出口监测，实现了江苏、西北区域企业互联网出口统一管控，对70余个对外网站进行了实时监测。

中国海洋石油总公司持续推进数字油田建设和生产信息化项目建设，成效显著。2013年，总公司推进智能油田规划及试点方案设计，构建了以智能油藏、智能地面工程、生产运营一体化为核心组成部分的智能油田应用架构框架。全面推进勘探开发一体化数据整合和数据中心建设试点，实现勘探开发数据标准一体化、数据采集源头化、数据管理资产化、数据应用服务化，以及数据集成管理与跨专业共享。推广实施地理信息系统，实现了公司地理信息系统数据的统一管理，初步解决了以往地理信息应用重复建设的问题。开展了设备设施完整性管理系统可行性研究并组织实施，提高公司对油田设备设施的风险防范、控制和决策支持能力。开展深水通信技术解决方案的研究，提高通信支持与保障能力。海外单位完成ERP系统实施，为下一步海外管理信息系统推广作出了有益探索。基础管理方面，2013年中海油公司重点开展了以完善总信息师（CIO）架构体系为核心的管理深化建设工作，截至2013年年底，集团及所属20家单位明确设立了CIO，进一步加大了信息化工作推动力度；全面梳理了信息化管理制度体系，重点增补了《管理信息化项目技术方案管理细则》和《信息技术科研项目管理细则》，信息化内控体系架构更加清晰，职责更加明确；按照国家相关制度和等级保护相关标准，中海油公司2013年制定了信息安全整体治理方案，按等保要求完成了12个三级系统的安全测评。

3．电力行业

电力行业信息化投入逐年增长。2013年，信息安全投入增长2.73%，信息化培训投入增长0.55%，IT服务与运维投入增长2.09%。电力行业信息化专职人员逐年增加，信息化组织机构正在逐步健全。

在电网领域，各电网公司对电力信息化的整合和集成都提出了更高的要求，通过电力信息化的手段极大地推动了电网企业发展。国家电网公司深入推进智能电网建设，全面实现生产全过程、全方位的智能化，从平台集中、业务融合、信息展现、决策智能、安全防御五个方面推进信息化对智能电网的支撑，顺利完成一体化数据集中管理、GIS平台、智能信息集成、信息运维、信息安全等智能电网信息平台及安全试点工程。中国南方电网有限责任公司推进企业级信息系统建设。2013年，全网关键应用系统运行率为99.94%，网络运行率为99.99%；综合技术平台建设取得明显成效，公司自主研发的信息集成平台和数据资源管理平台已实现全网推广；企业信息门户、4A平台在海南电网公司完成试点建设并通过验收；“南网云”在云南电网公司完成试点建设。

在发电领域，各发电集团公司根据自身特点研制开发相应的生产管理信息系统，利用信息化手段推动上下游企业的协同创新。中国华能集团公司扎实推进资产财务管理一体化ERP系统建设及系统深化应用，截至2013年年底，ERP系统覆盖华能集团121家火电、水电单位，初步建成了涵盖火电、水电领域生产经营管理核心业务的基础性集成平台；中国大唐集团公司系统各发电公司及其基层发电企业已经基本建设了SIS系统，对降低火电煤耗、实现科学分配机组负荷、延长设备使用寿命、减少重大事故发挥了重要作用；中国华电集团公司实现了集团公司信息化工作管理、评价、考核、评先的全过程闭环管理，研究开发了IT/业务实时监控系统，在区域公司综合管理系统中实现了对应用系统、主机服务器、网络环境、机房环境等运维内容的统一、协同管理；中国国电集团公司积极推动GD193信息化工程的实施，初步建成了一体化平台、相关业务系统和信息安全防护机制，实现了信息化建设从分散建设向集中共享建设的阶段性跨越；中国电力投资集团公司积极推进ERP系统建设，试点单位（中电国际、金元集团）已近完成深化应用，第一批实施单位（山东核电、云南国际）实施内部优化应用，第一批实施单位（蒙东能源、河南公司、黄河公司）实施内部推广应用，第二批实施单位（五凌电力、中电远达、江西公司、河北公司、上海电力）已经启动实施工作；中国长江三峡集团公司为满足流域多电厂统一的电力生产管理需求，开发了新一代EPMS，2013年电力生产管理信息系统开发建设结束，实现了原三峡区域、葛洲坝区域EPMS与金沙江区域EPMS数据无损迁移和系统无缝整合，2013年11月21日系统通过正式验收并投入使用；神华集团有限责任公司电力门户已经成功实现运行，将所有电厂的实时生产信息集中采集，实现生产状态和重要指标的监视；广东省粤电集团有限公司深化信息系统应用，集中式水电EAM平台生产管理功能优化开发上线，主要扩展了生产管理、设备台账管理等功能模块。

核电企业方面，信息化发展同样成绩斐然。中国核能电力股份有限公司人财物一体化平台（N1-ERP）、核电厂生产管理信息系统（N1-EAM）、企业内容管理平台系统（N1-ECM）三大管理支持系统建设取得新进展；国家核电技术公司进一步强化了公司信息化建设的集中统一管理，实现集团集中采购和统一运维；中国广东核电集团深化ERP系统应用成果，推进信息化降本增效，提升信息化价值创造能力，仅SAP许可优化和PC集采降本达4200多万元，充分发挥了信息化集约管理效益。

电力建设企业方面，中国电力建设集团有限公司信息化应用逐渐深入，应用效果逐步显现。2013年上线6个业务应用系统，启动建设8个业务应用系统，信息化支撑能力逐步提高；集中式财务核算平台建成，当年节约财务费用约1.5亿元；协同办公平台全年处理总部公文7万多份，55家成员企业共处理公文18万多份。

（三）汽车电子工业

汽车电子工业是汽车工业转型升级的重要组成部分，由于联结着电子信息产业和汽车工业两大领域，也是信息化与工业化融合发展的重要方向之一。近年来，在整车成本构成中，汽车电子产品所占比重越来越大，一些高端车型上所占比重已超过60%。汽车电子正进入系统化、网络化、智能化发展的新阶段，成为信息消费的潜在增长极。

2013年，汽车电子领域的技术热点集中在新能源汽车、电源管理、发动机控制、智能驾驶技术产品及车联网产品等方面。中国正加速下一代锂电池研究，以突破电动汽车瓶颈。车联网产品日新月异，2013年8月27日，由中国汽车工程学会发起成立的“车联网产业技术创新战略联盟”在北京正式成立，旨在通过联合各相关行业的力量，协同攻关、协调发展，在推进Telematics车载应用服务之外，重点推动车联网技术对于汽车安全性与经济性等性能提升的应用。

良好的政策环境成为汽车电子产业发展的重要基石。2013年1月，交通部要求九省市要确保在3月底前完成本省80%以上北斗卫星导航系统车载终端安装任务，计划用两年时间安装8万台北斗终端。2013年9月13日，国家发布了《关于继续开展新能源汽车推广应用工作的通知》，对消费者在2013—2015年购买新能源汽车给予补贴。此外，国家将重点加大政府机关、公共机构、公交等领域新能源汽车推广力度，这将进一步促进与节能和新能源汽车相关的电子技术与产品的发展。

国内高速发展的汽车产业为汽车电子产品提供了广阔的应用市场。预计到2015年，中国汽车电子市场规模将突破4000亿元，其中车载空调、电视、导航、胎压监测等细分行业增速较高。全国现已形成围绕着国内汽车骨干企业，以上海、吉林、湖北、广东、安徽、天津为中心的东北、环渤海、长三角和珠三角汽车电子产业集群，形成了研发、生产、供给一条龙的产业链。

（四）消费品工业

在消费品工业方面，轻工、纺织行业积极推进两化深度融合以面对当前所面临的经济低潮期。2013年，轻工企业积极引进先进技术改造传统产业，娃哈哈集团以CIMS为核心的计算机数控生产使自动化生产渐次实现了智能化、可定制化、个性化，大大提高了设备的生产能力、产品的生产速度和产品质量；纳爱斯集团建立了四大核心业务管理系统，通过ERP实现了全集团子、分公司的采购、库存、生产、质量、销售的财务业务一体化管理，通过分销物流系统进行产成品入库到销售给客户的各环节管理，通过费用管理系统实现了集团经营费用和管理费用管理，通过人力资源系统进行人力资源与薪资管理，为集团管理方式改变和经济效益的提高提供了有力的支撑；海尔集团利用数字化和网络通信带来的快速便捷与实时信息反馈的便利，提出了“零库存”、“即需即供”。纺织行业两化融合发展水平评估结果显示：纺织行业大中型企业的两化融合发展水平总体处于单项应用向综合集成过渡的发展阶段；行业内中小企业的两化融合发展水平总体处于起步建设向单项应用过渡的发展阶段，公共服务平台在中小企业得到了较为广泛的应用，企业应用面已达到60%以上；23家纺织行业两化融合示范企业分别在企业信息化综合集成、电子商务平台建设、互联网创新应用、产业链协同等领域发挥了积极的示范效果，促进和带动了整个行业两化融合水平的提升。

【农业和农村信息化】

2013年，全国农业信息化政策环境持续利好，农业信息化基础设施继续完善，信息技术在农业生产、经营、管理和服务各个环节中的应用进一步加强，重大工程项目对推进农业信息化支撑作用发挥出巨大的能量。

（一）政策环境

农业信息化政策环境持续利好。2013年中央一号文件《关于加快发展现代农业，进一步增强农村发展活力的若干意见》对2013年农业农村工作作出全面部署，并强调加快推进农业现代化是实现“四化同步”的重大任务，只有着眼于国民经济社会发展全局，加快推进农业现代化，发挥工业化、信息化和城镇化对农业现代化的支持和带动作用，才能从根本上解决“三农”问题，促进城乡经济社会一体化发展，这是指导“三农”工作的连续第10个中央一号文件。2013年4月，农业部出台《关于加快推进农业信息化的意见》（以下简称《意见》）确立了当前和今后一个时期的战略目标和重点任务；《意见》指出，必须坚持“政府引导、需求拉动、突出重点、统筹协同”的方针，切实从农民最需要、政府最关心、发展最迫切、信息技术最有效的方面入手，重点推进农业生产经营、市场信息服务、科技创新推广、质量安全监管、重大动植物疫病防控、农村经营管理、农业电子商务、生产指挥调度、农业基础数据和现代农业示范区十个方面的信息化建设，争取用五年的时间，使农业农村信息化水平有一个大的提升，向“农业生产智能化、农业经营网络化、农业行政高效透明、农业服务便捷灵活”的目标迈进。2013年6月，农业部召开全国农业信息化工作会议，全面部署农业信息化工作，进一步推进信息化与农业现代化的全面深度融合。2013年7月，农业部成立了农业信息化领导小组，旨在全面加强农业信息化工作的组织领导，建立统筹协调的工作机制。

（二）基础设施建设

2013年，国家围绕宽带中国战略，落实促进信息消费相关举措，大力推进农村信息基础设施建设和农村信息化进程，深入实施通信村村通工程，继续推进直播卫星户户通工作，将信息服务向均等化推进，缩小数字鸿沟。

通信村村通工程建设继续升温。2013年，在全国已实现乡镇通宽带的基础上，各地继续加快推进行政村通宽带工作，新增1.9万个行政村开通宽带，行政村通宽带比例从年初的88%提高到91%；截至2013年12月，农村网民增加2101万人，总规模达到1.77亿元，占整体网民比例为28.6%；2013年农村网民规模的增长速度为13.5%，城镇网民规模的增长速度为8%，城乡网民规模的差距继续缩小。2013年，自然村通电话工作持续进行，新增8870个自然村开通电话，20

户以上自然村通电话比例从年初的 95.2%提高到 95.6%；2013 年新增 1026 个乡镇实施信息下乡，全国开展信息下乡活动的乡镇覆盖率达到 85%。

“校通宽带”工程助力贫困地区学校升级教育配置。在国家扶贫战略总体部署下，工信部联合教育部开展贫困农村“校通宽带”工程，2013 年为全国 5200 余个偏远贫困农村中小学开通宽带。

直播卫星户户通造就世界第一直播卫星平台。针对有线网络未通达的广大农村地区，国家 2011 年开始启动直播卫星“户户通”工程，着力推进农村地区广播电视由“村村通”向“户户通”延伸，用户通过直播卫星专用接收设施即可免费收听收看直播卫星电视和广播节目。2013 年，内蒙古、海南、贵州、云南、陕西、甘肃、青海七省区以“整省推进”方式继续推进户户通工作，共完成安装近 900 万户，全国直播卫星平台用户数量达 3200 万户，成为世界上用户数量最多的直播卫星平台。

（三）信息技术应用

1．农业生产信息化

2013 年，国家以农业物联网应用示范为抓手推进现代信息技术在农业生产过程中的集成、组装和应用，农业生产智能化水平不断提高。2013 年 5 月，农业部启动区域农业物联网试验工程，试点建设天津设施农业与水产养殖物联网试验区、上海农产品质量安全监管试验区、安徽大田生产物联网试验区，以探索农业物联网应用主攻方向、重点领域、发展模式及推进路径，构建农业物联网公共服务平台，适时开展成功经验模式的推广应用。目前，农业物联网区域试验工程初步建成并取得明显成效。

天津设施农业与水产养殖物联网试验区初具规模。2013 年，天津实验区已建成农业物联网技术应用核心基地 10 个，核心试验面积 1.056 万亩，开展了 1262 栋节能温室、76.5 万平方米养殖水面示范应用，涉及设施蔬菜、种羊、种猪、海水鱼、淡水鱼、南美白对虾等种类；与中科院合作，建成了天津农业物联网平台，涵盖了农业生产、市场流通、农产品加工、农资农机服务等领域数据库 17 个，集成各类农业应用系统 113 个，实现了 25 个基地传感数据的在线采集和 9 个基地共 17 路视频接入，平台开发技术居于国际先进水平；已建成放心菜基地信息管理平台，可以监管 10 个区县、50 个乡镇和 138 个基地，实现了生产档案全程在线采集管理；畜产品质量安全监管平台实现了从动物养殖到出栏的全过程动态监管和可追溯；水产品质量安全管理平台对水产品养殖基地实现数据即时传递和反馈，加强了农产品质量安全追溯示范应用。

上海农产品质量安全监管试验区围绕水稻、绿叶菜、动物及动物产品开展了物联网技术应用示范工程建设。在粮食作物安全监管方面，在光明米业水稻种植基地建设了 10 多万亩物联网综合应用示范基地，研发应用田间环境综合感知、空中移动感知和超远距高清视频感知等设备，提高农机及水资源管理和农产品加工、仓储、物流、销售等环节的智能化管理水平，每年可为企业节省管理成本 600 万元；在供沪动物及动物产品安全监管方面，采用二维码载体与实时网络传递相结合的方式，在 8 个市境道口建立了供沪动物及动物产品检疫监督信息管理系统，检出不予入沪产品近 2 万多车次；在能繁母猪安全监管方面，在全国率先运用植入式动物电子标识对能繁母猪实行了电子身份证管理；在绿叶菜安全生产方面，以 200 多家蔬菜标准园共 6 万多亩绿叶菜种植基地为实施重点，建立了电子化田间档案，以及蔬菜出场、出库时农残检测数据的在线联网监管，实现了绿叶菜安全生产可追溯管理应用示范。

安徽大田生产物联网试验区主要以大田作物“四情”（苗情、墒情、病虫情、灾情）监测服务为重点，通过物联网技术的集成应用，实现了大田作物全生育期动态监测预警和生产调度。2013 年，安徽实验区初步建成了大田生产物联网省级平台，平台包括农作物“四情”监测系统、大田生产智能决策系统、农机作业质量监控与调度系统等，平台已在 4 个县（场）开展应用示范，在 20 个粮食主产县建立了监测点，可以实时远程采集小麦长势视频和环境参数，采用远程化、可视化、网络化手段对全省农业生产和抗灾救灾进行专家会诊、科学决策和快捷高效的指挥调度。截至 2013 年年底，安徽全省采用农业物联网技术的农业企业有111家，已建成并投入使用67家。

此外，国家继续大力推进国家物联网应用示范工程。北京、黑龙江、江苏3省市国家物联网应用示范工程智能农业项目建设进展顺利，均取得良好的阶段性成果。2013年，国家发改委又对黑龙江农垦大田种植、北京设施农业、江苏宜兴养殖业3个国家物联网应用示范工程智能农业项目批复了后补助资金，并批复同意内蒙古玉米、新疆棉花2个大田国家物联网应用示范工程二期建设项目。

农村水利信息化建设不断推进。“全国农村水利管理信息系统”完成一期建设后，2012年6月开始了二期建设工作，2013年8月系统开发基本完成，构建了新的农村水利管理信息平台。2013年4月出台《全国农村水利管理信息系统运行管理办法（暂行）》，建立了信息系统应用绩效考核机制。2013年为配合推动信息系统应用，水利部农水司培训用户近1000人次，在大型灌区、饮水安全、农田水利基本建设、节水增粮行动、小型农田水利、基层服务体系等系统应用方面取得了较好效果。另外，初步建立了基于卫星遥感数据和水利普查成果数据的应急响应机制，针对重大应急事件及时开展了数据采集处理、产品制作和专题汇报等工作，全年主要响应了曲亭水库垮坝、芦山地震、湖南污水排放等应急事件处置。

2．农业经营信息化

2013年，农产品电子商务发展迅猛，为传统农产品营销注入了现代元素，在减少农产品流通环节、降低流通成本、促进产销衔接和公平交易、增加农民收入、倒逼农业生产标准化和农产品质量安全等方面显示出明显优势。据不完全统计，全国农产品电商平台已逾3000家，农产品网上交易量大幅增长，以阿里巴巴平台为例，2013年阿里平台上的农产品销售比上年增长112.2%。农产品电子商务在交易品种、交易模式、生产经营主体和支撑环境等方面均表现出了鲜明的特点。

从交易品种看，耐储易运的干货和加工品占主体，生鲜农产品增势迅猛。电子商务交易的农产品主要是地方名特优、“三品一标”农产品等，大枣、小米、茶叶、木耳等干货及加工品占农产品电子商务交易总额的80%以上。近两年在大城市郊区涌现出了一批如北京任我在线、上海菜管家、武汉家事易、辽宁笨之道、海南惠农网等为市民提供日常生鲜农产品的电商企业，且发展势头强劲。

从交易模式看，多样化发展趋势明显。五种模式各有千秋。一是入驻淘宝、京东、1号店等成熟电商平台开设网店模式，是当前农产品电子商务的主流模式。二是农业企业自建平台模式，如中粮我买网、顺鑫抢鲜购等有生产、仓储、物流基础设施的农业公司通过自建平台销售自家生产、加工的产品。三是垂直电商模式，如大连菜管家、武汉家事易等，以网络为交易平台、以实体店或终端配送为支撑的“基地+终端配送”模式。四是网络代销商模式，如“世纪之村”利用村级信息服务站点开展农产品、农村消费品网络代销代购。五是供应链整合模式，如天猫、河南众品食业的产品供应商与批发商的B2B电子商务模式。此外，农产品批发市场电子交易平台也有所发展，全国粮食统一竞价交易平台已与25个省（区、市）的26家粮食批发市场联网，可以实现全国快速联动，有针对性地实施宏观调控，2013年举办地储粮油竞价交易会268次，累计成交地方储备粮油148.34万吨。

从生产经营主体看，部分农民、合作社、批发市场开始尝试电子商务。山东、浙江等地出现许多大型“淘宝村”、“淘宝镇”，并带动周边物流、金融及上下游产业发展。农产品批发市场开始转型探索线上交易，如茶多网聚集安溪茶叶批发市场的1860家实体店，形成了全国茶叶电子商务平台，年交易额达2亿元。四川中药材天地网依托全国药材市场设立分支机构和信息站点，形成了庞大的线下服务网络，2012年入驻商家突破9000家，注册会员达28万人。

农业经营信息化在服务和支撑体系有了一定基础。城市冷链物流、宅配体系以企业自建方式快速发展，农村物流网点迅速增加，部分地方利用农村信息员开展草根物流服务，在很大程度上弥补了农村物流的空缺。资金支付手段进一步完善，支付宝、网银、手机钱包等金融服务开始向农村延伸。电商服务业快速发展，为电子商务的发展提供了良好的交易环境和服务。

3．农业服务信息化

农业政务信息化成效显著。2013年，“金农”

工程一期建设顺利完成。“金农”工程历时10年，先后投入5.8亿元，初步建成了农业电子政务支撑平台，构建了国家农业数据中心和国家农业科技数据分中心，开发农业监测预警、农产品和生产资料市场监管、农村市场与科技信息服务三大应用系统，建立了统一的信息安全体系、管理体系、运维体系和标准体系。通过“金农”工程一期项目的实施，农业部门信息化基础设施建设明显加强，政务信息资源建设和共享水平明显提高，部省之间、行业之间业务系统能力明显提升，有效提高了农业部行政管理效率，提升了服务三农的能力和水平，为农业农村经济社会平稳健康发展提供了有力保障。“金农”工程二期正在积极筹备。

农村基层信息服务体系正逐渐形成。截至2013年年底，全国39%的乡镇建立信息服务站、22%的行政村设立信息服务点，全国专兼职信息员超过18万人；组建了一支覆盖种植业、畜牧、兽医、水产、农机领域的专业门类齐全、经验丰富的专兼职专家队伍，培养了一批训练有素的专业话务员；相继建设并开通了29个省级、78个地级和352个县级语音平台，中央平台建设将于2014年正式上线，为农业信息服务工作的开展打下坚实的基础。

农村信息多元服务模式日趋完善。农业部2011年开通了农民手机报，为各级政府领导和农业部门干部推送农业发展情况。几年来，各地在实践中不断探索和创新，结合本地特点，形成了一批有实效、接地气的信息服务模式。例如，浙江的“农民信箱”、上海的“农民一点通”、福建的“世纪之村”、山西的“我爱我村”、甘肃的“金塔模式”、云南的“数字乡村”等，有效满足了广大农民的信息需求。

12316农业信息服务成效日益凸显。12316农业信息服务热线，除为农民提供与生产生活息息相关的科技、市场、政策、价格、假劣农资投诉举报等信息外，服务范围已延伸到法律咨询、民事调解、电子商务、文化节目点播等方方面面。截至2013年年底，12316已覆盖全国1/3农户，年均助农减损增收逾百亿元。吉林省12316新农村热线，五年多来受理农民咨询电话1100多万个，日均话务量为6000个，峰值逾2万个。12316也因此成为农业信息服务的标志。同时，由于12316热线直达农村、直面农民，迅速感知“三农”焦点热点，在很多地方，已经成为政府和涉农部门了解村情民意的“千里眼”和“顺风耳”，为行业决策、应急指挥提供了有力支撑。

【服务业信息化】

（一）金融行业

2013年，面对互联网金融的冲击，金融行业加大了技术和产品创新的力度，互联网金融创新产品不断推出，导致金融行业信息化建设步伐明显加快，一批方便快捷的信息化业务系统上线运行。

1．银行业

中国人民银行有序组织网络与信息系统的规划和建设。第二代支付系统、中央银行会计核算数据集中系统（ACS）、第二代货币发行管理信息系统等重要系统先后上线、试点；金融业综合统计平台基本建成，实现快速、准确反映各种统计数据，有力支撑实施货币政策；综合办公平台承载13个应用，快速满足央行内部管理需要；优化国库系统，满足了“金税”三期全国推广需求。

各商业银行信息化建设步伐明显加快。中国工商银行规划并启动了“信息化银行”建设，利用大数据、云计算、移动互联网等信息技术改造业务流程和管理系统，深度开发客户价值、支持开展业务竞争，研发推出电商平台、基于居民直接消费的小额消费信贷、小商户POS收单贷款等具有互联网金融特质的产品，提高了产品的便捷性和易用性，更好地适应了客户金融需求的变化；中国建设银行新一代核心系统一期项目启动以来，13个应用项目、2个基础项目以及支撑应用运行的新一代IT框架、平台、技术和安全组件，已全部按计划顺利投产上线，业务价值逐步显现；中国农业银行新一代核心银行系统（BoEing）三期顺利投产上线；民生银行新一代银行系统全面上线，同时也加快手机银行的推广，截至2013年年底，手机银行客户达到554.52万户，2013年的交易笔数为6001.39万笔，交易金额达到11258.51亿元。

2．证券期货业

2013年，证券期货业加强了信息系统安全维稳工作，深入有效地推进技术和业务创新，保证了资本市场信息系统总体的安全平稳运行。

证券期货行业全面启动了证联网建设工作。已完成工作计划、技术方案、建设方案、设备选型方案的制定，全面进入建设实施阶段；完成了《资本市场信息系统调研报告》，总结了资本市场信息系统8个方面的建设成效，分析了行业信息安全工作面临的三大形势，查找了存在的突出问题，为进一步制定《资本市场信息化建设总体规划》奠定基础。

证券交易登记结算系统完成升级优化。上海证券交易所进一步完善核心平台建设，完成了竞价撮合系统、综合业务平台、固定收益平台等的测试和更新；持续推进技术系统整合优化，完成再融资审核系统、市场监察平台系统的设计和开发；初步建成互联网统一接入系统，完成支持C/S与B/S的接入方式；完成和丰富风险警示版异常波动和信息披露、国债预发行统计等应用，推出"数据仓库服务台"应用。深圳证券交易所完成了场内实时申赎货币基金、债券ETF、黄金ETF等基金产品以及股票质押式回购等业务的技术实现；对监察系统进行了全面的优化完善，梳理和优化现有报警指标体系；完成了并购重组审核分道制评价信息集成系统，提高了审核效率；持续拓展BPM应用的深度，进一步提升企业信息化水平。

期货交易系统全年运行稳定。上海期货交易所启动了更新一代交易系统（NGES2.0）的建设工作，启动了海外网建设项目，推进内部管理系统建设，完成ISO 27001认证；大连商品交易所推进新一代交易系统（NGTS）建设工作，启动了CMMI5级体系建设工作，全方位开展信息安全风险排查和管理工作，推进同城和异地灾备数据中心建设，完成了异地灾备总体技术方案；郑州商品交易所设计研发新版交易系统并稳步推进交易系统升级，实施IT运维管理咨询二期项目并通过ISO 20000标准认证，全面推进符合ISO 20000标准要求的运维管理流程，进一步提升郑商所信息系统运维管理工作的规范化和标准化水平。

3．保险业

2013年，中国费率改革的启动激发了保险行业的产品与服务创新的活力，全年保险行业IT解决方案市场持续保持平稳增长态势，市场总规模达到27.59亿元人民币，占保险业整体软件和IT服务市场总量的68.5%。

随着互联网金融的发展，各大保险公司积极提升在线服务能力。中国人寿保险股份有限数据中心正式竣工投产，e门店中介互联网销售系统广泛应用，"国寿e家"功能不断完善。太平洋保险实现在线销售、在线服务和支持第三方合作的多项功能上线，公司加快E保通、微博、微信等接触点的建设，通过升级手机App"e保通"，提供"意外险购买、车险一键续保、快速报价、智能查询、保单查询、二维码扫描、周边搜索"等移动化、一站式便捷服务，实现累计下载量过万；通过推出集社交媒体、移动应用于一体的太平洋保险在线商城、太平洋直销车险官方微博、微信，基于客户兴趣进行内容策划与互动运营，提供点对点个性化便捷服务，实现微博账户累计粉丝数已突破40万人，微信粉丝数突破7万人。中国平安各业务线全面推出自助服务平台、全方位e行销及保全服务，产险远程定损、MIT银行卡开户、陆金所P2P网络投融资贷款申请等服务，提升客户感受，提高办理时效。

（二）交通行业

1．公路水路运输业

2013年，公路水路运输业以智能交通为引领，大力推动高速公路信息通信系统联网工程建设。

交通运输业具备了相对完整的法律法规和标准体系，基本满足了信息化发展的要求。2013年，交通运输部编制了《关于推进交通运输信息化智能化发展的指导意见》、《海事云数据中心建设指导意见》、《2013—2014年海事云数据中心实施规范》、《交通运输信息化标准体系表（2013年）》、《交通运输信息数据标准符合性检测管理办法》、《交通运输物流公共信息平台标准化建设方案（2013—2015年）》、《智能交通发展与推广调研报告》、《高速公路信息通信系统联网技术要求》等管理制度和文件。

高速公路信息化建设发展迅猛。河北、河南、广东、辽宁等省份高速公路联网收费比例已达100%；河北、辽宁、福建、广东等省电子不停车收费（ETC）车道开通率大幅攀升，计重收费车道在河南、四川、广西、辽宁、江苏、福建、江苏等省区得到推广应用；17个省份采用了歧义性路径识别技术；全程监控及交通事件检测技术在天津、上海、重庆、黑龙江、吉林等20余个省市得以推广应用，超过95%的省（直辖市、自治区）开发了基于Web GIS和热线电话以及交通网站、服务区多媒体终端、广播电视、手机WAP等方式的高速公路出行信息服务系统。

城市智能交通系统覆盖面持续扩大。各地综合信息平台的集成度进一步提高，各应用子系统的功能不断完善。调查显示，省府及中心城市已建成的子系统有营运车辆GPS安全监控及调度系统、公众出行综合交通信息服务系统、公交GPS运营调度系统和电子站牌系统、交通应急指挥系统、城市交通“一卡通”系统、出租车运营调度管理与信息服务系统、交通综合执法管理系统、智能停车诱导系统、路网管理与协调指挥系统、公共物流信息平台和客运综合枢纽管理信息系统。有11个省厅及中心城市实现了与公安交管、民航、铁路等部门进行信息系统的融合或数据交换。

2．铁路运输业

2013年，铁路总公司成立运输局信息化部，各铁路局成立信息化处，建立了总公司、铁路局两级信息化管理体制，明确了信息化管理主体，落实了信息化管理责任，完善了信息化管理制度，信息化工作指导力度不断加强。制定下发了《铁路信息安全风险管理实施意见》和《中国铁路总公司网络信息保护管理试行办法》等规章，拟定了《信息化管理规定》、《铁路信息网络管理办法》等文件。

售票信息化服务能力继续增强。2013年，12306网站改版售票页面，重新设计购票流程，优化页面功能和布局，同时设计了快捷购票，极大地改善了旅客购票体验。全年网上发售车票6.8亿张，日售票高峰460万张，12306网站最高日访问量45亿PV（页面浏览量）。完成了铁路手机售票的研发，并于2013年12月8日成功上线试运行，拓展了旅客购票渠道。实现与微信公众服务平台对接，为旅客提供方便的余票查询、停靠站查询、启售时间查询、正晚点查询等服务。实现铁路互联网和手机购票支持第三方电子支付购票。

铁路局级运输信息集成平台得到迅速推广。铁路总公司出台《铁路局级运输信息集成平台》，并在全路全面开展该平台推广实施，截至2013年年底，已经完成首期上海、呼和浩特、太原、济南、北京、郑州6个铁路局的实施推广和哈尔滨铁路局升级工作。沈阳铁路局“铁路运输信息集成平台（1.0）及基于集成平台的现在车系统（1.0）等综合应用”通过技术评审。

铁路车辆信息化工作有序推进。车辆运行安全监控系统建设和应用方面，截至2013年年底，全路安装“5T”设备7000余台套，其中，THDS 5388套，TFDS 423套，TEDS 49套，TVDS 22套，TPDS 133套，TADS 80套，TCDS监控2486组列车。车辆管理信息系统整合应用方面，完善了铁路车辆信息发布系统专用设备公示功能，实现了车辆专用设备技术标准、铁路局设备技术审查的公示、查询；完成了铁路货车标签编程系统升级，推进了软件测试和推广应用工作。

3．民航业

2013年，国务院办公厅印发了《促进民航业发展重点工作分工方案》，方案中明确提出民航信息化建设的重点应用领域，包括：推广应用物联网技术、加强安全生产信息化建设、大力推广新一代空管系统、加快航空运输系统核心信息平台的升级换代、保障基础信息网络和重要信息系统安全，为民航信息化发展指明了方向。

在飞机上进行网上冲浪成为现实。2013年7月3日，中国国际航空从北京飞往成都的CA4109航班进行了中国首次全球卫星通讯互联网航班体验飞行活动，飞在空中的飞机不再是信息的“孤岛”，乘客在试飞的航班上已经可以收发邮件、更新微博和查询股票。

各地机场加强信息系统建设和维护。南宁吴圩机场安检信息系统正式投入运营，系统可以对旅客接受安检的所有相关信息进行采集，包括旅客的个人信息登记、旅客接受验证的全过程，以及对离港旅客进行验证的安检人员、安检通道、安检时刻、交运行李、随身行李检查过程的监控等；石家庄机场T1生产系统核心交换机升级完成，T2离港系统顺利通过检测；广州白云机场货运安检信息系统成功上线试运行，系统实现了对空运物品安检的全流程记录监控，以及与公司机场产品线和平台产品线的对接；西宁曹家堡机场离港ANGEL NEWAPP系统成功投产，ANGEL NEWAPP上线后，值机、登机软件简单易用，控制、配载运行良好，大大提高了机场的工作效率，也有效提升了机场的服务质量。

（三）旅游业

2013年，全国旅游信息化高速推进，旅游业在智慧旅游、公共信息服务平台、移动互联网应用等方面快速发展。

智慧旅游成为旅游信息化建设热点并成为旅游信息化的新热点。2013年，国家旅游局继续加大推进智慧城市建设的力度，确定2014年旅游宣传主题为“美丽中国之旅——2014智慧旅游年”。地方政府将打造智慧旅游城市确定为旅游信息化建设目标，《安徽省旅游信息化建设三年行动计划（2013—2015年）》、《浙江省乐清市智慧旅游建设发展规划（2013—2016）》等相继出台；天津市“智慧旅游”建设稳步推进，智慧旅游综合数据中心已建成，行业智能管理平台、公共信息服务平台、目的地营销体验平台初步实现，互联网、移动互联网、12301旅游服务热线等载体全已落成实体，智能OA管理系统、旅游景区智能管理系统、旅行社智能管理系统、饭店智能管理系统、旅游超市系统等9个系统均已开展子项目建设。

公共信息服务平台建设成为旅游部门提升服务能力重要抓手。2013年，常州智慧旅游公共服务平台一期项目正式上线，该平台将“吃住行游购娱”旅游六大元素包罗其中，通过平台网站不仅可以了解到常州各大景区（点）以及乡村旅游点的情况，还可以查询到常州各类酒店、餐饮、购物点的信息以及交通信息，同时网站还会及时发布丰富的旅游资讯，包括各类节庆活动、景区（点）优惠活动、演出信息、游客的旅游攻略等。哈尔滨市开通了旅游公共服务平台，即114旅游服务热线，游客只要拨打114，114总台就会把游客电话同时转接到旅游平台上，呼叫中心系统可以让60名游客同时打进电话，话务员将为游客提供详实准确的旅游信息服务，包括景区介绍、线路、交通、酒店、门票、游客建议、投诉等方方面面的内容，服务平台将通过软件客户端、电话、邮件、短信、微信、微博等手段，把信息及时准确的反馈给旅游管理部门和旅游企业。

移动互联网应用开发成为各旅游景点信息化应用的重点方向。景德镇市推出“瓷都智慧旅游”手机App应用，该应用主要包括景德镇概况、旅游资讯、景点推荐、酒店宾馆、特色餐馆、购物指南、天气预报、实用信息等内容，结合GPS定位功能将为游客提供吃、住、行、游、购、娱等全方位、全要素资讯，并可以实现导航、导游、导览三位一体的功能，大大方便来景德镇旅游的游客；厦门“智慧旅游”手机客户端正式上线，游客可以实现查询、预订、支付、点评、分享一站式服务，为游客在食、住、行、游、购、娱每个旅游消费环节中提供便利；黄山市“智慧黄山—无线城市”已实现在线景点视频监控、旅游线路预订、景点门票预订、酒店预订等一条龙服务，通过二维码信息查询平台，采用维基百科模式，在景点、人文、商户、线路等信息下旅客可自主维护景点信息和自由评论。

（四）物流业

物流信息技术利用更加普及，物流信息化应用效果显著。技术利用方面，条形码（条码）和电子标签等技术在物流业务中的应用程度继续提升，2013年，条形码应用率达到58.21%，电子标签应用率达到38%，分别同比增加了4.9%和10.44%；物流企业与外部主体业务信息交换中，以EDI（电子数据交换）和互联网等为代表的信息化交换方式逐渐成为市场主导。从应用效果来看，信息系统的应用大大提高了订单（运单）准时率和对运输车辆的追踪水平，有超过86.67%的物流企业订单（运单）准时率超过70%，其中企业订单（运单）准时率超过90%的企业占比达到70%左右；监测结果显示，87.38%的企业实现了对自有车辆的追踪，68.46%的企业实现了对委外车辆的追踪。

（五）其他行业

商务领域信息系统建设为企业带来即时、便捷的服务。2013 年，商务部分别完善了投资项目信息库、建立了行政事项结果查询平台及贸易税费查询系统。投资项目信息库对来源于驻外经商机构、地方商务主管部门及国家级经济技术开发区的招商引资项目 3 万余项、对外投资项目 1000 余项进行了整合，项目核心资料全面，查询便捷；行政事项结果查询平台，提供对外贸易、国内贸易、利用外资、对外合作、服务贸易、反垄断六大业务领域，共 39 项行政审批结果实时查询；贸易税费查询系统，可查询包括中国在内的 84 个国家和地区的进出口贸易税费数据，内含税种全面、税率准确，为企业测算国际贸易到岸成本、优化物料采购来源、拓展海外市场提供支持和便利。

社会领域信息化

2013 年，在倡导高效便捷的信息化社会功能的环境下，社会领域信息化呈现出良好的发展态势，相应领域的信息化顶层设计逐步清晰，信息化基础设施进一步改善，信息技术与业务领域不断融合，法规与标准化更加完善，信息化应用成效逐渐加强。

【教育信息化】

2013 年，教育系统高度重视信息技术与教育教学深度融合，教育信息化对促进教育公平和教育资源均衡配置，提高教育质量显现的重要作用日趋明显。

信息化手段扩大优质教育资源覆盖面，教育信息化顶层设计已经初步完成。“一个核心理念、两个基本思路和三个层次的战略部署”的发展思路逐步形成。一个核心理念就是促进信息技术与教育教学深度融合。两个基本思路就是坚持应用驱动、坚持机制创新。三个层次的战略部署：一是中长期层面的《教育信息化十年发展规划》；二是中期层面提出了“十二五”期间以“三通两平台”为核心目标和标志工程的重点工作部署；三是近期层面，做好《关于加快推进教育信息化当前几项重点工作的通知》所要求的工作任务。2013 年重点建设完成了全国学生管理、教师管理和学生资助管理等信息系统，建成了全国学生数据库和教师数据库。2013 年《国家教育管理信息系统建设总体方案》和《省级数据中心建设指南》印发实施。

教育信息化网络环境得到进一步优化。“宽带网络校校通”工程促成了网络条件下的基础教学环境，全国中小学实现网络接入的比例超过 60%，其中实现 10M 宽带接入学校的比例已达 37%，北京、上海、江苏等发达地区学校已基本实现“宽带网络校校通”；“中国教育和科研计算机网主干网和重点学科信息服务体系升级扩容工程”通过验收，项目建成了 40×100G 高速传输网、100G 主干网、信息资源总量达到 10TB 的重点学科信息服务系统，全面提高了 CERNET 的技术水平和服务能力。

教育系统公共服务平台全面进入实际应用阶段。国家教育资源公共服务平台 2.0 版开通运行，具备为 1 万所学校、100 万名教师和 1000 万名学生提供网络学习空间和数字教育资源服务的能力，依托国家平台开展的教育资源应用规模化试点达4000多所学校、40多万名教师、600多万名学生，为促进信息技术与教育教学深度融合奠定了坚实基础；教育管理公共服务平台采取国家和省两级建设教育管理数据中心，国家、省、市（地）、县和学校部署应用，即“两级建设、五级应用”的模式大力推进，教育管理信息系统和基础数据库建设已初步构建起两级建设、五级应用体系，国家级数据中心已初步建成，省级数据中心建设正在稳步实施。

【人口健康信息化】

2013年，国家卫生和计划生育委员会设立规划与信息司统筹推进人口健康信息化建设重点任务，从组织机构方面进一步强化信息化在人口健康管理方面的重要性。

人口健康信息化总体框架基本确立。以统筹人口健康信息资源，强化制度、标准和安全体系建设，有效整合和共享全员人口信息、电子健康档案和电子病历三大数据库资源，实现公共卫生、计划生育、医疗服务、医疗保障、药品管理、综合管理等六大业务应用，建设国家、省、地市和县四级人口健康信息平台，以四级平台作为六大业务应用纵横连接的枢纽，以居民健康卡为群众享受各项卫生计生服务的连接介质，形成覆盖各级各类卫生计生机构高效统一的网络，实现业务应用互联互通、信息共享、有效协同。

卫生计生信息化建设成效显著。全国12个省份、100个地市分别建立省级、地市级卫生信息平台，511个县不同程度建立县级信息平台或数据中心，支撑区域内信息共享，实现医疗卫生系统互联互通、业务协同；全国二级以上医疗机构均开展电子病历建设，三级医院基本实现医院内部电子病历共享，不同程度实现网络预约挂号、医院间检验检查结果调阅共享；全国800余家医院开展远程医疗，促进优质医疗资源纵向延伸；15个省份发放应用居民健康卡，辽宁、河南等省份全面推广居民健康卡的发放应用，惠民便民效果明显；各省份全员人口统筹管理信息系统基本建立，在国家级汇聚了13亿人口个案数据，支撑国家、省、地、县、乡、村六级应用，服务于行政执法、利益导向、技术服务、流动人口服务管理，基本实现了计划生育重点管理信息的网络交互和共享。

“全民健康保障信息化工程”和“金人工程”得到了全面推进。按照《“十二五”国家政务信息化工程建设规划》建设全民健康保障信息化工程，实现卫生相关政务部门的信息共享和业务协同，提高突发公共卫生事件应对能力、重大疾病防控能力、食品安全、综合监督和公众健康保障能力，以及基层医疗卫生服务能力，提升医疗卫生事业行政监督管理水平，提高远程医疗服务能力，促进基本公共卫生服务均等化，满足人民群众多层次多样化医疗卫生服务需求。重点完善以疾病防控网络为主体的中西医协同的公共卫生信息系统；完善以食品安全风险监测评估为主体的食品安全信息系统；建立完善覆盖城乡的公共卫生、医疗服务、计划生育等的综合监督信息系统；建立涵盖基本药物采购供应和使用管理、居民健康管理、诊疗导航和绩效考核等功能的基层医疗卫生管理系统；建立妇幼卫生监测、孕产妇、儿童保健管理、生殖健康服务等的妇幼健康服务信息系统；以建立城乡居民电子健康档案和中西医电子病历为重点，建设支持各级医院上下联动、医保医药医疗业务协同、居民健康监测咨询等的医疗健康公共服务信息系统，支持医疗机构分级协作和医保支付、费用核查、即时结算；建设基本药物制度管理信息系统和基本医疗卫生服务质量与绩效评价信息系统。

加强全员人口信息的自主采集、业务办理采集和共享采集，加强人口与计划生育服务管理。建立完善国家和省级全员人口数据中心，形成标准统一、更新及时、真实准确的全员人口统筹管理信息资源；推进计划生育公共服务管理，基本实现全国流动人口计划生育相关信息的快速查询和异地办证；建立出生人口登记和出生医学证明信息系统，开展出生人口信息监测，推进出生性别比综合治理；探索开展以家庭为主体的信息管理，加强计划生育家庭利益导向、应对人口老龄化等政策制定实施；加强人口政策辅助决策支撑体系，加强对人口总量、素质、结构、动态分布、家庭发展能力、人口城镇化等关系社会发展重大问题的动态监测、分析评价和科学预测，为完善计划生育政策提供信息支持和科学依据。

在人口健康管理方面，全面实施信息惠民工程。按照《国务院关于促进信息消费扩大内需的若干意见》，将远程医疗和居民健康卡建设纳入信息惠民工程。一是建设国家远程医疗服务监管系统和省级远程医疗服务信息系统，并实现远程医疗系统之间的互联互通。整合远程医疗服务资源，提供远程会诊、远程影像诊断、远程心电诊断、远程病理诊断、远程监护、远程教育等远程医学服务。二是普及应用居民健康卡。加快大型医疗机构以及新农合参合人群、新生儿群体、职业卫生高危人群、无偿献血者等人群的发放与应用，服务于民，惠及于民。将居民健康卡的发放使用情况纳入医院等级评审考核指标。

推广区域人口健康信息化示范。在全国大中型城市推广区域人口健康信息化成功经验，依托居民健康卡和医疗卫生人员绩效考核卡（CA 电子认证），促进区域内人口健康信息共享、业务协同，创新资源集约、流程科学、服务规范的卫生服务模式，方便居民获得优质高效的医疗卫生服务，培养居民健康管理理念，改善看病就医感受，健全以内部管理、外部监管、绩效考核、政府补偿为核心的监管体系，形成整体示范效应。

【测绘行业信息化】

2013 年，测绘行业从信息资源建设、信息技术应用、法规与标准建设等多个方面推进信息化测绘体系建设，测绘地理信息化服务能力和水平进一步提升。

各种基础地理信息覆盖范围持续扩大，基本保证及时更新。完成了全国 1∶5 万地形数据库重点要素年度更新，已更新到 2013 年。初步构建了国家级基础地理信息数据库动态与联动更新机制和技术体系，1∶5 万和 1∶25 万数据库动态与联动更新实现常态化业务运行。全国 1∶1 万基础地理信息数据的必要覆盖进一步提高，数据动态更新进一步增强。截至 2013 年年底，省级 1∶1 万地形图对我国陆地国土必要覆盖率超过 70%，完成 1∶1 万地形图必要覆盖的省份增加至 20 个。

遥感影像数据资源的积累得到进一步加强。截至 2013 年年底，资源三号卫星接收数据 2990 轨，数据量达 560TB，数据覆盖 160 多个国家和地区，全球有效覆盖范围达 4900 万平方千米，中国有效覆盖范围达 914.63 万平方千米（不含重复）。

基于互联网的地理信息公共服务平台（天地图）公众版基本建成。截至 2013 年年底，全国已有 30 个省级节点和 85 个市（县）级节点与主节点实现了服务聚合，已有来自 216 个国家和地区 6.8 亿人次访问量，单日访问峰值达到 665 万人次，有超过 1000 个基于“天地图”的应用系统在线运行。天地图在政府管理决策、重大工程建设、企业增值服务、百姓日常生活方面形成了 1000 多个业务化应用，已链入中央政府门户网站，为中央办公厅、中央综治委、国家安全部、水利部、安监总局等部门提供地理信息支撑。

测绘行业信息化法规和标准逐渐完善。2013 年，国家和地方测绘地理信息部门共组织修制定国家标准 11 项、行业标准 10 项、地方标准 2 项。截至 2013 年年底，国家标准增加至 113 项，行业标准增加至 130 项，地方标准增加至 15 个，标准的科学性、时效性和适用性进一步提升，有力支撑了测绘信息化建设与发展；各地共制定测绘地理信息地方性法规 35 部，覆盖了全部省级行政区划，27 个省份制定了测绘地理信息领域的地方政府规章 80 余部，基本涵盖了测绘地理信息工作的各个方面，为加快地方测绘信息化建设创造了有力的法制条件。

【地震监测信息化】

地震行业统一进行了省级信息支撑平台建设，建设内容包括核心路由、核心交换和存储设备升级改造；完成了地震行业骨干链路的升级工作，行业骨干链路总带宽由 8M 扩容到 50M，大大提高了行业骨干信道的服务及容灾能力；对高清地震视频分析会商系统进行扩建，完成了甘肃、宁夏、山东、广东、福建、辽宁等省份二期视频节点的建设，系统已经多次高效服务于云南、新疆、四川、甘肃等地的震后趋势紧急判定工作，明显提高了地震分析会商业务的时效性和科技支撑能力，较大程度上节约了人财物等资源。

以地震科学数据共享平台应用为主的地震监测信息资源开发利用效果显著。截至 2013 年年底，地震科学数据共享平台建成了由 1 个国家中心和 10 个专业分中心组成的共享服务体系，形成了54个主体数据库（集），内容涉及测震、强震、重力、形变、地电、地磁、地下流体等观测数据和探测、调查、试验、专题、防震减灾类数据，总数据量达60TB，其中在线共享数据达15TB以上。具体服务成效上，2013年度国家地震科学数据共享中心和10个分中心网站总运行率为96.3%，用户访问量178万人次，年度新增用户803个，分布在464个单位，在线和离线数据服务总量约64TB；支持国家重大工程项目3个，服务各级各类科技项目108个，对235个用户提供了培训服务；用户利用地震科学数据进行科学研究，发表文章107篇。

多样化的地震综合信息服务模式得到充分发挥。研发了12322地震速报短信个性化服务平台，扩大了12322地震速报短信平台的服务范围，截至2013年年底，全国范围内开通了12个省级试点的试运行服务，当前服务用户已达6000多人。对手机版“地震快讯”信息平台和iPad版综合信息服务平台进行了持续完善与推广应用，在现有地震速报信息、应急产品、地理信息显示等功能基础上，将中国地震信息网主要内容在平板电脑上进行了移植和集成。在全国范围内进行了基于微博和微信平台的地震信息发布试验。

【气象服务信息化】

2013年，气象部门县级预报预警综合平台省级集约化数据环境试点工作进展顺利，启动了系统设计和软件开发工作，完成了浙江、甘肃、河南、山西等5个试点省集约化数据环境部署及业务数据接入，实现对平台的直接数据支撑；全国综合气象信息共享平台进行试运行，针对出现的问题，对系统进行了重要调整和升级，实现了气象业务所需解码的农气数据、土壤水分、气候月报、L波段探空等数据和卫星、服务产品等数据接入；整合国家级业务内网资源后的气象业务内网开始试运行，实现了7大类116种资料以及天气预报质量检验、气候预测质量检验、降水落区拼图等国家级产品和数据的共享；高性能计算机系统投入业务试用，该系统依托气候变化应对决策支撑系统工程，分7个子系统，分别安装在国家气象信息中心及沈阳、上海、武汉、广州、成都5个区域中心，总体峰值计算能力达每秒1759万亿次，与原系统相比总计算能力提升24倍、存储能力提升16倍，完成分辨率为15公里的GRAPES全球模式10天预报只需要51分钟，预报时效得到有效提升。

【公检法系统信息化】

公安系统信息化应用以警务信息综合应用平台为代表的全警协同的基础工作平台建设，已实现基础信息采集、网上办案、执法监督、绩效考核等一体化应用；新启用的电子往来港澳通行证，具有安全防伪、内嵌个人资料和指纹等特点，大大提高了公安机关在往来港澳口岸的出入境管理与服务水平；“出入境自动通关系统”、“车辆快捷通关系统”有效地提高了出入境港澳人员、车辆的通关效率；消防安全重点单位户籍化管理系统，解决了消防安全社会面防控精细化管理；“公安交通管理综合应用平台”有效整合了机动车登记、驾驶证管理、交通违法处理、交通事故处理、安全监管等主要业务，优化了业务流程，提高了工作效率，每天提供1976万次以上信息关联请求服务；“全国机动车缉查布控系统”实现了全国联网，共接入各类路面卡口系统1.6万个，汇集各类机动车通行数据122多亿条，通过与各地采集的布控信息对比，发现各类违法车辆上万次、发出预警车上万条、分析可疑机动车轨迹信息30多万次。

检察院系统信息化提出了包括远程视频接访、远程侦查指挥、远程视频通讯、电视电话会议、监所监控联网、同步录音录像、远程教育培训等为一体的检察视频中心建设思路，纳入电子检务工程项目建议书；检查系统基础网络建设成绩斐然，全国共有3562个（占总数99.5%）检察院连入检察专线网，3566个（占总数99.6%）检察院建成局域网，绝大多数省实现全覆盖，全国检察机关一级专线网带宽升至22M，全国连入检察专线网的分支网节点为2638个，达到分支节点总数的72.45%；全国检察机关一级专线网高清视频会议系统建设完成，包括最高人民检察院3个办公区和32个省级院、新疆生产建设兵团检察院共36个节点，实现了高清视频传输、动态双流、高清录播等功能。

人民法院信息网络体系初步形成，全国97%

的人民法院完成局域网建设并接入法院业务专网；科技法庭建设有序推进，建成并投入科技法庭 9000 余个，有力保障了重大案件庭审需求；建成提讯系统近 1400 套，最高人民法院远程视频提讯工作进入常态化。信息技术应用已渗透到审判执行工作的每个环节，在案件信息管理方面，办案平台实现了所有案件信息同步登录办案系统、同步形成电子卷宗、案件网上流转审批、案件流程节点有效监控的高水平网上办案；在案件数据方面，最高人民法院开展了全国法院数据集中管理工作，实现了数据自动生成和动态更新，已汇集全国法院近三年来 3500 多万件案件信息，并可提供全方位数据服务；在远程审判方面，最高人民法院利用 10 套远程提讯系统，实现与各高院、中院和绝大部分基层法院及部分省市看守所的远程提讯，大大提高了死刑复核工作效率，降低了司法成本；在审判管理方面，各级法院积极推进案件信息管理系统在排期开庭、质量评估、审判流程等方面的应用，利用信息网络平台加强对办案环节、办案节点的监督管理，确保案件审理的公开公正。

【其他社会服务领域信息化】

环保、民政、海关信息化工程一大批项目充分发挥社会化服务的效能。环保信息化以国家环境信息与统计能力建设项目和生态环境保护信息化工程实施为核心，在电子政务平台建设、环境保护部网站建设与运行、网络建设与运管、环保重点业务应用系统建设与维护、科学研究与技术交流等方面都取得发展与进步。民政信息化基础支撑环境运维管理不断完善，低保项目整体通过初步验收，天地复合的视频网络系统完成升级，安全管理和防御能力进一步提升。海关信息化重点加强电子口岸建设，中央和地方两个层面电子口岸共同发展。中央层面，电子口岸委成员单位扩展到 17 家，建设覆盖全国 300 多个城市的电子口岸专网，实现与 13 个部门、20 家商业银行以及中国港澳台和欧盟相关部门的联网，开发联网应用项目 32 个，累计入网企业 66 万家；地方层面，各省（区、市）均与海关总署签署《地方电子口岸建设合作备忘录》，并建设 36 个地方电子口岸平台，有 600 余个地方特色综合服务项目。

电子政务

2013 年，我国电子政务发展呈现总体平稳态势，主要体现在电子政务统筹协调发展取得一定进展，部门业务应用系统快速发展，政务服务不断创新和政府网站不断提升服务能力等多个方面。电子政务建设呈现“重管理、重应用、重服务、重实效”的特征。“重管理”即与电子政务相关的政策法规陆续出台，内容涉及顶层设计、工程管理、平台建设、网站管理等方面，电子政务建设更加规范；“重应用”即应用系统建设更注重部门间的业务协同和信息共享，重大信息化工程取得阶段性成果；“重服务”即以政府门户网站、政务微博微信为窗口，政府公共服务能力和效率得到大幅提升；“重实效”即电子政务着实提升了政务部门的宏观调控、市场调节、社会管理的能力，已经成为政务部门履行职能的重要支撑。

【保障体系建设】

截至 2014 年年初，各级政府基本健全了电子政务组织保障体系。据统计，有60%的中央部门制定和发布了电子政务或信息化发展专项“十二五”规划，36%的省级政府和6%的地市级政府制定和发布了电子政务或信息化发展专项“十二五”规划，在一定程度上推动了部门和地方电子政务统筹协调发展。对省、市、县三级的情况进行比较发现，地市级以上地方信息化主管部门普遍建立在工信部门，区县级信息化主管部门较分散，呈现出省市级相对集中、区县级相对分散的情况，进一步减弱了电子政务管理和协调的力度。

2013年，政务部门围绕发展规划、平台建设、项目管理等领域，不断完善电子政务发展政策环境。

发展规划方面，工业和信息化部、文化部、国家林业局、农业部、国家食品药品监督管理局等分别发布了《信息化发展规划》、《信息化发展纲要》、《中国智慧林业发展指导意见》、《关于加快推进农业信息化的意见》、《关于进一步加强食品药品监督信息化建设的指导意见》，对电子政务的建设目标、原则、重点等进行了明确说明，为电子政务的发展指明了方向。

平台建设方面，工业和信息化部、最高人民法院、国家发展和改革委员会等部委分别发布了《基于云计算的电子政务公共平台顶层设计指南》、《关于推进司法公开三大平台建设的若干意见》、《关于推进社区公共服务综合信息平台建设的指导意见》，对电子政务平台建设的总体要求、重点任务、保障措施等方面提出了要求，成为电子政务平台建设的重要依据。

项目管理方面，国家发展改革委发布了《关于加强和完善国家电子政务工程建设管理的意见》，地方政府发布了《太原市电子政务管理办法》、《池州市电子政务建设项目管理办法》等，保障了电子政务的建设与运维朝着科学、有序、规范的方向发展。

截至2014年年初，中央各部委的主要业务信息化覆盖率已经达到80%以上，省级政务部门业务应用覆盖率达70%以上，其中，财政、公安、人社、国土、工商、税务、住建、环保、质监、卫生与人口、食药监、统计等省级部门主要业务信息化覆盖率达到100%，副省级城市政务部门业务应用覆盖率为78%，地市级政务部门业务应用覆盖率为39%，区（县）级政务部门业务应用覆盖率为46%。

目前，我国电子政务总体上正在向深化应用、突出成效、发挥作用的深化阶段发展，统筹规划能力不足已经逐渐影响到我国电子政务的健康快速发展进程。要解决这个矛盾需要进一步加强统筹，做好顶层设计和规划，发挥整体的作用，改变我国电子政务建设碎片化的发展现状，将是今后一段时间内保障我国电子政务集约、可持续发展的关键。

【应用系统建设】

截至2013年年底，电子政务应用系统覆盖率显著提高。国务院各部门主要业务信息化覆盖率达到80%，省级政务部门主要业务信息化覆盖率普遍达到75%以上，地市级主要业务信息化覆盖率达到60%，区县一级达到40%。以“金字”工程为代表的国家重大信息化工程取得阶段性成果。

（一）“金税”工程

“金税”三期工程进入试点验收阶段。2013年，“金税”三期主题应用系统在重庆、山西、山东3个省国税局、地税局6个试点单位上线运行。“金税”三期通过实施征收管理、行政管理、外部信息和决策支持等17个项目，由管理现代化实现规范税收执法，优化纳税服务，提高征管质效，支撑全方位改革，推动税收事业跨越发展。目前，征管基础数据的质量得到提高，各类业务操作进一步规范，干部素质得到有效提升。同时由于国地税使用同一版本的征管系统，数据标准和口径得到统一，数据资源实现了较大程度的共享，特别是为营改增提供了极大的便利。随着决策支持2包、纳税服务平台、电子档案管理、行政管理、网络发票等应用的陆续上线，“金税”三期系统的管理链条更加完整，功能也更加完善，新系统成效逐步显现。

（二）“金财”工程

“金财”工程主要业务系统应用不断深化。2013年，各地财政部门积极探索基于平台的业务应用，基于平台构建一体化管理系统、综合查询分析系统、财政资金实时监控系统等业务应用系统，有效解决了系统整合问题，较好地促进了业务、技术、管理的融合；完成了中央部门预算管理、预算指标管理、财政转移支付测算、预决算辅助编制等系统的一体化整合，实现了中央预算管理的业务贯通、数据集中和信息共享；对国库支付核心系统、计划管理系统功能进行了扩充和完善，满足了新增业务管理需求，提高了系统运行效率；完善工资统发系统，扩充了系统功能，完成了与人社部工资系统、工商银行系统以及部内支付系统的测试联调工作。

（三）“金审”工程

“金审”二期工程建设成果助力提升审计能力。截至2013年年底，审计管理系统（OA）已在31个省、287个地市、2086个区县、17个经济开发区以及新疆生产建设兵团完成部署并投入使用，推进了各级审计机关在审计管理、质量控制和领导决策等方面的应用；现场审计实施系统（AO）已在全国审计系统发放10万多套，在计算机审计实践中发挥了极大的作用；联网审计系统（OLA）已用于对55个中央一级预算单位、国家重大建设工程、全国政府性债务和全国社保资金等审计项目的联网审计，并在15个省市开展对地方财政预算执行、地方税收、社会保险、投资项目、经济责任审计等项目中得到应用；国家审计交换中心的“远程办公”和“远程审计”栏目为审计机关开展移动办公和移动审计奠定了技术基础；审计署应用“金审”二期建设的运行维护系统，实现了对审计署机关、25个派出审计局和18个特派办的网络设备、安全设备、主机设备和机房设施运行情况的总体监控管理。

（四）“金保”工程

“金保”工程在基础设施建设、社保卡发放、人力资源应用系统建设、社保业务信息化水平、信息服务体系建设等方面进展显著。截至2013年年底，业务专网部、省、市三级网络已贯通到除西藏和青海玉树地区之外的全部地市，覆盖323个（96.1%）地市节点，城域网已覆盖90.8%的各类人力资源社会保障管理服务机构，83.5%的街道、社区、乡镇、定点医疗机构和零售药店；社会保障卡持卡人数达到5.4亿，发卡地区覆盖全国30个省份（含新疆生产建设兵团）的334个地级以上城市，占全部地级以上城市的87%，社会保障卡已广泛应用于医疗保险即时结算，27个省份已在辖区内实现异地就医的持卡即时结算；推进全国招聘信息公共服务平台联网机构已覆盖29个省份、154个地区（含省本级）的196家公共就业人才服务机构，累计发布2723万个招聘岗位信息；全国32个省份（含新疆生产建设兵团）均已建成城乡居民养老保险业务系统，已在全国97%的县级社保机构应用，医疗服务监控系统已在22个省份的55个地市使用；32个省份（含新疆生产建设兵团）319个地市（含省本级）开通12333电话咨询服务，全国12333咨询员人数达3300人，年处理来电近6000万。

（五）“金水”工程

“金水”工程各应用系统建设有序推进。全国水土保持监测网络和信息系统建设二期工程通过了水利部组织的竣工验收，全面完成了淮河、松辽、珠江、太湖4个流域监测中心站、18个省级监测总站及75个监测分站建设，配置建设了数据采集与处理设备、数据管理和传输设备共46种1858台（套）；建设了全国水土流失监测点715个，安装配置了监测设备6648台（套），初步形成了覆盖全国主要水土流失类型区、监测点布局合理、功能较为完备的水土保持监测网络体系，为国家水土保持生态建设宏观决策提供了有力支撑；完成了“水利电子政务内网园区网改造及应用系统完善项目”，包括公用平台升级改造、政务文档协同系统开发、综合办公系统升级改造、人事统计直报系统、电子监察系统流域扩展系统开发、密级标识系统建设等工作；“国家防汛抗旱指挥系统二期工程初步设计概算”通过国家发展和改革委员会核定，二期工程总投资12.08亿元，主要建设内容包括水情、工情、旱情信息采集系统、移动应急指挥平台、计算机网络与安全系统、防汛抗旱综合数据库、数据汇集和应用支撑平台、抗旱业务应用系统、系统集成与应用整合等15个子系统，建设工期为4年。

【政府网站】

截至2014年年初，各级政府网站普及率不断提高，我国副省级以上、地市级、县级地方政府网站覆盖率分别达到100%、100%、80%。

2013年，各级政府部门不断加强政府门户网站建设，规范了网站建设和管理、丰富了网站内容、深化了信息公开、创新了为民服务模式、提升了行政办事效率。

（一）建设管理规范，整体运行平稳

目前，我国电子政务总体上正在向深化应用、突出成效、发挥作用的深化阶段发展，统筹规划能力不足已经逐渐影响到我国电子政务的健康快速发展进程。要解决这个矛盾需要进一步加强统筹，做好顶层设计和规划，发挥整体的作用，改变我国电子政务建设碎片化的发展现状，将是今后一段时间内保障我国电子政务集约、可持续发展的关键。各级政府部门结合自身实际出台了政府网站管理办法，政府网站日常运维保障机制进一步完善。2013年，各部委、省、副省级、省会城市政府网站的首页链接全年可读性已经达到99.1%，二级和三级网站页面的链接全年可用性分别达到95.3%和81.2%，地市网站在服务功能的可用性上也达到94.4%。重点领域信息公开取得进展，工业和信息化部、国土资源部、环境保护部、交通运输部等部委能够围绕业务职能，建立了信息公开的专题专栏，加强政策文件的解读、工作计划安排及进展信息的及时全面公开；上海、广东、福建、湖南等地方政府网站也开通了重点专题、重点信息公开的专题专栏，加大对财政预决算、保障性住房、食品药品安全等相关通知公告、文件解读、工作进展动态的信息发布。

（二）整合力度加大，服务水平显升

2013年，以信息资源整合促进服务能力的提升成为共识。工业和信息化部、农业部、商务部、国家工商总局等部委能够围绕支持和引导企业发展、服务“三农”等主题，整合了大量的服务资源；教育部、环保部、卫生计生委、食品药品监管总局等部委，能够围绕教育、环境保护、医疗卫生、食品药品安全等民生热点提供相应的办事服务和便民查询服务；国土资源部网站土地市场网和矿业权市场网作为国土资源部“阳光行政”的重要窗口，实时发布土地和矿业权出让、转让等各类交易信息；国家林业局围绕生态林业民生林业的要求，按照国家和地方两大体系整合了37项林业行政审批事项，整合新增了80多项便民服务资源；四川、山东等地方政府网站能够围绕企业和民生服务需求，整合教育、住房、社保、企业开办等服务的专题资源，整合了大量丰富的服务资源。

（三）互联网新技术应用成为政府网站建设的新特点

随着各类数据量急剧增长，数据存储、数据处理、数据应用等大数据技术和产业快速发展，以云计算、移动互联网、大数据、物联网为代表的新一代信息技术快速发展，将进一步促进电子政务发展创新和提升服务支撑能力。政务微博、政务微信、搜索引擎、智能终端、智能移动终端的发展为政府网站拓展渠道、创新服务模式提供技术支撑。2013年，国务院办公厅开通微博、微信，累计发布国务院文件、部门动态等信息超过200条，粉丝数超过400万个，做了比较好的示范带头作用；国家林业局建设了中国林业网智能移动客户端和林业智能服务平台，开展自动化的咨询互动服务；国家食品药品监督管理总局开发了政府网站手机移动客户端应用；民政部开发了网站移动客户端，为公众获取民政信息和服务提供了更加便捷的渠道；新闻出版广电总局开发并上线了一批移动应用，包括“阅读中国”官方微博、官方网站智能手机客户端、微信公共服务账号、手机短信查询平台等，其中“阅读中国”官方微博上线9个月粉丝突破130万。截至2013年年底，新浪网、腾讯网、人民网、新华网4家微博网站共有政务微博账号258737个，全国政务微信总量已近5000个，政务微博、微信已然成为政民沟通的重要平台。

文化领域信息化

2013年，随着移动互联网的进一步发展，我国网络文化环境不断向好，文化信息资源建设更丰富，数字内容产业规模持续增长，文化各领域信息化程度进一步提高。

【互联网文化】

2013年8月19日，习近平总书记在全国宣传思想工作会议上指出，要健全基础管理、内容管理、行业管理以及网络违法犯罪防范和打击等工作联动机制，健全网络突发事件处置机制，形成正面引导和依法管理相结合的网络舆论工作格局。2013年11月，中共十八届三中全会提出，要加大依法管理网络力度，完善互联网管理领导体制，形成从技术到内容、从日常安全到打击犯罪的互联网管理合力，确保网络正确运用和安全。

整治网络谣言行动成效显著。从2013年5月开始，国家互联网信息办公室部署在全国范围内开展规范互联网新闻信息传播秩序专项行动；8月下旬，公安部部署专项行动，集中打击网络有组织制造传播谣言等违法犯罪，各地公安机关对网络谣言制造者传播者以及网络诽谤者、敲诈勒索者进行了抓捕；9月9日，最高人民法院和最高人民检察院公布了《关于办理利用信息网络实施诽谤等刑事案件适用法律若干问题的解释》，为人们的网络言行划定了明确的是非界限，为准确有力惩治网络犯罪活动提供了法律武器；9月29日，最高人民法院出台《关于审理编造、故意传播虚假恐怖信息刑事案件适用法律若干问题的解释》，进一步明确有关编造、故意传播虚假恐怖信息刑事案件的量刑标准。

打击网络信息版权侵权的力度加强。2013年，国家对《信息网络传播权保护条例》进行了修订，加大了对网络信息著作权侵权行为的处罚力度；开展了第九次打击网络侵权盗版“剑网行动”，办理了百度公司、快播公司侵犯著作权案等十大案件。另外，国家版权局与全国“扫黄办”、公安部、高法院和高检院联合挂牌督办8起重大案件；国家版权局挂牌督办20起重点案件；公安部挂牌督办22起重点案件。2013年，各专项行动坚持以查办大案要案为工作重点，有效遏制了网络侵权盗版高发的势头。

互联网新媒体的舆论地位得到政府的认可。2013年10月15日，国务院办公厅发布《关于进一步加强政府信息公开回应社会关切提升政府公信力的意见》，规定与宏观经济和民生关系密切以及社会关注事项较多的政府部门原则上每季度至少举办一次新闻发布会，主动做好重要政策法规解读，妥善回应公众质疑，并积极探索利用政务微博、微信等新媒体。截至2013年年底，全国政务微博数量约20万家，党政部门通过政务微博第一时间通报权威信息，成为新闻信源和事态演变重要变量。《2013年度新浪政务微博报告》显示，新浪政务微博发展亮点不断。最高人民法院和中国政府网等纷纷开通新浪微博引发社会各界关注；以法院、团委、新闻办等领域为代表，政务微博在覆盖地域和层级上实现突破性发展；政务微博整体日常运营更显成熟，在创新发展和公共服务模式上不断变革。

【信息资源共享】

2013年，“国家公共文化数字支撑平台”以文化共享工程现有的服务网络及硬件条件为基础，通过资源共享、智能调度、应用服务、管理监控等系统建设，增强了数字资源共享能力，提高数字资源传播效率和信息基础设施综合利用率。在中央财政的支持下，顺利启动发展中心和北京、浙江、黑龙江、湖北、广西、陕西、上海7个第一批地区的平台建设，确定了四川、福建等7个第二批建设地区。

“公共电子阅览室管理信息系统”与各省的对接工作逐渐完成。2013年，北京、辽宁、黑龙江等18省（区、市）安装了公共电子阅览室管理信息系统，天津、山东、安徽、湖北、新疆5个省（区、市）自建的公共电子阅览室管理信息系统与国家中心系统平台实现对接。

文化信息资源建设总量稳步增长。截至2013年年底，数字资源总量达到200.29TB，其中，国家中心达44.21TB、各地达156.08TB。

【国家数字图书馆建设】

数字图书馆推广工程已基本完成了基础构建阶段的工作任务，带动了全国各级数字图书馆的发展，为构建覆盖全国的数字图书馆建设与服务体系打下坚实基础。北京、福建、辽宁、广西、黑龙江等省（区、市）及深圳、广州、大连等市，结合地方特色和馆藏优势，建设了一批内容丰富、形式多样的优秀数字资源，并积极开展了自建数字资源登记工作，为全国文献信息资源的集中揭示、分级调度与服务奠定基础，全国已有21个省馆申报了46个联合建设项目。

【文物博物馆信息化】

2013年，文物博物馆行业信息化建设从基本建设向服务型建设转变。

上海市共为19家博物馆、纪念馆在公共服务区域覆盖了“i-Shanghai”无线网络；安徽博物院进行网络升级；甘肃省博物馆开通展厅二维码语音导览系统，实现网上虚拟展览开放；湖南省博物馆的馆藏精品正式在谷歌艺术计划（Google Art Project）上线，成为中国大陆第一家登录该国际艺术平台的公立博物馆；贵州文化遗产网建设进一步完善，新增了面向网上用户登录操作的窗口，以及政务工作、网上动态展厅等新项目；旅顺博物馆在展览中启用二维码技术，制作二维码展品说明牌；成都金沙遗址博物馆引入最新的无线传感网络技术，建立完善实时动态环境监测系统，部署环境监测网络，监测馆藏文物环境的改变。各省积极开展国有可移动文物普查文物信息采集和登录工作，信息登录统一在可移动文物信息管理平台上进行，登录内容包括文物名称、类别、年代、质地等14项基本指标项，11类附录信息照片影像资料及收藏单位主要情况，实现可移动文物信息的标准化、动态化管理；周口店遗址，颐和园，高句丽王城、王陵及贵族墓葬遗产，大运河遗产点、段，大足石刻等世界文化遗产监测预警体系建设项目先后启动实施；湖南省建立湖南考古三维地理信息系统，实现对信息数据的层级化、类型化、系统化管理；大足石刻宝顶山大佛湾石刻三维测绘与数字化（一期工程）项目启动实施。

【数字内容产业】

2013年8月，国务院发布《关于促进信息消费扩大内需的若干意见》，在国家政策层面进一步加大了对数字内容产业的支持力度，加速了数字内容产业的发展。2013年，网络游戏市场规模达到819.1亿元，比2012年增长36.3%；其中，互联网游戏（包括客户端游戏和网页游戏）市场规模为690.9亿元，比2012年增长28.9%，移动网游戏市场规模为128.2亿元，比2012年增长97.2%；自主研发网络游戏产品海外市场收入为9.1亿美元，比2012年增长55%。动漫总产值达到870.85亿元，核心动漫产品出口额为10.2亿元，比2012年的8.3亿元增长22.8%。网络音乐用户规模达到4.5亿元，网络音乐市场规模达到74.1亿元，比2012年增长63.2%。在线教育市场规模为839.7亿元，比2012年增长19.9%；在线教育领域成为众多投资者关注的重点领域，据统计，2013年有数十亿资金进入在线教育行业，全年新增在线教育企业近千家。2013年移动数据及互联网业务收入对行业收入增长的贡献从上年的51%猛增至75.7%。

电子信息产业发展与创新

2013 年，面对错综复杂的国内外政治经济形势，在坚持统筹稳增长、调结构与促改革之间的关系主旨下，加大政策预调微调力度，积极培育信息消费等热点领域，产业内骨干企业加快转变发展方式，不断优化产品与市场结构，全面深化转型升级，使得产业整体运行呈现平稳态势，生产保持较快增长，效益规模稳步提升，结构调整不断加快，为提高社会信息化发展水平和促进两化深度融合发挥了积极作用，在国民经济中的重要性持续提高。2013 年，我国通信运营业认真贯彻党的十八大和十八届三中全会精神，积极落实“宽带中国”战略，加大 3G 网络和宽带基础设施建设力度，加快发展新技术新业务，不断提升电信服务水平，全行业保持健康稳定发展。

【规模与地位】

2013 年，我国电子信息产业销售收入总规模达到 12.4 万亿元，同比增长 12.7%；其中，规模以上电子信息制造业实现主营业务收入 9.3 万亿元，同比增长 10.4%；软件和信息技术服务业实现软件业务收入 3.1 万亿元，同比增长 24.6%（见图 1）。

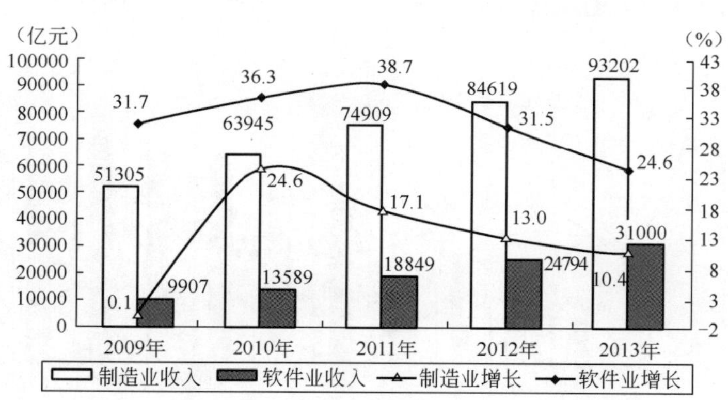

图 1　2009—2013 年我国电子信息产业收入规模

2013 年，我国规模以上电子信息制造业增加值增长 11.3%，高于同期工业平均水平 1.6 个百分点；行业收入、利润总额和税金占工业总体比重分别达到 9.1%、6.6%和 4.0%，其中，利润总额和税金增速分别达到 21.1%和 19.1%，明显高于工业 12.2%和 11.0%的平均水平，电子信息制造业在工业经济中保持领先地位，支撑作用不断增强（见图 2）。

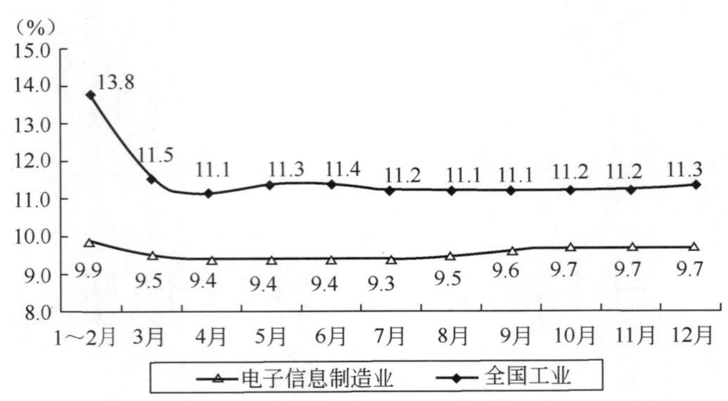

图 2　2013 年电子信息制造业与全国工业增加值累计增速对比

2013 年，我国电子信息产业销售收入 12.4 万亿元，折美元计算，占同期全球 IT 支出比重超过 50%。在硬件产品制造方面，我国手机、计算机和彩电等产品产量分别达到 14.6 亿部、3.4 亿台和 1.3 亿台，占全球出货量比重均在半数以上。在软件产品开发方面，我国软件业务收入同比增长 24.6%，明显高于全球 5.7%的平均水平，占全球市场份额进一步提高。

【外贸形势】

外贸增速高位趋稳。2013 年，我国电子信息产品进出口总额达 13302 亿美元，同比增长 12.1%，增速高于同期全国外贸进出口总额水平 4.5 个百分点。其中，出口 7807 亿美元，同比增长 11.9%，高于全国外贸出口增速 4.0 个百分点，占全国外贸出口比重达到 35.3%，比上年提高 1.2 个百分点，对全国外贸出口增长的贡献率为 51.1%。进口 5495 亿美元，同比增长 12.4%，高于全国外贸进口增速 5.1 个百分点，占全国外贸进口比重达到 28.2%，比上年提高 1.3 个百分点，对全国外贸进口增长的贡献率为 45.7%。从全年进出口走势来看，呈逐步趋稳态势（见图 3）。

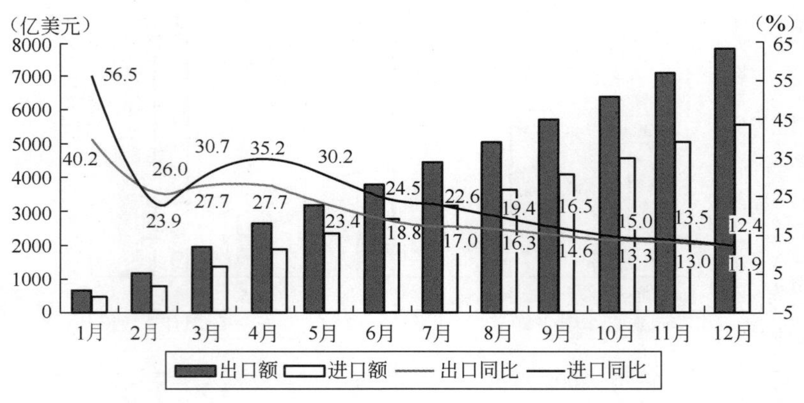

图 3　2013 年我国电子信息产品累计进出口额及增速

外贸结构持续优化。在贸易方式上，一般贸易比重继续提升，出口额 1514 亿美元，增长 23.2%，增速高于平均水平 11.3 个百分点，比重（19.4%）较上年提高 1.8 个百分点，此外，保税区仓储转口货物、保税仓库进出境货物及边境小额贸易等贸易方式出口增势突出，出口额达到 11.38 亿美元、10.5 亿美元和 16 亿美元，分别增长 64.3%、41.5%和 88.4%，贸易方式多元化趋势更加明显；在贸易主体结构上，内资企业出口 1958 亿美元，同比增长 38.4%，增速高于平均水平 26.5

个百分点，比重（27.5%）较上年提高 5.3 个百分点；在贸易伙伴结构上，新兴市场成为新的增长点，对越南、南非和阿根廷等国出口增速分别达到 78.5%、34.1%和 23.5%。在区域结构上，中西部地区成为新的增长极，如陕西省、山西省、重庆市和安徽省的出口增速分别达到 86.5%、65.9%、64.9%和 53.1%。

【结构调整】

融合化趋势日益凸显。2013 年，我国电子信息产业中，软件业收入比重达到 25.0%，比上年提高 2.3 个百分点，比“十一五”末提高 6.8 个百分点。随着产业发展层次的不断提高，纯粹的硬件设备越来越少见，绝大多数硬件都含有嵌入式软件、平台软件或应用软件，硬件设备的价值越来越多的取决于其中软件产品的价值技术含量。以彩电为例，创维、海信、长虹等主要厂商通过组织力量研发配套软件，或与软件企业开展合作，以提升产品的附加值。同时，软件企业及互联网企业也开始涉足硬件制造领域，例如，乐视网推出电视产品、奇虎 360 推出随身 WiFi 设备等。

内销市场地位提高。2013 年，我国规模以上电子信息制造业实现内销产值 45373 亿元，同比增长 18.4%，高于平均水平 7.4 个百分点；完成出口交货值 48519 亿元，同比增长 4.9%，低于行业平均水平；全年来看，内销产值增速始终领先于外销产值增速，所占比重达到 48.3%，比上年提高 3.3 个百分点。

内资企业实力提升。2013 年，我国规模以上电子信息制造业中，内资企业实现销售产值 30975 亿元，同比增长 18.5%，高于行业平均水平 7.5 个百分点；三资企业实现销售产值 62917 亿元，同比增长 7.7%，增速低于平均水平 3.3 个百分点；内资企业销售产值比重达到 33.0%，比上年提高 2.1 个百分点。

【助推信息化建设】

2013 年，我国电信固定资产投资完成额达到 3755 亿元，全年新建光缆线路 265.8 万千米，总长度达到 1745.1 万千米，同比增长 17.9%。截至 2013 年年底，使用 4M 及以上高速率宽带接入用户占整个国内互联网接入用户数的 78.8%，比上年提高 14.3 个百分点；我国网络国际出口带宽达到 341 万兆，同比增长 79.3%，比上年提高 42.6 个百分点。移动电话普及率达到 90.8 部/百人，比上年提高 8.3 部/百人；互联网宽带接入用户数和移动互联网用户数分别达到 1.9 亿户和 8.1 亿户，比 2012 年年末增加 1906 亿户和 4319 万户。同时 3G 网络已经覆盖到全国所有乡镇，3G 用户总规模突破 4 亿户，渗透率达到 32.7%，比上年同期提高 11.8 个百分点。城镇居民的彩电、计算机拥有率继续提高。同时，信息技术的渗透带动作用日益增强，推动生产制造业、交通物流业、出口贸易业等各行业的智能化和自动化改造，传统行业企业通过广泛应用信息技术加快转型升级，逐步占据价值链高端。此外，电子信息技术在国防和国家重点工程领域也发挥了重要作用。2013 年 12 月 15 日，嫦娥三号着陆器、巡视器顺利完成互拍成像，标志着我国探月工程二期取得圆满成功。在这其中，以中国电科为代表的一批电子信息企业功不可没。

【科技创新】

2013 年以来，电子信息产业各级主管部门下大力度优化企业创新政策环境，落实促进企业创新的财税政策。开展国家技术创新示范企业认定，建设以企业为主导的产业创新联盟；培育发展战略性新兴产业及信息消费等新兴业态和市场热点；组织实施重大创新发展工程和应用示范工程，加强关键核心和共性技术攻关，推进科技成果产业化；加快重点领域标准制修订，提升国际标准制定话语权；为我国电子信息产业自主科研创新营造了良好的政策环境，提供了有力的政策支持。

重点领域科技创新不断取得突破。在电子材料领域，石墨烯科研成果迅速转化，国内第一条世界领先的石墨烯生产线已开工在建，标志着我国在该领域跻身世界前列；在集成电路领域，国内第一款具有自主知识产权的 55 纳米相变存储技术产品发布，打破了国外芯片存储核心技术长期垄断的局面；我国完全自主知识产权的大功率 IGBT 芯片通过专家鉴定并投入批量生产，终结了高端 IGBT 芯片完全依赖进口的历史，将为我国轨道交通、电力系统等相关行业的发展提供强劲支撑；在卫星导航领域，我国北斗导航手持机和芯片亮相2013年世界雷达博览会；在超级计算机领域，我国研制的“天河二号”荣登全球超计算机500强排行榜榜首；在液晶显示领域，国内首颗AMLOED驱动芯片研制成功，具有重要的里程碑意义。

企业技术创新实力不断增强，在新应用领域不断取得突破。2013年，集成电路企业在多项先进和核心技术方面取得突破，宁波时代全芯科技发布中国第一款具有自主知识产权的55纳米相变存储技术；北京思比科微电子推出高性能图像传感器芯片，打破了国外对此技术的长期垄断；展讯通信有限公司开发的TD-HSPA+/TD-SCDMA/GSM/GPRS/EDGE双核智能手机平台（SC8825），实现单芯片支持多模应用，累计获得10项发明专利；杭州国芯科技股份有限公司开发的内嵌安全可靠CPU的高清数字电视SoC芯片系列，共获得6项发明专利。电子专用设备和仪器制造企业取得多项科研成果，江苏绿扬电子仪器集团公司研发的“LDS30000多功能混合数字存储示波器”填补了国内空白，技术达到国际先进水平，市场前景良好；中国电子科技集团公司第四十一研究所研发的“AV5253A通信综合测试仪”解决了宽带通信矢量信号接收分析难题，实现了多种分析测量功能；北京京运通科技股份有限公司自主研发的G7多晶硅铸锭炉设备和工艺，达到了国际领先水平，有效降低了太阳能电池硅片的生产成本；中科院微电子所利用自行研制的等离子体浸没离子注入设备，制备了纳米表面结构的黑硅材料，使多晶硅太阳能电池转换效率突破18%。电子元器件行业技术创新和产业化成果显著，光迅科技股份有限公司及中科院祝宁华教授完成的“高速半导体激光器制备、测试与耦合封装技术”项目获得2013年度国家技术发明二等奖，申请相关专利12项，制定发布行业标准10项，近三年销售额达3.56亿元。计算机行业随着“棱镜门”等一系列安全事件的出现，服务器、存储行业终端领域呼吁实现自主可控的声音高涨，华为、浪潮、联想等厂商不断发力，在产品上不断推陈出新，特别是在云计算、大数据等方面都推出了各自特色的产品和解决方案；曙光、联想、迈普研发的基于国产CPU的服务器、交换机等云计算设备在数据中心和超算中心得到应用。互联网企业跨界进入彩电行业，2013年，乐视在北京正式推出60英寸X60，成为首家推出自有电视品牌的互联网公司，标志着互联网模式正式进入电视领域，随之而来的是以联想、小米等为代表的互联网企业进入彩电领域，彩电业正经历着电视制造和互联网服务的相互渗透。

通信运营业发展与科技创新

2013年，我国通信运营业积极落实“宽带中国”战略，加大3G网络和宽带基础设施建设力度，加快发展新技术新业务，不断提升电信服务水平，全行业保持健康稳定发展。

【规模与地位】

2013年电信业务收入实现11689.1亿元，同比增长8.7%，比上年回落0.2个百分点，连续三年高于同期GDP增速。电信业务总量实现

13954 亿元，同比增长 7.5%，比上年回落 3.2 个百分点（见图 1）。

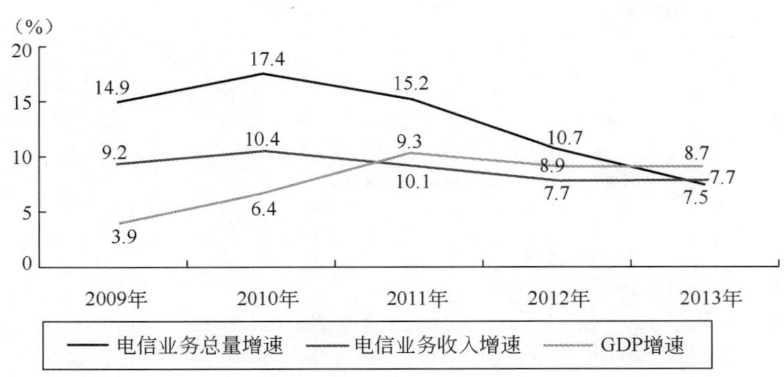

图 1　2009—2013 年电信业务总量与业务收入增长情况

行业转型步伐加快。2013 年，行业发展对话音业务的依赖持续减弱，非话音业务收入占比首次过半，达 53.2%；移动数据及互联网业务收入对行业收入增长的贡献从上年的 51%猛增至 75.7%。用户结构进一步优化，3G 移动电话用户在移动用户中的渗透率达到 32.7%，比上年提高 11.8 个百分点；光纤接入 FTTH/0 用户占宽带用户总数的比重突破 20%，达 21.6%。融合业务发展逐渐成规模，截至 12 月末，IPTV 用户和物联网终端用户分别达 2842.5 万户和 3200.4 万户。

【用户规模】

移动电话普及率突破 90 部/百人 。2013 年，全国电话用户净增 10579 万户，总数达到 14.96 亿户，增长 7.6%，电话普及率达 110 部/百人。其中，移动电话用户净增 11695.8 万户，总数达 12.29 亿户，移动电话用户普及率达 90.8 部/百人，比上年提高 8.3 部/百人（见图 2）。全国共有 8 省市的移动电话普及率超过 100 部/百人，分别为北京、辽宁、上海、江苏、浙江、福建、广东、内蒙古，其中辽宁、江苏首次突破 100 部/百人。固定电话用户总数为 2.67 亿户，比 2012 年减少 1116.8 万户，普及率降低至 19.7 部/百人。

固定宽带用户接入速率加快提升。2013 年，基础电信企业固定互联网宽带接入用户净增 1905.6 万户，比上年净增减少 612.6 万户，总数达 1.89 亿户（见图 3）。其中，2M 以上、4M 以上和 8M 以上宽带接入用户占宽带用户总数的比重分别达到 96.2%、78.8%、22.6%，比上年分别提高 1.9 个、14.3 个、9.5 个百分点。

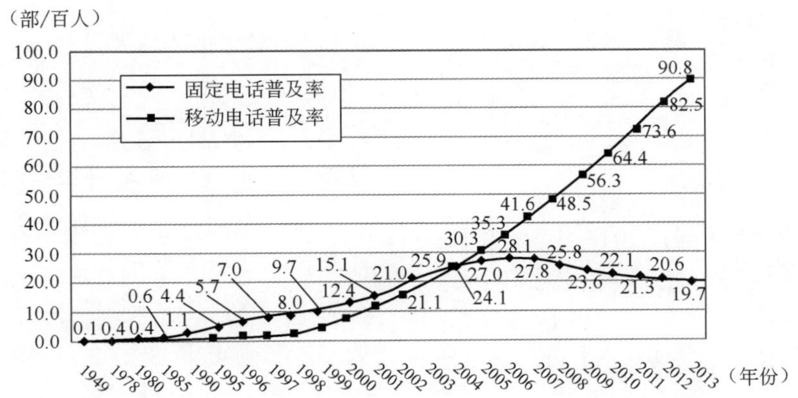

图 2　电话普及率

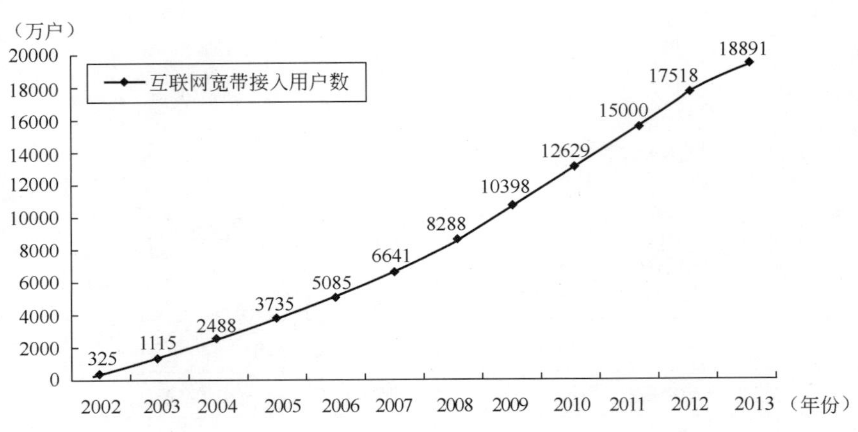

图 3 2002—2013 年互联网宽带接入用户发展情况

手机网民渗透率大幅提升。2013 年，我国互联网网民数净增 5358 万人，达 6.81 亿人，互联网普及率达到 45.8%，比上年提高 3.7 个百分点。手机网民规模达到 5 亿人，比上年增加 8009 万人，网民中使用手机上网的人群占比由上年的 74.5% 提升至 81%（见图 4）。手机即时通信、手机搜索、手机视频和手机网络游戏用户规模比上年分别增长 22.3%、25.3%、83.8%、54.5%。电子商务应用在手机端应用发展迅速，手机在线支付用户在手机网民中占比由上年末的 13.2%上升至 25.1%。

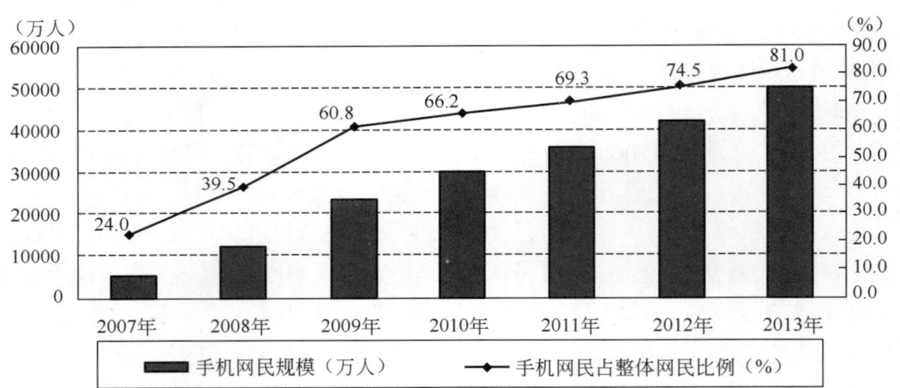

图 4 2007—2013 年手机网民规模和网民比例发展情况

【网络基础设施】

“光进铜退”趋势明显。2013 年，互联网宽带接入端口数量达 3.6 亿个，比上年净增 3864 万个，同比增长 34.0%。互联网宽带接入端口呈现“光进铜退”的态势，xDSL 端口比上年减少 1111.7 万个，总数达到 1.47 亿个，占互联网接入端口的比重由上年的 49.4%下降至 41%。光纤接入 FTTH/0 端口比上年净增 4215.2 万个，达到 1.15 亿个，占互联网接入端口的比重由上年的 22.7%提升至 32%。

移动电话网扩容步伐加快。2013 年，移动电话网扩容速度有所加快，移动交换机容量同比增长 7.5%，比上年增速提升 0.3 个百分点，达到 19.65 亿户。与固定电话用户下降对应，局用交换机容量比上年下降明显，增速由正转负，全年下降 6.5%，达到 41052.2 万门。其中，接入网设备容量达到 22523.7 万门，比上年下降 3.8%（见图 5）。

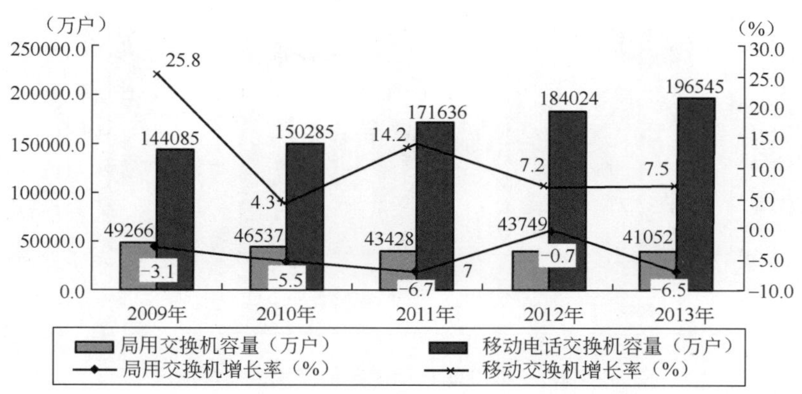

图 5　2009—2013 年局用及移动电话交换机容量发展情况

互联网国际出口带宽增速显著。截至 2013 年 12 月，我国网络国际出口带宽达到 3406824Mbps，同比增长 79.3%，比上年提高 42.6 个百分点，创下近七年来增速最高点。其中中国电信稳居首位，首次突破 2000G 大关，达到 2190878Mbps。

传输网规模再创新高。2013 年，全国新建光缆线路 266 万千米，光缆线路总长度达到 1745 万千米，同比增长 17.9%，尽管比去年同期回落 4.2 个百分点，仍保持着较快的增长态势（见图 6）。

全国新建光缆中，接入网光缆、本地网中继光缆和长途光缆线路所占比重分别为 47.1%、47.8%和 1.1%。接入网光缆和本地中继光缆长度同比增长 22.6%和 15.2%，分别新建 152.7 万千米和 110.1 万千米；长途光缆保持小幅扩容，同比增长 3.4%，新建长途光缆 3.0 万千米。

【固定资产投资】

投资完成额小幅增长 3.9%。2013 年，全行业固定资产投资规模完成 3754.7 亿元，达四年来投资水平高点。投资完成额比上年小幅增加 138.5 亿元，同比增长 3.9%，比上年回落 3 个百分点（见图 7）。

互联网数据通信和传输投资比重提升。2013 年，移动投资仍是投资的重点，完成投资 1346.4 亿元，同比下降 1.5%，占全部投资 35.9%。数据通信和传输投资比重逐步加大，其中，互联网及数据通信投资完成 511.7 亿元，同比增长 23.0%，占全部投资的比重由上年的 11.6%提升到 13.6%；传输投资完成 951.9 亿元，同比增长 14.9%，占比提升到 25.4%。

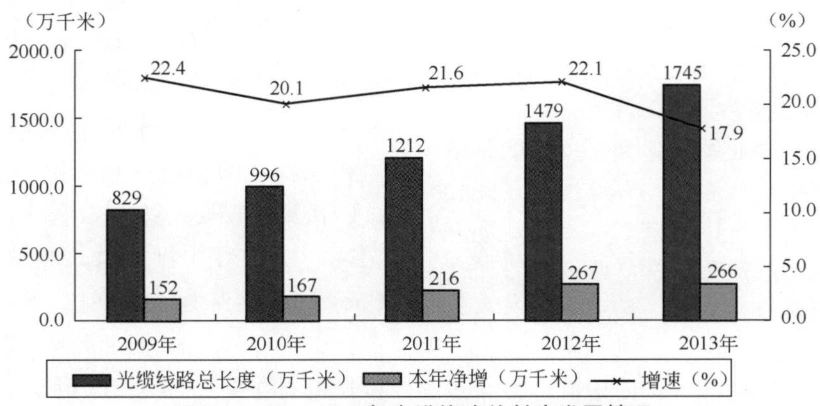

图 6　2009—2013 年光缆线路总长度发展情况

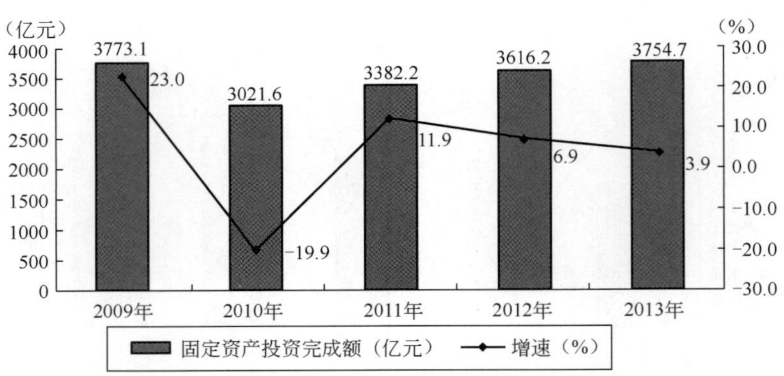

图 7　2009—2013 年电信固定资产投资完成情况

【三网融合】

国家战略继续推动三网融合发展。2013 年 8 月，《国务院“宽带中国”战略及实施方案》提出，综合利用有线、无线技术推动电信网、广播电视网和互联网融合发展，加快构建宽带、融合、安全、泛在的下一代国家信息基础设施，全面支撑经济发展和服务社会民生。《国务院关于加快促进信息消费扩大内需的若干意见》提出，全面推进三网融合，即加快电信和广电业务双向进入，在试点基础上于 2013 年下半年逐步向全国推广；推动中国广播电视网络公司加快组建，推进电信网和广播电视网基础设施共建共享；加快推动地面数字电视覆盖网建设和高清交互式电视网络设施建设，加快广播电视模数转换进程；鼓励发展交互式网络电视（IPTV）、手机电视、有线电视网宽带服务等融合性业务，带动产业链上下游企业协同发展，完善三网融合技术创新体系。

融合业务用户发展迅速。2013 年，IPTV 用户新增 668.2 万户，达到 2842.5 万户，同比增长 30.7%，手机电视用户达到 4412 万户。

业务融合发展对产业发展起到了良好的带动作用。2013 年，基础电信企业与互联网公司陆续联合推出了“微信沃卡”、“易信”等产品，展开了在移动即时通讯领域流量、产品联合开发运营和资本合作的探索融合。同时，积极整合各类资源，与合作伙伴在支付、位置、语音识别、阅读、手机电视、手机商店等方面推进应用开发及市场应用。传统通信与 OTT 竞争合作的新探索，将促进基础电信运营企业与互联网企业融合发展，促进通信企业对新业态新商业的合作创新。

【科技创新发展】

全面发力 5G 研发，抢占技术制高点。 2013 年 2 月，由工信部、发改委、科技部共同支持成立了 IMT-2020（5G）推进组，工作组下设技术组、需求组、频谱组和标准化组，对 5G 领域的主要课题进行研究。另外，国家还通过进一步推动重大专项“新一代宽带无线移动通信网”、启动国家 863 计划“5G 系统前期研究开发”等多种机制支持 5G 技术研发。此外，华为在海外已经建立了 16 个独立的研发中心，2009 年开始研发 5G，并分别在 2011 年和 2012 年的移动世界大会上展示了业界领先的峰值速率达 50Gbps 的 5G 原型机基站。2013 年，华为宣布继续投资 6 亿美元用于 5G 技术的研究与创新。

下一代广播电视网（NGB）关键技术攻关取得了突破性成果。NGB 宽带接入技术突破了国外企业的垄断地位，不仅在北京、上海、浙江、江苏、广东、深圳等有线电视网络广泛应用，而且在国际上得到好评和应用，HINOC 标准已被 ITU 接纳为国际标准建议提案，C-DOCSIS 标准已被 DOCSIS 国际标准系列制定方美国 Cablelabs 接纳为 DOCSIS 系列标准，有望很快成为美国 ANSI 标准、欧洲 ETSI 标准和 ITU 国际电联标准。C-DOCSIS 标准的成功国际化将有力地支撑华为、中兴等民族企业的产品走向美欧及亚洲市场。

网络与信息安全

2013 年我国互联网网络安全状况总体平稳。然而，我国互联网仍然存在较多网络攻击和安全威胁，不仅影响广大网民利益，妨碍行业健康发展，而且对社会经济和国家安全造成威胁和挑战。

【基本状况】

基础信息网络运行总体平稳，域名系统依然是影响安全的薄弱环节。2013 年，我国基础网络安全防护水平有较大提升，但仍然发现较多信息系统安全风险，尤其是域名系统作为互联网运行的关键基础设施，面临安全漏洞和拒绝服务攻击等多种威胁，是影响网络稳定运行的薄弱环节。基础网络承载的互联网业务类型日益增多，引发一些安全风险。基础网络安全防护水平进一步提高。2013 年，在工业和信息化部指导下，基础电信企业高度重视网络安全防护工作，在全网开展网络单元和业务系统的定级备案调整工作，对 3000 余个三级及以上网络单元开展符合性评测和风险评估，各企业符合性评测达标率均在 97%以上，与 2012 年基本持平。基础网络信息系统仍存在较多安全风险。2013 年，国家信息安全漏洞共享平台向基础电信企业通报漏洞风险事件 518 起，较 2012 年增长超过一倍。按漏洞风险类型分类，其中通用软硬件、信息泄露、权限绕过、SQL 注入、弱口令等类型较多，分别占 42.1%、15.3%、12.7%、12.0%和 11.2%。这些漏洞风险事件涉及的信息系统达 449 个，其中基础电信企业省（子）公司所属信息系统占 54.6%，集团公司所属信息系统占 37.2%。对此，各企业均积极响应，及时进行修复加固处理。但是，2013 年仍发现有部分企业的接入层网络设备被攻击控制，网络单元稳定运行以及用户数据安全受到威胁，我国基础网络整体防御国家级有组织攻击风险的能力仍较为薄弱。域名系统依然是影响互联网稳定运行的薄弱环节。由于域名注册服务机构的域名管理系统存在漏洞，攻击者能随意篡改域名解析记录，2013 年曾发生多起由此引发的政府部门网站和提供互联网服务的网站域名被劫持的事件，导致用户访问受到严重影。此外，域名系统遭受拒绝服务攻击的现象日益严重。2013 年 8 月 25 日，黑客为攻击一个以.cn 结尾的网游私服网站，对我国.cn 顶级域名系统发起大规模的拒绝服务攻击，导致大量政府网站、新浪微博等重要网站无法访问或访问缓慢。同年 8 月，域名注册服务机构爱民网（22.cn）的域名服务器在一周内连续遭受数十 Gbps 级的拒绝服务攻击，数万个域名受到影响。据 CNCERT/CC 监测，2013 年针对我国域名系统较大规模的拒绝服务攻击事件日均约有 58 起。直接针对域名系统发起攻击，不仅能使目标网站瘫痪，还会导致大量无辜网站受到牵连，从而造成严重后果。基础信息网络承载的互联网业务频现安全问题。随着基础网络设施不断完善，其所承载的互联网业务类型日益增多，引入新的安全风险。2013 年 7 月 22 日，腾讯微信业务出现故障，全国多地有 6000 多万用户无法正常使用，用户感知强烈。微信属于目前较为流行的 OTT（Over The Top）业务模式，通过基础电信企业的网络发展自己的音视频和数据服务业务，但其安全保障水平和业务承载级别不匹配，一条线路的故障就能导致多家基础电信企业的用户受到影响。2013 年，部分互联网公司的网站域名在某些地区被劫持，甚至被强行插入广告窗口，某些宽带接入商在小区路由器上对部分网站进行劫持跳转等事件，严重影响用户体验，损害互联网企业和网民利益。

公共互联网治理初见成效，仍存在较多安全隐患。2013 年，我国境内感染木马僵尸网络的主机为 1135 万个，控制服务器为 16 万个，分别较 2012 年下降 22.5%和 44.1%，为近 5 年首次出现下降。2013 年，在工业和信息化部组织开展的防范治理黑客地下产业链专项行动中，CNCERT/CC 会同基础电信企业、域名注册服务机构共开展 8 次恶意程序专项打击工作，清理木马僵尸网络控制服务器 3.4 万余台，受控主机近 72 万台，重点处理控制规模较大的僵尸网络 1455 个，切断了黑客对 375 万余台感染主机的控制，有力地净化公共互联网环境。虽然我国境内感染的主机数量总体有所下降，但感染远程控制类木马的主机数量较 2012 年小幅上涨 4.4%，这类木马能对用户主机实施远程控制、窃取重要文件和敏感信息或发起网络攻击，具有极大的危害性。分析发现 D-LINK 等众多网络设备存在后门。2013 年，CNVD 共收录各类安全洞 7854 个，其中高危漏洞 2607 个，分别较 2012 年增长 15.1%和 6.8%。涉及通信网络设备的软硬件漏洞数量为 505 个，较 2012 年增长 1.5 倍，占 CNVD 收录漏洞总数的比例由 2012 年的 2.9%增长至 6.4%。同时，CNVD 分析验证 D-LINK、Cisco、Linksys、Netgear、Tenda 等多家厂商的路由器产品存在后门，黑客可由此直接控制路由器，进一步发起 DNS 劫持、信息窃取、网络钓鱼等攻击，直接威胁用户网上交易和数据存储安全，使得相关产品变成随时可被引爆的安全“地雷”。个人信息泄露问题挑战现有社会信任机制。云计算、移动互联网、社交网络等互联网新技术新业务正在改变个人信息的收集和使用方式，个人信息的可控性逐步削弱，姓名、住址、电话、身份证号、消费记录等重要生活信息越来越多地出现网络泄露问题。2013 年 10 月，“查开房”网站公开曝光 2000 万条客户酒店入住信息，据比对，该信息是往年泄露的，但其中涉及大量个人隐私信息，严重影响公众生活。2013 年 7 月，Apache Struts 2 被披露存在远程代码执行高危漏洞，可直接导致服务器被远程控制或数据被窃取，多家大型电商和互联网企业以及大量政府、金融机构网站受到影响，上亿用户信息面临严重泄露风险。由于信息管理制度不完善，保险订单、航班订单、网购订单和快递物流单据等包含的用户个人信息被大量滥用，甚至公开售卖，也是个人信息泄露的重要原因之一。这些姓名、身份证号、电话等信息的真实性极高，被黑客广泛用来实施欺诈和社会工程学攻击，给现有社会信任机制带来严重挑战。

移动互联网环境有所恶化，生态污染问题亟待解决。2013 年，移动互联网恶意程序数量继续大幅增长，恶意程序的制作、发布、预装、传播等初步形成一条完整的利益链条，移动互联网生态系统环境呈恶化趋势，亟须加强管理。针对安卓平台的恶意程序数量呈爆发式增长。2013 年，移动互联网恶意程序样本达 70.3 万个，较 2012 年增长 3.3 倍，其中针对安卓平台的恶意程序占 99.5%。按照恶意程序行为属性统计，恶意扣费类数量仍居第一位，占 71.5%，较 2012 年的 39.8% 有大幅增长；其次是资费消耗类（占 15.1%）、系统破坏类（占 3.2%）和隐私窃取类（占 3.2%），与用户经济利益密切相关的恶意扣费类和资费消耗类恶意程序占总数的 85%以上，表明黑客在制作恶意程序时带有明显的逐利倾向。按恶意程序的危害等级分类，高危占 1.0%，中危占 29.0%，低危占 70.0%。其中，高危恶意程序所占比例较 2012 年大幅下降，反映出黑客为降低风险，从制作恶意性明显的木马或病毒转向制作恶意广告、恶意第三方插件等灰色应用，以达到既逃避监管又获取经济利益的目的。手机恶意程序传播渠道多样化。2013 年 CNCERT/CC 监测发现移动互联网恶意程序传播次数达到 1296 万余次，移动互联网恶意程序下载链接 1207 万个，用于传播移动互联网恶意程序的域名 15247 个、IP 地址 60976 个，分别是 2012 年的 23 倍、33 倍、32 倍和 11 倍。这些域名包括移动应用商店、论坛、网盘、博客等众多类型，其中仅移动应用商店的数量就超过 300 家。移动应用商店的审核机制不完善、安全检测能力差等问题，使恶意程序得以发布和扩散，仅“安丰市场”就有数千个流行的移动应用被植入木马程序，下载次数超过 200 万次。2013 年发现某电商出售的行货手机，被第三方预置隐私窃取类手机病毒，能静默上传手机号、IMEI 号、联网 IP 地址、位置信息、程序列表等，累计感染人数超过 200 万。移动应用商店、手机经销商等移动互联网生态系统的上游环节被污染，导致下游用户感染恶意程序的速度加剧。

经济信息安全威胁增加，信息消费面临跨平台风险。2013 年，互联网与金融行业深度融合，以余额宝、现金宝、理财通等为代表的互联网金融产品市场火爆，在线经济活动日趋活跃。但与此同时，钓鱼攻击呈现跨平台发展趋势，在线交易系统防护稍有不慎即可能引发连锁效应，影响金融安全和信息消费。跨平台钓鱼攻击出现并呈增长趋势。2013 年，在传统互联网的钓鱼网站之外，黑客还结合移动互联网，利用仿冒移动应用、移动互联网恶意程序、伪基站等多种手段，实施跨平台的钓鱼欺诈攻击，危害用户经济利益。2013 年，黑客利用安卓系统的“签名验证绕过”高危漏洞，制作散播大量仿冒国内主流银行等金融机构的移动应用，诱导用户安装，盗取用户银行账户信息。一些钓鱼网站在盗取用户银行账号和密码等信息时，还大量传播仿冒相应手机银行安全插件的恶意程序，劫持用户收到的短信验证码，从而使黑客进一步完成网银支付、转账等交易操作，牟取经济利益。此外，2013 年利用伪基站进行欺诈的活动呈爆发趋势，一类是仿冒金融机构官方服务号码向周围用户发送钓鱼短信，致使一些大型银行被迫调整部分手机银行业务；另一类是冒充基础电信企业客服电话或手机充值号码联系用户，实施充值诈骗。此类事件不仅严重破坏企业形象，也对相关行业的健康发展造成不良影响。2013 年钓鱼网站数量继续迅速增长，CNCERT/CC 共监测发现针对我国银行等境内网站的钓鱼页面 30199 个，涉及 IP 地址 4240 个，分别较 2012 年增长 35.4%和 64.6%。在线交易系统安全问题易引发连锁效应。2013 年，互联网金融市场火爆，互联网和移动通信技术降低了使用门槛，在带来便利的同时也引入新的安全风险。2013 年 12 月，支付宝钱包客户端 iOS 版被披露存在手势密码漏洞，连续输错 5 次手势密码后可导致密码失效，使得攻击者可以任意进入手机支付宝账户，免密码进行小额支付。此后淘宝网被披露存在认证漏洞，可登录任意淘宝账户，给用户资金安全造成威胁。此类互联网公司通过所运营的在线交易信息系统，掌握大量用户资金、真实身份、经济状况、消费习惯等信息，系统出现安全问题后，风险随之传导至关联的银行、证券、电商等其他行业，产生连锁反应。2013 年，CNCERT/CC 监测发现银行、证券等行业联网信息系统的安全漏洞、网站后门、网页篡改等各类安全事件超过 500 起，存在交易信息被篡改、投资信息被泄露等诸多高危风险。此外，银行信息系统本身的故障可能对经济活动造成影响。2013 年，国内两家主流银行的信息系统先后出现全国性大面积故障，导致柜面、ATM、网银、电话语音系统等瘫痪，相关业务受到严重影响。

政府网站面临威胁依然严重，地方政府网站成为“重灾区”。政府网站因其公信力高、影响力大，容易成为黑客攻击目标。2013 年，我国政府网站被篡改和植入后门的情况依然严重，相对部委网站而言，地方政府网站是遭受攻击的“重灾区”，影响政府形象及电子政务工作。地方政府网站是黑客攻击的“重灾区”。据 CNCERT/CC 监测，2013 年，我国境内被篡改网站数量为 24034 个，较 2012 年增长 46.7%，其中政府网站被篡改数量为 2430 个，较 2012 年增长 34.9%；我国境内被植入后门的网站数量为 76160 个，较 2012 年增长 45.6%，其中政府网站 2425 个，较 2012 年下降 19.6%。在被篡改和植入后门的政府网站中，超过 90%是省市级以下的地方政府网站，超过 75%的篡改方式是在网站首页植入广告黑链。由于地方政府网站存在技术和管理水平有限、网络安全防护能力薄弱、人员和资金投入不足等问题，其网站服务器成为黑客控制的资源节点。相对于地方政府网站，国务院部委门户网站安全状况较好，未监测发现网页篡改和网站后门事件，不过部分子站和业务系统仍然存在较多安全漏洞和风险点，可能成为黑客进一步实施攻击的跳板。境外黑客组织频繁攻击我国政府网站。2013 年，境外“匿名者”、“阿尔及利亚黑客”等多个黑客组织曾对我国政府网站发起攻击。其中，“反共黑客”组织较为活跃，持续发起针对我国境内党政机关、高校、企事业单位以及知名社会组织网站的攻击，2013 年该组织对我国境内 120 余个政府网站实施篡改。据监测，该组织利用网站漏洞预先植入后门，对网站实施控制后遂发起攻击，目前至少入侵600余个境内网站，并平均每三天在其社交网站发布一起篡改事件。另有“匿名者”、“阿尔及利亚黑客”等组织先后篡改我国187个政府网站。此外，还出现黑客为报复国家出台的政策，对我国政府网站实施攻击的新苗头。2013年12月19日下午，继央行明确宣布不认可比特币，要求国内第三方支付机构停止为比特币交易平台提供充值和支付服务之后，央行官方网站和新浪官方微博遭到黑客网络攻击，出现间歇性访问困难和大量异常评论。

国家级有组织攻击频发，我国面临大量境外地址攻击威胁。国家级有组织网络攻击行为显著增多，给国家关键基础设施和重要信息系统带来严重威胁和挑战。据CNCERT/CC监测，我国面临大量来自境外地址的网站后门、网络钓鱼、木马和僵尸网络等攻击。具有国家背景的有组织攻击频发。2013年6月以来，斯诺登曝光“棱镜计划”等多项美国家安全局网络监控项目，披露美国情报机构对多个国家和民众长期实施监听和网络渗透攻击，引起国际社会强烈反响。根据曝光信息，美国投入巨额资金，分别通过互联网、通信网、企业服务器等多种渠道以及采用网络入侵手段，实施信息监听和收集，监听内容包括互联网元数据、互联网通信内容、社交网络资料、电话和短信息等多种数据类型，监控对象包括多国政要、外交系统、媒体网络、大型企业网络和国际组织等。我国属于其重点监听和攻击目标，国家安全和互联网用户隐私安全面临严重威胁。迈克菲公司、卡巴斯基实验室等先后曝光持续多年、具有极强隐蔽性的“特洛伊行动”、“红色十月”、“Icefog”等一系列APT攻击，曾大量窃取政府部门、科研机构和重点行业单位的重要敏感信息。我国同样面临严重的APT攻击威胁，一些国家利用信息化技术优势，大力推动研发计算机病毒武器，破解互联网加密算法，或直接在标准算法中放置后门，持续对我国实施APT攻击。我国政府机构、基础电信企业、科研院所、大型商业机构的网络信息系统遭受攻击和渗透入侵。2013年，CNCERT/CC监测发现我国境内1.5万台主机被APT木马控制，对我国关键基础设施和重要信息系统安全造成严重威胁。我国仍面临大量来自境外地址的攻击威胁。2013年，境外有3.1万台主机通过植入后门对境内6.1万个网站实施远程控制，虽然境外控制主机数量较2012年下降4.3%，但所控制的境内网站数量却大幅增长62.1%。

在网络钓鱼攻击方面，针对我国的钓鱼站点有90.2%位于境外，共有3823个境外IP地址承载29966个针对我国境内网站的仿冒页面，分别较2012年增长54.3%和27.8%。在木马僵尸网络方面，我国境内1090万余台主机被境外2.9万余个控制服务器控制。

加快步伐推进网络信息安全立法工作。2013年3月8日，吴邦国在十二届全国人大一次会上作的5年工作报告中强调了网络安全立法的重要性，建议要求尽快制定网络安全方面的法律，以法律形式保护公民个人及法人电子信息安全，确立网络身份管理制度，明确网络服务提供者的义务和责任，并赋予政府主管部门必要的监管手段。2013年7月16日，工信部出台《电信和互联网用户个人信息保护规定》，加强维护网络安全，妥善保护电信和互联网行业用户信息。2013年9月，工业和信息化部与公安部就十二届全国人大一次会议代表提出的《关于网络安全监管立法的建议》联合召开座谈会，并作出回应：今后要着力抓好加快立法进程，健全网络信息安全法律法规体系；加强统筹协调，进一步明确国家网络信息安全体制机制；着手建立重要的信息安全管理制度。

加快完善信息安全审查制度。2013年12月23日，国务院新闻办公室召开全面深化改革、加快推进新型工业化新闻发布会，会议指出，鉴于目前网络安全形势日趋严峻，工业和信息化部将加快完善信息安全审查制度框架，进一步巩固提升电话用户实名登记工作，开展地下黑色产业链等网络安全环境的治理。工业和信息化部将按照国家的统一部署，针对网络安全的新情况、新问题，坚持“积极利用、科学发展、依法管理、确保安全”的16字方针，加大依法管理网络的力度，不断健全网络安全的保障体系。

推动增设国家级互联网骨干直连点，健全电

信网络信息安全制度。2013 年 11 月 21 日第九届中国通信网络运维年会召开，会议明确提出，为了加强互联网的质量监管，提升互联网通信质量，工业和信息化部电信管理局将借助部省两级管理体制，增设国家级互联网骨干直连点，提高网间流量疏导能力和互通效率，加强网间带宽扩容力度；此外，为了加强电信网络的运行安全，提升维护服务能力，将进一步健全电信网络信息安全保护管理制度。

开展互联网虚假源地址整治工作，维护基础网络和重要信息系统安全。2013 年 CNCERT 联合基础电信企业，积极配合政府部门，大力推进虚假源地址流量整治工作，将互联网虚假源地址流量占全部流量的比例控制在 1%以内，有效提高了攻击源追溯能力，为国家.cn 域名系统遭受攻击等重大事件查处提供了有力支撑。

开展治理黑客地下产业链专项行动，净化公共网络环境。为遏制黑客地下产业链蔓延，工业和信息化部于 2013 年 8～12 月开展了防范治理黑客地下产业链专项行动。在此次专项行动中，CNCERT 会同基础电信企业、域名注册服务机构共开展 8 次恶意程序专项打击工作，清理木马僵尸网络控制服务器 3.4 万余台，受控主机近 72 万个，重点处理控制规模较大的僵尸网络 1455 个，切断了黑客对 375 万余台感染主机的控制，有力净化了公共互联网环境，保护了用户和企业切身利益与财产安全。此外，2013 年 6 月 25 日，在公安部指导下，阿里巴巴等 21 家互联网企业，成立了“互联网反欺诈委员会”，联合打击网络诈骗，共建交易安全生态圈。

网络安全事件处置能力和应急水平得到进一步提高。为了能够及时响应、处置互联网上发生的攻击事件，CNCERT/CC 通过热线电话、传真、电子邮件、网站等多种公开渠道接收公众的网络安全事件报告，并积极协调基础电信企业、域名注册管理和服务机构以及应急服务支撑单位进行处理。2013 年，CNCERT/CC 共成功处理各类网络安全事件 31180 件，较 2012 年的 18805 件增长 65.8%；其中，处置数量位列前三的分别是安全漏洞事件（10884 件，占 34.9%）、网页仿冒事件（10211 件，占 32.7%）和网页篡改事件（4551 件，占 14.6%）。在事件处置工作中，基础电信企业、域名注册服务机构和手机应用商店的积极配合有效提高了事件处置的效率。

不断加强与国际组织间的网络安全合作，完善跨境网络安全事件处置协作机制。截至 2013 年年底，中国已与 59 个国家和地区、127 个组织建立联系机制，全年共协调境外安全组织处理涉及境内的安全事件 5498 起，较 2012 年增长 35.3%。另外，在 2013 年 6 月 8 日的“习奥会”上，中美双方商定在中美战略安全对话框架内成立网络工作组，中方将在有关框架下就相关问题与美方进行深入沟通，共同解决网络安全问题。2013 年 6 月 14 日，外交部宣布已设立网络事务办公室，负责协调开展有关网络事务的外交活动；中方将与有关各方就网络安全问题开展建设性的对话与合作，主张在联合国框架内制定相关国际规则，并提出具体倡议。

部委篇

农业信息化发展概况

2014年是全面贯彻落实党的十八大和十八届三中、四中全会精神，加快推动信息化与农业现代化深度融合的关键一年，农业部深入贯彻习近平总书记系列重要讲话精神，按照中央1号文件的部署要求，紧紧围绕农业农村经济“两个千方百计，两个努力确保，两个持续提高”的目标任务，农业农村经济工作取得新进展，农业信息化工作再上新台阶、取得新成效。

【农业信息化发展战略研究初见成效】

为探求信息化发展规律，深入研究我国农业信息化发展的战略方向、发展目标、标准规范、技术路径、应用模式和信息系统建设中的重大问题，归纳总结信息化能力对促进现代化发展的方式方法和重大举措，为国家制定农业信息化发展战略和谋划信息化重大项目提供决策支撑和政策建议，2014年，农业部信息中心开始加强农业信息化发展战略研究，以部信息中心为主导，协同北京、河北、辽宁等多个省级信息中心力量，联合科研院所、产业联盟、领先企业等社会力量进行农业信息化重大问题调研，追踪信息化前沿技术（物联网、大数据、云计算、电子商务等）在涉农领域的应用状况，开展全国农业信息中心体系建设情况监测，编制农业信息技术与产品应用推广目录等工作。针对每项专题，各团队在制定详细工作计划和研究方案的基础上，分赴上海、河北、辽宁、吉林、山东、浙江、安徽、深圳等省（市）开展了相应的调查研究工作。通过大量实地调研和交流总结，梳理归纳实践问题与经验，形成了系列相应研究报告，深化了农业信息化理论研究，对于促进农业信息化发展意义重大，取得良好效果。

【标准规范体系建设逐步展开】

标准规范建设是统筹规划、共建共享、安全管理和依规工作的根基，在深入领会党的十八届四中全会依法治国的精神实质的要求下，农业部正推动农业信息化标准体系总体框架研究，在金农工程标准规范体系的基础上，开展了《农业部信息系统建设管理暂行办法》、《农业部电子政务建设基本要求》、《农业部信息系统运行维护定额标准》、《农业电子政务局域网建设标准》、《农业电子政务广域网建设标准》、《农业电子政务平台管理规范》等标准规范的研究和编制工作。通过制定和完善标准，对规范和引领农业电子政务的科学、健康发展起到了积极推动作用。在加强网络安全管理方面，农业部制定了有关电子政务内网安全保障体系设计方案、网络与信息安全保障能力建设规划和网络安全建设工作方案等，为今后网络和信息安全建设提供指导依据，同时配套完善网络安全管理制度，确保网络安全工作有章可循、有据可依。

【现代信息技术推动基础设施优化升级】

为增强国家农业数据中心支撑能力，确保核心系统和数据资源的安全可信与自主可控，2014年，农业部完成1台IBM小型机核心数据库系统向国产浪潮K1小型机上的迁移工作，实现了农业部政务外网关键网络设备的国产化更新替换，初步实现了核心重要系统设备国产化目标。为提高国家农业数据中心基础设施资源利用效率，在服务器部分虚拟化应用与实践总结的基础上，通过细致周密的摸底调查、需求分析与技术研究，开始启动国家农业数据中心云化升级项目。农业部正在加快推动上海、天津、安徽物联网技术在农业生产、经营、监管、追溯等领域的研发与区域试验，推动信息集成技术的深入应用和智慧农业的快速发展。现代信息技术的广泛、深入应用有效地提升了农业信息化基础设施的安全和支撑保障能力。

【网络安全管理措施得当】

按照中央网信办《2014年国家网络安全检查方案》、农业部《关于组织开展非涉密网络保密管理专项检查的通知》等文件的要求，组织力量对农业部机关各司局和各直属事业单位网站建设情况、农业部电子政务外网保密管理情况、保密制度落实情况、网络和信息系统商用密码使用情况等进行了全面摸底排查，为进一步采取安全措施、提升安全保障能力奠定了基础。对农业部政务外网进出口网络流量、安全设备运行状态、安全事件进行监测和分析。2014年1～10月，共监测网络安全事件28.4万起、攻击事件23.1万起，阻断恶意攻击源地址141个。对农业部门户网站群重要页面进行实时监测，定期检查门户网站的安全性、完整性和可用性。截至2014年10月底，对终端计算机、服务器、数据库等实施设备实施了14000余台次安全扫描，发现并修补各类安全漏洞230个，为保障政务内网安全运行提供了重要保障。

【信息资源建设稳步推进】

2014年进一步加强了信息资源建设，稳固和丰富数据采集渠道及数据资源，做好信息资源开发利用。完成了农业宏观经济、农产品价格、农产品贸易、国际农产品供求以及全国粮食、蔬菜等生产者价格的数据采集、整理和入库工作。结合信息技术发展和用户需求，不断创新思路，加强农业数据资源整合及共享，积极开展信息服务，形成了客户—服务器、浏览器—服务器、查询光盘以及移动智能终端等多种形式的信息服务产品。

为加强涉农信息资源的整合与开发利用，农业部初步建成了国家农业数据平台，形成了“一个数据中心、一个展示窗口、一个管理平台、一个数据仓库”的基本架构，实现了数据资源的集中管理和分类展示。平台以粮食、稻米、小麦、玉米、大豆、棉花、油料、糖料、肉类、猪肉、牛肉、羊肉、禽肉、蛋类、奶类、水产品、蔬菜、水果18种重点农产品和农药、化肥两种农业投入品为基本对象，按照生产及消费、进出口、市场价格、国际供求等环节进行整理和集中管理，实现了数据标准化处理、数据共享权限管理、存储备份和信息安全，为充分发挥政府在指导农业生产、引导农产品市场、服务国家宏观决策方面的积极作用提供了数据支撑。

【重要业务应用系统稳定运行】

2014年我部各类重要业务应用系统稳定运行，有效地支撑了农业政务管理和为农服务工作。其中，农业信息采集系统进行了功能与性能优化，截至2014年11月，农业信息采集系统业务单位主要用户已近4万户（其中经管采集系统用户接近2万户，用户延伸至乡镇一级），实现各级采集报表400余万张，抓取国外农业信息750余万条；农产品和生产资料市场监管系统针对农药、兽药、饲料、农机等农业投入品的生产、经营许可和登记管理，“三品一标”的审定、验证登记，以及质检机构等有关市场主体的认证、管理等事务，通过门户网站为社会提供“一站式”服务。2014年，通过农药网上审批子系统实现农药网上审批受理403477件、办结378473件。与海关总署建立了信息共享机制，农业部已给海关电子口岸发送放行通知单356256条，收到约80%的通知单已用回执；农业部行政审批系统实现了全流程网上审批，强化了电子监察功能，确保各环节审批行为规范高效运行，促进了行政审批过程及结果公开。2014年，实现了54项审批事项在新系统运行，与3个业务管理系统实现了数据对接，建立了行政许可综合信息查询专栏，建设了与新系统同步运行的文件智能交换系统，完善了申请公开、投诉举报系统功能；农产品批发市场价格信息服务系统实现了农产品批发市场价格信息和批发市场电子结算数据上报，目前已联网农业部定点批发市场700余家，每日监测采集550余种农产品交易价格。

【全国农业视频会议系统作用突出】

各省（区、市）的视频会议系统正快速、大范围地向地县级农业部门延伸，同时伴随着视频会议系统由标清向高清的升级改造，全国农业视频会议系统趋近完善，已有 24 个省（区、市）将视频会议延伸到地县级农业部门，地县分会场数量合计 1480 个，其中 2014 年内蒙古、辽宁、上海、湖北、湖南、广东、重庆、云南、西藏 9 个省市完成了向地县的延伸，新增地县分会场数量 459 个。视频会议在河北、浙江、安徽、福建、江西、河南、湖南、重庆、云南、甘肃等省市基本上实现了地县全覆盖。据统计，2014 年农业部共计召开了 22 次视频会议，直接参会人数为 9.4 万人次，按照行业通常核算标准每人每次 2000 元计算，节约会议经费 1.88 亿元。视频会议系统已经成为农业部门进行工作部署、监测会商、农情调度、应急指挥等的重要手段，有效地提高了工作协同效率，降低了行政成本。

【市场监测预警成效显著】

农业部信息中心首次申请到国家社科基金项目《市场化背景下农户、企业和国家粮食储备体系及其对粮价的影响的研究》与农业部十三五重大研究课题《基于经济、社会、生态价值核算的粮食主产区利益补偿机制问题研究》。新华社以夏粮收购市场调研报告为基础刊发《新麦收购市场呈现四大特点》等 3 篇公开稿件和 1 篇反映问题的新华社内参，2014 年，河北、辽宁、吉林、黑龙江、江苏、山东、河南、广西、四川、甘肃、新疆等省信息中心与农业部信息中心紧密配合，通过组织春耕、夏收、秋收部省联合调研，协同、联动开展监测预警工作，监测预警工作基础不断夯实，分析队伍不断充实，预警工作质量不断提升，显著增强了对宏观决策的参考作用和微观生产经营的指导作用。

【三农舆情监测扎实有效】

为适应舆情工作的新形势、新部署、新要求，为提高舆情监测工作的反应能力，不断提升舆情监测工作的速度、广度和深度，农业部加快推进舆情平台及移动客户端“12316 信息通”建设，该平台建设完成后，将实现农业部机关、直属单位和地方农业部门全面参与的舆情工作新格局，有力提升农业部舆情监测、舆论引导能力和水平。扎实做好日常和应急监测工作，确保日常监测全面到位、应急监测及时高效，实现全年无误报无漏报目标。目前，《月度“三农”网络热点舆情监测分析》、《“三农”网络舆情年度报告》、《农产品质量安全舆情周报》、《农地与农业经营舆情周报》等已经成为农业部舆情监测品牌产品，影响力日益提升，受到各方高度肯定。

【网站宣传与影响不断扩大】

农业部网站群日均点击数 620 万次，日均页面浏览量 440 万次，日均独立 IP 访问者数达 14 万个，同比分别增长 33.6%、51.9%和 20.6%。2014 年，农业部门户网站在线办事栏目被电子政务理事会评为 2014 政府网站网上办事精品栏目奖；信息公开栏目被评为 2014 政府网站信息公开精品栏目奖。在中国社会科学院“2014 中国政府网站绩效评估活动”中荣获“政府透明度领先奖”，在“2014 中国特色政府网站评选活动”中荣获“新媒体融合发展领先奖”。网站内容不断丰富，截至 2014 年 11 月底，农业部网站政务版累计发布信息 15.9 万条，服务版发布 45.6 万条，同比分别增长 10.2% 和 25.6%；协助办公厅和有关单位开展重大新闻采访 220 多次；制作 3 期在线访谈、7 期网上直播。同时围绕农业部重点热点工作精心打造专题专栏，并与气象局、文化部、农广校、央视网等开展合作，整合共享信息资源。2014 年以来，“视频三农”频道共发布农业新闻、科技知识、农村文化生活等方面的视频节目近 1400 条。

【综合信息服务能力明显增强】

中央农业综合信息服务平台“一门户、五系统”形成了集 12316 热线电话、网站、电视节目、手机短彩信、移动客户端等于一体，多渠道、多形式、多媒体相结合的 12316 中央平台，开辟了服务“三农”的现代化信息渠道，提升了信息服务质量，实现了信息服务的灵活便捷，取得了良好的经济和社会效益。目前，12316中央平台已实现与北京、吉林、辽宁3个省（市）呼叫中心视频直连，与内蒙古、江西、湖北等11个省（区、市）实现信息服务资源对接，完成了农业知识库、服务情况统计、专家信息等内容的共享，为全国信息服务体系建设奠定了数据基础；语音平台实现了农业部所有面向社会服务热线的集成；短彩信平台已供65个司局和事业单位提供注册使用；农民专业合作社经营管理系统已注册备案1.5万余家；门户网站实名用户22万余人；三农锦囊、农业资讯App、三农信息通等新媒体工具提供了综合信息服务的便利手段。通过举办面向农业部机关及事业单位以及各省（区、市）农业部门的12316短彩信使用培训班、农民专业合作社管理系统培训班等，扩大了平台使用范围，提高了人员使用水平。12316三农综合信息服务工作正通过加强建设规划、建立制度规范、拓宽服务领域、创新服务手段等举措，扎实推进工作、取得显著成效，成为农业信息服务进村入户的重要通道和有效手段，成为农业信息服务的重要品牌。

【“金农”工程一期项目顺利竣工验收】

2014年6月19日，“金农”工程一期项目顺利通过了整体竣工验收。项目建成了互联互通的国家和省级农业数据中心，建设了相对完善的安全保障体系，建立了统一的金农工程标准规范体系，建设完善了农村信息服务体系；构建起了统一的电子政务应用支撑平台，提高了各业务应用系统间的互联互通和信息共享能力；建成了农业综合统计、物价监测、成本调查等16个农业行业数据采集系统，采集系统填报用户近3.7万个；研发了小麦、玉米、稻谷、生猪等关系国计民生的18类重要农产品监测预警系统；建成的农资打假、农机监理、农药监管等10类农产品及生产资料市场监管系统，以及功能完备、高效运行的农业行政审批综合办公系统，提高了政府部门的监管效率和服务效能。建成了农产品批发市场价格信息服务系统，联网批发市场数量700余家、农产品550余种，日报价数据8000余条，实时电子结算数据8万余条；各省级建设单位在完成国家规定建设内容的同时，还积极争取建设特色项目，有力推进了农业信息化建设；各地认真组织开展了县、乡（镇）、村级信息服务网络延伸工程，新建和完善了1500余个县级信息服务平台和1.1万多个乡镇信息服务站，累计培训农村信息员21万人次。金农工程一期项目的顺利完成，为我国农业信息化工作的顺利开展奠定了扎实的基础。

【农业信息化专题展成功举办】

2014农业信息化专题展暨农业信息化高峰论坛于2014年10月在山东青岛顺利召开，全面立体展示了信息化促进现代农业发展的突出成就以及信息技术改造传统农业的最新成果，共有来自24个省（区、市）的111家单位参展，来自国家有关部门领导、知名专家、学者、企事业单位代表共40余人发表了精彩演讲，积极研讨了前沿信息技术在农业领域的发展现状、应用前景，交流了农业信息技术应用经验和发展模式，演讲内容既有理论探讨和实践经验推介，也有对当前前沿技术的展望，充分体现出本届高峰论坛的专业性和权威性，总计1500余位专业观众参加了论坛。新华网、人民网、央视一套、央视二套、央视七套、中央人民广播电台等130多家媒体报道了专题展与论坛的相关新闻，专题展官方网站日访问点击数超过5万次。专题展与论坛的精心组织与成功举办既是促进信息化与农业现代化全面融合的有效措施，又是对农业信息化发展成果的一次大检阅，也是对我国农业信息化工作的一次大宣传，指明了现代农业的发展方向，激发了社会各界投身农业信息化的活力，增强了以信息技术改造传统农业的信心和决心，受到了有关领导的充分肯定和社会各界广泛好评。

国土资源信息化发展概况

2014年，国土资源部在以信息技术手段规范和创新管理的理念引领下，继续以国土资源“一张图”及综合监管平台、电子政务办公平台、共享服务平台三大平台和业务系统网上并轨运行为建设重点，不断拓展深化电子政务、门户网站、数据共享服务、网络安全等方面的建设与应用，信息化建设取得了显著进展。此外，配合国土资源管理职能的调整，2014年启动了“国土资源云”和不动产登记信息基础平台建设工作。

【电子政务建设情况】

（一）四级全业务流程网上运行基本实现

国土资源部本级实现行政办公和所有审批事项的网上运行。在统一的政务办公平台上，建立和运行了办公自动化系统和行政审批系统，公文运转全流程实现无纸化，所有行政审批事项实现网上运行，各项业务基本实现信息化管理。部机关办公自动化系统进一步完善，新开发通讯录、文件共享、会议计划管理、政务信息报送等一批完整的功能模块，公文处理系统中公文处理、内部邮件、文件监控等10余项功能进一步优化。初步建立版式电子文档库，实现对所有文书类电子文件及其元数据的统一规范的集中管理。进一步推广电子公文远程传输交换系统与电子签章系统的应用，实现了公文远程电子化交换。

各省（区、市）行政办公和行政审批等主要管理业务实现全流程网上运行。全国31个省（区、市）和新疆生产建设兵团办公自动化系统全部实现上线运行，其中，北京等27个省（区、市）实现非涉密事项无纸化办公；辽宁等9个省（区、市）实现行政审批系统与电子监察系统的对接和数据共享；北京等3个省（区、市）实现了移动办公；江苏等4个省（区、市）实现了电子签章；河南等3个省（区、市）实现短信提醒功能。绝大多数省级国土资源主管部门实现本级建设用地预审、建设用地审批、矿业权审批等主要行政审批业务联动审批，除涉密事项外，做到了“不上网的事情不办、不上网的申请不批”。

半数省（区、市）实现三级联网审批。北京等16个省（区、市）已实现省、市、县三级联网审批。贵州等6个省（区、市）主要业务已延伸至乡镇国土所。云南等4个省与部分市、县实现联网审批。山西等4个省已实现省与部分市、县三级主要行政审批业务网上运行和远程报件。新疆生产建设兵团与师的部分业务实现网上运行和远程报件。已实行联网审批的地方实现建设用地预审、建设用地审批、矿业权审批等重要行政审批系统网上办理远程报件、会审会签等，提高了行政效能，取得了良好的社会效益。

（二）全程、全覆盖动态监管初步实现

国土资源部本级建成覆盖土地和矿产资源管理、开发利用全过程的综合监管平台，实现常态化应用和持续完善拓展。以“一张图”为基础，建成部综合监管平台，在全国四级国土资源主管部门和用地、用矿单位部署了18个网络化信息监测系统和12个综合统计网上直报系统，信息采集覆盖17大类、421子类、8000余项指标，涵盖四级土地、矿产资源管理和开发16个环节的信息，

每年实时汇总约 200 万条动态信息，信息监测覆盖到土地规划计划、预审、审批、征收、供应、评估、市场交易、利用、登记发证、土地整治、占补平衡和城乡建设用地增减挂钩等土地管理和开发利用环节，以及全国四级矿业权登记发证和矿产资源勘查、开发。目前，部综合监管平台的应用覆盖全国四级国土资源管理部门及相关事业单位和 9 个派驻地方的国家土地督察机构，用户超过 7 万人，在卫片执法检查、耕地占补平衡、增减挂钩、矿业权整合等方面发挥了重要作用，系统应用已成为日常监测、业务审批、综合统计、形势分析、问题预警、调控决策的依据。

25 个省（区、市）建立覆盖本辖区的综合监管平台，得到初步应用。北京、天津、上海、广西等地综合监管平台已基本上实现常态化应用，融入土地和矿产资源开发全程监管业务中。各地不断探索创新应用模式，北京建立“局长桌面”决策系统，动态掌握全市保障房供地等 4 大类、19 小类的关键指标数据，综合分析和预判各种可能影响群众利益和社会稳定的苗头性问题，成为局领导离不开的参谋助手；河南加强数据分析、挖掘和展示，重点关注建设用地审批、供应等重要监测指标的走势和去向，以月报、季报、年报、公报的形式加以整理和发布，为宏观调控提供了强有力的信息支持；内蒙建成覆盖三级全辖区的综合监管平台，初步实现资源状况动态监测与预警、信息比对核查、信息综合分析研究功能；浙江等 14 个省（区、市）初步建立综合监管平台，应用于土地批后监管、卫片执法检查等专项工作。福建等 3 个省建成覆盖土地管理全业务的综合监管平台。陕西等 4 个省初步建立综合监管平台原型，部分业务开始上线运行。天津等地探索建立了基本农田、矿山违法用地行为易发区视频监控网，现场景象及时、清晰地传送到指挥监控中心，执法部门可远程发现违法违规占地。

【政务大厅和网站建设情况】

（一）政务大厅职能不断强化

以“便利升级、服务升级，打造电子政务服务大厅”为目标，加强对行政审批事项、政府信息依申请公开和政务服务的研究。2014 年获得了中央机关工委“建设服务型机关党组织最佳案例”奖，树立了国土资源部优质服务社会、为民、亲民、便民的良好窗口形象。2014 年新增加了油气探矿权、油气采矿权、放射性矿产探矿权、放射性矿产采矿权、资源储量登记、矿业权价款评估、矿业权价款评估报告备案、建设项目压覆重要矿产资源、国土资源部质量监督检测中心认定、国土资源行业公益性项目十大类 29 项业务，目前政务大厅接收报件的业务已达 75 项。截至 2014 年 12 月 15 日，全年共接收各类报件 4000 余件，发送受理、补正通知、用地批复、采矿证、勘查证、地质灾害资质证书、地质勘查资质证书等 7400 件，发送探矿权、采矿权使用费（价款）发票 1600 余件，平均每日接待办事群众 200 余人次，每日接听办事群众咨询电话近 300 次，全年接待办事群众近 6 万人次。

（二）国土资源网站服务水平不断攀升

国土资源部门户网站信息服务不断丰富，政民互动能力进一步强化。认真贯彻落实《国务院办公厅关于进一步加强政府信息公开回应社会关切提升政府公信力的意见》和《国务院办公厅关于加强政府网站信息内容建设的意见》精神，以“网上政务”为核心理念，继续做好国土资源政府信息公开，第一时间发布重要通知公告 160 余条，集成发布全国地质灾害气象预警预报信息 522 条，“土地市场”平台全年共发布信息 51.9 万条，矿业权市场网全年累计发布数据 59310 条，集成发布省市县各级地方国土资源主管部门网站各类政务信息 6000 余条。开展服务搜索和网站微门户建设，继续做好办事服务类信息发布。进一步完善对公众意见的收集、处理和反馈机制，“部长信箱”累计处理邮件 7573 封，日均处理邮件 35 封，内容涵盖咨询、建议、举报三类内容，编发《部长信箱邮件摘编》3 期，提供部领导参阅。开通运行“国土资源违法违规曝光台”，以文字和视频形式，共发布部和地方通报的违法违规案件 175 条，对地方国土资源主管部门查处国土资源违法违规案件进程起到了监督作用，跟踪国土资源工作热点，报道部主要活动 41 次，现场直播重大会议和活动 12 次，制作各类专题 9 个，发布国土资源视频数据 492 部。继续整合集成地方各级国土资源主管部门土地、矿产、地质、科技等各类国土资源信息，为社会提供国土资源“一站式”服务。

各地国土资源公共服务网站逐步完善，政务服务水平进一步提升。通过连续第10年对全国31个省级国土资源主管部门和新疆生产建设兵团、333个市级国土资源主管部门和15个新疆生产建设兵团农垦师、3027个县级国土资源主管部门和175个新疆生产建设兵团团场的国土资源政务信息公开网上情况进行全面检查，结果表明，2013年全国各级信息公开内容深度和广度不断深化，公众参与功能和效果明显提升，国土资源工作的透明度、社会的认可度、群众的满意度不断增强。截至2013年年底，全国所有省级和市级单位、89%的县级单位实现了不同程度的政务公开，其中，28个省的县级政务信息网上公开覆盖率达到100%，信息公开的规范性、准确性、及时性和有效性明显提升，信息公开内容更加丰富，在线服务形式不断创新，政民互动渠道逐渐健全、便捷。

【数据资源建设与信息共享】

（一）“一张图”核心数据库体系基本建成

国土资源部本级基本完成“一张图”核心数据库体系建设，形成动态更新机制。以覆盖全国的遥感影像为本底的“一张图”核心数据库体系，整合集成了基础地理、基础地质、土地利用现状、新一轮全国土地利用总体规划、基本农田、全国各级开发区、矿产资源规划、矿产资源储量、矿业权实地核查等基础数据，以及建设用地审批、土地供应、矿业权、矿业权设置方案等管理数据，支撑部政务办公平台、综合监管平台及各类业务应用系统运行，通过开展数据中心智能分析环境建设和影像管理与集成服务功能建设，基本实现了海量多源数据的统一管理。目前，共享数据17类、发布服务接口30余个，已为20多个省提供各类数据服务。为进一步加快“一张图”核心数据库数据更新和应用，增加低丘缓坡开发、工矿废弃地复垦等数据上图入库，以及矿产资源规划等10个专项规划、6类地质矿产、2009—2011年度土地利用现状矢量等数据的整理、加工、检查和入库，已基本形成“一张图”与国土资源调查评价等相关专项联动的数据动态更新机制。

29个省（区、市）初步建立了覆盖本辖区的“一张图”。北京等23个省（区、市）基本建成了较为完整的“一张图”数据库架构，初步形成规划、调查评价、监测、管理与国土资源数据库建设和更新同步的机制，构建了覆盖全域全流程的土地、矿产和地质环境等主要业务的核心数据库和统一的管理平台，实现了各类数据的统一管理及与审批系统的对接，为行政审批、监测监管、辅助决策、综合事务等各项业务提供全面、精准的数据支撑。吉林将17大类58个数据库和部反馈的各类备案数据都纳入本地“一张图”数据管理系统。云南“一张图”核心数据库与厅电子政务系统平台带图审批和压盖分析等日常办公系统对接，并应用于综合监管平台、耕地保护系统和执法监察系统。安徽利用全省30米分辨率的三维影像数据，实现“一张图”数据二维、三维立体展示。

（二）社会化共享服务局面逐渐展开

国土资源信息数据共享进一步深化推进。开展国土资源相关的基础信息资源建设、管理和利用总体方案的编制，推进土地调查、矿产资源储量和地质环境等国土资源信息数据的共享。编制《第二次全国土地调查成果数据共享服务工作方案》，进一步加快推进二次调查成果数据共享服务和开发利用，加强其在政府部门和国土资源行业的共享与服务，带动各个行业提高二次调查成果数据的整体应用水平和科学研究能力。对“二调数据”等67个国土资源重要数据资源的覆盖范围、主要内容、比例尺或粒度、数据总量、数据类型、数据格式、数据时限、公开情况、数据产生情况、数据存储位置等内容进行梳理，形成《国土资源重要数据公共服务目录》，为进一步开展数据公共服务奠定基础。

全国地质资料信息集群化共享服务平台开创地质资料管理与服务的新思路，成为国土资源信息化的重要突破。通过共享服务平台在全国地质资料馆、国土资源实物地质资料中心及全国31个省级地质资料馆的部署和应用，以国土资源部门户网站为总入口，初步构建了互联互通的地质资料网络服务体系。目前，平台提供了30余万档资料在线服务，有近万档地质资料和近10万件电子文件提供全文服务，提供元数据、公开数据和产品数据等多层次共享服务及目录查询、全文检索、地图查询、整装勘查区等多种查询方式，形成了多层次服务、全方位地质资料网络服务能力。自上线以来访问量达36.43万次，电子文档访问量约4.17万次。

各地国土资源数据社会化共享服务局面逐渐展开。在全国105个重点城市推广应用的银行国土信息查询系统，全年完成银行提交查询请求600多条。上海等地形成了完善的地质资料集群化服务体系，为地质找矿、抗震救灾、抗旱找水、国家和行业重大项目规划提供了有力的支撑；北京与41个委办局实现数据共享交换；福建在“数字福建”的共享平台上提供土地和地质资料等信息服务；一些地方还利用网络或离线方式为其他行业部门或社会提供多种形式的公益性信息服务，增强了国土资源部门的公信力。

【网络安全及标准化建设】

国土资源业务网接近全覆盖。除青海、西藏外，30个省（区、市）全部覆盖到市级，新疆生产建设兵团覆盖到师级。29个省（区、市）覆盖全部县级，北京等19个省（区、市）不同程度地延伸到乡镇国土所，湖南等8个省（区、市）已实现省、市、县、乡四级全覆盖。网络互联覆盖面的扩大有力地支撑了视频会议、电子数据远程报送和联网审批。北京等23个省（区、市）完成省、市、县三级视频会议系统建设，山西等6个省（区、市）视频会议系统连通全部市级单位。

网络安全建设进一步推进。开展部机关内外网升级改造，优化数据中心运行环境，完成“国土资源部视频会议系统升级改造”部分工程，全年为32次全国性的会议和培训提供保障。对单向网闸、下一代防火墙、主干网安全认证网关、虚拟安全桌面系统进行部署，建立了部机关局域网终端准入控制管理机制，进一步强化保障部本级网络、网站及终端的安全运行。为进一步加强指导、推进国土资源行业开展网络安全建设，在全行业开展网络安全检查。

信息化标准加强统筹研制。研究制定2014年度标准制修订工作计划，拟申请报批标准计划2项，拟开展预研究标准计划建议6项，在研标准项目计划备案17项。开展“一张图”与监管平台标准体系框架研究，完成“一张图”数据整合规范等3个标准初稿。收录已发布和试用的22项标准，出版《国土资源信息化标准汇编》，进一步加强了国土资源信息化标准的宣传、推广与应用。

【“国土资源云”与不动产登记信息平台建设】

2014年启动了“国土资源云”与不动产登记信息基础平台建设建研究，目前形成了“国土资源云”总体框架和不动产登记信息管理基础平台的技术设计，国土资源国家级云机房建设也即将启动实施。

交通运输（公路、水路）信息化发展概况

2014年是深入贯彻十八届三中、四中全会精神，全面深化改革的开局之年，也是推进交通运输部党组提出“综合交通、智慧交通、绿色交通、平安交通”战略的关键一年。这一年，面对复杂

的经济形势和艰巨繁重的改革发展任务，交通运输行业认真贯彻落实中央决策部署，坚持主题主线，坚持稳中求进，着力破解难题，努力推进交通运输科学发展，交通运输基础设施建设进一步优化，供给能力进一步增强，服务效率和水平进一步提升。

交通运输业的快速持续发展为信息化发展提供了广阔空间，信息化发展也有力促进了交通运输业的健康发展。可以说，交通运输电子政务、运行管理和运输服务信息化都取得了快速发展和长足进步，部分业务领域的信息化已达到较高水平，高速公路不停车收费、路网监控、重点运输车辆联网联控、智能公交、船联网、物流信息平台、出行信息服务、数字航道、港口信息化、智慧海事等已成为行业信息化成就的显著代表。与此同时，随着信息技术的快速发展和商业模式的推陈出新，越来越多的企业和社会力量活跃在交通运输信息化建设和服务领域，领域信息消费增长迅速。总体上，综合运输体系建设和物流业发展有效推进，科技进步和信息化水平进一步提高，绿色交通运输体系建设取得新进展，安全应急保障能力明显增强，行业科学发展水平不断提高，为经济社会平稳较快发展提供了重要保障。

2014 年，交通运输部印发行业信息化相关指导文件 12 项，推进了部级重大信息化工程 4 项，启动了省级行业信息化重大工程 28 项、重点领域试点示范工程 45 项、行业科技示范 2 项、信息化技术研发项目 17 项，有力促进了信息化发展和应用水平。行业信息化发展取得的主要进展：一是信息化相关规划、标准规范及信息化管理制度的制订与时俱进，紧密结合行业实际，取得新的突破；二是交通运输电子政务围绕机关信息化、政府网站建设与管理、道路运输信息系统联网、网络与信息安全等方面开展工作，更加务实深入；三是智能交通系统在发展现代交通运输业中的作用明显提升；四是以联网收费、联网监控、电子不停车收费（ETC）、出行信息服务等为主要内容的高速公路信息化建设与应用水平进一步提高；五是信息化在交通物流业发展中的作用进一步加强，物流信息平台的建设和应用取得新的进展；六是信息化重点项目的建设发挥了积极的示范和带动作用，整体上提升了信息化技术应用水平。

【基础环境建设】

2014 年我国交通运输信息化的基础环境建设进一步改善。

（一）政策与标准化

在政策制度方面，围绕部党组提出的“四个交通”战略部署和重点工作任务，交通运输部组织制定了《2014 年部信息化工作要点》和《2014 年部信息化工作要点任务分解表》；启动了交通运输行业“十三五”发展规划的编制工作；完成了京津冀交通一体化规划中信息化部分的编制工作，形成了《京津冀交通一体化率先突破方案》中信息化有关任务的推进计划，为推进京津冀地区信息化协同发展奠定了良好基础；印发了《国家交通物流公共信息平台建设 2014 年工作要点及任务分工》、《关于规范行业信息化建设项目前期工作管理的通知》等，推动了行业信息化建设的规范管理。

在标准制修订方面，编制发布了安全应急、市场信用、运行监测、省域道路客运联网、12328 系统、综合执法等工程建设指南；编制完成了《交通信息数据标准符合性检测管理办法（送审稿）》；发布了《公路电子收费联网运营与服务规范》；编制完成了《救捞系统信息化应用系统技术规范》、《救捞系统信息数据元》标准，编制发布了《交通运输物流信息互联共享标准》、《物流园区互联应用技术指南》等技术文件，进一步推动了交通运输物流公共信息平台的跨区域互联互通。印发了集装箱海铁联运、安全应急、市场信用、公交智能化等工程标准编制工作方案；推进了《加快推进交通运输信息化发展的实施意见》和《交通运输行业网络安全规划》的编制工作；《交通信息共享数据交换通用规则》、《安全应急系统数据交换》、《电子口岸信息数据交换等标准》已进入标准审定程序；各省厅在交通运输信息化标准制定方面取得进展，包括对国家、交通运输部发布的相关标准的细化；地方在国家、行业信息化标准的指导下自行制定了标准并进行了相关研究，制定出台了一系列标准和要求。

（二）行业门户网站

在行业门户网站方面，交通运输行业全面推进政府网站建设与管理工作。一是印发了《关于进一步加强部政府网站管理的若干意见》、《2014年交通运输政府网站工作要点》等文件，进一步明确了部政府网站管理机制和 2014 年网站工作目标任务。二是组织开展了 2014 年部网站共建绩效考评和行业政府网站绩效评估工作，修订了评估指标体系，完善了部政府网站移动版，完成了部政府网站司局子站改版，完善了网站无障碍服务系统；在中国软件测评中心等 2014 年度中国政府网站绩效评估中，交通运输部政府网站获得部委网站绩效排名第四的成绩。三是组织召开 2014 年度交通运输政府网站管理工作培训会。四是组织开展部网站手机版客户端软件升级工作，进一步拓展了部网站对外服务渠道。

（三）网络与信息安全

2014 年，交通运输行业加强行业网络与信息安全管理，网络安全保障水平显著提高。一是在全面总结、系统评估网络与信息安全信息通报试点情况基础上，建立了覆盖行业的信息通报机制，编制印发了《关于建立交通运输行业网络与信息安全信息通报机制的通知》，初步形成了纵向对接国家、横向覆盖行业的信息互通共享有效渠道；印发了《交通运输行业网络与信息安全信息通报管理办法》，通报工作进入制度化、规范化轨道，实现了通报工作的高效有序开展，有力支撑了行业网络安全保障工作。二是印发了《交通运输部网络与信息安全突发事件应急报告及处置方案》，同时将网络与信息安全突发事件应急处置纳入行业应急处置体系当中，提升至与重大安全事故、溢油、救援事件等应急处置工作同等重要位置。三是组织实施部机关电子政务信息安全等级保护设备购置、测评单位、互联网扩容。四是完成部机关、部属单位及所属机构非涉密网络和重要信息系统安全保密风险评价工作。五是完成了海事协同管理和综合服务平台门户框架建设和网络信息体系建设、《交通运输部海事局信息系统安全等级保护及海事信息主干网设备购置工程》项目建设、信息系统运维管理及监控系统建设，基本建成了部海事局网络安全技术保障体系。六是按照中央网络安全和信息化领导小组办公室要求，组织完成政府及交通运输行业网络安全检查工作，以查促建、以查促改、以查促防，完成了 38 个地方交通运输主管部门、17 个部属单位的门户网站、21 个公众出行服务信息系统等行业重要信息系统网络安全检查，网络安全风险和安全漏洞大幅降低，网络安全防护能力得到明显提高。

（四）应用系统建设

2014 年，围绕促进交通运输行业提质增效升级，信息应用系统建设取得显著成绩。在公路方面，启动了省域公路客运联网售票系统；推进了 ETC 联网系统建设，成立了全国 ETC 联网工作领导小组、专家组和管理委员会，并完成了联网测试工作，建立收费公路联网结算管理中心，基本完成 ETC 全国客服网站建设，实现了 14 个省市的 ETC 联网工作；完成了 2.3 万千米国省干线公路路况信息数据和 40 座长大桥梁监测信息的采集和录入；推进了公路交通气象观测站网建设。在水运方面，完成了《珠江水系内河航运综合信息服务系统建设项目可行性研究报告》；组织开发了水路运输建设综合管理信息系统；完成了水运生产快速统计系统需求调研；初步完成邮轮运营统计信息功能开发；印发了《渤海湾水路运输旅客实名制试点方案》，形成了《渤海湾水路客票网络售票系统建设的前期研究报告》；依托部行政许可网上办理平台建立了两岸海上运输许可网上办理系统，实现全程网上办理。在运输方面，开展了全国道路运输运政信息系统软件应用及互联互通验证试点工作；组织开展省域道路客运联网售票系统工程建设；完善了统一版本的城市出租汽车服务管理信息系统通用软件，供各地免费使用；城市公共交通一卡通清分结算软件已进入试运行阶段；完成了汽车维修配件追溯验证平台的开发建设；启动了高速公路网运营与服务智能化平台配套科研项目的相关研究工作。

【信息资源开发、利用与共享】

2014 年，交通运输行业不断推动信息资源整合、开发和共享应用。围绕推动长江经济带发展重点工作，按照“一数一源”的原则，继续深入开展了异构、多类、海量的长江航运基础数据共享交换。在技术体系方面，针对当前行业信息资源体系不完善、共享数据质量不高等问题，推进开展了基于云平台的行业数据交换与服务平台研究和应用，启动了行业信息资源目录及数据管控机制研究，进一步明确了行业数据交换共享与整合应用的技术体系和管理机制，为下一步推进“以数据为中心”的行业信息资源深入整合应用奠定了基础。在地区示范方面，依托长三角地区自发组织开展的信息资源共享工作，选择浙江、上海、江苏三地需求紧迫、条件成熟的业务领域，推进开展了“长三角综合交通信息共享应用与服务科技示范工程”，实现了长三角地区综合交通运输重要信息资源的跨地域交换共享、业务协同和一体化服务，提升了区域交通运输信息化管理与服务水平。在与相关部门合作方面，与国家质检总局推进了口岸信息交换共享工作，与公安部实现了交通公安综合业务系统与公安部资源共享平台的对接，进一步丰富了行业信息资源，提高了综合应用效益。

【电子政务】

2014 年，交通运输行业电子政务建设取得显著成绩。组织编制印发了《加强机关内网政务信息化实施方案》，启动了部机关信息化设备更新购置、部机关行政办公综合业务系统建设等，并组织对部内网办公平台开展了专项改进工作；推进了部机关信息安全等级保护购置工程和安全评估工作；组织完成了对部内网办公平台的专项改进工作；完善了行政许可网上办理平台和电子监察平台功能，调整补充了网上行政审批事项；完成了部机关行政办公综合业务系统初步设计批复，完成了招投标工作。

【重点项目、工程】

2014 年，按照“十二五”规划要求，交通运输行业有序推进了多项重大工程和重点示范工程的实施。

一是启动建设了 9 个省级公路水路安全畅通与应急处置系统、11 个省级公路水路建设与运输市场信用信息服务系统和 8 个省级交通运输经济运行监测预警与决策分析系统重大工程等行业信息化重大工程。二是完成了交通公安综合业务应用系统（一期）、全国船舶检验工作统一管理系统等行业重点信息化工程，完成了全国高速公路信息通信系统联网工程干线传输系统调试，数据网和北京网管中心正在安装调试。三是启动了第二批城市客运智能化试点示范工程、长三角综合交通运输信息共享应用与服务科技示范工程等工程项目；完成了完成了江苏省政企合作的综合交通出行信息服务科技示范工程评审，编制了政企合作出行服务科技示范工程的总体方案和共享目录；完成了国家安全生产监管信息化等行业重点信息化工程的立项审批。四是推动了全国交通运输行政执法综合管理信息系统建设，实施了国家物联网应用示范工程集装箱铁水联运工程建设，完成了远洋运输管理国家物联网应用示范工程实施方案。

2014 年，交通运输行业信息化发展取得了一定的成绩，但问题依然存在，需要在今后的发展中逐步加以解决，主要包括：对信息化的认识不够，未能充分认识信息化促进行业转型升级的引领作用；信息化工作的顶层设计不足，统筹规划水平仍须提高；信息资源整合应用水平亟待提升，规范有效的信息资源整合共享机制尚未建立；信息化建设资金依然是制约信息化发展的瓶颈；信息化建设仍缺乏充足的人才储备和供应；标准规范建设仍有待完善；区域信息化发展依然不平衡；部政府网站服务功能与管理机制仍有待完善；网络与信息安全保障仍须加强等。以上问题已成为制约行业发展的突出难题，在今后的工作中，需要各级交通运输主管部门以问题为导向，聚焦重点领域和关键环节，科学谋划信息化发展蓝图，把准信息化脉搏，结合行业实际需求，将信息化工作推向更高的水平。

人力资源和社会保障信息化发展概况

人力资源和社会保障信息化（以下简称人社信息化）工作，紧紧围绕人力资源和社会保障事业发展和中心工作，按照部党组“完整、正确、统一、及时、安全”的总要求，坚持“数据向上集中、服务向下延伸”的总原则，以全国统一的持卡人员基础信息库及人力资源和社会保障各业务领域信息系统建设为基础，全力推动信息系统省级集中建设，以社会保障卡为载体，实现全国“一卡通”，推动跨业务、跨层级、跨地区、跨部门的信息共享和业务协同，搭建全国人力资源和社会保障统一公共服务平台，实现面向社会各个群体的均等化公共服务，推进人力资源社会保障信息化建设快速、协调、安全、可持续发展。

【信息化工作管理机制】

各级人力资源社会保障部门在人力资源社会保障部（以下简称人社部）的统筹组织和指导下，按照统一建设的原则开展信息化建设。人社部设立部信息化领导小组，部属各单位按照各自职责分工，共同承担信息化工作。部信息化领导小组组长由部长担任，副组长由分管信息化工作的部领导担任，部内相关单位负责同志为成员。主要职责是制定信息化工作的方针、政策和发展战略，统一规划、组织和指导信息化建设，审定重大信息化工程建设方案，负责对重大信息化事项的决策等。人社部信息化领导小组办公室（简称人社部信息办）设在人社部信息中心，具体落实部信息化领导小组的各项工作要求，统筹、协调、组织和推动信息化工作。人社部信息中心作为综合管理有关人社信息化工作的部直属事业单位，负责组织开展全国人力资源社会保障信息系统及各项信息化基础设施的建设工作；制定实施有关信息化建设的规划、标准、技术规范和管理制度；结合各业务部门的需求，统筹组织信息系统的设计、开发等实施工作。以《人力资源社会保障部信息化工作管理办法》的形式，明确了工作机制和职责分工，形成了信息化工作统一领导、统筹谋划、统一部署的格局。各省、市人社厅（局）也都比照人社部的管理模式，建立了有效的信息化管理机制。

【顶层设计情况】

人社部信息化建设实行全国统一的顶层设计，各地区、各业务领域信息系统建设全部纳入顶层设计之中，实现基于一个技术平台，各项业务协同办理的机制。重点推进以下几方面的统一建设。一是统一全国系统布局。按照“数据向上集中、服务向下延伸”的总体思路，根据不同时期业务发展需要和技术发展特点，先后实行了市级集中（“金保”一期）和全省“大集中”（“金保”二期）的部署策略。二是统一基础设施平台。部、省、市三级均只建设一个数据中心，三级之间建设统一的网络通道。各业务部门不再单独建设数据中心和本业务内纵向传输的网络，纳入统一的数据中心进行管理，依靠统一的网络实现“一条主干传输”。统一全国网络安全信息体系，保障网络安全。三是整合应用系统。建设统一的社会保险信息系统，实现“五险合一”的管理，并逐步实现与就业服务、人事人才管理、劳动关系管理等系统的衔接，实现跨业务、跨地区的信息共享和业务协同。四是统一对外信息服务窗口，包括统一 12333 电话咨询号码和咨询服务标准，逐步统一政府网站、自助终端、移动应用等服务形式。五是发行全国统一标准的社会保障卡，实现在人社业务领域一卡多用和全国通用。

【网络建设应用情况】

人力资源社会保障信息网络是以国家电子政务网络平台和公共通信网络平台为基础，以各级人力资源社会保障部门局域网络为主体，以网络应用为核心，多种通信方式并存，跨平台、支持分布式处理的计算机广域网络系统。从功能上，划分为 3 个网络：公众服务网（也称外网）、业务专网、办公网（也称内网）；纵向上，分为部、省、市三级网络中心，联接部、省、市、县、街道（乡镇）、社区（行政村）六级人力资源社会保障部门的系统用户；横向上，联接相关部门和单位，对社会公众提供服务。部省市网络中心（也称数据中心）分别对各个网络本级设备资源、技术资源和各类信息资源实行统一管理，形成支撑各项业务开展的信息系统支撑平台。各类应用系统由于承载的业务性质和用户不同，分布在不同网络、不同层级中。

（一）公众服务网

公众服务网是各级人力资源社会保障部门利用互联网和移动通信网等，面向公众提供政策咨询、业务查询、网上服务的外部网络。人力资源社会保障部外网与国家电子政务外网连接，实现相关部门间的信息交换和共享。部公众服务网是网站信息发布和部机关使用的综合性网络，与部分在京事业单位互联，与国际互联网之间逻辑隔离，其中有一条线路联接至电子政务外网（100M 带宽）。部客户端上网和面向互联网的网站服务均使用电子政务外网线路，目前接入非涉密终端计算机 1000 台左右。

（二）业务专网

业务专网主要支撑全国人力资源社会保障业务系统运行，依托国家电子政务网络统一平台和公共通信网络平台，连接部、省、市网络中心（数据中心），延伸到区县、街道（乡镇）和社区（行政村）业务代办点，并与政府相关部门（人行、财政、公安等）和其他相关单位（医院、药店、银行、邮局等）联接，实现相关信息的交换和共享。部级网覆盖部机关、公务员局、部属事业单位，联接省级网等。省级网覆盖省人力资源社会保障厅、公务员管理部门、省社保机构、省就业机构等省属事业单位，连接省内市级网等。市级网覆盖市区县人力资源和社会保障局、市区县公务员管理部门、社保经办机构、就业服务机构等市属事业单位等。部省业务专网（带宽 2～8M）使用“国家电子政务网络中央级传输骨干网”；省市网络自建，带宽 2～100M。截至 2013 年年底，全国 31 个省份和新疆兵团，除西藏和青海玉树地区外，均已实现了部省市三级网络互联。

（三）办公网

办公网是各级人力资源社会保障部门建立的支撑宏观决策、公文流转、部门内部办公的核心网络，分级建设，暂不进行互联。人力资源社会保障部内网与国家电子政务内网联接，实现政府部门间的信息交换和共享。国家电子政务内网属涉密网络，人力资源社会保障部办公网也按涉密网络进行建设和管理。

（四）网间关系

办公网为机密级涉密的独立网络，与其他网络物理隔离。公众服务网和 Internet 之间逻辑隔离，可通过 Internet 进行应用链接等。业务专网和公众服务网之间安全隔离。

【网络安全和信息安全体系建设情况】

（一）电子政务网络信息体系

一是基于电子政务外网的网络信息体系。依托“863”课题成果转化，2003 年基于业务专网建成电子认证系统。2008—2010 年，结合“金保”工程一期建设要求，对系统进行优化、扩容，建成支持 RSA 和 SM2 两种算法的电子认证系统，证书生产能力达到 50 万张，并进一步健全相关运行管理机制。2011 年，通过了国家密码管理局的安全性审查。2013 年，人社部信息中心作为人力资源社会保障行业唯一的电子认证服务机构，获得了国家密码管理局颁发的电子政务电子认证服务资质。目前，数字证书主要在联网数据管理、社会保险基金财务数据采集管理、社会保险基金监管、异地业务经办等全国性跨地区联网系统中应用，并在部分地区的业务系统中进行应用，发放的工作人员证书和设备证书基本覆盖了全国各级人力资源社会保障部门，累计发放数量 26091 张，2013 年新发证书 8306 张。二是基于电子政务内网的网络信息体系。自 2003 年开始，人力资源社会保障部作为“电子政务试点示范工程”试点单位之一，依托国办电子认证系统（CA）建设了证书注册管理系统（RA）。2013 年，按照国家密码管理和分级保护要求，通过分级保护整改项目，购置了一套卫士通数字证书认证管理系统（SRQ27 v1.1 版），提供基于证书的终端计算机登录认证、数字签名和文件加解密等防护功能，证书签发量可达 1000 张左右。

（二）分级保护情况

人社部建有机密级涉密局域网（办公网），该网与国际互联网等其他网络之间物理隔离，覆盖部机关所有办公网联网终端 800 台。目前，涉密办公网已向国家保密局报备，并正在进行分级保护整改实施。

（三）等级保护情况

2007 年以来，人社部严格按照《关于开展全国重要信息系统安全等级保护定级工作的通知》要求，全面推进信息安全等级保护工作，先后多次下发文件，指导和督促各级人社部门贯彻落实国家等级保护制度要求，协调公安部门完成重要信息系统的备案、整改和评测工作，并依托覆盖全国的信息安全通报机制，建立了等级保护工作协调联络渠道。部本级 27 个非涉密信息系统（三级系统 17 个，二级系统 10 个）均完成了定级备案和系统整改。部属事业单位的 31 个重要信息系统已完成了等级保护定级备案。截至 2013 年年底，全国地市级以上人社部门的 1072 个重要信息系统的定级备案率达到 67%以上，测评完成率为 29%。

【应用系统建设情况】

（一）社会保障卡建设

中华人民共和国社会保障卡是人力资源社会保障部门面向社会发行的集成电路（IC）卡，其发行对象是我国全体居民以及在境内就业参保的外国人、港澳台人员。社会保障卡为持卡人提供全生命周期服务，即从婴儿一出生参保赋号后就持卡享受服务，一直到生命终结销卡。社会保障卡具有身份识别、电子凭证、信息记录、医疗结算、缴费和待遇领取、金融支付、自助查询等功能，是享受人力资源和社会保障服务的有效凭证，也是各级政府社会管理和公共服务的重要载体。目前，社会保障卡以人力资源社会保障业务为主要服务内容，通过社会保障卡办理社保缴费、社保待遇领取、就医购药结算、医院诊疗服务、就业失业登记、求职招聘、职业培训、工资发放等业务。另有一些地区将社会保障卡应用扩展到其他政府部门提供的公共服务，如公积金领取、惠农资金直补、免疫接种、居民健康信息服务、图书借阅等。截至 2013 年年底，全国社会保障卡持卡人数达到 5.4 亿人，完成“十二五”规划目标的 67.5%。发卡地区覆盖全国除青海、西藏外的 30 个省份（含省级单位新疆生产建设兵团，下同）334 个地级以上城市，占全部地级以上城市的 87%。为进一步规范社会保障卡管理工作，开展了《社会保障卡发行管理流程》、《社会保障卡密钥载体安全管理办法》等多项管理制度的制定工作，开展了《社会保障卡持卡人员基础信息库建设方案》的编制工作，推进跨地区卡应用环境。与人民银行进一步完善社会保障卡加载金融功能的合作机制。规范了社会保障卡质量安全管理，确保社会保障卡规范化建设。

（二）人力资源应用系统建设

各地基于全国统一软件建设了就业管理信息系统，基本实现了各项就业服务和就业管理业务的信息化管理，大部分地区实现了就业系统的省级集中建设。2011 年建成全国就业监测系统，以各地就业管理信息系统为数据来源，实现对全国就业信息的全面监测，为跨地区就业服务、就业政策实施情况提供监控手段，并对社会公众查询其政策享受情况提供服务。截至2013年年底，就业监测信息覆盖全国各个省级单位，已超过1.6亿人。在此基础上，2011年建成“全国招聘信息公共服务网”，以推动就业信息的全国联网和全国招聘信息公共服务平台建设，截至2013年12月底，联网机构已覆盖29个省、154个地区（含省本级）的196家公共就业人才服务机构，累计发布近439万条招聘岗位信息，涉及招聘人数2723万人、招聘会信息3万条、用人单位信息63.9万条。启动外国人在华和台港澳人员在内地就业跨地区业务管理系统建设，支持跨地区的就业管理工作。加强人事人才信息化建设，推进职称评审系统、留学回国人员服务系统、军转安置系统、人员调配和高校毕业生进京管理系统的建设和运维工作。稳步推进劳动关系信息化建设，一体化的劳动关系管理信息系统软件已在19个省份实施应用，将逐步实现对各项劳动关系业务的统一管理。印发了《关于建立全国劳动保障监察信息监测制度的通知》，完成了劳动保障监察执法监督系统的开发任务，并已在各地实施。完成了新版仲裁员管理系统的开发工作，正在全国推广应用。会同有关部门，完成全国公务员信息库的集中会审工作，数据范围涵盖128个中央国家机关、32个省级建库单位的780余万公务员（含参公人员）信息。完成了中央机关及其直属机构公开招考公务员和中央机关公开遴选公务员网上报名系统的开发和技术支持工作。

（三）社会保障应用系统建设

随着社会保险体系的逐步建立和完善，我国社会保险信息化经历了由支撑单险种到五险合一，由服务城镇职工到城乡居民，由以经办管理为核心到以人为本，由粗放管理到精细管理的发展历程。2000年，原劳动保障部组织研发了社会保险管理信息系统核心平台（简称“社保核心平台”）一版，各地通过实施统一软件，形成了一套涵盖养老、医疗、失业、工伤和生育五个险种，五险合一、统收分支的社保业务模式。2003年和2009年推出的社保核心平台二版、三版在各地得到普遍应用，各地社会保险公共服务系统、基金监管系统、决策分析系统也得到不断建设和完善，特别是随着医疗保险即时结算的业务要求，各地普遍具备了系统实时连续服务能力。2009年以来，各地大力推进数据集中和系统整合，基本完成了省级集中的新农保和城镇居民养老保险管理信息系统建设工作，截至2013年年底，新农保业务系统已覆盖全国所有省份的2696个县级地区，达到全国县级地区总数的97%；城镇居民养老保险系统已覆盖全国所有省份及新疆生产建设兵团的2687个县级地区，达全国县级地区的97%。

社会保险跨地区系统建设和应用迈出坚实步伐，截至2013年年底，社会保险关系转移系统的城镇职工养老保险关系转移、流动就业人员基本医疗保险关系转移分别已有30个、14个省份的302个和55个地市入网，通过系统办理的业务量达47.71万人次；借助社保待遇资格协助认证系统，全国13个省份开展协助认证工作，2013年累计认证24.2万名异地居住退休人员；部分省份已实现辖区内跨统筹地区的持卡就医即时结算。基本养老保险待遇状态比对查询服务系统已入网29个省份，累计查询4862万人次，为重复待遇核查提供了有效手段。外国人参保信息查询系统已有15个省份入网。27个省份建立了省内异地就医结算系统或利用省级大集中系统形成了对省内异地就医结算的支持能力，部分省份间积极探索了跨省异地就医结算，部级跨省异地就医结算平台正在规划设计。2012年组织18个地区开展了医疗服务监控系统建设试点，2013年下发了《基本医疗保险医疗服务监控系统建设技术方案》，系统应用范围扩大到45个重点联系城市。

（四）公共服务体系建设

12333电话咨询服务实现了省级全覆盖，共有319个地市级以上人社部门开通了12333电话咨询服务，咨询员达3400余人，年话务量突破7000万个。开展了人力资源社会保障部部级公共服务信息资源库和部级12333电话咨询服务接转平台建设，部分省市通过接转平台实现了对接。自2012年起，将每年的3月31日定为“12333全国统一咨询日”，并如期举办了咨询活动。统一了人力资源社会保障电话咨询服务标识，着力加强咨询服务品牌建设，一些地区还打造了集电话、短信、网站、移动应用、自助一体机等多渠道为一体的信息服务体系，以提供更加便捷的服务。

【信息资源共享和开发利用】

通过全国联网监测方式采集各地的关键业务信息，基本实现了社会保险业务信息的全国采集和上报，并为实现与其他部门的数据共享奠定了坚实基础。截至 2013 年年底，城镇职工养老保险、失业保险、城镇职工医疗保险、城镇居民医疗保险、工伤保险、生育保险、新农保和城居保等各项联网监测应用的上传数据量分别达到 3.03 亿兆、1.33 亿兆、2.31 亿兆、1.69 亿兆、1.42 亿兆、1.13 亿兆和 4.71 亿兆。根据业务部门政策研究需要，加强数据分析工作，为政策制定和宏观决策提供支持。与公安部共同推进国家人口库项目建设，完成项目立项工作，并进入项目实施阶段。继续推进与其他部门的数据交换，分别与公安、民政、卫生计生部门签署了数据交换协议，并下发了《关于印发〈公安部、人力资源社会保障部信息快速查询协作执法合作协议〉的通知》，实现了与中国人民银行征信信息的部级定期交换。

工商信息化发展概况

2014 年，国家工商总局（以下简称总局）信息中心在总局党组的坚强领导下，以党的十八大和十八届二中、三中、四中全会精神为指引，坚决贯彻执行总局各项重大决策部署，围绕工商事业改革发展，认真履职，扎实工作，工商信息化建设不断取得创新突破。

【加强统筹协调】

（一）顶层设计

印发了《工商总局关于深入推进工商信息化工作的意见》，提出了当前及“十三五”期间工商信息化建设的主要目标、基本原则和重要任务；修订编制印发了《“金信”工程总体技术设计方案》，明确了工商信息化建设的总体技术框架；制定了《工商总局数据中心规划方案》，下发了《工商登记制度改革信息化建设技术方案》等指导性文件；开展了全国工商系统信息化建设情况调查，基本摸清了全国各地信息化建设的家底，为工商总局开展信息化建设顶层设计提供了科学依据。

组织召开了全国工商信息化工作会议，总结了 2009 年以来工商信息化工作，交流了信息化建设经验，全面深入研究了工商信息化建设面对的形势和任务，安排部了署当前和今后一个时期推进信息化建设的主要任务。会后组织相关技术培训工作。组织召开了工商总局信息化领导小组第七次工作会议，总结了 2014 年工商总局信息化建设情况，审议了有关信息化工作文件，部署了 2015 年工商总局信息化工作。

（二）完成推进多项国家项目

牵头组织国家法人库项目立项，协调中央编办、民政部等参建单位，完成了《国家法人库项目建议书》编制及评审，获得发改委批复并明确工商总局牵头负责。

大力推进核高基项目“基于安全可靠基础软硬件的在线事务处理系统应用迁移/重构和

示范”和“863”项目“大规模空间数据融合分析关键技术与应用服务系统”等实施，项目研究取得阶段进展。完成“金信”工程（一期）备案工作。根据“金信”工程一期竣工验收专家组意见，积极进行相关整改，完善项目档案，按时完成向国家发改委备案手续。

强化信息化项目管理制度建设。制定印发了《国家工商行政管理总局信息化项目建设管理暂行办法》，切实加强信息化建设项目管理。

【支撑商事改革】

（一）开通企业信用信息公示系统

2013年10月25日，国务院常务会议部署商事制度改革，要求于2014年3月1日建成并开通企业信用信息公示系统。在时间紧、任务重、要求高等情况下，全力以赴、攻坚克难，确保了以工商总局为统一门户包含全国31个省（自治区、直辖市）的全国企业信用信息公示（过渡）系统按时上线运行，得到了社会的广泛好评。2014年8月7日国务院公布《企业信息公示暂行条例》，工商总局随后发布五部配套规章，确立了企业信息公示制度，明确规定工商部门、其他政府部门、企业作为不同的信息公示主体所承担不同的信息公示义务，以此促进企业诚信自律，扩大社会监督，营造公平竞争市场环境。按照暂行条例和五部规章要求，工商总局及时下发了《工商登记制度信息化建设技术方案》、《企业信用信息公示系统建设数据规范》、《企业信用信息公示系统建设格式规范》等一系列配套技术文件，组织对企业信用信息公示系统建设进行了较大功能扩充和调整，于2014年10月1日按时上线运行，为商事制度改革提供了有力支撑。

（二）推进电子营业执照建设

经国家密码管理局批准，正式将工商总局“市场经营主体网络身份识别系统”更名为“电子营业执照识别系统”，下发了《电子营业执照系统建设技术方案》及《电子营业执照技术规范》，确定了九个省市为试点单位，试点工作顺利有序开展。

【加强数据综合应用】

运用大数据加强市场主体监管和服务。配合国家发改委起草了《关于运用大数据加强市场主体监管和服务的若干意见》，立足工商先行先试，积极探索依托大数据实施监管，牵头组织编制《工商总局运用大数据加强市场主体监管和服务系统建设方案》。搭建了工商大数据处理分析共享查询平台，并申请了软件著作权。

不断提高数据质量水平和数据分析应用水平。推进2014年市场主体数据检查，下发了《工商行政管理数据管理办法》，建立了数据情况通报制度。完成了电子口岸综合资信库工商数据查询监控平台的建设，联合国家统计局小微企业跟踪调查提供数据，与最高法联网共享被执行人信息，配合审计部门完成企业信息查询工作，积极做好面向金融机构的信息查询服工作，有力推动了部门信息共享和社会共治。

加快推进基于总局数据库生成市场主体统计数据进程。全面开展全国市场主体统计数据和数据库数据一致性比对工作，逐步缩小两者差异。明确从总局数据库生成市场主体月报的工作计划和时间表，积极推进统计数据从数据库生成工作。

【提升应用效能】

大力推进总局信息化各项应用。积极开展广告监管信息化建设；做好12315主要数据管理系统改造；继续推进网络交易监管工作；做好执法证管理系统的应用和打击传销规范直销管理系统的技术保障；支持企业局、外资局调整审批程序，改造工商总局内、外资企业登记系统。完成商标行政执法平台项目建设，大力推进商标三期系统建设，配合商标局、商评委加快解决上线中出现的困难和问题。

【优化公共服务平台】

加强工商总局政府网站建设和管理，提升工商总局政府网站公共服务水平和社会影响力。加强政府信息上网发布工作，积极打造更加及时、准确、公开透明的工商总局政府信息发布平台。

积极协调工商总局相关部门，进一步加强权威统计数据、政府采购、财政预决算、招录招考、政府信息公开目录等重要信息的发布工作。完善并拓展网站互动功能，及时回应社会关切。进一步丰富了工商总局移动互联门户功能建设，完善了用户注册、消息管理等功能，整合优化了现有频道设计，扩展了在线办事、公众参与、个性化定制、全文检索等功能建设，进一步增强了用户体验效果。工商总局移动门户客户端下载安装量已超过45万人次。在“第十三届（2014）中国政府网站绩效评估”活动中，工商总局政府网站综合排名位列72家部委网站第9位，继续位于优秀部委网站行列。

推进OA系统二期服务功能全面应用。全面推进并完成工商总局机关办公自动化系统二期项目建设，扩展了电子文件智能归档、档案管理系统、全文检索、专栏频道、文件共享、音视专区，离退休工作管理、离退办财务档案管理等系统功能，进一步优化了界面设计和办文流程，提升了OA系统智能化、人性化水平。

积极做好工商总局舆情监测技术支持工作。完成工商总局网络工作平台的建设，为工商总局舆情监测工作提供了充分的技术保障。

【加强运行环境建设】

（一）建立信息安全通报机制

对总局综合业务、公共服务等五大系统开展等级测评工作。并根据测评报告进行相应的安全整改工作，不断加强网络安全管理，优化改进安全防护措施。完成了信息系统等级保护自查。完成了国家密码管理局开展的对非涉密的重要网络和信息系统的商用密码使用情况的安全检查。

（二）建立健全安全保障支撑体系

制定工商总局安全系统整体安全策略，修改完善了《信息系统建设安全管理规定》、《数据备份和恢复管理规定》、《信息系统变更管理规定》等制度。继续加强工商总局电子认证信任服务体系运行管理，为工商总局各应用系统提供认证服务。

文化信息化发展概况

2014年，文化部立足于已有基础，稳步推进信息化建设，在基础运行维护、电子政务建设、数据业务发展和信息应用服务等方面取得进展，大大提高了文化行业管理水平和公共文化服务效率。

2014年文化部成立了网络安全和信息化领导小组，全面推进文化部信息化建设，统筹保障网络安全。领导小组下设办公室，由文化部信息中心承担办公室日常工作。文化部网络安全和信息化领导小组主要负责研究制定文化部网络安全和信息化发展战略、宏观规划和重大政策，统筹协调涉及文化部网络安全和信息化工作的重大问题，推进文化部网络安全和信息化工作标准化、制度化建设等方面工作。

【推进业务信息专网建设】

文化部业务信息专网（以下简称专网）是文化部信息化工作基础性、支撑性的网络设施。通过建设文化部综合运维管理平台，实现了全国37条专网线路、501台硬件设备参数配置及运行软件的统一管理，全面掌握了专网整体运行情况，规范和完善了运维管理流程，极大提升了运维效率。

2014 年召开全国性视频会议 4 次，大大缩短了召开全国性会议筹备时间，为文化系统各单位节约费用数百万元。专网在保障视频会议、网吧监管平台等现有系统带宽需求的同时，还承载了科研项目申报平台、国家级非物质文化遗产项目管理平台、全国文化艺术之乡项目申报评审平台、全国文化文物统计等系统的运行。其中“国家级非物质文化遗产代表性项目申报平台”获得了电子政务理事会颁发的 2013 年电子政务优秀案例奖。

【创新门户网站建设】

一是加强文化部网站群的日常管理，提高政府网站群建设水平。采取网站内容诊断与检测系统与值班人员读网相结合的网站群日常管理方式，做好重大节日、重要敏感时期文化部政府网站群系统巡检、值班读网等工作，确保文化部网站群的安全运行；实施“文化部政府网站群内容管理云服务平台（二期）”建设项目，完善网站群管理后台功能。2014 年通过开展文化部政府网站群绩效评估工作，促进了文化部系统政府网站建设水平的整体提升。

二是继续完善文化部政府门户网站功能。政务信息公开板块新增“新闻发布会”和“督察落实”栏目；开发文化部政府门户网站移动门户微信接口，实现网站信息的朋友圈推送功能；逐步完善了文化部信息采集报送工作平台功能。

三是继续加大文化部政府门户网站信息发布和新闻宣传工作力度。以文字、图片、视频等形式对文化部重要会议、重大文化活动进行全面宣传报道，内容翔实，形式多样，特色鲜明。截止到 2014 年 11 月，文化部政府门户网站共发布各类政务信息 9484 条，开展各类网上直播 20 场，制作各类宣传视频 20 个，推出热点专题 6 个。

通过以上举措，文化部政府门户网站在中国社会科学院信息化研究中心举办的政府网站绩效评估中排名第 10 位。“网上直播”栏目被电子政务理事会评为“2014 年中国政府网站信息公开精品栏目”。

【实施政务信息目录建设】

实施文化部政务信息资源目录建设项目，研发“文化部政务信息资源目录管理平台”，初步形成《文化部政务信息资源目录元数据标准》、《文化部政务信息资源标识符编码标准》和《文化部政务信息资源分类标准》三个标准规范。进一步明确了文化部电子政务建设总体需求，为推进政务信息资源开发和利用打下基础，为文化信息资源库的整体建设探索业务经验和工作模式。

【开展信息安全等级保护】

组织开展文化行业信息系统等级保护专项检查工作和 2014 年文化部系统等保测评统谈分签工作，开展 2014 年度等级保护测评工作，进一步推动等级保护测评和安全整改工作。建立并完善网络巡检制度，在 2013 年网络巡检工作基础上，全面梳理信息中心机房设备和服务器，建立设备台账，保证各应用系统正常运转。在开展等保建设的同时，也加强涉密网络安全管理，开展分级保护建设的有关工作。

【开展政务云平台试点】

在文化部原有办公网络基础上，研发了文化部电子政务云平台。前期已为部分业务司局试点部署了云桌面终端。计划通过云平台和云桌面的部署，推动文化部电子政务各项业务系统的全面整合，减少客户端操作的复杂性，提升业务专网的运行维护效率，提高业务网络的安全性。

【建设公共电子阅览室】

加大重点数字文化工程实施力度，文化共享工程数字资源总量累计达到 400TB，建设公共数字阅览室 53603 个。公共电子阅览室管理信息系统覆盖 31 省区。截至 2014 年 11 月，全国 3309 个公共电子阅览室的 52537 台终端纳入系统统一管理，系统督管能力得到有效增强。

【推广数字图书馆】

在2013年工作基础上，国家数字图书馆工程验收准备工作基本就绪。完成异地灾备系统机房建设及光纤链路铺设、文献数字化加工中心场地规划和设备选型、核心系统第三方测评、标准规范项目成果出版等工程建设收尾工作，启动档案整理工作。

数字图书馆推广工程取得重要进展，30家省级图书馆和200家市级图书馆完成硬件配置，覆盖全国的公共数字文化服务网络基本形成。开展数字资源联合建设，共享资源近140TB，向少数民族地区推送镜像资源近40TB。

【建设文化产业管理平台】

推广使用业务应用系统，稳步推进全国文化市场技术监管与服务平台建设，文化市场管理规范化、服务公开透明的效果日益体现。截至2014年年底，文化市场业务应用系统在24个省（区、市）、207个地（市）部署上线试运行，推动了文化市场管理与执法业务的互联互通和数据共享。

建成线上国家文化产业项目服务平台，通过该平台面向社会征集文化产业重点项目，从中筛选1100个项目编印《中国文化产业重点项目手册》，并于第10届深圳文博会期间发布。依托平台建设特色文化产业及藏羌彝文化产业走廊重点项目库、弘扬社会主义核心价值观动漫作品扶持计划项目库。

【推进文化遗产保护工程】

非物质文化遗产保护管理水平进一步提升。研究起草了非遗抢救性记录的业务标准和数字化保护技术标准。在“中国非物质文化遗产数字化保护工程（一期）”基础上，升级完善了数字化管理系统，对天津、辽宁、上海等21个地区的55个非遗项目试点开展数字化采集著录。

文物和古籍保护工作更加科学有效。第一次全国可移动文物普查工作顺利开展，制定馆藏文物、出土（水）文物和馆藏自然类藏品登录规范，建成全国可移动文物信息登录平台，推进普查文物信息采集登录工作。启动了壁画彩塑数字化保护工程试点和智慧博物馆建设试点工作。大力开展古籍数字化，全国古籍普查登记数据库正式投入使用，同时加快“中华古籍数字资源库”建设。

文化部各单位充分利用现代信息网络技术提升业务水平、促进业务发展。故宫博物院根据业务需求，研发推出了公众微信号“微故宫”和“掌上故宫”智能导览应用，随着手机终端的日益普及，故宫及时推出若干款App应用，以更加丰富、多元、生动的数字文创产品，让馆藏文物“活起来”。全国美术馆藏品普查办公室组织开展了美术馆藏品普查工作的标准规范研究、项目人员培训、业务系统研发等多项基础性工作，项目工作手册和相关行业标准已经印发，应用信息技术手段开展的全国美术馆藏品普查工作正在有序进行中。此外，国家艺术基金管理中心、国家博物馆、中央文化干部管理学院、文化部恭王府管理中心、文化部民族民间文艺发展中心、中国艺术科技研究所等多家单位也在积极研究利用信息化手段有效提升核心业务能力。

科学信息化发展概况

中国科学院作为科技国家队，自“九五”以来，信息化在连续三个五年计划的支持下取得了显著进展。“十二五”期间，围绕建设信息化科学院这一目标，抓住科研信息化、管理信息化这两条主线，通过实施“科研信息化应用推进工程”等六大工程，构建了“科技云”、“管理云”和“教育云”三类云集，不断提高中国科学院科研、管理和教育信息化水平，为建设良好的科技创新生态环境发挥了有力支撑作用。中国科学院的信息化工作正稳步推进，发展势头良好，信息化正深刻地改变着中国科学院的科研方式、管理机制和教育模式，意义深远、前景广阔。

【统筹规划，前瞻布局】

中国科学院“十二五”信息化发展的原则是：统筹规划，前瞻布局；需求导向，制度保障；整合集成，深化应用；共建共享，引领发展。发展思路是：紧密结合“创新 2020”发展战略的布局，立足中国科学院科研和管理的需求，以信息化推动科技创新，以科技创新牵引信息化，突出抓应用、抓服务、抓安全，以实际应用带动能力建设，实现功效一流的信息化服务环境，为建设信息化中国科学院迈出关键和坚实的一步。

中国科学院“十二五”期间信息化工作主要可以概括为：“围绕一个目标、抓住两条主线、形成三类云集、提升四种能力、实现五大转变和实施六项工程”。围绕一个目标：面向“创新 2020”发展战略，建设开放共享、功效一流、安全可靠的信息化环境，促进信息化与科技和管理创新活动的深度融合，引领我国科研信息化发展，逐步建成信息化中国科学院，为中国科学院实现创新跨越提供有力支撑。抓住两条主线：紧密结合“创新 2020”发展战略的需求，围绕国家科技战略布局，抓住科研信息化和管理信息化两条主线，全面、深入地开展信息化建设和应用。形成三类云集：面向全院“科技海”用户群体，充分利用自主创新信息技术，形成面向全国、支撑科技创新的开放共享科技公有云——中科蓝云，形成服务管理创新的安全、高效管理私有云——中科绿云，形成培养创新人才的方便、快捷教育混合云——中科红云，服务不同层面及范围的用户，为科研、管理与教育活动提供高效实用、安全便捷的信息化环境。提升四种能力：着力提升资源整合共享、应用服务支撑、辅助决策支撑、网络安全保障四种基础能力。实现五大转变：不断创新体制机制，提升信息化发展理念，加速实现从硬件建设到环境构建、从强调建设到突出应用、从条块布局到整体推进、从单点示范到全面推广、从相对封闭到共建共享五个方面的转变。实施六项工程：真抓实干，务求实效，组织实施科研信息化应用推进、科技数据资源整合与共享、信息化管理与决策支持、信息化继续教育与科教融合、网络化科学传播服务、网络安全保障与服务六项工程。

2008—2014 年中国科学院信息化评估的总体情况来看（见图 1），中国科学院信息化整体水平在 2008 年的基础上稳步推进，2011 年有明显提升，2012 年和 2013 年的增长则相对平缓，表明目前中国科学院院属各单位的信息化建设水平稳步提升且日趋成熟和稳定，发展势头也逐渐放缓。总体来看，目前中国科学院信息化建设水平整体式已经具备较好的基础，院属各单位在信息化诸多方面的应用水平也取得了长足进步。

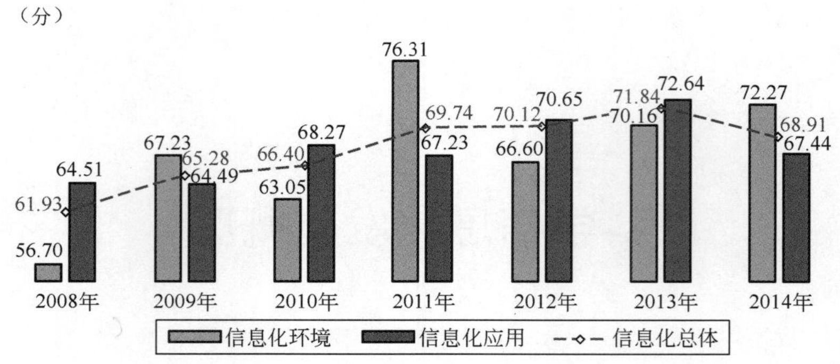

图1　2008—2014年中国科学院信息化评估平均得分年度对比

从中国科学院近三年各研究所在信息化各项平均得分的变化情况来看（见图2），各研究所在教育信息化应用以及ARP系统应用方面进步明显，在信息化管理、信息化安全保障、网络及IT设备环境、数据应用环境、协同平台以及数字文献资源等方面发展较为平稳，但在融合通信应用、网络科普、所级网站以及管理信息化典型应用等方面降幅明显。

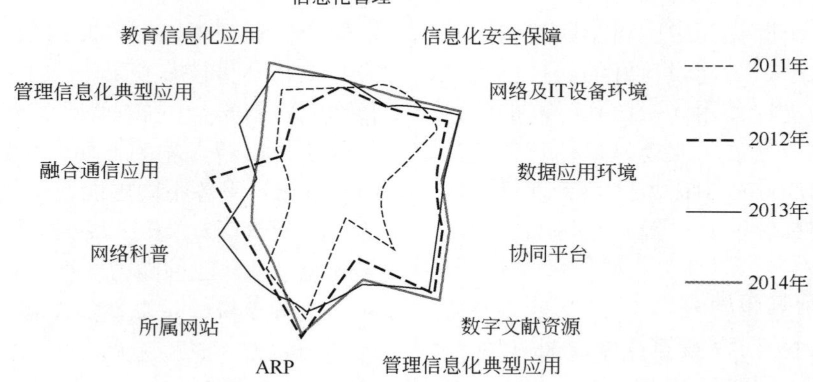

图2　中国科学院各研究所信息化评估各分项平均得分情况年度对比

【提升科研信息化基础设施支撑能力】

“十二五”期间，中国科学院承担了国家发改委组织的中国下一代互联网（China Next Generation Internet，CNGI）之“核心网工程”、“驻地网工程”和“基于下一代互联网的科研信息基础设施建设和应用示范工程”建设任务，网络环境、超级计算环境、数据存储环境及数据处理能力全面提升。

（一）中国科技网环境

2008年建设运行的中国科技网，已经成为覆盖全国的高速科研骨干网基础设施（见图3），为中国科学院院属单位、国家地震局、国家气象局、中国林业科学院、中国农业科学院等科研机构和高技术企业提供互联网络服务，推动我国科研信息化发展。

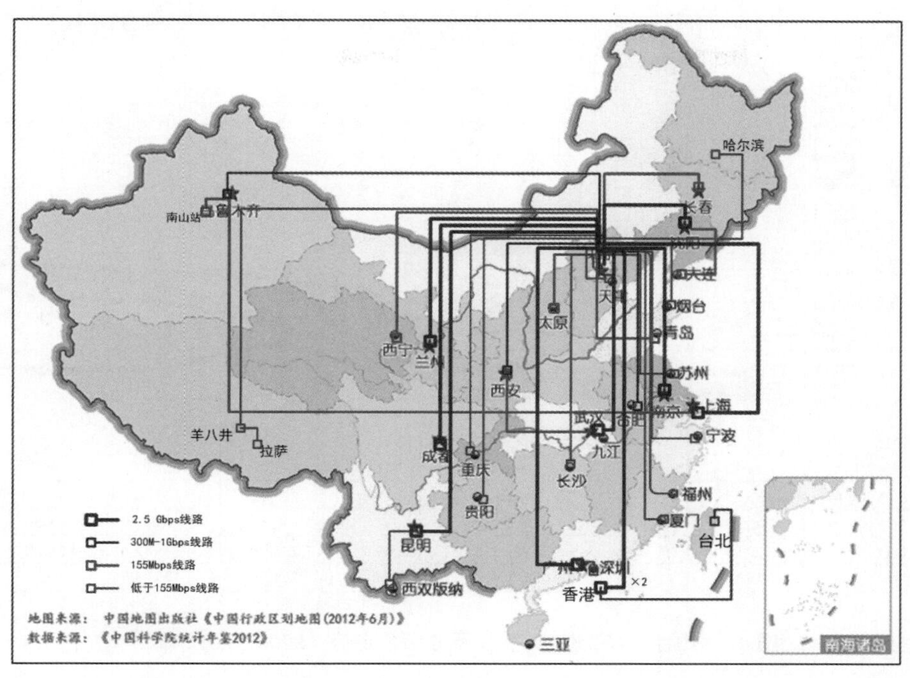

图 3　高速科研骨干网基础设施

中国科技网具有万兆交换能力的核心网、以155Mbps～2.5Gbps 传输能力为主的长途骨干网和 1～10Gbps 城域网接入服务能力，7×24 提供 IPv4 和 IPv6 双线接入服务。中国科技网拥有多条通往美国、俄罗斯、韩国、日本等国际出口，并与中国香港、中国台湾等地区的主要互联网运行商实现了高速互联。目前，中国科技网的国际网络出口已达到 49Gbps，其中，中美、中欧之间均为 10Gbps。直接支持中科院 109 个研究所升级为 IPv6 网络，从核心网、城域网、用户网到应用桌面全面支持 IPv4/IPv6，并通过 10G 环状骨干网络使 10 个高性能计算中心、10 个海量数据资源中心、40 个大科学装置和野外台站等科研基础设施高速互联。

（二）超级计算环境

三层架构的中国科学院超级计算环境在“十一五”期间建成，在“十二五”期间实现了超级计算能力、应用效果的稳步提高。实现了中国科学院超级计算总中心、9 家分中心、18 家所级中心计算资源的互通共享，整体提供达 400 万亿次的计算能力和 100 多种应用软件服务。

中国科学院超算中心的主超级计算机已升级为第六代超级计算系统——“元”，系统峰值为 2.36 万亿次（Petaflops）。系统采用通用处理器（CPU）和加速器（Intel Xeon Phi 和 GPU）混合组成的异构体系架构，主机安装于中国科学院计算机网络信息中心怀柔分中心。系统分为两期建设，计划于 2015 年三季度完成全系统建设。一期系统已于 2014 年 6 月正式发布，计算能力为 303.4Tflops，存储裸容量为 3.041PB，聚合带宽 64.5GB/s，全系统采用全系统 56Gbps FDR InfiniBand 线速互联，为院内外广大超级计算用户提供计算服务。

中国科学院超级计算发展指数以超级计算生态环境合理量化综合评价为出发点，从环境建设、环境使用、用户直接科研产出、支持用户科研项目、人才培养和收入六个方面构建了评价指标体系，共包含 17 个三级评价指标、6 个分指数和 1 个综合指数。2006—2013 年，中国科学院超级计算发展分指数走势如图 4 所示。

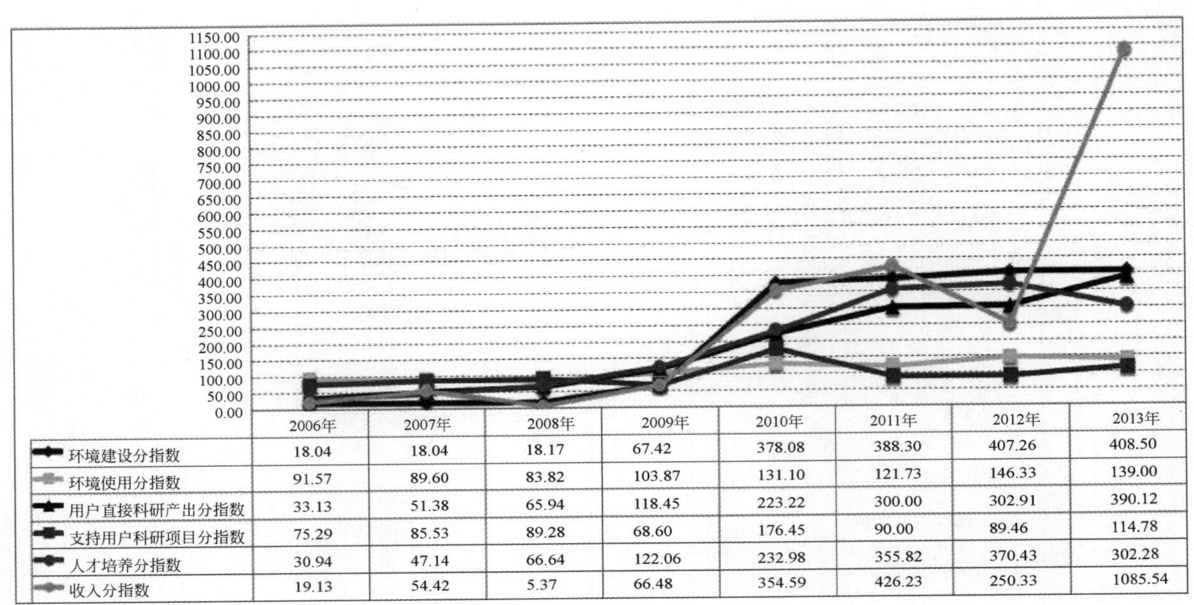

	2006年	2007年	2008年	2009年	2010年	2011年	2012年	2013年
环境建设分指数	18.04	18.04	18.17	67.42	378.08	388.30	407.26	408.50
环境使用分指数	91.57	89.60	83.82	103.87	131.10	121.73	146.33	139.00
用户直接科研产出分指数	33.13	51.38	65.94	118.45	223.22	300.00	302.91	390.12
支持用户科研项目分指数	75.29	85.53	89.28	68.60	176.45	90.00	89.46	114.78
人才培养分指数	30.94	47.14	66.64	122.06	232.98	355.82	370.43	302.28
收入分指数	19.13	54.42	5.37	66.48	354.59	426.23	250.33	1085.54

图 4 中国科学院超级计算发展分指数走势（2006—2013 年）

2013 年 9 月，由中国科学院超级计算中心联合国内各大超级计算中心，与多家高性能计算应用单位、超级计算相关技术和产品的研发、制造、推广、服务的企业、大学、科研机构等具备独立法人资格的单位或其他组织类机构，共同成立了“超级计算创新联盟”。截至 2014 年年底已发展到 55 家成员单位。

2014 年，经中国科学院第七次院长办公会同意批准，依托中国科学院计算机网络信息中心成立院设非法人单元——计算科学应用中心。以大规模计算科学软件的研制和推进高水平应用为目标，搭建并行计算科学与其他学科交叉合作的高水平研究平台，实现高性能计算应用领域协同创新机制的突破；凝聚应用学科、算法研究、编程等多学科人才，打造产学研一体化成果产出平台，实现国产自主研发高性能计算应用软件质与量的突破。建设具有先进水平的高性能计算科学应用软件研发基地，为我国的学科发展和基础研究提供支撑。

2014 年 9 月，国家网格服务环境示范专网开通，中国科学院超级计算中心、国家超级计算天津中心、国家超级计算济南中心和香港大学四个国家网格结点单位的超级计算资源实现了聚合与共享，并为用户提供服务。

（三）数据存储环境

截至 2014 年年底，中国科学院数据存储环境正式运行服务总容量达 24PB，包括 6PB 云存储，1PB 灾备环境和磁带库 14PB，以及一般磁盘阵列 3PB。提供可共享科学数据 456TB，每月存储数据增长 50TB。共有 65 家中国科学院院属单位承担和参与数据工程，包括 12 家存储共建单位、20 家重点数据库承担单位、20 家专业数据库承担单位。已有院内外 7.6 万注册用户访问使用，有效支持了科研数据存储、备份、长期保存以及数据密集型计算的需求。

数据存储环境系统架构包括北京中关村主存储中心、怀柔总归档备份中心和 12 个区域存储节点，形成覆盖全院、辐射全国的云存储网络（见图 5）。通过统一管理、运营和服务，面向院内外用户提供云存储、云计算和数据共享等公共服务能力。

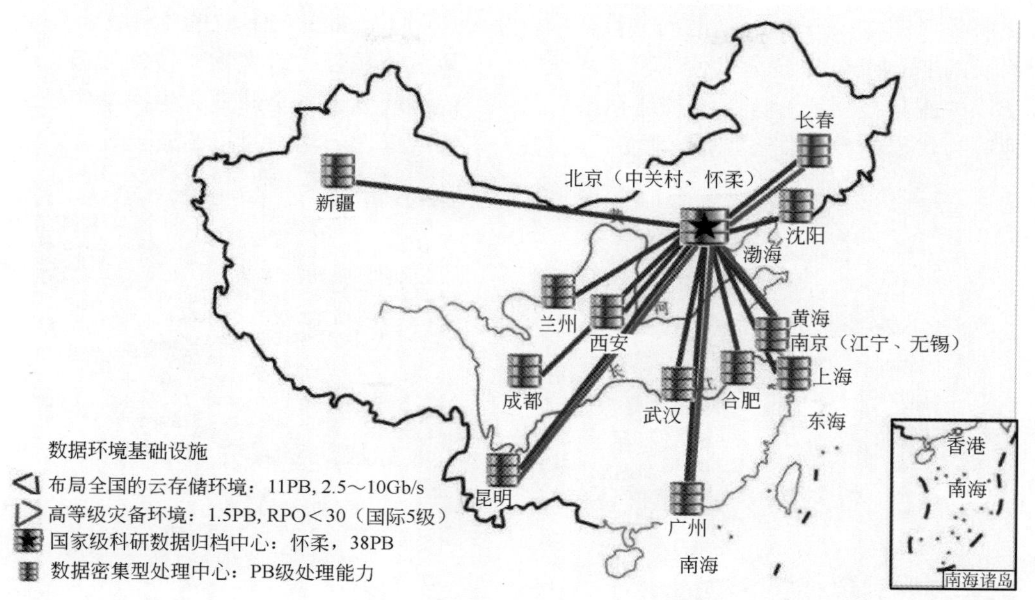

图 5　数据存储环境基础设施分布

【三类云集显现成效】

（一）“科技云”

中国科学院“科技云”以网络环境为基础，开展各类信息化应用，包括超级计算、科学数据资源、协同工作，以及一系列基于中国科技网的增值服务；以科学数据为核心，形成云存储服务环境，开展面向领域的数据整合、集成、共享与应用；以超级计算方法为手段，形成三层架构的超算环境，开展面向学科的超级计算应用与专业超算软件研发。“科技云”服务总体架构如图 6 所示。

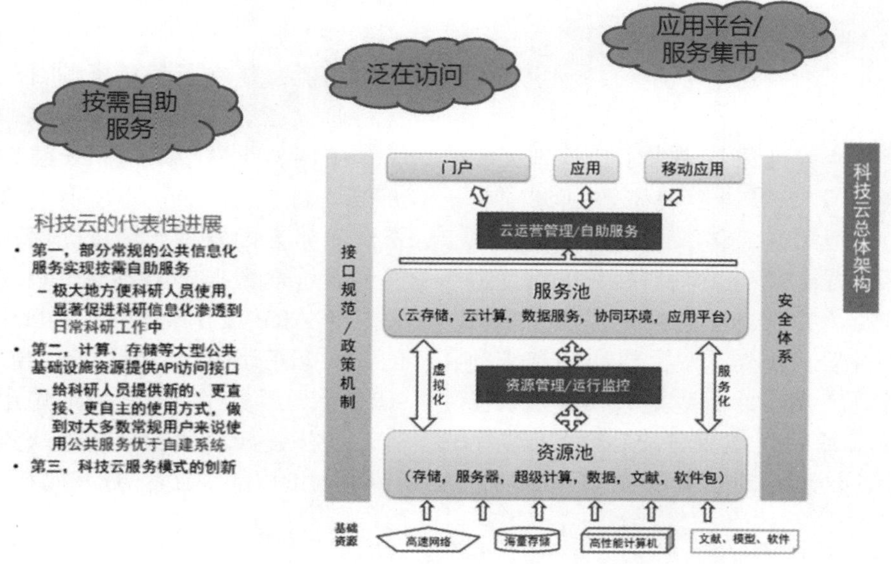

图 6　“科技云”服务总体架构

“科技云”开展了各类各层次面向科技活动的信息化服务（图 7），一部分是面向共性需求，以面向科研的 Duckling 平台为软件基础，逐渐发展形成了以中国科技网通行证、组织通讯录、云运行管理等为代表的“科技云”基础服务。同时，结合中国科学院重大科研项目（工程）的需求，启动了一批面向专业的“领域云”，包括高能物理科技领域云、微生物科技领域云、高寒环境联合监测研究云、全球变化生态学领域云、空间科技领域云、天文学科技领域云等。

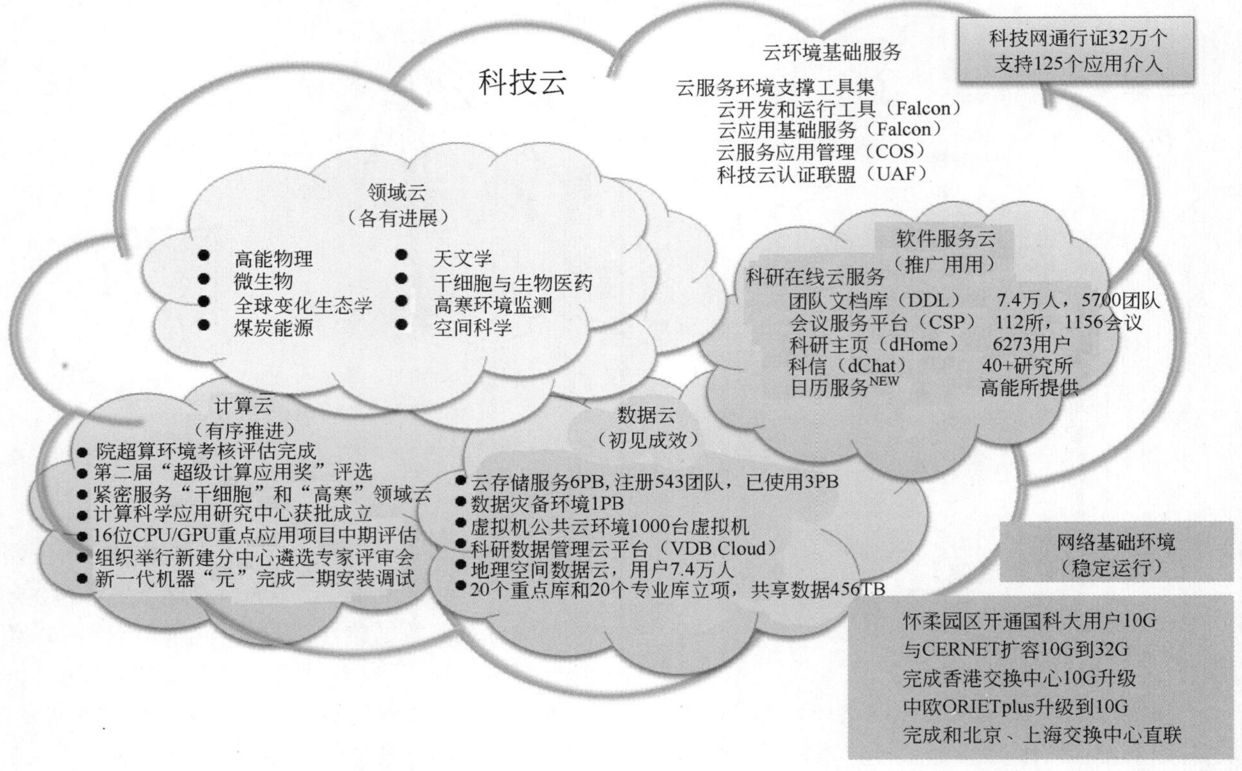

图 7 “科技云”服务展示

（二）“管理云”

中国科学院“管理云”搭建了“管理云”数据中心，整合了中国科学院资源规划项目（简称 ARP）、网站群、科学网、科普网等系统的数据以及对科研管理辅助决策分析有益的外部数据资源，并针对性地收集整理了来自中国国家自然科学基金委、中文核心期刊等的科研项目、科研产出等外部数据共 62 万条；搭建了“管理云基础设施服务平台”，实现了资源监控统计、日志管理、调度管理、权限管理等功能；建立了信息资源目录体系，形成了《科研管理信息资源分类标准》（见图 8）。

中国科学院 ARP 系统建设已持续了三个五年计划。“十二五”期间，ARP 在体现信息资源积累方面发挥作用，朝着构建基于云计算的科研管理数据中心方向上迈进。2014 年 12 月发布 ARPV2.3 版，引入互联网思维，通过微创新手段在用户体验上予以重点提升，推出 ARP 泛云服务平台，建成通用申报审批服务平台，初步建成科研管理辅助决策平台，并完善移动应用中心，探索 ARP 的移动应用模式。

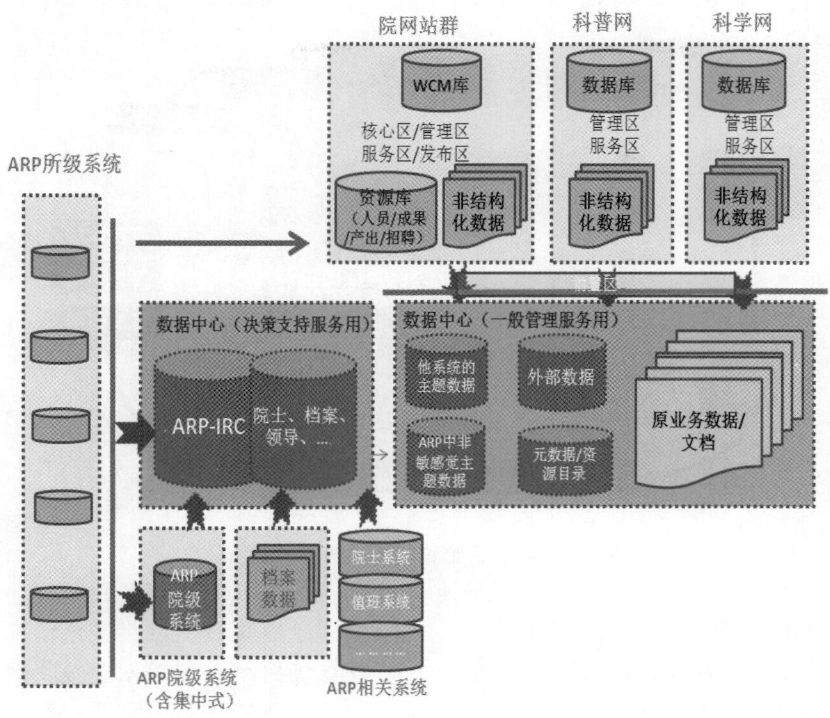

图 8 “管理云”数据中心逻辑架构

在“管理云”总体框架下，以“提升能力、加强创新、持续发展、精品示范”为原则，实现了从科普云主机到科普网站、科普专题、科普专栏、活动组织、视频分享、科普培训、项目申报等一系列科普应用，并支撑了中国科学院院内各研究所的科普空间、中国科普博览以及院科普工作网明智科普网的运行。2013 年，“掌上中科院”框架式 App 正式上线服务，完成了 Android 版本的开发，实现对应用的管理、资讯的同步更新。汇聚 20 多个特色应用，为院内人员提供科研、管理、生活等方面的资讯和应用服务。

中国科学院网站群通过运用云计算及 Web 2.0 技术，构建适应新时期发展需求的网络化信息发布与互动平台。目前，中国科学院网站群平台上运行的站点已增长到了 850 余个，网站内容丰富，运行稳定。2013 年 5 月 31 日，中国科学院在新浪微博开通了中国科学院的官方微博——“中科院之声”，6 月 4 日开通了同名微信。截至 2014 年年底，“中科院之声”微博共发布 6400 余条，累计被转发近 39 万次；粉丝 81 万余人。“中科院之声”微信发布 500 余期，累积关注人数 3 万余人。2014 年起，中国科学院主持编辑出版“中科院之声”手机报，截至 2014 年年底共发送手机报 98 期，每期发送号码数量在 1.4 万个左右。

（三）“教育云”

中国科学院“教育云”基础设施环境分别部署在中国科学院大学玉泉路校区与雁栖湖校区。目前“教育云”基础环境实现 50 台高性能服务器的虚拟化，能够提供 200 多台虚拟服务器的应用支撑环境。同时，逐步回收整合已有服务器资源，“十二五”末将能够提供 400 多台虚拟服务器的应用支撑环境。数据存储环境已经建成 344T 的存储容量，其中，48TB 高性能存储和 48TB 的普通存储已经满负荷运行，“十二五”末将建成高性能存储 192TB，普通存储 1PB 的存储环境。

“教育云”采用云计算技术实现了基础设施虚拟化、管理和学习数据资源池化；通过统一数据平台、教育业务接入平台完成底层数据整合共享及与上层应用服务的无缝对接和权限管理，为全院学生、教师、科研人员、管理人员以及其他职工提供一站式学习和教育管理服务，支持教育全过程的业务服务整合（见图 9）。

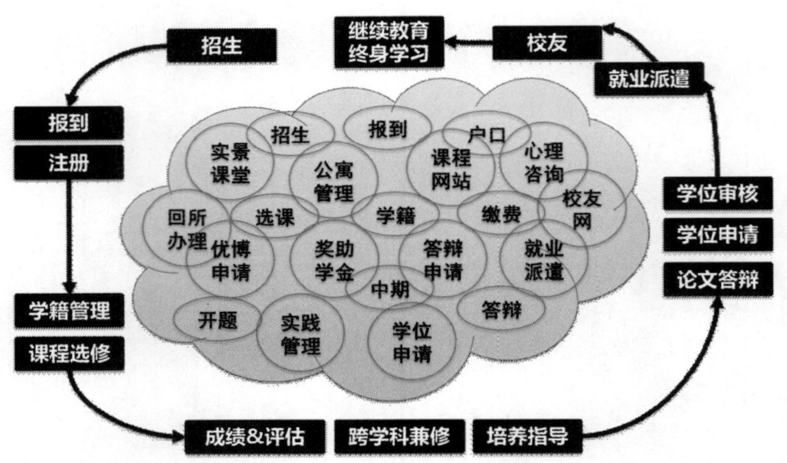

图 9　支持教育全过程的业务服务整合

截至 2014 年年底，“教育云”已积累课程和各类前沿讲座视频 2.4 万个片段，形成汇集讲义、课件、作业和讨论等内容的课程网站 1.2 万个；收集斯坦福大学、哈佛大学等国际名校公开放课程，北京大学、复旦大学等中国大学视频公开课，TED 讲座等各类视频资源 9791 个；积累学位论文 3 万余篇。这些资源主要分布在哲学、经济学、法学、教育学、文学、理学、工学、农学、医学、管理学 10 个学科门类。此外，实景课堂发布视频资源 29325 个，涉及 1328 门课程和各类学术前沿讲座、学生活动，资源容量 11117GB，视频点播次数达到 627.6 万人次；科研培训云已建成 113 个学习子平台，累计 1316 个课件资源。

【建成网络安全统一认证】

中国科技网安全服务平台的建设，具备了对中国科学院全网安全态势、全网安全资产情况、全网安全探针运行情况、全球安全攻击分布情况以及全院安全风险漏洞分布情况的分析展示能力，大大提升了中国科学院的安全保障水平。

通过中国科技网安全服务平台，可实现对中国科技网各用户单位的网络安全事件监控，安全事件发现率大幅提高。同时，中国科技网安全服务平台具备网络安全风险评估自服务能力，院属单位可利用平台对授权范围内主机进行风险评估任务下发和查看。此外，安全信息共享与分析中心实现了对互联网网络安全情况的通报，包括互联网最新网络攻击等安全威胁信息资料、重要漏洞分析和处置报告、重要互联网网络安全事件分析和处置报告等。

目前，中国科技网安全服务平台已在 104 个中国科学院院属单位部署采集引擎。中国科技网网络安全应急小组每日对监控到的国内外网络安全事件进行及时准确的处理，每次事件进行详细的记录，每月对所处理的事件进行汇总。2013 年 1 月至 2014 年 12 月，中国科技网网络安全应急小组共捕获安全事件 378456 次。其中，拒绝服务事件 61022 起，自定义类型事件 83613 起，系统状况/配置事件 73362 起，可疑活动 35564 起，扫描探测事件 8149 起，利用漏洞事件 5655 起，认证/授权/访问事件 108833 起，病毒/木马事件 247 起，违背策略事件 2011 起。

此外，建成中国科学院统一认证基础设施并在全院投入应用，强化了中国科学院 ARP 及各部门内部应用系统的安全性，提升了 ARP 平台的便利性和用户友好度。目前，院统一认证设施能支持各类认证方式，具备支持全院 3 万人的能力，成为中国科学院信息化基础设施的有机组成部分。

中国科学院持续提升对信息化工作的认识。通过中国科学院党校所局级领导干部特训班等既有渠道，同时建立了局级领导信息化工作研讨班及研究所信息化主管干部培训班等新渠道，形成了三级培训体系，完成了对信息化建设和运行单位用户的培训。同时，自2008年起实行了全院信息化评估，通过给院属每个研究所提供个性化的“诊断”反馈，使全院上下提升了对信息化理念的认识，形成了重视信息化、推动信息化落实的工作氛围。

针对信息化项目的工程性特色，中国科学院健全了信息化项目的咨询评议、过程管理、第三方监理、服务监督、反馈评估的闭环管理体系，并在各个环节充分听取用户、专家意见，确保了重大信息化建设项目的顺利完成。2014年，从实施与规划吻合度、进展与成效、经费执行效果等三个维度，对《中国科学院“十二五”信息化发展规划》的实施效果进行首次综合评估，并提出了建设任务、经费、机制体制以及规划内容等调整意见。通过评估，加强了信息化资源的整合与集成，改善了信息化服务环境，推动了中国科学院信息化水平的提升。

中国科学院积极引领国家科研信息化发展，2014年，承担了中国科学院学部咨询项目《国家科研信息化发展战略研究》，承担了国家信息化专家咨询委员会软科学项目《关于推动科研信息化发展的研究》，积极向国家提交国家科研信息化发展战略研究和建议报告。同时，面向院内外发布《中国科学院信息化发展报告》，联合国家有关部委连续举办“中国科研信息化发展研讨会”，编纂并发布《中国科研信息化蓝皮书》，系统展示了中国科研信息化整体发展情况，并对发展战略与态势作了分析，科研信息化理念与实践在国内产生了较大影响。

社会科学信息化发展概况

中国社会科学院信息化建设以深化信息化管理体制机制为抓手，积极整合网络信息资源，重点加强海量数据库和中国社会科学网建设，不断改善网络基础设施和网络安全环境，整体提升学术传播能力，提高科研信息化的保障能力和应用水平，取得了阶段性成果。

【信息化机制改革成效显著】

社科院党组对信息化建设和网络安全工作高度重视，把这项工作列入重要议事日程。院党组书记、院长王伟光同志曾多次对信息化工作作出重要指示，并召集相关部门针对我院信息化建设过程中取得的经验和存在的问题进行系统分析、对未来发展进行科学规划。为进一步理顺信息化建设体制机制，2013年8月院党组印发了《中国社科学院信息化体制机制改革方案》，成为我院信息化体制机制改革的纲领性文件。文件明确提出，“用3～5年时间，通过对‘一馆、一网、一库、两平台’的建设，全面提升我院信息化水平，实现科研手段现代化、信息资源一体化、办公自动化，基本实现数字化中国社会科学院”。

遵照文件精神，社科院于2013年9月实施了信息化体制机制改革。改革实行“管建分离”，成立了信息化管理办公室，专司管理职责；院图书馆（调查与数据信息中心）和中国社会科学杂志社（中国社会科学网）等单位成为院信息化的主要建设单位，承担重大信息化项目的建设职责。

【狠抓信息化工作落实】

2014年年初，院党组决定成立院重大信息化建设项目领导小组，由副院长张江和院秘书长高翔分别担任正副组长，院主要职能局及建设单位负责人任小组成员，专门研究、决定重大信息化建设的重大问题。为抓好工作落实，建立了“名优建设工程协调会议”制度（“名优工程”指我院“报、刊、图书馆、网站、出版社、数据库、社科学术评价”7个方面的建设）。会议由高翔秘书长主持，每周一次，研究讨论名优建设工程的相关议题，部署各项工作。2014年，共召开了23次协调会议，研究决定了191项工作，并建立督办机制，督促事项的落实。院党组还将“名优工程协调会”议定事项纳入职能部门和直属单位创新工程绩效考评体系，使例会成为我院信息化建设工作的有力抓手。2014年12月12日，组织召开了中国社会科学院“七名”工作会议，对包括信息化工作在内的名优工程进行了全面总结与进一步部署。

【重视网络意识形态动态】

院党组非常重视网络意识形态领域的各项工作，要求我院主要媒体加强网上引导，壮大网上主流思想舆论，弘扬主旋律，传播正能量。为防范、制止和有效处理我院工作人员发生网上不良行为，我院出台了《中国社会科学院网上不良行为处理办法》。为了及时掌握网络舆情，设立了网上舆情信息管理协调小组，指定相关部门监测网上不良行为。这些措施为我院坚持正确舆论导向，培育健康向上的网络舆论生态，实现我院工作人员网上行为的规范性、合法性和适当性，防范、制止和有效处理网上不良行为，起到了良好作用。

另外，针对当前各种社会不良思潮借助互联网平台进行传播、造成较坏社会影响的形势，我院自觉站在捍卫我国意识形态主导权的战略高度，密切关注互联网领域对重大思想、理论和时政热点问题的讨论，安排专门的部门摘编《网络舆情》，对每周思想理论界值得关注的重要观点进行摘编，报送院领导参阅。

【加强制度建设　规范工作管理】

在信息化建设中，在遵守国家法律法规的同时，迅速建立健全适合我院情况的规章制度，通过制度进行管理，使各项建设做到“合法合规”，是2014年我院信息化建设的一项重要任务。

一年来，经院务会议批准，信息化管理办公室向全院印发了《院重大信息化项目管理办法》、《院创新工程重大社会调查项目管理办法》、《院属单位信息化工作经费管理办法》和《院信息化管理办公室管理工作细则》，为项目的审批、管理和经费的使用、执行提供了制度依据。

针对网站建设中的问题与发展需要，社科网牵头先后制定完善了《新闻值班制度》、《社科网突发事件应急预案》、《社科网学科频道基本规范》、《社科网互动社区版主管理规定》、《社科网互动社区用户登记制度》等一些制度，为院网站科学有序发展充实了制度保障。

图书馆制定了《中国社会科学院图书馆（调查与数据信息中心）数字资源筛选与审定流程》等多项规章制度、操作规程，有效地规范和指导了全院数字资源的整合。为保障网站发布平台的安全，2014年还组织修订了《中国社会科学网发布平台信息系统安全管理制度》共计23份。

院监察局出台了《关于对我院信息化建设项目实施“三道监督”的工作方案》，对信息化建设项目从加强内控监督、部门监督和专业监督三个方面进行了明确要求，为信息化项目建设提供了制度保障和纪律约束。

这些规章制度的出台，为我院信息化建设全方位多角度地提供了制度依据，使信息化建设做到合法合规，稳步发展。

【狠抓信息化重点项目建设】

在院党组的有力指导下，在各相关建设单位的共同努力下，2014年一大批信息化重点建设项目得到支持并取得了一定的成绩。2014年，我院共有“海量数据库建设工程（一期）”、“域外汉籍电子文库”、“互联网视听舆情智库”、“创新工程综合管理平台二期”等25个院重大信息化项目批准立项，有13个信息化项目完成结项。2014

年，社科院还同华为公司建立了战略合作伙伴关系，让国内著名的 IT 企业全面助力社科院信息化规划与建设，提升信息化项目建设的整体水平。

（一）海量数据库建设全面铺开

院党组提出要努力建设中国第一、世界一流的哲学社会科学海量数据库和综合集成实验室平台，社科院图书馆负责海量数据库建设工程项目工作，建设思路围绕“一个实验平台”、“两条工作主线”、“三个数据来源”、“四大方面内容”和“五个分数据库”。海量数据库建设工程项目（一期）含云平台建设项目、“社科云”海量数据库平台项目、安全保障和网络带宽等基础设施建设项目三个子项目。目前，相关项目的前期准备工作和技术论证工作已经完成，经过正式的招投标程序，已于 2014 年年底产生项目中标公司。

作为海量数据库子库之一的科研成果库，经过一年的调研、组织、数据收集与系统建设，已初具规模。经过前期数据收集，科研成果数据库正式立项、建设，并于 12 月初正式上线试运行，12 月 23 日通过初验，目前正在调试完善中。该项目收录了科研成果数据 103025 条，其中 2011 年以来的科研成果数据 22868 条，人员信息 1 万余条（含离退休人员、调离人员、硕博士生等），机构信息 45 条，完成了科研成果知识智能分析系统、机构成果知识门户等模块建设，实现了数据检索、数据统计、聚类分析、对象比较、全文下载等功能。

（二）两次改版国家哲学社会科学期刊数据库

2014 年国家期刊库实现了两次改版升级，数据量增加了 50 多倍，功能日臻完善。截至 10 月底，国家期刊库上线期刊 596 种，上线论文 258 万余篇。其中，371 种期刊已回溯至创刊年；139 种期刊已回溯至 1995 年以前。最新期刊更新至 10 月，27 种期刊基本实现同步上线。同时，国家期刊库共与 622 家期刊编辑部签署作品使用协议。进入社科院、南大、北大三大核心体系的期刊共 454 种，其中包括国家社科基金遴选并重点资助的期刊 200 种、社科院主管主办期刊 80 种。中共中央机关刊物《求是》及《红旗文稿》也已加入期刊库。

目前，国家期刊库注册人数为 37009 人，比 2013 年年底的 9000 多人增长了 3 倍多；日最高点击量为 88 万次，日均点击量增加到近 30 万次。在有下载限制的情况下，累计下载量近 80 万篇。国内外不少机构，如国家图书馆、美国国会图书馆、香港大学、密歇根大学等都已将国家期刊库作为推荐资源。

期刊库不仅提供多种导航和检索方式，实现期刊浏览、论文检索、在线阅读、全文下载等基础性服务，还提供检索结果统计分析、期刊评价、作者简介与评价等多种特色功能。国家期刊库的新浪官方微博粉丝数近 15 万人。此外，数据库还开通了用户服务 QQ 群、期刊联络 QQ 群、腾讯微博、微信等各种公共服务平台，产生了很好的社会反响。

（三）社会调查项目成果显著

作为社科院信息化建设目标中“两平台”之一的社会调查平台，2014 年完成了“中国公民的人大代表选举参与问卷调查”项目、“城市环境信息公开与公众参与民意调查”项目、“海淀区卫生系统满意度调查”项目等多个院内外调查项目，形成了多个质量高、社会影响大的调研成果，并参与出版了《中国社会形势分析与预测》等多本蓝皮书及刊物，在业内具有重要的影响力。

目前共有 24 项调查数据，包括 132966 个样本（案例）量、9642 个字段（变量），涉及经济学、社会学、政治学、民族学、人口学等社会科学专业领域，其中有 11 项调查数据向国内外研究学术机构提供免费共享服务。已具备全国 2870 个区、市、县 2010 年的基本数据资料，包括常住人口数、GDP、生产产值、受教育程度及人口性别比等指标。同时有 596 个调查点村居的数据及地图资料及 91 万多条居民住宅信息。这些数据资料可为定性调查研究活动（如国情调研）、专题调研提供固定观测点和实践基地，也为调查数据库提供了基础资料。

（四）社科网向“全院一网”的战略目标迈进

中国社会科学网初步形成了包括主网、英文版、法文版等共计 11 个网站在内的网站集群。在新版社科网的资讯、学科、综合和互动四大版块、70个频道中，学术频道所占比例最大，基本涵盖了人文学科的一级学科。所有的学术频道，每天均得到更新。全天更新内容，在2000条左右。平均不足两天，就有一个专题上线。此外，原创视频《社科播报》，也集中于学术内容。一年来，社科网刊发了一系列具有鲜明特点的马克思主义好文章，引起了广泛关注，初步展示了马克思主义学术网站的正义力量与风采，也扩大了网站的知名度与影响力、公信力。

社科网建立了人文社区，注册会员稳步提升。博客聚合页面正在优化当中。官方微博平台覆盖新浪、腾讯和人民三大平台。官方移动客户端“学术要闻”，可以扫描二维码下载，是国内首款专业学术客户端。微信公众号“中国社会科学网”被广泛关注。社科网制作了大量的网络视频节目，每周播放独家制作的视频节目。网络视频直播技术越来越成熟。多次圆满完成网络视频直播任务，实现了异地网络视频直播。日前，社科网手机网实现上线。

为了实现院党组“统一资源”、“全院一网”的要求，杂志社与社科院32家单位签署《中国社会科学网频道承办书》，由各单位承办学科频道或建设子网。目前，全院各所局子网向社科网全面迁移工作正在紧锣密鼓地进行。

目前，社科网访问人数、浏览量稳步提升，最高浏览量达1050792（PV），最近90天日平均浏览量达628184（PV），日最高独立访客数是26万多人，日最高同时在线人数曾经冲高到4000多人，访客遍布世界各地。

（五）“远程访问系统”升级改造完成

2014年，为了在全院科研人员中推广“远程访问系统”，院图书馆开展了大量宣传推广的工作，并针对使用中所发生的问题，进行用户整理、登录页面改版、系统测试、资源优化等工作，进一步完善系统功能。2014年9月底，完成了“远程访问系统”升级改造工作，“全院远程访问系统”正式上线，实现了科研人员对院内海量数据的远程获取。目前，社科院远程访问系统用户总数已达7000余人，用户覆盖社科院50余家单位，可使用数据资源近200种。

（六）实施基础设施升级改造工程

网络及系统运维保障工作是社科院信息化建设的一项重要日常工作。社科院共有上网注册人数12514人，平均在线人数2300人左右，邮箱注册数8354个，互联链路22条，网络布线节点1万有余，网络设备200余台，以及机房的运维、托管管理工作。

在2014年5月将全院个人用户邮箱容量由原来的1G扩容为2G、500M网盘空间不变的基础上，经过名优工程协调会研究，图书馆进行多轮调研与论证，2014年下半年启动了网络基础设施的升级改造工作。首先于9月将全院出口带宽扩容升级到电信600M、联通400M，大幅提升了用户访问互联网速度。11月初又将部门用量较大的学科片与院部的互联链路也进行了扩容升级工作，扩容比例在100%与150%。后续的升级工作也在积极推进。目前，基础设施建设项目已经完成了硬件采购，正在进行部署。

【常抓网络与信息安全】

2014年，在网络与信息安全工作方面，完成了对社科院所有在用信息系统的梳理工作，明确了系统对应的等级保护等级，完成了35个单位的定级备案表和定级报告，完成了18个单位的信息系统备案工作。还组织完成了全院网络安全检查、院内漏洞算法应用风险检查、商用密码检查、重要时期网络及网站信息安全部署以及日常的病毒预报与监测等工作。

社科网的安全一直是社科院常抓不懈的重点工作之一。为保障社科院三套对外网站发布平台的安全，相关部门本年度共开展六次网站重保工作（包括“全国两会”、“APEC会议”等敏感时期），有效保障了社科院网站平台的安全平稳运行。在十八届四中全会期间，社科网新平台安全设备平均每天抵御安全攻击66401次，比平时每天的攻击增加了236倍。

2014年除了各系统内部的专业培训外，还由信管办和创新办两家单位联合组织了全院2014年科研信息化及创新工程评价考核工作培训班，院属各单位信息化工作人员及各片网管员参加了培训及交流，培训收到良好效果。此外，社科院还配合中科院筹办了第十届两岸三院信息技术与应用交流研讨会，组织召开了“大数据与社会科学研究”学术研讨会等。

为提高社科院期刊质量与信息化水平，根据名优协调会的决定，2014 年为各职能局、院属单位各期刊编辑部采购、分发了 139 套黑马校对软件并进行了安装使用培训。同时，还由文献出版社承担了“全院期刊统一投稿与采编系统”建设任务，以提高院学术期刊编辑部信息化水平，规范编审流程。目前项目已完成招投标工作，社会科学文献出版社与技术公司开始投入采编系统安装工作。截至 2014 年 12 月 31 日，全院共 14 家期刊编辑部安装完毕，并投入试运行。

2014 年，社科院为全面掌握信息化人才队伍建设现状，把握“名优”人才建设规律，根据院领导指示，由人事局牵头、多部门参与开展了“中国社会科学院报刊出版馆网库和评价中心人才资源状况”专项调研，目前已完成调研报告的撰写。

社科院 2014 年先后派人出席中央网络安全与信息化领导小组办公室召开的信息化形势分析专家高层研讨会、国务院办公厅召开的国务院网站英文版专家讨论会和由国家互联网信息办公室在广西南宁召开的中国—东盟网络空间论坛；承接中央网信办交办任务“关于‘十二五’时期社科国网络安全与信息化发展状况整体评价”报告的撰写；协助中科院科研信息化战略规划课题组组织相关研究工作。

林业信息化发展概况

我国林业信息化起步于 20 世纪 80 年代初，经历了起步探索、拓展应用和全面加快发展三个阶段。2009 年 3 月，全国林业信息化工作领导小组及国家林业局信息化管理办公室成立，首届全国林业信息化工作会议召开，掀开了林业信息化全面推进的新篇章。2010 年 3 月，中央机构编制委员会办公室批复成立国家林业局信息中心，与局信息办合署办公，负责综合协调、指导监督、组织开展全国林业信息化和电子政务建设等工作。近年来，国家林业局先后印发了《全国林业信息化建设纲要》、《全国林业信息化建设技术指南》、《关于进一步加快林业信息化发展的指导意见》和《中国智慧林业发展指导意见》等多个纲领性文件，连续召开了三届全国林业信息化工作会议，各地领导小组相继成立，专职机构日趋健全，标准制度接连出台，重点项目纷纷实施，打造了纵向到底、横向到边、特色突出的集数千个子站于一体的中国林业网站群，2011 年首次进入部委网站前十名，2012 年首次进入部委网站前五名，2013 年首次进入部委网站前三名，在发展水平上实现了从落后到领先的跨越。

2013年是全面贯彻党的十八大精神的开局之年，是深入实施林业“十二五”规划承上启下的关键之年，也是全国林业信息化全面加快推进的第五年。紧紧围绕林业中心工作，认真贯彻执行党的路线方针政策和国家林业局“加快林业信息化，带动林业现代化”等重要部署，坚持“五个统一”基本原则，践行信息化服务林业大局、服务司局、服务基层、服务林农等“四个服务”工作理念，科学谋划、系统部署，扎实推进各项工作，重点加强了战略谋划、工程建设、基础管理、队伍建设等工作，取得了多项新突破，开启了智慧林业建设的新阶段，为发展生态林业和民生林业作出了重要贡献。

【深化顶层设计，深入动员部署】

一是进行了战略部署。召开了第三届全国林业信息化工作会议，对林业信息化工作进行了再动员、再部署。深入贯彻落实党的十八大精神和国务院关于加快推进信息化建设的一系列决策部署，按照全国林业厅局长会议要求，认真总结“十二五”以来的林业信息化工作，科学分析林业信息化工作面临的形势，进一步厘清思路、明确方向，研究部署当前和今后一个时期的工作，发布了《中国智慧林业发展指导意见》，标志着林业信息化由数字林业步入智慧林业发展新阶段，是林业信息化建设的又一个里程碑。二是发布了战略文件。印发了《国家林业局关于进一步加快林业信息化发展的指导意见》，这是林业系统贯彻党的十八大关于推进新型工业化、信息化、城镇化、农业现代化同步发展要求的重要举措，是落实《国务院关于促进信息消费扩大内需的若干意见》的重要行动，是指导全国林业信息化建设的重大政策性文件。三是完成了战略规划。组织编制印发了《中国智慧林业发展指导意见》，系统诠释了智慧林业的内涵意义、基本思路、目标任务和推进策略。智慧林业将在数字林业的基础上，全面应用云计算、物联网、移动互联网、大数据等新一代信息技术，使林业实现智慧感知、智慧管理、智慧服务。组织编制了《中国林业云框架设计》和《中国林业物联网框架设计》。

【加快项目建设，拓展服务内容】

一是加快推动支撑林业核心业务的“金林工程”。按照国家林业局的统一部署和国家发展改革委的总体安排，积极落实国家“十二五”重大信息化工程规划，扎实推进生态环境保护信息化相关工作。二是继续推进国家卫星林业遥感数据应用平台建设项目。完成了国家卫星林业遥感数据应用平台建设项目建设、测试和上线工作，为项目终验做好了各项准备，连通了与资源卫星中心的线路，完成了数据接入。国家卫星林业遥感数据应用平台的建成，把国产卫星遥感信息资源批量化引入国家林业遥感监测业务运行体系，提供对林业资源的综合监测所需的各类遥感信息源及数据应用服务，为林业各监测体系监测成果的综合应用提供强有力的技术支撑。三是继续实施国家林业局内外网安全等级保护建设项目。完成了重要信息系统等级保护建设，安全等级保护系统定级及差距分析，系统安全等级保护测评，安全保障体系框架设计，建立了适用于信息安全要求的运维体系和应急保障体系。四是推进“林业生态建设与保护北斗示范应用系统”建设工作。组织召开了建设工作会，研究讨论了北斗应用示范省建设方案，确定了13个首批北斗应用示范省，完成了林业生态建设与保护北斗示范应用系统实施方案编制工作。五是积极推进智能林业物联网应用示范工程。

【优化网站质量，提升应用水平】

中国林业网进一步推进政务信息公开，加强民生服务，拓宽服务渠道，提升在线办事水平，各项工作取得重大进展，互联网影响力日益提高。在2013年11月28日召开的第十二届中国政府网站绩效评估结果发布会上，中国林业网（国家林业局政府网）综合排名列70多个部委网站第三名，首次跻身前三甲，在2011年首次进入部委网站前10名、2012年首次进入部委网站前5名的基础上，再次取得历史性突破。一是加强网站建设。对中国林业网进行改版升级，推出了中国林业网2013版。开展了网站可见性优化，提高了中国林业网在各大搜索引擎的收录量和可见性。提高了中国林业网的收录量和网站影响力，中国林业网资源被百度收录量达到62.8万条，高于部委平均水平24.3万条。建设了中国林业网智能移动客户端。整合梳理1000多项林业相关政策法规和林业技术知识，建设了林业智能服务平台。开展自动化的咨询互动服务，利用即时咨询系统，与用户开展在线实时交流，同时还提供语音播报、网站向导、接入微博、微信和热线咨询等多种交流途径，为用户解答与林业相关政策法规、办事指南、实用知识等问题。二是扩大站群规模。扩大森林公园、国有林场、种苗基地、自然保护区等网站群建设，新上线1000多个。完成了主要树种、珍稀动物、国外林业国家网站群建设工作，建设了中国花卉网站群。积极开展市、县林业网站群建设工作。三是加强基础建设。围绕生态林业民生林业的要求，按照国家和地方两大体系整合了 37 项林业行政审批事项，整合新增了 80 多项便民服务资源。积极开展网上办事，实行网上受理、网下办理和审批结果网上查询。完善中国林业数据库，与林业遥感数据库、国家自然资源和地理空间基础信息库链接。扩大数字图书馆规模，为林业系统各单位提供文献信息服务。扩建网络博览会和网络博物馆，对部分功能进行升级、增加数据内容。四是进一步做好网站内容保障，积极推进全国林业信息化发展水平评测和全国林业网站绩效评估工作，形成常态化、制度化。中国林业网每天发布信息 100 万字，访问量 100 万人次，主流媒体每天引用超过 100 条，100 多个国家访问，网站访问量突破 12 亿人次。五是优化升级办公自动化系统。继续优化升级办公自动化系统，完成了林业综合办公系统群建设，完成个性化电子签名的试点工作，进一步提升了办公自动化建设应用管理水平。六是开展网络文化建设。中国林业网分别于 2013 年 1 月和 4 月启动了首届“美丽中国”征文大赛和第二届全国生态作品大赛。大赛共收到作品近 3000 幅，评选出优秀作品 200 幅，展示了美丽中国，营造了热爱自然、保护自然的文化氛围，为广大公众打造了弘扬生态文化的网络平台，成为创建生态文化的重要基地。

【加强运维管理，保障信息安全】

一是建立制度保障。编制印发了《国家林业局关于全面加强林业信息安全工作的通知》，从统一工作思路、建立保障体系、标准规范、制度体系及监督检查等 8 个方面提出了指导性意见，为确保林业行业信息系统安全稳定高效运行提供了政策保障，使行业信息安全工作再上新台阶。二是完成信息安全检查。就信息安全管理、技术防护、应急、安全教育培训等方面进行了检查工作，从源头和关键环节查漏补缺，防范和堵塞信息安全方面存在的各种问题，并及时进行了整改。开展了以重要信息系统定级备案、安全测评、安全建设、政府网站安全责任落实情况等的网络与信息安全检查。三是着力开展运维精细化管理。对所有与运维服务相关的工作进行了细化梳理，优化工作流程，提高规范化水平，建立了运维准入和考核制度。进一步明确了岗位职责、工作范围及其操作实施流程，提高了运维保障能力。加强国家林业中心机房安全管理及维护。四是提高信息安全保障能力。对发现的安全隐患等问题及时采取有效措施，组织相关人员进行处理，并及时将处理结果进行汇报，加大安全监控、漏洞扫描的监督和检查力度。以等级保护项目建设为契机，提升了信息安全运维队伍建设。五是积极推进正版化工作。制定了《国家林业局使用正版软件管理规定》，大力推进软件正版化工作。

【推进标准建设，深化培训交流】

一是首批林业信息化行业标准正式颁布。2013 年 11 月，国家林业局正式颁布了《林业数据库设计总体规范》等 23 项林业信息化行业标准。二是积极申报新标准立项。组织标委会委员及有关专家，讨论完善林业信息化标准项目储备库。国标委已批复 6 项林业物联网国家标准的立项。三是积极开展林业信息化培训。举办了林业信息化标准和 GIS 应用培训班。举办多次专题培训，对各省自行举办的林业信息化培训，进行了指导和帮助。四是推动了战略合作。不断强化合作意识，积极借助外部优势力量，形成推进林业信息化的强大合力。联合中国绿色碳汇基金会等单位，共同运营好“中国植树网”。与央视、新华、人民、新浪、腾讯等单位进一步深化合作，在 5 大媒体网站开通了“林海微报”微博，建立了中国林业微博发布厅，微博影响力正不断扩大。在腾讯网开通了微信，拓展了信息发布渠道，促进了交流合作。

【加强综合管理，抓好机构队伍】

一是建设信息办工作综合管理平台，进一步完善规范工作流，提高管理水平，提升工作效率。二是深入推进文化建设，办好《林业信息化》、《今日网情》，出版了《中国林业信息化发展报告 2013》、《信息革命与生态文明》、《信息改变林业佳作 100 篇》等。三是加强林业信息化示范省建设，完成 25 个全国林业信息化示范市、50 个示范县实施方案的审核工作，推进了全国林业信息化发展。

【评测全国林业信息化发展水平】

国家林业局十分重视林业信息化的建设和管理工作，2008—2012 年连续 5 年开展了全国林业信息化发展水平评测，有效推动了林业信息化的建设和发展，对提升林业信息化发展水平起到了重要的推动作用。为全面准确地把脉 2013 年度全国林业信息化发展状况，国家林业局组织开展了 2013 年度全国林业信息化发展水平评测工作，旨在通过定性分析及定量分析，掌握林业信息化发展新动向，查检林业信息化发展过程中的问题，矫正不足之处，总结林业信息化建设优秀地区的先进经验，为各地林业信息化主管部门科学决策提供参考依据或优化建议，进一步促进林业信息化向“智慧林业”的目标持续迈进。国家林业局办公室印发《2013 年全国林业信息化发展水平评测报告》。排在前 10 名的单位分别是辽宁、北京、湖南、广东、吉林、浙江、湖北、四川、江西、福建、河南、甘肃（福建、河南、甘肃并列第 10 名），前三名处于 90 分以上，其余 9 名在 80～90 分，其中第一名（辽宁）与第十名（福建、河南、甘肃）相差 10 分左右，前三名单位的信息化建设及保障水平明显高于其他单位。前 10 名单位的信息化发展水平在不同层面上存在差距。

【评估全国林业网站绩效】

2013 年秉持“客观、科学、公平、公正”的原则，通过设置科学的评估指标，采取人工测评法、同一指标平行测试、用户体验法、调查法、专业软件测试法等评估方法，对全国林业系统 47 个司局和直属单位子站、41 个省（区、市）林业网站、38 个市县级林业网站以及 84 个专题子站进行了绩效评估。结果表明，福建、北京、上海、四川、湖北、江苏、广东、甘肃、湖南、浙江、河南、黑龙江被评为全国林业十佳网站；科技司、信息办、场圃总站、造林司、政法司、保护司、濒管办、治沙办、公安局、林科院被评为国家林业局十佳网站；广东广州、江苏连云港等 10 个市级子站，四川沐川、江西修水等 10 个县级子站也分别被评为市、县十佳网站。

纺织行业信息化发展概况

纺织行业坚持以科技进步作为推进产业结构调整和产业升级的重要支撑，积极推动信息化与纺织工业深度融合，纺织行业企业两化融合不断深入发展，信息化应用覆盖面逐步扩大，并呈现良性发展的趋势。纺织行业两化融合发展水平评估结果显示：纺织行业大中型企业的两化融合发展水平总体处于单项应用向综合集成过渡的发展阶段，综合集成应用是大中型纺织企业两化深度融合的关键环节，推动“单项业务应用向多业务综合集成转变”是当前纺织行业大中型企业两化深度融合的核心内容之一。行业内中小企业的两化融合发展水平总体处于起步建设向单项应用过渡的发展阶段。公共服务平台在中小企业得到了较为广泛的应用，企业应用面已达到 60% 以上。

随着互联网技术的兴起和迅猛发展，纺织企业信息化应用逐步向企业外部拓展，以电子商务为核心的互联网创新应用正在形成与实体经济深度融合的发展态势。主要体现在：互联网创新应用蓬勃发展，部分纺织服装企业应用互联网技术，将企业资源和社会资源充分整合、开发和利用，实现了企业商业模式的创新发展，正在积极向服务型制造企业转型发展。网络营销方面，截至 2013 年底，纺织服装类产品在网络购物市场中所占的比重超过 1/4，成为网络购物的第一大品类。

2013 年度纺织行业信息化发展主要体现在以下几个方面：开展纺织行业两化深度融合五年行动计划专题研究，编写《纺织行业两化深度融合五年行动计划研究报告》；纺织品安全体系建设取得重要进展，纺织品安全网上线运行；工业和信息化部确定棉纺织行业为“开展重点行业整体提升”的试点行业，中国纺织工业联合会研究制定相关工作方案，在棉纺织行业积极推动两化融合促进行业整体提升；继续开展行业两化融合示范工作，纺织行业两化融合示范企业已达到 23 家；电子商务创新应用逐步深入，专业化的电子商务平台相继投入运营；以电子商务为核心的互联网应用正在形成与业内实体经济深度融合的发展态势。

【基础环境建设】

（一）开展两化深度融合五年行动计划

按照工业和信息化部的总体部署，中国纺织工业联合会积极开展纺织行业两化深度融合五年行动计划专题研究，依据《纺织工业“十二五”发展规划》、《建设纺织强国纲要（2011—2020年）》、《纺织工业“十二五”科技进步纲要》等行业发展规划要求，参照工业和信息化部等五部委联合印发的《关于加快推进信息化与工业化深度融合的若干意见》等文件精神，围绕两化深度融合支撑行业发展的主题思想，提出了纺织行业两化深度融合的发展目标、重点任务和主要措施，《信息化与纺织工业深度融合五年行动计划研究报告》已提交工信部。

（二）纺织品安全体系建设取得成果

纺织品安全体系建设取得成果，完成包括企业资质认证系统、纺织品安全追溯系统、纺织品安全预警系统、安全服务系统、企业信用评价系统等安全体系建设，纺织品安全网上线运行。

纺织品安全建设既是生态文明建设的重要内容、是建设质量强国的根基，也是产业转型升级、构建绿色竞争力的需要。提高企业化学品管控水平和信用意识，利用信息化技术实现对纺织品安全的有效管理和可追溯，让企业买得踏实，消费者穿得放心。

【企业信息化建设】

（一）以实现现代化生产管理为重点

经过多年的信息化渗透，纺织行业对信息化的认识水平不断提升，在信息化规划、组织和制度建设等方面日趋完善；纺织企业在财务管理、进销存管理、办公自动化、网站建设等方面的信息化应用已经较为普遍。纺织行业信息化建设的重点逐步转向生产管理环节，企业对通过信息技术手段实现现代化生产管理，提升企业综合竞争能力的需求越来越迫切。对信息化的主要需求以生产管理环节、在线生产监控等方面的信息化建设为主。信息化基础较好的企业已逐步向管控集成为核心的综合集成应用发展。

（二）向支撑企业商务模式创新发展

纺织服装行业是时尚消费品产业，速度效率的提升为纺织服装企业带来的效益远大于采购成本的下降，因此企业信息系统建设的重心更多地从注重企业内部信息资源的整合、开发和利用向更加注重企业内外部资源的全面整合、开发和利用方向发展。以北京中纺达软件开发有限公司协助建设的北江纺织有限公司为例，北江纺织以速度为核心整合产业链资源，通过企业 ERP 管理系统，将上下游供应链信息进行全面整合和利用，有效地支撑企业实现各环节生产效率最大化，保持产品竞争力，并将看不见摸不着的流行趋势通过 ERP 系统进行数据规划和分析判断，提前进行生产和规划，做到快速生产交货，形成了以速度效率为核心的新型商务模式。

【电子商务发展】

（一）互联网应用与实体经济深度融合

以电子商务为核心的互联网应用正在形成与实体经济深度融合的发展态势。互联网创新应用蓬勃发展，部分纺织服装企业应用互联网技术，将企业资源和社会资源充分整合、开发和利用，实现了企业商业模式的创新发展，积极向服务型制造企业转型发展。

网络营销方面，截至2012年年底，纺织服装类产品在网络购物市场中所占的比重超过1/4，成为网络购物的第一大品类。

（二）运营专业化的电子商务平台

2013年以来，纺织服装行业电子商务平台进入稳定发展时期，依托纺织产业集群和专业市场供应链资源配套完善的优势，纺织行业专业化的电子商务平台相继投入运营，这些平台更加强调服务水平专业化和应用能力精准化。2012年11月，江苏苏州的化纤面料重镇——盛泽的中国绸都电子交易系统上线，这是纺织行业以电子商务手段建设的行业领先的一站式第三方电子交易和服务平台，该平台的运行，将有助于我国纺织业实现从传统市场业态向多元化交易方式转变。12月常熟中服电子商务产业园投入运营，依托常熟产业集群优势，致力于为常熟及周边地区企业服务。2013年4月，海西（石狮）电子商务园区举行开业典礼，由217家电商企业进驻，打造石狮电商谷。

【重点项目、工程】

（一）棉纺行业开展两化融合促提升行动

棉纺织行业被工信部确定为“开展以传统产业升级为主要方向的行业整体提升行动”的试点行业，要求针对棉纺织行业两化融合的关键环节——信息化综合集成应用，开展基于在线生产监控的企业管控集成应用试点攻关，建立和推广有效的行业解决方案，实现棉纺织行业整体提升的目标。

工信部2013年度两化深度融合专项——《基于在线生产监控的棉纺织行业企业管控集成试点与推广》项目正在棉纺织行业积极推进，本项目由联合会牵头，组织棉纺织行业协会、棉纺织试点企业以及信息化服务企业共同实施。主要工作包括：开展试点攻关，在项目试点企业完成“管控集成示范系统”建设，实现在线生产监控系统与生产管理系统的有效集成应用；总结提炼试点公关技术成果，形成适于棉纺织行业推广的管控集成应用整体解决方案。实施《基于在线生产监控的棉纺织行业企业管控集成试点与推广》项目，对棉纺织企业信息化管控集成共性关键技术进行攻关，形成行业整体解决方案。在棉纺织行业，推广在线生产监控与管控集成。

（二）两化融合示范工程持续开展

为积极引导纺织行业两化深度融合，中国纺织工业联合会继续在行业内深入开展两化融合示范工作，不断发掘两化融合典型应用案例和两化融合创新应用案例企业。截至目前，纺织行业两化融合示范企业已经达到了23家，其中包括2家纺织行业的中小企业，这些企业分别在企业信息化综合集成、电子商务平台建设、互联网创新应用、产业链协同等领域具有示范效应，通过总结、宣传、推广示范企业先进经验，试点示范工作在行业内已产生积极影响，初步形成“比学赶超”的良好氛围，促进和带动了整个行业两化融合水平的提升。

地区发展篇

北京市信息化发展概况

“十二五”以来，北京市抢抓机遇，继圆满完成“数字北京”建设任务之后，在全国率先提出打造“智慧北京”的新目标。2012年市政府发布实施《智慧北京行动纲要》，统筹实施八大行动计划，经过三年的努力，取得了一定的成绩，信息基础设施建设水平、信息产业规模和信息化应用水平总体处于全国前列。

【实施“宽带北京”，加快基础建设】

为进一步加快信息基础设施建设，2013年6月，发布了“宽带北京”行动计划，计划到2015年年底，建设国内领先、国际先进，泛在、融合、智能、可信的下一代信息基础设施，使北京成为全球信息通信枢纽和互联网中心。截至2014年9月底，北京市累计已有697万户具备光纤接入能力家庭，其中10M及以上宽带接入互联网用户比例达到54%；建设并开通4G基站15057个，实现了主城区和郊区县城及187个乡镇3000多个行政村的覆盖，并重点覆盖了主要高速，京石高铁、京津高铁、京沪高铁，地铁1、2、4、6、8、9全线覆盖，首都机场，4大火车站以及重要旅游景区，4G用户突破78万户。同时，北京市正在加快制定公用移动通信基站管理办法，积极推进在主要公共场所为公众提供适度免费的无线互联网接入服务。

【提升城市智能化运行管理水平】

为解决城市交通拥堵、城市安全、市场秩序紊乱等城市运行问题，北京市充分利用物联网、移动互联网等新兴信息技术，不断提高城市精细化管理水平。例如，建立了国内城市运行管理领域第一套物联网应用技术规范和物联网应用支撑平台；研究制定了大气污染防治、缓解交通拥堵等9个城市精细化管理物联网提升工程；重点推动了城市安全运行和应急管理领域物联网应用建设，开展了10个试点示范应用，大幅提升了北京市相关领域感知和智能化程度。

为更好地发挥政务数据资源的价值，北京市在信息资源开发利用和共享方面做了大量深入细致的工作。搭建了政府数据资源网（DATA网站），整合多个政府部门原始的政务数据资源，向社会公众、企业提供数据开放服务；建成了北京市政务信息资源共享交换平台，支撑全市跨部门、跨层级信息的共享交换工作；搭建完善的数据库体系，统一建设了人口、法人、空间地理和宏观经济四大基础库，面向全市各委办局、各区县提供相关基础信息资源的共享、比对及决策支撑等服务。

在创新社会服务方面，北京市多个区县探索开展了网格化社会服务管理模式的建设。东城区率先试点“万米单元网格城市管理系统”，西城区建成“全响应”社会服务管理平台，朝阳区提出“全模式”社会服务模式等；全面启动智慧社区建设，完成512个社区试点建设；基本实现了社会保障卡全面覆盖；推进了以农业资源管理决策功能为重点的“221信息平台”建设工作，开辟了12316、北京现代农业信息网、移动农网等多种渠道，向农民提供综合农业信息服务；建成了移动便民服务网站——“市民主页”，接入涵盖交通、住房、社保等各领域的服务。

在两化融合方面，北京市将信息化作为促进产业转型升级的重要支撑和手段。中关村科技园区等六个园区被工信部确定为“国家新型工业化产业示范基地”；北京市有15家市属企业和9家在京央企被评定为国家级两化深度融合示范企业，企业数量居全国之首；配合工信部组织开展重点企业两化融合管理体系贯标和等级认定，共有47家企业获得国家资金支持，约占全国1/10。启动工业和互联网融合创新工程，推动一批北京市传统品牌企业与电子商务平台实现对接。在全市范围内，大力推进电子商务发展，创建多种应用服务、多种专业资源服务的“1＋N＋N”工业云服务体系，引导企业建立工业云创新服务联盟，不断推动企业信息化建设，提升企业智慧。

【做强产业，推动信息消费】

北京市先后发布实施《关于促进信息消费扩大内需的实施意见》、《关于进一步促进软件产业和集成电路产业发展的若干政策》、《北京市大数据发展规划》等系列政策，实施“祥云工程”2.0版，启动北京健康云、智慧交通公共云服务平台项目，开展11个国家级北斗卫星导航区域应用示范项目建设，加快培育北斗卫星导航产品、可穿戴设备、云终端等，形成信息消费产业集群。完成1.7万套的北斗终端应用，国内首款采用自主操作系统的可穿戴设备——TICK智能手表以及自主知识产权的桌面云平台正式发布。北京市首家软件企业创业孵化基地——同方科技园正式挂牌。32家企业入选“2014年中国软件业务收入百强”企业，连续13年居全国首位。上半年，网上零售额580亿元，同比增长53%，对全市社会消费品零售总额增长的贡献率超过50%。

2015年，北京市将着力抓好智慧北京建设，实施“宽带北京”行动计划，加快4G建设和应用，力争4G用户数超过400万，继续推进光纤到户。发布实施公用移动通信基站管理办法，推进移动基站规划和建设体制改革，吸引社会资本参与信息基础设施建设。加快推进“感传知用”系统体系建设，提升城市精细化、标准化、智能化服务管理水平。加快推进一批重大应用项目。在政务云建设方面，完成政务云全市总体布局规划，启动六里桥云机房建设，通过政务云促进共享、集约。在市民卡建设方面，继续扩大整合进“北京通”的市民卡范围，实现相关资源的统筹和集中管理。加快实施“祥云工程”2.0版，推进教育、健康、交通、政务、文化等领域的重大云应用。

天津市信息化发展概况

【信息化基本情况】

（一）两化融合

两化深度融合整体水平全面提升。重点企业管理环节ERP全面应用率达55.4%，生产环节MES普及率为23.8%，供应链环节SCM普及率为56%，数控装备化率30.2%。

示范带动作用成效显著。加快推进企业两化深度融合示范工程，培育天狮集团、大港油田、天津石化等一批两化深度融合示范企业。“融通物资大宗商品电子务平台”等6个项目入选国家电子商务集成创新试点工程。宝迪农业科技股份有限公司和众品食业有限公司两家企业列入国家农产品冷链信息化应用试点企业。

工业云平台探索服务模式创新。"天津滨海工业云平台"被列入2013年国家工业云创新服务16个试点项目之一。结合新一代信息技术发展趋势和企业需求，依托基于天河一号计算资源优势，整合本市企业和高校信息服务资源，以建设行业应用为支撑的工业云平台，构建工业云服务支撑体系，创新信息化服务模式，促进制造业与服务业融合发展。

农业物联网示范工程加快实施。天津市作为农业部确定为全国"农业物联网区域试验工程"试验区之一，实施农业物联网示范工程，初步建成了云数据资源集成中心，集成了市场价格数据库、遥感数据库、知识规则数据库等17个；集成天津市和中科院各类农业应用系统88个；平台在线传感器数据采集接入有25基地，涉及设施蔬菜温室、设施瓜果、畜牧、水产养殖等内容。

（二）电子政务

推进电子政务专网建设。天津市成为工信部首批基于云计算的电子政务公共平台建设和应用试点示范城市。率先使用骨干传输网，核心环网带宽达到万兆，骨干网带宽达到千兆，桌面带宽达到百兆，位居全国前列。覆盖了全市400个副局级以上单位，12个区县覆盖到乡镇、街道和行政村，承载70个重要业务系统。4G/LTE政务专网已建立120个基站，覆盖中心城区和滨海新区部分区域。

加强政务网站建设。以中国天津政务门户网站为枢纽，各政务部门网站为支撑，打造政务公开及政府为民服务第一平台。"网上办公大厅"提供服务事项达3100余项，在线办事能力连续排名全国前列。

推进政务公开和信息共享。基于市电子政务外网，实现天津市12个食品安全监管部门的互联互通以及各部门食品安全业务信息的采集上报、汇总整合、信息共享、统计分析和应用扩展。完成了市级项目信息公开和诚信系统平台的建设工作，实现了市级系统平台对上与国家级平台对接，对下链接16个区县公开共享专栏。建设了全市统一的空间地理信息平台，首创的三维立体数据库，走在了全国的前列。建成了企业基础信息交换系统，市工商、税务、质监等15个部门的近190万条企业基础数据实现共享。建成市应急指挥中心信息系统、重大动物疫情预警预报与应急处置系统等一批管理系统。将《天津日报》的全部历史报纸数字化，建立了面向党、政机关、研究机构、行业用户和社会公众的报刊数据应用体系。建立了包括文化遗产资源库在内的15个数字文化资源库。一批重要的电子政务业务系统发挥新作用。

政务应用成效显著。远程电子申报纳税网络平台通过互联网征收的税款占地税全部收入的70%以上。开通了全国第一家实现联网的省级审计系统；建成了数字化城市管理系统，搭建了市、区（县）两级平台；"公安技防网"实现了各系统与公安机关110指挥系统之间互联互通；天津电子口岸在全国海关中实现了报关、报检数据的一次录入、分别申报等七个率先。天津市安监局对移动危险源进行实时监控；国土房管"一张图"全面支撑国土资源的"批、供、用、补、查"和房屋管理的"买、抵、住、管、拆"，实现了从"以数管理"到"以图管地管矿"的转变；规划局将用地、规划、市政、建设、监察、地名、测绘管理等25项行政许可和非行政许可审批事项，全部在"一网通"平台上办理，实现了统一作业、统一监管和统一服务。建设工程远程视频监控管理系统实现施工现场24小时不间断动态监管；天津市水务局水文自动测报系统覆盖了65个雨量、95个水位自动采集点，实现了信息的自动采集、传输、处理等功能。医保覆盖全市城乡1000万名参保人员。居民健康档案系统基本实现全覆盖，电子病历覆盖全部三甲医院。在全国率先实现了医保网、医院内网和银行网的"三网互通"实时结算。

（三）信息基础设施

实施宽带城市规划，推进网络基础设施建设，光纤入户工程、无线宽带网络工程以及广播电视网络双向化改造工程取得了新进展。全市光缆线路长度为13万千米，网络覆盖能力持续增强，互联网出口带宽达到1800Gbps。全市宽带用户188.4万户，住宅带宽的提供能力达到100Mbps，光纤入户的能力已达360万户，实际接入117万户。全市固定电话用户数352.8万户，固定电话普及率25部/百人。无线基站建设数量累计达到3.6万座，其中3G基站1.5万座，网络传输质量及稳定性大大提升，全市移动电话用户数1323.2万户，其中3G用户483万，移动电话普及率93.9部/百人。全市有线电视用户达到300万户，其中数字电视用户283万户，已实现双向化升级改造250万户，城市双向覆盖率达96%以上。双向化广播电视网络开通了高清互动业务，发展高清互动用户60万户，可提供电视回看、视频点播、时移电视等新业务，以及政务信息、社区信息、文化娱乐、电视商务等服务。

（四）信息安全建设

天津市信息安全工作围绕国家和天津市的总体要求，重点保障基础信息网络和重要信息系统安全，加强天津市信息安全保障体系建设，不断提高信息安全保障能力，促进信息安全产业发展，信息系统和个人信息安全防护能力显著提高，全市没有发生重大信息安全事故。

加强重点领域网络和信息系统安全检查。在各单位自查基础上对选取的40余个单位的500多信息系统和政府网站进行了现场抽查和远程检测，提高了信息安全防护能力，确保了政府信息系统安全稳定运行。

建立和完善个人网络信息保护机制。在市地税局、市工商局、市卫生局、市民政局、市残联等20余个涉及个人信息处理的政务部门，开展了电子政务网络信息保护专项整治行动，重点排查个人信息数据整个生命周期中可能存在的风险，严格个人信息访问控制，加密数据库并按时备份。

加强工业控制系统信息安全管理。开展了重要工业控制系统基本情况调查基础上，初步建立了工业控制系统信息安全责任制和信息发布机制。

信息安全产业进一步发展。全市形成了三个信息安全产业园，神舟通用、天融信、中星电子、国芯科技、奇虎360等一批龙头企业相继落户。安全芯片、国产密码算法应用、网络安全综合监控、嵌入式控制系统安全等关键技术取得突破。

（五）“五个一”工程

“五个一工程”建设有序开展，已完成政务云计算中心（过渡机房）建设，部署云试验平台，现已迁入公安、经信委、民政、食药监等15个部门近千台服务器，机房使用率已达到70%，为食品安全、社区管理和服务、“天地图”北方数据中心、银联系统、第三方支付平台等近60个业务应用提供支撑（王岩）。

（六）云计算产业

初步形成以数字化、广覆盖的信息通信网络为支撑、以超算中心、数据中心、展示中心为基础，以天河、腾讯、曙光等企业为龙头的云计算产业体系。在核心产品方面，形成了较为完善的产业链，曙光高性能服务器达到10万台生产能力，2013年产值超过18亿元。在计算技术方面，天河一号峰值已达到4700万亿次/秒（持续性能达到2507万亿次），腾讯已在天津建成亚洲最大数据储备处理中心，惠普在天津建成了云计算展示和设计中心。在示范应用方面，已涵盖石油勘探、高端装备研制、电子商务、医疗卫生、教育、动漫设计、气象预报、数字出版、地理信息和大数据等方面。人人游戏、搜房网北方总部、CNTV、中影北方基地、新浪天津、华胜天成、华图教育等一批优秀企业在天津市落户。

（七）无线电管理

统筹配置无线电频谱资源。制定天津港口使用无线电频率10年规划。及时排除无线电干扰，保障津秦高铁安全运行。积极推进天津无线宽带专网建设。

做好无线电台站和设备管理工作。积极开展无线电台站规范化管理专项活动。加强设备检测和环境测试工作。完成电磁环境测试11次，共派出人员22人次。累计测试时间48小时；共接收型号核准测试303个，累计测试样机2020部。电磁兼容检测共测试样品87台，进行了250个电磁兼容测试项目测试。落实《业余无线电台管理办法》，加强业余无线电台管理工作。升级无线电频率台站计算机管理系统。

保障无线电安全。维护空中电波秩序，圆满完成无线电安全保障和台站检测任务。有效开展监测工作。全年受理干扰投诉 39 起，排除 36 起，自动消失 3 起；完成了工信部无线电管理局共计下达的针对 7 个频段的监测任务，累计监测时间 45736 小时/站。完成了无线电管理一体化平台（一期）项目终验工作。

推进无线电管理法制建设。保障民航频率使用安全，制定天津市民用机场电磁环境保护区域。开展广泛的无线电管理宣传活动，公众对无线电管理的知晓率上升到 67%。全年共办理行政审批事项 4980 个，其中办理新设台站 4283 个，更换电台执照 605 个，指配频率 46 条（对），指配呼号 46 个。

（八）信息消费

2013 年，全市信息消费规模为 2308.8 亿元，其中基础设施建设投资 65.6 亿元，智能终端产品消费 1372.8 亿元，信息服务消费 244.2 亿元，信息技术消费 163.2 亿元，电子商务网络零售额 463 亿元，信息消费正在成为拉动天津市内需的新增长点。

全市城市互联网出口带宽达 1800G，比“十一五”末增长了 4.3 倍，光纤入户能力达到 360 万户，4G/TD-LTE 基站达到 6000 余个，覆盖海河沿线 75 平方千米，宽带网络建设走在了全国前列。同时，天津市新一代信息技术产业不断发展，移动终端生产能力超过了 2 亿部，建成了一批交易额超千亿电子商务平台，交易规模超过 3000 亿元。

天津市围绕信息消费领域，在信息基础设施、智能终端、信息服务、公共服务平台、产业发展等方面推出一批示范工程，引导和鼓励技术创新、商业模式创新和管理创新。抓住 4G 网络商用契机，积极发展移动互联、IPTV、手机电视等新应用，加快发展移动智能终端、智能电视、北斗卫星导航定位等产业发展。加快网络购物、网络支付、智能语音等信息服务发展。信息消费正在成为拉动内需新的增长点。为促进信息消费奠定了良好发展基础，形成了巨大发展潜力。

【软件产业】

2013 年，天津市软件产业坚持以“发展重点领域，突出特色领域，扩大优势领域，拓宽软件产品市场”为战略举措，实现了产业发展速度持续加快，竞争力进一步增强，产业规模不断壮大的良好发展态势。

产业规模持续壮大。 2013 年天津市软件和信息服务业产业规模继续保持快速发展，软件产业实现业务收入 711 亿元，增长 28.3%，其中软件产品、系统集成、信息技术咨询、数据处理和运营服务、嵌入式软件和集成电路设计收入分别占软件业务收入的 28.9%、12.5%、11.7%、13.9%、15.8%和 17.2%。

企业实力持续增长。 2013 年，共认定软件企业 189 家，其中新认定企业 36 家，重新认定企业 153 家，累计通过认定软件企业 544 家；登记软件产品 525 件，累计登记软件产品 2482 件；计算机软件著作权登记 2539 件，累计登记著作权达到 11848 件。新增 28 家系统集成资质企业和信息工程监理资质企业，累计达到 118 家，完成 18 家资质单位换证；160 人获得系统集成（高级）项目经理和监理工程师资格证书，完成（高级）项目经理换证 198 人，累计达到 854 人。通过 CMM/CMMI 认证的企业累计 19 家，通过 ISO27000 信息安全认证的企业 6 家。

积极推动载体建设，实现软件产业聚集发展。 经过多年培育，天津滨海高新区被成功列入国家新型工业化示范基地（软件和信息服务业）。目前，天津市已初步形成了以滨海新区为龙头的软件产业核心区，以周边区县软件园为主体的软件产业辐射区和以中心城区商务楼宇为核心的软件产业特色区，天津市软件产业逐步实现了定位明确、分工协作、互补配套的集约发展模式。

（一）软通动力信息技术有限公司

软通动力信息技术有限公司公司于 2006 年 12 月 6 日在天津成立，注册资本 1 亿元人民币，是软通动力集团的全资子公司。天津软通于 2009 年通过 ISO9001 认证及 CMMI3 级认证，2010 年通过国家高新技术企业认定，2012 年通过国家规划布局内重点软件企业和系统集成二级企业认定，2013 年通过天津市企业技术中心认定。公司的经营范围包括计算机软件开发与销售、IT 服务、IT 咨询服务、IT 产品技术培训等。全球交付中心承接了多个国际客户的离岸开发中心、BPO 服务实施中心的建设与实施，成功引进日本 NCR、美国医疗信息、沃尔沃 IT、英国电信、四方股份等大项目落地实施，并促成 CSC、欧迪办公、沃尔沃信息技术（天津）有限公司成功落户空港经济区，为空港经济区的招商引资作出了应有的贡献，自 2009 年起连续多年获得保税区百强企业称号。技术创新中心以天津为研发基地，成立了天津软通研究院，从事财产保险、资金管理、云计算、宽带移动终端软件等多项解决方案与技术研究，拥有 46 项软件著作权及 22 项软件产品。近年来，天津软通在智慧城市建设方面不断取得突破，现已形成包含电子政务、智慧医疗、数字出版、智慧旅游等多项解决方案。

（二）天津天地伟业数码科技有限公司

公司成立于 2004 年 1 月，是在天津市滨海新区注册的国家级高新技术企业和软件企业，面向物联网和安防监控行业，提供全线自主研发的视频监控软硬件产品和行业解决方案。公司现有员工 1600 人，其中本科以上学历占 80%以上，办公面积近 5 万平方米，是我国安防行业视频监控领域首个获得“中国驰名商标”的企业，是“国家规划布局内重点软件企业”，也是天津市唯一一家“中国软件百强企业”。

天地伟业以做“技术领先型”企业为定位，经批准先后成立了博士后科研工作站、院士专家工作站、市级企业技术中心、市级工程中心，主持和参与起草国家/行业标准 15 项，申请专利 151 项，其中发明专利 93 项，取得软件著作权 35 项。公司设立了专门从事研究开发的组织机构研发中心，现有员工 515 人，专职软件开发人员 430 人，均为本科以上学历。公司自主研发的产品多次荣获“天津市科学技术进步奖”。

天地伟业凭借雄厚的科研实力赢得了市场与客户的普遍认同，自主研发的软件在电力监控、智能交通、智慧城市、森林防火、司法、教育等行业均得到广泛应用，并成功应用于北京天安门、奥运会鸟巢、上海世博会、达沃斯论坛、中国运载火箭试验中心、伦敦希斯罗机场等大型工程项目中，为和谐社会建设、保障社会公共安全作出突出贡献。

（三）天津神舟通用数据技术有限公司

公司致力于神通国产数据库产业化，隶属中国航天科技集团公司，是国内最具影响力的基础软件企业之一。公司提供神通数据库系列产品与服务，产品技术领先，先后获得 30 项数据库技术发明专利及 13 项数据库产品著作权，在国产数据库行业处于领先位置。公司拥有北京研发中心、天津研发中心、杭州研发中心三家产品研发基地，与浙江大学、北航、北京大学、中科院软件所等高校和科研院所开展了深度合作，具有数十名八年以上的数据库核心研发人才。

公司主营业务主要包括神通关系型通用数据库、神通 KSTORE 海量数据管理系统、神通 xCluster 集群件、神通商业智能套件等系列产品研发和市场销售。基于产品组合，可形成支持交易处理、MPP 数据库集群、数据分析与处理等解决方案。公司拥有 40 余名实战经验丰富的中高级数据库技术服务人员，可提供数据库系统调优和运维服务。

公司客户主要覆盖政府、电信、能源、交通、网安、国防和军工等领域，率先实现国产数据库在电信行业海量数据管理的大规模商用。同时，公司将“海量数据管理”方面的优势拓展到了更多的网安、电信、航天等中高端应用领域，神通数据库凭借着过硬的技术实力，赢得了客户的信任。

神通数据库获得了国家核高基科技重大专项的重点支持，在国家主管部门组织的国产数据库测评中综合排名第一。目前，神通公司已完成了“十一五”核高基军民两大方向共 5 项核高基重大专项验收工作。课题成果的应用满足了国家政务信息化、国防信息化和重大行业信息化等对国产数据库在安全性、高可用和服务质量等方面需求。

（四）国家计算机病毒应急处理中心

中心致力于我国计算机病毒预警体系和应急体系建设，建成了一支覆盖全国的计算机病毒事件应急处置的队伍，成为国家公共互联网安全事件应急处理体系的重要支撑部门。中心作为公安部、CNCERT、国家网络与信息安全信息通报中心等信息安全主管部门的技术支撑单位，长期为其提供技术支持，并为各大部委和大型企事业单位提供病毒预警实时监测和技术支持服务。2013 年以来，病毒中心充分发挥技术优势和资源优势，打造具有天津特色的信息通报机制，组建了信息通报机制成员单位、技术支持单位及专家组。为了提高我国对计算机病毒等网络安全事件的监测预警能力，中心对自身建立的多项监测系统进行技术升级，扩大监测范围，缩短监测周期，提高监测频率，极大地提升了中心对国务院 84 个部委的 112 个网站和天津市 400 多个政府重点网站的安全监测能力。中心作为牵头单位组织公安部一所、中科院、公安大学等单位共同申报计算机病毒防治技术国家工程实验室，经多轮专家答辩和现场审核，目前已正式获得批复。此外，中心还参与了 2013 年的“两会”、“6·4”、“7·5”、“9·18”、“国庆”、“东亚运”等敏感期的网上安保工作。

中心承担着我国唯一的计算机病毒防治产品检验中心的职能，建立维护唯一的中国计算机病毒样本库，通过拓展样本收集渠道，改进蜜罐系统提高样本发现捕获能力等方式，2013 年共收到病毒样本 1018912 个，其中新增样本 909757 个。中心针对新技术的安全性开展了研究工作，并争取到 2013 年国家信息安全专项中“高级可持续威胁（APT）安全监测产品”和“特殊木马检查产品”两大类专项的测试任务。

（五）天津国家信息安全产业基地

基地是国家信息安全工程技术研究中心、天津市科学技术委员会和天津市西青区人民政府共同支持建设的天津市重大产业项目，2009 年年底开始规划建设，2011 年被国家科技部认定为国家火炬计划特色产业基地。

基地位于天津市西青区学府工业园，紧邻京沪高铁天津南站、地铁三号线、京沪、京津高速延长线津沧高速、天津中心城区、天津市大学城，区域优势明显，交通极为便利。同时产业发展环境成熟，毗邻滨海高新区、西青国家级经济技术开发区、天津市大学城，并提供强有力的金融支持和政策支持。基地规划建设四大功能区：研发区、产业区、培训教育区和配套服务区，总投资 100 亿元。基地依托国家信息安全工程技术研究中心，以信息安全产业为核心，以国家新一代信息技术云计算、物联网、移动互联、现代电子五大产业为应用方向构成基地产业集群布局。到 2013 年年底，基地入驻企业近 30 家，先后承担天津市重大工业项目两项、天津市自主创新产业化重大项目三项、天津市文化产业重点项目两项及国家各类项目若干项。

（六）天津滨海信息安全产业园

园区于 2011 年正式落户滨海新区，由海洋高新区管委会开发建设，天津信为科技有限公司负责运营。园区位于天津海洋高新区“十大产业中心板块”，占地面积 18 万平方米，规划建筑面积 52 万平方米，项目总投资 45 亿元。园区运营中心于 2013 年 7 月正式投入使用，经过近一年的努力，以国防科技大学、东方灵盾等为代表的行业龙头企业纷纷将主要项目落户园区。

河北省信息化发展概况

【推动两化深度融合】

（一）两化深度融合水平不断提升

河北省全年共培育省级两化融合重点企业105家、示范企业15家、省级两化融合公共服务示范平台10个。新兴铸管等10家企业被认定为国家两化深度融合示范企业，示范企业数量居全国第三位。举办“河北省两化深度融合促进工业转型升级巡回培训活动”11场，培训企业家和县区领导干部3500人次。开展了两化融合发展水平评估工作，初步建立了两化融合评估指标体系。重点支持了“构建轧辊产品的综合集成制造系统”等一批省级制造业信息化重点科研项目，带动企业投资超过7000万元。组织推动3D打印技术在智能医疗、大型装备复杂工况三维动态测量等领域开展示范应用。到2013年年底，我省主要行业大中型企业关键工序数控化率达到73%。省中小企业公共服务平台已入驻窗口服务平台39家，各类服务机构389家，注册企业会员达336家。“中国中小企业河北网”已发展企业会员3万余家，发布供求信息数万条。中小企业生产运营监测平台覆盖了57个重点监测县，11个行业的3244家企业，平台通过发布景气指数，引导企业健康发展。

（二）电子商务发展实现新突破

重点建设的河北钢铁交易中心等5个大宗商品交易平台全部上线运行，河北钢铁交易中心会员已达5000多个。扶持培育了中国搜丝网等30县域特色产业交易平台和中国马铃薯交易网等200单品交易平台等一批特色交易平台，安平融贷通赢P2P互联网金融平台、永亮毛巾移动电子商务平台等创新型电子商务在为产业集群服务的过程中不断得到壮大。建立了河北省电子商务统计监测系统，确定了100家典型电子商务监测企业。开展电子商务示范创建工作，确定了17家省级电子商务示范企业。讯成网络科技、北国电子商务、玛世电子商务3家企业入围国家电子商务100强。全国形成的14个“淘宝村”中，河北省的白沟和清河县东高庄村各占一席，其中白沟以超过20亿元的销售收入位居榜首。全省电子口岸入网企业累计达2.2万家。河北港口集团专网实现了邯郸陆港、沧州中理等多地接入，河北航空公司前11个月电子商务渠道销售机票68.99万张，同比增长59.94%，销售金额为4.82亿元，同比增长227.89%。河北物流集团完成了供应链一期项目建设，所有大宗贸易类业务通过该平台进行日常流转。金融IC卡已在石家庄市公交、出租车、停车场等公共服务领域初步开展应用。2013年全省电子商务交易额达到7500亿元，网络购物达到700亿元。

（三）农业农村信息化加快发展

全省统一的12316农业综合信息服务体系，已覆盖全省所有行政村。在藁城市小麦良种繁育等6个农产品生产基地开展设施农业试点示范，推广信息技术在良种培育、种植生产、节水灌溉、测土施肥、农情监测等方面应用，在安国、巨鹿、涞源三县创建了20个中药材种植示范园，种植面积达 2.5 万亩，占全省总面积的 15%。实施了农畜产品质量追溯系统建设，初步实现了农畜产品在种养殖环节的全过程控制。河北省农产品批发市场价格系统实现全省 38 个农产品市场蔬菜、果品等 7 大类近 300 个单品的价格信息发布，河北省粮油价格指数在“燕赵粮网”正式对外发布，农产品电子交易平台即期交易板块发展会员服务中心 800 余家，注册会员 4980 个，日成交量达到 20 万批。河北省太行林权交易系统已在保定市林权交易中心试运行，实现了林地、林木、林产品等农业资源的在线交易。实施了“一村一店一网”项目工程，在全省 1000 个行政村建立了配有电脑和电商系统的标准化农家店，从根本上解决农民买难卖难问题。

【推进电子政务应用】

（一）网上办公和服务能力不断加强

一是研究制定了河北省政务云服务中心筹建工作方案和实施方案，正在上报待批，即将启动建设。省级电子公文发文比率已超过 45%，省委办公厅完成国家电子政务内网河北省网络接入区建设任务，实现我省与国家电子政务内网连接。全省党委值班工作信息化网络平台初步建成，实现了值班电话录音、值班报告和值班日志编写等功能。省经济信息中心完成网上行政服务中心的运行环境建设，并将网上审批系统和电子监察系统迁移到业务运行平台，网上审批系统全年办理事项 26872 件。全省国税系统 214 个单位的 1.6 万用户使用统一的综合办公系统，提高了办公质量和效率。二是检察、司法、国土、环保、审计、林业、信访、食品药品等部门建设了省市县三级一体的视频会议系统，并增加了应急指挥、远程调度、检测监控、远程提讯、视频接访、远程培训等功能，全省法院系统共建成数字化法庭 180 个，数字审委会 12 个，节约了会议和办公经费。三是全省政法网站群建立了 12 个市级和 189 个县级门户网站，全省信访部门统一启用了全新网上信访平台，省纠风办全年处理群众网上举报投诉 1416 件，省国土资源厅受理网上咨询举报 1600 余件，省物价局全年处理网上咨询投诉 653 件，并实现价格监测数据动态实时发布，河北法制信息网累计公开征求河北省地方性法规和政府规章草案公众意见 50 件。完成了 961890 市县群众服务热线电话系统和省级 12369 污染举报平台建设，已于 2014 年 1 月 1 日正式投入使用。

（二）核心业务信息化不断深入

一是药品检验报告电子管理平台实现了所有剂型药品检验报告电子化，系统覆盖药品生产、批发、零售企业和医疗机构 1.8 万家，节约纸张成本超过 300 万元。利用信息技术完成 2013 年政府性债务审计工作，并实现了对全省重大审计项目的实时动态监督管理，在河北钢铁集团开展计算机审计试点，发现被审计单位大量违规违纪问题。河北省第二次水资源评价系统完成对全省 78 个取用水户和 172 个国控点的监控。通过高清摄像机实现对秦皇岛近岸海域海洋环境状况实时监测。污染源自动监控系统实现对国控、省控 790 家企业、1838 个排污口的实时监控。固体废物转移交易平台实现全省 100 多家固废处理单位的统一监管，全省饮用水源地污染防治监管系统实现部分饮用水源地保护区三维、卫星影像立体展示。全省林权管理系统覆盖 175 个县（市、区），存储宗地信息达 81.8 万条。建筑市场信用系统实现在冀企业信用管理全域覆盖，共收录 8095 家建筑业企业的 46579 条信用信息。施工图审查系统实现了对项目审查的实时动态监管，全省 44 家施工图审查机构累计审查勘察设计文件 2164 个。二是河北省突发事件预警信息发布系统已建设完成，各设区市和 42 个县（市、区）成立了发布中心。气象灾害风险预警系统实现风险预警信息实时发布，组织转移宁晋县纪昌庄乡西和睦村 106 名窑场工人和家属，无一伤亡。地质灾害气象风险预警系统准确预报 8 起地质灾害，避免了人员伤亡，减少直接经济损失约 22.5 万元。山洪灾害监测预警系统覆盖了河北省山洪灾害易发的全部 65 个县，增强了山洪灾害的防治能力。省安监局完成了安全生产综合监管和应急救援平台系统建设，录入了 1.2 万家企业的安全生产信息，1045 家重大危险源企业、3800 处重大危险源点的数据。实现了省市县三级交通运输行业远程指挥调度系统的全覆盖，提高了交通运输行业突发事件的应急处置能力。河北省田野文物安全防范系统工程在全省42处重点田野文物保护单位安装监控设施，并与当地警务平台实现互联互通。全省“天网覆盖”工程共新建视频监控点37382个，联网24743个，全部完成11个市级和134个县级视频监控共享平台建设任务，完成治安卡口前端系统建设1351个。全省民警利用综合警务系统接处警42万余起，办理刑事案件近20万起、行政案件15万多起，处理涉案人员约16万人次。三是省新闻出版局在全国率先实现了书号网上申领，将办理时间由1个月缩短为5分钟。全省质监系统信息化综合应用平台覆盖了省、市、县三级248个行政及事业单位，注册用户达到6390个。河北省卫星定位综合服务系统已建成1个数据处理中心、64个基准站，注册用户达280家，注册账号达1460个。全省党政机关核心业务信息化率达到55%。

（三）信息资源交换共享范围不断扩大

开通了工程建设领域项目和信用公开信息综合检索平台，共发布项目和信用信息接近19万条。省建设厅制定了城乡规划、住房保障、电子档案、业务管理等多个数据标准，实现省市住房保障业务管理系统数据共享交换。国地税之间建成了信息交换和共享平台，实现了国地税联合办理税务登记业务。省安监局建设了全省企业安全生产数据库，录入1.8万余家高危行业企业的基本信息。省质监局构建了六大主题数据库，收录企业信息119个数据项93793条，设备信息183个数据项243272条，产品信息25个数据项17767条。省食品药品监督管理局建立了涵盖食品生产流通、餐饮服务在内的食品、药品、保健食品、化妆品、医疗器械企业、产品、人员信息的基础数据库。全省112个档案馆开展档案数字化工作，录入案卷级目录532.85万条，文件级目录7218.95万条，累计扫描档案1.7亿画幅，占全省馆藏总量的18.2%。

【推进社会领域信息化发展】

（一）教育科技信息化成果丰硕

一是顺利实施“教学点数字教育资源全覆盖”项目，完成4183个教学点建设，全省12506所义务教育阶段农村中小学共建设卫星教学收视点10273个，6024所学校配备了多媒体教室，3000多所学校实现“班班多媒体教学”，接入互联网的中小学达50%以上。研发和升级了“百木林”教学参考资源和“e学100”数字化课程资源，资源总量达到了12TB。2013年推荐信息类国家级精品资源共享课3门，建设信息类省级精品资源共享课6门。将教育信息化评估纳入对县级人民政府教育工作年度督导评估、学校督导评估和责任区督学经常性督导评估的重点内容，为教育信息化发展营造了良好的氛围。二是省科技情报研究院电子科技文献保有总量达到42TB。维普中文期刊全文数据库总量达4078万篇，中国科技经济新闻数据库总量达457万条，中国知网中文期刊总量达1733万，GDP全球产品样本数据库总量达305万份，新增国外科技报告140万篇，新增万方元数据3亿条、博硕学位论文260余万篇，文献数据库访问量达80万余人次，文献下载总量达20万余篇，开通企业客户1000余家。建设了“面向产业技术创新的河北省科技情报综合服务系统”门户网站和河北省科技资源数据库，完成了23个科技资源要素主题数据库设计。

（二）文化旅游信息化异彩纷呈

一是拍摄制作了《红色太行》、《河北古镇》、《古韵乡音》、《沧州武术》、《燕赵红色记忆》等专题片，截至2013年年底，省文化资源共享中心资源总量已达到76TB。文化共享工程基层服务点公共电子阅览室均实行了免费开放。河北省图书馆推出“河北省移动图书馆”服务，读者利用移动智能终端接入互联网，就能免费享受到移动图书馆服务。河北省24小时自助图书馆启用了自主研发的移动终端借阅系统，读者通过移动终端扫描二维码，就能获取云端服务器上所有的数字资源。二是“河北微博发布厅”已聚集全省370家机关、企事业单位及新闻媒体的官方微博。以“网络文化助力中国梦”主题，举办了河北省首届网络文化节。举办了第十一届全国重点网络媒体河北沿海开放行活动，全方位、多视角、大篇幅地宣传报道了河北省沿海地区发展情况。开通了河北省党的群众路线网，开展了“图说美丽河北”网络摄影大赛、“善行河北”网民在行动等活动，建立了石家庄特殊教育学校等10家网友爱心基地。河北好人网点击量突破1397万，“善行河北”官方微博粉丝突破281万，善行河北网群日访问量突破300万。三是完善河北旅游虚拟体验网，选择30个景区进行虚拟体验网上展示。古树名木和风景名胜区资源公开系统实现全省4615个古树名木资源和1398个风景名胜区资源在电子地图上的定位与查询。建设了省级果品观光采摘园信息平台，展示了全省134家果园信息，有效带动了城市周边休闲旅游经济。建设了河北省森林旅游网，吸纳100多家国家级或省级森林公园为成员单位，提升了河北省森林旅游的竞争力。

（三）社会保障和医疗卫生信息化加速发展

一是截至2013年10月底，全省社保卡持卡人数达到3044万人，全省企业养老保险监测库入库人数达到898.5万人，入库率达99.8%；就业和城乡居民社会养老监测数据达到全省覆盖，入库人数分别达306.4万人和3336.5万人；失业保险监测数据覆盖石家庄等7个市，入库人数为271.1万人；医疗保险和生育保险监测数据覆盖省本级及石家庄等9个市，数据入库分别达892.5万人和2.8万人；工伤保险监测数据覆盖省本级及石家庄市，数据入库达19.7万人。12333服务热线全年受理咨询48.7万个，及时解答率90%。基本完成了全省城乡居民最低生活保障信息的基础数据采集，全省11个设区市建立了12349民政公益服务电话和信息服务平台，养老服务呼叫网络覆盖老人人数达到100万人，入网养老服务商达到40万户。二是河北省远程会诊系统一期项目已完成3家专家医院、25家县医院建设。石家庄市已发行120多万张用于临时过渡的居民健康卡，并于12月底实现居民健康卡首发。启动了基本药物集中采购、综合卫生管理、突发公共卫生事件应急指挥、县级区域卫生信息平台等建设项目，155家县（市、区）卫生数据中心已有138家完成设备安装工作，村卫生室管理系统已完成180个县区的整改工作，开展了对村医的全员培训。

（四）城市信息化建设步伐加快

首次利用遥感技术对城乡规划实施动态监测，为城乡规划实施管理执法专项检查提供了基础数据支撑。承德等9市实现了省市数字城管系统对接，秦皇岛等3市实现与省级的数据共享交换，规整完成各设区市数字城管系统116.6万件案件信息、112.9万件事件信息、1569.8万个城市部件信息。37个县（市）完成县级数字城管建设，38个县（市）已经开工建设。我省石家庄、秦皇岛、廊坊、邯郸、迁安、北戴河新区、唐山市曹妃甸区、滦南县、博野县9个城市入选国家智慧城市建设试点。石黄、京衡段高速公路完成智能化示范工程建设，实现全程监控、动态交通事件检测等八大主要功能。新增高速公路电子不停车收费系统（ETC）车道100条，全省ETC用户超过20万户。

【加快信息基础设施建设】

（一）“宽带中国”快速推进

一是电信业务快速增长，截至2013年年底，完成电信主营业务收入489.4亿元，电信业务量576.4亿元。固定电话用户数达1152.4万户，移动电话用户数达6006.2万户，全省电话普及率达到98.2%。固定宽带用户达1031.6万户，全省使用4M及以上宽带用户超过83%，行政村通宽带比例将达97.6%。新建3G基站5269个，新建公共热点区域无线局域网接入点（WiFi）2.26万个，3G用户达2003.5万户。二是按照省信息化工作领导小组会议要求，进一步完善县乡以下网络覆盖能力。在全省国家级贫困县的500所学校和414个行政村开展了通信帮扶活动，完成了900个行政村通宽带和阜平县124个自然村通电话任务。三是加强通信基础设施共建共享，全省合计共建铁塔148座、基站109处、路杆85.6千米、管道126.7千米，共享铁塔450座、基站453个、路杆194.6千米，全年节约通信建设资金5亿元。

（二）有线电视业务不断扩展

一是扩大城镇数字电视规模，促进农村有线电视发展。截至2013年年底，数字电视用户达到813万户，2014年年底有线电视用户已突破1000万户，其中农村有线电视用户可突破400万户。石家庄等5市已基本实现双向网全覆盖，邢台等5市已覆盖过半，衡水正在进行小区试点。二是各县加快城区双向网改造，部分有条件的县已开始实施双向网络“乡乡通”。目前已全面完成市县传输数据网建设，使县级以上城镇具备全业务运营条件，新增数字电视用户145万户。三是积极拓展增值业务，推广高清电视、双向点播、有线宽带、体感游戏、数据专网等增值业务，搭建高清IP播出平台，高清频道达23套， 2014年年底全省高清用户已达50万户。

（三）三网融合应用全面普及

同中国网络电视台、河北联通签署了三网融合（IPTV业务）合作协议，完成了IPTV集成播控平台建设任务，并实现了与中央IPTV总平台、河北联通IPTV传输与分发平台的对接。石家庄等7个市开通了IPTV业务，其中石家庄市提供116个直播频道（含10套高清），近5万小时的点播节目库（每周新增600小时），发展用户1万户。移动多媒体广播电视业务（CMMB）手机电视用户达62万户。

（四）电子信息产业稳步发展

一是积极落实支持光伏产业发展的十条措施，推动河北省光伏产业降幅持续收窄，逐步走出低谷，英利、晶龙等11家企业入围国家首批光伏制造准入企业名单。二是加强了与中电科集团的合作，积极推进“大光电”和卫星导航产业发展，编制了两大产业发展规划，促成了省建投持股参与卫星导航基地项目建设。三是加强了项目招商和运行调度，中国电子信息集团在石家庄投资50亿元建设中国电子华北总部等项目，威县“河北深圳国际电子产业园”已全面开工建设。全省电子信息产业完成主营业务收入829.23亿元，实现利税35.21亿元。

【改善信息化发展环境】

（一）信息化体制机制建设取得新进展

一是信息化政策法规体系进一步完善，开展了《河北省信息化条例》宣贯工作，秦皇岛和保定出台了《河北省信息化条例》实施意见或细则，省委、省政府先后出台了促进河北省光伏产业10条措施、物联网发展、电子政务网络建设、大社保信息共享等政策性和指导性意见，研究起草了促进信息消费发展的实施意见等文件，有力地促进了重点领域信息化建设。二是筹备召开了省信息化工作领导小组全体会议，对加快推进河北省信息化建设，促进“四化”同步发展作出了部署。三是以河北省高校、科研院所、政府部门和企业优秀技术人才为重点，重新组建了河北省信息化专家咨询委员会，建设了信息化专家人才库，依托省信息化专家咨询委员会组织开展了信息化项目审核把关工作，全年共审核38个财政性资金信息化项目。四是组织开展了“十二五”信息化和电子政务规划中期评估，82.5%指标提前完成或满足规划进度要求，重点工程项目实施进度平均超过50%。起草了《关于促进信息消费的实施意见》。

（二）网络信息安全保障能力有效提升

一是组织开展了政府部门互联网安全接入试点工作，省级监测管理系统投入运行，省直48个部门和石家庄、秦皇岛、廊坊、邯郸4个设区市政府部门全部实现互联网安全接入，政府部门互联网应用的整体安全防护水平和监控能力得到提升。二是电子认证应用进一步普及，加强了电子认证统筹管理，地税、国税CA证书实现了“一证通用”。三是组织开展了信息安全专项检查和安全测评工作，对全省1000个重点网站实现了常态化安全监测，确保了特殊敏感时期网络与信息安全。四是在秦皇岛市开展了个人信息保护工作试点，建立了“秦皇岛市信息安全举报平台”，受理个人信息泄露等问题举报，并与有关部门建立协调联动机制。

（三）积极培养信息技术专业人才

一是信息化学科建设不断完善。2013年，13所院校新增设14个本科计算机及信息类专业，17所院校新增设21个专科计算机网络信息类专业。此外，31所本专科院校新增设的41个计算机及信息类专业点开始招生。二是积极组织开展各种信息化竞赛活动，先后组织省内学校参加了“全国职业院校技能大赛”、“全国信息化教学大赛”、“河北省中等职业学校信息化教学大赛”等活动，提高了信息技术人员业务水平。

内蒙古自治区信息化发展概况

2013年，内蒙古自治区网络安全和信息化工作在自治区党委、政府的正确领导下，全面贯彻落实“十八大”提出的“四化”同步发展的要求，大力推进网络安全和信息化建设工作，先后出台了《内蒙古自治区云计算产业发展规划（2011—2020年）》、《关于加快推进全区智慧社区建设意见》等指导性文件，推动信息技术在国民经济、社会各行业、各领域的深入应用，为经济社会跨越式发展发挥了重要作用，网络安全和信息化发展水平显著提升。

【信息基础设施建设发展迅速】

2013年，自治区内长途和中继光缆线路长度达到19.31万千米，同比增长17.63%，电信网络已基本覆盖区内全部乡镇和行政村。广电网络基础设施建设步伐加快。三网融合相关业务平台建设推动IPTV等新业务不断推广。2013年，内蒙古电话用户总数达到3150万户，互联网宽带用户总数达到360万户，互联网用户普及率为80.94部/百人，互联网用户进一步趋向宽带化、移动化。内蒙古互联网省际出口带宽达到1177Mbps，城乡宽带接入能力分别达到10Mbps、2Mbps，其中，4Mbps以上用户达到70%，8Mbps以上用户达到20%。

【信息技术应用领域不断拓展】

（一）务实推进电子政务建设

近几年，内蒙古电子政务工作坚持以电子政务服务经济结构战略性调整、服务保障和改善民生、服务加强和创新社会管理为主导，按照“完善网络、突出应用、推动共享、安全保障”的原则，遵循先进性、安全性、可靠性、实用性、经济性、可扩充性、易维护性和开放性的技术要求，强化信息资源共享和业务协同，突出建设集约化、应用平台化、服务整体化，电子政务的建设应用水平明显提高。2013年，内蒙古自治区被国家工信部列为“基于云计算的电子政务公共平台顶层设计”试点省份。内蒙古电子政务三级网络和外网平台为自治区本级政务部门业务系统运行提供有力支撑。各部门的应用系统明显增多，社保、医疗、公安、地税、教育、工商等一大批系统被国家确定为应用试点，电子政务发展逐步实现了由建设到应用的转变、由一般应用到平台应用的转变、由效率到效能的转变，提高了行政效率和政务工作效能。

电子政务外网建设和应用取得明显实效。自治区电子政务外网自2012年5月15日全网开通以来，应用工作取得明显实效。截至2013年年底，自治区本级108个政务部门、盟市70%的政务部门、旗县50%的政务部门已接入统一的电子政务外网。接入终端数量7万台，接入业务系统国家部委的纵向业务21个，自治区区直部门业务64个。自治区、盟市、旗县三级3721个政务部门的477个业务应用已部署在电子政务外网上运行。7个区直部门的46台设备托管在自治区电子政务外网机房。电子政务外网成为我区网络覆盖面最大、连接终端数最多和应用系统最多的政务网络。2013年8月，自治区电子政务外网建设工程顺利通过国家外网办验收，并继续位居全国前列。

盟市电子政务及信息化工作取得长足进展。乌海市开展以城市为中心、以社区为终端、以全员人口数据采集和数据大集中的建设模式，积极探索电子政务建设的新模式，取得明显实效；包头市、通辽市充分调动各方面积极性，在基于云计算模式的电子政务集约化建设上取得了良好效果和一定突破。

“内蒙古自治区工程建设领域项目信息公开和诚信体系建设”工作有序推进。基于全区电子政务外网技术环境下的“内蒙古自治区工程建设领域项目信息公开和诚信体系建设”工作继续在全国保持靠前位次。截至2013年年底，全区共开通工程建设领域项目信息和信用信息公开共享专栏3759个（含各级政府所属部门专栏）。其中，盟市开通专栏12个，计划单列市开通专栏2个，旗县（市、区）开通专栏103个（含包头市稀土高新区、赤峰市新城区管委会、锡林郭勒盟乌拉盖管理区、鄂尔多斯市康巴什新区），自治区本级开通专栏23个。2013年，全区各级各有关部门共发布相关信息114736条，较2012年同期增长81.1%，包括信用信息24829条（含不良行为信息109条）。其中，盟市、旗县总计发布各类相关信息67934条（包括资讯类972条、项目类51326条、信用类15636条），是2012年同期的2.88倍；自治区本级总计发布各类相关信息46802条（包括资讯类64条、项目类37545条、信用类9113条），较2012年同期增长17.6%。上述公开的项目信息和信用信息，基本涵盖了2008年以来自治区工程建设领域包括资金、土地、农牧、林业等方面一定投资额以上的全部国家投资项目范畴。制定下发《内蒙古自治区工程建设领域项目信息公开和信用信息公开考核管理办法》作为此项工作持续、健康、有效推进的长效保障机制。

（二）以两化融合推动经济增长

两化融合项目成效显著。按照工信部“工业云创新行动”有关部署和推进试点工作方案进度要求，在2008年全国首批两化融合创新试验区工作的基础上，一是区域两化融合发展水平评估工作进入探索推进阶段，初步建立了两化融合评估体系。截至2013年年底，我区重点行业典型企业ERP、MES、PLM、SCM普及率分别为50.56、26.02、33.83、56.88。两化融合发展总指数达到52.13。二是开展了国家级“工业云”创新服务试点工作。在全国率先开通包头市工业云平台。三是2013年包头工业云平台建设、包头小尾羊供应链信息化及流程升级项目等6个项目被工信部列为试点。

包头市“工业云项目”进展顺利。2013年包头启动了“内蒙古网络协同制造中心平台”项目建设工作。计划通过整合工业设计与制造资源，推动数字化协同设计、制造、加工等应用，实现地区装备制造能力的跨越式提升。项目内容主要包括四个方面：对一批有价值的传统旧机床设备进行数字化改造和传统的数控设备进行升级，实现机床数字化、智能化，提升机床机械加工精度和效率；对一批数控机床设备进行联网，实现加工制造资源的智能管理与共享；搭建区域网络协同制造中心平台，实现集设计、制造、检测、营销、交易等一体化的现代加工制造模式；采取市场化运行模式，推动中心平台的运营与发展。2013年10月17日，在工信部信息化推进司召开的全国工业云创新行动试点省市工作部署会上，包头工业云项目列入国家试点，并获得资金支持。2013年10月29日，两化融合暨工业云创新服务平台在包头市正式开通上线。该项目立足包头、辐射内蒙古、面向全国，先期聚焦装备制造业，在降低企业创新成本、缩短创新周期、提升创新水平、优化产业结构有重要价值，对于内蒙古建设现代装备制造业基地将发挥重要作用。平台上线运行后，计算机辅助设计、工程、制造、工艺过程设计等各类软件和服务将超过20种，云端计算和分析软件服务将达到10种以上，规格系列的零部件图库将达到2000余种、2万余个，计算机辅助设计模型和手册标准将达到1000余种。平台还将发布500个以上的培训视频，实现单个工作日满足1000人次在线工业软件技术咨询服务。同时，平台还具备云资源、在线培训、信息服务、互动交流、信息技术平台、项目审批系统、经济运行分析、企业展示平台等功能。截至2013年年底，已有17户工业企业在“工业云平台”正式注册，开展应用。

电子商务企业快速发展。截至2013年年底，全区从事电子商务服务企业有450家，从事企业间电子商务服务企业约190家，从事网络零售服务企业有250家。全年电子商务交易总额约710亿元，其中：企业间电子商务交易额约为660亿元，网络零售交易额约为50亿元。电子商务行业年末资产总计260亿元，营业收入5140亿元，带动就业2.38万人。全区现有网民约为1100万人，仅在淘宝网注册的用户就超过510万人，企业和个人应用电子商务以淘宝、京东、天猫等主要网站开店售货为主。与此同时，内蒙古商网、中国薯网、爱上草原商城、同利家网上商城、乌海市煤焦化交易中心、你的网等一批本地化行业电子商务平台和流通企业自建电子商务平台也相继涌现；支撑电子商务发展的物流配送、网络支付、安全认证、电子商务与信息技术等支撑服务业应运而生，经国家发改委、商务部等八部委批准，呼和浩特市成为全国第二批国家电子商务示范城市；经商务部批准，赤峰市红山区物流园区成为国家级电子商务示范基地，通辽市草原旭日成为国家级电子商务示范企业。

（三）大力推进农村牧区信息化

“十二五”期间，自治区农牧业信息化得到了较快的发展，农牧业的基础设施、农牧业信息报送体系建设得到进一步加强，初步形成了农牧业信息采集、报送、发布管理机制，建立了覆盖全区的农牧业信息员及管理人员队伍，通过积极探索农牧业信息服务方式，有效整合全区农牧业信息资源，深化了农牧业信息资源的开发与利用。目前，全区12个盟市全部启动了内蒙古农牧业科技服务体系建设，开通了农牧业科技服务96048热线。开展了呼伦贝尔、通辽、巴彦淖尔等地的农村综合信息服务试点、示范工程。成功培育了中国羊网、中国葵花网、农牧业信息网等一批农牧业特色网站及农牧业信息服务热线。随着农牧业信息服务体系逐步建立和农牧业信息化深入应用，涉农信息资源得到初步开发和整合。农牧业信息服务方式呈现出多样化、多元化发展趋势，适合于农村牧区的“一网多用”模式得到广泛推广与应用，全区12个盟市已建设完成了四级农牧业信息综合服务体系，农村党员干部现代远程教育工程已取得明显成效。

自治区积极推动指导牛羊肉全产业链追溯体系建设。经过努力，锡盟牛羊肉追溯体系建设已正式列入工信部食品安全试点示范。截至2013年年底，已完成22.5万只羊耳标的佩戴和数据录入工作，追溯体系平台已进入试运行。今年屠宰佩戴耳标的羊52978只，佩戴耳标的羊肉每市斤比普通羊肉高出5～10元。呼伦贝尔市完成2万只羊的耳标佩戴工作。此项工作已为下一步在更大范围推广应用取得了经验，也为做强、做大自治区牛羊肉产业奠定了基础。

（四）大力推进信息网络安全

开展了政府信息系统安全检查工作和重点领域信息系统安全检查工作。通过检查，政府部门互联网接入与安全防护体系建设加强，增强了政府网站信息安全防护意识，建立健全了信息安全规章制度，有效预防和控制了信息系统安全事故的发生。按照《自治区政府关于建立自治区电子政务灾难备份中心事宜的批复》，采取“政府主导、市场运作、服务外包”的方式，建成了自治区电子政务灾备中心。截至2013年年底，已对自治区财政厅、地税局、民政厅、工商局、交通厅、环保厅、发改委等11个部门的75个业务信息系统进行了灾备。通过开展全区政府部门信息系统和重点领域网络信息安全检查培训，增强了信息安全人员岗位能力，提高了信息安全检查工作的成效。

等级保护、密码保障、网络信任、应急响应、容灾备份等信息安全基础设施建设逐步加快。信息安全保密防护基础设施，涉密信息系统设备配置、分级保护和安全检查等相关工作进一步加强。互联网管理进一步提升，建立并完善了互联网信息内容监测指挥和互联网侦控系统。

（五）推动社会领域信息化

信息化应用在我区经济社会领域的成效日益凸显。一是教育信息化开展了远程教育、科学研究、教育管理、资源共享，提供高效便捷的网络平台。二是医疗服务和社保信息化促进了医疗、医药和医保的联动，保障了80%以上三甲医院建立电子病历信息系统和电子健康档案。加快了社保五险合一、民政低保、经适房和廉租房等民生信息系统建设，保障社保“一卡通”即时结算覆盖80%以上的城乡居民。三是全区文化信息资源共享工程建设成效明显，推动了互联网对外宣传和文化交流。四是便民“一卡通”推广迅速，呼和浩特、包头、鄂尔多斯、通辽等地的数字社区建设实效明显，一批数字城市工程成为示范，引导智慧城市快速发展。实现以信息化促进城市管理模式转变，宽带无线城市建设成为智能交通、智能城管、智能医疗等一大批物联网的应用，为政府的政务公开、监督、城市管理等方面提供了有力工具。

自治区人力资源和社会保障厅强化信息系统应用，全面支撑精细化管理。人力资源信息系统涵盖劳动就业、劳动关系两大业务领域。劳动就业、劳动关系子系统已在各盟市上线应用，覆盖31条业务线，共入库人员基本信息945万。我区作为全国就业监测管理信息系统首批试点实施省区，圆满完成就业监测信息上报工作，数据质量在全国排名第一。社会保险信息系统已完成自治区本级和12个盟市系统及数据的自治区物理集中。按照“信息共享，业务协同”的原则，与自治区公安厅和质监局开展了实名制信息共享接口建设，建成以服务对象为核心的部门间实名信息共享机制。已完成两大核心业务系统中1600万参保人员、41.6万法人单位基本信息的比对核实，实现个人和单位基本信息的真实性、准确性和唯一性。与此同时，自治区人力资源和社会保障厅将公共服务作为金保工程建设的出发点和落脚点，全面开展了一体化公共服务平台建设，努力打造统一的12333服务品牌。一是建成全区集中式12333电话咨询服务平台，提供人力资源社会保障人工和自助语音服务，开通劳动就业、社会保险等业务的查询以及社会保障卡挂失、密码修改等经办服务，日均呼入量15000余次。二是整合自治区、盟市两级人力资源社会保障门户网，建成全区统一的人力资源社会保障门户网站群。同时全面开展了自治区社会保障卡服务网、网上服务大厅等服务网站群建设，日均点击率超60000次。三是在经办大厅、街道社区、定点医疗服务机构等场所部署多功能自助服务终端，基于全区大集中平台，在实现社会保障卡申领进度查询、个人信息修改、参保缴费信息查询、待遇信息查询等功能基础上，增加离退休人员异地生存认证、招聘信息查询等功能。四是与五家国有股份制银行合作，共同开展带有金融功能社会保障卡的制作和发行工作。建成全区集中式社会保障卡系统，依托公安人口库，完成拟发卡人员基本信息的比对核实和二代身份证照片匹配工作，实现第二代社会保障卡与二代身份证的唯一对应。

同时，按照自治区党委的要求，在推进全区数字城市建设工作的基础上，组织完成了《关于加快推进全区智慧社区建设的意见》的起草工作，并经自治区政府审定同意，正式下发执行。

【信息服务业快速发展】

“十二五”以来，自治区抓住东部沿海地区产业转移的重大机遇，克服了国际金融危机的不利影响，积极推进结构调整，着力加强自主创新，电子信息产业实现了稳步增长。2013年，全区电子信息产品制造业、软件业实现销售收入187.7亿元；规模以上电子信息制造企业达到32家，软件认证企业104家，年生产彩色电视机373.76万部。初步形成以部分消费电子产品、电子基础原材料为主，包括电子元器件、软件开发、信息服务等门类的电子信息产业体系。

产业特色逐步显现。近年来，自治区依托资源、能源、政策优势，大力发展稀土新材料、LED衬底材料、晶体硅、化成箔、锗金属等电子基础原材料产业，截至2013年年底，全区多晶硅生产能力达到2.2万吨，单晶硅生产能力达到1.6万吨，锗金属生产能力达到100吨，化成箔生产能力达到2000多万平方米；依托民族特色，加快蒙古文软件的开发和推广应用，目前已开发出蒙汉双语图书管理系统和档案管理软件、蒙古文WPS、Office2000等办公自动化软件。依托包头等工业基地优势，加快工业自动化控制系统研发，其中自主研发的“啤酒工控系统”、“炼钢转炉计算机控制系统”处于国内领先水平。

新型产业不断涌现。“十二五”以来，自治区加大经济结构调整力度，积极推动电子信息产业转型升级，培育引进了云计算、大数据、物联网、发光二极管、蓝宝石衬底、光热产业等技术领先、特色鲜明的新型产业，初步形成了集聚发展的态势。全区已建成投产发光二极管项目 3 个，其中鄂尔多斯源盛光电有限责任公司第5.5代有机发光二极管显示件项目已完成投资 171 亿元，2014 年年底前将实现满负荷生产。自治区加大对我区云计算数据中心建设发展的工作力度，目前已形成 16 万台服务器的承载能力，到 2020 年全区云计算产业规模将达到千亿元以上。三大电信运营企业在呼和浩特建设的以 IaaS 商业模式为特色的云计算数据中心，每家总投资都在 120 亿元以上。其中，中国电信（呼和浩特）云计算园区项目，总投资 173 亿元，2013 年已完成 4 栋 8000 机架的承载能力，其中百度公司已有 2 万多台服务器投入使用；曙光、中兴能源、恩源科技、华为公司等一批电子信息企业已分别在包头、鄂尔多斯、赤峰、乌兰察布等盟市云计算产业园区落地；曙光公司在包头投资 4 亿元建设云计算中心，2013 年完成一期工程，已在支撑包头电子政务网络、社会管理创新平台、工业云服务平台等信息化应用。按照自治区领导的指示，经多次修改形成了《关于加快我区大数据和云计算产业应用发展的若干政策》（征求意见稿），拟报自治区政府审定后下发。

创新要素不断积聚。创新平台方面，内蒙古软件园被科技部认定为“国家火炬计划软件产业基地”，是我区电子信息产业唯一的国家级创新载体；创新主体方面，全区获得计算机和信息系统集成一级资质的企业有 2 家，二级资质的企业有 6 家，三级资质的企业有 20 家。2013 年，全区电子信息制造企业获得国家专利 4 项，研发投入经费达到 3480 万元。

配套环境有所改善。认真贯彻落实《国务院关于加快培育和发展战略性新兴产业的决定》，从产业政策引导、产业基金扶持、公共服务建设、加强对外交流等方面优化产业发展环境，先后出台了《内蒙古自治区人民政府关于加快培育和发展战略性新兴产业的实施意见》、《内蒙古自治区战略性新兴产业发展规划（2013—2020 年）》、《内蒙古自治区云计算产业发展规划（2011—2020 年）》、《内蒙古西部地区云计算数据中心有关扶持政策》等规划和政策性文件。启动了内蒙古战略性新兴产业发展专项资金，采取直接投资、投资补助、贷款贴息、以奖代补等方式支持战略性新兴产业重点项目建设，引导战略性新兴产业发展。

吉林省信息化发展概况

2013 年，全省信息化工作以“智慧吉林”建设为主线，紧紧围绕两化融合、物联网应用、公共信息服务、重大信息化建设项目、信息消费等方面开展工作，取得较好成效。

【积极推进“智慧吉林”建设】

2013 年 9 月，吉林省政府与中国联通集团签署“智慧吉林”战略合作协议，围绕智慧强政、智慧兴业和智慧惠民等领域推动信息技术应用，加快“智慧吉林”建设。一期重点规划建设 25 个项目，其中智慧城市管理与公共服务平台、移动警务、智慧农业手机支付等 6 个项目已落地建设。九市（州）政府与本地区联通公司均已签订合作协议，明确了建设目标和重点任务。指导吉林市制定“智慧江城”总体规划和云计算及数据中心产业园区建设规划。国家信息消费试点城市工作取得进展，我省吉林市、延边州、长春市净月经济开发区已确定为首批国家信息消费试点城市（县区）。

【融合体系建设取得成效】

一是长春、吉林、通化、延边四个省级两化融合试验区建设初见成效。以汽车和装备制造、化工、医药、冶金等行业为重点，通过产业园区信息化建设、示范企业和重点项目为引导，加快推进重点企业信息化的集成应用，提升制造业信息化水平。截至2013年年底，四个试验区园区公共信息服务平台均已建成，培育了一汽集团、长春轨道客车、吉化、吉林化纤、茂祥药业、敖东药业等典型示范企业，实施了工业流程与行业自动化控制系统、生产集中调度系统、环境监测和污染源监控信息系统、电子商务等80个信息化项目，带动了园区上下游企业信息化建设，引领试验区行业信息化发展。二是两化融合评估测评取得阶段性成果。按照国家工业和信息化部的要求，组织全省240户规上企业和中小企业参加了两化融合区域性评估。工业和信息化部2013年中国信息化发展水平评估中，吉林省信息化水平评估总指数68.9，综合排名第17位。三是两化融合重点项目建设进展顺利。长春轨道客车、东北工业集团、亚泰集团、吉化、吉林化纤、敖东集团等每年滚动实施的100个两化融合重点项目如期建设实施，企业通过信息化项目的建设，加快信息技术与传统产业的融合，降低产品的生产成本，提高企业的运行效率，增强企业的竞争力，带来较好的经济效益和社会效益。

【物联网在重点领域得到应用】

一是车联网物流公共信息平台研发、呼叫中心建设、商用车行车记录仪等系统和产品运行效果良好。行车记录仪（兼容北斗/GPS导航定位）实现了在一汽商用车、乘用车等车型前装、后装的示范应用。商用车行车记录仪装车20万台，GPS导航仪装车22万台，乘用车导航仪前装在解放J6、奔腾B50等车型安装4.5万台，与吉林移动开展无忧车检（OBD）模块产品推广应用。二是推进全省食品安全追溯项目建设。食品安全追溯平台二期开发项目已通过验收，皓月集团、正业集团肉类食品追溯项目，完成养殖基地、生产线和生产信息系统的改造和升级；人参产品追溯试点项目已完成生产车间扩建、产品检验中心建设、参地环境监测设备装调、通信测试与保障。三是推进安全生产信息化，全省安全生产隐患排查管理系统已投入使用。

【公共领域信息化建设进展顺利】

落实省政府与中国移动集团签订了共建无线城市战略合作协议，省内九市（州）政府和吉林移动分公司也分别签订了建设无线城市、数字城市战略合作框架协议。各市（州）政府高度重视无线城市建设，截至2013年年底，全省无线城市注册用户超过560万户，各地市无线城市累计上线应用1000余项，门户访问量达1.3亿次（包括省平台和集中平台数据），共涉及民生、政务、交通、教育、医疗、娱乐、餐饮、旅游、就业、广播10个领域，较2012年年底累计新增应用300余项。电子政务外网平台运行良好，中心机房的网络设备开通率和完好率保持100%。2013年依托政务外网实现吉林省统计局、吉林省监狱管理局、吉林省医改办等单位的专网建设；完成吉林省民委、省委密码管理局、省政法委、省司法厅、监狱管理局、省总工会等省级单位接入外网，累计接入政务外网的政务部门25个。

【信息化重大工程建设取得进展】

围绕公共领域信息化服务、智慧城市和中小企业信息化，推进重大工程建设。一是吉林省数据与灾备基地建设粗具规模。长春启明公司数据中心投入运营，目前已有省税务局、吉林银行等4家单位入驻，34家企事业单位意向入驻。吉林市中油吉林数据中心、吉化数据中心已投入使用，北京智控美信信息技术公司投资20亿元的意邦智控江南数据中心、中讯软件集团软银云计算基地正在施工建设，数据中心产业园区逐步形成。辽源东北卓越云计划中心和白城地区省联通公司数据中心已正式投入运营；二是中国电信东北呼叫中心项目启动。按照省政府与中国电信签署的合作协议，投资 1.88 亿元建设中国电信东北呼叫中心项目已在长春净月区落地。三是辽源智慧城市正在加快建设。平安城市已布置 780 个监控点。交通卡口已在市内及两县主要交通口开通 217 处高清卡口监控。智慧消防已在 22 家重点单位开通 83 个远程无线监控点。幼儿园监控平台、中青网脉智慧校园平台建设上线运行。市县两级安全生产信息化监控平台试点项目已开始实施。四是中小企业网络营销体系建设启动。户美物联网公司智能终端“融信通”产品推广的基础网络平台已搭建完毕，开始平台业务调试。百度公司中小企业互联网营销推广“翔计划”项目开始实施，已在省内多地开展“翔计划”推进活动，400 家企业加入“翔计划”，实现中小企业网络营销和电子商务业务。

【信息化建设环境进一步完善】

（一）制定两化融合专项行动计划

深入开展企业两化融合现状调研研究，起草下发了《吉林省推进信息化与工业化深度融合专项行动计划（2013—2015 年）》，明确了未来两年两化融合的目标，确定了扩大省级两化融合试验区建设、推动传统制造业的信息技术集成应用、提高两化融合综合服务能力、提升中小企业两化融合能力、促进重点领域物联网技术应用、加快发展信息产业六个方面任务，并对任务进行了分解，落实了相关责任主体。指导两化融合试验区制定实施方案，完善试验区两化融合项目体系。

（二）开展企业两化融合评估体系研究

按照工信部制定两化融合评估规范和体系的要求，在全省九市州组织评估调查问卷填报，开展我省区域两化融合发展水平评估数据采集工作。参照国家区域两化融合水平评估指标体系，结合我省的实际，开发了吉林省两化融合数据采集评估系统，设定了基础网络、工业应用、应用效益三个方面共 58 项两化融合发展水平评估指标。委托吉林省电子信息检验院撰写了《吉林省工业企业信息化与工业化两化融合发展水平评估报告》。

（三）加强对两化融合项目的扶持与引导

结合全省产业集群发展战略，组织申报 100 个两化融合重点项目。2013 年我们重点推动长吉图两化融合项目建设，在长春、吉林、延边重点实施 60 个两化融合试点示范项目，积极争取国家和省财政投入 4500 万元，对其中 31 个重点试点示范项目给予引导扶持，带动企业信息化建设总投资 14.06 亿元。截至 2013 年年底，60 个重点项目全部开始实施，已累计完成投资 5.73 亿元，占比 41%；9 个项目投入使用，34 个项目完成工程总量的 50%以上。

（四）出台促进信息消费推动信息化建设实施方案

《吉林省促进信息消费推动信息化建设实施方案》提出了到 2015 年全省信息消费的目标，从加快信息基础设施改造升级、增加信息产品供给能力、推动企业信息技术应用、加快培育新兴信息服务业、提升公共服务信息化水平等五个方面，进行了重点任务分工，明确了相关任务和责任。同时，从健全信息化协调推进体制、创新信息化投融资机制、加大政策和公共信息基础设施支持力度和加强信息消费安全环境建设四个方面，提出了加强信息消费的政策支持与环境建设。

上海市信息化发展概况

20年来，上海市始终把信息化作为覆盖现代化建设全局的战略举措切实加以推进。“九五”基础先行，着力推进信息基础设施建设；“十五”重点突破，促进信息产业和信息技术应用加快发展；“十一五”实施信息化领先发展战略，以“推进信息技术创新和深化信息技术应用”为主线，促进信息化全面协调发展，信息化整体水平处于国内领先；“十二五”上海进一步提出深入实施信息化领先发展和带动战略，以创建面向未来的智慧城市为发展目标，信息化成为提升上海国际竞争力和城市软实力的强大支撑和重要基础，先后发布了上海市推进智慧城市建设2011—2013年和2014—2016年行动计划。经过近年来的不懈努力和持续发展，在由工业和信息化部组织、中国电子信息产业发展研究院（赛迪工业和信息化研究院）实施发布的《2014年中国信息化发展水平评估报告》中，上海以信息化综合指数94.94继续排名全国第一，网络就绪度、信息通信技术应用两个二级指数也持续排名全国第一。

【信息基础设施建设】

“九五”期间，基本建成了以上海信息港主体工程建设为标志的信息基础设施框架，全市信息基础设施建设取得了突破性进展。在互联网国际出口带宽、城域宽带主干网、通信业务、高性能计算等方面的基础指标领先于国内各大城市，部分指标已达到国际大城市和发达地区的平均水平，能满足用户多方面需求，提供多样的选择。

“十五”期间，上海信息基础设施建设取得突破性进展，全面建成功能比较完善的上海信息港主体工程，一个国内一流、世界先进的推动城市功能性发展的现代化信息化基础设施框架基本形成。集约化信息管线、宽带IP城域网、联通数据网、有线电视网双向改造、宽带信息交互中心等信息化重大项目全部竣工。建立上海互联网络交换中心。亚太地区容量最大、登录点最多、技术最先进的国际光缆网络系统——亚太二号光缆在上海开通。建成上海超级计算中心，成为当时世界上少数拥有超级计算能力的城市之一，功能型设施的公共服务能力显著提高。建成并运行7500平方米的国内第一座集约化通信局房——临港新城通信中心。

“十一五”期间，推动信息通信网络普遍接入，率先启动城市光纤宽带网建设，城域网出口在国内城市中率先达到百万兆级别，互联网国际出口带宽大幅提升，第三代移动通信（3G）进入商用阶段，各类终端普及率显著增长，基本实现任何人在任何地点以多种方式接入互联网。新技术应用走在全国前列，成为国内首个下一代广播电视网（NGB）建设示范城市，软交换、IP多媒体子系统（IMS）等技术得到规模应用，互联网协议第六版（IPv6）、移动通信长期演进（LTE）等技术的应用部署取得突破。各类功能型设施的服务能力大幅提升，曙光5000A主机系统投入运营，超级计算中心总计算能力突破230万亿次/秒。集约化建设模式由信息管线向通信机房、移动通信基站、无线室内覆盖系统等全面推广，无线电管理机制不断完善，重大活动信息通信安全得到有效保障（见图1）。

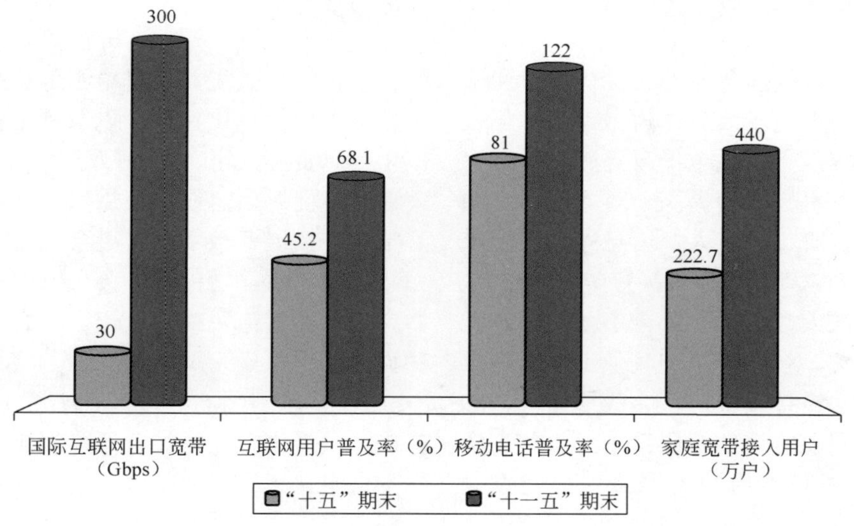

图 1 基础设施建设

近年来，上海全面落实国家提出的“宽带中国”战略部署，围绕建设成为国内通信质量、网络带宽、综合服务最具竞争力和宽带上网资费最低的地区之一的目标，全面推进宽带城市和无线城市发展，着力增强信息网络综合承载能力、设施资源综合利用能力和信息通信集聚辐射能力。继在国内率先发布《上海市公用移动通信基站站址布局专项规划（2010—2020 年）》之后，又率先编制了《上海市信息基础设施布局专项规划（2012—2020 年）》；率先探索开展了新建住宅建筑通信配套设施第三方运维，保障了用户对电信业务经营者的自由选择权；推进了基础通信管线、移动通信基站、光纤到户驻地网、无线局域网等设施的集约化建设共建共享；并对本地开展固网宽带、公共 WLAN 的网速开展了动态监测分析以及宽带资费跟踪比较，实现本市宽带资费与国内同类城市基本可比。截至 2014 年年底，全市光纤到户覆盖总量约 840 万户，实际使用用户达到 425 万户，家庭宽带用户平均接入带宽达到 23M；完成 600 万有线电视用户 NGB 网络改造；第四代移动通信网络（4G）基本覆盖中心城区和郊区主要城镇中心区域，3G/4G 用户总量超过 1400 万。WLAN 覆盖场所总量达 2.3 万处，456 处公共场所开通 i-Shanghai 免费接入服务投入运行。继续保持城域网出口带宽国内城市首位，全面完成三网融合试点任务。

【信息技术应用】

（一）政务领域信息化

“九五”期间，政务部门积极应用信息技术提高工作效率。市、区两级政府普遍建立了内部网，大部分实现了办公自动化的基本功能；部分机关初步建立了决策支持信息系统；工商、财政、税务、政法、人事等部门的信息系统进一步完善；52 个政务部门实现了政务公开信息上网，部分单位已开始在网上提供面向社会的服务。

“十五”期间，从促进政府职能转变出发，建成一批重点业务应用系统，基本构筑起统一的电子政务基础网络，“中国上海”政府门户网站成为市民知情办事的重要载体；覆盖市、区县、街镇三级党政机关的政务内网和政务外网全面建成投入运行；政府信息公开制度率先在全国省级政府中推行，主动公开信息超过 16 万条；政务信息共享和人口、法人基础信息库建设取得阶段成果。

“十一五”期间，建成上海地区 800MHz 数字集群应急救援政务共网，电子政务应用向跨部门信息共享、业务协同转变，集中与分布相结合的基础信息资源开发共享体系基本形成，统一的行政审批、电子监察、电子采购等平台加快建设并初见成效，一批国家“金”字号业务系统相继建成并发挥作用。

近年来，上海围绕服务政府、责任政府和法治政府建设，始终把电子政务作为城市信息化发展战略的重要内容，一体化电子政务服务体系深入推进，政务服务水平大力提高。政务信息资源开发共享迈向新台阶，实有人口信息库汇聚全市2500万人口的基础类、就业类、医疗类、房产类、教育类等信息；法人数据库涵盖全市范围内各类企事业单位、机关、社会团体和其他市场主体；空间地理信息库建设持续推进，完成覆盖全市陆域的高分辨率数码航空遥感摄影；上海市信息资源服务平台和上海市政府数据服务门户建设完成。行政审批流程逐渐优化，网上行政审批平台初步形成为全市统一部署、分级管理的审批平台框架和互联互通、条块结合的电子政务基础性平台；法人网上身份统一认证系统和法人数字证书服务门户建成。重点业务协同系统建设加快，统一的上海市“12345”市民服务热线建立并开通运行；第二代社会保障卡工程启动规划研究，集成“96222”热线、前台业务受理、后台业务处理等多项功能。全面实施政府网站无障碍改造，方便残疾人浏览应用。

（二）社会领域信息化

“九五”期间，社会公共服务水平和市民生活质量得到提高。建立和开通了“上海热线”、“东方网”等一批综合性、专业网站；初步建成了数字图书馆、网上博物馆以及若干网上学校和旅游咨询服务中心，建立了一批公共数据库；建立了社会保障与市民服务信息系统、银行IC卡和公交IC卡“一卡通”系统，社会保障卡发行达到一定规模；建成了社区服务网信息平台和社区服务热线，初步构建了市、区、街道三级网络服务体系，开展了网上婚庆、网上殡葬、网上老保等若干专题服务。

“十五”期间，从服务市民出发，重点推动了三个“一卡通”（社会保障卡、公共交通卡、银联卡）、“校校通”、“市民信箱”、“付费通”、社区信息苑等一批受益面广、示范效应明显的应用项目，以信息技术支撑社区网格化管理试点工作初见成效，各行各业积极主动应用信息技术的发展格局基本形成。

“十一五”期间，开展“家校互动”学生成长教育信息系统、市民电子健康档案试点应用等教育卫生信息化建设，以及社区信息化建设、文化信息资源共享、“千村万户”农村信息化普及培训等，促进信息技术应用覆盖面向郊区城镇、特定人群拓展，数字发展机会日益均等化。

近年来，智能化社会公共服务应用体系逐渐完善，数字惠民效果突出。教育信息化水平稳步提升，上海学习网建设完成，终身教育学分银行成立；面向中小学生电子书包试点大力推广，“家校互动”平台开通。基于市民电子健康档案的卫生信息化工程深入推进，上海健康信息网投入使用，完成市级平台、医联平台、市公卫平台和17个区县平台的建设和互联互通。社会公共服务领域信息技术应用深入推进，电子账单公共服务平台进一步推广，失物招领服务平台建设运行，全国首家无障碍数字图书馆启动运行，综合食品安全信息服务平台以及统一的食品安全投诉举报热线“12231”建立，市民问诊式气象台积极推广应用。智慧社区试点示范建设取得初步成效，在全市50个社区试点开展以生活服务、智能家居公共服务为应用重点的“智慧社区”建设，制定发布了上海市“智慧社区”建设指南。

（三）城建领域信息化

“九五”期间，信息技术运用使城市建设和管理效能得到了增强。覆盖市区的多比例尺、多精度的城市二维基础地理信息数据库初步建成，开始在城市规划、市政建设、房地产管理、环境保护、园林绿化、环境卫生、气象预报、治安管理等方面得到应用和深入开发。

“十五”期间，从提升城市管理和服务水平出发，整合建成12319城建服务热线，推动了水务、房地、交通、市政、绿化等业务的协同联动；城市管理网格化试点取得成效，初步形成网格化的城市管理新模式；地理信息系统、应急联动、智能交通等重大项目不断深化；建成“大通关”平台，通关效率大幅提升。

“十一五”期间，信息技术全方位、深层次渗透社会管理和环节，城市网格化管理、交通信息管理、应急联动处置等平台相继建成运行，成为城市数字化、精细化管理的基础支撑；电子口岸平台的交易、监管、物流、支付等功能深化拓展。

近年来，数字化城市管理应用体系全面推进，城市发展能级稳步提升。城市精细化管理水平进一步提高，网格化管理系统实现中心城区全覆盖并向郊区加快拓展；实现越江设施（“三桥五隧”）专业网格化管理工作；水务管理网格化系统已完成全市海塘、堤防基础数据的处理建库工作；苏州河干流水文水质自动监测、“一镇一站”水情遥测系统升级改造等“智能水网”试点完成；虹桥商务区“智能电网”示范应用基地建设初具规模。智能交通建设加速，道路交通信息采集和发布覆盖面不断扩大；高速公路不停车收费系统实现泛长三角区域联网运行；公共交通综合信息服务平台取得成效。城市发展能级不断提升，上海国际航运中心门户网站建设并开通；上海电子口岸取得新进展，“一单两报”试点扩大，检验检疫业务电子一体化监管基本实现。

（四）信息化和工业化融合

2008年，工业和信息化部批准上海作为国家级两化融合试验区。2009年，上海市政府发布《关于推进信息化与工业化融合促进产业能级提升的实施意见》及《上海市推进信息化与工业化融合行动计划》，2011年，出台《信息化与工业化深度融合“十二五”发展规划》，推动上海“两化融合”不断深入。近年来，按照“创新驱动发展、经济转型升级”的总体要求，上海基本形成了以传统产业改造提升和“四新”（新技术、新产业、新模式、新业态）经济培育发展为目标，以企业为主体，园区为载体，政府政策推动和项目支持为引导，高校、科研机构等社会各方积极参与的两化融合推进格局。在工信部组织开展的区域两化融合发展水平评估中，上海连续多年名列前茅，两化融合发展指数从2009年的72.3提高到2013年的80.4。

聚焦重点，促进上海产业转型升级。聚焦钢铁、装备制造、汽车等重点产业，推动传统企业以模式和业务创新带动转型发展，以信息化集成应用加快改造提升。围绕机器人、供应链管理与服务、互联网产业等36个“四新”重点方向，以“四位一体”（创新联盟+产业基地+产业基金+人才基地）的工作模式加以统筹分类推进，涌现出了新松机器人、智臻网络、沪江网、找钢网、大众点评、青橙手机、易贸等一批“四新”经济典型企业。

创新驱动，开展“工业云”创新服务。上海作为全国16个“工业云”创新服务试点省市之一，围绕顶层设计、资源聚合、标准规范和服务模式创新等方面稳步推进此项工作。编制完成了《上海“工业云”创新服务试点实施方案（2014—2016年）》，支持和挖掘一批重点“工业云”项目，筹建了上海“工业云”创新联盟，发布试用“工业云”服务平台，聚合了近30多家企业100多项资源，部署研究“工业云”可信认证和服务规范等课题。

优化载体，提升产业基地园区服务能级。作为智慧园区建设的先行地区，上海从政策规划、技术标准和行业组织等层面开展了一系列探索工作。制定出台了《关于加快推进本市智慧园区建设的指导意见》，提出了本市智慧园区“聚焦四个重点、促进两个转变”的推进思路。制定了国内首个智慧园区地方标准《智慧园区建设与管理通用规范》，创新性地对不同的园区类型提出了差异化建设指南。指导成立上海市智慧园区发展促进会，共发展会员120家。

【信息产业发展】

“九五”期间，基本确立了信息产业在上海经济发展中的先导地位，信息产业成为全市增速最快的行业之一，在国内具有较强竞争能力，对经济的贡献率不断提高。初步形成大规模集成电路、计算机与软件、通信、数字音视频产品和信息服务等产业体系；初步建立信息技术创新体系，在重大信息技术产品开发、创新基地建设和创新人才培养等方面取得了一定进展，整体创新能力明显增强；完成了集成电路设计、生产工艺技术以及GSM移动通信设备等有影响的科技攻关项目；取得了高清晰度数字电视、超级计算机等关键技术的突破；建成了国家火炬计划上海集成电路设计中心、浦东软件园等产业基地，形成了以华虹为代表的微电子产业群；实施了光通信等新一代通信设备研制等重大项目。

“十五”期间，贯彻国家“优先发展信息产业”的战略，利用国际、国内两个市场、两种资源，通过政策聚焦和市场培育，信息产业快速成长为上海具有较高国际化程度的全市第一支柱产业，在集成电路、通信设备、软件、信息服务等领域形成了较强的竞争优势，特别是软件业和集成电路业实现跨越式发展。软件业连续5年保持50%以上的增速，成长为具有一定规模的新型产业门类，集成电路产业创新能力不断增强，形成了较为完整的产品链。

“十一五”期间，信息技术创新及其产业化能力不断提升，为城市经济转型升级作出重要贡献。本地企业积极承担国家级创新任务，在“核高基”、新一代宽带无线移动通信等国家科技重大专项研发任务中发挥重要作用；信息产业加速转型，软件和信息服务业年均增长 20%；集成电路设计业在手机核心芯片等领域、软件产业在操作系统等领域形成研发和产业化优势，产业政策环境、公共服务平台不断完善。

近年来，新一代信息技术产业发展格局形成，竞争力不断增强。实施“云海计划”，健康云、金融云、中小企业服务云等示范项目进展顺利；物联网技术在水质监测、智能消防、环境监测、公共安全和智能照明等方面取得应用突破；集成电路设计能力大幅提升，产品领域遍及移动智能终端 SoC、数字音视频及多媒体芯片、北斗卫星导航芯片等，工艺水平进入 90nm 和 65nm 领域；汽车电子产业从基础元器件逐渐向高性能终端、车身、动力核心关键零部件升级发展，产值突破千亿大关。软件产业加快向高端集聚转型发展，互联网信息服务业在数字出版、网络视听、游戏娱乐、金融服务、生活资讯等行业集聚了一批龙头企业。截至 2014 年年底，上海信息产业总规模达到 1.18 万亿元，其中软件和信息服务业收入达到 5106.94 亿元，信息服务业增加值占全市 GDP 比重达到 6.6%，产业结构进一步优化（见图 2）。

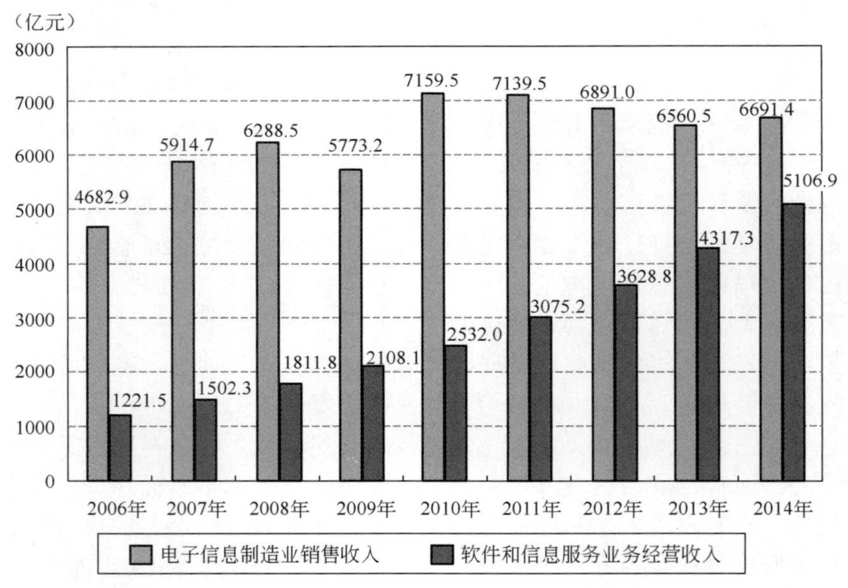

图 2 收入情况

【信息安全体系建设】

“九五”、“十五”期间，以保障信息化应用为重点，初步建立区域信息安全保障体系框架。上海先后成立了网安和网宣两个小组及其办公室，分别负责技术和内容安全工作协调工作。在此期间，承接并实施了“S219”等重点示范工程，在电子政务、金融等领域代表性机构试点建立技术与管理相结合的保障体系，指导城市基础网络和重要信息系统保障工作开展；先后成立了计算机病毒防范、信息安全测评认证、数字证书认证等功能性机构，启动建设了国家信息安全成果产业化基础（东部），发起成立了信息安全行业协会。

“十一五”期间，以深化信息安全监管为重点，加快完善网络安全保障体系。公安、保密、密码管理、信息化等职能部门建立了等级保护、分级保护、安全测评、应急管理、综合检查等基本制度，电信、工商、税务、政务、金融、海关等行业分别形成了相应的监管机制，安全监管贯穿基础网络和重要信息系统全生命周期。通过电子政务灾难备份、网络信任、测评认证等技术平台建设，切实提高了城市信息安全防护、监控与应急处置、打击网络犯罪三大能力。在此期间，上海成功应对了2010年世博会的信息安全考验，保障了世博园区和全市涉及国计民生的重要信息系统安全稳定运行，得到了党中央、国务院的肯定和表彰。

近年来，上海围绕网络空间综合治理，大力构建全社会共同参与的网络安全环境。在此期间，上海围绕公共信息安全、企业（法人）信息安全和公民个人信息安全等不同层面需求，加强基础网络和重要信息系统安全防护，完善城域网监测预警与应急处置体系，推动网络空间综合治理，不断夯实信息安全技术和产业基础。在中央网信办和工信部等部门的指导下，积极承担党政机关网站安全管理、工业控制系统信息安全、信息安全活动周、政府部门云计算服务信息安全审查等试点示范任务，形成可复制可推广的管理经验和工作模式。在国内率先举办信息安全宣传周，通过论坛讲座、技能竞赛、社区宣讲等形式多样的公益活动，提高市民信息安全意识，共同营造健康文明的网络空间。

【社会信用体系建设】

上海自 1999 年开始在国内率先开展社会信用体系建设的探索实践，并在全国率先开展个人联合征信试点。上海以制度为核心，以数据为基础，以平台为抓手，以应用为关键，以行业为支撑，全力推进社会信用体系建设。

2003 年以来，上海市制定实施了个人信用征信管理试行办法、企业信用征信管理试行办法两项政府规章，出台了企业信用档案管理办法、加强中小企业信用制度建设实施意见等规范性文件；2013 年 2 月市政府办公厅转发《上海市企业失信信息查询与使用办法》，2014 年 5 月市政府印发《上海市公共信用信息归集和使用管理试行办法》，对各级行政管理部门记录、共享、使用信用信息都作出了规定；围绕信用信息的记录、公开和使用等，于 2007 年前后发布实施企业信用信息数据规范、个人信用信息的数据标准（试行版）、商业征信准则、中小企业信用评估准则；近年来，围绕政府部门信用信息公开和使用，编制发布了行政和司法部门企业信用信息公开目录、政府部门示范使用信用报告指南、上海市公共信用信息目录（2014 年版）等，并正在研究促进企业、园区、平台等加强信用管理的标准规范。

2013 年 6 月 3 日，上海市公共信用信息服务平台面向政府部门开通试运行，12 月 31 日面向信息主体（包括法人和自然人）开通查询服务，自贸试验区服务窗口同步开通，2014 年 4 月 30 日正式开通，在加强安全管理前提下，依法面向社会提供公共信用信息查询和比对等服务。该平台主要归集行政部门、司法部门、公用事业单位等负有公共事务职能的组织生成或掌握的与法人、自然人信用相关的登记类、资质类、监管类、违约类、判决类、执行类等信息，在加强安全管理的前提下，依法面向社会提供公共信用信息查询和比对等服务，为全社会的信用联动奖惩提供支撑。截至 2014 年年底，全市 97 家行政部门、司法部门、公用事业单位、社会组织确认向市公共信用信息服务平台归集 3927 个信息事项，可供查询的法人数据约 1013 万条，自然人数据约 3 亿条，累计为各类用户提供 8.9 万余次法人、447.5 万人次自然人信用信息查询服务。

福建省信息化发展概况

十多年来，福建省委省政府始终把“数字福建”建设作为新世纪的一项重要工作，一任接着一任干，一年接着一年抓，各级各部门密切协作、全面推进，取得了良好成效，为福建发展和海峡西岸经济区建设提供了重要支撑。

【基础设施跨越提升】

宽带水平位居全国前列。截至2013年年底，电话用户、互联网用户分别达5286.8万户、3590.3万户，普及率达141部/百人、95.8部/百人。4M及以上用户占比达86.5%。城市20M带宽覆盖比超过90%。全省所有行政村通宽带，50户以上自然村实现宽带接入。“海峡光缆1号”是大陆唯一直达中国台湾的光缆，推动福建省成为全国第5个拥有连接境外的通信出口省份。

电子政务网络覆盖全省。2002年年初，建成全省政务网，已接入省市县三级7174个党政机关和单位，广泛开展视频会议、公文传输、加密通信、办公自动化等应用。2009年年底建成全省电子政务外网，形成覆盖省市县乡四级网络体系，具备大规模部署应用能力。两张网络的统筹建设和使用，节约了网络建设经费6～7亿元。

开通政务云计算平台。2010年建成电子政务内外网云平台，已经为67个应用系统提供了虚拟服务器、数据库、网络及信息安全防护等服务。部门不再建设机房、分散采购服务器及系统软件，节约政府投资、运维费用约1亿元。

安全保障能力显著提升。建设了网络与信息安全“四大中心”、“五大平台”，以及以密码为基础的网络信任体系等，构建起福建省网络与信息安全防范体系。至今没有出现重大网络安全事故。

【应用体系基本建成】

社会管理普遍实现信息化。全面完成国家部署的十二金等重点工程，并根据福建省需要建设了海洋渔业、防震减灾、交通战备、文化应用、环境生态、基础地理、林业、旅游等400多个应用系统，80%主要业务实现了信息化应用，社会运行和管控水平明显提升。

应急处置水平显著提高。建成了安监、煤监、水利、消防等16个专业应急指挥平台和省级综合平台，初步实现集成，全省防灾减灾和应急处置能力获得大幅提升。其中，全省应急视频会商指挥系统实现“会商到乡、视听到村”，极大方便了应急动员和指挥。

权力网上运行普遍推行。全面建成网上行政审批系统，省直部门所有非涉密行政许可事项均可网上申报和办理。建成网上行政执法平台，实现执法全流程网上运行、网上公开和电子监察。2011年推行文件证照电子化应用，2013年年底开通了首批省级25个部门200种涉企电子证照，在网上审批、电子招投标、电子通关报检等业务活动中初步实现材料全流程电子化网络化提交、受理、流转。

信息资源共享初显成效。建成了标准统一、目录引导、总线交换的信息共享体系，建设了涵盖全省的人口、企业法人基础数据库，以及第三方涉税信息交换、家庭收入核对、保障性住房核对等平台。其中，财政供养人员核对平台，累计发现疑似重复参保人员18000多人次，疑似“起死回生”冒领养老金13000多人次。

【信息化服务体系覆盖城乡】

（一）搭建政民互动桥梁

“中国福建”门户网站连续六年进入全国省级政府网站先进行列。“12345”政务服务热线实现覆盖所有市县，形成了统一平台、统一受理、统一监察的机制，全省日均受理群众诉求件近千件，回复率约90%。近年，探索建设了“市民融合服务平台”等一站式服务渠道，并在医疗机构、社区窗口、农村地区推广部署自助终端，推动服务型政府建设。

（二）提升医疗卫生和社会保障能力

开通全省远程医疗会诊系统，实现全省医疗保险联网，建成全省统一的新型农村合作医疗信息平台。2010年，实现社保卡全覆盖，在社会保障、医疗就诊等领域应用，实现一卡就诊、一卡结算，避免了重复发放国家居民健康卡，节约制卡费用6亿元。同步建设全省居民健康档案系统，可通过社保卡调阅健康档案，有效减少重复检查。

（三）推动教育资源有效利用

推进校校通工程，76%学校（约7290所）接入互联网；建成“校校通”宽带网络省、市两级主干网，已有2921所学校以10M以上带宽接入网络。有序推进“教学点数字教育资源全覆盖”工作，完成2455个教学点接收设备安装，实现优质教育资源覆盖，促进教育均衡发展。建成教育资源公共服务平台和海量视频课件系统，为全省3255所100人以下的农村小规模学校和教学点免费提供了急需的课程资源光盘。

（四）促进城乡公共服务均等化

全省初步形成省市县乡村五级农业信息化工作体系，先后建立了福建三农服务网、12316等公共信息综合服务平台，农产品质量安全监管、农资监管、农村集体“三资”管理等政府监管平台，农业物联网应用平台和农产品电子商务平台，全方位多领域服务“三农”事业发展。同时，省委省政府创新信息化推进机制，出台各种扶持政策，各地涌现了如“数字武夷”、“世纪之村”等各具特色的农村信息化运作模式。“世纪之村”已走出福建，平台月交易金额达4.8亿元，被誉为农村版的“阿里巴巴”。

【两化融合深度开展】

（一）企业信息化水平进一步提升

计算机辅助设计、辅助制造、产品生命周期管理、集成制造系统、企业资源计划等信息化软件广泛应用于企业，如南靖万利达科技有限公司、安波电机（宁德）有限公司通过实施智能制造系统与经营管理系统综合集成项目，生产效率、设备利用率等进一步提高，取得明显的经济效益。

（二）装备制造业智能化技术加快应用

敏捷制造、柔性制造、精密制造等先进制造技术广泛应用，数字电视、无线通信、智能安防系统等嵌入式软件制造业产品智能化、数字化水平进一步提升。如龙岩成龙机械有限公司实施了数字化模拟技术铸造生产线项目，福建万辰生物科技有限公司智能测控系统的金针菇自动化生产线建设项目应用物联网技术，实现远程、实时监控，自动调节温差等。

（三）信息化推动流通业现代化

构建物流云平台，福建省盛丰物流、三明兄弟、龙岩龙洲三家龙头物流企业以及17家公路港、物流园已接入平台，普遍实现与工商企业信息系统连接。全省近34%的企业开展了电子商务应用，有效降低了物流和交易成本。2013年全省电子商务交易额超过2500亿元，跨境电商成为独特优势。环球鞋网、茶多网、名鞋库被评为国家级电子商务示范平台。

【持续带动信息产业发展】

（一）“数字福建”助推信息产业发展

多年来，通过“数字福建”的先行先用，为福建省企业占领全国市场赢得先机。2010年前福建省没有一家制卡企业，通过在全国率先全面制作发放社保卡，目前福建省已有3家制卡企业，全国社保卡50%为福建省制作，全国40%医疗机构HIS系统和居民健康档案平台也由福建企业实施。

（二）信息产业已成为重要支柱产业

信息产业对经济增长贡献度稳步上升，2013年信息产业实现销售收入超7000亿元，信息产业增加值约占全省GDP 11%；全省有50多家信息产业软硬件企业产品技术在专业细分领域居全国之首乃至全球领先水平。

（三）制定完善促进信息产业发展的政策

省政府及有关部门先后研究制定了《关于进一步加快软件产业发展的意见》、《关于加快信息产业发展的若干意见》、《关于促进信息消费扩大内需十二条措施的通知》，以及《加快物联网发展行动方案》、《加快电子商务发展三年行动方案（2013—2015年）》、《全省两化深度融合五年行动方案（2013—2018年）》等。这些文件的出台，为促进信息产业发展营造了良好的政策环境。

江西省信息化发展概况

2013年，江西省紧紧围绕经济社会发展总体目标，加快推进全省信息化建设，信息通信基础设施集约化建设逐步完善，社会各领域信息化应用进一步拓展，公共信息服务领域进一步深化，信息化助推经济发展的能力进一步提高。

【信息化建设】

（一）信息基础设施建设

截至2013年年底，全省光缆总长度达到48.6万千米，城市新建小区实现100%光纤入户，行政村通光纤比例达100%。全省电话用户总数超过3420.4万户，其中固定电话623.2万户，移动电话超过2797.2万户。3G网络实现全覆盖乡镇及以上区域，行政村3G网络覆盖率85.5%，3G移动电话用户数911.5万户。4G网络商用全面推进。全省互联网宽带用户近500万户，互联网网民1468万人。实现了近98%的行政村通宽带。城市光纤入户已具备一定的规模接入能力，无线互联网已覆盖城市主要公共场所。全省广播综合人口覆盖率97%，电视综合人口覆盖率98%，全省数字电视用户473万户。三网融合试点逐步推广。

（二）信息化与工业化融合

2013年，江西省出台《加快推进信息化和工业化深度融合的意见》，开展两化融合“个十百千万”工程，扶持了3个示范园区、50个示范企业、2个示范行业成为全省两化融合的标杆。全省依托省、市、县中小企业网络公共服务体系，建成国家级示范平台15个、省级示范平台60个，以产业园区、中小企业集聚区为重点，为中小微企业提供线上线下相结合的技术创新和信息服务。组织开展了全省区域“两化融合”评估工作，通过对420家企业进行抽样测评，科学评价各设区市两化融合发展水平，引导和促进区域（设区市）两化融合健康有序发展。与百度合作启动助推中小企业成长“翔计划”。另据中国电子信息产业发展研究院《区域信息化发展水平评估指标体系》

测算，江西省两化融合发展指数名列全国第十二位，两化融合发展指数增长速度名列全国第一位。

（三）信息消费

江西省政府出台了《关于促进信息消费扩大内需的实施意见》，明确了 73 项重点任务及责任分工，具体落实到 43 个相关部门。积极争取信息消费各项工作的试点，江西省入选为国家农村信息化示范省；南昌、萍乡、新余、共青城、樟树、婺源等入选国家智慧城市试点城市；南昌、赣州被入选国家国家电子商务试点城市，南昌市和赣州章贡区为首批信息消费试点城市。电子商务发展迅猛，通过推广大型龙头企业自主开发的电子商务平台协同上下游产业链，形成产业集群。推进服装、电子、食品、家具等行业企业依托天猫、淘宝、京东等主流电子商务平台和自建网站开展网上销售，使电子商务在中小企业中的应用普及率迅速提高。2013 年全省电子商务交易额突破 650 亿元，达到 657.5 亿元，比 2012 年的 323 亿同比增长 103.4%。

（四）电子政务

2013 年，政务应用领域进一步拓展，省直部门中有 33 个单位建成并运行 143 个核心业务信息系统，9 个部门实现了 100%核心业务信息化全覆盖。“政务网乡乡通”实现了 1700 多个乡（镇、街道）联网，政务服务向基层延伸。省政府各组成部门和直属机构、各设区市及县（市、区）全部建立了政府网站，一个覆盖全省、惠及城乡的政府网站群初步建成，成为江西省电子政务的重要组成部分。全省政府网站主动公开信息 400 多万条，依申请公开 3000 多条；网上办理各类事项 325 万条，网上信箱受理公众来信 13.2 万多条，总办件数 12.5 万多条，办结率 94.8%；计划开展在线访谈 568 期，实际开展 667 期，较上年大幅增长 114.5%，总访问量近 600 万人次，广大群众的知情权、参与权、监督权得到有效保障。区域性电子政务云平台建设已启动。2013 年，江西省和南昌市被国家工信部确定为首批基于云计算的电子政务公共平台建设和应用试点示范地区。各省级试点县（市、区）基本完成了政府信息公开、行政职权和便民服务事项的清理、梳理和规范，形成了县级基本目录，11 个省级试点县（市、区）共梳理事项约 12686 件。

（五）社会发展信息化

2013 年，教育部门推进教育信息资源开发利用取得成效，在江西省基础教育资源网平台上启动了全省教育资源公共服务项目建设，完成了江西省第一部公益性网络教材《义务教育学科课程网络资源》3209 节课程的制作，免费供全省中小学师生使用，受到广大师生和家长的热烈欢迎，总下载量达到 1321.5 万余次，下载人数超过 17.35 万人，有效促进了优质资源共享使用。卫生部门不断推进省、市、县三级区域卫生信息平台建设，全面推进基层医疗卫生机构、基本药物采购使用管理、药品电子监管、“阳光医药”系统建设，建立医药质量信息追踪体系，确保药品质量和安全，促进卫生信息共享。以参合人员、新生儿、职业病高危人群、无偿献血者四个重点群体以及大型医疗机构等领域为突破口，开展居民健康卡发行与应用试点。民政部门开展“数字民政”应用平台建设，打造覆盖省、市、县、乡的面向社区和群众的基层民生服务平台，加强信息无障碍建设。人力资源社会保障部门加快“金保工程”建设，完善省级数据中心建设，实现部、省、市三级贯通，推进社会保险“多险合一”信息系统建设，建立异地就医结算机制，实现异地就医即时结算，全面实行离退休人员养老金直发。加强社会保险业务档案电子化管理，推进社会保障卡的发行和应用，全年免费发放社会保障卡近 1000 万张。在人力资源和社会保障、财政、民政、卫生、金融等公共服务领域，实现了社会保障卡一卡通用，覆盖了 734 个社保经办机构。文化信息资源共享工程为群众提供服务达到 290 多万人次。通过拓展电子政务服务领域，各项公共服务质量和效率显著提高。

【电子信息制造业】

2013 年江西省电子信息产业坚持以做大总量、调优结构、提升竞争力为目标，实现了全行业持续健康快速发展。2013 年全省电子信息制造业实现主营业务收入 851.3 亿元，同比增长 23.4%，实现利税总额 82.98 亿元，同比增长

52.26%（按工信部电子信息制造业统计年报制度统计）。电子信息制造业已初步形成了半导体照明、通信终端和数字视听三大主导产业，三大产业实现主营业务收入占全行业比重达71.8%。

（一）产业结构

江西通过大力发展通信终端、车载电子等整机产品，电子信息制造业产业结构调整取得初步成效，整机产品的规模不断提升。2013年，江西省手机整机累计生产5514.37万部，同比增长24.2%，各类尺寸触控屏累计生产1.97亿片，同比增长133.77%，车载视听产品累计生产378.12万套，同比增长24.89%。一是三大骨干产业保持较快增长。面对全国经济总量增速放缓、外销市场不畅、综合经营成本上升等不利因素，特别是在全国电子信息制造业增速持续下滑的情况下，我省半导体照明、手机通信和数字视听三大主导产业仍取得了较好的增长。1～12月，半导体照明产业规模以上企业实现主营业务收入150亿元，同比增长25%，完成利税13亿元，同比增长10.36%；通信终端产业实现主营业务收入280亿元，同比增长21.74%，完成利税18亿元，同比增长31%；数字视听产业实现主营业务收入180亿元，同比增长38%，完成利税17.5亿元，同比增长16.67%。二是主要电子信息产品产销两旺。2013年全省手机整机累计生产5514.37万部，同比增长24.2%，销售5488.5万部，同比增长24.4%；触控屏累计生产1.97亿片，同比增长133.77%，销售1.51亿片，同比增长96.91%；LED芯片累计生产212.2亿粒，同比增长24.8%，销售212亿粒，同比增长13.4%；车载视听产品累计生产378.12万套，同比增长24.89%，销售344.73万套，同比增长26.68%。三是重点企业发展比较迅速。晶能光电公司在继续扩大LED芯片生产的同时，积极地向产业链中下游延伸，总投资2亿元的硅衬底大功率LED封装技术开发及产业化项目已建成一条生产线并已投产，年产能达到1.44亿粒，1～12月，公司实现主营业务收入同比增长31.37%。四是触控显示成为产业发展新亮点。我省触控屏产业已拥有规模以上企业6家，2013年实现主营业务收入114.96亿元，同比增长213.16%；各类触控屏累计生产1.97亿片，同比增长133.77%，销售1.51亿片，同比增长96.91%。

（二）国家新型工业化产业示范基地

2013年，吉安电子信息产业取得了突破进展，产业规模突破400亿元，吉安电子信息成功获批国家新型工业化产业示范基地。

（三）骨干企业竞争力

根据国家统计局和工业和信息化部联合统计的2012年电子信息产业年报数据，经江西省工信委初审和推荐，工业和信息化部最终审定，共青城赛龙通信技术有限公司、江西省电子集团有限公司入围2013年（第27届）电子信息百强企业，分列第38名、第100名。

【软件服务业】

2013年，全省软件产业总体保持平稳较快发展，企业数量稳步增加，产业规模继续壮大，共实现主营业务收入102亿元，突破百亿元大关，产业发展迈上新的台阶。全省软件服务业实现主营业务收入102亿元，同比增长22%；实现利润10.4亿元，同比增长25.3%。其中，软件业务收入达到65亿元，同比增长20%；软件业务出口5974万美元，同比增长40.6%。

（一）软件企业

2013年，全年新认定软件企业22家，累计认定软件企业244家。有6家企业成功申报计算机信息系统集成资质，具有计算机信息系统集成资质的企业达到54家。先锋软件主营业务收入突破10亿元，稳居全国软件百强；思创数码、贝谷科技、泰豪软件、博微软件被列入2013—2014年度国家规划布局内重点软件企业。在智慧航道、电力调度、电力预算、电子签章、地理信息、第三方支付、游戏动漫等细分市场，形成了思创数码、泰豪软件、博微软件、金格科技、华宇软件、新和技术、腾王科技等一批特色突出并具有一定市场优势的企业。

（二）产业集群

南昌高新区发挥国家服务外包示范区品牌优势，软件产业发展步伐进一步加快，集聚了全省

80%以上的软件企业，建成了国家级金庐软件园，形成了以软件研发服务为主的南大科技园，以信息服务为主的中兴产业园，以电子商务服务为主的浙大科技园，以呼叫中心服务为主的昌大瑞丰产业园，园区建设占用资源少、产业集中度高，楼宇经济特色鲜明。许多国内外知名企业聚集江西，引入了微软、日立、甲骨文、戴尔等世界500强以及贝塔斯曼、欧唯特、英华达、ACT等境外知名软件企业。中兴、浪潮、用友、东软、浙大网新等国内知名软件企业和浙江大华、华平信息等上市公司先后落户江西。

（三）创新能力

2013年，全省新增软件产品登记190项，累计登记987项。新增贝谷科技、博微软件、中投科信等3家省级企业技术中心。思创数码承担的“核高基”项目“江西省电子政务综合应用平台与集成环境”顺利通过国家验收。泰豪动漫、腾王科技、巴士在线等3家企业投资项目获得2400万元省战略性新兴产业发展引导资金支持，泰豪动漫成功申报国家软件服务平台专项，获得国家补助资金200万元。

（四）人才培养

形成了以南昌大学等高等院校信息工程学院、软件学院及软件职业技术学院为主，民办培训机构和社会团体、企业认证培训等为辅的软件人才培养体系。以IBM－先锋服务外包人才基地和江西微软技术中心为代表的人才培养和实训基地每年培训的软件技术人才数量超过1万人次。

【信息安全】

2013年，全省信息安全工作以信息安全保障体系建设为中心、以提高信息安全保障能力为目标，主要开展了重点领域网络与信息安全检查、政府网站安全测评，以及信息安全政策法规、基础设施、人才队伍和网络信任体系建设，完善信息安全保障体系，夯实工作基础。从整体上看，我省信息安全形势较为严峻，主要表现在：信息安全政策法规不健全，信息安全产业不发达、技术支撑能力不强，信息安全投入不足，专业人才匮乏，技术防护和管理水平不高，部分政府网站及重要业务系统存在高危漏洞和风险。

（一）重点领域安全检查

按照国家部署和省领导批示，继续组织开展了全省重点领域网络与信息安全检查，组织专业技术机构开展了以技术检测为主的安全抽查，先后对省地理信息、网银等重要业务系统，以及180余家政府网站进行了以技术检测为主的安全抽查，查找出许多安全漏洞，并通报了一批具有高危漏洞和风险的系统，以查促改，指导和督促相关单位进行整改，消除了部分重大安全隐患。

（二）政府网站安全测评

按照省政府要求，继续开展了全省政府网站绩效评估安全测评工作。针对近年来政府网站安全状况和新出现的安全漏洞，对测评指标进行了调整和优化，加大了技术测评权重，并对测评结果采取日常监测和集中测评加权汇总的方式，将政府网站安全日常监测情况纳入测评结果中。

（三）信息安全基础设施建设

在对信息安全基础设施进行调研和论证的基础上，陆续配置了部分信息安全专业测评工具，进一步完善了信息安全攻防实验室软硬件设施，以提高信息安全测评能力。

（四）信息安全人员队伍建设

采取请进来、走出去的方式，组织测评机构学习信息安全最新政策法规、标准及测评技术，提高测评机构测评能力。开展了信息安全专业培训，对省直单位信息安全管理人员及各地相关人员进行了信息安全教育培训，累计培训人员近1000人次。

（五）网络信任体系建设

继续推进以身份认证及密码技术、电子认证为基础的网络信任体系建设，推广数字证书在电子政务、电子商务等的应用。截至2013年年底，全省有效数字证书持有量近275419张。

山东省信息化发展概况

山东省基本形成了信息技术普遍适用、信息资源合理利用、覆盖国民经济和社会各领域的较为完善的信息化体系。信息化带动作用得到充分发挥，已经成为山东省转变经济发展方式、建设两型社会、实现可持续发展的重要主导力量。实现了一个“跨越”、两个“提高”和三个“突破”。即初步实现了从信息产业大省向信息产业强省的跨越；信息产业自主创新能力、信息化普及程度和应用水平均有显著提高；在信息化的关键技术、体制机制建设和缩小“数字鸿沟”三方面取得重大突破。

根据中国电子信息产业发展研究院《区域信息化发展水平评估指标体系》测算，2011—2013 年度，山东信息化发展总指数为 61.64、70.71、77.96，分别高于全国平均水平 52.94、63.47、74.84，年均增长为 12.48%，连续三年居全国第 8 位。其中，网络就绪度指数从 2011 年的 73.19，增长到 2013 年的 87.52，年均增长 6.14%，信息通信技术应用指数从 2011 年的 45.37，提升到 2013 年的 64.18，年均增长 19.12%；信息化应用效益指数从 2011 年的 71.77，提升到 2013 年的 86.77，年均增长 9.99%。根据国家统计局统计科学研究所《中国信息化发展指数（Ⅱ）》测算，2013 年，山东省信息化发展指数（Ⅱ）为 0.922，相当于全国平均水平的 1.22 倍，继续跻身信息化发展中高水平地区行列。从两个不同的评估结果看，全省信息化各项指标均达到或超过“十二五”初预期目标，基本与经济社会发展总体水平相适应并受到了山东省人口、资源等自然禀赋制约（见图 1）。

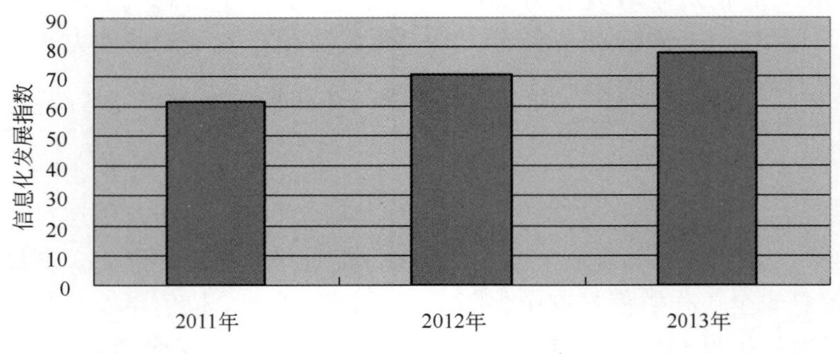

图 1　2011—2013 年信息化指数对比

【信息基础设施日臻完善】

（一）通信网领域

截至 2013 年年底，全省固定电话达到 1707 万户，其中，城市固话 996 万户、农村固话 711 万户；全省移动电话用户 8372 万户，其中 3G/LTE 用户超过 2470 万户，3G 用户普及率近 30%；全省已建成 4G/TD-LTE 基站 2 万个，已覆盖全省 17 个市的城区、县城城区以及部分发达乡镇。到

2014年年底，全省建成基站4万个，基本实现4G网络全覆盖。到2015年，3G网络基本覆盖城乡，4G网络实现规模商用，3G和4G用户数将超过4000万户。

（二）互联网领域

随着“宽带山东”战略的加快实施，2013年年底，全省网民规模达4329万人，居全国第二位；固定宽带用户超过1480万户，城市和农村家庭固定宽带普及率分别达到66%和30%。城市地区宽带用户中20Mbps宽带接入能力覆盖比例达到80%，乡镇地区宽带用户中16Mbps宽带接入能力覆盖比例达到80%，农村地区宽带用户中4Mbps宽带接入能力覆盖比例达到85%；移动互联网用户超过5800万户，用户普及率达到60%。城乡无线宽带网络覆盖水平明显提升，无线局域网基本实现城市重要公共区域热点覆盖。全省工业企业互联网普及率达98%以上；全省共有各类网站145757家，占全国网站总数的4.6%。“十二五”末，无线局域网将全面实现公共区域热点覆盖，移动互联网用户普及率将超过70%。

（三）“三网融合”领域

早在“十一五”末，全省广播综合人口覆盖率达到98.09%，电视综合人口覆盖率达到97.88%，有线电视用户超过1700万户，数字电视用户达到585万户。广播电影电视业务收入超过84.6亿元。截至2013年年底，全省1960多万有线电视用户中已完成1260余万户的模拟数字整体转换。济南、青岛、淄博、泰安、潍坊、烟台、日照等市已经成规模进行了有线电视双向网络改造和宽带业务运营，全省双向互动用户约为100万户，有线宽带用户约为40万户，其中光纤到户覆盖2万户。有线电视网络互联互通平台覆盖有线电视网络用户比例达到60%；数字标清平台已覆盖绝大多数地市、部分县区及个别乡镇，数字高清平台已覆盖大部分地市；省IPTV集成播控分平台、青岛和济南两市IPTV内容分发平台先后建设完成，并实现了与央视IPTV集成播控平台的互联互通。山东IPTV开通直播频道117路，高清频道7路，中数传媒付费轮播频道30路，影视、科教点播节目超过3万小时，具备了直播、点播、回看、时移等多项功能。

（四）云计算设施领域

目前，国家超算济南中心、省云计算中心、黄河三角洲云计算中心、济南市云计算中心的建设为产业发展提供了基础资源。浪潮集团、省计算中心、中创软件、银泉科技、胜华通成、中孚科技、地纬软件、众阳软件等企业在服务器、海量存储、虚拟化、弹性计算、云应用中间件、云安全、云服务等领域拥有较强的技术储备、实施经验和用户群体，“山东省中小企业公共服务平台”、“山东省电子政务综合服务平台”、“工业云创新服务平台”、“医疗信息综合服务平台”以及“公安云”、“药监云”、“食品安全云”等先后投入使用，涉及IaaS/PaaS/SaaS等各个领域，形成了较为完整的、国产化程度较高的产业链。由浪潮集团、山东省计算中心承建的山东省电子政务云计算中心已经建成并投入使用。其中，浪潮集团基于国产软硬件设备建设完成部分，服务器规模3000台，存储能力100PB，已经为食品安全、水利、工商、民政、质监等领域及全省100多个市、县政府部门提供信息化服务；山东省计算中心承建完成部分，拥有超过千万亿次的计算能力，服务器规模1000台，同时建立了临沂、寿光分中心及两个500平方米A级灾备数据中心，在线运行业务系统103个。

【信息化应用取得突破】

（一）各项应用齐头并进

山东是我国经济大省，2013年全省实现生产总值5.5万亿元，经济总量继续居全国第三位，占全国GDP总量的9.6%；规模以上工业增加值增长11.3%，增幅居东部地区前列；主营业务收入占全国的12.9%、利税占12.6%，均居全国第一位。2014年一季度，全省规模以上工业增加值增长9.5%，41个工业行业增长面82.9%，120种重点工业产品产量增长面50%；实现主营业务收入3.1万亿元，同比增长9%；利润1800亿元，同比增长7%；利税近3000亿元，同比增长6.4%，全省工业经济总增长体保持稳定。两化融合基础扎实，市场广阔（见表1、表2）。

表 1　区域两化融合发展水平评估排名

年度＼位次	1	2	3	4	5	6
2010 年	上海	江苏	北京	山东	广东	福建
2011 年	江苏	上海	山东	北京	广东	福建
2012 年	江苏	上海	北京	广东	浙江	山东

表 2　区域两化融合发展指数（2012 年）

	基础环境	工业应用	应用效益	发展指数
江苏	82.73	71.91	122.49	87.26
上海	84.79	75.86	108.61	86.28
北京	79.79	68.75	108.53	81.46
广东	83.64	57.73	122.91	80.5
浙江	79.05	68.27	99.18	78.69
山东	74.71	68.77	94.29	76.64
全国	64.87	57.34	68.27	61.95

根据省两化融合评测中心发布的结果，2013 年度我省企业两化融合总体水平稳步提升，发展指数由 2011 年的 45.94 增长到 47.15。其中，就绪度指数为 53.4，增长 7.1，成熟度指数为 45.3，增长 2.9，贡献度指数为 41.4，增长 1.3。连续评估的 350 户重点企业平均得分 51.2，增长 5.2。具体表为：企业两化融合发展水平阶段分布趋于合理。与上年相比，处于起步建设阶段的企业占 23.5%，减少 10.4%。处于单项覆盖阶段的企业占 44.1%，减少 2.6%。处于集成提升阶段的企业占 27.9%，增加 13.9%。处于创新突破阶段的企业占 4.5%，与上年基本持平。处于集成提升阶段的企业比例大幅增加，表明我省企业两化融合发展层次正在从单项覆盖阶段向集成提升阶段跃升。海尔、潍柴等 61 家企业两化融合发展水平已进入创新突破阶段。不同行业两化融合发展水平表现均衡。轻工、纺织等 8 个行业企业平均得分分别为：轻工 47.9、纺织 43.5、机械 47.2、化工 48.9、冶金 38、建材 47.3、电子信息 51.6、医药 47.5。除钢铁和纺织外，其他行业企业发展水平均高于平均水平。建材、轻工、化工 3 个行业增长最快。区域发展仍不平衡，各类指标呈现“东高西低”梯度排列。从全省 17 市数据看，2012 年多数地市企业两化融合发展水平得分都有不同程度的提高，其中烟台、淄博、青岛 3 市企业的平均得分排在前三位，而淄博、菏泽和德州 3 市得分则增长最快。

2013 年，山东省电子商务快速发展，交易规模不断扩大，与各行各业融合加快，网络营销等新兴服务业快速扩张。具体表现如下。

第三方电子商务平台发展迅速，交易额同比增长 83%。51 个重点调度平台，实现电子商务交易额 566 亿元，同比增长 83%。其中：B2B（企业与企业）平台 30 个，电子商务交易额 557 亿元，同比增长 86%；B2C、C2C（网络零售）平台 21 个，电子商务交易额 9 亿元，同比增长 24%。从行业分布看，规模较大的平台主要分布在石油、化工、煤炭、机械、农产品等行业（见图 2）。居前 3 位的分别是黄河商品市场的棉花和化肥交易平台、东营泰富集团的黄河三角洲石油化工网和山东能源集团的中国矿用物资网和能源交易网，2013 年交易额分别为 244 亿元、60 亿元、44 亿元。

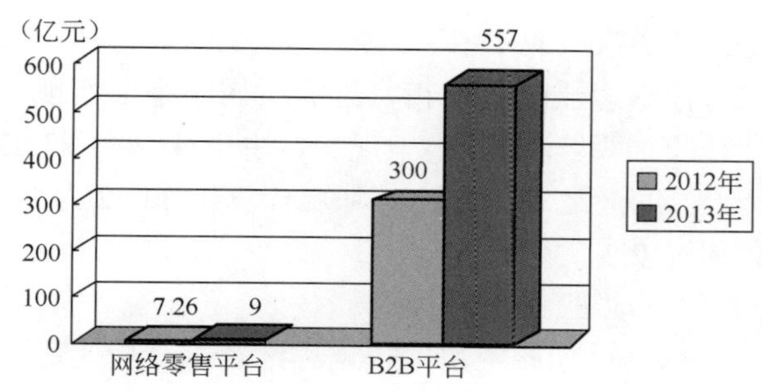

图 2　第三方电子商务平台交易额增长情况

传统产业加快利用电子商务提质增效，基于互联网的采购、销售快速增长。一是电子商务销售额增长较大。重点调度的 68 家传统工业企业，2013 年电子商务销售额 701 亿元，同比增长 29%，占销售总额的 14%。如海尔集团 2013 年通过海尔网上商城及其他平台实现网络零售额 17.2 亿元，是 2012 年的 4 倍。二是电子商务采购额占比较高。电子商务采购额 648 亿元，占采购总额的 39%。如福田雷沃国际重工股份有限公司 2013 年通过电子采购平台完成采购额 137 亿元，占企业采购总额的 95%。三是工业领域电子商务发展最好。在电子商务销售额中，8 家农业相关企业的电子商务销售额 4 亿元，36 家工业企业的电子商务销售额 679 亿元，24 家服务业企业（包括银座商城等 9 家零售企业）的电子商务销售额 18 亿元，分别约占全部电子商务销售额的 1%、96%、3%（见图 3）。

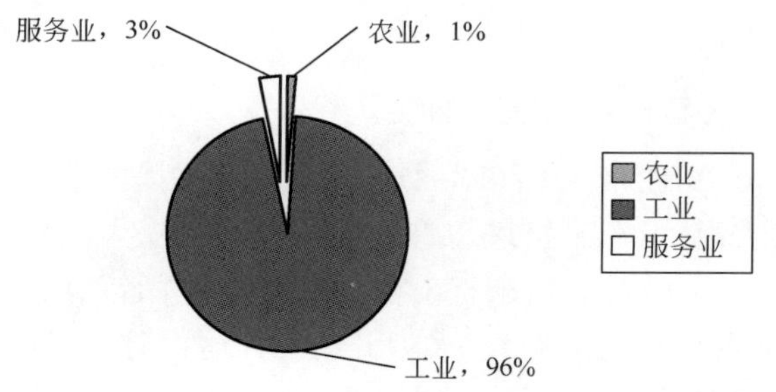

图 3　电子商务应用企业销售额占比分析

电子商务新兴业态不断涌现，带动了相关服务业发展。“好品山东”网络营销管理服务平台于去年 9 月开通，是国内首家第四方电子商务服务平台，目前上线企业已经突破 5300 家，其中上网交易超过 1800 家，完成交易额 223 亿元，取得了显著成效。“联行支付”在山东省首家获得央行互联网支付许可，2013 年处理互联网支付业务 903 万笔，实现支付额度 87 亿元，同比增长 290%。重点调度的其他 38 家电子商务相关服务企业，主要分布在信息服务、数据处理、呼叫中心、快递物流等行业，2013 年面向电子商务服务的销售额为 18 亿元，同比增长 109%。已有山东鲁商一卡通支付有限公司（山东）、山东高速信联支付公司（山东）等 9 家企业获得中国人民银行第三方支付牌照。

（二）电子政务取得重大进展

信息化是推进国家治理体系和治理能力现代化的重要内容。近年来山东省建设了宏观经济、人口、法人、空间地理和企业诚信五大基础数据库，组织工商、质监、国税、地税等部门开展了基于法人、空间地理基础数据的共享和应用。进入“十二五”，山东省电子政务已从注重基础设施建设进入着力推进信息资源开发应用阶段，把政务信息资源共享作为电子政务发展的重点工作着力推进，取得了突破性进展。目前，财政、税务、民政、人社、人口、公安、质监、工商、国土、海洋与渔业等近 80%的省直部门都建立了自己较为完善的业务应用系统，核心业务信息化覆盖率达到 75%以上，全省电子政务应用系统已具规模，应用水平位居全国先进行列。形成了一批基础性数据库。公安、质监、工商、国土、统计、经信、税务等部门承担的人口、法人、空间地理、宏观经济、诚信山东等基础数据库已投入使用；农业、林业、民政、卫生、计生、人社、住建、海洋渔业、气象、畜牧等部门通过数据大集中也形成了海量政务数据库。启动了首批由公安、民政、人社、计生、工商五个部门参加的省级人口基础信息资源共享工程建设，并依托省科学院的省云计算中心，建设了省级电子政务综合服务平台启动了数据的批量交换。目前，五个部门通过该平台开展了 13 类信息共计 144 个信息项的共享与交换，累计交换了 1887829 条数据。其中，工商以省属 5999 条企业工商登记信息与公安人口比对出 2000 多条差异数据；人社厅以 18106 条社保信息与公安人口信息比对出 3356 条差异数据，同时共享了 2258 条公安户籍信息中的照片应用于社保卡的制作；公安则通过平台积极采用共享信息，包括工商 4503 条企业工商登记信息（未出资），2715 条企业工商登记信息（出资）和 14550 条社保信息。五个部门通过信息共享有效解决人口多头管理和因管理口径不一致而导致不同部门间人口信息差异化等问题，实现人口基础信息查询与核实、死亡信息共享、婚登信息共享等六个主题共享应用，有效推进了部门的精细化管理，对领导科学决策、减少财政资金浪费、大幅度提高社会管理和公共服务水平发挥了重要作用。

（三）信息惠民工程深入推进

山东省深入推进信息惠民工程实施，重点解决社保、医疗、教育、养老、就业、公共安全、食品药品安全、社区服务、家庭服务等重大领域突出问题，创新服务模式，拓宽服务渠道，构建方便快捷、公平普惠、优质高效的公共服务信息体系，全面提升各级政府公共服务水平和社会管理能力，信息消费需求进一步释放。

1．社会保障信息惠民

社会保险核心业务平台在全省 17 个地市和全部县市区得到应用。社保卡发行规模进一步扩大，省直及各市累计发行社保卡约 800 万张。 8 个地市列入金保工程示范城市。新农保信息系统建设进一步推进，电话咨询服务中心建设进一步加强，全省 17 地市分中心共设立了 85 个座席，13 年接听来电 198 万个。“山东省就业服务管理信息系统”被授予“国家信息化试点工程”。

2．健康医疗信息惠民

山东省基层医疗卫生信息化建设项目启动，将投资 3.6 亿，完成 140 个县级数据中心的建设及 2217 个基层医疗卫生机构的设备配置。截至 2013 年年底，基本覆盖乡镇卫生院、社区卫生服务机构和有条件的村卫生室，完成与省级卫生信息资源综合平台的对接，打造具备承担全省卫生信息交换与共享能力的有效载体，提高基层医疗卫生服务质量和水平。

3．优质教育信息惠民

目前山东省教育信息化基础建设初具规模。山东省教育科研计算机网主干网已连接了全省所有普通本科高等学校、部分高等职业学校和部分教育城域网。全省 17 市 140 个县（市、区）全部建立了教育城域网；100%的高等院校、88%的普通高中、70%的初中、34%的小学建成了校园网；三分之一以上的县（市、区）所属中小学实现了“班班通”。全省中小学现有学生用计算机 83.82 万台，生机比 13.8∶1；教师用计算机 34.32 万台，师机比 2.2∶1。

4．地理信息产业惠民

加强山东省卫星定位连续运行综合应用服务系统（SDCORS）运维和社会化应用，全面实现了与邻省站网的站点资源的共享。16 个市通过国家基础航摄计划获取了高分辨率影像，并在数字城市建设、大比例尺基础地理信息更新等方面得到充分应用，使用率达到 100%。自主获取了全省新一轮 2.5 米分辨率卫星影像，满足全省 1:1 万 DLG 及时更新和 DOM 更新需要。加快市县两级数字城市建设与应用。数字城市建设覆盖全部设区市。县级启动率达 60%，建成率达 40%。数字城市建设成果已在 200 多个部门的 500 多个业务系统中得到应用，节约重复投资超过 10 亿元。省级地理信息公共服务平台新增应用 16 个，累计达到 48 个，取得显著成效，节约各级财政重复投资超过 2 亿元。加快各级节点互联互通工作，省级平台已与 14 个市级节点和 13 个县级节点实现了互联互通，其中 6 个市级节点接入了国家主节点。山东测绘地理信息产业基地去年落户潍坊，规划用地面积 3750 亩、总投资 150 亿元、产值 500 亿、就业人数 2 万人，成为全国最大的地理信息产业园区。

【智慧山东建设加快】

2012 年，山东省委、省政府正式提出了“构建智慧山东、推进智慧城市建设”的重大战略举措。2013 年，山东省出台《关于开展“智慧山东”试点工作的意见》，大力开展“三区两建”，即积极开展智慧园区、智慧社区、智慧城区试点示范，加快资源节约型和环境友好型“两型社会”建设，推进了智能工业、智慧农业、智慧矿山、智慧水利、智能交通等 12 大应用示范工程，提升了重点示范区域、行业智能管理和民生智能化水平。

（一）加快推进“智慧城市”试点

潍坊市积极探索建设、运营和服务模式，重点围绕城市交通、旅游、家居、能源、物流、工农业生产、金融、智能建筑、医疗、环保、市政管理、城市安全等重点行业的应用热点和难点找出突破口，加强信息资源共享，以保障和改善民生为重点，以智慧应用和服务为核心，充分发挥地方智慧型产业的优势，选择物联网应用基础较好的领域，分期分批建设应用示范工程和项目。威海市坚持“顶层设计、统一平台、信息共享、统一组织、分头实施”的发展原则，高标准规划建设电子政务、公共服务和工业设计三个基础云服务平台。积极整合利用社会资源，大胆尝试市场化的建设和运营模式，与本地国企、高等院校及国内专业机构开展全面合作，加快筹建了智慧城市发展研究院，加快推进通信基础设施升级改造，扎实推进基础云服务平台、智慧交通、智慧环境、智慧旅游等重点示范工程建设。

（二）着力推动“智慧城区、社区”试点

一是着力推动了济宁市任城区等“智慧城区”试点，加强和创新社会管理能力，围绕城市运行管理中的重点和薄弱环节，利用先进、可靠、适用的信息技术和创新的管理理念，通过强化跨部门数据整合和业务协同，实现对供水、供热、路灯、城市防汛、排水等公共基础设施的实时监测和智能调度，提高城市管理和公共服务水平；二是推动了枣庄市安乔东城国际小区等“智慧社区”试点，重点通过智能家居、智慧楼宇、远程医疗、电子商务、移动互联网、社区呼叫中心等信息技术在节能、安防、物业管理等各个领域的深入应用，利用物联网、智能控制等先进信息技术，进一步完善社区管理服务等应用系统。

（三）重点开展“智慧园区”试点

一是在禹城市等开展了“智慧农业园区”试点，重点在粮食作物生产、农用地资源利用、农用水资源、畜禽水产精细化管理、农产品质量安全管理与溯源、果园精细管理、设施农业等领域部署物联网试点与示范应用；二是在济南、淄博市等开展了“智慧工业园区”试点，以装备制造智能化为核心和突破口，深化物联网技术在汽车、船舶、机械设备、消费品等山东优势传统产业上的渗透融合，创建装备制造智能化示范园区；三是在德州市等开展了“智慧物流园区”试点，以智能调度、物流信息处理、车辆监控管理和调度、食品及药品追溯与风险预警等为切入点，选择重点物流企业、园区和基地开展智慧物流应用示范。

另外，寿光、东营、威海、德州、昌邑、肥城、济南西区、新泰、烟台、曲阜、济宁任城区、青岛崂山区、青岛高新技术产业开发区、青岛中德生态园、昌乐、平度市明村镇共16个市区被确定为国家级智慧城市试点，数量全国第一。

【信息消费产业发展迅猛】

2013年山东省信息消费规模达到6100亿元，增长20%以上。全省规模以上信息消费企业2200家。电子商务交易额达到1.2万亿元，同比增长30%以上。

（一）需求不断拓展

据不完全统计，2014年1～3月，信息消费保持稳步增长，电子商务带动效应明显。信息终端产品智能化趋势明显。计算机、液晶电视机和移动通信手持机销售分别达到41.4万台、352万台和1412万台，电视和手机增速分别达到16%和31%。移动通信手持机的生产和销售向智能手机加速倾斜，3月上市新机型中智能手机占比达到77%，内销量增长远高于出口。

（二）移动信息服务拉动流量消费

微信、微博、移动阅读、手机游戏、手机视频等移动信息服务在用户中渗透率不断提高，拉动了手机上网流量的激增。月户均移动互联网接入流量突破100M。

（三）信息服务消费带动效应明显

2014年一季度中小企业统计结果表明，全省利用第三方电子商务平台开展业务的中小企业达到120多万家。企业信息化水平的提高带动网络广告和网购市场的快速增长，一季度网购市场规模达到500亿元，同比增长40%，带动规模以上快递服务企业业务量和收入分别达到0.8亿件和14亿元，同比增长27%和30%，均位居全国第七位。

【物联网产业竞争力显著增强】

山东省是电子信息产业大省，也是国内物联网产业起步较早和相对集中的地区，在技术研发、产业化、市场应用、人才资源、新产业培育等方面拥有一定的先行和集聚优势。

（一）产业规模不断扩大

初步统计，目前山东省从事物联网产业研发、生产、应用等企业达1000多家，涵盖电子信息、软件服务、物流、交通、家居、医疗等多个领域，2013年实现主营业务收入1600多亿元，其中：重点调度的263家企业实现产值800多亿元，同比增长25%；主营业务收入超亿元的企业近200家，浪潮、海尔、海信、积成电子、北洋、中创、华翼等企业在射频识别（RFID）、传感器及节点、应用软件、高端集成、服务应用、网络通信、云计算、云安全等领域，居全国领先水平。

（二）产业载体逐步完善

山东省在国内率先开展了省级物联网基地建设，出台了《物联网产业基地培育和认定管理办法》，培育了济南、青岛、淄博、潍坊、威海、济宁、日照7个省级物联网基地；实施了物联网100强企业培育计划，确定了75家省级物联网重点企业，浪潮、北洋、积成电子等10家骨干企业列入国家物联网重点企业。

【信息化发展环境明显改善】

山东省委、省政府一直高度重视经济社会信息化和信息产业的发展，先后制定了一系列鼓励和扶持信息化建设和信息产业发展的政策措施。信息化发展环境进一步优化，为信息化顺利实施创造了良好基础条件。各级信息化管理体制和工作机制逐步健全。《山东省信息化促进条例》、《山东省无线电管理条例》等颁布施行，电子政务、电子商务、信息安全、信息资源开发利用、信息化与工业化融合等一系列指导意见相继出台，软件和集成电路产业发展政策日益完善。截至目前，全省拥有国家级信息产业基地1个、国家级信息产业园5个、省级信息产业园22个、国家级软件园2个、省级软件园12个、国家创新型企业3个、省级信息工程技术中心35个、国家和省级企业重点实验室8个、软件工程技术中心76个，申请专利2.2万项，参与制定或修订国家标准62项。省信息技术改造传统产业服务平台、农业综合信息服务平台、电子商务服务平台、物流信息化公共服务平台、移动信息化服务平台等各类公共服务平台相继建成开通。信息化人才队伍逐步壮大，基础研究工作全面加强。

湖北省信息化发展概况

2014年，湖北省认真贯彻落实《国务院关于促进信息消费扩大内需的若干意见》和《省人民政府关于促进信息消费扩大内需的意见》，以工业转型升级为主线，以促进信息消费和两化深度融合为双轮，以深化创新为驱动，扎实推进信息化各项工作，取得明显成效。电信业、智能终端制造业和软件信息服务业得到快速发展，全年信息消费规模预计将突破2200亿元，大力推进信息化和工业化深度融合，提升企业核心竞争力，制造业电子商务交易额突破7000亿元。

【强化信息基础设施建设】

贯彻落实国家有关推进宽带网络、移动通信和三网融合发展的文件精神，加快湖北省信息基础设施建设和宽带普及提速，推广三网融合新业务、新业态的普及应用。创新完善宽带发展考核体制，把宽带接入普及率列入县域经济考核指标，有力推动了全省宽带网络建设。2014 年 1～11 月，全省电信业务收入达到 548.5 亿元，同比增长 16%，固定电话用户 913.6 万户，移动电话用户 4566.2 万户，宽带接入用户 864.6 万户。

（一）全面扩大宽带网络覆盖范围

按照工信部等 14 个部委联合发布的“宽带中国”2014 专项行动要求，发布“宽带湖北”2014 专项行动实施方案，持续推进湖北省新一代信息基础设施建设，年内新增 FTTH（光纤入户）覆盖家庭 180 万户、发展固定宽带接入用户 140 万户，全省宽带用户及基站数量平均增幅达 30%，保持了较高发展水平。以建设国家农村信息化示范省为契机，加快打造“宽带乡村”，支持电信企业实现光纤“进乡到村”，鼓励采取无线技术加快宽带网络在农村地区的覆盖。出台了《湖北“国家教育信息化试点省”建设实施方案》，推进全省中小学宽带接入，实现宽带接入“校校通”。

（二）统筹推进移动通信发展

湖北省政府发布《关于加快推进第四代移动通信技术 TD-LTE 建设发展的通知》，把 TD-LTE 建设用地、基站选址、管道选址、电力引入等建设纳入城乡建设统一规划，并对省政府各部门按工作职能提出政策扶持的具体要求。大力支持运营商加快 4G 网络建设步伐，优先保障配套频率资源，简化无线电基站、网络审批程序，支持运营商迅速扩大网络覆盖，抢占先机。目前全省移动 4G 基站数已超过 17000 多个，覆盖所有乡镇及部分行政村，4G 网络规模和建设进度均位居全国前列，基本实现了全省范围内 4G 试商用。2014 年 6 月，武汉电信与武汉联通公司也启动 TD 与 FDD 制式的 4G 混合组网建设试验，为湖北省农业、经济、教育等实现全面改革和智慧发展，注入新的活力。持续优化第三代移动通信（3G）网络覆盖，提升网络服务质量。

（三）深入推进“三网融合”

按照国务院推进“三网融合”总体方案的通知精神，湖北省政府办公厅印发了《湖北省推广“三网融合”总体方案》，湖北省成为全国第一个在省级层面范围推广“三网融合”的省份。湖北省“三网融合”协调小组成员单位，扎实推进，狠抓工作落实。推出“幸福新农村”项目，集农村网络综治及农技平台、村级“三务”公开平台、IPTV 及党员远教交互式平台于一体，实现电脑、电视、手机三屏互动，将基层党建、村务信息、农业技术、综合治理等服务信息进村入户，目前已覆盖 137 个村镇，发展用户近 9000 户。在城市地区开展了党建、交通、金融、医疗、教育、社保、水电煤缴费等社区服务，方便了人民群众的生活。推动 IPTV、移动电视、城市电视、手机电视、互联网电视等新媒体业态快速发展。

（四）加快各类国家级试点示范建设

支持武汉国家级互联网骨干直连点、下一代互联网示范城市建设，支持武汉、襄阳、孝感市孝南区国家信息消费试点城市建设，支持武汉、黄石等地创建“宽带中国”示范城市。省政府投资 1.2 亿元支持武汉国家级互联网骨干直联点建设，2014 年 8 月 30 日已正式启动运行，进一步巩固了武汉中西部互联网干线交汇地和信息集散中心的枢纽地位，提升了湖北中部崛起战略支点的辐射功能。武汉市制定《武汉国家下一代互联网示范城市建设工作方案》提出到 2015 年，将基本完成骨干网 IPv6 改造。通过积极开展信息消费试点城市建设、下一代互联网示范城市和创建“宽带中国”示范城市工作，加快提升城市宽带发展水平，在全省形成示范带头作用。

【推动智能终端和集成电路产业发展】

电子信息产业是战略性、基础性、先导性支柱产业。湖北省以移动互联为抓手，大力推动智能终端制造和集成电路产业发展和应用，初步形成较完整的移动互联产业链，产业呈现蓬勃发展势头。2014 年前三季度，智能终端销售收入 451.7 亿元。2014 年 1～11 月，全省智能手机产量达到

2411.3 万台，同比增长 275.2%，微型计算机设备 106.8 万台，增长 23.6%，显示器 1521.9 万台，增长 19.2%。

（一）出台扶持政策，营造发展环境

湖北省政府先后出台了《关于加快推进“两计划一工程”的实施意见》、《关于推进装备制造等六个重点产业加快发展的意见》、《湖北省集成电路产业发展行动方案》、《关于加快电子信息产业发展的行动方案》等文件，将智能终端和集成电路作为重点产业予以支持，在产业集聚、技术创新、市场培育、招商引资、项目支撑等方面提出了一系列政策扶持措施。抓紧编制加快发展数字家庭产业的行动方案等鼓励数字家庭产业发展的政策和意见，将尽快研究出台。指导武汉市、东湖开发区进一步完善电子信息产业发展规划，出台实施细则，为促进产业发展营造良好的氛围。

（二）搭建交流平台，加强对外合作

在 2014 年 11 月 6 日至 8 日举办的第十一届“中国光谷”国际光电子博览会期间，组织了数字家庭年会、数字家庭展、数字家庭产学研洽谈会等活动，进行产品展示和技术交流；组织光谷高清、精伦电子等多家企业连续三年参加工信部数字家庭方案大赛，获得优异成绩；组织业内人士参加广东番禺、浙江杭州数字家庭产业基地的各种活动，学习吸取外地的先进经验。同时，利用武汉安通“光谷智能港”数字家庭体验馆，及时展示湖北省数字家庭产业最新成果。

（三）组建产业联盟，推动示范应用

指导联想、烽火和百纳等 70 余家企业发起成立全省移动互联产业协会。组建了湖北省数字家庭产业促进会（联盟），实施产业协调、行业交流和企业联合等协会服务功能。工作中，对接国家政策和资金支持，切实做好产业研究和服务，促进企业抱团发展。涌现出烽火通信、武汉联想、武汉雅图、精伦电子、百纳科技等一批优秀示范企业，产业规模快速扩大，产业链不断延伸，科技创新活跃，示范应用踊跃，产业实力和竞争力不断提升。

（四）加大资金投入，形成产业聚集

根据《国家集成电路产业发展推进纲要》，为把武汉打造成为继北京、上海之后的“集成电路产业第三极”，湖北省政府加强领导和扶持力度，成立了省集成电路产业发展领导小组和由省、武汉市、东湖高新区三级政府共同出资的湖北省集成电路投资基金，对东湖高新区内集成电路相关重点企业及成长性好、创新能力强、带动作用大的集成电路关键技术研发和产业化项目，在资金补助、贷款贴息和股权投资等方面给予支持，以东湖高新区为依托，建设一个立足武汉、辐射中西部、服务全国、面向世界的集成电路产业基地，形成产业聚集发展态势。

【着力培育信息消费新需求】

软件和信息服务业既是信息消费的载体和手段，又是信息消费的主要内容。湖北省以创建“武汉·中国软件名城”为抓手，不断培育和挖掘信息消费新需求，通过需求与供给的自我平衡机制，引领信息产品和信息服务升级，并加快催生其他产业商业模式创新，全省软件和信息服务业实现跨越发展。2014 年 1～11 月，全省软件业务收入达到 913.37 亿元，同比增长 41.4%，增速排名全国第二位。

（一）稳步推进云计算大数据应用

加快搭建和完善以“管理+技术+资源+服务”为主要内容的“兴业云”。该平台被评为国家“工业云”创新服务试点之一，已发展 SaaS 应用客户 5.7 万家，IaaS 应用企业 790 余家，提供软件服务 20 个，培训视频 7 个，基本实现信息化产品的全覆盖，满足中小企业业务发展的信息化需求。加强统筹协调，在省直重点部门和有条件的市州积极推广云计算应用，形成了以公安云、教育云等为代表的一批有影响力的省级云平台，在市州形成了以武汉为龙头、襄阳和宜昌为两翼的“一主两副”云应用发展格局。武汉市出台了《大数据产业发展行动计划（2014—2018 年）》，形成“2+7+N”的大数据发展思路。襄阳提出打造“襄阳云谷”的战略，引进 IBM、华为等大企业，总投资超过 200 亿元。宜昌市基于三峡云计算中心基础能力，完善政务云计算服务平台。推动阿里云在武汉光谷创意产业基地建设孵化器，为动漫、网游企业提供云计算资源和服务，扶持企业云上创新。

（二）推进智慧城市建设

以教育、卫生、社保、农业等民生领域信息化应用建设为重点，大力推进智慧城市建设，促进信息惠民。支持省内城市申报国家智慧城市试点示范，争取国家政策支持。截至目前，湖北省有五市二区获批国家智慧城市试点，分别是武汉市、宜昌市、襄阳市、咸宁市、黄冈市和武汉市江岸区、蔡甸区，其中，武汉市是目前全国唯一分别被住建部、科技部同时确定为全国首批智慧城市的试点城市。各试点城市普遍成立了智慧城市建设领导小组，编制了智慧城市建设总体规划或方案，按照“顶层设计、应用落地、示范推进”思路，围绕提高城市运行效率、提升城市承载能力、为市民创造更美好的城市生活，组织实施了一批涉及智慧政务、智慧城管、智慧教育、智慧居家养老、智慧医疗、智慧农业、智慧交通等示范项目建设。宜昌市、襄阳市和孝感市还被评为信息惠民国家试点城市。

（三）推进北斗卫星导航应用发展

加强北斗产业发展顶层设计，省政府先后出台了《湖北省北斗卫星导航应用产业发展规划》和《关于促进北斗卫星导航应用产业发展的意见》。加强组织领导和工作协调推动，建立了省北斗卫星导航应用产业发展工作联席会议制度，协调解决产业发展中的重大问题。强化产业发展和应用示范，建设了全省首个北斗地基增强系统示范项目，实现了专业应用领域的厘米级精确定位，推进北斗智能应用芯片研发，逐步在长江航道、精细农业、城市配送、平安惠民、特殊人群关爱与监护等领域开展应用示范，形成1+5（1个平台，5个行业示范）的模式，加快北斗产业园建设，加大产业布局拓展力度。

【持续抓好两化深度融合】

发挥信息化和工业化深度融合在促进工业转型升级中的重要作用，坚持把两化深度融合作为加快转变发展方式的重大举措，加强系统谋划并高位推进。2013年，湖北省两化融合发展总指数为67.01，高出全国平均水平7.94，位居全国第九、中部第一。部分指标国内领先，如大型企业采购环节电子商务应用普及率指数98.71，居全国第二位。信息技术在工业领域应用指数达到71.24，同比上升超过10，其中，制造执行系统（MES）、企业资源计划系统（ERP）、供应链管理系统（SCM）等核心指标的普及率指数分别为70.34、68.51、67.05，分别提高了17.44、11.58、10.17，提升幅度大。

2014年年初，湖北省政府发布了《湖北省加快推进信息化与工业化深度融合行动方案（2014—2017年）》，进一步明确了工作目标、任务和具体措施，健全工作机制，务实推进各项工作。围绕企业信息化等基础性工作的开展，组织开展了全省试点示范企业两化融合工作现状调查，完成了2014年全省两化融合调研报告、物流信息化工作要点等报告和稿件；积极推进企业CIO制度建设，推荐华新水泥CIO等9名企业家为全国优秀首席信息官和百佳优秀首席信息官，并参加2014全球信息技术主管大会，积极参与国际技术交流与合作。目前省级两化融合试点示范企业已达312家。

（一）开展两化融合管理体系贯标

积极与工信部联系汇报，召集各地经信部门座谈交流，研究制定《湖北省两化深度融合管理体系贯标工作方案》，召开全省两化融合管理体系贯标工作部署会，积极推荐贯标试点单位，全省有23家企业成为国家两化融合管理体系贯标试点企业，获得工信部贯标补助资金的支持，目前有13家企业进入实质贯标阶段；制信科技成为全国首批推荐两化融合贯标服务机构。承办了全国装备制造业两化融合优秀解决方案交流会，来自省内各市州经信委、装备制造业两化融合试点示范企业、支撑机构、行业协会及新闻媒体的代表共200余人参加了会议，会议取得圆满成功。

（二）加大制造业电子商务的推进力度

支持企业建设电商平台，通过互联网销售产品。如武钢2013年通过自营电商平台销售钢材1165万吨，销售额达到564.83亿元，占比71.15%，降低交易成本近3亿元。十堰亿脉公司建设的商用汽车及零部件电子商务公共服务平台——“汽配人网”，已吸引30万家企业在网上开店，企业可以利用平台进行产品推广在线交易，拉动当地汽车汽配产业新增销售收入30亿元以上。截至目前，全省大型企业电子商务应用普及率近70%，中小企业超过50%，越来越多的企业正在“触电”发展，今年全省B2B交易额将突破7000亿元。

【提升民生领域信息化水平不断】

大力推进民生领域信息化建设，实施一系列信息惠民工程，着力解决社保、医疗、教育、养老、就业、公共安全、食品药品安全、社区服务、家庭服务九大领域突出问题，积极开展信息惠民国家试点城市申报，争取国家支持，湖北省宜昌市、孝感市、襄阳市被评选为信息惠民国家试点城市。推进国家教育信息化示范省建设，初步建成“湖北教育云”，依托湖北教育卫星宽带平台和湖北教育信息网，建设了全省基础教育远程教育资源库。卫生业务信息化取得实效，积极推动居民健康卡发放和应用，新型农村合作医疗系统覆盖和服务全省4000多万农民，切实解决农民看病难问题，全省社区卫生信息系统即将投入运行。“金保工程”推动了养老和就业的信息化管理水平，建设武汉城市圈一体化城乡居民社会养老保险信息系统，居民养老保险金按月足额发放率达到100%。能源、交通等行业信息化水平显著提高，水、电、气等IC卡交费和城市公共交通“一卡通”服务普遍推广。加快信息强农惠农，以国家农村信息化示范省建设为依托，整合各类涉农资源，打造了一个省级农村农业综合信息服务平台，建设了一批农村公共信息服务系统和农业生产服务系统。

湖南省信息化发展概况

2013年，湖南省紧紧围绕国民经济和社会发展总目标，大力推进信息基础设施建设、电子信息产业发展、两化深度融合、农业农村信息化、社会管理和民生服务信息化等工作，全省信息化和数字湖南建设取得初步成效。

【顶层设计逐步完善】

（一）数字湖南规划体系逐步形成

湖南省先后出台了《数字湖南建设纲要》和《数字湖南规划（2011—2015年）》。省经信委加强指导和服务，与各市州政府、省直行业主管部门合作，先后完成了智慧湘潭、智慧株洲、数字怀化、数字郴州、数字娄底、数字湘西、数字张家界、数字永州和智慧韶山、数字梅溪湖等区域，以及农业、林业、粮食、民航、质监、商务等行业信息化发展规划的编制评审和备案工作。省人大修订出台了新的《湖南省信息化条例》。

（二）信息化发展环境进一步优化

出台《关于推进“宽带中国”战略、促进信息消费的实施意见》，全面加快湖南宽带网络设施建设，加快信息通信产业优化升级。推进《湖南省信息工程建设管理办法》制定工作，制定并完善《湖南省信息化条例》中相关信息工程和信息安全的监督办法和制度。制定《湖南省贯彻落实开展重点领域网络与信息安全检查行动的工作方案》，全面部署开展湖南省重点领域网络与信息安全检查行动。组织信息安全培训工作，依托电子政务平台加强县级政府公开和政务服务试点验收工作，做好全省使用财政性资金建设的电子政务和信息安全工程项目的前置审查工作和监督检查工作，完成省政协相关电子政务和信息安全提案回复工作，全省信息化专项引导资金用于电子政务和信息安全项目的审批工作。

【基础设施建设不断完善】

（一）宽带湖南建设不断加快

2013 年全省完成电信业务总量 478.7 亿元，同比增长 8.44%。互联网宽带接入用户净增 97.96 万户，达到 702.35 万户。FTTH（光纤到户）用户数达 99 万余户，新增光网用户 76 万户，WiFi（无线上网信号）热点数达到 16.16 万个，WLAN（无线局域网）用户数达到 29.84 万户，移动互联网用户达到 2683.45 万户。

（二）地理空间建设取得进展

全省地理空间框架“一张图”核心数据库已整合数据库 38 个，进一步完善了业务审批的“图数联动”功能，初步实现了“一张图”管矿、管地、防灾。“人、地”两库实现全面对接，实现人口与从业单位 、居住房屋、户籍地址三维关联。完成了 13 个市州和 89 个县市（其他 33 个区与市局统一平台运行）“一张图”管理系统的部署工作，部分市县整合各类数据入库，并在管理工作中得到较好应用，为市县电子政务平台、综合监管平台等提供了数据支持和服务。

（三）国家超算主体工程完成

超算中心主体工程已基本完成，采用“天河一号”计算设备，规划运算能力为 1000 万亿次/秒，建成后将极大地提高我国华中地区的超级计算能力，显著增强气象预测、灾害防治、环境保护等公共机构及高校、院所等科研部门的服务能力，为装备制造、钢铁冶金、汽车工业、生物医药、动漫等产业提供公共超级计算平台。在 IDC 建设方面，以打造标杆和引入资源作为主要目标，通过项目来促进资源建设和能力积累，通过引入重点网站，完成基础型服务体系构建，并由基础型资源服务向云服务模式转型。通过整合各类社会服务内容面向全省人民群众提供便民服务，打造“数字湖南•无线城市”信息云平台。

（四）“三网融合”应用全面普及

2013 年全省有线电视用户为 840.12 万户，同比增加 94.22 万户，其中数字电视用户为 678.69 万户，同比增加 84.36 万户，有线电视覆盖率为 41.68%，同比增加 4.49%。双向网改累计实现光缆覆盖达到 366 万户、设备覆盖达到 254 万户、接入达到 98 万户。全省 IPTV 用户达到 76.39 万户，通过有线电视网络的宽带接入用户数达 36 万户。手机支付业务共接入公共事业缴费项目 864 个，全年手机支付月均使用用户为 3849 万户，年交易金额超过 1300 亿元。联通数字阅读基地“沃阅读”业务全年实现收入 9.48 亿，同比增长 63.4%。

【信息产业发展良好】

2013 年，全省规模电子信息制造业完成工业增加值 653.39 亿元，同比增长 33.8%。与 2011 年相比，增加值规模在全省主要工业行业中上升 2 个位次，位列第 6，并成为全省工业支柱行业。

（一）行业增速领跑全省

据省统计局数据，2013 年，全省规模电子信息制造业实现主营业务收入 1845.73 亿元，同比增长 36.1%，完成工业增加值 653.39 亿元，同比增长 33.8%。对全省规模工业的增长贡献率达 16.22%，居各大类行业之首，累计拉动规模工业增长 1.88 个百分点，工业增加值占全部规模工业的 6.7%，在全省主要工业行业中位列第 6，较 2011 年上升 2 个位次，已经成为全省工业支柱行业之一。据工信部数据，2013 年湖南省电子信息制造业完成出口交货值 489.44 亿元，增长 130.8%，增速居全国第 3，中部第 1。

（二）结构调整进一步优化

一是龙头企业增长强劲。蓝思科技集团全年主营收入达到300亿元，连续两年入围全国民营企业制造业500强。衡阳胜添达到270亿元，成为湖南省第2家规模超200亿元企业。中电48所实现主营收入60亿元，同比增长9.4%，是国内运转良好的光伏骨干企业。介面光电产能释放，实现主营收入36.1亿元，同比增长5.2倍。华磊光电订单充裕，实现主营收入10.15亿元，同比增长3.8倍。二是集聚发展态势强劲。长株潭三市和衡阳市占到全省总量的71.36%；其中，长沙、衡阳两市累计比重达52.56%，增速分别为41.8%和51.4%。三是对外贸易快速增长。全省完成电子信息产品出口交货值489.44亿元，同比增长130.8%，增速居全国第3。电子信息产业成为全省工业出口主力，蓝思科技股份、蓝思科技长沙、衡阳胜添电子、欧姆龙精密电子位列全省重点加工贸易企业第1、2、5和7位。

（三）效益质量稳步提升

全省规模以上电子信息制造业全年实现利润92.22亿元，同比增长21.6%；上缴税收62.3亿元，同比增长31%。2013年，湖南省电子信息企业共获得20多项行业荣誉称号。蓝思科技、威胜集团作为湖南省创新企业典型接受习近平总书记考察；南车时代电气、益阳科力远继续入围2013年中国电子信息百强企业，艾华集团入围全国元器件行业百强；中电48所、蓝思科技等13家企业获全国电子信息标杆企业、优秀创新企业，国科微电子获第八届“中国芯”最具投资价值企业。

（四）项目建设扎实推进

2013年，湖南省电子信息制造业完成固定资产投资490.8亿元，居全国第9位。蓝思科技后劲十足，榔梨基地一期已建成28万平方米厂房，榔梨基地二期、浏阳基地三期建设启动。南车株洲所大功率IGBT产业基地和8英寸IGBT芯片生产线项目，投资15亿元的一期工程10月18日正式通电。基伍智能手机终端产业基地在浏阳经开区开工建设。科力远新能源投资4.5亿元年产6万台套的镍氢汽车动力电池生产线10月底正式投产，到2018年计划产能将达到30万台套。

（五）科技创新取得新成绩

南车时代电气相继研发出具有完全自主知识产权的系列高压IGBT芯片，填补国内空白，达到国际先进水平；国防科技大学天河二号超级计算机蝉联世界超算冠军，这两项成果均被列入我国2013年信息产业6项关键技术突破。威胜集团、华自科技分别建立我国首家能源计量与能效管理、水利水电自控领域院士专家工作站。国科微电子“高清音频处理芯片GK1107”获第八届“中国芯”最具潜质产品奖。新亚胜科技魔幻舞台系列LED显示屏获得2012中国LED创新产品和技术奖，继伦敦奥运会后，再次闪耀索契冬奥会。

【经济领域信息化成效显著】

（一）推进两化融合试验区建设

2011年4月，长株潭城市群获批第二批国家级两化融合试验区，之后湖南省根据实际情况，在全省范围内又确定了岳阳经济技术开发区等13个工业园区开展省级“两化融合”试点，形成了具有湖南省特色的“1+13”“两化融合”试验区推进格局。2013年4月，长株潭城市群国家级两化融合试验区成功通过了工信部组织的专家验收，获得了专家的一致好评，认定为长株潭国家两化融合试验区全面、优秀、成功地完成了各项工作任务。

（二）推广行业信息化解决方案

目前，湖南省形成了物流公共信息服务平台、商康医药电子商务平台、裕邦智能法律服务平台、华菱钢材电子商务公共服务平台、移动支付集成应用综合服务平台等一批信息化公共服务平台，为全省的广大中小企业提供物流信息、法律咨询、移动支付等公共信息服务。同时以装备制造、钢铁有色、石油化工、食品加工等11个重点行业作为推进全省两化融合的重点领域，推广行业信息化解决方案，指导企业进行信息化建设。建设全省专利信息公共服务平台。实现了专利信息的在线检索、建库、分析和预警，为中小企业开展技术研发、应用专利文献提高创新水平提供低成本、高质量的网络平台。

（三）扶持两化融合重点项目建设

2013年共有6个项目获得支持，获批资金740万元。湖南华菱钢铁有限公司的“钢铁企业供应链协同信息平台”等10个项目入选2013年工信部电子商务集成创新试点工程。充分发挥省信息化专项资金的引导作用，以有色、化工、医药食品、冶金、机械、新材料、纺织、轻工等传统行业为重点，扶持200多个两化深度融合重点项目建设，推动全省工业企业两化融合整体水平提升，促进工业结构转型升级。涌现出三一重工、南车时代、华菱线缆和东信烟花等一批优秀的典型企业。

（四）制造业信息化水平提升

以长株潭为优势区域整体推进，以机械制造等离散型行业，冶金石化、食品、纸业等流程性型行业，信息软件等服务型行业为优势行业提升示范，以150多家高新技术企业为优势主体推广应用，全面推进“制造业信息化示范工程”。根据国家《“数控一代”机械产品创新应用示范工程“十二五”规划》，结合省内的产业特点和发展需求，稳步推进湖南“‘数控一代’创新示范工程”，努力争取国家支持，推动数控技术在纺织机械、印刷和包装机械、轻工机械、建材机械、塑料机械及其他行业机械上的推广应用，促进机械工程的科技进步。

（五）全面开展两化融合培训

2013年，联合省电信公司、省联通公司、湖南用友软件有限公司、百度公司湖南运营中心等信息化龙头企业开展了万家“数字企业”创建、“送信息服务下基层”、“送信息服务进企业”、企业信息化“翔计划”培训、“企业信息化巡展”等一系列两化融合推进活动，共创建“数字企业”4837家，三年累计创建10092家；“翔计划”培训4680人次；开展“送信息服务进企业”875场；扶持700余家企业开展网络营销，新增行业信息化用户20万，有效提升中小企业信息化应用水平。全年先后举办了多期面向传统行业的企业信息化培训，培训人数达500多人次，显著提升了全省企业的信息化认识水平。

（六）农村信息化成效明显

依托12316农业信息综合服务平台，逐步整合农业系统资源，不断完善平台功能，全面提升农业信息服务水平。全年共受理农民群众电话21200多次，农民反响热烈，热线影响力逐步扩大，热线服务已经有了良好的开端。扩大农业物联网示范应用。加快农业物联网和“数字农业”示范建设。全面推进全省农业视频会议系统建设。目前，1个省级主会场、5个系统分会场、14个市级和95个重点县市区分会场的建设已进入设备的全面安装和调试阶段。强力推进农业电子商务工作。组织相关单位、企业和专家进行了专题座谈与研究，并印发一期关于推动湖南省农业电子商务发展的《湖南农业通报》。组织开展省农业农村电子商务发展现状调查，掌握湖南省农业电子商务发展的现状和需求。

【电子政务应用不断深入】

（一）电子政务外网平台

2013年，完成了多部门政务外网接入、光纤线路及设备迁移工作，电子政务外网已接入119家省直部门及直属二级机构，市州部门接入已有1192家，县市区部门接入已有8582家，78个县市区的政务外网延伸到乡镇。配合商务厅、卫生厅等部门利用政务外网与市州、县市区的纵向网络连通，协助完成了机场管理集团依托外网传输的机场应急指挥系统和视频会议系统。新增了全国妇联业务信息网络、司法部司法行政业务应用、国家综治办业务信息系统在外网平台上的应用。

（二）突破政府门户网站建设

开展了在线办事和其他公共服务资源整合工作，为公众提供12类重点办事服务。站群平台整合的子站已达170余家。完成了省级和14个市州级政府WAP门户建设工作。省政府门户网站在2013年全国政府网站绩效评估中取得了第五名的好成绩。

（三）网上服务系统成效显著

全省网上政务服务和电子监察系统纳入55家省直单位系统事项共1348项，14个市州本级纳入系统事项共10687项，123个县市区纳入系统事项共55834项，全年共在线办理事项400多万件，大大超过了年初制定的绩效考核指标100万件。完成了党风廉政建设和反腐败法规制度查询系统的征订、部署和应用等工作。全面完成县市区部门预算和指标管理系统，建立省直部门预算基础信息库，收集整理并核定单位人员、资产、车辆等详细数据41万余项，实现基本支出、项目支出、基础信息功能模块的合并运行。优化支付系统的指标、计划、支付、公务卡、合同、账务、系统管理等模块功能，提高资金拨付效率和管理的可控性。已成功连通财政、人行、建设银行，覆盖全部直接支付业务，标志湖南省电子支付系统试点运行成功。企业项目资金管理系统于2013年7月5日正式上线运行，实现项目申报、入库、审批、上报和后期资金管理、项目查询分析等项目要素的动态管理。全年共有4105家企业通过该系统申报项目4352个，涉及资金20多亿元。统计“四大工程”成功实施，实现了统计报表无纸化、数据采集电子化、传输处理网络化、业务流程规范化。一年来，全省3万多家企业顺利通过联网直报系统报送数据，4000多个用户集中在统一的平台进行数据处理。全年报送率和直报率均接近100%。全省专利业务管理平台于2013年8月初完成项目验收。实现了所有业务在同一信息平台上管理，目前主要业务信息化达到80%。

（四）资源共享取得成果

2013年以来，全省部分市州，如长沙、郴州、怀化等地，已开展综合治税工作，通过建立税务部门与其他涉税单位的信息交换与共享，及时归集政府相关部门所掌握的税源信息，并进行分析整理，协助税务部门及时准确地掌握涉税信息。建成了具有国内领先水平的湖南省林业数据中心，并顺利通过了湖南省国家保密局组织的验收。以环境监察移动执法系统为依托，完成环境数据中心一期建设，构建数据中心基础框架，建立了以省质监局提供的全省组织机构代码为唯一标识的污染源基本信息库，解决了一源一档的问题。在数字湖南地理信息框架建设的基础上，建立了交通行业的专业基础地图，实现资源共享与信息交换。

【重点领域信息化稳步推进】

（一）交通信息化

智慧交通指挥中心（一期工程）2013年11月底通过交工验收，投入正式运行，圆满完成了年度目标任务。实现了应急指挥大厅实时获取全省公路、航道、港口、码头交通安全检测与监控数据；整合应急资源，实现各厅直行业局分中心、各市州分中心及公安、消防、卫生等部门（单位）的应急协同指挥、会商等，提高了湖南省交通运输安全应急快速处理水平。

（二）电力信息化

2013年年底，韶山智能电网综合工程下设的4个子项目已全部竣工投入运营。景区110千伏智能变电站解决了西部景区负荷，分担了东部城区110千伏韶山变供电负荷，大幅缩短了10千伏供电半径，还将满足韶山工业园近期迅速增加的用电负荷需求，大幅提高整个韶山电网的供电能力。电信息采集系统目前已具备电量采集、线损分析、电费实时计算和自动停送电功能。配电自动化及生产抢修指挥平台实现了自动故障定位、故障隔离和负荷转供，将故障影响范围控制到最小，故障停电时间由以往的小时级缩短到分钟级甚至秒级。

（三）水利信息化

防汛抗旱指挥系统二期工程目前已进入配套资金筹集、细化实施方案设计、开展招投标的阶段，主要建设内容有水情信息采集系统、工情信息采集、旱情信息采集、移动指挥平台、计算机网络与安全系统、防汛抗旱综合数据库系统、数据汇集与应用支撑平台和业务应用系统。正式开展水资源监控能力建设，包括信息监测站点与监测中心建设、信息平台建设、设计及集成等建设内容，监控312个取用水国家控监点，建设4个国家重要饮用水源地的水质在线监测，建设监控平台。全国水土保持监测网络与信息系统一期工程建设已通过验收，建成省水土保持监测总站，5个国家级水土保持监测分站，4个省级监测分站，24个县级水土流失监测站点，建成标准径流小区96个，沟道观测卡口站3个，并开始观测。

（四）环保信息化

目前，株洲市已全面建成“数字环保”，实现信息化的环境管理，湘潭市、郴州市、益阳市已纷纷启动了“数字环保”工程的建设。做好环保四级专网管理运维，进行专网的升级改造。做好机房硬件环境的优化改造。充分利用现有硬件，搭建虚拟化环境，实现应用程序的内置可用性、安全性和可扩展性，为今后建立全省环境信息化云平台打下基础。目前已有10个应用系统在虚拟化平台上运行，包括地理信息平台、“三同时”监管平台、污染源过程监控项目、机动车环保检验合格标志管理系统、数据库系统等。建设完成湖南省企业环境行为信用评价系统，构建全省企业环境行为信用评价信息库。建设省环保项目资金管理系统，提高对资金项目的监管；升级环境地理信息平台，实现点源定位、数据视频调取、数据的统计分析等功能。加强了污染源自动监测数据的分析工作，每月、每半年对全省联网情况（联网情况、交换情况、掉线情况）、数据质量情况（数据逻辑异常情况、数据超标情况、排放量情况）进行数据分析、通报。

（五）安全生产信息化

完成OA系统的推广使用及相关升级改造工作，推进视频会议综合应用系统建设。做好安全生产特种作业培训管理和在线考试系统平台建设工作，完成省考试中心机房、监控室、省中心考场的设计以及整个在线考试系统平台的网络规划设计和编制，指导了相关14个市州共21个考试点的考场建设。

（六）林业信息化

2013年，修改、完善和补充林业信息化管理相关规章制度，共建立各项规章制度22项。编制完成《湖南省林业电子政务系统2013年度文档资料汇集》。全省林权权属信息管理系统建立，并上线启用。全省有110个单位启用了该系统，启用率达到85.27%，林权信息管理系统使用用户达437个，登录使用该系统33740人（次），平均每工作日169人（次），利用该系统办理林权初始登记业务189058次，流转业务21105次，抵押业务263次，修改林权办证记录482.96万条，为巩固集体林权制度改革成果，深化集体林权制度配套改革，创新林业管理方式奠定了坚实的基础，在全国具有显著的推广、示范、带动效应。

【民生信息化水平提升】

（一）惠民“一卡通”工程

坚持“统一建设，应用为先，体制创新，保障安全”的建设原则和“数据向上集中、服务向下延伸”的建设理念，以社会保障“一卡通”和数据省级大集中建设为重点，大力推进人力资源社会保障信息化建设，圆满完成全年各项工作任务。形成省市分工、上下联动、协调运转的工作机制。加快推进社会保障卡的发行工作。

（二）教育信息化

2013年，湖南省教育信息化“三通工程”建设超额完成教育部年度任务指标，以湖南省基础教育资源网为主要载体的基础教育资源公共服务体系基本建成。按照“两级建设、五级应用”建设思路，全面展开省级教育管理公共服务平台建设，完成数据中心整体规划，并通过国家评审认定。全省信息化管理与应用工作不断创新，加快推进教育信息化发展格局基本形成。通过加强“三个课堂”建设和资源公共服务平台建设，已有7004所乡镇及以上学校实现或基本实现优质资源班班通，占全省总数的51%。已有7411所乡镇及以上学校完成宽带到校和网络条件下教学环境建设，占全省总数的53%。推出的校讯通系列产品共覆盖学校7635所，城镇中小学覆盖率为99.5%，在广大学生家长和学校之间搭建了便捷的信息桥梁，有效提高了中小学的信息沟通能力和安全管理水平。

（三）文化信息化

目前，已建成湖南地方戏剧资源库、湖南名

人资源库、曾国藩研究全文数据库、湖南红色记忆多媒体资源库、湖南古村镇古民居建筑多媒体资源库等多个特色数字资源库，新增容量6.28TB。其中湖南地方戏剧资源库已建成一套分布式流媒体视频点播系统，制作节目上千部，通过论坛、QQ群、点播等方式服务百万人次以上。积极推进数字传媒、数字出版、数字动漫等数字产业发展，重点建设了以数字产业为支撑的国家文化与科技融合示范基地建设。充分利用长沙国家级文化和科技融合示范基地这一优势平台，加强动漫、设计、传媒、旅游等文化创意产业的关键共性技术研发，培育了一批创新能力强、文化特色浓厚的创新型文化科技企业，推动了湖南省文化产业大发展。攻克了动漫产业的核心技术，如协同制作技术、动作捕捉系统、大型渲染、数字媒体工程化运营平台、新媒体传播技术、数字出版技术、终端应用等，促进了湖南动漫产业技术水平的提升。

（四）卫生信息化

2013年长沙、株洲、湘潭、郴州4市及其所辖10个县（市、区）的区域卫生信息平台试点建设稳步推进。省级平台软件功能框架基本搭建完毕。试点地区实现了省、市、县、乡、村五级网络连通，以及跨市（州）健康档案调阅和共享。在省级平台的基础上建立了全省统一的预约挂号服务门户和监管平台。网上预约挂号平台惠民措施基本实现。全省90%定点医疗机构实现住院病人即时结报。基层农村卫生、社区卫生和新农合信息系统全面对接完成，累计建立规范化电子居民健康档案5300多万份，全省规范化电子建档率为78.61%，基本实现了系统整合、信息共享、业务协同。

（五）食品药品安全信息化

入网生产企业77家，入网率为100%。全省综合性批发企业398家，入网398家，入网率为100%，即除了少数经营中药材、中药饮片的企业之外，已全部加入中国药品电子监管网。并先后投入建设药品注册管理系统、医疗器械生产注册监管系统和保健食品化妆品监管系统等业务应用系统。为配合国家总局《开展打击网上非法售药行动工作方案》，正在组织互联网药品广告和信息监测平台的开发工作，有效提升食品药品监管能力和水平。

（六）人口计生信息化

2013年年初部署了全员人口数据质量清理工作，全员人口数据质量评估覆盖率、完整率、准确率、及时率、反馈率有大幅提升。编辑4期《软件应用常见问题解答》，10期《人口计生信息化应用通讯》，以委办名义下发《全员人口信息系统数据质量和应用情况通报》，指导基层运用信息手段分析形势、引导工作、监管督办。在全省全面启用社会抚养费征缴信息管理系统，出台相关业务规则规范系统应用。完成湖南省生育证网上申领系统初步研发。人口网格化、村直报、网上办证、药具管理信息化四个信息化相关项目获得2013年度创新奖。长沙市城区83个街道687个社区按照统一规则划分为4856个网格，基本实现了全覆盖和常态化。这一模式还将在长株潭地区、岳阳和益阳两市加速推广。

（七）气象信息化

2013年年初，在京珠高速临长段建设6个交通气象观测站，要素包括能见度、风向、风速、雨量、温度、湿度、路面温度、路基温度8个，采用太阳能供电，GPRS通信。通过山洪项目建设，带动长株潭气象防灾减灾综合示范工程、高速公路交通气象灾害监测预警工程、气象为农服务体系建设工程的实施，全面推进湖南省气象防灾减灾体系建设。全年共开展农业气象田间调查982次，为2746户（个）重点服务对象开展直通式服务。33个县全面开展中小河流洪水和山洪地质灾害风险普查。农业气象服务和农村气象灾害防御能力不断提高。

（八）新闻出版信息化

开通“三湘读书月”新浪官方微博。共有粉丝20888人，共发出微博276条，粉丝转发“三湘读书月活动”官方微博共587条，收到评论373条。启动版权网上登记系统建设工作。编制新版《湖南省新闻出版系统常用电话号码本》。

（九）社会治安信息化

2013年全省“社会治安视频监控系统”建设被列入为民办实事项目，作为基础性“民生工程”，省厅至市州视频专网已建成。在完成省市两级联网的基础上，正在实施省市县三级视频图像联网。目前，全省公安图像信息联网平台已完成15个平台的建设，其中省级平台1个，市（州）级平台14个，整合视频专网内的治安监控、道路监控点共计23927个，整合公安信息网内的监所、侯问室、服务窗口等各类视频图像资源3217路，初步实现省市之间的视频资源联网共享。

广东省信息化发展概况

加快信息化发展是落实党的十八大报告提出的工业化、信息化、城镇化、农业现代化“四化”并举的中国特色新型道路的重要体现。广东省委、省政府积极贯彻中央决策部署，大力实施信息化先导战略，全省信息化持续快速发展，信息基础设施不断完善，信息化与工业化加快融合，信息技术在国民经济和社会各领域的应用日益广泛，信息化程度走在全国前列。

2013年，广东省互联网普及率为66%，位列全国第三；网民数量6992万人，居全国首位；全省固定电话用户3099.9万户，移动电话用户1.47亿户，3G（第三代移动通信）移动电话用户4469.10万户；固定互联网宽带接入用户2081.70万户，约占全国11%，普及率为19.8户/百人；移动互联网用户9923.70万户，其中手机上网用户9518.3万户；全省3G基站12.17万座，累计建成WLAN（无线局域网）热点17.32万个，长期稳定WLAN用户1209.89万户；无线宽带网络覆盖率达64.3%，其中珠三角地区无线宽带网络覆盖率76.9%，粤东西北各市无线宽带网络覆盖率59.3%。

【政策环境建设】

广东省制定出台了《广东省信息化促进条例》、《广东省信息化发展规划纲要（2013—2020年）》、《宽带广东发展规划（2014—2020年）》、《关于全面推进广东省宽带网络基础设施建设的意见》、《促进信息消费实施方案（2013—2015年）》、《广东省物联网发展规划（2013—2020年）》、《广东省云计算发展规划（2014—2020年）》等系列政策文件，广州、深圳、佛山、东莞等地分别出台了配套政策措施，信息化建设环境进一步改善。

【信息化与工业化融合】

2013年，广东省信息化与工业化融合工程继续推进，智能制造不断发展。佛山市顺德区成为全国唯一的国家级装备工业化深度融合暨制造试点，举办第二届国家装备工业两化深度融合暨智能制造试点成果展示会。东莞市成为国家级两化深度融合暨智能制造试验区，召开国家级两化深度融合智能制造试验区建设会议。省市共同推进东莞、顺德智能制造基地建设。广业集团成功申报“国家工业创新云平台”。佛山“中国制造在线”工业云平台上线，开展“百企携万家登云”计划，1万多家中小微企业应用云资源服务。实施两化融合牵手工程，举办10场“两化融合牵手工程”

对接活动，70多家软件服务业企业和450多家传统工业企业牵手对接。

【物联网与云计算技术应用】

2013年，广东省物联网产业市场规模突破1900亿元，比2012年增长40%，物联网相关专利申请量达2446件。组建广东省物联网专家委员会，加快智能交通、智慧物流、食品安全溯源等物联网应用示范和推广。推动建设广州、东莞、佛山、惠州、顺德5个物联网基地。国家物联网标识管理公共平台、国家物联网南方认证检测公共平台、星光中国芯物联网工程等国家重点项目落户广东。举办第八次粤港物联网技术应用论坛，吸引粤港两地300多家企业参加。举办“中国惠州物联网·云计算技术应用博览会”，实施云计算应用示范工程，扶持云计算示范项目30个，项目总投资3亿元。开展粤港云计算产业合作，部署制定3项云计算标准，建立粤港云计算门户网站。广州南沙、深圳前海、珠海横琴被列为国家中欧智慧城市试点，深圳、汕头、珠海、惠州4市成为首批国家信息消费试点城市，2013年全省信息消费规模突破7000亿元。

2013年，广东省启动实施大数据战略，率先推动政务数据公开，激发社会创新活力。采用行政收集、网络搜取、自愿提供、有偿购买、传感采集等方式建立大数据采集渠道，通过全省网上办事大厅、政府数据档案、公共联合征信系统和公民个人专属网页等骨干网络系统，分类收集整合相关数据，推进大数据在公共管理、民生服务和经济社会应用。4月，经广东省政府同意成立广东省实施大数据战略专家委员会，聘请10位国内外知名大数据专家担任委员。5月23日，广东省实施大数据战略专家委员会受聘仪式和第一次工作会议在广州举行。11月，成立广东省大数据技术产业联盟。建立全省网上办事大厅。建立南方现代物流公共信息平台，形成物流领域的大数据应用系统。

【电子政务网络平台建设】

2013年，广东省统一的电子政务网络大平台基本建成。省政务信息资源共享平台覆盖60多个党政部门，18个地级以上市。县级电子政务公共服务平台覆盖率达97.5%，省直各部门业务信息化覆盖率达83.4%，政务信息资源共享信息共195类23.41亿条。全省各级政府建立门户网站5990多个，初步形成覆盖省、市、县（市、区）、镇（乡、街道）的政府网站群。

广东省网上办事大厅于2012年10月19日正式开通运行，推动各类行政审批、社会管理和服务事项逐步实现网上“一站式办理、一条龙服务”。截至2013年年底，全省21个地级以上市和顺德区及52个省级单位建成网上办事分厅（窗口）与省网上办事大厅连通。52个省级部门进驻行政审批事项1206项、社会事务服务事项394项。全省市、县两级分厅共进驻事项9.44万项，其中行政审批事项7.49万项，社会事务服务事项1.95万项。省直部门70%以上的行政审批事项、60%以上的社会服务事项实现网上办理；珠三角各地市约50%以上的行政审批事项达到二级网上办事深度，粤东西北各市约60%以上的行政审批事项达到一级网上办事深度。

【农村信息化建设】

2013年6月，广东省政府常务会议审议通过《广东省农村信息化行动计划（2013—2015年）》，电子政务向农村基层延伸，建设基层政务平台和网上办事大厅。“信息兴农”工程深入实施，146个农村信息化项目进入验收和绩效评估阶段。项目惠及企业及农民专业合作社共700多家，带动经济效益5.7亿元，服务农户76万户，解决农民就业上万人次。开展“百万农民学电脑”培训服务活动，2013年全省各县（区）平均举办农村信息化培训活动55场，县（区）参加培训的农民数平均达4300人次，支持1200多家“农家网店”建设。建设偏远山区教育信息化试点，为6所山区中小学提供优质远程教学服务。

【信息安全服务支撑水平提升】

2013年，广东省提升信息安全服务支撑水平，组织完成全省102家省直单位、22个地市（区）的1200余家市直单位、121个县市区相关单位自查工作。数字证书应用取得新进展，全省4家电子认证服务机构有效证书量达2.2亿张，占全国3/4以上，其中120万张应用于电子政务领域。工业和信息化部、广东省、澳门特别行政区三方共同签署《粤澳两地电子签名证书互认的框架性意见》，提供两地证书互认的政策依据。

【电信业加快发展】

2013年，广东省信息通信业实现电信业务总量1889亿元，基础电信业务收入1552.1亿元，增值电信业务收入约400亿元，总量和收入保持平稳增长。实现增加值883亿元，占全省地区生产总值1.4%。宽带接入端口总数3383.8万个，光纤端口总数765.8万个，占总端口的22.6%，20兆以上端口占比34%，光纤入户率为11.8%。使用4兆以上宽带接入产品用户占比85.2%，8兆以上宽带接入产品用户占比26.8%。全年增发增值电信业务经营许可证5193个，全省增值电信经营者数量达6596家，占全国1/5。加强和改进网站备案和IP地址管理工作，全省IP地址报备率达99.9%，网站备案信息准确率达75%，全省互联网站备案54.5万家。实行电话用户实名制登记，全省电话用户实名率突破50%。

【电子信息制造业】

据工业和信息化部统计，2013年广东省规模以上电子信息产品制造业实现销售产值2.68万亿元，同比增长10.0%，占全国比重28.6%；实现出口交货值1.63万亿元，同比增长4.0%，占全国比重33.7%；新增固定资产584.8亿元，同比下降21.5%。出口额3433亿美元，同比增长17.9%，占全国比重44.0%，进口额2391亿美元，同比增长19.4%，占全国比重43.5%。企业盈利能力不断提升，效益持续改善，全年实现主营业务收入2.59万亿元，同比增长7.6%，占全国比重27.8%；利润总额1145.06亿元，同比增长27.4%，占全国比重27.6%，税金总额523.66亿元，同比增加21.7%，占全国比重28.4%；主要经济指标稳步增长，连续23年位居全国首位。

2013年，广东省电子信息制造业产品结构调整加快。高端新兴电子产品增长迅速，据统计，全省手机产量7.8亿部，同比增长28.6%，光电子器件产量1694.1亿只，同比增长52.4%，彩色电视机产量6691.1万台，同比增长4.3%；传统低端电子产品产量持续下降，传真机产量同比下降36%，数字激光音、视盘机产量下降16.2%，组合音响产量下降10.5%。产业布局更加合理，区域一体化协同发展。珠三角地区，特别是“深莞惠”核心圈电子信息制造业保持平稳较快增长，其中，深圳增长2.6%，东莞增长20.5%，惠州增长28.9%；粤东西北地区快速发展，其中，河源增长58.6%，汕尾增长47.1%。科技创新、内需消费等成为驱动产业发展的主要因素，产业增长更加注重质量效益。劳动密集型、传统型、低附加值电子信息产品制造业逐渐淘汰或向外转出，技术含量高、附加值高的电子信息产业项目加快发展，产业空间布局和产品结构日趋合理。

2013年，广东省共有22家企业入围第27届全国电子信息产业百强。通信领域的华为、中兴在2013年度全球五大电信设备制造商中占据两席，华为超越爱立信排名全球第一；华为、酷派、中兴进入全球智能手机出货量前十（IDC统计）。彩电领域的TCL、创维、康佳位列全国平板电视六大品牌商，TCL首次跻身全球彩电销量前三名；华星光电8.5代线投产第二年便跻身全球第五大液晶电视面板提供商。

华星光电、乐金显示、信利AMOLED等一批重大项目的相继投产和建设，带动了平板显示，以及相关上下游产业的创新发展。华星光电8.5代线2012年9月达产后，2013年实现销售收入155.6亿，利润总额26.4亿，纯利润22.5亿，年缴纳税金8.2亿，年销售产量超2100万片，带动TCL实现LCD电视产量1933万台，跻身世界三大电视生产商之一，成为产业一体化发展、产业链垂直整合，以及财政资金使用的示范项目。乐金显示8.5代线项目进展顺利，第一阶段6万片玻璃基板生产线预计2014年9

月正式投产，配套引进的大成气体、电气硝子、科美、易安爱富等产业链上游企业相继建成，项目支撑的创维平板显示模组及平板电视生产线扩建项目已经完成。项目建成后，广东本地显示屏特别是大屏配套能力将进一步提升，广东省彩电产业全球优势地位将进一步巩固。信利4.5代与5.5代AMOLED面板项目落户惠州仲恺高新区，并于2013年12月26日举行了奠基仪式。该项目完全量产后，年销售收入预计可超百亿元，并带动手机、工业仪表、高端家电等高端电子信息和高端装备制造等战略性新兴产业发展。

【软件业】

2013年，广东省软件信息服务业在云计算、物联网、移动互联网等新兴业务的带动下保持较快增长。全年软件业务收入4906.4亿元，比上年增长18.1%。其中软件产品收入1345.6亿元，嵌入式系统软件收入1362.4亿元，合计占全行业的55.0%，对全行业收入增长的贡献率达到57.1%。全年软件业务利润841.2亿元，增长39.1%。软件业从业人员76万人，增长2.1%；从业人员工资总额724.3亿元，增长20.4%；人均软件收入64.3万元，增长15.6%。新认定软件企业475家；登记软件产品6459件，增长13.7%。

2013年，广东省软件业务收入超亿元的企业达501家，全行业在境内外上市的企业累计超过110家，其中蓝盾股份、远光软件、和佳股份、任子行、中海达等6家企业入选福布斯2013中国最具潜力100家上市公司。16家企业入选2013年（第十二届）中国软件业务收入前百家企业，软件业务总收入占全国前百家的32.6%，居全国第一，华为再次蝉联前百家之冠。75家企业入选2012—2013年度国家规划布局内重点软件企业。获计算机信息系统集成企业资质的企业806家，居全国前列，其中一级38家，二级90家，三级448家，四级230家，分别占全国的15.6%、16.5%、16.6%和18.3%。

2013年，广东省软件业务出口201.7亿美元，比2012年增长23.6%，占全国43.0%。其中，软件外包服务出口4.5亿美元，下降28.6%。嵌入式系统软件出口109.2亿美元，增长15.1%。深圳市继续保持全国软件出口龙头地位，全年软件出口187.8亿美元，增长25.2%。

2013年，广东省软件业发展形成以珠三角地区为主体，中国软件名城广州、深圳为中心辐射区，国家级和省级软件及信息服务业园区为载体的布局。全年珠三角地区软件业务收入4899.9亿元，比2012年增长18.1%，占全省的99.9%。其中，广州市1594.0亿元，增长17.6%；深圳市2972.9亿元，增长19.0%；广州市和深圳市产业规模占全省93.0%；珠海189.2亿元，增长17.6%；佛山15.2亿元，下降38.2%；东莞53.3亿元，增长43.8%；惠州63.2亿元，增长6.7%；中山8.4亿元，增长2.6%；江门3.3亿元，增长8.1%。

【软件业技术创新能力提升】

据国家版权中心统计，2013年广东省软件著作权登记数量26545件，比2012年增长19.9%，占全国登记总量16.1%，登记数量居全国第二。世界知识产权组织（WIPO）公布的2013年全球专利申请情况，中兴通讯和华为分别以2309件和2049件专利数排名第二位和第三位。在2013亚太信息通讯科技大奖赛上，广州广电运通金融电子股份有限公司“Video banking solution”项目和广州华多网络科技有限公司“YY”项目分别获得金融行业应用项目金奖和新媒体与娱乐技术项目优异奖。第十七届中国国际软件博览会上广东省有23件产品获金奖、20件产品获创新奖。

2012年12月，广东软件行业协会与香港数码港管理有限公司联合启动首届“数码港创意微型基金•粤港信息科技青年创业计划”，为具备发展潜力的云计算项目开展专业培训，并提供合计港币100万元的资助。截至2013年年底，来自广东和香港22所高校及社会企业的300多人参加计划，25个团队入围并出席简报演示会，10个团队获得立项并得到“数码港创意微型基金”资助。

2013年11月1～3日，由惠州市政府、广东省经济和信息化委、省科技厅联合主办的“2013

中国惠州物联网·云计算技术应用博览会”在惠州市会展中心举行。此届“云博会”以“物联万端、云展智慧、美丽生活”为主题，396 家高新企业集中展示多个领域的云计算产品和创新方案，签约投资项目资金 195.7 亿元，招商金额 306.2 亿元。

广西壮族自治区信息化发展概况

2013 年，广西壮族自治区信息化事业取得了新进步，信息基础设施和行业信息化水平成效明显。2014 年 1 月，中国电子信息产业发展研究院在京发布《2013 年中国信息化发展水平评估报告》。报告显示，2012 年全国信息化指数为 74.84，广西信息化指数为 69.01，位列全国第 16 位、西部第 3 位；其中，广西信息通信技术应用指数为 72.69（全国指数为 70.55），位列全国第 9 位、西部第 1 位。信息产业支撑能力不断增强，2013 年广西电子信息产业产值达到 946 亿元，增速连续 5 年保持在两位数以上，产业后发优势逐步显现。中国联通西部第一个（全国第四个）国际通信业务出入口——南宁区域性国际通信业务出入口建成使用，通信业务能力显著增强。两化融合成效显著，2014 年 1 月，《中国信息化与工业化融合发展水平评估（蓝皮书 2013）》在京发布。报告显示，2012 年自治区两化融合指数排全国第 15 位，比上年提高 4 个名次，位列西部第 2 位。其中，工业应用指数位列全国第 2 位，西部第 1 位。2013 年 8 月自治区南宁市、柳州市、桂林市、贵港市、柳州市鱼峰区成功入选 2013 年度国家智慧城市试点。2013 年 12 月，南宁市、柳州市、桂林市获国家信息消费试点城市。

【信息化基础水平显著提升】

2013 年，广西信息基础设施建设力度不断加大，通信网络能力提高明显，广西电话用户数达到 3832 万户，其中移动电话用户占比达到 85.7%；电话普及率为 82.5 部/百人，互联网宽带接入用户数达到 560 万户，网民数为 1774 万人，上网普及率为 37.9%。形成了以电信、移动、联通、广电网络等运营商互为补充、覆盖全区的信息传输网络，基本实现了村村通电话和互联网。3G 网络已基本覆盖全区 14 个地市和所辖市（县）及重点乡镇区域，4G 牌照颁发后，广西移动公司等电信运营商启动了 TD-LTE 的商用部署工作。

2013 年，三网融合试点工作取得新突破。组织协调有关单位，促成爱上电视传媒有限公司、广西广电新媒体公司、中国电信广西分公司三方于 2013 年 9 月 25 日签署了《IPTV 业务合作协议》，标志着广西三网融合工作进入了实质性的发展阶段。目前，广西 IPTV 集成播控平台建设已经基本完成，IPTV 业务于 2013 年 10 月 1 日起进行试运营放号，2013 年年底进行正式运营。

【信息产业快速发展】

2013 年，广西电子信息制造业完成工业总产值873.97亿元，同比增长19.43%；完成工业销售产值764.61亿元，同比增长12.86%；完成主营业务收入702.34亿元，同比增长12.34%；完成出口交货值125.63亿元，同比增长17.07%；实现工业增加值180.2亿元，同比增长30.05%。2013年工业总产值超过100亿元的企业有2家，产值在50亿～100亿元的企业有2家，产值在30亿～50亿元的企业有5家。

据不完全统计，广西软件和信息服务业列入统计范围的企业有235家，完成主营业务收入90.19亿元，同比增长12.57%；新认定软件企业117家，新登记软件产品165个。截至2013年年底，广西累计认定软件企业361家，登记软件产品904个。

【两化融合水平明显提高】

2013年，广西通过政府引导、资金支持、企业应用，有序推进两化融合工作，信息化和工业化融合应用水平明显提高。据《中国信息化与工业化融合发展水平评估（蓝皮书2013）》发布的数据，广西信息化与工业化融合发展指数为63.91，首次超过全国平均指数61.95，位列全国第15位，较上年提升4位，位列西部第2位。重点行业典型企业制造执行系统（MES）、企业资源计划（ERP）、产品生命周期管理（PLM）、供应链管理系统（SCM）、装备数控化等信息技术应用普及率明显提升，分别达到86.45、66.13、75.53、62、67.46。

2013年，柳州、桂林市国家级两化融合试验区以获得第二名的优异成绩，通过第二批国家级两化融合试验区现场验收。组织广西电视台、广西日报等主流媒体采编、播放、刊发广西两化融合，特别是柳州、桂林市国家级两化融合试验区建设经验做法；组织召开广西两化融合工作经验现场交流暨业务培训会议；完成编纂《广西两化融合试验区建设经验汇编》。

完成2013年自治区级两化融合专项资金项目下达。组织各市工信委开展两化融合专项资金支持项目的申报，完成遴选、企业答辩和专家评审工作。共下达两化融合专项资金项目49个，支持金额2000万元，有效推动各市两化融合项目的建设。

组织申报国家工业和信息化部相关项目获支持。广西柳工机械股份有限公司“工程机械产品销售和售后服务管理系统”等6个项目获批为国家电子商务集成创新试点工程项目；柳州市、桂林市等3个两化融合服务机构建设项目获得工业和信息化部2013年两化深度融合专项资金支持共260万元。

编制印发了《广西推进实施两化深度融合专项行动方案》及下达任务分解，明确广西两化融合工作近期发展目标、任务要求和重点工作；组织召开了“广西推进实施两化深度融合专项行动方案工作会议”，正式启动两化融合专项行动。2013年12月完成了全区两化融合标杆企业专家评审推荐工作，认定了一批自治区级的两化融合标杆企业。

完成《广西壮族自治区关于大力加快信息化发展和切实保障信息安全的实施意见》起草工作，并已经自治区人民政府印发，为信息化发展提供重要政策保障。

启动促进信息消费相关工作，根据国务院印发的《关于促进信息消费扩大内需的若干意见》，组织开展信息消费调研，研究起草《广西促进信息消费扩大内需实施意见》；指导协调南宁市、柳州市、桂林市积极参与国家信息消费试点城市的申报工作，认真指导申报材料撰写，组织参与申报现场答辩，南宁市、柳州市、桂林市三市已获首批国家信息消费试点城市。

南宁、柳州、桂林、贵港市已被国家住房和城乡建设部评定为“智慧城市”试点；南宁、桂林、梧州市被国家发展改革委、财政部、中央编办等12部门研究决定列为“信息惠民国家试点城市”；南宁、桂林市经国家发展改革委、商务部等8部门正式批准创建“国家电子商务示范城市”。物联网、大数据、云计算等新兴技术的应用，下一代互联网、宽带广西战略的实施，为推动自治区智慧城市建设，促进信息消费，拉动内需，创造了难得的发展机遇。

【电子政务取得新成效】

截至2013年年底，自治区监察厅、国土厅、计生委、环保厅、住建厅、监狱管理局6个部门依托广西电子政务内网开展本部门纵向办公、管理、监督、协调、决策等业务系统应用。柳州、北海、防城港等市建成本地区电子政务外网横向城域网络，自治区政府信息公开统一平台、自治区政府基层信息化平台、发展改革委重大项目监控系统和频会议系统、区应急办视频会议系统、区北部湾办业务系统、区住房和城乡建设行业市场监管与决策支持系统、区计生委纵向业务系统、区卫生厅纵向业务系统、区林业厅纵向业务系统、区招标投标管理系统、区综治系统、区气象信息系统、区测绘地理信息系统等部门纵向应用依托广西电子政务外网开展。南宁市环保局从2010年起连续3年荣获“中国优秀政府网站奖”，是全国地方环保系统中唯一连续3年获此殊荣的政务网站。在2013年3月27日国家行政学院电子政务研究中心发布的《2012年中国政务微博客评估报告》中，广西百色市禁毒办在腾讯设立的政务微博“禁毒在线”位列全国第二。2013年7月，人民网舆情监测室发布的《2013年上半年新浪政务微博报告》中，“广西旅游局”官方微博首次入围全国“十大党政机构微博”，在全国“十大旅游机构微博”排行榜中名列第一；广西高院官方微博“八桂法苑”居全国政务微博十佳应用奖第二位。在2013年3月召开的“第四届中国政府网站、政务微博最佳实践暨2012年中国优秀政府网站、政务微博推荐及综合影响力评估总结大会”上，南宁市荣获2012年度中国外文版政府网站领先奖，在计划单列市及省会城市网站中排列第二名。在2013年第十二届中国政府网站绩效评估中，广西列省级政府网站第14名，比2012年上升3位；柳州市列地市政府网站第6名，比2012年上升1位。

【社会管理信息化水平明显提高】

围绕社会管理，大力推进社会保障、食品药品安全监管、人口管理、环境保护、卫生、税务等应用与服务，提高综合治理能力，促进社会发展。

社会保障“五险合一”大集中系统应用取得新突破。截至2013年年底，北部湾经济区内4个地级市、29个县（区、开发区）、169个乡镇（街道）和604个行政村（社区）公共就业服务平台已实现联网和互联互通，从而实现了经济区4市的就业信息资源共享。依托全区统一信息系统，广西“市场与就业”网站进一步拓展就业信息系统互联网服务功能，实现了与广西劳动就业管理信息系统数据实时交互共享，更好、更便捷地为北部湾经济区公众提供就业信息服务。

国土信息资源实现应用全覆盖。全面建成涵盖广西23.7万平方千米土地、矿产、海洋以及地质灾害的国土资源数据“一张图”，包含建设用地审批、征地数据、供地数据、耕地占补数据、土地整治数据、增减挂数据、探矿权数据、采矿权数据、地质灾害时间、土地利用规划数据、矿产资源规划等28个业务数据库，数据量达到30 TB以上，为广西国土审批和管理业务提供技术支撑。

食品药品监管医疗信息化建设取得新进展。完成了食品生产、流通环节业务数据整合和系统优化，建成广西“四品一械”综合监管平台，基本实现食品、药品、保健食品、化妆品、医疗器械的网上审批，实现食品生产环节的信息化审批和日常监管。全区居民健康档案规范化电子累计建档数为3865.98万人，建档率达83.86%，超过了国家80%的要求。

人口信息化管理取得新进展。初步建立人口数据快速采集、动态监测分析和人口发展领域辅助决策的人口数据动态管理与分析系统，对广西人口总量与分布、人口流动与迁移、人口与资源环境、人口预测分析、人口结构与素质、人口与计生工作、人口与经济社会、人口与地理信息、主体功能区人口发展共九大类145项信息实现数字化管理。依托人口计生管理服务综合信息平台实现全区人口计生证件电子化办理，统一全区编号，实现全区防伪互通和证件规范打印。

环保信息化实现跨越式发展。建成上连环境保护部、下连直属单位与14个地级市环境保护局，业务覆盖、信息全整合的“一个顶层框架、一个统一平台、一个数据中心、一张基础地图、一个中心机房”的广西环境预警预测、监控监管、决策指挥信息化体系。建立广西清洁生产数据库，为重金属污染防治和企业清洁生产考核提供技术支持；建立环境保护对策研究课题信息管理系统，实现广西饮用水水源地信息化管理；建立机动车环保检验管理信息系统，实现广西机动车环保检验业务信息化办理；建立广西环境空气质量实时发布平台，及时发布广西各地PM2.5在线监测指标。

税务信息化服务取得成效。广西地税以12366

纳税服务热线为核心，以地税网站为平台，以 IM 税企短信互动平台为辅助手段，建成覆盖全区范围的 ETS 多元化电子纳税服务体系，为纳税人提供个性化服务。ETS 体系开通至今，共受理各类电子化涉税服务488.52万次，受理涉税咨询99.87万次，解决涉税疑难问题 72.19 万次，提高了办税效率和质量，监督了办税过程，融洽了征税关系。

探索便民服务信息化建设取得新进展。2013 年 12 月 20 日南宁市民卡正式发卡，首发 2000 张，为南宁市民提供乘公交车、身份识别以及银联卡的借记服务，陆续扩展出租车刷卡、汽车加油等功能。柳州市开通“柳州是我家”城市管理微信互动平台，帮助解决“数字城管”系统应用微信平台受理公众投诉和咨询过程中遇到的问题。“智慧桂林”启动部分项目，推动部分住宅小区、园区、旅游景区（景点）开展“智慧桂林”建设试点工作。玉林市推进“无线城市”项目，基本实现玉林地区全区域、立体化的网络覆盖，确保客户随时随地享受高速接入无线城市服务。钦州市推进港区物联网应用试点项目、平安钦州、数字城管等一批典型示范性项目实施，逐步提升和优化信息化管理水平。

【信息安全不断提升】

广西建立了基于国家信息安全等级保护和涉密信息系统分级保护的电子政务安全保障管理体系，将等级保护和分级保护要求贯彻到电子政务项目审批、建设全过程。同时，建立电子政务安全检查制度，每年组织一次全区电子政务安全检查。

建成广西电子政务外网安全管理平台。2013 年 4 月，广西完成电子政务外网网络安全管理平台建设，实现全网统一管理和监控，以及对安全事件的集中监控、预警、响应和处置，保障电子政务外网安全、稳定、高效运行。

电子政务信息安全监控平台项目顺利开展。2013 年，使用检测平台对自治区 1770 个政府网站进行日常监测，完成检测任务 46500 次，发现安全风险和漏洞隐患 178 万多个，及时消除了安全隐患，有效降低了重要敏感时期发生网络安全事件的可能性。

组织开展了重点领域信息系统安全检查工作。范围包括政府部门信息系统（包括自行运行维护管理以及委托其他机构运行维护管理的办公系统、业务系统）和门户网站，城市轨道交通、供水供气供热等市政领域的网络与信息系统（含工业控制系统）。2013 年 11 月形成《2013 年广西壮族自治区重点领域信息安全检查工作总结报告》，上报国家工业和信息化部。

电子认证工作成效明显。2013 年，广西 CA 的 SM2 电子认证服务系统顺利通过了国家密码管理局商用密码检测中心专家组互联互通检测，广西 CA 成为国家 SM2 信任源根 CA 的电子认证服务机构，获得了国家密码管理局颁发的《电子认证服务使用密码许可证》及工业和信息化部颁发的《电子认证服务许可证》，是广西唯一一家获得该资质的电子认证服务机构。2013 年完成主营业务收入 997 万元，数字证书发放量为 21100 份。

2013 年，广西信息化建设存在的主要问题：一是广西信息化建设仍然没有建立统一的管理协调机构，信息化建设仍是各部门各自为政，信息资源共享和业务协同水平较低；二是信息基础设施水平亟待提高，主要表现在固定宽带普及率和移动电话普及率均低于全国水平；三是产业基础薄弱，规模偏小，电子信息制造业主营收入和软件业务收入与全国水平相差较大；四是各级财政资金对信息化建设发展的扶持力度有限，影响了信息化建设的快速发展；五是广西缺乏高层次、高技能的信息化人才。

2011 年电子信息产品制造业统计企业数为 136 家，软件和信息服务业统计企业数为 133 家。2012 年电子信息产品制造业统计企业数为 120 家，软件和信息服务业统计企业数为 223 家。2013 年电子信息产品制造业统计企业数为 92 家，软件和信息服务业统计企业数为 235 家。

表 1～表 7 的数据为不完全统计，按工业和信息化部年报统计口径填报，数据来源于工业和信息化部年报统计、广西壮族自治区工业和信息化委员会年报统计。

表 1　2013 年广西电子信息制造业人员构成情况

企业类别	企业数（家）	年末从业人员总数（人）	人员构成					
			工程技术人员（人）	在总人数中所占比例（%）	管理人员（人）	在总人数中所占比例(%)	研发人员（人）	技术工人（人）
内资企业	60	43169	7574	30.44	5225	15.64	481	29889
国有企业	3	1623	176	10.84	251	15.47	62	1134
集体企业	1	297	36	12.12	69	23.23	7	185
股份合作企业								
联营企业								
有限责任公司	18	12682	2365	18.65	1736	13.69	138	8443
股份有限公司	7	3025	382	12.63	333	11.01	93	2217
私营企业	30	25359	4578	18.05	2815	11.1	178	17787122
其他内资企业	1	183	37	20.77	21	12.02	3	16233
港澳台商投资企业	32	22845	3968	17.37	2362	10.34	282	
三资企业								

注：根据地区实际情况，按照企业注册类型填报本表。本表数据按工业和信息化部年报统计口径填报，来源于工业和信息化部年报统计、广西壮族自治区工业和信息化委员会年报统计。

表 2　2011—2013 年广西电子信息制造业基本情况

项目名称	单位	2011 年	2012 年	2013 年
工业总产值（现行价）	万元	3939240	7317922	8739742
工业销售产值	万元	3749597	6774529	7646084
出口交货值	万元	537652	1073142	1256264
工业增加值	万元	1032900	1385618	1802013
流动资产平均余额	万元	1265208	1139455	1426425
固定资产净值平均余额	万元	1359772	362147	313879
资产总计	万元	2676995	2839337	2551145
负债合计	万元	1006070	1634910	1625102
主营业务收入	万元	3944489	6252185	7023426
税金总额	万元	62300	42800	50915
利润总额	万元	171423	160632	151200
应交所得税	万元	8473	8470	10847
从业人员年末人数	人	48624	70687	66014
从业人员工资总额	万元	137809	154074	158527

注：本表数据按工业和信息化部年报统计口径填报，来源于工业和信息化部年报统计、广西壮族自治区工业和信息化委员会年报统计。

表 3　2011—2013 年广西电子信息制造业主要经济效益指标完成情况

项目名称	单位	2011 年	2012 年	2013 年
全员劳动生产率	元/人	90682	92682	132392
流动资金周转率	次	1.72	2.36	2.93
产品销售率	%	91.8	92.57	87.49
总资产贡献率	%	9.11	11.52	10.26
资产保值增值率	%	116	127.2	113.15
资产负债率	%	48.9	42.43	63.7

注：本表数据按工业和信息化部年报统计口径填报，来源于工业和信息化部年报统计、广西壮族自治区工业和信息化委员会年报统计。

表 4　2011—2013 年广西主要电子信息产品产销量情况

产品名称	单位	产量			销量		
		2011 年	2012 年	2013 年	2011 年	2012 年	2013 年
电子计算机（含显示器）	万台	1612	3163	4280	1598	2983	3980
微波/光通信设备	台	3406	3653	3900	3288	3603	3820
通信测试分析仪	台	3600	3650	3820	3512	3630	3800
数显量具	万件	188	236	560	186	230	530
医疗电子设备	台	6960	8230	9360	6897	8212	9312
电视机	万台	110	117	152	109	116	130
电视显示器	万台	210	316	300	209	315	285
电子通用设备	台	123	130	170	120	125	155
电子铝箔	万平方米	869	1980	2800	796	1975	2675
电容器	万只	87200	109300	126380	87120	109180	126100
电子印刷电路板	平方米	12692	12890	15090	12632	12832	15000
太阳能电池	千伏安	2685000	2500000	2860000	2680000	2450000	2850000
汽车电子产品	万套	152	150	168	143	145	160
开关设备	台	13600	14890	16750	13580	14790	16130

注：本表数据按工业和信息化部年报统计口径填报，来源于工业和信息化部年报统计、广西壮族自治区工业和信息化委员会年报统计。

表 5　2013 年广西软件产业人员构成情况

企业类别	企业数（家）	年末从业人员总数（人）	人员构成			
			管理人员（人）	在总人数中所占比例（%）	软件开发研究人员（人）	在总人数中所占比例（%）
内资企业	235	19651	2100	10.69	3301	16.8
国有企业	10	3438	580	16.87	282	8.2
集体企业						
股份合作企业	1	4633	309	6.67	91	1.96
联营企业						
有限责任公司	90	4045	527	13.03	1218	30.11
股份有限公司	19	1119	130	11.62	383	34.23
私营企业	111	6269	546	8.71	1320	21.06
其他内资企业	4	147	8	5.4	7	4.8
港澳台商投资企业						
三资企业						

注：根据地区实际情况，按照企业注册类型填报本表。本表数据按工业和信息化部年报统计口径填报，来源于工业和信息化部年报统计、广西壮族自治区工业和信息化委员会年报统计。

表 6　2011—2013 年广西软件产业基本情况

项目名称	单位	2011 年	2012 年	2013 年
软件业务收入	万元	431380	592224	754924
软件业务出口收入	万美元	405	206	287.56
软件产品收入	万元	252837	306152	342650
增加值	万元	64809	153160	162700
流动资产平均余额	万元	195044	256773	374273
固定资产投资额	万元	9005	8755	17964
资产合计	万元	359213	526890	682071
负债合计	万元	176271	221681	323785
税金总额	万元	17282	32788	36348
利润总额	万元	66657	117272	171222
应交所得税	万元	2741	4498	31822
从业人员年末人数	人	5647	17355	19651
从业人员工资总额	万元	45920	86241	120731

注：本表数据按工业和信息化部年报统计口径填报，来源于工业和信息化部年报统计、广西壮族自治区工业和信息化委员会年报统计。

表 7　2011—2013 年广西软件产业主要经济效益指标完成情况

项目名称	单位	2011 年	2012 年	2013 年
全员劳动生产率	元/人	110683	132132	162938
流动资金周转率	次	3.12	3.96	3.28
产品销售率	%	98.8	98.5	96.3
总资产贡献率	%	19.18	21.56	18.73
资产保值增值率	%	113	117.8	115.6
资产负债率	%	41.9	42.1	47.47

注：本表数据按工业和信息化部年报统计口径填报，来源于工业和信息化部年报统计、广西壮族自治区工业和信息化委员会年报统计。

海南省信息化发展概况

【推进信息化立法】

为使信息化工作纳入规范化、法制化的轨道，为海南省信息化发展创造良好有序的环境，全力以赴，《海南省信息化条例》高票获得省人大常委会表决通过，于 2013 年 11 月 1 日正式实施。《条例》是海南省第一部信息化地方性法规，主要解决加强信息化的统筹规划，促进资源共享和互联互通；规范信息化工程建设管理，提高投资效率和建设水平；强化网络和信息安全的监督管理等五个方面问题。

【推进公共服务平台建设】

建设全省统一、多级联动的电子政务公共服务平台，是一项时间紧、系统复杂、任务繁重的工作。经过精心准备、抓好每个关键节点的控制推进，目前完成政务服务系统开发和上线试运行，政务公开和电子监察系统完成 70%开发量，顺利实现 2013 年任务目标。

【强化政务信息化过程管理】

2013 年，完成省直部门 65 个信息化项目的审核和 18 个信息化项目的验收，其中 65 个信息化项目申报的投资估算合计约为 105133.43 万元，审核后的投资估算为 91105.15 万元，节约省财资金 1.4 亿元。

首次组织对省地税局、省财政厅等 12 个单位的电子政务工程项目开展绩效评价试点工作。

在上半年会同财政厅组织开展 2014 年政务信息化项目申报工作，经过评审后共有 45 个项目入选 14 年年度计划，变过去的分散评审项目为集中、综合评审，有利于科学统筹和择优安排信息化项目。

【跟踪推进重点项目建设】

智慧民生项目已完成投资超过 16 亿元，今年投资 14.3 亿元，完成年度计划的 143%；中国电科海南产业园项目确定选址在海南清水湾国际信息产业园，项目平台公司注册完成，机构人员配备到位。数字海南信息亭已投资超过 1.5 亿元，已在海口、定安、澄迈、屯昌、万宁等市县实施 29 个亭体落地等工作，近期将实施 77

个亭体，该项目同时作为依托电子政务公共服务平台开展政务公开和政务服务的市县服务窗口，可发挥积极作用。“健康海南”医疗信息化项目已签约18个市县，完成率进度在76.2%以上，部分市县已全部完成并投入使用，得到良好的效果。

【出台两化深度融合实施计划】

按照工业和信息部《关于印发信息化和工业化深度融合专项行动计划（2013—2018年）的通知》的工作部署，根据海南省实际，起草并印发《海南省工业和信息化厅信息化和工业化深度融合专项行动实施计划（2013—2018 年）》。提出2014年两化融合工作计划。今年先期启动了规上工业企业两化融合水平测度。

海南省工业和信息化厅联合省通管局，起草了海南省宽带中国的实施意见。组织起草《海南省关于促进信息消费的实施意见》，正在进一步修改完善。

重庆市信息化发展概况

【经济领域信息化】

（一）两化深度融合成效明显

一是出台了《重庆市信息化和工业化深度融合专项行动计划（2014—2018年）的通知》、《重庆市2014年信息化和工业化融合专项行动实施方案》两个指导性政策文件，进一步明确了重庆市两化深度融合的奋斗目标和实施路径。

二是两化融合贯标、工业云平台、互联网与工业融合创新3个国家级两化融合试点项目开展建设，引导全市两化深度融合有序实施：长安股份、重庆潍柴、葛洲坝易普力等8家企业开展全国首批两化融合管理体系贯标试点工作；重庆移动承担了工业云平台试点项目，积极整合通信运营商、IT服务商的优势资源，提升传统产业在设计研发、原料采购、资源调度、生产、销售、仓储、运输等环节的综合利用率，加快工业生产向智能化、柔和化和服务化转变。猪八戒网络平台开展互联网与工业融合创新试点，采取众包设计的方式开通了面向全市工业企业的工业设计平台，目前，该平台每天平均完成工业设计交易达50项以上。

三是围绕重点行业和重点领域，实施工业装备数字化智能化改造与提升应用示范，企业管理、设计、制造智能化提升应用示范，智能产品产业化和智能工业技术服务体系培育三大工程，实施相关项目300多个，累计投入各类资金4亿元，有效推动了信息技术在“6+1”支柱产业的广泛深入应用。如长安汽车建立了以三维数字化设计和全球协同设计为核心的汽车产品智能化研发平台，实现了“五国九地”（中国、意大利、日本、德国、美国；重庆、上海、北京、哈尔滨、横滨、都灵、底特律等）的网络化异地协同开发，开发出了5个整车平台、2个发动机平台和1个混合动力车型，使长安公司新产品的贡献率达到了 80%以上，自主产品的开发量占到了总量的60%左右，有力支撑了全国第三大汽车生产基地的打造。

四是采取市场运作模式整合IT企业和专家资源，先后在渝北、万州、永川等地开展了7场两化深度融合园区行活动，为全市近千家企业进行了两化融合专题培训，受到区县和企业的一致好评。

五是在 50 家重点企业开展了的首席信息官（CIO）制度试点工作，其中，有 6 人被评为 2014 年全国百佳首席信息官（CIO），有 19 人被评为 2014 年全国优秀首席信息官（CIO）。

（二）物联网发展取得新进展

一是制定了《重庆市加快物联网产业发展行动计划（2014—2020 年）》，经市政府 68 次常务会议审议通过发布实施。

二是申报国家物联网专项资金再创新高。根据工信部《关于下达 2014 年国家物联网发展补助资金项目支持计划的通知》，重庆市物联网产业 5 个项目获得国家 2014 年物联网发展专项支持资金 1750 万元，创历史新高，支持资金额度继续稳居全国前列。

三是物联网在智能交通领域取得新进展。"基于 RFID 的智能交通物联网应用示范工程"推进顺利，截至 2014 年 10 月，已安装 RFID"电子牌"1000 多万张，建设的市人大、市政协机关车辆及人员智能门禁系统通过验收，重庆交通信息卡（驾驶人部分）与银行卡实施"联名卡"项目和基于"电子牌"建设"黄标车"限行管理信息系统及路桥收费动态管理集成系统建设顺利，启动建设基于"电子牌"的机动车尾气排放管理监控系统。

四是加强了物联网产业的对外合作交流，协助工信部国际司承办了"中国与东盟物联网技术在智慧城市中应用"研讨会，承办了"2014 年中国 TD-LTE 产业发展研讨会"中移物联网公司车联网论坛。

五是推进南岸物联网国家示范基地建设取得新进展。新引进美的、海尔等知名企业 100 多户，初步形成了物联网的产业链；赛迪研究院西部分院成功落户，研发能力得以进一步增强；推进了涵盖智能工业、智慧旅游等领域的 27 个物联网应用示范项目；明确了位于长江工业园区的新天泽为物联网中心园区。

（三）农村信息化持续推进

一是农村信息化平台有效服务农业生产和农村生活。截至 2014 年 11 月，政务信息化平台使用单位达 11173 户，其中乡镇覆盖率达 100%，行政村覆盖率达 85%以上。全年发布信息 4998 万条，彩信 69 万条，收发文 49 万次，彩信简报 154 万条；开通商贸信息化平台，涉农企业、合作社达 995 户，发布市场信息 30 余万次，企业招聘发布 100 余万次；民生信息化平台用户达 760 万户，服务用户数超过 1800 万户，百事易可查询医保、户改、就业、水电气等生活实用信息，访问次数达 1.8 亿次；6995 平安互助平台已在云阳、南川和璧山等 31 个分公司开通，共录入群组 1878 个，群组用户 23503 户。

二是开展"巴渝农特产网销"系列活动。市级有关部门与重庆移动 12582 基地共同开展了"巴渝农特产网销"系列活动，探索"消费者主导商品折扣+农特产包装+多渠道品牌推广+农特产网销商户排名"的全新信息化体系应用新模式。活动期间，共有 4 万多人次参与农特产团购及抽奖，农特产团购有效订单 1506 单，订单销售收入 119 万元。

三是完成"重庆市电脑百村工程"三期任务。在全市 38 个区县中选择 100 个行政村分 3 批进行引领示范，以最优惠价格让更多的村民拥有电脑、手机等信息终端设备。第三期总计为各区县 40 个示范行政村配备电脑 120 台，新装或续装 80 条电信 2M 宽带，以优惠价推广销售重庆造电脑 3181 台，组织开展信息技术培训会达 40 场次，累计培训达 1200 余人次。

【社会领域信息化概述】

（一）电子政务外网接入保障

一是截至 2014 年 11 月底，重庆市委机要局、市政府应急办、市纠风办等 25 个市级部门已顺利接入国家电子政务外网，与国家相关部门实现互联互通。

二是做好重庆市电子政务外网重庆节点运行维护工作。落实 80 万元运行维护资金，确保重庆节点网络安全稳定运行。在重庆节点部署两台设备实现省级接入层的冗余；为重庆节点配置了两台路由器，实现市级接入层支持 IPv4/IPv6 双栈路由和双栈交换。

（二）行政审批电子监察系统建设

完成了全市行政审批系统二期工程建设，实现了45个市级部门和所有区县的网络、数据和视频接入，市级508项行政审批项目、区县13680项行政审批项目纳入电子监察。截至2014年11月，系统共受理行政审批事项30794件，办结30063件，提前办结25658件，提前办结率85.35%，发出预警403次、黄牌11张。

（三）社会民生信息化全面开展

一是一批财政性资金投资信息化工程项目通过初审并立项。党建云服务平台一期工程、市政法系统信息共享平台、市网上信访信息系统、国家法官学院重庆分院智能化系统等重大信息化项目可行性研究报告进行了初审、专家评审和立项批复。

二是我市智能卡应用领域拓展。城市一卡通新增发卡130万张，累计发行近1000余万张，活卡率达到80%以上；新增充值售卡网点300个、交易终端15000台，累计充值售卡网点1600多个，轨道自助充值设备700余台，交易终端23000余台；年交易笔次超过20亿次，年交易金额超过30亿元。初步完成大学校园卡与城市一卡通融合改造，在重庆大学、西南大学、工商大学、重庆邮电大学、重庆科技学院、重庆公共职业运输学院等六所大学的试点中，新增智能卡发卡量58266张，累计发卡134006张，有力地促进了高校智能卡发展，推进了高校之间的信息共享。

三是信息惠民平台建设。推进全市信息惠民公共服务应用平台建设工作，推动神州数码和重庆云计算公司在渝成立合资公司，采用PPP模式承担平台建设和运营工作，协调相关市级部门、企事业单位完成第一轮数据对接工作，目前信息惠民网站已启动上线测试工作。

四是推进应指工程建设。目前共建设摄像头2.5万个，九龙坡、南岸、巴南等6个区县已完成机房环境建设。

【强化网络信息安全监管】

（一）完善工控信息安全管理

一是完善管理体系。指导重点企业建立健全工业控制系统信息安全责任制。组织完善包括信息安全技术管理、应急管理、机构和人员管理等8方面，涉及人员、机房、网络、数据等25项工业控制系统信息安全管理制度。

二是推进标准建设。指导院校主持或参与研究制定《工业控制系统信息安全第1部分：评估规范》等国家标准4项、行业和地方标准17项和撰写与信息安全相关研究论文8篇，其中，《工业控制系统信息安全实施指南》获国家标准化委员会立项。

三是搭建服务平台，完善基础数据。建立工业控制信息系统安全漏洞网上信息共享平台，发布工业控制系统漏洞信息4000余条；推动工业控制系统信息安全测试和标准化服务平台、模拟测试实验中心建设；补充完善重庆市工业控制系统925套基础数据，涉及行业39个，其中重要工业控制系统82套。

（二）推动数字认证创新

2014年，重庆市新增数字认证证书应用75万张，累计使用数字证书123.09万个（其中，电子政务类110.79万余个、电子商务类12.3万余个），新增智慧城市、公共资源交易、医疗卫生等5个应用领域；完成数字认证11项产品著作权登记、8项软件著作权登记和时间戳服务器、电子签章、企业版CA和RA新产品研发。

（三）推进网络信任体系建设

围绕电子商务用户主体可信和过程可信两个方面，建设网络信任体系，实现网络行为可核查、网络事件责任可追究，加快“可靠电子签名及数据电文应用”项目推广应用，选取重庆具有代表性电子商务平台开展应用推广，截至2014年年底，该项目签约共计37份，签约金额共计1650万元。

（四）强化信息安全支撑服务

一是指导重庆市工业控制系统信息安全技术服务中心等6家支撑机构做好网络信息安全服务和技术支持工作。对40余家单位共70余个信息系统开展安全咨询和测评，共发现管理漏洞和系统风险点1000多个，提出整改建议300余条；对全市27个党政机关，19家涉及金融、教育、交通、电力等行业机构，开展网络安全咨询、安全方案设计和系统集成、安全培训和安全标准化等技术服务。

二是推进信息安全人员职称资格和培训工作。完善《重庆市信息技术管理人员职称资格制度暂行规定》和《重庆市信息技术管理人员职称资格考试实施办法》；依托重庆5家网络与信息安全教育培训基地，实现培训信息安全从业人员1000人次以上。

【加快信息基础设施建设】

截至2014年9月，重庆市固定电话用户达565万户，移动电话用户达2688万户，基站超过8万个。全市互联网出口带宽2260G，其中重庆电信1600G，重庆联通500G，重庆移动160G。FTTH覆盖总数超过950万，实际用户超过100万；全市有线电视用户数为600万户，其中数字电视用户465万户，全市双向化网络改造用户480万户，有线电视入户率50.46%，双向化率72%，高清、互动用户数达251万。

（一）推进“宽带中国”战略

一是加快城市宽带提速。综合利用VDSL等多种技术，实现了城市地区宽带用户接入宽带平均能力达到了20Mbps；推进百兆光纤工程，主城核心区高端商务区宽带接入平均能力率先达到100Mbps。2014年，宽带接入网投资达到8.6亿元，光纤化率超过65%，FTTH覆盖总数超过950万，实际用户超过100万；推进智慧城市热点工程，全市无线AP总数将超过14万个。

二是推进骨干直连点建设。2014年8月20日，重庆国家级互联网骨干直连点正式开通，使我市成为国家通信网络架构10个一级节点之一。重庆市互联网网间互联互通能力达1030G，网间时延降低60%以上，丢包率降低90%以上，响应速度提高85%以上；重庆市互联网出口带宽也得到大幅提升，由2013年底的1680G提升到3600G，连接城市由5个增长为17个。

三是加快TD-LTE建设发展。预计2014年，全市基站建设投资达到58.5亿元，2G/3G基站超过60000个，4G基站超过25000个。全市TD-LTE网络实现了县级以上城市区域的TD-LTE网络覆盖。

四是推动农村宽带普及。推动3G网络向人口聚集的农村地区延伸，提高农村地区移动通信服务水平。重庆电信农村平均入户带宽能力达到6M，重庆联通农村平均接入带宽能力超过12M。

（二）双向改造有线电视网络

一是加快传输网络建设。截至2014年9月，重庆有线投资6131万元用于管道建设，新增管道1232公里；投资7969万元用于光缆建设，新增光缆11000千米；投资1963万元用于分配网建设，完成了全年24.82万户的目标。

二是开展机房改造。2014年扩容1个A级机房（涪陵IDC机房）、改扩建1个B级机房（开县）、新建及改扩建4个C级机房（中梁山、西彭、唐家沱、特钢）以及70个左右的场镇D级机房，截至目前全市已完成2个A级机房、39个B级机房、25个C级机房、300个D级机房的标准化建设及改造。

三是继续推进双向网络改造。截至2014年9月，主城7区双向网络覆盖用户数合计约175万户，双向网络覆盖率达96%。各区县分公司双向网络覆盖用户数合计315万户，县城城区双向网络覆盖率达97%。

（三）“三网融合”业务发展迅猛

一是IPTV用户数量保持快速增长。截至2014年10月，全市IPTV用户量达到58万户，同比增长30%以上，网络指标明显提升，投诉量同比下降70%。

二是有线电视网络宽带业务高速发展。截至2014年10月，全市有线电视网络宽带在册用户接近53万户，同比增长170%。

三是提升手机电视（视频）业务产品质量。截至2014年10月，全市手机电视（视频）访问用户数已超过390万户，同比增长近40%。

四是OTT视频业务有序开展。截至2014年10月，全市OTT视频业务用户接近20万户，同比增长280%，增长速度居于全国前列。

五是集成播控平台二期建成投用。重庆市广电集团下属数字传媒公司完成了三网融合集成播控平台（二期）项目建设，负责完成不同形态的新媒体内容的汇聚、加工、存储工作，并向集成播控系统提供所需的节目，也可向有线电视、电信、联通等企业提供所需的原始素材和加工后的内容产品。

六是完成双向进入业务许可申报。按照国务院三网融合工作协调小组办公室通知，指导我市广电试点企业完成基于有线电视网的互联网接入业务、互联网数据传送增值业务、国内 IP 电话业务、增值电信业务和比照增值电信业务管理的基础电信业务的申报。

七是 CMMB 移动多媒体服务平台初具雏形。推动重庆中广在已经建成的覆盖大重庆 38 个区县城区的 CMMB 无线数字电视骨干网络基础上，增建一个 CMMB 总前端集中播控平台及 2000 余个优化及增补网络站点，基本实现了在大重庆范围内对移动人群 CMMB 信号的全覆盖。目前，CMMB 移动多媒体服务平台项目的信息编辑系统、上载存储系统、BOSS 管理系统等已经建设完毕并通过测试。

【大力发展战略新兴产业】

（一）五大数据中心建设

太平洋电信（重庆）数据中心和中国联通西南数据中心已投入正常运营，中国移动（重庆）数据中心已于 6 月开工建设，中国电信数据中心已取得方案设计审批意见、正办理审批手续，腾讯已完成土地转让手续，拟于明年 5 月开工建设。

（二）产业链初见雏形

按照“特色突出、集约集群、创新驱动、促进转型”的原则，积极支持两江新区等区县园区发展云计算、大数据、互联网产业。浪潮西部综合产业基地、惠普重庆分公司及渲染云等项目落户两江新区，中兴通信智慧城市项目落户合川，大渡口移动互联网产业园挂牌、50 余家互联网企业陆续落户园区，完美世界等项目落地北部新区。亿赞普、美国云资本与渝北区共同投资组建仙桃大数据谷合资公司，与渝北区一起配合亿赞普公司联合出资 10 亿元并购国内著名的支付公司——深圳钱宝科技公司。重庆市物联网产业基地在南岸区挂牌及中国移动物联网公司、北京千方等企业落户该产业基地。

（三）打造电子商务交易认证平台

2014 年，交易认证结汇量呈爆发式增长，交易比对处理量已超过前两年认证结汇量之和。截至 11 月 30 日，全年平台累计服务电商企业 848 家，累计接受交易认证申请 2560 次，处理交易认证约 367.91 万笔，实现外汇结算量约 2.12 亿美元，结算量同比增长约 2.61 倍。全年交易认证结汇量突破 2.5 亿美元，交易认证结汇总量超 3.5 亿美元。

（四）试点跨境贸易电子商务

完成国家跨境贸易电子商务试点项目——重庆跨境电商综合服务平台建设工作，平台于 1 月 28 日上线试运营，目前综合服务平台已通过实物运行测试，基本具备业务上量运行条件。企业入驻量稳步上升，截至 2014 年 11 月 30 日，21 家试点企业及试点相关企业完成备案或相关资质手续，正式加入重庆跨境贸易电子商务服务试点项目，其中跨境电商企业 8 家，支付企业 8 家，物流企业 4 家，仓储企业 1 家，试点平台商品备案信息共计 2715 条，进口通关量累计处理 795 单，出口通关量累计处理 3094 单，进口通关价值总计约 131.8 万元（含税、物流），出口通关价值总计约 35.7 万元（含税、物流）。

（五）软件和信息服务产业发展迅猛

2014 年，在全市云计算大数据互联网产业快速发展带动下，重庆市软件和信息服务业继续保持稳定增长态势。1～10 月，全市软件和信息服务业实现主营业务收入 998.1 亿元，同比增长 26.2%；实现软件业务收入 611.4 亿元，同比增长 24.7%；规模以上企业达到 196 家，同比增加 32 家，增长 19.5%；规模以上企业实现营业收入 933.4 亿元，占全部企业收入的 94.5%；主营业务收入上亿元企业 45 家，同比增加 16 家，增长 55%，实现主营业务收入 764.6 亿元，占全部企业收入的 76.6%；全市新认定软件企业 58 家，同比增长 123%，新认证软件产品 411 个，同比增长 37.9%，新批准市级计算机信息系统集成资质单位 39 家，软件及信息服务外包企业 1 家。

四川省信息化发展概况

【信息消费】

自国务院提出加快实施“宽带中国”战略、促进信息消费的方案及若干意见以来，四川省政府出台了《关于促进信息消费扩大内需的实施方案》，提出了“到 2017 年，全省信息消费规模超过 12800 亿元”的目标，部署以下重点工作：加快信息基础设施演进升级 3 项基础工程建设；开展增强信息产品供给四项重点创新和能力建设；拓展信息消费领域九项重点工程建设；提出政策保障措施。并制定了年度计划和任务分工，明确了牵头部门和责任部门。筹备成立四川省信息化消费领导小组。

经过筹备和答辩，成都市、绵阳市、南充市、乐山市成为国家首批信息消费试点城市。各市州也积极开展信息消费相关工作，宜宾等地已经出台了本地政府《关于加快信息化发展促进信息消费的意见》。

【电子政务】

四川省电子政务内网已基本形成了覆盖省、市、县、乡四级的电子政务内网网络体系。目前，全省在省政务内网平台上已建立 485 个政务网站，为各级政务部门提供各类政务信息。同时，开展了党政系统公文传输和信息报送、应急值班信息报送、督查(绩效考核)、省直国有资产管理、财政网上支付、国有资产网上登记管理、机关事业单位编制和人员网上登记管理、战略储备账库网上监管和公务车辆使用管理等系统建设应用。国家部委与省级部门间通过省政务内网平台开展了内部公文交换及信息交换等应用，如工信部公文传输系统、中宣部宣传信息网等。

省电子政务外网通过专线、VPN 等连接方式，实现了“横向到边、纵向到底”的省、市、县三级政务部门全覆盖并延伸到 50%左右的乡镇。目前，全省政务外网接入行政机关和单位 12117 家，用户数量超过 12 万户。我省电子政务外网承接了国家审计署、农业部、卫生部、科技部、国土资源部、国务院应急办等 21 项国家级应用。开展了政府信息公开、应急指挥管理、行政审批监察、政府公文无纸化传输、行政权力依法规范公开运行等全省综合性应用和民政、卫生、水利、旅游、农业等几十个行业性应用以及数百个地方应用，在创新社会管理、促进公共服务等方面发挥了重要作用。

【基础设施建设】

（一）完成宽带中国 2013 专项行动

截至 2013 年 11 月底，四川省新增光纤到户（FTTH）覆盖家庭 444 万户，完成年度目标 222%；新增 3G 基站 15700 个，完成年度目标 131%；新增使用 4M 及以上宽带接入产品的用户 129 万户，完成年度目标 109%。制定《四川省“宽带中国”战略实施方案》主要发展目标、重点任务及保障措施。

（二）启动国家级互联网骨干网直联点建设

2013 年 10 月 22 日，工信部正式批复同意成都设立国家级互联网骨干直连点。四川省成立了

“成都国家级互联网骨干直连点工作协调小组”，制定了项目建设方案，推动落实各项支持政策。

（三）稳步推进“三网融合”工作

按照工信部统一部署，继续做好“三网融合”试点业务许可审批发放工作，稳步推进电信广电双向进入，就广电企业许可变更申请等相关事宜进行审批。梳理2013年“三网融合”工作进展情况及存在的困难，加强调研与形势研判，为下一步市场管理和政策制定提供支撑。

制定《四川省“宽带中国”战略实施方案》中的主要发展目标、重点任务及保障措施。

（四）大力推进广电网络建设

已建成全省OTN骨干环网，带宽容量为400G。完成全省IP平台的建设，带宽20G。正在进行四川省广电云视频中心建设。完成大部分市到县的城域网建设，OTN城域网正在加紧建设中；四川省广电网络已完成全省400余万用户的NGB改造，广电网络双向化率为30%。截至2013年12月末，全省累计数字电视用户达到1000万户以上，全省有线数字化率从年初的约50%提升至70%左右。全省高清机顶盒用户已达到了180万台以上。成都地区的交互电视用户已超过70万户，在全国省会城市中名列前茅。个人宽带业务，全省已发展78万余户，在全国广电网络中成绩突出。截至11月底，全省互动电视用户数达到91.24万，四川手机电视用户数超过16万。

【电子商务】

（一）市场交易快速增长

2013年四川省电子商务交易额总量和增速双双大幅增长。2013年，全省电子商务市场交易额7814.5亿元，同比增长62.3%，其中网络零售交易额815.9亿元，同比增长55.1%。由于电商企业不断完善产业链，用户对网络购物依赖程度和信任程度进一步加深，网络购物用户规模稳步增长。

（二）本土电商加速发展

四川本土电子商务纷纷整合线下资源、开展促销活动，呈现百花齐放，你追我赶的态势。中药材天地网、成都九正科技、文轩在线等国家示范企业加大推进传统市场电子商务孵化工作，行业影响进一步扩大。天府商品交易所从5月开始交易以来，到11月底交易额已经突破1500亿元，四川鼎坤、西部化工等交易中心，以及米兰网、铁公鸡网、第四城等一批专业电子商务平台处于全国同行业领先地位。

（三）狠抓普及应用

为扩内需、促消费，2013年1～2月进行了首届“天府网交会”，共实现线上线下交易额38.4亿元，其中网络零售额8.6亿元。2013年6月举办了“天府网交会·第三届川茶网购节”，实现交易额突破3亿元。2013年12月20日“天府网交会·第三届川酒网购展”线上线下同时举行，现场有40余家川酒品牌参与展示展销，近两千个单品进行优惠促销；线上（川酒商城www.c9mall.com）共有200多家企业参加“惠民购物全川行动”活动，汇集众多四川名优白酒品牌。

促进省内大型商场、批发市场、连锁超市、特色园区和特色街等建立平台或利用第三方平台开展电子商务，实现转型升级；支持专业市场开展网上交易，促进实体市场与线上市场有机结合；帮助市州引入电子商务服务企业与传统企业和市场对接，开拓新的应用模式。

开展农村商务信息服务试点有进展。在原5个县（市）的基础上，今年国家再确定5家试点县（市）。总结四川省农党远程网、新农村商网工作，推动农村电子商务与基地、营销大户、商超、院校、军队、餐饮企业等对接。与省委组织部、省委农办、商务厅在全省31个县（市、区）开展试点工作，不断探索农村商务信息服务的新方法、新模式。

（四）着力集聚发展

电子商务集聚区已形成各具特色，初见成效。青羊区着力打造电子商务总部基地，并引入中汇等业态新、带动性强的企业入驻；成华移动电子商务基地已初步形成产业链；金牛以量力钢材城、万贯机电城为主的电子商务楼宇成效明显；锦江、武侯打造创业、创意、孵化电子商务产业园区以及示范街，综合竞争力已经达到西部领先水平。绵阳、资阳、遂宁、广安、攀枝花、眉山市电子商务园区也在加快推动。

（五）健全体系建设

电子支付产业初步形成。摩宝网络科技等 5 家企业获得第三方支付牌照。成都市成华区“中国移动电子商务支付基地”初具规模，今年全省移动支付交易额预计超过 250 亿元（成都市 240 亿元）以上，覆盖金融、民生等 7 大类 90 余项，应用项目名列全国第一。

快递体系更加完善。青白江区、龙泉驿区、新都区重点打造现代物流基地和物流园区，资阳市、遂宁市也结合自身特点打造西部物流基地。本土人人快递、城市配送、货运班车等应用更加成熟。

【旅游信息化】

（一）建立网站服务体系

一是重建四川旅游资讯网，为游客提供权威、全面、及时、准确、个性化的旅游信息和便捷的旅游综合信息服务，并与四川旅游政务网集群、四川旅游官方微博、微信、App 客户端，以及“行摄 365”、“四川宝藏”、“中国西部自驾游博览会”等专题网站共同构成全省立体化的旅游信息服务平台。

二是建设四川旅游多语种外文网站集群，并在全球最大的视频网站 youtube 设计四川旅游频道。

（二）扩大旅游网络营销渠道体系

一是维护和拓展四川旅游网络营销联盟。加强与境内外主流网络媒体的沟通，拓宽网络媒体合作渠道，目前已与境内人民网、第一旅游网、新浪、腾讯、网易、天涯社区等 10 余家知名网站，境外谷歌、youtube、tripadvisor、美通社等建立了长期合作关系，构建了初具规模的四川旅游网络服务联盟。

二是建立和推广四川旅游网络旗舰店。在“第二届全球旅游网络营运商合作交流会”上，四川省与携程、艺龙、同程、芒果、途牛网 5 家国内最知名的旅游网络营运商签订合作协议，分别建立了 5 家四川旅游网络旗舰店，并要求市（州）积极引导辖区内的景区、酒店或旅行社加入平台，开展电子商务，联手网络运营商共同培育壮大四川在线旅游市场。

（三）加强新媒体服务平台应用

一是开发了“四川好玩”手机 App 客户端，实现与气象、测绘、交通等部门的旅游公共信息共享使用，为游客提供基于位置的旅游查询和导览服务。

二是建立了四川旅游微信服务平台。除了常规的资讯发布功能外，还开发了随身导览、景区搜索、图片展示、导游查询、天气查询等功能，让微信成为针对游客出行的智慧旅游产品。

三是开展了智慧旅游示范项目建设。推出 G5 国家高速及大九寨多媒体互动智慧旅游地图等一系列智慧旅游示范产品，整合市场资源，积极引导优秀的旅游信息化企业投身智慧旅游建设，推动全省 G5 智慧旅游带和智慧旅游试点城市、景区建设。并与台湾纵横壹旅游公司合作，推出智慧旅游多媒体查询终端，在全省 300 多家星级酒店落地。

【两化融合】

（一）做好推进工作规划

拟定了四川省《关于信息化和工业化深度融合专项行动计划的实施意见（2013—2018 年）》。计划用 4 年时间，重点围绕我省电子信息、装备制造、能源电力等 10 个重点产业，开展工业软件提升、数字园区、中小企业信息化服务等 11 项工程，逐渐形成覆盖全省工业主导行业、重点领域和公共服务支撑体系的两化融合推进格局。这两年围绕规划内容，主要以重点工程为着力点，以项目为载体，坚持龙头示范与普遍推广相结合，技术创新与平台服务相结合，从企业、行业、产业三个层面，以点带线，由线成面，扎实推进两化融合工作。

（二）开展专项资金项目工作

从 2012 年起，设立了四川省两化融合财政专项资金，用于支持企业实施信息化项目建设。已经连续两年支持了193个项目建设，带动项目总投资近20亿元。企业通过项目建设，促进了企业的转型升级，更为全省起到了示范带动效应。

（三）构建基础体系

一是利用项目申报机会，对企业进行了两化融合调查统计，编制了《2012年四川省两化融合发展报告》，系统性掌握和分析了全省两化融合状况；二是编制了《四川省中小企业信息化指南》，指导广大中小企业如何实施信息化建设，促进企业发展；三是开展企业信息化公共服务平台战略研究，探索如何利用新一代信息技术，建设两化融合公共平台，快速、高效推进两化融合；四是积极组建四川省两化融合推进联盟，联合社会力量，形成合力，推进两化融合；五是制定了两化融合水平评估方案，开发了评估系统，拟于今年10月开展地区和行业试评估。

（四）开展数字园区示范

以宜宾罗龙工业园区为示范，探索出了由电信运营商、IT服务商、园区管委会三方共同投资建设园区信息化公共平台、共同受益的的成功模式，计划在今年底前召开全省产业园区信息化建设示范推广会议，全面推动数字园区建设。

【物联网】

（一）发展现状

四川物联网产业发展基本与沿海发达省（市）同时起步，目前位居全国前列，中西部领先。截至2013年，全省物联网企业近600余家，销售收入700多亿元，年平均增长30%以上。成都、绵阳及乐山出台了物联网产业规划并成立物联网领导小组，成都建立了物联网产业服务机构，包括物联网产业发展联盟、物联网安全中心、物联网技术中心和物联网工程应用中心。全省物联网产业园区面积达10平方千米，其中成都双流物联网产业园区3.5平方千米，已吸纳36个项目，协议总投资340亿元；绵阳科技城物联网产业发展区，占地3平方千米，与无锡感知集团的合资合作建设“绵阳国家科技城感知物联网产业园”，并积极申报国家级物联网创新示范园区，建设西南地区有特色的物联网应用示范区和产业集聚区；乐山物联网产业科技园已入驻企业及机构30家，首期占地100亩。

（二）产业优势

一是四川省拥有物联网前沿研究和技术创新的科技优势。在光纤传感技术、微电子机械系统传感技术、自组网技术、高分辨对地观测技术、传感核心芯片与射频识别芯片设计、天线设计、应用软件、中间件等领域具有较强实力；物联网信息安全方面处于国内领先水平；在物联网技术军转民应用方面具有较强优势和较大发展潜力。拥有一批领先技术和企业。二是物联网感知技术所依赖的集成电路产业基础较强。以国际国内大公司设立的研发中心、集成电路设计公司为龙头，大力发展移动通信、RFID（射频识别）、网络设备、数字电视、IC卡等专用芯片设计为主，通过重大集成电路封装测试项目、模拟集成电路芯片制造项目的建设，成都已成为在国内外具有较高知名度的集成电路封装测试集中区域。三是初步形成了物联网处理软件产业基础，主要包括软件研发体系、规模生产体系、服务体系（包括系统集成、咨询、服务）等。

（三）示范应用

全省在食品安全溯源、智慧城市、智能交通、现代物流、生产过程控制、环境保护、水质检测、智慧医疗、智慧社区等领域展开了全面的应用，尤其是在食品安全溯源、危险源监控、地质灾害监测、智慧社区、智慧医疗等领域物联网应用处于全国领先水平，取得了初步示范成效。

贵州省信息化发展概况

【基本情况】

贵州省信息化建设取得了较快发展，主要表现在：信息基础设施得到较大改善，电子政务建设成效明显，信息化与工业化融合稳步推进，信息化发展环境逐步优化，经济和社会重点领域信息化应用取得明显成效，极大地提升了社会管理与公众服务的能力和水平，为贵州经济和社会的健康发展提供了有力支撑。一是信息基础设施加快建设，为信息化应用发展提供了保障。2013年完成电信业务总量 278 亿元，同比增长14.36%，增速位居全国第 1 位。全省移动电话基站达到 6 万个，通信光缆线路长度已达 29 万千米，广电网络光缆长度达 16.3 万千米，行政村通宽带比例达到 73%，互联网端口数 574 万个，出省带宽 805Gbps。二是基本建成全省统一的电子政务外网及骨干传输网。形成一个横向覆盖省直各部门，纵向连接 9 个市（州）政府、88 个县（区、市）政府及 90%以上的乡（镇）政府，向上连接国家外网，对外按国家安全标准与互联网实现逻辑隔离的省电子政务外网体系，全省电子政务应用系统和办公自动化系统建设初具规模，推进省、市、县三级政务协同，建成了一批社会公共信息服务综合应用项目。三是启动贵州省“电子政务云”顶层设计。申报国家“基于云计算的电子政务公共平台顶层设计实施试点”并获工信部批准，贵州省被列为试点省，制定了《贵州省基于云计算的电子政务公共平台顶层设计实施方案》。四是两化融合工作稳步推进。2013年，贵州省“贵州航空工业云”项目成为全国十个“工业云”试点之一（获支持资金 150 万元），六盘水市钟山区、遵义市汇川区两个省级两化融合试验区加快建设，贵州茅台、振华新云两家企业列为“国家级信息化与工业化深度融合示范企业”，贵州众智博信科技有限公司的“‘优随享’移动社区连锁电子商务平台”等两个项目被工信部评为 2013 年电子商务集成创新试点工程项目。《贵州省两化深度融合专项行动计划实施方案（2013—2018 年）》颁布实施。五是智慧城市、信息消费试点建设取得进展。全省各地加大了“智慧城市”应用建设，重点实施了平安城市、智能交通、数字城管、城市应急指挥、政府 WAP门户网站、无线城市、智慧校园、智慧农业、智慧医疗、天网工程等应用项目。全省有贵阳、六盘水、遵义、毕节、铜仁、仁怀、凯里、乌当区、湄潭、盘县 10 个城市（区、县）列为国家智慧城市试点，安顺市西秀区、遵义市红花岗区列为国家信息消费试点城市，这些试点城市建设目前正在积极对接协调，拟定试点建设方案和建设规划，有的已启动建设。六是经济和社会重点领域信息化全面推进。以教育信息化、劳动和社会保障信息化、医疗卫生信息化、交通运输管理信息化等为重点的信息化建设取得了长足的进步，社区信息化示范工程进展顺利，包括科技、环境保护、旅游、公安、税务、工商、国土、应急指挥、档案和服务业等领域的信息化建设也得到了较快发展，极大提升了社会管理与公众服务的能力和水平。全省农村信息化建设和应用顺利推进，已成为全国首批五个“国家农村信息化示范省”之一。

【存在问题】

一是相比全国，贵州省信息基础设施尚不完善，城乡发展不平衡，综合信息网络基础设施无法满足日益增长的应用需求，宽带普及明显滞后。信息资源开发利用水平不高，一些领域仍然存在低水平重复建设现象，信息资源共享水平低。二是信息化建设资金投入不足，人才政策不完善。全社会信息化建设投融资困难都比较大，信息化投入比重远低于研发（R&D）投入和自动化投入，信息化系统设备陈旧，更新升级困难。信息化人才培养落后于实际需要，人才缺口较大，特别是既懂信息化又懂业务的实用性人才较为缺乏。三是在信息化发展过程中，网络、技术、产业与应用发展统筹协调不够，信息通信技术在推动经济社会发展中的潜力没有充分发挥，各地各部门对信息化建设重要性、紧迫性认识与社会经济发展需要还有较大差距。

【今后重点】

按照《贵州省“十二五”推进信息化发展专项规划》提出的目标，2015年贵州省信息化发展指数要达到0.752，根据2010年至2012年贵州省信息化发展指数增长速度，此指标预计2015年可以实现。《贵州省信息化和工业化融合专项行动计划实施方案》中提出2014—2017年贵州省两化融合发展指数分别达到61、70、75、80，2017年进入全国中等水平的目标，明确了努力的方向：以提升“工业应用”指数为突破口，重点围绕改造提升传统产业，通过提升工业信息化应用能力，实施“贵州工业云”工程，着力推动信息技术在贵州省工业领域的应用、渗透和融合，着力用信息技术促进生产性服务业发展，着力增强信息产业支撑融合发展的能力。

（一）推进两化深度融合

贯彻落实《贵州省两化深度融合专项行动计划实施方案（2013—2018年）》，积极推进贵州联通“贵州工业云”和贵航集团“贵航工业云”项目建设及贵州西拓科技“医药产品信息追踪追溯平台”等电子商务集成创新应用示范项目建设。继续开展区域和企业两个层面的两化融合评估工作，积极配合开展工信部《两化融合管理体系要求》的贯标工作。

（二）推进电子政务建设

做好“基于云计算的电子政务公共平台顶层设计实施试点”工作，结合贵州大数据产业发展规划纲要实施，推进“政务云”顶层设计和应用推广。继续开展政府网站绩效评估工作，推进全省电子政务外网骨干传输网应用。

（三）促进信息消费

按照“以基础设施建设为前提，以产业发展为驱动，以信息应用为主导”的发展思路，认真贯彻落实《贵州省促进信息消费实施方案》，做好信息消费城市试点有关工作，推进智慧城市、物联网、云计算等应用建设和社会重点领域信息化建设，不断拓展贵州省信息消费的市场领域和空间。

（四）抓好农业农村信息化

推进“三农”信息服务工程建设、涉农信息资源整合共享，提升面向农业、农村经济社会发展全方位需求的综合信息服务水平，继续强化信息技术和农村实用技术培训，提高农民了解信息、应用信息的能力。积极配合做好“国家农村信息化示范省”建设工作。

（五）提高信息安全

建立健全信息安全保障组织体系、数字认证体系、信息安全监控体系等，完善网络与信息安全监控预测预警系统，提高信息安全事件应急处置能力。完善信息安全第三方评测预警机制，建设信息安全评测公共服务平台，有效保障信息化建设应用持续深入发展。

云南省信息化发展概况

【规划统筹】

根据2012年9月云南省信息化领导小组第六次会议的要求，云南省发布了《云南省人民政府关于加快桥头堡信息化建设的指导意见》、《云南省面向东南亚、南亚区域信息汇集中心专项规划》、《云南省面向东南亚、南亚通信枢纽专项规划》、《宽带云南工程建设专项规划》、《云南省“彩云工程”行动计划》等。根据《国务院关于促进信息消费扩大内需的若干意见》精神，云南省研究制定《云南省促进信息消费的实施意见》。为推动云计算、大数据和物联网等战略性新兴产业在云南的布局，提升云南省云计算和大数据服务、运营、管理创新能力，研究制定了《云南省鼓励云计算大数据产业发展政策和产业布局的指导意见》、《云南省推进物联网有序健康发展的指导意见》等。通过政策制定、规划先行，进一步加大了对全省信息化工作的宏观统筹力度。

【桥头堡建设】

按照国际通信枢纽、区域信息汇集中心、宽带云南建设规划及实施方案，加快了相关建设工作。其中，通信枢纽、宽带云南由省通信管理局和三大通信运营商牵头负责建设，主要开展了3G、4G覆盖工程、骨干网改造工程、宽带接入工程和通信服务基地建设，全年投资超过100亿元。在区域信息汇集中心的业务建设方面，电子口岸大通关服务平台、综合交通信息共享和服务平台、智慧交通物流公共信息平台、智慧旅游查询系统、广播电视集成播控中心等一批重点应用项目分别由省商务、交通、旅游、广电网络等部门启动建设。

【电子政务】

省、州（市）、县三级和部分乡镇的电子政务网实现了纵向互联，党委、人大、政府、政协系统实现了横向互通。以“金盾”工程为代表的“12金工程”建设和应用取得重大进展。政务内网、政务外网、互联网的关系基本理顺，政府信息公开、效能政府、应急指挥、工业经济综合管理、安全生产监管、地理信息服务、政企公共服务平台等一批重大应用项目建设稳步推进。全省公文交换、应急报送、信息公开、行政审批、政务服务、政务查询、电子监察等一大批政务信息系统建成并逐步投入使用。全省电子政务建设已基本具备由基础设施建设阶段向信息资源共享、协同开发利用阶段转变。

一是政务服务信息化平台建设全面启动。2013年，根据省政府推进投资项目审批工作的部署、省政府领导指示和有关文件精神，云南省政务服务信息化平台及投资项目并联审批项目建设取得重大进展。完成了投资项目审批系统开发、部署和业务培训指导。配合省审批中心业务的调整和完善，组织相关单位，对审批系统进行了两次大的升级改造，基本适应各级审批中心的业务需要，目前全省共有16个州市、129个县、7个开发区使用全省统一部署的系统。网上服务大厅建设前期工作正式启动。省工信委会同省投资项目审批中心管理办公室拟定的《云南省行政审批网上服务大厅建设方案》，由省政府办公厅印发全省执行，政务服务信息化平台其他建设内容开始全面建设。二是资源整合利用研究及重点项目建设前期工作有序推进。开展了基于云计算的电子政务公共平台顶层设计试点工作。以我省被列为工信部电子政务云平台试点省市为契机，加强了电子政务服务顶层设计和资源整合利用的研究工作，围绕网络、机房等基础资源和信息资源共建共享等问题的解决，编写了《云南省电子政务公共平台顶层设计书》。另外，将电子政务公共平台顶层设计与公共数据中心建设两项工作紧密结合，按照省信息化领导小组第六次会议部署安排，通过对陕西、北京、成都等地的数据中心、灾备中心进行实地调研，以省信息化领导小组办公室的名义对各州市人民政府和各省级部门开展电子政务建设情况调研，汲取先进省份的经验和模式，结合我省各地、各部门电子政务建设现状和需求，按照国家工信部下发的《基于云计算的电子政务公共平台顶层设计指南》要求，编写了《云南省电子政务公共数据中心建设需求分析报告》（讨论稿）。三是电子政务网络建设管理不断加强。全省电子政务外网建设项目于 2013 年 8 月 8 号通过项目竣工验收，新建成的电子政务外网与互联网逻辑隔离，上连国家，下连 16 个州市（市）、129 个县（市、区），承载云南省 52 个部门业务专网。7 个州市建成了连接至乡镇的网络。目前，全省电子政务外网专线接入单位约 3000 个，VPDN 部门或单位数量约 8659 个，VPN 接入部门或单位数量约 12478 个，3G VPDN 接入数量约 867 个。四是围绕全省集中管理的政务信息中心建设，启动了“电子口岸大通关服务平台”、“大质量信息服务工程”、“综合交通信息共享服务平台”等 8 个综合性重大建设项目。同时，开展了“人口基础数据共享平台”、“桥头堡旅游公共服务平台”、“文化传播与服务信息平台”等 8 项可研工作。五是推动云南省政务信息资源整合与开发利用。以云南省公共数据中心、灾备中心建设为抓手，加强地理空间和自然资源、人口、法人、金融、税收、统计等基础信息资源的开发利用，加强重点部门、重要数据的容灾备份能力，提高信息资源共享水平。

【产业发展】

2013 年，全省信息产业实现销售收入 438.71 亿元，其中：通信业完成 306.11 亿元，同比增长 11.5%；电子信息行业完成主营业务收入 132.60 亿元，同比增长 8.5%。南天股份、北方夜视、昆船物流、鑫圆锗业、玉溪蓝晶、山灞图像、安泰得、阳光基业等一批企业发展壮大，云南南天电子信息股份有限公司、昆船物流信息产业公司、云南省通信产业服务有限公司 3 家企业连续入围国家软件百强企业。其中，南天电子信息股份有限公司被列为国家规划布局内重点软件企业，安泰得软件股份有限公司已在“新三板”挂牌上市，阳光基业、山灞图像传输公司、双翊科技等企业正在筹备上市。此外，云南思普企业集团自主开发的基于开放源代码的操作系统已经成功进入中央政府正版软件采购网，并被部分省内外政府机关采购。在物联网发展方面，通过国家工信部物联网发展专项的实施，促进了云南省物联网相关企业和产业的发展。

【两化融合】

通过举办全省两化融合工业企业——IT 企业牵手行动，制定《云南省两化深度融合专项行动计划（2013—2018 年）》，实施一批重点企业、行业两化融合技术改造项目，开展 2013 年区域两化融合发展水平评估等多项举措，进一步推动两化深度融合。信息技术在云南省主要支柱产业和优势产业方面得到了广泛应用，如烟草、冶金、化工、机械、能源、生物制药、旅游等产业的大多数企业已围绕生产、管理、销售等几条主线开展了信息化建设。积极从提高生产效率、实现管理集成、拓展销售等方面开展两化融合，取得明显成果，利用信息技术促进传统产业整合和产业集群优化的战略思路已初见成效，两化融合支撑服务、管理体系建设等方面已初步构建。

【社会信息化】

全省教育信息化取得新进展，农村党员和农村中小学远程教育网基本建成，中心城市校园“一卡通”推广工作扎实推进，1/3的中小学以多种方式接入互联网。科技信息共享与服务能力不断提高，建成了覆盖全省的科技信息与科研管理网，数据库镜像站年均提供文献检索服务62万人次。云南省非物质文化遗产网及数据库建设取得初步成效，制作特色文化信息资源1.5TB（百万兆字节）。生态环境监测信息化水平明显提高，建立了云南省污染源在线监控中心，实现了对全省国控重点企业、部分省控重点企业污染排放情况实时监控。全省社保、医保、医疗、疾控与应急处置等信息化程度大幅提升，建成了覆盖全省16个州（市）、129个县（市、区），连接北京、上海、广州节点的远程医疗网；全省四级社保信息网建成，就业与社保信息服务体系基本形成。

【行业管理】

截至2013年年底，全省累计认定软件企业222家，累计登记软件产品1152项，获得工信部认定的计算机信息系统集成资质企业有87家，获得工信部认定的信息系统监理工程资质企业有6家。统计内软件企业有99家，国家级软件百强有3家，行业销售收入为58.5亿元。为加强云南省信息化建设及产业发展的基础研究能力，与国内知名咨询机构合作，推动了一批云南省信息化发展中需要破解、支撑的重大课题研究，引进赛迪研究院落户云南。全年共组织了5个基础性研究课题、4个政策性研究项目、3个新领域和发展方向研究，为理清思路、明确重点提供了保障。共办理省委政府领导批办件19件，做到件件有回音、有着落。

【新一代产业发展】

一是与云投集团签署《战略合作备忘录》，积极引进社会投资主体。按照“政府引导、市场运作、优势互补、资源共享”的原则，省工信委与云南省投资控股集团有限公司在昆明签署了《云南省工信委、云投集团共同推进云南省信息化中心建设的合作备忘录》。共同探讨长效合作机制，形成工作合力，推动云南省信息化中心、面向“两亚”的区域信息汇集中心、北斗卫星导航应用、云计算产业建设与应用等一批具有带动性、基础性的重大项目建设。此外，积极引导云投集团深度介入呈贡信息产业园的整体投资建设、承担重大招商引资项目合作主体等工作。二是抓好产业园区的规划布局，研究制定产业配套政策，加快产业聚集和产业集群的形成。将呈贡信息产业基地打造成为面向“两亚”的软件和信息服务产业基地，进一步推动产品、企业、政策配套等向上述两大基地集聚。积极筹划“政府信息资源开放及引导开发计划”、“百户成长型互联网开发企业的扶持计划”、“千户小微企业（青年）创业计划”、“一线城市App开发企业、投资基金、创投公司”引进计划。

【“五个一批”项目】

按照省委提出的产业建设年要求，以及省政府“五个一批”项目要求，在信息产业领域积极筹划、在谈并签约、启动一批重大建设项目，做好新一代信息技术产业培育。经前期准备，现梳理、储备了信息化及信息产业领域的“五个一批”项目共计187个。积极推动基础环境建设。云南省能投集团与浪潮集团在2013年南博会上签订合作协议，合资建设云能浪潮云计算中心。玉溪市政府与深圳华为技术公司积极商洽，签署合作协议，引进华为公司在玉溪建设华为西南云计算中心。积极与总装备部北斗办、总参谋部测绘局申请试点示范项目，已获认可，现已编制可研并通过省内评审。协调云投集团、中国兵器集团、中国航天科技集团、神州数码等开展云南北斗应用及产业化项目合作。投资主体已初步达成以云投为绝对控股方，多方参股成立云南北斗项目公司的合作意向，初定公司注册资本金5亿元。截至2013年年底，几家公司已抽调人员组成项目组，加紧公司筹建等工作。公司成立后的项目主要包括“一张网、一张图、一平台、一基地”4类建设项目。积极支持微软中国就项目落地所需的场地与高新区、五华科技园进行协调，落地场所已选定在五华科技园，注册登记已完成，场地租用合同已签订，并进入装修中。目前，微软创新中心已完成技术和项目管理团队的组建、以小语种产业为核心的顶层设计和业务规划，进入办理工商和税务登记流程。微软IT学院明确由省教育厅牵头，云南大学负责。现已提出首批20名教师培训计划和考试中心课程计划，正在进行报批。

【信息安全】

一是开展全省重点领域网络与信息安全专项检查行动。由省工信委会同省公安、安全、保密、密码等职能部门开展了2013年度全省重点领域网络与信息安全专项检查行动。检查涉及全省16个州市、60个省直部门及省级重点行业监管部门，以及16家重点领域信息系统企业。二是完成云南省实施政府部门互联网统一接入一期试点工程。该项目是云南省承担的首个部级政务信息化和信息安全试点项目。该项目的实施将提高云南省党政机关各部门互联网使用的规范性和安全性，降低政府部门互联网安全接入口的数量，提高互联网接入的统一性和安全保障水平。三是开展网络与信息安全应急演练工作。2013年度云南省网络与信息安全事件应急演练工作，由省工信委联合省教育厅共同主办，云南财经大学具体承办，全省49家省级部门、重点领域企、事业单位，以及在昆32所高校相关部门负责人到场观摩。四是开展省电子政务统一容灾备份中心的前期工作，制定完成了《云南省电子政务灾备中心咨询规划项目工作计划》及《云南省电子政务灾备中心规划咨询服务项目需求方案》。五是积极推动数字证书在我省的推广应用。六是充分发挥省网络与信息安全协调小组的协调作用，建立与各职能部门的协调、联动机制，在重大会议、活动等敏感时期，加强安排部署，降低网络与信息安全事件发生的概率。同时作为全省“扫黄打非”领导小组成员单位，积极配合开展相关工作，加强对党政机关网站的监控。

陕西省信息化发展概况

2014年是贯彻实施《数字陕西智慧城市发展纲要（2013—2017年）》第二年，也是全省信息化深化应用年。在省委、省政府的正确领导下，在各级各部门的共同努力下，电子政务陕西模式持续发酵，省市协同，智慧城市步入有序发展轨道；大数据产业形态初现，信息消费规模达到1800亿元，电子商务交易额超过2000亿元。全省信息化水平指数有望超过0.82，排名西部第一，全国前十。

【智慧城市】

按照《数字陕西智慧城市发展纲要实施意见》中分三阶段实施的安排，2013—2014年是启动准备阶段。在省信息化领导小组的正确领导下，遵循“七分规划，三分建设”思路，从技术规范发布、地市规划编制着手，体系化推动智慧城市建设。

（一）第一批技术规范发布

由省工信厅组织省信息化工程研究院、省级有关部门及几十家IT企业分三批启动编制23类智慧城市技术规范，其中8个公共支撑类规范由工业和信息化厅牵头编制，15个智慧应用类规范由省级相关部门牵头编制，省信息办统一归口，省信息化工程研究院提供技术支撑。第一批5类陕西省智慧城市建设要求与技术规范编制完成并发布，其中包括《智慧城市体系架构和总体要求》、《信息化公共平台技术规范第七部分：信息资源规范》、《社会公共服务卡技术规范》、《智慧医疗建设指导规范第1部分：市、县（区）区域卫生信息平台与省居民健康档案信息系统接口规范》、《智慧医疗建设指导规范第2部分：区域卫生信息平台与医疗机构信息系统接口规范》、《智慧医疗建设指导规范第3部分：远程会诊系统与医院信息系统接口规范》、《智慧医疗建设指导规范第4部分：区域卫生信息平台与新农合信息管理系统接口规范》、《智慧医疗建设指导规范第5部分：公共卫生信息平台与医疗机构信息系统公共卫生服务接口规范》、《陕西省智慧教育建设技术标准和数据规范第1部分：教育综合管理平台建设指导意见》、《陕西省智慧教育建设技术标准和数据规范第2部分：教育基础数据标准》、《陕西省智慧教育建设技术标准和数据规范第3部分：教育基础代码标准》、《陕西省智慧教育建设技术标准和数据规范第4部分：教育基础数据交换标准中小学部分》12项。城市应急、智慧信用、智慧时空平台3类7个项目已经通过评审。榆林、渭南、杨凌、咸阳等地市智慧城市规划编制完成并通过评审。

（二）居民健康卡试点发行

陕西社会公共服务卡（居民健康卡）是集医院就诊卡、新农合卡、预防接种卡、妇幼保健卡、献血证等医疗卫生服务卡（证）功能、金融功能、其他社会公共服务功能为一体的陕西省社会公共服务一卡通，是陕西省居民的健康身份证。陕西是国家卫生计生委确定的第二批试点省份。省卫计委、省工信厅、建设银行陕西省分行签订陕西省社会公共卡（居民健康卡）试点项目合作协议。省社会公共服务卡省级卡管平台、密管系统，卫生行业卡管平台、密管系统建成投运，省级主控密钥、根密钥生成。省社会公共卡（居民健康卡）将采取区域集中发卡、大型医疗机构现场发卡和银行营业网点三种方式发卡，先期在铜川市人民医院、咸阳市中心医院、汉中市中心医院、延安大学医学院附属医院、凤翔县试点。2014年12月26日，在铜川市人民医院举行了发卡仪式。

（三）积极开展建设试点

下发了《关于开展智慧城市试点工作的指导意见》，对试点工作提出了总体要求、目标和任务。在前期各城市、省级部门申报的基础上，确定了咸阳、渭南2个城市及3个省级部门作为陕西省智慧城市试点单位，印发了《陕西省智慧城市试点单位名单和总体方案》，并于2014年10月16日在咸阳市召开了陕西省智慧城市试点启动会议。遵循国家试点要求和我省智慧城市顶层设计，咸阳作为以信息共享、互联互通、便民利民为目标，以一卡通、一号通、一站通、一网通为重点建设内容的陕西智慧城市综合试点市已正式启动建设。确定渭南市为智慧城市单项试点城市，试点主要内容是推广“12345”市民服务热线“一号通”和食品安全在线监管服务平台在渭南的应用。确定省卫生计生委、省教育厅、省食品药品监督管理局为省级部门智慧城市业务应用试点部门，分别开展陕西省社会公共服务卡（居民健康卡）、数字教育资源智能服务、省食品安全在线监管服务平台三个试点项目建设并将优先在我省智慧城市试点城市落地。

【大数据产业】

从大数据产业顶层设计出发，围绕平台建设、政务数据开放、网络互联、园区承载、市场培育及应用、支撑机构等层面构建大数据产业生态体系。建设完善了省市县三级信息化公共平台；完成4个省级部门、4市、10县（区）业务梳理与信息资源设计试点；西安国家级互联网骨干直连点正式开通，三大电信运营商全部在西安实现互联网骨干网的网间直连，陕西省乃至整个西北地区宽带网络基础设施支撑能力将得到进一步增强；继国家卫生计生委、林业局、测绘局等部委的容灾备份中心落户西咸后，国家统计局西北数据中心、微软、太极智慧城市、陕西金融财富云、食品药品电子监管云平台等也相继入驻；启动建设了社会数据大集市项目一期，社情民意大数据平台继续服务省级20多个部门；组建了陕西省大数据产业联盟，与西咸新区共同举办了第二届西咸大数据论坛。产业发展已步入快速成长期，生态体系建设初具形态。

【两化融合】

编制了《陕西省信息化和工业化深度融合专项行动实施计划》和《陕西省工业企业两化融合发展水平评估规范（试行）》等，实施项目带动、典型示范引领，推进六个专项工程建设，树立典型示范企业20家，支持装备制造、煤炭、石化、汽车、食品药品、生产性服务业、产业园区等项目60余个。组织召开了陕西省两化融合管理体系贯标宣贯会议，动员部署了陕西省2014年两化融合管理体系企业贯标试点工作，批复成立了陕西省两化融合管理体系服务联盟，并聘请了18位两化融合专家。开展了13家国家级两化融合管理体系贯标试点工作。

【信息消费】

国务院促进信息消费文件下发后，省政府先后下发了《陕西省促进信息消费实施意见》和《陕西省宽带网络建设规划》，营造信息消费政策环境。咸阳继宝鸡之后成为第二批国家信息消费试点城市。省广播电视大学手机学院手机智能远程教育项目启动建设，将创新发展远程开放式教育模式，推动信息消费教育化。陕西IPTV集成播控平台建成，将支撑跨网络跨终端的新媒体业务发展，引发消费需求。移动电话用户数达3607万户，其中3G用户1468万户，4G用户355万户。移动互联网用户数达2638万户。宽带接入用户数达552万户，IPTV和手机电视用户分别为214万户和131万户。手机支付77.5万户，同比增长144.09%。电信业务收入超过328亿元，其中IPTV业务收入、移动数据及互联网业务分别同比增加30.7%和29%。信息消费呈现快速发展势头。

【电子软件产业】

2014年全省电子信息产业整体情况很好，继续保持了高速发展的态势。2014年全年主营业务收入在1450亿元以上，同比增长30.5%左右。其中，规模以上电子信息制造业实现产值550亿元，同比增长31%；软件服务业实现业务收入910亿元，同比增长30.8%。备受瞩目的三星闪存芯片项目如期量产，西部最大的智能终端生产基地中兴1500万部手机项目开工。集成电路产业迎来爆发式增长，比亚迪手机项目成功落户；军工整机、电子元器件等传统领域运行平稳；国家北斗卫星导航应用示范项目启动建设。

【其他信息化】

陕西全省法院一级数据中心建设完成，初步实现了全省法院司法数据共享，基本满足了司法研判需求，各地方中院的二级数据中心也正在建设之中。陕西高院审判执行指挥中心建成，集数据集中展示、分析研判、决策指挥、庭审远程指导、视频远程监控和运维集中管理于一体。陕西法院公众服务网正式对外开通，网上立案预约、网上查询、网上信访已变成现实。陕西省法律援助信息管理服务平台启用。陕西省宏观经济数据库一期、陕西教育基础数据库、陕西教育人人通综合服务平台建成。陕西省基础信息资源一张图一期启动建设。杨凌率先在全省实现城乡免费无线网络覆盖。商洛市信息化基础资源综合服务中心投入试运行，延安市信息化基础资源综合服务平台及应用项目通过验收。陕西省建筑市场监管与诚信信息平台部省数据对接通过验收。西安跨境贸易电子商务服务试点平台在西安国际港务区正式上线，业务正常开展后海关监管系统日处理单量最高可达10万票，标志着陕西省跨境贸易电子商务发展已步入快车道。陕西省中小企业公共服务平台开通试运行，将为全省中小微企业提供一站式、全方位的公益性服务。“陕西省企业数字证书一证通公共服务平台”启动建设，建立企业网上办事统一认证入口，实现一证通用、一站式办理。省水情可视会商系统，有效地实现了光缆互联，测站水情信息到达省防总、国家防总，30分钟时限内传输率为99%，网络传输率达100%，均居全国前列。省国家税务局在全省推行网上税务局系统，依托这一网络平台，纳税人可足不出户办理税务登记、申报、认证、缴税、审批等涉税事项等。省国税局POS机刷卡实时缴税系统实现国税全税种覆盖。陕西省作为全国重点用能单位能耗在线监测系统建设试点省份，顺利将55户重点用能企业能耗数据通过互联网准确、实时地上传到国家节能中心能耗在线监测系统国家平台，标志着能耗在线监测系统验收成功，陕西省成为全国首个重点用能单位能耗数据实时监测的省份。

甘肃省信息化发展概况

近年来，甘肃省信息化发展呈现出良好态势。信息化发展环境逐步优化，信息基础设施得到较大改善，信息化与工业化融合稳步推进，电子信息产业加速发展，经济和社会重点领域信息化应用成效明显，社会管理与公众服务能力和水平迅速提升。

【发展环境】

截至2013年年底，甘肃省已形成了从整体到局部、涉及经济和社会发展各主要领域的信息化发展规划体系，各级政府出台了包括信息基础设施建设、工业化和信息化融合、信息消费、数字城市、信息产业在内的一系列政策文件。根据信息化发展需要逐步建立了甘肃省信息化领导小组、甘肃省数字城市建设协调领导小组、甘肃省农业农村信息化领导小组、甘肃省推进民情流水线工程加快三维数字社区建设领导小组、甘肃省三网融合试点工作协调小组、甘肃省使用正版软件工作领导小组等一系列信息化工作机构，确立了配套的工作运行机制。全省各地各部门也结合实际建立完善信息化工作流程和各类相关的工作机制。

在信息基础设施建设、电子信息服务产业、重点行业信息化应用等领域，甘肃省政府与工业和信息化部、中国电信集团公司、中国移动通信集团公司、中国联合网络通信集团有限公司等国家有关部门、企业集团签订了一系列战略合作框架协议，优势互补、互利共赢，共同推动甘肃信息化建设和发展。

【信息基础设施】

2013年，甘肃推进实施“宽带中国”战略，加快全省通信光缆和宽带网络进村入户、道路通信、旅游区和城区通信基础设施建设，推进3G网络覆盖和应用开发推广，落实“村村通”工程和“信息下乡”活动任务，提升电信市场服务质量，维护网络信息安全，加快信息基础设施建设。全省电信行业重点企业资产总额达到288.9亿元，固定资产原值为480.3亿元，净值为224.1亿元；从业职工为1.9万人；电信业务总量为198.2亿元，电信主营业务收入为162.2亿元。互联网省际出口带宽为1029.68G，通信光缆线路总长度为37.7万千米，互联网宽带接入端口数为460万个，局用交换机容量为524.5万门，移动电话交换机容量为2618.8万户。固定电话用户为364.3万户，普及率为14.1部/百人；移动电话用户为1976.2万户，普及为76.7部/百人；互联网宽带接入用户为192.2万户，普及率为7%；移动互联网用户为1461.1万户，普及率为56.7%；3G用户达到623.39万户，普及率为24.2%。

2013年，甘肃广播电视行业体制改革进一步推进。完成全省广电网络整合，广电网络公司挂牌运营。广播电视“村村通”工程为80万农户配备了直播卫星接收设备，“户户通”工程累计开通285.95万户，实现了从广电“村村通”到“户户通”的跨越，成为全国第一个基本完成“户户通”

工程建设的省份。三网融合取得积极进展，互联网电视集成播控平台建设顺利完成，IPTV 甘肃分平台至甘肃电信链路开通；广电网络视听节目监管平台建设和互联网数据传送增值业务、国内 IP 电话业务、增值电信业务等双向进入业务许可申报工作有序推进；各类三网融合业务主体也积极开展对接，推动建立合作关系。

【两化融合】

区域两化融合发展水平稳步提升。落实工信部《信息化和工业化深度融合专项行动计划（2013—2018 年）》，推进制造业信息技术的集成应用，大力发展生产性服务业，提高信息产业支撑融合发展的能力，推动企业信息化示范点、示范园区建设，提升企业生产经营管理的科学化、网络化和智能化水平，促进工业结构整体优化升级。全省重点工业企业信息化专项规划普及率达到为 23.75%，ERP 普及率为 47.68%，MES 普及率为 22.53%，PLM 普及率为 36.63%，SCM 普及率为 43.75%，装备数控化率为 23.82%；第二产业全员劳动生产率提升至 11.68 万元/（人·年），工业成本费用利润率为 3.63%，单位工业增加值工业专利量为 1.1 件/亿元，单位地区生产总值能耗为 1712.26 吨标准煤/万元；中小企业信息化服务平台数达到 40 个，建成数字企业 4300 家。金川集团股份有限公司、甘肃祁连山水泥集团股份有限公司、中国石油长庆油田分公司、天水华天电子集团 4 家企业被工信部授予“国家级两化深度融合示范企业”。

重点行业信息技术融合创新能力明显增强。推广原材料工业集约化、装备制造业智能化、消费品工业精准化生产方式。重点支持酒钢、金川、白银公司等一批大型骨干企业通过实施 ERP、SCM、CRM、MES，以及 OA、BI 等应用系统，实现业务信息与管理信息的集成与共享，促进研发、生产、经营管理各环节信息集成和业务协同创新发展。能源行业中，长庆油田、华煤集团、华电新能源等企业投资 40 亿元开展数字化、网络化建设，推动企业从单项业务应用向多业务综合集成转变；促进研发设计、检验检测、总集成总承包和供应链管理服务从制造业中剥离，实现生产性服务业与制造业互动发展；重点行业节能减排信息技术开始普及，兰州铝业、金川公司、白银公司、酒钢集团、大禹节水等企业投资 6.9 亿元建设能源管理信息系统示范项目。

电子制造业和软件服务业发展加快。初步形成了三个信息产业集聚区（天水微电子产业集聚区、兰州安宁特种电子产业集聚区、兰州高新区软件产业集聚区），三条产业链（数字音响视频产业链、电子专用材料产业链、半导体照明产业链），一个电子专用设备制造基地（兰州瑞德集团），一个信息化服务平台（万维公司、南特数码公司、号百公司、紫光智能公司、大成公司等）。建成西北中小企业云服务平台，组织成立西北中小企业云服务产业创新联盟，服务中小企业信息化建设，2013 年上线应用近 70 项，接入企业 5011 余家，用户超过 18 万户；支持甘肃万维公司成立云计算软件研发应用中心平台，平台接入终端 5 万多个，为 300 多万人提供在线云服务；联合兰州交通大学成立甘肃物流与信息技术研究院，围绕西部区域公铁联运、航空货运等物流领域开展信息技术研究、规划、咨询、设计、应用和服务，提高物流业信息化水平，加快甘肃省及西部地区传统物流业向现代物流转变。

兰州市国家级两化融合试验区通过验收。兰州市充分发挥石油化工、有色冶金、装备制造、生物医药等重要工业基地优势，建设行业信息化示范园区，打造全国两化融合示范基地；兰州市通过实施《国家级两化融合创新示范区实施方案》，确立“地区抓特色、行业抓重点、园区抓集聚、企业抓提升、物流抓平台”的两化融合发展思路，以“抓典型，树标杆，分类指导，整体推进”的工作措施，积极推进区域、行业、企业三个层面两化融合，在全省起到了典型示范带动作用。信息技术在兰州市工业和社会领域广泛应用，重点企业、行业和领域两化融合成果相对明显，中小企业信息化公共服务平台建设起点高、服务面广、发展迅速。

【信息产业】

2013 年，全省统计内电子信息企业共 125 户，其中电子信息产品制造企业 11 户，软件和信息服务业企业 112 户。软件和信息服务企业中软件企业 83 户，计算机信息系统集成企业 53 户，计算机信息系统工程监理企业 5 户（其中同时具备软件和计算机信息系统集成资质的企业 29 户）。年末从业人员为 17910 人。信息产业固定资产投资累计完成 125.42 亿元，同比增长 38.13%。其中 500 万元以上项目累计完成投资 45 亿元，同比增长 31%；新增固定资产 18 亿元，同比增长 22.7%。

2013 年，甘肃省电子信息制造业统计内企业实现工业总产值 50.42 亿元，同比增长 42%，增速较上年同期增长 19 个百分点；主营业务收入 46.3 亿元，同比增长 42.7%；销售产值 59.25 亿元，同比增长 54%；实现出口交货值 17.47 亿元，同比增长 147.9%；生产集成电路 91.59 万块，销量 91.16 万块，同比分别增长 27%、26%；电真空器件产量 2.6 万只，销量 2.6 万只，同比分别增长 150%、624%；综合电缆产量 17196 千米，销量 16217 千米，同比分别增长 50%、43%。

2013 年，甘肃省软件和信息技术服务业实现主营业务收入 32.78 亿元，同比增长 47%，全年月均增速为 20.6%；软件业务收入 23.76 亿元，同比增长 28.5%。其中：软件开发、信息系统集成服务、信息技术咨询服务、数据处理和存储服务、嵌入式系统软件、集成电路设计分别实现收入 7.31 亿元、12.11 亿元、1.41 亿元、2.39 亿元、4614 万元、783 万元，同比分别增长 27.4%、28.9%、15.0%、19.9%、345.8%、73.6%。甘肃紫光实现主营业务收入 3.93 亿元，同比增长 29.2%，占全省软件服务业的 11.99%；软件业务收入 3.93 亿元，占全省软件服务业的 16.54%。

全省信息产业拥有国家级企业（工程）技术中心 2 个，省级企业技术中心 12 个，省级重点实验室 6 个，3 家企业通过了 CMMI3 级认证评估，软件产品 400 项，著作权 550 多项。全年先后获得省级以上科技奖励近 20 项、国家专利授权 120 多项，通过鉴定的新产品、新技术和新成果 100 余项，有 40 余种产品填补了国内空白，50 多项技术和产品达到国内领先或接近国际先进水平，1 项信息安全技术入编国家工信部“民参军”目录。甘肃瑞盈公司高效煤粉锅炉智能群控系统、甘肃陇盛绿色科技推广公司农业智能综合信息服务系统、甘肃成兴公司铁路电子招投标交易、甘肃紫光公司铁路安全防灾监控系统、甘肃新网通公司道路运输监控平台、甘肃万维公司教育云平台翼校通等 17 项软件产品分获高交会“优秀产品奖”和 2013 第十七届中国国际软件博览会金奖、创新奖。天水华天电子集团累计自主开发出 1000 多种多领域应用产品，其中 100 多项技术达到国际先进、国内领先水平；获国家授权专利 145 项，其中发明专利 44 项；承担并完成省级以上科技研发项目 280 项。新网通公司开发了甘肃省道路运政管理系统、全省物流信息系统、客运联网售票系统、96779 公众交通信息服务系统、IC 卡电子证件系统、交通监控指挥系统、省级交通应急处置平台、甘肃省重点营运车辆动态信息监管服务平台等，有力支撑了经济社会各领域信息化建设。

【农业农村信息化】

甘肃省农村信息公共服务网络工程完成投资 3600 万元，建成了 1 个省级农业信息服务网络平台、87 个县级农业信息采集发布平台、5100 个村级信息服务点，初步形成了省—县—村三级农村信息公共服务网络体系，基层信息服务组织体系延伸至所有乡镇和 80%以上的行政村。建成农村党员干部现代远程教育网络乡村终端站点 17390 个，覆盖了所有乡村；通过农村中小学现代远程教育工程完成卫星教学收视点和计算机教室 13311 所；文化信息资源共享工程乡村基层服务点也达到 17017 个。全省农业网站信息量稳步增加、信息质量稳步提高、网站活力不断激发，在宣传甘肃特色农业、互通产销信息、展示农村风采、交流典型经验等方面发挥了重要作用。甘肃农业信息网累计发布信息 120 万条，网站总访问量达 1.8 亿次，日均访问量突破 11 万次；甘肃新农村网日均访问量也达到 5.6 万次。

【电子商务】

2013 年，甘肃全省电子商务交易额为 860 亿元，同比增长 39%；网络零售额为 151 亿元，同比增长 45.1%。兰州市成为国家电子商务示范城市，酒泉获批国家电子商务示范基地，甘肃陇萃堂营养保健食品有限公司和甘肃烽火网络有限公司（嘉酒视窗网）被评为国家电子商务示范企业，甘肃惠森药业科技集团的“药材盈”平台成为第一批国家中药材电子商务交易应用示范平台，“甘肃读者动漫科技有限公司丝路大遗址移动旅游服务平台”、“陇西中天药业有限责任公司中药材质量追溯系统”两个项目入选国家电子商务集成创新试点工程，以示范城市、基地、企业为引领的电子商务发展格局初步形成。农产品、中药材、文化旅游等特色产业电子商务应用逐步深入，代运营、电子支付、咨询服务、互联网金融等电子商务配套服务逐步完善，快递物流等电子商务支撑体系逐步健全。“陇汇通”等跨境电子商务平台上线运行，甘肃省电子商务获得了广阔的发展空间。

【社会信息化】

“爱城市”等智慧城市平台覆盖全省所有地级市，用户接近40万，智慧公交、远程监控、新媒体、移动支付、市民卡等业务快速增长。教育信息化领域，“班班通”工程持续推进，教育云资源服务覆盖2000个教室；基于宽视界监控平台的幼儿园信息化系统用户达到700家；手机校讯通服务普遍应用。医疗卫生事业领域，卫生信息系统专网、基层医疗卫生机构信息系统等项目开始建设，健康屋远程智能医疗检测、医讯通等服务逐步推广。

物联网示范项目建设进展明显，在部分行业和区域形成了一定的物联网示范应用效应。“兰州市基于物联网技术的智能交通管理系统”初步建成，普及机动车辆电子信息卡12万张。“两客一危”车辆动态服务监控平台对全省1.96万营运车辆及相关人员实现了实时监控。建筑节能、建设行业管理方面通过物联网等新一代信息技术的应用，对建筑耗能和行业管理实现在线监测和监管。建成重点企业污染源自动监控、环境监察移动执法、300MW火电企业脱硫设施运行过程工况监控等一批环境保护监测项目，实现了对企业污染物排放的监控、现场环境执法信息的动态采集和综合应用。全省建立了18个小麦苗情监测系统，并利用物联网技术实施病虫害疫病远程诊断。部分林区启动无线网络建设，遥感卫星、北斗导航、无人遥感飞机等系统开始在林业生态建设方面发挥作用。

在工信部与甘肃省政府《全面加快三维数字社会管理系统建设大力推广民情流水线工程合作协议》的引导下，三维数字社会管理系统开始普及。兰州市三维数字社会管理服务平台在兰州市52个街道、391个社区及108个单位和部门全面推广应用，嘉峪关等6个地级市也开始启动系统建设工作。省、市、区、街道、社区五级互联网络逐步构建，省级综合平台逐步形成，全省“三维数字社会管理服务系统”覆盖率得到提升。

2013年10月，甘肃省人民政府与中国电信集团公司签署《深化战略合作，建设“智慧甘肃”协议》，以中国电信云平台为基础，开展“智慧城市门户”、“城市智能管理系统及应急调度平台”、“数字医院”、“智慧校园”、“智慧公交”等智慧城市建设；推进“旅游综合数据库”、“旅游政务网”、“旅游资讯网和旅游综合信息公共服务平台”、“数字景区和导游助手应用平台”等数字旅游建设；同时，在智能交通、智慧物流、智慧国土等领域也启动了一批示范工程项目建设。

青海省信息化发展概况

近年来，青海省省委、省政府对推进信息化发展十分重视，先后印发了支持信息化发展的一系列政策措施，特别是为贯彻落实《国务院关于促进信息消费扩大内需的若干意见》，2013年11月15日，青海省在全国率先出台了《关于建设宽带青海促进信息消费的指导意见》，成立了以省政府常务副省长为组长、省有关部门主要领导和通信运营企业领导为成员的统筹信息化和宽带青海建设领导小组；明确了到2015年信息消费额达到180亿元、对GDP增长贡献率达到15%、信息通信基础设施完成投资200亿元的工作目标；提出了建设“宽带青海”、实施“数字青海”工程、培育服务新业态、强化网络信息安全4项主要任务；确定了光网城市、宽带无线城市、数字农牧区、畅通网络、高原信息中心、数字产业、数字园区、数字民生、电子政务提升、大美青海地理信息生态保护10项重点工程，明确了任务分工；并从强化顶层设计、支持重点项目、提高政府公共服务水平、促进无线频谱资源高效利用、简化行政审批程序、加大财税政策支持、规范建设秩序、建立普遍服务机制、建立信息消费统计监测机制及宽带发展评测系统、发展信息产业、强化人才队伍建设、加强组织领导12个层面，制定了政策措施。此外，西宁市、格尔木市被确定为全国首批信息消费试点城市，格尔木市被确定为全国“智慧城市”试点城市；省级财政2014年度预算列支6000万元支持信息服务业发展；海东工业园区设立了信息产业园，青海中关村高新技术产业基地、“国家级软件和集成电路公共服务平台”和以电子产品制造、软件和信息技术服务为主体的新一代信息技术企业和项目陆续落户信息产业园，这一系列重要举措为青海省信息化发展奠定了坚实的基础。

【基本情况】

（一）基础设施

通信基础设施方面，截至2013年年底，全省光缆线路总长度90394千米，局用交换机容量165万门，移动通信交换机容量848万户。电话及广播电视用户方面，截至2013年年底，全省电话用户总数644.2万户，其中，移动电话用户542.4万户，固定电话用户101.8万户。广播综合人口覆盖率94.14%，电视综合人口覆盖率96.33%。通信行业固定资产投资和业务收入方面，2013年通信行业固定资产投资28.6亿元，其中，移动网投资13.7亿元；电信业务收入50.66亿元，其中，移动通信收入39.6亿元，固定通信业务收入完成11.06亿元。此外，省政府相继与中国移动通信集团、中国电信集团公司、中国联通集团公司签署了《无线城市建设战略合作协议》、《促进信息消费战略合作框架协议》、《智慧青海战略框架协议》，上述协议正在有序实施。

（二）电子政务

政务网络方面，电子政务内网横向连通了省直机关，纵向连通了各市（州）、县，主干线路接入带宽达100M，实现了公文网上传输和信息网上报送；电子政务外网完成了省、市（州）、县及省直机关全部连通，并实现了与国家政务外网的对接。政务系统方面，监察、扶贫、应急、农业、水利、文化信息资源共享、人力资源和社会保障、安全生产监察、网上政务大厅等省级政务系统和“金关”、“金税”、“金盾”、“金保”、“金财”、“金审”、“金水”等国家重点政务系统日趋完善。政务公开方面，青海省依托省级、地区及省直部门信息公开平台，及时发布政务信息，并积极探索利用政务微博、微信、手机报等新媒体与公众进行互动交流。截至2013年年底，全省累计主动公开政务信息135.16万条、依申请公开政务信息3148件、政务信息网上咨询1.2万人次，各级政府门户网站已成为政府信息公开和广大群众知情办事的主要渠道。

（三）两化融合

近年来，青海省重点围绕十大特色优势产业、十五个重点产业集群、“双百”和千户中小微企业、工业企业节能减排和安全生产、园区和企业信息基础设施建设、工业软件企业培育、工业电子商务示范推广、工业信息系统安全保障、工业经济运行监测等重点领域和关键环节，扎实推进信息化与工业化深度融合，相继出台了《关于进一步促进青海省工业企业信息化发展和应用的指导意见》、《关于进一步鼓励软件产业和集成电路产业发展若干政策的实施细则》、《关于加快推进信息化与工业化深度融合的意见》、《关于信息化推进工业经济转型升级和提质增效的实施方案（2014—2018年）》等政策措施，并与工业和信息化部签订了《关于加快推进青海省工业和信息化发展战略合作框架协议》，从加强组织领导、完善政策环境、加大政策支持等方面，进一步强化了信息化与工业化融合保障措施。在电子信息产业方面累计争取国家专项资金4865万元，带动投资近20亿元，对转变青海省工业经济发展方式、提升工业企业发展质量和效益等方面的倍增和带动作用日益凸显，并培育了一批省级信息化与工业化融合示范企业。

（四）农业信息化

目前，青海省以农牧区科技信息综合服务平台为依托，建立了基于地理信息系统的农业科技、农民远程教育和农村公共管理信息化主动推送服务。全省已建成了省级农业数据中心、县级综合信息服务大厅、村级信息服务站，开通了“农村经济信息网”等农业信息网站和乡镇政府信息网站，初步形成了专家服务、12316农牧服务热线、短信息发布平台、视频服务系统、农民信息服务小报“五位一体”农牧信息服务模式，2013年青海省被列为全国五个“国家农村信息化示范省”之一。

（五）电子商务

2013年青海省网购用户超过100万人，在淘宝登记注册的商家5000余户，电子商务交易额达189亿元，网络零售交易额达40.9亿元，占全省社会消费品零售总额的7.5%，西宁市支付宝用户年均支出近万元。此外，西宁经济技术开发区被确定为国家电子商务示范基地。

（六）教育信息化

基础教育方面，建成了省级基础教育资源中心1个、教学光盘播放点2889个、卫星教学收视点2781个、计算机教室967个、计算机5.8万台，信息技术教育课程和省级中小学教学资源库基本建成，实现了中小学现代远程教育和信息技术教育基本覆盖。高等教育方面，建成了2.5G的环状教育主干城域网，实现了省委党校、省教育厅、省属高校等17个教育和科研单位与中国教育和科研计算机网的高速连接，图书情报检索系统、教务管理系统、网上精品课程教学系统等教育信息系统广泛应用。

（七）医疗信息化

目前，青海省已建成覆盖44家县级医院，连通北京大学人民医院、省三级甲等医院、市（州）医院的四级远程会诊信息系统。西宁及海东下辖8县建成医疗卫生数据中心，县级综合医院HIS、PACS等医疗信息系统投入使用。全省乡卫生院、村卫生室、社区卫生服务站信息化硬件设备优化升级，基本公共卫生服务信息管理系统得到推广应用。

（八）交通信息化

连接省、市（州）、县三级交通部门的骨干交通信息网络基本形成，并建设以省交通数据中心和公路地理信息平台为主体的交通数据资源平台。公路建设项目管理系统、公路路政管理系统、公路养护管理系统、道路运输管理信息系统、运输服务信息系统、青海湖通航水域信息管理系统、交通数据综合分析系统等交通信息化应用系统取得初步成效。智能公共交通项目有序实施，朝阳东站至曹家堡高速公路等电子不停车收费系统（ETC）投入运营。

（九）环保信息化

成立了省级环境信息中心和西宁市、格尔木市环境信息中心，相继实施了省级环境信息网络系统改造项目、环境信息广域网络系统工程、城市环境信息网络系统建设项目，实现了对全省国控、省控重点污染源企业、城市污水处理厂、环境质量自动监测站的实时监控和全省12369环境污染举报系统的联网，并建立起环境基础数据库、污染源监控系统、公众监督及现场执法三大环保信息系统。

（十）水利信息化

建成了连通水利部（国家防总）、部分市（州）水利主管部门的水利信息骨干网和公用电话交换网、移动通信网络、短波电台、计算机网络“四位一体”的报汛通信网，实现了在30分钟内将各类水情信息传送到水利部和流域机构的应急响应机制。全省布局建设了水利数据库12个、水雨情等水利信息采集站364个。防汛抗旱、水土保持监测、水资源管理、水利工程管理、水利行政管理等水利信息系统基本建成。

（十一）人保信息化

建成了省级数据中心，连通了省、市（州）、县三级人力资源和社会保障主管部门，并覆盖54个县（区）以上行政区域，承载运行了城镇职工基本医疗保险管理信息系统、人力资源市场信息系统、社会保险信息系统，实现了人力资源市场职业供求分析监测、失业保险、养老保险等数据的报送和发布。

（十二）信息安全

全省重点领域信息网络安全管理方面，90%的市（州）政府和省直机关部门设立了信息安全管理机构和信息发布审核制度，79%以上的单位和部门签订了重点岗位人员安全保密协议，制定了人员离岗离职安全管理规定，建立了访问重点信息系统审批制度。技术防护方面，青海省市（州）政府和省直机关部门建立互联网接口42个，部署了6种类型的59个网络安全防护设备，70%以上的单位和部门存储了网络访问日志，设置了安全防护设备策略，建立无线局域网接口27个，其中的25个采取了安全防护策略。终端计算机安全防护方面，大部分单位和部门采取了集中统一的安全管理方式，62%的单位和部门制定了互联网接入安全控制措施。移动存储介质安全防护方面，45%以上的单位和部门对移动存储介质进行了集中管理和统一使用，其中，部分单位和部门还配备了信息消除和销毁设备。信息网络安全应急工作中，72%的单位和部门制定了信息安全应急预案，24%的单位和部门开展了信息安全应急演练，90%的单位和部门能适时开展重要数据备份工作，66%的单位和部门对重要信息系统进行了备份。

（十三）重点工程信息化

为认真贯彻落实中纪委《工程建设领域项目信息公开和诚信体系建设工作实施意见》精神，在省纪委的直接领导下，青海省于2012年8月建成了全省工程建设领域项目信息和信用信息综合检索平台，实现了全省范围工程建设领域项目信息和信用信息专栏原数据的自动采集、注册、管理以及与国家平台的互联互通，并通过了中国软件测评中心的专项技术测试。省级各部门的重点工程和项目均在部门网站予以公开，接受社会监督，为全省重点工程建设项目公开、公平、公正提供了信息平台。

【发展水平分析】

《中国信息化发展水平评估报告》基于网络就绪度、信息通信技术应用、应用效益3类指标和33项量化参数，综合评估全国各地区信息化发展水平。据此报告，2013年青海省信息化发展水平位列全国第29位，仅高于贵州和西藏，在西部12省（区、市）中列第10位。其中，网络就绪度指数反映当地信息化基础设施水平，青海省网络就绪度指数为77.06，位列全国第19位，西部第5位；信息通信技术应用指数反映经济、政务、社会领域信息化发展水平，青海省信息通信技术应用指数为51.76，位列全国第30位，仅高于西藏；信息化应用效益指数反映信息化应用成效，青海省信息化应用效益指数为54.55，位列全国第26位，西部第7位。

（一）基础设施建设

从信息基础设施建设水平来看，青海省智能终端普及水平位列全国第21位、西部第6位，有线电视发展水平位列全国第15位、西部第3位，光纤发展水平位列全国第19位、西部第7位。其中，有线电视入户率、数字电视入户率在西部地区处于领先水平；移动电话普及率、固定电话普及率、电脑普及率、光纤入户率、人均光纤长度、固定宽带普及率、移动宽带普及率处于全国平均水平，但青海省固定宽带端口平均速率仅为3.94Mbps，位列全国末位，全国平均速率为19.96Mbps。

（二）技术应用

从信息通信技术应用水平来看，青海省企业信息化应用水平位列全国第18位、西部第3位，政务信息化应用水平位列全国第21位、西部第7位。其中，生产装备数控化率、企业ERP普及率、企业电子商务交易额占比、中小企业信息化服务平台数量等反映企业信息化水平和主要业务信息化覆盖率、政务事项网上办事率、政务信息公开上网率、县级电子政务公共平台覆盖率等反映政务信息化水平的指标数据在全国均处于中等水平。企业信息化发展水平位于西部地区领先位置，政务信息化水平在西部地区处于平均水平。但社会信息化应用水平位列全国第31位，互联网普及率、信息化便捷支付服务覆盖率、人均网购零售额和人均信息消费支出等反映社会信息化发展水平的指标相对落后。

（三）应用效益

从信息化应用效益来看，由于矿产资源、电力能源和人力等生产要素成本相对较低，青海省生产效益即工业成本费用利润率位列全国第7位、西部第6位。同时，由于青海省人口基数小，劳动生产率（全国第16位、西部第4位）、知识扩散即人均移动互联网使用流量（全国第15位、西部第5位）、人均收益指数即人均生产总值（全国第21位、西部第6位）等信息化应用效益评估指标整体处于全国和西部中游水平。人均电子商务支付笔数和金额等反映技术创新能力和电子商务发展水平的指标均处中下游水平，电子商务发展水平位列全国第27位、西部第8位。青海省节能降耗指数即单位GDP能耗和水耗位列全国第28位、西部第9位，信息化在促进节能减排和资源综合利用方面任务艰巨。

【机遇与问题】

从国家层面看，党中央国务院高度重视信息化工作，十八大提出了坚持走中国特色新型工业化、信息化、城镇化、农业现代化道路，信息化已上升为国家战略，尤其是新一轮西部大开发、建设“丝绸之路经济带”等战略决策，为信息化推动青海省经济社会发展提供了新的机遇。从青海省发展实际看，近年来，省委、省政府高度重视信息化工作，特别是提出了建设宽带青海促进信息消费战略，并在海东工业园布局建设了信息产业园，设立了信息服务专项资金，为青海省信息化发展指明了方向、注入了动力。此外，青海省信息基础设施初具规模、政务信息化稳步推进、经济信息化迈上新台阶、社会信息化渗透融合、信息网络保障能力不断提升，电子信息制造、软件和信息技术服务业蓬勃发展，为信息化在更广领域和更深层次的持续推进奠定了基础。从工作职能看，省政府职能转变和机构改革后，省经济和信息化委员会将承担全省信息化管理职能，有利于切实推动青海省信息化加快发展。

（一）基础薄弱

首先，青海省信息化底子薄，能够从国家部委争取到的资金十分有限，加之省级财政无信息化专项资金，导致青海省信息化行业主管部门推进信息化工作缺乏抓手、企业动力不足，信息化推进多停留在国家政策的上传下达，难见实效。其次，青海省信息化起步晚，本土信息技术服务企业数量少、规模小、人才缺、能力弱，同时，信息技术行业技术门槛高、人才需求大、资金投入多，青海省信息技术服务企业在与省外企业竞争中处于劣势。再次，由于青海省产业结构偏重、发展方式粗放等多种因素叠加影响，招商引资企业、项目和资金绝大多数集中在资源依赖型产业，几乎未涉及信息化领域，青海省日益增长的信息技术服务需求与本土信息技术服务能力不相适应。最后，由于青海省暂无信息化行业协会，导致青海省在开展资质认定、数据采集、人才培训、公共服务平台建设等工作时，要么求助异地行业协会，要么交由无行业协会职能的企业办理，效率低、成本高，政府、社会、企业在推动信息化进程中各司其职、各展所长的良性机制亟待完善。

（二）统筹不足

由于青海省项目管理中重产业、轻信息化的认识问题长期存在，加之信息化项目管理未明确具体量化指标，导致青海省信息化固定资产投资项目备案核准制流于形式，信息化项目重复建设，信息和数据资源不能共建共享，造成“信息孤岛”现象普遍存在。

【方向与思路】

（一）壮大电子信息产业

首先，以编制《青海省电子信息产业“十三五”发展规划》为契机，深入地区、园区和企业，实地调研青海省电子信息产业发展现状、研判今后一个时期青海省电子信息产业发展面临的形势、理清青海省电子信息产业发展思路。其次，探索建立专家咨询制，邀请电子信息行业和企业专家参与行业专项规划、企业发展和项目建设等有关专业授课、咨询和评判，切实提高行业主管部门和人员的业务水平和管理能力。最后，通过建立和完善青海省工业经济数据采集平台，加强电子信息产业运行监测与分析。

加强政策措施，研究制定《关于支持电子信息产业发展的若干政策措施》，进一步明确青省电子信息产业发展优惠政策，同时为下一步招商引资奠定政策基础。优化产业布局，鼓励和支持青省电子信息制造企业新增生产线及软件开发和信息技术服务企业逐步布局到海东信息产业园，充分发挥海东工业园和信息产业园区位、土地、人才、税收、配套设施等优势，逐步打造青海省信息产业集聚区。推动项目建设，在做好2000吨电子级多晶硅、3900万平方米电子铝箔、2.5万吨电解铜箔、2750吨锂离子电池正极材料和5000吨锂离子电池负极材料等电子信息产业重点项目建设和改造升级工作的同时，重点做好6～8英寸集成电路硅片用高纯多晶硅产业化研究和实施，4～6英寸蓝宝石衬底片产业化研究和实施，为青海省电子材料产业转型升级夯实基础。探索创新发展，年底前完成青海省信息产业协会挂牌并开展有关具体工作，充分发挥协会的桥梁和纽带作用，促进数据采集、资质认定、咨询服务、人才培训等工作向社会化服务转变。

立足青海省硅材料、薄膜材料、锂离子电池、线缆、半导体照明等电子信息产业，潜心研究和主动衔接适合青海省承接的中东部地区电子信息转移产业。特别是利用三星电子投资120亿美元落户西安高新区、富士康落户重庆和郑州的区位优势，着力培育青海省电子信息配套产业，重点引进电子级单晶硅、集成电路用硅片、铝基电容器、印制电路板、锂离子电池用电解质和隔膜材料、光纤及配件、消费电子产品外壳和物联网、数据中心、云计算、电子商务、电子认证等电子信息产业链延伸和高附加值项目，带动青海省电子信息产业加快发展。此外，每年邀请国家电子信息产业行业协会、专业机构等单位和部门到青海省举办1～2次专业研讨会，为青海省电子信息产业发展传经送宝，并为招商引资搭建平台。

把握好中央建设丝绸之路经济带和向西开放的战略机遇，实施电子信息产业走出去战略。国内市场，重点面向陕西、四川、重庆等西部电子信息产业相对发达地区，探索产业互补性，加大青海省电子信息基础材料代工和出口。同时，依托海东信息产业园，研究开发基于丝绸之路经济带沿线国家和民族语言和文化的应用软件。国外市场，依托藏青工业园、新青工业园和“兰新”高铁，面向丝绸之路经济带国家和地区丰富的有色金属和稀有金属，重点发展电子信息产业原材料进口和深加工。

（二）推进两化融合

鉴于青海省企业两化融合发展水平评估仍停留在“企业信息化应用率”等既不科学又不规范的笼统指标，结合工信部出台的企业两化融合评估指标体系与青海省实际，探索建立以两化融合指数为核心，覆盖企业信息化基础环境、信息化在工业企业中的应用水平和效益3类一级指标和23项二级指标的《青海省工业企业两化融合发展水平评估体系》，用数据量化和反映青海省工业企业两化融合水平，为科学制定切实可行的政策措施提供依据。

一是紧扣信息化推进青海省工业经济转型升级和提质增效这个主题，重点围绕青海省工业十大特色优势产业改造提升、十五个重大产业基地信息化公共服务平台建设、工业企业节能降耗和安全生产等重点领域和关键环节，支持一批示范推广效应显著的两化融合项目，引导和带动企业、社会多元投资。二是在西宁、海东、海西等青海省工业和信息化运行监测重点地区，建设涵盖重点工业企业产值和增加值、主要工业产品产量和价格、高载能行业万元产值能耗、生产要素价格和配给、重点工业项目投资和建设进度等指标的重点地区工业经济运行监测分析平台，为提高青海省工业经济运行分析能力提供有效支撑。目前，已与全国最大的企业大数据服务平台——九次方大数据开展合作洽谈。三是定期组织召开由三家电信运营商、软件开发企业、有关科研院所及行业重点企业和中小微企业参加的信息化需求对接会，为青海省工业企业、软件研发及信息服务企业搭建合作平台，促进产学研用融合进程。

研究制定《青海省两化融合绩效考核办法》，面向两化融合示范企业和先进地区试点开展两化融合绩效考核，对目标任务完成好的地区、部门和企业进行表彰，对目标任务落实不到位的予以通报批评，以此激发和带动地方行业主管部门和企业推进两化融合积极性。

（三）统筹信息化建设

根据《青海省工业和信息化投资项目备案管理暂行办法》、《青海省工业和信息化投资项目核准管理暂行办法》，做好全省信息化项目备案（核准）工作。对重大信息化建设项目严格落实信息化项目建设先立项、后建设的原则，对违反原则的在工商登记注册、生产要素配置、政策资金支持等方面不予受理或支持。并进一步协调工商、税务、国土、环保、安监、金融、水务、电力、规划等部门，办理信息化项目相关审批手续时，必须依据《信息化项目立项通知书》，否则不予办理。

一是贯彻落实好青海省人民政府《关于建设宽带青海促进信息消费的指导意见》和青海省与三大电信运营商签订的战略合作协议，重点围绕城市建设规范化、城市管理精细化、城市服务智能化的建设目标，做好全国首批信息消费试点城市（西宁市、格尔木市）和智慧城市试点（格尔木市）示范工程推进工作。二是围绕青海省东部城市群建设，在交通、教育、医疗、城市管理、公共安全、生态环保等关键领域，重点支持一批经济社会效益显著，并能带动产业链上下游联动发展的社会信息化项目。三是以工程建设领域项目信息公开和诚信体系平台为基础，加快推进政府部门公共信息资源整合与应用，逐步解决政府部门信息资源碎片化和孤岛化问题。四是鼓励和支持政府部门优先采购青海省电子信息产品和信息服务。

（四）推进物联网发展

推动应用示范。以《关于加快推进物联网发展的实施意见》为纲，“十三五”期间，重点组织实施好物联网应用示范“1035”工程（即围绕工业、农业、交通、电网、医疗、环保、城管、物流、家居、旅游 10 个领域，实施 35 项物联网应用示范工程），并从组织领导、财政、税收、金融、科技、人才、信息基础、信息安全 8 个层面，进一步强化加快推进物联网发展的保障措施。

培育物联网产业。一是引导和鼓励青海省电子信息材料企业立足自身优势、着眼产业全局，进一步加大新产品研发投入，向下延伸产业链条，重点发展半导体晶硅、电容器、印制电路板、光纤光缆、微型锂离子电池、传感器（热敏、光敏、气敏、压电）等物联网电子元器件产业。二是引进省外物联网硬件制造、软件研发、数据传输及加工处理企业到青海省投资兴业，并与青海省物联网产业有关企业和科研院所交流协作、优势互补，携手打造集信息感知、数据传输、信息处理和应用推广为一体的物联网产业链。三是积极主动地加强与无锡物联网产业研究院的合作，重点在智慧城市的推进过程中有所作为（见表 1～表 3）。

表 1　青海省信息化发展水平与东部相对发达地区比较

网络就绪度指数						
地区	智能终端普及指数	有线电视发展指数	光纤发展指数	宽带普及指数	宽带速率指数	指数
上海	95.81	74.69	182.69	129.68	67.71	118.25
北京	95.24	82.52	158.21	142.24	54.54	112.95
江苏	76.05	94.28	176.06	117.57	59.97	110.77
浙江	82.49	95.79	159.59	121.98	54.9	108.12
广东	82.3	66.99	119.19	125.81	58.68	94.86
青海	55.47	61.03	111.73	94.25	43.99	77.06

续表

信息通信技术应用指数				
地区	企业应用指数	政务应用指数	居民应用指数	指数
上海	76.52	81.1	127.84	103.32
北京	69.38	82.57	116.83	96.4
浙江	63.22	72.44	101.81	84.82
江苏	88.06	72.12	86.35	83.22
广东	96.18	78.65	98.7	93.06
青海	56.71	57.17	46.58	51.76

信息化应用效益指数								
地区	劳动生产率指数	技术创新指数	知识扩撒指数	资本流动指数	生产效益指数	节能降耗指数	人均收益指数	指数
上海	108.02	111.11	99.81	213.47	41.8	82.08	102.71	114.05
北京	53.46	120.72	164.93	225.47	47.16	119.72	104.05	127.13
浙江	58.69	150.97	115.97	173.08	36.83	83.39	87.01	105.4
江苏	89.14	154.13	106.39	122.23	40.88	69.52	90.87	96
广东	80.44	112.48	105.94	147.67	39.46	76.77	79.2	94.35
青海	62.85	24.29	96.91	61.59	54.77	40.09	57.71	54.55

表 2　青海省信息化发展水平与中部部分地区比较

网络就绪度指数						
地区	智能终端普及指数	有线电视发展指数	光纤发展指数	宽带普及指数	宽带速率指数	指数
山西	60.81	49.03	133.58	100.6	50.31	84.85
河北	60.01	54.27	123.37	99.92	58.41	83.86
安徽	54.04	34.03	79.55	88.49	52.79	64.86
江西	52.05	54.5	78.82	83.39	53.96	66.1
湖南	52.66	53.36	83.95	88.51	53.67	68.44
青海	55.47	61.03	111.73	94.25	43.99	77.06

信息通信技术应用指数				
地区	企业应用指数	政务应用指数	居民应用指数	指数
山西	55.37	52.22	78.46	66.27
河北	59.77	50.94	71.92	63.64
安徽	54.12	75.92	75.11	70.07
江西	86.44	54.81	79.46	75.04
湖南	57.84	78.57	56.87	62.53
青海	56.71	57.17	46.58	51.76

续表

信息化应用效益指数								
地区	劳动生产率指数	技术创新指数	知识扩撒指数	资本流动指数	生产效益指数	节能降耗指数	人均收益指数	指数
山西	75.21	50.12	75.32	82.99	37.34	61.04	58.24	63.28
河北	66.37	42.78	61.65	93.07	39.75	61.06	61.67	62.86
安徽	46.48	112.22	110.13	68.82	43.03	55.02	52.25	68.09
江西	55.73	44.84	49.66	71.67	44.99	56.7	52.26	55.16
湖南	51.63	64.63	56.93	69.74	44.3	53.69	58.06	57.81
青海	62.85	24.29	96.91	61.59	54.77	40.09	57.71	54.55

表 3　青海省信息化发展水平与西部部分地区比较

网络就绪度指数						
地区	智能终端普及指数	有线电视发展指数	光纤发展指数	宽带普及指数	宽带速率指数	指数
陕西	63.32	60.39	82.07	107.6	56.75	75.69
宁夏	58.73	64.49	164.5	96.41	53.89	94.43
四川	52.74	53.22	108.45	88.76	56.47	75.49
新疆	58.46	53.86	134.05	102	51.9	85.62
甘肃	49.27	47.4	128.74	79.66	55.97	77.41
青海	55.47	61.03	111.73	94.25	43.99	77.06

信息通信技术应用指数				
地区	企业应用指数	政务应用指数	居民应用指数	指数
陕西	56.01	70.86	80.25	71.84
宁夏	49.53	40.52	96.1	70.56
四川	54.56	72.03	71.15	67.22
新疆	76.57	49.68	71.83	67.48
甘肃	55.95	47.57	61.81	56.78
青海	56.71	57.17	46.58	51.76

信息化应用效益指数								
地区	劳动生产率指数	技术创新指数	知识扩撒指数	资本流动指数	生产效益指数	节能降耗指数	人均收益指数	指数
陕西	69.41	80.49	99.39	83.52	72.74	73.65	63.88	77.26
宁夏	57.58	35.31	111.55	84.88	31.11	28.55	61.45	56.65
四川	49.91	90.44	65.33	76.48	48.48	58.35	53.3	64.12
新疆	67.75	38.5	0	74.43	69.02	25.1	58.44	48.81
甘肃	36.84	53.61	124.51	61.55	27.4	39.37	42.87	52.84
青海	62.85	24.29	96.91	61.59	54.77	40.09	57.71	54.55

宁夏回族自治区信息化发展概况

【基本情况】

截至 2013 年年底，宁夏信息化发展水平指数为 0.715。目前，宁夏处于全国第三类地区（共分 5 类地区），与中等水平相当，是全国平均水平的 98%，位居全国第 17 位。根据信息化发展规律（单项起步、多项应用、综合集成和业务协同 4 个阶段），总体处于从多项应用向综合集成阶段发展。

宁夏信息化发展现状如图 1 所示。

（一）基础设施

宁夏通信基础设施建设在全国处于中等水平，按照人均指标测算则较为靠前，在西部居于领先位置。但整体发展不平衡，山区和川区差距较大也是通信基础设施的典型现状（见表 1）。

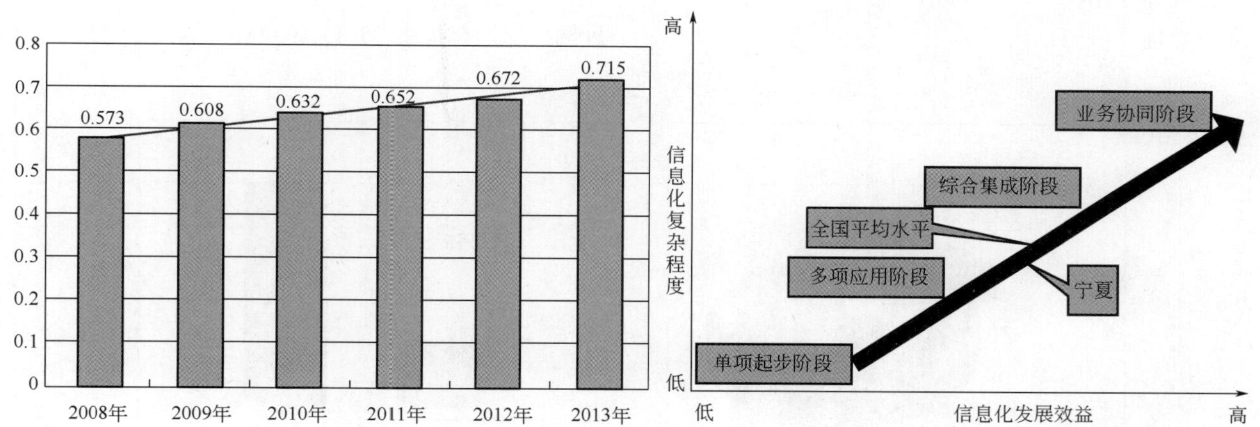

图 1　2008—2013 年宁夏信息化发展情况

表 1　基础设施情况

基础设施	设施内容	发展概况
固网	光缆总长度	超过 7 万千米
	光纤覆盖率	光纤覆盖全区所有市、县（区），乡镇和 85%的行政村
	社会机构光纤接入	城市中学校、院所、医疗卫生等公益性机构全部光纤宽带接入，工业园区、商业楼宇、酒店等全部光纤到楼
	社区光纤接入	90%以上新建住宅小区光纤入户，已建区域推进“光进铜退”

续表

基础设施	设施内容	发展概况
移动网	3G 覆盖率	CDMA2000、WCDMA 覆盖率 90%，TD-SCDMA 达到 80%
	WLAN 覆盖率	WLAN 热点规模超过 1 万个
广电网	广电光缆干线长度	2000 多千米
	数字电视覆盖率	全区 85%有线电视用户数字化，电视综合覆盖率 99.8%
	有线电视户数	461.1 万户
互联网	宽带接入端口数	609 万个
	宽带用户数	341.9 万户
	自治区出口带宽	80G
	专线及网站数量	全区互联网接入专线达 1300 多条，网站总数达 4050 多个

（二）电子政务

全区政务网络基本形成体系，但多为单点接入、覆盖面不全、向下延伸不足；数据中心建设已经起步，但形成基于“云计算”技术的电子政务公共平台的目标还有很大差距；已着手开展信息资源整合建设，但作为全自治区统一的共享交换体系和基础信息库尚未发挥出应用的效能。

1．电子政务网络

党政内网——实现了向上和国家电子政务内网的互联互通，向下实现了与全区 26 个市、县（区）及自治区驻外办事处的连接，横向实现了与自治区人大、政府、政协、高法、高检及各委办厅局、直属事业单位、人民团体、大型企业的连接，接入单位 700 多家，主干线路带宽达到 100M。自治区党政内网实现县（区）级以上单位互联互通率达到 80%，连通单位中 75%为单点接入（见图 2）。

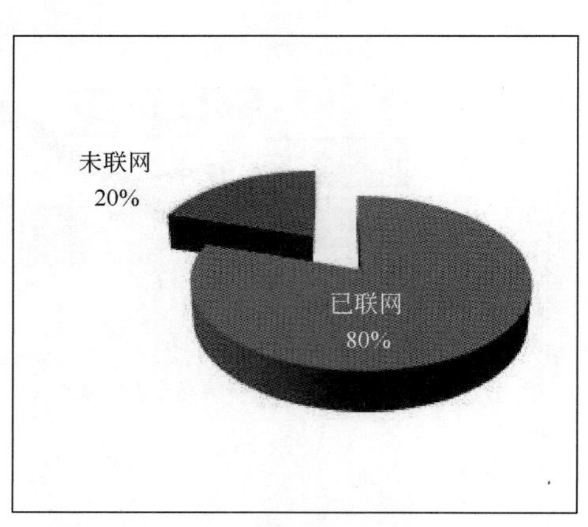

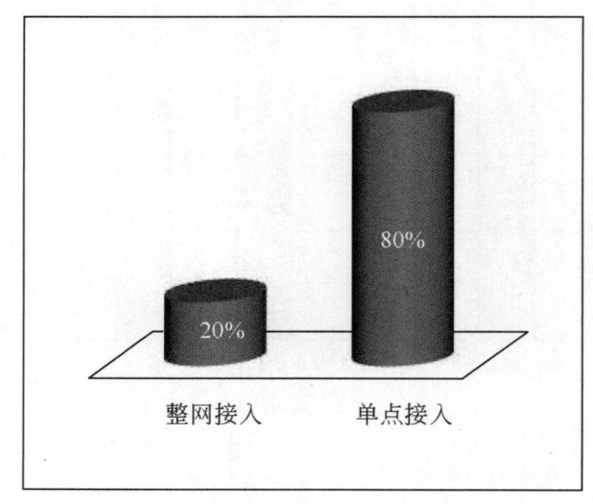

图 2　党政内网互联互通率和政务专网接入模式

政务专网（外网）——已联通党委、人大、政协、政法系统及自治区各部门、直属单位、人民团体、大型企业、高等院校等单位，向下延伸至所有市、县（区）和部分乡镇、行政村，共 196 个网络节点、网络主干带宽为 100～1000M。形成了自治区到市、县（区）专线网络，市、县（区）到乡镇、行政村、社区的互联网络的五级连接。政务专网内包括两套网，通过网闸隔离涉密域。在行政村级以上单位实现互联互通率为 75%，但连通单位中仅有 20%实现了整网接入（见图 3）。

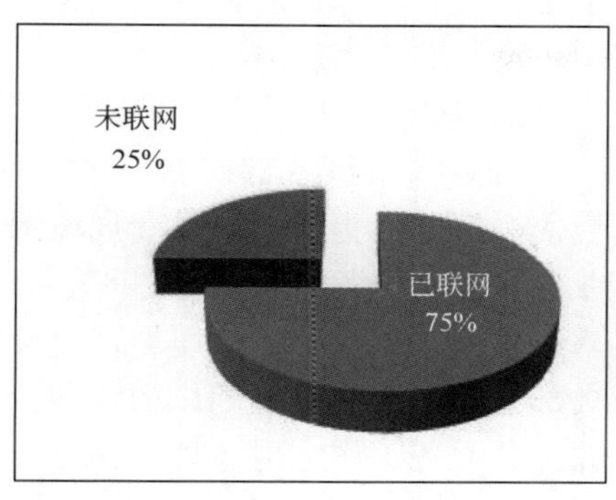

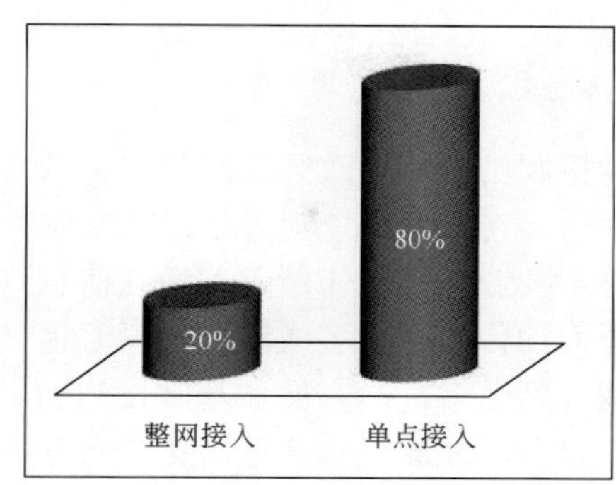

图 3 政务专网互联互通率和政务专网接入模式

2．政务信息资源

自治区一级资源共享交换与目录体系框架初步搭建。人口基础库以户籍人口和二代身份证信息为基础，整合公安、计生、社保等自治区 16 家单位的 1.5 亿条相关信息，建立了以公民身份证号为唯一编码的全区常驻人口信息资源库。但作为四大基础库的法人、空间地理、宏观经济等信息资源仍分散在各个部门中，尚未发挥出基础信息资源共享的应有作用，缺乏跨部门信息共享的基础；区直部门多停留在常规业务应用，协同联动业务和跨部门主题数据共享不足，资源利用率不高（见表 2）。

表 2 政务信息资源

自治区级平台	中心机房	资源库	存储容量
党委信息中心	300 平方米	纪律监察、组织工作、宣传教育、统一战线、机构编制、机关党建、政法维稳、档案管理、政策研究、群团组织、区情、市情和县情等	40T
政府办信息中心	80 平方米	公文库、自治区门户网站信息库、应急平台资源库和数字图书馆等	2T

3．公共应用系统

政府门户网站建设取得可喜成绩——已拥有自治区、市、县三级政府网站 800 多个，其中信息公开、在线办事和政民互动等应用取得较好成效。

政府公共服务应用构建统一渠道——自治区政务服务中心搭建统一面向企业和社会公众的网上服务大厅。统一自治区、市、县（区）级的行政审批网上受理系统，为建立三级联动审批奠定了基础。

政府内部办公应用得到较好支撑——建设完成了一体化的全区综合办公平台，自治区与各委办厅局，各市、县之间实现了办公厅自动化系统、电子公文交换、信息处理、电子邮件、即时通信、决策服务、公务员管理、视频会议和应急指挥等公共应用。

政府决策支持应用进行有益尝试——基于政务外网实现中央到省实现了公文、督查、信息直报、法规、会务管理、值班管理、保密、编制管理等业务。基于政务内网支撑纪检委、组织部、宣传部、保密局、档案局、检察院、政法委、维稳办、编办等 20 个部门，开展了区纪委（监察厅）的办公自动化和全区惩防体系信息管理、组织部组织信息管理、编办的机构编制管理、政法委的视频会议及自动化办公、维稳办的信息报送、自治区高级检察院的“两法网上衔接”信息共享平台、区信访局重大信访信息直报等部门业务应用。

（三）行业信息化

多个部门积极利用自治区政策支持，国家重点工程扶助等手段，在本领域以提升信息化基础设施能力，推进主要业务信息化覆盖、增强信息资源电子化等方面均作出了较多成绩，但同时也造成自治区行业专网较多，一方面，基础设施利用不充分，另一方面，分部门的信息化支撑能力不足等矛盾，而信息资源共享和业务联动应用方面还需要进一步加强。

1．基础设施

自治区一级各部门 90%建成内部局域网环境，个别部门更建成了两套局域网分别支撑涉密业务和非密业务应用（见图 4）。

自治区现有十多个厅局，建设了上连对应中央部委、下连各市县的纵向业务专网，支撑本行业部分业务工作应用（见表 3）。

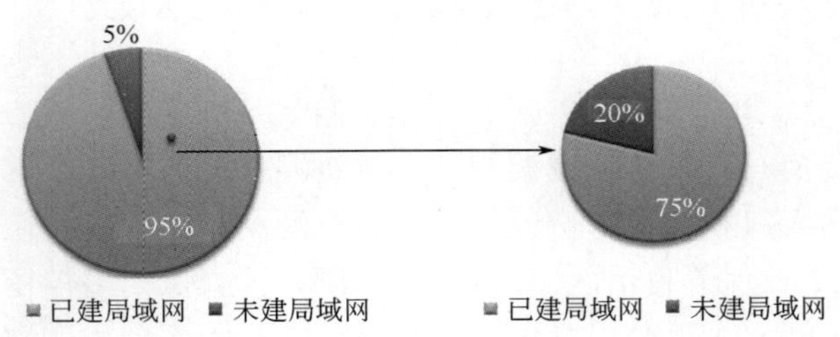

图 4　自治区级各部门局域网建成率

表 3　业务专网

序号	部门	专网名称	网络覆盖	带　宽
1	高法	法院信息系统	四级覆盖	100～200M
2	高检	检察业务系统	四级覆盖	100～1000M
3	政法委	政法专网	四级覆盖	2～100M
4	发改委	电子政务外网	三级覆盖	100～1000M
5	公安厅	金盾网	四级覆盖	100～1000M
6	财政厅	金财网	四级覆盖	100M
7	人社厅	社保一卡通	四级覆盖	100M
8	国土厅	国土信息网	四级覆盖	2～100M
9	水利厅	水利信息系统	四级覆盖	100～1000M
10	地税局	地税信息网	四级覆盖	100M
11	工商局	金信工程	四级覆盖	100～500M
12	国税局	金税工程	四级覆盖	10～100M
13	气象局	气象业务网	四级覆盖	100～1000M
14	涉密专用信息网络			

自治区一级有 43 个单位建成不同规模的机房，总面积达到了 4500 多平方米，另外各厅局直属单位还建有 86 个独立机房。

2．信息资源

各部门随着应用系统建设和运行，日渐积累了丰富的信息资源库，总体业务数据库管理达 40%。特别是“金字工程”系列的相关部门其数据库对主要业务的覆盖率达到 75%。

3．业务应用

自治区各部门主要业务信息化覆盖率总体为

47%。其中公安、税务、工商、财政、国土、司法、水利、计生等部门达到80%以上，已处在综合集成到业务协同发展阶段；农牧厅、教育厅、交通运输厅、高法、高检等部门覆盖率在40%～60%，为多项应用到综合集成阶段；尚有较多其他部门信息化仅处在单项起步阶段（见图5）。

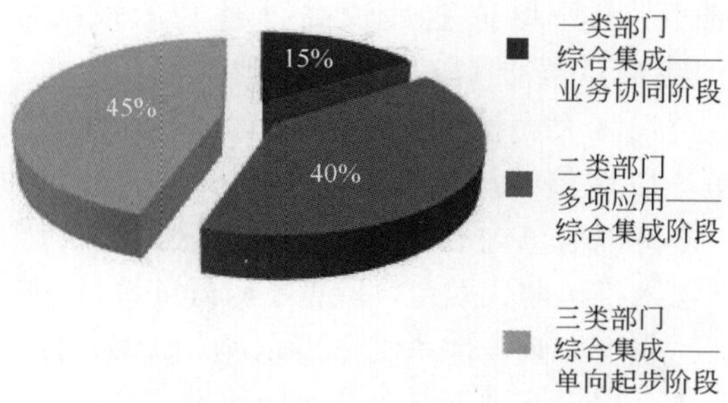

图5　自治区各部门信息化发展阶段分布

（四）区域信息化

区域信息化发展水平与各市、县自身经济能力基本相当。其中银川以其信息化投入力度和建设成效方面较为突出，同时各地方在特色应用，如农村、农业等方面也取得了较好的成绩。但同时部分市、县信息化建设较为滞后，“数字鸿沟”有拉大的趋势，地方公共平台服务能力不足，对自治区提出的“把宁夏作为一个大城市来打造”的战略方向支撑不够。

1．基础设施

城域网——银川、石嘴山及平罗、盐池、永宁，建设了区域性网络中心平台，实现了与所属60%以上党政部门的城域网连接。但其他市、县（区）城域网建设较为落后，个别地区甚至尚未启动。

局域网——银川、石嘴山市属单位局域网建成率接近80%，其他市所属单位仅为40%左右。平罗、盐池县属单位局域网为40%，其他县（区）所属单位局域网建设尚处于起步阶段。

中心机房——共建成总面积2000平方米的市、县级中心机房，其中仅有4个按照标准机房进行建设，绝大多数未实现对其他部门的信息化支撑服务。

2．业务应用

全区5市全部建设了政府公众网，门户网站拥有率为100%，县级政府门户网站拥有率为96%。各市、县不同程度地开展了公文传输、政务信息公开、地区情况介绍、产业特色情况等信息化初级服务项目（见图6）。

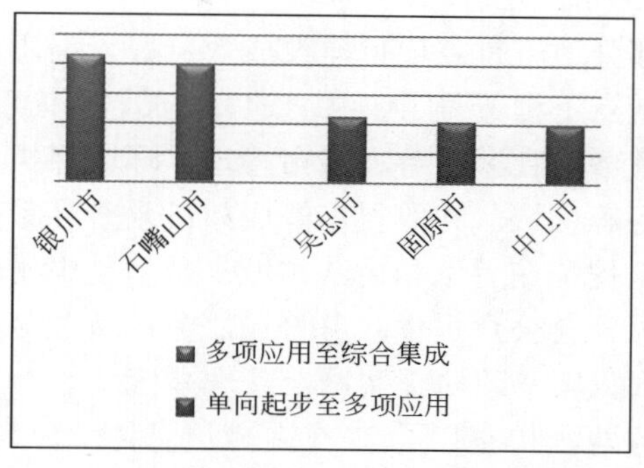

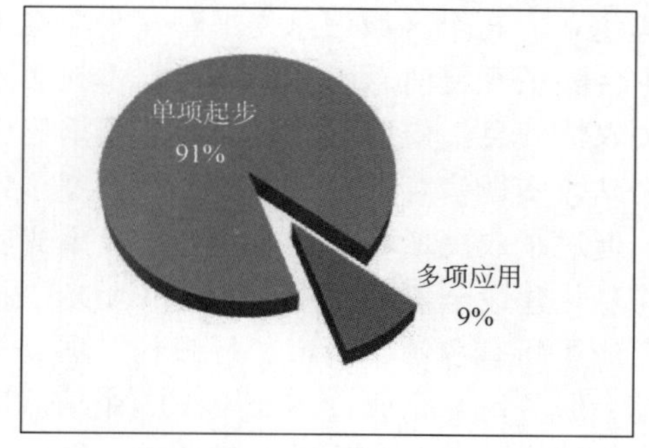

图6　自治区各市信息化发展阶段和各县（区）信息化发展阶段分布

政府门户网站成为公共服务窗口——平罗县政府信息网全面反映经济社会发展的重要历程，形成了政务互动、公众参与、信息共享的政务服务平台；石嘴山门户网站加快推进网上办事建设，连接市、县区政务大厅网上办事系统，提高行政办公效率；银川市启动建设党务政务网络平台，主要包括网络问政、党务政务信息公开、网络信访、重大决策问政、微博问政等，为市民提供立体化诉求受理渠道；西吉县政府门户以信息公开增强工作透明度，促进法治政府、效能政府、清廉政府建设。

农村信息化基础较好能力有待提升——接入光纤的行政村数量为1423个，乡镇宽带接入比例较高，利通区、贺兰县、红寺堡实现所有行政村接入有线电视。乡镇农业信息服务机构建设和村级农业信息服务点覆盖率较高，大都达到了100%。调查17个市、县涉农网站总数为100个，其中具有网上交易功能的为26个。6个市县尚未开通12316三农服务热线。涉农数据库建设较为落后，仅有6个市县建设了涉农数据，数据库信息更新较慢，涉及专业类数据库较少。

3．重点工程

部分地方重点项目建设成效良好。银川市信息化重点工程覆盖了公共交通、食品、文化事业、电子商务、社区服务、城市管理、环境保护、电子政务等领域，并取得良好成效；永宁县重点信息化工程中在卫生和司法领域；平罗县电子政务平台为社会公众提供政务普遍服务；贺兰县建立了人大议案、政协提案网上管理系统。

各地区共建立了27个区域信息化平台，银川一市就建立了8个区域信息化平台。平罗县电子商务平台除了开展信息服务外还根据本村实际发布各类农情信息，借助新农村商网、阿里巴巴等大型网站，实现信息数据共享，一步拓宽了销售渠道，促进了农民增收。惠农区在宁夏率先实现城乡信息化建设全覆盖，通过光纤和ADSL接入方式完成了所有乡镇、街道、行政村、居委会、农业综合服务站、企业合作社等103个信息服务站站点的建设，并配备电脑、打印机、数字机顶盒等设备，为电子政务应用打下了基础。

（五）两化融合

宁夏回族自治区能源资源丰富，民族特色鲜明，为工业发展奠定了良好基础，然而自治区处于大工业初期，地处我国西部，也存在一些明显的劣势。自治区工业企业两化融合总体水平，仍处于从单项覆盖向集成提升过渡的阶段。自治区拥有一批特色工业产业，两化融合具有较好的行业载体；重点企业信息化应用成效明显，具有一批带动全区两化深入融合的典型示范；具有较为完善的中小企业信息化服务体系，中小企业两化融合潜力巨大。但同时，信息基础设施较为落后；重点行业电子商务发展滞后；工业单位能耗较高等将是未来两化融合发展重点需要解决的问题。

自治区大力推进信息化和工业化融合的战略决策，以调整经济结构和转变经济发展方式为主线，坚持以信息化带动工业化、以工业化促进信息化，深入推进两化融合，取得了较好的经济和社会效益。表现在政策体系进一步完善，战略目标进一步明晰；积极推进工业企业应用建设，企业信息化普及率显著提升；大力扶持信息产业发展，部分行业软件产品具有较强竞争力；加快以两化融合促进节能减排，能源利用率大幅提高。

由工业和信息化部组织的测评，宁夏回族自治区两化融合发展总指数为50.34，处于中等偏下水平，在全国各个省市中与吉林、四川、广西、新疆、河北、内蒙古同属第三梯队。基础环境建设落后，绝大多数基础环境类指标都处于全国中等偏下水平。整体来讲自治区工业自治区应用效益并不十分明显，大多数应用效益类指标都处于全国较为落后水平。应用水平相对落后，多项工业应用类指标处于中等偏下水平。

自治区两化融合工业应用和效益指数情况如图7所示。

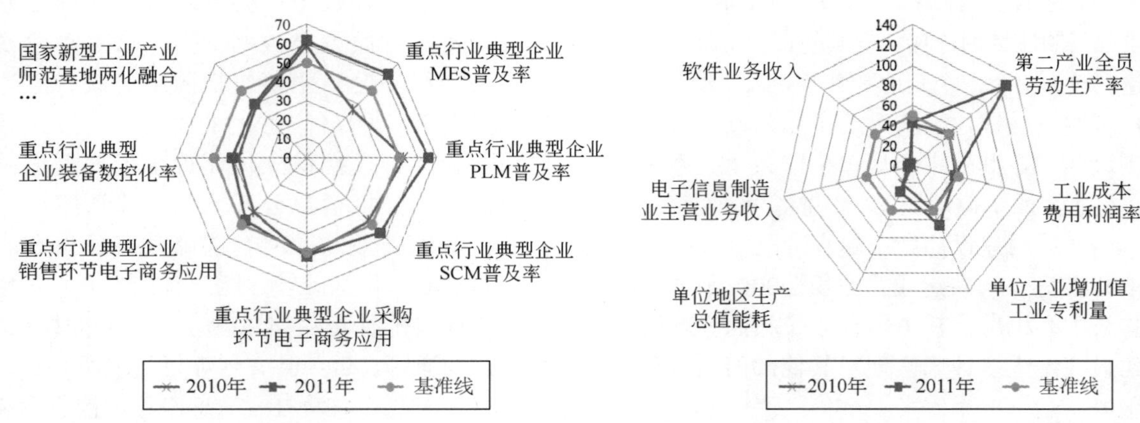

图7 重点行业典型企业ERP普及率和工业增加值占GDP比重

自治区工业企业两化融合总体水平，仍处于从单项覆盖向集成提升过渡的阶段。规模以上企业中 90%建立了不同类型的信息系统；神华宁煤集团、中色（宁夏）东方集团公司等央企，实现了整合与集成，两化融合达到较高水平。

通过评估 707 家典型工业企业，处于两化融合卓越水平（创新突破阶段）的企业为 4 家，部分开展和实现了跨企业的业务协同和模式创新，两化融合效益较为显著；处于两化融合高级水平（集成提升阶段）的企业为 96 家，单项应用较为成熟，并不同程度开展了关键业务系统间的集成；处于两化融合中级水平（单项覆盖阶段）的企业为 277 家，已经开展了若干单项业务应用，但综合集成基本尚未开展；处于两化融合初级水平（起步建设阶段）的企业为 330 家，重点关注两化融合基础设施和资源环境建设（见图 8）。

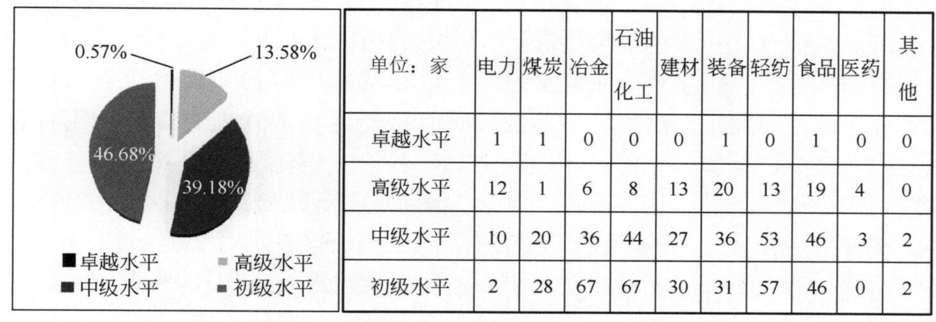

单位：家	电力	煤炭	冶金	石油化工	建材	装备	轻纺	食品	医药	其他
卓越水平	1	1	0	0	0	1	0	1	0	0
高级水平	12	1	6	8	13	20	13	19	4	0
中级水平	10	20	36	44	27	36	53	46	3	2
初级水平	2	28	67	67	30	31	57	46	0	2

图 8 企业两化融合发展阶段划分及行业分布情况

工业企业两化深度融合关键点表现为，工业装备现代化基础薄弱，先进装备的应用效能未能充分发挥；管理与控制集成是实现综合集成的首要关键，大幅提升经营管理集约化水平是显著提高两化融合效益的重要方向；推进过程信息化是实现管理和控制集成，向集成提升阶段跃升的基础环节和关键突破点；在两化融合发展的高级阶段要高度重视 IT 治理，通过组织优化保障两化深度融合发展；增强企业在信息化环境下的产品全生命周期管控能力是工业，尤其是高端装备制造业应着重关注的重要方向，也是从生产型制造向服务型制造转变的关键；提升工业，尤其是原材料工业在信息化环境下的节能减排能力是两化融合需重点关注的发展内容；产业链集成是两化融合发展的重要方向，对于工业，尤其是消费品工业的市场开拓至关重要。

（六）问题分析

宁夏的信息化发展正处于多项应用与系统集成阶段，其特征是：应用由单项到多项发展，数据由离散到集中发展，网络由专网到共享发展，服务由封闭到互动发展的时期。

当前阶段的主要问题包括如下方面。

一是电子政务公共平台尚未成形，网络覆盖不全，集中服务不足，三级平台不完整。各级信息平台相对封闭，还无法实现信息资源的共享，尽管自治区信息中心平台与区直各部门、各市县（区）建立了物理连接，但还不是真正意义上的互联互通。由于自治区信息中心平台还未建立信息资源目录体系、基础数据库等“软性”设施，因此缺乏各部门、各地区信息共享的基础，市、县（区）的区域性信息平台建设也还处于起步阶段，各级信息中心平台相对封闭，还无法实现全区信息资源纵向和横向的共享。

二是领域信息化发展行业差距较大，专业（行业）信息平台相对封闭，阻碍资源共享。领域信息化强调自身建设，忽视了与全区信息化整体的融合，有些区直部门过分考虑中央对口部委信息化建设部署的因素，强调从基础网络到业务应用独自建设、独自开发、独自使用，与企业、公民的互动性差、与自治区信息中心平台整合性差、与相关业务部门的信息系统联系性差，忽视了与全区信息化整体的融合，行业信息化普遍形成了“纵强横弱”的局面。

三是两化深度融合动力不足、发展不平衡、成效不显著。从行业来看，目前宁夏两化融合的主要行业在电力、机械、建材、轻工等传统优势产业，但其他如化工、冶金等产业融合程度不高，两化融合的覆盖范围不广。从企业层面来看，多数企业处于两化融合的初级阶段，推进两化融合的难度较大。自治区目前两化融合还没有专门的资金支持手段，因此政府对企业信息化建设的推动作用并不明显。

四是信息化资金投入不足，还存在重复建设的现象。全区上下加快信息化建设的热情很高，信息化建设的资金需求很大，由于资金来源渠道单一，需求与资金投入矛盾突出，特别是中南部地区对信息化的投入甚少。有些区直部门和地区由于对信息化发展规律认识不足，仍停留在“重硬件、轻软件，重网络、轻应用”的阶段，导致信息化建设定位不准、起点不高、重复投资、重复建设。

五是信息网络安全措施还不完善，存在着信息安全隐患。随着网络边界越来越宽、规模越来越大、层次越来越多、覆盖面越来越广，自治区信息中心平台与各部门信息平台之间、自治区信息中心平台到各市、县（区）区域性平台之间、区域性平台之间到乡镇、行政村之间以及内网与外网之间的网络和信息关系变得更加复杂，相应的安全措施还不到位，对整个网络的信息安全提出了严峻挑战。

【目标和思路】

宁夏信息化发展水平指数达到0.76以上，超过全国平均增长水平，晋升到全国信息化水平第二类地区行列；2020年信息化发展水平指数达到0.94，成为西部领先地区，全面支撑宁夏小康社会建成，实现智慧宁夏。

（一）具体目标

在通信基础设施方面，全面建成“宽带宁夏”，推动自治区通信基础设施服务能力全面协调发展。

1．电子政务

电子政务网络——全面建成全区骨干网和城域网，与各级各单位实现整网接入，互联互通率达到85%以上。互联互通率95%以上，建成完整、感知、泛在的电子政务网络环境。

政务公共平台——改善自治区政务公共平台欠缺的现状，建成基于云计算的自治区，市、县三级基础设施公共平台，实现承载全区超过50%以上的应用系统支撑，专业技术服务机构技术服务达标率达60%以上，重点政务公共应用实现云服务。建成支撑统一开发、部署，支撑统一政务公共应用的运行与维护的云计算服务平台。

政务信息资源——建成全区统一共享交换和资源目录体系；建成跨地区跨部门可共享应用的全区人口库、空间地理、法人库、宏观库，主要基础库取得实质性进展；推进跨部门主题信息资源集中管理和综合利用体系建设。建成政务信息资源大集中管理和分级应用体系，实现政务信息资源社会化利用。

统一政务应用系统——深化全区统一政务应用系统建设，实现100%党、政、人大、政协等所有单位门户网站建成，党政公文系统覆盖所有收发文单位，深化全区统一行政审批和电子监察一体化应用；实现基于云计算的统一政务应用部署与服务。

信息安全保障能力——电子政务信息安全管理制度普遍建立，信息安全基础设施不断发展，安全可靠软硬件产品应用不断加强，信息系统安全保障取得显著成绩。

2．领域信息化

实现自治区一级政务部门内部网络化，局域网建成率100%，主要业务信息资源全部电子化，业务信息化全覆盖，核心业务全流程信息化支撑；建成主要行业公共平台，行业专网全覆盖，支撑行业内自治区、市、县三级数据与应用的集中部署和应用，以及多部门资源共享与业务联动。实现以用户为中心，面向多领域各主题的跨部门综合业务联动应用和领导决策支持应用。

3．区域信息化

市级城域网建成率100%，网络（含局域网）覆盖平均达70%以上，县级城域网建成率超过70%，覆盖平均达到40%；启动建设市、县级电子政务公共平台，树立试点、样板地区，构建完整三级体系；推动资源共享和地区特色应用。建成完善的电子政务公共平台体系，承接横纵条块应用，跨域数字鸿沟，实现统筹与协调发展。

4．两化融合

信息技术在全区规模以上工业企业生产经营管理的主要领域、关键环节得到有效应用，“两化融合”水平位于全国中上水平，为全区工业结构调整、产业升级起到重要作用。实现规模以上工业企业信息化综合应用率提升至45%，其中：数字化研发设计工具使用率达到60%，关键工序数控化率达到35%，主要管理业务环节信息化全覆盖的企业比例达到40%。以两化深度融合为带动，实现国民经济信息化全面跃进。

（二）建设原则

自治区信息化建设需要创新发展模式，着力提高基础设施利用率，减少重复建设，促进互联互通和资源共享，避免信息孤岛，降低运维成本。因此，需要遵循“四个坚持”的建设原则。

坚持统筹规划、分类实施——服务全区经济社会和“两区”建设发展大局，科学规划，分类指导，统筹信息化推进的目标和任务，统筹城乡、区域、行业信息化发展，避免盲目建设、重复建设和资源浪费，有计划、有步骤地推进。

坚持深化应用、务求实效——要把信息化建设的重点转移到深化应用上，促进关键领域取得突破性进展，切实发挥信息化在促进经济发展、加强社会管理、改善服务民生、提高人民生活品质的作用，以应用效果作为衡量信息化成效的主要指标。

坚持集约建设、资源共享——加强政府引导，推动集约化建设，千方百计地降低建设成本和运营成本，按照“统一领导，分级实施；统一建设，资源共享；统一管理，保障安全；统一服务，注重成效”的原则实现资源共享。加快信息资源的有效整合与共享交换，促进网络融合和系统互联，提高信息化发展的效益。

坚持规范管理、保障安全——加强信息化规范和标准化建设，突出信息化建设与管理并重，建立健全信息化组织体系、制度体系和管理体系。始终不渝地把网络信息安全放在重要位置，坚持积极防御、综合防范的方针，建设网络信息安全保障体系，确保信息安全。

【方向和任务】

宁夏信息化发展需要分层（设施层、信息层、应用层）、分级（自治区、市、县）、分类（电子政务、领域行业、社会信息化），既要统筹协调，又要分别指导。

（一）建成“宽带宁夏”

建设宽带、泛在、融合、安全的通信基础设施，以“第三代移动通信”、“下一代互联网（IPV6）”、“新一代广播电视网”建设及物联网等关键技术研发创新为核心，大力推进光网城市、无线城市、三网融合、感知网络等建设工作，扩容互联网出口带宽，提前布局完善的通信基础设施。

（二）统筹电子政务

完善电子政务内、外网平台和统一的共享交换平台，逐步建立自治区、市、县三级电子政务基础设施云（IAAS）、平台服务云（PAAS）和软件服务云（SAAS）中心。全面承载各类、各级信息化开发、部署、运行、维护和统一的安全保障。

电子政务公共平台服务体系架构，为“三级平台五级服务”，即建设区、市、县三级平台，服务于区、市、县（区）、乡（社区）、村（街道）五级政府部门、社会各领域和公众。

结合宁夏信息化当前条件，推进基于云计算技术的电子政务公共平台建设，可以采用自建云中心和租赁云中心的两种模式。按照自治区级各单位现有服务器等基础资源数量2000台左右，自建云中心投资费用约2000万～3000万元（不含土建）；或利用商业IDC资源，采用政府购买服务的模式，将政府信息化应用托管于商业IDC，以年付租金的形式支撑各部门信息化应用，并且可以根据实际需要进行按需扩展，有利于资源集中管理和充分利用。

自治区级电子政务公共平台是全区各部门业务系统建设的基础性、公共性、综合性资源服务平台，是全区电子政务基础资源的汇聚中心，信息资源开发利用和共享的服务中心，基础网络与信息安全保障的支撑中心，各部门信息资源异地备份和容灾备份的数据中心，也是全区统一的运维服务和安全监管中心。为市级平台提供公共性和基础性资源共享。

（三）分类推进领域信息化

基于各部门建设现状，按照“分类指导、重点推进”的原则，针对已处在综合集成到业务协同发展阶段，如公安、税务、工商、财政、国土、司法、水利、计生等部门，重点推进行业公共服务平台建设，实现内部综合集成，牵头推进跨部门信息共享与业务协同建设；针对处于多项应用到综合集成阶段，如农牧厅、发改委、交通运输厅、高法、高检等部门，重点加大应用系统覆盖率，同时推进内部公共平台建设，促进内部系统整合；针对处在单项起步阶段的部门，应充分利用电子政务公共平台服务能力，快速推进各项业务的信息化覆盖和信息资源的数据库管理。

（四）梯次推进区域信息化

按照电子政务公共平台建设总体要求，构建市、县级公共平台。重点支撑城市管理、公共服务等面向社会、民生的信息化应用落地；整合地方信息资源，推进跨部门综合、协同联动、具有地方特色的区域信息化应用。

结合多地市、县申报国家智慧城市试点的规划纲要和任务书，分期分批、稳步推进宁夏智慧城市建设。

（五）探索两化融合新路径

加大政府扶持和引导力度，完善信息化基础设施，健全信息化公共服务和支撑体系。发挥企业主体作用，激发企业运用信息技术的内在需求，强化信息技术在设计、生产、管理、营销、服务和品牌建设等各个环节的深度应用。

紧紧围绕宁夏工业发展对信息化的需求，加快发展信息产业、突破关键技术、提升信息技术水平，为信息技术在企业产品设计、经营管理、市场营销等方面的集成和创新提供支持，形成产用互动发展的良性局面。

新疆生产建设兵团信息化发展概况

2013 年，新疆生产建设兵团（以下简称兵团）电子信息制造业和软件信息服务业快速发展。以兵团工业云为代表的一批云平台、大数据项目建设不断加快，碳化硅晶体、蓝宝石 LED 衬底、高压电极箔、化成箔等基础原材料产业快速发展，节水滴灌自动控制装备、国产采棉机等智能化农机装备稳步推进，自主开发的软件产品市场份额逐步扩大。

【信息基础设施建设】

以光纤传输为主要特征的综合宽带传输网络基本形成，光纤网络和移动通信网络覆盖服务能力显著提高。2013 年，兵团与中国电信集团公司签署了“智慧兵团”合作协议，协议规定中国电信协助兵团实施“宽带兵团”工程，加快兵团辖区光纤宽带网建设与升级步伐，持续推进宽带网络的覆盖和使用。预计到 2015 年 3G 网络覆盖和能力接近全国平均水平，基本实现光纤宽带“连连通”，宽带及视频信息服务进入 90%以上的团场连队家庭，使用 4M 及以上宽带接入的用户比例达到 80%。截至 2013 年年底，团场家庭平均每百户拥有固定电话 48 部、移动电话 128 部，城镇家庭平均每百户拥有固定电话 68 部、移动电话 175 部。城镇家用电脑普及率达到 71 台/百户，团场家用电脑普及率达到 29 台/百户。相对完备的广播电视传输网络已经形成，广播、电视覆盖率分别达到 97.0%和 98.8%。部分边境和偏远团场、连队打电话、看电视难问题得到切实解决。12 个师建成了师-团广域网，承载了视频会议、办公自动化、IP 电话等公共应用。145 个团场建设了城域网。十三师积极探索三网融合的有效途径，利用整合各类网络资源，在一套骨干网络上实现了通信、数据和有线电视的传输，大大降低了资金投入。

【信息技术应用】

（一）农业领域

以信息技术为主导的现代农业技术在农业“三大基地”建设中发挥了显著的作用，农业综合信息服务体系得到进一步完善，农产品营销网络和物流体系得到广泛应用，精量播种、自动滴灌、平衡施肥、视频田管、水情监测、自控采摘等精准农业技术已广泛应用到农业生产和管理各个环节，网络化微机平衡施肥、土壤水分监控、病虫害预测预报、农业气象服务等农业信息系统广泛应用，高新节水灌溉技术向林果业等作物扩展，面积超 1100 万亩。机采棉面积累计达到 500 万亩，较 2011 年增长 150 万亩。兵团农业局建设了农情上报系统，实现了对全兵团农情数据的汇总、分析，为农业生产提供了决策支持。兵团水利局在各主要灌区建立了农田水情自动测报系统，实现了对灌区防洪、引蓄、灌溉、配水、水资源的科学利用和水利工程的有效管理。南北疆现代农业示范区、现代农业示范团场和天山北坡现代农业示范带建设逐步深入。

（二）工业领域

企业在生产装备、研发设计、过程控制、技术改造、业务流程、市场营销、信息管理、决策系统等环节的信息化改造力度不断加大，信息化水平得到进一步提升。新疆青松建化股份有限公司积极构建企业 ERP 系统，实现了全集团的财务、资金、生产、库存、销售无缝化管理。新疆华世丹药业有限公司对现有 ERP 系统进行完善，实现了企业成本的精细化控制。组织开展了“兵团信息化与工业化融合推进会议暨全国两化融合深度行——兵团行动”，组织各师开展了“两化融合深度行——走进各师”活动、“两化融合促进安全生产重点推进项目”、“两化融合促进节能减排重点推进项目”、“两化融合示范（试点）企业申报项目”、“两化深度融合专项申报工作”。新疆绿翔牧业有限责任公司，基于物联网技术，建立跨区域、跨行业、跨部门的食品安全冷链物流公共服务平台，通过实时动态监管等手段，提高了产品质量。

（三）服务业领域

在服务业领域，交通物流、商贸流通、金融保险、信息服务、社区服务等行业信息化水平明显提高，企业网站、网上商务系统得到逐渐普及。二师中联客运有限责任公司，建立了基于 GPS、道路监控、无线数据传输的车辆、物流实时监控平台，并在平台基础上与商超、农户开展全面合作，利用信息化物流配送体系建立了“库尔勒市空中商城”，使市民足不出户就能购买到各种商品。北屯额河草原食品有限责任公司，建立了肉食品质量追溯信息管理系统，实现了动物养殖到屠宰前的追溯信息管理和从动物屠宰到产品销售环节的追溯。新疆博锐众信科技有限公司建立的中小企业公共服务平台，为企业提供了云管理及电子商务平台、两化融合知识库建设、科技创新及新产品转化、两化融合咨询与培训、两化融合知识宣传与评估、两化融合论坛等一系列服务。

（四）社会管理领域

在团场、城镇和社区，覆盖公共场所重点部位的社会治安综合防控体系深入推进，平安创建活动全面展开，围绕住房、水电气暖等公用事业的城市信息化进程进一步加快。兵团环保局环境信息与综合分析系统为实现“十二五”节能减排和环境保护工作目标奠定基础。兵团卫生局基于健康档案的区域卫生信息平台，推进现代信息技术在卫生领域的广泛应用。兵团纪检监察局依托兵团政务门户网站建设了工程建设领域项目信息公开和诚信体系建设系统，把政务公开、项目信息公开、社会信用公开，纳入工程建设项目信息公开和诚信体系建设，纳入党风廉政建设责任制，纳入惩防体系建设考核。截至2013年年底，已有8个部门和14个师建立了工程项目信息公开和诚信体系建设专栏。八师石河子市建设的数字化城市管理系统，集成基础地理、单元网格、部件和事件、地理编码等多种数据资源，通过多部门信息共享、协同工作，实现对城市市政工程设施、市政公用设施、园林绿化、市容环境与环境秩序等多方面的网格化监督和管理，有效提升城市管理和科学决策的能力。社区综合管理系统将社区细划为网格，实施精细化管理。通过应用移动智能终端，结合移动互联网技术，实现各类数据的实时采集和基础数据的动态更新，做到“底数清、社情明”，目前已覆盖全市5个街道办事处、45个社区。

【信息化基础工作】

2013年兵团出台了《关于加快推进兵团信息化与工业化融合的指导意见》。编制完成《新疆生产建设兵团两化融合示范（试点）企业认定管理暂行办法》、《关于加强工业企业新产品开发和新技术推广应用工作的通知》等文件。

（一）信息化培训

兵、师信息化培养体系基本建立，管理体制逐步健全，与国家职能部门关系全面理顺。两化融合培训工作逐步深入，各师分管领导参加了“兵团信息化与工业化融合推进会议暨全国两化融合深度行——兵团行动”，聆听了两化融合专家专题报告等。五师、八师分别举办了“两化融合深度行——走进各师活动”，邀请两化融合专家为下辖企业进行授课。每年两次的全国计算机与软件资格考试和全国信息技术水平考试如期完成，石河子大学、塔里木大学为社会培养了一批实用信息技术人才。各类应试教育、职业教育和继续教育工作广泛深入开展，促进了兵团全民信息能力的提升。

（二）行业管理

全年开展了计算机信息系统集成资质的年检换证工作；积极开展两化融合试点示范企业申报工作，认定“新疆天业集团有限公司”等10家企业为兵团首批两化融合示范企业，“农一师电力公司”等10家企业为兵团首批两化融合试点企业。兵团软件行业协会被列入2012年全国“双软认定”机构，开展了软件产品的登记工作。

【统计数据】

相关统计数据见表1～表3。

表1 2012—2013年新疆生产建设兵团（地区）电子信息制造业基本情况

项目名称	单位	2012年	2013年
流动资产平均余额	万元	3369.73	25705.13
固定资产净值平均余额	万元	12245.81	35257.11
资产总计	万元	20530.85	287934.82
负债合计	万元	16425.25	169271.85
主营业务收入	万元	14934.35	65745.62
税金总额	万元	722.82	5560.47
利润总额	万元	1087.554	−5191.02
从业人员年末人数	人	306	1135
从业人员工资总额	万元	916.44	1032.73

数据来源：电子信息制造业统计报表

表 2　2012—2013 年新疆生产建设兵团（地区）软件产业基本情况

项目名称	单位	2012 年	2013 年
软件业务收入	万元	3722.50	4625.05
软件产品销售收入	万元	334.90	415.30
税金总额	万元	144.10	72.17
利润总额	万元	166.27	-382.54
从业人员年末人数	人	150.00	203.00
从业人员工资总额	万元	529.77	638.09

数据来源：软件及软件服务业统计报表

表 3　2011—2013 年新疆生产建设兵团信息基础设施主要指标统计

项目名称	单位	2011 年		2012 年		2013 年	
		城镇	农牧团场	城镇	农牧团场	城镇	农牧团场
固定电话/百户	部	76.56	66.00	78	51	68	48
移动电话/百户	部	180.80	161.00	191	187	175	182
家用电脑/百户	台	68.26	27.00	73	34	71	29

中国香港特别行政区信息化发展概况

中国香港特别行政区信息化水平发展比较高。2014 年 4 月 23 日，世界经济论坛（World Economic Forum）发布了《2014 年全球信息技术报告》。该《报告》根据“网络就绪指数”对全球 148 个经济体在利用信息通信技术推动经济增长和改善民生方面的成效进行了评估及排名。该《报告》排名显示，中国香港特别行政区网络就绪指数排名大幅提升，从 2013 年的第 14 位跃升到 2014 年的第 8 位。

【基础环境】

（一）香港数码港

香港数码港目前集聚了 270 多家科技与数码业务租户。香港数码港联手科学园和香港设计中心等提供培育计划和支援服务，如共用工作间、营商知识培训、业务联系交流、投资选配活动，协助企业克服创业初期的障碍。主要活动如下。2013 年 6 月 1 日，香港创业实验室（StartLab）（由香港互联网协会、香港数码港管理有限公司和香港科技园公司联合主办，特别针对大专以上学生及毕业生而设立的创业启蒙训练营）在香港理工大学举行开幕式，约有 50 家本土、海外公司和机构参会。7 月 6～12 日，香港青少年 3D 动画创作大赛获奖学生出席澳洲墨尔本颁奖典礼，与来自全球其他地区的得奖学生分享交流创作心得。8 月 24～25 日，香港数码港联同香港新一代文化协会科学创意中心在数码港商场全天候广场举办“卖 Innovation 嘉年华”。活动汇集展示本地创意达人与青少年设计的生活发明，向青少年以及广大市民推广普及先进科技应用。11 月 4 日，香港数码港宣布启用全港首个社群云端平台。该社群云端平台旨在为所有数码港的租户、Smart-Space 用户、受培育公司及毕业生，以及协作中心服务用户提供简便易用的自助式基础设施即服务（IaaS）。12 月 10 日，香港数码港宣布将于 2014/15 至 2016/17 年度推行全新三年策略性计划，注资 2 亿港元支持信息及通讯科技（ICT）发展，为本地 ICT 初创企业及企业家提供全方位支持。

2014 年 3 月，数码港创业学会（CSAA）启动“e+创业计划 2014”，120 名大专生及初创企业创办人参加了该活动，获聘的学生参与设计了手机应用程序、2D 和 3D 绘图 / 图像设计、游戏开发及市场推广等项目。4 月 16 日，香港数码港举办“数码娱乐领袖论坛 2014”。论坛的主题为“开创数码娱乐的科技改革”，重点探讨科技新趋势如何改变市场和经济的面貌，以及如何利用这些崭新的科技开拓下一个价值亿万的数码娱乐王国。5 月 2 日，香港数码港和微软创投宣布建立战略合作伙伴关系，协助提升本地信息及通信科技（ICT）初创企业募集资金及拓展海外业务的能力。6 月 22 日，由香港数码港与香港计算机学会（HKCS）、香港工程师学会（HKIE）信息科技分部和香港电台（RTHK）联合举办了“全港大专生机械人大赛 2014”（Robocon2014）。大赛鼓励本地学生在机械工程、电子和计算机程序设计方面的发展，增强了各大专院校和学生之间的合作。

（二）广播和电信服务

在牌照和营办商方面，根据香港特区政府通讯事务管理局办公室的统计数据，到 2014 年 8 月，香港地区电视节目服务牌照数为 51 个，声音广播牌照数为 5 个；流动网络营办商为 4 个，本地固定网络服务营办商为 21 个，对外固定电信服务营办商为 271 个。

在渗透率方面，到 2014 年 7 月，持牌本地收费电视服务用户渗透率为 101%；到 2014 年 6 月，住宅固定电话渗透率为 101.25%；截至 2014 年 6 月，按人口计算的流动电话服务用户渗透率为 237.4%。

在用户数方面，到 2014 年 2 月，拥有电视机的家庭住户数为 239.1 万；到 2014 年 7 月，持牌本地收费电视服务用户数为 246.5 万；截至 2014 年 6 月，移动电话服务用户数为 1717.5 万；截至 2014 年 6 月，2.5G 及 3G/4G 移动服务用户数为 1276.5 万户（见表 1）。

表 1　香港特区电视广播服务和电信服务基本统计

类　　别	数　　量
电视广播服务	
电视节目服务牌照总数（2014 年 8 月）	51 个
数码地面电视使用率（2014 年 6 月）	80%以上
持牌本地收费电视服务用户渗透率（2014 年 7 月）	101%
拥有电视机的家庭住户（2014 年 2 月）	2391000 户
持牌本地收费电视服务用户（2014 年 7 月）	2465000 户
声音广播牌照总数　（2014 年 8 月）	5 个
电信服务	
移动网络营办商（2014 年 8 月）	4 个
本地固定网络服务营办商（2014 年 8 月）	21 个
对外固定电信服务营办商（2014 年 8 月）	271 个
住宅固定电话渗透率（2014 年 6 月）	101.25%
按人口计算的移动电话服务用户渗透率（2014 年 6 月）	237.4%
移动电话服务用户（2014 年 6 月）	17174628 户
2.5G 及 3G/4G 移动服务用户（2014 年 6 月）	12765218 户

数据来源：香港特区政府通信事务管理局办公室

（三）互联网服务

互联网服务供应商指的是所有按固定电信网络服务牌照、固定传送者牌照、综合传送者牌照，以及服务营办商牌照获准提供互联网接达服务的营办商。根据香港特区政府通信事务管理局办公室的统计数据，截至 2014 年 8 月，互联网服务供应商数量为 202 个。截至 2014 年 6 月，已登记的拨号上网用户账户数和宽带上网用户账户数分别为 30.1 万户和 224.6 万户，住户宽带普及率达到 85.2%；截至 2014 年 8 月，公共 WiFi 热点数量达到 28620 个（见表 2）。

表 2　香港特区互联网服务基本统计

类　别	数　量
互联网服务供应商（2014 年 8 月）	202
已登记的拨号上网用户账户（估计）（2014 年 6 月）	301000
已登记的宽带上网用户账户（估计）（2014 年 6 月）	2245945
住户宽带普及率（2014 年 6 月）	85.2%

数据来源：香港特区政府通信事务管理局办公室

【信息产业】

2013 年，香港特区的资讯及通信科技产品进出口货值达到 39142 亿港元。根据香港特区政府统计处发布的《香港—资讯社会》（2014 年版）统计报告，2014 年资讯及通信科技产品的进口货值达到 20052 亿港元，占到总进口货值的 49.4%。资讯及通信科技货品的总出口货值达到 19090 亿港元，占到总出口货值的 53.6%。2003—2013 年，资讯及通信科技产品的进口货值年均增长 12.1%，超过同期总进口货值 8.4%的增长速度。资讯及通信科技产品的出口（包括香港产品出口及转口）货值年均增长 12.1%，亦高于总出口货值 7.4%的增长速度。

（一）电信设备

在进出口金额方面，2013 年香港地区的电信设备进口货值为 4519 亿港元，比 2012 年增加了 737 亿港元；出口货值为 4668 亿元，比 2012 年增加了 886 亿港元。在电信设备供应来源方面，中国大陆一直是最大的电信设备供应地，2013 年占到香港地区电信设备进口总值的 75.5%，比 2012 年提高了 3.1 个百分点；位列第二、三位的分别是美国和阿拉伯联合酋长国，各占进口总值的 5.4%和 2.5%。在出口市场方面，中国大陆和美国依然保持着第一位和第二位的市场位置，分别占到出口总值的 48.3%和 8.7%。

（二）电脑及相关设备

从进出口金额来看，2013 年香港地区的电脑及相关设备进口货值达到 4075 亿港元，比 2012 年减少了 104 亿港元；出口货值达到 3992 亿港元，比 2012 年减少了 291 亿港元。从进口来源地来看，最大进口来源地是中国大陆，所占比重为 67.6%，比 2012 年减少了 0.7 个百分点；位列第二位和第三位的是日本和泰国，所占比重分别为 6.0%和 5.5%。从出口市场来看，中国大陆依然是最大出口地，占出口总值的 66.7%；美国和日本分别以 5.9%和 3.7%的占比位居第二位和第三位。

（三）电子组件

在进出口金额方面，2013 年，电子组件的进口货值达到 9789 亿港元，比 2012 年增加 848 亿港元；出口货值达到 8841 亿港元，比 2012 年增加 771 亿港元。在进口来源地方面，排名前三位的分别是中国大陆、中国台湾地区和新加坡，和 2012 年的位次一致，分别占到电子组件总进口值的 35.5%、17.0%和 14.7%。前两者比重都略有提高，新加坡比重略有下降。在出口市场方面，中国大陆、美国和中国台湾地区占据了前三位，各自占到出口总值的比重为 79.6%、2.8%和 2.8%。与 2012 年相比，中国大陆所占比重继续提升，而美国和中国台湾地区所占比重有所下降。

（四）影音设备

2013 年，影音设备进口货值达到 1305 亿港元，比 2012 年减少 158 亿港元；出口货值达到 1057 亿港元，比 2012 年减少 159 亿港元。影音设备最大的进口来源地是中国大陆，来自中国大陆的影音设备占到进口总值的 63.6%，比 2012 年相比，比重降了 4.4 个百分点。来自中国台湾地区和日本的影音设备分别位列第二位和第三位，所占比重分别为 10.1%和 6.4%。位居影音设备出口市场前三位的依然是中国大陆、美国和日本，分别占到出口总值的36.8%、14.1%和7.4%。

（五）其他资讯及通信科技产品

2013年，其他资讯及通信科技产品的进口货值为363亿港元，比2012年减少了42亿港元；出口货值为533亿港元，大致与2012年持平。进口前三位来源地分别是中国大陆、美国和德国，分别占到进口总值的48.2%、16.0%和8.5%。2013年德国取代了2012年日本的第三位置。出口前三位的市场分别是中国大陆、美国和日本，分别占到出口总值的67.7%、9.1%和2.9%（见表3和表4）。

表3 2009—2013年香港特区信息及通信科技商品的进口情况

单位：百万港元

指　标	2009年	2010年	2011年	2012年	2013年
进口	1232135	1587552	1739703	1887163	2005200
电信设备	187291	240697	309833	388405	451931
电脑及相关设备	252240	330510	363237	417891	407497
电子组件	641659	841429	883785	894079	978942
影音设备	125886	141762	145275	146256	130529
其他信息及通信科技商品	25060	33154	37574	40533	36302
占所有对外贸易进口的百分比	45.8%	47.2%	46.2%	48.2%	49.4%

数据来源：中国香港特别行政区政府统计处

表4 2009—2013年香港特区信息及通信科技商品的出口情况

单位：百万港元

指　标	2009年	2010年	2011年	2012年	2013年
出口	1191871	1520429	1672068	1788570	1909027
电信设备	205157	270737	326071	378170	466757
电脑及相关设备	254789	338796	386369	428330	399167
电子组件	581207	738481	785498	806983	884126
影音设备	121863	131829	126629	121607	105712
其他信息及通信科技商品	29856	40586	47502	53480	53265
占所有对外贸易出口的百分比	48.3%	50.2%	50.1%	52.1%	53.6%

数据来源：中国香港特别行政区政府统计处

【电子政务】

（一）“香港政府一站通”网站

“香港政府一站通”（www.gov.hk）是香港特别行政区政府的一站式入门网站。网站提供一系列政府资讯和服务的超链接，并按客户群及主题进行了分类。客户群主要包括：“本港居民”、“商务及贸易”、“非本港居民”及不同的社会群体。每组客户群的版面分别再划分为多个主题，例如“入境事务”、“税务及应课税品”、“就业”等，让每个使用者无须知悉政府部门的分工及服务范畴，就能够寻获所需资讯和服务。“香港政府一站通”网站深受使用者欢迎，得到众多好评。主要有：在2012—2013年度的雅虎香港感情品牌大奖中，被互联网用户推选为最喜爱的三个“感情品牌（政府部门类别）”之一；获无障碍网页嘉许计划2013“金奖”；获无障碍优异网站奖2011—2013“红宝石奖”；获2014年万维网推广协会“超卓网站（政府机构）”奖；获2014年互动媒体大奖“最优秀网站（政府类别）”奖等。

（二）网络社会服务

在网络教育方面，香港特区政府教育局2014年施政报告提出，要开展“第四个资讯科技教育策略”的咨询工作。重点工作内容之一就是为全港约1000间公营及直接资助计划学校建立WiFi无线上网校园，让课堂教学更加多元化，让学生可以在校园内随时随地通过移动学习装置及利用网上的多元资讯及互动功能发挥创意及建构知识，促进自主学习，成为更具21世纪视野和资讯素养的终身学习者。其他建议包括增加优质电子学习资源供应以配合课程发展，善用电子教学法等。

在电子医疗方面，香港特区政府食物及卫生局负责人2014年4月在立法会财务委员会特别会议上介绍医疗卫生政策时提出，当《电子健康记录互通系统条例草案》获得立法会通过后，将开始电子健康记录互通系统第一阶段的运作。在医疗资讯科技设施方面，正发展一套全港性电子健康记录互通系统，目的是为参与的市民提供一套较完整的个人医疗健康记录，改善医疗素质的同时，也可加强公私营医疗服务协作，为市民提供连贯性的医疗服务。政府正草拟电子健康记录互通系统的法则，预计稍后向立法会提交条例草案。条例草案通过后，政府希望2014年年底前启动系统，让公私营医疗服务提供者在取得病人同意后，可以互通他们的电子健康记录。

此外，政府主要发单部门有望年底前加入电子账单和缴费服务平台，方便市民在网上收取账单和缴付水费、电费等。电子支票预计2015年下半年推出，届时市民和企业可在网上签发或存入电子支票，节省到银行处理支票的时间和成本。到2014年年底，完全免费或提供免费时段的WiFi热点，将增加到2万个。积极采用无纸化解决方案，2015年起以数码格式发放所有开放给公众的资料。研究进一步使用物联网、传感器和大数据分析技术，更有效管理城市。

（三）政府信息化开支情况

2013年和2012年一样，政府雇员拥有专用工作站的比例继续保持在95%，比2009—2011年增加了1个百分点。2013年政府雇员获接驳互联网的比例达到92%，比2012年增加了5个百分点，为历史最高。2013年，政府资讯科技人员（包括系统分析／程序编制主任、计算机操作员及资料处理员）的编制人数为1487位，比2012年增加50位。2012—2013年度，政府在资讯科技方面的开支为38亿港元，比上一年度减少了2.9亿港元，占公共开支的比重为1.3%，比上一年度增加了0.1个百分点（见表5～表7）。

表5　2009—2013年香港特区政府机构计算机使用情况

指　标	单位	2009年	2010年	2011年	2012年	2013年
获提供专用工作站的人员所占的百分比	%	94	94	94	95	95
获接驳互联网的人员的百分比	%	91	92	87	87	92
可使用内部电子邮件的人员的百分比	%	74	61	69	72	77

数据来源：香港特区政府资讯科技总监办公室

表6　2009—2013年香港特区政府资讯科技人员情况

指　　标	2009年	2010年	2011年	2012年	2013年
系统分析/程式编制主任	759	772	794	819	869
电脑操作员	443	442	441	442	444
资料处理员	189	186	183	176	174
合计	1391	1400	1418	1437	1487

数据来源：香港特区政府资讯科技总监办公室

表7　香港特区近年来政府资讯科技开支情况

指　　标	2008—2009年度	2009—2010年度	2010—2011年度	2011—2012年度	2012—2013年度
政府的资讯科技开支（百万港元）	3027	3438	3781	3535	3826
政府的资讯科技开支占公共开支的比重（%）	1.2	1.4	1.5	1.2	1.3
政府资讯科技开支占本地生产总值的比重（%）	0.2	0.3	0.3	0.2	0.3

数据来源：香港特区政府资讯科技总监办公室

（赛迪智库　赵争朝）

中国澳门特别行政区信息化发展概况

【基础环境】

（一）通信服务

澳门特区政府电信管理局是主管澳门通信服务发展的政府部门。为配合澳门特区电信市场新的发展需要，经过公开招标程序，2013年6月，澳门特区政府电信管理局分别向MTEL电信有限公司和澳门电信有限公司颁发了设置及经营固定公共电信网络牌照。8月23日，澳门特区政府电信管理局协调澳门电信有限公司、和记电话（澳门）有限公司以及数码通移动通信（澳门）股份有限公司以优惠计划的方式，下调所有月费用户在内地的漫游话音通话，同时澳门电信及和记下调用户在内地发出短讯（SMS）的漫游资费。10月1日，在专线服务方面，在澳门特区政府电信管理局推动下，澳门电信有限公司下调本地专线服务的每月租金，根据不同线路速度下调幅度在4%～16%。在2014年5月17日——“世界电信和信息社会日”，澳门特区所有的移动电话用户都可以免费享用本地短讯、本地多媒体短讯，以及免费拨打及接收本地3G视像电话。澳门特区政府电信管理局正在为下一阶段的电信市场发展做准备，着手探讨未来电信市场的适用监管制度，努力从不同的层面规范完善相关政策。在新一代移动通信技术应用方面，将在2014年落实以 LTE 技术为基础的新一代移动通信服务的牌照制定工作。

在电信运营商数量方面，截至2014年7月，澳门特别行政区拥有固定电信服务运营商2家、移动电信运营商7家。其中，第二代移动电信服务运营商有3家，第三代移动电信服务运营商有4家。在电话用户方面，到2014年6月，澳门特区电话用户数达到184.4万户，比2013年年底减少了3.6万户。2013年，电话用户数达到188.0万户，比2012年177.5万增加10.5万户。其中，固定电话用户数为15.8万户，比2012年减少0.4万户；移动电话用户数为172.2万户，比2012年增加11万户（见表1）。

（二）互联网服务

截至2014年6月，澳门特区拥有19家互联网服务运营商、1家移动电信虚拟网络服务运营商。根据澳门特区政府统计暨普查局公布的数据，2013年澳门特区互联网用户数达到26.3万户，比2012年增加3.1万户。2013年使用互联网时长为8.1亿小时，比2012年增加1.3亿小时。2013年宽带上网用户数为152万户，比2012年的14.4万户增加7.1万户。拨号上网用户数为0.1万户。

澳门特区政府建设的“无线宽带系统－WiFi 任我行”为澳门市民及游客提供免费便捷的无线宽带互联网接入服务。自正式投入服务以来，“WiFi 任我行”系统规模和使用人数较服务开通之初均有显著的增加，截至2013年10月，在“WiFi 任我行”的服务地点共记录超过880万成功连线次数，使用人数不断增加。2013年12月1日起，“WiFi 任我行”新增了15个服务地点，使得澳门特区147个地点可以提供“WiFi 任我行”免费无线宽带接入服务（见表2）。

表1　2009—2013年澳门特区电话用户情况

单位：户

类　别	2009年	2010年	2011年	2012年	2013年
固定电话用户	171360	168374	166310	161752	157680
移动电话用户	1037380	1122261	1353194	1613457	1722475

数据来源：澳门特区政府统计暨普查局

表2　2009—2013年澳门特区互联网用户及使用时数情况

指　标	单位	2009年	2010年	2011年	2012年	2013年
用户总数	千	143.4	170.5	209.2	231.6	262.9
同期变动率	%	11.6	18.9	22.7	10.7	13.5
总使用时数	千小时	340418	422769	527611	678396	814031
同期变动率	%	34.6	24.2	24.8	28.6	20.0

数据来源：澳门特区电信管理局

【电子政务】

在电子政务基础设施方面，澳门特区政府启动了“政府综合服务大楼”第三期建设，完善了自助服务机功能。截至2013年9月30日，政府综合服务大楼服务人次达到269969人次，比2012年同期增长约40%。“政府资讯中心”重新整合电子派筹与接待系统，完善了接待记录和录音功能，并推出网上查询个案进展的手机版，提高了工作透明度，提升了工作效率。在政府综合服务大楼调整及增加自动服务专区基础上，自助服务机由过去提供单一服务，逐步转向多功能服务。自助服务机现在可以提供办理出生证明、查核证件真伪、赴港e道登记及城市指南等自助服务。持续优化提升自助服务机的使用，在28个设置点放置了41部服务机。未来，特区政府部门将更多地考虑采用智能身份证提供和办理各种电子化服务。

在电子化服务及内部管理方面。澳门特区政府制定了门户网站整体规划及发展方案，提升政府门户网站的效能。发布政府部门网站的规范指引，作为各部门网站设计、内容及功能的依据。完善“电子政务应用平台”整体系统设计，完成平台的首阶段构建。扩展“政府数据中心”灾难复原系统恒常机制的应用，构建相关基础设施，提升信息系统的安全性及稳定性。强化电子政务安全体系及标准体系的构建，制定信息安全及危机管理框架的执行规划报告，提升政府在信息保安及事故处理的应对能力。推动电子表格的应用，截至2013年9月30日，已有42个部门共提供1035种供免费下载的电子表格。

各个部门努力利用信息化手段提供公共服务。澳门特区政府身份证明局已经完成智能身份证系统的升级工作。该局于2013年10月31日开始向澳门居民发出非接触式智能身份证，新身份证增加了高技术的防伪特征，保密程序在原基础上进行了升级。在内部工作程序上，该局在推出办理居民身份证及特区护照申请的自助服务机基础上，提供电子领证服务，市民可自行通过电子设备读入收据条形码，再到柜台领证。印务局推出了“政府电子刊物订阅平台”，方便市民获取各种政府机构出版的电子刊物。食品安全中心通过优化“食安专线”、“食安信息”智能手机应用程序以及中、英、葡三种语言的“食品安全信息”网页服务，以预防为首要目标，向公众发布食安信息及收集公众的查询及意见，完善风险评估及管理，监管和保障食品安全。民政总署进行了“新人事管理系统”的研发及测试，为市民提供网上投考服务。优化“网上意见平台”，以更好回复投诉者关于处理个案的进度和结果。推出网站移动版，方便市民利用移动装置查阅民政总署各类最新消息、活动和服务等信息。退休基金会与环境保护局合作，推广“电子账户文件”服务，推动行政运作电子化、无纸化及环保理念。审计署首次大规模采用计算机技术辅助开展账目审计。2013年，由国家审计署计算器技术中心与特区审计署合作的“现场审计实施系统”完成第二阶段开发测试，并投入运作，审计工作由过去以核对纸本账目为主，转变成全面审核各部门的电子账目数据。电脑辅助审计的覆盖范围已经扩展到所有非自治部门、行政自治部门、财政自治部门、代理银行、中央账目及对销前的综合账目。澳门特区海关一直重点关注通关便利化的发展方向，通过电子报关（EDI）模式，推行无纸通关的便利措施。澳门特区海关继续推动需使用准照进出口的货物利用电子报关系统。治安警察局开发了边境口岸实时信息系统软件，市民旅客可使用计算机或智能手机登入澳门保安部队官方网站（www.fsm.gov.mo/m/）或治安警察局官方网站（www.fsg.gov.mo/psp），察看关闸、外港码头及边境站的出、入境大堂及车道实时通关影像（见表3）。

表3　澳门特区电子政务工作时间表

工作计划与项目	工作内容	开展时间	完成时间
信息安全及危机管理	建立资讯保安体系及危机管理机制	2014年	2015年
数据交换体系	研究及制定数据交换体系，供各公共部门资讯技术人员于开发应用系统的数据交换模组时使用，加强公共部门间数据的互通性	2014年	2015年

续表

工作计划与项目	工作内容	开展时间	完成时间
完善电子政务应用平台	（1）增强电子政务应用平台流程系统的功能，强化内部文件管理的应用及开发公用功能组件 （2）研究应用身份识别及权限管理功能，以及加强该平台与其他系统的数据整合和互联互通，推动内部流程管理电子化	2014年	2015年

数据来源：澳门特区政府2014年施政报告

【电子商务】

澳门特区90%以上的企业属于中小企业。特区政府一直将扶助中小企业发展作为重要的施政方针，除提高所得补充税的年收益豁免额来减轻中小企业的税务负担外，2014年还推出全新的“中小企业网站资助计划”，以协助中小企业加强企业形象及产品推广。该资助计划提供的资金主要包括“构建/维护企业网站费用”和“优化企业网站费用”。在“构建/维护企业网站费用”，对尚未设立企业网站的澳门中小企业主提供下列资助：于2015年构建企业网站以及该网站首三年维护费的部分费用；构建企业网站的资助款项上限为实际费用的70%，且资助款项不得超过MOP14000；维护企业网站的资助款项上限为实际费用的70%，且资助款项不得超过MOP6000。在“优化企业网站费用”方面，对已经设立企业网站的澳门中小企业主提供下列资助：于2015年优化现存企业网站的部分费用；优化企业网站的资助款项上限为实际费用的70%，且资助款项不得超过MOP5000。在资助限额方面，每一商业企业主（即每一纳税人）仅可获批一次的资助。

澳门贸易投资促进局作为推动澳门地区电子商务发展的重要机构，2013年以来主要举办了如下活动：2013年4月27日，澳门贸易投资促进局中小企服务中心联合泛澳青年商会及九龙青年商会，在澳门商务促进中心举办了“企业交流电子商务平台——网动商连分享讲座”。邀请的主讲嘉宾为香港Creative Direct Ltd执行总监及澳门计算机学会监事，希望通过讲座加深中小企业对电子商务运用及了解。8月22日，澳门贸易投资促进局中小企服务中心联合环球资源在澳门商务促进中心举办“中小企业如何回复及处理网上买家查询”讲座。讲解者为环球资源亚太地区销售经理，主要内容是：分析、评估买家查询的要求，专业回复买家查询的要素和持续跟踪、将查询转化为订单等。11月19日，澳门贸易投资促进局中小企服务中心联合环球资源在澳门商务促进中心举办“中小企如何在在线/线下作推广”讲座。讲座内容为：移动网上采购发展方向、移动网上对行业的影响、B2B（Business To Business）的O2O（Online To Offline）、线下重点推广（展览会）、展会开拓巴西市场等。

（赛迪智库　赵争朝）

中国台湾省信息化发展概况

中国台湾地区信息化发展水平一直位居世界前列。根据世界经济论坛（World Economic Forum）《2014 年全球信息技术报告：大数据的回报与风险》对全球 148 个经济体在利用信息通信技术推动经济增长和改善民生方面的成效进行的评估及排名，中国台湾地区的网络就绪指数为 5.47，位居世界第 14 位，比 2013 年排名第 10 位下降了 4 位。

【基础环境】

（一）通信服务

2013 年，中国台湾地区电信服务总营收达到 3770 亿新台币。在电信服务总营收构成中，移动通信营收为 2171 亿新台币，所占比重最大，达到 57.59%。其次是网际网路及加值服务，营收为 532 亿新台币，所占比重为 14.10%。第三是市内电话，营收为 409 亿新台币，所占比重为 10.84%。第四是电路出租，营收为 357 亿新台币，所占比重为 9.47%。第五是国际电话，营收为 215 亿新台币，所占比重为 5.71%。长途电话和 MOD 营收分别为 49 亿新台币和 37 亿新台币，所占比重最小，分别为 1.31%和 0.98%。

2013 年移动通信用户数达到 2970.1 万户。移动通信用户数与 2012 年相比增加 30 万户，增长数量较 2012 年有所下降。每百人用户数达到 127.1 户，比 2012 年的 126.3 户/百人提高了 0.8 个百分点。与 2009 年相比，移动通信用户数增加了 270 万，增长 1.1%。每百人用户数提高了 10.5 户。与移动通信用户持续增长相比，室内电话用户数连续下降，从 2009 年的 1280 万户下滑到 2013 年的 1220 万户，4 年时间下降了 60 万户。从最近 4 年来看，用户数下滑的趋势比较明显，2010 年用户数比 2009 年减少了 10 万户，2011 年用户数和 2010 年持平，2012 年比 2011 年减少了 30 万户，2013 年则比 2012 年减少了 20 万户（见表 1）。

表 1　2009—2013 年台湾地区各类电信服务用户数

指　　标	单位	2009 年	2010 年	2011 年	2012 年	2013 年
市内电话用户数	百万户	12.8	12.7	12.7	12.4	12.2
每百人用户数	户/百人	55.5	54.8	54.6	53.2	52.3
移动通信用户数	百万户	27.0	27.8	28.9	29.4	29.7
每百人用户数	户/百人	116.6	120.2	124.3	126.3	127.1

数据来源：台湾地区 NCC

2013 年 3G 用户数达到 2480 万户。在 PHS、2G 和 3G 用户数变化情况看，近 4 年来，前两者的用户数大幅减少，2013 年的用户数减少到 2009 年用户数的一半。只有 3G 用户数一直保持稳定增长。与 2009 年相比，3G 用户数增加了 900 万人，增长 60%。2013 年 PHS 用户数为 70 万人，比 2012 年减少了 10 万人。2G 用户数为 420 万人，比 2012 年减少 180 万人，减少幅度比 2012 年有所扩大（见表 2）。

2009—2013 年台湾地区移动话务量和固网话务量如表 3 所示。

表 2　2009—2013 年台湾地区 2G、3G 和 PHS 用户数增长情况

指　标	单位	2009 年	2010 年	2011 年	2012 年	2013 年
PHS	百万户	1.4	0.9	0.8	0.8	0.7
2G	百万户	9.8	8.2	7.2	6.0	4.2
3G	百万户	15.8	18.7	20.9	22.7	24.8

数据来源：台湾地区 NCC

表 3　2009—2013 年台湾地区移动话务量和固网话务量

指　标	单位	2009 年	2010 年	2011 年	2012 年	2013 年
移动电话	10 亿分钟	36.66	39.97	42.84	43.48	34.69
市内网路	亿分钟	16.79	15.63	14.47	10.55	9.65
长途网路	亿分钟	4.4	4.49	4.32	3.73	3.46
国际网路	亿分钟	4.19	4.65	4.67	3.74	2.70

数据来源：台湾地区 NCC

（二）互联网服务

根据中国台湾地区 NCC 的数据，2013 年台湾地区上网人口数达到 1750 万，比 2012 年增长 0.6%。上网人口数普及率达到 74.9%，比 2012 年提高了 0.4 个百分点。2013 年固网宽带账号数达到 700 万个，比 2012 年增加 60 万，增长 9.4%。固网宽带账号数普及率达到 30.0%，比 2012 年提高了 2.3 个百分点。2013 年移动宽带账号数达到 1810 万个，比 2012 年增加 30 万个，增长 1.7%。移动宽带账号数普及率为 77.4%，比 2012 年提高了 1 个百分点（见表 4）。

在经常上网人口方面，根据台湾地区资策会 FIND 2013 年 3 月的数据，经常上网人口达到 1108 万人，比 2012 年 12 月增加了 1 万个。经常上网人口和 2009 年相比，增加了 41 万个。上网普及率为 48%，和 2012 年 12 月持平。上网普及率和 2009 年相比，提高了 2 个百分点（见表 5）。

从各类固网宽带用户数情况看，在 2013 年固网 701 万总用户数中，FTTx 用户数最多，有 290 万户，所占比重为 41.4%；其次是 ADSL 用户数，为 155 万户，所占比重为 25.2%；再次是其他用户，为 141 万户，所占比重为 20.1%；最后是 Cable Modem 用户，有 115 万户，所占比重为 16.4%。明显可以看出，四类固网宽带用户数中，只有 ADSL 用户数在持续减少，其他三类都实现了增长（见表 6）。

从商用网际网路账号数情况看，根据台湾地区资策会 FIND 发布的数据，截至 2013 年 3 月，将各种商用互联网联机方式用户数经过加权运算，并加上学术网络（TANet）用户数，扣除低用度用户、一人多账号与多人一账号等重

复值后，2013 年第一季度整体商用因特网账号总数为 2483 万个。商用网际网路账号数与 2012 年年底相比，减少 61 万个，增长-2%。与 2009 年相比，商用网际网路账号数增长 106 万个，增长 4.5%（见表 7）。

根据台湾地区资策会 FIND 2013 年“台湾家庭宽带应用现况与需求调查”结果，台湾地区家庭联网稳步提高。2013 年台湾家庭联网率为 84.8%，比 2012 年提高了 1.6 个百分点，比 2009 年的 78.7%提高了 6.1 个百分点。2013 年家庭宽带普及率为 81.6%，比 2012 年提高了 1.7 个百分点，比 2009 年的 73.9%提高了 7.7 个百分点。据此预计，使用宽带的用户数约为 673.8 万户，使用窄频的用户数约为 5.1 万户（见表 8）。

表 4 2009—2013 年台湾地区上网人口数及宽带账号数情况

指　标	单位	2009 年	2010 年	2011 年	2012 年	2013 年
上网人口数	百万个	16.1	16.5	16.7	17.4	17.5
上网人口数普及率	%	69.8	71.5	72.0	74.5	74.9
固网宽带账号数	百万个	5.0	5.3	5.2	6.4	7.0
固网宽带账号数普及率	%	21.6	22.9	23.8	27.7	30.0
移动宽带账号数	百万个	14.2	16.5	17.9	17.8	18.1
移动宽带账号数普及率	%	61.5	71.2	76.9	76.4	77.4

数据来源：台湾地区 NCC

表 5 2009—2013 年台湾地区经常上网人口增长情况

指　标	单位	2009 年	2010 年	2011 年	2012 年	2013 年 3 月
经常上网人口	万人	1067	1079	1097	1107	1108
增加量	万人	21	12	18	10	1
上网普及率	%	46	47	48	48	48

数据来源：台湾地区资策会 FIND

表 6 2009—2013 年台湾地区各类固定宽带用户数情况

单位：百万户

指　标	2009 年	2010 年	2011 年	2012 年	2013 年
Cable Modem	0.81	0.93	1.01	1.08	1.15
FTTx	1.53	1.96	2.3	2.63	2.9
ADSL	2.58	2.36	2.12	1.82	1.55
其他	0.07	0.07	0.08	0.91	1.41
合计	5.00	5.31	5.52	6.45	7.01

数据来源：台湾地区 NCC

表7　2009—2013年台湾地区商用网际网路账号数情况

指　标	单位	2009年	2010年	2011年	2012年	2013年3月
商用网际网路账号数	万个	2377	2514	2635	2544	2483
增加量	万个	294	137	121	-83	-61
增长率	%	14	6	5	-3	-2

数据来源：台湾地区资策会FIND

表8　2009—2013年台湾地区家庭联网各项指标情况

指　标	单位	2009年	2010年	2011年	2012年	2013年
家庭联网率	%	78.7	82.8	81.8	83.2	84.8
家庭宽带普及率	%	73.9	77.1	80.7	79.9	81.6

数据来源：台湾地区资策会FIND

【信息产业】

（一）集成电路产业

2013年台湾地区集成电路（IC）产业产值为18886亿新台币（新台币对美元汇率以29.8计算，折合634亿美元），比2012年增加2544亿新台币，增长15.6%。其中，集成电路设计业产值为4811亿新台币（162亿美元），比2012年增加696亿新台币，增长16.9%；集成电路制造业为9965亿新台币（335亿美元），比2012年增加1673亿新台币，增长20.2%；集成电路封装业为2844亿新台币（95亿美元），比2012年增加124亿新台币，增长4.6%；集成电路测试业为1266亿新台币（42亿美元），比2012年增加51亿新台币，增长4.2%（见表9）。

表9　2010—2013年台湾地区集成电路产业产值情况

单位：亿新台币

指　标	2010年	2011年	2012年	2013年
IC设计业产	4548	3856	4115	4811
IC制造业产	8841	7867	8292	9965
IC封装业产	2870	2696	2720	2844
IC测试业产	1278	1208	1215	1266
产业整体产	17537	15627	16342	18886

数据来源：根据台湾地区工研院IEK数据整理

（二）平面显示器产业

根据台湾地区工研院IEK ITIS统计，2013年台湾地区平面显示器产业产值达到1.49兆新台币。与2012年相比，增加了856亿新台币，增长6.1%。在平面显示器主要类别中，2013年大型TFT LCD面板产值达到7196.5亿新台币，比2012年增加193.3亿新台币，增长2.8%。中小型TFT LCD面板产值为2230.4亿新台币，比2012年增加296.9亿新台币，增长15.4%。玻璃基板产值为1558.9亿新台币，比2012年增加150.7亿新台币，增长10.7%。彩色滤光片产值为1037.1亿新台币，比2012年增加3.6亿新台币，增长0.3%。偏光板产值为1009.7亿新台币，比2012年增加103.8亿新台币，增长11.5%（见表10）。

表10　2011—2013年台湾地区平面显示器产业发展情况

单位：亿新台币

指　标	2011年	2012年	2013年
大型TFT LCD面板	7548.9	7003.2	7196.5
中小型TFT LCD面板	1733.5	1933.5	2230.4
TN/STN面板	164.0	124.7	78.8
OLED	69.4	64.9	66.7
彩色滤光片	1039.5	1033.5	1037.1
偏光板	804.3	905.9	1009.7
玻璃基板	1469.7	1408.2	1558.9
背光模组	1193.8	1532.9	1685.0

数据来源：根据台湾地区工研院IEK数据整理

（三）通信产业

2013年台湾地区通信产业产值为12831亿新台币。与2012年相比，减少了570亿新台币，增长-4.3%。在通信产业构成中，2013年通信设备产值为8500亿新台币，与2012年相比，减少了911亿新台币，增长-9.7%。通信服务产值达到4331亿新台币，增加了341亿新台币，增长8.5%（见表11）。

表11　2011—2013年台湾地区通信产业发展情况

单位：亿新台币

指　　标	2011年	2012年	2013年
通信设备	10550	9411	8500
网路通信设备	3769	3994	4155
个人移动装置	6781	5417	4344
通信服务	3884	3990	4331
通信产业合计	14434	13401	12831

数据来源：根据台湾地区工研院IEK数据整理

【电子商务】

根据台湾地区资策会FIND的调查结果，在调查的最近一个月，进行过网络拍卖或网络购物的人占到上网人数的36.5%，比2012年提高了0.3个百分点；利用转账或信用卡刷卡缴费的人比例为23.4%，比2012年提高了1.3个百分点；从事实际线上投资理财的人比例为13.1%，比2012年提高了0.8个百分点。

中国电子商务研究中心的监测数据显示，2013年台湾地区的网络购物市场规模达到7600亿新台币。台湾地区B2C（含B2B2C）与C2C比值为6∶4。电商集中度较低，前5家电商占比超过50%，其中龙头网家还不到20%。在消费金额方面，根据台湾地区资策会的数据，2013年台湾地区平均每位消费者在网络上的消费金额达到1.74万新台币，比2010年的0.97万新台币，增长79%。2013年台湾地区消费者网络购物的消费金额，超过5万新台币的比重接近10%。

（赛迪智库　赵争朝）

宁波市信息化发展概况

加快创建智慧城市，是全面贯彻落实省政府关于建设“智慧浙江”决策部署的重要举措，是实现市党代会、市“两会”确定的奋斗目标的重要途径，是宁波市“六个加快”发展战略的重要内容。2013年，宁波市进一步加快推进智慧城市建设，提升基础设施能级，拓展基础资源共享应用，突出抓好重点应用体系建设和智慧产业集群发展，强化体制机制建设，取得了较好的成效。

【完善通信网络】

2013年以来，宁波市以提升信息基础设施服务水平和承载能力为核心，坚持基础先行、适度超前的原则，大力实施光网城市、无线城市和信息安全三大工程，着力构建宽带、泛在、融合、安全的信息通信基础网络，取得了较好的成效。

一是“光网城市”工程全面推进。全面贯彻国家光纤到户建设标准，建立了各县市区经信部门参加当地建设扩初会审会议制度，从源头上把握了网络通信基础设施建设的光网化和宽带化，目前全市新建住宅小区及住宅建筑内的通信设计都严格按国家标准进行设计，按光纤到户标准进行覆盖。结合《“宽带中国”2013 专项行动》工作任务，全面推进城区家庭宽带提升、楼宇宽带拓展、乡村宽带扩面。截至 2013 年年底，互联网城域出口带宽达 2000G。互联网宽带接入用户达 250 万户，3G 用户达 400 万户。光网覆盖家庭用户达 331 万户，最低家庭接入能力达 30M，最高达 100M；农村光纤网络接入水平平均达 4M，基本实现行政村村村通光纤。

二是“无线城市”建设步伐加快。“市民免费上网”项目试点范围扩大。在海曙区试点的基础上，积极引入西班牙专业运营公司，提出了全市统一政府免费 WiFi 网络建设方案，努力形成市县两级政府互动、政企合作的 WiFi 无线网络建设模式，进一步加快了无线宽带接入的建设速度。除海曙区外，江东、江北、鄞州、北仑、镇海等地也全面启动市民免费上网项目，免费上网的公共场所从原来的行政服务中心、医疗机构、图书馆等场所，逐步扩大到公交车站和公交车内。截至 2013 年年底，全市已累计建设 WLAN 无线热点 7400 个，AP 5.9 万个。其中，全市免费 WiFi 热点“iningbo”有 220 个，免费 AP 数 1000 个。加快推进了 4G 试点网络基础设施建设和商用体验，截至 2013 年年底已开通 3000 多个 4G 基站，基本覆盖了宁波绕城以内的海曙区、江东区、江北区、鄞州区以及宁波境内的杭甬高速全线，高教园区、杭州湾新区等其他县市的主城区和 16 个百强乡镇也已覆盖，覆盖总面积超过 750 多平方千米，4G 用户达 1.5 万户。

三是信息安全保障工作有序开展。制定下发《宁波市网络与信息安全协调小组 2013 年度工作要点》，明确年度工作目标与任务。启动实施全市重点领域信息安全检查行动，检查单位 114 家，涉及网络与信息系统 1265 个，全面掌握了当前宁波市重点领域网络与信息系统的总体安全情况及存在问题，并为下阶段进一步提升全市网络与信息安全保障水平提供了参考和依据。完成《宁波市信息安全预警监控平台项目建设研究报告》及立项审批，项目启动后将为全市电子政务提供强有力的安全保障。继续推进信息安全等级保护工作，对 60 家单位的 118 个重要网络与信息系统进行了专家定级评审。截至 2013 年年底，宁波市已有通过等保专家评审的二级系统 249 个，三级系统 18 个。组织开展首届个人信息安全主题宣传周活动，进一步普及网络与信息安全知识，增强全社会信息安全防范意识。

【政务云启动建设】

宁波市以推进集约化建设、强化资源整合、促进共建共享为目标，探索搭建政务云计算中心，逐步形成以政务云计算中心为核心的市电子政务发展框架体系。

一是加快推进政务云计算中心建设。为加快推进政务信息资源的融合共享，为全市电子政务建设提供枢纽性平台支撑，经过广泛深入的前期调研及有关部门、市内外专家的多次研讨、论证与修改，编制完成《市政务云计算中心项目建议书暨可行性研究报告》，明确政务云计算中心的建设目标、任务。根据项目建设方案安排，组织市信息中心、市电子政务管理办公室的有关人员对项目的实施进行了任务分工与协调，基本确定了机房的设备部署和维护单位的分工职责，并按项目建设进度要求，细化了各个任务建设进度与责任分工。

二是抓紧制定基于政务云计算中心的电子政务项目管理体系建设。为充分发挥政务云计算中心在电子政务、智慧城市建设中的基础性作用和地位，加快形成政务大数据开发和应用架构。在抓紧实施项目建设同时，积极研究起草了《关于加快推进政务云计算中心建设的意见》、《宁波市政务云计算中心管理办法》等文件，分别从项目管理、数据共享、技术标准、服务支撑、安全保障等方面作出规定，为今后政务云计算中心的健康运行提供制度保障。

【深入建设应用系统】

按照“试点先行、示范带动、稳步推进”的思路，宁波市围绕解决经济转型升级、城市管理服务创新、民生改善等重难点问题，全面统筹推进智慧城市重大项目建设。

一是智慧物流、智慧健康等“智慧浙江”首批试点项目进展顺利。宁波市与省信息化工作领导小组办公室签订 2013 年度两项试点项目责任书，明确年度工作目标、任务、重点。智慧物流方面，启动实施《宁波市智慧物流试点建设实施方案》，明确了宁波智慧物流试点项目重点建设为“1+7”智慧物流协同平台，其中“1”为宁波智慧物流公共基础平台，已正式启动建设；第四方物流市场综合应用平台、IBM 智慧物流云平台项目一期公共云服务平台等 7 个智慧物流应用平台项目建设全面开展，部分已投入使用，进入宣传推广阶段，广泛服务于平台、企业。智慧健康方面，进一步完善智慧健康保障数据中心和专网建设，为市级各医疗卫生机构和海曙、江东、江北区提供了基础平台和应用服务；医疗卫生专网已经实现了与 11 个县（市）区、8 家市级医疗机构和 5 个市级公共卫生机构联网。完成了智慧健康区域卫生信息平台建设，已有 9 个县（市）区与市区域卫生信息平台实现了数据交换和共享，8 家市级医院和疾控、妇幼等公共卫生机构与区域卫生信息平台实现了系统对接，全市共集中 938 万条健康档案信息，超过 3 亿条健康档案数据。智慧健康应用不断拓展，在 20 余家县、市级医院开通预约挂号服务，建成 58 家数字化社区卫生服务中心。

二是智慧交通、智慧教育等重要试点项目加快建设进程。智慧交通项目建设启动。根据《宁波市智慧交通建设规划》建设内容和实施部署，按照“打基础、行示范、见成效”推进策略，围绕“一套感知系统、一张传输网络、一个云平台、两类服务、三大应用、三项示范”的近期重点建设内容，编制完成了《宁波市智慧交通一期项目可行性研究报告》。下达《2013 年智慧交通项目建设计划》，启动智慧交通一期 15 个具体项目。“宁波通”出行服务产品成功发布，依托移动智能终端 App、出行服务网站、短信服务平台、多媒体查询终端，基于智慧交通相关数据的提取和处理等，以实时的道路引导和信息服务系统的实用性为目的对交通信息进行及时、准确地发布，引导公众高效、便捷、舒适地出行，目前累计下载量达已经达到 108000 次。智慧教育方面，完成《宁波市智慧教育建设总体设想及推进策略研究报告》以及面向基础教育的“人人通空中课堂”、面向终身教育的宁波市终身教育公共服务平台和宁波市数字化阅读平台的建设任务。“人人通空中课堂”日均页面浏览量保持在 1 万左右，高峰期日页面浏览量可达 2 万 5 千。终身学习网网站收录精品课程 1.8 万余节，涵盖了科学技术、职业技能等 10 个大类，方便老年人、外来务工人员等进行网上学习，接受网上教育。宁波市数字化阅读平台开通，将为广大市民特别是高校科研人员提供方便、流畅的数字化图书、文献、期刊等资源的查询和阅读服务。

【培育产业】

宁波市切实把培育产业发展作为智慧城市建设的立足点，坚持以两化融合促产业发展，大力发展以电子商务为代表的信息服务业，以产业基地为载体，深入交流合作，加快产业集聚，促进产业结构调整和经济发展方式转变。电子制造业统计按工信部产品目录调整，全年 794 家企业总产值达 1400 亿元以上；软件产业实现业务收入 233.9 亿元，同比增长 31.3%。

一是以两化融合为着力点，深入推进产业智慧化。编制《宁波市加快推进信息化与工业化深度融合专项行动实施方案》，大力推进两化融合示范工程，共评出 34 个各类企业两化融合示范项目，下达专项补助资金共计 1500 万元。研究探索企业信息化推广普及的新途径，搭建企业信息化应用的云平台，推动企业信息化应用。引进德国 SAP 公司，打造“中小企业信息化云服务平台”，并合作建立中国第一个基于 SAP 云平台的实训中心。通过“服务商提供低价或免费的信息化软件，政府加大宣传推广力度”的合作方式，加大中小微企业的信息化推广力度，开展了 6 个系列的中小企业信息化普及工程活动，为中小企业提供财务、进销存、办公自动化等全系列的信息化软件和服务。

二是以招商引资为抓手，发挥大企业大项目带动作用。宁波市积极打造招商引资大载体大平台，已成功举办三届智博会，在前两届智博会上，宁波市引进的总额约155亿元的39个智慧城市合作项目八成已落地，中兴通讯、东软、中国电信云计算中心、中科院信息技术应用研究院等大型项目进展顺利，并带动了不同行业智慧产业的发展。本届智博会更加重视产业项目对接，中国电科（宁波）海洋电子研究院、中国移动（宁波）信息产业园、东软智慧健康研究院等23个智慧城市项目落地，涉及物联网、云计算、智慧健康、智慧农业、智慧环保、海洋电子、电子商务等领域，总投资额131.88亿元。

三是以电子商务为重点，进一步加快信息服务业发展。积极开展国家跨境电子商务试点，制定《宁波跨境贸易电子商务服务试点项目业务和技术实施方案》，并进行联合招商和基地建设工作。宁波市海商网、宁波国际物流发展股份有限公司等五家企业被列入工信部电子商务集成创新试点工程项目。结合宁波港口贸易及中小企业相对集中的优势，引进了中国知名的B2B电子商务服务商——敦煌网，共同合作打造中国跨境贸易电子商务开放平台，有效整合产业链上各类资源，加快推进宁波外贸转型，抢占未来国内跨境贸易电子商务的制高点。同时，针对内贸市场开拓，引进了天下商帮电子商务公司，打造全国性的B2B2C品牌批发平台。

四是以产业基地为载体，推动产业集聚发展。推进高新区软件研发推广产业基地建设，宁波智慧园一期、高富诺综合体、迪信通华东区域总部等项目进展顺利。推进杭州湾新区智慧装备和产品研发与制造基地、网络数据基地项目建设，物联网磁性传感器项目全面动工建设，研发工作进展顺利；宁波电信数据中心运作正常；中国移动浙江数据分中心建设顺利。全市软件园使用面积已达到40万平方米。

【体制建设机制】

宁波市注重体制机制建设，为智慧城市建设创造良好的发展环境。

一是严格执行规划管理。根据智慧城市建设五年行动纲要每年滚动制定一个行动计划。《2013年宁波市加快创建智慧城市行动计划》，明确了今年工作的总体思路、主要目标、工作举措、保障措施等。各地、各部门根据市里的总体部署，分别编制了相应的实施方案，细化工作任务，落实责任主体。行动计划经市智慧城市建设工作领导小组通过后得到了严格执行落实，年度目标任务顺利完成。

二是加强对智慧城市重大项目的统筹管理和协调推进。以重要领域重大项目建设带动智慧城市整体建设，发挥政府投资的引导作用，2013年共确定智慧交通、智慧教育等10个重大政府投资项目，并不断建立健全有利于多种投资建设主体共同推进智慧城市建设的项目管理体系。

三是建立完善智慧城市考核评价体系。编制《宁波市智慧城市发展报告》，及时梳理公布全市智慧城市建设情况，总结经验成效，促进交流进步。在前两年考核的基础上，不断根据工作实际和考核情况反馈，科学调整目标考核指标，修订并下发了本年度针对市级有关部门和县（市）区加快创建智慧城市工作实施目标管理考核的通知，强化以考核引导建设。同时，开发了智慧城市综合管理平台，简化考核工作程序，提高服务基层实效。

四是广泛营造智慧城市共建共享氛围。以与联通合作共建的智慧城市建设应用成果展示厅和与移动合作共建的宁波市物联网与智慧城市体验馆为窗口，展示宣传宁波市智慧城市的建设成果。同时，通过媒体宣传、科普活动、教育培训等方式，提高各界人士对于智慧城市建设的关注度、认可度与参与度，使建设成果更好地为民共享。

厦门市信息化发展概况

2013 年，厦门市软件和信息服务业发展规模和质量提升，“中国软件名城”创建取得实质性进展，园区服务水平进一步提高。全年软件和信息服务业实现业务收入达 602.7 亿元，比增 30.65%。厦门软件园被工信部授牌“国家新型工业化产业示范基地”，被国家新闻出版广电总局授予“海峡国家数字出版产业基地”称号，并荣获“2013 中国软件和信息技术服务业最具品牌影响力的产业园区”等多项荣誉。信息化对于社会经济发展的支撑和引领作用进一步增强，信息安全保障水平进一步提高。获评“中国十大智慧城市”，入选“国家信息消费试点城市”，荣获“国家下一代互联网示范城市”和“全国首批电子社保示范城市”称号。

【信息化建设水平全面提升】

（一）创建“智慧名城”

一是积极开展创建“美丽厦门·智慧名城”工作。厦门市以持续提升城市治理、社会管理和公共服务的信息化水平为目标，编制完成了《美丽厦门·智慧名城行动三年计划》，明确了信息基础设施提升工程、信息惠民工程、智慧产业发展工程的具体任务，并在工作中大力推进落实，“智慧城市”建设水平快速提升，知名度显著提高。2013 年，厦门市荣获“中国十大智慧城市”、“智慧城市示范领先奖”、“中国智慧城市推进杰出成就奖”、“中国智慧城市杰出贡献奖”等多个全国性奖项。根据中国社会科学院信息研究中心发布的《2013 中国智慧城市发展水平评估报告》，厦门智慧城市发展指数名列全国第 10 名，成为国内智慧城市建设样本城市之一。

二是继续推进“三网融合”试点工作，优化城市信息化环境。新成立了“三网融合”工作协调小组，编制了《进一步推进三网融合和示范小区建设方案》，通过实施“宽带厦门”战略，进一步推动光纤入户工作。2013 年，全市光纤入户数达 43.7 万户，较 2012 年增长 30%；互联网宽带用户超过 120 万户。3G 通信用户达 224.2 万户，用户比达 53.76%；全市开通近 3 万个无线 AP（互联网无线接入点），同比增长 40%。电信和广电业务双向进入进展顺利，广电宽带用户超过 5.8 万户，IPTV 用户超过 35 万户。新建楼盘全部实现光纤入户，并实现了小区通信配套设施在不同运营商之间的共享。4G 移动网络建设进一步提速，截至 2013 年年底，全市建成 TD-LTE 基站 1171 个，同比增长 9 倍，实现了厦门岛内 99%以上区域的网络覆盖，城市信息化基础设施水平大幅度提高。2013 年 12 月，厦门市被国家发改委列为“国家下一代互联网示范城市”。

三是积极推进厦门市创建国家信息消费试点城市创建工作。参与编制《创建国家信息消费试点城市总体方案》，并承担多项任务的牵头工作。协调推进全市智慧社区建设工作，启动思明、海沧智慧小区试点建设，并在 5 个社区试点建设了“健康小屋”，将检测结果纳入全市市民健康档案系统统一管理。

四是深化“无线城市”建设，丰富应用内容。升级了“无线城市”手机客户端，并在无线城市平台新增手机钱包、公共事业缴费等功能。截至

2013年底，厦门市“无线城市”平台各项应用达350项，月访问量达1400万次，年度累计用户数超过100万户。

（二）深化云计算服务创新试点

推进政务云、医疗云、交通云、教育云等云计算试点应用。一是电子政务集约化水平进一步提升，政务云应用不断深化。2013年，厦门市信息化局将全市政务外网交换能力由千兆升级为万兆，为全市152个市直机关、国有企业等一级接入单位，732家各区部门、街道、村居等二级接入单位提供安全稳定快速的网络和数据交换服务。强化电子政务云计算服务能力建设，截至2013年年底，厦门市政务云资源池运算能力达到1088.6GHz、3136GB内存，运算能力提升了近1倍。存储资源达162TB，增长超过20%。全市70%以上信息化项目已部署到政务云上，业务应用虚拟机达272个，比去年同期增长了74.36%。依托政务云平台，全市信息共享协调水平不断提高。2013年全年，跨部门共享协同数据调用达250多万次，累计交换数据超过160GB。公务员门户平台注册机关单位达67家，使用人数达6361人，短信使用量达15万条。全市统一的政府邮箱系统使用人数达1.15万人。全市统一的办公云基础平台投入试运行。

二是推动医疗云建设。完成了医疗云硬件资源池搭建工作，将仙岳医院、口腔医院及第三医院、海沧医院等IT设施纳入医疗云统筹建设。开通了全市统一的预约挂号服务平台，提供一站式挂号服务。完成了市民健康档案、妇幼保健系统、120急救中心、疾控中心、卫生监督所等系统和部门的信息资源整合工作，建立了统一信息平台，实现了医疗镇村一体化、慢病管理、动态健康管理功能。截至2013年年底，医疗云为厦门市330万人建立了个人电子健康档案，每月就诊健康信息共享调阅达2万余次。

三是交通云应用不断拓展，交通管理智能化水平进一步提高。

建成智慧交通云平台，提供实时公交、实时路况查询、失物查找和出租车召车服务等。该平台为掌上公交应用提供数据支持，方便市民用手机查询公交车实时运行到站的情况，节省了60%的等车时间，日均访问量超过90万人次，提供失物查找7300余起。进一步优化交通云微信服务，新增了违章查询、实时路况、轻微事故处理、移车服务等5项全国首创的便民服务功能。目前，交通云微信用户超过26万人。继续深化“电子车牌”应用，实现了全市74个路口交通信号灯的智能联网联控，联网路段交通状况明显提升。

四是推动教育云建设。在同安区开展教育云试点，建设泛在的教育资源网络，缩小城乡教育资源鸿沟；在翔安区试点开通了“教育云优教班班通”项目，惠及全区86所中小学1337个班级2.8万多名学生。通过云计算技术，促进了优质教育资源共享应用，在一定程度上促进了厦门市教育均等化。

建设闽台云计算产业示范区。一是2013年1月，“闽台云计算产业示范区”揭牌。示范区作为厦门市云计算应用服务、云计算数据中心、云终端产品创新发展的聚集区，为吸引境内外特别是中国台湾云计算技术和服务企业、建设国家级云计算产业基地提供了发展载体。

二是推动市信息集团与台湾中华资讯软体协会签署了《共建闽台云计算产业示范区合作备忘录》，促进双方深入合作，共同推动闽台云计算产业示范区建设，吸引台资云计算技术和服务企业落户示范区。

三是编制发布了《闽台云计算产业示范区总体规划》，为进一步加强闽台云计算产业合作、构建厦门市良好的云计算生态链体系、推进“云计算服务创新发展试点示范工作”提供了顶层设计。

（三）不断提高信息安全

一是成功举办厦门第二届“信息安全宣传周活动”。通过在《厦门日报》等本地主流媒体上刊登专栏文章，在市政府网站、开辟宣传专版，制作教育短片，在公交、楼宇移动电视上播放等方式，宣传信息安全的重要性、信息保护小贴士等，受众达200多万人次。活动进一步提了高厦门市群众和企事业单位的信息安全意识。

二是开展重要信息系统信息安全检查工作。在全市各政府部门及供水、供气、社保、易通卡、电子口岸等全市重点领域开展网络与信息安全检查，及时发现了存在的安全漏洞和隐患，并要求相关责任单位进行了整改。2013年，全市未发生较大的信息安全事故。

（四）厦漳泉大都市区信息一体化

一是厦漳泉公交智能管理平台功能不断完善。目前，该平台为厦漳泉三地市超过4000辆公交车提供智能化、信息化服务。此外，该系统还为北京顺义、宁波、淮北等省内外30余个地市，超过10000台公交车辆、近2.5万名公交行业从业人员提供智能交通服务。

二是易通卡应用取得新进展。2013年，e通卡应用领域不断扩大，消费环境进一步优化。目前已完成了CPU卡的升级改造工作，预计2014年第一季度发布安全性能更高的CPU卡，为广大市民提供更安全的电子支付产品。2013年发卡总数累计达527万张，同比增长19%。全年交易额突破6亿元，同比增长17%。全市消费网点累计达2532个，布设消费POS终端累计达12376台。

三是开通了厦漳泉人力资源网、厦漳泉公共招聘网，搭建了厦漳泉统一的人才招聘平台。此外，还实现了厦漳泉医保同城化，实现医保同城刷卡结算，取消了异地报备，方便了参保人员。并在此基础上，进一步实现了厦门医疗保险全省同城化。

（五）行业信息化应用取得新进展

一是加强口岸信息化建设，提升通关效率。2013年，厦门市信息化局安排431万元支持电子口岸建设，实现了港口局、检验检疫局、海事局审批、放行、通关查验等信息的共享，通过效率进一步提高。截至2013年底，电子口岸平台年单证处理量达1100多万票，发放电子通关牌1200张，将电子闸口系统从原有海港业务延伸到空港业务及特殊区域，电子关锁应用基本覆盖厦门关区所有转关业务，全年处理转关业务量达11万标箱。“两岸电子商务合作试验区综合信息平台”项目被入选工信部电子商务集成创新试点工程。

二是社会保障信息化建设成效显著。2013年，开通了全国首个社保微信公众服务平台，提供社保政策、个人社保权益记录查询等服务，实现了社会保障卡挂失、医保消费信息订阅等功能。目前厦门市社保微信平台服务人数2.2万人。完成了电子社保（一期）项目建设，推出办理生育险、外来人员失险等自助服务，实现就业失业登记全程网上办理，使企业足不出户就可以完成就业失业登记。2013年，人社部授予厦门“全国首批电子社保示范城市”荣誉，并向全国推介厦门智慧社保建设经验。

三市深化“智慧旅游”系统建设工作。2013年，厦门市信息化局继续协调推进“国家智慧旅游试点城市”建设工作，智慧旅游手机客户端上线，实现了手机查询、线路和酒店预订、费用支付、购买景区电子门票、“电子导游”等功能，为游客提供食、住、行、游、购、娱一条龙在线信息服务。面向来厦外地游客，策划推出了“智游鼓浪屿”手机应用，目前月均访问人次达10万，成为国内最受欢迎的目的地旅游手机应用之一。

四是启动商事登记管理信息平台和商事主体信息公示平台建设，支撑商事登记制度改革。出台了《厦门市商事登记审批信息管理平台运行规则》，规范平台的建设、运行和管理工作。市区信息共享试点项目——集美社区服务平台取得成效，实现了“以房管人”的网格化管理模式，利用信息共享机制逐步减少社区工作人员的重复工作，有效提高各级业务部门办事效率及数据的准确性，提升公共服务水平。

【产业运行质量不断提高】

（一）产业规模不断扩大

2013年，厦门市软件和信息服务业呈现较快增长态势，全市软件和信息服务业实现业务收入602.7亿元，比增30.65%。其中，系统集成和支持服务收入138.1亿元，比增49%；数据处理和运营服务收入67.4亿，比增25.80%；嵌入式系统软件收入120.8亿元，比增58.18%；IC设计开发收入21.3亿元，比增24.78%。

软件园二期继续保持较快增长，规模以上入驻企业568家，全年实现收入318.12亿元，同比增长20.6%，占全市软件和信息服务业比重52.78%。实现国地税总收入9.7亿元。产业聚集效应不断提高，从2007年开园至今，产值规模增长了10倍。

（二）创建“中国软件名城”

2013 年 11 月 28 日，工信部、省政府和市政府签署了《部省市协同开展中国软件名城创建工作合作备忘录》。厦门市成为全国第 10 个中国软件名城创建试点城市。这标志着厦门市软件和信息服务业在国家软件产业区域布局中占据了重要位置。目前，已编制完成《厦门市中国软件名城创建试点工作方案》及相关配套文件，起草完成与创建中国软件名城相适应的软件产业扶持政策，为集聚市、区和各部门资源，加快厦门市软件和信息服务业跨越式发展提供了保障。

（三）动漫游戏产业发展良好

2013 年动漫游戏产业实现业务收入超过 50 亿元。中国移动手机动漫基地实现收入 10.1 亿元，同比增长 2 倍多；中国电信动漫运营中心实现收入超过 1.5 亿元，同比增长 1 倍多。厦门市游戏龙头企业继续保持良好发展态势，其中四三九九销售收入超过 14 亿元、新泰阳超过 3 亿元、吉比特超过 2.75 亿元。全年新增认定的“厦门动漫企业”31 家，全市累计认定数超百家。新增认定“国家动漫企业”4 家，累计达到 17 家。厦门市已经成为国内以动漫游戏为主的数字内容产业发展先导区和重要集聚地。

（四）企业自主创新能力增强

2013 年，新增认定软件企业 86 家，比增 17.8%。累计认定数达 625 家；新增登记软件产品 584 件，累计登记数 3872 件。新增国家布局内重点软件企业和集成电路设计企业 4 家，累计达到 9 家，占全省 50%。元顺微电子、芯阳科技、优迅高速 3 家企业被认定为“福建省集成电路设计研发中心”。全市销售收入过亿元的企业达 64 家。

（五）完善产业促进体系

一是加强政策落实和服务工作。2013 年，共争取到省级软件和信息产业发展资金 1999.22 万元，比增 68%，受惠软件企业 61 家。全年下达市级软件产业专项资约 2000 万元，受惠企业达 74 家。

二是加强人才工作，实施海纳百川人才战略。出台了《厦门市软件与信息服务业人才计划实施细则》，启动人才项目申报工作。加大人才培训和人才实训基地建设，共安排人才项目资金 1447.52 万元。引进高层次软件人才 8 人，培训各类软件专业人员 2000 多人。

三是加强公共服务平台建设。协调推动厦门理工学院成立厦门市软件评测中心，为厦门市软件产品和信息化项目提供评测服务。加强行业协会和产业联盟建设。推动成立厦门市动漫游戏行业协会、中国新媒体动漫联盟。

【推进重点项目建设】

（一）加强招商工作力度，软件园三期建设提速

一是软件园三期招商效果明显。通过组织承办工信部“2013 软件和信息技术服务业骨干企业工作座谈会”、第六届厦门国际动漫节，走访境内外行业机构、商会及国内软件百强企业，加大招商力度。截至 2013 年年底，核准入园企业累计 243 家，核准面积 195.6 万平方米。核准购房面积 44.7 万平方米；17 家企业购地自建，核准面积 150.9 万平方米，其中雅马哈、吉比特等完成工程设计，预计 2014 年年初开始施工。

二是中国统计信息云平台暨大数据研究服务基地签约落户厦门。该平台作为中国统计信息中心在全国唯一授权的数据服务窗口，成为福建省首个基于大数据开发应用的全国性云计算平台，面向全国提供数据服务，具有广阔的产业发展空间。

三是国家北斗产业化应用示范基地落户厦门软件园三期，提升了我市北斗产业的影响力，带动厦门北斗卫星导航产业的跨越发展，同时加快北斗骨干企业、核心机构聚集厦门，促进厦门市北斗产业形成规模。

四是促成中海创厦门研发中心，电科软信大数据工程技术研究中心及数据服务公司、中国交通信息中心区域总部，厦门大学-科大讯飞闽南语语音及语言联合实验室等多个软件信息服务业重点项目签约，落户厦门。

（二）推进省市重点建设项目

协调推动软件园三期、中国移动动漫基地、

中国电信海峡通信枢纽中心、中国数码港等5个重点项目建设，年度完成投资20.78亿元。2013年年底，软件园三期正式开园，起步区30万平方米研发楼已交付给48家企业使用。通过协调组织，软件园三期公交、工商、税务、餐饮等服务项目逐步到位，园区配套设施不断完善。中国移动手机动漫基地4、5号楼封顶；中国电信海峡通信枢纽中心3栋通信机房已完成桩基础施工。

【成功举办厦门国际动漫节】

一是规模不断扩大，国内外影响力进一步提升。"金海豚"动画作品大赛共收到来自38个国家和地区的2876部作品。展会规模超过历届，共设置展位445个，展会场地面积达1.6万平方米，参观人数超过10万人次。参展商层次大幅提升，境内外团队达123个，其中来自欧洲、新加坡、日本、中国香港、中国台湾等30家企业组团前来参展。

二是以动漫节促交流合作，首次尝试市场化运作，成功举办展会和配套活动，取得丰硕成果。动漫届期间，中国移动手机动漫基地、中国电信动漫运营中心、市信息集团等单位分别与国内数十家动漫游企业签署了合作协议，达成签约及合作意向金额11.6亿元。

【不断深化与中国台湾地区合作】

一是成功举办第二届海峡两岸移动信息化大赛。大赛共征集到来自海峡两岸近200个优秀移动信息化应用项目，并评出"年度最佳智慧民生信息化应用优胜奖"等19个优秀移动信息化应用项目。海峡两岸移动信息化大赛已经成为中国大陆和中国台湾地区在信息化交流方面的一个重要平台。

二是成功承办"两岸信息服务产业合作及交流会议"。会议由厦门市政府和福建省信息化局、台湾中华资讯软体协会、台湾财团法人资讯工业策进会共同主办，工信部软件服务业司支持。来自海峡两岸软件和信息服务业的专家和企业代表200多人参会。与会的30来家台湾企业、60多家大陆企业通过产业对接会进行了深入的交流与对接，取得了良好的效果。

三是组织举办第九届海峡两岸信息化论坛。来自海峡两岸300位代表参加了论坛，就"智慧城市和数字家庭建设"建设思路等开展交流，促进了两岸智慧城市建设经验和数字家庭信息技术的交流与合作。

青岛市信息化发展概况

【基本情况】

近年来，按照率先科学发展、实现蓝色跨越，加快建设宜居幸福的现代化国际城市的总要求，积极推进信息化建设、促进信息产业发展，着力建设基础设施国内领先、信息资源深入整合、信息化和工业化深度融合、信息产业竞争力明显提升、信息安全保障体系逐步健全的典型信息化城市，获2014年中国智慧城市推进工作十佳城市第四名。

（一）基础设施日益完善

青岛市信息化基础设施建设步伐加快，电信

网、互联网、广电网基本实现全覆盖，WLAN 热点、4G 试验网络覆盖区域不断扩大。全市开展的光进铜退工程，基本建成全光网络，实现入户带宽超过 50Mbps、光纤到户带宽超过 400Mbps 的接入能力。互联网用户累计达 218.2 万户，固定电话用户达到 253.15 万户，全市移动电话发展到 1178.95 万户，电信业务总量 202.65 亿元。无线宽带网络基础设施普遍覆盖，主要城区和重点区域基本实现了无缝覆盖，无线宽带业务在政务、商务、生产、生活等社会各个领域的试点得到了深入应用。全市建设 WLAN 热点 9000 余处，开通 AP 接入设备超过 17 万个，在无线警务、应急联动、城市监控、城管、港区园区校区、智能交通等 20 余个项目开展了试点应用。三大电信运营商分别投资建设云计算中心，成为我国北方三大对外海缆的登录点，建有北方最大的云计算数据中心。

（二）电子政务取得成效

按照统一机构、统一规划、统一网络、统一软件、分级推进的“四统一分”的电子政务管理模式，建成了电子政务内网、电子政务专网（金宏网）和外网三套网络。电子政务内网按“能小则小”的原则建设，用于传输和处理机密及以下密级的涉密信息，与其他所有网络实施严格的物理隔离；电子政务专网为非涉密内部办公网，市、区（市）、街道（镇）三级机关全面互联，是全市机关日常办公业务运行的主要网络平台；外网为国际互联网的接入网，用于全市机关访问国际互联网，发布政务公开信息、提供便民服务、受理和反馈公众诉求等，实现了市、区（市）、街道（镇）三级互联。

逐步建成网络平台、安全平台、计算平台、存储平台、基础软件平台、基础数据平台 6 个基础平台，统一通信平台、基础办公平台、流程管理平台、互动服务平台、信息发布共享平台、多媒体协作平台、移动服务平台、知识管理平台 8 个应用支撑平台，云计算中心、容灾备份中心、信息交换共享中心、认证授权中心、技术研发中心、技术培训中心 6 个中心为一体的综合电子政务系统，形成了电子政务“686”核心技术体系。在国家组织的政府网站绩效评估中，青岛政务网连续 10 年名列副省级和地级城市前五，其中五年荣获第一名。

（三）综合信息化亮点显现

建成港行管理、公路水路综合信息管理、高速公路监控等应用系统，交通信息资源实现内部和省厅的互通。建成对 100 条线路的 2500 部公交车进行调度管理的信息系统。汇聚六大网络、87 个应用系统，公共安全搭建了多层架构的信息中心应用支撑平台。建设平安城市，在市区、郊区和部分农村地区部署两万多部摄像，用于远程监控、预警预报和移动执法。污染减排三大体系、环境监控指挥中心、环保业务专网等深入应用，生态环境保护持续加强。基于网络化管理的数字化城管运行顺畅，实现城管案件处置与部门信息系统的对接以及市、区两级互联互通。整合公安、水利、林业等多部门资源的应急指挥平台发挥作用，城市应急管理体系和机制初步形成。智慧食安，形成涵盖 10 区市的食品安全社会化管理系统，采集了全市 9.1 万家各类食品经营主体的信息。建成网上审批系统，已覆盖市级 392 项行政许可、非许可审批服务事项。

（四）公共服务信息化应用广泛

全面推进面向市民的住房、教育、就业、文化、社会保障、供电、供水、供气、防灾减灾等公共服务应用系统建设。建成覆盖市、区（市）、学校的三级教育城域网络，全市中小学实现光纤接入，建成“新班班通”8500 个，开通各类中小学校园网站 692 个，城区学校全部拥有门户网站。建立以电子病历为核心的医院信息系统、基层卫生信息系统，启动区域医疗信息共享，突发公共卫生事件应急反应信息网络平台逐步完善，建成市、区（市）到街道（镇）的三级医疗卫生信息网络，实现镇卫生院和 90%以上村卫生室的规范就医和新农合实时结报。建成社保业务专网，纵向延伸至社区（村），横向实现和公安、民政、工商等政府部门及 8 家银行、600 多家定点医疗机构、1500 多家药店的联网。市政公用信息化、民政信息化等行业信息化不断加强。

（五）企业信息化持续发展

始终把企业两化融合作为产业结构调整、经

济发展方式转变的重要抓手，成为首批国家级两化融合试验区。开展两化融合示范创建活动，培育推广两化融合示范企业 55 个、两化融合示范项目110个。创新和推广行业信息化生产新模式，例如，服装行业的大规模量身订制生产模式，家电行业基于零库存的模块化设计生产模式等。龙头企业带动实现与经销商、供应商、客户的信息共享，在创新设计、敏捷制造和绿色制造等方面的竞争实力不断提升。新模式的推广提高了高新技术产业和产业集群发展速度，高新技术产业产值占规模以上工业总产值的比重接近 40%，十条工业千亿级产业链产值占规模以上工业比重超过 75%。

（六）两化融合向综合集成转变

在单项应用的基础上，逐步推广企业信息化优秀解决方案，进一步推广从软件系统到成套设备再到智能化工厂的一体化服务，推动我市两化融合由信息系统单项应用，到信息系统综合应用，再到信息技术综合集成，由浅入深、分阶段实现两化深度融合。还注重以智能化复制方式，推动企业信息化建设由单纯买软件上系统向软件即服务、咨询实施一体化转变。比如，软控股份按照软硬结合、管控一体、自主可控的模式，以工艺控制软件为核心、以制造流程为主线，提供机、电、信息紧密结合的生产数字化管控系统一体化方案，实现轮胎半成品压延、裁断、成形等各个子工序的网络化、智能化、数字化、管控一体化，使橡胶轮胎生产管控网络系统整体上达到国际先进水平。

（七）推动智慧青岛建设

着力推动智慧青岛建设。成立以市政府主要领导为组长的市智慧城市建设领导小组，统筹推进智慧青岛建设，领导小组办公室设在市经济信息化委。根据青岛市信息技术应用需求、带动信息产业发展需要的实际，组织编制智慧青岛规划。着力推进智慧青岛建设，作为信息支撑的自然人、法人、空间地理信息、宏观经济信息等基础数据库逐步完善，面向政府、企业、市民的云平台加快建设，在全国率先建成了政务云计算与灾备一体化平台；全市中小企业云服务平台，设计为 12 大类近 200 中类服务，采取线上公益服务与线下市场化服务相结合的方式，实现云服务平台的持续发展；智慧社区服务平台，可实现智慧社区管理以及智慧家居、家庭医疗、家庭娱乐、家庭安防、家庭支付、便捷生活配送等功能，目前已发展到微机、电视、手机三种载体。智慧青岛部分重点工程已经启动，比如：智慧交通的自适应信号系统、交通引导系统、电子警察系统等八大系统正在部署，智慧社区“众 e 通”应户接近 10 万户，荣获中国十佳智慧城市典型案例。

【信息产业】

（一）电子信息制造业

海尔、海信、澳柯玛等大企业集团是青岛市电子信息产业发展的主力军，三大集团全年主营业务收入占全市电子信息制造业的 70%左右。海尔集团、海信集团分列全国电子信息百强企业排序中。海信电视获得“亚洲质量卓越奖”，市场占有率连续 9 年全国第一，被评为“中国高效节能产品企业领袖榜”平板电视类第一名；澳柯玛冷柜连续 17 年获全国同类产品销量第一名。

形成了以家电电子产品为骨干的产品生产体系。主要产品包括电子家电、计算机与通信、电子零部件和电子元器件等四大门类、数百个品种的相对完整的电子信息产品生产体系。产品涵盖电视机、手机、计算机、程控交换机、信息家电、移动基站、网络产品、汽车电子产品、雷达和卫星导航系统、敏感元件与传感器、微型开关等诸多品种，并在数字电视、移动通信、网络家电、智能交通、集成电路、信息技术开发应用和信息安全等技术开发及产业化方面获得新突破。

青岛市电子信息制造业拥有一批配套设施完善、创新能力突出、竞争力强的产业园区，包括“国家（青岛）通信产业园”、“国家（青岛）家用电子产品产业园”、“城阳、海尔省级信息技术产业园”、“平度家电电子零部件产业集聚区”等。园区建设坚持以大项目建设为重点，积极发展区域特色产业，加大对外招商引资力度，实施定向招商，优化产业和产品结构，推动产业向产业链的高端延伸，产业园区聚集发展成效凸显。

以产业链建设的关键技术、设备和关键环节

为切入点，以培养龙头企业、带动产业配套体系建设为目的，加大定向招商力度，吸引了一批电子信息制造业大项目落地。如高新区的冠捷科技（青岛）有限公司 LCM 模组及液晶显示器项目，总投资 6 亿多元，主要从事液晶显示器、液晶电视、TFT 面板模组及其他显示类产品与相关零组件的研发、制造和销售业务，一期已正式投产，全部达产后将实现年销售收入 100 亿元。

支持海尔、海信等大企业集团积极承担“核心电子器件、高端通用芯片及基础软件产品”、“新一代宽带无线移动通信网”国家科技重大专项以及国家电子信息产业发展基金等电子信息专项，每年都争取国家资金数千万元，拉动企业投资和地方配套，集中力量和资源突破了一批核心关键技术。

（二）软件与信息服务业

青岛市产业收入持续快速增长。软件业务收入连续三年平均增长率超过 50%。青岛市先后被工信部认定为首批国家家电及电子信息新型工业化示范基地、国家软件和信息服务业示范基地。

青岛市产业空间布局优化完善。加快形成区域统筹、集群发展的电子信息产业发展格局，结合“全域统筹、三城联动”的城市空间发展规划，实施“东园西谷北城”软件产业发展战略，全市“千万平米软件产业园区”规划面积 47.8 平方千米，其中，青岛高新区规划占地 30 平方千米的青岛软件城作为软件产业核心区，青岛信息谷、国家（青岛）通信产业园作为两大重要支撑区。

青岛信息产业发展骨干企业带动作用突出。积极培育骨干龙头企业，增强产业拉动能力。海尔、海信集团名列全国电子信息百强企业第三、六名，第 12 届中国软件业务收入百强企业第二、十一名；软控股份、东软载波、海信网络科技 3 家企业成为国家规划布局内重点软件企业；青岛赛瑞达被评为中国十强最具成长性半导体企业。

企业技术创新步伐加快。企业不断加大技术和产品研发投入，开展技术创新。拥有一批国家认定企业技术中心、市级认定企业技术中心、国家级软件技术中心、省级软件技术中心。登记软件产品超过 1500 件，软件著作权登记数超过 3000 项。

（三）物联网产业

以海尔、海信、高校信息、软控股份、东软载波、中科软件、中科英泰、中科恒信、金弘测控、东软载波等为代表的一批从事传感器研发、芯片设计、终端研制、网络设备生产、物联网系统集成的企业约 40 余家。在智能家电、数字化轮胎、智能电网、智能制造、智慧物流、智能交通等部分领域有较强的国际和国内竞争力。

青岛市在芯片、网络终端、协同处理平台、系统应用等领域开展了技术攻关，已取得一批成果。在传感器网络接口、标识、安全，传感器网络与通信网融合，物联网数据平台等方面的研发取得进展。如：高校信息的海量传感数据汇聚安全智能物联网关研发、软控股份的超高频 RFID 轮胎电子标签及读写器的研发及产业化、青岛港基于 RFID 技术的集装箱可视化协同服务平台、海尔集团的物联网智能家居应用与集成示范、海信网络科技的电子车牌与智能交通管理系统在国内具有先进水平。金弘测控集成 RFID 读写功能的国内首款实用化的物联网手机在港口、警务执法领域得应用。龙泰天祥的智能社区和医疗健康管理平台的取得了良好的经济效益和社会效益。

目前，物联网在青岛市工业生产、交通、物流、安防、电力、医疗、环保等领域已经得到广泛应用，且应用模式正日趋成熟。视频监控、家庭安防系统等应用得到大量推广；远程抄表、输变电监测等应用在国内保持领先；在交通领域海信网络科技的路网监测、车辆管理和调度等应用正在发挥积极作用；在物流领域以青岛港为代表的物流仓储、运输、监测物联网系统得到广泛应用；物联网在环境监测、市政设施监控、楼宇节能、食品药品溯源等方面逐步推广。在青岛市 7 大传统产业领域和 6 个新兴产业领域的物联网应用的潜在市场巨大，成为国内物联网重点企业开拓市场与项目投资的重要目的地。

（四）电子商务

行业电子商务平台建设成效显著。引导平台企业走个性化、专业化发展道路，重点培育行业电子商务平台、综合性电子商务平台、电子商务服务型企业。初步形成青岛保税港区大宗原材料商品交易市场集群引领，重点行业大宗商品、化工橡胶等具有本土特色的行业平台联动并进的态势。青岛国际商品交易所有限公司搭建的“青岛国际电子商务应用平台”，利用中国保税区“境内关外”的特殊政策及港口优势，通过先进的电子商务技术，改变传统的商品流通模式，形成集电子商务、金融贷款、智能物流服务于一体等全程式服务于一体的大宗商品电子交易市场、是国内唯一掌握多币种报价、多币种保证金交易结算方法机构。

制造业供应链协同带动电子商务应用。以大型企业电子商务平台带动产业链上下游企业网上采购与营销，探索建立企业间电子商务链式发展，海尔、青啤、金王、红领集团等龙头企业电子商务模式创新带动行业发展，通过建立B2B、B2C、M2M等电子商务平台，不断开拓国内外市场，为企业创造了良好的社会效益和经济效益。家电电子、橡胶、服装、食品饮料产业集群电子商务带动百万家中小企业和用户电子商务应用。

旅游和民生服务的电子商务应用稳步推进。青岛市在全国旅游系统率先建成支持食、住、行、游、购、娱等多项服务，并与城市应急管理系统和电子政务服务系统相融合的完善的旅游电子商务公共服务系统；在城市公共服务方面，大力推进“一卡通”工程。海尔集团、海信集团、中国海洋大学在“数字家庭”建设方面，已经具备丰富的数字媒体、数字医疗、数字教育、电子商务、现代物流、数字社区等服务资源，安全、认证、支付等各项共性支撑技术的集成与应用正日趋成熟。

政策措施环境不断健全。2011年青岛市成为首批“国家电子商务示范城市”，崂山区成为首批34个国家电子商务示范基地，我市成立了国家级电子商务示范城市领导小组。2012年明确了“电子商务引领发展”为建设国际贸易中心城市的战略定位，出台了《关于印发〈进一步稳定外贸增长促进全市对外贸易转型升级的意见〉的通知》等一系列扶持企业利用电子商务拓展市场的政策，将出口企业利用电子商务手段开拓国际市场列入补贴范围。

【园区建设】

（一）高新技术产业区

青岛高新区始建于1992年11月，是国务院批准设立的首批国家级高新技术产业开发区之一。2006年6月，国务院批准在胶州湾北部扩大高新区面积9.95平方千米。青岛高新区由胶州湾北部园区、青岛高科技工业园、青岛新技术产业开发试验区、青岛科技街，以及市南软件园构成，形成了一区多园的发展格局。2008年5月12日，青岛高新区胶州湾北部园区正式开工建设，经过近几年的高速发展，已经成为全市经济的重要增长极和高新技术产业新兴集聚区、“三城联动”的主战场，被评为“中国最具投资潜力经济园区”。

（二）经济技术开发区

青岛经济技术开发区全面落实科学发展观，贯彻“东园西谷北城”战略实施的机遇，充分发挥制造业大企业密集等发展优势，高起点高标准规划建设青岛信息谷，整合区域信息资源，提高各领域信息化水平。 经过多年的建设，开发区已基本实现“管委、街道、社区（村）”三级政务信息化网络。根据青岛市软件和信息服务业“东园西谷北城”的战略布局要求，高起点高标准规划建设青岛信息谷，促进产业集群发展。加强产业发展政策指导，优化产业发展环境。深入贯彻青发7号文件精神，调整完善青岛信息谷产业发展规划，起草了我区促进信息产业跨越式发展意见，研究信息产业领导机制、发展策略、载体建设等，完善资金、人才、体制等保障。推进信息谷配套设施及载体建设。24万平方米的公共租赁住房已基本完工，可让2万人同时拎包入住。软件与信息服务业千万平米载体建设取得重要进展，加快推进武汉光谷软件园、计世传媒软件园、联东U谷等一批园区引进建设。整合全区招商力量，充分利用光谷软件园的载体和平台，重点围绕新一代信息技术产业及其产业链开展定向招商。加强物联网等新一代信息技术在开发区的工业生产、现代物流、港口管理、车辆管理、家电产品等诸多领域的应用，产生了良好的示范作用和应用效益。

（三）保税港区

从2012年以来，青岛保税港区信息化建设工作从加强保税港区管委的基础信息化建设、提升社会事业服务信息化水平、协助辖区企业进行信息化建设三个方面，全方位地展开对传统区域化管理模式的升级，全力推进保税港区各层面的信息化建设，全面打造“数字保税港区”。为了落实党中央领导提出的有关改进海关、国检等方面的监管和服务，结合现有青岛保税港区企业具体发展情况，能够更加突出体现“优化口岸通关环境、提高通关效率”，在海关、国检履行把关职责的前提下，改变原有的纸质化传递通关模式，所有通关信息利用信息化工具实现数字化通关模式，建立“数字保税港区”新型通关模式，通过生产企业、物流企业、海关集成通、国检信城通四方的信息流转，彻底实现了数据的一次录入、协同加工、互联共享，使企业彻底摆脱纸质申报，为企业简化手续，降低费用，节约成本，减负增效。

【政策措施】

全面贯彻落实《2006—2020年国家信息化发展战略》、《关于加快推进信息化与工业化深度融合的若干意见》、《国家电子政务“十二五”规划》、《软件和信息技术服务业“十二五”发展规划》、《信息产业“十二五”发展规划》、《“十二五”物联网发展规划》、《国家智慧城市试点暂行管理办法》、《加快推进电信网、广播电视网、互联网三网融合工作方案》等一系列重大战略方针政策，以及《山东省信息化促进条例》等一系列法规政策，推动全市信息化建设工作。

青岛市政府一直重视和大力推进和开展信息化建设，在《青岛市国民经济和社会发展第十二个五年规划纲要》、《率先科学发展 实现蓝色跨越 加快建设宜居幸福的现代化国际城市》（在中国共产党青岛市第十一次代表大会上的报告）、《市政府工作报告》（在市第十五届人民代表大会第一次会议上）、《市政府工作报告》（在市第十五届人民代表大会第二次会议上）中，对全市信息化工作进行重点部署。紧密结合我市城市发展战略，制定了《青岛市“十二五”国民经济和社会信息化发展规划》、《青岛市“十二五”战略性新兴产业发展规划》、《青岛市电子政务发展“十二五”规划纲要》、《青岛市软件及服务外包产业发展规划》、《关于推进青岛国家软件和信息服务业示范基地建设促进软件产业跨越式发展的意见》等系列信息化相关政策措施，并在两化融合、电子政务、电子商务、信息产业、信息技术及其相关新兴产业等领域出台一系列指导意见和相关政策，为信息化的发展建设提供了良好的政策环境。

广州市信息化发展概况

近年来，广州市委、市政府大力推进国民经济和社会信息化，先后印发了支持信息化发展的一系列政策措施，特别是2011年颁布的《广州市信息化促进条例》，是广州市加快信息化建设、规范信息化管理、提高信息化水平、促进经济发展和社会进步的纲领性文件。经过多年来的不懈努力，广州市信息化工作再创新局面，信息基础设施建设取得重大突破，城市基础设施信息化升级成效显著，信息化应用水平大幅提升，信息化产业成为带动经济增长的新引擎，同时信息化发展环境也日臻完善，在2012年的第三届中国信息化50强城市评比中，广州市荣获第五名。

随着广州市的信息化建设进入智慧化阶段，信息化逐步向经济发展、政务建设、城市管理和社会服务等领域深度融合渗透。2012年印发的《中共广州市委广州市人民政府关于建设智慧广州的实施意见》提出了智慧广州建设的发展目标和具体举措，经过一年多的发展，广州市智慧城市建设成效显著。2012年西班牙巴塞罗那世界智慧城市奖颁奖典礼上，广州市获得1项城市奖和1项创新奖；2013年番禺区、萝岗区成功入围住建部公布的首批90个国家智慧城市名单，成为国家智慧城市试点先行区，南沙区纳入中欧绿色智慧城市合作中方15个试点示范城市之一；在第三届（2013年）中国智慧城市发展水平评估总排名中，广州市名列第八，其中基础设施、城市管理、民生服务等领域处于全国领先水平（见图1）。

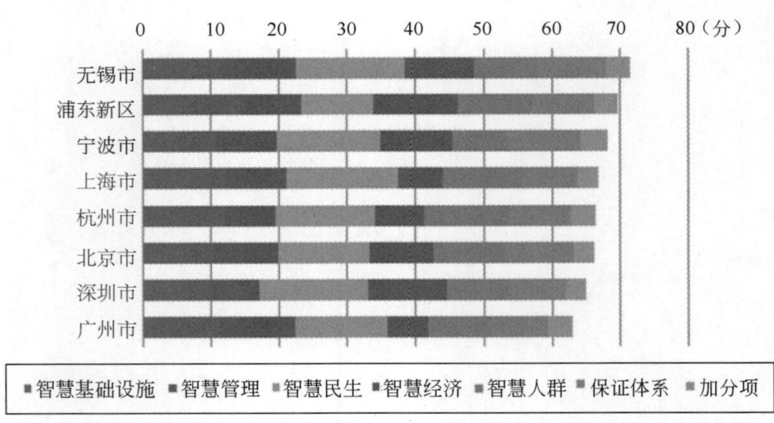

图1　2013年智慧城市发展水平评估排名前十名得分分析

【基础设施建设】

（一）宽带网络

作为国内电信网三大通信枢纽、因特网三大核心节点、互联网三大交换中心和因特网三大国际出口城市之一，广州市宽带网络建设占据领先优势。2013 年，广州市宽带普及率达到 75.4%，互联网国际出口带宽达到 2510Gbps，城域网出口带宽达到 2350Gbps。全市超过 2800 个楼盘（含商业楼宇）和小区实现光纤覆盖，覆盖用户达 500 万户，用户实际体验带宽达 3.4Mbps，农村区域实现 100%的行政村都通达光缆，农村家庭 4Mbps 及以上宽带接入能力迅速由 85.8%提高到 90.4%，有力推动了光纤网络城乡一体化进程的发展。

（二）移动通信网络

广州市重点关注 4G 网络建设，截至 2013 年底累计建成 TD-LTE 基站 4431 个，规模全国第一，预计到 2014 年年底 4G 基站数达到 12000 个，4G 网络将全面超越 2G/3G 网络，达到广州地区全覆盖。在 3G 网络建设方面，截至 2013 年年底，广州市 3G 基站总数达到 11097 个，相比 2012 年同期增长了 1487 个，同时还开展了 3G 网络近地铁工程，广州地铁联合三大运营商在地铁区域建设和测试 3G 网络，3G 信号已覆盖地铁一、二、三、六、八号线上所有站台站厅。

（三）“无线城市”

广州市积极引导三大运营商等市场力量参与无线城市建设，创新商业模式。截至 2013 年年底，广州市累计建成无线接入点 17.02 万个，规模处于全国前列，同时还通过政府购买公共服务的方式，在各区政务办事大厅及部分医院、公园、图书馆、人才市场、旅游景点、商业网点和交通枢纽等 99 个主要公共场所为市民提供免费的 WLAN 上网服务，公共区域的覆盖率达到了 70%以上，全市（含区）共购买 WLAN 热点累积达 5604 个。

（四）“三网融合”

截至 2013 年年底，广州电信光纤端口覆盖 250 万户，家庭宽带用户达 230 万户，无线宽带网络覆盖率达 99.5%，同时还以 iTV 的形式尝试向家庭客户、团体客户提供 IPTV 传输服务，iTV 用户达到 40 万户；珠江数码集团部署 C-CMTS 设备近 500 台，覆盖用户约 20 万户，可普遍开展 20Mbps 高速宽带接入并针对性开展 50Mbps 高速宽带接入业务；番禺区作为广州市三网融合先行试点区，制定了《番禺区“三网融合”先行试点建设工作方案》，大力建设以“三网融合在家庭”为核心的新网络，试点成果突出。

（五）云计算设施

广州市政府与三大运营商合力，持续推进中国云计算中心、中国移动南方基地、中国联通数据中心、中金华南数据中心、广州市电子政务云服务中心等一批云计算设施建设，其中电子政务云实验平台已建成并试点支撑市城管委门户网站及业务系统等 26 个重要业务系统，新建系统一次性投入节约超过 400 万元；浪潮集团在 IaaS 服务发力，可容纳百万台服务器的云计算中心开通运营，杰赛科技推出丰富的云产品和 SaaS 服务的系列产品，是目前国内外具备最完整自主知识产权产品链的云产品综合提供商之一；“天河二号”研制成功并落户广州，蝉联世界运行最快的超级计算机，其运行速度比第二名美国“泰坦”快了将近一倍。

【城市设施信息化成效显著】

（一）交通信息化

构建涵盖 10000 多台公交车辆智能监控调度、20000 多台出租车辆智能管理服务、4000 台危险货运车辆和 2600 多台散体物料运输车辆监管、38900 多台重点营运车辆安全监管的交通行业智能监管体系，实现对车辆的实时监管。累计完成 292 个点位的视频监控和电子警察、176 套车载视频监控系统的建设，有效保证了对专用道的实时监控和高效管理，实现对全市320千米公交专用道运行状态的实时监控、综合分析、拥堵预警，促进公交专用道运行的不断优化。升级和推广全国首个综合交通信息服务系统“行讯通”，向市民提供15项交通信息服务，其路网覆盖率超过城区90%，信息准确率在90%以上，总用户量超过110万人，并仍以每天3800人的速度快速增长，是全国功能最强大、用户面最广、应用效果最好的手机交通信息服务软件。

（二）港口信息化

广州港集团通过物联网技术，使集装箱车辆的平均过闸时间从原来的4分钟/车次缩减到1.5分钟/车次，进港提箱操作平均时间低于0.5分钟/车次，南沙港区平均中转的周期也由原来的3.5天降为2.5天，为珠三角地区乃至华南的南北物流节约了成本，减少了环境污染，社会效益明显。新沙港试点开展基于物联网的港口散杂货装卸与物流综合管理，人力成本降低了60%，货物提运效率提升30%。智慧空港建设也取得了明显成效，白云机场民航协同决策系统、南航运行控制系统等均按计划有序推进，花都区空港物流公共信息化平台主体已完成建设，正在进行推广与试运行。

（三）城市管网信息化

萝岗区九龙镇九龙工业园区内的110千伏平云变电站正式投入运行，中新知识城建成首张智能电网，同时220千伏的变电站及配电系统的智能电网也已动工建设。市水务局启动对中心城区河涌湖泊水库的智能水网感知系统建设，选定珠江新城和南国花园分别作为供水管网智能管理示范区和智能水表示范区开展试点建设。市城管委建立智能气网监控调度和应急指挥平台，开展远程智能抄表试点，已有2万多块智能燃气表投入使用，逐步实现抄表员无须到市民家中即可轻松抄取市民每个月使用燃气的数据。

【信息化应用水平大幅提升】

（一）电子政务

广州市多渠道网上服务工作阶段性成果显著，在2013年发布的全国政府网站绩效评估中，广州市政府门户网站位列全国省会城市第一名。网上办事大厅事项目录数据实现了与省主厅系统自动同步，已进驻42个市直部门，设立12个区（县级市）分厅，共发布5738个行政审批和服务事项。市民网页累计开通突破577万，网页累计访问量达2320848人次。市民邮箱用户（含个人和企业）达到670万户，覆盖全广州90%以上纳税企业。

推进公共信用信息管理系统建设工作，不断完善广州信用网，“广州信用网”建立公开69万户企业档案和6.6万多重点人群档案，档案查询次数超过321万次。统一的工程建设领域项目信息公开专栏发布信息总量660074条，其中项目信息公开总量310483条，信用信息公开总量349482条。推进市场监管信息平台体系建设工作，制定市场监管信息平台体系五年规划及主要任务的工作安排和计划，大力协助商事登记改革试点工作，建立基于市政府信息共享平台的商事主体信息共享库。

信息共享工作不断深入，市政府信息共享平台接入单位70家，日常交换数据52家，信息资源主题1051个，累计交换数据31.5亿条，日均交换数据126万条，并与广东省数据中心实现互通。已建立涵盖户籍和流动人员学历、工作单位、婚姻、参保登记、公积金等1800万条数据的自然人基础信息库，以及涵盖企业和个体户工商开业登记、年检、税务登记、单位参保登记等120万条数据的法人基础信息库。

（二）智能城市管理

基本编制完成《广州市智能化城市管理与运行体系顶层设计方案》。全力构建城市设施自动感知网，全市M2M终端应用规模已超过61万个，通过数字城管自建的91路城市重点区域高清视频和广州市社会治安视频专网共享的31000多路视频监控资源共发现各类问题5144宗，处理率达99.65%。建立城市管理网格数据库、三维实景影像库、城市管理部件数据库、部件实景影像关联数据库，已纳入超过285万个各类城市管理部件，6000多千米约610万张三维实景影像。利用数字化城市管理系统进行城市网格化管理，已在全市10个区、2个县级市、市级51个联动部门及164个街镇运行，运行面积已覆盖全市。

建成全市统一的社会治安视频监控业务专网以及26.8万个视频监控点，利用监控视频协助破获刑事案件、指挥调度处置重大警情或事件、处置查处各类交通违法行为等。推出“警民通”智能手机应用，可提供查询业务46项、网办业务19项、预约业务5项，访问量超过1600万次，注册用户超过90万户，日均访问量超过6万次。建设基于物联网的电梯安全与节能监测系统，保障重点公共场所数千台电梯的24小时正常运行，截至2013年年底全市共安装电梯监控设备8000余台。

（三）信息惠民工程

健康医疗信息化。完成区域卫生信息平台搭建，已覆盖全市31家大型医院、全部市属公共卫生机构和5个区的85家基层医疗机构。统一预约挂号系统已接入34家大型医疗机构，向市民提供电话、网站、自助设备等多种手段的快捷预约挂号服务。健康档案系统累计建立居民电子健康档案超过800万份，实现了平台联网的医疗机构间电子健康档案和医疗记录共享，有效提升了医疗服务质量。

教育信息化全面实现宽带网络“校校通”，教科网覆盖所有公办和民办学校，出口带宽升级到13.5Gbps。全面实现优质资源“班班通”，基于广州“数字教育城”公共服务平台已初步完成市、区两级优质数字资源整合共享工作，共享资源总量超过了100TB。基本实现学习空间“人人通”，基于“数字教育城”公共服务平台，为每位师生构建了网络学习空间，已整合各类应用系统30个以上，教师数据导入率在90%以上，学生数据导入率为100%。

社会保障信息化。社会保障（市民）卡发行覆盖面大幅扩展，截至2013年年底，年度新增申领人数约440万，累计申领人数达到990万，年满60周岁户籍居民持卡率超过90%，实现了社保、卫生、民政等10个业务领域的“一卡多用”。完成对8家银行600个服务网点的社保（市民）卡技术服务条件验收。开展街道服务中心业务试点，全市各类服务网点累计受理日常业务41万笔，24小时服务热线12343共计呼入52万人次，20秒内接通率达92%，市、区级服务网点群众满意率达99.53%，限时办结率达95%。

社区服务信息化。起草《开展网格化智慧社区试点工作方案》，为全市网格化智慧社区管理提供支撑和帮助。推动全市12个区、县级市结合实际需求开展网格化智慧社区建设。越秀区作为广州市最早探索社区网格化管理的区，18条街267个社区已全部实施网格化服务管理，覆盖率达到100%，全区划分为1879个网格，每个网格指定一名专职网格员，市民通过登录市民网页可准确查找各区对应街道的网格化管理员，实现市民公共服务向基层沉降。黄浦区则大力建设“综合化、网格化、信息化”的“三化”服务管理创新系统，实现了与现有电子政务系统的对接，截至2013年年底，“三化”系统已在全区293个网格全面推广使用。

人文服务信息化。2013年，广州市成功申报第二批国家智慧旅游试点城市，推出“广州智慧旅游公共服务平台”，为各级景区、各大旅行社和新兴移动互联网渠道提供了统一的信息服务；推动科技信息技术企业和传统旅游企业的融合发展，组织开发了“云游广州微信平台”、“珠江夜游PAD”和“玩转广州塔”等一批创新性的旅游移动互联网应用。智慧体育便民项目进展顺利，2013年11月12日开通上线全民健身网站“群体通”，实现了市属25家公共体育场馆的信息发布和场地预订业务。

【信息产业带动经济增长】

（一）电子信息

2013年，广州市电子信息制造业产值2201.2亿元，增速16.6%，居三大支柱产业之首，高于汽车制造业的13.6%和石油化工制造业的5.6%，也高于全市工业11.9%的增长速度。产业公共平台建设全面展开，“集成电路设计EDA公共服务平台”、“集成电路产品质量监督检验中心”均已完成一期建设，“中国集成电路IP交易平台”等项目也已进入筹建阶段。

（二）软件和信息服务业

2013年，广州市软件和信息服务业营业收入2275亿元，同比增长近20%。服务外包工作成效显著，2013年服务外包合同额、离岸服务外包执行额同比增长15%以上。软件行业的创新和产业化进程加快，按计划进度开展科技攻关项目 26项，其中重点项目9项（50万元以上），30个项目获得省现代信息服务业专项资金项目资金支持，金额为4889.7万元，占全省的31%。

（三）新一代信息技术产业

2013年广州市支持新一代信息技术领域市级项目30个，落实扶持经费1680万元。物联网产业科技成果不断涌现，2013年广州市物联网相关专利申请数量达946个，发明专利507项，占54%，实用新型专利383项，占40%，其中RFID和传感器领域专利占专利总数比重达79%。互联网产业加快发展，产业集聚集群生态环境逐步形成，移动互联网创新集群成为广州新型城市化发展十大产业项目之一，全市互联网产业上市企业共10家，2013年互联网产业营业收入规模达800亿元，再创新高。电子商务产业表现突出，广州市拥有193家本土电商企业，2013年全年电商企业交易额超万亿元，在阿里研究院2013年中国电子商务发展百佳城市榜单上，广州市荣获第二名。

【发展环境明显改善】

（一）完善政策法规和标准体系

广州市出台了一系列信息化和信息产业的行政规章、规范性文件和标准规范，涵盖了电子政务、电子商务、社会保障、信息安全等十多个领域。《广州市政府信息共享管理规定》、《广州市三网融合试点建设方案》、《关于进一步规范住宅小区住宅建筑及商住楼光纤到户建设的通知》、《广州市电子政务信息安全管理办法》等颁布施行，为信息化顺利实施创造了良好的基础条件。

（二）提升信息安全

广州市根据国家、省电子政务标准化指南和信息安全等级保护相关要求，积极推进建设完善政府在线信息安全保障体系，提升及时发现和处置突发事件的能力，提高网络攻击、病毒入侵、网络失窃密等防范能力，增强对政务网络和信息系统的监控、管理和保护。在云服务平台方面划分不同安全域，对应的支持部门在云服务平台下按行业自行管理云资源和服务。强化政府工作人员安全保密意识，加强各行政部门信息中心技术人员安全技术培训与交流工作。

（三）推进项目审核验收

广州市进一步规范信息化项目管理机制，完善信息化项目需求申报、立项、审核等过程管理，修订建设项目方案编写指南，提高了管理实效，强化了统一规划、统筹管理，先后完成了《2014年广州市本级财政投资信息化项目申报指南》、《2014年广州市财政投资信息化项目立项和验收评审工作方案》、《广州市财政投资信息化项目建设方案编写指南》、《2013年度全市财政投资信息化项目立项需求计划》等文件的编制及印发。

成都市信息化发展概况

成都市是国务院确定的西南地区科技、商贸、金融中心和交通、通信枢纽，是首批中国历史文化名城和全国统筹城乡综合配套改革试验区。下辖9区4市6县和高新区，面积为1.21万平方千米，常住人口为1405万人。改革开放30多年以来，成都市综合实力显著增强，已经成为中国西部大开发的引擎城市、中国内陆投资环境标杆城市和新型城镇化道路的重要引领城市。2013年成都市实现地区生产总值9108.9亿元。

成都市是首批中国软件名城、国家信息化试点城市、电子政务试点城市、农村综合信息服务试点城市、信息惠民试点城市、全国首批物联网示范城市、互联网骨干直联城市、“宽带中国”示范城市、下一代互联网示范城市。

2013年，成都市在工业和信息化部及有关部委的大力支持下，在四川省经信委的具体指导下，围绕市委、市政府工作部署，大力推进信息化基础设施建设，普及信息技术在各领域的应用，加快智慧城市建设，提高农村信息化水平，促进信息化与工业化深度融合，确保网络和信息系统安全。充分发挥了信息化对于经济社会发展的引领、支撑、带动作用，信息化成为我市转变经济发展方式、推动产业结构转型升级、实现可持续发展的重要力量。2013年，成都市被工信部确定为“中欧绿色智慧城市合作试点城市”，被科技部和国家标准委确定为20个全国智慧城市试点城市之一。

【推动基础设施建设】

通过大力实施宽带成都、光网城市、无线城市、三网融合、大型互联网数据中心、云计算平台等工程建设，信息基础设施承载能力、服务水平、应急保障能力显著提高，基本构建较为完善的网络传输体系、数据资源与容灾体系、信息安全保障体系和应用支撑体系，巩固了成都市作为西部地区通信枢纽和信息集散中心的战略地位。目前，成都市向省外辐射的光缆通达方向达到8个，干线出省光缆30条，城域网出口总带宽超过1500Gbps，开通了国际直达专用数据链路，互联网同城直连中心实现本地网络的同城互访。成都市电信和广电相互融合、双向进入的新型业务迅速发展。2013年成都市IPTV用户达70万户，成都市广电互联网宽带接入用户超过60万户，同比分别增长40%和100%。成都市移动“爱家168”用户超过50万户。

组织实施电子政务“统规、统建、统维”的集约化建设，推动政务应用向云计算转型，按照基于云计算的电子政务公共平台顶层设计实施试点要求，不断建立完善基于云计算的电子政务公共平台，为市级部门的信息化应用提供基础资源支撑服务。目前，电子政务外网拥有核心光纤链路800余千米，互联网出口达8G，终端接入数量超过2万台，已接入40余个市级部门和全部20个区（市）县，六城区延伸至全部的街道和社区。电子政务云计算平台已达到每秒200万亿次的信息处理能力，80余个应用系统在云计算平台上运行。电子政务存储和灾备服务平台投入运行，为20个部门提供超过650TB的存储空间和220余套主机数据容灾备份服务。成都市电子政务集中机房面积达到5000平方米，各部门托管至集中机房的设备近1000台。

【推进信息技术应用】

（一）推进行业信息化

推进教育信息化。建成了教育城域专网，覆盖了全部城乡中小学校，实现宽带网络校校通。建设了市、县两级信息化资源服务中心，建成了教育云资源平台，建成数字图书馆、网上教育电视台、名校课堂教学视频与课件等优质教育资源库，资源总量达16TB，推动了优质教育资源向郊区县的辐射和延伸。建成学生电子学籍系统、教籍系统、现代教育技术装备等基础数据管理系统、高考电子巡查系统、教育视频通信工作平台、中小学数字化图书管理与资源共享平台等多个信息化管理平台，教育公共服务能力明显提升。

推进食品药品流通信息化。为加强对肉类、蔬菜产品质量安全的监管力度，提高市民对食品安全满意度，建成了肉类与蔬菜产品质量安全可追溯系统。目前，全市肉类蔬菜流通追溯体系覆盖点位已达到11259个，其中生猪流通追溯体系覆盖点位9991个，蔬菜流通追溯体系覆盖点位1268个，实现了肉菜产品从屠宰、批发、零售到餐桌的全过程信息化监管。同时开展了中药材流通追溯体系项目建设，已确定在10家中药材种养殖基地、荷花池中药材市场所有商户、20家中药饮片生产企业、40家中药材经营企业、19家医院和50家药店进行试点。

推进社保信息化。按照围绕民生、统一建设、互联互通、覆盖全市、优质高效、安全可靠的建设原则，建成了成都市劳动就业社会保障公共信息服务平台，向社会公众提供全覆盖、全天候、一站式的“一卡通”劳动就业社会保障公共服务。建立了市、区县、街道乡镇、村社区全覆盖的服务网络；整合了职业介绍、就业培训、职业指导、创业服务、养老保险、医疗保险、失业保险、工伤保险、生育保险等公共信息服务，建立了服务大厅、互联网大厅、12333电话咨询中心、移动终端等服务渠道。实现了社保待遇登载核查、医务人员全域结算等服务，全面提高劳动就业社会保障公共信息服务的能力和水平。

推进卫生领域的信息化。建设完善了覆盖城乡、方便快捷的医疗卫生信息化服务体系，为城乡居民提供了优质便捷的医疗卫生服务。构建了全市卫生“一张网”，实现信息资源互通共享。建设完成了市、区县两级区域卫生信息平台，已有19个区（市）县平台、8家市级医疗卫生机构、约65%的区县医疗机构和近92%的基层医疗机构接入了区域卫生信息化平台。依托成都市电子政务云计算中心建立了市级卫生数据中心。开通了成都市公众健康门户网站。推进了以电子病历为核心的医院信息化建设。

推进环保信息化。建立健全全程动态监测、污染源控制、生态保护的环境监管信息服务体系，为成都市“信息强环保”战略提供技术支撑。完成了环保信息发布官方网站、重点污染源监控系统、山洪灾害预测预警系统等建设。搭建起大气“网格”式监测网络框架，完成了大气信息监管和空气质量发布系统建设，实现对38个空气质量自动监测点及数十家国（省）控废气在线监控。升级完善了排水监控管理系统和水资源监测管理系统，加强了府南河水质实时监测、温江区水资源监测、天府新区兴隆湖配套水质监测。

推进文化的信息化。结合全国文化信息资源共享工程建设，建设了数字图书馆、数字档案馆、数字博物馆、数字文化馆和数字美术馆，在全市建立由1个市级中心、14个县级中心、238个街道（乡镇）基层服务点、2012个社区（村）基层服务点组成的服务网络，基本构建了公共文化信息服务体系。建成了成都市数字文化文物信息平台，实现对成都文化事业各类信息数据的采集和整合，为社会公众提供包括公共文化服务资源、文化产业、文化活动、文化遗产、文物保护、政策法规等信息服务。

（二）推进信息共享和业务协同

建成基层公开综合服务监管平台。以“宣传平台、工作平台、实用平台”为定位，充分整合和共享资源，建设了“政策法规、基层公开、便民服务、监督管理、沟通互动、服务发展”六大资源服务体系，覆盖全市20个区（市）县、316个乡镇（街道）、3345个村（社区），全面推行工作流程化、管理电子化、信息公开化。通过基层公开综合服务监管平台的全面应用，各级各单位进一步规范“三务”公开、“三资”监管等300余项管理权，创新制度机制400余项，全市行政审批事项仅保留 136 项。自 2013 年 6 月上线运行以来，基层公开综合服务监管平台公开各类信息350余万条，累计访问量为 4726 万人次。

建成行政权力依法规范公开运行平台。依托全市电子政务外网，部署统一系统软件，包括“一目录、一厅、二平台”，即行政职权目录、电子政务大厅、行政权力运行基础平台和行政权力运行监督平台。完成 45 个市级部门的行政处罚、行政征收、行政强制、行政确认、行政裁决、行政给付及其他行政权力共 7 大类行政权力事项的清理和审核，行政权力事项精简 5.83%，在门户网站公示晾晒“权力清单”，编制了行政权力事项目录，分类、分项制定了行政权力事项运行内、外流程图并将行政权力事项运行流程固化，完成行政权力事项统一编码及审核，完成行政权力事项运行过程中监察点、廉政风险防控点查找、设置，推进行政权力全程电子化网上运行和实时网上监督，确保权力依法、便民、高效运行。

建成公民信息管理系统。以各相关部门的公民信息为基础，建立公民信息数据库、公民信息数据目录及共享交换平台，形成数据权威、应用广泛、运行安全、全域覆盖的公民信息管理系统，实现居住、婚育、就业、纳税、社会保险、信用等公民信息数据资源共享利用和跨部门的业务协同，提高各级政府部门管理和服务的效率与质量，有效支撑我市城乡居民自由迁徙、生产要素自由流动、公共服务均衡覆盖和社会管理创新。

【加快智慧城市建设】

坚持以人为本，面向需求整合各类资源，构建智慧的城市应用体系，为公众提便捷、高效、低成本的社会服务，实现城市管理的精细化、便捷化、智能化。

推进智能交通体系建设。按照“交通先行”战略要求，加快推进了智能交通顶层系统、交通事件检测系统、交通视频监控系统、交通诱导系统、匝道控制系统、车道指示系统、信号控制系统、武侯祠博物馆智能停车管理系统、成都地铁轨道交通清分中心系统、成都市东客站综合枢纽信息服务与协同管理系统等智能交通项目实施。完成了二环路智能交通管控系统建设，建成了智能调度监控中心，通过电子站牌为市民提供乘车准点服务。基本形成了一枢纽、三平台、多个应用的智能交通框架体系，为“缓堵保畅”提供有力的技术支撑。

推进智慧旅游建设。完成了成都市旅游门户网站、成都旅游政务网、旅游质检网、互动信息屏（触摸屏）和成都旅游咨询服务中心系统建设，建成了成都市旅游散客综合服务平台（手机App)、旅游咨询和投诉系统、行业管理系统；建成了成都智慧旅游数据中心（成都旅游全搜索平台）；完成了成都旅游指挥中心一期工程建设；支持和指导成都旅游一卡通——天府通熊猫卡的发展，促进旅游电子商务平台建设。目前正在开展成都旅游大数据市场营销平台、来蓉游客大数据决策辅助系统建设。

推进智慧安全生产监管系统建设。以技防代替人防，从根本上解决监管手段落后问题，为安全监管部门加强监管、提高工作效率提供有效信息技术支撑。完成 CNG 信息化集成监管系统在市域范围内推广运行，对成都市全部 10 万辆 CNG 车辆发放电子标签共约 15 万个，全市 94 座 CNG 加气站全部完成信息化改造，实现全市 CNG 车辆和气瓶使用的全生命周期各个环节的动态监管。推进重大危险源（危险化学品）安全监管信息系统应用，综合采用 RFID、GPS、气体探测、红外传感、视频监控等多种物联网感知技术对我市的危险源进行实时监测，对涉及重大危险源的企业、纳入监管的重大危险源装置（设备）及运行状况进行实时监测，并通过监管中心对信息进行汇总、分析、处理和预警。目前已完成 160 家企业接入，实现了主动式、精细化、智能化的安全监管。运用 RFID 技术建成烟花爆竹安全动态监管系统，实现对烟花爆竹销售的动态安全监管。应用国内首创的 3D 激光防伪二维码技术建成了成都市电梯安全公共服务平台，实现对电梯使用的各个环节安全全程监督管理。

推进智慧物流信息服务平台建设。完成新闻资讯、物流枢纽、行业服务、物流方案、便利服务、网上政务等门户系统功能板块建设，货运班车总站、物流招投标、物流软件 SAAS、城市配送（二期工程）等业务系统功能板块正加快建设。截至目前，成都市智慧物流公共信息服务平台累计网页访问次数突破 15000 次，试运行效果良好。

推进智慧城市管理建设。完成了成都市数字化城市管理系统建设，充分发挥利用现有 GIS 公共服务平台，实现 GIS 数据的共享和统一更新；利用政务呼叫中心，建成了全市统一的城管服务热线；利用天网视频监控系统实现了对现场的监控；利用 GPS 车辆管理系统，实现对执法车辆的监管；利用数字集群移动通信系统调度指挥城管执法队伍，提高了城市管理的反应速度和处置能力。数字城管建设促进了城市管理由粗放型、经验式管理向集约型、科技化管理转变，提高了市民对城市的满意度。生活垃圾清运数字化管理系统开展了试运行，智能化城市照明物联网管理系统试点工作扎实推进，进一步提高了城市管理水平。

【提高农村信息化水平】

2013 年新增城镇光纤到户覆盖 120 万户，80 个行政村和 340 个新农村综合体通光纤，光纤宽带接入能力提升至 100M。采取“政府补助、项目带动、业主自筹”的形式，推进现代信息技术特别是物联网技术在农业领域的示范应用，探索推进都市现代农业发展示范县和示范基地建设。整合涉农信息资源，推进建设了全市集中统一、协作共享的都市农业综合管理服务平台。支持农产品产销信息服务平台建设，构建农产品产销信息服务平台——“菜易通”。在 2013 中国成都国际现代农业博览会期间举办智慧农业创新应用高峰论坛。

【促进两化融合发展】

建立完善两化融合协同推进体系，组建成都市两化融合企业联盟。指导联盟，围绕促进资源整合，推动工业企业与软件企业之间的无缝对接，在新都、青白江、都江堰等地组织 8 场两化融合培训活动，培训企业 800 余家，联合四川大学工商管理学院举办两化融合培训班，培训人员 80 余人，强化企业负责人推进信息化的领导责任意识。开展典型企业示范应用，成都市科伦药业和天地网公司被工信部确定为“国家级两化融合示范企业”，九正建材网公共服务平台等 4 个项目被工信部确定为电子商务集成创新试点工程项目，成都王牌商用车有限公司等 34 家企业的信息化项目获得省两化融合专项资金 2490 万元支持。同时，成都市安排资金 362 万元，支持丽雅纤维等 17 个两化融合示范项目实施，带动企业信息化水平提升。

【完善信息安全保障体系】

全面落实国家安全等级保护制度，切实加强信息安全管理，提升信息安全保障能力，开展成都市信息安全监测管理及应急响应平台项目建设前期准备工作。加强信息安全通报，开展信息安全的日常监控和安全检查，完成对 100 多个政府信息系统的信息安全检查。加强了财富论坛、华商大会等重大活动期间的信息安全保障工作。加强网络信任体系建设，进一步推广数字证书的应用，为电子政务应用提供约 3.5 万名用户数字身份认证服务。开展信息安全教育培训，在市委党校举办 7 期信息安全与智慧成都建设研究培训班，邀请国家信息安全专家对全市党政部门进行“信息安全威胁与应对”重点专题培训。

【优化信息化发展环境】

形成在信息化工作领导小组统一领导下，信息基础设施建设联席会议、网络与信息安全协调小组和无线电管理委员会牵头协调的信息化工作领导体系，市信息化行政主管部门负责全市信息化的统筹规划、指导协调和监督管理，各有关部门要按照职责分工协调配合，共同推进信息化发展工作格局。市国资委根据市政府授权投资组建国有独资的成都市信息化建设发展有限责任公司，作为全市信息化发展的投融资平台和基础设施建设、信息化应用推进、信息产业发展的建设运营平台。加强信息化制度建设，制定出台了国民经济和社会信息化发展、通信枢纽建设、物联网、云计算应用、软件信息服务业发展等一系列规划和配套政策，促进信息化健康有序发展。积极开展信息化人才培养培训，为全市信息化发展提供了坚实队伍保障。

南京市信息化发展概况

南京市作为江苏省省会和长三角中心城市之一，是中国电信和中国移动互联网国家骨干节点城市，是工信部增设的7个国家级互联网骨干直连点城市，在全国通信信息网络基础设施的布局中占据重要地位。“十一五”期间，南京成为国家“两化融合先行试验区”、“三网融合首批试点城市”和首家“中国软件名城”。“十二五”期间，南京市又成为“国家电子商务示范城市”、“国家信息消费试点城市”和“宽带中国示范城市”。近年来，在市委、市政府的正确领导下，陆续出台了一系列相关政策措施以支持信息化的发展，南京社会、经济等各领域的信息化建设走在全省、全国前列。根据省信息化办《江苏省地区信息化发展水平报告（2014）》测算，2013年度，南京信息化发展水平总指数为93.03，高于全省平均水平86.67，位居全省第2位。其中，应用消费指数、知识支撑指数、发展效果指数三个分项位居全省第一。

【基础设施优化升级】

（一）优化升级宽带网络

2014年全年，各运营商宽带网络建设投入约为32亿元，顺利完成全年投资计划。6月30日，中国电信、移动、联通、铁通互联网骨干直连点在南京贯通110Gbps带宽并正式承载业务，这标志着南京国家级互联网骨干直连点在全国率先开通，进一步提升南京的互联网枢纽地位。光纤宽带网络建设项目加快实施，宽带网络接入端口和带宽供给大幅提高，城市和农村家庭宽带接入能力均达到100Mbps。截至2014年年底，宽带网络接入端口超过650万个，FTTH覆盖家庭超过210万户，全市固定宽带用户数达到267万户。

（二）加快建设移动通信网

2014年全年，各运营商4G和WiFi建设投入为42亿元，顺利完成全年投资计划。南京移动2014年底实现主城区、一般城区、郊区、发达乡镇及农村热点区域的4G全覆盖。同时根据城市功能区划分，在中心商务区、政府机关单位、高校、三星级以上酒店、大型场馆、交通枢纽等场所建设室内分布系统。中国电信作为青奥会唯一综合信息服务伙伴，在青奥会召开前完成通信建设覆盖22个竞赛场馆、9个非竞赛场馆，4G网络建设覆盖范围以青奥场馆为主线，覆盖全部竞赛场馆；以交通、服务为补充，覆盖机场、火车站、口岸和服务青奥的非竞赛场馆；以历史、文化交流为延伸，覆盖南京主要风景区和高校，确保了2014年青奥会信息通信保障工作。南京电信、南京移动、南京联通等加快WiFi无线网络建设，使AP接入点总量达到87000个，与3G/4G无线宽带网络有效衔接协同，同时加快全市主要公共区域WiFi建设，目前完成部分重要场景的AP接入点布设工作。截至2014年底，移动电话用户数超过1125万户，其中3G/LTE手机用户数达到532万户，移动互联网用户数超过820万户，移动互联网普及率达到97%。

（三）广电网和无线宽带政务专网加快建设

2014年，南京有线在广电网络基础设施等方面加大投入，加快建设了下一代广播电视网络基础设施，大幅提高广电宽带骨干网承载能力，加快建成城乡一体的数字化、双向化广电网络，加快广播电视数字化进程。市政府加快推进了无线宽带政务专网提升工程，围绕青奥会指挥调度和城市管理、应急指挥等需求，建设安全有效、可管可控、覆盖全市的无线宽带政务专网，顺利完成青奥会通信保障工作，并将为政府各部门提供安全可靠、高带宽、高移动性的信息传输通道。

（四）全面推进三网融合

三网融合枢纽中心项目由江苏省广电有线信息网络股份有限公司建设实施，位于麒麟科创园，规划建筑面积为25.7万平方米，将采用先进的模块化设计方案，引进国际一流的柴发、精密空调、智能化的配电系统，形成全国广电互联网骨干节点、视频与多媒体集成中心、内容存储中心、分发中心，建成智能化的大型数据中心，同时向国内外用户提供基于云计算的数据服务。项目总投资为25亿元，2014年投资5亿元。双向进入业务进展顺利，截至2014年年底，南京电信IPTV用户数为69万户，南京有线云媒体电视用户数为73万户，用户规模位于全国前列。

（五）重点实施云计算

近年来，南京市把云计算产业作为软件和信息服务业重要的新兴业态培育和发展，推动建设南京云计算中心、南京超级云计算服务中心等一批重点公共技术服务平台，培育和引进了苏宁易购、邦宁、途牛、曙光、紫光等一批重点企业，研发了“紫云1000云计算机”等一批重点产品，推广了气象云、安全云等一批示范应用项目，云计算产业实现了健康快速发展。2013年，全市云计算产业链实现收入430亿元。2014年，全市云计算产业链实现收入近700亿元。

【智慧城市建设加快】

2011年，南京市委、市政府正式提出了“构建智慧城市，引领未来发展”的重大战略举措。2011年底，南京市出台《南京市“十二五”智慧城市发展规划》，到“十二五”末基本建成“宽带、泛在、融合、安全”的信息化基础设施，实现政务、商务、事务各领域比较广泛的智慧应用，打造一批重点示范工程和上规模的智慧产业基地，形成智慧城市发展的基本框架，逐步走出具有南京特色的智慧城市发展之路。

（一）推动智慧南京建设

一是编制《关于加快智慧南京建设的意见》、《智慧南京建设三年行动推进计划》，对智慧城市的建设原则、总体架构和重点项目进行了深入梳理和规划。二是出台《2014年社会信息化工作要点》，明确了2014年社会信息化工作的重点和方向。三是认真开展智慧城市“十三五”的前期研究，编制了智慧医疗、智能交通等系统规划和可研报告。四是严格按照《南京市政务信息化项目管理办法》的相关要求，对全市信息化项目进行审核管理，推进全市信息化建设有序进行。

（二）推进重点项目建设

推进智慧医疗项目建设：一是研发市级自助医疗服务平台，计划整合金融、小额电子钱包以及医保结算等功能，实现持市民卡就医人员的自助消费，缓解排长队、常排队的医院困局，目前已完成市妇幼、中大医院、军区总院、肿瘤医院的部署工作；二是以市民卡在医疗行业的应用为抓手，已完成多项信息化建设工作，如预约挂号、医院购药接诊结算结果查询等。推进智能交通系统建设：一是建设交通运输管理和业务数据采集、交换、处理和发布的数据平台，形成交通运输基础库、业务库和主题库；二是建设“青奥会赛事车辆保障系统”，实现对赛会用车计划统一安排、运行统一监控、指挥统一调度及信息统一共享等功能；三是完成“路网监测系统”建设，扩大对市域国省干线重要路段运行监测的覆盖面。

（三）大力实施“两卡”工程

一是市民卡。目前，南京市市民卡发卡已超过750万张，市区居民办卡率超过90%，60岁以上老人办卡率超过90%。市民卡应用已进入社保、医疗、文教、园林、交通、小额支付等30多个领域，新增餐饮、文化、娱乐等行业刷卡网点300多个，目前市民卡可消费网点近1000家，初步实现了“多卡合一、一卡多用”的建设目标。二是车辆智能卡。目前，以车辆智能卡为核心的全市交通信息采集与共享平台建设已基本建成，发卡量超过120万张，完成500多座双基自由流基站建设，初步建成南京市电子围栏系统，城市交通的“感知”度大大提升。通过车流数据的实时采集、整理和分析，可有效解决车辆识别、动态监测、交通流精确分析等难题，为城市交通的科学、动态组织管理提供了决策依据。

（四）提升政务数据中心支撑保障能力

自2010年以来，南京市启动了全市统一的政务数据中心建设。目前已完成政务内、外网的扩容工程，已分别连接了232家和148家市级部门和单位。同时，在政务内、外网上分别构建智慧医疗专网和智能交通专网，完成接入667个基层卫生医疗机构和400多个交通监控点，汇聚了人社、民政、城管、环保、交通、公安等14个部门和单位的信息资源，日平均采集和交换的数据达到600万条，数据交换总量已达40亿条。麒麟科技园建设南京政务数据中心（麒麟）项目，为现有政务数据中心容灾备份，为今后的重点政务应用工程和入园企业的信息化建设提供平台支撑，为ISP/CSP/电子商务企业提供机柜租赁服务，吸引智慧城市相关产业的集聚。

【信息产业创新增强】

2014年南京完成软件和信息服务业收入3330亿元，电子产品制造业主营收入2889亿元，位居全国前列。长期以来南京在信息产业方面全面推进，并取得了丰硕的成果，为信息消费打下了坚实的产业基础。

（一）人才资源丰富，创新机制灵活

南京是中国高等教育资源最丰富的城市之一，软件是互联网产业发展的重要基础，在培养软件人才方面，全市有50多所高校设立了软件及相关专业，软件类在校学生达17万人，每年毕业5万人。同时，还引进培训机构，建立软件学院，毕业学生70%以上留在南京。

2011年南京市重点推出“321人才”计划。五年内，力争引进领军型科技创业人才3000名，培养科技创业家200名，集聚中央“千人计划”创业创新人才各100名。只要是具有硕士以上学位或副高以上职称，拥有独立自主知识产权，或掌握相关核心技术，或具有海内外自主创业经验的研究人员，就可以申请“321”计划，享受政府的15项扶持政策。

2012年出台鼓励科技创新创业“1+8”系列政策、“科技九条”等，加大创业创新人才培养引进力度。全市累计引进领军型科技创业人才1441人，入选省“双创计划”人才162人，自主培养中央“千人计划”人才116人。

（二）载体建设全面，产业结构完整

载体的全面建设为南京信息服务创新和产品制造能力提供了强有力的支撑。全市累计建成各类孵化器85个，孵化面积为289万平方米，在孵企业有3600家。区校共建大学科技园13个、战略性新兴产业中心15个。全年引进世界500强企业研发机构8家，中国500强企业研发机构11家。到“十二五”期期末，科技创业特别社区（人才特区）规划建设总面积为30平方千米，建成孵化器、加速器和中试用房600万平方米，集聚科技创业企业10000家，毕业企业3000家，培育高新技术企业、创新型企业500家。

通过多年的建设发展，南京的信息产业从软件、设备制造、芯片开发、业务应用、物联网、云计算、北斗、互联网增值到基础服务已经形成了较完整的产业结构，并形成一定的集聚效应。

软件。涉及基础软件、应用软件、信息安全软件、支撑系统等业务。重点企业有联创、南瑞、中兴、华为等30余家。

信息消费终端制造。重点企业包括夏普电子、LG新港、华宝通讯、中电熊猫液晶、博西华、乐金熊猫、艾欧史密斯、熊猫电子、英华达、创维电器等。主要产品为手机、显示器、电视、机顶盒、洗衣机、冰箱、热水器等。

芯片开发。重点企业包括东大集成、微盟电子、通华芯、美满（Marvell）电子等。

业务应用。涵盖了城市公众服务、社会管理领域、公共服务领域、经济活动领域等智慧网络应用。具体应用如整合政府门户网站和服务热线，市民卡，智慧安全生产、智慧警务、智慧食品安全、交通、水务、物流等的一系列智慧应用。

物联网。涉及工业、农业、节能环保、商贸流通、安全生产、交通、公共安全、医疗卫生、城市管理等领域的物联网应用研发。重点企业有江苏省邮电规划设计院、三宝科技、联创科技、南大苏富特、擎天科技等20余家。

云计算。重点企业有南京云创存储、南京财客信息、南京恒为网络科技、南京真云计算科技、华为、中兴、南京斯坦德通信股份公司等。

北斗。国家工信部通过"部省市会商"明确支持南京北斗相关产业发展，2013年6月在我市组建成立全国北斗产业化联盟，秘书处设在南京。重点企业有江苏北斗产业研究院有限公司、中国航天8511研究所、合众思壮、南京芯海微电子、江苏康派电子科技、南京吉美思系统集成、同方工业南京有限公司等。

互联网增值。涵盖网络服务、游戏动漫、电子商务和网络购物及支付业务。重点企业有苏宁易购、焦点科技、江苏三六五、宏图三胞、江苏有线数据网络有线公司、中国移动江苏公司（南京）游戏产品基地、中国电信游戏运营中心、省电子商务（集团）有限公司中国移动公司的手机支付业务、江苏电信的"公交翼卡通"支付业务、江苏省广播电视总台的"好享购"家庭购物业务等20余家。

基础服务。由南京广电和三大电信运营商提供。南京广电、南京电信、南京移动、南京联通等运营商已开始双向进入业务试点，南京电信的IPTV业务、南京广电的宽带接入服务，为消费者提供较大的信息消费选择空间。

（三）产业布局清晰，产业集聚效应增强

南京信息产业主要布局为：电子信息产业位于南京经济技术开发区；电子商务、动漫相关产业布局在徐庄软件园；未来网络布局在江宁经济技术开发区；北斗卫星应用产业体系布局在南京软件园；移动游戏产业体系布局在新城科技园——"中国游戏基地"，目前全区已集聚了中国移动、中国电信、中国联通三大国家级游戏基地和微软、索尼等顶端游戏制作商，以及原力动漫、魔盒游戏等一批国内优秀游戏企业。南京是工信部正式批复的TD-LTE首批六个规模试验城市之一，电信、移动、联通三大运营商均在南京有TD-LTE的部署规划。

近年来，南京高度重视信息产业园区的规划布局，积极打造"中国软件名城"，形成以中国（南京）软件谷为核心、南京软件园和江苏软件园为两翼的软件"一谷两园"格局，规划面积约100平方千米的软件产业集聚区，提升产业集聚能力。

以国际一流标准建设的中国（南京）液晶谷，位于南京经济技术开发区，正全力推进LCD、LED、OLED、激光显示等产品技术升级，打造世界级光电显示产业基地。2013年液晶模组出货量占全球12%以上，聚集了LG、夏普、中电熊猫等光电显示企业70余家，先后被授予"国家级显示器件产业园"、"江苏省电子信息产业基地"、"江苏省新型工业化产业化示范基地（新型显示产业）"等称号。

【电子商务创新发展】

2014年，在南京市委、市政府的正确领导下，南京市优化发展环境、培育市场主体、促进推广应用，推动电子商务保持较快的增长态势。双十一期间，南京市电子商务网络销售额超过17.6亿元，在天猫（含淘宝）上的消费额首次进入全国排名前十。

（一）制定扶持发展政策

根据《国务院关于加快电子商务发展若干意见》等文件精神，结合南京实际制定出台了《南京市十二五电子商务发展规划》、《市政府关于鼓励和支持电子商务发展的若干意见》。明确南京电子商务发展的总体思路、工作目标、主要工作、重点建设内容和发展保障体系，提出总体产业空间布局，工作思路不断清晰。

（二）推进示范基地建设

2013年以来，积极支持基地开展创建工作，加快推进基地载体和配套设施建设，积极打造产业园区和专业楼宇。目前，建邺基地的舜天电子商务产业园、江东电子商务产业园已落成，重点打造的电子商务专业楼宇——金基广场已有南京电子商务协会、中国国际电子商务中心江苏代表处、妖精的口袋、易酒在线、瑞贝佳、苏雪达等

10余家典型电商企业和机构入驻；玄武基地重点发展珠江路电子商务集聚区和徐庄电子商务集聚区，以楼宇、园区等载体为依托，细分定位，打造了强华利国际、东大科技园等一批电子商务特色楼宇和特色园区，为中小型电子企业发展壮大提供良好空间。

（三）推进信用统计体系建设

构建电子商务统计监测体系，建成电子商务网络直报系统，实现南京电子商务样本采集直报数据库。此外南京市打造了南京电子商务信用平台，依托国富泰企业征信有限公司（中国国际电子商务中心子公司）打造的征信平台，目前已对全市80多家电商企业进行了信用评级认证，提高了南京市电商企业以及社会的信用度。

【信息消费发展迅猛】

2014年，南京市按照国家和省信息消费试点的总体要求，从政策支持和保障措施上下工夫，出台《关于促进信息消费加快信息产业发展的实施方案（2014—2015）》等，积极有效地推动各项工作开展，有效地推动南京市信息消费试点工作走在全国前列。2014年，全市信息消费贡献规模达到2548亿元，同比增长32%。其中：软件技术服务消费1738亿元，带动大数据、物联网、云计算、移动互联网等新一代信息技术示范应用；通信业务收入达到140亿元；信息终端产品产值达到670亿元。全市电子商务交易额达到6700亿元，同比增长28%，其中网络购物交易额达到960亿元，同比增长55%。

（一）智能终端普及加快

全市共生产手机5101万部，实现产值124亿元；生产显示器645万台，实现产值93亿元；生产电视机524万台，实现产值215亿元；生产机顶盒18万台，实现产值0.6亿元。城市家庭的智能手机、平板电脑、智能电视的拥有率超过83%，以数字化、智能化、网络化服务为主体的数字家庭消费明显，其带动效应进一步增强。

（二）互联网应用加快

家庭宽带接入、网络视频、网络购物、微媒体、手机支付、手机视频等业务已成为信息服务消费的主要增长点。全市各电信运营企业加快流量经营拓展，流量收入占电信收入比重明显上升，传统语音收入比重不断下降。

（三）信息服务方式不断创新

据相关统计调查显示，目前越来越多的用户已经习惯用网络获取社会消费品信息，手机购物应用进一步挖掘了消费者闲暇时购物的欲望和潜力，使用手机登录网站浏览的用户超过50%，其中有一部分用户有在乘坐公共交通工具和排队等候时的碎片化时间用手机购物的习惯。

【发展环境明显改善】

（一）进一步优化信息化发展环境

南京市委、市政府一直高度重视经济社会信息化和信息产业的发展，先后制定了一系列鼓励和扶持信息化建设和信息产业发展的政策措施，为信息化顺利实施创造了良好基础条件。2014年7月市政府出台了《南京市信息通信基础设施建设管理办法》，推进信息通信基础设施共建共享，加强规范管理；出台了《南京市关于加快大数据产业发展的意见》等指导文件，推动我市大数据、物联网、云计算、移动互联网等新一代信息技术示范应用工程建设，丰富了面向生产、生活和管理的信息产品和服务。

（二）通过重大活动营造发展氛围

我市成功举办以“软件与信息消费”为主题的第十届中国（南京）国际软件产品与信息服务交易博览会，共有31个国家和地区、57个城市的客商参展参会，参展企业突破1100家，展览内容包括云计算、大数据、物联网、移动互联网、未来网络、卫星应用、3D打印等。由中国电信与美国高通主办、南京市政府和江苏省经信委等承办的中国电信集团产业交流合作大会——“2014天翼手机交易会暨移动互联网论坛”在南京举办，这是迄今全球最大的手机交易会，达到了“交易规模最大、媒体关注度最高、主题最应景、影响力最强、会展最接地气、论坛最高端”的效果。

（三）引导深化信息技术应用

随着4G终端应用、智能电视的普及，电信、广电网络运营商加大市场推广力度，信息产品价格进一步降低，流量资费逐步下调，居民信息化产品更加丰富，信息消费意愿进一步增强。开展全市企业两化融合服务诊断和贯标试点工作，推动企业信息化应用不断深化。加快智慧城市重点工程建设，拓展公共服务信息需求，各类信息化需求将进一步释放，将有力地推动南京市社会经济信息化深入发展。

石家庄市信息化发展概况

【基本情况】

石家庄市委、市政府认真贯彻落实国家和省大力推行电子政务建设的方针政策，高度重视电子政务建设工作，坚持“以需求为导向，以应用促发展”的原则，稳步推进电子政务发展，全市的电子政务基础设施和基本应用建设取得长足进展，有些工作还进入全省乃至全国先进行列。

市政府政务办公系统自2004年8月正式启用，经过几年的升级改造，目前已具有公文管理、传阅件管理、督查管理、日程管理、通知管理、提案管理、信息采编、电子公文交换，以及短信平台和内网门户等多项功能，实现了内网门户系统和各办公功能系统后台一体化。这一系统在网络中心部署，各县（市）区、市直部门均能使用，并支持横向部门与部门之间，纵向市县两级对口及非对口部门之间互联互通，同时系统用户不受限制，可迅速便捷地添加。办公自动化应用已取得较大进展，办公厅各处室人员已基本实现无纸化办公，大大提高了工作效率，降低了行政成本。一是会议通知的发送、接收全部在网上实现，办公厅通过系统下发通知1.1万余件。二是取消了纸质公文。从2008年9月1日起，办公厅停止所有下发的纸质公文，一律通过网上发送、接收；2009年3月1日起，停止接收纸质请示报告件，一律网上报送。三是通过系统传递信息资料3.2万余条，改变了以往传真、人送等方式。四是各县（市）区报送信息、查看期刊都通过办公系统完成，已完全实现了内刊从信息报送、编辑、审核到合成期刊的无纸化。五是提案建议、督查管理、值班管理可实现网上交办、办理。六是发送通知时，利用系统的短信平台进行短信提醒，提高了时效性；紧急情况通过短信及时上报领导，以作出准确决策。仅2013年利用系统下发公文354余件，常务会议纪要13期，上报请示报告870余件；通过办公系统下发通知4000余件；通过信息采编功能对各县（市）区政府、市政府各部门上报的信息7000余条合成期刊171多期；通过专送传阅功能传阅信息2万多条；建议提案管理完成网上交办接收承办事项384件。随着应用的深入，目前，政务办公系统的应用已成为机关人员自觉、必要的日常办公手段。

在石家庄市41个市直部门中，28个部门建有单位局域网，19个部门开通了办公自动化系统，16个部门使用办公自动化系统进行电子公文信息交换，4个部门还实现了移动办公；网上审批已经起步，8个部门内部实现了联合审批；应用系统有了一定发展，18个部门使用了国家和省业务管理系统，18 个部门建立了诚信系统；政府信息公开进展明显，有 86.49%的部门采用动态发布系统更新网站信息。

各县（市）区、乡镇（街道）党政机关一把手负责信息化的达 42.48%；96.96%的单位具备了上互联网条件，67.92%的单位实现了宽带接入，62.73%的单位建有内部局域网；42.86%的单位开始应用办公自动化系统，30.12%的单位建立了电子公文信息交换系统；计算机普及率较高，97.49%的单位使用计算机，77.21%的单位有电子邮箱应用；网站应用有了一定基础，58.47%的机关建立了门户网站，其中有 40.17%的网站实现了动态信息发布。

2003 年 11 月至 2004 年 6 月，石家庄市按照“建强中心、强核辐射、统一网络、避免重复”的原则，完成了网络中心机房、政务内外网核心系统和骨干网络建设，建立了电子政务核心骨干网，上连省政府、下连 24 个县（市）区政府，横向连接市委、市人大、市政协和市政府各部门，实现了物理链路的互联互通；建成面积 270 平方米，包括强电配电系统、空调新风、UPS 电源、门禁、安全监控、场地环境监控、综合布线、消防等十几个子系统的高标准核心机房；并同步实施了网络与信息安全保障工程，建立起了统一的网络安全屏障。

网络平台和核心机房建成并投入使用以来，为政府东、西两院及部分院外单位 2500 个客户端提供了互联网统一接入服务；为市县两级政府及部门提供了方便快捷、畅通无阻的政务办公电子信息通道，对改变传统办公方式发挥了重要作用；承载着大量业务应用，其中政务办公系统、政府门户网站群系统、审计、国土、计生、住房公积金、医保、诚信、人事管理等 60 多个部门和单位不同程度地共享公用网络资源；并为市商务局电子商务平台、市招商局招商网、市旅游局旅游网、市供销社信息网、市档案局档案信息网、桥东区政府网站等 10 余个单位网站或信息系统提供服务器设备托管服务。

通过集中统一的网络与信息安全建设及管理，既解决了政府部门分散接入互联网、安全管理和防护措施参差不齐、安全隐患日益突出等问题，又大大提高了网络资源的使用效率，节省了建设资金、建设用房和维护管理成本，受到各级政府、部门单位及业内专家的一致肯定和好评。

石家庄市是较早利用“网站群”模式建设门户网站的城市，按照“集中建设、分布应用、强核辐射、资源共享”的集群化建设模式，2004 年仅用半年多时间，就新建了市政府、市人大和工商、财政、税务、劳动、城管、妇联等 60 多个网站，这些网站均统一软硬件系统、统一安全保障系统、统一信息存储备份系统、统一维护，大大节约了人力物力，在当时被国家信息化协会称为“地方政府网站建设的成功模式”，授予“政府信息化建设管理创新奖”，被《互联网周刊》誉为“国内第一个真正的统一内容平台”。石家庄 23 个县（市）区及所有政府部门均已建立自己的网站。

石家庄市政府门户网站涵盖了 G2B、G2C 和政务信息公开等电子政务建设的主要内容。这些栏目在建设透明、服务、高效政府方面取得了一定的成效。特别是政府网站已成为百姓参政议政的重要平台。

【强化政民互动应用】

推进政府与市民互动交流应用工作，一是积极开展以“政府信箱”为重点，包括“意见征集”、“在线访谈”、“网上调查”等多种形式的政民互动交流，充分畅通民意表达渠道，尽力为市民解疑释惑，解决实际问题，取得良好的效果。仅 2013 年，“政府信箱”收到公共留言 18641 条，有效留言 16413 条，处理答复 16293 条，处理答复率为 99.3%。各部门对群众反映的意见和问题，做到了件件有答复，事事有回音，许多单位对群众咨询的问题即问即答、当天回复，助力了政府工作，便利了百姓生活。二是积极开展网上听政活动。市政府及各部门在市区停车场设置、出租车运价调整、城乡规划、重污染天气应急预案、冬季取暖等 20 多项涉及群众利益的决策过程中，都通过政府网站征集吸纳群众意见建议，完善修定政策，提高民主决策水平，使决策更加符合实际。2013 年共接收社会公众的意见建议 1500 多条，为相关工作的开展提供了科学决策依据。

【推进网上服务】

一是指导政府部门认真做好网上办事服务工作。目前，各部门网上办事指南、办事表格、在线查询、在线申请数量明显增多。二是对政府门户网站原来的网上办事服务频道进行了完善调整。将市政府各部门负责的行政管理审批业务事项的办事指南、办事表格全部组织上网发布。目前，网上有各类办事指南 982 项，办事表格 744 项，业务查询 69 项，结果查阅 22 项，在线申报 49 项。还组织一批与市民生活密切相关的政府业务信息资源实现上网查询，极大地便利了广大市民的工作生活。

【维护政府信息公开平台】

石家庄市各级各部门充分利用市政府信息公开平台，及时发布政府文件、工作动态等各类信息，主动公开的信息内容不断丰富，发挥了政府网站作为信息公开第一平台的作用。2013 年，全市通过政府门户网站政府信息公开平台主动公开信息 26174 条，其中，各县（市）区政府公开 14423 条，市政府各部门及有关单位公开 11751 条。信息中心负责维护办公厅信息公开专版的工作动态、政策法规、公示公告等栏目，信息维护及时规范，2013 年共发布信息 7690 条。对政府文件实现按时间、文号、文种、内容多形式查阅，政府信息公开工作面貌焕然一新。

【统一互联网接入】

2012 年实施了石家庄市政府部门统一互联网安全接入项目。实现网络的整合归并，规范、减少了互联网出口数量，实现政府机关互联网的集中接入，并确保网络服务的高可用性，提升了网络整体安全防护能力，实现对来自互联网攻击的统一防范，有效抵御病毒感染、木马植入、黑客攻击、敏感信息的泄露。项目实施后，互联网统一接入市直单位 51 家、3500 余客户端。通过集中统一的网络与信息安全建设及管理，既解决了政府部门分散接入互联网、安全管理和防护措施参差不齐、安全隐患日益突出等问题，又大大提高了网络资源的使用效率，节省了近千万元的建设资金、建设用房和维护管理成本。

【公共服务领域信息化起步】

为了提高公共服务的水平，加快建设服务型政府，近年来，石家庄市各级政府先后建立了便民服务机构、便民信息亭、社区服务点，利用多种方式和多种渠道开展公共服务。在所辖的 23 个县（市）区和开发区中，有裕华区、新华区、辛集市、新乐市、藁城市、晋州市、平山县、赵县、行唐县、赞皇县等 16 个县（市）区建立了便民服务大厅（或类似机构）。一些乡镇如藁城市的岗上镇、一些社区如桥东区的元村社区，建立了便民服务站（点）。其中以信息化手段为支撑的晋州市行政服务中心在公共服务供给、反腐倡廉等方面发挥了积极的作用，处于国内领先水平。同时，在总结近两年实践和借鉴先进城市经验的基础上建设了行政服务中心，大力推进网上审批。

为了向公众提供更加便捷的服务，石家庄市先后开通了 12345 市长公开电话、市长短信、12319 市城管热线、12315 市工商局热线、12369 市环保局热线、85810 市电视台热线、110 省会公安热线、12333 劳动保障热线等与市民生产、生活密切相关的热线电话。其中 110 省会公安热线、12319 市城管热线等热线电话在应用系统建设和服务水平等方面走在了全省的前列。

社区服务试点工作探索出将政府服务延伸到街道、社区的新模式，受到了省、市有关领导的高度关注和广大社区居民的广泛欢迎。桥东电子社区被民政部、中残联列为示范项目，得到了国信办、信息产业部的充分肯定，并在中央电视台新闻联播中两次播出，河北省电视台的“阳光访谈”栏目也做了专访。“石家庄市桥东区社区服务综合呼叫中心”项目被列为河北省信息化试点示范项目。除此之外，石家庄市社区的就业咨询培训站、爱心超市、求助服务“一键通”等便民服务也取得了明显的成效。

【提高社会管理信息化水平】

建立了城市基础地理信息系统、数字城管系统、数字房产系统、社会诚信系统用 110 系统，为进一步建设社会管理和应急体系奠定了基础。

城市基础地理信息系统通过“规划管理系统 ”、“综合管线系统”、“卫星影像系统”、

"基础地质系统"、"辅助审批系统"、"城市仿真系统"、"地形图管理系统"等子系统，实现了对地形图、规划图、管线图、卫星影像图、地质资料、规划审批的用地数据、建筑数据、道路红线、绿化数据及控制点、高程等城市基础空间数据及其属性进行科学挖掘、提取、组织、管理及应用。

数字城管建立了全球卫星定位、城管便民服务热线和市政公用管理三大系统，通过热线电话、70多个电视监控点、GPS系统和数十个电子显示屏，对涉及市民工作和生活的市政、公用、市容、环卫等城市管理方面的热点、难点问题和突发事件，实行统一调度、协调、指挥和督察，实现了市内重要路段汛期积水、冬季降雪、占道经营、市容市貌等情况的视频监控，提高了快速响应和处置城市管理问题的能力。

数字房产建成了房产测绘和信息系统两大应用系统，使城市房地产的宏观信息、地理基础信息与房产自然信息、权属信息、交易信息以及蕴藏在房产中的其他社会人文信息得以有效结合，全面提升了城市房产管理的技术手段，提高了城市管理的效率和水平。

社会治安防控系统以重点单位、要害部位为主进行监控，强化安全防范技术建设，对维护社会治安、预防犯罪工作发挥了重要作用。

省会110系统以处理公众紧急情况为核心，目前接警量每天约4000件，实现了110、112和119热线的三台合一，在应急与求助方面发挥了积极的作用。

石家庄市金保工程规划了社会保险和劳动力市场两大系统，以信息化为手段对劳动保障各项任务进行综合处理，支持劳动就业和社会保险业务经办、公共服务、基金监管和宏观决策等核心应用，实现业务的网上办理。

【建立信息管理体系】

石家庄市通过法人单位数据库、自然资源和地理空间基础信息库、政府信息资源库等基础数据库的建设，诚信数据库等专业数据库的建立，以及数据交换平台的使用，初步形成了信息资源管理体系。

自然资源和地理空间基础信息库的建设取得较大的成绩。市国土资源局和规划局等分别建立各自的数据库，全市960平方千米的矢量地形图已入库，并开始初步使用。市政府在政府门户网站上也开通了电子地图功能，并建立了商场分布、学校分布、医院分布、交通管制等空间数据点。

沈阳市信息化发展概况

在党的十八大关于"坚持走中国特色新型工业化、信息化、城镇化、农业现代化道路"方针的正确指引下，我市的数字沈阳建设、信息产业发展、深入三网融合试点等各项任务得到了有效推进，获批为国家信息消费试点城市，沈阳市信息化水平迈上了新的台阶。

【基本情况】

（一）基础设施

2013年，沈阳市认真贯彻落实国家"宽带中国"发展战略，信息基础设施建设水平有了较大提高。一是开展互联网宽带升级提速工程，加快推进光纤入户升级改造进程，推进新增宽带互联网用户接入全部采取光纤到户的建设模式，具备100M带宽接入条件的覆盖区域超过70%，宽带平均接入速率达到4M；二是加快完善3G通信网络和试点商用4G通信网络，进一步优化3G移动网络的覆盖范围和通信质量，重点开展覆盖214路等公交线路的4G移动网络试点应用，分享带宽最大能达到50M，此举走在了全国前列，全市3G/4G用户约达310万户，完成4G网络基站总体规划建设的60%以上；三是我市获批为国家级互联网骨干直连点，全国互联网骨干直连点共有10个城市，建成后，辽宁省乃至东北地区的互联网网间数据交换将在沈阳市实现互联互通，对于显著改善沈阳市互联网服务质量、加大云计算和大数据等新兴产业集聚力、巩固沈阳市作为东北地区的通信核心枢纽地位都具有重要的战略意义。

（二）电子政务

一是重点推进了智能交通指挥控制系统、地理空间框架和一张图系统、公共资源交易综合信息服务系统等九项数字沈阳建设项目，通过加强沟通与合作，各相关单位有效解决了项目建设中遇到的难题，保障了各重点项目顺利建成投入使用，提升了沈阳市信息化管理服务水平，为保障第十二届全运会顺利举办提供了有力支撑。二是市党政信息网核心平台功能得到进一步完善。完成了沈阳市党政信息网核心平台四期工程建设，政务云示范应用项目得到积极推动。启动了沈阳市电子政务外网统一互联网出口工作，将实现市级127个财政一级预算部门的互联网出口整合统一，有效节省互联网线路租用和安全防护设备的总体投入。

（三）社会信息化

一是发行“盛京通”卡，实现公交卡和地铁卡两卡合一。经过一年多的建设，2013年9月，沈阳市实现了公交、地铁两卡合一功能，持地铁IC卡除可刷卡乘坐地铁外，还可以在市内所有安装车载机的公交车刷卡乘车。启动发行“盛京通”卡，并实现了刷手机乘公交地铁。二是推进五险合一，加快社保卡发放和普及。沈阳市进一步加快实现养老、医疗、工伤、失业、生育五项社会保险“一站式”办理功能，兼具社保功能和金融功能的社保卡开始批量换发，换用新社保卡的用户已达200万户。

（四）智慧城区

沈阳市浑南、沈河、沈北、铁西四个城区被国家住建部批准为国家级智慧城市试点，为实现市区两级信息化建设形成合力，市区两级有关部门建立起了良好的沟通和协调机制，各城区的智慧城市整体规划设计和重点项目试点工作得到有序推进。

（五）三网融合

为加快推进沈阳市三网融合试点工作的顺利进行，经各有关单位推荐和审核，沈阳市成立了市三网融合试点工作专家组。在省三网融合工作协调小组的指导下，市三网融合工作协调小组各成员单位，根据各自的工作任务，进一步推进了我市三网融合试点工作。通信运营企业结合自身优势相继开展业务试点。沈阳联通公司先期开展的三网融合试点成果得到了省通信管理局领导的充分肯定和认可。目前该方式已经开始大范围推广，对沈阳市三网融合试点工作的推进具有重要意义。沈阳移动公司通过手机电视以及手机视频业务向用户提供个性化通信及娱乐服务，移动用户可以通过手机电视或手机视频两种方式使用手机观看电视或视频节目。沈阳电信公司加强了三网融合基础设施的建设工作，上半年所有的住宅小区和商业楼宇建设全部采用光纤到户方式，全程采用光纤直至用户末端，保证了用户带宽和业务承载通道的标准。广电运营企业向通信领域拓展业务应用。沈阳传媒网络有限公司依托有线电视网，开展了融合宽带的试点应用，沈阳城区数字化改造基本完成，转换率显著提升；城区双向改造进展顺利；已建设完成新的数字电视前端设备，具备开通交互数字电视视频业务和数字电视高清业务的能力，并已开始发展融合宽带的试点用户。

（六）两化融合

圆满完成国家级两化融合试验区工作，在工信部第二批国家级两化融合试验区验收考评中，沈阳市以97.07分在八个试验区中名列第一。2013年，我市以市政府名义制定出台了《沈阳市推进两化融合工作实施方案》文件（以下简称“实施方案”）。扩大两化融合企业联盟成员范围，2013年，两化融合企业联盟成员有175家，云计算产业联盟有41家，物联网产业联盟有57家。9月，沈阳两化融合展示中心正式面向社会开放，建立集展示、活动、服务于一体的六大功能综合服务平台。先后举办了“沈阳工业创新项目对接会”、“上海服务业与沈阳制造业融合服务项目洽谈会”等多种形式的会议。

【软件和信息服务业】

（一）基本情况

2013年全年，沈阳市纳入统计的1942家企业累计完成软件业务收入1350亿元，同比增长29.78%。2013年，全市共有规模以上软件服务业企业1942家。其中，东软、先锋、天久、易迅和晨迅5家企业跻身2012中国软件百强企业。东软集团已成功获批为计算机信息系统集成特一级资质企业，成为中国最大的IT解决方案和服务供应商，国际软件外包收入连续5年位居全国同行业领先地位，汽车电子解决方案已占据世界汽车市场较大份额；新松机器人企业入选《福布斯》“中国潜力100榜”，已具备在全球范围内与国际机器人巨头ABB、KUKA竞争的实力；先锋、天久、荣科、蓝英、易迅和晨迅等一批先进信息技术企业，其产品及服务已居国内领先地位；东软、易讯、荣科被列入2013－2014年度国家规划布局内重点软件企业。

（二）创建“中国知名软件生产基地”

2013年3月21日，政高省长赴浑南进行电子信息产业调研时作出了“树起建设‘沈阳中关村’大旗，叫响建设中国知名软件生产基地，建设中国IC装备产业集群”的重要指示。以政高省长指示为指引，将创建“中国软件名城”作为全年工作的中心，全力推进名城创建工作，并以此带动沈阳市软件服务业高速发展。

（三）招商工作

2013年4月12日在杭州市召开“2013杭州－沈阳汽车电子产业合作对接会”。此次会议吸引了60余家杭州知名的IT企业参加，会议由葛苏副主任主持，隋莉主任在会上做主题讲话。2013年7月17日在上海召开“2013沈阳•上海新兴产业暨信息技术对接会”，会议吸引了80余家上海知名的IT企业参会。台湾同胞联谊会将组织数十家企业对我市产业环境、投资环境进行回访考察。积极组织企业参加深圳高交会、北京软博会、南京软博会、杭州电博会等国内有影响力的大型展会，加大沈阳市软件企业品牌宣传力度。为扩大沈阳市软件产业国际国内影响力，提升沈阳市装备制造业产业等级，从2013年8月起就微软创新中心项目落地沈阳，围绕利用微软创新技术改进沈阳市装备制造生产方式，促进产业转型升级等内容，与微软（中国）展开6次谈判，并于12月飞赴美国微软总部进行新一轮谈判。

（四）帮扶企业

在落实贯彻群众路线教育活动中，针对受国际经济环境持续低迷和人民币汇率不断上升对沈阳市产业的不利影响，积极为企业谋划应对措施。向企业建议如下。一是企业要巩固和加强已有行业和业务的市场领先优势，积极拓展高端客户业务，加大客户覆盖的深度和广度，提升技术和咨询拉动业务发展的能力，加强日本、欧洲和美国市场开拓，加快整体市场拓展计划和分布式交付组织的建设，实现业务的规模化发展。二是企业要加强对汇率变动的分析与研究，选择合适币种进行报价。采取适当外汇避险方法以及与客户协商共担风险等措施，降低对汇率变动对企业的不利影响。三是企业要在企业内部管理方面，加强组织能力建设与领导力发展，完善企业内部控制流程和制度，优化企业管理和运营的模式、过程和方法，有效防范和控制风险，提高组织运行效率，降低企业管理及运营成本。

（五）重点项目

一是中国移动通讯辽宁公司中国移动位置信息产业园项目。已签订土地成交确认书和土地出让合同，土地证已经办理完毕。初设审批、安评大部分已经完成，环评全部完成。消防审核、卫生防疫正在办理中。正在做土建招标前的准备工作。二是东软集团东软医疗健康产业园（云创意基地）项目。已完成规划方案设计、施工围挡建设及地勘等前期工作，可研、环评、能评报告正在编制。项目共两块用地，其中一块已摘牌，摘牌面积为12.5万平方米。于2013年4月25日复工进场建设。目前正在进行土建施工工作。三是东北大学科技集团有限公司东北大学国家科技园项目。项目于2013年4月15日正式开工，目前已经完成3000平方米的地下室配电，以及UPS、柴电机组、油库、空调系统的施工，地下部分预计年底前封顶。四是沈阳棋盘山智慧谷产业发展有限公司沈阳棋盘山智慧谷项目。项目所需土地于2013年4月18日开始挂牌，已于5月31日完成土地摘牌。规划方案已经完成，部分围档已经建完，并于7月初进场开工建设。目前项目正在进行土建施工工作。

【电子信息制造业】

（一）电子信息制造业概况

2013年面对国际环境新变化和国内经济新形势，沈阳市电子信息制造业努力克服各种困难，不断巩固发展成果，为推动信息化建设和促进两化融合发挥了积极作用，全年电子信息制造业规上企业完成主营业务收入661亿元，同比增长13.5%，行业从业人员近6万人，总体规模位居全省第2位，仅次于大连。

（二）产业布局

沈阳市电子信息制造业企业主要集中在浑南新区（东陵区）和沈北新区。这两个区域的电子信息制造业主营业务收入约占全市的75%。其中，浑南新区主要发展IC装备产业、家用视听产业、数字医疗产业、工业自动化产业。沈北新区主要发展手机产业。这些产业已初步形成了产业集群，产业的配套环境日益完善。沈阳市IC装备制造业以沈阳科仪公司、沈阳芯源半导体公司、沈阳拓荆科技有限公司等企业为核心，与北京、上海构成了中国IC装备产业的三足鼎立之势，先后有6家单位承担了国家“极大规模集成电路制造装备及成套工艺”重大专项12个专项课题，累计获得国家资金支持5.2亿元；手机产业以云狐科技有限公司、晨讯科技有限公司、沈阳新邮通信设备有限公司等企业为核心，搭建了终端研发、人才培养、公共检测、展销、金融服务和外贸服务六大公共服务平台，构建了从零部件生产、软件开发到整机制造的较为完善的产业链条，成为东北最大的移动终端制造中心；数字医疗产业以东软数字医疗有限公司、东软飞利浦有限公司为核心，目前拥有国内唯一能够生产四大医学影像设备的专业基地，产业发展水平居全国领先地位；家用视听产业以LG电子（沈阳）有限公司和沈阳同方多媒体科技有限公司为核心，周边拥有10余家专业为其生产机壳、遥控器、电源以及进行贴片服务的配套企业，产品远销欧美，产业总体规模居东北领先地位；工业自动化产业以沈阳高精数控有限公司、沈阳新松机器人有限公司为核心，在先进制造领域处于国内领先。其中沈阳新松机器人自动化股份公司是国内机器人领域最具实力的龙头企业，代表了我国机器人研发和生产的最高水平。

（三）国际手机博览会

2013年9月27日“2013中国（沈阳）国际手机博览会”在辽宁工业展览馆正式开幕。此次博览会共吸引近200家企业参展，包括苹果、三星、索爱、HTC、中兴、华为、酷派、联想等近120家国内外知名整机企业，中国移动、中国联通、中国电信及手机研发、移动互联网、手机配套企业80余家，在展商数量、质量及布展水平方面均超过了上届手机展会。借助本届展会，沈阳手机产业园进行了充分展示。晨讯、云狐、华移联科、富尔美、华立德等12家手机整机及配套企业集体亮相博览会，全面展示了沈北新区手机发展成果，得到了国家、省市各级领导及广大业届人士的高度评价。

济南市信息化发展概况

在市委、市政府的正确领导下，经过多年的努力，济南市基本形成了信息技术普遍适用、信息资源合理利用、覆盖国民经济和社会各领域的较为完善的信息化体系。信息化带动作用得到充分发挥，已经成为我市转变经济发展方式、建设两型社会、实现可持续发展的重要主导力量。

【基础设施】

（一）宽带基础

光纤接入工作快速推进，济南市按照国家“宽带中国”战略要求，加快宽带网络、通信基础设施建设和升级，推进光纤入户，大幅度提高网速，推进下一代互联网络建设。全市光纤宽带接入网络已改造完成，城区家庭网络接入速率达到20～100M，商务楼宇具备100M～1G接入能力，速率2M以上宽带网络覆盖全部行政村，互联网出口带宽（含IDC）达1180G，互联网网站3.3万家。全市全部小学、初中、高中、大学和职业院校已100%覆盖宽带网络。宽带网络的网络规模、技术层次和服务手段都达到了较高的水平。

（二）无线城市

以3G、4G网络为主、WLAN网络为补充，建设省内领先的无线城市，不断提升3G、4G网络覆盖面和服务质量。3G网络100%覆盖市区和县城驻地，3G基站6200多个，用户约331万户。已建成4G基站6387个，市区县城大部分区域已完成4G覆盖，4G用户11.8万户，下一期建设完成后市区县城可实现4G连续覆盖。WLAN网络已成规模，热点覆盖区域5500多处，覆盖人群300多万人，广场、公园、宾馆、医院、高校、机场、车站等重点区域全部实现无线宽带网络覆盖，上网速度最高能达到54Mbps。无线宽带业务在政务、商务、生产、生活等经济社会各领域全面深入应用，带动无线产业与上下游行业发展。

（三）互联网数据中心

济南担山屯IDC机房是中国联通五星级数据中心，也是除北京外联通集团的全国第二大核心汇聚枢纽，该机房总建筑面积11000平米左右，现安装1200余托管机架，通过450G出口带宽直连国家核心骨干网，河南、河北省均通过山东济南担山屯IDC机房转接至国家骨干网。目前，承载着中央电视台、新浪、搜狐、腾讯等600多家著名的企事业单位网站系统，为各行业信息化的建设发展提供了强有力的基础网络支撑和优质的信息化服务。

（四）“三网融合”试点

作为“三网融合”试点城市之一，济南不断加强“三网融合”平台建设和试点应用，实现了电信、广电业务的双向进入。济南IPTV业务已经正式开通，省、市全部频道引入IPTV平台，市民可以以互动方式收看电视节目。

【普及应用】

（一）工农商信息化融合

（1）全市规模以上企业信息化普及率超过

90%，信息化专门机构设立率 80%，ERP 普及率 50%，电子商务普及率 40%。九阳、济钢、二机床 3 家企业成为国家级两化深度融合示范企业，九阳股份成为全国家电行业两化融合标杆企业，九阳、济钢、济南伊利、山东一卡通、山东省电子商务综合运营管理有限公司 5 家企业入选国家 2013 年电子商务集成创新试点项目，24 家单位新认定为山东省电子商务企业，7 个单位入选山东省农村信息化推广应用示范单位和示范工程。

根据山东省两化融合评测中心发布的结果，2013 年度济南市企业两化融合总体水平稳步提升，发展指数由 2011 年的 37 增长到 39.3。其中，处于起步建设阶段的企业占 35%，处于单项覆盖阶段的企业占 41%，处于集成提升阶段的企业占 18%，处于创新突破阶段的企业占 6%。处于起步建设和单项覆盖阶段的企业占 76%，说明济南市企业两化融合发展层次仍普遍处于较初级阶段，向上提升的空间仍然很大。

（2）2013 年，济南市电子商务快速发展势头良好，交易规模不断扩大，龙头企业表现突出。

全市通过省认定的电子商务重点企业有 31 家，其中电子商务应用企业 7 家，电子商务销售额超过 20 亿元，第三方电子商务平台企业 7 家，电子商务交易额 620 亿元，电子商务服务支撑企业 17 家，实现电子商务服务销售收入 1.1 亿元。

传统产业加快利用电子商务提质增效，基于互联网的采购、销售快速增长。济钢集团、中国重汽、九阳股份等企业电子商务交易额增长迅速，韩都衣舍保持淘宝商城女装第一品牌，嘀嘀汽配商城是华北最大的汽车配件销售平台。山东省电子商务支付平台、山东鲁商一卡通支付有限公司和山东高速信联支付有限公司等三家企业拥有第三方支付牌照。在“双 11”电商促销活动当天，九阳股份和韩都衣舍双双销售过亿元，九阳股份网上销售额占到总销售额的 20%以上。

（二）电子政务

信息化是推进国家治理体系和治理能力现代化的重要内容。全市信息化水平普遍提高，市直部门和区县主要业务信息化支撑程度分别达 80%和 50%以上，县级以上政府政务服务事项覆盖率达 50%以上，县级以下街道（乡镇）和社区（行政村）的政务服务事项覆盖率达 30%以上，在提高办公效率、公共服务质量，加强社会管理和城市管理，促进经济发展中发挥了明显作用。

依托济南市公用信息平台，逐步开展了地理信息共建共享、人口信息共享、房管信息共享、救助信息共享以及财税增收、政府资金网上结算、联网审计、工程建设领域项目信息公开和诚信体系建设等跨部门信息化工程，取得了良好的社会和经济效益。

基础地理信息服务平台，为 15 个共建共享示范单位提供了地理信息共享服务，避免了重复投资，提高了数据质量。公安部门与计生、民政、社保、房管等部门实现了信息资源共建共享，形成社会数据与公安数据相互关联，相互支撑的工作模式。各区县普遍建立了人口基础信息共享机制，实现了公安、卫生与人口计生部门人口信息的共享，有力地提高了人口和流动人口的管理和服务水平。阳光民生救助系统整合了社会各种救助资源，避免了因各部门间信息不能共享而引起的重复救助等问题，通过救助指数排名扩大了救助范围，使有限的救助资源得到了更加合理的分配。房管系统与建委间联网，实现了房地产从建设、登记、交易、注销的全生命周期信息化管理，为旧投、城投提供城市建设拆迁范围内 32850 户拆迁户的房产情况核实，查出有房产不符合补偿标准的 3000 余户，降低拆迁成本 2 亿多元。财税增收工程整合了工商、国税、地税、质监、卫生等部门涉税信息资源，实现了对涉税信息的无缝监管，有效减少了漏管户，防止偷逃税。政府资金网上结算信息化工程有 240 多家单位实现网上报账、查询，效率提高 50%以上。联网审计信息化工程实现审计局与市政府资金结算中心的联网，由事后审计转向了事前审计，提高了审计工作的质量和效率。

【推进智慧泉城建设】

济南市高度重视智慧城市建设，把它作为实现工业化、信息化、城镇化和农业现代化同步发展战略的重要手段和重要技术支撑。通过智慧城市建设改进民生服务、提高政府效能、促进经济转型、改善生态环境，最终目标是让人民群众生活得幸福、安全。

2011 年在《济南市工业和信息化“十二五”规划》和《济南市物联网产业发展“十二五”规划》中就作出了建设“智慧泉城”的战略部署。2012 年，山东省政府启动了“智慧城市”试点工作，济南市获得山东省“智慧城市”试点城市；2013 年 1 月，山东省政府出台了《关于开展“智慧山东”试点工作的意见》，济南市积极行动，于 2013 年 8 月出台了《关于实施“智慧泉城”建设的意见》，进一步明确智慧城市建设的目标要求和重点任务。

在市政府《关于实施“智慧泉城”建设的意见》中，确立了“五新发展目标”、“四大智慧工程”和“四项保障机制”。“五新发展目标”，即到 2015 年，基本建成新一代信息通信网络，建立以云计算为核心的新的信息共享机制，打造以智慧产业为要素的新的经济转型引擎，城市综合管理智慧化水平有新的提高，城市居民生活品质有新的提升。“四大智慧工程”，即以济南政务云为中心，建设智慧政府、智慧产业、智慧民生、智慧家庭。

构建四项保障机制，保证智慧泉城建设的顺利推进。一是构建以市信息化领导小组为核心的组织协调机制，主要任务是研究制定相关发展战略、整体规划和建设标准。二是构建引导示范机制，加快实施一批技术先进、优势明显、带动和支撑作用强的项目，有效发挥引导示范作用，启动 10 项“智慧泉城”示范工程。三是构建资金保障机制，市财政资金对智慧泉城试点项目建设、示范推广、关键技术研发及人才培养引进给予重点支持。四是构建考评和激励机制，明确责任单位，细化目标任务，严格考评内容，加强监督检查，定期通报各项建设任务进展情况，确保各项工作目标顺利实现。

经过近几年的努力，济南市成为国家住建部智慧城市试点城市，国家科技部和国家标准委智慧城市试点示范市，国家林业信息化示范城市，“智慧山东”首批试点城市。济南成为首批基于云计算的电子政务公共平台建设和应用试点示范地区，济南政务云计算中心已建成并投用，开创了我国政务云计算的先河。济南的政务云计算中心、公安云计算中心、智慧城管、智慧市政等智慧城市项目，成为全国学习的典范。

政务云中心已入驻 52 个部门，运行业务应用系统 300 多项，跨部门信息化工程 20 多项。市直部门和机构中 70%依托平台运行，90%统一接入互联网，集约化建设的成效正逐步显现，年均节省建设、运维费用 20%以上。

【信息消费增长迅速】

2013 年，城市居民人均消费性支出 21667 元，增长 8.2%。农民人均生活消费支出 7799 元，增长 12.5%。全年邮电通信业营业收入 75.8 亿元，增长 7.5%。年人均通信支出 1082 元。

全市上电子信息制造业实现主营业务收入 430 亿元，同比增长 16%，软件和信息技术服务业实现业务收入 1337 亿元，同比增长 25%，继续保持全省首位。

济南山大路科技商务区是华北第二大的电子信息产品市场，目前济南山大路上共有铺位租赁形式的科技电脑城有十家，分别是华强广场、济南科技市场、济南科技市场二期工程、济南赛博数码广场、济南百脑汇、齐鲁数码商厦、山纺科技市场、高科技市场、科技市场名牌展厅、银座（地下）数码广场，另外，还有一家由商家自营的卖场——宏图三胞。商务区建筑面积 59 万平方米，总经营面积超过 20 万平方米，从事各类经营活动的企业 2400 余家，其中法人单位 753 家，年销售额过亿元的企业 30 余家，从业人员 42000 余人，2012 年实现营业收入 285 亿元。随着华强电子世界广场顺利开业，商务区建设得到了新的提升，新增营业面积 6 万平方米，共引进各类企业 300 余家，新增就业岗位 2000 余个，新增就业人数 3000 余人。新增停车位 1600 个，山大路停车难的问题得到一定缓解。服务业门类更加齐全，一批从事专业电子元器件、消防、安防、智能手机、数码动漫等的企业进驻发展，进一步丰富了山大路的产业业态，商业氛围更加浓厚。山大路科技商务区已成为我市 IT 产业与国内外市场之间的重要窗口和国内外大型 IT 厂商开拓山东及周边地区市场的首要战略平台。先后被国家科技部和省信息产业厅正式批准为“国家火炬计划电子信息产业基地”、全省首家“省级信息服务业示范基地”和山东省十大信息服务业聚集区之一，2010 年被省市发改委列为省级和市级重点服务业园区。

山东通信城是山东省内最大的手机批发市场，年营业额过百亿元，规模位列全国手机通信市场前五名，建筑面积10万平米，经营业户1000余家，从业人员近万名，是目前国内单体面积最大的通讯器材市场，汇集了省市区各级手机代理商，涵盖国际国内几百种知名品牌，以经营手机代理批发、手机配件、维修、手机饰品、数码产品批发零售市场。

【建设物联网基地】

以省级物联网产业基地建设为契机，拓展区内企业新建3万平米的办公楼。目前聚集物联网产业链上的相关企业近300家，基本涵盖了物联网产业链的各个领域，开发物联网相关产品800余种，正在实施物联网项目100多个。当前的产业基础主要有行业应用软件、集成电路设计、网络通信、数字智能装备、城市管理、交通物流、制造业信息化等产业集群和产品服务。基地按照物联网产业链及上下游产业关系对企业进行分类划分，培养扶持现有企业，引进行业稀缺企业，逐渐补充及完善物联网产业的发展。几年来，基地依托企业、院所、科研机构先后建成了各类省级以上技术（工程）中心30余个，省级以上重点实验室27家。制定行业标准2项，研制自主创新产品近400项，获得发明专利100多项，实用新型专利60多项，计算机软件著作70多项。由科技部批准设立的国家集成电路设计济南产业化基地、由济南市政府与浪潮共同打造的济南云计算中心、软件测试技术服务平台等，为物联网发展提供了有力支撑。

武汉市信息化发展概况

近年来，武汉市大力加强电子政务建设，推进光纤到户、三网融合的工作，加快“智慧武汉”建设，促进企业信息化，全面推广社会信息化，推动信息产业的发展，全市信息化建设取得了显著的进步。信息化的建设对加快武汉市经济和社会发展，提升人们生活质量，增强城市功能起到了巨大的作用。

从工业化城市到城市信息化是一个渐进性发展的过程，即城市信息化发展将经历一个由量变向质变的演化过程。经过30年发展，武汉市信息化建设从无到有，发展迅速。信息基础设施实现了跨越发展，主要信息技术产品正处于加速扩散过程中，经济社会各领域信息技术推广应用已取得显著成效，以“智慧城市”为代表的信息化建设大力推进。加之，武汉市是我国中部地区的中心城市，有着丰富的科教资源和雄厚的产业基础，总体上看，武汉市信息化处在快速发展阶段。

【巩固基础设施建设】

武汉是全国重要的通信枢纽和长途通信网的第三大业务指挥调度中心，也是中国宽带互联网全国八大中心节点之一，中国新一代高速环网唯一的五环交汇地，处于全国信息网络的核心位置。同时也是湖北省“三纵三横”二级干线光缆网和东环、西环两个高速环网的交汇中心。武汉市全面实施“光城计划”建设，光纤到户、三网融合、数字电视整体转换、集约化信息管网建设、“无线城市”、“智慧武汉”建设等有机结合，已建成覆盖全市行政区域的全方位、多功能光纤传输网。通信业务总量从“十五”期末的不足115亿元，发展到“十一五”期末的272亿元，成为全市增长率最快的行业之一。2013年，全市电话用户总数达到1717万户，其中，移动电话用户1451.6万户；全市光纤到户家庭数累计达到223万户，覆盖面达80%以上；宽带用户数达到291万户；数字电视用户180万户；高清互动家庭（含高清互动电视和IPTV）用户56.2万户；手机电视用户44.7万户。

武汉市成功入选“宽带中国”示范城市，成功获批国家“信息消费”是试点城市。推进宽带武汉建设，大力实施无线城市建设，4G网络覆盖率全国领先。全市新建改造升级4G基站7700余个，实现了全部城区、乡镇、风景区，包含郊区城关地区，以及沌口国家级开发区，庙山、盘龙城、阳逻等郊区新开发区4G网络覆盖，网络质量、覆盖规模等均居全国前列。

【信息技术应用取得成效】

（一）电子政务

目前，武汉市已经构建了电子政务内网、电子政务外网、电子政务专网、无线政务网四位一体的电子政务网络体系。其中，电子政务专网骨干网网络带宽已由建设初期的千兆升级为万兆，接入层网络带宽由百兆升级为千兆。2014年，电子政务专网新增接入单位20余家，全市电子政务专网联网接入单位已达到160余家。市级协同办公系统、高清视频会议系统、地理信息系统、市级财政支持经济发展专项资金平台等多个电子政务骨干应用系统得到广泛使用，政府部门业务信息化应用全面启动，应用系统使用效率不断提高。建成包括社保、民政、国税、地税、工商、城建等部门的9个应用系统，越来越多的政府办事审批项目实现网上“一条龙”办理。市级视频会议系统实现了即时且互动的沟通，高效节约会议成本，提高会议工作效率。网上协同办公平台初步建成，“人大议案网上办公系统”和“政协提案网上办公系统”也相继投入使用。移动电子政务建设逐步启动，有效推进“移动数字武汉”建设。

“中国·武汉”政府门户网站集成全市117个党政机关政务网站的信息，是武汉市党政机关对外服务的窗口，集成了电子监察系统、公共管理与服务系统、国土资源信息系统、市级网上审批应用系统和房产公共服务信息等多个应用系统，已公开各级部门文件、政策法规、人事任免、财政公开等网上公开服务项目1200余项。信息公开总条数达12万余条，“中国·武汉”政府门户网站始终处于全国同类政务网站前列。

“市民之家”信息系统加快建设，政府服务模式不断创新。市级行政服务中心（即“市民之家”）信息系统建设是实现行政审批的“一站式受理、一表式填报、一网式办理、一条龙服务”和创新公共服务和审批服务体系的重要保障。以政务门户网站为平台，推进重点工程建设领域信息公开。实有人口、实有房屋信息共享平台基本建成，信息资源共享和交换水平显著提升。市长专线暨数字化城市管理系统提供24小时“全天候”公共服务，配合市长专线完成合同签定和资金支付，确保市长专线与城市网格化管理系统顺利运行。进一步做好市党委信息化建设，组织完成市委常委会议室信息化改造。

武汉市财源信息共享平台建设初见成效，平台第一阶段数据联网、清晰、比对等功能已于2014年7月份上线运行，系统实现了13家涉税单位财源数据交换。平台第二阶段以全市数据中心和具体应用系统建设为重点，新增接入6家涉税单位，完成一户式查询、辅助决策、大数据分析等主要功能。目前，财源系统正在国税、地税和财政等部门推广应用。武汉市政务服务线上线下一体化工程项目依托武汉市民之家现有的全市统一行政审批平台，将该平台的行政审批类事项318项全部纳入系统，实现政府部门间互联互通、信息共享的同时，方便市民网上办事，提升服务能力，系统的网页版及移动版网上办事系统已上线试运行，与线下全市行政审批系统和电子监察系统进行全面对接。启动武汉市政府公开数据公共服务平台项目建设，按照“一平台、一站式、一张图、一套标准”的建设思路，将整合后的大量政府各部门可公开的数据资源、借助“一站式”门户，向社会公众提供海量数据服务的平台和窗口。

（二）企业信息化

全市涌现出一批信息化建设领先企业，武钢整体产销资讯系统、中百物流公司物流配送系统、九洲通医药集团电子商务平台、武汉市纺织服装业电子商务等都达到了国内先进水平。全市重点电子信息企业继续发挥主导作用，行业集中度不断提高，冠捷显示、武汉富士康、邮科院3家企业连续3年年产值突破100亿元；烽火通信、华工科技、光迅科技等10家企业上市；邮科院、长飞光纤连续多年位列全国电子信息产业百强；武汉矽感科技、武汉艾立卡、华中数控、邮科院、武汉光谷高清5家电子信息行业企业荣列2011—2012年度全市标准研制获奖单位。

（三）电子商务

电子商务水平稳步提高，组织编制了《武汉市电子商务“十二五”规划》。2011年10月，国家发改委正式授予武汉市为国家第一批电子商务试点城市。2011年7月26日，经市民政局批准，武汉市电子商务协会正式成立，主要负责整合武汉市网商资源，推动电子商务模式的创新和突破，为电子商务企业做好配套服务工作。多部门协调共同建设电子商务交易额统计信息平台，建立电子商务交易台账制度。对全市电子商务交易额数据进行规范化统计与管理，科学全面的掌握全市电子商务交易状况，进一步推动全市电子商务。2013年全年电子商务交易额为1720亿元。

（四）社会信息化

“金保工程”完成了直接服务武汉市800余万参保人员的社保、医保、养老、就业等业务，实现了“同人、同城、同库”的目标。社区公共服务与管理信息系统、社区卫生信息系统、新型农村合作医疗管理信息系统、“武汉通”相继建成并投入应用。“村村通工程”（电话通、网络通和电视通）在武汉市有序推进，为广大居民提供了丰富多彩的现代传媒信息，为促进科技信息传播和居民素质提高作出了重要贡献。为了培育信息消费热点，以政府财政资金补贴通信流量的形式，免费向市民开放了市民之家、市图书馆等25处公共区域的公益免费无线上网服务，得到了市民的普遍认可和新闻媒体的集中关注。

【信息产业成为支柱产业】

“十一五”以来，武汉市电子信息产业保持了快速增长的发展态势，电子信息产业规模（按工信部统计体系）从2005年的302亿元增加到2014年的2850亿元，年均增长超过30%。“十二五”期间，武汉电子信息产业布局进一步呈现多元化趋势，东湖新技术开发区和武汉经济技术开发区的电子信息产业加快发展，东西湖国家经济开发区、江汉经济开发区、洪山创意产业园等园区竞相发展，电子信息产业已形成“两区多园”的格局。产业技术创新能力显著增强，武汉电子信息产业掌握了大批具有自主知识产权的核心技术，是全球最大的光纤光缆制造基地，中国最大的光电器件生产基地，“武汉中国光谷”已经成为中国光电子产业的重要品牌。

近年来，武汉市软件产业增幅连年保持在30%以上，2014年全市软件和信息技术服务业实现收入达到900多亿元，同比增长41.6%，成为电子信息产业新的龙头。全市累计认定850家软件企业，登记软件产品670件，累计登记2981件软件产品。软件从业人员达11万多人。全市通过CMMI二级以上认证企业46户，收入超过1亿元的软件企业77家。涌现了烽火通信、华工达梦、中地数码等一批国家规划布局内重点软件企业。

【建设智慧武汉】

随着物联网、云计算、下一代互联网、新一代移动通信等迅速发展和深化应用，“智慧城市”从概念走向实践。智慧城市建设是武汉市“十二五”期间确立的战略目标，是市委、市政府建设国家中心城市，复兴“大武汉”的一项重要工作。智慧城市建设以民生领域为重点，推动物联网、云计算和更广泛的网络连接等信息技术融入百姓日常生活的多个领域，以体制机制创新和技术创新为动力，以需求为导向，通过整体规划，重点推进，在多个领域中广泛开展智慧城市示范项目建设。2010年6月30日，国务院公布首批三网融合试点地区（城市）名单，武汉成为12个试点城市之一。武汉市以

“光城计划”为特色，首创广电媒体和电信运营企业组建三网融合合资公司，推进三网融合业务上从竞争趋向竞合的新路径，这一在全国具有示范意义的“武汉模式”被评为2010武汉“十大新闻事件”。

武汉是目前全球唯一制定智慧城市建设总体规划并在全市范围推动实施智慧城市建设的城市。2011年8月，武汉在中国首次公开向全球招标智慧城市顶层设计。2012年9月，武汉市政府常务会正式批复了《武汉智慧城市建设总体规划与设计》（顶层设计，包含1个总体规划、4个体系规划及15项应用领域规划），成为全国第一个出台智慧城市总体规划的城市。近年来，武汉市紧紧围绕改善城市运行效率、提升城市承载能力和为市民创造更美好的城市生活，大力推进智慧城市应用项目，组织开展了一系列涉及智慧政务、智慧社区、智慧医疗、智慧居家养老、智慧商贸物流以及智慧生活等示范项目建设，在推进智慧城市应用方面走在了全国前列。国内著名专业媒体《中国经济和信息化》杂志称赞，在智慧城市这片蓝海上，武汉市一改过去“醒得早、起得晚”的建设模式，及时抓住了机遇。

2014年，武汉市大力推进全市智慧城市建设，共授予武汉市公安局（人像识别比对系统）、武汉市深度网科技有限公司（基于消费者的质量大数据监测与预警平台）、武汉市人力资源和社会保障局（武汉市金保工程医疗保险基金稽核服务系统）、武汉市环保局（智慧环保服务平台）、武汉市工商行政管理局（智慧工商服务系统）、武汉市公安局交通管理局（武汉交警移动服务平台罚缴项目）、武汉市蔡甸区城乡建设局（蔡甸区智慧地下管线与空间综合管理系统）、武汉市江岸区信息中心（智慧江岸公共信息平台）、武汉大学口腔医院（移动口腔健康协同服务平台）等项目为“武汉市智慧城市建设示范项目”称号。通过武汉市信息化领域同志们的共同努力，取得了一些成效，先后被国家多个学会、协会和论坛授予“2014中国领军智慧城市”、“2014年中国城市信息化50强”、“2014年中国智慧治理领军城市”和“2014年中国智慧城市应用创新奖”等荣誉。

【后期展望】

武汉市信息化建设总体上看处在快速发展过程中，整体水平较高，但与东部发达城市以及国际先进城市相比还存在一定的差距，主要存在的问题主要体现在以下几个方面：一是信息关键技术自主创新能力较弱，核心技术和设备受制于人；二是信息基础设施水平和质量还有待提高；三是信息产业大都处于产业链的中低端，大而不强，支撑力不足；四是信息化应用还不能满足经济社会发展和人们工作生活的深层次需要；五是信息化建设中跨部门协同合作、资源共享不力的状况还没有得到根本性转变；六是信息安全隐患凸显。

下一步将充分运用云计算、物联网和新的宽带接入等新一代信息技术，深度整合挖掘我市现有的信息技术优势和数据资源价值，从基地、技术、企业以及应用平台四个环节入手，构建既有全国领先水平，又有武汉特色的大数据产业体系。重点建设“光谷云村”、左岭大数据产业园等大数据产业基地和市政务云数据中心、国家地理空间信息云数据中心、国家数控工程系统云数据中心、国家教育云数据中心、国家音视频多媒体云数据中心、全国质量监测与评价云数据中心、中国•武汉车联网云数据中心七个云数据中心，并选择若干条件成熟、具有大数据市场前景的领域，建立多个大数据应用和交易平台，形成“2+7+N”的大数据产业发展格局。

到2018年，创造一批具有自主知识产权和国内领先水平的大数据新技术、新产品、新标准；建成一批能够集聚全国乃至世界数据资源的大数据产业平台和示范项目；开发一批发展模式领先、服务体系完善、集聚效应明显、支柱地位显著的大数据应用领域；聚集一批国际知名的大数据研发、产品制造、服务运营公司总部和龙头企业，形成丰富的大数据资源聚集地和完善的产业链，培育年营业额过100亿元的大数据企业5家，50亿～100亿元的10家，10亿～50亿元的20家以上，新上市公司10家，全市大数据产业实现产值规模2000亿元，带动相关产业新增销售收入过万亿元，支撑创建中国软件名城、武汉智慧城市和国家中心城市。

西安市信息化发展概况

2013年，西安市信息化工作以推动建设具有历史文化特色国际化大都市为目标，坚持以需求为导向，以应用促发展，不断加强信息基础设施建设，全面推进“两化融合”，充分发挥信息技术在优化产业结构、转变经济发展方式上的促进作用，着力解决我市经济和社会发展对信息化建设的重大需求问题，不断强化我市信息化建设在西部地区的领军地位，全市信息化建设和信息产业发展取得明显成效。

【完善基础设施】

2013年，西安市先后被国家有关部门确定为全国下一代互联网示范城市、第二批国家电子商务示范城市和智慧城市试点城市，西安成为新设立的互联网骨干直连点。信息基础设施的完善提升，为我市智慧城市建设奠定了良好基础。

2013年底，全市固定电话用户304.51万户，移动电话用户2160.67万户，其中3G移动电话用户666.36万户，宽带互联网用户超过220万户。电视人口覆盖率和广播人口覆盖率分别达98.83%和99.45%，城镇电视机普及率124台/百户，农村电视机普及率120台/百户。根据省电子工业研究院发布的《2013陕西地区信息化发展指数白皮书》，西安市信息化发展指数达到0.997，在全省遥遥领先（其他10地市均不超过0.706），接近信息化发展高水平地区（平均水平1.0）。陕西省信息化发展指数为0.776（位居全国第10，西部第一）。

【推进两化融合】

先进装备制造业两化融合走在前列，工业产品信息技术含量和附加值显著提高，产品向智能化方向发展。全市大中型企业开展信息技术深化应用比例达到58%，中小型企业信息化应用比例超过40%。CAD、CAM、虚拟仿真、数字模型等技术得到广泛应用。

组织开展国家级信息化和工业化深度融合示范企业推荐申报工作，组织开展区域两化融合培训与发展水平评估工作。培育申报了5个省级两化融合典型示范企业，对15个省级两化融合项目争取资金支持共计1110万元。西安电子科技大学承担的西安市两化融合服务体系建设项目获得工信部两化深度融合80万元专项资金支持。

2013年5月，工信部对西安-咸阳国家级两化融合试验区进行验收，对试验区工作的评价是“全面、圆满、优秀和出色的完成了既定的目标”。

【完善电子政务平台建设】

已经建成的市电子政务网络中心机房在整合资源、促进共享方面发挥了重要的支撑作用。2013年，数字化城市管理市级平台、全市应急指挥平台、食品药品监管平台（一期）等项目通过验收，市级区域卫生医疗信息平台、全市志愿者服务管理系统、全市价格监测管理系统、公务员管理系统等项目启动建设，促进了政府社会管理和公共服务能力的提升。政府门户网站建设继续保持在全国先进行列，中国西安门户网站在全国27个省会城市中排名第七，在全国15个副省级城市当中排名第八，继续保持前十名。在全国461个区县政府网站中，未央区、长安区、灞桥区、雁塔区四个区县政府网站进入前100名。

【共享信息资源】

数字西安地理信息共享平台建成后已有西安市公安局、城管执法局、环保局、地震局、市应急指挥中心、119指挥中心、120指挥中心8家单位接入使用，实现了基础地理数据与部门专题业务数据的共享，节约建设经费超过2亿元。2013年又有市药监局、质监局、统计局等5家单位签署了地理信息系统对接、数据共享和保密协议，推广应用不断深化。截至2013年年底，长安通发卡量已突破600万张，应用覆盖了公交、地铁、公共自行车、停车收费等交通领域，并在药品零售、放心早餐、餐饮连锁、邮政业务等小额支付领域开展应用，实现了一卡多用，方便了市民生活。西安市企业信用信息系统与陕西省企业信用系统实现对接，在技术上保证了省市企业信用信息的共享，为强化企业信用监管奠定了物质基础。

【拓展民生信息化】

全市已建成涵盖全市街办和社区的880个信息服务站，依托社区专网运行的信息系统有陕西省城乡居民养老保险信息系统、西安市人力资源和社会保障一体化信息系统（含企业工资管理、就业与涉外管理、劳动争议仲裁、档案管理、劳务输出、职业技能鉴定、就业服务管理、退休人员管理、劳动监察、居民医保、城镇居民养老等子系统）、国家新农保系统、西安市实有人口基础数据管理系统等，将民生服务延伸到基层。

在做好常态管理工作的基础上，加快完善农业信息体系建设，狠抓网络运行维护与农村信息综合服务站管理，积极探索创新服务新模式。西安农业信息网2013年共发布综合信息、农产品价格信息16.7万余条，网站点击量超过200万次。全市涉农官方微博群全面建成，西安农业官方微博关注量从2012年底的6000多人上升至25910人，10个涉农区县已全部开通了各自的农业微博。阎良区关山镇、户县草堂镇“数字化城镇”试点项目建设通过了省工信厅、省财政厅验收，蓝田县汤峪镇“数字化城镇”建设工作已经启动。

【信息产业发展良好】

近年来，我市抓住机遇，引进了三星电子存储芯片、美光芯片测试封装、微软创新中心、中兴和华为新一代移动通信技术产业基地等一批重大项目，为西安电子信息产业发展奠定了良好基础，已经成为我国中西部地区重要的通信设备、电子元器件、集成电路、软件和信息技术服务产业基地。2013年，全市电子信息与软件服务完成主营业务收入1262亿元同比增长23.7%。其中电子信息产品制造业实现主营业务收入352亿元，同比增长13.5%，软件和信息服务业完成营业总收入910亿元，同比增长28.2%。电子信息与软件服务完成主营业务收入连续5年增长超过20%，呈现出平稳快速发展的良好态势。

【加强信息安全】

加强与相关单位协调沟通，组织各区县、市级部门负责人和信息安全专家座谈信息安全工作，传达上级精神，通报有关情况并进行了经验交流和文件调查。认真开展重点行业和领域信息安全检查，对市水务局、市环境保护局、市人力资源和社会保障局、国家电网西安供电公司、西安西电变压器有限责任公司等单位的8个网络与信息系统（含工业控制系统）进行了抽查，及时总结通报自查、抽查结果并指导市级部门、区县政府编制网络与信息安全应急预案。

两化融合篇

两化融合发展综述

推进两化深度融合已成为抢占未来产业竞争制高点、加快建设制造强国和网络强国的战略选择和必由之路。随着两化IT融合步伐加快，以工业互联网、信息物理系统、制造业创新网络等为特征的智能工业将引领我国工业迈入转型发展的新时代。面对新趋势，我们应统筹谋划，明确融合路径，把握发展方向，实现重点突破，做好两化融合这篇大文章，为推动我国工业转型升级奠定坚实基础。

【智能制造成为两化深度融合的突破口，要加快普及推广】

新一轮科技革命和产业变革热度高企，航空航天、飞机制造、汽车制造、电子制造等行业纷纷涉足智能制造。中航科工二院将3D打印应用于复杂零部件研发生产过程中。九江石化开始建设智能工厂。全国工业和信息化工作会议指出要以智能制造为主攻方向，大力推动两化深度融合，并将组织实施智能制造试点示范专项行动。这必将加速智能制造在工业领域的应用推广。预计未来几年，地方将密集出台一批相关配套方案，全国将掀起推进智能制造模式、推广智能制造应用的热潮。

面对智能制造快速发展态势，应采取多种举措普及推广智能制造模式。制定智能制造发展规划，确定发展路线图，明确方向和重大布局。实施智能制造重大工程，围绕培育智能制造生产模式、发展智能制造技术、智能装备和智能产品，组织实施智能制造三年行动计划。开展智能制造试点示范，在基础较好、需求迫切的行业、地区和企业，组织智能工厂应用示范和智能制造示范城市（区）建设。建立智能制造标准规范体系，破解信息系统不兼容、集成协同难的瓶颈。建立智能制造联盟，加强政府、企业、服务机构间的沟通交流。

【智能机器人和高端装备制造业爆发式增长】

继汽车、航空航天、电子制造等行业广泛采用机器人后，金属加工、卫浴五金、食品饮料等传统行业也开始应用机器人。受产业转移、经济结构调整、人口红利消失等因素的影响，广东、山东、浙江、江苏等地纷纷部署“机器换人”计划。预计未来几年，我国工业机器人需求规模将大幅增加。同时，钢铁、有色、石化、汽车、轨道交通、电子、纺织等行业普遍加大对集成化、精密化、绿色化、高端化、无人化智能制造装备的需求，为智能制造装备产业提供了巨大发展空间。

针对智能机器人和高端装备制造迅猛增长态势，应把加强自主发展能力作为推进两化深度融合的重中之重。制定重大智能装备自主发展路线图，面向智能制造单元、智能生产线、智能工厂建设需求，研究制定智能成套技术装备、高档数控机床、智能机器人、3D打印设备等重大智能装备自主发展路线图，明确主攻方向和发展路径。制定汽车、飞机、船舶、机械、家电、电力、医疗等行业装备智能化升级路线图，明确阶段目标和发展路径。统筹布局智能汽车、服务机器人、消费电子、智慧家居、可穿戴设备等产品关键技术研发和产业化，加快发展新的智能产品形态。

【工业互联网时代已拉开序幕，要加快前瞻布局】

工业互联网是实现智能制造的必备基础，是智能制造生产体系中“系统的系统”。目前，三一重工建立了智能工程机械物联网。陕西沈鼓集团建立了物联网远程监控服务平台，实现对机械设备的远程在线监控、诊断和报警。三大电信运营商基于3G网络和RFID技术，普及推广M2M业务。未来几年，工信部将下大力气发展工业互联网，加紧出台一批相关支持政策措施。

发展工业互联网的关键是统筹谋划、提早布局。研究制定工业互联网发展路线图，明确工业互联网发展路径。制定工业互联网整体网络架构方案，开展工业互联网IPv6地址资源管理示范工程，科学规划互联网地址资源。深化物联网应用，在食品、药品等领域开展试点示范，培育智能检测、全产业链追溯等新模式。组织开发CPS相关工具和应用软件、传感和通信系统协议，在制造业、智慧城市、网络和信息安全等领域加强前瞻部署和应用推广。

【互联网与工业融合创新日益加快，要加大政策支持】

个性化定制、按需制造、众包众设、异地协同设计等“互联网+”与工业融合创新应用模式不断涌现。北江纺织基于移动O2O平台实现在线设计、远程下单、按需定制等环节的实时协同。海尔将开放式创新平台与市场需求有效对接，拓展“交互创造价值”新领域。思念集团利用微信打造社区店直营O2O，伊利搭建“云端可追溯平台”构建透明可视的食品溯源体系。当前互联网正重新定义制造业的研发设计、生产制造、经营管理、销售服务等全生命周期，以生产者、产品和技术为中心的制造模式加速向社会化和用户深度参与转变。预计未来几年，制造企业将以互联网思维变革传统的“闭门造车”模式，以用户思维和用户需求探索“与用户交互、让用户吐槽、最终由用户定义”的新模式。

顺应制造业互联网化发展潮流，应加大对互联网与工业融合创新的支持。研究制定互联网与工业融合创新指导意见，制定发展路线图。开展互联网应用创新示范工程，打造可复制推广的应用样板。进一步推进工业云服务创新试点，将试点范围延伸至工业园区和各行各业，建设一批面向产业集聚需求和行业需求的专业性云服务平台，提高应用服务的通用性和针对性。推动工业企业与互联网企业、互联网应用创新开放平台间的合作交流。

【工业大数据应用深化态势明显，要加快典型引路】

大数据应用正从零售、金融、电信、物流、医疗、交通等领域加速向制造业拓展。海尔公司基于大数据技术不断优化供应链管理，确保实时敏捷响应客户需求。大唐集团与上海电气等设备制造商建立了数据监测平台，借助大数据技术优化发电生产流程、改进电机设备。普天新能源搭建了新能源汽车充电、运营及车网一体智能服务平台，借助大数据为产品优化提供依据。但对于大多数制造企业而言，大数据应用主要以内部数据为主，多数停留在扩大数据来源、增加数量的阶段，还未形成有效的应用模式。随着智能制造的应用推广，越来越多的制造企业将重新审视大数据的价值，围绕产品创新、生产线监测与预警、设备故障诊断与维护、供应链管理、质量监测等方面开展集成应用。

面对工业大数据应用逐步深化的趋势，我们要典型引路，深入开展试点示范。制定工业大数据发展和应用指导意见，明确发展思路、发展目标、发展重点和主要举措。组织开展工业大数据试点示范，选取典型行业骨干企业，围绕大数据在智能制造中的集成应用开展试点示范。加大工业大数据人才队伍培养，鼓励工业企业与高校联合建立大数据工程师培养基地。

【制造业服务化步伐进一步加快，要积极引导】

制造业正从以产品为核心到以消费者为核心，以生产为本到以“生产+服务”或服务为本转变，服务化转型态势明显。徐工集团基于互联网开展对机械设备的在线、实时、远程和智能服务。

北京泵阀基于互联网建立产品快速研发体系，拓展研发设计 App 应用服务。随着互联网与工业的深度融合，制造业面向市场提供专业化服务将成为行业发展热点，在线实时监测、远程故障诊断、工控系统安全监控、融资租赁、全生命周期管理等增值服务将不断涌现。

面对制造业服务化态势，应加大政策引导。研究制定服务型制造发展的指导意见，支持企业发展在线监控诊断、融资租赁、全生命周期管理等新业务。推动生产型制造向服务型制造转变，引导企业应用物联网、云计算、大数据等技术，提供产品全生命周期服务，拓展制造业价值链和企业盈利的新空间。加快生产性服务业发展，重点发展信息技术服务、科技服务、第三方物流、电子商务、节能环保服务、检验检测认证、服务外包、专业金融、培训教育等生产性服务业，形成支撑制造业升级转型的服务体系。

【协同高效制造业创新模式不断涌现】

协同高效的制造业创新模式是实现创新驱动和制造强国的关键。广东省涌现出一批以深圳光启高等理工研究院、东莞华中科技大学制造工程研究院等为代表的新兴源头技术创新机构。这些新型科研机构以企业为主体，通过整合政府、高等院校、企业的资源，形成了从应用研究、技术开发到产业化应用的技术创新链条，有效解决了创新中的孤岛现象，使创新主体、创新各环节有机互动。当前我国经济发展进入新常态，迫切要求制造业加快从“要素驱动”、“投资驱动”转向“创新驱动”。未来几年，协同高效的制造业创新模式将加快发展，越来越多的创新模式将会在我国珠三角、长三角、环渤海等经济发达地区涌现。

建立协同高效的制造业创新模式，必须加快完善制造业创新体系。借鉴欧盟创新技术学院（EIT）、美国国家制造业创新（NNMI）模式，建立以企业为主体的产学研用协同创新网络。整合相关创新资源，以新机制、新模式创建一批网络化国家制造业创新中心。发展和完善制造业创新服务体系。围绕智能工厂和智能制造模式在行业的推广应用，建立跨领域、多层次的网络化、专业化、社会化智能制造创新服务组织，开展成果转化、检验检测、人才培训、标准推广、方案咨询等服务。

【制造业探索跨境电商新模式】

电子商务加速向行业化和移动化方向发展。五矿集团旗下鑫益联电商平台、上海钢材交易中心先后启动商用。“天猫国际”、“淘宝海外”和“速卖通”在“双 11”期间吸纳 220 多个国家地区的 3 万多件海外商品参与销售。制造企业纷纷将移动商城、微信作为拓展业务范围的重要手段。未来几年，国内电商将大规模开展跨境业务，我国电子商务国际化步伐将提速，越来越多的制造业将基于电子商务平台建立“网上自贸区”，从虚拟空间开辟“走出去”途径。

面对工业企业跨境贸易蓬勃发展态势，应大力促进电子商务集成创新。抓紧研究制定鼓励跨境电子商务创新发展的相关政策，支持有条件的大型企业或行业平台建设面向跨境贸易的多语种电子商务平台，实现服务创新和应用推广。鼓励工业企业依托跨境电商平台开展进出口业务，促进大宗原材料网上交易、工业产品网上定制、上下游关联企业全球业务协同发展，创新云制造等生产和经营模式。支持集交易、电子认证、在线支付、物流、信用评估等服务于一体的第三方跨境电子商务综合服务平台发展。

【自主可控软硬件产品的支撑作用日趋增强】

国产软硬件正在取得突破性进展。Deepin、SPGnux、中标麒麟、阿里云等国产操作系统列入国家正版软件采购目录。基于国产 CPU 和操作系统的办公信息系统开展试点示范。华为海思等国产多模 4G 芯片、高端移动 CPU 芯片开始成熟商用。浪潮、华为、联想、曙光等为代表的中国服务器厂商在 x86 服务器市场上正逐渐取代戴尔、惠普、IBM 的市场地位。国产软硬件产品的崛起意味着其对两化融合的支撑能力进一步增强。未来几年，我国推进两化深度融合将以工业互联网和自主可控的软硬件产品为重要支撑。

面对国产软硬件产品快速发展势头，我们应着力优化环境。加强国产化替代统筹布局，制定总体框架、实施路线图和解决方案，完善工业软硬件知识产权的保护、管理和应用体制。

研究制定支持政策，鼓励企业加大对国产工业软硬件的研发投入和产品创新，支持重点行业骨干企业优先使用国产工业软硬件，搭建国产软硬件应用推广平台，促进研制成果的规模化生产和市场化应用。推进国产软硬件产业联盟建设，整合企业、行业协会、科研院校、服务机构等资源，推动国产软硬件标准制定、成果转化和交流推广。

【宽带网络支撑两化深度融合的能力进一步增强】

“宽带中国战略”实施效果显着。固定宽带接入用户数突破 2 亿户，光纤接入 FTTH 用户占宽带用户总数的比重达 32.4%。移动宽带用户总数达 5.57 亿户，其中 4G 用户总数超过 7500 万户。未来五年，工信部将继续组织“宽带中国专项行动”，加快 TD-LTE 网络建设、4G 业务发展和 5G 研发，并实施中国 LTEv6 工程。这必将推进我国全面进入 4G 时代，大型企事业单位和中小企业宽带接入能力将全面提升。

为有效应对制造业智能制造、工业互联网等转型升级建设需求，应进一步落实宽带中国战略，加快部署高速、宽带、移动、融合、泛在的信息网络基础设施。继续推进产业集聚区的光纤网、移动通信网和无线局域网的优化升级。加快推动下一代互联网与移动互联网、物联网、云计算的融合发展，预留新技术应用空间，保证新老技术的兼容转换。加快推进 TD-LTE 智能终端的产业化和普及推广，提高面向工业应用的网络服务能力。

中国信息化与工业化融合发展水平评估

2014 年全国两化融合发展总指数为 66.14，与 2013 年相比增长了 4.19 个点。其中，基础环境指数为 71.71，增长了 6.84 个点；工业应用指数为 59.70，增长了 2.36 个点；应用效益指数为 73.43，增长了 5.16 个点。从表 1 可见，2011—2014 年我国两化融合总指数及各项分指数每年均有不同幅度增长。其中，2014 年各项指数的增长幅度均高于 2013 年，如图 1 所示。

表 1　2011—2014 年两化融合各类指数发展比较

	基础环境	工业应用	应用效益	总指数
2011 年	52.93	50.26	57.47	52.73
增长量	5.43	5.87	8.18	6.34
2012 年	58.36	56.13	65.65	59.07
增长量	6.51	1.21	2.62	2.88
2013 年	64.87	57.34	68.27	61.95
增长量	6.84	2.36	5.16	4.19
2014 年	71.71	59.7	73.43	66.14

数据来源：中国电子信息产业发展研究院

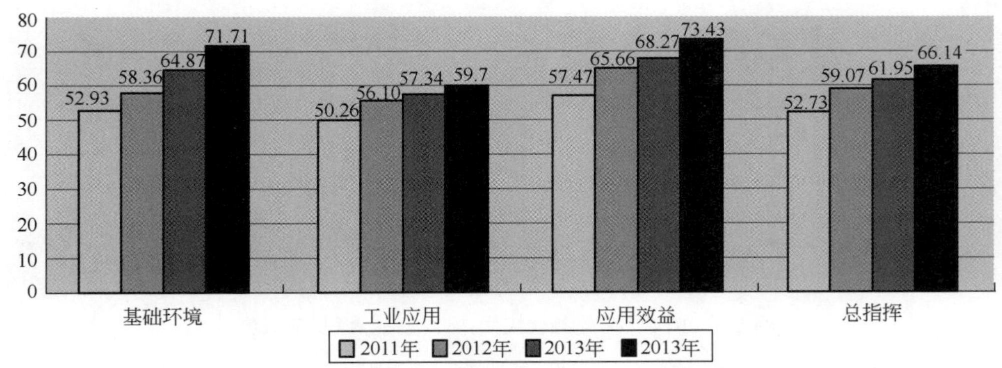

图 1 2011—2014 年两化融合各类指数发展比较

数据来源：中国电子信息产业发展研究院

从各省的数据来看，2014 年多数省份两化融合发展总指数有不同程度的提升，其中安徽、重庆、贵州、浙江、湖南发展总指数增长最快，四川、吉林、河北、福建、河南、江苏、江西、上海发展总指数增速也超过全国平均水平（见图 2）。

在基础环境方面，青海、浙江、河北、江西、贵州增长最快（见图 3）。

在工业应用方面，安徽、重庆、贵州、湖南、浙江增长最快（见图 4）。

在应用效益方面，湖北、重庆、吉林、辽宁、四川增长最快（见图 5）。

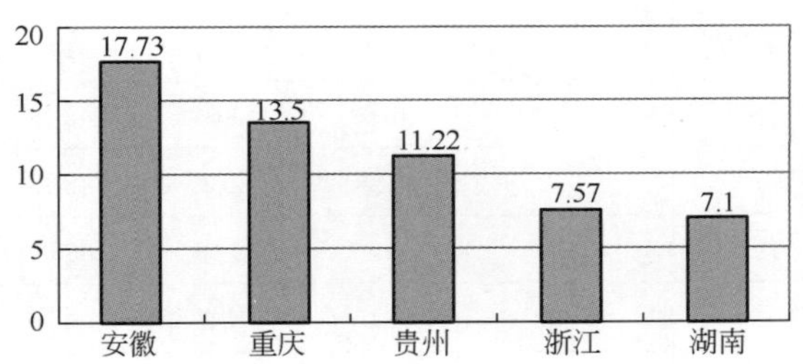

图 2 2014 年两化融合发展总指数增长前五名

数据来源：中国电子信息产业发展研究院

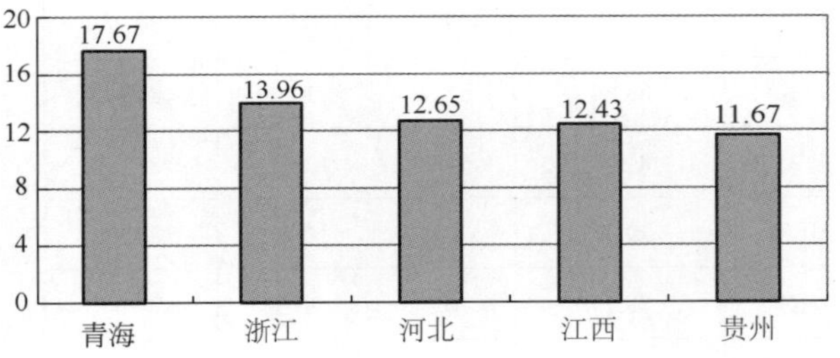

图 3 2014 年两化融合基础环境类指数增长前五名

数据来源：中国电子信息产业发展研究院

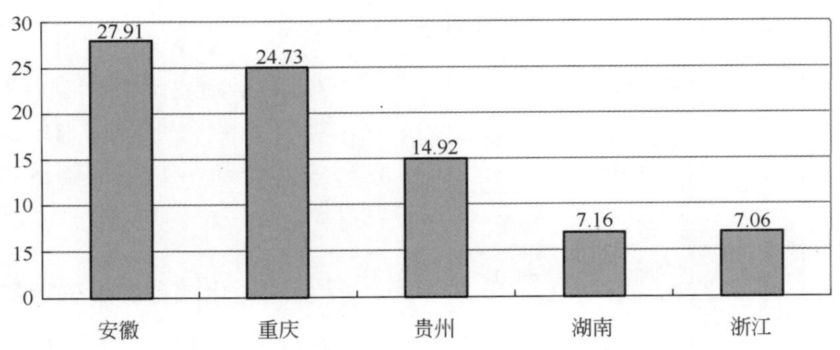

图 4 2014 年两化融合工业应用类指数增长前五名

数据来源：中国电子信息产业发展研究院

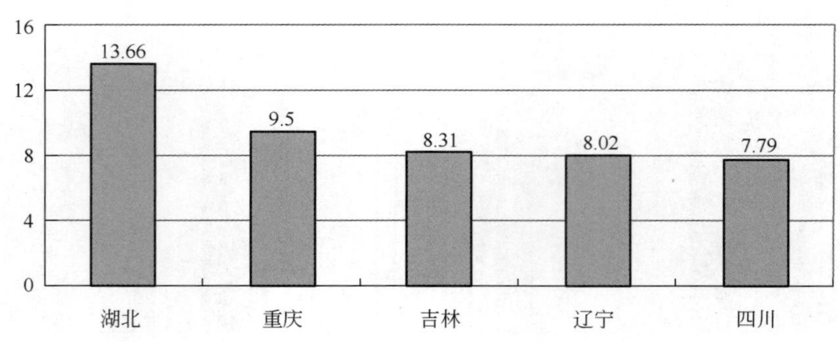

图 5　2014 年两化融合应用效益类指数增长前五名

数据来源：中国电子信息产业发展研究院

2014 年全国及各省份两化融合总指数、分指数情况如表 2 及图 6 所示。

表 2　2014 年各省市两化融合指数

省　份	基础环境	工业应用	应用效益	总指数
江苏	86.31	78	126.37	92.17
上海	90.08	80	113.46	90.89
浙江	93.01	75.33	101.37	86.26
北京	88.84	67.82	114.78	84.81
广东	89.77	54.03	126.21	81.01
山东	79.35	70.47	101.11	80.35
福建	88.77	70.31	90.36	79.94
重庆	66.44	82.6	84.18	78.96
安徽	63.22	85.04	74.49	76.95
湖南	70.67	78.38	76.79	76.06
辽宁	82.58	57.25	90.31	71.85
天津	76.46	53.92	97.93	70.56
江西	70.47	72.92	64.22	70.13
四川	70.53	57.98	91.41	69.47
湖北	70.98	62.85	80.96	69.41
河南	71.73	64.71	71.84	68.25
广西	65.33	74.54	56.77	67.79
黑龙江	73.94	68.63	57.86	67.27
河北	73.37	68.89	57.04	67.05

续表

省　份	基础环境	工业应用	应用效益	总指数
陕西	75.08	47.09	76.58	61.46
吉林	76.67	51.57	62.76	60.65
贵州	62.58	57.43	50.86	57.08
新疆	68.42	54.04	50.6	56.77
山西	63.36	51.67	49.83	54.13
内蒙古	64.91	44.43	53.61	51.85
宁夏	59.41	46.02	43.66	48.78
青海	70.71	42.8	36.8	48.28
海南	64.97	38.87	49.68	48.09
甘肃	61.58	38.03	42.2	44.96
西藏	37.44	32.96	38.06	35.36
云南	45.89	22.23	44.13	33.62
全国均值	71.71	59.70	73.43	66.14

2014 年，我国两化融合基础环境进一步改善，重要工业企业信息系统加速普及，信息化应用效益提升明显，全国区域两化融合发展呈现以下特点。

【全国两化融合发展总指数持续增长】

2011—2014 年，我国两化融合发展总指数分别为 52.73、59.07、61.95、66.14，年复合增长率为 7.85%。2013 年比 2012 年增长了 2.88 点，2014 年比 2013 年增长了 4.19 点，2014 年增长幅度比 2013 年增长幅度大。

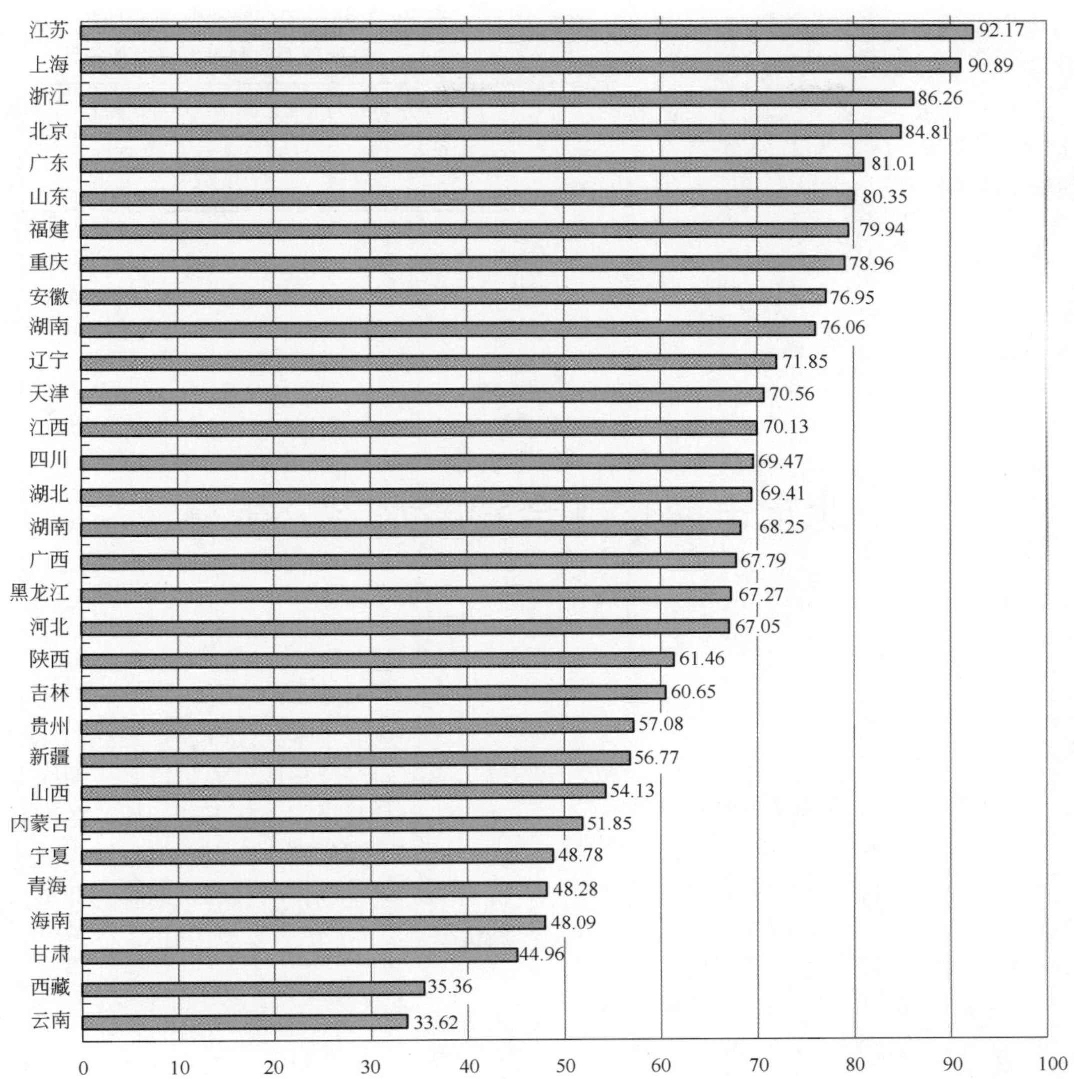

图 6　2014 年各省市两化融合发展总指数

【基础环境发展水平提升受政策因素驱动明显】

2014 年两化融合基础环境指数增长 6.84，高于其他两类指数增长幅度。这主要因为 2013 年国家出台了《“宽带中国”战略及实施方案》、《关于促进信息消费扩大内需的若干意见》等文件，工信部发布了《信息化和工业化深度融合专项行动计划（2013—2018 年）》，组织实施了城市宽带提速、宽带体验提升等专项行动，地方也制定了相应的配套政策措施。在这些政策的强力支持下，2013 年我国 4M 及以上宽带接入用户占比达到 79%，全国平均下载速率半年内从 2.9Mbps 提升到 3.5Mbps。

【两化融合带动电子信息产业发展的能力明显增强】

2011—2014 年，电子信息制造业主营业务收入指数分别 73.11、83.91、91.49、98.20；软件业务收入指数分别为 69.66、80.85、91.91、100.18，电子信息制造业和软件产业持续快速发展，对两化融合应用效益指数增长贡献较大。

东中西部两化融合发展水平差距有小幅缩小。2014 年东部省份的两化融合平均指数是 75.20，西部是 54.78，中部是 63.94。东中、中西、东西部差值分别是 11.26、9.16、20.42；2013 年东部两化融合平均指数是 73.52，西部是 51.25，中部是 62.08。东中、中西、东西部差值分别是 11.44、10.83、22.27。这表明 2013 年、2014 年我国东中西部两化融合发展水平差距有小幅度的缩小（见表 3）。

表 3　2011—2014 年我国东中部、中西部、东西部两化融合发展指数差值

年　份	东中部差值	中西部差值	东西部差值
2013 年	11.44	10.83	22.27
2014 年	11.26	9.16	20.42

数据来源：中国电子信息产业发展研究院

北京市两化融合发展水平分析

【总体情况】

2013 年，北京市全年实现地区生产总值 17801 亿元，比上年增长 7.7%。其中，第一产业增加值 150.3 亿元，同比增长 3.2%；第二产业增加值 4058.3 亿元，同比增长 7.5%；第三产业增加值 13592.4 亿元，同比增长 7.8%。三次产业结构占比由上年的 0.8∶23.1∶76.1 变为 0.8∶22.8∶76.4。全年实现工业增加值 3294.3 亿元，比上年增长 7%，占地区生产总值的比重为 18.5%，比上年降低 0.5 个百分点。在规模以上工业中，高技术制造业、现代制造业增加值分别增长 11.3% 和 7.4%。产业高端化升级继续推进，生产性服务业实现增加值 8994 亿元，同比增长 10.7%；文化创意产业实现增加值 2189.2 亿元，同比增长 10%；高技术产业实现增加值 1139.2 亿元，同比增长 9.2%。全市完成地方公共财政预算收入 3314.9 亿元，比上年增长 10.3%。

【两化融合主要进展】

2013 年，北京市启动了光纤宽带普及提速工程试点工作，对两化融合基础环境起到很大的优化作用，同时设立了两化融合专项引导资金，加大了政府引导工业企业信息化的力度。总体来看，企业综合集成水平继续升高，企业两化融合处于单项应用向综合集成过渡阶段。工业企业生产管理方式变革和模式创新不断涌现，各产业均涌现出一批利用两化融合实现快速发展、竞争力明显提升的典型企业，引领和带动各行业整体水平不断提升。

（一）实施八大重点工程

为理清思路，统筹两化融合工作，北京市围绕服务“人文北京、科技北京、绿色北京”建设，发布了《关于推进两化融合促进首都经济发展的若干意见》，提出了北京市两化融合推进思路、目标、重点任务和保障措施，提出实施北京两化融合“338”战略，即以两化融合促进经济发展方式转变、产业结构优化升级为主线，以提升企业核心竞争力为突破口，促进信息化与制造业、服务业和农业三大产业的深度融合；提升自主创新、转型发展、资源配置三大能力，实现“北京创造”、增强“北京活力”、强化“北京影响”；实施制造业强化工程、服务业提升工程、农业优化工程、大型企业跨越工程、两化融合咨询引导工程、中小企业推广应用工程、电子商务创新发展工程、智慧园区建设工程八大重点工程，探索信息化与经济深度融合的有效路径，全面促进首都经济持

续快速发展。

（二）狠抓重点企业

统筹全市工业发展资金、基础设施提升计划、中小企业发展资金等专项资金，加强对两化融合重点项目、重点应用的支持。支持京诚凤凰工业炉、李宁、御香苑、资源亚太等一大批企业利用两化融合实现柔性制造、智能制造，实现产业升级，提升企业发展质量和效益；推动二商集团等控股集团强化“总部运营”能力，促进总部集团型企业跨越发展；支持智能电网、能耗监测平台、冷链物流、食品安全追溯、全供应链管理等一批企业物联网重点项目和一批基于云计算的企业运营管控信息化服务支撑平台、服装行业供应链 SaaS 平台、云安全存储的公共信息平台建设，充分发挥信息技术的渗透和支撑作用，有力地引导了企业两化融合的进程，促进了企业竞争力的提高，一批企业通过两化融合实现快速增长。北京第一机床厂在“聚焦中高端数控机床”战略的引导下，凭借信息化技术，库存年存货周转率从 9.5 个月减少到 3 个月。北京地铁车辆装备有限公司打造数字化研发制造基地，提升企业核心竞争力。变型产品设计周期缩短 20%，新产品开发周期缩短 50%。产品生产周期缩短 30% 以上，零部件库存减少 15%，产品生产成本降低 5% 以上。中煤北京煤矿机械有限责任公司以信息化促产品创新，产品打入国际市场，在国内市场的占有率稳定在 40%以上，新产品贡献率连续三年高于 60%。

（三）发展电子商务龙头企业

一是结合第三产业占据主导地位的优势，进一步明确了电子商务的发展思路，编制了《加快北京市电子商务发展的指导意见》和《北京市电子商务发展“十二五”规划》，明确了北京市电子商务发展的战略目标和总体思路，提出充分发挥首都特色和资源优势，以综合创新和总部经济“双轮”驱动电子商务发展为核心，以深化电子商务应用和提升电子商务服务能力为主线，加快本地龙头企业和电子商务服务“两翼”发展，完善电子商务支撑体系，优化发展环境的总体策略。二是进一步优化发展环境，创建了北京市第一批“电子商务示范区”和“电子商务产业园”，出台了一系列产业园促进政策，电子商务服务业和电子商务创新孵化体系布局初步形成。三是大力支持用友、中搜、慧聪、金银岛等一批电子商务服务公共平台建设和新发地蔬菜电子商务市场、马连道网上茶城、北京大宗产品交易所等一批新型电子商务市场的建设。四是积极配合国际电子商务交易平台、电子商务诚信平台和金融机构电子商务中心的落地工作，强化北京在网络经济的影响力。

（四）引导中小企业创新应用

进一步优化两化融合的服务环境，支持神州数码、惠聪、中企动力及中搜的云服务平台，开展不同领域的垂直深入数据挖掘、应用服务，为大型集团用户构建开放型云平台；支持企业构建基于百度凤鸣计划、用友 U8 等云计算供应链的管理系统，实现制造企业有效地管理供应链的营销过程，重点推动北京市龙头制造业企业使用企业移动供应链管理平台；整合北京移动零售通、配货通服务及用友移动电子商务、恩威协同在线商务等服务平台，为中小企业提供基础服务。同时，组织了北京移动、北京联通、中搜、用友、中企开源等企业开展各类企业信息化培训 600 场，参培企业共计 6000 家，培训人次超过 3 万人，支持一批中小企业跨入了信息化门槛，实现了增产增效。

【两化融合发展水平分析】

（一）综合分析

2013 年，北京市两化融合发展指数为 81.46，比 2012 年提高了 5.8 个点，在全国排名第三位，比 2012 年提高了一个名次。基础环境方面，2013 年北京市基础环境指数为 79.79，比 2012 年提高了 11 个点，提升幅度较大，在全国的排名也比上年提升了 3 个名次，为第五位。工业应用方面，2013 年北京市工业应用指数为 68.75，比 2012 年提高了近 4 个点。应用效益方面，2013 年北京市应用效益指数为 108.53，比 2012 年提高了 4.39 个点。这两方面在全国仍保持领先位置。

（二）具体分析

1．基础环境指数

2013 年，北京市启动光纤宽带普及提速工程试点工作，光纤入户率有显著提高，对改善两化融合基础环境起到了显著作用，北京市两化融合基础环境在全国居前列。具体来看，北京市城（省）域网出口带宽指数为 74.16，比 2012 年提高了 11.84 个点；固定宽带普及率指数为 97.71，比 2012 年降低了 4.51 个点；固定宽带端口平均速率指数为 54.54，比 2012 年提高了 9.39 个点；移动电话普及率指数为 89.22，比 2012 年提高了近 9 个点。在互联网应用普及方面，2013 年，北京市互联网普及率指数为 83.18，比 2012 年提高了 1.31 个点。在两化融合政策环境建设方面，2013 年，北京市设立了两化融合专项引导资金，在改善环境指数方面起到了重要作用。中小企业信息化服务平台数量指数为 70.75，与 2012 年持平。重点行业典型企业信息化专项规划情况指数为 69.93，比 2012 年提高了 2.5 个点。

2．工业应用指数

2013 年，北京市工业企业中信息技术应用继续深化，工业应用指数为 68.75，比上年提高了 3.86 个点。其中，重点行业典型企业 ERP 普及率指数为 55.75，比 2012 年提高了 1.4 个点。重点行业典型企业 MES 普及率指数为 73.08，比 2012 年提高了 2.7 个点。重点行业典型企业 PLM 普及率指数为 69.29，比 2012 年提高了 11.3 个点。重点行业典型企业 SCM 普及率指数为 55.10，比 2012 年提高了 0.44 个点。重点行业典型企业采购环节电子商务应用普及率指数为 49.85，比 2012 年提高了 4.36 个点。重点行业典型企业销售环节电子商务应用普及率指数为 72.12，比 2012 年提高了 5.26 个点。重点行业典型企业装备数控化率指数为 56.63，比 2012 年提高了近 4 个点。国家新型工业化产业示范基地两化融合发展水平指数为 112.86，比 2012 年提高了 1.75 个点。

3．应用效益指数

2013 年，北京市两化融合应用效益有所提升，应用效益指数为 108.53，比 2012 年提高了 4.4 个点。在地区工业生产效益和水平方面，2013 年，北京市工业增加值占 GDP 比重指数为 25.49，比 2012 年下降了 0.65 个点；第二产业全员劳动生产率指数为 64.47，比 2012 年下降了 9 个点，下降幅度较大；工业成本费用利润率指数为 47.16，比 2012 年提高了 1.39 个点；单位工业增加值工业专利量上升较快，指数为 180.12，比 2012 年提高了 23.2 个点。在工业节能减排水平方面有了较快提升，单位地区生产总值能耗指数为 90.37，与 2012 年持平。在信息产业发展水平方面，电子信息制造业主营业务收入指数为 146.66，比 2012 年提高了 4 个点左右；软件业务收入在 2013 年明显提升，指数为 244.42，比 2012 年提高了 12.7 个点。

【优劣势评价】

北京市两化融合发展具有鲜明特点，宽带提速工程显著改善了信息网络环境，大型企业信息化水平较高，信息技术在提升创新能力方面成效显著，依托现代信息技术的平台经济、现代服务业发展较快。2012 年，北京市首次设立两化融合专项资金，加大了政府在引导工业企业信息化应用方面的力度。北京市在两化融合方面具有较强的优势。

一是得天独厚的地缘和科技优势。北京作为首都，云集了大量高新技术产业，具有得天独厚的科技优势和整合各产业的平台优势，为两化融合提供了肥沃的土壤。北京市战略性新兴产业加快发展，中关村科学城 281 家企业和多个产业联盟入驻。软件名城创建稳步推进，发布北斗导航与位置服务产业发展实施方案，“祥云工程”快速推进，新登记软件产品 6543 件，同比增长 2.4 倍。在“两化融合深度行——北京行动”中，京仪集团、燕京啤酒和中国本土信息技术服务厂商用友公司签订了企业两化融合重点项目，朝阳区和北京移动签署了共建“移动电子商务合作协议”，北京市电子商务服务联盟成立，北京移动、北京联通、北京电信、北京邮电大学互联网治理与法律研究中心、中搜网、敦煌网、慧聪网、凡客诚品、新发地电子交易中心、315 电子商务诚信平台、用友软件、神州数码、金银岛等单位成为首批成员。

二是信息技术提升创新能力成效显著，企业核心竞争力进一步增强。北京市单位工业增加值工业专利指数在本次调查中为 180.12，与 2012 年相比又有一定提升，在全国排名第二位，反映了北京市工业企业创新能力取得显著提升。技改力度不断加强，争取了 3.3 亿元国家技改专项资金。绿色发展步伐加快，全年关停退出高排放企业200余家。企业创新持续活跃，新认定国家级企业技术中心 2 家、市级 47 家。软件和信息服务业实现营业收入 4197 亿元，同比增长 18%。高端制造业成为工业重要支撑，一批高端项目相继落地，工业完成固定资产投资 707.8 亿元，其中重点产业完成投资 491.5 亿元。

三是中小微企业服务不断完善，服务重点加快向政策体系化转变。完善政策体系，发布中小企业公共服务平台和小企业创业基地管理办法及实施细则等，50%以上中小企业专项资金用于支持服务体系建设。公共服务更加完善，新认定6 家国家级和 19 家市级中小企业公共服务平台以及 20 家小企业创业基地，启动公共服务平台网络建设。着力深化融资支持，通过私募债、集合票据、集合信托等创新融资方式，实现融资 46.4 亿元。

四是电子商务发展潜力得到初步挖掘，电子商务产业集聚区正在形成。2012 年，北京市电子商务交易额达到 5500 亿元，同比增长 15%。电子商务已逐渐成为各大企业转型发展的新动力，同时也是北京市推进信息化和经济融合的重要突破口。北京市有慧聪、金银岛、敦煌等一批龙头电子商务服务企业，北京市传统产业信息化不断深化和电子商务需求的释放，极大地促进了电子商务服务业快速发展，在全市范围内逐渐形成了若干电子商务服务企业聚集的产业集群。

同时，北京市两化融合工作在推进过程中也面临着如下劣势。

一是企业两化融合发展的能力有待提高。大型企业利用信息化促进企业全面转型升级的主动性还有待增强；中小企业信息化应用意识有待进一步提高，利用信息化提升竞争力的能力还处于较低水平。多数中小企业资金有限、信息化人才匮乏，缺乏应用信息技术的意识和能力，凭自身实力很难跨过“门槛”，迈入快速发展的轨道。北京市 50% 左右的企业尚处于覆盖渗透的初级阶段，实现了信息化与研发设计、生产制造、运营管理等环节的初步融合，但大多数中小企业仍存在应用水平低、资金投入少等问题，信息化的效益潜力还未得到充分挖掘。

二是支撑体系和发展环境尚须优化。工业软件、电子商务支撑体系、产业联盟支撑效果等仍不能满足需求，政策引导、资金扶持、标准规范等方面的工作力度还要进一步加强。

三是互联网网速不能满足需求。2013 年北京市固定宽带普及率仍居全国第一，由于固定宽带端口基数大，北京市固定宽带端口平均速率仅排名全国中游，虽然较 2013 年有了较大进步，但仍然难以满足快速增长的需求。

【相关建议】

一是进一步加强信息化在中关村国家自主创新示范区建设中的作用。中关村是我国创新资源最密集的区域，在核心技术、发展模式、体制机制等方面的创新持续引领我国高新技术产业方向，也是国家两化深度融合的重要策源地和产品创新中心。以中关村国家自主创新示范区为核心，成立重要行业的产业联盟，加快实现科技产品的产业化转化。围绕国家和北京经济社会发展的重大需求，进一步发挥中关村科教资源密集优势，增强中关村创新发展对推进工业化和信息化深度融合的创新引领作用。加强中关村与国内产业集聚区的合作，支持企业跨区域整合创新资源，通过成果转化等模式，充分发挥中关村的辐射与引领作用，形成带动周边乃至全国产业协同发展的模式。组织中关村内重点企业承担关键核心技术研发和重大科技成果产业化与应用示范项目，支持企业加大研发投入力度，鼓励有条件的企业建立企业技术中心和研发中心。

二是实施智慧工业工程，大力支持智能工业装备的普及应用。加强工业机器人基础零部件的研发设计，加大关键核心部件开发力度，加强整体技术的系统集成，立足国产，鼓励对量大面广、通用的工业机器人进行集中生产制造，改变分散研制的状况，形成规模化生产，降低生产成本，提高工业机器人的市场竞争力。制定支持工业机器人发展的政策，对于适用工业机器人进行智能制造的产业行业，给予资金支持，对于一些有危险、有毒、有害的工作岗位，制定必须以机器人代替人工等指导政策。通过政策的引导鼓励，加快工业机器人在制造业的普及应用，加大信息技术、自动化技术在生产制造过程中的渗透，提高精益生产、敏捷制造的水平，增强企业的核心竞争力。

三是实施智慧产业园区工程，提升产业集聚区智慧化水平。全面提升工业化基地的信息化基础设施，统筹部署产业园区的驻地网、移动通信和无线局域网，实现光纤到企、随处接入、移动互联的无线宽带覆盖。按照“一体化”集约共享的原则，以服务为宗旨，以应用为核心，以信息资源开发利用为抓手，重点推动政务信息公开、信息共享和业务协同。面向园区企业，积极开展业务外包、设备租赁、数据托管、投融资等公共服务，推动公共服务平台建设。建立健全全程动态监测、污染源控制、生态保护的信息服务体系，实现园区功能提升。充分整合各类资源，按照“打造特色产业、龙头企业和名牌产品”的原则，依托园区优惠政策环境，提升关键技术创新、产品研发和产业链协同能力，提高园区生产效率，优化产业结构，积极培育企业品牌，打造以园区龙头企业为核心的区域型精细化制造中心，引导中小企业集群发展。在产业园区的建设和管理过程中，定期组织开展评估，研究提出标准规范，推动园区建设的持续改善。

四是发展面向中小企业的公共信息平台，提升中小企业信息化应用水平。建立并完善一批产业集群、基于信息网络的工业设计、产品研发、虚拟仿真、样品分析、检验检测、技术推广、人才培训、市场拓展等信息化综合服务平台；鼓励开展适合中小企业特点的网络基础设施服务，积极发展设备租赁、数据托管、流程外包等信息技术服务业。进一步支持出台相关引导政策，加大中小企业培训力度，加快普及推广适合中小企业特点的企业管理系统，使中小企业通过信息化持续获得利润。推动中小企业开展客户关系管理、进销存管理、财务管理、办公自动化、人力资源管理等信息技术应用，引导企业加强制造系统与管理系统的协同与集成应用。鼓励中小企业参与以龙头企业为核心的产业链协作，通过战略合作提升管理信息化水平，拓展市场范围。

天津市两化融合发展水平分析

【总体情况】

2013 年，天津市全年实现地区生产总值 12885.18 亿元，按可比价格计算，比上年增长 13.8%。分三次产业看，第一产业增加值 171.54 亿元，同比增长3.0%；第二产业增加值6663.68 亿元，同比增长 15.2%；第三产业增加值 6049.96 亿元，同比增长 12.4%。三次产业结构为 1.3∶51.7∶47.0。工业生产保持较快增长，实现工业增加值 6122.92 亿元，同比增长 15.8%。高新技术产业产值为 6951.65 亿元，同比增长 14.3%，占规模以上工业的 29.9%。高端装备制造、新一代信息技术、节能环保等战略性新兴产业快速发展，国家级新型工业化示范基地达到 6 个。财政收入较快增长，全年地方一般预算收入 1760.02 亿元，同比增长 21.0%。

【两化融合主要进展】

2013 年，天津市政府与工信部签订“共同推进战略性新兴产业发展，促进天津工业转型升级战略合作框架协议”，并建立了给企业发展提供“一站式”服务的企业发展共享服务平台，极大地优化了两化融合发展环境。两化融合在加快改造传统产业、促进节能减排、发展电子商务、带动电子信息产业快速发展等方面成效显著，为经济发展方式转变发挥着积极的促进作用。

（一）信息基础设施进一步完善

天津市经过多年的长足发展，信息基础设施已经具备了相当的规模。2013 年，全市公网固定电话净增 19.2 万户，达到 353.7 万户；全市移动电话净增 89.6 万户，达到 1325.2 万户，其中 3G 用户净增 108.1 万户，达到 296.4 万户，3G 用户占移动电话用户的比例达到 22.4%。固定电话普及率为 26.2 部/百人，移动电话普及率为 98.1 部/百人。互联网宽带接入用户净增了 18.1 万户，达到 204.8 万户，其中 8M 以上用户为 55.3 万户，占比总宽带接入用户的 27.0%。移动互联网用户净增了 117.4 万户，达到 750.1 万户。2013 年天津市继续推进光纤入户工程，天津联通已新建及改造光纤入户小区 2800 多个，覆盖用户 220 万户。天津移动正在加大城市 WLAN 无线覆盖力度，截至 2013 年年底，WLAN 热点覆盖的公共场所已达 1100 余个。

（二）信息化广泛应用

信息化与企业的研发、设计、生产、物流、营销、管理等关键环节深度融合。天津市 90% 的企业实现了计算机辅助设计，20% 的企业实现了产品生命周期管理，95% 以上的企业实现了财务管理。节能监管信息平台强化对企业能源使用的监督和考核。天钢集团、天铁集团、荣钢集团等企业集团建设能源管理中心不断取得新进展，有效地控制能耗调配和排放，促使天津市在节能减排领域保持国内领先水平，培育了大火箭、太重、鼎盛天工、天士力、大港石化等一批示范效应明显的典型企业。

（三）电子商务与物流信息化取得新成效

天津市入选国家电子商务示范城市，滨海高新区入选国家电子商务示范基地。电子商务在促进企业供应链优化提升和惠及百姓生活方面发挥了重要作用。目前，60% 的企业建立了门户网站，35% 的企业开展电子商务，重点打造了化工、钢铁、汽车、纺织服装等十个超百亿规模行业电子商务平台。天津港物流服务平台已覆盖全国 12 个省区市的 21 个城市，构建了便捷的“陆港”通关物流模式，促进了生产性服务业发展。

（四）新技术应用兴起

天津市大力推广物联网技术应用。近年来充分发挥政府在物联网发展方面的引导和推动作用，在食品安全、电网安全监测、节能减排、电梯安全监测、自来水管网安全监测、燃气管网安全监测、桥梁安全监测、环境保护和物流等领域组织实施的一批示范工程不断取得新成效，提高了城市管理水平，提升了公共行业服务水平，促进了天津市物联网产业的发展，惠及了百姓生活。云计算产业快速发展，催生了一批国内外知名企业聚集天津，形成了物联网、云计算、服务器、存储器等产业集群。天津已经聚集了“天河一号”国家超算中心、腾讯云计算中心、摩托罗拉、三星、IBM、曙光、大唐、中兴等企业，两化融合与电子信息产业呈现相互促进、互动融合发展的态势。

（五）两化融合环境不断优化

天津市公共服务平台建设扎实推进，促进信息技术应用云服务化，面向企业提供共性和专业化服务。“天河一号”服务领域涵盖了资源勘探、卫星遥感处理、生物医药研发、基因数据采集、动漫影视等领域，用户已达 300 家。天津国家数字出版基地云计算中心已实现服务上线，为用户提供安全、可靠、低成本的云服务，极大地降低了企业投入及运营成本。线缆 CAPP、模具设计、快速原型等服务平台已为企业产品设计、工艺优化、生产数据挖掘等提供服务。天津市企业发展共享服务平台正式投入运行。为给企业发展提供更好的“一站式”服务，进一步优化本市投资发展环境，天津市政府还与工信部签署“共同推进战略性新兴产业发展，促进天津工业转型升级战略合作框架协议”，建立部市合作机制，加快改造提升传统产业，推进信息化与工业化深度融合，促进工业绿色低碳发展。

【两化融合发展水平分析】

2013 年，天津市两化融合发展指数为 66.88，比 2012 年有 0.35 的略微下降，在全国各个省市中排名第 11 位，比 2012 年下降了 3 个名次。基础环境方面，2013 年基础环境指数为 70.82，比 2012 年提高了近4 个点。工业应用方面，2013 年工业应用指数为 52.53，比 2012 年下降了 3 个点多。应用效益方面，2013 年应用效益指数为 91.66，比 2012 年提高了 0.92。

（一）基础环境指数

天津市两化融合基础环境相对较好。在信息基础设施建设方面，2013 年，天津市城（省）域网出口带宽指数为 73.81，比 2012 年提高了 19 个点；固定宽带普及率指数为 72.97，与 2012 年持平；固定宽带端口平均速率指数为 53.82，比 2012 年提高了 7.4 个点；移动电话普及率指数为 66.83，比 2011 年提高了 1.3 个点。在互联网应用普及方面，2013 年，天津市互联网普及率指数为 73.15，比 2012 年提高了 2.3 个点。在两化融合政策环境建设方面，2013 年，天津市设立了两化融合专项引导资金，中小企业信息化服务平台数量指数为 75.13，比 2012 年提高了 18.25 个点；重点行业典型企业信息化专项规划指数为 68.11，比 2012 年降低了 13.4 个点，降幅较大。2013 年，天津市两化融合基础环境各项指标绝大部分较 2012 年有所提升，城（省）域网出口带宽和中小企业信息化服务平台数这两项指标提升幅度较大，天津市注重资金引导，已连续三年出台了两化融合专项引导资金。

（二）工业应用指数

2013 年，天津市工业应用信息技术水平仍有较大发展空间。其中重点行业典型企业 ERP 普及率指数为 46.92，比 2012 年降低了 13 个点。重点行业典型企业 MES 普及率指数为 33.14，比 2012 年降低了近 39 个点。重点行业典型企业 PLM 普及率指数为 50.1，比 2012 年提高了 14.3 个点。重点行业典型企业 SCM 的普及率指数分别为 49.84，比 2012 年提高了 6.4 个点。重点行业典型企业采购和销售环节电子商务应用普及率指数分别为 42.27 和 44.57，分别比 2012 年提高了 25.4 和 18.5 个点。重点行业典型企业装备数控化率指数为 31.39，比 2012 年降低了 23.6 个点。国家新型工业化产业示范基地两化融合发展水平指数为 115.09，比 2012 年降低了近 9.6 个点。

（三）应用效益指数

2013 年，天津市两化融合应用效益指数为 66.88。在地区工业生产效益和水平方面，2013 年，工业增加值占 GDP 比重指数为 53.25，比 2012 年下降了 0.47 个点；第二产业全员劳动生产率指数为 99.45，比 2012 年降低了 14.98 个点；工业成本费用利润率指数为 54.12，比 2012 年下降了 1.5 个点；单位工业增加值工业专利量指数为 114.77，比 2012 年下降了 1.6 个点。在工业节能减排水平方面，单位地区生产总值能耗指数为 69.47，与 2012 年保持持平。在信息产业发展水平方面，电子信息制造业主营业务收入指数为 14 个点 8.47，比 2012 年提高了 14；软件业务收入指数为 117.09，比 2012 年提高了 18.3 个点。

【优劣势评价】

天津市作为我国的老工业基地，在工业领域积累了坚实的发展基础。当前，天津市自主创新能力进一步增强，服务业发展加快，滨海新区的龙头带动作用和服务辐射功能日益显现。具体优势如下。

一是工业基础较为雄厚扎实。2013 年全年航空航天、石油化工、装备制造、电子信息、生物医药、新能源新材料、轻纺和国防八大优势产业工业总产值为 21085.08 亿元，同比增长 14.8%，占全市规模以上工业的比重为 90.7%。高新技术产业产值为 6951.65 亿元，同比增长 14.3%，占规模以上工业的 29.9%。高端装备制造、新一代信息技术、节能环保等战略性新兴产业快速发展，国家级新型工业化示范基地达到 6 个，产业聚集效应进一步显现。节能降耗成效显著，关停并转 1000 多家高耗能、高污染企业。形成 5 种具有示范效应的循环经济模式，国家循环经济试点城市建设加快推进。

二是自主创新能力明显提升。天津市建设产业化重大项目 140 项，“天河一号”、“曙光星云”超级计算机等一批国际领先水平的科技成果投入应用，新引进31家国家级科研院所，新增23个国家级重点实验室，建成一批国家级工程中心、企业技术中心和重大科技创新平台。大力实施科技小巨人成长计划，科技型中小企业达到3.5万家，小巨人企业有1800家。制定实施中长期人才发展规划纲要，人才队伍继续壮大。专利申请14万件、授权5.9万件。全社会研发经费支出占生产总值比重由2.3%提高到2.7%，综合科技进步水平位居全国前列。

三是服务业发展加快。天津市实施重大项目160项，服务业占全市经济比重由42.8%提高到47%。全市金融机构数量增长4.8倍，存贷款余额分别增长1.5倍和1.8倍。商品销售总额达到2.5万亿元，建成银河购物中心、万达广场、水游城、大悦城等大型商业综合体，新建改造佛罗伦萨小镇等38条特色商业街。津湾广场一期、泰安道五大院、意式风情区、极地海洋世界等特色商业旅游设施交付使用，新增五星级标准酒店25家，国际邮轮母港开港运营。建成梅江会展中心，成功举办三届夏季达沃斯论坛以及一大批国际性重大会展活动，城市国际影响力显著提升。

四是滨海新区开发开放全面推进。滨海新区功能区建设全面展开，高端产业加快聚集，自主创新能力不断提升，龙头带动作用和服务辐射功能明显增强。高水平现代制造业和研发转化基地初步形成。开发区主要经济指标保持国家级开发区首位，南港工业区、临港经济区建港造陆200平方千米，空港经济区、滨海高新区加快开发。百万吨乙烯、千万吨炼油、空客A320总装线、中航直升机总装基地等项目建成投产，大推力火箭、300万吨造修船、长城汽车等项目加快推进，形成了航空航天、石油化工、电子信息、装备制造、新能源新材料等一批高端产业基地。建成国际生物医药联合研究院、中科院工业生物技术研究所等一批重大科技创新、研发转化平台。

天津市两化融合发展也存在一些劣势。

一是信息化对产业发展的支撑带动作用尚显不足。信息技术应用创新的力度不够，对传统产业改造升级、新兴产业培育的科技支撑能力不足，电子信息产业自主创新能力不强，软件与信息服务业规模较小，不能满足信息化高端发展需求。企业信息化应用水平仍处于初级阶段，信息技术仍以单项应用为主，并且大部分企业信息系统相互独立，企业经营管理方面的决策智能化程度较低，众多企业尚未达到向信息资源整合和业务协同方向发展的级别，信息化应用未能实现从企业内部向供应链上下游延伸，信息化建设力度需要进一步加强。

二是缺乏面向全社会服务、具有影响力的公共信息服务平台。在电子商务、金融服务、数字内容等领域，公共信息服务发展相对滞后，尚未形成具有一定规模和较强影响力的电子商务及信息技术综合服务平台。对于众多中小企业，亟须提升软硬件和应用能力，但由于中小企业资金有限、信息化人才匮乏、意识薄弱，凭自身实力很难开展深入的信息技术应用。

三是信息化发展环境有待进一步优化。信息化建设与运维资金缺口较大，高端人才不足，信息化标准规范滞后，信息安全的保障能力有待进一步加强，适应信息社会发展的制度环境需要进一步完善。

【相关建议】

对天津市两化融合提出以下建议。

一是进一步加强信息技术在工业领域的集成应用。创新营销服务，延伸价值链，将制造产品总包工程化、集成化为用户服务，从卖产品向卖服务延伸。建立和完善以企业为主体的技术创新体系，大力实施专利、品牌、标准三大战略，全面增强科技引领、应用转化、品牌创造、标准制定能力，推进产业链由中低端向高端转移、创新主体由企业缺位向到位转化、发展方式由要素驱动向创新驱动转型。

二是建设具有国际竞争力的先进制造业基地。坚持走新型工业化道路，推动重大项目建设，实现优势产业集群发展，进一步增强产业竞争力。继续发展壮大优势支柱产业，培育战略性新兴产业，改造提升传统产业，使石油化工、装备制造成为万亿级产业，重点打造航空航天、新能源新材料等产业链，建成电子信息、生物医药、节能环保等新型工业化产业示范基地。建成一批国家级产业基地，发展形成一批具有国际竞争力、行业领先的大企业大集团，拥有一批掌握核心技术、占据产业链高端的自主品牌，实现由天津制造向天津智造的转变。

三是构筑科技创新高地。实施科教兴市、人才强市战略，找准科技与经济结合点，大项目承担，小巨人应用，科技平台整合，要素分配激活，科技金融助推，扩大开放做强，推动科技融入经济建设主战场，加快建设创新型城市。继续加强创新能力建设，紧紧围绕产业发展，组织一批科技重大专项和产业化项目，突破一批关键技术、核心技术，提高原始创新、集成创新和引进消化吸收再创新能力。发展大学科技园，建设未来科技城。着力构建以企业为主体、市场为导向、产学研用相结合的技术创新体系，深化部市、院市合作，建成一批重大科技创新平台、科技企业孵化器、工程中心、企业技术中心，显著提升研发转化服务能力。加快培育创新主体，大力发展科技型中小企业，打造更多技术水平高、发展潜力大、拥有“杀手锏”产品的科技小巨人企业。实施知识产权战略，加强知识产权保护。培养和聚集大批优秀人才，在全社会大力营造创新创业氛围，完善激励机制，激发创新活力，增强人才吸引力和凝聚力。

四是着力提升现代服务业信息化水平。要努力改变天津市电子商务落后的状态，在重点产业领域打造行业性电子商务平台，力争形成特色。以产业链为基础，以供应链管理为重点，依托重点企业集团和大型交易平台，在汽车、钢铁、化工、医药等领域，着力打造企业间电子商务平台，推动行业第三方电子商务服务平台向网上交易、物流配送、信用支付集成方向升级，推动大型企业电子商务规模化发展。完善物流信息化建设。以建设北方国际物流中心为目标，整合海港、空港、铁路、公路等物流信息资源，搭建物流信息公共服务平台，提供物流供需信息、交易报价、签约信息、诚信管理、支付结算等服务，降低物流成本，形成多式联运的智能化物流网络体系。开展物联网应用试点示范，推动 RFID、自动识别、GPS 等新技术在物流行业的广泛应用。

河北省两化融合发展水平分析

【总体情况】

2013 年，河北省地区生产总值实现 26575.0 亿元，比上年增长 9.6%。其中，第一产业增加值 3186.7 亿元，同比增长 4.0%；第二产业增加值 14001.0 亿元，同比增长 11.5%；第三产业增加值 9387.3 亿元，同比增长 8.4%。第一产业增加值占全省生产总值的比重为 12.0%，第二产业增加值比重为 52.7%，第三产业增加值比重为 35.3%。全部工业增加值为 12511.6 亿元，比上年增长 11.8%。规模以上工业中，钢铁工业增加值比上年增长 16.6%，装备制造业增长 15.0%，石化工业增长 9.5%，医药工业增长 14.6%，建材工业增长 5.9%，食品工业增长 13.7%，纺织服装业增长 16.8%。高新技术产业增加值增长 15.6%，高于全省规模以上工业 2.2 个百分点。其中，高端装备制造、新材料和生物领域增加值分别增长 14.2%、20.7% 和 20.6%。全部财政收入 3479.3 亿元，比上年增长 15.3%，其中公共财政预算收入 2084.2 亿元，增长 19.9%。

【两化融合主要进展】

河北省委、省政府高度重视两化融合工作，把推动信息化和工业化深度融合作为经济强省建设的重要抓手之一。2012 年实施了“宽带普及提速工程”和“宽带中国战略”落地工程，改善了两化融合基础环境，同时加大了对企业两化融合项目的资金引导，2011—2012 年省技改专项资金支持两化融合项目贴息资金 3000 多万元，争取国家两化融合专项资金 260 万元。河北省继续坚持“点、线、面、体”全方位的推进思路，从企业、行业、区域、环境等层面整体推动两化融合发展。

（一）重点企业提升明显

一是制定了《培育百家信息化与工业化融合重点企业专项工作方案》，每年培育 100 家两化融合重点企业，明确目标任务和主攻方向。同时，组织有关专家和咨询机构，对重点企业两化融合项目建设进行现场指导，帮助企业分析问题、找出瓶颈、达产达效。目前，共培育省级两化融合重点企业 370 家。

二是开展两化融合促进节能减排、安全生产等专项工作。分别有 4 家和 7 家企业项目列入全国首批 80 个两化融合促进节能减排重点推进项目和首批 100 个两化融合促进安全生产重点推进项目；河北钢铁集团唐钢公司等 4 家企业被工信部、财政部、科技部列为国家第一批资源节约型、环境友好型试点企业；43 个企业能源管理中心和清洁生产项目列为国家级示范项目，获得中央财政资金支持共计 3.414 亿元。新峰水泥公司节能减排在线仿真技术被列为国家重点推广技术，工信部在河北省召开了全国水泥工业节能减排在线仿真技术现场交流会。

三是制定了《河北省信息化与工业化融合示范企业评选管理办法（试行）》，评选了 46 家省级两化融合示范企业，印发了 3 册《河北省信息化和工业化融合示范企业资料汇编》，其中 10 家被评为国家级两化融合示范企业。

（二）重点行业引领初显

一是制定了《河北省信息化与工业化融合公共服务示范平台认定管理办法（试行）》，认定了 10 个面向行业的两化融合公共服务示范平台，建设了 3 个大宗电子商务交易平台。二是利用国家已出台的企业两化融合发展水平评估规范，2010 年选择钢铁、纺织、汽车三个行业开展了评估试点，2012 年开展了两化融合重点企业两化融合发展水平评估，覆盖了 12 个行业。三是在上海召开了全省钢铁企业能源管理中心与信息化建设交流会，组织省内 40 多家钢铁企业到宝钢进行了现场参观和对标。第四届水泥行业建材（水泥）行业信息化应用论坛暨水泥行业两化融合发展水平评估报告发布会在唐山举办。

（三）试验区和集群建设继续推进

一是认真抓好唐山暨曹妃甸国家级两化融合试验区建设。召开了唐山暨曹妃甸国家级两化融合试验区建设工作会议，工信部杨学山副部长为试验区授牌并作重要讲话；印发了《唐山暨曹妃甸信息化与工业化融合试验区发展规划》；加强唐山暨曹妃甸现场调研和项目督导，2011 年 12 月通过国家验收。二是积极推进产业集群两化融合。抓好安平国家级县域经济信息化试点建设和总结，2010 年 12 月顺利通过国家验收。2011 年 5 月承办了首次全国产业集群两化融合经验交流会，24 个省市及有关专家共 400 余人共聚河北省安平；同时召开了“河北省县域特色产业信息化推进大会”，11 个市、32 个重点产业集群参加了会议。

（四）两化融合环境继续改善

2012 年 5 月，河北省政府办公厅文件出台了《关于推进信息化与工业化深度融合促进现代产业体系建设的意见》，发布 20 个重点产业和领域两化深度融合的实施指南，提出以培育十大两化融合示范区、百个两化融合公共服务示范平台、千家两化融合重点企业、万名两化融合企业家为抓手，全面推动两化深度融合。组织了全省两化融合经验交流会、两化融合深度行等各类活动和培训 118 场，覆盖了 70% 的县（市、区）。同时，河北省加大对企业两化融合项目的资金引导，2011—2012 年省技改专项资金支持两化融合项目贴息资金 3000 多万元。2013 年，国家支持河北省两化融合专项资金 260 万元，在 31 个省市中位列第五。

【两化融合发展水平分析】

2013 年，河北省两化融合发展指数为 61.5，2012 年为 52.6，比 2011 年提高 8.9。从全国来看，2013 年河北排名第 18 位，比上年上升了 3 个名次。从指数所包含的各个分指数来看，2013 年基础环境指数为 60.72，2012 年为 49.28，提高了 11.4，说明两化融合基础环境有较大改善。2013 年工业应用指数为 66.94，2012 年为 56.02，提高了近 11，提升幅度也较大。2013 年应用效益指数为 51.42，2012 年应用效益指数为 49.1，提高了 2.3。

（一）基础环境指数

2013 年，河北省基础环境指数大幅提高。在信息基础设施建设方面，2013 年河北省城（省）域网出口带宽指数为 83.72，比 2012 年提高了近 18，提升幅度明显；2013 年固定宽带普及率指数为 69.62，比 2012 年提高了 7；2013 年固定宽带端口平均速率指数为 58.41，比 2012 年提高了 4.2。2013 年，河北省移动电话普及率指数为 56.38，比 2012 年提高了 2.8。在互联网应用普及方面，2013 年河北省互联网普及率指数为 58.38，比 2012 年提高了 5.4。在两化融合政策环境建设方面，2010—2012 年河北省两化融合专项引导资金建设方面尚处空白；2012 年，河北省中小企业信息化服务体系有很大进步，2013 年中小企业信息化服务平台数量指数为 79.25，比 2012 年提高了 54.1。2013 年重点行业典型企业信息化专项规划比例指数为 75.12，比 2012 年提高了 9。

（二）工业应用指数

2013 年，河北省两化融合工业应用总体处于全国上游水平，较 2012 年有明显提升。2013 年，河北省工业应用指数为 66.94，2012 年为 56.02，提高了近 11。就每个具体指数来看，2013 年重点行业典型企业 ERP 普及率为 56.51，比 2012 年降低了 6.3。2013 年重点行业典型企业 MES 普及率指数为 67.98，2012 年为 58.41，提高了 9.6。2013 年，重点行业典型企业 PLM 普及率指数为 48.17，比 2012 年降低了 5.7。2013 年，重点行业典型企业 SCM 普及率指数为 61.12，与 2012 年持平。2013 年重点行业典型企业采购环节电子商务应用指数为 70.23，比 2012 年提高了 29。20123 年，重点行业典型企业销售环节电子商务应用指数为 89.97，比 2012 年提高了 40。上述两指数的变化说明，2013 年河北省在电子商务采购和销售环节的应用方面提升较大。河北省重点行业典型企业装备数控化率水平名列前茅，2013 年重点行业典型企业装备数控化率为 66.61，比 2012 年提高了 1.7，远高于 2013 年全国的平均水平 47.2。2013 年，河北省国家新型工业化产业示范基地两化融合发展水平指数为 73.82，比 2012 年提高了 19，增幅也较大。

（三）应用效益指数

2013 年，河北省两化融合应用效益指数为 51.42，在全国处于中偏下游水平，比 2012 年增加 2.32，表明河北省两化融合工作在应用效益方面有一定改善。在地区工业生产效益和水平方面，2013 年工业增加值占 GDP 比重指数为 52.93，比 2012 年降低了 1；2013 年第二产业全员劳动生产率指数为 54.68，比 2012 年提高了 3.6；2013 年工业成本费用利润率指数为 39.75，比 2012 年下降了近 4；2013 年单位工业增加值工业专利量指数为 55.06，比 2012 年提高了 9。在工业节能减排水平方面，2013 年单位地区生产总值能耗指数为 45.71，与 2012 年持平。在信息产业发展水平方面，2012 年电子信息制造业主营业务收入指数为 63.27，比 2012 年提高了 7；2013 年软件业务收入指数为 49.63，2012 年为 47.67，提高了近 2 个点。

【优劣势评价】

总体来看，河北省两化融合发展水平处于全国中游水平，与其他东部沿海省份之间存在一定差距，但河北省具备一些相对优势。

一是信息化已经渗透到企业生产、经营、管理、发展的各个环节，传统产业综合竞争力明显提升。截至 2013 年年底，全省大中型企业数字化设计工具普及率和关键工序数控率分别达到 75% 和 65%，管理信息系统、企业门户网站应用率分别达到 90% 和 85%，48% 的企业应用了电子商务，全省电子商务交易额突破 5000 亿元。信息技术与传统产业加速融合，成效比较明显。河北钢铁股份有限公司承德分公司的产销一体化系统使库存降低 20%～30%，非计划品率降低 20%～30%，存货成本减少 10% 以上。唐山轨道客车有限责任公司通过高速动车组产品研发平台、经营管理平台、生产平台三个信息化平台的建设，实现了物流、资金流、信息流、工作流的高度集成和统一，降低产品设计周期达 30% 左右，缩短生产周期 15%～20%。开滦集团通过矿山综合自动化系统，每年为矿山增收 25.34 亿元，整个矿井生产运行的可靠性和安全性大幅提高。

二是两化融合延伸了产业链条，促进了生产性服务业的发展。开滦集团以信息化为支撑，从企业自身物流需要演变成为提供第三方业务的现代化物流公司，现代物流、煤化工等非煤产业收入占经济总量的比重已达到了 74%。秦皇岛港通过建设以海运煤炭交易信息平台、环渤海动力煤指数发布平台为核心的增值业务系统，成功实现了港口资源的增值、业务的拓展和服务的延伸。

三是服务于中小企业的公共服务平台得到广泛应用，促进了产业集群的快速发展。安平县重点打造丝网信息服务平台、技术研发平台、物流配送平台，促进了丝网产业集群的发展，2012 年丝网产值是 2005 年的 3 倍多。

总体上看，河北省两化融合正在加速推进，不断取得进展，为下一步两化深度融合提供了较好的基础，但距离两化深度融合的总体要求还有较大差距，还存在着一些突出问题，主要表现在以下方面。

一是对两化融合的认知存在欠缺。对于两化融合的认识还停留在比较浅的层次，没有将两化融合放到战略层面去认识和推动，信息化建设资金持续投入力度也不够。

二是两化融合的深度有待挖掘。信息化的高投入与应用系统建设低效益的矛盾突出，业务技术两张皮，信息资源开发利用不足，标准建设滞后，信息化的效能没有得到充分发挥和体现。

三是两化融合保障支撑体系尚待完善。缺乏有针对性的政策支持，信息化建设资金持续投入力度不够，满足两化融合需要的复合型人才稀缺，本地 IT 企业服务两化融合的能力和水平较低，不能满足两化融合的需求。

【相关建议】

一是加强组织推动和加大政策支持。建立和完善两化融合规划发展制度、首席信息官（CIO）制度、发展水平评估制度，切实加强对两化深度融合工作的组织领导和长期推动。对两化融合项目给予专项资金重点支持，鼓励有条件的地方设立两化融合专项资金，带动企业持续投入两化融合。

二是抓好两化融合示范工程建设。推广唐山暨曹妃甸国家级两化融合试验区建设经验，打造省级两化融合示范区，培育两化融合重点企业和两化融合示范企业，力争使一批行业龙头企业成为国家示范，以点带面，推动两化融合对标赶超。

三是完善支撑体系，营造发展氛围。发挥政府、社会、企业多方作用，推进政产学研用联动，加快建设两化深度融合行业服务中心、评估认证中心等支撑机构，加强标准和品牌建设，开展两化融合专家咨询企业行和万名企业家两化融合培训活动，建立一批培训和实训基地。加强《河北省信息化条例》宣贯，举办两化深度融合主题论坛，推动两化深度融合理念、技术和产品应用。加强交流合作，加大宣传力度，营造有利于两化深度融合发展的浓厚氛围。

四是大力推进信息化在自主创新、中小企业和城镇化发展等方面的应用和融合，提升构建现代产业体系的驱动力。以信息化支撑企业自主创新和技术进步，增强现代产业体系发展的内生动力；利用信息化手段化解中小企业发展难题，增强经济发展活力；推动智能城市建设，为现代产业体系创造需求。

五是加强信息化基础设施建设。积极推进无线城市建设；进一步加强网络统筹和共建共享，实现网络资源的高效利用；提高 3G 网络覆盖率；加快数字广播电视网络改造，构建双向互动综合多媒体信息网；进一步完善网络布局，加快发展移动互联网和物联网先导性应用，构建宽带、泛在、融合、安全的信息网络基础设施。

山西省两化融合发展水平分析

【整体情况】

2013 年，山西省继续积极推进两化融合，出台一系列相关政策措施，推进信息技术在工业发展关键环节和重点领域的深化应用，带动了重点行业信息化水平的提高。《山西省国家资源型经济转型综合配套改革试验总体方案》获国务院批复，给两化融合带来新的契机。

（一）政策体系继续完善

山西省积极推进两化融合，制定出台相关政策措施，提高信息化水平。省政府下发了《关于加快培育好发展战略性新兴产业的意见》，省人大将《山西省信息化条例》列入 2013 年重点立法项目，省经信委制定《山西省两化融合指导意见》，出台《两化融合示范企业认定管理办法》等，积极营造两化融合发展的优良环境，大力推进信息化建设。

（二）信息产业加快发展

2013 年，山西省实现电子信息制造业主营业务收入 456.6 亿元，软件业务收入 29.9 亿元，较 2010 年分别增长 258.7% 和 200.8%。信息产业（包括信息技术服务业与软件产业）虽然规模上与发达省份有较大差距，但增长速度空前。截至 2013 年年底，山西省共有软件企业 151 家，其中国家计算机信息系统集成资质企业 70 家，登记软件产品共计 1039 件，软件和信息技术服务示范企业 10 家。

（三）重点行业企业信息化水平显著提升

2013 年，山西全省加速推进信息技术在重点行业的深度应用，提升企业信息化水平，重点行业信息化水平显著提升。重点行业典型企业装备数控化率达到 64.51%，ERP 普及率达 45%，SCM 普及率达 50%。重点骨干企业信息化建设逐步从单项应用向全面集成应用发展。

（四）通信业助力工业企业信息化发展

电信运营商和增值服务商发挥网络资源和信息技术资源优势，开发适合工业企业特点的系列产品和解决方案，带动工业企业低成本、低风险地迈入信息化门坎，有效推进了工业企业两化深度融合。山西移动在政务、公共安全、物流、制造业等方面推出专门的解决方案；山西联通推出有特色的 3G 无线应用项目，包括平安城市、电子政务、企业办公、车务通、手机查勘、移动采编、智能公交、移动执法、手机证券等行业应用；山西电信也推出警务 E 通、天翼 V 网、移动全球眼、应急管理等二十余项行业信息化应用产品。

【两化融合发展水平分析】

2013 年，山西省两化融合发展指数为 51.87，比 2012 年提高了 4.36 个点，但远低于 61.95 的全国平均水平，全国排名第 23 位，比 2012 年提升了 3 个名次。基础环境方面，2013 年基础环境指数为 58.07，2012 年为 44.2，提高了近 14 个点。工业应用方面，2013 年工业应用指数为 51.3，比 2012 年提高了近 3 个点。应用效益方面，2013 年应用效益指数为 46.83，与 2012 年相比出现了负增长，降低了 2.3 个点。

（一）基础环境指数

2013 年，山西省两化融合基础环境建设有较大进展，在全国的名次由 2011 年的 28 名上升到 21 名。在信息基础设施建设方面，2013 年山西省城（省）域网出口带宽指数为 30.26，2012 年为 23.51，提高了 6.75 个点；2013 年固定宽带普及率指数为 72.97，2011 年为 66.1，提升了近 7 个点；2013 年固定宽带端口平均速率指数为 50.31，2012 年为 51.3，下降了约 1 个点；2013 年移动电话普及率指数为 56.79，比 2012 年提高了 4.5 个点。在互联网应用普及方面，2013 年山西省互联网普及率指数为 60.93，比 2012 年提高了将近 4.7 个点。2013 年，山西省在两化融合政策环境建设方面，山西省有了一定突破，2013 年设置了两化融合专项引导资金，并且开始建设省级中小企业信息化服务平台，平台数指数为 25.13。2013 年，山西省重点行业典型企业信息化专项规划比例指数为 60.66，比 2012 年提高了 1.4 个点左右。

（二）工业应用指数

2013 年，山西省两化融合工业应用建设有一定进展，在全国的排名由第 25 位提升到第 21 位。2013 年，山西省工业应用指数为 51.3，比 2012 年提高了 2.94 个点。2013 年，重点行业典型企业 ERP 普及率指数为 58.68，2012 年为 47.07，提高了 11.6 个点。2013 年重点行业典型企业 MES 普及率指数为 48.51，比 2012 年有 0.33 个点的略微下降。2013 年重点行业典型企业 PLM 普及率指数为 49.36，比 2012 年提高了 7 个点。2013 年重点行业典型企业 SCM 普及率指数为 57.41，2012 年为 45.88，提高了 11.5 个点。2013 年重点行业典型企业采购环节电子商务应用普及率指数为 57.95，比 2012 提高了近 10 个点。2013 年重点行业典型企业销售环节电子商务应用普及率指数为 52.54，比 2012 年提高了 7.8 个点。2013 年重点行业典型企业装备数控化率指数为 46.29，2012 年为 64.73，下降了 18 个点多。2013 年国家新型工业化产业示范基地两化融合发展水平指数为 42.05，比 2012 年下降了 1 个点左右。

（三）应用效益指数

2013 年，山西省两化融合应用效益出现了下滑，2013 年应用效益指数为 46.83，比 2012 年降低了 2.3 个点，全国排名为第 26 位，比 2012 年落后了 3 个名次。在地区工业生产效益和水平方面，2013 年工业增加值占 GDP 比重指数为 59.02，比 2012 年为提高了 4.8 个点。2013 年，第二产业全员劳动生产率指数为 67.98，2012 年为 98.36，下降了 30 个点多；2013 年，工业成本费用利润率指数为 37.34，2012 年为 48.22，下降了近 11 个点；2013 年单位工业增加值工业专利量指数为 50.65，2012 年为 48.68，提高了不到 2 个点。在工业节能减排水平方面，2013 年单位地区生产总值能耗指数为 36.27，与 2012 年持平。在信息产业发展水平方面，2013 年电子信息制造业主营业务收入指数为 55.23，2012 年为 28.52，提高了 26.7 个点，提升幅度较大；2013 年软件业务收入指数为 12.08，比 2012 年有 0.2 个点的略微提高。

【优劣势评价】

总体来看，山西省两化融合发展程度处于全国下游水平，与多数省份之间存在较大差距，有很大的提升空间，但是山西省也具有一定的相对优势。其优势主要有以下两点。

一是互联网应用普及率较高。据评估结果，2013 年山西省的固定宽带普及率和互联网普及率均位列全国前十名。山西省紧紧围绕全省转型跨越发展和信息化建设需要，下发相关政策文件，成立宽带普及提速组织机构，积极推进通信网络建设，全面加快宽带普及提速。截至 2013 年年底，宽带用户数达到 504.78 万户，宽带 4M 以上用户数为 255.08 万户，占比达 54%。

二是工业基础相对较好，重点行业企业信息化水平较高。山西省是我国老工业基地，是国家的能源重化工基地，煤炭、冶金、电力、化工、装备制造等产业基础雄厚。“十二五”以来，山西省创新工作机制，着力推动工业化和信息化融合发展，工业整体综合竞争力得到提升。2013 年，全省生产总值为 12112.8 万亿元，同比增长 133%。规模以上工业企业实现主营业务收入 1.78 万亿元，同比增长 9.7%，利润 806.5 亿元；工业增加值达到 6421.8 亿元，同比增长 12%，占 GDP 的比重达到 53%。煤炭、冶金、机电、电力工业等支柱产业，2013 年，工业增加值分别实现 3712 亿元、848 亿元、470 亿元、378 亿元，奠定了信息化与工业化融合发展的坚实基础。重点行业企业信息化水平较高，从八五 CIMS 计划实施，榆次经纬纺机就是示范企业。太重、太钢等大型骨干企业在十五、十一五期间，是我国制造业行业两化融合的重点企业。煤炭行业在安全生产、质量监控、人员定位方面的信息化建设使全省大型煤矿企业向“数字矿山”积极推进。

同时，山西省两化融合也存在诸多劣势。

一是自主创新能力有待提升。信息化所需的核心技术自主创新能力不足，多数处于国际产业价值链末端，技术水平、劳动生产率和工业增加值率都还比较低，产品附加值也很低，关键装备主要依赖进口，以企业为主体的创新体系亟待完善。

二是信息技术应用水平不高。整体上应用水平落后于实际需求，部分领域和地区应用效果不够明显，与国内先进地区省份有较大差距。

三是工业企业对信息化的认识不足。山西是我国的老工业基地，以煤炭、冶金、焦化、电力、装备制造、煤化工等行业为主，产业特点使得工业企业更加重视工业化，而对信息化的认识不足。总体来说，目前山西各行业两化深度融合程度仍然较低，例如煤炭行业，成熟的应用仅分布在少数大型煤业集团。

四是中小企业信息化支撑力度不足。山西省中小企业信息化服务平台数指标在 2013 年虽然有了零的突破，但数量和质量都不甚理想，政府为中小企业开展信息化建设支撑能力不足，使得省内各类中小企业信息化应用发展仍严重滞后。

五是电子信息产业较为落后。山西省信息产业发展虽已初具规模，其发展规模与速度也逐年扩大和增长，但与发达地区和周边省份相比，山西省信息产业在工业总产值、销售收入、市场占有率、占 GDP 比重等方面都较低，在全国处于中下游水平。

【相关建议】

一是加快发展高端装备及智能化产品开发与应用，解决工业生产数控设备控制技术国产化问题。加大数字化、智能化装备产品开发力度。通过培育重大装备制造企业集成应用示范重点推进煤炭机械、纺织机械、重型机械等装备产品中信息技术的融入，加快自动监测与诊断系统、微波技术、激光技术、统计模式识别、模糊控制技术等信息技术在装备产品中的应用，开发数字化、智能化、机电一体化产品，实现产品升级换代，提升装备制造产品的技术水平和附加值，进而带动信息技术、信息产品制造业的发展。

二是推进地方重点骨干企业集成关键技术应用，培育集团企业数字化应用示范，解决大型企业业务流程再造、供应链建设、电子商务体系建设和决策支持系统建设与应用问题。在重点煤矿中选择试点，发挥煤炭行业信息化的后发优势。重点培育潞安集团、山西焦煤集团、阳泉煤业集团等大型煤炭企业成为具有示范作用的数字矿山，对有条件的，向“智慧矿山”发展。针对行业的特点，结合企业自身的现状，考虑企业的核心需求与发展趋势，借助现代先进的规划设计技术，构建科学合理、重点突出、主次分明、循序渐进、切实可行的信息化战略规划；开发适应煤矿井下环境的高速、可靠和经济的宽带综合网络系统，推进矿井计算机网络管理，推进煤矿数字信息网络综合自动化监测监控技术与装备，加快煤矿安全、生产、调度和运销一体化信息网络系统建设。

三是推进山西省支柱产业链与产业集群信息化关键技术应用，解决中小企业管理信息化普及提升和公共服务平台建设问题。继续完善和优化中小企业信息化政策环境和服务体系，支撑中小企业信息化建设；树立一批两化深度融合典型示范工程，以点带面，引领和推进中小企业信息化发展；建成一批中小企业公共服务平台，促进中小企业产业链协作能力和社会资源利用能力的提升；打造一批全国一流、面向行业企业的门户网站和电子商务平台，推进中小企业电子商务的深化应用；培育一批拥有自主知识产权的中小企业信息化产品及服务提供商，为中小企业信息化建设提供产品和服务支持；建立一个中小企业信息化体验和服务中心，为中小企业提供信息化感知环境、高层次人才培训平台和成套解决方案“一站式”定制服务。全面促进中小企业信息化与产品研发、经营管理、生产制造、产业链协作等各环节的深度融合，促进中小企业整体竞争力的提升，力争中小企业信息化应用达到全国中上水平。

四是推进利用信息技术促进节能减排，解决工业企业低碳发展绿色发展问题。两化融合促进节能减排，重点是推进工业领域节能减排电子信息技术的应用与推广，加快高能耗产业企业能源管理中心的建设，利用信息技术，加强能耗和污染物排放的监测监督。大型钢铁企业炼铁高炉在配套建设 TRT 的基础上，重点推进高炉顶压高精度稳定性控制技术，提高高炉顶压控制的稳定性和节能效果；重点推进铁合金、电石行业矿热炉、电弧炉节电专家系统，实施电极端间隙自动测控、矿热炉电气特性计算机自动调整、计算机仿真优化控制系统等节能信息化解决方案；重点推进化肥企业氨合成塔温度自动控制及优化技术；进一步深化变频技术应用，推广矢量控制变频调速技术，采用全数字化，具有通信、联网功能和集成 PLC 的高端变频器，扩展变频技术应用领域，从常规的风机、泵类等拓展到输送、喂料机械等装备。推进节能型电除尘器电源及控制技术的应用，采用多处理器并行处理，构建信息资源硬件平台，实现智能动态优化控制；推广太钢废水减排在线综合治理成果，建立废水在线参数智能检测管理系统，优化废水综合治理工艺参数，实现在线处理可视化控制。推进一批利用信息技术促进节能减排示范项目的实施，在政策、资金、项目等方面予以重点支持，总结提炼示范成果，抓好推广工作。

五是加大煤矿安全生产信息化建设力度，解决两化融合中工业安全问题。建设完善瓦斯监控、矿山顶板压力监测、井下煤炭运输系统监控、井下温度监控、其他有害气体监控、生产作业系统监控等安全监测监控系统。要落实国家安全监管总局、国家煤矿安监局《关于建设完善煤矿井下安全避险“六大系统”的通知》要求，按照规定的内容和时间要求，建设完善煤矿井下监控、人员定位、紧急避险、压风自救、供水施救和通信联络等安全避险系统。要实行目标责任制管理，制定切实可行的工作规划和方案，明确建设完善的目标、任务、措施及进度安排。企业信息化管理部门要做好安全避险“六大系统”信息化的综合构架，要在挖掘本企业信息化人才和煤炭安全生产专业人才的同时，选聘信息化专家、咨询机构、IT 企业参与其中，落实安全信息化项目的资金投入，为安全避险“六大系统”的建设完善做好支撑保障。

内蒙古自治区两化融合发展水平分析

【总体情况】

2013 年，内蒙古自治区继续推进两化深度融合，促进产业整合和产业集群的优化升级。自治区政府还与科技部签署了《依靠科技创新进一步促进内蒙古经济社会又好又快发展战略合作框架协议》，共同提高自治区科技创新能力，为两化深度融合注入新的活力。

（一）基础设施日臻完善

内蒙古自治区信息网络基础设施建设适度超前，基本满足了城市信息化发展的需求。程控交换、数字通信、光纤传输、无线通信等新技术广泛应用，电信网络、有线电视网络和宽带互联网覆盖全区，农村牧区基础通信网络建设逐步完善。2013 年，邮电业务总量为 270.28 亿元，同比增长 6.2%。其中，电信业务总量 259.08 亿元，同比增长 6%；邮政业务总量 11.2 亿元，同比增长 12.4%。年末本地网固定电话用户为 368.29 万户，同比下降 3.1%。年末移动电话用户为 2550.13 万户，同比增长 10.4%。全区电话普及率（包括固定和移动电话）达到 117.58 部/百人，同比增长 8%。全区已通电话的行政村比重为 100%。年末全区互联网络用户为 1826 万户，同比增长 21.7%。

（二）产业发展迅速

积极推进呼和浩特电子信息产品制造业基地和包头内蒙古软件园区建设，加快电信业发展，信息产业实力进一步增强。2013 年，全区信息产业包括通信业、软件业和电子信息产品制造业实现销售收入 258.1 亿元。全区软件企业 200 多家，已认证企业 89 家，登记产品 196 项。目前，包头内蒙古软件园建设入园企业 100 多家，软件开发和系统集成产品有几十个。蒙古文应用系统的软件产品开发，添补了我国在蒙文软件开发领域的空白。呼伦贝尔、通辽、满洲里分别引进了投资几十亿元的电子产品组装项目，结束了自治区东部地区无电子信息产品制造业的历史。

（三）企业信息化成效显著

全区大力实施“制造业信息化工程”、“中小企业信息化工程”，通过大型企业带动、中小企业跟进的方式，加快推进两化融合。在装备制造、冶金、绒纺、稀土、电力、电子、化工、建材、乳业、制药等行业中，计算机辅助设计、计算机辅助制造、计算机辅助工艺计划、计算机辅助工程、产品生命周期管理等信息技术得到广泛推广，应用率达 60%。蒙牛、伊利、包钢、伊化等大型企业集团连续几年进入国家“企业信息化 500 强”之列。其中，包钢集团大力加强信息技术对生产工艺、生产设备的自动化改造，企业效益明显提升，成为全区信息化带动工业化的典范。在大型企业的带动下，许多中小企业都通过应用信息网络技术实现了快速增长，全区 3000 多家规模以上工业企业财务管理系统应用率达到 90%，供应链管理系统、客户关系管理系统应用率达到 40%，企业制造源计划系统、企业资源计划系统的应用率达到 30%，企业整体素质和竞争能力得到提升。

（四）电子政务和城市信息化全面推进

自 2004 年以来，内蒙古自治区信息办每年召开一次电子政务现场会，全面推进电子政务。目前，政务城域网已接入自治区四大班子和 90 多家委办厅局，政务广域网已接入全区 12 个盟、市和满洲里、二连浩特市。全区 12 个盟、市和 101 个旗县区均建立了政府门户网站。城市及社区信息化工程全面展开，自治区主要城市网上就业、招生录取、金融证券、人口管理、社会安全、交通指挥、社保医疗、文化娱乐等新兴服务业快速发展，改善了城镇居民的生活方式。数字小区及家庭上网工程建设全面实施，启动实施了内蒙古自治区消费信息资源数据库项目。鄂尔多斯、呼和浩特市建立了统一社区信息平台，开发完成了社区信息化应用软件，建立了呼叫中心、数字存储交换中心等。包头市被列为全国中欧信息社会项目资助的 5 个城市之一。通辽市科尔沁区永清街道“数字社区”建设被确定为国家级社区信息化建设试点。

【两化融合发展水平分析】

2013 年，内蒙古两化融合发展指数为 51.08，比 2011 年有约 1 个点的下降，名次也由第 22 名下降到第 24 名。基础环境指数较 2011 年的 55.89 有略微提高，为 56.53；工业应用指数为 47.87，比 2011 年下降了 3 个点多；应用效益指数达到 52.07，比 2011 年的 50.45 有 1.62 个点的提升。

（一）基础环境指数

2013 年，内蒙古自治区两化融合基础环境发展较 2012 年有 0.64 个点的略微提升，各项指标发展参差不齐，从全国整体发展水平来看，除移动电话普及率较高外，城（省）域网出口带宽、中小企业信息化服务平台数、重点行业典型企业信息化专项规划等指标水平较低。其中，2013 年，城（省）域网出口带宽指数由 2012 年的 37.7 提高到 47.01，虽然提高了 9.3 个点，但与全国水平相比仍有较大差距；固定宽带普及率指数由 2012 年的 54.37 提高到 62.4；固定宽带端口平均速率指数由 2012 年的 54.11 提高至 54.26；移动电话普及率指数由 2012 年的 64.85 提高到 68.89，提高了 4 个点左右；互联网普及率指数由 2012 年的 51.39 提高 4.4 个点至 55.82；内蒙古自治区近三年均设立了两化融合专项引导资金，中小企业信息化服务平台发展水平一直保持不变；重点行业典型企业信息化专项规划指数出现了 20 个点的大幅度下滑，由 2012 年的 57.62 变为 2012 年的 37.63。

（二）工业应用指数

2013 年，内蒙古自治区工业应用水平为 47.87，比 2012 年的 51.1 下降了 3 个点多，全国排名也由 2012 年的第 20 名下降到第 23 名，多项指标都出现了不同幅度的下降。2013 年，重点行业典型企业 ERP 和 MES 普及率指数分别为 51.22 和 56.4，较 2012 年分别有 0.73 和 1.89 个点的略微增长；重点行业典型企业 PLM 和 SCM 普及率指数分别为 46.38 和 50.4，较 2012 年分别下降了 12.9 和 8.4 个点，下降幅度较大；重点行业典型企业采购环节和销售环节的电子商务应用指数较 2012 年分别下降 11.4 和 9.7 个点，也出现了较大降幅；重点行业典型企业装备数控化水平有较大的提升，比 2012 年的 26.76 提升了 17.6 个点，发展指数达 44.33；国家新型工业化产业示范基地两化融合发展水平为 44.23，较 2012 年有较大下降，降幅为 6.55 个点。

（三）应用效益指数

2013 年，内蒙古自治区两化融合应用效益指数为 52.07，比 2012 年的 50.45 有 1.62 个点的略微提升，在全国的排名为第 19，比 2012 年上升了 1 个名次。工业增加值较高，但单位工业增加值工业专利量很低；第二产业全员劳动生产率和工业成本费用利润率较高，但单位能耗排名较低；电子信息制造业和软件收入也较低。具体表现为，工业增加值占 GDP 比重指数为 55.35，与 2012 年基本持平，第二产业全员劳动生产率水平由 2012 年的 114.15 提高 7.3 个点到 121.45，此项指标全国排名第一；工业成本费用利润率指数较 2012 年的 72.80 有较大下降，为 64.33，但仍处于全国较高水平；单位工业增加值工业专利量发展指数由 2012 年的 19.43 提高 3.9 个点，达 23.33；单位地区生产总值能耗指数与 2012 年持平，为 43.02；电子信息制造业主营业务收入发展指数由 2012 年的 17.74 提高 6.82 个点，达 24.56；软件业务收入发展指数较 2012 年的 10.64 有 3.11 个点的小幅提高，达 13.75。

【优劣势评价】

内蒙古自治区两化融合水平在全国处于下游水平，但内蒙古自治区两化融合发展也具有一定优势。

一是工业实力较强。自治区坚持资源优势与后发优势相结合，大力实施以工业化为核心的“三化互动”战略，高起点、高标准建设了一大批国内外领先的大项目，工业发展水平显著提升，能源、煤化工、农畜产品加工等工业不仅在产品规模上位居全国前列，在产业集中度、技术水平方面也处于国内乃至国际领先地位。规模以上工业企业 4318 户，实现利润 1558 亿元，居全国第 10 位，同比增长 6.5%，高于全国平均 3.5 个百分点；工业比重由 43.3% 提高到 49.8%，已成为带动自治区经济增长的主导力量。自治区工业已进入了新的发展阶段，规模的扩大、实力的增强、技术水平的提升，为加快推进两化融合既提供了现实需求，也奠定了坚实的基础。

二是具有一批信息化应用较好的典型企业。内蒙古自治区企业信息化示范工程建设成果丰硕，规模以上工业企业中，90% 以上不同程度地采用了信息技术，其中 30% 以上企业应用信息技术的水平及程度达到了较高阶段，有效地提升了企业整体素质和竞争能力。示范单位蒙牛乳业、伊利集团已进入国家“企业信息化 500 强”之列。巴彦淖尔、鄂尔多斯、通辽、呼伦贝尔 4 个市作为建设中小企业信息化统一应用平台的先行试点都取得了较好效果。

三是农牧业信息化建设成效显著。内蒙古自治区始终把推动农牧业信息化作为信息化建设的重点工作，按照“一网多用”原则，充分发挥现有农牧业信息网络和自治区现代远程教育网络的作用，为农牧民传递市场信息和实用技术信息，使全区农牧民接受信息服务的数量明显增长，农牧民使用互联网比重明显增加，引导了农牧民进入市场和调整产品结构，促进了农牧民素质的提高。全区 21 个农牧业信息化综合服务试点旗、县工作全面推进，呼伦贝尔市被列为首批国家农村信息化综合信息服务试点市，五原县、奈曼旗成为国家县域经济信息化试点。建立了党员远程教育、中小学远程教育、气象预警等服务“三农”的信息平台。

同时，内蒙古自治区两化融合也存在一些劣势。

一是信息产业层次不高。虽然内蒙古自治区近年信息产业发展较快，但全区信息产业发展基础较为薄弱，地方配套能力弱，产业整体规模依然偏小，在经济总量中的比重依然较低。评估结果中电子信息制造业主营业务收入和软件业务收入指标都处于全国下游水平。软件业发展缺少龙头企业带动，企业资质不高，技术水平低，承揽大工程的能力和经验不足。信息服务业发展缓慢，市场培育不足，内部结构仍以传统服务业为主，信息服务业所占比重偏低。

二是信息技术应用的广度和深度不够。全区大部分企业信息化与工业化的融合程度不足。全区应用信息技术改造传统产业力度不足，企业信息化总体水平还比较落后，中小企业的信息化停留在生产管理的低水平层次，重点行业典型企业 ERP 普及率、重点行业典型企业 PLM 普及率、重点行业典型企业 SCM 普及率在全国范围内普遍偏低，重点行业典型企业采购和销售环节电子商务应用指数也较低。同时，中小企业信息化服务平台数、重点行业典型企业信息化专项规划等信息化支持力度相对 2011 年也有所降低，信息化带动工业化任务还很艰巨。

三是信息化工业应用和电子商务水平相对不高。从评估结果看，内蒙古自治区重点行业典型企业 ERP、PLM 和 SCM 普及率，以及重点行业典型企业采购、销售环节电子商务应用指数都在全国下游水平，表明信息技术应用水平不高。且中小企业信息化服务平台数指标排名也很落后，政府为中小企业开展信息化建设的服务支撑力度仍显不足。

【相关建议】

对内蒙古自治区两化融合提出以下建议。

一是加大资金扶持力度。建立以政府投资为引导，企业投资为主体，其他投资为补充的多元化投融资机制。各级政府将信息化建设专项资金列入财政预算，自治区财政采取“以奖代补”的做法，鼓励盟、市增加对电子政务及信息化和工业化融合项目的投入。创新市场运作机制，加强政策引导，鼓励市内外企业、民间组织及个人参与信息化投资建设。

二是加强技术创新体系建设，推进企业信息化建设。加快建设以企业为主体的自主创新体系，增强集成创新能力和自主创新能力。充分利用信息化对技术创新、扩散、传播的优势，加快新技术、新产品、新工艺、新知识的学习、消化、吸收，利用信息网络平台开展研究与开发合作，缩短创新周期，加快技术创新步伐，降低创新成本。对信息化基础较弱和处于信息技术应用阶段的中小型企业，重点引导小型企业在公共服务平台上收集、发布产品信息和宣传企业形象，开展企业会计财务和办公自动化应用，鼓励企业利用互联网逐步开展网上客户服务和网上贸易洽谈等商务活动。进一步推进大企业的信息化建设，对处于集成应用阶段的大型企业，重点推动企业建立信息共享的集团财务管理、全面预算管理、风险管理、结算中心、分销管理、决策分析等系统，加强信息化条件下流程再造、内控措施与制度建设。

三是加强人才队伍建设。完善人才培养、引进、使用和激励机制，依托各类园区基地和重大项目，充分利用自治区人才小高地的平台，吸引和培养高端人才与创新团队。加快信息产业和信息化人才职业化进程，完善职业资格考试和认证制度，逐步在政府部门和国有大中型企业推行 CIO（首席信息官）制度。

辽宁省两化融合发展水平分析

【总体情况】

辽宁省紧紧围绕东北振兴战略，以沈阳国家级两化融合试验区为载体，以全省两化深度融合为目标，不断完善政府引导体系和企业服务体系，大力推进企业信息化与百户企业信息化示范工程有机衔接，两化融合取得显著实效。

（一）加快发展软件服务业

截至 2013 年年底，辽宁省电子信息产业实现主营业务收入 3804 亿元，同比增长 21.2%，其中，软件业实现主营业务收入 2096 亿元，同比增长 32%，全国排名居第四位。工业软件产品结构不断优化升级，产业链不断完善，应用更加广泛。数控机床控制软件、冶金自动化控制软件、输变电设备控制软件、电熔镁能源管理软件，以及各种企业管理信息化解决方案，在生产经营中发挥着巨大作用。

（二）提升传统产业核心竞争力

辽宁省实施百户企业信息化示范工程以来，涌现出沈鼓、大连重工、一汽大柴等一大批企业信息化典型。企业信息化建设提高了企业生产管理水平，提升了企业核心竞争力，改善了企业经济效益，推动全省经济健康、持续、快速发展。如一汽大柴在国内率先采用三维分析工具进行产品设计，提高了产品质量。

（三）工业转型升级见到成效

企业信息技术综合集成利用能力有所增强，研发设计能力和后端营销服务能力有所提升，推动产品从低端向高端过渡，取得一大批核心技术研发成果。两化深度融合在企业清洁生产、节能降耗、安全生产等方面发挥了重要作用。两化深度融合带动了工业设计、现代物流、电子商务、研发服务和管理咨询等领域的生产性服务业快速发展。

（四）两化融合试点工作取得重要成果

沈阳国家级两化融合试验区已建立起政府引导、全社会广泛参与的协同推进机制，形成以 36 个示范企业、5 个市级试验区、百户重点企业为主体，以十百千万工程为重要内容，整体推进、重点突破的发展格局，全市两化融合整体水平得到很大提高，对全省两化融合工作起到了良好的示范与带动作用。

【两化融合发展水平分析】

2013 年，辽宁省两化融合发展指数为 68.81。基础环境方面，2012 年基础环境指数为 76.35，2013 年基础环境指数为 78.64，比 2012 年提高 2.29 个点。工业应用方面，2012 年工业应用指数为 52.86，2013 年工业应用指数为 57.16，比 2012 年提高 4.3 个点。应用效益方面，2012 年应用效益指数为 78.05，2013 年应用效益指数为 82.29，比 2012 年提高 4.24 个点。

（一）基础环境指数

辽宁省两化融合基础环境建设良好。2013 年，辽宁省基础环境指数为 78.64，其中城（省）域网出口带宽、固定宽带普及率、移动电话普及率、中小企业信息化服务平台数、互联网普及率明显提高，固定宽带端口平均速率有所下降。在信息基础设施建设方面，2013 年，辽宁省城（省）域网出口带宽指数为 75.32，比 2012 年提高 18.12 个点；固定宽带普及率指数为 79.25，比 2012 年提高 3.07 个点；固定宽带端口平均速率为 49.69，比 2011 年下降 3.54 个点；移动电话普及率指数为 66.74，比 2012 年提高 4.68 个点。在互联网应用普及方面，2013 年，辽宁省互联网普及率指数为 66.31，比 2012年提高 2.1 个点。在两化融合政策环境建设方面，2013 年，辽宁省设立了两化融合专项引导资金；中小企业信息化服务平台数指数为 150，比 2012 年提高 3.86 个点；重点行业典型企业信息化专项规划指数为 64.21，比 2012 年提高 0.71 个点。

（二）工业应用指数

2013 年，辽宁省工业应用指数为 57.16，其中重点行业典型企业销售环节电子商务应用、国家新型工业化产业示范基地两化融合发展水平、重点行业典型企业采购环节电子商务应用比 2012 年显著增长，重点行业典型企业 SCM 普及率、重点行业典型企业 ERP 普及率、重点行业典型企业 MES 普及率有所下降。2013 年，辽宁省重点行业典型企业 ERP 普及率指数为 51.87，比 2012 年下降 3.85 个点。重点行业典型企业 MES 普及率指数为 47.39，比 2012 年下降 3.96 个点。重点行业典型企业 PLM 普及率指数为 52.19，比 2012 年提高 1.74 个点。重点行业典型企业 SCM 普及率指数为 49.41，比 2012 年下降 7.96 个点。重点行业典型企业采购环节电子商务应用普及率指数为 56.69，比 2012 年提高 7.99 个点。重点行业典型企业销售环节电子商务应用普及率指数为 69.77，比 2012 年提高 20.99 个点。重点行业典型企业装备数控化率指数为 42.44，比 2012 年提高 3.79 个点。国家新型工业化产业示范基地两化融合发展水平指数为 85.27，比 2012 年提高 14.13 个点。

（三）应用效益指数

2013 年，辽宁省两化融合应用效益指数达到 82.29，其中软件业务收入、第二产业全员劳动生产率、单位工业增加值工业专利量、电子信息制造业主营业务收入增长较快，工业成本费用利润率、工业增加值占 GDP 比重有所下降。在地区工业生产效益和水平方面，2013 年，工业增加值占 GDP 比重指数为 52.97，比 2012 年下降 1.13 个点；第二产业全员劳动生产率指数为 86.71，比 2012 年提高 8.7 个点；工业成本费用利润率指数为 35.59，比 2012 年下降 4.51 个点；单位工业增加值工业专利量指数为 67.4，比 2012 年提高 3.7 个点。在工业节能减排水平方面，单位地区生产总值能耗指数为 51.62，与 2012 年持平。在信息产业发展水平方面，电子信息制造业主营业务收入指数为 103.69，比 2012 年提高 1.98 个点；软件业务收入指数为 206.91，比 2012 年提高 24.39 个点。

【优劣势评价】

辽宁省两化融合发展的优势有以下几点。

一是工业基础雄厚，两化融合潜力巨大。辽宁省工业门类比较齐全，拥有基础比较雄厚的工业体系，是中国主要的工业和原材料基地。2013 年，辽宁省工业生产继续保持稳定增长，全年工业企业完成增加值 11712.7 亿元，比上年增长 9.7%。辽宁省许多工业产品在中国占有较大比重。发电量、原油、天然气、原煤、机床、冶金设备、矿山设备、变压器、汽车等产量在中国都占有重要地位。石化、冶金、电子信息、机械仍是辽宁省 4 大支柱产业。

二是信息基础设施比较完善。2013 年，辽宁省城（省）域网出口带宽指数为 75.32，高于全国平均水平 11.90 个点；固定宽带普及率指数为 79.25，高于全国平均水平 13.01 个点；移动电话普及率指数为 66.74，高于全国平均水平 6.29 个点。2013 年，辽宁省互联网普及率指数为 66.31，高于全国平均水平 7.62 个点。2013 年，全省固定电话用户达 1285.1 万户，移动电话用户达 4291.3 万户，互联网宽带接入用户达 707.9 万户，行政村已完全实现互联网宽带业务开通达 100%，光缆线路长度为 449596 千米，互联网宽带接入端口有 1159.5 万个，局用交换机容量为 2107.2 万门，移动电话交换机容量为 6261.5 万户。

三是具备较强的两化融合技术知识创新能

力。辽宁省现有高校 83 所，其中软件学院 15 所。从事科技活动人员 24.9 万人，其中研究与实验发展 （R&D）人员 13.5 万人，拥有上百家省及中央指数院所，国家及省级工程技术研究中心 489 个，产业技术创新战略联盟 28 个。辽宁省是国家知识创新工程先进制造技术的研究与发展基地，是国家软件工程中心等一批国家级先进制造技术研究和工程化的中心，其在产品设计与分析软件和制造过程管控技术、网络化制造等制约企业信息化发展的关键、共性技术技术领域的研究，已达到国际先进和国内领先水平。2013 年，辽宁省专利申请 41152 件，比上年增长 10.8%，其中发明专利申请 19736 件，同比增长 34.6%；授权专利 21216 件，同比增长 10.6%，其中授权发明专利 3995 件，同比增长 26.3%。全年有 7 项成果获国家科技奖，其中自然科学奖 1 项、科技进步奖 6 项；有 255 项成果获省科技进步奖。全年技术市场成交各类技术合同 14676 项；技术合同成交额 230.7 亿元，比上年增长 44.5%。

尽管辽宁省两化融合的发展具有诸多优势，但是同时也应清醒地认识到在发展两化融合过程中存在的不足，主要表现在以下几方面。

一是产业整体竞争能力不强。从产品结构上看，辽宁省由于长期从事资源开发和成品初级加工，全省工业形成了复杂产品制造与初级产品加工过重、最终产品太少、中间产品过多的局面，产品附加值低，导致经济利益低下。大多数工业产品都是传统产品多，新型产品、高技术产品少，市场竞争力差。新兴装备制造产业化的进程缓慢，部分曾处于全国领先地位的装备制造产品由于技术进步速度慢，优势正在减弱，市场竞争能力衰退，经济效益滑坡。

二是企业信息化水平不高。辽宁省作为工业大省，却没有与之匹配的装备数控化水平，工业装备老化、陈旧。2012 年，辽宁省重点行业典型企业装备数控化率为 35.57%，全国平均重点行业典型企业装备数控化率为 42.90%，在全国排名第 21，处于中游水平。重点行业典型企业 ERP 普及率、重点行业典型企业 MES 普及率、重点行业典型企业 SCM 普及率也不够高，在全国的排名分别是第 22 、第 20 和第 24，信息技术对工业支撑不足，与业务结合不紧密，关键业务系统间的集成应用、业务协同没有有效开展。

【相关建议】

对辽宁省两化融合提出以下建议。

一是优化升级传统产业。推动两化深度融合，加快利用信息技术改造提升传统产业步伐，坚持走新型工业化道路。推进产业集群两化融合，促进产业转型升级，提高产业创新发展能力，实现传统产业质的提升。要深化信息技术集成应用，推动制造模式向数字化、智能化、网络化和服务化转变。提高工业产品信息技术含量和附加值。加快高耗能行业生产设备信息化改造，建立能源资源信息技术支持体系，提高能源资源利用效率和环保综合效益。

二是培育壮大新兴产业。推动两化深度融合，培育壮大以电子信息产业为代表的新兴产业。围绕物联网、云计算、下一代互联网等新技术应用，发展壮大互联网产业；大力发展 RFID、新型传感器及模块等关键器件，发展信息技术与先进制造集成技术；以研发设计类工业软件和嵌入式软件为突破口，努力在机床电子、医疗电子、汽车电子、金融电子、石油化工检测电子、信息家电及智能仪器仪表等领域的关键技术上实现重要突破，为两化融合提供支撑。

三是利用信息技术促进节能减排。促进信息技术在东北特钢集团、抚顺铝业公司、辽宁华锦化工集团等高耗能企业的广泛应用，促进节能降耗和减污减排。建议以高耗能企业作为试点，推进生产设备的数字化和智能化，改造传统工艺和生产流程，提高能源综合利用、污染源（物）监控和清洁生产的水平。完善信息化监测系统，对高耗能高污染企业进行能耗和污染排放实时监控，增强企业持续发展能力，促进绿色环保产业发展壮大。建立辽宁省节能预测预警智能监控系统，对各级政府和重点用能企业进行用能监控，有效控制地区能源消耗总量，促进节能减排。

四是鼓励物联网相关技术研发，加快物联网应用模式创新和产业化。以装备、汽车、客机制造、石化、医药、食品、金融等行业为重点，通过龙头企业应用示范，推进物联网技术在物料全生命周期管理、大型设备远程监控与维护、生产过程智能管理与控制、危化品管理和环境监测、智能电网、现金流通管理及金融智能物流运营等领域的应用。以大连港、营口港等主要港口及保税物流园区为重点，推广物联网技术在港口和园区的应用。推进物联网技术在港口货物运输、码头作业、堆场作业、物流装备作业等活动中的应用。推进物联网技术在各产业园区的楼宇管理、安全监管、公共设施监控、园区一卡通等领域中的应用。

吉林省两化融合发展水平分析

【总体情况】

吉林省紧紧围绕老工业基地振兴和富民强省目标，统筹推进新型工业化和新型城镇化互动发展，实施投资拉动、项目带动、创新驱动战略，为促进吉林省经济发展方式转变发挥了重要作用。

（一）完善政策环境

吉林省信息化法制建设逐步完善，先后出台了《关于推进企业信息化改造和提升传统产业意见》、《吉林省信息化促进条例》、《吉林省工业产业跃升计划》、《吉林省推进两化融合深度融合的实施意见》等文件，为促进两化融合提供了重要的政策支持。2013 年以来，吉林省里每年拿出 3000 万元专项资金用于支持引导两化融合重点项目建设。2012 年，工信部与吉林省政府签署《加快吉林工业和信息化发展战略合作协议》，对加快两化融合促进吉林老工业基地振兴发展作出部署。全面实施长吉图开发开放发展战略，对长吉图地区两化融合重点项目建设作出专题安排，促进了重点区域两化融合深入发展。

（二）推动试验区建设

2013 年以来，吉林省规划和认定了长春、吉林、通化、延边 4 个省级两化深度融合试验区。长春市两化融合试验区重点围绕长春汽车产业园区的整车企业和新规上零部件制造企业，推广产品研发设计与产品数据管理（PDM）、企业资源计划管理（ERP）、供应链管理（SCM）、质量控制与管理、柔性制造、敏捷制造等应用系统和先进制造技术。围绕吉林化工循环经济示范园区规上企业，推进企业建立工艺流程与化工行业自动控制系统、生产集中调度系统、安全监控系统和环境监控系统，提高协同管理和数字化控制水平。围绕通化市大型医药骨干企业，推广制药生产流程自动化控制、自动检测和在线质量分析监控系统；推广企业资源计划、产品数据管理和客户关系管理信息系统；促进电子商务在企业营销理和药店连锁经营中的应用。通过信息化推进试验区产业转型升级，这两年已做了些基础性工作，下一步仍将是吉林省两化融合的重点领域和区域。

（三）实施重点企业示范工程

以汽车、石化、医药、食品等龙头企业为重点，吉林省每年滚动实施 100 个重点两化融合项目，推进一批两化融合重点试点示范项目，在企业产品设计、生产过程控制、节能减排和企业管理全过程加强信息技术应用，提高传统工业企业市场竞争力。目前全省重点企业信息技术应用普及率不断提高，计算机辅助设计（CAD）技术在 95% 规模以上企业中推广，生产过程控制技术在 80% 规模以上的化工、建材、冶金等流程型企业得到应用，有近 60% 规模以上企业实施了企业资源计划系统（ERP）。一些重点企业信息化取得较好示范效应，长客集团建立的 ERP 系统实现了设计、生产和管理的协同运作，CAD 达到国内领先水平；一汽、吉化建立了产供销、人财物等综合信息管理系统；通钢、亚泰水泥等在生产过程自动化和物流信息化基础上，实现了物流、资金流、信息流的有机整合；吉林化纤、延边敖东等建立了集团化管理信息系统，实现了管控一体化、管理现代化和决策科学化。

（四）加快中小企业公共信息服务平台建设

目前，“商务领航”企业信息化平台已为万户企业提供应用服务；启明物流信息平台为 13 万余台物流车辆提供 GPS 导航服务；吉林省电子认证服务平台为 10 万余户企业提供网上纳税、工商年检等服务；吉林省工信厅与阿里巴巴集团合作推进中小企业电子商务，引导 1214 户企业利用电子商务平台开展产品营销及服务；吉林省汽车及零配件仿真设计平台、中小企业信用担保平台、电子信息产品检测平台等项目也取得阶段性进展。

【两化融合发展水平分析】

2013 年，吉林省两化融合发展指数为 54.79，其中基础环境指数明显提高。基础环境方面，2012 年基础环境指数为 61.47，2013 年基础环境指数为 69.02，比 2012 年提高 7.55 个点。工业应用方面，2012 年工业应用指数为 56.68，2013 年工业应用指数为 47.85，比 2012 年下降 8.83 个点。应用效益方面，2012 年应用效益指数为 53.06，2013 年应用效益指数为 54.45，比 2012 年提高 1.39 个点。

（一）基础环境指数

吉林省两化融合基础环境建设良好。2013 年，吉林省基础环境指数为 69.02，其中中小企业信息化服务平台数、城（省）域网出口带宽、固定宽带普及率、移动电话普及率、互联网普及率比 2012 年明显提高，重点行业典型企业信息化专项规划有所下降。在信息基础设施建设方面，2013 年，吉林省城（省）域网出口带宽指数为 49.32，比 2012 年提高 9.61 个点；固定宽带普及率指数为 69.62，比 2012 年提高 7.22 个点；固定宽带端口平均速率为 53.23，比 2012 年下降 0.22 个点；移动电话普及率指数为 59.35，比 2012 年提高 4.63 个点。在互联网应用普及方面，2013 年，吉林省互联网普及率指数为 55.52，比 2012 年提高 3.49 个点。在两化融合政策环境建设方面，2013 年，吉林省设立了两化融合专项引导资金；中小企业信息化服务平台数指数为 137.74，比 2012 年提高 66.99 个点；重点行业典型企业信息化专项规划指数为 37.32，比 2012 年下降 27.45 个点。

（二）工业应用指数

2013 年，吉林省工业应用指数为 47.85，其中重点行业典型企业装备数控化率比 2012 年有所提高，重点行业典型企业销售环节电子商务应用有所下降。2013 年，吉林省重点行业典型企业 ERP 普及率指数为 54.57，比 2012 年提高下降 9.53 个点。重点行业典型企业 MES 普及率指数为 55.56，比 2012 年下降 9.98 个点。重点行业典型企业 PLM 普及率指数为 43.52，比 2012 年下降 16.56 个点。重点行业典型企业 SCM 普及率指数为 54.41，比 2012 年下降 3.91 个点。重点行业典型企业采购环节电子商务应用普及率指数为 55.71，比 2012 年下降 9.36 个点。重点行业典型企业销售环节电子商务应用普及率指数为 53.2，比 2012 年下降 26.14 个点。重点行业典型企业装备数控化率指数为 29.45，比 2012 年提高 1.21 个点。国家新型工业化产业示范基地两化融合发展水平指数为 40.65，比 2012 年提高 0.41 个点。

（三）应用效益指数

2013 年，吉林省两化融合应用效益指数达到 54.45，其中软件业务收入、第二产业全员劳动生产率增长较快，工业成本费用利润率有所下降。在地区工业生产效益和水平方面，2013 年，工业增加值占 GDP 比重指数为 52.67，比 2012 年提高 0.13 个点；第二产业全员劳动生产率指数为 89.84，比 2012 年提高 7.55 个点；工业成本费用利润率指数为 40.88，比 2012 年下降 4.34 个点；单位工业增加值工业专利量指数为 38.66，比 2012 年下降 1.52 个点。在工业节能减排水平方面，单位地区生产总值能耗指数为 58.5，与 2012 年持平。在信息产业发展水平方面，电子信息制造业主营业务收入指数为 16.67，比 2012 年下降 0.27 个点；软件业务收入指数为 82.52，比 2012 年提高 9.42 个点。

【优劣势评价】

吉林省两化融合发展的优势如下。

一是独特的地域优势。东起珲春，经长春、乌兰浩特直抵阿尔山的东北第二条亚欧大陆桥，是真正意义上通疆连海的国际陆上大通道，并将逐步形成东北各省乃至整个东北亚各国之间资源互补、互利共赢的地缘关系新格局。长吉图开发开放先导区规划和辽宁沿海经济带等规划被纳入国家总体战略后，东北地区的开放程度将进一步提高，进而带动吉林省在更大范围、更广领域、更高层次上参与国际产业分工与合作，为两化融合发展带来难得的机遇。

二是中小企业互联网平台建设较好。为了帮扶中小企业，吉林省先后建立了吉林省中小企业技术创新服务平台、吉林省中小企业公共服务平台、吉林省中小企业汽车零部件公共服务平台、吉林省中小企业融资担保平台、吉林省中小企业网络信息平台、长春市中小企业综合服务平台等，为中小企业开展两化融合起到了很好的扶持作用。2013 年，吉林省中小企业信息化服务平台指数为 137.74，比全国平均水平（指数为 93.56）高 44.18 个点，全国排名第八位，领先大部分省份。目前，“商务领航”企业信息化平台已为万户企业提供应用服务，启明物流信息平台为 13 万余台物流车辆提供 GPS 导航服务，省电子认证服务平台为 10 万余户企业提供网上纳税、工商年检等服务，吉林省工信厅与阿里巴巴集团合作推进中小企业电子商务，引导 1214 户企业利用电子商务平台开展产品营销及服务。

三是工业基础雄厚。吉林省是我国计划经济时期重要的老工业基地，曾被称为“共和国的装备部”，集中了一大批重点骨干企业及配套企业。装备制造业是吉林的传统优势产业，其成套装备产品研发、制造能力居国内领先水平。2013 年，在地区工业生产效益和水平方面，吉林省工业增加值占 GDP 比重指数为 52.67，比全国平均水平（指数为 46.88）高 5.79 个点，全国排名第 9，处于上游水平；第二产业全员劳动生产率指数为 89.84，比全国平均水平（指数为 66.21）高 23.63 个点，排名第 4，全国领先。

同时，吉林省要进一步推进两化深度融合，推动产业转型升级，提高工业发展水平和质量，还必须着力解决以下劣势。

一是中小企业的两化融合水平过低。2012 年，吉林省两化融合发展水平评估的采样样本为 80 家规模以上大型企业，2013 年的采样样本增加了 120 家中小企业，由于吉林省的中小企业两化融合程度过低，严重拉低了吉林省的整体指数，导致 2013 年吉林省的两化融合发展指数（54.79）比 2012 年（56.97）降低了 2.18 个点。吉林省两化融合两极分化比较突出。实际上，吉林省龙头企业，比如长客集团、一汽集团、吉化集团、通钢集团、亚泰水泥、吉林化纤、延边敖东等，其两化融合水平非常高，在全国亦名列前茅。但是吉林省中小企业的两化融合水平却非常低，实力弱小，数量众多，其资金有限，信息化人才匮乏，两化融合意识薄弱，凭自身实力很难开展深入的信息技术应用，亟须政府扶持和引导，帮助其建立网络支撑下的业务和管理体系，提升软硬件和应用能力，迈入高效、灵活的发展轨道。

二是工业企业设备老旧。吉林省作为工业大省，却没有与之匹配的装备数控化水平，工业设备过于老化、陈旧。重点行业典型企业装备数控化率指数为 29.45，比全国平均水平（指数为 47.20）低 17.75 个点，全国排名第 29，较为落后。重点行业典型企业 PLM 普及率指数为 43.52，比全国平均水平（指数为 49.50）低 5.98 个点，在全国排名第 25，信息技术对工业支撑不足，与业务结合不紧密，关键业务系统间的集成应用、业务协同没有普遍开展。

【相关建议】

一是推进两化深度融合试验区建设。围绕长吉图城市群的主导产业和产业园区，重点推进长春、吉林、延边、通化市等省级两化融合试验区建设，推动长春汽车产业园区、轨道客车产业园区、吉林化工示范园区、通化医药产业园区等重点企业信息化应用，在装备制造、绿色制造、安全生产、食品追溯、制造业数字化、服务化转型等方面，开展两化深度融合试点示范，培育一批信息技术集成应用、引领行业发展的骨干企业，加快精益制造、全生命周期管理、协同设计、供应链协同等管理模式创新发展，提高支柱优势产业信息技术应用水平，引领和带动区域产业发展。

二是建设重点行业信息技术公共平台。依托工业产业园区、特色园区、行业龙头企业，推动建设区域和行业计算机辅助设计、辅助制造、辅助工程、辅助工艺、产品数据管理和数字仿真等公共设计制造服务平台；引导大型企业建设面向行业和产业链的信息技术服务平台，推进行业专业化信息技术服务；大力发展汽车电子、光电子、轨道交通电子、医疗电子、电力电子等应用电子产品开发；推动电子商务、现代物流等生产性信息技术服务平台建设，培育面向工业制造的信息技术服务市场，促进制造业和服务业融合发展。

三是推广普及中小企业信息化应用。围绕发展中小企业和民营经济，针对中小企业创新能力弱、管理水平低、资金不足、市场开拓难等困难，建设中小企业公共信息服务平台，提供企业财务管理、供应链管理、生产管理、人力资源、分销零售、成本管理、决策支持等服务，开展中小企业信息化咨询、规划、培训和技术服务，增强企业产品创新、质量控制、节能减排、市场响应和拓展等方面的能力。加快中小企业电子商务应用，通过信息网络宣传推介吉林省中小企业，拓展中小企业产品市场与服务。

四是大力发展物联网产业与应用服务。充分发挥吉林省物联网产业发展基础，统筹规划，突出重点，推动培育新型 RFID、传感器、网络通信、云计算、云安全、高端集成等物联网产业加快发展。突出抓好物联网示范应用，重点推动一汽集团汽车物联网平台和车载信息终端开发应用，开展汽车诊断、车载导航、物流管理、智能交通等服务，实现规模化运营；推动食品行业物联网应用，建设食品安全监管平台，依托龙头企业开展食品物联网试点应用，逐步实现肉类、食用油、乳品、酒类、矿泉水等食品安全溯源应用。推进物联网在石化、矿山、物流、安全生产，以及城市医疗、交通、安防、环保等领域应用。

五是促进新型电子商务应用。促进电子商务与先进制造业、现代服务业、现代农业的融合发展，推动长吉地区汽车及零部件产品、石化产品、玉米等大宗农产品交易、特色产业产品交易等电子商务应用，支持龙头企业和第三方电子商务平台建设，发展集交易、电子认证、在线支付、物流配送于一体的全程电子商务服务，完善政策、监管、服务运行环境，培育一批交易规模大、实力强、影响面广的电子商务龙头企业，推进电子商务服务企业集聚发展，努力将长吉地区打造成为东北电子商务中心城市。

黑龙江省两化融合发展水平分析

【总体情况】

黑龙江省委、省政府结合建设“八大经济区”、实施“十大工程”、全省工业项目建设三年攻坚战、“七位一体”弱县帮扶措施等重点工作，深入实施老工业基地振兴战略，大力推进两化融合深入发展，全省在经济发展方式转变、工业转型升级等方面取得了明显进展。

（一）加快基础设施建设

黑龙江省以“建光网、提速度、促普及、扩应用、降资费、惠民生”为总体目标，以3G网络和光纤宽带网为重点，加快实施网络基础设施建设。城区（含县城）宽带覆盖率达98%以上，其中光纤覆盖楼宇约5万余栋，覆盖率达70%以上，全省商用楼宇宽带覆盖率达100%，速率在2M以上的互联网宽带接入用户占97.3%，其中8M以上的用户占23.4%，4M以上固定接入宽带速率用户占71%，在全国居第八位。全省主要铁路客运站、机场、校园、大型商服均敷设了无线网络。

（二）大中型企业积极应用信息化

黑龙江省大型装备制造业企业信息化建设已呈系统化和全面化发展态势，石化、机械、食品等行业企业信息化建设普及速度和应用水平大幅提高，大型企业的生产自动化水平逐步提高，重点项目工程顺利实施。涌现了大庆油田、龙煤集团、哈药集团、哈飞集团、哈电机集团等一批国家级企业信息化典型。目前哈电站集团、哈炼油等企业先后获国家级两化融合示范企业、国家首批两化融合促进节能减排试点示范企业；大庆油田通过建立勘探开发技术数据管理系统、油水井数据管理系统、数字盆地系统、知识系统、ERP系统等，将油田的主营业务与信息系统紧密结合，提升了油田勘探开发综合研究、生产运营的水平，改变了传统模式。飞鹤乳业将ERP、CRM、OA、产品可追溯系统、奶源信息系统进行整合，将所有核心业务通过网络进行数字化管理，提高信息处理的效率和准确性，解决企业产业链长、地域广带来的问题，推动企业的快速发展。

（三）推进两化融合广泛应用

黑龙江省积极扶持重点行业在生产制造、研发设计等领域的两化融合，通过信息技术与产品设计、制造过程的融合，推进国有大中型制造业企业实现产品设计、生产过程信息化。目前齐重数控集团、齐齐哈尔二机床、中国一重等大型企业将信息技术应用于产品设计和制造过程，改变了企业传统的产品设计模式，形成数字化产品设计模式，生产自动化、信息网络化、过程模拟化、装置数字化、控制智能化。

（四）开展产品创新和技术研发

哈电集团每年投入4000余万元运用信息技术进行重点科研攻关和技术创新、新产品开发，取得了一大批国内领先、国际先进的科研成果。建立了发电设备网络化协同设计制造集成平台，实现与GE、ABB、阿尔斯通、日立等国外企业协同设计，同时完成了国内协同和集团内的协同。

【两化融合发展水平分析】

2013年，黑龙江省两化融合发展指数为64，其中基础环境指数明显提高。

基础环境方面，2012年基础环境指数为63.28，2013年基础环境指数为70.81，比2012年提高7.53个点。工业应用方面，2012年工业应用指数为66.92，2013年工业应用指数为66.68，比2012年下降0.24个点。应用效益方面，2012年应用效益指数为50.14，2013年应用效益指数为51.85，比2012年提高1.71个点。

（一）基础环境指数

黑龙江省两化融合基础环境建设良好。2013年，黑龙江省基础环境指数为70.81，其中中小企业信息化服务平台数、固定宽带普及率、固定宽带端口平均速率、互联网普及率、移动电话普及率、重点行业典型企业信息化专项规划明显提高，城（省）域网出口带宽有所下降。在信息基础设施建设方面，2013年，黑龙江省城（省）域网出口带宽指数为58.15，比2012年下降0.78个点；固定宽带普及率指数为62.4，比2012年提高3.9个点；固定宽带端口平均速率指数为60.5，比2012年提高1.95个点；移动电话普及率指数为52.86，比2012年提高4.16个点。

在互联网应用普及方面，2013年，黑龙江省互联网普及率指数为51.5，比2012年提高3.48个点。在两化融合政策环境建设方面，2013年，黑龙江省设立了两化融合专项引导资金；中小企业信息化服务平台数指数为 132.19，比 2012 年提高 41.82 个点；重点行业典型企业信息化专项规划指数为 68.84，比 2012 年提高 3.18 个点。

（二）工业应用指数

2013 年，黑龙江省工业应用指数为 66.68，其中重点行业典型企业 ERP 普及率、重点行业典型企业 SCM 普及率、重点行业典型企业采购环节电子商务应用、重点行业典型企业销售环节电子商务应用、国家新型工业化产业示范基地两化融合发展水平比 2012 年显著增长，重点行业典型企业装备数控化率有所下降。2013 年，黑龙江省重点行业典型企业 ERP 普及率指数为 68.37，比 2012 年提高 10.61 个点。重点行业典型企业 MES 普及率指数为 65.18，比 2012 年下降 9.66 个点。重点行业典型企业 PLM 普及率指数为 35.88，比 2012 年下降 11.67 个点。重点行业典型企业 SCM 普及率指数为 66.33，比 2012 年提高 5.21 个点。重点行业典型企业采购环节电子商务应用普及率指数为 93.14，比 2012 年提高 9.31 个点。重点行业典型企业销售环节电子商务应用普及率指数为 101.98，比 2012 年提高 12.01 个点。重点行业典型企业装备数控化率指数为 43.15，比 2012 年下降 25.78 个点。国家新型工业化产业示范基地两化融合发展水平指数为 63.81，比 2012 年提高 10.53 个点。

（三）应用效益指数

2013 年，黑龙江省两化融合应用效益指数达到 51.85，其中电子信息制造业主营业务收入、软件业务收入、第二产业全员劳动生产率、单位工业增加值工业专利量增长较快，工业成本费用利润率有所下降。在地区工业生产效益和水平方面，2013 年，工业增加值占 GDP 比重指数为 48.19，比 2012 年下降 2.77 个点；第二产业全员劳动生产率指数为 75.57，比 2012 年提高 7.32 个点；工业成本费用利润率指数为 64.89，比 2012 年下降 8.81 个点；单位工业增加值工业专利量指数为 56.28，比 2012 年提高 9.64 个点。在工业节能减排水平方面，单位地区生产总值能耗指数为 53.72，与 2012 年持平。在信息产业发展水平方面，电子信息制造业主营业务收入指数为 7.56，比 2012 年提高 2.3 个点；软件业务收入指数为 44.21，比 2012 年提高 4.78 个点。

【优劣势评价】

一是地理区位优势明显，有利于开展两化融合交流合作。黑龙江省地处东北亚腹地，与俄罗斯有近 3000 千米的边境线，与西伯利亚大铁路相接，有 25 个国家一类口岸，是连接欧亚国际的“大通道”，也是我国参与东北亚经济合作的重要枢纽。在世界经济结构调整和国际产业转移中，优越的区位优势，有利于吸引发达国家尤其是日本、韩国的资金和技术，加强与俄、日、韩等国在电子信息领域开展技术交流、产业合作和经贸往来，构筑对外开放的新格局。

二是工业产业门类齐全，具有较好的两化融合基础。随着工业化进程的逐步深入，黑龙江省逐渐形成了以装备、石化、能源、食品、医药、电子、冶金、建材、轻工等为主体且较为完整的产业体系，累计提供了约占全国 2/5 的原油、1/3 的电站成套设备、1/3 强的木材、1/10 的原煤。2013 年，黑龙江省工业企业实现增加值 5659.3 亿元，比 2012 年增长 10.4%，全年规模以上工业实现利税 2497.0 亿元，装备、石化、能源、食品四大主导产业实现产值 10429.8 亿元，比上年增长 12.7%。第二产业全员劳动生产率指数为 75.57，比全国平均水平（指数为 66.21）高 9.36 个点，全国排名第 7，较为领先。

三是工业企业电子商务应用全国领先。2013 年，黑龙江省重点行业典型企业采购环节电子商务应用普及率指数为 93.14，高于全国平均水平（指数为 63.05）30.09 个点，全国排名第 4 位，远远高于全国大部分省份。重点行业典型企业销售环节电子商务应用普及率指数为 101.98，高于全国平均水平（指数为 69.61）32.37 个点，排名全国第 3。

四是经营管理环节的信息化应用程度高。2013 年，黑龙江省重点行业典型企业 ERP 普及率指数为 68.37，高于全国平均水平（指数为 58.13）10.24 个点，全国排名第 8，处于全国中上游。重点行业典型企业 SCM 普及率指数为 66.33，高于全国平均水平（指数为 55.63）10.70 个点，排名全国第 6，处于全国中上游。

同时，黑龙江省两化融合也存在一些劣势。

一是与经营管理环节的信息化水平相比，生产制造环节的信息化程度不高。信息技术仍然集中在经营管理环节，没有向生产制造、过程控制等系统集成应用方向延伸。重点行业典型企业 PLM 普及率指数为 35.88，低于全国平均水平（指数为 49.50）13.62 个点，排名全国第 28。重点行业典型企业装备数控化率指数为 43.15，低于全国平均水平（指数为 47.20）13.62 个点，排名全国第 20 位。

二是互联网、移动电话普及率低。黑龙江省地处偏远，农业农村人口较多，贫穷落后地区较多。一些家庭受经济条件限制，买不起手机，负担不起网费，导致黑龙江省的互联网普及率偏低，移动电话普及率也较低，在全国排名分别为第21、第22，处于中游水平。

【相关建议】

一是加强信息基础设施建设。加快推进第三代移动通信网络建设，引导建设宽带无线城市，加强与城市规划的衔接，推进城市楼宇宽带标准化。扩大服务范围，加快农村、偏远地区宽带网络建设，全面提高宽带普及率和接入带宽，逐步形成惠及全省居民的信息网络。启动开展物联网建设布局，以广电应用为先导，在重点领域组织开展物联网应用示范，加强云计算设施建设。

二是提供合作共赢平台，发挥桥梁纽带作用。企业之间可以通过合作相互提升企业能力，当企业能力异质时，通过合作可以弥补各自能力上的不足。对于小企业来说，业务范围比较窄，只能在狭缝里求生存，要通过与其他企业合作，联合承接一些较大的业务，以扩大生存空间。企业变动较为频繁，相互之间并不了解，很少会自发地进行沟通交流，更谈不上合作。制造业生产资源交易服务体系作为第三方平台汇集、掌握了大量相关企业的生产经营情况，并有一套严格的评价系统，增进了企业间的了解与信任度。平台通过与物流机构、信用机构、金融机构的合作，为企业提供更便利、更可靠的交易服务，在促进企业之间的合作方面起着非常重要的桥梁作用。

三是以信息化促进工业企业节能降耗。黑龙江东部煤电化基地要鼓励信息化企业开发数字能源解决方案，推动信息通信技术在重点用能行业和企业中的应用，提高能源管理水平，推动智能电网、智能建筑、智能交通等建设。推广绿色数据中心、绿色基站、绿色电源，统筹数据中心布局、服务器、空调等设备和管理软件应用，选用高密度、高性能、低功耗主设备，利用自然冷源等技术降低能源消耗。

四是发挥对俄边贸优势，加快发展电子商务。依托现有的中俄电子商务平台、农产品及绿色特色产品电子商务平台、旅游电子商务平台、物流配送电子商务平台，不断完善运营水平和商业模式。加强政府间沟通协调，完善两国银行结算、信用保险、通关等制度衔接，为电子商务平台在上述领域开设绿色通道，加快实现与电子口岸的数据对接。扶持本地电子商务平台做大做强，积极推进服务体系的发展。吸引全国大型电子商务企业入驻，推动电子商务运营水平提升与商业模式创新，实现电子商务市场的全面繁荣。大力发展电子支付与物流配送等电子商务相关产业环节，夯实电子商务产业基础，提升电子商务服务水平。

上海市两化融合发展水平分析

【总体情况】

2013 年，上海市以构建战略性新兴产业引领、先进制造业支撑、生产性服务业协同发展的现代工业体系为目标，聚焦重点产业、骨干企业、关键技术、重点项目和产业基地，探索完善推进两化融合的基本思路和实践路径，有力地促进了经济发展方式的转变和产业结构的优化升级，为建设全球高端智造中心奠定了良好基础。

（一）促进产业链联动发展

上海市依托骨干龙头企业信息化促进产业链上下游企业信息化水平提升，进而带动产业整体竞争力提高。在航空领域，中国商飞投资 1 亿元实施了全球协同研制平台建设，带动了协作单位和供应商等业务系统对接，形成了具有我国自主创新能力和完备配套保障能力的航空研制生产体系。在装备制造领域，上海电气下属的电站集团、三菱电梯等企业围绕风电装备、电梯等关键产品，着力推进产品生命周期管理系统（PLM）部署，打通了从研发设计到生产制造、销售管理等环节的信息通道，加快了企业从生产型制造向服务型制造的转变。在汽车领域，上汽集团围绕自主荣威品牌建设，开发建成国内首个集成且支持柔性生产的汽车制造执行系统，平均缩短 45% 的制造周期，带动了自主品牌汽车产业链的发展。

（二）促进企业集聚发展提升

上海市以国家新型工业化产业示范基地和市级产业园区为重点，以优化信息基础设施，完善信息化管理、服务和运维系统为切入点，着力提升产业基地园区的综合功能，园区对企业的集聚带动作用得到进一步加强。重点突破园区信息化标准规范，编制了涵盖园区信息化基础设施规划、建设、服务、评估等内容的《数字化产业园区建设与管理标准》，作为企业联合标准在临港园区下属的洋山港等产业园区中进行了试点推广，目前该标准已纳入上海市地方标准的制定计划。园区信息化应用不断深化拓展，漕河泾新兴技术开发区在公共区域无线覆盖、IC 卡一卡通的基础上，进一步启动建设了高清智能技防系统，实现对园区内所有人、车的动态监测，并与公安部门联网，提升了园区管理与安保水平；浦东软件园统一部署了园区内的集中式数据中心，并面向初创型中小企业提供一站式云服务平台，有效降低了企业信息化部署成本。

（三）促进协同化推进机制建设

上海市最大程度调动全社会资源和积极性协同推进两化融合，构建了政府多部门协同、市区两级协作的推进机制，提高了政府政策资源的有效聚焦，区县两化融合实践取得成效，浦东、松江、宝山等五个区开展两化融合实践区建设，其中浦东新区成为全国电子商务综合创新实践区。上海市加强产学研用的结合，激发高校、科研机构、企业等各方的积极性，形成广泛深入的两化融合合作机制，依托复旦、上海交大等高校以及宝信软件等企业技术中心，建立了 4 个两化融合研究中心和十个重点实验室，江南数字化造船、上海氯碱节能减排、上海烟草供应链管理等一批产学研项目顺利实施。

【两化融合发展水平分析】

上海市两化融合一直处于全国先进水平。2013年，上海市两化融合发展指数为86.28，比2012年的81.06提高了5个多点。其中，基础环境建设进展最快，由2012年的76.26提升到2013年的84.79，提高了8.5个点；工业应用指数为75.86，比2012年提高近3个点；应用效应指数为108.61，比2012年提高了6.5个点。这三项指标指数，不仅远远高于全国平均水平，而且基础环境和工业应用两项指标均排名全国第一。

（一）基础环境指数

2013年，上海市在基础环境各个方面都有所提升，尤其是更加注重加强面向中小企业的信息化公共服务平台建设。在信息基础设施建设和应用普及方面，上海市城（省）域网出口带宽指数为113.10，比2012年的111.90增长了1.2个点；固定宽带普及率指数为97.70，比2012年的92.9增长了4.8个点；固定宽带端口平均速率指数为67.70，比2012年的60.03增长了7.4个点；移动电话普及率指数为79.10，比2012年的73.50增长了5.6个点。在互联网应用普及方面，上海市互联网普及率指数为80.50，比2012年的79增长了1.5个点。在两化融合政策环境建设方面，2013年，上海市设立了两化融合专项引导资金，对于引导两化融合发展至关重要；中小企业信息化服务平台数量指数为93.70，比2012年的50增长了43.7个点；重点行业典型企业信息化专项规划情况指数为75.10，比2012年的74增长了1.1个点。

（二）工业应用指数

2013年，上海市主要是依托龙头骨干企业信息化促进产业链上下游企业信息化水平整体提升。具体来看，重点行业典型企业ERP普及率指数为67.70，比2012年的67.10增长了0.6个点。重点行业典型企业MES普及率指数为97.20，比2012年的89.10增长了8.1个点。重点行业典型企业PLM指数为74.30，比2012年的71.20增长了3.1个点。重点行业典型企业SCM普及率指数为63.30，比2012年的62.40增长了0.9个点。重点行业典型企业采购环节电子商务应用普及率指数为103.40，比2012年的97.40增长了6个点。重点行业典型企业销售环节电子商务应用普及率指数为107.50，比2012年的103.20增长了4.3个点。重点行业典型企业装备数控化率指数为56.90，比2012年的58.70减少了1.8个点。国家新型工业化产业示范基地两化融合发展水平指数为45.10，比2012年的42增长了3.1个点。

（三）应用效益指数

在地区工业生产效益和水平方面，2013年，上海市工业增加值占GDP比重指数为45，比2012年的43减少了2个点；第二产业全员劳动生产率指数为85.30，比2012年的75.40增长了9.9个点；工业成本费用利润率指数为41.80，比2012年的43.3减少了1.5个点；单位工业增加值工业专利量指数为143.50，比2012年的127.70增长了15.8个点。受产业转移影响，2013年上海市电子信息制造业主营业务收入指数为204.70，比2012年的204.90减少了0.2个点；软件业务收入指数为206.60，比2012年的181.60增长了25个点。

【优劣势评价】

2013年，上海市两化融合发展继续保持全国领先，发展指数增长量也排在全国前列，进一步缩小了与江苏省之间的差距。结合评估指标分析和上海市两化融合主要进展，上海市两化融合的优势主要有以下几点。

一是网络基础设施依然全国领先。2013年，上海市城域出口带宽为6192.15Gbps，全国平均水平只有2927.22Gbps；固定宽带端口平均速率为7.3M，全国平均水平只有5.29M；移动电话普及率为每百人128部，平均每个人1.28部，而全国人均只有0.85部；互联网普及率为68.4%，高于全国42.7%的平均水平。全国领先的信息基础设施，奠定了上海市两化融合的应用基础，降低了企业信息化成本，也为信息技术应用推广提供了市场。

二是工业企业普遍具备了向综合集成和产业链协同发展的能力。2013年，上海市重点行业典型企业 ERP 普及率、MES 普及率、PLM 普及率、SCM 普及率、电子商务应用、装备数控化率等指标基本达到 50% 以上，全部高于全国平均水平 10 个百分点以上，其中重点行业典型企业 MES 普及率达到 62.5%，高于全国平均水平 30 多个百分点，重点行业典型企业 PLM 普及率达到 67.5%，高出全国平均水平近 30 个百分点。同时涌现了一批典型企业。如航空产业中，中国商飞实施了全球协同研制平台建设，带动了协作单位和供应商等业务系统对接，形成了具有我国自主创新能力和完备配套保障能力的航空研制生产体系。上海电气下属的电站集团、三菱电梯等企业围绕风电装备、电梯等关键产品，着力推进产品生命周期管理系统（PLM）部署，打通了从研发设计到生产制造、销售管理等环节的信息通道，加快了企业从生产型制造向服务型制造的转变。上汽集团围绕自主荣威品牌建设，开发建成国内首个集成且支持柔性生产的汽车制造执行系统，平均缩短 45%的制造周期，带动了自主品牌汽车产业链的发展。

三是工业企业研发创新能力强。2013 年，上海市单位工业增加值工业专利量达到了 3.47，超过了全国平均水平的 1 倍多。上海市国家级创新型企业达到 15 家，国家级创新型试点企业为 19 家，市级创新型企业达到 500 家。科技小巨人企业和小巨人培育企业共 878 家，高新技术企业为 4312 家，技术先进型服务企业有 281 家。全市年内认定和复审高新技术企业 1442 家。截至 2012 年年末，全市共认定高新技术成果转化项目 8545 项。其中，年内认定 714 项。在年内认定的高新技术成果转化项目中，电子信息、生物医药、新材料等重点领域项目占 87.7%；拥有自主知识产权的项目占 100%。全年经认定登记的各类技术交易合同 2.8 万件，比上年下降 4.4%；合同金额 588.52 亿元，增长 6.9%。

同时，上海市两化融合也还存在一些劣势。

一是两化融合未能较好地降低工业成本。工业成本费用利润率由 2011 年的 6.93% 降低到 2012 年的 6.61%，下降了 0.32 个百分点，甚至远低于全国平均水平 8.04%。一方面，受到劳动力成本、土地成本和原材料价格上升的影响，工业成本增长较快。另一方面，也说明两化融合并没有很好地提高工业生产效率。

二是对中小企业信息化扶持与服务力度不够。中小企业由于规模小，实力弱，没有足够的人力和财力投资于信息化，常常成为拖累中小企业竞争力提升的重要方面。政府加大对中小企业信息化的扶持力度是大力提高一个地区两化融合水平的重要内容。2013 年，上海市中小企业服务平台数为 32 个，全国各省份平均有 51 个，远远低于全国平均水平，这说明上海市对中小企业信息化扶持力度不够。

三是产业园区两化融合重视不足。上海市一向重视促进产业集聚，形成了一批上规模的产业园区。产业园区如何加强配套协同、如何创新商业模式、如何利用电子商务形成世界性虚拟市场，信息化大有可为。事实上，当前世界主要产业园区均在努力构建行业性电子商务龙头，以加强产业根植性。但上海市目前针对这些产业园区两化融合的特色政策却比较少。2013 年，以国家新型工业化产业示范基地为代表的两化融合发展水平落后全国近 20 个点，与较好的产业基础完全不匹配。一旦其他省市抢先发展某些行业电子商务或行业服务平台，则可能产生吸附作用，进而影响到某些产业园区的可持续发展，这是值得上海市特别注意的。

【相关建议】

一是加强中小企业公共服务平台建设。引导服务商构建信息化服务平台，围绕中小微企业多样化、个性化需求，整合服务资源，完善平台功能，提高服务的专业性和有效性。鼓励电子商务服务商探索为中小微企业提供信用融资等服务。推动中小企业公共服务平台网络建设，发挥国家中小企业公共服务平台的示范作用，依托产业集群和工业园区，为中小微企业提供政策咨询、创业辅导、技术创新、人才培训、市场开拓等线上线下相结合的服务。

二是推动重点行业产业链协同发展。促进骨干企业内部信息共享和系统集成以及产业链上下游企业的业务协同，提升产业链整体竞争力。一要促进企业生产管理集成。在装备、汽车、飞机等离散制造行业中，深化研发设计、工艺流程、生产装备、过程控制、物料管理等环节信息技术的集成应用；在钢铁、石化、医药等连续制造行业中，推广集成化的生产执行系统（I-MES）、分散控制系统（DCS）等信息技术的普及应用。二要促进各个环节的产业链协同。以提升汽车、航空、装备、造船等产业链协同能力为重点，推动跨企业的产品全生命周期管理、客户关系管理及供应链管理系统应用和深化。三要促进企业跨地域、国际化经营。支持企业建设跨部门、跨地域的集团一体化管控系统、集团级数据中心和商务智能系统；支持重点行业骨干企业跨国运营平台建设，建立全球协同的经营管理系统。

三是加快推进信息技术自主创新。抓住云计算、物联网、大数据和移动互联网产业发展契机，加快工业软件的研发和应用，重点发展大型行业软件，以及用于汽车电子、交通电子、智能终端等领域的核心嵌入式软件平台；推进操作系统、数据库、中间件等基础软件产品的研发及在工业领域的应用。推动集成电路和电子信息产业发展，重点开发面向行业的嵌入式芯片和系统，加大先行先试、首台首套应用的力度，支持芯片设计、制造企业、整机厂商和应用运营商联动发展。

江苏省两化融合发展水平分析

【总体情况】

2013 年，江苏省按照全省“两个率先、六个注重、八项工程”部署，从基础提升、示范引领、模式创新、载体深化、理念提高 5 个方面全面推进两化融合工作，以产业集群为载体逐步形成了龙头带动型、平台凝聚型和中介牵引型等两化融合推进模式，为加快实现创新驱动、转型发展提供重要手段。

（一）健全领导机制

建立健全两化融合的领导机制，省政府将信息化指标列入江苏省基本实现现代化指标体系。调整补充省信息化领导小组，由省政府主要领导担任组长，全面加大各级政府对两化融合的领导力度，省经信委联合省委组织部连续几年开展了面向各市、县分管领导和经信委主要负责人的两化融合专题培训，并建立了主要领导亲自挂帅、分管领导具体负责、业务处室具体落实的两化融合工作推进机制，统筹协调全省两化融合工作。各省辖市分别成立了市政府分管领导牵头的两化融合领导小组和两化融合专家库。在推进中小企业两化融合方面，专门建立了全省中小企业信息化推进工程联席会议制度，组建了中小企业信息化联盟，设立了中小企业信息化推进工程咨询专家组。

（二）构建创新体系

充分发挥江苏省信息产业的优势，重点强化信息化对技术创新、扩散、传播的支撑，加强产学研用结合，利用信息网络平台开展研究与开发合作，加快产业向高端攀升。创办 7 所示范性企业大学，在全国率先建成覆盖全省的“智慧江苏统一门户平台”，IPTV 用户达到 380 万户，居全国第一位。实施企业两化融合“百千万”工程，组织各级主管部门“进百企”活动，促进信息技术集成应用和融合创新，开展企业信息化评价评估。全省累计认定两化融合示范、试点企业 1525

家。着力支持 287 家骨干企业通过两化融合进一步增强创新能力，攻克 100 项关键核心技术，建立以重点骨干企业信息化平台为基础的上下游企业之间的技术研发、生产制造、销售服务的一体化网络。参加全国两化融合成果展，获最佳展示奖。

2013 年，全省企业研发费用占 GDP 的比重达 2.3%；全省信息技术领域累计发明专利申请量达 23611 件，占我省全部专利的 31%，申请总量和增幅均居全国前列。

（三）强化重点行业应用

针对不同行业对信息技术的应用需求，江苏省强化重点行业推广应用，增强产业竞争力。以电子信息、装备制造和石油化工产业为重点，跟踪国际最先进信息技术，推进研发数字化、装备智能化、生产自动化，增强主导产业核心竞争力。2013 年，江苏省 3 大主导产业产值均已超万亿元，其中装备制造和电子信息产值分别超过 3 万亿元和 2 万亿元，位居全国第一、第二。江苏省在对纺织、冶金、轻工、建材 4 大传统产业技术改造工作中，以两化融合为导向，排出一批示范效应好的重点技改项目，列入“百项千亿”重点技术改造工程，推动生产装备智能化、生产过程自动化和经营管理网络化，提高企业信息系统集成、能源资源高效利用和安全生产水平。突出行业龙头企业、产业集群和重点产业链，择优认定两化融合示范试点企业。江苏省重点行业骨干企业装备自动化率达 85% 以上，计算机辅助设计普及率达 90%，产品开发周期缩短 2/3。

（四）加强示范试验区建设

江苏省按照工信部的总体要求，积极推动南京、江阴国家级两化融合试验区完成三年发展计划。把两化融合作为促进各类园区实现转型升级、“二次创业”的重要抓手，推动省级以上开发区成立了两化融合领导小组，制定两化融合实施行动纲要。已认定苏州工业园区等 30 个园区为省级两化融合示范区以及江阴开发区等 26 个开发区为两化融合试验区，认定苏州 IP 融合通信产业集群、宜兴环保产业集群、南通船舶产业集群为两化融合示范试验基地，认定省级两化融合示范基地 30 个。两化融合服务产业园建设经验被国家工信部推广。推动南京全国软件名城和两化融合试验区建设，无锡市、常州市、镇江市、泰州市、南京河西新城、苏州工业园区、盐城市城南新区、昆山市花桥经济技术开发区、昆山市张浦镇被列为国家智慧城市建设试点。支持无锡国家传感网创新示范区建设，在智能通物流、智能节能环保等 6 大领域实施 64 个示范项目。制定《江苏省政府信息化服务管理办法》，加强规范管理，政府信息化服务水平进一步提升。

（五）搭建公共信息技术服务平台

江苏省有重点地推进面向全省的产业集群两化融合信息化应用平台建设，一批面向节能环保、船舶海工、纺织服装、工程机械、港口物流等产业集群和电子信息、光伏太阳能等产业链的信息服务平台，正广泛地为企业研发、营销及信息资源共享提供服务。行业性专业性电子商务平台在全国领先，促进跨境电子商务协同发展，构建一批中小企业服务平台，组建了由国内外 50 多名知名学者、专家组成的省级企业、产业集群两化融合专家咨询委员会，组建了物联网、光伏、轨道交通等 10 多个由国内一流院所、高校参与的产业联盟。实施了中小企业“百千万”电子商务应用促进计划，全省商务领航中小企业客户突破 10 多万户，移动信息化应用托管平台中小企业用户达 6 万多户。江苏绸都网、中国制造网等成为国家电子商务试点单位，苏州工业园区现代物流公共信息平台成为国家物流公共平台试点。江苏风云网络（SAAS）在线服务平台、常州市的物流平台、吴江的中国东方丝绸市场电子商务平台受到产业集群企业的广泛认可。

（六）优化两化融合发展环境

为推动两化融合的政策法规建设，江苏省颁布实施了《江苏省信息化条例》、《全省“十二五”国民经济和社会发展信息化规划》，制发了两化融合示范区、产业集群示范基地、示范试验企业的认定指标体系和实施办法，加强对各市两化融合工作的考核，形成有规划、有团队、有制度、有项目、有培训、有考核的“六有”机制。精心组织中国（南京）国际软件产品和信息服务、苏州电子信息、无锡国际物联网 3 大博览会。全面部署企业两化深度融合“百千万”工程和万家“数字企业”创建活动。江苏省政府与工信部签署《关于共同推进江苏省信息化发展战略合作框架协议》，全面提高全省经济社会信息化战略规划和超前部署，助力江苏省率先发展、科学发展、和谐发展。江苏省与 3 大通信运营商签署合作协议书，加大投入力度，合力推进全省通信基础设施建设，努力提升全省信息化水平。加快推进物联网示范工程项目建设，分领域逐个制定应用示范总体方案，强化资源整合，落实配套政策，推进项目实施。联合有关部门制发了《关于加快推进中小企业信息化建设的意见》，引导社会力量建设产业集群两化融合服务体系，免费为产业集群企业提供两化融合方面咨询、培训、认证和产品应用体验服务，2013 年，提供服务超过 8 万人次。制定了《关于加快推进全省两化融合服务产业园建设工作的指导意见》，计划实施“四个 3”工程，力争通过 3 年时间，培育 3 家以上大型连锁式两化融合产业服务园，认定 30 家省级两化融合服务产业示范园，培育 300 家具有一定规模、抗风险能力强、拥有核心优势、保持行业领先的生产性信息服务重点骨干企业。

【两化融合发展水平分析】

2013 年，江苏省两化融合发展指数为 87.26，继续排在全国首位。基础环境指数为 82.73，比 2012 年的 74.55 增长了 8.18 个点。工业应用指数为 71.91，比 2012 年的 68.71 增长了 3.2 个点。应用效益指数为 87.26，比 2012 年的 82.35 增长了 4.91 个点。在基础环境取得较大改善的前提下，江苏省工业应用得到持续深化，应用效益也有相应地提高。

（一）基础环境指数

在信息基础设施建设方面，2013 年，江苏省城（省）域网出口带宽指数为 140.8，比 2012 年的 110.15 增长了 30.65 个点；固定宽带普及率指数为 82.19，比 2012 年的 76.18 增长了 6.01 个点；固定宽带端口平均速率指数为 59.97，比 2012 年的 56.47 增长了 3.5 个点；移动电话普及率指数为 65.26，比 2012 年的 60.77 增长了 4.49 个点。在互联网应用普及方面，2013 年，江苏省互联网普及率指数为 66.14，比 2012 年的 63.31 增长了 2.83 个点。在两化融合政策环境建设方面，2013 年，江苏省设立了两化融合专项引导资金；中小企业信息化服务平台数量指数为 142.9，比 2012 年的 113.65 增长了 29.25 个点；重点行业典型企业信息化专项规划情况指数为 68.15，比 2012 年的 61.94 增长了 6.21 个点。可以看出，江苏省基础环境的各个方面都有所提升，其中在城（省）域网建设、中小企业信息化服务平台建设等方面的提升最大，使得基础环境指数成为三类指数中增幅最大的。

（二）工业应用指数

江苏省并未受到企业调查样本量增加的影响，工业应用中大部分指标的水平均有明显提升。具体来看，2013 年，江苏省重点行业典型企业 ERP 普及率指数为 69.65，比 2012 年的 62.3 增长了 7.35 个点。重点行业典型企业 MES 普及率指数为 87.09，比 2012 年的 77.9 增长了 9.19 个点。重点行业典型企业 PLM 指数为 57.04，比 2012 年的 65.98 减少了 8.94 个点。重点行业典型企业 SCM 普及率指数为 67.23，比 2012 年的 62.12 增长了 5.11 个点。重点行业典型企业采购环节电子商务应用普及率指数为 90.37，比 2012 年的 82.62 增长了 7.75 个点。重点行业典型企业销售环节电子商务应用普及率指数为 92.14，比 2012 年的 82.57 增长了 9.57 个点。重点行业典型企业装备数控化率指数为 57.46，比 2012 年的 64.75 减少了 7.29 个点。国家新型工业化产业示范基地两化融合发展水平指数为 58.91，比 2012 年的 54.48 增长了 4.43 个点。

（三）应用效益指数

2013 年，江苏省在地区工业生产效益和水平的提升尚不明显，工业增加值占 GDP 比重指数为 52.39，比 2012 年的 54.98 减少了 2 个点；第二产业全员劳动生产率指数为 60.14，比 2012 年的 59.85 增长了 0.29 个点；工业成本费用利润率指数为 40.73，比 2012 年的 43.51 减少了 2.78 个点；单位工业增加值工业专利量指数为

141.85，比 2012 年的 134.72 增长了 7.13 个点。2013 年，江苏省的信息产业规模持续扩大，电子信息制造业主营业务收入排名指数为 293.32，排名全国第二，比 2012 年的 275.67 增长了 17.65 个点，进一步缩小了与广东省之间的差距；软件业务收入指数为 256.69，比 2012 年的 235.02 增长了 21.67 个点，已经超过广东，位列全国第一。

【优劣势评价】

江苏省两化融合水平领先于全国其他省份，较好的经济基础为促进两化融合发挥了积极作用。具体来说，江苏省两化融合具有以下优势。

一是信息基础设施较为完善。江苏省省域网出口带宽达到 9852.54Gbps，是全国平均水平的 3 倍还多，其中互联网国际出口带宽到达 6665Gbps。固定宽带普及率为 0.17 个/人，互联网宽带接入端口为 2892.4 万个，年净增 828.2 万个，同比增长 40.1%，光缆线路长度为 156.8 万千米，年净增 40.6 万千米，同比增长 35%；移动交换机容量为 9665.7 万户，年净增 129.8 万户，年增长率为 1.4%。电信业业务规模稳步扩大，截至 2013 年年底，江苏省电话用户数和互联网宽带接入用户数分别为 9858.6 万户和 1351 万户，年增长率分别为 8.4% 和 11.6%，年末电话普及率达 125 部/百人，比上年年末增加 10 部/百人，移动电话普及率为 94.6 部/百人，互联网普及率达到 50%。江苏省电信业务总量、收入、增加值以及电信用户总数和宽带用户数稳居全国第二。

二是电子信息产业规模巨大。2013 年，江苏省电子信息制造业主营业务收入达到 22897.4 亿元，占全国总收入的 1/4，位居全国第二，已经和广东相差无几。软件业务收入为 4305.59 亿元，跃居全国首位。软件、集成电路、平板显示、计算机及网络设备、现代通信、新型元器件等产业集群发展特色鲜明，沿沪宁线电子信息产业密集带规模不断扩大，国际化水平不断提高。全省基于信息技术的新兴产业占 GDP 比重达到 28.9%，智能化产品占全部产品销售收入的 15.4%。全省拥有 1 个国家级电子信息产业基地、4 个国家级电子信息产业园、12 个省级电子信息产业基地、15 个省级电子信息产业园，形成了沿沪宁线信息产业密集带，其业务收入占全省的比重超过 80%，国际化水平不断提高。

三是工业各领域创新活跃。2013 年，单位工业增加值工业专利量达到了 3.38，是全国平均水平的 两倍还多。2013 年，江苏省着力支持 287 家骨干企业通过两化融合进一步增强创新能力，攻克 100 项关键核心技术，建立以重点骨干企业信息化平台为基础的上下游企业之间的技术研发、生产制造、销售服务的一体化网络。参加全国两化融合成果展，获最佳展示奖。全省企业研发费用占 GDP 的比重达 2.3%；全省信息技术领域累计发明专利申请量达 23611 件，占江苏省全部专利的 31%，申请总量和增幅均居全国前列。中船重工 702 所完成蛟龙号载人潜水器研制任务和海试成功，标志着我国系统地掌握了大深度载人潜水器设计、建造和试验技术，实现了从跟踪模仿向自主集成、自主创新的转变，跻身世界载人深潜先进国家行列。中远船务海工研发项目“深海高稳性圆筒型钻探储油平台的关键设计与制造技术”获 2011 年国家科技进步一等奖。东南大学“第四代通信宽带移动通信容量逼近传输技术及产业化应用”研究成果获 2011 年国家技术发明一等奖。

江苏省两化融合发展总体情况较好，但也存在一些劣势。

一是省内区域发展水平严重不平衡。江苏省工业主要集中在宁、苏、锡、常等苏南地区，该地区信息化水平高、信息服务业密集，政府也在该地区配置了较多的公共服务资源。而苏北地区工业基础较弱，信息服务业落后，政府支持力度也较弱。因此，形成了省内两化融合“数字鸿沟”。长期下去，将不利于区域经济协调发展。

二是两化融合的效益未能完全发挥。虽然江苏省两化融合水平已经连续两年居全国首位，但是两化融合所带来的经济效益并没有完全显现。第二产业全员劳动生产率和工业成本费用利润率都比全国平均水平低 20% 左右。这就需要江苏省进一步调整两化融合发展战略，进一步提升两化融合的实际效果。

【相关建议】

一是推动制造装备智能化。通过加快嵌入式系统芯片、可编程控制器等智能技术在工业产品的应用，提升工业产品质量。推进高档数控机床与基础制造装备、自动化成套生产线、轻型工业机器人以及自动化关键基础零部件、元器件及通用部件的发展。提升汽车、高附加值船舶等大型工业产品智能化水平，发展智能电梯、智能家居、数字会议桌面终端等新型智能产品。以智能电网、智能交通和工业控制等领域为重点，研发智能电表、智能化检测仪器、智能控制器等产品。

二是鼓励产业链协同创新。促进骨干企业内部信息共享和系统集成以及产业链上下游企业的业务协同，提升产业链整体竞争力。一要促进企业生产管理集成。在装备、汽车、飞机等离散制造行业中，深化研发设计、工艺流程、生产装备、过程控制、物料管理等环节信息技术的集成应用；在钢铁、石化、医药等连续制造行业中，推广集成化的生产执行系统（I-MES）、分散控制系统（DCS）等信息技术的普及应用。二要促进各个环节的产业链协同。以提升汽车、航空、装备、造船等产业链协同能力为重点，推动跨企业的产品全生命周期管理、客户关系管理和供应链管理系统应用和深化。三要促进企业跨地域、国际化经营。支持企业建设跨部门、跨地域的集团一体化管控系统、集团级数据中心和商务智能系统；支持重点行业骨干企业跨国运营平台建设，建立全球协同的经营管理系统。

三是加强信息服务功能载体建设。加快培育一批企业规模大、抗风险能力强、拥有核心优势、保持产业领先的生产性信息服务龙头企业。结合江苏省产业特色和发展实际，聚焦重点领域，选择产业集群凝聚力较强、生产性信息服务企业发育良好的产业集聚区或产业开发区，建设两化融合服务产业示范园。坚持专业化、特色化、可复制的发展原则，加速两化融合产业服务园的载体扩张。鼓励骨干制造企业将信息化等非核心业务进行剥离重组，提供面向产业集群的专业化信息服务。鼓励有条件的生产性制造企业向研发型、服务型企业转型。

浙江省两化融合发展水平分析

【总体情况】

2013 年，浙江省以“两换”为抓手着力提高工业企业发展新质量，以“技术创新综合试点”为手段着力增强工业创新驱动发展新动力，通过试点示范加快推进重点行业和产业集群两化深度融合。

（一）试点示范成效凸显

2013 年，浙江省在企业两化融合“135”行动计划的指导下，实施以“百企示范、千企试点、万企行动”为内涵的“百千万”工程，共确认两化融合示范企业 222 家，试点企业 1303 家。建立省、市、县（市）三级企业两化融合的试点（示范）工作体系，各市建立了企业两化融合专家库，设立了由企业、科研院所、高校三方合作组成的两化融合技术研发中心。组织开展企业管理信息化示范试点。继续开展印染、造纸、化工、医药等传统行业两化深度融合专项行动。

浙江省选择永嘉泵阀、平湖光机电、大唐袜

业等 5 个产业集群作为第二批省级产业集群两化深度融合试验区，开展产业集群两化深度融合服务年活动，超过 2000 家企业参加活动。

（二）生产性服务业初具规模

浙江省在全国率先开展特色工业设计基地建设试点，把工业设计产业作为加快发展生产性服务业的突破口，全面推进 11 个地市和义乌市加快建设省级特色工业设计示范基地。截至 2012 年年底，12 个省级特色工业设计示范基地都已开园，6 个地市出台了发展总部经济的政策性意见，认定了首批 16 家工业企业为工业旅游示范基地。

（三）产业发展环境不断优化

浙江省大力推进杭州、宁波两市的三网融合试点。协调促成浙江省广电集团和省电信签订战略合作协议，完成了浙江省广电集成播控平台与浙江省电信 IPTV 传输系统的技术对接。目前，全省电信 IPTV 用户已超过 250 万户，有线电视宽带用户数超过 130 万户，手机电视用户数超过 400 万户。牵头编制“宽带浙江”建设规划，支持全省广电“一省一网”整合发展。目前，已基本完成“一省一网”整合工作，全省数字电视“整体转换”和“双向改造”率均突破 90%，成为继广东、江苏之后用户数突破千万的省份之一。推动杭州 TD-LTE 扩大规模试验，在技术测试、网络覆盖、规模试验等方面均居全国领先地位。

【两化融合发展水平分析】

2013 年，浙江省两化融合发展指数为 78.69，仅次于江苏、上海、北京、广东，位列全国第五，比 2012 年增长了 7.96，增长量排名全国第三，远超全国平均增速。基础环境指数为 79.05，比 2012 年的 74.25 增长了 4.8 个点。工业应用指数为 68.27，比 2012 年的 57.84 增长了 10.43 个点。应用效益指数为 99.18，比 2012 年的 93 增长了 6.18 个点。

（一）基础环境指数

2013 年，浙江省加大信息基础设施建设的投入力度，城（省）域网出口带宽指数为 141.91，比 2012 年的 110.76 增长了 31.15 个点；固定宽带普及率指数为 92.9，比 2012 年的 87.74 增长了 5.16 个点；固定宽带端口平均速率指数为 54.9，比 2012 年的 52.79 增长了 2.11 个点；移动电话普及率指数为 75.17，比 2012 年的 70.13 增长了 5.04 个点。在互联网应用普及方面，2012 年，浙江省互联网普及率指数为 73.54，比 2012 年的 71.24 增长了 2.3 个点。在两化融合政策环境建设方面，2013 年，浙江省继续设立两化融合专项引导资金，在吸引社会资本参与信息化建设中发挥了重要作用；中小企业信息化服务平台数量指数为 77.22，比 2012 年的 72.97 增长了 4.25 个点；重点行业典型企业信息化专项规划情况指数为 72.21，比 2012 年的 66.34 增长了 5.87 个点。

（二）工业应用指数

2013 年，浙江省工业应用各项指数均呈现上升势头。其中，重点行业典型业 ERP 普及率指数为 75.83，比 2012 年的 54.76 增长了 21.07 个点。重点行业典型企业 MES 普及率指数为 77.14，比 2012 年的 52.82 增长了 24.32 个点。重点行业典型企业 PLM 指数为 54.2，比 2012 年的 43.58 增长了 10.62 个点。重点行业典型企业 SCM 普及率指数为 62.48，比 2011 年的 59.78 增长了 2.7 个点。重点行业典型企业采购环节电子商务应用普及率指数为 76.9，比 2012 年的 62.41 增长了 14.49 个点。重点行业典型企业销售环节电子商务应用普及率指数为 85.06，比 2012 年的 75.33 增长了 9.73 个点。重点行业典型企业装备数控化率指数为 52.03，比 2012 年的 51.57 增长了 0.46 个点。国家新型工业化产业示范基地两化融合发展水平指数为 65.67，比 2012 年的 62.67 增长了 3 个点。

（三）应用效益指数

在地区工业生产效益和水平方面，2013 年，浙江省工业增加值占 GDP 比重指数为 39.18，比 2012 年的 41.66 减少了 2.48 个点；第二产业全员劳动生产率指数为 47.46，比 2012 年的 42.68 增长了 4.78 个点；工业成本费用利润率指数为 36.83，比 2012 年的 40.25 减少了 3.42 个点；单位工业增加值工业专利量指数为181.4，比2012年的164.1增长了17.3个点。在信息产业发展水平方面，2013年，浙江省电子信息制造业主营业务收入指数为161.67，比2012年的158.84增加了2.83个点；软件业务收入指数为180.32，比2012年的153.2增长了27.12个点。

【优劣势评价】

一是信息基础设施比较发达。2013年，浙江省城（省）域网出口带宽达到10031.31Gbps，位居全国第二，固定宽带普及率达到0.21个/人，位居全国第三。2013年全年，浙江省电信业务总量为808.8亿元。年末本地电话交换机容量为2791万门，比上年减少195万门；移动电话交换机容量为9685万户，比上年增加80万户。本地电话用户为1882万户，比上年减少66万户，普及率为34.2线/百人；移动电话用户为6443万户，比上年增加687万户，普及率为117.2部/百人。年末全省互联网用户为5887万户，其中（固定）互联网宽带接入用户为1153万户。

二是产业园区两化融合推进措施有力。2013年，国家新型工业化产业示范基地两化融合发展水平为50.46，高于全国平均水平。浙江省在智慧园区建设上，与国内外知名信息化服务商合作，依据各园区的定位和发展现状，制定有效的整合方案、超前的建设理念和先进的技术手段，着力建设以云计算为特色、以高新技术为发展方向的智慧园区，推动当地园区的两化深度融合，并且将当地的园区打造成为未来智慧园区的标杆。

三是以信息化节能降耗成效显著。浙江省单位地区生产总值能耗仅为全国平均单位生产总值能耗的一半，在经济保持较快增长的同时注重降低对环境的污染。2012年浙江省以印染、造纸、皮革、化工、冶金、医药、建材等行业为重点，创建两化深度融合促进节能减排试验区，推广信息技术在企业节能减排改造中的应用，取得了很大的成效。以印染行业为例，浙江省组织推广12项实用信息技术在绍兴、萧山等地200多家印染企业深度应用，提高水资源利用率25%，减少污水排放30%以上，综合减少能耗30%以上。

与此同时，浙江省两化融合也存在一些劣势。

一是政府对中小企业的扶持力度不够，浙江是中小企业大省，是全国中小企业最发达的省份之一，目前浙江省有各类中小企业260多万家，占全省企业总数的99%、工业总量的84%、工业税收的81%、外贸出口的82%；工业企业从业人员的93%都来自中小企业。但是截至2013年年底，浙江省省级中小企业信息化服务平台数为23个，远远低于全国各省份平均的51个，很难满足省内中小企业信息化发展的各项需求，进一步提高面向中小企业的综合服务和专业服务能力已成为当务之急。

二是部分企业信息化推进手段不够。浙江省部分企业推进两化融合还存在装备化基础薄弱、流程管理缺位、企业管理与信息化脱节、企业关键能力不足等现象。在浙江省的经济结构中，国有大型企业集团也占有一定比重，这些企业是浙江推进“两化融合”的主战场，而部分国有企业利用信息化加强管理的意识薄弱，IT治理结构不完善，IT部门在企业战略的制定中话语权不足，利用信息技术进行创新的机制不健全且能力不强。这些都阻碍了浙江“两化融合”的整体发展。

【相关建议】

一是加大两化融合技术和产品研发力度。充分利用浙江省高校和科研院所云集、教学和师资力量雄厚等优势，设立由企业、科研院所、高校三方合作组成的两化融合技术研发中心，针对行业特别是新兴产业的发展需要，确定关键技术研发项目，开展技术攻关，解决产业和技术升级问题，实现高新技术的产业化应用。

促进企业加快信息技术应用的研发速度，使企业研发团队中拥有集成电路、网络、软件等信息技术专业人才，形成板块化研发团队，加快企业两化深度融合。进一步重视产业集群两化融合中的共性技术规范研究，加强信息化应用领域的基础性和关键性标准建设。

二是组织两化融合IT企业与工业企业对接。实施信息技术产用合作专项，在机械、石化、电力等重点行业针对企业需求开展信息技术应用试点示范，形成可推广的行业解决方案，支持工业企业采用安全可控的信息技术和产品。在重点消费领域，提升移动智能终端、高端家电、医疗器械、玩具等产品智能化水平，提高产品附加值。

加强应用电子产品和系统研发及产业化，推动工业软件开发、标准化及行业应用。推进重点行业信息技术应用公共服务平台建设，引导行业协会、企业和研发机构共同组织产用合作联盟。

三是加快推进实施产业园智慧化建设。完善示范基地信息基础设施，提高宽带和高速无线网络的覆盖率。增强示范基地公共服务平台的信息化支撑能力，建设并完善一批面向产业集群的专业化信息化服务平台，鼓励建设示范基地管理综合服务平台。依托示范基地骨干企业，促进产业链上下游企业间、制造企业与生产性服务企业间信息共享和业务协作。

安徽省两化融合发展水平分析

【总体情况】

2013 年，安徽省充分发挥两化融合在促进工业转型升级、企业创新发展上的重要作用，通过政策叠加、示范牵动和模式创新，把技术改造作为转型升级的重要抓手，把自主创新作为转型升级的持续动力，把培育新兴产业的规模化作为转型升级的制高点，在行业和企业层面取得了显著成效。

（一）加快传统产业升级改造

安徽省围绕钢铁、煤炭、石化、建材、装备制造、电子信息等重点行业，组织开展企业层面的示范建设，连续三年共培育 205 家省级两化融合示范企业。铜陵有色、海螺、安徽叉车、江淮汽车、奇瑞汽车、安徽华茂、淮北矿业 7 家企业入围 2013 年国家级信息化与工业化深度融合示范企业。马钢和铜陵有色成为全国两化融合促进节能减排示范企业，雷鸣科化成为国家两化融合促进安全生产示范企业。示范企业中，煤炭行业如淮北矿业、国投新集信息化都保持在全国前列水平，信息化为行业发展提供了安全保障，提高了管理水平。马钢新区的能源控制管理中心，利用信息技术实现了能源设备的实时监控和能源调度、能源管理一体化。示范企业的培育和评定工作，充分调动了企业实施信息化的积极性和主动性，大力推进了信息技术在企业产品研发、生产经营、节能减排、创新发展、产业服务等方面的应用和融合。

（二）加快产业升级步伐

为做好两化融合在区域层面上的示范工作，安徽省制订了《关于开展信息化与工业化融合示范区活动的指导意见》，选择一批基础条件好、有代表性的市、县和工业园区开展两化融合示范区建设。目前已在全省认定了 19 家省级两化融合示范区，分成市级、县级、工业园区不同层次。各个示范区根据本地区产业发展特点，找准两化融合切入点，制订示范区建设工作方案，出台政策、落实保障，以两化融合推进本地工业企业、产业加快升级步伐。其中，合肥市成为第二批国家级两化融合试验区。合肥市将汽车、家电、装备制造、平板显示等 8 个产业作为重点，从省级示范项目、市级示范项目和园区示范 3 个层面加以推进，工作取得显著成效。

（三）引导企业加快发展

推进两化融合，抓好项目建设，是引导企业

主动开展信息化的一项有效措施。安徽省经信委以每年的导向计划项目为依据，建设两化融合重点项目库，进行跟踪调度。在每年的财政专项资金申报中，将两化融合项目作为一个专项，通过项目引导全省两化融合工作的开展。2012 年，工信部首次开展了国家级两化融合资金项目的申报工作，安徽省经信委把省级示范企业的优秀项目推荐上去，最终有江汽、铜陵有色等 4 家企业的项目入选。

（四）推进中小企业信息化

安徽省采用当前成熟的云计算服务模式，在广大中小企业实施信息化中积极引入社会化建设理念，推进“用得上、用得好、用得起”的信息化建设。安徽省经信委分别与省电信、省移动、省联通联合，省市系统联动，在全省先后开展“万家数字企业”、“动力 100 无线企业”建设和“无线城市应用巡展”等活动，培训企业 1.85 万家，建成“数字企业”6897 家，参与“无线企业”建设的企业达 19973 家。通过这些活动，搭建了通信服务商、IT 服务企业和广大中小企业之间的桥梁，向中小企业提供产品购买、系统租赁、服务外包、功能定制等全方位、个性化的服务，解决了中小企业开展信息化缺资金、缺人才等困难，活动取得了很好的效果。

（五）优化发展环境

为指导全省信息化与两化融合科学有序推进，安徽省政府印发了《安徽省“十二五”信息化发展规划》，省经信委出台了《安徽省“十二五”信息化与工业化融合发展规划》，提出了信息化在传统产业升级、新兴产业发展、节能减排、服务业发展、技术创新等方面的主要任务和重点工程。

【两化融合发展水平分析】

2013 年，安徽省两化融合发展指数为 59.3，与河北、陕西、新疆等省份同处全国中等偏下水平。基础环境指数为 54.81，比 2012年的 51.2 增长了 3.61 个点。工业应用指数为 57.31，比 2012 年的 66.68 减少了 9.37 个点。应用效益指数为 67.79，比 2012 年的 62.72 增长了 3.27 个点。

（一）基础环境指数

在信息基础设施建设方面，2013 年，安徽省城（省）域网出口带宽指数为 76.01，比 2012 年的 58.22 增长了 17.79 个点；固定宽带普及率指数为 50，比 2012年的 45.34 增长了 4.66 个点；固定宽带端口平均速率指数为 52.79，比 2012 年的 52.2 增长了 0.59 个点；移动电话普及率指数为 47.84，比 2012 年的 44.4 增长了 3.44 个点。在互联网应用普及方面，2013 年，安徽省互联网普及率指数为 47.8，比 2012 年的 42.35 增长了 5.45 个点。在两化融合政策环境建设方面，2013 年，安徽省设立了两化融合专项引导资金；中小企业信息化服务平台数量指数为 40.37，比 2012 年的 29.25 增长了 11.12 个点；重点行业典型企业信息化专项规划情况指数为 59.78，比 2012 年的 65.66 减少了 5.88 个点。

（二）工业应用指数

受到企业样本采集范围扩大的影响，2013 年安徽省工业应用大部分指数出现了不同程度的下降。其中，重点行业典型企业 ERP 普及率指数为 62.05，比 2012 年的 63.34 减少了 1.29 个点。重点行业典型企业 MES 普及率指数为 63.32，比 2012 年的 56.74 增长了 6.58 个点。重点行业典型企业 PLM 指数为 52.18，比 2012 年的 67.05 减少了 14.87 个点。重点行业典型企业 SCM 普及率指数为 59.53，比 2012 年的 65.13 减少了 5.6 个点。重点行业典型企业采购环节电子商务应用普及率指数为 69，比 2012 年的 87.06 减少了 18.06 个点。重点行业典型企业销售环节电子商务应用普及率指数为 70.87，比 2012 年的 83.7 减少了 12.83 个点。重点行业典型企业装备数控化率指数为 36.3，比 2012 年的 62.36 减少了 26.06 个点。国家新型工业化产业示范基地两化融合发展水平指数为 49.95，比 2012 年的 51.35 减少了 1.4 个点。

（三）应用效益指数

在地区工业生产效益和水平方面，2013 年，安徽省工业增加值占 GDP 比重指数为 50.32，比 2012 年的 52.65 减少了 2.33 个点；第二产业全员劳动生产率指数为 44.56，比 2012 年的 43.51 增长了 1.05 个点；工业成本费用利润率指数为 43.03，比 2012 年的 43.83 减少了 0.8 个点；单位工业增加值工业专利量指数为 144.55，比 2012 年的 128.59 增长了 15.96 个点。在信息产业发展水平方面，2013 年，安徽省电子信息制造业主营业务收入指数为 91.3，比 2012 年的 94.1 减少了 2.8 个点；软件业务收入指数为 29.92，比 2012 年的 28.37 增长了 1.55 个点。

【优劣势评价】

安徽省 2013 年工业经济和信息化均呈快速发展态势，两化融合发展具有一定优势。

一是工业创新能力较强。2013 年，安徽省单位工业增加值工业专利量为 3.53 件/亿元，是全国平均水平的两倍多，居全国第三位，甚至超过了上海、江苏和广东等经济强省。与全国大部分省份相比，安徽省科教资源较为丰富，现有中科院合肥物质科学研究院等国家和省属科研单位 158 个，中国科技大学等各类高校 97 所，国家大科学工程 4 个，是除北京以外国家大科学工程最密集的地区，省会合肥是全国唯一的国家科技创新型试点城市，合肥—芜湖自主创新综合试验区建设开始启动，这些都为安徽省工业企业科技创新提供了智力资源，使得安徽省工业创新异常活跃。2013 年，安徽省高新技术产业增长 16.5%，高新技术产品出口增长 9.5%。截至 2013 年年底，安徽有高新技术产业开发区 12 个，其中国家级 4 个。

二是工业应用普及保持良好态势。2013 年，安徽省以示范带动全省工业企业开展两化融合，支持一批重大项目建成投产。企业的 ERP、MES、PLM、SCM 和电子商务普及应用水平比较高，多个业务环节的信息化应用开始走向综合集成和产业链协同。江淮汽车、合力叉车、淮矿等企业的两化融合水平均在各自行业内领先。钢铁、化工、汽车、船舶等行业大中型企业数字化设计工具普及率超过 67%，大型骨干企业的信息管理和业务系统进入应用集成阶段。

同时，安徽省两化融合发展也存在一些劣势。

一是两化融合基础环境仍相对落后。2013 年，安徽省基础环境指数水平较低，在固定宽带普及、固定宽带端口平均速率、移动电话普及、互联网普及和中小企业信息化服务平台等方面都落后于全国平均水平。尤其是全省仅有 9 家省级中小企业信息化服务平台，远远少于其他省份。一方面，安徽省信息基础设施建设水平亟待提高；另一方面，提高公众信息技术应用意识，也是安徽省两化融合未来发展重点方向。

二是软件业发展相对弱小。安徽省软件业一直未能取得较快发展，2013 年，安徽省软件业务收入为 64.88 亿元，不到全国平均水平的 10%，更远远落后于江苏、上海、浙江等周边省市。安徽省软件业自主创新能力较弱，产品结构不合理，产品利润空间萎缩，支持技术创新和产业发展的政策措施还不完善。具体表现为：第一，产业整体规模偏小，对经济结构调整升级和信息化建设的拉动力不足；第二，软件企业创新能力有待提高，软件产品数量单一，名牌产品少，承接国家重大软件项目的竞争能力不强；第三，软件企业技术基础薄弱，缺乏核心技术支持和产品技术发展的长远规划；第四，支持产业公共技术开发、风险投融资、市场开拓等公共服务体系尚不健全，人才结构性矛盾日益突出。

【相关建议】

一是促进信息技术在传统工业领域的渗透。以汽车、钢铁、纺织、石化、冶金、煤炭、装备制造等安徽省重点传统行业为重点，加快产品研发、生产、营销、 管理等重点环节的信息技术改造，提升企业的核心竞争力。推进产品开发、设计与创新的信息化，深化信息技术在汽车、船舶、家电等产品上的渗透融合，提高产品信息技术含量和附加值。提高汽车、冶金、化工、纺织、轻工等行业在生产装备与过程控制方面的信息化和自动化应用水平，实现与企业资源计划系统对接。推广综合集成制造、敏捷制造、柔性制造、精密制造等先进制造技术，推进现代装备制造业发展。

二是发展和提升软件产业。重点发展具有自主知识产权和核心技术的软件产品，推进各领域软件技术与产品的产业化。提高嵌入式软件研发水平和能力。加强软件技术公共服务平台建设，协调企业、高校、科研院所和其他社会资源，合力打造软件产业综合服务平台、公共技术服务平台、人才培养和交流平台，促进各种形式的技术合作和创新联盟建设。

三是促进信息技术在服务业中的应用，培育壮大现代服务业。充分利用安徽省电子商务发达优势，推进电子商务与现代物流、电子商务与专业市场、电子商务与港口服务的集成发展、互动发展，不断创新电子商务服务模式和服务内容，完善电子商务产业链和发展环境。鼓励产业集群龙头骨干企业建立行业电子商务平台，完善供应链、客户和渠道管理，实现产业链企业间订单、设计、生产、管理、销售等商务活动全程电子化和网络化。

四是加大中小企业信息化公共服务平台建设，创新中小企业信息化服务模式。通过外包、服务购买、政府补贴等方式，鼓励信息技术服务企业为中小企业提供信息化服务。着力以效果为导向，以中小企业需求为牵引，培育一批面向中小企业提供信息化共性服务的平台，拓宽中小企业信息化服务渠道，鼓励中小企业利用本地和全国中小企业信息化服务资源。

福建省两化融合发展水平分析

【总体情况】

2013 年，福建省以闽台合作为契机，重点推进工业领域信息技术产用结合，以工程为抓手推动中小企业信息化服务平台建设，建立完善闽台两化融合合作机制，为进一步推动两化融合向深层次发展奠定基础。

（一）加大技术研发和应用

2013 年，福建省在共性关键信息技术领域加大研发与应用推广力度，支持工业设计、工业软件和自动化集成企业积极开拓市场，鼓励软件企业与产业园区、基地开展多层次的合作，推进软件技术与工业企业融合。2012 年，福建省共投入 1 亿元以上专项资金，促进国产工业软件企业为省内企业两化深度融合提供综合集成软件与技术服务。同时，福建省通过试点项目支持传统产业企业加大信息技术应用，以两化融合促进技术改造和技术创新，以技术改造带动转型升级。

（二）建设公共平台服务企业需求

福建省继续实施“288”工程（2 个综合性信息化公共服务平台、8 个行业性信息化公共服务平台、8 个专业性信息化公共服务平台），主要通过少量财政资金引导和市场化运作，有力促进了信息技术在中小微企业的广泛应用。截至 2013 年年底，“288”工程总投入 22.5 亿元，总产出超过 100 亿元。2013 年，福建省还启动了“万家智慧企业”和“万家中小企业人才管理信息化提升”两个“万家工程”。为适应新技术的发展和应用，福建省大力推进“企业云服务”平台建设，支持福建省企业家联合会推出“企业家园”网络平台、闽东电机行业云服务平台等，较好地解决了行业创新能力不足、资源共享和业务协调能力不足等问题。截至 2013 年年底，福建省认定首批 45 个省级中小企业公共服务示范平台，其中 8 个平台被工业和信息化部认定为国家级示范平台。

（三）推动闽台两化融合对接合作

福建以在全国有较大优势的纺织行业信息化为重点，通过“台湾软件协会”和“台北电脑公会”等牵头，组织其会员单位开展闽台两化融合对接合作的“先行先试”。成立两岸第一家两化融合应用合资企业，引进台湾企业信息化的先进技术和模式。建立多层次的闽台信息服务业交流平台和“闽台物联网合作联盟”等常态化交流合作机制，在纺织、医疗、流通、物流、服装、旅游、汽车、节能减排、智能交通9个行业开展初步合作，为两岸合作推进两化深度融合进行了有益的尝试。

【两化融合发展水平分析】

2013年，福建省两化融合发展指数为74.72，继续位居全国前列。基础环境 指数为83.09，比2012年的77.83增长了5.26个点。工业应用指数为63.92，比2012年的63.7增长了0.22个点。应用效益指数为87.93，比2012年的83.59增长了4.34个点。

（一）基础环境指数

在信息基础设施建设方面，2013年，福建省城（省）域网出口带宽指数为76.19，比2012年的70.08增长了6.11个点；固定宽带普及率指数为90.37，比2012年的79.25增长了11.12个点；固定宽带端口平均速率指数为60.5，比2012年的54.9增长了5.6个点；移动电话普及率指数为71.48，比2012年的65.98增长了5.5个点。在互联网应用普及方面，2013年，福建省互联网普及率指数 为75.32，比2012年的71.96增长了3.36个点。在两化融合政策环境建设方面，2013年，福建省设立了两化融合专项引导资金；中小企业信息化服务平台数量指数为125.13，比2012年的113.65增长了11.48个点；重点行业典型企业信息化专项规划情况指数为78.37，比2012年的82.11减少了3.74个点。

（二）工业应用指数

2013年，福建省重点行业典型企业ERP普及率指数为75.06，比2012年68.51增长了6.55个点。重点行业典型企业MES普及率指数为46.72，比2012年的50.9减少了4.18个点。重点行业典型企业PLM指数为55.1，比2012年的68.93减少了13.83个点。重点行业典型企业SCM普及率指数为70.39，比2012年的64.48增长了5.91个点。重点行业典型企业采购环节电子商务应用普及率指数为57.86，比2012年的53.47增长了4.39个点。重点行业典型企业销售环节电子商务应用普及率指数为65.77，比2012年的58.19增长了7.58个点。重点行业典型企业装备数控化率指数为51.26，比2012年的56.83减少了5.57个点。国家新型工业化产业示范基地两化融合发展水平指数为87.41，比2012年的85.75增长了1.66个点。

（三）应用效益指数

在地区工业生产效益和水平方面，2013年，福建省工业增加值占GDP比重指数为50.33，比2012年的50.97减少了0.64个点；第二产业全员劳动生产率指数为59.23，比2012年的50.37增长了8.86个点；工业成本费用利润率指数为45.49，比2012年的50减少了4.51个点；单位工业增加值工业专利量指数为101.94，比2012年的93.12增长了8.82个点。在信息产业发展水平方面，2013年，福建省电子信息制造业主营业务收入指数为154.54，比2012年的152.32增加了2.22个点；软件业务收入指数为161.39，比2012年的144.11增长了17.28个点。

【优劣势评价】

一是两化融合发展基础雄厚。根据评估数据显示，在基础环境类各项指标中，福建省都高于全国平均水平。尤其是固定宽带普及率和重点行业典型企业信息化专项规划制定率都高于全国平均水平的一半以上。全省电信业完成主营业务收入422.67亿元，同比增长10.1%。年末全省电话用户总数达到5066万户，本年净增498万户，固定电话用户1017万户，净增2万户；移动电话用户4049万户，同比净增496万户，其中3G电话用户840万户，同比净增391万户。全省互联网用户为 3461 万户，同比净增 589 万户。全省固定电话交换机容量 1626 万门，同比减少 7.0%；移动电话交换机容量 7703 万户，同比增长 7.3%。互联网宽带接入端口 1110 万个，同比增长 22.4%。互联网普及率为 61.3%。

二是重点行业信息技术应用突破较大。福大自动化自主创新全球领先的“跨平台”技术 IAP 系统（安全可靠自动化控制平台）应用于华能电厂，稳定无事故运行时间至今已超过 10 年，其设备含服务造价（1050 万元人民币）仅为同期日本三菱重工报价（高达 1400 万美元，还不含服务费）的 10%；厦门雅迅“掌务通”系统在银鹭集团应用后，月人均销售提升 49%，实施仅 1 年就帮助银鹭集团年销售额从上财年的 54 亿元增长到 101 亿元。上润自动化传感产品成功运用于神舟系列飞船和国内外石油勘探工程，打破日本在相关领域的全球垄断地位。此外，福建省装备制造、服装纺织、制鞋、造纸等重点行业骨干企业比较重视信息化建设，分期分步出台企业信息化规划，设专门信息化部门，每年根据需要划拨信息化投入，不断引入先进设备和信息系统，推动信息技术在企业研发设计、生产、管理等环节的渗透融合，尤其在协同集成应用方面具有很好的示范作用。比如恒安集团 2002 年全方位推进管理优化和改革，财务结算时间从原来的 5 天缩短为 1 天，利润增长率从 54.5% 提升到 61.2%，销售收入从 10 亿元跃升至 170 亿元。三是企业信息化公共服务体系较为完善。近几年来，福建省围绕全省产业集聚特点，建成了面向区域、面向行业、面向中小企业的信息技术公共服务平台 50 多个，如鞋服信息资源服务平台、信息家电产品创新设计平台、纺织机械控制器嵌入式平台、数码印花信息服务平台、五金行业信息服务平台等，为广大中小企业提供各类公共信息服务与技术支持，起到了很好的效果。

与此同时，福建省两化融合推进过程中也还有一些不足之处。

一是自主创新产品市场应用推广难度很大。如现有招投标制度普遍规定“需要具有成功案例”，即要有“首台（套）”业绩，可“创新”往往意味没有先例。虽然不少企业自主研发的信息技术产品已具备与国际一流企业竞争的实力，但现行招投标制度往往导致创新产品丧失最基本的入围资格，严重制约自主创新的应用发展。如福大自动化（全国软件百强第 16 位）自主创新的 IAP 系统在实际应用中效果明显，在全国“两化融合成果展”上得到多位中央政治局领导和工信部以及行业专家的充分肯定，可该产品近年因没有“相应行业案例”始终无法在大项目中得到应用。

二是两化深度融合的机制体制不畅。两化深度融合意味着融合的全方位和高质量，其核心是信息化支撑，这需要有强有力的“一把手”机制来推动。但目前福建省加快推进两化深度融合的发展举措与建设先进制造业基地和现代服务业、实现跨越发展与促进产业结构调整升级的战略还不匹配，缺乏高层面的两化深度融合组织保证，工业化和信息化“两张皮”现象明显，实施过程力度不足。另外，福建省重产业、轻信息化的现象比较突出，更强调产业规模扩大带来的 GDP 直接增长贡献，忽视信息化应用带来生产效能提升、生产方式变革等更为明显的间接效用。

【相关建议】

一是完善闽台两化深度融合交流合作机制。拓宽海峡两岸两化深度融合的合作领域，充分利用台湾信息化应用上的先行优势和行业积累，着力推进工业设计、现代物流、电子商务、科技咨询等生产性服务业“两化深度融合”对接，深化与台湾电子信息、石化、机械装备以及新能源汽车、工业设计、数控机床等领域的产业自动化与电子化合作。不断加强两岸合作的对接深度，围绕重点行业搭建对接平台，加大两岸 CIO 的交流力度，支持台湾同业公会、相关企业与内地合作建立技术中心、研究中心、产业联盟等，引进台湾企业信息化的先进技术和模式，提升两化深度融合的服务能力。

二是鼓励优势企业信息化部门分立提供普适服务。引导并扶持信息化程度比较高的大中型企业将优势软件和信息服务部门剥离出来，成立专业信息化服务公司为全行业、全社会提供普适服务，进一步提高信息技术的社会化、专业化、规模化、市场化水平，实现价值链从制造环节向研发、交易、集成和服务等环节延伸和拓展；支持骨干企业在系统集成、提供解决方案等方面开展增值服务，推进工业制造向工业智造、服务型制造转变。

三是引进和培养两化融合人才。出台两化融合人才需求目录。深入实施人才引进战略，联合台湾人才服务机构，开展各类人才培训和交流工作。鼓励省内高等院校面向市场需求，加强相关学科与专业建设。培育各产业的高层次两化融合专业人才，逐步培养推动两化融合的经营管理、系统规划、设计及系统整合等两化融合应用推动型人才。推动省内高校两化融合相关专业建立实习生派遣制度，加快培养、引进具有实战经验的专业信息技术人才和具有信息技术知识的复合型管理人才，开展企业信息主管（CIO）制度建设试点工作，加快培育信息化领军人才队伍。

四是加快基于新一代信息技术的公共服务平台建设。推进面向中小企业的研发设计平台建设，提供工业设计、虚拟仿真、样品分析、检验检测等软件支持和在线服务。提高网络环境下的企业间协作配套能力和产业链专业化协作水平，鼓励中小企业参与以龙头企业为核心的产业链协作。推广面向中小企业的信用管理、电子支付、物流配送、身份认证等关键环节的集成化电子商务服务。建立并完善一批面向产业集群的技术推广、管理咨询、融资担保、人才培训、市场拓展等功能的嵌入式服务平台。鼓励开展适合中小企业特点的网络基础设施租赁服务，积极发展设备租赁、数据托管、流程外包等服务。

江西省两化融合发展水平分析

【总体情况】

2013 年，两化融合在促进江西省工业发展转型、经济发展方式转变方面发挥了重大作用，信息技术在工业各领域的广泛应用、渗透与融合，有效带动了企业生产管理模式的革新，极大提升了企业技术创新和发展能力。

（一）试点示范效应显现

江西省入选国家“制造业信息化工程示范省”，南飞公司、江铃集团、昌河飞机公司等成为国家级制造业信息化重点试点企业，企业生产经营管理发生了明显的甚至是根本性的变化，企业的经济社会效益、整体素质，特别是适应市场环境变化的反应能力有了大幅度提升，形成了新的竞争力。江西省开展“信息化与工业化深度融合个十百千万工程”，以典型示范、项目推进、平台搭建、水平评估等为抓手，从区域、行业、企业多个层面推进两化融合。两化融合促成了工业各行业内部、行业上下游之间的协作，提高了整个产业链的运行效率，形成了产业整体竞争力。

（二）发展环境不断完善

“两化融合”促进了区域的信息化发展，推动了区域的基础设施建设和一系列“智慧”工程建设，如“智慧鄱阳湖”、“智慧城市”等，提升了公共服务能力，完善了创新发展环境。

【两化融合发展水平分析】

2013 年，江西省两化融合发展指数为 65.47，位于全国中上游水平。基础环境指数为 58.04，比 2012 年的 48.08 增长了 9.96 个点。

工业应用指数为 73.3，比 2012 年的 48.39 增长了 24.91 个点。应用效益指数为 57.24，比 2012 年的 53.13 增长了 4.11 个点。

（一）基础环境指数

在信息基础设施建设方面，2013 年，江西省城（省）域网出口带宽指数为 58.37，比 2012 年的 53.85 增长了 4.52 个点；固定宽带普及率指数为 50，比 2012 年的 45.34 增长了 4.66 个点；固定宽带端口平均速率指数为 53.96，比 2012 年的 51.6 增长了 2.36 个点；移动电话普及率指数为 46.02，比 2012 年的 42.75 增长了 3.27 个点。在互联网应用普及方面，2013 年，江西省互联网普及率指数为 44.6，比 2012 年的 39.65 增长了 4.95 个点。在两化融合政策环境建设方面，2013 年，江西省依旧没有设立两化融合专项引导资金；中小企业信息化服务平台数量指数为 147.71，比 2012 年的 90.37 增长了 57.34 个点；重点行业典型企业信息化专项规划情况指数为 57.09，比 2012 年的 53.21 增长了 3.88 个点。

（二）工业应用指数

2013 年，江西省重点行业典型企业 ERP 普及率指数为 68.76，比 2012 年的 48.03 增长了 20.73 个点。重点行业典型企业 MES 普及率指数为 79.5，比 2012 年的 68.77 增长了 10.73 个点。重点行业典型企业 PLM 指数为 54.43，比 2012 年的 42.4 增长了 12.03 个点。重点行业典型企业 SCM 普及率指数为 63.47，比 2012 年的 44.16 增长了 19.31 个点。重点行业典型企业采购环节电子商务应用普及率指数为 96.92，比 2012 年的 58.33 增长了 38.59 个点。重点行业典型企业销售环节电子商务应用普及率指数为 106.95，比 2012 年的 44.72 增长了 62.23 个点。重点行业典型企业装备数控化率指数为 83.86，比 2012 年的 40.14 增长了 43.72 个点。国家新型工业化产业示范基地两化融合发展水平指数为 36.85，比 2012 年的 42.87 减少了 6.02 个点。

（三）应用效益指数

在地区工业生产效益和水平方面，2013 年，江西省工业增加值占 GDP 比重指数为 51.42，比 2012 年的 54.01 减少了 2.59 个点；第二产业全员劳动生产率指数为 51.44，比 2012 年的 45.01 增长了 6.43 个点；工业成本费用利润率指数为 44.99，比 2012 年的 44.34 增长了 0.65 个点；单位工业增加值工业专利量指数为 47.33，比 2012 年的 40.93 增长了 6.4 个点。在信息产业发展水平方面，2013 年，江西省电子信息制造业主营业务收入指数为 119.21，比 2012 年的 99.33 增加了 19.88 个点；软件业务收入指数为 24.07，比 2012 年的 24.24 减少了 0.17 个点。

【优劣势评价】

一是工业应用取得较大进展。江西省工业应用指数提升较快，除国家新型工业化产业示范基地两化融合发展水平之外，其他各类工业应用指数都得到大幅度提升，全部高于全国平均水平。信息技术在工业各领域的广泛应用、渗透与融合，有效带动了企业生产管理模式的革新，极大提升了企业技术创新和发展能力。工业企业生产经营管理发生了明显的甚至是根本性的变化，企业的经济社会效益、整体素质、特别是适应市场环境变化的反应能力有了大幅度提升，形成了新的竞争力。

二是绿色发展水平全国领先。江西省坚持生态立省，抓住产业结构升级的重点，带动产业结构优化升级，把生态优势转化为经济优势。为此，江西省提出了构筑“龙头昂起、两翼齐飞、苏区振兴、绿色崛起”的区域发展格局，进一步明确了“绿色崛起”的发展目标。围绕绿色发展目标，江西省积极推进鄱阳湖生态经济区建设，高度重视战略性新兴产业的发展，推动新能源、新材料、航空制造、绿色照明、铜精深加工、钨和稀土精深加工等具有比较优势的战略性新兴产业加快发展。同时，江西省注重利用信息技术推动生态经济区的发展和节能减排工作，工业绿色发展水平较高，单位地区生产总值能耗为每万元 0.65 吨标准煤，全国排名第 7，远远高于全国每万元 1.04 吨标准煤的平均水平。

同时，江西省也存在明显的劣势。

一是两化融合的发展基础相当薄弱。2013 年，江西省省域网出口带宽 2032Gbps，低于全国

2927Gbps 的平均水平。固定宽带普及率为 0.08 个/人，低于全国 0.13 个/人的平均水平。固定宽带端口平均速率为 5.22Mbps，低于全国 5.29Mbps 的平均水平。移动电话普及率为 57.4 部/百人，低于全国 85.9 部/百人的平均水平。互联网普及率为 28.5%，低于全国 42.7% 的平均水平。2012 年，江西省电子信息制造业主营业务收入分别为 1685 亿元，远远低于全国 2730 亿元的平均水平。软件业务收入为 50 亿元，远远低于全国 808 亿元的平均水平。电子信息产业发展的落后影响了两化融合的发展。

二是尚未设立两化融合专项引导资金。江西省经济发展水平较低，2012 地区生产总值在全国的排名第 19。财政资金相对比较少，对企业信息化扶持力度不够，缺乏引导两化融合的硬手段。截至 2012 年年底，江西省均未设置两化融合引导资金，是全国没有设立两化融合引导资金的 6 个省份之一，也是唯一一个没有设立两化融合引导资金的中东部省份。

【相关建议】

一是建立两化融合社会广泛参与机制。积极引导行业协会、中介组织、高校科研院所、电信运营商、互联网企业、软件企业、电子信息制造企业和金融投资商等广泛参与企业、行业和区域的两化融合项目，充分发挥各方面积极性，为推进两化融合提供智慧、技术、人才、资金、培训、公共服务平台等方面的支撑，解决企业在推进自身“两化融合”中遇到的问题，形成全社会共同推进“两化融合”发展的良性发展态势，实现互利共赢。

二是着力提高综合集成和产业链协同水平。在重点行业推进研产供销、经营管理与生产控制、业务与财务全流程的无缝衔接和综合集成，推进统一集成的管理信息平台建设，实现产品开发、生产制造、经营管理等过程的信息共享和业务协同。以汽车、钢铁、纺织、石化、冶金、煤炭、装备制造等重点传统行业为重点，加快产品研发、生产、营销、管理等重点环节的信息技术改造，提升企业的核心竞争力。推进产品开发、设计与创新的信息化，深化信息技术在汽车、船舶、家电等产品上的渗透融合，提高产品信息技术含量和附加值。提高汽车、冶金、化工、纺织、轻工等行业在生产装备与过程控制的信息化和自动化应用水平，实现与企业资源计划系统对接。推广综合集成制造、敏捷制造、柔性制造、精密制造等先进制造技术，推进现代装备制造业发展。

三是进一步支持企业信息化建设。推进企业管理信息化，在企业生产、经营、管理、决策等各层次推广应用企业资源计划、产品数据管理、客户关系管理、决策支持等信息系统，强化设计、采购、生产、销售、库存等环节以及人员、资金、物资、信息、客户资源的管理，促进企业流程再造，提高管理水平和参与国际市场竞争的能力。加快推进中小企业信息化，积极引导电信服务商、软件企业等社会力量参与中小企业信息化建设，为中小企业提供投资小、见效快的信息化服务。按照行业开展中小企业信息化试点工作，形成示范在行业内推广。按照政府引导、社会参与原则，加快建设面向中小企业的信息化公共服务平台，为中小企业提供信息查询、企业管理、人员培训、创业指导、协调联络等服务，加快中小企业发展。

山东省两化融合发展水平分析

【总体情况】

山东省在全国率先建成两化融合评测中心，积极开展两化融合助企行动，重点实施了两化融合示范工程和“四个一百”示范工程，推动两化融合步伐进一步加快。

（一）加快“宽带山东”建设

2012 年 6 月 1 日，山东省质监局、省住建厅等联合制定的《住宅小区光纤到户通信配套设施设计规范》和《验收规范》两项地方标准正式实施。省政府办公厅转发了《关于加快推进山东省光纤到户建设的意见》，明确要求：自 2012 年 7 月起，尚未办理施工许可证的新建住宅小区、商住楼等，应全部达到光纤到户要求。从 2012 年下半年开始，青岛、济南、东营等市地已经根据意见要求和相关标准进行光纤到户建设和验收工作。

（二）大力普及信息化应用

山东省针对制造业、交通物流等重点领域，多次组织调研、召开专题会议，指导企业加大研发、推广力度，推动物联网技术的应用、发展。一是成立行业信息化应用研发团队，充分挖掘应用需求，整合产业链上下游资源，开发推广了移动办公、物联网、电子商务三大类解决方案，为各行业客户提供贴身、高效的信息化服务。二是开展中小企业信息化管理培训和体验。发挥自身优势，全面开展“百千万”中小企业信息化管理培训和体验活动，助力培育中小企业信息化示范点、示范区。先后为全省 20 多万家中小企业提供了一揽子信息化解决方案，产品覆盖 1000 余万人。各地通信企业与中小企业主管部门签订合作协议，共同推进中小企业信息化工作。

【两化融合发展水平分析】

2013 年，山东省两化融合发展指数为 76.68，仅次于江苏、上海、北京、广东、浙江，位列全国第六。基础环境指数为 74.73，比 2012 年的 70.4 增长了 4.33 个点。工业应用指数为 68.86，比 2012 年的 71.03 减少了 2.17 个点。应用效益指数为 94.29，比 2012 年的 91.37 增长了 2.92 个点。

（一）基础环境指数

在信息基础设施建设方面，2013 年，山东省城（省）域网出口带宽指数为 56.74，比 2012 年的 79.46 减少了 22.72 个点；固定宽带普及率指数为 72.97，比 2012 年的 66.1 增长了 6.87 个点；固定宽带端口平均速率指数为 56.4，比 2012 年的 55.9 增长了 0.5 个点；移动电话普及率指数为 57.71，比 2012 年的 55.35 增长了 2.36 个点。在互联网应用普及方面，2013 年，山东省互联网普及率指数为 57.01，比 2012 年的 54.72 增长了 2.29 个点。在两化融合政策环境建设方面，2013 年，山东省设立了两化融合专项引导资金；中小企业信息化服务平台数量指数为 150，比 2012 年的 113.65 增长了 36.35 个点；重点行业典型企业信息化专项规划情况指数为 61.74，比 2012 年的 70.42 减少了 8.68 个点。

（二）工业应用指数

2013 年，山东省重点行业典型企业 ERP 普及率指数为 64.04，比 2012 年的 57.76 增长了 6.28 个点。重点行业典型企业 MES 普及率指数为 58.84，比 2012 年的 62.96 减少了 4.12 个点。重点行业典型企业 PLM 指数为 56.58，比 2012 年的 77.92 减少了 21.34 个点。重点行业典型企业 SCM 普及率指数为 61.25，比 2012 年的 66.27 减少了 5.02 个点。重点行业典型企业采购环节电子商务应用普及率指数为 76.93，比 2012 年的 70.42 增长了 6.51 个点。重点行业典型企业销售环节电子商务应用普及率指数为 75.62，比 2012 年的 69.39 增长了 6.23 个点。重点行业典型企业装备数控化率指数为 54.58，比 2012 年的 63.4 减少了 8.82 个点。国家新型工业化产业示范基地两化融合发展水平指数为 100.17，比 2012 年的 97.05 增长了 3.12 个点。

（三）应用效益指数

在地区工业生产效益和水平方面，2013 年，山东省工业增加值占 GDP 比重指数为 51.71，比 2012 年的 58.53 减少了 6.82 个点；第二产业全员劳动生产率指数为 64.13，比 2012 年的 60.97 增长了 3.16 个点；工业成本费用利润率指数为 45.22，比 2012 年的 46.85 减少了 1.63 个点；单位工业增加值工业专利量指数为 95.61，比 2012 年的 80.12 增长了 15.49 个点。在信息产业发展水平方面，2013 年，山东省电子信息制造业主营业务收入指数为 188.09，比 2012 年的 193.9 减少了 5.81 个点；软件业务收入指数为 194.22，比 2012 年的 177.65 增长了 6.57 个点。

【优劣势评价】

目前，山东省两化融合发展依然位居全国前列，重点行业企业信息化建设水平较高，有许多已经开始走向集成化应用阶段，工业实力雄厚。总体来看，山东省两化融合发展优势如下。

一是电子信息产业发展势头依然强劲。2013 年，山东省电子信息制造业主营业务收入和软件业务收入分别达到 5018 亿元 和 1738 亿元，都远远超过了全国的平均水平。尤其是软件产业发展迅速，收入同比增速超过了 20%，是全国平均水平的 2 倍以上。数字家电、新型电子原材料与传感器、高效能服务器、新一代网络产品、高端行业软件已逐步成为产业的主流产品，山东省信息产业大省强省地位进一步巩固，核心竞争力大幅提高。

二是试点示范带动工业应用整体水平提升。2013 年，山东省工业应用的各项指数基本都在全国平均水平，其中试点地区和领域发挥了很好的示范作用。各个省级试验区以重大项目为载体，利用国家和省级信息产业、物联网等专项资金 8000 万元，支持冶金、煤炭、医药、电力、汽车等 14 个重点行业的两化融合项目 200 多项。其中，列入国家 2011 年物联网专项资金项目 8 项、获得支持资金 1800 万元，列入国家两化融合促进安全生产项目 8 项，列入国家两化融合促进节能减排重点项目 16 项。80 个项目列入省工业转方式调结构 1000 个重点技术改造项目，78 个项目被认定为省两化融合“四个一百”培育工程。省级财政投入专项资金 3630 万元，支持信息技术推广应用项目 80 个，项目总投资 25.8 亿元。各试验区申请项目和扶持资金量占全省比例超过 70%。部分市也安排了一定资金用于两化融合项目的配套或扶持。

三是智能工业得到初步发展。2013 年，山东省不断加大转方式调结构力度，注重用信息技术改造提升传统产业，诸多领域尝试发展智能工业，助力工业转型升级，经济发展质量得到显著提升。山东能源集团“智慧矿山”系统集成应用各类技术，实现了井下应急调度指挥“一呼百应”，实现全天候、无缝隙的安全监测监控管理，为矿山的安全提供了可靠的科学保障，为煤炭企业构筑了严密的安全网。青岛红领集团自主研发的信息化商务平台，实现了高端男装大批量定制，目前，量身定制业务已占企业总销售收入的 70%，而人力成本降低了 100 倍，生产效率提高了 50 倍。

同时，山东省两化融合也存在一些劣势。

一是两化融合的实施效果不好。2013 年，山东省第二产业全员劳动生产率、工业成本费用利润率和单位工业增加值工业专利量等工业效益指标，均落后于全国平均水平。其中，第二产业全员劳动生产率 138472 元/人·年，低于全国平均水平的近 10%。工业成本费用利润率为 7.34，低于全国平均水平的近 9%。单位工业增加值工业专利量 1.52 件/亿元，也落后于全国平均水平。这都一定程度表明两化融合并没有很好地提升全省的工业发展质量。

二是信息基础设施建设步伐和普及推广相对缓慢。2013 年，山东省省域网出口带宽、移动电话普及率和互联网普及率都低于全国平均水平，固定宽带普及率刚刚达到全国平均水平，这与山东省较强的经济基础和较快的经济发展速度完全不适应，也未能很好地支撑两化融合的快速健康发展。

【相关建议】

一是积极推进信息基础设施建设和应用普及。加快城市通信网络“光进铜退”进程，打造一张基于 IP 技术，语音、数据、视频融合，覆盖全省的高速信息化承载网络，大幅提高全省宽带接入速率。加快建设第三代移动通信网、下一代互联网、新一代宽带无线通信网，加快广播电视网络改造，着力建设有线、地面、卫星相结合的数字广播电视网络。加强信息基础设施集约化建设和规范化管理，做好新城区网络基础设施的配套建设。加强农村地区信息基础设施建设，扩大信息网络的覆盖面。大力开展信息化普及培训，提高信息技术应用意识，适应信息技术演进和信息社会发展需要，面向社会加强专业性教育培训，增强民众信息素质。

二是加快推进智能工业发展战略。重点发展工业机器人、高端数控机床、工业控制芯片、核心工业软件等智能装备和智能产品，推动生产过程智能化，加快传统制造向服务制造转型升级。在装备制造、汽车、纺织、电子信息等行业推动计算机辅助设计向计算机辅助工程、虚拟仿真、数字模型发展，实现研发设计的持续改进、及时响应和全流程创新；推动研发设计、工艺流程、生产装备、过程控制、物料管理等环节信息技术集成应用，实现精准制造、高端制造、敏捷制造。在食品、药品等行业推动生产过程状态监测、质量控制、快速检测系统建设，实现产品质量和安全的全生命周期管理。

三是优化完善两化深度融合技术创新体系。重点建立产业技术创新联盟，推动国家级企业技术中心、工程（技术）研究中心、重点实验室、工程实验室等研发平台建设，构筑区域性自主创新体系，加快传统产业由资源依赖型向创新驱动型转型升级。在新能源汽车、生物、新能源、新材料等行业推动信息化关键技术研发和先导示范应用，实现信息化对战略性新兴产业技术创新、业务创新、管理创新的引领和支撑。

广东省两化融合发展水平分析

【总体情况】

2013 年，广东省加快推进利用信息化技术改造传统产业、培育先进制造业、提升装备制造业，推动一大批重点信息化工程项目启动建设，两化融合步伐明显加快。

（一）推进信息化技术普及应用

加快推进 6860 工程。建设 6 个两化深度融合试点示范区：广州、佛山、顺德区、东莞、中山、惠州。建设 8 个重点行业信息技术公共服务平台，为中小企业提供产品协同设计制造、生产任务异地监控和技术交流等信息化支持服务。确立 60 个两化深度融合示范企业项目。装备制造、安全生产、绿色制造（节能减排+清洁制造）、牵手工程、制造业数字化、制造业服务化转型 6 个类别各 10 有个示范项目。

加快推进传统制造业改造升级。2012 年，全省机电行业 90% 以上实现二维计算机辅助设计，模具行业 80% 以上实现了计算机辅助制造一体化。100%大型企业和超过 60% 的中小企业建立了管理信息系统。“十一五”期间，通过信息化技术辅助清洁生产、节能减排，实现单位 GDP 能耗和工业增加值能耗分别累计下降 16.42% 和 29.4%。培育了海天调味品、广州数控、揭阳巨轮等多家国家级两化融合示范企业。

加快推进信息技术集成创新。广东省实施“装备制造数字化工程”，推进以数控机床、光机电一体化产品为代表的现代装备制造业发展。支持信息技术和传统产业技术相结合的集成创新，通过扶植美的集团有限公司的智慧家电与物联网应用产业化等项目建设，推动了广东省信息技术与工业产品的融合。

推进节能降耗和清洁生产信息技术应用。推进钢铁、石化、有色、建材等重点行业节能减排信息技术改造，加强对钢铁、有色金属、建材、电力、石油化工、建筑等重点行业的污染排放自动监控及能源消耗利用的实时监测和控制，提高生产精确度和资源利用率。“十一五”期间，广东省通过信息化技术辅助清洁生产、节能减排，单位 GDP 能耗和工业增加值能耗分别累计下降 16.42% 和 29.4%，减少能源消耗 4372 万吨标准煤。

加大政策扶持和引导。采取适当财政补助或奖励政策，引导中小企业应用信息技术。广东省财政厅下达 2012 年省中小企业发展专项资金助力中小企业自主创新和转型升级项目计划，支持中小企业通过信息化手段提高生产工艺水平和创新能力。积极为两化融合企业项目争取财政资金扶持，全年共推荐 27 家企业申报国家两化深度融合示范项目，为广州数控等企业争取到国家两化融合专项扶持资金 460 万元。

（二）推动信息化平台加快建设

积极搭建工业设计平台。支持广东工业设计城向工信部、省政府申报部省共建基地，争取国家和省的政策资金扶持。2012 年 11 月成功举办了第六届“省长杯”工业设计大赛和全国大学生工业设计大赛的广东赛区联赛，12 月成功举办第六届广东省工业设计活动周。广东工业设计城已对珠三角乃至广东省产业和城市发展产生积极的带动效应。

鼓励和支持面向中小企业的公共信息服务平台建设。广东省经济和信息化委员会制定《关于广东省食品工业企业诚信信息公共服务平台信息采集工作方案》及《广东省食品工业企业诚信信息公共服务平台网站管理办法》，开展广东省中小企业公共服务示范平台认定工作，支持广东省一批协同制造服务平台建设。推荐 6 家企业申报国家中小企业公共（技术）服务示范平台。

加快信息化示范园区建设。按照“两化融合上水平”和“产业园区上档次”的要求，广东省出台了《广东省信息化园区建设评估标准》，建立了两化融合评估考核制度，加快推进标准体系和信息化园区建设。2012 年，广东省认定了佛山广东金融高新技术区等 11 个园区为首批广东省信息化园区无线园区。开展了信息化园区分级认定工作，评选出 24 个信息化金、银、铜牌示范园区。

深入实施“两化融合牵手工程”。促进制造业和现代信息服务业双提升，广东省在顺德、清远、汕头、阳江等地共举办 6 场对接活动。组织两化融合创新中心、用友集团、广新集团等 30 多家大型企业发起广东省 CIO 联盟，旨在聚合 CIO 力量，助推广东两化深度融合。在珠江三角洲各市逐步建立两化融合创新分中心，逐步完善中小企业两化融合服务体系。

突出抓好顺德国家级智能制造试点建设。利用顺德国家级装备工业两化深度融合暨智能制造试点的平台，重点发展智能制造，加快实施智能产品、智能生产、智能物流、智能产业、智能商务、智能服务 6 大智能工程，积极探索智能制造促进工业转型升级的区域特色模式。

（三）推动信息化技术向服务业延伸

推进专利信息服务。努力提高专利信息公益性服务能力和水平，开通广东省知识产权公共信息综合服务平台。加强企业专利信息分析预警、产业专利信息利用、知识产权战略研究，促进知识产权运用发展，全面提升全省两化融合知识产权创造能力和保护水平。

建设专业性较强的电子商务平台。加快生产性服务业的发展，推动智能商业应用，建立了广货网上行官方网站，并认定了一批照明、化工等行业的广货网上行活动市场主体。组织环球市场、唯品会等电子商务企业在商务部工作会议上进行典型经验介绍。与阿里巴巴、亚马逊、国美商城、京东商城、苏宁易购国内 5 大电子商务平台代表签署战略合作框架协议。

【两化融合发展水平分析】

2013 年，广东省两化融合发展指数为 80.50，其中基础环境指数明显提高。基础环境方面，2012 年基础环境指数为 72.18，2013 年基础环境指数为 83.64，比 2011 年提高 11.46 个点。工业应用方面，2012 年工业应用指数为 50.77，2012 年工业应用指数为 57.73，比 2012 年提高 6.96 个点。应用效益方面，2012 年应用效益指数为 121.66，2013 年应用效益指数为 122.91，比 2011 年提高 1.25 个点。

（一）基础环境指数

广东省两化融合基础环境建设良好。2013 年，广东省基础环境指数为 83.64，其中中小企业信息化服务平台数明显提高，许多重点行业典型企业编制了信息化专项规划。在信息基础设施建设方面，2013 年，广东省城（省）域网出口带宽指数为 148.7，比 2012 年提高 6.35 个点；固定宽带普及率指数为 85.02，比 2012 年提高 5.77 个点；固定宽带端口平均速率为 58.68，比 2012 年提高 6.63 个点；移动电话普及率指数为 75.45，比 2012 年提高 6.3 个点。在互联网应用普及方面，2013 年，广东省互联网普及率指数为 76.68，比 2012 年提高 2.05 个点。在两化融合政策环境建设方面，2013 年，广东省设立了两化融合专项引导资金；中小企业信息化服务平台数指数为 150，比 2012 年提高 44.23 个点；重点行业典型企业信息化专项规划指数为 36.32，比 2012 年提高 21.5 个点。

（二）工业应用指数

2013 年，广东省工业应用指数为 57.73，其中重点行业典型企业销售环节电子商务应用、重点行业典型企业采购环节电子商务应用比 2012 年显著增长，重点行业典型企业 PLM 普及率有所下降。2013 年，广东省重点行业典型企业 ERP 普及率指数为 73.17，比 2012 年提高 9.43 个点。重点行业典型企业 MES 普及率指数为 16.65，比 2012 年下降 0.47 个点。重点行业典型企业 PLM 普及率指数为 26.61，与 2012 年下降 63.96 个点。重点行业典型企业 SCM 普及率指数为 73.17，比 2012 年提高 8.73 个点。重点行业典型企业采购环节电子商务应用普及率指数为 64.57，比 2012 年提高 32.9 个点。重点行业典型企业销售环节电子商务应用普及率指数为 87.23，比 2012 年提高 48.18 个点。重点行业典型企业装备数控化率指数为 63.67，比 2012 年提高 4.4 个点。国家新型工业化产业示范基地两化融合发展水平指数为 56.08，比 2012 年提高 15.52 个点。

（三）应用效益指数

2013 年，广东省两化融合应用效益指数达到 122.91，其中单位工业增加值、工业专利量增长较快，第二产业全员劳动生产率、工业成本费用利润率有所下降。在地区工业生产效益和水平方面，2013 年，工业增加值占 GDP 比重指数为 51.62，比 2012 年下降 0.71 个点；第二产业全员劳动生产率指数为 63.14，比 2012 年下降 9.6 个点；工业成本费用利润率指数为 39.46，比 2012 年下降 2.48 个点；单位工业增加值工业专利量指数为 141.48，比 2012 年提高 7.58 个点。在工业节能减排水平方面，单位地区生产总值能耗指数为 80.52，与 2012 年持平。在信息产业发展水平方面，电子信息制造业主营业务收入指数为 294.08，比 2012 年提高 1.19 个点；软件业务收入指数为 255.36，比 2012 年提高 16.15 个点。

【优劣势评价】

一是信息基础设施建设良好，为两化融合提供了保障。2013 年，广东省光缆线路长度达 1054583 千米，互联网宽带接入端口达 2701.6 万个。固定电话用户数为 3135.8 万户，比 2012 年减少 11.3 万户。移动电话用户 12468.0 万户，比 2012 年增加 1675.2 万户，移动电话普及率达 118.7 部 / 百人。互联网宽带接入用户达 1903.6 万户，比 2012 年增加 259.7 万户。城（省）域网出口带宽位居全国第一，固定宽带端口平均速率位居全国第五。

二是工业基础雄厚扎实。广东省是领先全国的工业大省之一，是全球重要的制造业基地。广东省委、省政府陆续出台了关于工业产业结构调整、提高工业产业竞争力等措施，全省工业产业结构逐步合理化。电子信息、电器机械及专用设备、石油化工三大新兴支柱产业保持强劲发展态势，纺织服装、食品饮料、建筑材料三大传统支柱产业稳步发展，造纸、医药、汽车三大潜力产业发展迅猛，结构趋于优化。2013 年，广东规模以上工业完成增加值 21988.06 亿元，同比增长 8.4%。高技术、战略性新兴产业等现代产业加快发展，一些新兴产业产品投产或扩产，表现出良好的发展态势，成为经济低潮中的亮点。2013 年，广东规模以上高技术制造业完成增加值 5126.51 亿元，增长 10.7%。优势传统产业继续保持稳定增长态势。2013 年，传统优势产业完成增加值 5582.73 亿元，同比增长 9.7%。基础设备制造业发展良好。2013 年，通用设备制造业完成增加值 588.78 亿元，同比增长 9.8%。广东在工业方面的天然优势，为推动两化融合发展积攒了优势力量。三是电子商务发展迅猛。2013 年，广东省电子商务交易额约 1.5 万亿元，居全国首位。广东互联网的普及率、上网用户数、网购普及率、市场交易规模、电子商务市场份额等多项指标均居全国第一位，95% 以上的大中型企业都已“上网触电”、全面开展了电子商务交易管理。一方面，广东省电子商务涌现出唯品会、走秀网、梦芭莎、易积、AP-EC（农产品交易网）等一批全国知名的 B2B 和 B2C 电商平台。另一方面，以制造业为基础，在广州、深圳、佛山、东莞形成了一批电子商务集聚区，每个集聚区既发力于电子商务平台的建设，传统制造企业的“电商化”，同时还涌现出一批专攻电子商务的“制造商”。其中，深圳和广州已成为国家发改委的电子商务试点城市。以佛山顺德为例，根据京东、淘宝等平台的初步统计，目前顺德从事 B2C 和 C2C 交易的网商约 2400 家，主要销售产品为家电、家具、鞋、服装、玩具、电子产品等。其中既包括了美的、格兰仕、万和等进攻线上销售的传统制造企业，还包括了贝尔莱德、小熊电器这类年轻的制造企业，以电子商务为发展主旋律，重组供应链环节，成为网民力捧的“电商品牌”。另外，顺德还拥有超过 10 个电商交易平台，例如，欧浦钢网、乐百购家具网等。

与此同时，广东省两化融合也存在一些劣势，体现在如下方面。

一是两化融合发展不平衡。广东省各地区各城市间两化融合发展不平衡现象比较突出。珠江三角洲工业发达，信息化水平也高，不少指标在全国都居于领先位置。而粤东、粤西和粤北地区则工业经济落后，信息基础设施比较薄弱，企业信息化水平很低。

二是信息产业自主创新能力不强。科技研发投入不足，引进技术的消化吸收水平不高，电子信息产业核心技术匮乏问题仍然突出，关键零部件、重要材料和专用设备基本依赖进口。大部分企业规模偏小，研发能力相对薄弱，仍然停留在加工和组装阶段，导致产品利润率偏低。2013 年，广东省重点行业典型企业 MES 普及率、重点行业典型企业 PLM 普及率全国排名靠后，工业成本费用利润率为 6.13%，比全国平均工业成本费用利润率 8.04% 低 1.91 个百分点。

【相关建议】

一是推进与两化融合相适应的基础设施建设。加快光纤宽带网络建设和改造，推进光纤到楼入户建设、骨干网升级改造及网络服务质量改善，加强泛在化的新型信息通信网络建设，全面提升宽带接入能力。以广东省“珠三角无线宽带城市群”建设为契机，有步骤地统筹推进第三代移动通信（3G）、无线局域网（WLAN）、新一代移动通信（LTE）等无线宽带网络建设。

二是推进智能制造发展。深化信息技术在制造业的应用，突出发展智能装备和智能产品，推动生产过程智能化，加快传统制造向“现代智造”的转型升级。重点突破工业控制芯片、核心工业软件、数控装备和工业机器人核心技术，研制高端数控产品、工业机器人、数控精密注塑机、自动化生产线、流程工业成套装备等智能装备，发展汽车电子、船舶电子、智能家电等智能化工业产品，提高产品信息技术含量和附加值。以提升产业链协同能力为重点，推进工业生产过程信息共享、系统整合、智能控制和协同制造，提高精准制造、柔性制造、敏捷制造能力。建设一批工业设计和产品开发公共技术服务网络平台，推进一批行业信息系统集成及示范应用。

三是提升自主创新能力。强化企业技术创新能力建设，引导企业加大研究开发的投入力度，促进创新要素向企业集聚。支持企业建设国家工程（研究）中心、工程实验室、重点实验室、企业技术中心等创新平台。实施创新型中小企业成长扶持计划，建设中小企业公共（技术）服务示范平台和创新成果产业化示范基地，培育和壮大一批具有创新活力的中小企业。以广州和深圳两个国家创新型城市为依托，不断完善有利于产业创新的软硬件环境，吸引和承接跨国公司研发中心新一轮转移。集中资源建设和完善一批检验检测和认证服务平台。积极争取国家新兴产业领域重大科技基础设施和创新平台在广东布局。

四是深化国际合作和粤港澳台合作交流。支持企业实施走出去战略，与国外先进企业建立合作伙伴关系，鼓励有条件的企业通过境外注册商标、境外收购等方式，到出口目标市场设立研发机构、生产基地，在国外申请专利，开展国际并购，培育具有国际竞争力的跨国公司。充分发挥香港连接国际市场的桥头堡作用，帮助广东企业走出去拓展国际市场，吸引国际资本、技术和人才向广东转移。加强与粤港两地企业联合开展战略性新兴产业关键共性技术攻关，联合设立研发机构，加强粤港澳知识产权服务业合作。

两化融合工作展望

两化融合是推动工业结构优化升级的抓手。促进两化融合是推动我国走中国特色新型工业化道路进程的一项长期任务，也是实现国民经济又好又快发展的关键举措。当前，我国正处于工业大国向工业强国迈进的新时期，工业结构优化升级也进入两化融合主导的新阶段，这就要求相应的体制机制、政策环境和战略举措与之相配套。为此，我们提出着重从以下几方面着力创造和推动完善我国两化融合的制度和政策环境。

【加强两化融合宏观引导和组织协调】

完善各部门之间、各级政府之间的组织协调机制。在国家层面加强政府职能转变，将政府主要职能定位在管理规划、管政策、管标准和加强行业指导、增加监督职能上。地方上，各部门之间相互协调，密切配合，畅通信息沟通渠道和机制，调动各方面推动两化融合的积极性。鼓励建立两化融合部省合作机制和区域合作推进机制，加强试点示范、统筹推进和研究交流。在各级政府和部门建立首席信息官制度，负责统筹本级政府或部门信息化建设，重点推进两化融合。

将两化融合纳入政绩考核体系。改变地方政府以经济增长速度和财政收入等指标为主要考核内容的政绩考核制度，将两化融合发展水平纳入各级政府的业绩考核体系中，督促各地政府加强推进区域两化融合。

发挥行业协会和专家智库的作用。建立起与行业协会、地方、研究机构之间的信息共享机制，以及对重点企业两化融合运行监测的联络体系。建立完善行业协会有偿服务制度，鼓励行业协会协助政府搞好行业两化融合研究和指导工作，开展两化融合项目申报与评审、行业标准规范制定和典型推广工作等，为行业企业提供优质服务。鼓励各地成立两化融合专家咨询委员会，为两化融合提供辅助决策。

【选择典型项目推动两化融合示范应用】

进一步深入推进两化融合，开展典型示范项目专项行动。选择一批有影响力大的有代表性的成效明显、具有典型示范作用的项目，推动两化融合的示范应用，尤其是运用信息技术加快改造和提升传统产业项目，如基于生产性服务业、电子商务、工业控制、物联网、云计算技术等新技术的应用示范项目。通过实施标杆比对专项行动，让企业清晰了解同行业内的标杆企业信息化水平，进行差距分析，从而为企业制定出一套适合企业发展需求和行业特色的信息化解决方案。

开展两化融合示范和样板工程。加快推进两化深度融合，组织实施重点行业和企业生产与管理集成样板工程、新型工业化产业示范基地深度融合样板工程、制造企业服务新业态培育工程。继续组织“‘两化’融合深度行”巡回推广展示活动，大力宣传各地区、各行业和典型企业的成功经验和有效做法，通过媒体、网上展示和博览会等形式扩大影响范围。督促检查国家新型工业化产业示范基地、国家级两化融合试验区建设，加强对两化深度融合试验区建设的指导工作。召开软件企业、信息技术服务企业与工业企业的合作对接会，沟通供需，创造交流合作的机会。鼓励和支持地方开展试点示范，并加强经验交流和培训宣传。

加强标准规范体系建设。组织大型企业、行业组织研究制定适合行业特点的两化融合技术标准规范，如能源管理系统技术规范、企业信息安全管理体系技术规范、数据中心技术规范等。加强电子商务标准建设，规范电子商务信息发布、信用服务、网上交易、电子支付、物流配送、售后服务、纠纷处理等服务。推动电子商务诚信体系建设，完善交易主体身份认证机制，规范交易双方权利和义务，不断完善电子商务市场环境。加快制定物流行业标准，开展相关应用标准的调查、复审、修订，推动物流企业提高物流信息管理水平。进一步深化物联网框架体系和标准规范的研究，积极参与大数据、云计算等标准工作，研究制定云安全、服务能力与质量、开放接口、体系架构与评估认证等标准规范，为两化融合提供安全可靠的技术支持。

【完善对信息服务企业的扶持政策】

推出针对工业企业两化融合 IT 服务企业的扶持政策。针对广大企业的“两化融合”战略是一个系统工程，需要通过咨询实施一体化将单纯的软件实施扩展为 IT 战略规划、业务流程梳理、需求优化、非 ERP 的流程优化、管理及信息化应用提升、后续服务维护等服务项目，因此，企业开展信息化建设，必须在信息化服务企业的帮助下进行战略规划、流程优化以及应用维护等。因此，建议逐步推出针对工业企业两化融合 IT 服务企业的扶持政策，帮助 IT 服务企业发展和壮大，提升 IT 服务企业的服务能力，从而为两化融合企业提供更好更有价值的 IT 服务。同时，实施行业两化融合 IT 服务商的资质认定工作，为两化融合企业挑选出有资质条件的优秀 IT 服务商，确保 IT 服务商的资质和服务能力，为两化融合企业提供有保障的服务，降低企业进行信息化建设的风险。加大对提供两化融合诊断、规划、评估和咨询、培训等服务的第三方专业服务机构的培育和扶持。政府应该考虑采取进一步措施来催化两化融合中介服务机构的发展和壮大，尽快出台两化融合中介机构的扶持政策，积极推动两化融合走向可持续的发展道路。

加大财政支持力度。加大对工业企业两化融合资金支持力度，引导地方对开展两化融合示范工程和项目的企业设立奖励资金，并给予相应的资金配套政策。各级政府应设立两化融合专项资金，引导和支持企业开展两化融合。各级政府部门应结合实际情况，合理调配和适当增加促进两化深度融合的各项资金，用于支持企业采用信息技术改造提升传统产业，支持面向行业的关键、共性技术的推广应用。积极发挥政府采购在推动两化融合方面的作用，以政府补贴或政府购买服务等方式，调动基础电信运营商、信息服务商和信息产品制造商的积极性，鼓励相关企业研发“实用、好用、廉价”的相关信息产品和服务。开放政府资源和市场，推行政府网上采购，吸引和带动企业使用信息技术和互联网。

完善税收支持政策。调整部分产品的进出口税率。对有重大推广应用前景的两化融合产品、技术、系统和解决方案，在进口自用设备以及按照合同随设备进口的技术及配套件、备件，免征进口关税。充分发挥增值税转型政策对企业两化融合的促进作用，鼓励企业加大信息化建设力度，提升企业生产和经营管理水平。实施税收优惠政策。对与两化融合有关的技术转让、技术开发和与之相关的技术咨询、技术服务获得的收入，可按规定免征营业税或减半征收企业所得税。对企业利用信息技术开发新技术、新工艺、新产品的研发费用，在审查立项、投融资贴息等方面给予优先支持，未形成无形资产计入当期损益的，在按照规定据实扣除的基础上，再按照研发费用的 50% 加计扣除；形成无形资产的，按照无形资产成本的 150% 摊销。出台相关政策措施，给予使用国产软件的企业财政补贴，如免税、免息等优惠。

拓宽多元化投融资渠道。引导和鼓励金融机构对企业两化融合项目予以信贷支持，鼓励企业利用资本市场、外资、民间投资、风险投资等，改善中小企业两化融合融资条件，拓宽中小企业融资渠道。完善中小企业信用担保体系。设立包括中央、地方财政出资和企业联合组建的多层次中小企业信用担保基金，对中小企业开展两化“融合”提供融资担保和信贷贴息补助。鼓励各地建立小企业贷款风险补偿基金，对金融机构小企业贷款按增量给予适度补助。支持建立专门面向软件和信息服务业的融资担保中心，为中小企业提供融资担保。积极培育创业风险投资市场，完善创业风险投资机制，促进创业投资与软件和信息服务业的有机结合。

【建立健全两化融合综合服务体系】

搭建两化融合公共服务平台。建议重点发展面向行业服务的两化融合公共服务平台。为了推动企业信息化软件的推广应用，建立一批为中小企业服务的 SaaS 平台，如搭建为企业工业设计的在线服务平台，由国产软件平台系列产品为主，建设企业工业设计在线服务平台，提供国产的 CAD、CAPP、PDM 以及 CAM 等在线设计软件，并提供相关的技术支持和服务；或与有关机构合作，为企业提供在线财务、在线进销存等软件服务。通过 SaaS 平台服务可以大幅降低企业信息化建设成本和技术难度，便于企业采用相关 SaaS 软件提升企业的管理水平。完善企业为主体的创新体系。鼓励企业建立技术中心、工程技术中心等研发机构。鼓励有实力的大型企业建立技术中心，鼓励中小型企业通过联合出资、共同委托的方式进行合作研究。鼓励企业、研究机构和大专院校开展多层次的研发合作，建立集“产学研用”为一体的科研开发体系。发挥企业市场资源优势，通过技术创新，实现新技术、新产品在商业上的成功运用，促进新产业培育和发展。

深入实施知识产权战略。进一步完善国家知识产权制度，强化科技人员和科技管理人员的知识产权意识，营造尊重和保护知识产权的法治环境。积极推进软件正版化。实施标准化和专利战略，对研制并获准颁布国际、国家、行业标准的企业给予奖励；对企业专利申请和维持给予补贴。加强知识产权保护，建立完善工业技术和信息技术的知识产权管理和保护机制。鼓励企业组建本行业、本领域的知识产权保护联盟。

大力支持云服务创新。建立云服务创新示范基地，开展生产、商贸和公共服务领域的云服务应用示范。培育云服务头企业，加强对我国云服务提供商的扶植力度，鼓励终端制造商、软件提供商、网络运营商与互联网服务商之间加强合作，推动信息产业链垂直整合。支持具备较好业务、用户、技术基础的云服务企业发展壮大，打造具有行业影响力、产业控制力的本土云服务龙头企业。

强化工控系统信息安全防控能力。加大自主知识产权工控系统的研发和产业化的支持力度，结合重大科技专项、共性关键技术等专项的实施，重点支持国产工控芯片、工控操作系统、系统集成技术以及安全防护技术。扶持信息安全应用产业，开发信息安全产品，构建自主可控的信息安全产业链。建立工业控制系统安全测评检查制度，加强对工业控制系统信息安全管理工作的指导监督，结合行业实际制定完善相关规章制度，并加强督促检查，确保落到实处。加强工业控制系统信息安全管理，加强信息安全防控与测评，落实信息安全管理要求。研究云服务带来的网络和信息安全问题，加强对云服务商的监管，强化云存储信息安全。

【其他推进信息化和工业化融合的建议】

部省市联动开展工作。为确保两化深度融合工作落实得力，建议部省市联动、协同推进，发挥两化深度融合信息的互联互通，避免信息化分散建设、步调不一致、信息不共享。同时，通过大力开展智能工业、智慧城市等方式深化融合。以物联网、云计算为代表的新一轮的技术革命将传统工业提高到智能工业的新阶段，改变信息平台的格局，加强对智能工业、智慧城市的研究和服务有利于实现两化融合的方式的多元化。

加强培养和吸引领军人才。完善柔性引才机制，引进和培养一批两化融合的高技能人才。加快建设海外高层次人才创新创业基地，建立健全信息化人才引进、项目实施、基地建设有机结合的新机制，形成对引进高层次人才的特殊使用和激励制度。建立经营管理者和企业家队伍健康成长的激励、考核、监督机制，并逐步制度化、规范化。深化企业科技人员专业技术职称评聘制度改革，鼓励企业对特殊、拔尖人才采取特殊的吸引和使用办法，积极推行科技骨干年薪制和期权期股试点，最大限度地调动科技人员积极性和创造性。加快出台《企业首席信息官制度指南》，推动建立“企业首席信息官职业资格认证制度”，引导企业建立信息化专门机构，鼓励企业建立和完善首席信息官制度。筹建中国企业首席信息官协会，组织召开企业首席信息官论坛，通过组织协会和举办论坛，建立企业信息化组织体系和人才队伍。

大力发展两化融合高等教育和职业教育。支持各层次产业人才参加信息化继续教育，培养和造就一支与信息化发展相适应的高素质队伍。鼓励高等院校和职业技术院校面向市场需求，积极调整学科和专业设置，培养两化融合人才。支持有关信息技术企业与学校合作办学，推进与行业应用结合的信息技术教育，培养各类行业信息化应用复合型人才。开展企业首席信息官的教育培训，通过针对企业信息化高层管理人员的培训，提高企业信息化规划、管理和应用水平。结合国家国家信息化计算机教育认证（CEAC）培训项目，制定两化融合培训标准和培训计划，落实培训教材和培训机构。鼓励相关中介机构、企事业单位举办各种类型的两化融合培训班，最终形成一个专业与结构合理的两化融合队伍。

专题研究篇

中国信息化“十三五”面临黄金发展期

中国电子信息产业发展研究院　　罗文

当前，新一轮科技革命和产业变革正在兴起，冲刺“全面建成小康社会”的“十三五”时期将与之并肩奋进。毫无疑问，这会大大推进信息技术创新应用快速深化，信息化加速向互联网化、移动化、智慧化方向演进，“信息化+”和“互联网+”引发经济社会结构、组织形式、生产生活方式发生重大变革，以信息经济、智能工业、网络社会、在线政府、数字生活为主要特征的高度信息化社会将在“十三五”期间引领我国迈入转型发展新时代。

【新技术革命五大趋势】

信息技术创新应用快速深化，体系化创新特征明显。

集成电路、基础软件、计算机、通信网络、互联网应用、信息处理等原有技术架构和发展模式不断被打破，创新周期不断缩短，主要环节步入代际跃迁的关键时期。信息领域技术创新交叉融合、群体突破、系统集成特征更加突出，从传统的单点、单环节创新向芯片、软件、系统、网络、内容和服务等多要素集成创新、协同创新、系统性创新转变，单一产品优势加速向产业体系优势转化。

信息基础设施加速向高速化、泛在化、智能化方向发展，成为经济社会发展的关键基础设施。

信息基础设施正进入宽带普及提速的新时期，光纤接入和宽带无线移动通信的创新发展将构建无缝连接的高速网络环境。下一代互联网和新型网络架构加快部署，无线频谱与空间轨道资源战略价值和基础作用日益凸显。物联网、云计算、大数据、工业互联网等应用基础设施加速推进，无处不在的信息网络正成为经济社会发展转型的关键基础设施。

信息化从支撑经济发展向引领经济发展转变，成为提振经济的重要驱动力。

2011—2014 年全球 ICT 产业年均增长 2.6%，高于全球 GDP 增长速度。美国信息技术创新基金会研究表明，到 2025 年全球经济总量的一半来自于基于 ICT 产业的数字经济。2006—2011 年，13 个经济领先的国家，其互联网所创造的价值占其 GDP 的 21%。

据波士顿公司研究，2016 年 G20 的互联网经济将达 4.2 万亿美元，未来五年发展中国家的互联网经济将平均以 17.8%的速度增长，远超过其他任何一个传统产业。同时，信息化还提供了一条高技术、高效率、高附加值却几乎不增加污染的可持续发展道路。智能制造、智慧农业、智慧城市快速发展正在引领产业转型升级，变革生产方式。

信息化正在形成高效率、跨时空、多功能的网络空间，网络社会、在线政府、数字生活成为现实。

世界各国积极开辟、创新利用网络空间打造在线政府，各国积极推行基于网络空间的政务工作模式，实施政务主动服务，促进资金流、信息流、服务流向网上迁移，加快普及网上公共服务。传统的教育、媒体、娱乐等活动的生产组织方式和传播方式加快数字化、网络化转型，网络教育、在线娱乐等新的生产和传播组织方式正加速形成，互联网的信息传播和知识扩散功能进一步强化。人类社会进入了基于信息网络的大创新、大变革时代。

网络空间安全形势日趋严峻，成为国际博弈竞争的新焦点。

网络空间正成为新兴全球公域，世界强国围绕网络空间发展权、主导权、控制权的角逐日趋激烈。美、俄、英、法、印、日、德、韩等国，纷纷将网络空间安全提升至国家战略层面，全面强化制度创设、力量创建和技术创新，不断争取网络空间话语权，试图抢占全球网络空间竞争优势。网络空间各国相互依存、相互竞争的现实需求与利益碰撞，使网络空间安全成为大国博弈的新制高点。网络病毒、网络攻击、网络窃密、网络渗透等现象日趋常态化，网络安全与外交、经贸问题日益交织，成为影响经济社会发展、决定国家战略利益分配的关键因素。

【政府管理面临三大挑战】

“十三五”时期，我国信息化发展面临的问题将主要包括以下三个方面。

一是标准规范滞后。随着信息化进程的加快，标准规范制定脱离和难以跟上实际应用需求的问题日益突出。特别是主管部门认为当前出台标准尚未成熟，对出台标准迟疑不决，地方对这些标准出台又非常渴望，以至于标准规范制定难以跟上实际应用需求。例如，工业领域亟须制定物联网、云计算、信息系统集成、智能制造等行业性的信息化标准规范。特别是，新一代信息技术发展和应用带来新业态、新模式和新产业，电子商务、数据开放、信息安全、个人隐私、互联网金融等新业务健康发展亟待更加完善的标准规范。

二是网络空间法律法规缺失。当前人类在网络空间的活动大量开展，网络空间的活动正替代现实空间的活动，但是我国目前尚未清晰界定网络空间行为主体的责权利，网络空间的很多新行为亟待法律和制度认可。例如，网上投票、网上举报、网上博彩、网上办公、网络会议、电子发票等的参与主体身份确定以及该网络行为的合法性未界定。网络空间的治理和监管本身也亟需规范化、制度化和法制化。目前，我国网络空间治理的法律进程总体落后于网络空间的发展，某些在实体空间使用的法律法规不太适用于互联网发展实际，在实施过程中效率不高;有关互联网的执法行为往往遭遇灰色地带，出现法律冲突等问题。

三是信息化管理模式难以适应经济社会快速发展的要求。当前，我国电子政务建设正向集中管理和集成应用方向发展，需要跨部门整合信息资源并实现互联互通，但是受传统管理体制的约束，大量需要互联互通的中央部门垂直业务系统不能互联互通，需要整合的无法整合，需要共享的无法共享，整体成效尚难发挥。例如，民政部的婚姻信息数据，由于民政部有管理规定只能对公检法信息开放，致使地方民政部门无法向同级横向部门提供共享数据。现有信息化推进模式缺乏统筹管理和顶层设计。以智慧城市建设为例，智慧城市建设涉及基础设施、社会管理、民生服务、资源环境等多个领域，而每个领域的信息化建设都是一项浩大的工程，单独依靠某一个部门建设智慧城市，必将难以实现城市的真正智慧。

【决战“制高点”四大对策】

“十三五”期间，要以充分发挥信息化对经济社会转型发展的主导作用为主线，全面加强信息化与经济社会发展的深度融合，把数据和信息资源作为重要生产要素，把信息化作为牵引产业结构调整和经济发展方式转变的着力点，把信息化用于解决工业化、城镇化、农业现代化以及国家治理能力现代化进程中最重要最紧迫最突出的问题，释放IT红利，发挥信息化对经济社会发展的强大引领作用，打造网络强国，构筑信息时代的国家竞争新优势。

一是加快完善信息化标准规范体系。加大新一代信息技术及应用标准的制修订工作力度，简化标准制定流程，加强对信息化项目的标准规范要求。组织大型企业、行业组织研究制定适合行业特点的两化融合技术标准规范，如能源管理系统技术规范、企业信息安全管理体系技术规范、数据中心技术规范等。加强电子商务标准建设，规范电子商务信息发布、信用服务、网上交易、电子支付、物流配送、售后服务、纠纷处理等服务。加快建立智能制造标准体系，破解工业信息系统集成协同应用难题。实施信息技术应用标准规范“先行先试”绿色通道制度，允许一些行业和地方先行实施某些信息技术标准规范，在智能制造标准重大示范项目中率先探索应用模式。

二是建立健全网络空间管理体系。大力推进网络空间立法，形成完备的网络空间法律法规体系。推动建立网络空间行为合法的社会制度，基于可信身份管理，推进网上办公、网络会议、远程服务，推广电子发票、电子单据等，营造一个便捷高效、务实创新、可信可用的网络空间环境。推进网络空间监管的法制化、规范化、透明化。通过立法手段，加强对国家、企业和个人的信息及知识产权的保护。以规范精准、有理有节为原则，加强对不法网络行为的打击。

三是创新信息化管理模式。完善信息化统筹协调机制,明确国务院各部门之间以及中央与地方政府之间在推进信息化中的事权关系，加强电子政务互联互通、协同共享的跨部门协调与合作，形成分工合理、权责明确、聚合力量的信息化推进工作机制。引导各领域、各地区加强信息化发展的统筹规划，重点抓好跨领域、跨地区重大信息化项目的统筹协调。推广政府首席信息官制度，将首席信息官纳入政府决策班子。以网上政务服务推动简政放权和行政体制改革，制定公共信息资源开放共享管理办法，鼓励公共信息资源的社会化开发利用。创新信息化投融资机制，鼓励采取设施租赁、设施参股、服务参股等方式参与信息化项目建设。加快中国特色新型信息化智库建设，完善重大政策、重大项目专家咨询制度。

四是加强信息化发展水平及绩效评估。完善信息化发展指数、两化融合指数、电子政务指数、信息消费指数的统计监测和绩效评估，建立定期发布统计监测结果的制度。建立统计监测服务平台，为各地开展统计监测和评估提供基于网络的公共服务平台。在此基础上，加大各经济社会领域的信息化指标量化分析和监测，开展信息化对经济社会发展贡献的理论研究，科学分析信息化对于推动经济社会发展的直接贡献和间接效益。

“互联网+”：制造强国的新引擎

中国电子信息产业发展研究院　　罗文

李克强总理在2015年《政府工作报告》中提出，要实施“中国制造 2025”，坚持创新驱动、智能转型、强化基础、绿色发展，加快从制造大国转向制造强国。我国是制造业大国，也是互联网大国，互联网与制造业融合空间广阔，潜力巨大。实施“互联网+”行动计划，推进互联网和制造业融合深度发展，是建设制造强国的关键之举。

【“互联网+”引发制造业发展方式深刻变革】

“互联网+”推动生产制造模式变革，智能制造成为新型生产方式。互联网在制造业领域应用日益广泛深入，推动生产制造向着数字化、网络化、智能化方向发展。工业信息系统通过互联网实现互联互通和综合集成，促进机器运行、车间配送、企业生产、市场需求之间的实时信息交互，原材料供应、零部件生产、产品集成组装等全生产过程变得更加精准协同。工业云平台成为新型生产设施，为研发设计、加工制造、经营管理等生产经营活动提供资源支撑和服务保障，工业生产要素实现优化整合和高效配置。3D打印重塑产品生产组装方式，虚拟设计、精准制造、数据制造的能力大幅提升。工业大数据应用将贯穿设计、制造、营销、服务全过程，成为生产辅助决策的支撑，更成为企业生产的重要生产要素。

“互联网+”推动产业组织创新，网络化和扁平化成为企业组织结构的新特征。通过利用互联网，工业企业生产分工更加专业和深入，协同制造成为重要的生产组织方式，只有运营总部而没有生产车间的网络企业或虚拟企业开始出现。例如，小米公司总部只有研发设计人员，其生产、物流、销售等业务全部外包给合作企业，并通过互联网与合作伙伴进行业务联系，运营着庞大企业网络。网络众包平台改变了企业的发包模式，发包和承包企业呈现网络虚拟化，承包企业得到了精准遴选，分包项目管理更加精准。电子商务的发展使得企业营销渠道搬到了网上，丰富了产品销售渠道，拓展了销售市场、降低了营销成本。供应链集成创新应用，使每个企业都演化成信息物理系统的一个端点，不同企业的原材料供应、机器运行、产品生产都由网络化系统统一调度和分派，产业链上下游协作日益网络化实时化。

“互联网+”推动产业结构升级，制造业服务化成为产业发展新趋势。制造业服务化发展有三种主要形态。一是工业企业利用互联网开展远程运维、远程监控等信息服务，实现制造服务化转型。例如，装备制造企业利用互联网开展装备的远程运维业务，不仅提高了产品附加值，而且实现了从制造产品为主向提供工程承包和远程运维服务的转变。二是工业企业在推广应用互联网的过程中，衍生出信息系统咨询设计、开发集成、运维服务等一系列专业性信息服务企业。三是工业互联网在应用中产生各类平台型服务业，专门为工业企业提供研发设计、生产制造、经营管理、市场销售等互联网信息平台服务，衍生出众筹、众包、众设、行业电子商务等新型信息服务企业。

“互联网+”推动产业创新方式变革，协同创新成为产业技术创新的新模式。互联网突破了地域、组织、技术的界限，整合了政府、企业、协会、院所等优势资源，形成跨领域、网络化的协同创新平台。越来越多的跨国公司通过互联网，将分布在全球各地的研发中心连接在一起，有效提升了跨国研发效率，形成创新资源配置国际化、响应市场需求快速化、整体运行高效化的全球研发创新网络。由德国工程院、弗劳恩霍夫协会、西门子公司等组成的创新网络，整合了基础研究、应用研究、技术开发等多种资源，成为德国实施工业 4.0 战略的中坚力量。美国推出国家制造业创新网络计划，准备在十年内建成45个面向不同领域的扁平化和自治型的联合创新研究所，目的就是通过建设协同创新网络，确保其在先进制造领域的领先地位。

【我国制造强国建设面临新机遇新挑战】

“互联网+”为改造提升传统产业提供了巨大空间。互联网时代，企业不再是简单地听取用户需求、解决用户的问题，更重要的是与用户随时互动，并让其参与到需求收集、产品设计、研发测试、生产制造、营销服务等环节。“云”、“网”、“端”越来越成为制造企业发展的新基础设施，用户、原料、设备和产品之间可以通过互联网实现实时交互和有效交流，极大地促进了产品、装备、管理、服务和产品智能化水平的提升。例如，“互联网+能源”使分布式发电和大规模并网技术实现突破，推动新能源技术步入大规模实用阶段；“互联网+材料”使生物材料、纳米材料等领域不断取得突破，材料智能化趋势日益明显。“互联网+”模式已成为信息经济条件下企业增强竞争力、提升附加值的有力手段。

“互联网+”为发现培育新的增长点带来了难得机遇。随着外贸增长趋缓、内需拉动乏力、人口红利减弱、资源环境压力增大，我国制造业发展动力亟需由主要依赖传统增长领域转向新的增长点。随着互联网与各行各业融合的不断深化，电子商务、众包众创、线上到线下（O2O）等新业态新模式层出不穷，大数据、云计算、物联网、移动互联网、数字医疗、远程教育、位置服务等新产业迅猛发展，成为区域经济发展的新亮点。如，上海发展“四新”经济、浙江发展信息经济、福建发展互联网经济，重点都是抢占互联网时代孕育的新的增长点。我国拥有全球最大的消费市场、世界一流的互联网企业，在新一轮发展中面临难得的历史机遇。“互联网+”为促进消费升级和激励万众创新创造了良好条件。信息技术特别是互联网的创新应用推动了智能终端、电子商务、在线服务、远程培训等领域消费需求的快速增长。目前，我国拥有6.5亿网民，是美国的两倍；3.6亿网购用户，超过英德意法四国人口总和。如此巨量的市场规模，是任何国家都无法比拟的。如能充分利用好这一优势，培育出几十家甚至上百家阿里巴巴这样的互联网企业，将会极大地提升“中国制造”在全球的竞争地位。根据麦肯锡的研究，每100元网络交易额中，有39%的消费是完全新增出来的。按照这一比例计算，淘宝网2014年2.3万亿元的交易额，激发的新消费贡献将近9000亿元。与此同时，互联网也正在成为大众创业、万众创新的新工具。在网络经济下，不仅供应商、合作伙伴等利益相关者越来越多地参与到企业的价值创造活动中，消费者也可以通过“创客”、“众筹”、“众包”等方式获取大量知识信息，参与创新创业。“互联网+”为制造强国建设带来了重大挑战。当前，互联网技术正处于快速升级、持续换代的发展阶段，由此将带来系统兼容、标准规范、升级维护等一系列潜在风险。我国在网络安全态势感知、网络攻击对抗等核心技术领域的研发能力还较为薄弱，网络安全技术和产品研发不足，总体上仍缺乏应对“震网”、“火焰”等网络信息安全新威胁的有效手段。针对云计算、物联网、移动互联网等新技术应用的安全防御措施和手段研发不足，对重要信息系统、工业控制系统等使用的国外技术和产品，缺乏有效的安全漏洞检测手段。

【大力推进互联网和制造业融合深度发展】

加快建设工业互联网。制定和实施工业互联网发展指导意见，绘制工业互联网发展路线图。加快建设低时延、高可靠、广覆盖的工业互联网基础设施，开发面向信息物理系统研发应用的智能控制系统、工业软件和相关工具。推进物联网关键技术研发和应用示范，培育智能检测、全产业链追溯等工业互联网新模式。发展基于互联网的个性化定制、众包设计、云制造等新型制造模式，推动形成基于消费需求动态感知的研发、生产、销售和服务组织方式。发挥互联网企业的优势，引导其加快和制造企业密切融合，建立优势互补、合作共赢的开放型产业生态体系。

大力发展智能制造。面向国民经济重点行业领域，发展智能制造单元、智能生产线、高档数控机床和工业机器人，提高重大成套设备及生产线系统集成水平。结合汽车、装备、电子信息、航空航天、纺织服装等行业特点，发展大规模个性化定制、云制造、智能物流管理。推进重点行业智能制造应用示范，鼓励有条件的企业分类开展智能车间、智能工厂、智能企业试点。进一步完善政策环境、健全服务体系、强化产业支撑、建立创新机制，逐步培育形成智能制造生态系统。着力培育新型工业组织。引导制造企业革新理念，加快向互联网生产方式转型，建立以用户为中心、平台化服务、社会化参与、开放共享的新型组织模式。建设面向制造业的众创空间，为用户深度参与产品研发设计、生产制造、经营管理、销售服务等全生命周期提供低成本、便利化、全要素、开放式的网络空间和资源共享空间。鼓励引导制造企业积极应用移动电子商务、在线定制、线上到线下（O2O）等新型业务模式。鼓励发展虚拟企业，支持企业通过互联网形成专业化分工、协同制造和产业链竞争等新型组织。推动制造业服务化转型。引导和支持制造企业围绕拓展产品功能、提升交易效率、增强集成能力、满足深层需求等，向服务环节延伸产业链条，发展在线监控、全生命周期管理、总集成总承包、融资租赁、供应链金融等新业务。大力发展面向制造业的信息技术服务业，加快提高方案设计和综合集成能力。支持融资租赁产品和服务创新，推广大型制造设备、生产线等融资租赁服务。发展壮大第三方物流、节能环保服务、检验检测认证、电子商务、服务外包、专业金融、培训教育等生产性服务业，创新业务协作流程，提高产业链整体效率。

完善国家制造业创新体系。围绕制造业创新发展的重大共性需求，采取政府与社会资本合作、产学研用产业创新战略联盟等新机制、新模式，建设一批面向区域或全国的制造业创新中心，构建以企业为主体的产学研用协同创新网络。支持建设重点行业领域制造业工程数据中心、科学研究和试验重大设施、智能制造创新设计应用中心，促进科技基础条件平台开放共享。着力突破信息产业核心技术瓶颈，加快集成电路、高端通用芯片、基础软件等核心关键技术创新。增强网络安全保障能力。建立健全信息安全审查制度，加强供应链安全保护，对关键信息基础设施使用的重要技术产品和服务开展安全审查，提高产品和服务安全可控性。加强能源、电力、核设施、航空航天、先进制造、油气管网等重要领域工业控制系统，以及物联网应用和关键装备的信息安全检查、监管和测评，针对大型工控系统加强连接管理、组网管理、配置管理、设备选择与升级管理、数据管理、应急管理等。加大自主知识产权工控系统的研发和产业化支持力度，结合重大科技专项等的实施，发展国产工控芯片、工控操作系统、系统集成技术以及安全防护技术。

智能制造的中国特色之路

工业和信息化部赛迪研究院　左世全

当前，新工业革命的孕育兴起与我国“制造强国梦”形成了历史性交汇。新一代信息技术与制造业的融合发展催生而出的智能制造，引领着新工业革命的推进，美、德等发达工业化国家正围绕智能制造展开战略部署，全球制造业竞争格局面临结构性变革。在此背景下，如何立足国情与我国制造业发展实际，务实推进智能制造发展，抢占新一轮产业竞争的制高点，实现由制造业大国向强国迈进的“制造强国梦”，成为兼具历史意义和实践价值的重要课题。

【新工业革命正在孕育兴起】

为什么是当下？换句话说，新工业革命孕育兴起的现实条件是什么？它需要两个方面的条件：一是技术上可行；二是应用上经济。从技术方面看。一是高度集成的处理器和数据存储装置遵循摩尔定律，计算和存储能力还在呈现指数式增长，微型计算机嵌入产品之中成为可能。正如《第二次机器革命》一书中指出的，今天人们普遍采用每18个月综合计算能力提高一倍的说法。可以毫无争议地说，摩尔定律将会一直持续大约半个世纪。二是物联网、云计算、大数据等新一代信息技术正以前所未有的方式加快与制造技术的融合发展，存在巨大的应用空间。例如，新的IPv6互联网地址注册系统给物联网预留了340万亿个新网址，这一新协议不但提供更高的安全性，让产品更方便地与网络连接，更能够支持产品在没有IT支持下自动获取地址。

从应用方面看。一是高性能传感器、微型电池以及网络接口、无线连接和快速软件开发工具等智能软硬件价格不断降低。二是信息技术尤其是互联网技术正以前所未有的速度从价值链的销售、售后服务、研发设计等外围环节向产品本身及生产过程等内核渗透。电子商务、网络新媒体、互联网金融等新业态发展迅猛，如我国电子商务交易额从2008年的3万亿元增长到2014年的12万亿元，6年间增长了4倍，技术创新加速与产业化应用扩展相互促进，不断融合，使技术可行性和经济可行性均大幅提升，新工业革命呼之欲出。

让我们回顾一下信息技术是如何一步步与制造业紧密融合的。美国著名管理学教授迈克尔·波特在2014年11月《哈佛商业评论》中，将IT与制造业的融合发展归结为“三波浪潮”：第一波浪潮被其概括为制造企业“业务管理自动化”，发生在20世纪60年代到70年代，价值链中的个人生产活动，从订单处理到账单支付，从计算机辅助设计到生产资料规划都逐渐实现了自动化，这一波浪潮促使生产管理活动的效率大大提高，部分原因是由于生产活动中的数据可以被捕捉和分析，这引发了企业生产流程的标准化革命；第二波浪潮是“供应链管理网络化”，发生在20世纪80年代和90年代，企业生产活动与外部供应商、渠道和客户之间跨地域的协调与整合，企业甚至可以对全球的供应链系统进行紧密整合。

迈克尔·波特指出，在前两次浪潮中，价值链发生了变化，但产品本身并没有受到深刻的冲击。他认为21世纪以来，IT与制造的融合进入了“第三波浪潮”，理由是“在现今的第三波浪潮中，IT正成为产品本身不可分割的一部分”，即“产品智能化”，新一代产品内置传感器、处理器和软件，并与互联网相联，同时产品数据和应用程序在产品云中储存并运行，海量产品运行数据让产品的功能和效能都大大提升。

笔者非常欣赏迈克尔·波特先生的历史洞察力，但从近几年来IT与制造业融合发展的势头看，现在是时候将第三波浪潮再推进一步了，即IT尤其是物联网、云计算、大数据等新一代信息技术不仅仅嵌入到产品，成为产品本身不可分割的一部分，而且深入到产品的生产过程，正带来生产过程的智能化。更进一步，上述三波浪潮不是“后浪推前浪”式的简单替代，而是彼此融合贯通，最终带来人类生产方式乃至生活方式、社会组织方式的根本变革，即新工业革命切切实实地向我们走来了。

【科学认识智能制造内涵】

智能制造不仅采用新型制造技术和设备，而且将迅速发展的信息通信技术（物联网和服务互联网）渗透到工厂，在制造业领域构建信息物理系统，从而彻底改变制造业生产组织方式和人机关系，并带来商业模式的变革。因此，智能制造不是某个领域的技术突破，也不是简单地用信息技术改造传统产业，而是信息通信技术（ICT）与制造业的融合发展和集成创新。

（一）智能制造是一个新型制造系统

智能制造是将先进自动化技术、传感技术、控制技术、数字制造技术以及物联网、大数据、云计算等新一代信息技术相结合，实现工厂和企业内部、企业之间和产品全生命周期的实时管理和优化的新型制造系统，能最大限度地降低生产成本、减少能源资源消耗、缩短产品开发周期，有效提高生产效率，推动生产方式向定制化、分散化、服务化转变。

智能制造涵盖以智能互联为特征的智能产品、以智能工厂为载体的智能生产、以信息物理系统为关键的智能管理以及以实时在线为特征的智能服务。智能制造系统涵盖了产品设计、生产规划、生产执行、售后服务等制造业的全部环节。信息物理系统是智能制造的基础，智能工厂则是实现智能制造的关键。

（二）智能制造主要内容

1．智能产品（装备）

智能产品是发展智能制造的基础与前提，由物理部件、智能部件和联接部件构成。智能部件由传感器、微处理器、数据存储装置、控制装置和软件以及内置操作和用户界面等构成；连接部件由接口、有线或无线连接协议等构成；物理部件由机械和电子零件构成。智能部件能加强物理部件的功能和价值，而连接部件进一步强化智能部件的功能和价值，使信息可以在产品、运行系统、制造商和用户之间联通，并让部分价值和功能脱离物理产品本身存在。

智能产品具有监测、控制、优化和自主四个方面的功能。监测是指通过传感器和外部数据源，智能产品能对产品的状态、运行和外部环境进行全面监测；在数据的帮助下，一旦环境和运行状态发生变化，产品就会向用户或相关方发出警告。控制是指可以通过产品内置或产品云中的命令和算法进行远程控制。算法可以让产品对条件和环境的特定变化作出反应。优化是指对实时数据或历史记录进行分析，植入算法，从而大幅提高产品的产出比、利用率和生产效率。自主是指将检测，控制和优化功能融合到一起，产品就能实现前所未有的自动化程度。

2．智能生产

智能生产是指以智能制造系统为核心，以智能工厂为载体，通过在工厂和企业内部、企业之间以及产品全生命周期形成以数据互联互通为特征的制造网络，实现生产过程的实时管理和优化。智能制造系统可分为五个层次。

基础自动化系统层。主要包括生产现场设备及其控制系统。其中，生产现场设备主要包括传感器、智能仪表、PLC、机器人、机床、检测设备、物流设备等；控制系统主要包括适用于流程制造的过程控制系统，适用于离散制造的单元控制系统和适用于运动控制的数据采集与监控系统。

制造执行系统层。制造执行系统包括不同的子系统功能模块（计算机软件模块），典型的子系统有制造数据管理系统、计划排程管理系统、生产调度管理系统、库存管理系统、质量管理系统、人力资源管理系统、设备管理系统、工具工装管理系统、采购管理系统、成本管理系统、项目看板管理系统、生产过程控制系统、底层数据集成分析系统、上层数据集成分解系统等。

产品全生命周期管理系统层。产品全生命周期管理系统层横向上可以主要分为研发设计、生产和服务三个环节。研发设计环节功能主要包括产品设计、工艺仿真、生产仿真，仿真和现场应用能够对产品设计进行反馈，促进设计提升，在研发设计环节产生的数字化产品原型是生产环节的输入要素之一。生产环节涵盖了上述的生产基础自动化系统层和制造执行系统层包括的内容，产品在生产环节完成生产进入到服务环节。服务环节通过网络实现的功能主要有实时监测、远程诊断和远程维护，应用大数据对监测数据进行分析，形成和服务有关的决策，指导诊断和维护工作，新的服务记录将被采集到数据系统。

企业管控与支撑系统层。企业管控与支撑系统包括不同的子系统功能模块，典型的子系统有：战略管理、投资管理、财务管理、人力资源管理、资产管理、物资管理、销售管理、健康安全与环保管理等。

企业计算与数据中心层。主要包括网络、数据中心设备、数据存储和管理系统、应用软件，为企业实现智能制造提供计算资源、数据服务以及具体的应用功能，能够提供可视化的应用界面。如为识别用户需求建设的面向用户的电子商务平台、为建立产品研发的设计平台、制造执行系统的运行平台、服务平台等都需要以企业计算与数据中心为基础，可以推动各类型的应用软件实现交互和有序工作，各子系统实现全系统信息共享。

3．智能服务

通过采集设备运行数据并上传至企业数据中心（企业云），系统软件对设备实时在线监测、控制，并经过数据分析提早进行设备维护。例如维斯塔斯通过在风机的机舱、轮毂、叶片、塔筒及地面控制箱内，安装传感器、存储器、处理器以及SCADA系统，实现对风机运行的实时监控；还通过在风力发电涡轮中内置微型控制器，在每次旋转中控制扇叶的角度，从而最大限度地捕捉风能，还可以控制每台涡轮，在能效最大化的同时，减少对邻近涡轮的影响。维斯塔斯通过对实时数据进行处理预测风机部件可能产生的故障，以减少可能的风机不稳定现象，并使用不同的工具优化这些数据，达到风机性能的最优化。

（三）智能制造分为三个阶段

1．纵向集成：工厂和企业范围的集成

智能制造将生产过程的各个阶段互联，并更好地协调来提高工厂效率。一个典型的制造厂使用越来越多的不同信息技术（IT），在几乎所有的传感器和电机或驱动器中植入微处理器芯片，实现电脑控制，拥有生产管理软件。制造过程的特定阶段或制造工艺得以管理。智能制造在各个制造环节的“信息孤岛”间架起桥梁，并加以集成，从而使数据在整个工厂中得以共享。机器收集的数据和人类智能的结合将推进工厂优化，改进企业管理绩效，大幅增加经济效益，提高工人操作安全性，并促进环境可持续发展。

2．横向集成：从工厂和企业内部到企业之间

通过高性能计算平台将不同工厂和企业的数据源进行连接，将工厂的特定信息和供应链连接起来，从原材料供应、客户需求到产品发货。通

过利用智能电网，企业可以规划用电，在用电高峰期放缓生产，在用电低谷期加快生产。它将使更多的产品实现定制，新产品和工艺过程实现模拟。它将支持更安全、精确定义的产品的生产，实现更快的产品跟踪。

3．端对端集成：实现生产组织方式和商业模式的变革

通过贯穿整个价值链的工程化数字集成，实现基于价值链与不同企业之间的整合，从而最大限度地实现个性化定制，根本改变传统的商业模式和消费者的购物行为。例如，亚马逊公司15年前只是一个网上书店，通过捕捉消费者的图书购买习惯的大量数据，亚马逊知悉了消费者生活方式，使其商业模式实现颠覆性转变。10年内，亚马逊扩大了产品销售领域，涉足许多新的类别。它现在是美国最大的在线零售商，书籍和其他传媒产品只占其240亿美元销售额的52%。任何从亚马逊下过订单的人都知道，网站会建议你可能喜欢的产品，告诉你什么是消费者购买产品时需要考虑的。

（三）智能制造带来三大转变

定制化。企业以用户为中心，就产品设计、制造与用户进行实时互动，为大量用户定制产品和服务。在智能制造系统中，有独特需求的顾客可以参与到产品的设计、生产、运作、回收等环节，甚至在生产过程中随时根据需求改变设计及生产。消费者由单纯的产品接受者转变为生产消费者。

分散化。在全球范围内迅速发现和动态调整合作对象，整合企业间的优势资源，在研发、制造、物流等产业链各环节实现全球分散化生产。波音公司实现在全球30多个国家、135个地方、180个供应商之间的协同研发和制造，在400多万个零部件中，本身只负责生产大约10%。

融合化。互联网企业与制造企业的边界正在打破，生产企业与服务企业的边界日益模糊。2014年1月，谷歌宣布与通用、本田、奥迪和现代四家整车制造企业以及一家芯片制造企业（NVIDIA）共同成立“开放汽车联盟”。自2012年，谷歌公司已经先后收购了9家智能机器人相关企业。

【务实推进中国特色智能制造发展】

（一）客观评价发达国家发展智能制造对我国影响

自2011年，我国就成为中国全球制造业第一大国，但与发达国家相比，仍有很大差距，面临的要素成本压力不断加大、资源环境约束条件不断增多。

当前，智能制造时代就要来临，各国正在部署新的制造业发展战略，将重构全球制造业生态。美、德等发达工业化国家推行各自版本的智能制造发展战略，目的不只是要抢占新一轮制造业竞争的制高点，还要通过发展智能制造，实现生产成本的大幅下降、生产效率的快速提升，为其谋求中低端制造业回归创造条件。我国虽然有较为完整的制造业体系，具备庞大的市场优势，但必须清醒地认识到：在智能制造时代，传统的低成本竞争优势不再那么重要，整个制造业生态都将发生根本变化，如果不及时抓住智能制造发展机遇，我国传统的制造企业会陷入困境，面临被淘汰的风险，我国制造业在全球的竞争优势将不断削弱。

（二）深刻认识我国发展智能制造条件与基础

我国已具备发展智能制造的基础与条件。一是取得了一大批相关的基础研究成果，掌握了长期制约我国产业发展的部分智能制造技术，如机器人技术、感知技术、复杂制造系统、智能信息处理技术等。以新型传感器、智能控制系统、工业机器人、自动化成套生产线为代表的智能制造装备产业体系初步形成。二是我国制造业数字化具备一定的基础。目前规模以上工业企业在研发设计方面应用数字化工具普及率已经达到54%，生产线上数控装备比重已经达到30%。

然而，与发达国家相比我国还有较大差距，体现在以下几个方面。

一是智能制造基础理论和技术体系建设滞后。目前，我国主要侧重智能制造技术追踪和技术引进，而基础研究能力相对不足，对引进技术的消化吸收力度不够，原始创新匮乏;控制系统、系统软件等关键技术环节薄弱，技术体系不够完整。

二是我国发展智能制造的数字化基础较为薄弱，制造业发展整体上还处于机械自动化向数字自动化过渡阶段，如果以德国工业 4.0 作为参照系，比较一致的看法是我国总体上还处于 2.0 时代，部分企业在向 3.0 时代迈进。

三是关键技术和核心部件受制于人。高端传感器、智能仪器仪表、高档数控系统、工业应用软件等市场份额不到 5%，大型工程机械所需 30Mpa 以上液压件全部进口，大型转载机进口部件占整机价值量的 50%～60%。

四是高端软件产品缺乏。我国制造业的“两化”融合程度相对较低，低端 CAD 软件和企业管理软件得到很好普及，但应用于各类复杂产品设计和企业管理的智能化高端软件产品缺失，在计算机辅助设计、资源计划软件、电子商务等关键技术领域与发达国家差距依然较大。

五是企业系统集成能力较为薄弱，缺乏像西门子、GE 一样的国际级大型企业。

（三）加强顶层设计与统筹规划

将发展智能制造与贯彻落实《中国制造 2025》结合，制定推进我国智能制造发展的中长期规划。加快研究论证国家智能制造重大工程，明确所要突破的共性关键技术、所要建立共性技术平台、在广泛调研和专家论证基础上，建立完善智能制造体系架构，明确推进智能制造的重点内容、重点领域、关键步骤和具体路径。

（四）优先启动五方面重点行动

一是攻克一批关键核心技术，包括数字设计与虚拟仿真系统，新型传感、工业控制等智能制造技术与系统，智能管理技术与系统，建立智能制造系统集成平台。

二是大力发展自主可控的智能部件、智能装备及成套系统。加快新型传感器、智能仪器仪表、工业机器人、工业软件等关键智能部件的研发与产业化，重点发展高端数控机床、工业机器人、增材制造（3D 打印）装备、伺服驱动系统、工业控制系统等智能制造装备及成套系统。

三是加快建立智能制造标准体系。研究建立智能制造综合标准化体系，依据采用现有标准、修订现有标准或制定新标准等策略，对重点相关领域已有标准进行研究分析，规划构建包括已发布、在制定和待制定标准的智能制造综合标准化技术体系，率先启动基础和通用方面的智能制造标准。

四是有序开展智能制造试点示与应用推广。加快实施《智能制造试点示范专项行动实施方案》，尽快出台《智能制造试点示范项目要素条件》，充分发挥地方政府、行业和广大制造企业的积极性，围绕流程制造业的智能工厂、离散制造业的数字化工厂、以信息技术嵌入为代表的智能产品（装备）、以物流数字化、能源管理智能化为代表的智能管理，以个性化定制、网络协同开发、电子商务为代表的新业态新模式，以在线监测、远程诊断与云服务为代表的智能服务等六个方面，在有条件的地区、行业和重点企业率先开展智能制造示范应用，并建立《智能制造试点示范项目评价体系》，在此对试点示范项目进行评价基础上，及时总结形成经验和模式，在制造业加以大面积推广。

五是积极推进网络基础设施建设。围绕智能制造示范应用，制订工业互联网整体网络架构方案。

信息经济催生经济发展新思维

工业和信息化部赛迪研究院　李艺铭　安　晖

2014 年 2 月，习近平总书记首次提出将“信息经济全面发展”作为网络强国目标之一，并要求“形成实力雄厚的信息经济”，引发社会各界对信息经济的高度关注。过去一年中，全社会对信息经济的理解不断深化，实践探索不断推进。结合理论研究和各地实践，赛迪智库认为，信息经济是以信息资源为核心要素、以信息技术为主要驱动力所进行的经济活动的总和。信息经济作为一种新的经济形态，可能成为新常态下中国经济发展的新阶段，将塑造全新的经济发展模式。与发展信息技术产业相比，发展信息经济需要哪些新思维？创新发展信息经济需要重点做好哪些引导和支持工作？在各地、各界大力推动信息经济发展的背景下，当前亟须强化对这些问题的思考与认识。

【信息经济带来经济发展新模式】

（一）由信息资源及其应用能力决定竞争力强弱的发展新模式

传统经济模式下，劳动力、资本、土地等要素的掌握能力决定着国家、地区、企业或个人的竞争力强弱，信息及其应用仅被用作统合、优化的手段。信息经济模式下，信息资源成为基本生产要素和重要战略资源，信息技术成为直接促进经济社会发展的通用性技术，在宏观经济决策、生产经营决策和个人消费决策中的应用日益广泛深入。一分钟消息量超过 1000 万条消息的微信社交平台、一天交易额可达 571 亿元的阿里电商、一年交易量超过 1800 亿条的电子支付系统，使交互、消费、缴费、理财方式产生巨大变革，不断催生新的经济增长点。基于云计算和大数据服务，能够为完善企业生产流程优化、优化市场推广决策提供强大支撑。可以说，未来所有企业都将成为由信息驱动的企业，信息资源及其应用将在企业竞争力打造中扮演极其重要的角色。

（二）产业跨界融合与竞争成为常态的发展新模式

传统经济中，农业的个性化分散化生产模式与工业的大规模标准化生产模式迥然不同，产业界限清晰而难以僭越。信息经济模式下，无形资源与物质资源的融合日益紧密，并对部分物质资源形成替代，使工业、农业等产业越来越“无形化”，进而逐渐打破产业边界，实现传统产业的价值提升。例如，这种加速渗透带来了消费电子的互联互通、汽车生产供应服务的智能化、金融服务的互联网化，推动了信息技术产业与生活消费品产业、汽车产业金融领域等紧密融合。随着信息经济向更广、更深、更新领域延伸，产业界限将加速实现“破”与“立”，原属不同领域的企业进入到同一市场，企业竞争更加激烈，跨界深度融合的产业发展新模式更加清晰。

（三）从企业创新向万众创业创新拓展的发展新模式

传统经济构建了以科研院所、企业为主体的创新体系，实验室和研发部门是科技创新的主要阵地。信息经济则实现了创新资源的开放共享和创新平台的建立优化，将所有个人、企业和组织都纳入到创新主体范围中，打破了既有创新思维和创新方式，激励企业加速从封闭式创新转为开放式创新。众包、创客提供了支持鼓励全社会参与的创新模式，成为2014年最受关注的关键词。深圳柴火创客空间通过提供自由开放的协作环境、跨界的交流和基本的原型开发工具，为极客、创客、自由职业者提供创业环境；小米MIUI操作系统、搜狗输入法皮肤和词库都采用了“众包”模式，在实现更高效的创新同时培养出高黏度的粉丝群。

（四）迈向低能源需求、低资源消耗的发展新模式

传统经济以木材、煤炭、石油三次能源革命为驱动，却也受到不可再生能源的严重桎梏，以及劳动力、土地等资源成本不断增加的阻碍，发展面临天花板。信息经济的核心要素是信息与信息技术，天然具有能源需求少、资源消耗少等优势，有利于推动建立绿色节能可持续的发展新模式。能源利用方面，基于互联网构建起的能源互联网，能够将风能、太阳能、海洋能等可再生能源输送到各种集中式、分布式电源的用户，实现安全可靠性高、绿色低碳的全球能源配置。日常办公方面，通过运用云计算平台实现企业、组织办公系统等应用的数字化和云化，能够大大降低纸张的使用量和由此造成的环境压力。交通出行方面，智能交通系统将提高人、车、路的协调能力，有助于削减每年交通堵塞造成的高达几百亿升的燃料损失，对节能环保发挥巨大作用。

【壮大信息经济需要发展新思维】

（一）既立足信息技术产业，又超越信息技术产业的新思维

一方面，信息经济的发展必须以新技术、新产品、新业态的发展为基础，这就需要继续将信息技术产业作为信息经济的根基，持续创新产业业态，持续推进信息技术应用实践。另一方面，信息经济的内涵、外延远超信息技术产业，以信息资源为基础、以信息技术为核心的所有产业形态都属于信息经济的范围。因此，发展信息经济不能自我设限，既要发展信息技术产业、推进各领域信息化，也要扶持电子商务、数字内容、互联网金融、智能汽车等新领域发展。

（二）既重视核心技术创新，又加强发展模式创新的新思维

一方面，信息经济的发展是以信息技术为核心的新一轮科技革命发酵的结果。以数据营销、处理、分析等为核心的新兴信息技术进入成熟期，云计算、大数据、移动互联网和物联网的技术、产品、服务从概念萌发期向实际应用期过渡，提供了不可或缺的技术基础，使信息经济的创新发展成为可能。另一方面，模式创新及其与科技创新融合的融合实践成为信息经济的重要组成部分和独特特征。海尔以“企业平台化、员工创客化、用户个性化”搭建起企业的内部创新组织模式，阿里巴巴以云计算基础设施为基础实践了从电子商务向云计算领域的业务创新模式，服装企业青岛红领以定制化协同生产构建了市场反馈创新模式，都验证并展示了技术创新与发展模式创新融合的巨大价值。

（三）既注重可统计经济规模，又注重整体发展质量的新思维

一方面，传统经济的规模建立在以价格体现的统一价值的统计体系基础上，表征最终产品和劳务价值的国内生产总值（GDP）成为衡量经济状况的主要指标。作为一种新兴的经济形态，信息经济发展也需要考虑产业规模的扩大，以此增强产业发展信心。另一方面，信息、信息技术应用的特性对传统统计体系提出了挑战。随着信息技术持续进步，信息、信息技术产品及其应用的绝对价格整体呈现下降趋势，依传统的统计方法看，相对应的经济规模似乎是在“萎缩”。但实际上，信息及其应用对经济社会发展的作用在不断增强，对传统产业渗透融合所带来的经济贡献更

加巨大，对经济发展质量和社会发展质量的提升作用日益提升。如何革新统计和评价体系，反映整体发展质量的提升，是全面认识信息经济并推动其发展的重要基础。

（四）既提供政策资金支持，又完善法律机制建设的新思维

一方面，传统经济中，投资与消费、出口并列为“三驾马车”，社会资金与政府投资共同推动着基础设施建设、成熟产业的扩大再生产和幼稚产业的保护和扶持。信息经济作为一种经济形态，也需要灵活的社会投融资和政策资金支持，以推动产业兼并重组和跨界并购，提升产业链竞争能力。另一方面，与资金相比，信息经济更需要灵活机动、普惠性、高度自洽的体制机制和法律规范。例如，智能制造和工业机器人、服务机器人对劳动力的替代，需要全新的社会就业与保障措施；无人驾驶汽车的发展与应用，需要对交通事故责任划分的新的明确标准；云计算带来的新安全挑战，需要从制度和技术等方面统筹建立信息安全保护体系；政务大数据与个人信息数据的整合与管理，需要实现数据使用和隐私保护间的均衡。所以，必须通过相关政策方向、重点的确定和调整，来提升信息经济的发展高度。

【创新发展信息经济的对策建议】

（一）以智能制造为突破，拓展信息经济内涵与外延空间

一是以我国较为完善的制造业体系和全球领先的信息技术产业体系为基础，以智能制造为突破口，深化数据资源（信息资源）和信息技术应用，推动传统制造智能化升级、新型制造协同化发展和面向制造业的服务业务发展，催生信息经济新业态。二是逐步加强信息和信息技术在现代农业、服务业的应用示范和推广，加强智能软硬件产品的广泛应用，结合现代农业、现代服务业发展新的信息经济业务。三是加强云计算、大数据、移动互联网的创新应用，拓展各产业的信息技术水平和融合发展能力，构建全新的信息经济产业体系。

（二）推动两种创新融合，构建体系化、综合化竞争能力

一是以推动技术创新和商业模式创新融合为目标，发挥企业等创新主体在基础研究、核心技术开发、专利布局、开放性平台建设等方面的作用，与合作伙伴一齐构建包含研发能力、工艺水平、营销渠道、客户需求管理、标准体系建设等在内的全向度创新系统。二是引导鼓励产业界建立跨越现有产业边界的产业创新组织，统合学界、产业界和中介组织优势，建立跨学科、跨产业、跨资源的创新平台。三是政府应进一步推进科技支撑体系的分类改革，鼓励具备条件的企业和创客主导应用类研发与创新，推动商业模式创新纳入科技创新评价体系。

（三）革新统计指标体系，推动发展速度与发展质量协同

一是在现有国民经济核算体系上创新指标，突出信息资源和信息技术的价值，科学全面测算信息经济规模。二是在现有的国家和地方统计调查制度基础上，调整反映经济发展质量的价格体系，鼓励技术创新、模式创新引领的劳动生产率提升。三是建立更加全面的全社会经济效应反馈指标体系，纳入信息经济的协同共享效应具有的正外部性。

（四）健全政策法律体系，提升适应性、灵活性、普惠性

一是鼓励大众创业万众创新，制定适应众包、众筹、创客的产业政策和投融资政策，为新业态新模式留有较为宽松的试水区，营造鼓励创新创业的配套环境。二是加强研究智能制造、无人驾驶汽车、云计算大数据等发展带来的社会挑战，形成灵活反应、兼容与可持续的政策法律体系。三是推进全社会信息资源的协同共享，提升信息资源开发与共享的认识水平，制定国家信息资源共享的政策及运行机制，以政府大数据共享共建为表率，建立惠及全社会的“信息共享、协同服务、节约高效”的信息社会体系。

如何应对智能终端产业的“三期叠加”

工业和信息化部赛迪研究院　李艺铭　安　晖

智能终端是引领当今信息技术产业发展的重要领域，其发展状况直接影响甚至决定着整个信息技术产业的发展态势。随着技术演进与市场需求的变化，智能终端产业已进入新的发展阶段，颠覆性创新低潮期、新产品形态分化期与新消费痛点探寻期的叠加特征显著。若能迎头而上、主动求新，我国智能终端产业就有望迎来新一轮爆发；若是随波逐流、盲目自满，则会面临进一步丧失发展主动权的潜在风险。

【智能终端产业遭遇“三期叠加”】

一是颠覆性创新低潮期。前几年的智能终端发展热潮，以智能手机与平板电脑为核心产品，以持续出现的颠覆性创新为主要动力。但自2012年起，围绕智能手机、平板电脑的颠覆性创新越来越少。首先，产品外观形状未现大变化。新近推出的手机、平板电脑等产品的外观，依然遵循乔布斯时代的设计方案，没有大的突破，不同品牌产品间、以及同品牌多代产品间基本雷同。其次，基础硬件架构未有大变革。虽然芯片处理速度有所提升，芯片核数从2核提升至8核，内存容量从1GB/2GB拓展到3GB/4GB水平，但整体技术架构未有突破。再次，软件基本功能未展现显著创新。尽管操作系统版本持续升级，软件界面不断美化，但核心基础功能变化不大，可算作亮点的升级少且不明显。

二是新产品形态分化期。在手机、平板电脑创新乏力的同时，智能终端产品形态越来越多，给产业发展带来更多可能，也使产业发展路径更加眼花缭乱。首先，产品种类快速增加。可穿戴设备、智能家居成为热点。在此大标签下，又有类型繁多的产品种类。例如，仅可穿戴设备已出现头戴式、腕带式、脚带式以及设备类、服装类、配饰类等多种类型。其次，终端功能独立性存在差异。一些智能终端具备联网、环境感知、人机交互、自数据处理等独立功能，但目前多数终端本身只能完成简单的环境感知和数据采集，对智能手机、平板依赖性大，不具备独立性。再次，市场参与主体更加多样。由于新兴智能终端产品及其产业格局都尚未定型，加之研发门槛相对较低，因此在短期内涌入难以计数的企业和创新团队，导致市场竞争更加激烈和混乱。

三是新消费痛点探寻期。无论是智能手机、平板电脑等成熟领域的新产品，还是可穿戴设备、智能家居等新兴产品，都很难再让用户有强烈购买欲望，究其原因是未能对智能终端消费的新痛点把握不足。智能手机和平板电脑方面，未击中高阶消费功能的升级换代需求痛点。智能手机和平板电脑的处理能力远弱于台式机和笔记本电脑，若无法推出有竞争力的新功能，用户的升级换代需求就难以被激发。可穿戴设备方面，未击中大众用户的日常消费需求痛点。已推出的可穿戴设备产品的新功能、新特色不明显，在功能上对手机、平板没有替代性，加之在续航能力等方面存在短板，暂时无法在日常生活应用中赢下一席之地。智能家居方面，未击中综合应用场景的一体化需求痛点。智能家居的产品标准和联网方式不统一，技术路径和应用场景设计路径不明确，难以实现一体化环境下便捷操作需求，容易成为“鸡肋”。

【“三期叠加”后我国智能终端产业两种演进预期】

若能把握“三期叠加”机遇，有望推动我国智能终端产业实现赶超发展。我国智能终端产业要实现逐步做大基础上的振翅腾飞，需要把握好三大机遇。一是从模仿跟随发展到创新引领发展的机遇。我国智能终端企业已具备较强的市场影响力和一定的品牌影响力，新产品形态的演变，为我国企业提供了与国际一流企业同步起跑、同台竞技的可能，有助于争夺全球智能终端新产品体系话语权。二是从智能终端大应用市场到智能终端创新策源地的机遇。我国已经拥有近 6 亿移动智能终端联网用户，加快推进移动电子商务、互联网金融、O2O 服务等智能终端等应用场景开发，有望增强我国的产业原始创新能力，使我国成为全球智能终端创新中心。三是从单一性产品创新向体系化生态创新的机遇。借助智能手机、平板电脑等的发展，我国已形成门类齐全的零部件和整机供应链、核心软硬件集成创新链、应用服务价值链，若能把握多种产品协同并进发展的机遇，将使我国在智能终端产业领域抢先形成体系化的生态竞争能力。

若是错失“三期叠加”机遇，可能导致我国智能终端产业与国外差距进一步拉大。若仅陶醉于当前智能终端产品的销量增速和暂时性的排名提升，缺乏对产业格局变革的清醒认识，不能正视并解决关乎中长期发展的挑战，我国将很可能陷入“规模化陷阱”。一方面，低价位和微创新难以永葆市场份额优势。低价位和微创新是这一轮我国智能终端发力的有力工具，但若不努力突破“缺芯少核”的根本问题、主流产品的同质性、品牌价值的含金量低等问题，一旦国外企业应用了近几年不断申请的众多专利，打造全新的具有颠覆意义的新智能终端产品，我国企业就可能再次被国外企业重拳击倒。另一方面，智能终端产业迅速洗牌将引发产业格局巨变。前有诺基亚、摩托罗拉迅速陨落的教训，现有三星、小米走下神坛的危机，如果缺乏对未来核心技术和主流产品形态的前瞻性布局，我国龙头企业可能在短时间内从全球智能终端版图上消失，进而影响整个电子信息产业的发展。

【对我国智能终端产业发展的建议】

共建企业、产品、组织三大生态，合力抢占全球智能终端颠覆性创新的先机。构建以大型企业构建生态、中型企业塑造品牌、小微企业特色配套的企业生态，构建以智能手机、平板电脑、可穿戴设备等为核心的产品生态，构建以去中心化组织协调机制、协同创新网络体系和综合公共服务平台等为核心的组织生态。

着眼便捷、智慧、个性、公共服务“四位一体”应用，丰富完善基于本土化策略的智能终端服务。升级便捷应用，采用移动互联技术提升生活服务的便捷性；研发智慧应用，挖掘数据分析、精准营销等智能技术提升个性化、专业化、一体化需求；挖掘个性应用，贴合和创造个性化需求；推进公共服务应用，依托微信等平台增强移动公共服务能力。

跨界合作突破“缺芯少核”桎梏，加快构建持久、自生、高效、独立的自主研发体系。通过与芯片设计、制造国际龙头合作，构建国际先进、较为完整的自主芯片产品体系，逐渐掌握集成电路核心技术和工艺。依托我国较为完整的智能终端供应链，研究制定操作系统技术路线，重点构建和完善操作系统的应用生态。

云计算发展与展望

工业和信息化部赛迪研究院　陈　光

【云计算市场情况】

（一）全球云计算市场规模

云计算正在成为IT产业发展的战略重点，全球IT公司已经意识到这一趋势，纷纷向云计算转型，也带来市场规模的进一步增长。2014年，全球云计算服务市场规模达到1528亿美元，增长17%（见表1和图1）。

（二）我国云计算市场规模

2014年，我国公有云市场规模达到68亿元（见图2）。同时，云计算的发展也带动和促进了上下游电子产品制造业、软件和信息服务业的快速发展，预计到2015年，我国云计算上下游产业规模将超过3500亿元。

表1　2010—2015年全球公共云服务市场规模

年份	2010年	2011年	2012年	2013年	2014年	2015年
产业规模（亿美元）	683	900	1110	1310	1528	1800
增长率		32%	23%	18%	17%	18%

数据来源：Gratner，2015.2

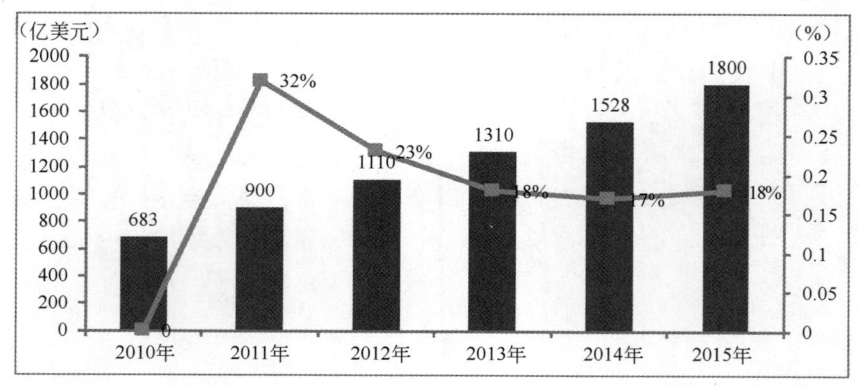

图1　2010—2015年全球云计算市场规模示意

数据来源：Gratner，2015.2

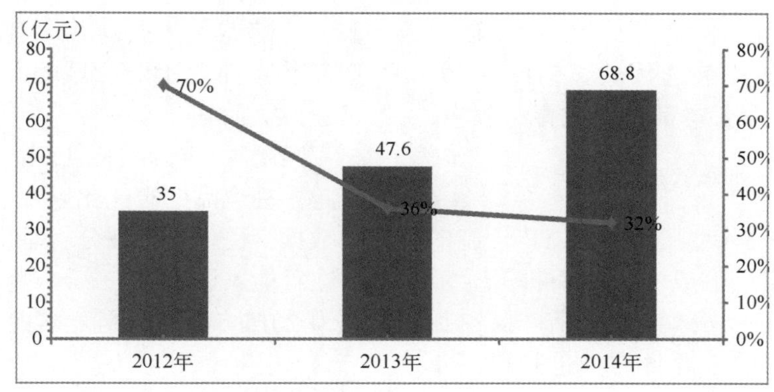

图 2 2012—2014 年我国公有云服务市场规模

数据来源：赛迪研究院，2015.3

【应用情况】

（一）政务领域应用率先开展，有力推动政府管理模式改革

2014 年，云计算在电子政务公共服务、民生保障等领域得到广泛应用，有力地促进了政府管理模式创新和社会治理体系建设。海南、浙江、贵州、广西、河南、河北、宁夏、新疆、甘肃、广东、吉林、天津 12 个省市利用阿里云“飞天”云计算核心自主技术，搭建政务、民生、公共服务领域的数字化服务平台，推动政府公共服务的电商化、无线化和智慧化。国家药监局与阿里云合作，实现了对境内每盒药品从生产、批发到配送、零售各个环节所有信息的完整记录与实时监管，药品流通效率极大提高。

（二）传统行业应用日益增多，加快推动产业转型升级

2014 年，云计算相关新技术、新业态、新模式在重要行业领域的应用愈加深化，有效帮助传统企业提升产品附加值、提高生产效率、创新商业模式。海尔、创维、金立等传统制造企业依托云服务屁股痛创新推出消费者对企业（C2B）的商业模式，向智能化、个性化、定制化迈进，实现了由硬件制造商向“制造＋服务”提供商的升级。传统电器销售商苏宁电器加速向基于云计算的零售服务、互联网金融服务转型。众安保险在阿里云支持下，用低成本高灵活性的信息技术能力拓展互联网保险业务，创造了互联网金融发展的新形态。

（三）创新创业应用成为亮点，带动大众创业和万众创新

2014 年，云计算在降低创新创业门槛方面取得众多成绩，为大众创业和万众创新提供了良好条件。云计算已成为我国互联网创新创业的基础平台。百度云平台已汇聚超过 50 万中小企业及开发者用户，带动就业 100 万人以上，累计为用户节约成本超过 20 亿元。腾讯云开放平台已有超过 60 万的开发者注册，分成收入突破 10 亿元。

【重要创新】

（一）云计算企业纷纷拥抱开源软件

开源软件正在成为推动云计算技术发展的重要动力。2014 年，包括华为、华胜天成在内，越来越多的云服务企业和用户开始使用开源云平台，并且参与开源云平台的建设。目前，华为已经成为 OpenStack 峰会的金牌会员，围绕 OpenStack 构建云计算解决方案的研发人员超过 500 人。华胜天成则推出中国首家 OpenStack 服务中心。

（二）健康、教育等民生服务创新成为热点

2014 年，个人领域的 SaaS 服务成为云计算创新的热点，大型互联网企业在健康、教育、交通等领域不断创新，推出个人服务产品。电信运营商基于数据优势，在全国各城市布局教

育、健康等领域的信息服务。云计算中小创业公司则将教育作为创业首选领域，51talk、91外教、云校等一批创业公司都进入教育云领域。

（三）IaaS仍是企业级云服务创新重点

节省高昂的IT投入费用、提高IT设施的利用率、降低企业信息化成本，进而提升企业的智能化程度，提升生产效率、提高产品附加值是企业使用云计算的主要目的，也是近两年云服务厂商提供企业级云服务的方向。目前，受限于市场普及程度和企业信息程度，企业级SaaS服务进展缓慢。2014年，企业级云服务的多数进展依然集中在云主机、云存储、网络服务等IaaS层服务。

【2015云计算市场四大热点】

一是混合云将成为云服务业态的重要方向。混合云模式可以将公有云和私有云的优点融于一体。众多大型企业需要私有云和公有云对接，在私有云和公有云之间自由切换，将对混合云架构产生巨大需求。

二是企业级的移动云应用将持续升温。企业物理边界的逐渐模糊及移动互联网使用的普及，使得移动办公的需求越来越迫切。越来越多的企业表示将在Saas层面增加预算投入，而移动云办公领域将成为优先考虑的项目之一。

三是智慧城市和工业等重点行业应用将成为云计算重要市场。各城市正普遍把智慧城市和民生应用领域的应用当作抓手，大力发展政务云、城市云和教育云、医疗云等，上马一系列相关项目。物流、教育、旅游、医疗等行业的行业云平台发展速度开始加快，众多企业积极建设这些重点行业的公共云平台并提供衍生服务。随着“工业4.0”、工业互联网等概念迅速兴起，面向工业领域的“工业云”也将迎来迅速发展阶段。

四是垂直行业的云应用将取得突破。企业越来越重视产品的智能化以及真实、有效地获取用户数据，提供更为细分、垂直的云计算服务。尤其在智能家居领域，云计算将与家居产品相结合，成为2015年个人服务领域的亮点。

【我国云计算发展展望】

一是产业规模保持高速增长。《关于促进云计算创新发展培育信息产业新业态的意见》等利好政策将进一步推动云计算快速发展，预计2015年国内公有云服务市场规模将超过90亿元，增速超过30%。云计算的发展将带动和促进了上下游电子产品制造业、软件和信息服务业的快速发展，预计到2015年，我国云计算上下游产业规模将超过3500亿元。

二是产业格局迎来洗牌阶段。2014年，云计算企业纷纷通过并购、融资、合作等手段构建自己的产业体系或生态圈，以增强自己的产业竞争力，拟补产业短板，与合作伙伴一起构筑强大的竞争优势。未来几年，云计算产业有望形成若干个类似于Wintel体系的稳固合作体系，在此之前，市场将处于激烈洗牌阶段。

三是我国云计算企业全球影响力将扩大。通过在云计算领域的大量投入、积极研发，我国公有云服务企业在技术上已经达到国际先进水平。依托这样的优势，大型云服务企业正在吹响进军海外市场的号角。阿里云在美国和香港数据中心进入商用阶段，可以为全球用户提供云计算服务。未来，我国企业有望在全球范围内同亚马逊、IBM这些国际巨头一同竞争。

“互联网+”模式将成为竞争新常态

工业和信息化部赛迪研究院　王　茜　安　晖

经过20多年的快速发展，我国已拥有世界一流的互联网产业，互联网在经济社会发展中的地位不断提升，作用持续增强。互联网具有强烈的渗透性和持续高速发展的内在需求，这使得互联网必然要寻求与传统产业融合，催生新的发展空间。随着互联网加速从生活工具向生产要素转变，互联网与传统产业的结合更加紧密、以互联网为基础的新兴业态更加密集涌现，“互联网+”模式将成为企业竞争、产业竞争乃至国家竞争的新常态。

【“互联网+”昭显强大生命力】

“互联网+”点燃信息消费新引擎。经济复苏大环境下，国内外都高度关注信息消费对经济发展的支撑促进作用，纷纷致力于促进和提升信息消费需求。以互联网为基础的信息消费成为其中的重要组成。我国拥有世界一流的互联网产业，以互联网为基础，各种新技术、新产品、新业态、新商业模式变革正密集发生，对消费结构升级和信息技术产业转型的作用进一步增强，进一步激发信息消费的引擎作用，为我国经济的持续快速发展提供新的动力。

“互联网+”催生行业发展新业态。互联网有如白杨的根系一般无声蔓延至各行各业，与传统行业结合形成新的行业发展态势。“互联网+传统零售业”形成电子商务，撬动信息消费；“互联网+传统工业”形成工业互联网，引领制造业向“数字化、网络化、智能化”转型升级；“互联网+传统金融”形成互联网金融，助力“普惠金融”。每个传统行业有机会借助“互联网+”模式，实现转型升级、创新发展。

“互联网+”引领企业抢滩新机遇。借助“互联网+”思维、用新的发展观和资源观抓住机遇的企业，具有赶超发展的无限可能。阿里巴巴以“互联网+传统集市”的思路打造了淘宝和天猫，以“互联网+传统银行”的模式创新了支付宝和余额宝，成功超越Facebook，成为全球第二大互联网公司。同样，“互联网+传统广告”成就了百度，“互联网+传统社交”成就了腾讯，“互联网+传统百货”成就了京东。这些位列全球十大互联网企业中的中国企业都是凭借“互联网+”思维建立起一流的竞争优势。

【“互联网+”孕育竞争新常态】

“互联网+”赋予国家竞争新内涵。以互联网为主要平台和内容的信息技术正与工业、能源、新材料等领域的技术交叉融合，形成新一轮技术革命与产业变革，使互联网时代的国家竞争不再局限于传统行业的较量，获得了新的内涵。以互联网与工业的深度融合为代表，各国纷纷提出新概念、新战略、新举措，德国“工业4.0”基于制造业基础向互联网融合，美国“工业互联网联盟”利用互联网优势激活传统制造业以提升工业价值创造能力。我国将“智能制造”作为两化深度融合的主攻方向，其实质也是通过互联网与工业深度融合，在“互联网+工业”的新竞争战场上，赋予国家间竞争新的内涵，抢占产业变革先机，实现工业由大变强的历史性跨越。

"互联网+"打造行业竞争新模式。面对互联网强大的渗透力，传统行业纷纷变革发展模式，力求以技术、产品、服务、模式等领域的创新占得行业竞争的制高点。电子商务的兴起，减少了传统零售企业的业务收入，颠覆了传统销售业的销售渠道；互联网金融的出现，吸引了银行直接用户，变革了金融机构的经营思路；智能电视的普及，抢夺了传统彩电企业的市场份额，革新了彩电行业的竞争焦点。互联网的跨界渗透在颠覆传统行业的同时，也在加速改造、倒逼传统行业转型升级。如何在互联网的跨界中不被终结、赢得重生，已成为行业竞争新模式下所有企业都需要认真思考和解决的问题。

"互联网+"构筑企业竞争新格局。企业竞争新格局既表现在互联网企业与传统企业的竞争，也表现在互联网企业之间的竞争。在互联网企业与传统企业方面，大型零售巨头华联、银泰、新世界等面对阿里的淘宝和天猫、腾讯的微信购物，陆续开展与手机淘宝、微信的合作，并通过打折、促销抢占市场份额；四大银行面对支付宝、余额宝，不断推出各类互联网金融理财产品，并通过降低快捷支付限额等手段做出回应。以百度、阿里巴巴、腾讯为代表的互联网企业竞争同样激烈。为聚集力量打造互联网生态系统，各龙头企业纷纷进行海量投资与跨界合作，其竞争遍布打车、餐饮、地图、视频、团购、旅游、百货、移动支付等各个领域，在构筑自身全方位竞争实力的同时，也变革着各产业领域的竞争态势。

【对策与思考】

顺应互联网与工业行业加速融合发展趋势，抢占智能制造的战略制高点。一是顺应万物互联发展趋势，鼓励企业建立智能生产体系，将数字化生产设备联网，提升制造过程的信息化水平，促进企业向信息化技术综合集成阶段发展，实现"物联网"和"务（服务）联网"有机整合。二是促进制造企业商务模式数字化，通过与电子商务平台机构合作，加快全产业链大数据形成，积极使用云计算、物联网技术，努力向智能生产方向发展。三是大力发展工业软件，实现核心软件、底层软件系统的自主开发能力，快速提升嵌入式软件、数控系统的研发能力，推动基于互联网的行业解决方案研发应用。

顺应"互联网+"打破原有产业边界的趋势，引导传统行业转变发展理念。一是引导传统行业从业者转变思维方式，借助互联网思维进行创新。在互联网与传统行业结合的过程中，充分发挥互联网思维对产业的引领和改造作用，使互联网平台具有更高的透明度和参与度，更低的成本和更有利的便捷性。二是引导和支持企业提高学习、创新能力。提高传统行业对互联网的认识水平，积极培养引进符合性人才，将企业业务与互联网的结合，从技术和产品层面，扩展到商业模式、服务方式层面，加速实现依托互联网的全方位创新。

规范"互联网+"创新创业竞争秩序，营造公平合理的竞争环境。一是加强政府引导，通过行业标准制定和适度监管，防范在位企业凭借先行优势阻碍新兴企业的进入和创新，通过立法为传统企业与互联网的融合发展提供法律保障。二是建立健全企业竞争行为的预警、监测体系，研判互联网新技术、新应用、新商业模式出现可能带来的竞争风险，依法处置不公平、不正当竞争行为。三是加强创新创业规范宣传，提高创新企业、创业个人的自律意识和社会责任意识，强化企业和个人的守法自觉性。

电子商务成功开启互联网经济

中国电子信息产业发展研究院　樊会文

电子商务经历了近二十年的艰难探索，如今终于到了收获成功的季节。电子商务的成功发展产生了强烈的示范效应，以互联网应用为特征的创新创业层出不穷。互联网产业快速成长，衍生出互联网金融、智慧物流、云计算、大数据、智能工业等各种各样基于互联网的新型业态，互联网深入渗透并加速改造着各行各业，互联网经济正在形成，并将重构未来经济发展新模式。

【电子商务彰显互联网经济价值】

阿里巴巴在纽约证交所上市是个标志性事件，表明了世界资本市场对电子商务成功的认可和信心。阿里巴巴并非电子商务领域的唯一成功者，京东商城、1 号店的交易规模也很大，美日欧等地也都有著名的电子商务平台，亚马逊、沃尔玛、Yahoo、ebay、overstock. Zanox、globalsources都是全球著名的电子商务企业，我国很多行业都有一些成长性良好的电子商务平台。如今，消费者已经习惯于网上购物，实体商场的生存危机日益严峻。那些必需提供售前售后服务的行业，例如家具、家装、卫浴等，也通过 O2O 走电子商务道路了。生鲜产品如蔬菜、水产、水果等，也因为冷链物流和配送体系的完善而开始利用电子商务。大中型企业的中间品筹供也大都采取了电子商务或电子供应链方式。新常态经济环境下，各行各业几乎是无电商就难发展。企业不利用电子商务，就降不下成本、提不上利润、留不住客户、赢不了市场。回想十年前，电子商务发展还面临着支付、信用、物流、法律等诸多困难，商品市场和资本市场都冷眼相待。如今，电子商务的成功发展已经是不争的事实。

电子商务可以说是互联网经济的先锋。电子商务的成功向世人展示了互联网的经济价值，产生了利用互联网发展新产业的示范效应，打开了互联网经济的大门。互联网经济包括互联网产业，以及互联网在各个产业中的应用。互联网的普及形成了庞大的用户群，全球互联网用户超过 30 亿，中国互联网用户超过 7 亿。互联网的宽带化、移动化使得用户的便捷性、愉悦性体验前所未有地提升。除了市场销售方面的应用，互联网的应用功能还很多。例如，可以用来协同设计，让成千上万的创客参与设计新产品；可以用来组织集体经济行为，以众筹众包等形式开展项目经营；可以用来信息共享，企业间异地协同生产；可以用来构建信息物理系统，开展智能制造；可以用来累积大数据，更精准地针对市场开展个性化生产和服务等。可以说，互联网在各个经济领域都有丰富多彩的创新应用，都具有不可估量的经济价值。互联网的创新创业目前还只是刚刚开始。很快地，互联网将成为传播的主媒介、营销的主渠道、创新的主工具、竞争的主战场、财富的主源泉。任何国家、任何行业、任何企业都不能无视互联网应用。互联网将渗透到经济社会所有领域，互联网经济将是未来经济竞争的核心。

【互联网经济运作机制基本成熟】

任何成功都非偶然。电子商务的成功是因为它在新的技术基础上开创了有别于传统经济的新规则和新机制。这也是互联网经济的运作机制。我们可以将其概括为互联网经济的运营机制、信任机制、参与机制、补偿机制、创新机制。

互联网经济的运营机制，就是通过规模化平台服务实现低成本、高效率经营。互联网是以开放的信息平台方式提供经济服务，平台用户的一端是信息需求者，另一端是信息供给者，平台本身提供的是信息服务。互联网市场是充分竞争的，平台之间也必须通过市场竞争优胜劣汰，因此平台服务者必须持续创新、改进服务、吸引用户，只有用户达到相当的规模，平台才能产生商业模式、获取商业利润。因此，互联网经济不同于传统的生产和服务，不能凭借某些优势短期内获取一把暴利就走人，而必须快速形成规模并长期经营、持续经营。

互联网经济的信任机制，就是通过信息公开实现信用透明。互联网上大家互相不认识，信任是个必须解决的问题。一个办法是真实身份认证，这在某些行业是必须要进行的，比如银行转账、购买机票。更多的行业则不需要真实身份认证，而是通过公开部分关键的真实信息的方式来实现相互信任。比如在一般电子商务、旅游服务中，参与者并不一定要相互知道对方的真实身份信息，但对商品品质、交易记录、商业信用等这些关键信息则需要尽可能多地掌握。互联网服务平台必须及时、充分地开放和发布这些信息，才能建立信任机制。

互联网经济的参与机制，就是通过大众参与来凝聚全社会智力。互联网的一个特点是信息交互，用户可以平等地参与活动、发表意见。以前生产者和消费者之间总是存在信息不对称，产品和服务不能令消费者满意。在互联网经济中，用户可以参与设计，生产者可以根据不同用户的偏好设计生产不同的产品和服务，从而以全社会的智力来改进生产。

互联网经济的补偿机制，就是通过市场交叉补贴实现可持续发展。很多互联网经营在相当长的一段时间内主营业务是没有利润的，但一样可以持续投入并长期经营，这在传统行业是不可思议的商业模式。这是因为，互联网经济经常使用交叉补贴机制。这有两方面的交叉补贴机制，一是利用风险资本和创业投资，以未来的收益补贴当前的亏损；二是兼营其他业务，以广告服务、特定客户服务等收入来补贴主营业务亏损，即“羊毛出在猪身上”。

互联网经济的创新机制，就是通过与各行业跨界融合形成新的发展模式。在技术、产品、服务、管理等方面，互联网与其他行业均能够融合创新：与汽车结合产生了车联网；与物流结合产生了可视物流；与游戏结合产生了网络游戏；与企业管理结合产生了远程管理；与教育结合产生了慕课（MOOC），等等。互联网与很多行业的融合创新都是颠覆性变革，形成与以往迥然不同的新发展模式。

【互联网经济重点领域正突破性发展】

互联网经济正在全面播种，有几个重点领域已有突破性发展迹象，很可能不久将开花结果。

互联网金融。基于互联网的第三方支付已经形成较大规模，对传统银行冲击不小。与电子商务相结合的小额信贷增长速度很快。一批互联网融资平台将上线运行，众筹融资、P2P 也将探索出安全稳定的经营模式。银行、保险业也在加快互联网化，电子银行、手机银行业务量增长很快，尤其是金融机构的互联网服务平台会大量涌现并不断完善，大数据在金融业中得到务实应用。互联网金融将大幅度提高金融效率、降低交易成本，投资者和融资者都将从中获益。

互联网工业。互联网将深度融入工业体系各个环节。用户与企业将通过互联网实现互联互通，参与企业产品设计和质量管理过程；企业内部管理系统、生产系统、营销系统之间将彻底地互联互通，实现集成化一体化管控；机器设备之间将实现互联互通并纳入统一管理，实现智能制造；工业产品将纳入长链条物联网，形成可追溯体系。互联网工业发展将引起生产方式和产业结构变革，工业质量会得到大幅提升。

智慧物流。基于互联网的物流市场信息平台、北斗导航、物流监控平台、物联网平台等公共信息平台正在大量产生，港口、铁路、机场、货运站场等交通枢纽和仓储基础设施智能化快速发展，多式联运体系逐渐成熟。物流配送龙头企业与电商业、制造业、商贸业、金融业等企业的互联互通和业务协同体系会更加完善。智慧物流将在很大程度上提高物流效率、降低物流成本，对宏观经济效益产生积极影响。

大数据产业。各行业的互联网应用将产生大数据产业，如电子商务数据、金融服务数据、健康服务数据、视频监控数据等，都是具有成熟商业模式的大数据服务业。大数据的采集存储、分析处理和整合应用等各环节都会形成高附加值的新型服务业。大数据产业不仅有很高的经济效益，而且具有战略意义，在国家治理、社会服务中有重大应用价值。

互联网内容产业。网络游戏、数字动漫、音乐视频已经形成产业规模并仍然处于高速增长状态。传统文化出版和广播影视业在加快数字化转型，互联网阅读、数字影视、移动媒体、创意设计、网络艺术品等产业将快速成长。互联网内容产业将很快成长为一个大规模、高效益的新兴产业。

总之，互联网经济已经在电子商务等方面取得了重要进展，还将在更多领域取得突破发展。未来，互联网经济在增加就业、刺激消费、支持中小微企业发展、促进产业结构调整和发展方式转变等多方面都将产生重要作用，互联网对中国经济的影响将是深远的。

“十三五”信息化规划编制思路

工业和信息化部赛迪研究院　陆　峰

国家“互联网+”战略的部署下，国民经济和社会发展各领域信息化建设都发生了显著变化，从更严格意义来讲，未来很长一段时间，“互联网+”将重新定义我国信息化建设和发展思路。即将进入“十三五”规划编制期，为了使信息化规划编制更好地的国家各项战略的部署，本文对“互联网+”浪潮下，“十三五”信息化规划编制思路进行了简单梳理。

【信息化“十三五”必须符合国家战略布局】

从国家战略布局来看，“十三五”信息化发展必须紧紧围绕落实“四个全面”和“互联网+”行动计划等几大国家战略布局。信息化是社会发展的先导力量，本身对全面建成小康社会、全面深化改革、全面依法治国、全面从严治党起到了至关重要的作用。“十三五”期间是落实“四个全面”的攻坚时间，国家各项工作都离不开落实落实“四个全面”这项主旋律工作，信息化发展这项工作也不例外，也必须紧紧围绕更好地支撑“四个全面”的落实。另外，“互联网+”是对信息化的重新定义，李克强总理在今年政府工作报告中提出制定“互联网+”行动计划，国家层面的“互联网+”行动计划已经出炉，“十三五”期间将全面开启互联网+行动计划实施，因此信息化发展也必须紧紧服务于“互联网+”行动计划实施。此外，“一带一路”、长江经济带、京津冀一体化三大国家战略的实施也离不开信息化的关键支撑作用，信息基础设施投资建设和信息化应用都是以上战略实施的首要内容。

【信息化“十三五”必须适应经济新常态】

从宏观经济层面来看，“十三五”信息化建设必须支撑经济发展更好地适应经济新常态。经济新常态所展现出来的大规模个性化定制、小型化生产、质量型和差异化竞争、绿色低碳循环发展、技术产品业态商业模式融合创新等特征，用传统工业经济大规模生产的方式是根本无法解决和满足，必须要用信息化手段、互联网创新思维去对经济发展方式做根本性的转变，这意味着“十三五”期间经济发展对信息化的需求更为迫切。经济发展能否成功转型，信息化发展至关重要。“十三五”期间，信息化发展在经济领域将不再简单停留在普及应用、融合发展这个层面，而要视为转变经济各领域生产方式的核心驱动力，因此必须要立足经济新常态，用“互联网+”的思维开拓创新，从根本上解决中国经济发展路径问题。

【信息化“十三五”基础建设模式需要改变】

从信息基础设施建设来看，“十三五”信息基础设施建设模式和使用模式都将发生根本性转变。经过“十二五”期间的发展，云计算、云存储、云共享、云安全等云服务模式不仅在技术上变得更为可靠成熟，而且随着云服务的广泛应用，尤其是公有云服务被政府和企业的广泛使用，基于云服务的IT基础设施建设模式在理念上也越来越被社会认可和接受，已经深刻改变了整个社会IT基础设施建设模式。政务信息资源、企业信息系统、个人隐私数据等放在公有云上不安全的顾虑已经普遍被消除。像购水、购电一样购买和使用云服务进行IT设施建设的模式，因为投资成本低廉、建设周期缩短、后期运维便捷等众多因素已经越来越受社会推崇。因此，“十三五”期间部门单独建系统和平台时代已经过去，购买和使用公有云服务进行部门信息化建设已经大势所趋。

从网络应用来看，“十三五”信息网络将会成为最为重要的战略性基础设施。“十三五”期间移动互联网、物联网等信息网络应用将更加深入到了经济社会发展的各领域，信息网络对经济社会的渗透将更为深刻、影响更为强烈。同时，“十三五”期间我国互联网发展将从消费互联网时代全面迈入产业互联网时代，信息网络的触角将触及生产生活各个领域，智能电网、智能水网、智能交通、智能家居、工业互联网、农业物联网、电子商务平台等各种生产生活应用均与信息网络息息相关，信息网络成为像支撑经济社会快速运转公路、铁路等交通要道同等重要，又如支撑工业机器正常运转的电力能源一样必须。

从基础设施信息化来看，“十三五”期间传统基础设施智能化改将会进一步加速。过去10年，基于水泥和钢铁的高速公路、高速铁路、机场和商品住宅等基础设施投资成为了拉动我经济快速发展的三驾重要马车之一。从短期起来看，由于出现了过剩现象，公路、铁路、机场和住宅等基础设施投资步伐已经严重放缓。从另一方面来看，我们基础设施的智能化水平远未达到发达国家水平，公路铁路等基础设施智能管控能力弱，智能交通发展受制于软性设施投资的限制，楼宇和家居的智能化还刚处在起步阶段。如何继续让基础设施投资继续成为拉动我国经济快速发展的马车，也是“十三五”信息化规划必须要考虑的全局性问题。推动传统基础设施的智能化改造，走一条“水泥+钢铁+数字”的基础设施建设改造道路，将成为基础设施建设在“互联网+”时代的一种必然需求。

从信息资源来看，“十三五”期间信息资源将开始成为必不可缺的生产要素。信息化的本质是联网和数据流动，信息化的效能要释放出来，必须依靠网络让数据资源在更大范围内充分流动起来。过去很长一段时间，我国推动信息化建设，都是在强化各部门信息化单项应用和集成应用，虽然某种程度上提高了部门工作效率，但也促成了一个个信息孤岛的形成，以至于数据资源的效能没有充分释放出来。“十二五”期间我国各类网络平台的快速发展也为加速部门间数据流动准备了充分条件，大数据创造需求营销、C2B个性化定制电子商务、网络众创空间、网络协同制造、3D打印、智能物流、O2O移动服务等新的模式的出现，迫切需要加快部门内部应用系统与社会网络大平台的连接，促进数据在整个产业链上下游的自由充分流动，信息资源成为驱动整个生产、经营、销售和消费的最为核心的要素。

【信息化“十三五”跨界融合成为重点】

从信息化应用来看，“十三五”期间互联网跨界融合应用将向深层次推进。由于移动智能终端普及应用和宽带网络普及提速，为互联网在各领域的深入融合应用奠定了基础条件。过去20年互联网在各领域的广泛应用较快地推动各领域改革向深层次推进，媒体、出版、零售、娱乐等领域率先应用互联网有效地推进了各领域的改革，释放了发展活力，成为引领互联网发展的先导力量。当前交通、金融、教育、医疗等领域加速互联网应用，正倒逼着各领域普遍遭受诟病的体制机制改革，有效推进了普遍服务。“十三五”期间是全面深化改革的攻坚时间，互联网向来是推动各领域改革的先锋力量，互联网跨界融合应用不仅是国家“互联网+”战略实施的需要，更是全面深化改革的需要，因此“十三五”期间互联网跨界融合应用将会进一步加速发展，向着改革的深水领域推进。

从公共服务信息化建设来看，“十三五”期间公共服务信息化将搭上政府和社会合作模式的快车道。公共服务领域信息化建设向来是社会信息化最为核心最为关键的部门，但是长期来由于公共服务领域里面存在大量的体制机制壁垒，导致了信息化建设有些领域投入不足，有些领域重复建设投资浪费十分严重，信息化对公共服务的支撑作用远没有发挥出来。2014年国务院发布了《关于创新重点领域投融资机制鼓励社会投资的指导意见》，提出了建立健全政府和社会资本合作（PPP）机制，给公共服务领域信息化建设注入了活力，通过政府和社会资本的合作，一方面能够有效弥补公共服务领域信息化建设资金不足的状况，加速公共服务信息化建设，另一方面由于社会资本的引入，其逐利性也会倒逼公共服务领域信息化创新服务模式，提升建设资金的使用成效。“十三五”期间，燃气、供电、供水、供热、污水及垃圾处理等市政设施，公路、铁路、机场、城市轨道交通等交通设施，医疗、旅游、教育培训、健康养老等公共服务项目，以及水利、资源环境和生态保护等项目信息化建设将踏上政府和社会合作模式的快车道。

从产业信息化来看，产业互联网化将成为“十三五”期间产业转变发展方式的重要途径。“十二五”期间，农业、工业和服务业三大产业互联网初步应用，进入“十三五”期间，在国家“互联网+”战略的推动下，互联网与农业、工业和服务业的融合将更加紧密，互联网将会更加强烈地推动各领域业态和模式创新。农业物联网将会得到大规模应用，农业电子商务将会得到大规模发展，农业节水节肥、控温控湿和保氧保质能力将会得到显著提高，精准农业、精细农业、订单农业将会普及推广。“十三五”期间互联网将成为工业转型升级最为核心的驱动力，工业主动适应经济新常态，大规模个性化定制，产品质量型和差异化竞争，将迫使工业积极主动拥抱互联网。基于互联网的按需制造、柔性制造、数据制造、绿色制造等新型生产模式将会成为工业的主流生产模式。从服务业来看，电子商务和服务的融合将会更加紧密，电子商务应用模式的创新，C2B 电子商务、社区电商、农村电商、移动电商、跨境电商和电商 O2O 服务等各种电商模式，将普遍推动服务业提档升级。

从信息产业发展来，全面融合发展将成为信息产业在“十三五”期间发展主题。云计算、大数据、物联网和移动互联网等新一代信息通信技术的应用，加速了信息产业内部的融合，软硬一体化、软件定义世界、新硬件时代、云存储、网络计算、感知网络等出现不仅使得软件和硬件之间、存储和计算之间、网络和终端之间边界变得越来越模糊，融合变得越来越紧密。另外，由于各种智能汽车、智慧医疗、智能家居等各种智能应用大量出现，传感器、网络、软件等被普遍安装到其他产业产品中去，汽车电子、医疗电子和家居电子大量出现和应用，使得信息产业与其他产业之间的融合变得越来越紧密，信息产业将不再是独立的一个产业，而成为了支撑其他产业发展的通用技术产业。

从网络安全来看，“十三五”期间网络安全将会触及经济社会发展的各个领域。由于互联网在工业、农业、服务业等领域各环节的普遍应用，互联网对各领域的影响如同支撑工业经济发展的电和水一样重要，断网对经济社会带来的影响将不亚于断电断水对经济社会带来的影响，网络安全的影响将会从网络本省全面延伸到实体经济。信息网络的影响将不再是局部性和领域性，而成为了影响经济社会发展的全局性问题，网络安全就像会火灾隐患一样无处不在，网络安全事件影响将不再仅是网络服务本身，而会触一发动全身，甚至会引起社会动荡和经济破坏。因此，“十三五”期间，网络安全保障范围将基础网络、重要信息系统扩展到连接整个社会的信息物理系统。

政策法规篇

2006—2020 年国家信息化发展战略

中办发［2006］11 号

信息化是当今世界发展的大趋势，是推动经济社会变革的重要力量。大力推进信息化，是覆盖我国现代化建设全局的战略举措，是贯彻落实科学发展观、全面建设小康社会、构建社会主义和谐社会和建设创新型国家的迫切需要和必然选择。

【全球信息化发展的基本趋势】

信息化是充分利用信息技术、开发利用信息资源、促进信息交流和知识共享、提高经济增长质量、推动经济社会发展转型的历史进程。20 世纪 90 年代以来，信息技术不断创新，信息产业持续发展，信息网络广泛普及，信息化成为全球经济社会发展的显著特征，并逐步向一场全方位的社会变革演进。进入 21 世纪，信息化对经济社会发展的影响更加深刻。广泛应用、高度渗透的信息技术正孕育着新的重大突破。信息资源日益成为重要生产要素、无形资产和社会财富。信息网络更加普及并日趋融合。信息化与经济全球化相互交织，推动着全球产业分工深化和经济结构调整，重塑着全球经济竞争格局。互联网加剧了各种思想文化的相互激荡，成为信息传播和知识扩散的新载体。电子政务在提高行政效率、改善政府效能、扩大民主参与等方面的作用日益显著。信息安全的重要性与日俱增，成为各国面临的共同挑战。信息化使现代战争形态发生重大变化，是世界新军事变革的核心内容。全球数字鸿沟呈现扩大趋势，发展失衡现象日趋严重。发达国家信息化发展目标更加清晰，正在出现向信息社会转型的趋向；越来越多的发展中国家主动迎接信息化发展带来的新机遇，力争跟上时代潮流。全球信息化正在引发当今世界的深刻变革，重塑世界政治、经济、社会、文化和军事发展的新格局。加快信息化发展，已经成为世界各国的共同选择。

【我国信息化发展的基本形势】

（一）信息化发展的进展情况

党中央、国务院一直高度重视信息化工作。20 世纪 90 年代，相继启动了以金关、金卡和金税为代表的重大信息化应用工程；1997 年，召开了全国信息化工作会议；党的十五届五中全会把信息化提到了国家战略的高度；党的十六大进一步作出了以信息化带动工业化、以工业化促进信息化、走新型工业化道路的战略部署；党的十六届五中全会再一次强调，推进国民经济和社会信息化，加快转变经济增长方式。“十五”期间，国家信息化领导小组对信息化发展重点进行了全面部署，作出了推行电子政务、振兴软件产业、加强信息安全保障、加强信息资源开发利用、加快发展电子商务等一系列重要决策。各地区各部门从实际出发，认真贯彻落实，不断开拓进取，我国信息化建设取得了可喜的进展。

信息网络实现跨越式发展，成为支撑经济社会发展重要的基础设施。电话用户、网络规模已经位居世界第一，互联网用户和宽带接入用户均位居世界第二，广播电视网络基本覆盖了全国的行政村。

信息产业持续快速发展，对经济增长贡献度稳步上升。2005 年，信息产业增加值占国内生产总值的比重达到 7.2%，对经济增长的贡献度达到 16.6%。电子信息产品制造业出口额占出口总额的比重已超过 30%。掌握了一批具有自主知识产权的关键技术。部分骨干企业的国际竞争力不断增强。

信息技术在国民经济和社会各领域的应用效果日渐显著。农业信息服务体系不断完善。应用信息技术改造传统产业不断取得新的进展，能源、交通运输、冶金、机械和化工等行业的信息化水平逐步提高。传统服务业转型步伐加快，信息服务业蓬勃兴起。金融信息化推进了金融服务创新，现代化金融服务体系初步形成。电子商务发展势头良好，科技、教育、文化、医疗卫生、社会保障、环境保护等领域信息化步伐明显加快。

电子政务稳步展开，成为转变政府职能、提高行政效率、推进政务公开的有效手段。各级政务部门利用信息技术，扩大信息公开，促进信息资源共享，推进政务协同，提高了行政效率，改善了公共服务，有效推动了政府职能转变。金关、金卡、金税等工程成效显著，金盾、金审等工程进展顺利。

信息资源开发利用取得重要进展。基础信息资源建设工作开始起步，互联网上中文信息比重稳步上升，信息资源开发利用水平不断提高。

信息安全保障工作逐步加强。制定并实施了国家信息安全战略，初步建立了信息安全管理体制和工作机制。基础信息网络和重要信息系统的安全防护水平明显提高，互联网信息安全管理进一步加强。

国防和军队信息化建设全面展开。国防和军队信息化取得重要进展，组织实施了一批军事信息系统重点工程，军事信息基础设施建设取得长足进步，主战武器系统信息技术含量不断提高，作战信息保障能力显著增强。

信息化基础工作进一步改善。信息化法制建设持续推进，信息技术标准化工作逐步加强，信息化培训工作得到高度重视，信息化人才队伍不断壮大。

我国信息化发展的基本经验是：坚持站在国家战略高度，把信息化作为覆盖现代化建设全局的战略举措，正确处理信息化与工业化之间的关系，长远规划，持续推进。坚持从国情出发，因地制宜，把信息化作为解决现实紧迫问题和发展难题的重要手段，充分发挥信息技术在各领域的作用。坚持把开发利用信息资源放到重要位置，加强统筹协调，促进互联互通和资源共享。坚持引进消化先进技术与增强自主创新能力相结合，优先发展信息产业，逐步增强信息化的自主装备能力。坚持推进信息化建设与保障国家信息安全并重，不断提高基础信息网络和重要信息系统的安全保护水平。坚持优先抓好信息技术的普及教育，提高国民信息技术应用技能。

（二）信息化发展中值得重视的问题

当前我国信息化发展也存在着一些亟待解决的问题，主要表现以下方面。第一，思想认识需要进一步提高。我国是在工业化不断加快、体制改革不断深化的条件下推进信息化的，信息化理论和实践还不够成熟，全社会对推进信息化的重要性、紧迫性的认识需要进一步提高。第二，信息技术自主创新能力不足。核心技术和关键装备主要依赖进口。以企业为主体的创新体系亟待完善，自主装备能力亟须增强。第三，信息技术应用水平不高。在整体上，应用水平落后于实际需求，信息技术的潜能尚未得到充分挖掘；在部分领域和地区应用效果不够明显。第四，信息安全问题仍比较突出。在全球范围内，计算机病毒、网络攻击、垃圾邮件、系统漏洞、网络窃密、虚假有害信息和网络违法犯罪等问题日渐突出，如应对不当，可能会给我国经济社会发展和国家安全带来不利影响。第五，数字鸿沟有所扩大。信息技术应用水平与先进国家相比存在较大差距。国内不同地区、不同领域、不同群体的信息技术应用水平和网络普及程度很不平衡，城乡、区域和行业的差距有扩大趋势，成为影响协调发展的新因素。第六，体制机制改革相对滞后。受各种因素制约，信息化管理体制尚不完善，电信监管体制改革有待深化，信息化法制建设需要进一步加快。

经过多年的发展，我国信息化发展已具备了一定基础，进入了全方位、多层次推进的新阶段。抓住机遇，迎接挑战，适应转变经济增长方式、全面建设小康社会的需要，更新发展理念，破解发展难题，创新发展模式，大力推进信息化发展，已成为我国经济社会发展新阶段重要而紧迫的战略任务。

【我国信息化发展的指导思想和战略目标】

（一）指导思想和战略方针

我国信息化发展的指导思想是：以邓小平理论和“三个代表”重要思想为指导，贯彻落实科学发展观，坚持以信息化带动工业化、以工业化促进信息化，坚持以改革开放和科技创新为动力，大力推进信息化，充分发挥信息化在促进经济、政治、文化、社会和军事等领域发展的重要作用，不断提高国家信息化水平，走中国特色的信息化道路，促进我国经济社会又快又好地发展。

我国信息化发展的战略方针是：统筹规划、资源共享，深化应用、务求实效，面向市场、立足创新，军民结合、安全可靠。要以科学发展观为统领，以改革开放为动力，努力实现网络、应用、技术和产业的良性互动，促进网络融合，实现资源优化配置和信息共享。要以需求为主导，充分发挥市场机制配置资源的基础性作用，探索成本低、实效好的信息化发展模式。要以人为本，惠及全民，创造广大群众用得上、用得起、用得好的信息化发展环境。要把制度创新与技术创新放在同等重要的位置，完善体制机制，推动原始创新，加强集成创新，增强引进消化吸收再创新能力。要推动军民结合，协调发展。要高度重视信息安全，正确处理安全与发展之间的关系，以安全保发展，在发展中求安全。

（二）战略目标

到2020年，我国信息化发展的战略目标是：综合信息基础设施基本普及，信息技术自主创新能力显著增强，信息产业结构全面优化，国家信息安全保障水平大幅提高，国民经济和社会信息化取得明显成效，新型工业化发展模式初步确立，国家信息化发展的制度环境和政策体系基本完善，国民信息技术应用能力显著提高，为迈向信息社会奠定坚实基础。具体目标包括以下方面。

促进经济增长方式的根本转变。广泛应用信息技术，改造和提升传统产业，发展信息服务业，推动经济结构战略性调整。深化应用信息技术，努力降低单位产品能耗、物耗，加大对环境污染的监控和治理，服务循环经济发展。充分利用信息技术，促进我国经济增长方式由主要依靠资本和资源投入向主要依靠科技进步和提高劳动者素质转变，提高经济增长的质量和效益。

实现信息技术自主创新、信息产业发展的跨越。有效利用国际国内两个市场、两种资源，增强对引进技术的消化吸收，突破一批关键技术，掌握一批核心技术，实现信息技术从跟踪、引进到自主创新的跨越，实现信息产业由大变强的跨越。

提升网络普及水平、信息资源开发利用水平和信息安全保障水平。抓住网络技术转型的机遇，基本建成国际领先、多网融合、安全可靠的综合信息基础设施。确立科学的信息资源观，把信息资源提升到与能源、材料同等重要的地位，为发展知识密集型产业创造条件。信息安全的长效机制基本形成，国家信息安全保障体系较为完善，信息安全保障能力显著增强。

增强政府公共服务能力、社会主义先进文化传播能力、中国特色的军事变革能力和国民信息技术应用能力。电子政务应用和服务体系日臻完善，社会管理与公共服务密切结合，网络化公共服务能力显著增强。网络成为先进文化传播的重要渠道，社会主义先进文化的感召力和中华民族优秀文化的国际影响力显著增强。国防和军队信息化建设取得重大进展，信息化条件下的防卫作战能力显著增强。人民群众受教育水平和信息技术应用技能显著提高，为建设学习型社会奠定基础。

【我国信息化发展的战略重点】

（一）推进国民经济信息化

推进面向“三农”的信息服务。利用公共网络，采用多种接入手段，以农民普遍能够承受的价格，提高农村网络普及率。整合涉农信息资源，规范和完善公益性信息中介服务，建设城乡统筹的信息服务体系，为农民提供适用的市场、科技、教育、卫生保健等信息服务，支持农村富余劳动力的合理有序流动。

利用信息技术改造和提升传统产业。促进信息技术在能源、交通运输、冶金、机械和化工等行业的普及应用，推进设计研发信息化、生产装备数字化、生产过程智能化和经营管理网络化。充分运用信息技术推动高能耗、高物耗和高污染行业的改造。推动供应链管理和客户关系管理，大力扶持中小企业信息化。

加快服务业信息化。优化政策法规环境，依托信息网络，改造和提升传统服务业。加快发展网络增值服务、电子金融、现代物流、连锁经营、专业信息服务、咨询中介等新型服务业。大力发展电子商务，降低物流成本和交易成本。

鼓励具备条件的地区率先发展知识密集型产业。引导人才密集、信息化基础好的地区率先发展知识密集型产业，推动经济结构战略性调整。充分利用信息技术，加快东部地区知识和技术向中西部地区的扩散，创造区域协调发展的新局面。

（二）推行电子政务

改善公共服务。逐步建立以公民和企业为对象、以互联网为基础、中央与地方相配合、多种技术手段相结合的电子政务公共服务体系。重视推动电子政务公共服务延伸到街道、社区和乡村。逐步增加服务内容，扩大服务范围，提高服务质量，推动服务型政府建设。

加强社会管理。整合资源，形成全面覆盖、高效灵敏的社会管理信息网络，增强社会综合治理能力。协同共建，完善社会预警和应对突发事件的网络运行机制，增强对各种突发性事件的监控、决策和应急处置能力，保障国家安全、公共安全，维护社会稳定。

强化综合监管。满足转变政府职能、提高行政效率、规范监管行为的需求，深化相应业务系统建设。围绕财政、金融、税收、工商、海关、国资监管、质检、食品药品安全等关键业务，统筹规划，分类指导，有序推进相关业务系统之间、中央与地方之间的信息共享，促进部门间业务协同，提高监管能力。建设企业、个人征信系统，规范和维护市场秩序。

完善宏观调控。完善财政、金融等经济运行信息系统，提升国民经济预测、预警和监测水平，增强宏观调控决策的有效性和科学性。

（三）建设先进网络文化

加强社会主义先进文化的网上传播。牢牢把握社会主义先进文化的前进方向，支持健康有益文化，加快推进中华民族优秀文化作品的数字化、网络化，规范网络文化传播秩序，使科学的理论、正确的舆论、高尚的精神、优秀的作品成为网上文化传播的主流。

改善公共文化信息服务。鼓励新闻出版、广播影视、文学艺术等行业加快信息化步伐，提高文化产品质量，增强文化产品供给能力。加快文化信息资源整合，加强公益性文化信息基础设施建设，完善公共文化信息服务体系，将文化产品送到千家万户，丰富基层群众文化生活。

加强互联网对外宣传和文化交流。整合互联网对外宣传资源，完善互联网对外宣传体系建设，不断提高互联网对外宣传工作整体水平，持续提升对外宣传效果，扩大中华民族优秀文化的国际影响力。

建设积极健康的网络文化。倡导网络文明，强化网络道德约束，建立和完善网络行为规范，积极引导广大群众的网络文化创作实践，自觉抵御不良内容的侵蚀，摈弃网络滥用行为和低俗之风，全面建设积极健康的网络文化。

（四）推进社会信息化

加快教育科研信息化步伐。提升基础教育、高等教育和职业教育信息化水平，持续推进农村现代远程教育，实现优质教育资源共享，促进教育均衡发展。构建终身教育体系，发展多层次、交互式网络教育培训体系，方便公民自主学习。建立并完善全国教育与科研基础条件网络平台，提高教育与科研设备网络化利用水平，推动教育与科研资源的共享。

加强医疗卫生信息化建设。建设并完善覆盖全国、快捷高效的公共卫生信息系统，增强防疫监控、应急处置和救治能力。推进医疗服务信息化，改进医院管理，开展远程医疗。统筹规划电子病历，促进医疗、医药和医保机构的信息共享和业务协同，支持医疗体制改革。

完善就业和社会保障信息服务体系。建设多层次、多功能的就业信息服务体系，加强就业信息统计、分析和发布工作，改善技能培训、就业指导和政策咨询服务。加快全国社会保障信息系统建设，提高工作效率，改善服务质量。

推进社区信息化。整合各类信息系统和资源，构建统一的社区信息平台，加强常住人口和流动人口的信息化管理，改善社区服务。

（五）完善综合信息基础设施

推动网络融合，实现向下一代网络的转型。优化网络结构，提高网络性能，推进综合基础信息平台的发展。加快改革，从业务、网络和终端等层面推进“三网融合”。发展多种形式的宽带接入，大力推动互联网的应用普及。推动有线、地面和卫星等各类数字广播电视的发展，完成广播电视从模拟向数字的转换。运用光电传感、射频识别等技术扩展网络功能，发展并完善综合信息基础设施，稳步实现向下一代网络的转型。

建立和完善普遍服务制度。加快制度建设，面向老少边穷地区和社会困难群体，建立和完善以普遍服务基金为基础、相关优惠政策配套的补贴机制，逐步将普遍服务从基础电信和广播电视业务扩展到互联网业务。加强宏观管理，拓宽多种渠道，推动普遍服务市场主体的多元化。

（六）加强信息资源的开发利用

建立和完善信息资源开发利用体系。加快人口、法人单位、地理空间等国家基础信息库的建设，拓展相关应用服务。引导和规范政务信息资源的社会化增值开发利用。鼓励企业、个人和其他社会组织参与信息资源的公益性开发利用。完善知识产权保护制度，大力发展以数字化、网络化为主要特征的现代信息服务业，促进信息资源的开发利用。充分发挥信息资源开发利用对节约资源、能源和提高效益的作用，发挥信息流对人员流、物质流和资金流的引导作用，促进经济增长方式的转变和资源节约型社会的建设。

加强全社会信息资源管理。规范对生产、流通、金融、人口流动以及生态环境等领域的信息采集和标准制定，加强对信息资产的严格管理，促进信息资源的优化配置。实现信息资源的深度开发、及时处理、安全保存、快速流动和有效利用，基本满足经济社会发展优先领域的信息需求。

（七）提高信息产业竞争力

突破核心技术与关键技术。建立以企业为主体的技术创新体系，强化集成创新，突出自主创新，突破关键技术。选择具有高度技术关联性和产业带动性的产品和项目，促进引进消化吸收再创新，产学研用结合，实现信息技术关键领域的自主创新。积聚力量，攻克难关，逐步由外围向核心逼近，推进原始创新，力争跨越核心技术门槛，推进创新型国家建设。

培育有核心竞争能力的信息产业。加强政府引导，突破集成电路、软件、关键电子元器件、关键工艺装备等基础产业的发展瓶颈，提高在全球产业链中的地位，逐步形成技术领先、基础雄厚、自主发展能力强的信息产业。优化环境，引导企业资产重组、跨国并购，推动产业联盟，加快培育和发展具有核心能力的大公司和拥有技术专长的中小企业，建立竞争优势。加快“走出去”步伐，鼓励运营企业和制造企业联手拓展国际市场。

（八）建设国家信息安全保障体系

全面加强国家信息安全保障体系建设。坚持积极防御、综合防范，探索和把握信息化与信息安全的内在规律，主动应对信息安全挑战，实现信息化与信息安全协调发展。坚持立足国情，综合平衡安全成本和风险，确保重点，优化信息安全资源配置。建立和完善信息安全等级保护制度，重点保护基础信息网络和关系国家安全、经济命脉、社会稳定的重要信息系统。加强密码技术的开发利用。建设网络信任体系。加强信息安全风险评估工作。建设和完善信息安全监控体系，提高对网络安全事件应对和防范能力，防止有害信息传播。高度重视信息安全应急处置工作，健全完善信息安全应急指挥和安全通报制度，不断完善信息安全应急处置预案。从实际出发，促进资源共享，重视灾难备份建设，增强信息基础设施和重要信息系统的抗毁能力和灾难恢复能力。

大力增强国家信息安全保障能力。积极跟踪、研究和掌握国际信息安全领域的先进理论、前沿技术和发展动态，抓紧开展对信息技术产品漏洞、后门的发现研究，掌握核心安全技术，提高关键设备装备能力，促进我国信息安全技术和产业的自主发展。加快信息安全人才培养，增强国民信息安全意识。不断提高信息安全的法律保障能力、基础支撑能力、网络舆论宣传的驾驭能力和我国在国际信息安全领域的影响力，建立和完善维护国家信息安全的长效机制。

（九）提高国民信息技术应用能力，造就信息化人才队伍

提高国民信息技术应用能力。强化领导干部的信息化知识培训，普及政府公务人员的信息技术技能培训。配合现代远程教育工程，组织志愿者深入老少边穷地区从事信息化知识和技能服务。普及中小学信息技术教育。开展形式多样的信息化知识和技能普及活动，提高国民受教育水平和信息能力。

培养信息化人才。构建以学校教育为基础、在职培训为重点、基础教育与职业教育相互结合、公益培训与商业培训相互补充的信息化人才培养体系。鼓励各类专业人才掌握信息技术，培养复合型人才。

【我国信息化发展的战略行动】

为落实国家信息化发展的战略重点，保证在“十一五”时期国家信息化水平迈上新的台阶，按照承前启后、以点带面的原则，优先制定和实施以下战略行动计划。

（一）国民信息技能教育培训计划

在全国中小学普及信息技术教育，建立完善的信息技术基础课程体系，优化课程设置，丰富教学内容，提高师资水平，改善教学效果。推广新型教学模式，实现信息技术与教学过程的有机结合，全面推进素质教育。

加大政府资金投入及政策扶持力度，吸引社会资金参与，把信息技能培训纳入国民经济和社会发展规划。依托高等院校、中小学、邮局、科技馆、图书馆、文化站等公益性设施，以及全国文化信息资源共享工程、农村党员干部远程教育工程等，积极开展国民信息技能教育和培训。

（二）电子商务行动计划

营造环境、完善政策，发挥企业主体作用，大力推进电子商务。以企业信息化为基础，以大型重点企业为龙头，通过供应链、客户关系管理等，引导中小企业积极参与，形成完整的电子商务价值链。加快信用、认证、标准、支付和现代物流建设，完善结算清算信息系统，注重与国际接轨，探索多层次、多元化的电子商务发展方式。

制定和颁布中小企业信息化发展指南，分类指导，择优扶持，建设面向中小企业的公共信息服务平台，鼓励中小企业利用信息技术，促进中小企业开展灵活多样的电子商务活动。立足产业集聚地区，发挥专业信息服务企业的优势，承揽外包服务，帮助中小企业低成本、低风险地推进信息化。

（三）电子政务行动计划

规范政务基础信息的采集和应用，建设政务信息资源目录体系，推动政府信息公开。整合电子政务网络，建设政务信息资源的交换体系，全面支撑经济调节、市场监管、社会管理和公共服务职能。

建立电子政务规划、预算、审批、评估综合协调机制。加强电子政务建设资金投入的审计和监督。明确已建、在建及新建项目的关系和业务衔接，逐步形成统一规范的电子政务财政预算、基本建设、运行、维护管理制度和绩效评估制度。

（四）网络媒体信息资源开发利用计划

开发科技、教育、新闻出版、广播影视、文学艺术、卫生、“三农”、社保等领域的信息资源，提供人民群众生产生活所需的数字化信息服务，建成若干强大的、影响广泛的、协同关联的互联网骨干网站群。扶持国家重点新闻网站建设。鼓励公益性网络媒体信息资源的开发利用。

制定政策措施，引导和鼓励网络媒体信息资源建设，开发优秀的信息产品，全面营造健康的网络信息环境。注重研究互联网传播规律和新技

术发展对网络传媒的深远影响。

（五）缩小数字鸿沟计划

坚持政府主导、社会参与，缩小区域之间、城乡之间和不同社会群体之间信息技术应用水平的差距，创造机会均等、协调发展的社会环境。

加大支持力度，综合运用各种手段，加快推进中西部地区的信息网络建设，普及信息服务。把缩小城乡数字鸿沟作为统筹城乡经济社会发展的重要内容，推进农业信息化和现代农业建设，为建设社会主义新农村服务。逐步在行政村和城镇社区设立免费或低价接入互联网的公共服务场所，提供电子政务、教育培训、医疗保健、养老救治等方面的信息服务。

（六）关键信息技术自主创新计划

在集成电路（特别是中央处理器芯片）、系统软件、关键应用软件、自主可控关键装备等涉及自主发展能力的关键领域，瞄准国际创新前沿，加大投入，重点突破，逐步掌握产业发展的主动权。

在具有研发基础、市场前景广阔的移动通信、数字电视、下一代网络、射频识别等领域，优先启用具有自主知识产权的标准，加快产品开发和推广应用，带动产业发展。

【我国信息化发展的保障措施】

为了保持我国信息化发展的协调性和连续性，顺利部署我国信息化发展的战略重点和战略行动，提出以下保障措施。

（一）完善信息化发展战略研究和政策体系

紧密跟踪全球信息化发展进程，适应经济结构战略性调整、产业升级换代和转变经济增长方式的需要，持续深化信息化发展战略研究，动态调整信息化发展目标。

把推广信息技术应用作为修订和完善各类产业政策的重要内容。明确重点，保障资金，把工业化提高到广泛应用智能工具的水平上来，提高我国产业的整体竞争力。

按照西部大开发、东北地区等老工业基地振兴改造、中部崛起以及有关国家产业基地和工业园区的部署，把信息化作为促进区域协调发展、增进区域之间优势互补、实现区域比较优势的平衡器和助推器。

制定并完善集成电路、软件、基础电子产品、信息安全产品、信息服务业等领域的产业政策。研究制定支持大型中央企业的信息化发展政策。

（二）深化和完善信息化发展领域的体制改革

完善市场准入和退出机制，规范法人治理结构，推动运营服务市场的公平有效竞争。鼓励和推广各种形式的宽带终端和接入技术。鼓励业务创新，提供市场许可、资源分配、技术标准、互联互通等方面的支持。

研究探索适应网络融合与信息化发展需要的统一监管制度。以创造公平竞争环境和保护消费者利益为重点，加快转变监管理念。防范和制止不正当竞争。逐步建立以市场调节为主的电信业务定价体系。

（三）完善相关投融资政策

根据深化投资体制改革和金融体制改革的要求，加快研究制定信息化的投融资政策，积极引导非国有资本参与信息化建设。研究制定适应中小企业信息化发展的金融政策，完善相关的财税政策。培育和发展信息技术转让和知识产权交易市场。完善风险投资机制和资本退出机制。

健全和完善招投标、采购政策，逐步完善扶持信息产业发展的产业政策。加大国家对信息化发展的资金投入，支持国家信息化发展所急需的各类基础性、公益性工作，包括基础性标准制定、基础性信息资源开发、互联网公共服务场所建设、国民信息技能培训、跨部门业务系统协同和信息共享应用工程等。完善并严格实施政府采购政策，优先采购国产信息技术产品和服务，实现技术应用与研发创新、产业发展的协同。

（四）加快制定应用规范和技术标准

加强政府引导，依托重大信息化应用工程，以企业和行业协会为主体，加快产业技术标准体系建设。完善信息技术应用的技术体制和产业、产品等技术规范和标准，促进网络互联互通、系统互为操作和信息共享。加快制定人口、法人单位、地理空间、物品编码等基础信息的标准。加强知识产权保护。加强国际合作，积极参与国际标准制定。

（五）推进信息化法制建设

加快推进信息化法制建设，妥善处理相关法律法规制定、修改、废止之间的关系，制定和完善信息基础设施、电子商务、电子政务、信息安全、政府信息公开、个人信息保护等方面的法律法规，创造信息化发展的良好法制环境。根据信息技术应用的需要，适时修订和完善知识产权、未成年人保护、电子证据等方面的法律法规。加强信息化法制建设中的国际交流与合作，积极参与相关国际规则的研究和制定。

（六）加强互联网治理

坚持积极发展、加强管理的原则，参与互联网治理的国际对话、交流和磋商，推动建立主权公平的互联网国际治理机制。加强行业自律，引导企业依法经营。理顺管理体制，明确管理责任，完善管理制度，正确处理好发展与管理之间的关系，形成适应互联网发展规律和特点的运行机制。

坚持法律、经济、技术手段与必要的行政手段相结合，构建政府、企业、行业协会和公民相互配合、相互协作、权利与义务对等的治理机制，营造积极健康的互联网发展环境。依法打击利用互联网进行的各种违法犯罪活动，推动网络信息服务健康发展。

（七）壮大信息化人才队伍

研究和建立信息化人才统计制度，开展信息化人才需求调查，编制信息化人才规划，确定信息化人才工作重点。建立信息化人才分类指导目录。确定信息化相关职业的分类，制定职业技能标准。

尊重信息化人才成长规律，以信息化项目为依托，培养高级人才、创新型人才和复合型人才。发挥市场机制在人才资源配置中的基础性作用，高度重视“走出去，引进来”工作，吸引海外人才，鼓励海外留学人员参与国家信息化建设。

（八）加强信息化国际交流与合作

密切关注世界信息化发展动向，建立和完善信息化国际交流合作机制。坚持平等合作、互利共赢的原则，积极参与多边组织，大力促进双边合作。准确把握我国加入世界贸易组织后过渡期的新情况，统筹国内发展与对外开放，切实加强信息技术、信息资源、人才培养等领域的交流与合作。

（九）完善信息化推进体制

切实加强领导，凡涉及信息化的重大政策和事项要经国家信息化领导小组审定。要抓紧研究建立符合行政体制改革方向、分工合理、责任明确的信息化推进协调体制。加大政府部门间的协调力度，明确中央、地方政府在信息化建设上的事权，加强对地方的业务指导。

各地区各部门要贯彻落实党的十六大和十六届三中、四中、五中全会精神，因地制宜，加快编制信息化发展规划，制定科学的信息化统计指标体系，改进信息化绩效评估方法，完善国民经济和社会发展的统计核算体系，使信息化融汇到国民经济和社会发展的中长期规划之中。

关于加快推进信息化与工业化深度融合的若干意见

工信部联信［2011］160号

各省、自治区、直辖市及新疆生产建设兵团工业和信息化、财政、科技、商务、国有资产主管部门，有关单位：

为深入贯彻党的十七大和十七届五中全会精神，大力推进信息化与工业化深度融合，走中国特色新型工业化道路，促进经济发展方式转变和工业转型升级，现提出以下意见。

【指导思想】

以科学发展为主题，以加快转变经济发展方式为主线，坚持信息化带动工业化，工业化促进信息化，重点围绕改造提升传统产业，着力推动制造业信息技术的集成应用，着力用信息技术促进生产性服务业发展，着力提高信息产业支撑融合发展的能力，加快走新型工业化道路步伐，促进工业结构整体优化升级。

【基本原则】

（一）创新发展，塑造转型升级新动力

把增强创新发展能力作为信息化与工业化深度融合的战略基点和改造提升传统制造业的优先目标，以信息化促进研发设计创新、业务流程优化和商业模式创新，构建产业竞争新优势。

（二）绿色发展，构建两型产业体系

把节能减排作为信息化与工业化融合的重要切入点，加快信息技术与环境友好技术、资源综合利用技术和能源资源节约技术的融合发展，促进形成低消耗、可循环、低排放、可持续的产业结构和生产方式。

（三）智能发展，建立现代生产体系

把智能发展作为信息化与工业化融合长期努力的方向，推动云计算、物联网等新一代信息技术应用，促进工业产品、基础设施、关键装备、流程管理的智能化和制造资源与能力协同共享，推动产业链向高端跃升。

（四）协调发展，统筹推进深度融合

发挥企业主体作用，引导企业将信息化作为企业战略的重要组成部分，调动和发挥各方面积极性，形成推进合力。切实推动信息技术研发、产业发展和应用需求的良性互动，提升产业支撑和服务水平。注重以信息技术应用推动制造业与服务业的协调发展，促进向服务型制造转型。

【发展目标和主要任务】

到2015年，信息化与工业化深度融合取得重大突破，信息技术在企业生产经营和管理的主要领域、主要环节得到充分有效应用，业务流程优化再造和产业链协同能力显著增强，重点骨干企业实现向综合集成应用的转变，研发设计创新能力、生产集约化和管理现代化水平大幅度提升；生产性服务业领域信息技术应用进一步深化，信息技术集成应用水平成为领军企业核心竞争优

势；支撑“两化”深度融合的信息产业创新发展能力和服务水平明显提高，应用成本显著下降，信息化成为新型工业化的重要特征。

（一）以信息化创新研发设计手段 促进产业自主创新能力提升

提高计算机辅助设计应用水平，鼓励从计算机辅助设计（CAD）、计算机辅助制造（CAM）向计算机辅助工程（CAE）、虚拟仿真、数字模型方向发展。推进机械、电子、航空航天等行业研发设计环节计算机辅助技术的集成应用，创新研发设计模式。加快船舶、汽车、飞机等行业研发设计与制造工艺系统的综合集成，完善产业链协同设计体系，加快普及产品全生命周期数字化设计模式。完善服装、家具、玩具等行业个性化设计体系，建立和普及用户广泛参与的协同设计模式。围绕推动能源工业、原材料工业、装备工业、消费品工业、电子信息产业、国防科技工业等行业产品的高端化，逐步深化产品开发和工艺流程的智能感知、知识挖掘、工艺分析、系统仿真、人工智能等技术的集成应用，建立持续改进、及时响应、全流程创新的产品研发体系。提升工业产品的智能化水平，推动信息技术在重点产品的渗透融合，推动产品数字化、智能化、网络化，提高产品信息技术含量和附加值，推动工业产品向价值链高端跨越。

（二）推动生产装备智能化和生产过程自动化 加快建立现代生产体系

以研制数字化、智能化、网络化特征的自动化控制系统和装备为重点，提高制造业重大技术装备自动化成套能力。加快机械、船舶、汽车、纺织、电子、能源、国防工业等行业生产设备的数字化、智能化、网络化改造，深化研发设计、工艺流程、生产装备、过程控制、物料管理等环节信息技术的集成应用，推动信息共享、系统整合和业务协同，提高精准制造、高端制造、敏捷制造能力。在钢铁、石化、有色、建材、纺织、造纸、医药等行业加快普及先进过程控制和制造执行系统，实现生产过程的实时监测、故障诊断、质量控制和调度优化，深化生产制造与运营管理、采购销售等核心业务系统的综合集成。推动食品、药品行业建立生产过程状态监视、质量控制、快速检测系统，逐步完善产品质量和安全的全生命周期管理体系。

（三）推进企业管理信息系统的综合集成 加快建立现代经营管理体系

继续推进以质量、计划、财务、设备、生产、营销、供应链、人力资源、安全等环节为重点的企业管理信息化，加强系统整合与业务协同。在重点行业骨干企业推进研产供销、经营管理与生产控制、业务与财务全流程的无缝衔接和综合集成，建设统一集成的管理信息平台，实现产品开发、生产制造、经营管理等过程的信息共享和业务协同。提高大型企业集团信息化管控水平，促进企业组织扁平化、决策科学化和运营一体化，增强企业资源共享和业务整合能力。适应产业竞争格局的新变化，以提升产业链协同能力为重点，推动产品全生命周期管理、客户关系管理、供应链管理系统的普及和深化，实现产业链上下游企业的信息共享和业务协作。以支撑企业国际化经营为重点，支持重点行业骨干企业跨国运营平台建设，建立全球协同的研发设计、客户关系和供应链管理体系。

（四）以信息化推动绿色发展 提高资源利用和安全生产水平

加快钢铁、石化、有色、建材等行业主要耗能设备和工艺流程的智能化改造，加强对能源资源的实时监测、精确控制和集约利用。在重点行业和地区建立工业主要污染物排放自动连续监测和工业固体废弃物综合利用信息管理体系。引导工业企业建立能源管理中心，加快合同能源管理、节能设备租赁等节能新机制推广。建设一批区域能效中心，完善面向重点用能企业和地区能源消耗的实时监测和监督管理体系。建立危险化学品、民爆器材的生产、储运、经营、使用等环节的实时监控和全生命周期监管体系。围绕危险作业场所的安全风险评估、多层防护、人机隔离、远程遥控、监测报警、灾害预警、应急响应和处置等方面，深化信息技术的集成应用，建立安全生产新模式。

（五）完善中小企业信息化发展环境　帮助中小企业降本增效创新发展

完善面向中小企业的研发设计平台，提供工业设计、虚拟仿真、样品分析、检验检测等软件支持和在线服务。提高网络环境下的企业间协作配套能力和产业链专业化协作水平，鼓励中小企业参与以龙头企业为核心的产业链协作。加快研发、推广适合中小企业特点的企业管理系统。推动面向中小企业的信用管理、电子支付、物流配送、身份认证等关键环节的集成化电子商务服务。建立并完善一批面向产业集群的技术推广、管理咨询、融资担保、人才培训、市场拓展等信息化综合服务平台。鼓励开展适合中小企业特点的网络基础设施服务，积极发展设备租赁、数据托管、流程外包等服务。

（六）推动信息化与生产性服务业融合发展　加快生产性服务业的现代化

提高工业设计水平。支持工业设计软件的研究开发和推广应用。建立实用、高效的工业设计基础数据库、资源信息库等公共服务平台，加强资源共享。鼓励企业建立工业设计中心，引导和支持专业化的工业设计产业园区发展。支持拥有自主知识产权的工业设计成果产业化，加快工业设计产业发展。

推动电子商务发展。推动大型企业电子商务应用深入发展，在提高网络采购和销售水平、扩大网络营销覆盖率基础上，向网上交易、物流配送、信用支付集成方向升级。支持制造业企业以电子商务为手段提高供应链协同和商务协同水平，带动产业链上下游企业发展。积极推动行业第三方电子商务服务平台诚信发展，支持提高面向产业集群和专业市场的电子商务技术支撑和公共服务水平。深化移动电子商务在工业和生产性服务业领域的应用。

推动现代物流业发展。鼓励制造企业与专业物流企业信息系统对接，推进制造业采购、生产、销售等环节物流业务的有序外包，提高物流业专业化、社会化水平。支持物流企业加快信息化建设，提高综合服务水平。推动行业性、区域性和面向中小企业的物流信息化服务平台发展。加快电子标签、自动识别、自动分拣、可视服务等技术在大宗工业品物流、工业园区和物流企业中的推广应用，提高物品管理的精准化水平。

促进新型业态发展。支持制造企业围绕推动产品的智能化、高端化和服务化，创新商业模式，积极发展在线检测、实时监控、远程诊断、在线维护、位置服务等新业态。围绕提高重点行业骨干企业总集成、总承包服务能力和水平，加强企业项目设计、工程实施、系统集成、设施维护和管理运维等业务的信息化建设。适应制造业营销体系变革的新趋势，以信息化创新融资租赁业务模式，提高融资租赁服务水平提升，加快建立高效、便捷、安全的融资租赁体系。

（七）提升信息产业支撑两化深度融合的能力　促进信息产业加快发展

大力发展工业电子。围绕汽车、飞机、船舶、机械、家电、电力等行业产品的智能化升级，推进信息技术与传统工业技术间的协同创新，加快汽车电子、航空电子、船舶电子、机床电子、信息家电、电力电子、医疗电子、智能玩具等产品的开发和产业化，不断提升信息技术支撑产品智能化转型的能力和水平。

积极培育工业软件。面向研发设计、生产过程、经营管理、市场流通等环节的数字化、智能化、网络化，加强需求牵引，整合产学研用资源，突破一批关键技术瓶颈，大力发展高档数控系统、制造执行系统、工业控制系统、大型管理软件等工业软件，逐步形成工业软件研发、生产和服务体系，提高国产工业软件、行业应用解决方案的市场竞争力。

加快和规范信息服务业发展。加强行业信息化整体解决方案的推广应用。大力发展信息化咨询、规划、实施、维护和培训等增值服务，提高个性化服务水平。支持有条件的企业开展信息服务业务剥离重组，推动信息技术及相关服务的社会化、专业化、规模化和市场化。积极推动信息系统运行维护服务外包，支持信息化外包服务业发展。重点支持一批信息服务企业，鼓励管理咨询机构从事信息技术服务，规范信息服务业的招投标行为，加强信息安全管理。

积极推动云计算和物联网应用。支持云计算等关键技术研发取得突破，积极发展面向服务、支持制造资源按需使用、制造能力动态协同的云制造服务平台。围绕基础设施、工业控制、现代物流等重大应用领域，开展物联网应用示范。加快网络设备、智能终端、RFID、传感器以及重要应用系统的研发和产业化。加快建立产业发展联盟，培育综合集成服务能力。

（八）提高行业管理现代化水平 加强标准化基础工作

加快推动工业、通信业和信息化运行监测系统建设，加强信息共享，推进业务协同。加强行业信息发布。围绕信息技术在重点行业关键环节的深化应用和信息技术成果普及、产业化重大专项、应用示范项目、信息化重大工程等工作，开展相关应用标准的调查、复审、修订，组织开展示范、宣贯和推广工作。抓紧制定和完善云计算、工业电子、物联网应用、移动电子商务等领域相关标准。

【主要措施】

（一）创新两化深度融合推进机制

建立和推广实施工业企业两化融合评估体系和行业评估规范，加快建立第三方开展企业两化融合评估的工作机制，引导企业开展自评估，充分运用评估结果加强对企业信息化的支持。完善中央企业首席信息官制度，健全企业信息化领导机构，建立职责清晰、协调有力、运转高效的企业信息化推进机制。鼓励各地国有企业监管机构建立信息化评级和考核体系，引导各地企业根据自身实际建立首席信息官制度。引导和支持民营企业建立首席信息官制度。研究建立和推广企业信息化规划、项目管理规范、项目后评估方法和考核机制。建立定期沟通、协调行动的部门间协同推进工作机制。探索建立产学研用战略对话机制。

（二）加大财政资金和金融支持力度

发挥技术改造专项资金、电子发展基金、中小企业发展资金等现有各类财政资金的引导和带动作用，整合资源，加大对信息化与工业化融合中共性技术开发、公共服务平台建设、试点示范项目的支持。积极探索更有效的财政支持方式，加大对企业经营管理创新的引导和扶植，支持企业管理信息化建设。有条件的地方可设立信息化与工业化融合专项资金。鼓励银行创新中小企业贷款方式，支持面向中小企业的电子商务信用融资业务发展。鼓励地方政府建立信息技术应用项目融资担保机构，鼓励金融机构对中小企业信息技术应用项目给予支持。

（三）组织广泛开展典型示范工作

在国家新型工业化产业示范基地建设中，围绕改造提升传统产业、发展生产性服务业、促进信息服务产业发展，推进两化深度融合典型示范。组织开展以促进两化深度融合为主题的巡回推广活动，大力宣传各地区、各行业和典型企业的成功经验和有效做法。积极通过媒体、网上展示和博览会等形式扩大推广范围和深度。做好信息化与工业化融合试验区经验总结和推广工作。鼓励和支持地方树立示范企业、建立信息化与工业化融合试验区。

（四）加快发展和完善行业信息化服务体系

研究组织实施信息化与工业化深度融合服务行动计划，积极培育和发展集信息化规划、咨询设计、项目实施、系统运维和专业培训为一体的信息服务业。建设一批两化融合服务产业中心和园区。发展和完善一批面向工业行业的低成本、安全可靠的信息化服务平台。组织实施企业信息技术服务业务剥离重组示范工程，提升行业信息化解决方案提供能力和水平。开展两化融合带动国产软硬件发展试点示范工作。依托国家新型工业化产业示范基地，健全信息基础设施，提升产业聚集区和园区智能化发展水平。

（五）加强人才队伍建设和国际交流

组织开展两化深度融合工作培训，组织编写培训系列知识读本，依托高校、科研院所和企业培训资源，建立一批培训和实训基地。围绕两化深度融合对专业技术人才的需求，加快实施创新人才推进计划、企业经营管理人才素质提升工程、国家中小企业银河培训工程、装备制造和信息领域国家专业技术人才知识更新工程、信息领域高技能领军人才培养工程等，大力培养各领域的骨干专业技术人才。完善高校学科和专业设置，加强信息技术职业教育，培养各级各类信息化专业人才。科学修订信息领域国家职业技能鉴定标准，积极推进行业职业技能鉴定工作和高技能人才选拔工作。鼓励开展信息技术联合创新、应用示范、人才培训和评估认证等领域的国际交流与合作，支持国内相关组织和企业参与相关领域国际标准的制定和修订。

国务院关于大力推进信息化发展和切实保障信息安全的若干意见

国发［2012］23号

各省、自治区、直辖市人民政府，国务院各部委、各直属机构：

大力推进信息化发展和切实保障信息安全，对调整经济结构、转变发展方式、保障和改善民生、维护国家安全具有重大意义。近年来，各地区、各部门认真贯彻落实党中央、国务院决策部署，加快推进信息化建设，建立健全信息安全保障体系，有力地促进了经济社会发展。当前，世界各国信息化快速发展，信息技术的应用促进了全球资源的优化配置和发展模式创新，互联网对政治、经济、社会和文化的影响更加深刻，围绕信息获取、利用和控制的国际竞争日趋激烈，保障信息安全成为各国重要议题。但是，我国信息化建设和信息安全保障仍存在一些亟待解决的问题，宽带信息基础设施发展水平与发达国家的差距有所拉大，政务信息共享和业务协同水平不高，核心技术受制于人；信息安全工作的战略统筹和综合协调不够，重要信息系统和基础信息网络防护能力不强，移动互联网等技术应用给信息安全带来严峻挑战。必须进一步增强紧迫感，采取更加有力的政策措施，大力推进信息化发展，切实保障信息安全。为此，提出以下意见。

【指导思想和主要目标】

（一）指导思想

以邓小平理论和“三个代表”重要思想为指导，深入贯彻落实科学发展观，以促进资源优化配置为着力点，加快建设下一代信息基础设施，推动信息化和工业化深度融合，构建现代信息技术产业体系，全面提高经济社会信息化发展水平。坚持积极利用、科学发展、依法管理、确保安全，加强统筹协调和顶层设计，健全信息安全保障体系，切实增强信息安全保障能力，维护国家信息安全，促进经济平稳较快发展和社会和谐稳定。

（二）主要目标

重点领域信息化水平明显提高。信息化和工业化融合不断深入，农业农村信息化有力支撑现代农业发展，文化、教育、医疗卫生、社会保障等重点领域信息化水平明显提高；电子政务和电子商务快速发展，到“十二五”末，国家电子政务网络基本建成，信息共享和业务协同框架基本建立；全国电子商务交易额超过 18 万亿元，网络零售额占社会消费品零售总额的比重超过 9%。

下一代信息基础设施初步建成。到“十二五”末，全国固定宽带接入用户超过 2.5 亿户，互联网国际出口带宽达到每秒 6500Gbit，第三代移动通信技术（3G）网络覆盖城乡，国际互联网协议第 6 版（IPv6）实现规模商用。

信息产业转型升级取得突破。集成电路、系统软件、关键元器件等领域取得一批重大创新成果，软件业占信息产业收入比重进一步提高。

国家信息安全保障体系基本形成。重要信息系统和基础信息网络安全防护能力明显增强，信息化装备的安全可控水平明显提高，信息安全等级保护等基础性工作明显加强。

【实施“宽带中国”工程，构建下一代信息基础设施】

（一）加快发展宽带网络

实施“宽带中国”工程，以光纤宽带和宽带无线移动通信为重点，加快信息网络宽带化升级。推进城镇光纤到户和行政村宽带普遍服务，提高接入带宽、网络速率和宽带普及率。加强 3G 网络纵深覆盖，支持具有自主知识产权的 3G 技术 TD-SCDMA 及其后续演进技术 TD-LTE 产业链发展，科学统筹 3G 及其长期演进技术协调发展。加快下一代广播电视网络建设，推进广播电视网络数字化、双向化和互联互通改造。

（二）推进下一代互联网规模商用和前沿性布局

加快部署下一代互联网，抓紧开展 IPv6 商用试点，适时推动 IPv6 大规模部署和商用，推进国际互联网协议第 4 版（IPv4）向 IPv6 的网络演进、业务迁移与商业运营。完善互联网国家顶层网络架构，升级骨干网络，实现高速度高质量互联互通。重点研发下一代互联网关键芯片、设备、软件和系统，推动产业化步伐。加快未来网络体系架构关键理论和核心技术的研发，加强战略布局，建设面向未来互联网创新发展的示范平台。

（三）加快推进三网融合

总结试点经验，在确保信息和文化安全的前提下，大力推进三网融合，推动广电、电信业务双向进入，加快网络升级改造和资源共享，加强资源开发、信息技术和业务创新，大力发展融合型业务，培育壮大三网融合相关产业和市场。加快相关法律法规和标准体系建设，健全适应三网融合的体制机制，完善可管、可控的网络信息和文化安全保障体系。

【推动信息化和工业化深度融合，提高经济发展信息化水平】

（一）全面提高企业信息化水平

推广使用数字化研发设计工具，加快重点行业生产装备数字化和生产过程智能化进程，全面普及企业资源计划、供应链、客户关系等管理信息系统。实施重大信息化示范项目，引导企业业务应用向综合集成和产业链协同创新转变。继续实施中小企业信息化推进工程和制造业信息化科技工程，提高中小企业和制造业企业信息化水平。完善企业信息化和工业化融合水平评估认定体系，支持面向具体行业的信息化公共服务平台发展。

（二）推广节能减排信息技术

推动工业、建筑、交通运输等领域节能减排信息技术的普及和深入应用，加大主要耗能、耗材设备和工艺流程的信息化改造。建立健全资源能源综合利用效率监测和评价体系，提升资源能源供需双向调节水平。建立健全主要污染物排放监测和固体废弃物综合利用信息管理系统，完善污染治理监督管理体系。

（三）增强信息产业核心竞争力

加大国家科技重大专项对信息产业核心基础产品、网络共性关键技术开发的支持力度，加快推动新一代移动通信、基础软件、嵌入式软件以及制造执行系统、工业控制系统、大型管理软件等技术的研发和应用。加强统筹规划，积极有序促进物联网、云计算的研发和应用。实施工业电子产品提升工程，推进信息技术与工业技术融合创新，提高汽车、船舶、机械等产品智能化水平。推动电子信息产品制造企业由单纯提供产品向提供综合解决方案和信息服务转变。

（四）引导电子商务健康发展

健全安全、信用、金融、物流和标准等支撑体系，探索有效监管模式，建立规范有序的电子商务市场秩序。引导电子商务平台向提供涵盖信息流、物流、资金流的全流程服务发展。鼓励大中型企业开展网络采购和销售，加强供应链协同运作，重点推动小型微型企业普及电子商务应用。实施移动电子商务试点示范工程，创建电子商务试点示范城市，创新电子商务发展模式，改善电子商务发展环境。

（五）推进服务业信息化进程

推动银行业、证券业和保险业信息共享，支持金融产品和服务创新，促进消费金融发展，提高面向小型微型企业和农业农村的金融服务水平。加快推进交通、旅游、休闲娱乐等服务业信息化。培育和发展地理信息产业，大力发展信息系统集成、互联网增值业务和信息安全服务。提高工业设计信息化水平。

【加快社会领域信息化，推进先进网络文化建设】

（一）提升电子政务服务能力

围绕提升服务和监管能力，促进政府管理创新，加强电子政务顶层设计。以互联互通为重点，形成统一的国家电子政务网络，完善项目建设管理、绩效评估和运行维护机制。扎实推进药品、食品、住房、能源、金融、价格等重要监管信息系统建设。推动重点领域信息共享和业务协同，加快电子政务服务向街道、社区和农村延伸，支持基层政府和社区开展管理和服务模式创新试点示范。加强地理空间和自然资源、人口、法人、金融、税收、统计等基础信息资源的开发利用，促进共享。全面提升电子政务技术服务能力，鼓励业务应用向云计算模式迁移。加强电子文件管理与应用。

（二）提高社会管理和城市运行信息化水平

建立全面覆盖的社会管理综合信息系统。完善人口信息共享机制，实现实有人口动态管理，提高人口信息动态监测和分析预测能力。建设公众诉求信息管理平台，改进信访工作方式。加强网络舆情分析，健全网上舆论动态引导管理机制。推动城市管理信息共享，推广网格化管理模式，加快实施智能电网、智能交通等试点示范，引导智慧城市建设健康发展。

（三）加快推进民生领域信息化

加快学校宽带网络建设，推动优质数字教育资源开发和共享，完善教育管理信息系统，构建面向全民的终身学习网络和服务平台，大力发展远程教育，形成教育综合信息服务体系。完善医疗服务与管理信息系统，加快建立居民电子健康档案和电子病历，加强国家和区域医药卫生信息共享，夯实远程医疗发展的基础。构建覆盖城乡居民的劳动就业和社会保障信息服务体系，全面推行社会保障卡应用，推动就业信息共享。推进减灾救灾、社会救助、社会福利和慈善事业等社会服务信息化。提高面向残疾人等特殊人群的信息服务能力。

（四）发展先进网络文化

鼓励开发具有中国特色和自主知识产权的数字文化产品，加强知识产权保护，壮大数字内容产业，培育数字内容与网络文化产业骨干企业，扩展数字内容产业链。加强重点新闻网站建设，规范管理综合性商业网站，构建积极健康的网络传播新秩序和网络氛围。积极推进数字图书馆等公益性文化信息基础设施建设，开发精品网络科普资源，完善公共文化信息服务体系。

【推进农业农村信息化，实现信息强农惠农】

（一）提高农业生产经营信息化水平

推动农业适用信息技术的研发应用，加快推

进农业生产基础设施、装备与信息技术的融合。提高种植业、养殖业生产信息化和农村专业合作社、农产品批发市场经营信息化水平。加强农业生产环境监控、生产过程监测、行业发展监管，建立和完善农产品质量安全追溯体系。积极培育、示范、推广适用的农业信息化应用模式。

（二）完善农业农村综合信息服务体系

规范各类农业信息服务系统，建立全国农业综合信息服务平台，鼓励发展专业信息服务，加快推进涉农信息资源开发、整合和综合利用。继续推进农村基层信息服务站和信息员队伍建设，形成村为节点、县为基础、省为平台、全国统筹的农村综合信息服务体系。

【健全安全防护和管理，保障重点领域信息安全】

（一）确保重要信息系统和基础信息网络安全

能源、交通、金融等领域涉及国计民生的重要信息系统和电信网、广播电视网、互联网等基础信息网络，要同步规划、同步建设、同步运行安全防护设施，强化技术防范，严格安全管理，切实提高防攻击、防篡改、防病毒、防瘫痪、防窃密能力。加大无线电安全管理和重要信息系统无线电频率保障力度。加强互联网网站、地址、域名和接入服务单位的管理，完善信息共享机制，规范互联网服务市场秩序。

（二）加强政府和涉密信息系统安全管理

严格政府信息技术服务外包的安全管理，为政府机关提供服务的数据中心、云计算服务平台等要设在境内，禁止办公用计算机安装使用与工作无关的软件。建立政府网站开办审核、统一标识、监测和举报制度。减少政府机关的互联网连接点数量，加强安全和保密防护监测。落实涉密信息系统分级保护制度，强化涉密信息系统审查机制。

（三）保障工业控制系统安全

加强核设施、航空航天、先进制造、石油石化、油气管网、电力系统、交通运输、水利枢纽、城市设施等重要领域工业控制系统，以及物联网应用、数字城市建设中的安全防护和管理，定期开展安全检查和风险评估。重点对可能危及生命和公共财产安全的工业控制系统加强监管。对重点领域使用的关键产品开展安全测评，实行安全风险和漏洞通报制度。

（四）强化信息资源和个人信息保护

加强地理、人口、法人、统计等基础信息资源的保护和管理，保障信息系统互联互通和部门间信息资源共享安全。明确敏感信息保护要求，强化企业、机构在网络经济活动中保护用户数据和国家基础数据的责任，严格规范企业、机构在我国境内收集数据的行为。在软件服务外包、信息技术服务和电子商务等领域开展个人信息保护试点，加强个人信息保护工作。

【加快能力建设，提升网络与信息安全保障水平】

（一）夯实网络与信息安全基础

研究制定国家信息安全战略和规划，强化顶层设计。落实信息安全等级保护制度，开展相应等级的安全建设和管理，做好信息系统定级备案、整改和监督检查。强化网络与信息安全应急处置工作，完善应急预案，加强对网络与信息安全灾备设施建设的指导和协调。完善信息安全认证认可体系，加强信息安全产品认证工作，减少重复检测和重复收费。

（二）加强网络信任体系建设和密码保障

健全电子认证服务体系，推动电子签名在金融等重点领域和电子商务中的应用。制定电子商务信用评价规范，建立互联网网站、电子商务交易平台诚信评价机制，支持符合条件的第三方机构开展信用评价服务。大力推动密码技术在涉密信息系统和重要信息系统保护中的应用，强化密码在保障电子政务、电子商务安全和保护公民个人信息等方面的支撑作用。

（三）提升网络与信息安全监管能力

完善国家网络与信息安全基础设施，加强网

络与信息安全专业骨干队伍和应急技术支撑队伍建设，提高风险隐患发现、监测预警和突发事件处置能力。加强信息共享和交流平台建设，健全网络与信息安全信息通报机制。加大对网络违法犯罪活动的打击力度。进一步完善监管体制，充实监管力量，加强对基础信息网络安全工作的指导和监督管理。倡导行业自律，发挥社会组织和广大网民的监督作用。

（四）加快技术攻关和产业发展

统筹规划，整合力量，进一步加大网络与信息安全技术研发力度，加强对云计算、物联网、移动互联网、下一代互联网等方面的信息安全技术研究。继续组织实施信息安全产业化专项，完善有关信息安全政府采购政策措施和管理制度，支持信息安全产业发展。

【完善政策措施】

（一）加强组织领导

在国家信息化领导小组和国家网络与信息安全协调小组的领导下，各有关部门要按照职责分工，认真落实各项工作任务，加强协调配合，形成合力，共同推进信息化发展和网络信息安全保障工作。各地区要将保障网络与信息安全列入重要议事日程，逐级建立并认真落实网络与信息安全责任制，明确主管领导，确定工作机构，负责督促落实网络与信息安全规章制度，组织制定应急预案，处理重大网络与信息安全事件等，并根据本地实际情况，建立省（区、市）、地（市）两级网络与信息安全协调机制。

（二）加强财税政策扶持

发挥财税政策的杠杆作用，加大对信息化和工业化深度融合关键共性技术研发与推广、公共服务平台、重大示范工程建设等的支持力度。完善农村通信普遍服务补偿机制，优先支持农村、欠发达地区综合信息基础设施建设和改造。整合利用现有资金渠道，中央财政加大投入，重点支持信息安全重要基础性工作。各地区、各部门要将基础性公益性网络与信息安全设施运行维护、安全服务和检查等费用纳入财政预算。

（三）加快法规制度和标准建设

完善信息化发展和网络与信息安全法律法规，研究制定政府信息安全管理、个人信息保护等管理办法。健全相关法规制度，明确并落实企事业单位和社会组织维护信息安全的责任。制定完善新一代信息技术在重点领域的应用标准，注重发挥标准对产业发展的技术支撑作用。培育国家信息安全标准化专业力量，加快制定三网融合、云计算、物联网等领域安全标准。积极参与制定信息安全国际行为准则、互联网治理等国际规则和标准。

（四）加强宣传教育和人才培养

开展面向全社会的信息化应用和信息安全宣传教育培训。支持信息安全与保密学科师资队伍、专业院系、学科体系、重点实验室建设。加强大中小学信息技术、信息安全和网络道德教育，在政府机关和涉密单位定期开展信息安全教育培训。各级财政要加大对信息安全宣传教育和培训等公益性活动的支持。加快培养创新型、应用型信息化人才。

国务院

二〇一二年六月二十八日

全国人民代表大会常务委员会关于加强网络信息保护的决定

（2012年12月28日第十一届全国人民代表大会常务委员会第三十次会议通过）

为了保护网络信息安全，保障公民、法人和其他组织的合法权益，维护国家安全和社会公共利益，特作如下决定。

一、国家保护能够识别公民个人身份和涉及公民个人隐私的电子信息。

任何组织和个人不得窃取或者以其他非法方式获取公民个人电子信息，不得出售或者非法向他人提供公民个人电子信息。

二、网络服务提供者和其他企业事业单位在业务活动中收集、使用公民个人电子信息，应当遵循合法、正当、必要的原则，明示收集、使用信息的目的、方式和范围，并经被收集者同意，不得违反法律、法规的规定和双方的约定收集、使用信息。

网络服务提供者和其他企业事业单位收集、使用公民个人电子信息，应当公开其收集、使用规则。

三、网络服务提供者和其他企业事业单位及其工作人员对在业务活动中收集的公民个人电子信息必须严格保密，不得泄露、篡改、毁损，不得出售或者非法向他人提供。

四、网络服务提供者和其他企业事业单位应当采取技术措施和其他必要措施，确保信息安全，防止在业务活动中收集的公民个人电子信息泄露、毁损、丢失。在发生或者可能发生信息泄露、毁损、丢失的情况时，应当立即采取补救措施。

五、网络服务提供者应当加强对其用户发布的信息的管理，发现法律、法规禁止发布或者传输的信息的，应当立即停止传输该信息，采取消除等处置措施，保存有关记录，并向有关主管部门报告。

六、网络服务提供者为用户办理网站接入服务，办理固定电话、移动电话等入网手续，或者为用户提供信息发布服务，应当在与用户签订协议或者确认提供服务时，要求用户提供真实身份信息。

七、任何组织和个人未经电子信息接收者同意或者请求，或者电子信息接收者明确表示拒绝的，不得向其固定电话、移动电话或者个人电子邮箱发送商业性电子信息。

八、公民发现泄露个人身份、散布个人隐私等侵害其合法权益的网络信息，或者受到商业性电子信息侵扰的，有权要求网络服务提供者删除有关信息或者采取其他必要措施予以制止。

九、任何组织和个人对窃取或者以其他非法方式获取、出售或者非法向他人提供公民个人电子信息的违法犯罪行为以及其他网络信息违法犯罪行为，有权向有关主管部门举报、控告；接到举报、控告的部门应当依法及时处理。被侵权人可以依法提起诉讼。

十、有关主管部门应当在各自职权范围内依法履行职责，采取技术措施和其他必要措施，防范、制止和查处窃取或者以其他非法方式获取、出售或者非法向他人提供公民个人电子信息的违法犯罪行为以及其他网络信息违法犯罪行为。有关主管部门依法履行职责时，网络服务提供者应当予以配合，提供技术支持。

国家机关及其工作人员对在履行职责中知悉的公民个人电子信息应当予以保密，不得泄露、篡改、毁损，不得出售或者非法向他人提供。

十一、对有违反本决定行为的，依法给予警告、罚款、没收违法所得、吊销许可证或者取消备案、关闭网站、禁止有关责任人员从事网络服务业务等处罚，记入社会信用档案并予以公布；构成违反治安管理行为的，依法给予治安管理处罚。构成犯罪的，依法追究刑事责任。侵害他人民事权益的，依法承担民事责任。

十二、本决定自公布之日起施行。

中华人民共和国电子签名法

（2004 年 8 月 28 日第十届全国人民代表大会常务委员会第十一次会议通过）

第一章　总则

第一条　为了规范电子签名行为，确立电子签名的法律效力，维护有关各方的合法权益，制定本法。

第二条　本法所称电子签名，是指数据电文中以电子形式所含、所附用于识别签名人身份并表明签名人认可其中内容的数据。

本法所称数据电文，是指以电子、光学、磁或者类似手段生成、发送、接收或者储存的信息。

第三条　民事活动中的合同或者其他文件、单证等文书，当事人可以约定使用或者不使用电子签名、数据电文。

当事人约定使用电子签名、数据电文的文书，不得仅因为其采用电子签名、数据电文的形式而否定其法律效力。

前款规定不适用下列文书：

（一）涉及婚姻、收养、继承等人身关系的；

（二）涉及土地、房屋等不动产权益转让的；

（三）涉及停止供水、供热、供气、供电等公用事业服务的；

（四）法律、行政法规规定的不适用电子文书的其他情形。

第二章　数据电文

第四条　能够有效地表现所载内容，并可以随时调取查用的数据电文，视为符合法律、法规要求的书面形式。

第五条　符合下列条件的数据电文，视为满足法律、法规规定的原件形式要求：

（一）能够有效地表现所载内容并可供随时调取查用；

（二）能够可靠地保证自最终形成时起，内容保持完整、未被更改。但是，在数据电文上增加背书以及数据交换、储存和显示过程中发生的形式变化不影响数据电文的完整性。

第六条　符合下列条件的数据电文，视为满足法律、法规规定的文件保存要求：

（一）能够有效地表现所载内容并可供随时调取查用；

（二）数据电文的格式与其生成、发送或者接收时的格式相同，或者格式不相同但是能够准确表现原来生成、发送或者接收的内容；

（三）能够识别数据电文的发件人、收件人

以及发送、接收的时间。

第七条　数据电文不得仅因为其是以电子、光学、磁或者类似手段生成、发送、接收或者储存的而被拒绝作为证据使用。

第八条　审查数据电文作为证据的真实性，应当考虑以下因素：

（一）生成、储存或者传递数据电文方法的可靠性；

（二）保持内容完整性方法的可靠性；

（三）用以鉴别发件人方法的可靠性；

（四）其他相关因素。

第九条　数据电文有下列情形之一的，视为发件人发送：

（一）经发件人授权发送的；

（二）发件人的信息系统自动发送的；

（三）收件人按照发件人认可的方法对数据电文进行验证后结果相符的。

当事人对前款规定的事项另有约定的，从其约定。

第十条　法律、行政法规规定或者当事人约定数据电文需要确认收讫的，应当确认收讫。发件人收到收件人的收讫确认时，数据电文视为已经收到。

第十一条　数据电文进入发件人控制之外的某个信息系统的时间，视为该数据电文的发送时间。

收件人指定特定系统接收数据电文的，数据电文进入该特定系统的时间，视为该数据电文的接收时间；未指定特定系统的，数据电文进入收件人的任何系统的首次时间，视为该数据电文的接收时间。

当事人对数据电文的发送时间、接收时间另有约定的，从其约定。

第十二条　发件人的主营业地为数据电文的发送地点，收件人的主营业地为数据电文的接收地点。没有主营业地的，其经常居住地为发送或者接收地点。

当事人对数据电文的发送地点、接收地点另有约定的，从其约定。

第三章　电子签名与认证

第十三条　电子签名同时符合下列条件的，视为可靠的电子签名：

（一）电子签名制作数据用于电子签名时，属于电子签名人专有；

（二）签署时电子签名制作数据仅由电子签名人控制；

（三）签署后对电子签名的任何改动能够被发现；

（四）签署后对数据电文内容和形式的任何改动能够被发现。

当事人也可以选择使用符合其约定的可靠条件的电子签名。

第十四条　可靠的电子签名与手写签名或者盖章具有同等的法律效力。

第十五条　电子签名人应当妥善保管电子签名制作数据。电子签名人知悉电子签名制作数据已经失密或者可能已经失密时，应当及时告知有关各方，并终止使用该电子签名制作数据。

第十六条　电子签名需要第三方认证的，由依法设立的电子认证服务提供者提供认证服务。

第十七条　提供电子认证服务，应当具备下列条件：

（一）具有与提供电子认证服务相适应的专业技术人员和管理人员；

（二）具有与提供电子认证服务相适应的资金和经营场所；

（三）具有符合国家安全标准的技术和设备；

（四）具有国家密码管理机构同意使用密码的证明文件；

（五）法律、行政法规规定的其他条件。

第十八条　从事电子认证服务，应当向国务院信息产业主管部门提出申请，并提交符合本法第十七条规定条件的相关材料。国务院信息产业主管部门接到申请后经依法审查，征求国务院商务主管部门等有关部门的意见后，自接到申请之日起四十五日内作出许可或者不予许可的决定。予以许可的，颁发电子认证许可证书；不予许可的，应当书面通知申请人并告知理由。

申请人应当持电子认证许可证书依法向工商行政管理部门办理企业登记手续。

取得认证资格的电子认证服务提供者，应当按照国务院信息产业主管部门的规定在互联网上公布其名称、许可证号等信息。

第十九条　电子认证服务提供者应当制定、

公布符合国家有关规定的电子认证业务规则，并向国务院信息产业主管部门备案。

电子认证业务规则应当包括责任范围、作业操作规范、信息安全保障措施等事项。

第二十条　电子签名人向电子认证服务提供者申请电子签名认证证书，应当提供真实、完整和准确的信息。

电子认证服务提供者收到电子签名认证证书申请后，应当对申请人的身份进行查验，并对有关材料进行审查。

第二十一条　电子认证服务提供者签发的电子签名认证证书应当准确无误，并应当载明下列内容：

（一）电子认证服务提供者名称；

（二）证书持有人名称；

（三）证书序列号；

（四）证书有效期；

（五）证书持有人的电子签名验证数据；

（六）电子认证服务提供者的电子签名；

（七）国务院信息产业主管部门规定的其他内容。

第二十二条　电子认证服务提供者应当保证电子签名认证证书内容在有效期内完整、准确，并保证电子签名依赖方能够证实或者了解电子签名认证证书所载内容及其他有关事项。

第二十三条　电子认证服务提供者拟暂停或者终止电子认证服务的，应当在暂停或者终止服务九十日前，就业务承接及其他有关事项通知有关各方。

电子认证服务提供者拟暂停或者终止电子认证服务的，应当在暂停或者终止服务六十日前向国务院信息产业主管部门报告，并与其他电子认证服务提供者就业务承接进行协商，作出妥善安排。

电子认证服务提供者未能就业务承接事项与其他电子认证服务提供者达成协议的，应当申请国务院信息产业主管部门安排其他电子认证服务提供者承接其业务。

电子认证服务提供者被依法吊销电子认证许可证书的，其业务承接事项的处理按照国务院信息产业主管部门的规定执行。

第二十四条　电子认证服务提供者应当妥善保存与认证相关的信息，信息保存期限至少为电子签名认证证书失效后五年。

第二十五条　国务院信息产业主管部门依照本法制定电子认证服务业的具体管理办法，对电子认证服务提供者依法实施监督管理。

第二十六条　经国务院信息产业主管部门根据有关协议或者对等原则核准后，中华人民共和国境外的电子认证服务提供者在境外签发的电子签名认证证书与依照本法设立的电子认证服务提供者签发的电子签名认证证书具有同等的法律效力。

第四章　法律责任

第二十七条　电子签名人知悉电子签名制作数据已经失密或者可能已经失密未及时告知有关各方、并终止使用电子签名制作数据，未向电子认证服务提供者提供真实、完整和准确的信息，或者有其他过错，给电子签名依赖方、电子认证服务提供者造成损失的，承担赔偿责任。

第二十八条　电子签名人或者电子签名依赖方因依据电子认证服务提供者提供的电子签名认证服务从事民事活动遭受损失，电子认证服务提供者不能证明自己无过错的，承担赔偿责任。

第二十九条　未经许可提供电子认证服务的，由国务院信息产业主管部门责令停止违法行为；有违法所得的，没收违法所得；违法所得三十万元以上的，处违法所得一倍以上三倍以下的罚款；没有违法所得或者违法所得不足三十万元的，处十万元以上三十万元以下的罚款。

第三十条　电子认证服务提供者暂停或者终止电子认证服务，未在暂停或者终止服务六十日前向国务院信息产业主管部门报告的，由国务院信息产业主管部门对其直接负责的主管人员处一万元以上五万元以下的罚款。

第三十一条　电子认证服务提供者不遵守认证业务规则、未妥善保存与认证相关的信息，或者有其他违法行为的，由国务院信息产业主管部门责令限期改正；逾期未改正的，吊销电子认证许可证书，其直接负责的主管人员和其他直接责任人员十年内不得从事电子认证服务。吊销电子认证许可证书的，应当予以公告并通知工商行政管理部门。

第三十二条　伪造、冒用、盗用他人的电子

签名，构成犯罪的，依法追究刑事责任；给他人造成损失的，依法承担民事责任。

第三十三条　依照本法负责电子认证服务业监督管理工作的部门的工作人员，不依法履行行政许可、监督管理职责的，依法给予行政处分；构成犯罪的，依法追究刑事责任。

第五章　附则

第三十四条 本法中下列用语的含义：

（一）电子签名人，是指持有电子签名制作数据并以本人身份或者以其所代表的人的名义实施电子签名的人；

（二）电子签名依赖方，是指基于对电子签名认证证书或者电子签名的信赖从事有关活动的人；

（三）电子签名认证证书，是指可证实电子签名人与电子签名制作数据有联系的数据电文或者其他电子记录；

（四）电子签名制作数据，是指在电子签名过程中使用的，将电子签名与电子签名人可靠地联系起来的字符、编码等数据；

（五）电子签名验证数据，是指用于验证电子签名的数据，包括代码、口令、算法或者公钥等。

第三十五条　国务院或者国务院规定的部门可以依据本法制定政务活动和其他社会活动中使用电子签名、数据电文的具体办法。

第三十六条　本法自2005年4月1日起施行。

全国人民代表大会常务委员会
关于维护互联网安全的决定

（2000年12月28日第九届全国人民代表大会常务委员会第十九次会议通过）

我国的互联网，在国家大力倡导和积极推动下，在经济建设和各项事业中得到日益广泛的应用，使人们的生产、工作、学习和生活方式已经开始并将继续发生深刻的变化，对于加快我国国民经济、科学技术的发展和社会服务信息化进程具有重要作用。同时，如何保障互联网的运行安全和信息安全问题已经引起全社会的普遍关注。为了兴利除弊，促进我国互联网的健康发展，维护国家安全和社会公共利益，保护个人、法人和其他组织的合法权益，特作如下决定：

第一条　为了保障互联网的运行安全，对有下列行为之一，构成犯罪的，依照刑法有关规定追究刑事责任：

（一）侵入国家事务、国防建设、尖端科学技术领域的计算机信息系统；

（二）故意制作、传播计算机病毒等破坏性程序，攻击计算机系统及通信网络，致使计算机系统及通信网络遭受损害；

（三）违反国家规定，擅自中断计算机网络或者通信服务，造成计算机网络或者通信系统不能正常运行。

第二条　为了维护国家安全和社会稳定，对有下列行为之一，构成犯罪的，依照刑法有关规定追究刑事责任：

（一）利用互联网造谣、诽谤或者发表、传播其他有害信息，煽动颠覆国家政权、推翻社会主义制度，或者煽动分裂国家、破坏国家统一；

（二）通过互联网窃取、泄露国家秘密、情报或者军事秘密；

（三）利用互联网煽动民族仇恨、民族歧视，破坏民族团结；

（四）利用互联网组织邪教组织、联络邪教组织成员，破坏国家法律、行政法规实施。

第三条　为了维护社会主义市场经济秩序和社会管理秩序，对有下列行为之一，构成犯罪的，依照刑法有关规定追究刑事责任：

（一）利用互联网销售伪劣产品或者对商品、服务作虚假宣传；

（二）利用互联网损害他人商业信誉和商品声誉；

（三）利用互联网侵犯他人知识产权；

（四）利用互联网编造并传播影响证券、期货交易或者其他扰乱金融秩序的虚假信息；

（五）在互联网上建立淫秽网站、网页，提供淫秽站点链接服务，或者传播淫秽书刊、影片、音像、图片。

第四条　为了保护个人、法人和其他组织的人身、财产等合法权利，对有下列行为之一，构成犯罪的，依照刑法有关规定追究刑事责任：

（一）利用互联网侮辱他人或者捏造事实诽谤他人；

（二）非法截获、篡改、删除他人电子邮件或者其他数据资料，侵犯公民通信自由和通信秘密；

（三）利用互联网进行盗窃、诈骗、敲诈勒索。

第五条　利用互联网实施本决定第一条、第二条、第三条、第四条所列行为以外的其他行为，构成犯罪的，依照刑法有关规定追究刑事责任。

第六条　利用互联网实施违法行为，违反社会治安管理，尚不构成犯罪的，由公安机关依照《治安管理处罚条例》予以处罚；违反其他法律、行政法规，尚不构成犯罪的，由有关行政管理部门依法给予行政处罚；对直接负责的主管人员和其他直接责任人员，依法给予行政处分或者纪律处分。利用互联网侵犯他人合法权益，构成民事侵权的，依法承担民事责任。

各级人民政府及有关部门要采取积极措施，在促进互联网的应用和网络技术的普及过程中，重视和支持对网络安全技术的研究和开发，增强网络的安全防护能力。有关主管部门要加强对互联网的运行安全和信息安全的宣传教育，依法实施有效的监督管理，防范和制止利用互联网进行的各种违法活动，为互联网的健康发展创造良好的社会环境。从事互联网业务的单位要依法开展活动，发现互联网上出现违法犯罪行为和有害信息时，要采取措施，停止传输有害信息，并及时向有关机关报告。任何单位和个人在利用互联网时，都要遵纪守法，抵制各种违法犯罪行为和有害信息。人民法院、人民检察院、公安机关、国家安全机关要各司其职，密切配合，依法严厉打击利用互联网实施的各种犯罪活动。要动员全社会的力量，依靠全社会的共同努力，保障互联网的运行安全与信息安全，促进社会主义精神文明和物质文明建设。

工业和信息化部关于推进物流信息化工作的指导意见

工信部信［2013］7号

各省、自治区、直辖市及计划单列市、副省级省会城市、新疆生产建设兵团工业和信息化主管部门：

为贯彻落实《国民经济和社会发展十二五规划纲要》、《国务院办公厅关于促进物流业健康发展政策措施的意见》（国办发［2011］38号）、《电子商务“十二五”发展规划》（工信部规［2011］556号）等，充分发挥信息化支撑和引领现代物流发展的重要作用，促进经济发展方式转变和产业结构优化升级，现提出以下意见。

【深刻认识推进物流信息化工作的重要性和紧迫性】

物流是贯穿经济发展和社会生活全局的重要活动。信息化正在全面渗透和融合到物流活动中，成为现代物流最重要的核心特征和时代特征。

推动物流信息化发展，对促进现代物流的科学发展和加快转变经济发展方式，具有重要意义。有利于加快物流运作和管理方式的转变，提高物流运作效率和产业链协同效率，促进供应链一体化进程；有利于解决物流领域信息沟通不畅、市场响应慢、专业水平低、规模效益差和成本高等问题，提高企业和产业国际竞争力；有利于实现资源的有效配置，提高节能减排水平、减轻资源和环境压力，促进绿色物流的发展；有利于支撑现代物流和电子商务等现代服务业的发展，促进产业结构的调整，加速新型工业化进程。

经过多年努力，我国物流信息化取得了重要进展，物流信息化应用范围不断扩大，应用水平不断提高，物流信息资源开发利用能力逐步增强，初步显现了一定的经济效益和社会效益，为进一步加快发展奠定了较好基础。工业物流信息化不断深化，供应链管理和协同水平逐步提升，智能化发展趋势日益明显；企业物流和物流企业的信息化应用蓬勃发展，物流信息化和电子商务集成发展成为新趋势；物流信息平台建设和运营模式不断创新，信息流对业务资源的调配能力不断提升；铁路、公路、水运、航空、邮政等重点行业基本实施了信息化管理，并在各自系统内部形成了有特色的信息服务体系；物流相关信息服务业和信息技术不断创新发展，应用范围不断扩大。

与此同时，我国物流信息化还存在着一些突出问题。一是重点物流行业的信息资源开发利用不足，信息采集和交换水平较低，不同运输方式、不同运输主体之间的信息交流不畅。二是物流企业和企业物流的信息化发展不平衡，尤其是大量小型企业物流信息化水平较低，难以满足专业化物流服务的需求。三是先进信息技术在物流行业的应用和推广水平较低，自主创新和产业支撑能力不强，物流设施设备的自动化、智能化程度和物品管理的信息化水平较低。四是物流信息标准制定和应用的整体水平亟待提高。

当前，经济全球化深入发展，新一轮信息技术变革正在兴起，国内工业化、信息化、城镇化、农业现代化日益深入发展，经济结构转型加快，为我国物流信息化发展带来了新的机遇和动力。各级工业和信息化主管部门要进一步提高认识、拓宽思路、务求实效，因地制宜地推进物流信息化发展。

【指导思想和基本原则】

（一）指导思想

坚持以邓小平理论、“三个代表”重要思想、科学发展观为指导，以国民经济和社会发展的重大需求为导向，以物流信息技术的有效应用为切入点，以物流信息资源的开发利用为主线，以体制机制创新为动力，以物流信息化标准体系和现代信息技术产业为支撑，以提高全社会的物流效率和效益为宗旨，发挥军民结合互促共建的积极作用，营造良好的政策环境，推动物流信息化普及与深化，促进现代物流健康发展。

（二）基本原则

政府营造环境，市场配置资源。发挥政府在物流信息化基础设施建设、技术创新应用、标准制定、规划投入和政策支持等方面的推动作用，提高行政监管和公共服务水平。以企业为主体，通过市场配置资源，形成物流信息化的持续发展能力。

加强统筹规划，推进协同联动。统筹物流信息化协调发展，合理布局重大项目。强化跨部门、跨行业、跨地区的物流信息化协同工作机制。

立足需求导向，注重应用实效。从需求出发，选准物流信息化工作的切入点，突出应用，急用先行，注重可操作性和实效性，避免盲目建设和铺张浪费。

坚持以点带面，保证持续发展。面向物流信息化发展的全局，突出重点，突破难点，远近结合，开展试点示范，树立典型标杆，加快普及推广。总结经验教训，探索有效的推进模式，建立科学的评价体系，保障全面可持续发展。

保障信息安全，提高开放效率。正确处理加快发展与保障安全、开放信息与保守秘密、开发利用与规范管理的关系，综合运用管理手段和技术手段，创建安全高效的物流信息资源开发利用环境。

【发展目标】

到“十二五”末期，初步建立起与国家现代物流体系相适应和协调发展的物流信息化体系，为信息化带动物流发展奠定基础。推进工作分两个阶段实施，第一阶段主要通过试点示范引导，初步探索建设物流信息化体系的有效途径；第二阶段在总结和推广前期经验的基础上，促进先进信息技术在物流领域广泛应用，使物流信息资源得到较为充分的开发利用，物流运作和管理水平得到明显提高，物流信息服务体系基本形成。

电子政务系统中的物流信息资源开发利用水平得到显著提高，铁路、公路、水运、邮政、航空、海关、检验检疫、食品药品、烟草、安全监管、工商、税务、公安、商务等政府部门的物流信息服务和监管能力全面加强。

铁路、公路、水运、航空和邮政等重点物流行业的电子单证得到广泛应用，基本实现物流信息协同，促进多种运输方式的联动。

物流企业和企业物流的信息化水平显著提高，供应链管理水平大幅度提升，物流全程可视化服务能力明显提高，社会化服务能力显著增强。

物流设施、设备的自动化、智能化和网络化水平大幅度提高，物品全生命周期管理得到较为普遍的应用。

物流信息化标准体系基本形成，关键的基础性标准、重点行业应用标准和服务规范的制定和宣贯成效显著。

涌现一批成功运营的物流信息平台，初步形成覆盖全国的物流信息联动网络；专业化物流信息服务业实现规模化发展。

物流信息化军民互促共建成效显著，在应急物流等领域形成较为成熟的军民合作模式和典型示范。

信息技术在物流活动中的创新应用水平和支撑保障能力明显提高。

物流信息化的法律法规体系和安全体系基本健全。

【主要任务】

（一）提高全社会物流信息资源开发利用水平

推动相关政府部门、重点物流行业、企业、

军队等不断提高物流信息资源开发利用水平。运用行政机制、市场机制和公益机制，促进物流信息的科学采集、有效利用、深度开发、有序交换和安全管理。全面推进物流信息采集的标准化、电子化、自动化和智能化，确保信息及时、准确、完整。全面推进各主体加强物流信息资源的集成应用。推进相关联主体的物流信息资源开放互联，以价值链为依托，以标准为支撑，处理好安全与协同的关系，鼓励采取多种方式实现物流信息的互通交换，贯通信息链条，促进信息流、物流和资金流的联动和协同，提高物流的效率效益和服务水平。

（二）提高政府部门物流服务和监管的信息化水平

推进铁路、公路、水运、邮政、航空、海关、检验检疫、食品药品、烟草、安全监管、工商、税务、公安、商务等部门电子政务系统中物流相关服务与监管职能的建设和完善。推动道路运输危险品监管平台和邮政业监管信息平台等公共信息平台建设，提高政府部门的物流服务和监管能力。开展危险化学品等重点领域物流的跨部门联动与监管信息化建设试点，有效实施流向跟踪、状态监控和来源追溯，规范危险品安全管理，提高对危险化学品等重点领域物流的联合监管能力。

加快建设和完善全国统一的公路、航道、港口、营运车辆及船舶动态信息、运输业户、营业性驾驶员、船员、身份信息和危险化学品等基础数据库，按照公平、公正、公开的原则，规范信息资源的社会开放服务，提高社会化、市场化开发利用水平，促进诚信体系建设，为政府部门、企业和社会公众提供更好的决策支持和信息服务。

促进系统间必要的互联互通。进一步完善电子口岸等跨部门物流监管和服务平台的建设，着力实现跨境、跨区域、跨行业、跨部门、跨企业的数据交换，提高协同服务和监管水平。

提高政府部门应急信息处理和资源调度能力，促进重点生产、运输和流通行业与政府应急信息的互联互通，提高应急物流保障能力。

（三）提高物流行业和物流企业的信息化水平

加快推动铁路、公路、水运、航空、邮政货运、管道运输等多种运输方式及仓储等企业物流信息系统、行业物流信息平台的建设。提升运输、仓储等基础设施及港口、机场、货运站场等交通枢纽的信息化水平，支撑物流基础设施的高效运行。

推进跨行业物流信息的互联互通，支持跨行业综合物流信息平台发展，着力促进多式联运和国际物流发展。推进集装箱多式联运的可视化和智能化管理，促进铁路、公路、水运、航空等不同运输方式的连接，提高物品流动的定位、跟踪、过程控制等管理和服务水平。

重点支持有实际需求、具备可持续发展前景的物流信息平台建设。推进全国各物流区域、节点城市、交通枢纽、物流园区和经济园区的物流信息平台建设，促进物流信息的跨区域开放、交换和有效利用。支持面向中小企业的社会化物流管理和信息服务平台发展。

充分发挥核心物流企业对行业资源的整合能力，打通物流信息链，推进全程透明可视化管理，提高专业化物流服务水平。提升物品拣选、传送、识别和储存设备的自动化水平，提高各种交通运输工具和集装箱、托盘等集装单元化器具的智能化管理水平，优化供应链全程管理方式，缩短物流响应时间，提高物品可得率和资金周转率，降低平均库存水平和物流总成本，提高客户满意率和供应链的整体竞争能力。

（四）提高企业物流信息化和供应链管理水平

在原材料、装备、消费品和电子等重点行业，选择若干有影响力的主制造商，利用信息化提升企业物流的作业和管理水平，提高企业物流的及时响应能力，促进精益生产和服务，并带动产业链上下游协同联动，提升供应链物流信息化发展水平，增强整个供应链的管理和运作能力。

推动制造、商贸企业与物流企业信息互通、联动发展，增强企业专业化能力，提高物流社会化服务水平，提高生产、流通和物流企业的及时响应能力，提高产业链运作效率。

推进煤炭、钢铁、粮食等行业电子商务与物流信息化集成健康发展，重点依托工农业商品集散市场，促进现代流通体系建设。开展网络零售与物流配送一体化服务建设试点，提高网络零售配送效率，改善消费者体验。

推进自动识别、可视化等各类先进适用技术的应用，提升从研发设计、生产制造、采购供应、分销配送、售后服务、再制造直至报废回收的产品全生命周期管理水平。提升农产品、食品、药品等事关广大人民群众健康和安全的重点领域物流信息化水平，提高冷链物流信息管理和质量保证水平。

（五）加快物流信息化标准规范体系建设

加快研究和制定物流信息技术、编码、安全、管理和服务标准。研究推广产品与服务分类代码、物流单元编码、托盘编码等物流信息分类编码标准，物流数据元、物流单证等物流信息基础标准，条码和射频识别（RFID）等物流信息采集标准，信息系统接口、信息交换规范等物流信息交换标准，物流业务流程等物流信息管理标准。

研究推广条码、射频识别等技术在仓储、配送、集装箱和冷链等业务中的应用标准。推进汽车及零部件、食品、药品、纺织品、农资和农产品等重点行业物流信息化应用标准体系逐步完善。

促进数据层、应用层和交换层等物流信息化标准的衔接，推动物流信息化标准体系建设。

支持行业协会、重点龙头企业、物流信息服务企业、高等院校、科研机构参与物流信息标准的制定和宣贯工作。

（六）加快物流信息化军民结合体系建设

结合军事物流和民用物流的优势与特点，探索物流信息化军民共建互促机制。借鉴军事物流物品统一编码的成熟经验，促进整体物品编目体系建设和实施工作。提高物流信息共享水平，合理配置物流资源，探索军民结合的物流发展模式。推动联动机制建立，发挥军事物流的快速响应优势，提升社会应急物流的运行效率。通过共建互补，在物流信息采集、处理和利用以及物流监管领域有效提升技术和管理水平。

（七）推进物流相关信息服务业和信息技术创新与发展

以应用带动技术创新和产业发展，通过政策和资金支持，带动信息服务企业、电子商务企业、电信运营企业、软硬件厂商和系统集成企业积极参与物流信息化建设。重点支持一批物流信息服务企业创业、创新和做大做强。支持以信息化带动供应链金融等服务创新。

积极推进物联网、云计算等新技术在物流领域的应用。重点支持电子标识、自动识别、信息交换、智能交通、物流经营管理、移动信息服务、可视化服务和位置服务等先进适用技术的研发和应用。支持重点企业开展第三代移动通信（3G）、3S（GNSS、GIS、RS）、机器到机器（M2M）、RFID 等现代信息和通信技术在物流领域的创新与应用。大力支持 TD-SCDMA 等移动通信技术和北斗导航等全球导航技术在物流管理中的应用。支持利用软件即服务（SaaS）、平台即服务（PaaS）、云计算等技术，开展物流信息技术服务平台建设试点，提高物流信息化关键共性技术研发、推广和应用水平。在装备制造、食品、药品、危险化学品、烟草等具有高附加值或需重点监管的行业，开展物联网应用试点。支持智能交通系统（ITS）、物流基地综合管理系统、智能集装箱管理系统、物流信息管理系统（LMS）以及海关特殊监管区域信息化管理系统等的开发和应用。

加强信息安全技术创新和应用，研究和实施物流信息安全管理办法，加强物流信息安全体系建设。

【保障措施】

（一）加强组织保障

在国家信息化领导小组的领导下，依托全国现代物流工作部际联席会议的协调机制，加强物流信息化推进工作的部门协同，研究协调物流信息化发展的有关重大问题和政策，落实和强化政府部门对物流信息化发展的宏观指导。在各司其职、各负其责的基础上，加强相关部门在政策规划制定、重大项目审理、标准规范制定等方面的协调配合，形成合力。各地要相应建立协调推进工作机制，充分发挥相关行业协会、龙头企业、相关信息企业、中介组织、高等院校和专家队伍等在推进物流信息化工作中的积极作用。

（二）建立健全相关政策法规

在贯彻落实现有政策的基础上，针对当前发

展中出现的新情况和新问题，进一步研究制定促进物流信息化发展的有关政策。着力研究影响物流信息化发展的税收、收费、投融资、信用和监管等方面的政策问题。加强对物流信息化法律法规的研究，贯彻落实相关法律法规，为物流信息化发展创造良好的法制环境。

（三）加大资金投入力度

加强对物流信息化的投入，重点支持物流信息化应用试点示范、物流公共信息服务、标准规范制定与应用、关键共性技术开发、重大装备研制、重大政策研究、基础理论研究等工作，支持政务系统中物流信息资源的公益性开发利用，支持面向中小企业的物流信息化建设。倡导地方政府设立专项资金。注重发挥政策性金融机构的作用。鼓励和引导社会资金投入，支持以市场主导方式开展物流信息化建设工作，探索有利于物流信息化发展的长效投融资机制。

（四）加强物流信息化水平评价工作

依托科研机构、行业协会和中介组织，加强研究物流信息化水平评价指标体系，开展科学有效的持续性评价工作。建立和完善物流信息化评价机制，由点到面逐步扩大评价数据采集范围，逐步形成政府指导、企业自我评价和社会中介评价相结合的互动机制，增强物流信息化发展的内在动力，提升物流信息化发展水平。研究探索物流信息化发展指数。研究编制物流信息化发展年度报告。

（五）加强国际合作

鼓励企业加强国际交流与合作，借鉴国外物流信息化先进经验和管理办法，通过物流信息化提升国际竞争力。鼓励企业及相关机构积极参与物流信息化国际标准的制修订工作。加强国际物流的公共信息服务和信息安全管理，营造安全高效的国际物流发展环境。跟踪研究国际物流信息化发展动态，促进我国物流信息化整体水平的提高。

（六）加大宣传与人才培养力度

加大物流信息化宣传力度，提高全社会对物流信息化的认识水平和参与意识。加强物流信息化的理论研究和学术交流，发展多层次教育体系和继续教育体系，加强与国外物流信息化教育与培训机构的合作，采取多种形式，加快培养既懂物流业务、又懂信息化的融合型人才。落实和完善人才使用、交流、奖励等政策，健全人才培养机制，创造良好的人才队伍建设环境。

无锡国家传感网创新示范区发展规划纲要（2012—2020年）

传感网（物联网）是新一代信息技术的高度集成和综合运用，是战略性新兴产业的一项重要内容。发展物联网，对于促进信息化与工业化深度融合，满足人民群众日益增长的物质和文化需求，提升创新发展能力，推动产业结构调整和发展方式转变具有积极的作用。

依托无锡市在物联网领域的技术、应用和产业基础，建设无锡国家传感网创新示范区（简称无锡示范区），先行先试，探索经验，对推进我国物联网发展具有重要意义。为指导无锡示范区建设工作，发挥促进我国物联网健康、持续发展的示范带动作用，特制定本规划纲要。规划期限为2012年至2020年。

【有关背景】

（一）物联网发展现状

国际金融危机爆发后，美、欧、日等主要发达国家纷纷把发展物联网等新兴产业作为应对危机和占领未来竞争制高点的重要举措，制定出台战略规划和扶持政策，全球范围内物联网核心技术持续发展，标准和产业体系逐步建立，初步形成了传感器与无线射频识别（RFID）等感知制造业，网络设备与通信模块、机器到机器（M2M）终端与运营服务，以及基础设施服务、软件与集成服务等产业链，2011年全球物联网产业规模超过1345亿美元。发达国家凭借信息技术和社会信息化方面的优势，在物联网应用及产业发展上具有较强竞争力。

2009年以来，我国物联网呈现较快发展势头，在工业、农业、金融、物流、交通、电网、环保、安全、民生等领域开展了一系列探索应用，目前已初步具备一定的技术、应用和产业基础，2011年全国物联网产业规模超过2300亿元，M2M应用终端超过2000万台，软件与集成服务具备一定规模。但总体上看，我国物联网发展处于起步阶段，存在核心技术和产业基础相对薄弱，系统集成服务能力和应用水平较低，产业小而散、缺乏龙头骨干企业，信息安全存在隐患，面临行业壁垒与资源共享的体制困境等问题，急需加以解决。

（二）无锡具备的条件

无锡市城镇化和现代化水平较高，拥有较强的城市综合实力和良好的产业基础，集成电路制造技术水平和规模位居全国城市首位，测试、设计能力分列全国第三、四位，软件和服务外包等产业规模位居全国前列。近年来，无锡市高度重视发展物联网，出台了一系列政策措施，完善政产学研合作机制，吸引国内外物联网高端人才到无锡创新创业。目前，全市拥有各类高层次物联网研发人员近1000人，物联网相关企业近400家，一批国家级物联网技术研发和产业基地落户无锡，50多家高等院校、科研院所和大企业集团在无锡规划建设物联网研发机构，一批物联网典型应用示范项目正在建设。无锡在物联网人才、技术、产业和整体经济实力方面拥有较好的基础，具备建设国家传感网创新示范区的条件。

【指导思想和发展目标】

（一）指导思想

以邓小平理论和“三个代表”重要思想为指导，深入贯彻落实科学发展观，以促进产业结构调整和经济发展方式转变为主线，加强创新发展，攻克核心技术；促进产业集聚，形成产业基地；突出典型示范，推动广泛应用。通过先行先试，打造具有全球影响力的传感网创新示范区，探索发展经验，推动我国物联网健康、持续发展。

（二）基本原则

坚持创新驱动与应用牵引相结合。将技术创新作为物联网发展的核心驱动力，集聚科技创新资源，大力推进原始创新、集成创新、引进消化吸收再创新。基于应用需求，加强关键技术和产品的攻关，带动产业发展，实现研发与应用的有机互动，突破制约物联网规模化发展的瓶颈。

坚持重点突破与协同发展相结合。重点在传感器、系统集成、服务应用等关键环节进行突破，集成、整合各类优势资源，在核心技术、标准化、关键设备研制及产业化等方面，形成区域特色和优势。加强与周边地区的合作，推进跨行业、跨区域协同发展，促进物联网产业链的形成和健康发展。

坚持市场主导与政府引导相结合。坚持市场配置资源的基础性作用，完善市场机制，发挥企业在技术创新和科技成果产业化上的主体作用。通过政府引导，加大政策支持力度，完善标准体系，优化产业布局，创造物联网发展的良好环境，切实保障信息安全。

坚持试点示范与辐射带动相结合。结合地方实际，推进产业化与市场应用重大示范工程建设，通过应用示范，促进物联网核心技术和关键设备研发，探索新型商业模式。不断总结和积累经验，发挥先行先试的作用，辐射带动物联网产业发展。

（三）发展目标

到2015年，无锡示范区拥有一批具有自主知识产权的物联网核心技术，形成具有国际竞争力的产业集群，基本形成结构合理的物联网产业体系，实现一批重点领域的典型示范与推广应用，构建一支高素质人才队伍，促进物联网标准化工作。

1．大幅提升物联网技术的创新能力

建设一批国家级、省级和市级研发机构和企业技术中心，聚集一批技术和产业优秀人才，突破一批重大关键技术，制定一系列技术标准，打造一批知名品牌。

2．形成具有国际竞争力的产业集群

培育多家年销售额超过10亿元的物联网企业，发展一批上规模的骨干企业，形成一批“专、精、特、新”的中小企业，打造国内一流、具有国际竞争力的产业基地。

3．建设具有较强影响力的应用先行区

建设智能制造、智能环保、智能交通、智能医疗等重大典型应用示范工程，形成一批综合集成物联网应用的典型解决方案，加大推广力度，带动规模化应用和物联网产业发展。

到2020年，无锡示范区的创新能力、产业规模、从业人员数量和影响力大幅提升，实现一大批自主创新成果产业化，成为具有一流创新能力的技术创新核心区；集聚和培育一批国内领先的物联网企业，成为具有国际竞争力的产业发展集聚区；建成一批具有重大推广价值的典型应用示范工程，成为具有较强影响力的应用示范先导区。

【重点任务】

（一）加强技术创新

以应用示范为牵引，以技术创新为驱动，集聚国内人才优势，攻克物联网产业的核心关键技术，加强共性技术研发，促进科技成果转化，加快相关标准制定，推动物联网技术创新和应用创新。

1．感知技术

重点加强智能和微型传感器、超高频和微波RFID、地理位置感知与导航终端、多功能传感设备、智能仪表等技术的研发与应用。

2．传输技术

重点加强近距离无线通信、低功耗传感器节点、无线传感器网络、M2M终端、异构网络融合、网络可管可控等技术的研发与应用。

3．处理技术

重点加强大数据存储、实时数据库、智能分析和决策、物联网应用中间件、高性能系统集成等技术的研发与应用。

4．共性技术

重点加强物联网体系架构、标识与寻址、频谱与干扰分析、信息与网络安全、产品标准测试等共性技术的研发与应用。

（二）培育发展产业集群

坚持市场导向，着力发展龙头企业，做大做强骨干企业，孵化培育中小企业；重点发展核心产业，大力扶持支撑产业，积极带动关联产业，促进产业链的形成和完善。

1．重点发展核心产业

重点发展物联网硬件、软件和信息服务、集成及运营服务等核心产业。着力加强传感器、芯片以及相关仪器仪表、M2M设备的设计制造能力，提高嵌入式系统、中间件、应用软件及各类安全软件的研发和产业化水平，健全设计咨询、系统集成、运维服务、网络服务、内容服务等物联网应用服务产业，建设物联网核心技术产业集群。

2．大力扶持支撑产业

加大扶持力度，加快发展微纳电子器件、网络基础软件和应用软件、集成电路、计算机、通信设备、微能源、新材料等支撑产业，完善物联网产业体系。

3．积极带动关联产业

发挥物联网大规模产业化和应用的带动效应，推进现代装备制造业、现代服务业、消费电子产业发展及传统产业升级，促进信息化与工业化深度融合。

（三）加强应用示范

根据物联网发展需求，结合无锡实际，以经济运行、基础设施和民生服务等领域应用为重点，分步骤、分层次开展先导应用示范。形成通用性、标准化、技术自主掌控的应用平台。加强统筹协调，鼓励业务创新，探索商业模式，加快形成市场化运作机制，推进产业、技术与应用协同发展。

1. 面向经济运行和两化融合领域的应用示范

以提升生产效率和产品质量、改善管理精细程度和推进节能减排、促进安全生产为目的，推动物联网在工业生产中的应用，主要在工业生产过程监控、仓储物流、用能管理和安全监控等领域开展应用示范，重点建设智能制造、智能电力和智能物流等示范工程。

2. 面向基础设施和安全保障领域的应用示范

以提升基础设施综合管理能力为目的，围绕提高市政基础设施建设管理与运营能力、重大突发事件快速响应能力、环境监测和保护能力，重点建设智能交通、智能安防和智能环保等示范工程。

3. 面向社会管理和民生服务领域的应用示范

以加强社会公共管理和提升人民生活水平为目的，以物联网与 3G 网络融合应用为突破口，推动面向民生服务领域的应用创新，重点建设智能医疗、智能家居等示范工程。

（四）完善服务平台

充分整合和利用现有资源，支持物联网公共服务平台建设和运营，提升物联网技术研发、应用推广、产业发展等公共服务能力。建立健全物联网发展所需的各级各类服务机构，促进物联网技术创新、应用示范和产业发展。

1. 建设物联网技术研发和产业化平台

建设物联网研发机构，加速国内外研发资源的集聚。开展重大和关键技术攻关、产品创新与开发，支持原始创新、集成创新及消化吸收再创新，加快技术研发成果转化步伐，推进科技成果产业化。

2. 建设物联网公共技术和中介服务平台

建设集研发、中试、小批量生产和测试于一体的物联网公共技术服务平台、公共测试服务平台、综合信息咨询服务平台。建设完善科技投融资、产学研合作、政策咨询、市场推介、人才培训和综合配套等公共服务平台。

3. 建设物联网标准和知识产权服务平台

发挥无锡产业集聚优势，依托应用示范工程，加强关键技术标准研究，建设标准验证和测试服务平台，鼓励和支持无锡示范区内企业及研究机构积极参与国家物联网相关标准制定。建设物联网知识产权服务平台，建立并完善物联网专利库，开展知识产权预警分析、利用等工作，为物联网研发和产业化提供保障。

4. 建设物联网应用推广服务平台

与电信运营企业等联合建立移动通信网、广电网融合的应用推广服务平台；与骨干企业建立面向行业应用的关键技术研发和标准应用推广服务平台，实施试点示范工程。

（五）统筹和谋划示范区总体布局

无锡示范区覆盖无锡市行政辖区，按空间分布和功能定位，划分为核心区、重点区和支撑区。核心区着重发展共性技术和产品，重点区着力发展应用技术和产品，支撑区为产业发展提供各种协作配套，形成优势互补、分工协作、共同发展的物联网产业总体格局。加强与周边地区的合作，形成区域协同发展态势。

1. 全力打造产业核心区

按照高水平、高起点规划及节约集约用地的原则，加快核心区内物联网创新园、产业园、信息服务园、大学科技园和博览园的布局与建设，将其建设成为示范区的技术创新核心区、科研成果转化示范区、产业规模化发展集聚区、大规模应用先导区和信息商务服务中央区。

2. 加快发展重点产业区

加快重点产业区内已建园区和新建园区的布局和功能调整，培育和发展特色物联网产业园区，发挥物联网产业聚集效应和应用服务示范效应，重点发展物联网产业关键应用技术、硬软件产品和内容服务，大力培育金融、保险、咨询、认证等现代服务体系。

3. 全面拓展产业支撑区

加快推进产业支撑区的产业结构调整，为物联网产业发展提供产业支撑和协作配套，并积极向物联网核心产业和支撑产业拓展，逐步融入物联网产业链体系。大力推动物联网在经济领域中的应用，带动现代装备制造业、精准农业、现代物流业等产业发展。

【政策措施】

（一）完善创新发展环境

支持无锡示范区创建国家级物联网大学科技园，对示范区建设用地给予专项支持，做好物联网无线频率的规划和保障工作。鼓励国务院有关部门在无锡示范区建设国家级物联网应用示范工程。

（二）加大财政支持力度

加大国家和地方财政投入，中央财政通过加大转移支付力度，支持无锡示范区建设、物联网产业发展和应用示范。江苏省、无锡市设立相应专项资金，为示范区基础设施建设、技术创新、应用示范和产业化发展提供支持；充分利用国家科技重大专项、国家科技计划、产业化专项等渠道，大力支持物联网产业发展。

（三）加强税收政策扶持

落实国家支持高新技术产业和战略性新兴产业发展的税收优惠政策，无锡示范区内符合条件的物联网高新技术企业、科研机构，可以按规定享受相关税收优惠。结合物联网的特点，研究完善鼓励创新、引导投资和消费的税收支持政策，将现有软件和集成电路、高新技术产业等有关优惠政策逐步延伸到物联网领域，在无锡示范区内先行先试。

（四）加强融资政策支持

综合运用贷款贴息、保费补贴、风险补偿等手段，促进金融机构加大支持物联网企业发展的力度，引导商业银行支持无锡示范区物联网企业的自主创新和产业化。探索建立多种担保方式，弥补中小企业担保抵押物不足的问题。开展知识产权质押融资试点。积极开展非上市股份公司股权转让试点，推进物联网企业利用资本市场开展直接融资；支持示范区内符合条件企业通过发行债券融资。适用国家关于股权投资基金先行先试政策，在示范区内试点设立由财政支持和引导的物联网股权投资基金和创业投资基金。

（五）加快人才队伍建设

支持无锡示范区外高等院校、科研院所与示范区内企业联合培养研究生，加强示范区内科研实践基地建设，建立联合培养物联网人才的新机制；支持无锡示范区内具备条件的独立学院转设为独立设置的民办本科高校，有条件的民办高职院校升格为本科高校，有条件的大学设立研究生院。支持在无锡示范区内建立和引进国内外物联网人才培训机构。鼓励和支持引进国内外物联网领军人才，对作出突出贡献的人员给予奖励。对无锡示范区内的高等院校、科研院所、国有高新技术企业中，实行知识产权入股和股权激励。

（六）积极开展国际合作

发挥各种合作机制的作用，多层次、多渠道、多方式推进国际合作与交流，吸引境外企业在无锡示范区设立研发中心、企业总部等，鼓励企业和科研单位参与制定国际标准，加强企业和产品国际认证合作；利用出口信贷、保险等政策，积极支持示范区物联网重点产品、技术和服务开拓国际市场，以及自主知识产权技术标准在海外推广应用。

【保障机制】

无锡国家传感网创新示范区建设协调领导小组负责示范区建设和发展的总体部署和统筹协调，研究解决相关重大问题，做好《规划纲要》实施的组织协调和督促检查。国务院各有关部门结合各自工作职能，加强对无锡国家传感网创新示范区建设和发展的指导，按照《规划纲要》要求抓紧制定出台具体政策措施，在规划实施、项目安排、财税优惠、金融服务、人才建设等方面给予积极支持。江苏省人民政府要认真做好《规划纲要》的具体实施工作，抓紧落实工作责任，完善工作机制，统筹资源，加快推进，确保完成各项目标任务。

关于做好工业、通信业和信息化“十二五”规划工作的意见

即将进入的“十二五”时期，是我国实现全面建设小康社会奋斗目标承上启下的关键时期，也是全面贯彻科学发展观、走中国特色新型工业化道路的重要时期。科学编制和有效实施“十二五”工业、通信业和信息化各项规划，对于妥善应对国内外发展环境重大变化，加快结构调整和发展方式转变，推进信息化与工业化深度融合，促进我国工业由大变强，具有十分重要的现实意义。为做好工业、通信业和信息化“十二五”规划编制工作，按照国家编制“十二五”规划的有关要求，结合工业和信息化发展实际，现提出如下意见。

【充分认识“十二五”规划工作的重要意义】

发展规划是对国民经济和社会发展的全局或部分活动在时间和空间上的战略部署，是政府履行经济调节、市场监管、社会管理和公共服务职责的重要依据。“十二五”规划是实行大部制改革后第一次系统编制中长期发展规划，做好规划工作意义重大。

（一）做好“十二五”规划工作是加快走中国特色新型工业化道路的迫切需要

目前，我国工业化整体已进入到中期阶段，但工业整体生产技术水平不高，大而不强。加快走中国特色新型工业化道路，仍是我国现代化进程中一项重要的历史任务。随着资源环境约束增强和国内外环境出现新变化，产业结构调整进入了需求结构、供给结构和要素投入结构全方位调整的新阶段，发展方式转变势在必行。编制好“十二五”规划，加强整体谋划，理清发展思路，立足科学发展，着力自主创新，促进转型升级，把实施重点产业调整振兴规划和长远发展有机地结合起来，走出一条清洁发展、节约发展、安全发展、绿色发展、可持续发展的工业化新路。

（二）做好“十二五”规划工作是积极适应国际发展环境新变化的迫切需要

国际金融危机影响仍在持续，全球经济复苏将要经历一个缓慢而又曲折的过程，也将深刻改变全球产业竞争格局。为了尽快走出危机，世界各国纷纷加大科技投入，抢占未来经济和产业发展制高点的竞争更趋激烈。面对国际环境的新变化、新特点，“十二五”规划编制过程中，必须站在新的历史起点和经济全球化的历史背景下，坚持全球视野，加强战略思维，深入研究国际产业规划的动向及特点，剖析其战略意图，立足我国实际，制定相应战略和规划，塑造我国产业国际竞争新优势。

（三）做好“十二五”规划工作是切实履行好职能、健全行业管理工作的迫切需要

工业和信息化主管部门负责拟订并组织实施工业、通信业、信息化的发展规划；制定并组织实施工业、通信业的行业规划、计划。编制好“十二五”规划，是贯彻落实中央实行大部制改革的重大决策、认真履行国务院赋予的行业管理职能的重要举措。通过编制“十二五”规划，建立健全工业、通信业和信息化规划体系，充分发挥规划的导向和约束功能，是构建市场经济条件下行

业管理体系的迫切需要。

【指导思想和基本原则】

“十二五”规划工作的指导思想是：以邓小平理论、“三个代表”重要思想为指导，全面贯彻落实科学发展观，坚持走中国特色新型工业化道路，以加快发展方式根本性转变为主线，以自主创新、深化改革、扩大开放为基本动力，从调整要素投入结构、供给结构和需求结构入手，着力推进工业转型升级，着力推进现代产业体系发展，着力推进信息化与工业化深度融合，着力推进军民融合式发展，显著提高发展的稳定性、协调性和可持续性，显著增强产业国际竞争力和抗风险能力，为建设工业强国、构建信息社会打下坚实基础。

“十二五”工业和信息化规划工作应坚持以下原则。

体现科学发展的要求。必须坚持以人为本、全面协调可持续的科学发展观，坚持从实际出发，遵循自然规律、经济规律和社会发展规律。正确处理好发展速度与结构、质量、效益、环境保护等重大关系。

体现统筹兼顾的要求。将工业、通信业和信息化与国民经济和社会发展统筹起来考虑，把产业发展、企业发展、环境保护和惠及民生有机结合起来。既要立足应对国际金融危机，落实重点产业调整振兴规划；又要着眼长远，大力发展战略性新兴产业，为我国在“后危机”时代新一轮国际竞争中争取主动权。

体现开拓创新的要求。进一步解放思想、锐意创新，树立战略眼光，更新规划理念，创新规划思路，明确规划主题，突出规划主线，增强规划的战略性、宏观性、政策性和可操作性。进一步深化改革，为产业升级、两化融合、军民结合提供制度保障。

体现注重实效的要求。要坚持有所为、有所不为，控制规划数量，做精行业规划，突出专题性、特定领域的规划，增强规划的可操作性，减少空泛的、可操作性差的规划，努力做到目标科学、思路清晰、重点明确、措施可行。

体现民主决策的要求。规划编制要充分发扬民主，广泛听取意见。建立有效的规划社会参与制度，广泛听取行业协会、重点企业和社会各界的意见和建议；建立规范化的论证、衔接、公布和评估制度，增加规划工作的透明度和公众参与度，提高决策的科学化和民主化水平。

【扎实做好规划编制和实施中的各项工作】

（一）加强规划前期重大问题研究

前期重大问题研究是规划编制的重要基础，直接影响规划思路的形成，是规划编制工作中不可或缺的关键环节。要高度重视规划前期重大问题研究工，针对当前工业和通信业发展存在的深层次矛盾和问题，抓紧开展相关基础性研究，理清规划思路，为开展“十二五”工业、通信业和信息化规划工作奠定坚实的基础。重大问题研究可通过公开招标、直接委托等多种形式组织开展研究。

（二）建立健全规划体系

规划体系是指以总体规划为统领，以行业规划、专题规划和区域规划为支撑，由此形成科学合理、层次分明、互为补充、有机衔接的一系列规划组合。按照“履行职能，科学合理，突出重点，有机融合”的基本原则，建立健全工业和信息化规划体系。工业和信息化领域的规划分为两个层次，即总体规划和专项规划（含行业规划、专题规划及区域规划）。总体规划主要提出总体目标、思路、方向、任务和重大生产力布局意见，是指导行业规划、专题规划、区域规划的重要依据。专项规划是以特定领域或行政区域为对象编制的规划。各地可结合实际，力争使更多的专项规划纳入本级政府重点专项规划。

（三）精心组织规划编制

要组织高效、精干、专业的规划编制队伍，明确目标，落实责任。在规划编制过程中可采用书面调研、实地调研、召开专家和企业座谈会等多种形式开展调查研究。要着重建立两个制度，一是建立健全规划编制的公众参与制度，要增强规划工作的透明度和公众参与度，在条件具备的前提下，可通过互联网、报纸期刊、电话等多种形式征集社会各界和市场主体对规划文件的意见；二是实行编制规划的专家论证制度，加强规划评估论证工作，除本部门、本系统的专家参与评估论证外，还要吸收相关部门的专家参加评估论证。在规划编制过程中，鼓励采用路线图、规划带重大工程和建设项目等方式，创新规划编制方法和规划表现形式。

（四）加强规划间的衔接协调

各级各类规划要按照下级规划服从上级规划、区域规划和专项规划服从总体规划的原则，进行有效衔接协调。要充分发挥总体规划的统领作用，行业规划、专题规划及区域规划要依据总体规划，在指导思想、目标、工作重点和政策措施等方面与总体规划实现有机对接，各层次规划之间不得存在相互矛盾。规划衔接的主要内容包括宏观调控的重要指标，优势支柱产业发展，重要资源开发以及重大项目布局和重大政策等。下一级主管部门编制的工业和信息化发展总体规划应与上一级主管部门编制的总体规划、专项规划进行必要衔接。

（五）积极探索规划实施机制

在继续发挥规划的指导性功能的同时，增强规划在区域空间结构、重大生产力布局、节能减排等方面的约束性功能。要进一步将发展规划与国家产业政策、财税金融、法律法规等手段有机结合起来，形成政策和调控的合力。要研究确定一批关系全局、意义深远、带动作用强、政府组织实施的重大工程。要充分依托执行规划的“主体”，对于重点地区、重点企业、重点项目加强引导。对于部分规划，可制定配套性文件或法规，对规划实施进一步延伸和细化。

（六）建立规划的后评估和调整机制

规划编制部门要在规划实施过程中适时组织开展对规划实施情况的评估，及时发现问题，认真分析产生问题的原因，提出有针对性的对策建议。评估工作可以由编制部门自行承担，也可以委托其他机构进行评估。评估结果要形成报告，作为修订规划的重要依据。如果规划对象未来实际情况与规划预测存在较大差异，应及时对规划进行调整和修订，按照相关工作程序进行报批和发布。

【工作进度安排】

规划编制过程要严格遵循工作程序，具体工作安排如下。

（一）前期研究阶段（2010 年 3 月以前）

组织实施“十二五”规划重大前期研究课题；起草形成“十二五”工业和信息化规划基本思路；编制“十二五”规划工作实施方案，落实必要的专项工作保障经费。

（二）编制起草阶段(2010 年 4 月—2010 年 9 月)

研究制定“十二五”工业和信息化规划编制计划；继续深化重大专题研究，做好规划编制的有关调研工作，召开相关会议听取意见和建议，集中力量编写完成“十二五”《规划纲要》（草案）和各专项规划（草案）。

（三）论证衔接阶段(2010 年 10 月—2011 年 3 月)

泛听取社会各界意见，组织专家论证，完成规划衔接，进一步修改完善“十二五”《规划纲要》（草案）和各专项规划（草案），形成规划（草案）送审稿。

（四）审批发布阶段（2011 年 4 月—2011 年下半年）

《规划纲要》和各专项规划完成论证和衔接，并进一步修改完善，按规定程序报部或国务院审定后，分批组织发布。

（五）实施评估阶段（2011—2015 年）

提出分年度落实“十二五”规划纲要的目标任务，制定具体措施，努力完成纲要提出的目标任务；加强规划实施情况的跟踪分析和中期评估。

【组织保障】

（一）加强组织领导，提高思想认识

各地工业和信息化主管部门、通信管理局要加强“十二五”规划编制工作的组织领导，成立规划编制领导小组，主要负责同志任领导小组组长。根据需要，成立若干规划编制小组，承担规划研究、起草和必要的衔接工作。要从规划编制工作过程也是落实职责、履行职能、锻炼队伍、加强行业管理过程的高度来认识和对待“十二五”规划工作。

（二）重视队伍建设，保障工作条件

在各级工业和信息化部门组建过程中要重视和保留一批长期从事规划研究和编制、熟悉行业情况的规划工作专门人才。各地工业和信息化主管部门、通信管理局要加强规划工作人员基础理论知识和业务知识的学习，拓宽知识面；加强对国内外经济形势和行业发展趋势的分析和判断；加强调查研究，积累第一手资料，在实践中提高发现问题、研究问题、解决问题的能力。规划编制工作所需经费，按照综合考虑、统筹安排的原则，与财政部门商议予以落实。

先进典范篇

优秀城市及典型单位

广州市电子政务中心

——勇当政务先锋　助圆“智慧广州”之梦

广州市电子政务中心是原广州市科技和信息化局直属的公益类正处级事业单位，前身为广州市机关信息网络中心，于2004年9月挂牌成立，2006年3月加挂广州市市民服务和社会保障卡管理中心、广州市政府门户网站编辑部的牌子，2011年8月正式更名为广州市电子政务中心。中心内设10个部门，核定事业编制85名，现有工作人员91名（其中，事业编制67人，合同制24人），拥有高级专业技术资格14人、中级资格26人，专业涵盖计算机网络、软件、硬件、信息安全、信息工程、经济、法律等多个领域。

中心秉承“资源整合、信息共享、业务协同”的宗旨，以推进“建设全市电子政务公共平台，促进政府创新服务优化管理”为使命，致力于建设跨部门统一互通的电子政务基础设施、打造以市民为中心的公共服务信息化保障体系，着力资源整合、信息共享、业务协同，实现公众受益、企业受益、政民互动、机制优化。目前，中心已经发展成为全市电子政务的核心枢纽，以一张覆盖市、区县、街镇、居村委四级的电子政务网络保障各委办局服务顺利安全地通达每个街区，以一个连接70个单位的政府信息共享平台支撑各委办局的业务协同运作，以一个由市政府门户网站、网上服务、网上政民互动、市民网页、市民电子邮箱、社保（市民）卡构成的“政民e线通”信息化便民服务体系促进各委办局以市民为中心转变服务理念、创新服务手段、提升服务水平，实现服务对象“两个覆盖”（覆盖全体政府部门、覆盖全体市民），促进电子政府建设“三个转变”（由各家分头建向大家集中建转变，由各家分仓独享向大家互通有无转变，由各家单打独斗向大家通力协作转变）；以参与广州市电子政务云平台、工信部“2012年核高基重大专项”、国家电子商务示范城市广州市金融IC卡多应用试点项目为契机，探索电子政务公共服务的前沿技术应用。在广东省、广州市信息化主管部门的正确领导下，广州电子政务建设、应用水平一直居全国前列，创造了多个“广州模式”，并逐步进入整合提高、注重整体效益的新阶段（见图1、图2）。

截至2013年年底，广州市民网页累计开户量突破577万户；市民邮箱累计开户量达670万户，其中，企业用户覆盖全广州90%以上纳税企业；社保（市民）卡制发卡累计达990万张。广州市政府信息共享平台接入单位70家，累计交换数据超过35.5亿条，每年投入运维资金约160万元，用于信息资源维护、应用系统维护和升级开发；2013年电子政务网络项目运维投资规模为410万元，为电子政务外网网络平台的5大核心节点、12个区（县级市）汇聚节点和1000多家二级预算联网单位共2100多台网络设备提供运维服务。

图1 李克强总理听取广州市陈建华市长关于政府公共服务一卡通情况的汇报

图2 国家信息化专家委调研组来广州市电子政务中心调研市民网页建设管理情况

2007年6月，广州市社会保障信息系统数据中心项目获中国信息协会颁发的“政府信息化应用推进奖”。2012年，“广州智慧城市战略与实践”在巴塞罗那智慧城市博览会上获得城市类决赛奖；同年，中心因以信息化手段便民利民惠民成效突出，荣获“2010—2012年广州市创先争优先进基层党组织”称号。2013年，社保（市民）卡天河区服务分中心荣获全国老龄工作委员会授予“第一届全国‘敬老文明号’”奖项，广州市政府门户网站在两项权威的全国政府网站绩效评估中继续在27个省会城市中位列第一，并第10次在全省政府网站绩效评估中排名第一。

【网络平台支撑政务信息化】

广州市电子政务网络平台是国家电子政务网络的组成部分，是支撑广州市各级政务部门开展经济调节、市场监管、社会管理、公共服务等业务，以及部门间信息共享、协同工作的公共信息化基础设施。根据安全保密级别不同，分为电子政务内网和电子政务外网平台。电子政务内网实现了省—市—区三级互联互通，主要运行政府内部涉密信息系统。电子政务外网又划分为互联网接入网和业务专网两个子网：互联网接入网覆盖市、区县、街镇、居村委四级，在实现政府部门互联互通和数据共享的同时，承载直接面向公众服务的社会保障、政务服务、门户网站等信息系统，例如，广州市财政局财税库行网上报税系统、广州市政务办行政审批业务共享业务系统、广州市监察局电子监察专项工作业务系统等各大委局重要业务系统，以及广州市社会保障卡、广州市统一的网上办事大厅等一批重大电子政务公共业务系统；业务专网覆盖市、区两级，承载的重要业务有视频会议系统、电子公文交换等面向政务部门且安全防护要求较高的信息系统（见图3）。

图3 徐少华常务副省长参观广东省网上办事大厅建设广州现场会

广州市电子政务内网和外网为全市党政机关和事业单位提供多种接入方式，满足全市各接入单位不同的办公需求，国际互联网拥有出口带宽合计2.8G。目前，电子政务网络平台实现830家市财政一级、二级预算单位统一联网，覆盖市、区县、街镇、居村委四级。例如，广州市工商局170多个点，原来一年需要投入网络租赁费用700

多万元，现统一招标后 1200 个接入点建设 20 年只需要 5156 万元。

【云服务中心促进集约化管理】

根据《国家电子政务“十二五”规划》的部署和工业和信息化部关于“积极开展基于云计算的电子政务公共平台顶层设计”的要求，广州市市委、市政府将市电子政务云服务中心列为“三个重大突破”重要基础设施之一。为此，市科技和信息化局规划建设全市统一的电子政务云服务中心，搭建涵盖广州超算中心、电信运营商云平台，以及各委办局自建云资源的一体化电子政务云服务环境，有效解决各部门项目建设所需的基础设施资源。

2012 年，市科技和信息化局利用广州亚运信息化资产搭建了基于 Vmware 产品和 Citrix 产品的电子政务云实验平台，在广州市电子政务云服务中心建好之前，由广州市电子政务中心统一运营管理以解决各委局项目建设所需的服务器资源及存储资源。截至 2013 年年底，电子政务云两个平台已试点部署市纪委公车系统等 26 个重要业务系统，运行虚拟机 140 台。

【实现业务协同提升公共服务水平】

政府信息共享平台是跨部门信息共享的枢纽和政务信息资源管理中心，着力解决政府部门间信息不对称、信息孤岛问题，将整体功能划分为共享技术平台、信息资源管理服务平台、信息资源目录体系三大子系统，从资源梳理、资源整合、共享交换等方面为政府部门提供便捷高效的信息服务。此外，政府信息共享平台在提升政府管理和公共服务水平、降低行政成本、提高行政效率、方便市民办事等方面发挥了积极作用。

截至 2013 年年底，平台接入单位达 70 家，累计交换数据超过 35.5 亿条，日均交换数据 131 万条，与广东省数据中心实现互通；涵盖 1792 万自然人、120 万家企事业单位和个体户基本信息，有效支撑了中小客车总量调控、综合治税、商事改革等 30 多项政府重点工程和民生热点工作，在促进政府各部门间并联审批、业务协同方面发挥重要作用，其中，政府信息共享平台实现重点领域税源全流程监控，共产生 7.2 万多条税源预警提示，涉及纳税人 1.97 万人，应办地税登记率上升到 4%，税务部门年税收增加超过 50 亿元；支撑建设工程并联审批，将 30 个部门共 674 个办理事项的审批环节减少至 3 个以内，各部门平均缩短审批时间达到 50%以上，市城乡建委等 8 个部门平均审批提速 60%。

【推广市民卡提供一卡通服务】

广州市社会保障（市民）卡（下称“社保（市民）卡”）是广州市政府面向社会发放、用于个人办理社会事务、享受社会保障及其他社会公共服务的电子身份凭证，是建设服务型政府的民心工程。根据《广州市社会保障卡管理办法（广州市人民政府令第 20 号）》、《广州市人民政府办公厅关于印发广州市社会保障（市民）卡推广应用工作方案的通知》，贯彻落实市委、市政府智慧广州“六个一”（其中的 “一卡”即社保（市民）卡）工程建设要求，广州市科技和信息化局联合市人力资源和社会保障局、市民政局和各区（县级市）政府执行社保（市民）卡发行工作。目前，社保（市民）卡由市科技和信息化局负责规划、协调和监督管理，由广州市市民服务和社会保障卡管理中心负责经办管理。

截至 2013 年年底，累计发卡约 990 万张，其中年满 60 周岁户籍居民持卡率达 90%。目前已实现社会保障、民政、卫生、住房公积金、交通、文化、体育、林业和园林、金融、市民网页 10 个业务领域应用，整合了医保卡、医院诊疗卡、住房公积金查询卡（折）、广州图书馆读者证、银行借记卡、老年人优待证、老年人地铁乘车优惠票、白云山优待年月卡、羊城通 9 种卡（证）功能，在国内率先将老年人优待整合到社会保障卡中，实现公交和地铁老年人票务一体化。

现阶段，广州市已建立了多层次、多渠道、全方位的社保（市民）卡便民服务体系，广州市电子政务中心 12 个区（县级市）服务分中心网点、200 多个银行代理服务网点设置了社保（市民）卡服务标识对外提供服务，同时依托 24 小时服务热线 12343、服务网站（http://card.gz.gov.cn）、服务邮箱（card-service@gz.gov.cn）、自助终端、手机短信、微信公众号（广州社保卡_市民卡）等信息化手段，为广大市民提供个性化贴心服务。广州市电子政务中心天河区服务分中心还以优质服务于2013年荣获全国老龄工作委员会授予“第一届全国‘敬老文明号’”奖项，成为广州市获得该国家级荣誉奖项的7家单位之一（见图4）。

图4　贡儿珍副市长为市民代表颁发广州市首张加载金融功能的社会保障卡

【建市民网页推主动服务】

2011年4月17日，广州市开全国之先河，首创推出市民网页——为每一位市民在市政府门户网站上免费开设个性化的专属网页（http://my.gz.gov.cn），此举标志着广州市政府从被动服务、分散服务向主动服务、一站式服务、云服务理念和模式的重大转变。通过为每位市民免费打造集政务信息发布、公共服务信息订阅、网上办事、政民互动、E站通行和云服务等功能于一体的实名制、个性化的专属网页，在一个网页上实现公积金、社保、水电燃气费等9类民生信息账单订阅查询服务、300多项办事结果主动推送服务，社保、医疗、图书等10个服务网站一次登录、多方通行。市民网页目前提供三种服务终端版本（网页版、手机版、自助终端版）以满足不同人群的信息服务需求，并已开通11家服务分中心服务网点、19家广州银行代理服务网点、13家广州移动代理服务网点以办理市民网页相关业务。截至2013年年底，已建成网页版、手机版（iOS和安卓）、自助终端版，开设“政务要闻”、“我的信息”、“我的办事厅”、“我的e站通”、“我的问政台”、“我的云服务”等栏目，分别提供政务信息查询、网上办事、一站通行、信息订阅查询、政民互动和市民云服务等功能，已为超过577万名市民建立了市民网页。

【建政府门户群平台实现一站式服务】

广州市政府门户网站（www.gz.gov.cn）是广州市本级政府及各部门在互联网上发布政府信息、提供在线服务、与公众互动交流的重要平台和窗口，其整合了市本级和各区县、政府部门的政府信息，建设了41个政府机构专页，逐步建成信息公开目录统一平台，形成政府信息资源共通共享体系。目前，政府门户网站中文版分为“政府服务”、“走进广州”、“公共服务”、“赢在广州”四个大版块，共有大小栏目5000多个，日发布量约200条。门户网站制定了规范的信息采集、审核、发布流程和保障考核管理制度，确保网站稳定运行。截至2013年上半年，网站中文版信息发布348223条、外文版34201条，民意征集信息累计发布358条，百姓热线累计办结14737件，答复率大于98%，深受广大市民好评。网站还开通了英、日等多语种版本、语音和手机等多媒体版本，为不同需求的人群提供政府信息服务。政府门户网站由广州市电子政务中心负责运维管理，全市各政府部门、区（县级市）政府共同参与网站内容保障工作。

2010—2020年，广州将全面实施“智慧广州”战略，着力打造新设施、新应用、新产业、新技术和新生活“五个新”，到2015年实现基本框架建设，基本建成“智慧广州”。作为广州市电子政务公共基础设施、信息共享平台、公共服务平台的建设、运维和管理单位，广州市电子政务中心站在全市的高度，以《中共广州市委、广州市人民政府关于全面推进新型城市化发展的决定》、《中共广州市委广州市人民政府关于建设智慧广州的实施意见》要求为目标，以制度建设为引擎，建设全市电子政务信息枢纽，实施数据共享，搭建公共服务平台，不遗余力推动电子政府工程，构建服务型政府，推动城市管理和公共服务现代化，让市民群众共享信息化建设成果，为圆梦“智慧广州”贡献力量（见图5）！

图5 广州市电子政务云计算平台（实验）建设方案专家评审会现场

新疆生产建设兵团第一师阿拉尔市

——建设智慧城市 助力经济转型

新疆生产建设兵团第一师阿拉尔市以科学发展观统领全局，坚持以“政府主导、企业主体、协同推进、服务经济”为宗旨，以“科学定位、应用牵引、融合创新、试点带动”为建设原则，创新建设模式，带动智慧城市建设，为推动师市经济结构调整和增长方式转变提供助力。

【夯实基础网络】

为发挥阿拉尔市地处南疆中心的地理优势及新疆维稳重要支点作用、打造南疆信息中心、满足人民群众对信息化应用日益增长的需求，阿拉尔市加紧了骨干网扩容和承载网建设，推进网络扁平化，对城域网核心汇聚层面、宽带接入网层面进行大规模的优化改造，网络结构日益清晰、设备能力逐步提高。一是注重引资。2013年阿拉尔市引资3.28亿元，并与中国联通签订“智慧城市”建设协议，加快智慧城市项目建设，同时，被兵团列为“智慧城市”示范城市。二是宽带提速。阿拉尔市加快宽带提速工程实施，2013年共完成100余个老旧小区的“光进铜退”改造，新建小区全部实现光纤入户。阿拉尔市核心网升级项目稳步推进，计划2014年家庭宽带带宽由8Mb提升到20Mb。三是完善通信网络。2013年新建3G基站133个，建成覆盖阿拉尔城区、15个团场（农场）无线宽带网络，连队通宽带率90%，电话通达率100%，移动网络承载能力大幅提升。

【提升公共服务能力】

通过重点领域信息资源的整合，积极推进信息资源数据交换和共享体系建设，建立贯穿阿拉尔市各级、连接各委办局和公共服务企业的市级信息资源共享交换平台，实现数据交换。继续完善政府门户网站群、网上审批、信息公开等公共服务平台建设，推进“网上一站式”行政审批及其他公共行政服务，增强信息公开水平，提高网上服务能力。建设建成以新一代信息技术为支撑的“兵团行政服务中心—南疆中心”及“兵团公共资源交易中心—南疆中心”。同时，加快电子政务、电子商务、行业信息化，信息技术在经济社会各领域应用取得明显进展。大力推动基于新一代信息技术的各类新兴智慧型产品和服务的研制和应用，促进经济发展方式转变和产业转型升级，加快推进智慧产业发展。

【助力城镇化建设】

一是开展智慧小城镇试点。以塔门镇为智慧小城镇建设试点，投资2500万元建设新型数据中心、镇区管网、智慧安防、智能公共广播系统、居民“一卡通”系统、医疗信息服务系统等项目，目前新型数据中心已开工建设， 2014年7月完工；镇区管网已基本覆盖镇区；智慧安防已完成前期设计；其余项目也已开展前期工作。二是重点项目稳步推进。平安城市项目已基本完成，城市、镇区重要场所、交通枢纽已实现实时监控；智慧医疗项目已完成市、镇、村三级联网；“一卡通”项目已在塔里木大学进行试点；智慧交通等项目也已启动。

【推动农业现代化建设】

一是大力发展节水灌溉自动化系统。2013年，阿拉尔市范围内共建设20000亩节水灌溉自动化系统，通过这些工程建设，有助于阿拉尔市农业信息化的提升。二是大宗农副产品网上交易平台基本建设完成，有助于阿拉尔市电子商务的发展及农产品交易。三是红枣园网络化监测预警平台中试与示范项目及新疆天山雪米阿拉尔物联网信息管理体系项目等的建设带动阿拉尔市物联网及智慧农业发展。

【推进智慧工业建设】

一是持续推动企业宽带应用普及。二是完成青松集团信息化改造项目，启动了电力公司信息化系统建设项目及新疆天山雪米阿拉尔物联网信息管理体系项目。

【推动智慧民生建设】

一是推动互联网、业务管理系统和信息资源平台建设，推进公共信息服务共享工程和网络民生民情工程，完善人口、法人、信用、地理空间、科教、卫生等基础性信息资源共享平台和“手机一卡通”、“交通信息化平台”、“远程医疗服务平台”等公共服务平台，积极推进公共服务在线化，打造便民、惠民、利民的公共服务信息化共享平台。二是投资600万元，以塔里木大学、新疆农垦科学院南疆分院、党校、职业技术学校、塔里木高级中学及阿拉尔中学现有网络资源为基础，通过教育城域网与校园网络的融合，完成教学资源库、虚拟图书馆、教学综合管理系统、远程教育系统等资源共享数据库和共享应用平台系统的建设，构建阿拉尔市智慧教学城，推动智慧教育事业发展，建设学习型社会。

【促进经济发展】

围绕宽带网络产业在信息服务、应用服务等方面的需求，结合塔里木大学智力优势，投资2000余万元，打造大学生创业园，同时设立5000万元贴息补助，引导大学生在信息服务、软件开发、电子商务、服务外包、广告创意等新兴领域进行创业，着力打造一批具有良好发展前景的现代服务业企业，2014年下半年建设完成。

【加强网络安全建设】

一是认真落实国家、新疆维吾尔自治区及新疆生产建设兵团关于网络与信息安全的规定及要求，建立健全信息安全管理制度，积极发挥科技装备支撑作用，加强专业队伍建设、专项经费保障和网上网下防控机制建设，形成长效机制，促进网络信息安全工作全面提升。二是进一步提高互联网的管控能力，稳步推动阿拉尔市信息系统安全等级保护和非经营性上网服务场所安全管理，确保阿拉尔市基础信息网络和重要信息系统的安全和稳定。三是不断完善应急通信保障体系，加快应急通信系统的宽带化改造，提升宽带网络基础设施的可靠性和抗毁性，创建安全健康的网络环境。强化宽带网络安全管理，构建网络信息安全防护体系，提高对网络和信息安全事件的监测、发现、预警、研判和应急处置能力，提升应对网络病毒、网络攻击、非法入侵等网络安全事件的防护能力。四是不断完善网络和重要信息系统的安全风险评估评测机制和手段，提升网络基础设施攻击防范、应急响应和灾难备份恢复能力。加快形成与宽带网络发展相适应的安全保障能力。

桂林市旅游局

——大力发展旅游信息化　助推桂林国际旅游胜地建设

信息时代的旅游业，唯有与信息技术深入结合，才能把握新的发展机遇、开辟新的发展空间。桂林市是国际著名旅游城市，2012年11月，经国务院同意，国家发改委批复了《桂林国际旅游胜地建设发展规划纲要》，这标志着桂林市的旅游发展上升为国家战略，也为桂林旅游信息化建设提供了极好的机遇。旅游信息化建设作为桂林国际旅游胜地建设的重要组成部分，是促进城市旅游服务功能提升、改善旅游发展环境、提高旅游发展质量的新兴动力。

【桂林旅游信息化建设基本情况】

随着旅游业发展，桂林旅游业信息化建设这些年来正逐步向前推进。特别是近两年来，不管从政府层面还是旅游企业都在大力推动旅游信息化建设，以此带动桂林旅游业转型升级，并且已经显现出它强大的生命力。“十一五”期间，桂林市已经完成了国家旅游局要求的“三网一库（政务网、资讯网、内部办公网及数据库）”工程建设，基本形成设备完善、功能齐全、服务一流的旅游信息网络体系。“桂林旅游网”先后获得“中国优秀政府旅游网站”、“优秀旅游目的地网站”等多项荣誉。近些年又开发了“旅游行业办公室”、“导游考试报名系统”、“旅游管理与服务系统”、“旅游市场电子眼监察系统”等多项政务系统，为旅游行业管理与服务提供技术支撑保障（见图1）。

图 1　桂林旅游公共营销网

桂林市承担的国家科技部项目——《基于移动互联网的旅游服务平台研发及示范应用》已顺利通过验收，游客下载手机客户端即可在桂林随时随地使用移动智能终端（智能手机、平板等）享受移动导览、导航、旅游咨询、旅游预定、电子支付、电子验证、移动社区等服务，使游客获得全新体验；全面实施“全国旅游刷卡无障碍示范区”建设，全市已经完成涵盖食、住、游、购、娱等多方面 300 多家特约商户的加盟工作，并受理旅游卡消费；完成了桂林智慧旅游公共信息服务智能终端体系，完善游客智慧旅游体验；与阿里巴巴合作建立了线上“桂林旅游官方旗舰店”，线下“码上游”桂林旅游移动客户端应用系统等；与海航集团合作，升级改版资讯、政务、营销功能合一的桂林旅游官方网站已正式上线；成功开通了桂林旅游官方微博、微信平台。进一步完善旅游市场监控——旅游“天眼”工程，在旅游品质保障网站开通展示“全球眼”看桂林，让游客也能实时看到桂林旅游景区的情况。建立了旅游团队管理系统、旅游舆情监控系统和旅游预警系统，提升了旅游市场监管水平。引导旅游企业信息化建设规范健康发展，形成了以桂林国旅为代表的、在国内具有一定影响力的电子商务运用企业群等。

【经验与成效】

（一）坚持四位一体的推进思路

一是政府主导。把旅游信息化作为桂林国际旅游胜地建设的重点，着力构建旅游信息化推进工作机制；积极探讨、研究旅游信息化的定位、建设重点和产业突破口；筹备建设资金，从现代服务业、信息产业、旅游业申请专项资金，引导旅游信息化建设；整合各方力量，全面推进“吃、住、行、游、购、娱”旅游六要素涉旅领域智慧旅游建设。

二是部门协同。近年来，桂林市旅游部门与发改委、工信、科技、商务等相关部门协同配合，在旅游信息化的项目建设、资金支持、信息化推广等方面做了大量工作，完成和在建了“桂林旅游综合数据中心”、“桂林旅游公共信息服务平台”、“桂林旅游预警系统”、“基于移动互联网旅游服务平台研发及示范应用”、“智慧旅游标准体系”等一批旅游信息化相关工程。

三是企业参与。引导景区、酒店、旅行社三大市场主体营销方式转型和创新。引导、支持桂林国旅、漓江数字化国旅等旅行社企业建立完善自身网络营销平台，进入客源市场“靠前营销”，进行产品组合和服务创新，满足游客个性化需求。

引导和支持旅游景区、酒店旅馆类等旅游企业与携程网、同程网、去哪儿网、艺龙网等知名旅游网站开展线上线下一体化合作，适应游客自助游、个性化旅游需求等。

四是市场运作。在政府推动的同时，坚持按市场规律办事，探索智慧旅游建设的商业模式。在对项目进行准确分类认定的基础上，对于有商业运作机会的项目，采取项目合作、社会融资方式大力推进旅游信息化项目建设，并取得了一些实效。例如，“淘宝·桂林旅游官方旗舰店”项目，采取了政府引导和监管，企业出资建设和运维的方式，现已成功上线试运行，形成共赢的发展模式。

（二）启动智慧旅游标准化

在旅游信息化建设中，坚持走标准化推进的路子，将标准技术、服务规范、智慧旅游有机结合，做到边建设、边规范、边协调、边推广，例如，完成了智慧旅游标准体系一期建设，编制了智慧景区、智慧酒店和智慧旅行社标准。

（三）创新消费支付和信息引导

全面推广使用“中国旅游卡”和“桂林旅游卡”，全市已经完成涵盖食、住、游、购、娱等多方面 300 多家特约商户的加盟工作，游客持卡消费在得到诚信消费保障的基础上还可享受最低至 2.5 折的优惠；桂林旅游公共营销平台和“淘宝·桂林旅游官方旗舰店”（见图 2）已成功上线试运行；借助移动智能终端、网络等多个渠道，成功推出“桂林随身游”手机 App 和桂林旅游官方微博、微信平台，受到公众广泛好评。

（四）完善公共服务体系

旅游公共服务建设方面，在原有的旅游咨询服务热线 0773-2800318 和旅游咨询服务中心基础上（见图 3），在全市各重点景区和酒店增设了 50 台桂林旅游智能触摸屏，向市民及游客提供旅游全要素信息和旅游动态资讯。桂林旅游官方网站（www.guilin.com.cn，包括政务网和资讯网）完成升级改版，为游客实现自由行、自助游提供了极大的便利。

图 2　桂林旅游天猫旗舰店

图 3　桂林旅游呼叫中心

（五）提升旅游市场管理信息化水平

通过建立旅游团队管理系统、旅游景区“全球眼”视频监控系统、旅游舆情监控系统和桂林旅游预警系统，完成对全市 35 个 3A 级以上景区、115 个监控点进行实时监控，其中，包括 25 个客流量和进入桂林的高速路口、龙脊景区等 4 个车流量统计；为旅游执法人员配备了新型可视车载执法记录仪和手持执法记录仪，今后在执法过程中拍摄的视频将上传至数据库保存，调查取证有法可依，可供相关部门、企业随时调阅，实现大数据平台资源共享。逐步完善旅游市场管理平台建设，大大提高了旅游市场监管水平和工作效率。2014 年 2 月，旅游景点视频监控“天眼”工程荣获由中国市长协会、中国电子信息产业发展研究院颁发的“中国智慧城市创新奖”。

（六）推动旅游企业信息化建设

积极引导和推动景区、酒店、旅行社三大市场主体营销方式转型和创新。桂林市宾馆饭店信息化应用程度普遍比较高，基本都建有内部管理系统，高星级酒店都有自己的预订网站，值得一提的是桂林阳朔几乎所有酒店（包括民居旅馆）都自建网站，外国游客来桂林旅游可实现网上酒店预订；大中型旅行社较多采用信息管理系统和业务管理系统，并建有多个旅游商务网站，例如，桂林国旅爱 GO 云旅游商务服务平台、漓江数字化国旅的“云旅游”智能服务支撑平台等；旅游景区较多采用景区实时监控系统和其他信息技术，景区营销过程中建立独立域名营销网站，与门户网站或第三方网站合作开展网络宣传促销活动；漓江、两江四湖、印象刘三姐等景区具有完善的票务管理系统，旅游车、船都建立了 GPS 定位监控系统。桂林旅游企业信息化和电子商务已成为桂林旅游信息化建设的重要内容之一。桂林旅游政务网和桂林随身游界面如图 4 和图 5 所示。

图 4　桂林旅游政务网

图 5　桂林随身游

桂林旅游信息化建设在基础打造、理念转变、环境塑造、市场培育等方面已有较为成熟的发展。桂林将以国际旅游胜地建设为导向，不断促进技术与应用的融合、服务与需求的融合、行业与产业的融合，通过建立以政府为主导、企业为主体、游客为核心的现代旅游信息化新体系，大力发展旅游企业及相关企业的旅游信息化建设和电子商务应用，促进传统旅游业向现代服务业转型升级。今后，桂林将主要从桂林旅游公共信息服务平台建设、旅游服务体系建设、旅游管理体系建设、旅游营销体系建设和旅游企业体系建设方面积极探索，不断完善旅游信息化基础设施建设，加快建立全市统一的旅游信息资源标准规范与共享机制，进一步推进桂林旅游信息化建设稳步发展，助力桂林国际旅游胜地建设。

乌海市人民政府

——创新信息化模式　完善智慧城市建设

乌海市人民政府加大信息化项目集中管理工作力度，重点推进全市政务信息资源开发、整合和共享，整体规划智慧城市建设，加快重点项目建设，全市信息化应用水平得到显著提高。

【创新信息化管理模式】

乌海市高度重视全市信息化建设工作，积极探索创新信息化建设管理模式。2012 年年初，乌海市政府下发了《关于进一步加强信息化集中管理工作的意见》（乌海政发［2012］17 号），进一步明确要求市政府信息办负责市财政投资的全市信息化建设项目的统一规划、技术把关、监督和验收等工作，并做好信息化项目的资源共享工作。

根据乌海市实际情况和乌海市信息化发展需要，由副市长兼市公安局局长分管市政府信息办，整合全市数据资源，整体推进乌海市“平安乌海”和“智慧乌海”建设。为做好信息集中管理，避免重复建设，全市财政投资的信息化项目不经过信息办提出意见，财政不予拨款。

同时，推动智慧城市、惠民城市建设。2013 年 1 月，乌海市被国家住房城乡建设部列为国家智慧城市试点。2014 年 5 月，乌海市被国家发改委等十二个部委列为信息惠民国家示点城市，现已完成信息惠民顶层设计方案。下一阶段将逐步推动智慧城市、惠民城市建设。

【整合资源实现共建共享】

（一）基础建设

乌海市建成区已形成较为完整的通信、有线电视、光纤宽带传输网络体系。广播、电视、电话、互联网综合覆盖率均达到 100%。乌海市光纤总长度约 11 万千米，已全面形成 20M 宽带光纤入户能力，无线网络 3G 服务覆盖全市，4G 网络开始运行。2014 年，乌海市电子政务四级网络延伸到所有办事处（镇）、社区（村），达到百兆，市、区委办局均接入电子政务外网，统一全市互联网出口。

（二）地理空间信息平台

乌海市地理空间框架于2012年8月验收（见图1）。系统包含空间框架数据库、遥感影像数据库、数字高程模型数据库、三维模型数据库、政务电子地图数据库和公众电子地图数据库六大数据库，以及二维空间信息服务平台、三维空间信息服务平台和公众空间信息服务平台三大平台，为规划、国土、公安等部门提供地理信息服务，共享地理信息成果。每年更新一次地理空间数据。

依托地理信息平台，乌海市建成“12345”市民服务热线和数字城管信息平台、市房展信息网、煤炭监测系统、旅游景点服务系统等项目。

图1　2012年8月，乌海市地理空间信息平台验收

（三）视频数据中心

乌海市整合全市各部门视频资源，统一接入全市视频中心，实现视频数据共享，为公安、交通、应急、城管等各部门提供服务；依托民生服务平台，集中共享全市各部门政务非涉密数据，例如，常住人口、车辆、社保、低保、残疾人、就业等数据库，建立全市数据中心，为全市各部门提供数据分析、比对、查询等服务。

（四）电子政务

乌海市开通统一的政府部门短信平台，为全市各业务系统提供服务；建设完成政府部门网站集群，逐步将各部门网站纳入集群中；统一建设全市政务协同办公平台，公文网上流转，实现无纸化办公和移动办公，并与短信平台相连（见图2）。

（五）“两线服务”

乌海市整合服务电话号码，在全市范围内形成“两线服务”，即紧急服务“110”和非紧急服务电话“12345”。“12345”城市管理平台，为市民和外来人员提供7×24小时政务服务咨询、便民服务办理、举报投诉、城市管理联动、电子商务配送、居家养老服务等多种服务，同时开通互联网和微信座席，实现了电话、网站、微信等多渠道服务。实现扁平化管理，由平台直接指挥市、区各部门，并形成考核、监督机制。“12345”已整合热线56条。目前“12345”市民热线运行良好，方便群众办事、咨询，受到群众好评。同时，“12345”热线下启动了商务服务平台和为老服务平台（见图3）。

图 2　2014 年 4 月 30 日，乌海市召开全市政务协同办公平台推进会议

图 3　2014 年 8 月 27 日，自治区副主席白向群一行到乌海市数字化城市管理监督指挥中心参观、调研

（六）智慧民生

乌海市创新信息化发展模式，以城市为管理单元，以政务云中心为基础支撑，整合共享全市人口、民政、社保、残疾人等民生数据资源，建立智慧乌海民生服务平台。平台按照社区、镇办、区级和市级四级机构日常工作流程，由社区统一采集数据，其他部门不再对社区布置采集任务，只需要从数据资源库中提取数据即可，大大减轻了社区的工作量，提高了数据准确性。平台为纵向上级业务部门提供接口，按要求提供数据服务。数据资源库现包含全市常住人口、社保、计生、车辆、航空出行等数据资源。平台为市区部门业务提供服务，如为低保审批、扶贫、就业、社保等业务提供支持。目前，平台在全市范围进行推广和使用。

（七）智慧政务

乌海市将市区两级政务服务中心已建的行政审批系统进行整合，建设统一的政务服务平台，实现市区两级跨区域审批，并通过政务数据中心“打破”各委办局的数据孤岛，实现审批数据互通共享。同时，平台具备政务服务业务的扩展性与联动性，逐步将行政审批事项扩展到办事处、社区进行办理。公安已实现跨派出所办事，老百姓不需要提供复印件。

【其他智慧城市项目建设情况】

乌海市建设了智能交通管控平台，对市内交通实施监管、调控；建设了地下管线管理系统，对地下管线进行动态管理，为土建施工部门提供数据支撑；建设了区域卫生信息平台，实现全市电子健康档案和电子病历信息服务共享，接入了人民医院、妇幼医院及所有社区医疗服务中心；建立了煤矿监管平台；在车站、机场、公园等 12 大公共场所建设免费无线 WLAN，让市民享受智慧乌海城市建设成果。

贵州省国土资源厁

——以信息化建设增强保障能力 提升服务效率和水平

贵州省是我国西部地区的矿产资源大省，是国家重要的能源和原材料基地，是西南地区的陆路交通枢纽，也是全国唯一没有平原支撑的省份，人均耕地少，宜农土地后备资源紧缺，人地矛盾突出。由于地理环境特殊，经济基础薄弱，国土资源信息化起步较晚。贵州省国土资源厅从2000年成立以来，历届党组高度重视国土资源信息化建设工作，科学决策、真抓实干，聚全省之气、举全厅之力，以“窗口办文”为主要形式，以依法行政、政务公开为基本要求，以推行电子政务为突破口，在全省国土资源系统大力推进信息化及电子政务建设。

经过十多年的艰苦努力，贵州省国土资源信息化建设取得明显成效，在缺资金、缺技术、缺人才的艰苦条件下，探索出一条在“欠发达、欠开发”地区推进信息化及电子政务务实高效的建设路子。最大的收获莫过于抓住了信息化建设很关键的一点，就是观念，即“人”的因素要远大于“钱”的因素。依靠科技创新，利用先进的科技手段促进传统管理方式和工作模式的转变，实现了贵州国土资源管理工作的跨越式发展，赢得了国土资源部、贵州省委、省政府和社会各界的广泛赞誉，被《国土资源报》誉为“成功之路”。

【建设历程】

（一）起步与试点阶段

2001年，全国国土资源信息化工作会议在深圳召开，会议对国土资源信息化工作做了全面动员和部署。“深圳会议”后，厅党组高度重视，着力推进信息化及电子政务建设。2003年，部信息化工作办公室安排在贵州省国土资源厅开展国土资源电子政务试点。经过一年多的努力，在国土资源部和原深圳市规划与国土资源管理局的支持帮助下，贵州省国土资源厅以及两个试点市和县电子政务系统建成并投入运行，取得了明显成效。2004年获得国土资源部科学技术二等奖，被原国务院信息化工作办公室列为全国电子政务建设示范，贵州省政府确定为全省政府系统政务信息化建设示范单位，凸显了试点示范的效果。贵州试点取得的成果对全国国土资源系统信息化建设全面推进和整体发展产生了积极作用。

（二）全面推广阶段

2004年，全国国土资源信息化工作会议在贵阳召开，贵州省国土资源厅以现身说法的方式在会上做了经验交流：随后，全国各省国土资源管理部门领导纷纷带队前往贵州考察学习，部信息化工作办公室在贵州省举办了两期共800余人的培训班，通过相互学习和交流，极大地促进了我省国土资源信息化及电子政务建设与推广应用。2006年，贵州省国土资源科技进步暨电子政务建设工作会议召开，会议总结回顾“十五”期间贵州省国土资源科技进步和电子政务建设工作，安排部署“十一五”工作任务，明确了实现“三个转变和四个扩展”的电子政务建设总目标，大力推进国土资源电子政务建设；同年10月，在全国率先实现全省建设用地县、市、省、部四级远程电子逐级报批，并投入运行；同年年底，县级以上国土资源电子政务网络体系基本建成，全部安装使用电子政务办公自动化平台，基本实现国土资源政务管理和决策支持的网络化运行。2007年，矿业权申请实行电子文档申报，省、地、县实行联网审批试点在遵义市取得成功。2008年，在贵阳市、黔南州进一步扩大试点范围，同年11月全省矿业权申请全面实行电子文档申报联网审批。建设用地、矿业权实现全省联网审批，信息化及电子政务建设步伐不断加快，网上行政审批效率和服务质量进一步提高。乡镇国土资源所电子政务试点取得成功，并逐步向全省乡镇推广应用，网络逐步向乡镇延伸，并荣获2007年度省直绩效目标考核创新奖。

（三）应用提升阶段

2008年，贵州省国土资源厅新一届领导班子一上任，就把国土资源信息化建设作为国土资源管理改革、提高行政效率、推进政务公开、加强监督和服务社会的有力抓手。以加快推进“金土工程”建设为契机，全面推进信息化及电子政务成果应用，大力提升国土资源管理水平上台阶。从广度看，全面建成结构合理、功能完备、安全稳定、覆盖全省的国土资源电子政务系统，全省9个市（州、地）、88个县（市、区）、12个开发区及厅直属事业单位全部实现专线联网和电子政务办公，并建立了各自的对外公众网站。2009年年底，90%的乡镇国土资源所实现电子政务办公。地质灾害巡查、国土资源执法等动态信息及时通过网上报送和反馈，切实提高了监管效率和应急保障能力。全省各级国土资源部门政务管理和决策信息实现网络化运行，行政审批和综合事务实现网络化管理。电子政务对外服务规范化、优质化，对内管理科学化、绩效化。从深度看，建设用地、矿业权实现全省报批联网，实现省、市、县各级国土资源部门集中互动审批的跨空间联合应用。实现全国矿业权网上统一配号。贵州省国土资源厅电子政务中心、黔东南州、贵阳经济技术开发区三个电子政务窗口实现音视频电子监察，全省各级国土资源部门实现跨区域、全覆盖、实时在线网上办文电子监察和督办，切实提高工作效率，构筑网上反腐防线。土地市场动态监测与监管系统、土地管理动态监测分析系统全面运行，国土资源市场动态监测积极展开，国土资源经济形势分析得到进一步加强和改进。三维基础地理信息平台与电子政务系统无缝集成，矿业权审批从二维图形向三维图形转变试点正在有序进行。2012年，贵州省国土资源厅信息化建设荣获中国信息化（国土资源领域）成果一等奖。

（四）深度应用阶段

围绕贵州经济发展的大局，全面落实2012年全国和贵州省国土资源信息化工作会议精神，以《国土资源信息化“十二五”规划》为引导，不断探索创新，把“统筹、应用、扩展”贯穿各级国土资源信息化建设全过程，进一步推动系统建设、数据管理、基础设施向集群化和集约化方向发展。在原有信息化成果的基础上，采取有力措施，持续推进信息化成果的深度应用，充分发挥信息化对转变管理方式、监管方式、服务方式、资源配置和空间管制的技术支撑作用。具体以“一张图、一个主干网、综合监管平台、电子政务平台和共享服务平台”（一图一网三平台）建设为主线，深化“一张图”应用，优化国土资源业务网运行，加快新一代办公自动化平台应用，加快综合监管平台建设，加强数据资源的社会共享服务平台建设。强力构建自然资源资产产权及不动产统一登记网络信息系统与信息平台，强化网上办公、网上审批、网上监管、网上服务，强化国土空间用途管制，着力打造全省国土资源系统的政务办公高效化、业务审批科学化、综合监管精细化、共享服务便捷化的技术环境，促进信息化与国土资源管理业务的深度融合，推进全省的国土资源管理水平再上一个新台阶。2013年，荣获基于空间地理信息平台的贵州省国土资源电子政务建设与应用二等奖。

【主要成效】

一是构建了网络体系、功能体系、制度体系、技术支撑体系、服务体系、依法行政体系和政务公开体系，贵州国土资源信息化框架基本形成。二是转变了管理方式，探索出一条适合“欠发达、欠开发”地区电子政务建设的路子，全面建成了覆盖国土资源管理各项业务集OA、MIS、GIS为一体的图数互动电子政务平台和网络体系，形成了全省国土资源系统图文一体化、办公无纸化、信息共享便捷化的办公格局，改变了传统的国土资源管理方式，规范了行政行为，树立了高效廉洁、勤政为民的办事作风，提高了国土资源管理工作的效率。例如，建设用地审批时限从法定的60个工作日压缩到10个工作日，实现6次提速，几乎将审批时限缩短到了极限水平，并将单独选址报批材料从33项简化为21项，批次用地从20项简化为15项，大大提高了行政审批效率。通过网上电子监察督办和权力制衡，实现了“网线”变“防线”、“窗口”变“关口”，防止违法违规行为发生。三是提高了干部队伍素质，树立了国土资源部门新形象。以推进信息化及电子政务建设为抓手，带动全省国土资源系统广大干部职工学习现代科技知识，推动综合型队伍建设特别是技术人才队伍建设，提升了信息化基础装备水平，为加快推进信息化建设打下了坚实的基础。四是实现了以电子政务建设推动信息化发展。电子政务建设促进了图数一体化，加快各类基础数据建设、更新与应用。1∶5万全覆盖、1∶1万重点覆盖的全要素基础地理信息平台全面建成并投入使用。率先探索无人飞机运用于国土资源监测、监管，三维基础地理信息平台在国土资源管理和社会服务中充分发挥应用，推进“一张图”管地、管矿、地灾预警应用和“数字贵州”建设进程。五是基本实现了“三个转变”（从电子政务窗口收文向门户网站受理转变、从单级网上并联会审向多级联网审批转变、从网络限时督办向远程电子监察转变）和“四个扩展”（从省市为主向县乡扩展、从局域网向广域网扩展、从过程审批向监测监管扩展、从政务公开向信息服务扩展）的发展目标。

【做法与经验】

（一）领导重视，提高认识

贵州省历届党组高度重视信息化及电子政务建设，并将其作为“一把手”工程，将当年信息化及电子政务建设作为重点任务，层层签订责任状，严格考核，兑现奖罚。

（二）统筹规划，协调配合

统筹好国土资源信息化及电子政务建设与地方经济社会发展的关系，贵州省国土资源信息化领导小组统一规划、明确方向、制定目标、上下联动、协调各方、指导各级国土资源部门推进网络、平台等硬件、软件设施建设，统一流程标准、统一数据标准，使信息资源的交换、共享更加便捷有效。

（三）分步实施，逐步推进

坚持“先易后难，先简后繁”原则，在技术上坚持“先求用、再求好、再求全”，先建办公平台，不断拓展业务系统和数据库；在管理上坚持“分步实施，逐步推进”，以先行试点单位作为示范、出经验，以点带面、逐步推广，节约资源、少走弯路，确保推广中不“掉队”，不留“死角”。

（四）急用先行，重点突破

科学处理好“建”与“用”的关系，牢牢抓住电子政务建设这条主线，认真梳理业务流程，以需求为导向，以应用为突破口，以实现“窗口”收文、后台办理为重点，全力推进办公自动化、建设用地、矿业权等国土资源主要业务系统建设，将国土资源信息化建设与国土资源管理融为一体，使贵州省国土资源信息化建设充满生机。

（五）建好队伍，整合资金

积极主动与编办、人事等部门沟通协调、努力争取，建立信息中心或相应机构，加大引进和培训专业技术人才队伍。与各级政府充分协调，争取资金支持，统筹国土资源各项基础项目的信息化建设资金，为信息化及电子政务建设提供资金保障。

（六）建章立制，保障运行

为保障国土资源电子政务的顺利运行，先后制定了《依法行政手册》、《贵州省国土资源厅办公自动化设备管理办法》、《贵州省国土资源厅窗口办文无纸化办公暂行办法》、《贵州省国土资源厅信息网络管理规定》、《贵州省国土资源厅电子政务窗口工作职责》、《厅机关处（室）季度考核暂行办法》、《建设用地审查报批工作网上会审有关问题的通知》、《首问责任制》、《贵州省国土资源系统行政便民措施实施细则》等几十个规章制度，从网络运行、网络管理、网络安全、网络设备、办文纪律等方面作出规定，并严格遵照执行。

贵州省国资源信息化及电子政务建设按照“统一领导、统筹规划、统一标准、信息共享、服务管理、面向社会”的指导思想，坚持以应用需求为导向，紧紧围绕国土资源管理的中心工作稳步实施，实现了从无到有、从小到大、从点到面、从弱到强的跨越式发展。

云南省交通运输厅

——智慧引领　筑梦交通

近年来，云南省交通运输厅党组高度重视信息化工作，成立了厅信息化工作领导小组领导全省交通运输信息化建设，领导小组办公室设在厅信息中心，负责具体组织、协调、实施工作。厅信息中心具体工作职责包括：在厅信息化工作领导小组的领导下承担领导小组办公室的具体工作；对口部、省信息化部门工作；负责交通运输行业信息网络互联互通、数据整合共享工作，提供行业通信保障，承担行业数据共享中心和指挥中心的日常工作；负责牵头组织实施交通运输行业信息化资源整合、业务协同等方面的重大信息化项目建设；组织开展交通运输行业信息化技术标准、规范及短期方案制定等顶层设计工作，并负责行业信息化相关项目的技术前置审查；负责对交通运输行业信息化提供技术服务和支持；负责全厅和机关电子政务建设和日常技术服务；负责云南交通报和厅内外网站的编辑、维护、管理等工作；承担厅交办的其他工作。

在2014年全国交通运输工作会议上，交通运输部部长杨传堂提出了“四个交通”的建设目标，构成了推进交通运输现代化发展的有机体系。云南省交通运输厅抓住这个难得的机遇，紧紧围绕“整合、共享、服务”的发展思路，在全国率先提出建设“智慧交通”的先进理念，在组织机构、标准规范、协同共享、试点示范、资金保障等方面取得了重大突破，行业信息化管理和服务水平有效提升。

【组织健全，提供决策支撑】

云南省交通运输厅成立了由厅长亲自挂帅、全部厅级领导及相关职能处室领导组成的信息化工作领导小组。信息化工作领导小组办公室就设置在厅信息中心，明确了其对全行业信息化建设发展管理、规划和统一指导的职能。行业各单位逐步建立了信息化组织机构。厅信息化工作领导小组的高规格配置、日常办事机构的常态化设置、明确的职能分工为行业信息化发展提供了强有力的保障，真正实现了统一领导、上下联动。

【制定标准，做好顶层设计】

近年来，云南省交通运输厅紧紧围绕信息化工作职能，先后编制了《云南省公路水路交通运输信息化“十二五”发展规划》、《云南省智慧交通建设纲要》、《视频监控体系建设指导意见》、《交通 GIS 数据接口标准》、《工程档案电子化入库标准》等一系列指导性文件，为行业信息化工作的开展和信息系统建设提供了统一的技术规范和数据标准。

【协同共享，营造发展格局】

《云南省公路水路交通运输信息化“十二五”发展规划》中明确提出，“十二五”期间，云南省公路、水路交通运输信息化发展的重点是开展“一张网、一个中心、一张图、一个门户、一个平台、一个号、一批系统、一个体系”的八个“一”工程建设。截至 2014 年年底，云南省行业专网“一张网”已扩展到全省 580 多家行业应用单位，公文传输系统也已覆盖到 300 多家行业单位，同时完成了全国高速公路光纤网的云南段调试。通过一期、二期视频资源整合，目前中心负责建设的厅通信监控指挥中心已接入的视频资源超过 5000 路，包括路网、客货运场站、码头等（见图 1）。厅监控中心上接交通运输部路网中心和云南省应急指挥中心，为部、省、厅征费办、应急办等业务处室的业务管理和应急决策提供信息化保障，完善了全省统一的“一个中心”。

图 1　云南省交通运输厅监控指挥中心实时监控路网状态

2014 年，云南省先后发生鲁甸、永善和景谷地震。地震发生后，云南省交通运输厅移动应急指挥车“天鹰六号”通过与厅高清视频会议系统和应急指挥系统联合运行，多次将地震现场情况传送至交通运输部路网中心、云南省政府应急指挥中心以及设立在当地公路段的现场指挥部，为多方协商提供了技术保障（见图 2）。

对内协同方面，完成了“一张图”——全省公路、水路交通电子地图、“一个平台”——交通运输地理与空间信息资源交换共享平台、“一个门户”——内网门户的一期建设，继续完善了交通运输厅门户网站（见图 3）。

图 2　交通移动应急指挥车“天鹰 6 号”在地震灾区执行任务

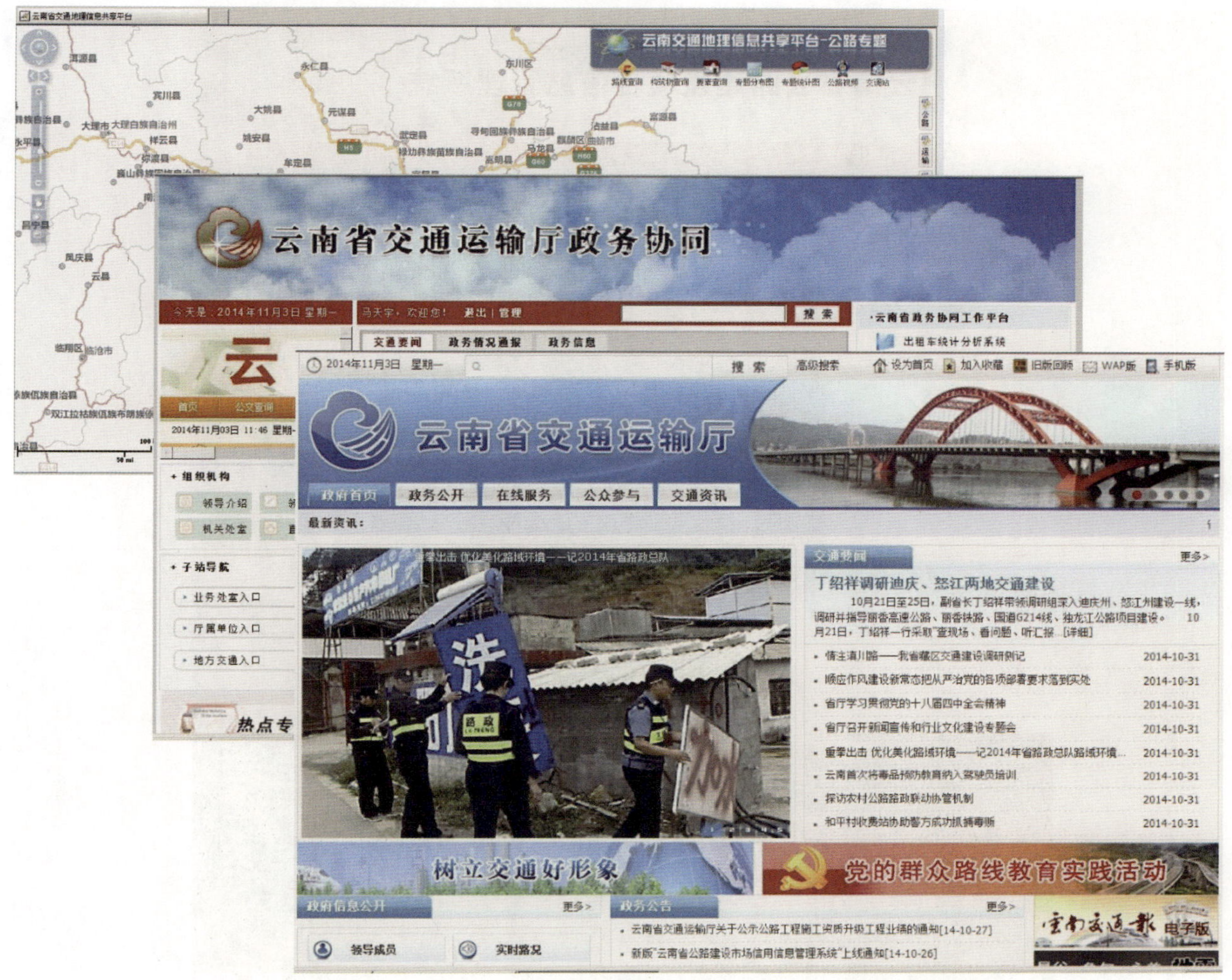

图 3 “一个平台、一个门户”

对外服务方面，根据交通运输部的要求，2014 年云南省交通运输厅进行了交通运输服务监督电话“12328”的全省统一部署，与前期建设的“96123”实现整合，真正实现了全省交通运输服务“一个号”。

在前期信息系统建设已经初有成效的基础上，云南省继续启动全省密钥系统、道路运输证制卡系统、执法系统、二级公路重大桥隧监控系统、公路建设项目管理系统（见图 4）、智慧物流动态监管平台（见图 5）等“一批重要业务系统”的建设工作。

通过《云南省交通运输信息化建设管理办法》、《云南省交通运输厅政府网站管理办法》、《云南省交通运输厅信息网络系统安全管理办法》等一系列规章制度的建立，以及每年定期开展的信息安全检查，全省交通运输行业统一的信息安全体系“一个体系”得到不断加强。

图 4　公路建设项目信息管理系统

图 5　云南智慧交通物流公共信息平台开通

【以点带面，整体突破发展】

2014 年，云南省交通运输厅牵头组织实施的昆明市出租汽车信息系统示范项目（见图 6）通过交通运输部检查，并被评价为全国出租汽车软件管理示范样板，七彩云南智慧出行系统（见图 7）点击量突破 110 万次。通过试点示范项目的实施，带动了行业信息化发展的整体突破。

图 6　检查组视察出租汽车监控大厅

图 7　七彩云南智慧出行系统

【争取部省支持，注入发展动力】

筹资渠道单一、建设和运维资金不足一直是困扰云南交通运输信息化工作的瓶颈。近年来，云南交通运输厅不断努力，通过多渠道争取资金支持。2014 年，中心完成了云南省客运联网售票系统，昆明市智能公交系统（发改委立项和部资金补助审批）。“十二五”期间，云南省交通运输厅还积极为行业争取国家、部、省重大信息化发展项目的资金支持 1 亿元以上。

2014 年部党组成员刘小明、部通信信息中心主任曹德胜等到云南省交通运输厅调研，对云南省信息化工作给予了高度评价。

2015 年，在国家提出“一带一路”战略规划的新形势下，云南作为沿边开放的桥头堡和通往南亚、东南亚的国际大通道，交通运输信息化将会迎来新的发展机遇。云南省交通运输厅将深入结合依法治交、深化改革、服务民生等重点工作，继续抓管理控风险，抓服务出实效，以智慧引领，使行业信息化工作迈上新台阶。

石家庄市卫生计生委

——强化基础　完善服务　惠及人民群众

近年来，在石家庄市委、市政府的正确领导下，在石家庄市工业和信息化局的大力支持下，石家庄市卫生计生委以深化医改为统领、以信息化建设为支撑、以居民健康卡工作为抓手，在全市范围内大力推进人口健康信息化建设，全面提升石家庄市卫生计生服务体系、服务质量和服务效率，有力助推卫生计生事业的科学发展。石家庄市先后被国家卫生计生委确定为全国电子病历试点城市、全国孕产妇及儿童健康管理信息系统试点城市、全国居民健康卡试点城市（见图1），石家庄市卫生计生委被国家卫生计生委统计信息中心确定为群众路线教育实践活动联系单位。

图1　2013年12月30日，国家居民健康卡试点城市石家庄首发暨推进会

【构建信息化建设战略框架】

石家庄市卫生计生信息化建设在市委信息化领导小组的决策部署下，按照“统筹规划、实用共享、分步实施、安全可靠”的原则，优化全市卫生和计划生育信息资源配置，推出卫生计生信息化建设“36211-2”战略工程，实施区域卫生信息平台建设，完善医疗卫生和计划生育信息服务网络体系，提升卫生计生服务能力，实现服务模式、管理机制和技术手段的全面创新。

一是坚持科学规划。坚持“制度先行、标准统一、技术创新”的原则，在国家卫生计生委“36411-2”信息战略工程框架内，结合石家庄市实际，推出石家庄市卫生计生信息化建设“36211-2”工程，包括：3是全力打造全市人口资源数据库、健康档案数据库和电子病历数据库；6是全面推进公共卫生、计划生育、医疗服务、新农合、基本药物和综合行政管理信息化应用；2是以制度建设、标准体系和安全体系为基础，探索建设市县两级信息平台；1是逐步推进全市信息专网铺设；重点突出居民健康卡建设。

二是强化运行支持。成立了由“一把手”任组长，市委党委成员和市委属各单位主要负责同志为成员的人口健康信息化建设领导小组，高起点规划制定了石家庄市卫生信息化建设总体方案。优化资金投入，2011—2014年，全市卫生信息化建设总投入1.6亿元，用于区域卫生信息平台建设。加强人才引进和培养，面向社会招收了一批国家“211”、“985”等重点院校、重点学科的研究生，对全市所有医疗卫生和计划生育服务机构的工作人员进行了分期分批信息系统操作技能培训。完善编制保障，由市编办正式批准成立卫生计生信息研究发展中心。

三是完善服务体系。以规划为基础，以统筹决策为指引，以管理和业务需求为出发点，石家庄市于2010年开始谋划并启动了区域卫生信息化建设，开展了市属医院数字化建设和县医院信息化能力建设，对公共卫生、新农合保障和职业病体检等软件系统进行了标准化改造。开展全市卫生信息专用网络建设，市级信息平台连接2家省级医院、9家市级医院、17家县医院和12家社会办医机构，建成了鹿泉区和栾城区2个县级信息平台（见图2），统筹开展居民健康卡试点建设，初步形成了以市级区域卫生信息平台为核心、以省市大型医疗机构为龙头、以县级信息平台和县级医院为枢纽、以乡镇卫生院和村卫生室为网底的人口健康信息服务体系。

图2 国家卫生计生委主任李斌调研栾城区医院医改成效

【夯实信息化建设基础】

在“36211-2”信息战略工程框架内，以适应深化医药卫生改革和发展要求为目标，打破纵向业务条线壁垒，建立横向联系机制，深度整合信息资源，打造功能应用完备、标准规范统一、信息高度共享、系统安全可靠的信息化管理体系，全面夯实卫生计生信息化建设基础。

一是搭建市级区域卫生和计划生育信息服务平台。由市级财政投资3100万元，建立了市级信息数据中心，采集、存储、推送和挖掘各医疗卫生机构经营管理信息和全市居民健康数据。每日定时采集、自动汇总全市医疗机构经济运行情况、疾病发生情况、医保补偿情况、就诊人数情况，并以短信形式发送到各卫生计生行政管理部门和机构管理者手中，为各级决策部门及时掌握全市居民健康状况、全市机构经营状况和发展趋势提供数据支持。信息平台同时支撑卫生联动和业务协同服务，实现个人与医院间的预约诊疗、社区与医院间的双向转诊、医院之间远程会诊和医疗机构检验检查结果互认。

二是建设卫生计生信息资源数据中心。数据中心涵盖全员人口数据库、健康档案数据库、电子病历数据库和卫生计生资源数据库。面向个人包含从出生到死亡全生命周期各类医疗服务信息、慢病管理信息、计划免疫信息、妇女儿童保健信息、电子病历信息、健康体检信息等（见图3），共建立健康档案 823 万份，日均采集诊疗信息 3000 余条。面向对象包含位置、职能、人员、设备、床位、场地等信息，采集卫生计生资源数据 15 万条，并通过 GIS 技术生成数字地图，为各类决策分析进行直观展示。实现了各医院、社区卫生服务中心、疾病预防控制中心、120 紧急救援中心、妇幼保健管理中心、卫生监督中心等部门的互联互通，实现了居民电子健康档案、电子病历和检验检查结果的共享。

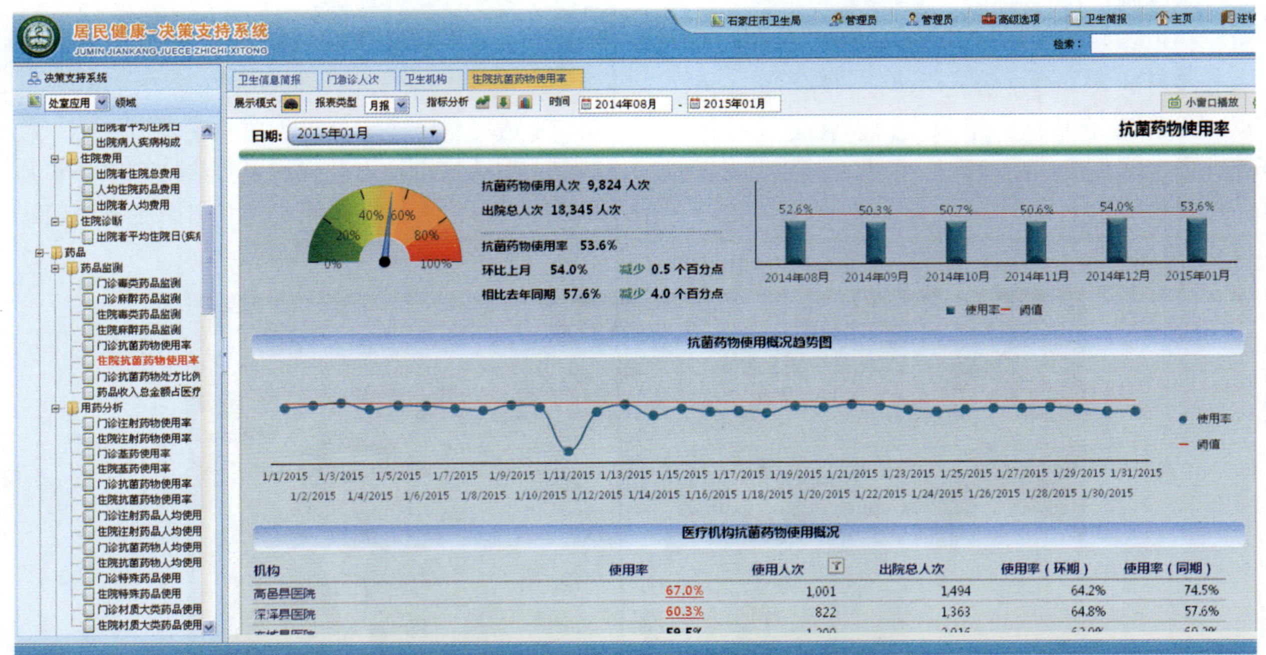

图 3 石家庄市区域卫生信息平台抗菌药物使用率

三是升级卫生计生机构信息系统。石家庄市以全国“电子病历试点城市”、“孕产妇及儿童健康管理信息系统试点城市”建设为契机，在市属 9 家医院统一实施了结构化电子病历信息系统，在全市统一实施了妇女儿童保健信息系统，将婚检、产前检查、新生儿医学证明、产后访视等各项保健服务纳入系统。对现有社区卫生服务信息系统进行了升级改造，以预防为主，全面开展“9+6”的公共卫生服务，建立社区专项档案 190 万份。为农村乡镇卫生院和村卫生室配发了信息服务系统。对原有的新农合信息系统进行了升级，增加了补偿方案测算和农合费用审核等功能。全市农村居民参合率达到 96.8%，农合基金使用率达到 85%（见图 4）。

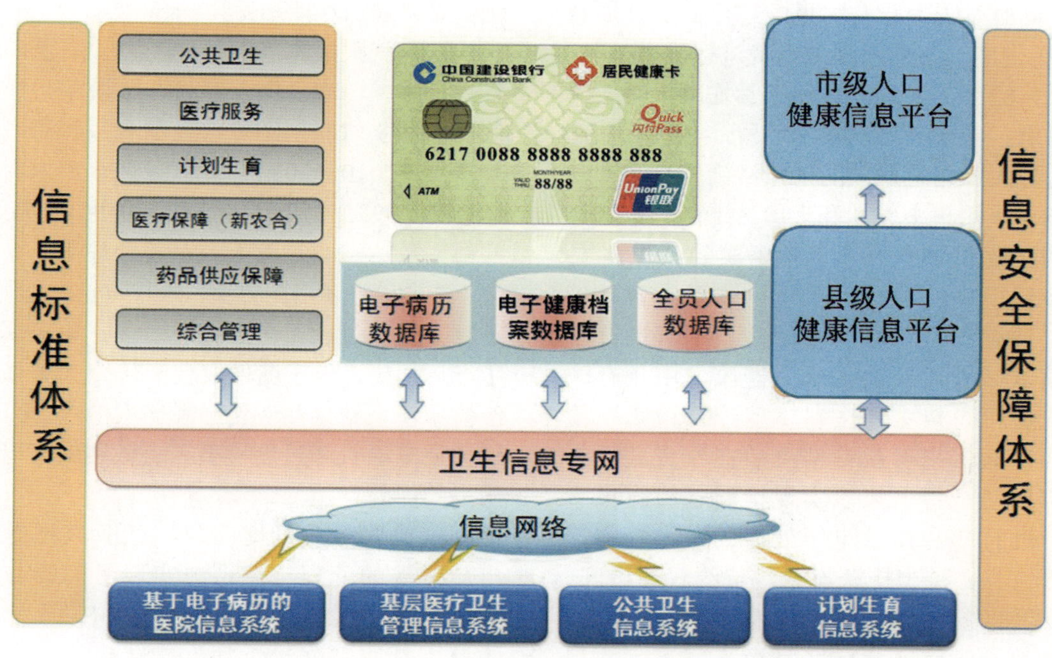

图 4　石家庄市卫生计生信息化建设“36211-2”工程

【推行管理与应用结合】

以全国居民健康卡试点城市建设为契机，以便民惠民服务为宗旨，强调政府主导，强化银医合作，突出高度融合，深入扎根基层。为全市人民免费发放居民健康卡，促进信息技术与卫生管理的深度融合，保障健康服务和信息化应用水平的稳步提升。

一是做好组织实施与保障。由政府主导，河北省卫生计生委多次协调省政府金融办和省银联召集各大银行，为居民健康卡项目建设进行融资宣传与推介，并与建行、交行、农村信用社联合社等 8 家国有及股份制银行签署了正式合作协议，融资总额 2 亿元，为居民健康卡工作顺利开展提供资金保障。在实施过程中，采用集中发卡为主、大型医疗机构发卡和银行柜台发卡为补充的模式。对农村参合农民和市区、县城重点人群进行发放。在项目实施过程中，强化银医合作，明确投资总量、建设范围、合作条件和技术标准，增强了投资合作的信心，保障了居民健康卡项目的顺利实施。

二是做好便民服务与应用。对省会各级各类医院信息系统进行改造，在“卡受理、卡挂号、卡就诊、卡查询、卡结算、卡管理”六个方面取得突破，提高了医疗机构就医效率、服务质量和管理水平；为市民提供终生健康管理服务、远程健康管理、健康教育服务，实现了各级医疗机构就诊“一卡通”。通过基于居民健康档案的区域卫生信息平台建设，实现人口健康信息跨地区、跨机构资源共享，促进居民健康卡在门诊、住院、检验、检查、新农合出院即报、社区慢病管理、妇幼保健服务和职业病体检等业务领域的深入应用，实现了卫生计生服务“一卡通”。居民健康卡是按照中国人民银行总行技术标准制发的金融IC卡，安全性高，功能强大，具备金融借记卡的全部功能，可在电话银行、网上银行、手机银行等金融渠道安全使用；支持符合金融标准的电子现金功能，支持非接触式无密码的小额快捷支付；还具有水、电、煤气、有线电视等相关领域的多功能应用，为下一步居民健康卡在民生行业的推广应用奠定了基础，实现了民生应用“一卡通”。

三是做好政策引导与创新。按照金融行业针对农村地区的“惠农取款便民服务”政策，实现银行网络和服务网点覆盖到村，老百姓足不出村可持卡实现存、取、消费和转账操作。新农合患者在村卫生室可完成新农合门诊统筹支付和补偿款取现。同时发卡银行与村里的超市商店开展合作，对居民健康卡持卡人刷卡消费进行优惠补贴，小到油米酱醋茶，大到电器和家具均有优惠。协调当地政府，创新管理和技术手段，与银行共同研发了适合人群同时发放的批量激活工具和移动激活POS，采用集中领卡和上门送卡两种方式，为农村居民提供领卡和激活服务。试点县的县医院、乡镇卫生院和村卫生室以及新农合、妇幼保健、计划免疫和慢病管理信息系统进行了居民健康卡一卡通改造，居民健康卡中预存一定金额，便可直接去相应科室就诊、检查、检验或取药，医保患者就诊结束后在收费处进行医保结算即可，持卡可以实现检验、检查报告结果的自助打印和门诊电子处方的自助打印，优化就诊流程，减少排队次数，节约就诊时间。新农合患者的补偿款由医院现金垫付改为从基金财政专户和医院账户转账到个人健康卡账户上，节省了域外患者就医后回到县新农合管理中心报销时往返多次领取补偿款的时间，避免了因零币、残币、假币和人工失误造成的财产损失，减少了冒领和私自代领补偿款现象的发生，强化了基金监管规范。

【体系机制全转变】

通过多年努力，石家庄市卫生计生系统信息化建设由局部到整体、由分散到统一，在体系结构、服务模式、业务流程和管理机制方面均发生了深刻的转变。体系结构由条线型向扁平化转变，服务模式从以机构为中心向以人为中心转变，业务流程由管理型驱动向业务型驱动转变，管理机制由粗放化管理向精细化管理转变，取得了明显成效。

一是“信息烟囱和孤岛”没有了，小网络变成了大平台。通过信息平台建设，卫生计生委9家医院、6个中心各类信息系统与市级数据中心业务平台紧密连接为一体，各类机构信息、人员信息、业务信息、管理信息、计划生育信息、诊疗信息、检验检查信息统统汇聚到了一起，形成了全市居民电子健康档案数据库、电子病历数据库、医疗资源数据库和全员人口数据库。各类数据高度共享，各类系统互联互通，一张横向到边、纵向到底的综合应用网络体系建立了起来，信息化建设“36211-2”工程。

二是就医成本降低了，老百姓享受到了实惠。省、市医保、农合医保系统与医院信息系统的有效衔接和实时联网结算，使城乡医保患者能够出院即报。2010—2013年，石家庄全市农村居民医疗总费用93.27亿元，补偿总费用47.71亿元，补偿人数达2432万人。医院合理用药系统的安装，能优化患者用药方案，同时防止“大额处方”、重复开药和过度用药的情况产生。电子病历代替了纸质病历，电子图像取代了传统X光胶片，同级检验检查结果互认使患者一次检查、多次使用，避免重复检查和过度检查，有效缓解了老百姓看病贵的问题。

三是服务质量提高了，就医流程提速了。市属医院的管理信息系统实现了门诊分诊、排队叫号、检验报告的自助打印和门诊检验结果的自助打印，缩短了病人排队化验、取药、缴费时间。临床信息系统的实施，优化了门诊、检验、住院流程，减少了就诊环节，电子病历的自动查错，避免了明显的误写误记，提高了病案质量，病历模板的使用简化了病历书写的难度，提供了有效的智能支持，各种信息技术与业务应用完美融合，有效缓解了人民群众看病烦的问题。

四是监管手段提升了，管理水平加强了。利用信息平台的数据分析挖掘功能，管理者能及时掌握重要业务经营信息，有了一双“千里眼”。疾病监测预警系统能够随时收听各种疫情信息和潜在危险因素，成为疫情监控的“顺风耳”。行政人员能够通过业务系统对医疗行为进行全程监管。医院主治医师能对出院的病人进行康复指导，社区医师能够掌握本辖区整体人群健康状况和问题，创造了健康管理的新模式。

下一步，石家庄市将本着“以人为本、强医惠民”的发展宗旨，在国家、省市工信部门的帮助和支持下，进一步明确认识、坚定信心、抓住机遇、积极行动，不断深入开展人口健康信息化建设和医改信息惠民工程，继续整合现有信息资源，狠抓全国试点建设，更好地为推动石家庄市医药卫生体制改革提供有力支撑，为建设智慧石家庄、幸福石家庄作出新的贡献！

石家庄市市容管理考评办公室

——建设数字城管　创新城管模式

数字化城市管理（以下简称数字城管）是运用现代信息技术，量化城市管理对象和细化管理行为，通过创建城市管理监督中心、指挥中心两个轴心的管理体制，建立统一的城市管理基础平台，再造城市管理流程，实现精确敏捷、高效有序、全时段、全方位、全覆盖的城市管理新模式。2004 年由北京东城区发起，国家住建部从 2005 年在全国分三批试点城市进行推广，截至 2013 年年底，全国已有 200 多个城市建立了数字化城市管理系统。

【建设情况】

（一）一期

2006 年，石家庄市被住建部列为全国第二批数字城管试点城市。按照数字城管系统管理模式要求，2009 年依托市容管理考评办公室组建了数字化城市管理监督指挥中心，招聘 500 名数字城管监督员、座席员，负责城市管理问题的发现、采集、立案、派遣、核查；市内五区和高新区分别建立了区级指挥中心，并建立与辖区各办事处（乡镇）和专业部门的网络联系，形成了“一级监督，二级指挥，三级网络，四级管理”的指挥协调机制（见图 1）。

图 1　2012 年 5 月 22 日省委常委、市委书记孙瑞彬视察数字城管

市级监督指挥中心系统平台建设投资 2900 多万元，于 2009 年 5 月建成运行，9 月通过住建部验收（见图 2）。该系统首期涵盖二环内 106 平方千米，划分单元网格 1525 个，统计部件 408477 个，涉及市内五区 45 个街道办事处、416 个居委会、24 个市直相关部门单位。

图 2　2009 年 9 月 11 日，市级监督指挥中心系统平台通过国家住建部验收

（二）二期

石家庄市市容办围绕“区域拓展，功能提升，模式创新”三项主要内容，启动了数字城管二期建设。

1．区域拓展

主城区拓展。2013 年年初开始筹备，8 月 1 日起，以信息采集服务外包的形式，对城区二环外管辖区域实施了数字城管的延伸拓展，拓展后涵盖了三环内 287 平方千米，划分 1869 个单元网格，统计部件近 45 万个，涉及了 61 个街道办事处（乡镇）、423 个居委会、27 个市直部门和单位。

全市域推广。按照《石家庄市域县（市）数字城管系统建设指导意见》，拓展推进了组团县（市）数字城管系统建设。在恢复高新区数字城管系统运行基础上，先后完成了鹿泉市、正定县、栾城县数字城管系统平台建设，并与石家庄市数字城管监督指挥中心联网运行。

2．功能提升

实行系统整合共享。2011 年年底通过系统搬迁整合，实现了数字城管监督中心与市级指挥中心的合署办公，通过协调联系，同步实现了与公安、交管、建设及城管委系统内部市政、照明、道桥、排水、防汛等固定视频监管系统的网络共享，节约了资源。

实施移动视频监控车的管理执法和监督考评。2011 年 9 月协调资金 109 万元，为市内五区 34 部城管执法车和市考评办 3 部监督考评车加装了无线视频监控设备，与数字城管监督指挥中心联网运行。实现了城管执法、监督考评全过程的跟踪监控，既确保了执法的公正，又避免了恶意投诉，同时也为突发事件应急指挥提供了方便。

开发运用了实景三维采集技术。2013 年 6 月开始，运用最新采集技术，组织协作单位对石家庄市城区 38 条主次干道城市部件进行了实景三维影像采集、数据建库和专项软件配套开发；11 月 1 日组织相关产权单位进行确认；11 月 21 日至 24 日进行了系统更新升级和“城管通”新版数据的安装；12 月 6 日在监督指挥中心通过了第三方验收机构“河北信产公司” 组织的竣工验收。实现了城市部件信息实景三维影像建库的新突破，实现了问题快速定位、准确描述和及时处置，缩短了问题办理过程。

创新研发了专业部门使用的处置通系统。2013 年下半年，在裕华区和市排水管理处进行了数字城管“处置通”的开发试点。给裕华区 35 名管理人员和市排水处50名管理人员配发了“处置通”，问题处置后即时向监督中心反馈核查信息，减少了“下达核查指令”和“专人进行核查”的环节，提高了工作效率。该技术是基于新一代Android系统的“处置通”，是通过更新软件将“城管通”升级而成，此技术属国内首创。

建立了城区井盖问题的长效管理机制。以数字城管系统数据为基础，以数字城管系统运行为依托，建立了城区道路井盖管理应急处置体系和长效管理机制。由于产权的不明确和管理的复杂性，井盖的缺失和破损成为影响市民出行安全的一个社会问题。为此，2013年7月征得市政府支持，依托课题研究，结合城市部件的更新普查，建立了城区井盖问题日常管理机制和应急处置体系。对及时查找排除井盖问题隐患起到了积极的推动作用。

不断推进数字城管系统整体功能升级。对数字城管数据库、服务器、软件平台和应用系统进行了整体升级。将原有系统中必不可少的功能和原有的考核统计功能重新量身定制，提升了系统应用功能。通过对数字城管系统基础设施层、数据层、平台层和应用层的全面升级，大大提高了石家庄市数字城管智能平台系统的功能性、可靠性、易用性、可维护性、可移植性、中文特性和效率性七个方面的性能指标。系统智能化程度进一步提升。

3．模式创新

管理模式的创新。由系统建设初期信息采集队伍直接管理的单一模式发展为二环内主城区信息采集队伍直接管理、城区二环外区域信息采集服务外包、组团县（市）信息采集兼职管理的综合管理模式。

建设模式的创新。由主城区一体化建设发展为高新区、组团县（市）依托市级核心机房设备统一运行、统一考评的依托式建设模式。下一步，将逐步推进实现石家庄所辖其他县（市）、区独立建设平台与省市系统联网运行的建设模式。

【队伍建设】

一是结合党务、团务和思想政治工作，经常开展专题教育活动，提高职工队伍服务意识；二是注重作风建设，强化纪律观念，增强爱岗敬业、恪尽职守意识；三是常抓业务培训，阶段性组织城市管理知识，数字城管流程和终端设备使用等内容的培训，推动监督员综合素质的提高。

【取得成效】

石家庄市数字城管系统建设，具有投资规模小、运行效果好、突出考评结果应用等特点，被住建部誉为石家庄模式，并推广其“注重运用考评结果，推动数字城管发展”的经验，在住建部举办的各类会议和活动中，6次被邀请做典型发言和成就展示（见图3）；6次在国家住建部《工作简报》、《科技创新与品牌》、《国际数字城市大会城市管理论坛》、《数字城市》、《中国建设信息》等刊物上刊发；两次被列入数字城管培训教材。2012年，石家庄市数字城管应用系统获得了中国地理信息（GIS）应用当年唯一优秀工程金奖（见图4）。目前日均发现城市管理问题3000多件，年处理案件100多万件，大大减少了无主井盖长时间缺失、积存垃圾长时间无人清理、占道户外营销活动难以控制等热点难点问题。通过数字城管系统，对占道市场、LED广告牌、井盖、破墙开店、楼顶字号、出租车落客点、城市道路废旧机动车、城区外围垃圾、违章建筑等情况进行了统计普查，为上级部门治理决策提供了依据。为市容市貌、环境卫生的改观和市政设施功能保持完好，发挥了积极作用。数字城管监督服务作用得到了进一步彰显。

图 3 2011 年 5 月周同友主任城市管理论坛发言

图 4 2012 年获得了中国地理信息（GIS）应用当年唯一优秀工程金奖

成都市安全生产监督管理局

——建设安监信息化平台 探索第三方运作新路

成都市是国务院确定的全国首批历史文化名城，是西南地区科技、商贸、金融中心和交通、通信枢纽，是中国重要的高新技术产业基地、现代制造业基地、现代服务业基地和现代农业基地。

2007年6月被国务院批准为全国统筹城乡综合配套改革试验区，2014年地区生产总值突破万亿元大关，已成为中国西部最具竞争力和影响力的城市。截至2013年年底，全市私营企业达到24.7万家，各类规模以上企业11545家。成都市还是西南地区化工产品重要的集散地，现有危险化学品从业单位8226家，涉及的危险化学品种类达3800余种，构成重大危险源的危险化学品从业单位近百家。安全生产监管现实是，一方面全市危化品从业单位规模普遍较小，一些企业特别是小微企业安全生产主体责任落实不到位，执行安全生产法规、标准不严格，工艺落后，设施设备陈旧，管理跟不上，从业人员安全生产法制意识和安全意识不强，非法违法、违规违章行为屡禁不止；另一方面，政府从事危险化学品安全监管的力量不足，大多数监管人员缺乏危险化学品的专业知识，难以有效实施监管。危险化学品易燃易爆、有毒有害的特性和大量危险化学品生产经营单位的存在，以及国内外频繁发生的危险化学品重特大安全生产事故，都给危险化学品生产、经营、储存以及使用安全造成巨大压力，迫切要求各级政府、负有安全生产监管职能的有关部门转变安全监管的思路和方式方法，进一步强化对危险化学品“两重点、一重大”的安全监管，扩大危险化学品安全监管覆盖面，推动危险化学品生产经营单位切实落实安全生产主体责任，努力实现全市危险化学品安全生产形势的持续稳定好转（见图1、图2）。

图1 成都市领导研究安全生产信息化建设

图2 安全生产监管信息中心

【探索与实践】

成都市安监局加上各区、县安监部门实有在编人员仅507人，依靠现有行政监察资源和技术手段，很难实现对全市数十万家企业安全生产的监督管理。但成都市又有其自身的科技优势，成都市是“国家软件和信息技术服务业基地”、“国家电子信息产业发展战略性功能性部署区”，国家工信部正式授予的“中国软件名城”。“十二五”以来，成都市政府围绕建设“智慧城市”，下大力投资信息化基础设施建设，先后建成了云计算中心、电子政务地图资源库、3G网络和天网工程，形成了共用、共享的全市信息化公共基础设施资源，可为安全生产信息化建设提供强大的基础资源支撑和高效的技术服务。为此，运用现代科技、整合信息化资源、创新监管手段、加强安全生产监管、提高监管工作效率成为必然的选择。

2011年年初，成都市政府出台了《成都市物联网产业发展规划》，要求“在安全监管方面开展物联网示范应用，建立安全监控信息体系，实现对危险源的自动识别、定位、追踪和状态监控。在此基础上，逐步推广到其他特种设备、设施的安全监控应用，充分实现安全生产的智能化监管”。市政府把建立重大危险源（危险化学品）监管信息平台列为全市重点物联网应用示范项目之一。平台建设思路是：基于物联网技术，综合应用RFID、视频识别、定位追踪、传感器组网等技术（见图3、图4），建设成都市重大危险源（危险化学品）安全监管信息平台，实现对全市重大危险源（危险化学品）安全生产状况的动态监控预警，有效解决政府安全生产监管力量不足与监管对象点多面广、监管任务重的矛盾，提高安全监管效能，及时发现和消除企业安全生产事故隐患，促进政府和企业安全生产两个主体责任的落实，坚决防范重特大安全生产事故，遏制较大事故，减少一般伤亡事故。

图 3　安装在重大危险源的气体探测器

图 4　安装在重大危险源的视频监控器

过去，成都市的公共信息服务平台多采用以政府和私营企业之间以达成协议为前提，由政府向私人机构颁布特许，允许其在一定时期内筹集资金建设某一基础设施，并管理和经营该设施及其相应产品与服务的 BOT 模式。由于这种模式参与项目融资的公共机构和私营企业之间采用的几乎是一种等级结构，缺乏有效相互协调机制，各参与方都有自己的利益目标，而且过分注重短期利益，相互之间以牺牲其他参与方利益来获取自身单方利益为最优，不利于项目总收益最大化。在重大危险源（危险化学品）安全监管信息平台建设过程中，成都市安全生产监督管理局把项目建设作为主体，将市场机制引入政府公共服务信息平台建设中，目的在于政府部门和私营企业能够充分利用各自的优势，把政府部门的社会责任、远景规划、协调能力与私营企业的创业精神、资金和管理效率结合到一起，创新一种安全生产信息化建设的新模式。

2012 年 6 月，成都市安全生产监督管理局委托四川省建设工程设备招标中心正式向全社会招标“成都市重大危险源（危险化学品）安全监管信息平台示范试点采购项目”，民营企业成都鼎安华物联网工程应用有限公司以其自身优势中标。为解决平台建设经费来源和运行管理回报率问题，采用由市政府财政提供部分种子资金，按合同支付每年建设费用，民营企业负责项目的建设、研发和运维管理，双方共同承担项目的建设风险。与此同时，协调成都市经信委给予平台云计算中心、电子政务地图、天网工程等信息资源支撑，既避免了重复性建设，又大大减轻了承建企业压力。按合同要求项目建设期限共分为三年，但承建企业加大了项目建设资金和人力投入，在合同签订第一年（2013 年）仅用了 8 个月时间就完成了平台 3 年的资金投入，提前完成了安全监管指挥中心大厅建设、安全监管信息平台研发工作，并通过了专家组的验收，大大缩短了建设周期，平台建设比合同规定期限提前两年多发挥监管作用。

【初步成效】

（一）处置了一批重大险情

平台运行近两年，已连入企业 350 家，接收各类安全监管数据 1.3 亿多条，处置安全警报 841 起，成功预警处置氨气、氯气泄漏等重大险情 104 起，实现了连入企业零伤亡事故（见图 5、图 6）。

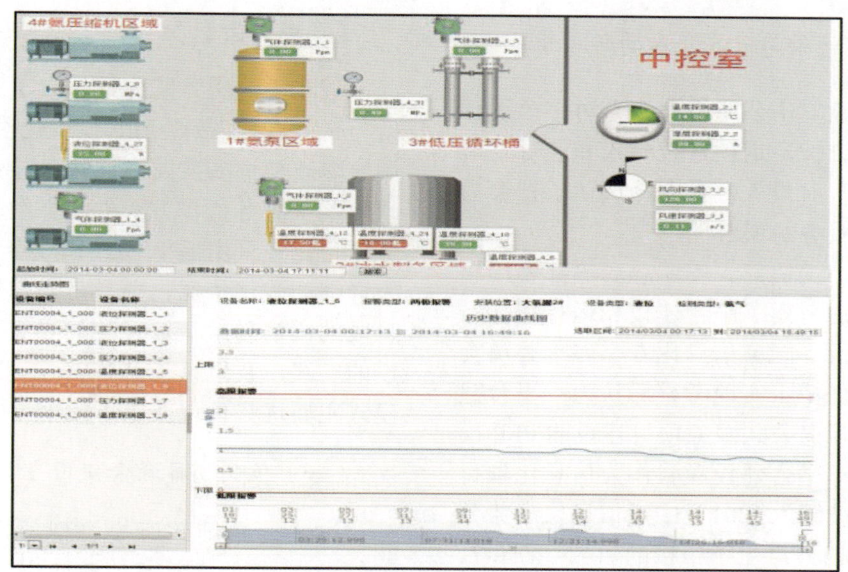

图 5　监管信息平台气体监控预警图

图 6　监管信息平台视频监控图

2013 年 8 月 10 日、14 日，监管平台指挥中心发现某化工企业甲醇计量槽液位在每天早上 8 点开始有持续几分钟的超高限报警现象，经企业安全负责人核实，该企业工作人员存在超高限灌装甲醇行为。为确保安全，防止事故发生，该企业对员工进行了安全教育并规范操作流程，杜绝了灌装过程中的不安全操作行为。

2014 年 2 月 2 日，监管平台指挥中心发现某啤酒生产企业氨气泄露报警，且报警气体浓度大大超过了系统设定的高限值，平台指挥中心值班人员密切关注气体浓度变化的同时，立即通知企业安全负责人进行隐患排查，及时消除了因阀门胶圈老化导致阀门松动漏气的安全隐患。

（二）实现了安全监管创新

通过“人防＋技防”有机结合，实现了安全生产监管由“间断性检查”向“连续性实时监控”、“人为判断”向“智能分析”、“事后反应”向“自动响应”的转变，提升了政府安全监管的效能，扩大了安全监管的覆盖面。

（三）探索了一条第三方介入的新路子

建设期内，鼎安华公司组织专人对平台运行进行值守和管理维护，这种建设模式和运行管理机制，既节约了政府投入，又充分调动了社会力量参与社会公共服务的积极性。

国家发改委、工信部、安监总局等部委局相关领导和专家先后考察了平台建设和运行情况，并给予了高度评价。国家信息化专家咨询委员会常务副主任周宏仁博士实地考察后认为：平台建设模式契合了国际上公共服务项目建设的PPP模式，在他的提议下平台建设经验作为信息化项目建设的成功案例被编入《2014•中国信息化形势分析与预测》，在国内外产生了积极的影响（见图7、图8）。2014年12月，国家发改委将平台建设模式推广作为全国物联网重大应用示范工程区域试点项目。平台建设已成为成都市创建全国“智慧城市”试点重要组成部分。

图7　国家信息化专家咨询委员会常务副主任周宏仁博士在监管信息中心

图8　信息中心实行全天24小时值守服务

【几点体会】

近年来，国务院先后出台了文件鼓励各级政府与企业合作，按照PPP模式建设公共服务项目。国家财政部也多次发出通知，对PPP项目建设和政府购买服务操作方式做了详细界定。使公共服务项目建设采用PPP模式和政府购买服务有了较为详细的政策依据，更具可操作性。结合我国现阶段的国情与政策以及我们在安全生产信息化建设的实践，我们认为公共服务项目建设采用PPP模式主要优势体现在以下几个方面。

（一）控制项目资金使用

过去，单纯政府投资型项目中标企业对费用的控制不严，考虑是政府出钱，经费使用上大手大脚，甚至造成项目费用超支、浪费，而采用PPP模式，政府部门和私营企业在初始阶段双方共同参与项目的识别、可行性研究、设施和融资等项目建设过程，保证了项目在技术和经济上的可行性，缩短前期工作周期，使项目费用降低。PPP模式只有当项目已经完成并得到政府批准使用后，私营企业才能开始获得收益，因此这种模式有利于提高效率和降低工程造成价，能够消除项目完工风险和资金风险。

（二）促进投资主体多元化

当前，政府在公共服务项目投资方面的压力愈来愈大，无论是通过国债转贷、地方政府向银行贷款融资，还是国家向国际金融机构、外国政府或国际银团的借款，虽然能够缓解投资短缺，但是这些所有融资形式都在单方面增加政府财政压力和负担。在成都市重大危险源（危险化学品）安全监管信息平台建设中，由于采用了PPP模式，承建民营企业看中的是国内安全生产服务大市场，敢于在安全生产信息化建设方面投资，有效地减轻了政府财压力。

（三）建设服务性政府

党的第十八届三种全会会议指出，经济体制改革是全面深化改革的重点，核心问题是处理好政府和市场的关系，使市场在资源分配中起决定性作用和更好发挥政府作用。一方面，PPP模式可以让政府从繁重的事务中脱身出来，从过去公共服务的提供者变成监管者，实现角色转变。另一方面，PPP模式可以让民营企业来提供资产和服务，为政府部门提供更多的资金和技能，促进融资体制改革；同时，民营企业参与项目还能推动在项目设计、施工、设施管理过程等方面的革新，提高办事效率，传播最佳管理理念和经验（见图9、图10）。

图9 监管信息中心技术人员进行设备调试

图10 企业人员检查气体探测器

（四）实现风险的合理分配

在平台建设中，由于合作各方共同对平台运行的整个周期负责、共同分担风险和责任，政府承担一部分风险，减少了承建企业的风险，使得风险分配更加合理。政府投入的经费，作为平台的启动种子基金，能够减少承建企业前期的资金压力。同时，平台经费是分三年支付，每年验收合格才进行支付，这样实现了政府对平台的监管和控制，同时也降低了政府对平台失控的风险。

（五）促进实现产业链发展

在平台建设中，政府部门和民营企业之间可以取长补短，发挥政府公共机构和民营企业各自的优势，弥补对方的不足。双方可以形成互惠互利的长期目标，以最有效的投资成本为公众提供高质量的服务。与此同时，承建企业联合多家民营企业参与到本平台建设中，在产品研发、生产和市场拓展诸多方面展开深入合作，实现在物联网产业链中的优势互补，这种合作模式契合了“制造企业服务化、制造企业信息化、转型而不转行”的经营策略，大大提升民营企业的自主创新能力与核心竞争力，为其占有更大市场提供了新的机遇。

目前，成都市安全生产监督管理局正在按照国家安监总局近期出台的《国家安全生产监管信息平台总体建设方案》对全市安全生产信息化建设顶层设计进行完善，在重大危险源（危险化学品）安全监管信息平台基础上建设全市安全生产公共服务信息平台，使全市安全生产信息化建设在统筹规划原则下实施，努力建设西部领先、国内一流的安全生产信息化平台。

海尔集团

——信息化助管理模式创新　信息化塑业务流程再造

海尔集团创立于1984年，经过30年的持续稳定发展，已建立起一个具有国际竞争力的全球设计网络、采购网络、制造网络、营销与服务网络，现有工业园13个、海外工厂及制造基地30个、海外设计中心8个、营销网点58800个。产品从1984年的单一冰箱发展到拥有白色家电、黑色家电、米色家电在内的96大门类，15100多个规格的产品群，并出口到世界100多个国家和地区。2004年，海尔集团全球营业额实现1016亿元。2004年，海尔蝉联中国最有价值品牌第一名。在世界五大品牌价值评估机构之一的世界品牌实验室编制的《世界最具影响力的100个品牌》报告中，中国海尔排在第95位，实现中国品牌零的突破。

在信息化时代，如何理顺庞大的供应、制造、销售、售后服务整个产业链条，保证企业平滑运转，是海尔集团面临的巨大挑战。面对巨大的挑战与机遇，海尔集团把全面推进企业信息化建设作为抓住机遇、迎接挑战的有效途径。

全面推进企业信息化建设必须首先创新管理模式，变革核心业务流程，通过管理模式创新和业务流程变革，做到信息流程同步化。没有对原有管理模式和核心业务流程的创造性的变革，是不能彻底实施企业信息化的。面对变化莫测的市场环境及激烈的市场竞争，海尔集团创新了管理模式，进行了彻底的流程再造。

海尔集团全面信息化建设是对传统企业管理的革命，通过以订单为纽带的管理模式创新和业务流程再造，以先进的信息化技术为手段，以订单信息流为中心，带动物流和资金流的运动。通过整合全球供应链资源和全球用户资源，逐步实现零库存、零营运资本和与用户零距离的目标。

【创新管理模式　变革业务流程】

在新经济条件下，企业不能再把利润最大化当作目标，而应该以用户满意的最大化、获取用户的忠诚度为主要目标。如果拥有用户满意的最大化，利润就是必然的结果，否则利润也不可能长久。在互联网时代，用户的需求是多样化、个性化的，所以必须做到满足用户的个性化需求，才有可能获取利润。企业之间的竞争已经从过去直接的市场竞争转向客户的竞争。海尔集团通过创新管理模式，变革业务流程，争取逐步实现零库存、零营运资本和与客户零距离的目标。

客户零距离。拆除企业内部各部门之间及企业与客户之间的“墙”，快速获取客户订单、满足用户需求，缩短销售周期、降低销售成本，使企业在最短的时间内了解和解决客户在营销和使用产品过程中遇到的问题，从而大幅度提高销售业绩与客户满意度。

物流零库存。通过JIT（Just in Time，及时）采购、送料、分拨最大限度地降低生产经营过程中的库存水平。①JIT采购：通过国际化分供方的采购，可以采购到订单最需要的零部件和原材料，需要多少采购多少；②JIT送料：海尔集团立体库的零部件已经不是传统意义上的仓库，而是为了生产的需要暂时存放各种零部件，由计算机进行配套，把配置好的零部件直接送到生产线，送料时间不超过4个小时；③JIT分拨：海尔集团目前在全国有42个配送中心，每天配送的产品大概有5万多件，要配送到1550个海尔专卖店和9000多个营销点，所有的配送工作都通过系统指令来进行，使海尔集团以最快的速度从采购一直配送到用户。

零运营资本。最大限度地缩短从用户定货、海尔制造、把货送到用户手中的时间，在这个期限内，企业会拿到用户的货款，实际上等于不用企业的流动资金。零营运资本的目的就是使整个市场变成一个系统，从获取订单、产品制造，到给用户配送，一直到现金流，变成一个良性循环。

为了实现物流零库存、零营运资本和与用户零距离的目标，海尔集团创新了管理模式，并进行了彻底流程再造。

（一）市场链管理模式

海尔集团的管理模式经历了职能式管理、矩阵式管理，现已过渡到了市场链管理模式。

职能式管理是目前很多企业还在采用的管理模式。这种结构在企业规模比较小的时候会很有效。海尔集团在名牌战略阶段采用的基本上就是这种结构。在进入多元化战略阶段之后，职能式管理模式很难支持企业的发展，于是过渡到了矩阵式管理模式。矩阵式管理模式分成横坐标和纵坐标。横坐标是各个职能部门，如财务、供应和计划等。纵坐标是各个项目，例如，冰箱项目、洗衣机项目和空调项目等，其特点是不再以职能为中心，而是以项目为中心；这样，即使同时展开很多项目，也不会产生混乱的现象。调整后的管理模式支持了多元化战略的发展。但矩阵式组织结构也有很多弊病，每个部门都要服从于项目，但是主管该项目的人却由其所属的职能部门进行考核，所以有时候会发生冲突。现在，海尔集团已经过渡到市场链管理模式。

市场链管理模式就是把市场经济中的利益调节机制引入企业内部。在集团的宏观调控下，把企业内部的上下流程、上下工序和岗位之间的业务关系由原来的单纯行政机制（纵向依靠自上而下的计划安排和行政指令；横向依靠会议调度和上级命令协调；下级只服从上级，只对上级负责）转变成平等的买卖关系、服务关系和契约关系，通过这些关系把外部市场订单转变成一系列内部市场订单，形成以“订单”为中心、上下工序和岗位之间相互咬合、自行调节运行的业务链。采用市场链管理模式后，海尔集团不仅让整个企业面对市场，而且让企业里的每一个员工都去面对市场。整个企业的核心业务流程围绕订单来展开。

（二）核心业务流程变革

传统的企业生产业务流程，首先由销售部门根据市场预测情况制定销售计划，生产部门根据市场部门的销售订单制定生产计划，组织对生产计划的评审，评审通过后制定详细的生产计划；然后根据生产计划分解出物料采购计划；最后向供应商订购原材料，组织生产，配送到客户。海尔集团经流程再造后，实现了流程同步，销售部门利用销售系统得到客户订单信息，这个订单信息会同时传递给采购系统、生产系统和配送系统，由这些系统同时对信息进行处理，这样可以大大节省时间，缩短订单执行周期，提高效率。

海尔集团核心业务流程包括管理流程、业务流程、支持流程三个方面。

管理流程。海尔集团从战略决策层面重点监控的流程，主要包括战略计划、业务报告、内部审计、流程及 IT 管理。战略计划流程为集团领导决策提供服务；业务报告流程从各运作层采集相关的 KPI（关键业绩指标）指标，用于决策的数据分析；内部审计流程包括内部财务审计及体系审计、流程效率审计，监控并保证集团整体良性运转；流程及 IT 管理流程统一管理、优化集团流程及 IT 的发展策略。

业务流程。在具体业务活动中应执行的流程，是企业正常运营最基本的业务过程，主要包括 SRM（供应商关系管理）、CRM（客户关系管理）、SPL（供应链计划）、PLM（产品生命周期管理）等。其中，全球客户资源均被整合到 CRM 流程中；PLM 流程包括产品 R&D，它基于市场需求，整合全球供应链资源参与前端设计及超前设计，推动企业的供应链系统运作，同时又可以反过来引导市场需求或消费；SPL 包括为用户提供产品的整条供应链的销售、制造、物流、财务等所有业务计划，SPL 将全球的客户关系网络及全球供应资源网络紧密连接，实现供需协同化。

支持流程。为支持业务流程能够以更快捷的速度及质量为用户提供服务而需要的流程。支持流程包括 TQM（全面质量管理）、TPM（全面生产管理）、TBM（全面预算管理）、EC（企业文化）、HR（人力资源）等。

【以订单为纽带全面推进信息化】

在管理模式创新及业务流程再造的基础上，海尔集团形成了“前台一张网，后台一条链”（前台的一张网是指海尔客户关系管理网站，后台的一条链是指海尔的市场链）的闭环系统，构筑了企业内部供应链系统、ERP 系统、物流配送系统、资金流管理结算系统以及遍布全国的分销管理系统和客户服务响应 CALL-CENTER 系统，并形成了以订单信息流为纽带的各种系统之间的无缝集成。前台的 CRM 网站作为与客户快速沟通的桥梁，将客户的需求快速收集、反馈，实现与客户的零距离；后台的 ERP 系统可以将客户需求快速传递到供应链系统、物流配送系统、财务结算系统和客户服务系统等流程系统，实现对客户需求的协同服务，大大加快对客户需求的响应速度。

过去，企业按照生产计划制造产品，是大批量生产；现在，海尔集团的 e 制造是根据订单进行的大批量定制。海尔 ERP 系统每天准确、自动生成向生产线配送物料的 BOM（物料清单），通过无线扫描、红外传输等现代物流技术的支持，实现定时、订单、定人、定点和定量的五定配送，海尔独创的过站式物流，实现了从大批量生产到大批量定制的转化。

实现制造还需要柔性生产系统的支持。海尔在全集团范围内已经实施了 ERP 系统，生产线可以实现不同型号产品的混流生产。目前，海尔集团各类产品生产车间中都有专门的 B2B2C 定制生产线，为了使生产线的生产模式更加灵活，海尔集团有针对性地开发了 EOS 商务系统、ERP 系统、DM 磁盘管理系统、PTM 产品跟踪管理系统、TM 自动测试系统和 JIT 三定配送系统六大辅助系统。正是因为采用了这种柔性的生产系统，海尔集团不但能够实现单台产品的用户定制，还能同时生产成千上万种不同配置的批量定制产品，而且还可以实现 36 小时快速交货。

海尔集团的企业全面信息化管理是以订单信息流为中心，带动物流、资金流的运动，所以，在海尔集团的信息化管理中，同步工程非常重要。例如，美国海尔销售公司在网上下达一万台冰箱的订单。订单在网上发布的同时，所有的部门都可以看到这一订单，并同时准备到位。不需要召开会议，每个部门只要知道与订单有关的数据，做好自己应该做的工作即可。例如，采购部门一看到订单就会作出采购计划，设计部门也会按订单的要求设计好相关的图纸。

分销系统实现了全国范围内销售订单、计划的实时统一处理，库存动态数据随时查阅。更重要的是实现了销售日清管理系统，将各销售环节的每日销售指标数据以日清的方式在系统中上传下达，并设置了数据的闸口报警机制，便于数据的管理和管理人员的决策分析。

财务管理系统使企业的统一财务管理制度通过系统能够得以贯彻执行，加强财务监控职能，满足海尔集团对其下属分子公司财务管理与监控的要求。能够实时查询与控制各分子公司的业务数据，及时掌握分子公司的经营动态，便于集团领导作出科学决策。

海尔集团于 2000 年 3 月 10 日投资成立海尔集团电子商务有限公司，在家电行业率先建立企业电子商务网站，全面开展针对供应商的 B2B 采购业务和针对消费者个性化需求的 B2C 网上订购业务。通过电子商务采购平台和定制平台与供应商和销售终端建立紧密的联系，建立起动态企业联盟，达到双赢的目标，提高双方的市场竞争力。在海尔的电子商务平台上，企业与供应商、消费者实现互动沟通，使信息增值。面对个人消费者，海尔集团可以实现全国范围内网上销售业务。目前，海尔集团已推出了 23 个种类、800 多个产品在网上直销，各大城市的网上订购的用户可以在两天内拿到自己需要的产品和零距离的全天候星级服务。

2001 年实现 B2B 和 B2C 交易额 188 亿元，2002 年上半年达到近 100 亿元，电子商务交易额的增长率超过了 100%，B2C 订单遍布全国 100 多个城市。

【信息化建设效果显著】

海尔集团是在全国制造业中实施信息化较早的企业集团，也是全国信息化建设的先进示范单位之一。在家电行业无序竞争加剧的情况下，海尔集团之所以能够取得如此优异的成绩，是与海尔率先实施企业信息化工程分不开的。企业全面信息化建设取得了明显的经济效益与社会效益。

网上订单管理平台使 100%采购订单由网上下达。同步的采购计划和订单，提高了订单的准确性与可执行性。供应商可以在网上查询库存，根据订单和库存情况及时补货，使采购周期由原来的 10 天缩短到 3 天，通过与供应商进行协同式的供应链管理，平均降低采购成本 1%，大大缩短了采购周期。

网上支付平台使网上支付已达到总支付额的 80%，支付准确率和及时率达 100%，降低了供应链管理成本，提高了工作效率。

网上招标竞价平台通过网上招标，不仅使竞价、价格信息管理准确化，且防止了暗箱操作，降低了供应商管理成本。

网上信息交流平台在网上可与供应商进行信息互动交流，实现信息共享，强化了与合作伙伴的关系。

提高了对市场的响应速度，由原来的（36+N）天缩短为目前的 10 天。

降低了供应链成本，呆滞物资降低 73.8%，仓库面积减少 50%，库存资金降低 67%，周转天数缩短 60%，分供方数量减少 67%。海尔青岛信息园国际物流中心货区面积 7200 平方米的吞吐量相当于 30 万平方米的普通平面仓库吞吐量，海尔物流中心只有 8 个叉车司机，一般仓库完成同样的工作量至少需要上百人。

财务系统同时满足财务核算、管理会计及决策支持三个层次的要求，做到会计事项的事前计划、事中控制和事后分析，有效地提高了海尔集团财务管理水平。海尔集团实施信息化后，应收账款月末余额降低 66.31%，应收账款周转天数缩短 84.21%，销售利润率提高 3.46%，应付账款周转天数缩短 54.79%。

建立了核心的竞争力，一手抓住全球用户的心，一手抓住全球供应链资源，两者结合起来形成了海尔集团的核心竞争力。

在海尔集团的带动下，海尔的供应商和销售商加快了信息化建设的步伐，合作伙伴逐步实现与海尔集团的信息系统的信息接口和业务流程整合，提升了信息化管理水平，经济效益稳步提高。

【经验与体会】

（一）企业高层足够重视

企业信息化，领导是关键，企业信息化是“一把手工程”。企业一把手的高度重视、直接决策、宣传推动和组织实施，对企业信息化建设至关重要。没有这一条，信息化建设是不可能成功的。

（二）总体规划，分步实施，持续优化，及时评估

这是每个工程实施成功的关键。海尔集团十几年来发展的速度非常快，信息系统建设也出现了急待整合的局面。为此，海尔集团制定了“总体规划、分步实施”的原则，研究、论证、制定了信息化建设的总体规划，在此基础上，又细化出分步实施的步骤，避免了重复投资和时间的浪费。

（三）服务于管理创新和业务变革

企业信息化建设不是简单地购买计算机，其难点也不在于技术与资金，而是管理思想的转变和理念的更新，更重要的是企业管理模式和运转方式的彻底改变。海尔集团经过不断的管理创新和机构创新，企业的管理模式不断适应市场的变化和激烈竞争的需要，以订单信息流为中心进行了业务流程再造，使组织结构更加扁平化、信息化。基于统一的信息交换与共享平台，所有的信息终端都在该平台上协同操作，实现同步信息流程。通过整合全球的供应链资源和全球的用户资源，形成了以订单信息流为中心、带动物流和资金流的运行新机制。如果没有海尔集团的管理模式创新和流程再造就不会有现在海尔集团信息化带来的效果。

（四）以订单信息流为中心

海尔集团企业信息化建设的中心订单信息流管理，也就是所有的信息要围绕订单来运行。因为市场经济从本质上讲就是订单经济，市场经济的核心就是订单。企业的信息流应该围绕订单流转。

（五）明确投入和产出的关系

进行信息化建设必须明确投入和产出的关系。此处所讲的投入和产出不是一般意义上的投入原材料，产出产成品，而是信息过程的投入产出，投入的是市场和用户的需求，产出的是用户满意的产品和用户的忠诚度。

（六）打好基础，循序渐进

企业信息化建设是一个逐步推进和不断完善的过程，不可能一蹴而就。既要有高瞻远瞩的战略眼光，又要有脚踏实地的务实精神。如果连计算机网络都还没有搭建，就开始实施 ERP 系统，这是绝对不可能成功的；如果管理水平达不到一定要求，员工计算机应用水平太差，也不能成功地实施和应用计算机系统。

需要强调的是，基础数据整理工作是一项非常艰巨但极其重要的基础工作。目前，海尔集团信息化管理系统中，仅采购方面的数据就超过 1000 万个。而这些数据是管理人员在几年内一个一个核实后输入的，并随时核实更新，必须保证每个数据都是正确的。否则，计算机就会“下错了料，算错了账，发错了货”。没有扎扎实实的基础工作，没有准确完整的数据，计算机系统就会成为摆设。

（七）人才培养和队伍建设

企业信息化，人才是根本。人才短缺是大多数企业普遍存在的问题。抓紧培养一大批热心于企业信息化建设，既善于经营管理、又掌握现代信息技术，还具有先进管理理念的复合型人才，

是推进企业信息化建设的当务之急。办法无非有两条：一是自己培养，二是外部引进。不论是培养还是引进，都要求企业首先建立与企业信息化相适应的用人机制，形成尊重知识、尊重人才的良好氛围。

海尔集团在信息化建设过程中锻炼和培养了一大批信息化人才，先后成立了电子商务公司和软件公司，为进一步扎实推进企业信息化建设奠定了良好的基础。

中国核工业集团公司

——践行两化融合　助力做强做优

中国核工业集团公司（以下简称“中核集团”）是经国务院批准组建、中央直接管理的国有重要骨干企业，由100多家企事业单位和科研院所组成，现有员工约10万人，其中专业技术人才达3.6万人，中国科学院、工程院院士17人。中核集团作为国家核科技工业的主体，拥有完整的核科技工业体系，主要从事核军工、核电、核燃料循环、核技术应用、核环保工程等领域的科研开发、建设和生产经营，以及对外经济合作和进出口业务，是国家战略核力量的核心和国家核能发展与核电建设的主力军，肩负着国防建设和国民经济与社会发展的双重历史使命。

中核集团在新的历史阶段将传承核工业半个多世纪以来举世瞩目的“两弹一艇”和实现中国大陆核电“零的突破”的辉煌历程，秉持“开放、包容、合作、共赢”的经营理念，积极推进我国核电事业发展，不断提高核科技工业的整体水平和国际竞争力，努力实现核工业又好又快安全发展。

近年来，中核集团积极利用信息化手段促进发展方式和管理模式的转变，加大了信息化工作推进力度，进一步健全了信息化组织机构、工作制度和职责分工，完善了信息化工作绩效考核制度，层层落实信息化建设、应用、维护、升级和优化责任，通过规划分解、架构规范、登高行动、年度要点、重点任务、水平评价、绩效考核、检查评估、典型示范、评优推先、经验交流等工作，加强对成员单位信息化工作的引导和管控，各级单位两化融合发展能力和水平显著提升。

【信息化管理】

（一）组织管理架构

为适应产业结构调整和产业发展形势的要求，实现“做强做优、世界一流”的目标，中核集团实施了以优化管理模式、提升管理水平、提高管理效率、强化核心竞争力为主要目的的管理流程再造，确立了以集团总部为战略和投资决策中心、以产业公司/事业部为经营和利润中心、以基层单位为运营和成本中心的“三个中心”管理模式，确定了以集团公司议事协调咨询机构、职能管理部门、产业经营机构和支持服务机构为主要构成的新的组织架构，形成了核动力、核电、核燃料、天然铀、核技术应用、核环保工程、优质民品、新能源八大业务板块及其共享支持服务平台的产业体系布局，并成立了产业公司或事业部。中核集团组织架构如图1所示。

面对新形势、新格局和新要求，中核集团以两化融合战略思想为引领，着力转变发展方式，进一步健全、完善了信息化组织机构、工作制度和职责分工，集团公司各级组织均已设立CIO岗位，全面推行CIO制度，机构、职能、人员、责任“四落实”得到有效贯彻，信息化年度资金预算投入超过集团公司主营业务收入的1.1%，信息化人才队伍进一步发展壮大。

（二）制度建设

按照制度化、流程化、规范化要求着力健全各项信息化管理制度，为推进信息化建设提供了制度保障。目前，中核集团已修订发布的集团级信息化管理制度文件已覆盖信息化组织管理、规划计划管理、架构与标准管理、网络与信息安全管理、信息安全通报管理、信息化项目管理、信息系统管理、软件与资产管理、信息化水平评价管理、信息化工作考核管理、集团广域网管理、运行维护管理、服务于应急响应管理等各方面。集团公司各级组织按照集团公司统一部署，细化工作要求，组织建立了相应信息化工作制度、规范。

（三）标准建设

结合集团公司需求和信息技术发展实际，组织修订完成了《中国核工业集团公司信息化标准体系框架》（2014版），框架由基础标准、支撑环境标准、数字化设计标准、数字化制造标准、系统集成标准、管理与支持服务标准和八大板块（专业公司或事业部）信息化标准七个分体系组成。制定了《信息化标准工作指南》，用于指导各级单位开展信息化标准编制相关工作。

组织制定并发布了《中国核工业集团公司物资编码》、《中国核工业集团公司数字证书技术应用规范》等一系列信息化标准、规范，统一集团公司关键继续系统及应用环境的标准要求。中核集团标准体系框架如图2所示。

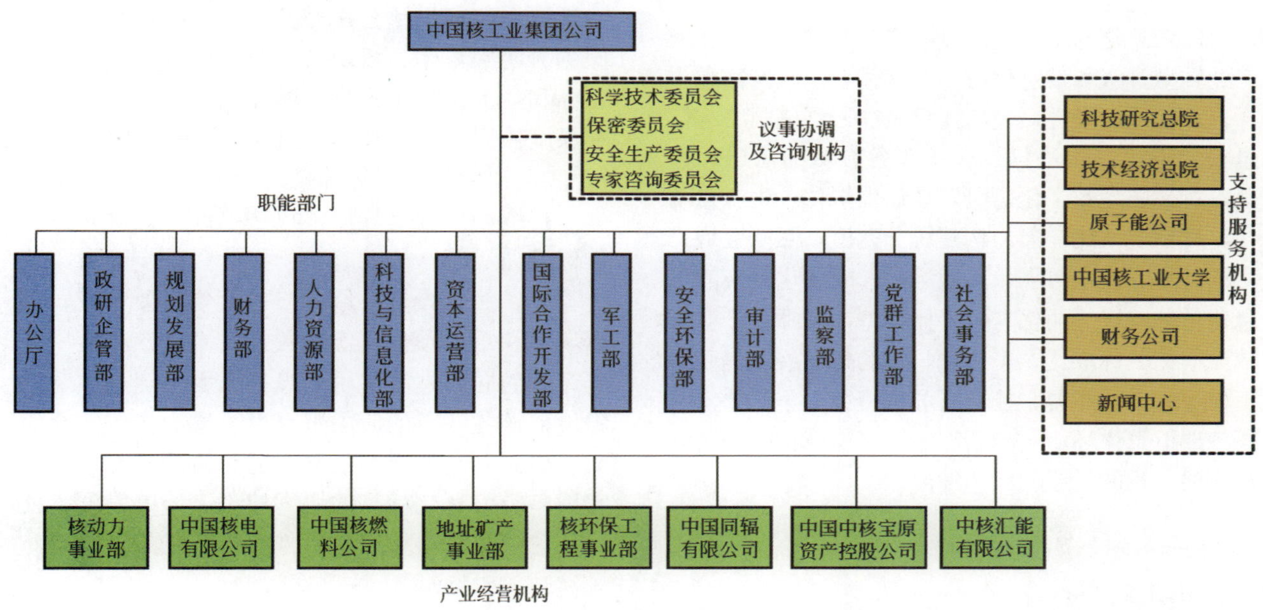

图1　中核集团组织架构示意

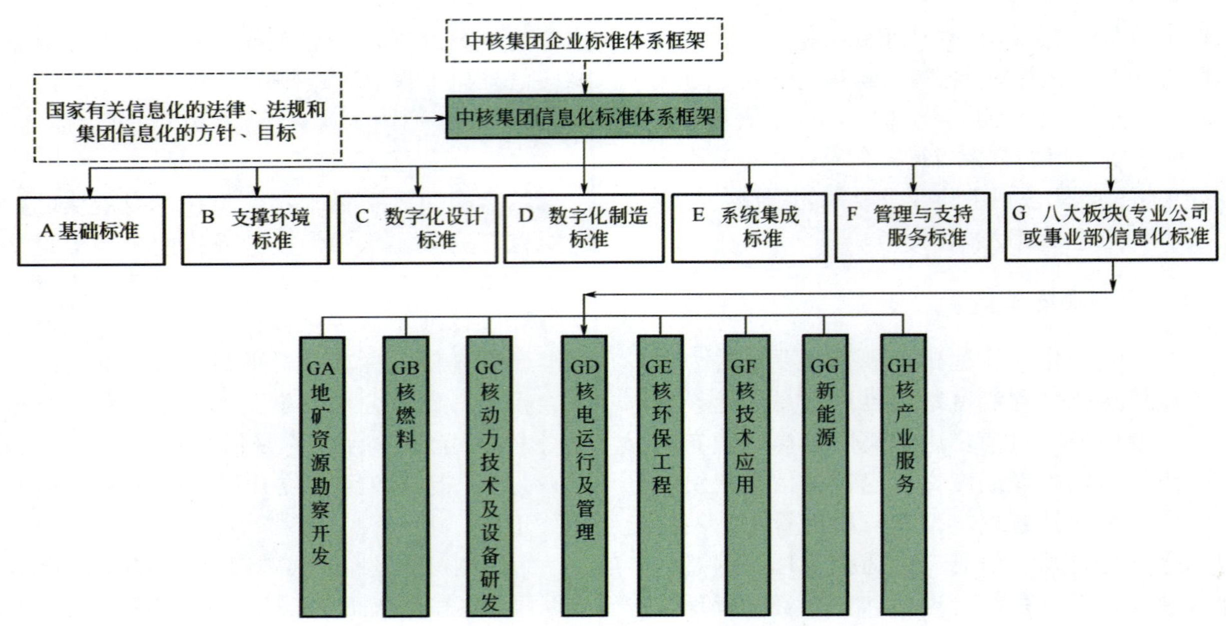

图 2　中核集团标准体系框架示意

【指导思想和基本原则】

（一）指导思想

以信息化与工业化深度融合为驱动，主动适应产业转型升级和信息化持续发展需要，坚持需求主导，加强顶层设计，突出建设效能，强化网络与信息安全保障，推进信息技术在各领域的渗透和覆盖，实现装备数字化、研发设计虚拟化、生产自动化、管理现代化，着力构建统分有度、互联互通、协同共享、安全可靠、高效运行、一体化发展的信息化体系，以“两化”融合促转型，支撑各产业领域流程化、标准化、平台化、集约化发展，提升军工保障、市场拓展、社会服务可持续竞争优势，不断打造信息化环境下的新型能力，支撑集团公司创新发展、智能发展和绿色发展。

（二）基本原则

集团公司信息化工作坚持“统一标准、统一设计、统一建设、统一管理、统一投资”的工作原则，遵循“总体规划，分步实施；协同建设，整体推进；立足应用，注重实效；资源共享，保障安全”的发展原则。

1. 总体规划，分步实施

由于集团公司产业链长、业务类型涵盖面广、应用领域复杂、各单位需求与应用水平参差不齐，因此信息化建设不可能有一个统一模式的“万能”解决方案，必须从战略上加强企业架构研究和顶层设计，根据集团公司产业特点，按照统分有度原则，明确集团、板块、成员单位各类项目阶段目标和任务，逐步推进“两化”融合向广度延伸和深度拓展，分步骤、有重点地不断实施。

2. 协同建设，整体推进

在统一架构指导下，集团总部、板块和成员单位遵循“统一标准、统一设计、统一建设、统一管理、统一投资”原则，在聚焦重要企业、重点环节和重大项目，实现关键技术、核心应用率先突破的同时，注重用信息技术手段提升主营业务价值链各环节的应用整合度，着力推进综合集成、协同创新，提高互联互通和协同共享水平，实现各类信息化项目的协同建设、统筹发展，杜绝各自为政、零敲碎打等“孤岛”现象。

3. 立足应用，注重实效

从“两化”融合视角分析信息化在基础环境、工业应用、应用效益中存在的问题，利用信息技术改造提升生产工艺和流程，以需求为动力和导向，以应用促建设、促发展，理清需求重点和特点，明确建设目标，加快研发设计、制造工艺和管理系统的综合集成，在有效应用中不断享受、完善和扩大建设成果，探索“两化深度融合”发展道路，真正使信息化服务于集团发展、服务于各级员工的创造性工作。

4. 资源共享，保障安全

通过有效的政策措施和机制，加大信息资源开发力度，促进信息资源的优化配置，不断提高信息资源的有效利用。共享不是无原则、无目的、无控制的开放，而是分层级、可调控、有安全保证的。注重通过科学的管理，将信息安全技术转化为信息安全保障能力，充分发挥集团公司的政治优势、制度优势，增强政治责任心，落实安全责任，实现安全环境下的信息资源共享。

【信息化建设】

（一）做好顶层设计，落实规划引领

中核集团注重顶层设计、决策引领，“十二五”初，从集团层面梳理信息化现状，形成“十二五”信息化规划，成员单位在中核集团的规划思路引导下，完成单位自身的信息化规划，指导“十二五”期间的信息化建设。各单位在信息化规划的引领下，落实年度重点工作，有效地推动了信息化工作，中核集团“十二五”信息化规划主要目标基本达成。2014 年，围绕“十三五”，以构建数字核工业为目标，中核集团积极组织核动力、核电、核燃料、铀矿资源勘查采冶等专题领域数字化智能化顶层设计研究，着手组织编制中核集团“十三五”信息化规划，指导下一个五年的信息化建设。

为做好信息化规划，中核集团加强了信息化顶层设计和架构研究工作，成立了中核集团信息化架构工作组，开展了各板块规划编制及评审、中核集团规划体系建设、中核集团重点信息化建设方案研讨等工作，组织开展了企业架构研究，组织开展企业架构有关培训、宣传和开发，以各业务领域架构为基础，健全和优化信息系统数据架构、应用架构、技术架构，不断完善信息化规划，科学指导信息化建设、信息系统运维、信息资源管理、信息安全管理等各项工作。

（二）推进互联互通，提升集成应用

中核集团从“十五”以来，先后组织开展了三期信息化建设工程工作，建成了覆盖集团公司 80 余个主要成员单位的涉密广域网，实现了集团公司主要成员单位之间的网络互联互通。2014 年，为贯彻国家有关信息化政策，结合中核集团“十二五”信息化规划，在进一步分析、梳理中核集团信息化现状和制约发展瓶颈的基础上，借鉴其他军工集团公司和中央企业信息化应用架构网络支撑条件的发展变化，研究推进中核集团管理信息化改进提升的基本思路和重点任务，提出了“做优做牢军工涉密网，做大做强集团企业网”的工作思路和总体方案，启动了集中核集团互联互通、ERP（企业资源计划）系统建设试点及财务核算一体化等重要和紧急项目，进一步推进中核集团互联互通工作。

中核集团在做好顶层设计、推进互联互通工作的同时，以信息化规划引领，加大信息化投资力度，注意提升集成应用水平，着力推进信息化与工业化深度融合，倾力打造核心业务应用平台。目前，初步建设了中核集团总部内外网络数据中心和统一应用基础软件平台，实现公文及主要业务的网络化、信息化和信息共享。在管理信息化层面，多数成员单位建立了协同办公系统、财务管理系统、人力资源管理系统、文档管理、企业信息门户、项目管理系统等；在科研生产信息化层面，成员单位根据自身业务特点、生产需求以及与对标单位的对比，实现了多条生产线的数字化采集控制，建立多个专业信息化系统，以核燃料元件制造管理信息系统、铀矿数字勘查系统、核电厂生产管理系统、核电工程项目管理系统、核应急响应指挥系统等一系列关键应用系统的构建为先导，重点突破、示范带动，为贯彻落实中核集团“又好又快、安全发展”的要求发挥了重要的作用。

（三）强化网络安全，规范运行管理

中核集团高度重视网络与信息安全工作，在成立信息化工作领导小组的同时，成立了信息安全工作领导小组等组织，落实信息安全工作部门、机构、人员和经费，及时制定相关管理制度和工作指引，发布了信息系统安全等级保护实施办法、网络与信息安全信息通报管理办法、网络与信息

安全管理办法等制度，制定了网络与信息安全应急响应预案，在相关制度中也对网络与信息安全工作提出要求。同时，加强工作考核和检查，组织建立监督检察队伍，不定期的对安全制度的落实和执行情况进行检查；注重涉密信息系统、商业信息系统、工业控制系统等领域的信息安全防护工作，根据不同特点，分类推动信息安全防护体系建设和加强监督检查指导。

为做好网络信息安全工作，中核集团着力推动建立完善的信息化运行维护体系，在严格信息系统建设过程管理的同时，明确信息系统建设完成后的运行维护交接环节，规范运行维护交接手续和运行维护管理要求，组织制定相关规章制度、工作指南及指引，指导成员单位建立健全运行维护队伍，同时，加强对运行维护人员的培养和信息安全保密意识的教育，确保中核集团在用信息系统安全稳定运行和信息安全保密。

（四）加强人才培训，重视队伍建设

为增强中核集团在信息化建设和管理过程中的实施和运作能力，培养专业化的信息化管理人才队伍，中核集团在内部实施企业信息管理师国家职业资格认证制度，按照“上岗与认证相结合”的原则，要求各单位信息化管理岗位人员应取得企业信息管理师国家职业资格认证，做到持证上岗，中核集团也组织多期企业信息管理师国家职业资格认证专场培训和鉴定考试。目前，中核集团信息化管理人员持证上岗率超过 80%（其中包括单位的 CIO）。在做好信息化管理人员培训工作的同时，中核集团也制定安排员工职业技能培训计划，注重提升信息化专业人员的技术水平和业务能力。

中核集团根据信息化工作现状，将核工业计算机应用研究所列为中核集团信息化工作技术支持总体单位，主要业务板块也根据人员队伍情况，建立和充实信息化技术专业队伍，支撑各单位信息化建设和运行维护工作。

目前，中核集团主要依托核工业计算机应用研究所（事业单位）负责中核集团信息化建设和信息安全工作。该所现有人员近 100 人，在近 30 年的发展历程中，该所承担了多项国家级和部级重点工程及研究开发项目，取得了丰硕成果，为我国核工业及国防工业发展作出了应有的贡献。凭借需求牵引、技术推动，该所在管理信息系统开发、信息系统集成、信息安全体系建设、工业控制产品开发等方面积淀了深厚的理论和实践基础，储备了丰富的技术资源，积累了从产品开发、质量保证到技术培训与咨询的一整套经验，凝聚了一支结构合理、实力雄厚、勇于开拓、朝气蓬勃的人才队伍。

当前，信息技术广泛渗透、覆盖各工业领域的潮流势不可挡，信息化和工业化深度融合已成为企业推动转型升级，实现创新发展的重要动力。中核集团将按照国家两化融合贯标体系要求，完善信息化治理体系、架构体系和保障体系，加强对成员单位的分类指导，推进重点项目实施，规划全面发展，引领集成提升，助力企业发展。

中国中钢集团公司

——深化应用信息化手段　深度挖掘数据价值转移

自 2004 年以来，中钢集团成功实现由“传统商贸型企业”向“现代生产性服务企业”的战略转型，加强资源开发、联合重组，强化技术创新和系统开发，促进实业发展。在集团发展战略指引下，逐步兼并重组国内一批符合主业发展、具有优势资源的生产企业，包括工程承包、冶金材料生产、装备制造和矿产资源采掘等企业。面对外部激烈的市场竞争压力和内部管理基础薄弱并存的局面，集团领导认识到必须通过加强信息化建设，实现全集团信息流、资金流、物流的统一，创新业务发展模式，从源头上解决“信息孤岛”和资源分散等问题，进而确保集团战略得到有效实施。

近10年来，按照国资委的要求和中钢集团信息化发展战略，中钢集团信息化建设坚持“统一规划、统一平台、统一建设、统一投资、统一标准、统一管理”的六统一原则，高效率、高起点构建了以ERP系统为核心的统一管控平台（财务、人力资源、客户/供应商、业务），同时建设了OA、资金、信息标准化、财务报表、经营统计、决策支持等系统，以及安全、灾备、网络、视频会议、机房等基础设施，实现了业务、财务、人力资源和客户供应商的统一管理，有效支撑了中钢集团的战略转型和管理水平的提升，而且随着ERP等核心系统的深化应用，集团整体管控能力也得到显著的增强。近年来，中钢集团信息化已经由大规模建设期逐步转入深化应用期，信息化工作的重心也由大力扩展信息系统覆盖面，向推进信息系统深化应用、深度挖掘数据价值转移。

中钢集团信息化工作取得的成绩，是在集团领导的大力支持下，广大信息化工作人员、相关业务部门人员和实施商共同奋斗、携手攻坚、艰苦努力的结果，走出了一条符合中钢集团实际、成效显著的“两化融合”之路，并且中钢集团连续在国务院国资委中央企业信息化水平评价中被评为A级企业。

【提升ERP系统应用成效】

ERP系统是中钢投入巨大人力和财力建设起来的核心信息系统，是支撑中钢日常业务、财务、人力和客户管理的应用平台，也是承载中钢集团管控调整、优化业务流程、防控经营风险、互联互通信息的集中统一管控平台。集团上下都十分关注ERP在实际经营管理中是否发挥了真正的应用效果，如何客观公正地评价各单位的应用效果。2013年，在集团领导的指导下，6月制定并颁布了《关于提升ERP系统应用水平相关管理措施的通知》，该通知包含了规范应用指导意见、考核评价办法等5项配套的管理措施，以期达到健全完善ERP应用规范和充分保障ERP数据质量的目标。其中ERP系统应用考评从定量、定性和特征三个维度确定ERP系统应用的考核评价指标，力求公正、客观评价中钢集团各所属企业ERP系统应用效果，以考评促应用，不断提升ERP系统作为核心管理平台的应用效能。自2013年7月开始，信息管理部门牵头，联合相关职能部室，每月对集团全级次所有企业的ERP应用情况进行考评，考评结果按季度在内网发布。从考评结果来看，整体应用状况逐月有所进步。另外，创新性开发了ERP系统考核平台，实现考评指标动态管理、考评数据自动抽取、考评报告自动生成，使ERP应用考评完全实现平台化、自动化，考评结果更加公平、公正，为健全完善ERP应用规范，促进ERP数据质量提升，努力构建ERP持续优化的长效机制的管理目标奠定了坚实基础。

借助考评结果的展示和分析，揭示了中钢所属企业都不同程度存在着大量的ERP系统应用问题、管理短板和制度漏洞，考评小组据此提供相应的改进意见和建议。大多数企业都能高度重视、积极响应、自发地对问题进行整改和处理。经过考评，ERP系统规范应用得到较大改善，ERP数据质量得到显著提高，ERP对经营管理工作的支撑作用更有成效（见图1）。

图1 ERP培训

【实现费用动态管控】

随着中钢信息化由大规模建设期逐步转入深化应用期，为解决实际应用过程遇到问题和经营过程中亟待解决的突出矛盾，中钢集团于2013年启动了京内企业ERP系统功能优化项目，内容涉及集团人力资源管理、财务管理、信息标准化管理和京内企业的业务管理五个方面共340余项功能优化和80余项报表优化，重点在于提升ERP在业务流程管理和风险防范方面的管控能力，切实发挥ERP的应用效能，并按集团管控界面要求，优化物料管理系统，实现物料信息统一管理、分层维护的管理要求。

京内企业ERP系统功能优化项目的成功实施，解决了中钢集团总部和所属京内企业自2009年以来在ERP系统操作和数据资源开发等方面积累的诸多应用问题，解决了中钢集团管控模式优化推进过程中需要优化解决的问题，对集团各项专业管理的提升起到了积极的推动作用，具体表现为以下方面。一是在财务管理方面，完成了预算管理和费用报销管理功能的优化和推广，实现费用报销与预算系统、个人限额的联动控制，把预算控制从“事后”提前到了“事前”和“事中”，提升了各公司的费用管控水平。二是在标准化管理方面，对标准化系统的流程和功能进行调整，满足物料标准信息统一管理、分级维护的管理要求，在提高物料维护响应及时性的同时，保证物料数据的准确性、全面性、规范性。三是在专业公司经营管理方面，优化了相关京内企业ERP系统业务流程和系统权限控制功能，提高了业务执行效率，强化了各公司之间的信息共享，提升了权限控制的严谨性与灵活性。同时运用BI系统整合中钢招标公司经营管理所需的相关数据资源搭建中钢招标领导综合查询平台，通过图形化、多维度、可追溯的分析展现方式，为企业经营管理提供支撑。

【预防经营风险以促进管理改善】

随着钢材市场供求关系的逆转，钢贸行业频频出现资金风险和信用危机等问题，中钢集团钢铁板块在近几年的业务经营过程中也遇到资金大量占用、存货重复抵押等诸多问题。如何在保持经营规模与提高资金使用效率，破解微利经营与预防经营风险之间的矛盾，如何解决经营过程中发挥板块统筹管理和实体法人单位自主经营之间的矛盾，成为中钢集团钢铁板块亟待解决的问题。

在整个集团经营状况不佳、资金支付压力大的情况下，中钢集团仍投入建设“钢铁事业部ERP系统合同全生命周期管理系统”，统一业务流程、规范业务操作，消除管理差异；细化业务成本要素，合理制定费用分摊规则，精确业务成本核算；完善客户信用控制方案，识别业务风险点，做到业务风险可防可控；建立业务预评审机制，对重大合同进行预审控制与运行监控。实现了从业务洽谈、合同审批、业务执行、风险控制、财务结算直至合同闭卷的整个业务的闭环管理。

梳理业务流程，规范业务操作。共梳理了20多个业务流程，形成了规范、标准、便捷的ERP系统应用方案，真实、及时地反映物流、成本和往来账务信息，实现了业务管理与系统应用的规范统一。一是通过收付款管理流程的优化，解决了上线前所属企业收付款联系单数据录入不准确、与合同不对应、资金占用不准确的问题。二是通过对销售流程的优化，实现了无现货销售业务模式，确保业务规范和线上线下一致。三是通过对运杂费核算流程的优化，使运杂费可以提前暂估和实时结算，并对每笔业务可以及时、准确地进行收益计算，实现成本精细化管理。四是通过对干湿吨及成本差异分摊功能优化，实现实时管理干吨或湿吨的库存数量，保证业务流程前后计算口径一致，实现更准确的计算成本，达到企业精细化管理需求。五是通过对信用检查功能的优化，改善了上线前信用检查逻辑的弊端，在一定程度上提升了所属企业对于交易过程中货物及资金的风险控制能力。六是通过对现金占用计息管理的优化，保证了计息方式的准确、科学，提升了各应用单位的考核能力。七是通过扩展优化客商管理功能，对客商族系管理、重点客商管理、客商重大事件维护，结合预评审功能，提升了事业部对于客商的经营状况的把控能力，及时规避与经营状况不佳的客商的交易风险。八是通过优化信用评级与信用额度控制等功能，实现了在业务执行环节对客商的信用控制，提高了企业的风险识别和控制能力。

加强对所属企业合同执行过程的管理，实时掌控企业运营动态，提升风险防御能力。一是实现以合同为线索贯穿合同全生命周期管理过程管理，做到从客户供应商—合同—物流—保障措施—资金—库存—财务结算等全方面的贯通，可实时管控企业运营动态。二是搭建业务预评审平台，实现了钢铁事业部对所属企业预评审申报进行全面掌控，避免应该上报到事业部的预评审漏报的情况，降低了线下报送时人为错误与填报的随意性，减轻了操作人员工作量以及纸质预评审申报数量。在系统中增加了31个信用检查控制点，辅助决策人员加强风险的识别与防范，提升风险防御能力。

【加大数据利用以提高决策支持】

为解决“ERP系统最后一公里”的问题，提高数据资源的开发利用，发挥信息系统的管理作用，中钢集团本着“花小钱，办大事”的原则，对管理成熟度较高、管理需求迫切的业务板块积极推进决策支持系统的建设，近两年分别建设了“矿业事业部决策支持平台”和“钢铁事业部经营分析平台”等决策支持系统。

经过两个板块决策支持系统的建设，中钢集团逐步探索出了中层管理人员应用经营分析平台，高层领导应用决策支持报告平台的双平台建设思路，建立了以战略管理、财务管理、业务管理、客商管理及公司动态等主题管理的应用架构，并根据行业特点和中钢实际业务情况，借鉴管理咨询公司的指标体系，设立了324个KPI指标，从整体经营目标达成情况，到下属企业财务状况、经营成果，追溯企业运营、业务执行的明细，全面反映公司的经营和财务状况，形成了战略目标—管理分析—执行监控全方位的管理手段，有效提升集团风险管控能力。通过领导管理平台，实现了高层领导移动办公的要求，随时随地通过移动设备（手机、iPad）掌握企业整体状况，快速发现经营中的问题，为领导决策提供有效的手段。

【推进OA优化以及降低管理成本】

为配合集团改革与发展，提高办公效率，降低管理成本，加强工作协同，增强执行力，进一步提升OA运行的安全性、稳定性和易用性，以提供一个更加先进、高效的OA工作平台，中钢集团于2013年启动了OA系统升级优化项目，主要内容包括技术平台升级、系统应用升级以及实现电子公文信息化管理等主要内容。

通过OA系统的升级优化，实现了电子公文信息化管理，即集团总部内部的收文、发文、请示报告的草拟、会签、审批、归档等实现全流程在线流转，集团与下属单位也可以便捷地进行了电子公文交换，大大提高了集团的办公效率，降低了管理成本，增强了执行力。随着电子公文管理的全面上线，实现了OA系统自2004年建设以来最关键、也是最重要的“应用突破”，基本实现无纸化办公，节约了大量的纸张和打印耗材。此外，会议精简信息化，实现视频会议（见图2）。

图2 视频会议

【有效加固以提高信息安全能力】

中钢集团信息化程度较高，公司跨地域经营，网络结构复杂，信息安全风险点和暴露面较多，加之当前国内外网络信息安全的复杂性，攻击来源、精准度和频次逐年递增，信息安全在中钢集团尤显重要。近两年来，中钢集团不断进行安全加固，逐步提高信息安全防护能力。主要工作如下。一是以攻促守，提高防御能力。集团邀请奇虎360、江南天安、中电长城等多家专业网络安全公司，共同研究并开展网络安全渗透测试，以主动攻击促进查找问题、查漏补缺，提高系统防御能力。二是清晰网络边界，优化安全技术架构。梳理并加强保护直接对互联网开放的信息系统，统一管理对外开放的访问通道，消除潜在的渗透隐患；将易遭受攻击的网站进行技术加固并与其他服务器进行了安全隔离，有效控制可能造成的影响。三是积极开展交流及研究，以整体提高信息安全管理体系。制定了《中钢集团信息系统安全优化建设方案》，以国家信息安全等级保护规范为基础，力求从管理和技术两方面增强中钢信息安全的防护工作。四是参与建立通报机制，安全信息有效上传下达。作为主要单位参与建立了与公安部及50家央企共同组建的信息安全通报联系机制；在集团内部组建了重要信息安全事件通报、预警机制，及时获取国家信息安全相关信息并进行研判、分析及处置，通过定期和不定期方式下达下属企业，提高企业整体的防御能力。

【推动制造过程应用以促进两化融合】

近两年来，按照工业与信息化部两化融合工作要求及两化融合管理体系贯标工作的推进进度，结合中钢集团战略规划，中钢集团积极推进所属企业制造过程信息系统深化应用，深入开展“两化融合”工作，成效显著。一是中钢邢机“构建全球轧辊行业产销规模最大企业的综合集成制造系统”，通过建立冶炼、铸造、锻造、热处理等热加工设备及冷加工设备进行网络连接的生产网络系统，建立国内外轧辊制造业中唯一的产品流转跟踪与控制条形码系统和基于 RFID 技术的客户轧辊使用情况跟踪系统，并将运行的较为完备的经营管理系统和制造执行系统作为业界首创的“单件产品成本核算系统”与生产设备控制系统集成，实现对用户订单全过程跟踪管理，产品质量全程追溯，每件产品生产成本的精确计算，产品使用信息有效、及时得到反馈。该系统的成功应用，使公司生产效率、质量水平得到提高，库存、产品成本得到降低，其中，流动资金周转率提高 20%，生产成本降低约 3%。同时，通过实施炉窑改造及清洁能源使用、污水处理等项目，降低了生产过程中二氧化硫及有害气体排放，由原来 400 吨/年降至 10 吨/年，粉尘排放量减少 5750 吨/年，减少污水 COD 排放 115 吨/年，企业综合竞争实力显著增强。该项目获得工信部两化深度融合专项资金支持，中钢集团也被评为国家级信息化工和业化深度融合示范企业。并且工信部已将中钢邢机作为我国第一批 200 家两化融合管理体系贯标重点试点单位。二是中钢天源以 ERP 系统建设为中心，将信息化先进理念与公司实际相结合，有效整合生产经营活动的业务流、资金流、信息流，逐步使业务处理透明化、精益化、规范化，用信息化手段推进公司向技术密集型发展，获得安徽省级两化融合示范企业，进一步促进了公司工业化与信息化融合力度。

中国北方机车车辆工业集团公司

——积极推进两化融合　全面提升管理水平

2014 年是中国北车深入贯彻落实党的十八届三中全会精神、实现第二步发展目标承上启下的关键一年，中国北车坚持稳中求进、改革创新的指导原则，紧紧围绕三步走发展战略总要求，牢牢把握“成长”、“效益”、“健康”总基调，以“稳增长”、“转方式”、“国际化”为重点，不断深化经营模式、技术、管理三大创新，质量和效益不断提升。2014 年 5 月 22 日，公司 H 股在香港联交所成功上市，标志着公司在资本国际化方面取得重大突破。同时中国北车在 2009—2013 年积极推进两化融合，通过五年多的两化融合工作创新实践，促进了公司的技术创新、管理创新和经营模式创新，全面提升了中国北车管理水平。

按照国务院国资委的要求和中国北车信息化发展战略，从 2009 年开始分层次、分阶段全面启动和实施以“统一、集成、协同、共享”为目标的中国北车信息化登高工程。通过集团广大信息化工作者、相关业务部门的同志和合作伙伴近五年时间的共同奋斗、携手攻坚、艰苦努力，以信息化登高工程为牵引的中国北车整体信息化建设取得了来之不易的成绩，基本实现了中国北车信息化建设由过去企业分散建设到集团整体推进的成功转型，走出了一条符合北车实际、成效显著的两化融合之路，为此，中国北车从 2010—2013 年连续四年在国务院国资委中央企业信息化水平评价中被评为 A 级企业，处于央企机械制造行业首位。

【制定总体规划实施整体建设】

2007年，中国北车以公司中长期发展战略和改革发展需求为指引，结合国资委《关于加强中央企业信息化工作的指导意见》要求，参考国际先进企业的实践，制定了《中国北车信息化建设总体规划（2008—2015年）》，明确了“十一五”后期和“十二五”期间中国北车整体信息化建设的指导思想、遵循原则、发展目标、实施路径、保障措施以及重点信息化建设项目等。为落实规划部署，中国北车在A股上市募集资金项目中安排了总投资6亿元（其中募集资金1.6亿元）进行中国北车整体信息化建设工程项目。该项目分为基础准备（2009.1—2010.12）、试点建设（2011.1—2013.12）、全面推广（2014.1—2015.12）三个阶段分步实施。同时按照国资委要求，将总体规划分解为中国北车信息化登高计划，结合中国北车整体信息化建设项目，先后启动了中国北车信息化登高1号工程、2号工程和3号工程，在信息化基础设施建设、数据标准化、产品研发、供应链管理、生产制造、精益管理等方面投资数亿元，强力推进，快速提升了中国北车信息化水平，2010年中国北车整体信息化水平由B级跃升到中央企业A级先进行列。

【搭建标准化平台促进业务协同】

为确保中国北车整体信息化建设“统一集成、协同共享”的目标实现，2009年中国北车启动信息化登高1号工程，组织产品、工艺和标准化等方面专家，通过反复调研论证和参考国内外先进企业经验，制定了统一的物料、财务科目、供应商、客户四大基础数据标准，初步建立了中国北车信息标准化体系，为所属各企业提供了一致的数据标准模型（见图1）。为确保标准贯彻执行，组织开发了集团统一的信息标准化平台（MDM），将统一制定的数据标准固化到系统中，实现了对公共基础数据申请、审核、发布、修改的统一管理，为中国北车公共基础数据的规范化、标准化管理提供了强有力支撑。经过近五年的数据清理、实践应用和优化完善，中国北车基础数据标准日趋完善，信息标准化平台（MDM）已基本实现与集团总部及所属各企业的产品数据管理系统（PDM）、企业资源计划系统（ERP）、决策支持系统（BW）和供应链管理电子商务系统（SRM）的集成应用。截至2013年年底，集团实现物料统一编码30万余种、供应商9000余家、客户2400余家、会计科目近1000个，实现了从集团层面对企业公共基础数据的统一管理，基本达到了“一个集团，一套标准，一套数据”目标，为中国北车实现全集团范围内信息共享和业务协同奠定了坚实基础。

图1 中国北车物料标准培训会

【集成设计平台提升创新能力】

通过构建企业产品研发设计信息化平台，促进三维设计软件（CAD）、产品数据管理系统（PDM）与企业资源计划系统（ERP）的综合集成应用和异地协同设计、产品全生命周期管理的开展，有效增强中国北车技术创新与产品创新能力。客车业务板块长客股份公司和唐山客车公司结合时速250公里和350公里动车组开发研制，通过高速专网在信息化平台上实现了高速动车组两厂三地的异地协同开发设计；机车业务板块大连机辆公司和同车公司在企业信息化平台实现了设计、工艺、制造过程的并行工作，实现了中国北车大功率交流传动电力机车在技术和市场份额上的赶超；货车业务板块以齐装备公司为代表，在信息化平台上自主研发的70吨级和80吨级系列新型货车产品，为中国铁路货车升级换代作出了重要贡献；机电业务板块永济电机公司在信息系统中实现设计、工艺、制造过程的并行，为开发轨道交通牵引电传动系统和开拓风电等相关多元产业提供了信息技术支撑。通过研发集成开发平台，中国北车新产品设计周期普遍缩短30%，工程更改减少20%，加快了产品研发速度，提高了技术创新水平和能力。

【推行精益管理促进转型升级】

客车板块唐山客车公司和长客股份公司引进精益生产国际先进理念和实践，以时速350公里高速动车组联合设计制造为载体，以设计、制造、管理协同与一体化运作为核心，通过实施ERP工程为高速动车组技术引进、消化吸收和再创新提供了信息化支撑平台，构建了高速动车组基于项目管理的生产计划三级控制体系，有效支撑了高速动车组的精益制造，实现了CRH380BL高速动车组唐山、长春、北京三地协同设计和唐山、长春两地生产制造。在ERP系统中构建产品服务管理平台，开展动车组售后服务、高级修业务和远程监控/诊断，实现与研发设计、生产制造、采购物流等业务的集成管理。同时将信息化管理延伸到现场班组，确保生产信息及时传递、现场作业标准规范，提高生产执行过程可视化程度，有效固化精益生产管理模式。通过“两化融合”实践，唐山客车公司和长客股份公司逐步建立起了与企业管理体制和经营机制相适应的集中统一、集成共享的数字化协同平台，促进了企业发展方式向集约化、精细化转变，创造了显著的经济效益。中国北车动车组生产周期由18个月降低到10个月，新产品开发及技术准备周期缩短30%左右，工艺管理效率提高30%以上，零部件标准化、通用化率提高20%，零部件重用率平均提高15%，产品开发过程修改减少30%，产品成本降低10%左右，同时产品研制的资金周转率、物流运转效率、准时交货率等指标都有显著提升。2009年，“中国北车客车板块ERP工程”在国资委ERP示范工程评比中荣获第一名。2012年，唐山客车公司荣获国家级信息化和工业化深度融合示范企业。

【实施一体化工程，提升管理水平】

结合国务院国资委管理提升活动，制定了中国北车管理信息化提升实施方案，启动信息化登高2号工程财务业务一体化项目，以企业精益生产和精细化管理为核心，通过产品数据管理（PDM）系统和企业资源计划（ERP）系统集成应用，推进信息化与各项业务深度融合。

货车板块龙头企业齐装备公司财务业务一体化项目，经过近两年的艰苦努力，2012年年底实施完成并成功上线应用，实现企业资源计划（ERP）系统与产品数据管理系统（PDM）、信息标准化系统（MDM）、全面预算管理系统（BPS）集成应用，在设计工艺、生产制造、物资采购、库存管理、市场营销、财务管理、预算管理等关键经营环节建立起统一规范、高效协同的业务流程和统一业务管理信息化支撑平台，使企业财务管理向生产经营管理全过程延伸，固化了企业从业务预算编制、执行控制、分析到滚动预测的全面预算管理工作机制，促进企业内部控制流程与信息系统的有机结合，全面提升企业管理水平。

机车龙头企业大连机辆公司以产品生命周期管理系统（PLM）、企业资源计划（ERP）和制造执行系统（MES）集成应用为核心，以财务业务一体化项目实施为载体，经过近一年的努力，2013年12月项目成功上线应用，建立起设计工艺、生产制造、物资采购、库存管理、市场营销、财务管理等关键经营环节统一规范、高效协同的业务流程和信息化支撑平台，使公司在产品创新、成本、质量、服务和反应速度等方面进一步适应市场要求，促进企业技术创新和管理创新。

2014年启动信息化登高3号工程，在所属企业全面推进财务业务一体化项目实施。机电业务板块永济电机公司、大连所公司、南口机械公司和天津装备公司，以及货车板块沈车公司深入推进财务业务一体化信息化项目，以解决企业管理中存在的突出问题和薄弱环节为重点，全面梳理和优化企业业务管理流程，强化企业基础管理，进一步完善企业内部管控机制，有效促进企业管理水平迈上新台阶，取得明显经济效益（见图2）。

图2　永济电机公司财务业务一体化项目启动会

【推动动态对标降低采购成本】

为更好地配合公司开展“四清两降”工作，在信息化登高2号工程中，重点实施物资采购动态对标项目。密切结合信息标准化工作，采用数据仓库和数据挖掘技术，搭建采购动态对标电子平台，实现各企业物资采购价格信息动态对标。通过开展采购动态对标，有效促进各企业及时发现和改进在采购成本控制方面存在的问题和差距，针对性采取管理措施降低采购成本，不断提高采购工作管理水平。2010年和2011年各企业共计节约采购成本分别为5.56亿元和2.3亿元。

【电商建设平台规范物资采购】

为全面落实国资委开展管理提升活动工作部署，进一步加强物资采购管理，中国北车适时启动信息化登高2号工程供应链管理电子商务平台项目。通过2012—2014三年的持续建设，建立了统一、完善的网上采购工作流程和供应商管理流程，搭建了中国北车集中统一的供应链管理电子商务平台。通过在供应链管理电子商务平台上开展招投标物资采购、绩效评估和供应商评价管理，极大地促进了物资采购工作电子化、规范化和透明化。2013年，集团网上采购物资金额达到201亿元，线上采购率达到50%以上，降低采购成本7.6亿元。2014年，集团网上采购物资金额截至2014年9月底达到380亿元，线上采购率达到60%以上，降低采购成本约5.4亿元，为股份公司经济效益的提升作出了重要贡献。中国北车供应链管理电子商务平台项目2013年被工信部评为国家首批电子商务集成创新工程。

【应用办公自动化降低运营成本】

依托中国北车自己的内部信息化团队，自主开发建成了集团办公自动化（OA）系统，系统经过两次优化升级，2012版办公自动化系统实现信息门户、统一身份管理、公文管理、电子邮件管理、手机移动办公等多种功能的集成应用，实现了全集团高效网络协同办公。OA系统已成为集团各级领导、管理人员和技术人员等每天必用的大型综合办公平台，办公效率得到大幅提升。北车数字化视频语音会议系统2009年投入使用，5年来共计应用系统举行各类会议和培训近500场，全球范围内随时随地可召开电话会议，累计节约差旅会议费用近亿元，大大降低集团运营管理成本。

为有效提升集团职能部门管理效率和管控水平，组织开发了科技管理、投资项目、运营指标、安全生产和外事管理等统一集中专项信息系统，促进了总部管理向制度化、规范化、电子化、高效化迈进。科技管理信息系统实现了对股份公司科研开发课题从申报、立项、合同、执行、验收、鉴定等项目全过程规范管理。投资项目管理信息系统可实现固定资产投资项目从立项、评审、批复、实施、验收、后评价等全生命周期管理，有效提升了集团投资管理水平。运营指标管理系统能实时对所属企业运营指标（包括合同签署、交货进度、产品质量、生产安全等）进行电子化报送和自动汇总统计，实现了快速、准确地对生产经营指标进行监控和综合分析，有效支撑了公司的绩效管理。安全生产管理信息系统形成了中国北车统一的安全生产管理工作平台，实现对所属企业18类数百项安全生产指标统一监管，强化了股份公司安全生产管理。外事管理信息系统大大提高了因公出国（境）手续办理效率，实现集团外事管理工作流程规范、全程可控和可追溯，有效提升了集团外事业务管理水平。

【开展网站绩效评价建立北车网站群】

根据国资委做好中央企业网站绩效考核评价工作要求，把网站建设成为企业对外树立良好形象的服务平台，让各大券商、投资人和客户更好地了解中国北车，提升北车网上整体形象，为此，中国北车开展了所属企业网站绩效评估工作，专门制定了所属企业《网站绩效评估标准和实施方案》，本着“以评促建、以评促改、以评促管、评建结合”和“客观、统一、公正、公平”的原则，聘请专业评测机构从用户的角度在互联网上对所属企业网站进行测评打分，促进了各企业网站全面优化完善，网站建设水平得到明显提升，形成了中国北车风格一致的网站群。在2012年中国北车对所属企业网站测评中有12家达到A级、4家达到B级。集团总部网站在国资委2010年和2011年度中央企业网站绩效评价中均被评为A级。

【完善基础设施建立一流基础架构】

以集团总部搬迁新办公大楼为契机，在北京建成了国际一流的数据中心、计算机网络系统和网络安全系统，实现了集团级应用的集中部署，使集团总部成为中国北车的数字网络神经中枢；通过广域数据专网建立覆盖整个集团的信息高速公路，建成国内一流的计算机广域网络系统、视频会议系统和IP电话系统，实现了数据、语音和视频三网并行网络构架，可满足各单位在全球范围内开展业务需要；为确保集团核心应用和数据信息安全可靠，在齐齐哈尔建立北车异地灾备中心，实现总部和齐装备公司核心系统数据双向互备，有效防范风险。

【承担国家项目落实两化融合战略】

以中国北车整体信息化建设项目为依托，积极争取和承担国家科技部、发改委、工信部等国家两化融合战略支持项目，组织唐车公司、齐装备公司、清软英泰公司与相关高校、科研院所联合，先后承担了“高速动车组现代集成制造系统”、“面向轨道交通装备的集团企业云制造服务平台开发、系统构建及应用”、“轨道交通装备数字企业集团综合管控应用示范”、“面向轨道交通制造业的RFID技术应用示范”等国家“863”项目，获得科技部和工信部近6000万元的研发资金支持。唐车公司承担的“高速动车组现代集成制造系统”项目获得河北省科技进步一等奖（见图3）。

为有效开展信息化水平评价工作，促进企业两化融合水平的提升，中国北车组织长客股份公司、唐山客车公司、齐装备公司、清软英泰公司等企业8位专家配合国家工信部共同编制完成《轨道交通行业两化融合水平评估指标体系》；同时聘请国资委信息化测评中心，参考国资委对中央企业信息化考评指标和工信部对工业企业的

"工业和信息化"融合评估规范，高标准制定了《中国北车信息化评价标准和数据采集表》，于2013年下半年在所属企业全面开展信息化水平评价工作，将信息化评价考核结果作为重点工作列入各企业年度经营绩效考核。本次评价共有17家子企业参评，其中唐山客车公司、齐装备公司、长客股份公司3家企业获得A级，8家企业获得B级，6家企业获得C级。

图3　集团管控项目验收会

内蒙古北方重型汽车股份有限公司

——信息化应用集成发展　两化融合促产品升级

内蒙古北方重型汽车股份有限公司（以下简称北方股份）是我国专业从事非公路矿用车、相关工程机械及其零部件研发、生产和销售的企业，是中国兵器工业集团成员单位。公司于1988年由中、英、美合资组建成立，2000年6月在上海证交所上市。作为具有军工、央企背景及合资、上市特点的大型民族矿车领军企业，在二十多年的发展历程中，企业持续保持较高的盈利水平，并于2012年、2013年连续两年入围"全球工程机械制造商50强"榜单，彰显了北方股份在全球工程机械产业格局中的重要地位。

北方股份位于包头市稀土高新区，拥有北方股份科技园、北方股份工业园和工程机械工业园三大园区，占地面积近1000亩，具备年产1000台矿用车的生产能力。拥有TR系列载重28～100吨机械传动矿用车（含矿用洒水车）、NTE系列和MT系列载重150～400吨电动轮矿用车。目前公司矿用车已实现全国所有省级区域全覆盖，牢牢占据国内80%以上市场份额，国外市场拓至全球59个国家，累计总销量名列全国第一，位居世界前列。系列化产品广泛应用于冶金、煤炭、有色、化工、建材、水电、交通基础设施建设七大矿业领域，遍布于国内外500多个大型矿山和重点水利水电工地，特别是在长江三峡工程、黄河小浪底水电站、金沙江溪洛渡水电站等国家重点项目建设及神华集团哈尔乌素矿、华能集团伊敏矿、鞍钢集团齐大山矿、青海木里矿、西藏甲玛矿、海螺集团和华润集团旗下各大水泥矿等大型矿山开发中发挥了重要作用。

北方股份以“引领民族矿用车产业科学发展”为使命，致力于“打造全球一流矿车企业，全面建成世界级矿用车研发生产基地”，面对市场的激烈竞争态势和行业的深度调整趋势，始终秉持“做强矿车主业、领先矿车行业、丰富矿车产业、成就矿车伟业”的发展战略和“主导产业专业化、销售模式多元化”的发展思路，致力于为客户提供质量可靠、运行稳定、性价比优势突出的“精品”矿车，帮助客户创造最大化效益；始终恪守“进一座矿山、树一次品牌、交一批朋友、拓一片市场”的营销理念和“贤妻良母式服务、永久超值化支持”的服务理念，致力于构建全生命周期的产品质保服务体系，实现产品价值的极致发挥和客户使用的全程无忧。公司先后被国家科技部和中国科学院共同命名为“国家级高新技术企业”及“中国矿用汽车研发生产基地”；2011 年又被国家发改委授予“重型非公路矿用车国家地方联合工程研究中心”。

北方股份高度重视信息化建设工作，将信息化建设上升为企业发展战略，公司主要领导亲自分管信息化工作，持续保证资金投入；重视信息化队伍的锻炼与培养，将信息化培训纳入日常工作，促进信息化人才与其他管理岗位形成良性互动，提高关键岗位人员的信息化水平，培养了一批既精通业务又熟悉信息化的复合型人才。在管理制度方面，公司先后制定了《信息化项目实施管理办法》、《ERP 系统运行管理办法》、《ERP 系统运行考核办法》、《PLM 系统管理办法》、《CAPP 系统管理办法》、《计算机网络管理办法》、《计算机机房管理办法》、《上网管理办法》、《信息分级与授权规定》、《网站管理办法》等一系列管理制度，形成了一整套的信息化工作管理机制、流程、标准和规范。北方股份被包头市经信委推荐成为全国首批 502 家两化融合贯标试点企业之一。

【基础建设】

在信息设备设施方面，北方股份建立了 59 千米覆盖生产、研发、办公等工作场所的光纤网络，形成以科技园区为主，连接工业园区、工程机械园区的大型城域网。公司配备了专业的硬件设备，包括各类小型机、PC 服务器、各类计算机、笔记本、工作站，为企业各类信息平台提供了稳定的运行保障。建设完成了覆盖三大园区的视频监控系统。

在工业设备设施方面，北方股份广泛使用数控机床、数控加工中心、焊接机器人、喷涂机器人等自动化设备，现有生产设备总数量 480 台/套。

【单项应用】

技术研发方面。90%的产品实现了 CAD 二维设计向 CAD 三维设计的转变，广泛使用 Pro/E、ADAMS、CATIA、ANSYS、EPLAN 等一系列先进的产品研发、分析和管理软件，建立了 TeamCenter 协同设计平台，利用 PLM 系统实现产品全生命周期管理，产品研发设计向虚拟化设计、数字化样机方向发展，建立了标准件库、通用件库、设备库、原材料库、工装库、刀具库、量具库、工具库、辅料库、模型及图样库，设计了结构权限管理、加密环境，在保证数据安全的前提下，实现了知识资源的最大限度共享；实现了电子图纸、工艺文件、工装、技术手册、技术变更的电子化审批，通过与 ERP 系统、CAPP 等系统的深度集成，实现了数据的重复利用，减少了重复录入和数据不对称等问题；在 CAE 领域，公司技术中心推行 CAE 在矿用汽车产品中的应用，在结构分析、疲劳分析、机构运动仿真、热分析、机电液一体化仿真等方面进行了大范围的实践并取得一定的成效。

生产管理方面。北方股份 2003 年已实施了

ORACLE ERP 系统，并成功运用了生产计划、库存、采购、车间制造、BOM、销售、应收、应付、成本、总账、资产、资金、质量共 13 个模块。通过 ERP 系统的应用，北方股份将所有资源进行了整合集成管理，实现了物流、资金流、信息流的全面一体化管理。推行以计划为导向的先进的生产管理方法，并取得显著成效。开发了生产异常管理系统，为公司各级管理人员搭建了一个及时反馈各车间异常问题的平台，并将生产异常系统和 ERP 系统进行了集成，将 ERP 中的业务问题，通过异常管理系统进行及时反馈，从而使得问题得到及时的发现和及时解决。

生产制造方面。通过视频监控设备，实时监控全公司各生产单元的状态，进行网络化监控和可视化管理。

售后服务方面。公司以“贤妻良母式的服务”为战略导向加速了信息化与售后服务的融合，完成了售后服务管理平台的建设。该系统的应用，改变了传统的产品售后服务以电子邮件汇报、纸质单据处理业务的工作模式，建立数字化信息化管理平台。实现了移动远程办公，通过微信实时进行售后服务团队管理，及时了解和响应客户的需求。并且与 ERP 系统进行了集成，实现供应商、采购、销售、出入库、备件管理等业务数据的共享传递。该平台的建设大大提高了公司售后服务水平、能力、效率和质量，使用户得到了更优质的服务，进一步体现了北方股份的品牌效应。

综合管理方面。公司上线使用的协同办公系统，通过 OA 的应用，北方股份全面实现无纸化办公，节约办公成本，降低人力成本。系统运营后，北方股份内部的各类知识和信息得以有序流转，各项人事、行政制度得以有效落实，管理更加规范和有效，知识的积累也呈现出了几何级数的增加，基于此，员工的自我成长和公司的组织能力得到了显著的提升。

【综合集成】

依托于 ERP（见图 1）、PLM（见图 2）、CAPP（见图 3）、OA（见图 4）、售后服务系统、异常反馈系统（见图 5）等信息系统集成，构建了包含产品研发与工艺、生产计划与控制、采购与物流、销售与售后服务、财务管理与成本六大业务领域一体化运作平台，实现了物流、资金流、信息流以及工作流的四流合一，打破了信息壁垒，加强系统整合与业务协同，打造出涵盖研、产、供、销、服务和财务一体化全价值链管控平台，在核心业务和关键环节之间高效集成，为支撑公司“做强矿车主业、领先矿车行业、丰富矿车产业、成就矿车伟业”的发展战略打下坚实的基础（见图 6）。

通过 PLM\CAPP\ERP 系统的集成，打造了设计、工艺、制造一体化信息化平台，确保基础数据从创建、维护到支撑跨部门业务的数据流的统一；实现技术文档、设计 BOM 和工艺数据流畅地向制造发布；物料数据通过一体化平台贯穿于研、产、供、销、服务以及财务各个领域；建立 PLM&ERP 跨系统接口，实现基础数据以及业务往来的信息交互，实现对制造执行的数据支撑；工程变更模块的推行，规范和简化了设计变更和工艺变更，使变更影响分析更全面、更快捷，大幅减少了人工跑单的时间，减少了人工更改的错漏。强调业务协同，推行产品设计与工艺设计的并行，提升了市场竞争力。

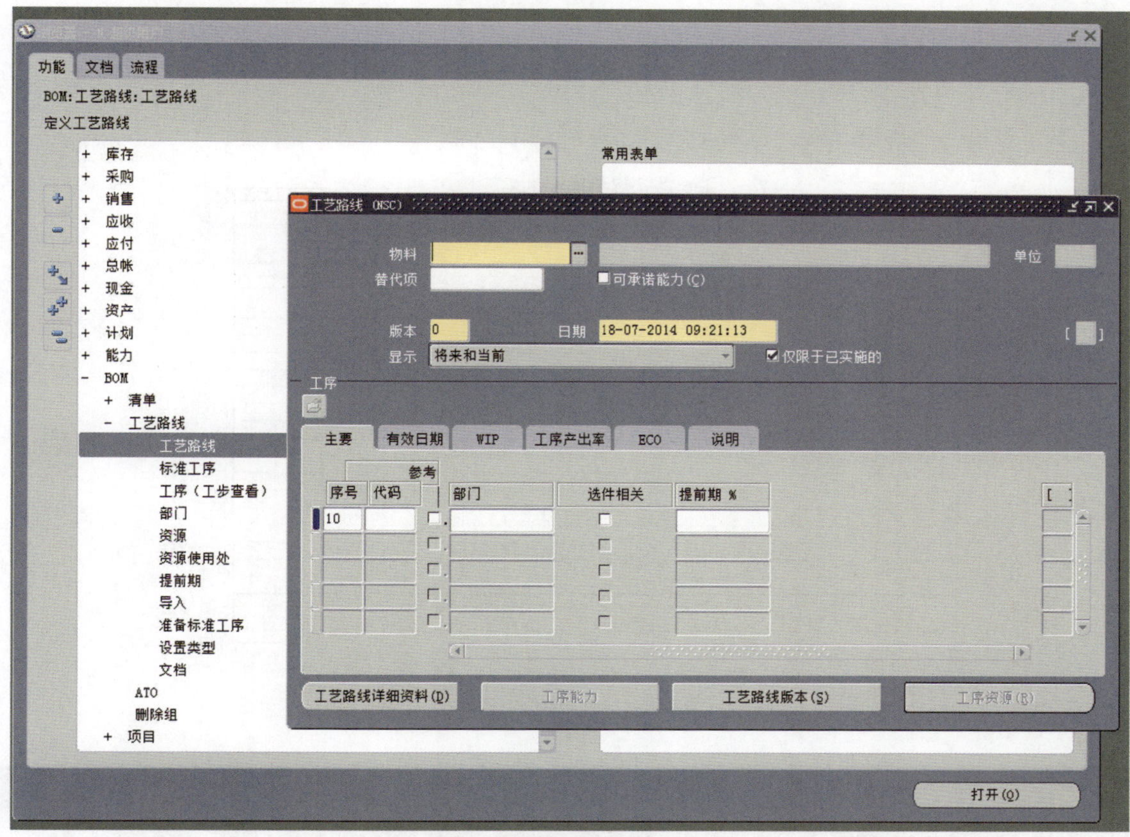

图 1　Oracle ERP 界面

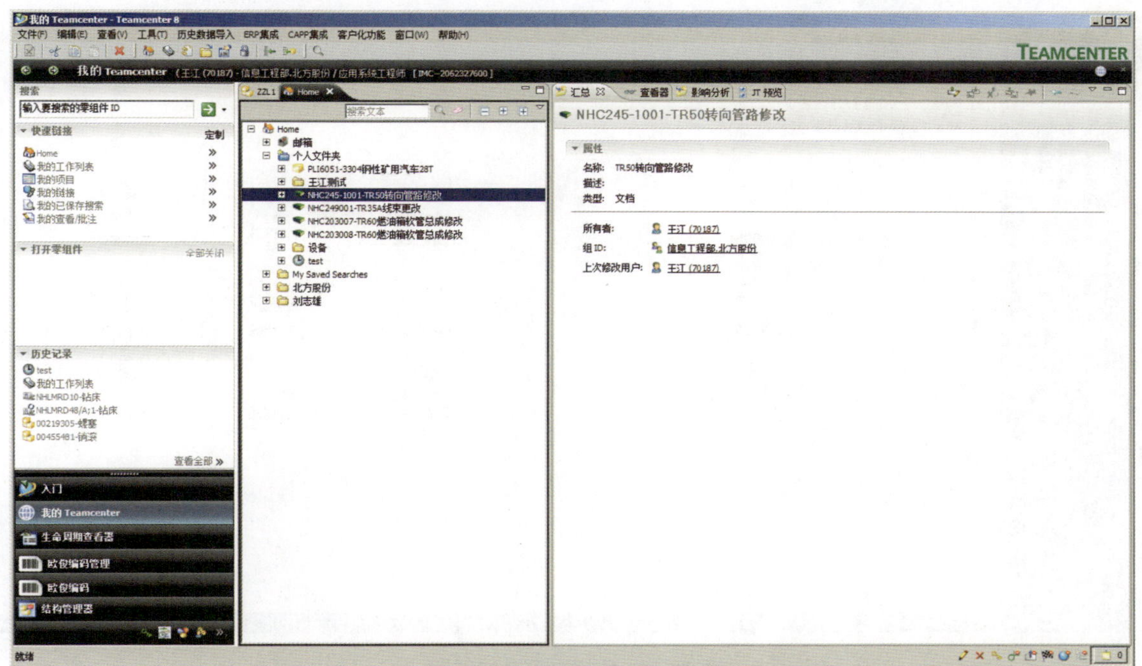

图 2　Siemens PLM 界面

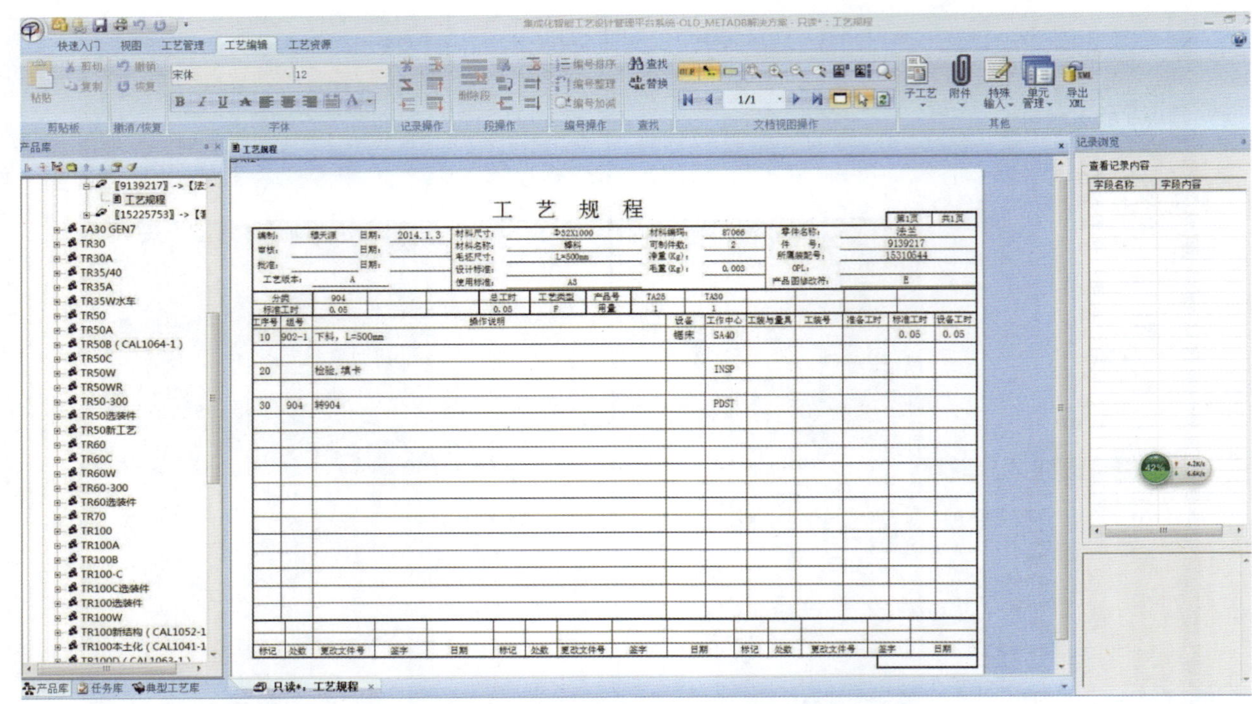

图 3　CAPP 界面

图 4　OA 协同办公系统界面

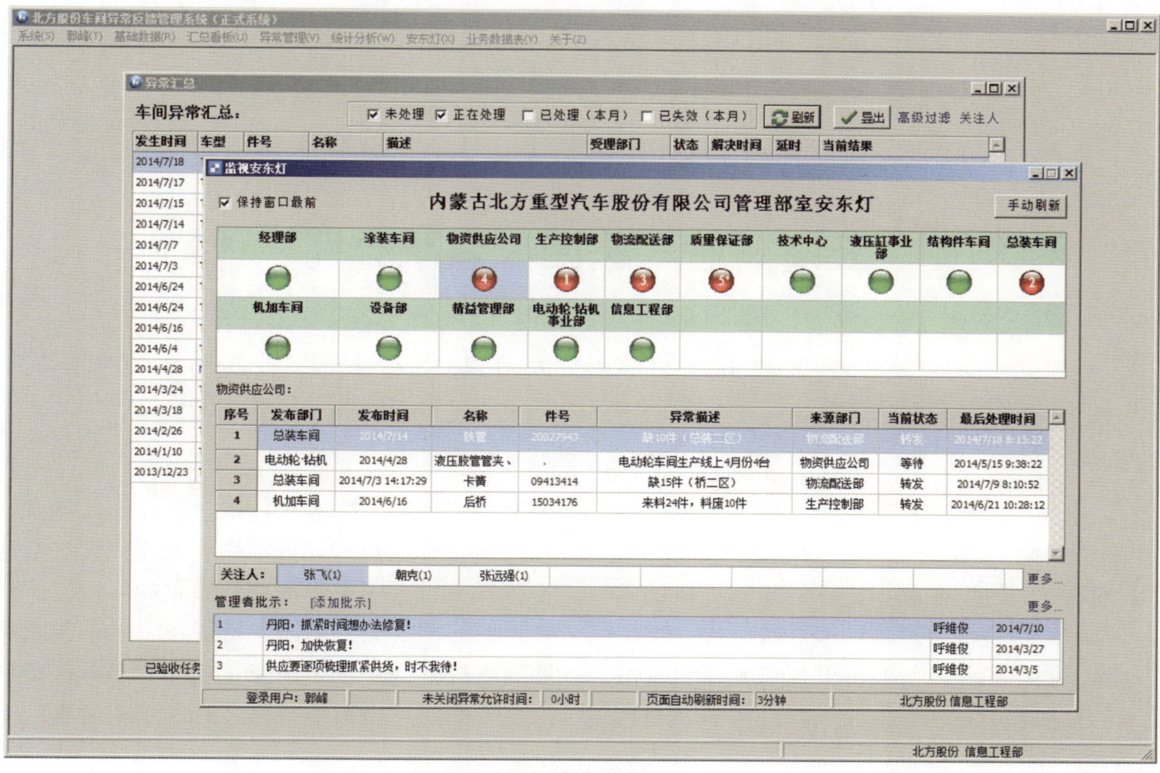

图 5 车间异常反馈管理系统界面

图 6 双显示屏应用

云南铜业（集团）有限公司

——信息化促精细化管理　两化融合促核心竞争力

云南铜业（集团）有限公司（以下简称云铜集团）是于1996年由原云南冶炼厂、东川矿务局、易门矿务局、大姚铜矿和牟定铜矿组建而成的大型企业集团，是集铜金属探、采、选、冶、加工为主，锌、钛、钼、磷等资源开发以及稀贵稀散金属综合回收的多金属矿业公司，业务涉及有色金属、地质勘探、工程咨询、化工生产、期货经纪、物流运输、国际贸易等多个行业。云铜集团现有三家股东，其中，中国铜业公司持有58%股权，云南省人民政府国有资产监督管理委员会持有21.5%股权，云南省工业投资控股集团有限责任公司持有20.5%股权。云铜集团设有国家认定企业技术中心、博士后工作站、院士工作站，下辖全资、控股二级单位30家，在册职工2万余人。截至2014年12月，云铜集团总资产436亿元，净资产168.34亿元。

目前，云铜集团已在云南、四川、内蒙古、新疆、青海、西藏、广东等省区以及赞比亚、澳大利亚和东南亚国家投资开发资源，现有6个冶炼厂和11座大中型铜矿山，保有铜资源储量超过900万吨，具有年产精矿含铜近10万吨、粗铜45万吨、精炼铜63万吨的能力，拥有19个系列、180余种产品，荣获“中国名牌”称号的“铁峰”牌高纯阴极铜在伦敦金属交易所注册交易，“铁峰”牌黄金、白银在伦敦金银市场协会及上海黄金交易所注册交易。

云铜集团深入实施科技兴企战略，矿山采选、铜冶炼和节能减排技术分别达到国内、国际和行业先进水平。“富氧顶吹铜熔池熔炼技术”获得2006年度国家科学技术进步二等奖、“难处理氧化铜矿资源高效选冶新技术”获得国家技术发明二等奖、“铜冶炼行业低浓度二氧化硫废气治理及设备”项目获国家环保总局颁发的环境保护科学技术三等奖。云铜集团主持或参与多项国家和行业技术标准制定，是国家认定的西南五省金锭生产单位和国家白银生产标准的主要制订者。

【发展情况】

云铜集团自1996年成立以来就开始着手推进信息化建设，但仍处于摸索阶段，主要应用集中在公司网站、财务电算化等相对简单、局部的信息化应用。从2008年开始，云铜集团信息化建设进入了发展的快车道，领导重视、全员参与，信息化在云铜集团遍地开花。

（一）萌芽阶段

云铜集团成立之初，信息化建设缺乏统一的规划和管理，公司总部基本无信息化应用，仅限于运用办公软件打字、制作电子表格等；下属企业信息化水平也参差不齐，玉溪矿业、冶炼总厂等企业实现了部分部门级单项应用，大多数下属企业没有信息化概念，连基本的电脑配备都成问题。

（二）发展阶段

2008—2009年，云铜集团信息化建设重点放在强基础、提效率方面，包括信息化规划、企业标准、规章制度、基础网络和基础平台的建设。一是出台了云铜集团信息化建设三年规划方案。二是建立了云铜集团信息系统基础建设技术标准和云铜股份 ERP 系统物料编码标准。三是建立和完善涉及机房、硬件、应用、维护等的相关管理规章制度。四是搭建了云铜集团基础网络平台和视频会议系统。五是建立了邮件、短信、OA、RTX 即时通信、经营数据报表、认证中心、内网及外网平台等一些应用系统，并进行系统集成，实现了用户的统一认证。六是启动了云铜股份 ERP 项目建设并正式上线运。七是完成了办公系统 WPS 及 AutoCAD 的正版化工作。八是开展了拜特资金系统建设和股份财务机房改造。

2010—2014 年，云铜集团信息化建设重点放在与生产、经营、管理的深度融合方面，重点是数据中心和核心骨干网络建设、云铜股份 ERP 甩账、云铜集团 4S1P 项目建设、全面预算管理和资金集中管理系统建设、成立运维团队、应用系统的高度集成与业务融合。一是完成了云铜集团数据中心改造升级，建立了云铜集团骨干网络汇聚中心。二是引入虚拟化技术开始部署相关应用，节约了服务器资源。三是云铜股份 ERP/MES 模块优化与 ERP 成功甩账，全面集成云铜股份冶炼、营销、财务信息。四是 4S1P 项目全面实施，与 SAP 系统进行集成，实现了统一用户认证单点登录、门户集成与管理业务融合，完成了各二级单位 Portal 统一门户建设；同时，全面统一财务、人力资源、生产、安环、投资、矿产资源等在云铜集团范围内的管理规范和业务规则，实现了信息的大集成和业务协同运作。五是成立了 IT 运维团队并建立了相关运维制度，为云铜集团信息化建设的快速推进提供了技术保障。六是实施全面预算管理和资金集中管理项目，提升云铜集团财务集中管控能力。七是规范机关信息化设备及耗材的统一集中采购、管理与维护。八是推进矿山六大安全系统中三大信息系统（人员定位、监测监控、井下通信）标准建设和系统建设。九是积极推进两化融合管理体系评估审核工作。

【取得成效】

云铜股份通过 ERP 系统和 MES 系统的实施，提高了云铜股份的管理水平、工作效益，规范了业务流程，实现了精细化管理，提升了的核心竞争力。ERP 系统和 MES 系统同步实施创有色行业信息化项目实施先河；第一次通过改良“MRP”，通过配置，灵活实现铜冶炼的“金属平衡”体系。第一次采用“铜、金、银”拆分多金属线的方式进行生产物料（原料、产品、在产品等）的管理。

IDC 公司通过其专业计算模型对云铜股份 ERP 系统和 MES 系统进行评价后得出如下结论。云铜股份 ERP 项目自 2009 年和 2010 年陆续上线以后，为企业的生产经营和日常工作带来了促进和提升。将 2010 年及以前年份作为投入期， 2011—2015 年作为收益期，根据测算，云铜信息化投入的五年收益率是 325%，投资回收期是 1.9 年，即到 2012 年下半年所有的投资即可收回，开始产生净收益，五年的累计净现金流是 1.8 亿元。

云铜集团 4S1P 项目实现了员工五险两金的自动计算，建立了薪酬集成模式，实现了员工总数和薪酬总额的控制，实现管控点前移，由财务事后控制变为业务事前控制，强化了云铜集团在财务、人力资源、生产、投资、矿产资源和安全环保等方面的专业化管控能力。

通过实施全面预算管理和资金集中管理项目，云铜集团年度节约 3000 万元左右的财务费用；实现了全集团核算平台的统一，合并报表的出具时间较之前缩短 3 天；实现了全面预算管理，提高预算执行率 15%。

【获得荣誉】

2010 年 7 月 21 日，获得“全国软件正版化工作示范单位”荣誉称号。

2010 年，被工信部信息化推进司授予“2010 工业信息化运行形势指数企业”称号。

2010 年，4S1P 项目入选“2010 年国家重点产业振兴和技术改造专项”项目。

2010 年，下属玉溪矿业大红山“数字化矿山与安全生产保障系统建设试点工程”入选“国家 2010 年重点产业振兴和技术改造专项”项目。

2011 年，云铜集团、云铜股份外网通过中国互联网信息中心监督评定与认可，分别被授予“中国可信网站示范单位”荣誉称号。

2011 年 5 月，被工信部信息化推进司授予“2011 工业信息化运行形势样本企业”称号。

2011 年 10 月，云铜股份 MES 信息化项目被工信部列为首批“两化融合促进节能减排重点推进示范项目”。

2011 年 8 月，下属玉溪矿业大红山“数字化矿山与安全生产保障系统建设试点工程”被工信部列为首批“两化融合促进安全生产重点推进项目”。

2011 年，云铜集团信息化水平被云南省工信委 AHP 体系评价名列第二位。

云铜集团获中铝公司“信息化工作先进单位”荣誉称号。

云铜集团获工信部颁发的“国家级两化深度融合示范企业”荣誉称号。

2013 年 9 月，下属冶炼加工总厂能源管理中心项目被工信部评为“工业企业能源管理中心项目建设示范”项目。

南京康尼公司

——信息化全面集成　四方效益显现

南京康尼公司成立于 2000 年，2013 年销售收入达 10 亿元，2014 年 8 月 A 股上市。公司主营业务为轨道交通门系统的研发、制造和销售，并提供轨道交通装备配套产品与技术服务，其厂区如图 1 和图 2 所示。公司主要产品城轨车辆自动门系统产品，目前占国内城轨市场份额的 50%以上，同时，公司已跻身欧洲、北美等发达国家市场，成为国际著名轨道车辆供应商加拿大庞巴迪公司、法国阿尔斯通公司、德国西门子公司的合作供应商，被誉为“中国第一门”。

图 1　模范中路厂区

康尼公司是国家高新技术企业、国家认定企业技术中心、国家机械工业轨道车辆自动门工程研究中心，建有江苏省轨道车辆自动门工程技术研究中心、江苏省博士后科研工作站。公司也是《城市轨道车辆客室侧门》和《城市地铁车辆电动客室侧门行业技术规范》国家标准的主要制定单位。

图 2　恒达路厂区

为使企业做大做强，走创新之路，用具有自主知识产权的民族品牌开拓国际市场，康尼公司瞄准国际标杆企业，提出了跻身世界一流的发展目标，为了实现这一目标，公司聘请国内知名的管理咨询专业公司，对康尼公司发展战略进行研究。康尼公司的战略发展定位为基于机电一体化创新能力的多元化集团公司。公司将以机电一体化技术为核心，以推进机电装备制造业现代化为己任，以轨道交通装备产品供应和服务、电力自动化产品、专用仪器仪表等机电产品为主业，实现多元化发展。公司将运用优秀的管理能力和品牌资源，优化资源配置，坚持以人为本，在为客户和社会创造价值的同时实现公司的盈利与可持续发展，给投资者以回报，给利益相关者以期望。根据国家“两化融合”的政策导向和康尼公司自身发展的需要，与标杆企业的信息化水平进行比对，康尼公司提出了实施“两化融合”，支撑公司发展的战略。并将战略定位为实现数字化企业的“智慧康尼”，并聘请国内著名的制造业信息化专业机构作为公司信息化战略研究的合作方。

【主要做法】

针对国内两化建设的环境和特点，结合康尼公司的实际情况，康尼公司在信息化实施过程中，主要做法如下。

（一）重视规划与体系

高层及各级领导高度重视，带领全员参与。董事长亲自参与并指导公司信息化规划的制定工作；总经理专程前往北大接受了为期一年半的 IT 专项培训，并亲自组织制定信息化规划；成立了由公司总经理、各部门负责人组成的“康尼公司信息化工作委员会”，并设立了首席信息官（CIO）。制定了信息化战略发展规划，明确了公司信息化建设的目标、实施步骤以及投资方向等。为了能正确认识自身信息化的水平和不足，康尼公司与信息化咨询机构，制定了“企业信息化成熟度模型”来对制造业企业进行信息化水平评估，并且每年按照此模型对信息化发展情况进行滚动评估，进而进行信息化滚动规划和调整。

（二）全员参与集中决策

为保证集团信息化框架体系的统一，在信息化规划、需求分析、系统选型、系统实施的全部过程中，集团及各（分）子公司相关人员共同参与、集中决策，避免由于缺乏沟通导致的系统建设不统一、业务管理不适用等问题。

（三）业务主导，需求明确

项目立项、实施的前提和基础是规范准确的业务需求，康尼公司的多元化业务导致需求的多样性，因此需求的确定需要集团及各（分）子公司仔细梳理，并与集团信息化部门共同确认。

（四）循序渐进、分步实施

信息化建设由公司进行统一规划，以保持集团整体信息化架构的统一性，按照项目轻重缓急程度、各（分）子公司的信息化基础水平，对信息化建设工作进行分类、分步实施部署。

康尼公司切实加强配套的管理体系，按照“实现一个、确认一个、推进一个”的原则，有效管控项目的进度和效果。注重项目验收及项目后评价工作。大力推进公司安全标准规范的贯彻落实，正确处理发展与安全的关系。信息化是一个全员参与的工程，不同员工对信息化的认识千差万别，需要通过培训提高员工的认识，使公司信息化顺利推行。引入并建立 IT 绩效评价体系，通过对绩效的科学衡量和有效管理，解决集团信息化效益难以度量和评测的问题。

【实施情况】

（一）制定中长期规划

康尼公司制定了信息化规，确定了“智慧康尼、绿色康尼”两化融合长远目标（见图 3）。近期目标是打造“2345 工程”（见图 4），构建一体化的集团管控平台，达成信息化覆盖集团内核心业务的目标。

（二）搭建完善治理架构

康尼公司建立了由战略层、管理层和维护层三个层次的 IT 组织机构（见图 5），从组织上保障企业信息化建设。战略管控层成员主要由高管组成，审议 IT 战略。运营管理主要由 IT 部门组成，承担 IT 运营和项目管理。业务执行层负责应用开发和桌面运维。

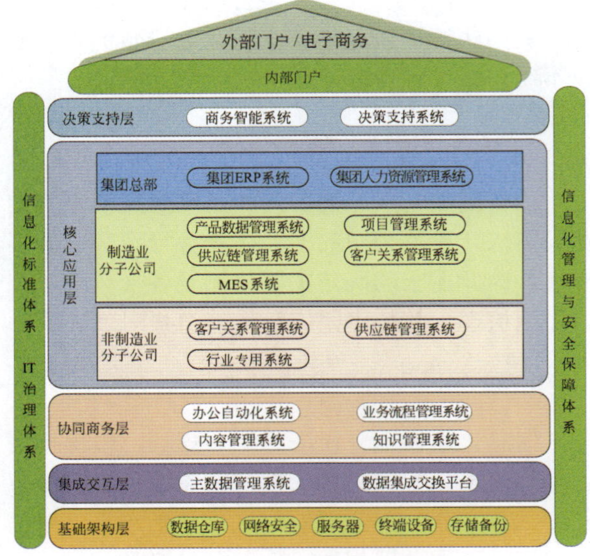

图 3　康尼集团信息化蓝图设计

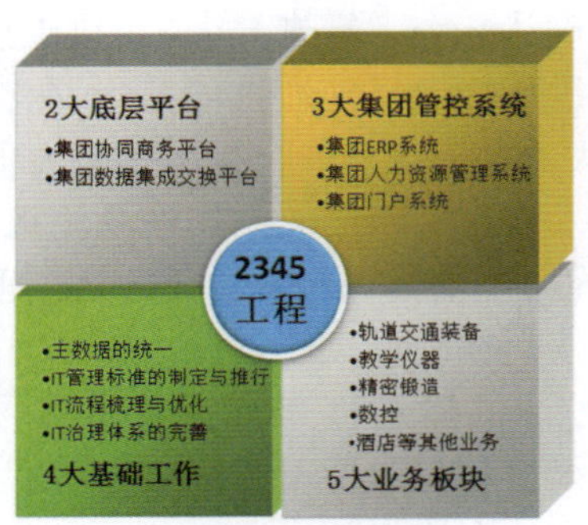

图 4　康尼集团“2345”工程

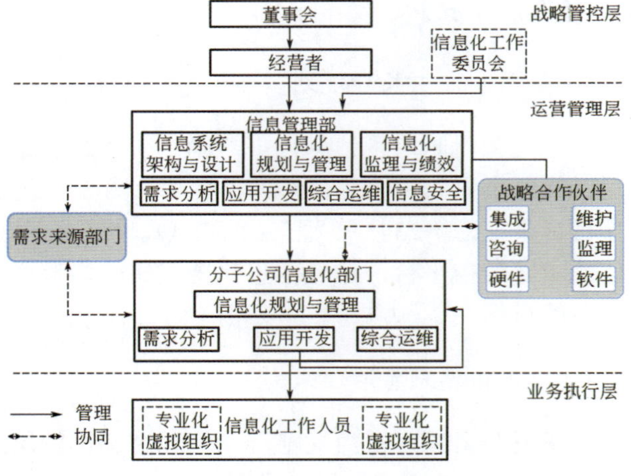

图 5　康尼公司 IT 组织架构

（三）保证资金投入

公司保证每年可用信息化预算投入不少于销售收入的 1%。

（四）保障基础设施

各办公场所通过加密安全的 VPN 网络进行互联，总出口带宽 384MB；建立了符合国家 A 级标准的主数据中心和异地灾备中心；建立了信息管理与安全体系；实施文档加密系统有效防范文件泄露和信息泄密；采用服务器虚拟化技术，实现系统快速部署和备份恢复；建立了各类 IT 管理标准 30 多个，2014 年实施了两化融合管理体系（见图 6），成为首批试点企业，并获得评审推荐。

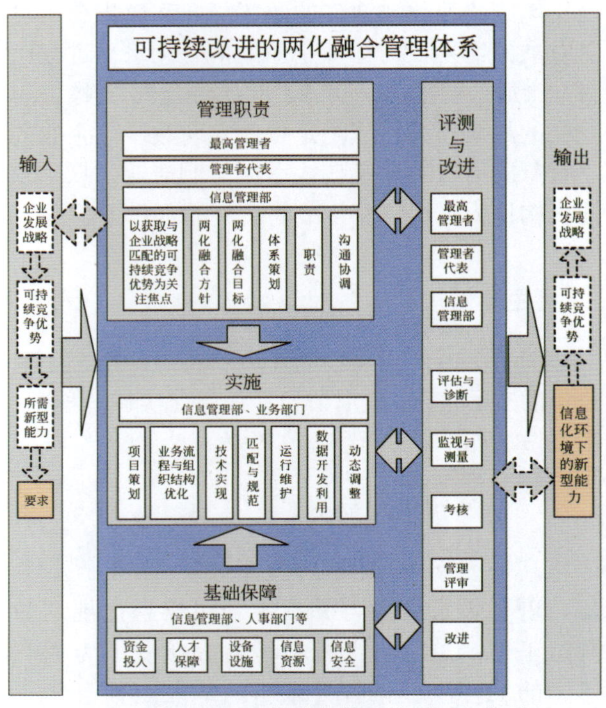

图 6　康尼公司两化融合管理体系过程关联

（五）多系统应用

1．企业管理信息化应用情况

实施了 ERP、HR、BPM（业务流程管理系统）、Portal、IM、E-mail、视频会议系统等，为基础办公和日常企业管理提供了有效的信息化手段支撑。

2．研发管理信息化应用情况

实施了 PDM、3D-CAD、CAE、CAI（计算

机辅助创新）、情报专利数据库服务平台等工具和系统，保障和提升了研发管理、产品创新、知识产权的能力和水平。

3．生产管理信息化应用情况

实施了 ERP、MES、BMS（条形码管理系统），保障和提升了生产计划管控、车间作业管控能力，提升了产品制造质量，实现了产品追溯。

4．质量管理信息化应用情况

自行研发故障报告、分析、纠正系统（FRACAS），实现了故障及解决方式的共享和发布，提高了产品设计质量，大幅度降低了设计更改数量，降低了产品成本。

5．供应链管理信息化应用情况

实施了 CRM、SRM，实现了企业上下游客户的有效沟通和协同。

（六）应用综合集成

康尼公司实施了主数据管理，数据管理系统如图 7 所示，实现了主数据、BOM、订单、计划、库存等信息的无缝集成。

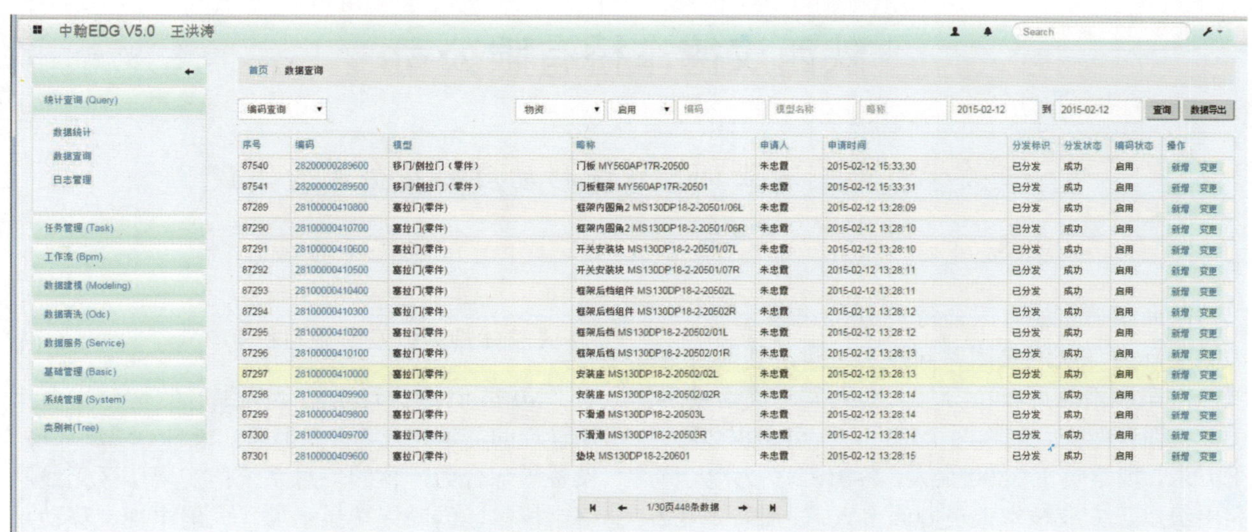

图 7　康尼公司主数据管理系统（MDM）截图

【实施成效】

（一）管理效益

借助两化融合使新产品开发效率提高了 2～3 倍，设计成本下降了 20%～30%，加快了公司技术创新的步伐。公司近五年来企业经营始终保持高速增长的良好发展态势，并进军国际市场，企业产品市场占有率稳步提升。

（二）社会效益

通过两化融合，实现产品全质量过程的管理和控制，提升了产品质量管理水平，提高了客户的满意度。作为门系统行业龙头企业，康尼的信息化建设带动了康尼供应商和同行的信息化建设步伐。

（三）经济效益

康尼公司自建立信息化规划以来，每年销售显著递增。2009—2013 年营业额如表 1 所示。

表 1　2009—2013 年营业额

	营业收入（万元）	营业利润（万元）	利润总额（万元）
2013 年	104144.25	11101.51	11699.08
2012 年	99978	12247.33	12443.27
2011 年	89287.65	12618.24	14578.86
2010 年	73583.92	9947.24	11885.84
2009 年	52127.3	6350.31	7264.08

（四）环境效益

通过两化融合，实施绿色设计、清洁生产、精益制造，促进康尼环境管理体系的有效运行，环境效益得到持续改进和提高，最终达到节能减排，提高经济效益的目的。

康尼公司“两化融合”建设获得了“江苏省管理创新示范企业”、“江苏省两化融合示范企业”等荣誉，CIO 刘文平被江苏省、全国首席信息官联盟评为优秀 CIO。

陕西汉德车桥有限公司

——关于汽车制造业 MES 系统移动应用在企业的实践

陕西汉德车桥有限公司于 2003 年 3 月 23 日由潍柴动力与陕汽集团共同投资组建，其前身为陕西汽车制造总厂车桥分厂。公司属于高新技术企业，拥有西安、宝鸡两个工厂，厂房面积 20 万平方米，现有员工 3800 余人，各类工程技术人员和中级以上专业技术人员 600 多人，注册资本 3.2 亿元，年销售额超过 50 亿元。

自 2007 年起，公司已先后实施了 ERP、条形码、CAPP、PDM、售后服务、采购管理、EAM 设备管理、销售等信息系统，基本解决了面向“供需链及制造”的管理和优化。但是，生产制造过程管理、组织、控制、信息的即时发布接收仍然是个空白，对任务分配、执行过程中产生的数据、产品质量、设备、人工等信息无法实时采集与共享；缺失产品过程数据的跟踪、监视、控制等要求，造成质量追溯、统计分析、准确决策工作无法进行；装配跟单录入缓慢、效率低下、数据不准等多方因素，使得该问题解决迫切、紧急。同时，随着市场竞争的加剧、客户要求的多样化、生产的柔性化，企业竞争力面临严峻挑战，公司提出了向面向服务型制造转型的重大战略，不断提高过程信息、管理信息的集成和应用能力，实现管控一体化，不断提高企业竞争力。为此经多方考察和论证，拟通过实施 MES 项目解决这一难题。

【整体规划以及实施目标】

MES 制造执行系统是从生产制造全生命周期管理的需求出发，涉及软件、硬件、现场环境、设备等综合为一体的信息系统；实现厂区无线网络全覆盖，借助终端显示屏、大屏电视、移动平板、手机等硬件，运用必要的软件开发提供生产订单的跟踪、零部件信息、质量信息、工艺数据采集、工艺操作指导以及零件质量追溯、计划及物流信息的移动接收和反馈等功能；系统能有效地解决制造行业日益重要的柔性化生产和精益化生产的业务要求，降低生产过程中的成本、提高生产信息的透明度，借助信息化工具提高整个生产制造的精准化和系统化解决方案（见图 1）。

汉德车桥 MES 系统实施后，在生产制造过程要体现高效率、精准化生产，通过过程控制提升产品质量、降低成本，强化现场控制、流程的优化、业务规范管理和人员技能的提升。同时，汉德公司在“十二五”将实现制造过程的标准化和规范化，打造数字化工厂并全面实施 DNC 和 MES 系统，体现信息的高度集成和高效生产管理；通过信息系统建立实现产品全生产周期管理和过程控制与追溯，制造出一流产品，为客户提供高性能、高可靠性、高安全性、低成本的优质产品和系统化的服务体系；对内细化管理，消灭信息传递壁垒，实现高效协同运作。

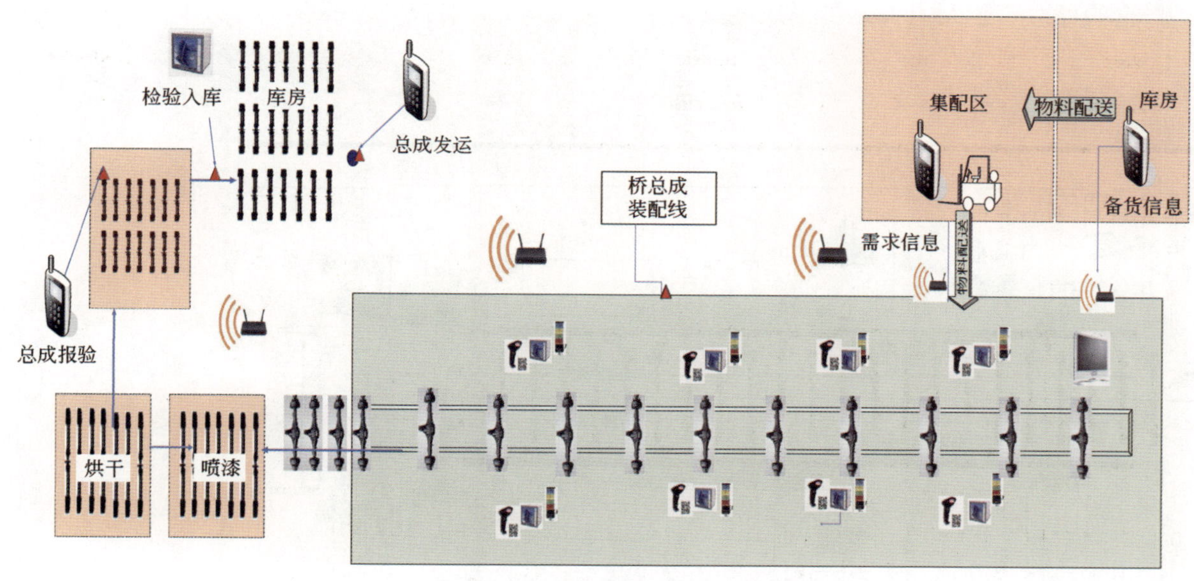

图 1　MES 制造执行系统示意

【关键疑难点阐述】

（一）业务梳理重构及基础数据整理

MES 项目不同于其他信息系统项目，它在整个企业信息集成系统中承上启下，是生产活动与管理活动信息沟通的桥梁，是上游数据汇聚执行的终端广播和控制手段，任何一个环节存在瑕疵都将使整个系统无法正常运行；故实施该项目就要对公司自销售、设计、工艺、制造、采购、库存等各个环节，以及涉及 BOM、物料数据流程进行全面梳理，项目组根据业务组建了物流改善组、条形码推进组、工艺及 BOM 组、质量工作组，对公司涉及业务进行了全面梳理，所有环节收集的问题均制定整改措施和管理办法，制定了相关制度文件、系统运作规范、操作手册确保落地。

（二）软件功能开发与实施

由于各企业现场设备、工艺及管理的差异，MES 系统没有成型产品，所有功能均根据公司设备、工艺及管理结合未来规划定制开发。软件功能模块涉及系统管理、生产计划排程管理、物流管理、基础数据规范优化、装配跟单信息采集、装配参数采集、总成报验检验的移动处理、过程质量数据采集和处理、计划及物流信息的移动接收反馈及 OEE 报表监控管理等功能。采用移动数据采集器、扫描枪、显示终端及电视大屏、报警灯、工业相机、移动平板、手机等多种设备与跨平台软件集成实现，同时与 ERP 系统、CAPP 系统建立数据交互接口衔接，确保信息流及数据的快速、准确传递和回写。并根据现场业务成功应用了啮合印迹图像采集、手持式移动质量终端及扭力设备集成等功能，满足了信息传递、执行指导、监控和统计分析的需要。

1．生产管理模块功能

通过信息系统集成实现 ERP→MES 数据流通。在 MES 系统搭建从计划接收→计划排产→计划排序→计划锁定→拆分下发的一系列计划管理功能，打通从 ERP 系统至 MES 系统完整的计划任务管理流程。并实现在线隔离/重新上线、任务甩线/重新上线以及桥总成序列号预指定等功能，解决在生产制造过程中不同客户需求变化的快速响应。

在 MES 系统中通过建立工位站点，构建虚拟生产线。实现生产线与计划管理关联，将计划信息准确传递，将系统业务操作与具体“生产线”的装配工序进行“绑定”，使其完全融合，“缺一不可”，使其完全固化与生产现场（多数企业的信息系统失败主要是系统内系统外两套运行，这样实施后，虽然系统的“异况”可能引起严重的停产，但是只有这样系统才真正落到实处，数据才能及时、准确）。同时，将生产过程及各节点数据以图形化的方式展示，实现过程实时监控（见图2）。

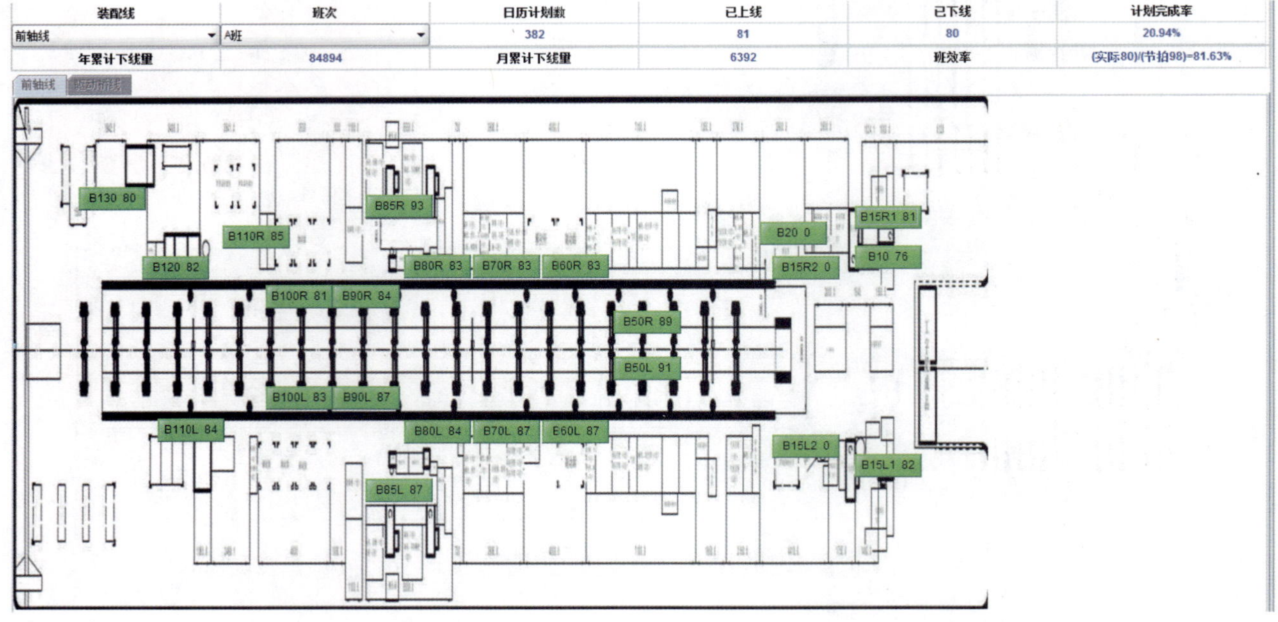

图2 生产管理模块

通过基础数据维护以及系统数据采集，实现站点登录与IP地址绑定功能；通过定义打标模板，实现标牌打刻数据系统化传递，减少人为打刻出现的错误。

2. 物流管理模块及移动应用

物流管理模块按照精益生产推拉式结合设计，依托MES系统计划排产及任务BOM信息，通过开发手机App以及平板应用程序，通过手机和平板电脑，发布物料备货及物料配送时间、数量、地点等信息，指导库管员准确备料，指导物流人员进行按时按序按量配送。提醒、警示物流人员关注装配需求变化，即时进行信息的获取和反馈。同时在手机终端开发监控管理、OEE及效率分析报表，线体动态信息（见图3）。

配送方式分为电子看板和计划配送两种类型。

电子看板：针对通用性强的C类零件，线边库存设置安全库存量，小于安全库存即产生配送需求；

计划配送：依据计划排程顺序，上线时间结合任务BOM信息系统自动计算指定计划的需求信息，结合包装数量生成计划配送票据。

系统在计划排程完成后，根据供应商份额及历史出库信息计算实际出库份额差异，自动分配默认配送供应商，经库管员确认后，向物流员平板终端发布提示消息及配送指令，物流员根据配送指令及装配进度需求组织按序、按量、按时间送线。主要实现了当班及下一班计划备货信息查看、装配计划动态走线、物料需求信息查看、配送单据在线生成及物料接收确认、紧急配送指令授理、警示预警消息提醒等功能，真正实现了物流信息准时、准确传递、信息无缝流转衔接、物流组织透明高效。

3. 装配跟单记录及质量控制管理模块

通过维护检测参数，针对不同物料、不同客户维护不同的检测参数，并将参数与站点绑定，实现关键检测参数在线采集。针对一部分质量采集参数通过通讯模块接口的方式实现从现场设备直接采集质量追溯参数；并针对啮合印记这一特殊追溯要求实现印记调整完成实时比对拍照，并将照片上传系统存档。实现工艺参数的在线质量事中控制，同时为后续设计、工艺方法的事后分析提供准确依据。

集成ERP系统任务BOM信息，将装配BOM

清单通过显示终端发布到工位，实现了当前装配桥工位 BOM 清单的即时查看。通过规范装配工操作与系统业务进行绑定，实现关键物料装配在线条码即时扫描，准确记录装配物料工位、供应商及物料批次、序列、时间、装配工等信息，建立产品履历电子档案取代纸质跟单，同时实现了物料装配的事中控制，彻底解决错装、漏装的问题（见图 4）。

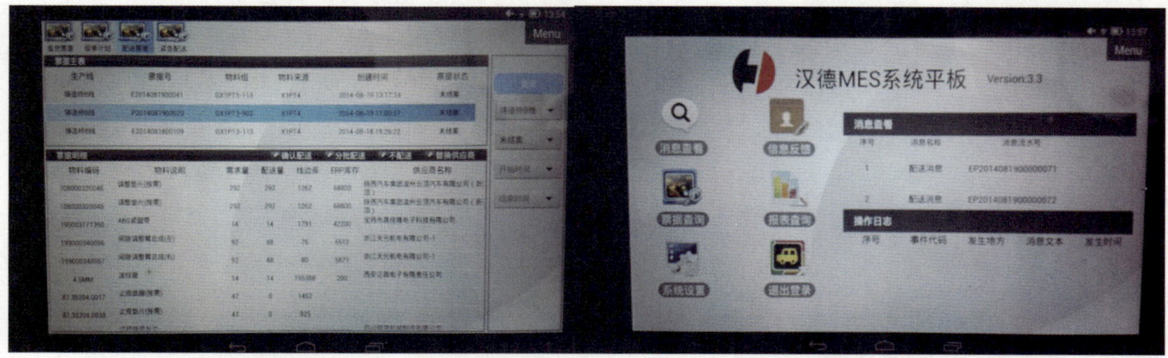

图 3　物流管理模块

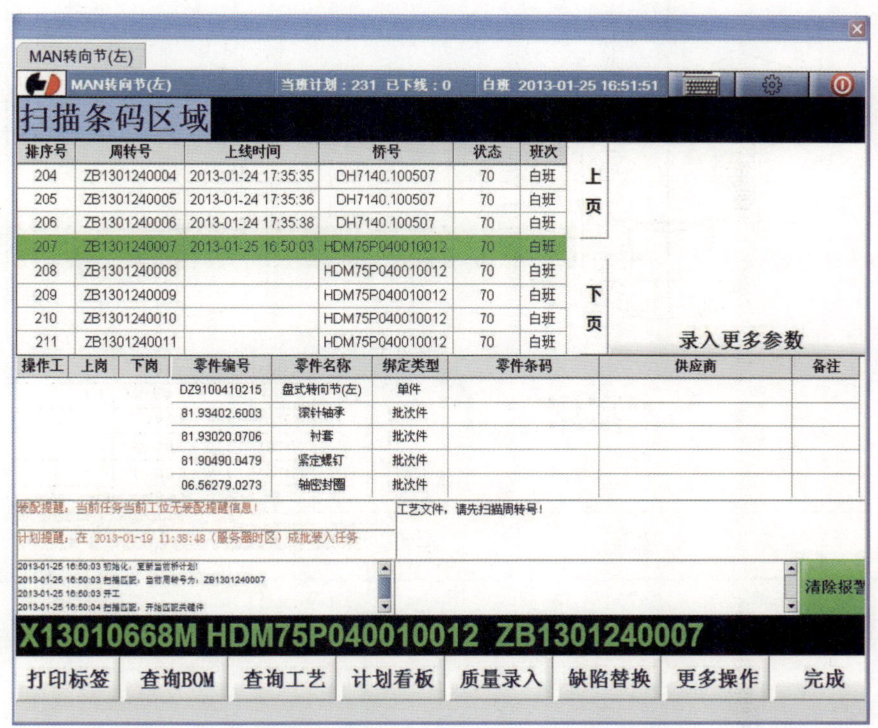

图 4　装配跟单记录

装配过程中零件缺陷反馈功能，将信息发布传递、物流拉动与零件质量处理相结合，从而实现了质量与物流的完美结合，确保质量缺陷信息与实际业务正确匹配。通过装配工零件缺陷在线反馈，借助无线网络、手持平板和手机快速发布，巡检及相关管理人员同时响应。巡检员携带移动平板现场判定对应缺陷代码、拍照取证后上传 MES 系统，完成过程质量缺陷的快速处理及准确及时的物流拉动配送。

对于桥总成入库及过程控制，借助车间无线网络及手持 PDA 无线采集设备结合 MES 系统软件开发，报验人员采集桥总成序列号报验时对装配过程中反馈质量缺陷未确认处理的业务，进行系统操作约束和提醒，检验员通过移动平板进行判定输入对应缺陷代码及详细缺陷，拍照取证后按返修流程返回报验及返修人员处理，判定合格的通过接口传入 ERP 系统做账务处理。

MES 系统实时产生的装配跟单记录及工艺参数通过数据库接口的方式，准确、实时地传递给售后服务系统，支持追溯统计分析和服务费用分解。

（三）工艺指导模块

通过与 CAPP 系统建立接口，实现现场终端装配工艺、控制计划等信息的快速定位查看，彻底甩掉了传统工艺纸质传递、保存，真正实现了工艺卡片唾手可得。同时根据采集的 BOM 信息，在电子跟单扫描时匹配 BOM 信息与扫描物料信息，应用声光报警提示，对装配过程出现的错装、漏装问题进行控制和提示（见图 5）。

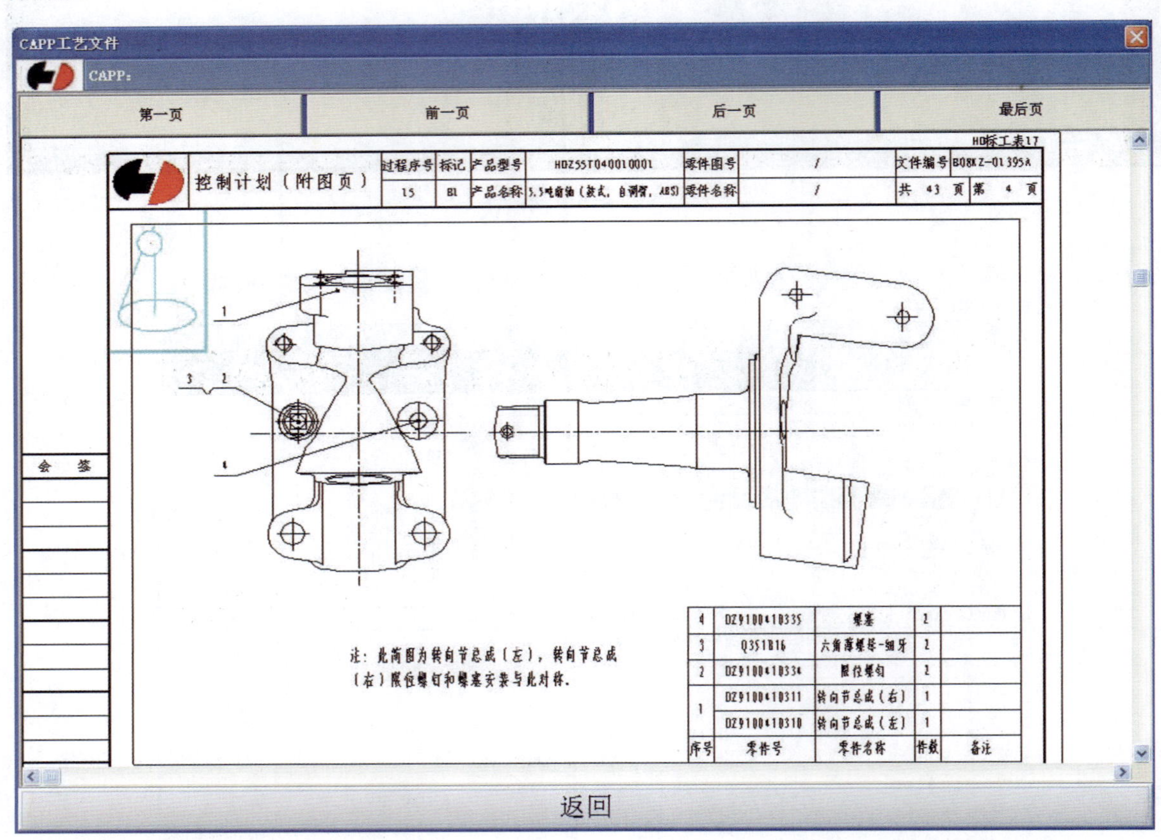

图 5　工艺指导模块

（四）消息及报表模块

报表模块涉及生产管理、质量管理、物流管理三大部分，通过对现场业务数据的实时采集，针对各模块各单位统计分析和业务监控的需要，分别开发了桥总成一次检验合格率、工序一次通过率、班计划锁定率报验完成率、停线效率分析等报表（见图 6）。

消息提醒模块借助无线网络和手机平板，通过软件开发，按业务流程及业务需求，分别采用业务节点触发和定时触发的方式对授权接收者进行信息发布和业务预警。

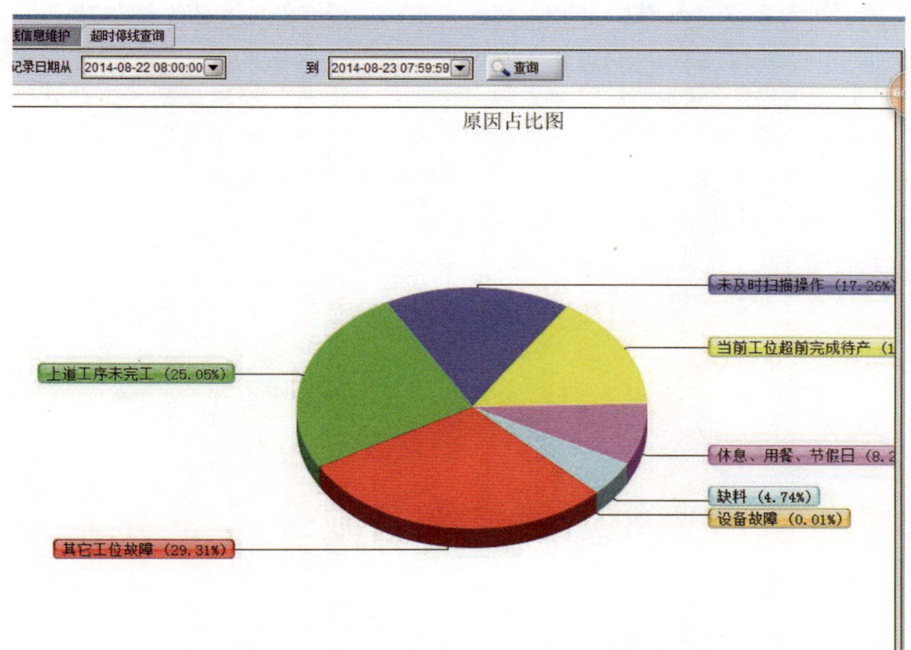

图 6　报表模块

【成效分析】

在实施该项目前，装配作业的过程管理、控制均采用的是事中登记、事后录入再分析的方式，信息发布接收响应速度慢、协同性差、现场问题处理滞后、事后追溯困难、效率低；现场各工位物料使用状况不清楚，物料配送方式是通过配送物流员进行巡检的方式，对线边料架进行缺料配送，送料盲目、指导差，绩效考核无依据；质量跟单由装配工手工填写，在生产频率高的情况下，装配工数据收集填写困难，容易错填、漏填，录入时纠错难度大、成本高、效率低；质量判定过程中缺乏基础信息支持，容易错判、漏判；实际装配过程中因资源紧缺等原因可替代物料频繁替换使用，而实际使用物料无追溯记录；设计 BOM、工艺 BOM、制造 BOM、客户特殊配置以及发生工程变更的信息传递口径多、执行差；未实现装配过程的在线指导、预警、监督和防错，工艺文件不能指导现场，错装、漏装时有发生、质量问题反复、投入成本大。实施 MES 系统后，生产线有了明显的改善，具体如下所述。

（1）BOM 的准确率达到 98%以上，由原来虚拟消耗点改成了工艺、现场、BOM 三统一，使生产更加有序；对关键工位实现了在线作业指导、预警、监督机制，大大提高工作效率，减少了此类问题的发生。

（2）利用自动化手段采集产品过程信息，取消纸质跟单，解决了纸质跟单人工投入大、准确率差、效率低的问题。

（3）改善物流配送模式，实现推拉结合式生产，切实解决了“要什么？送什么？什么时间要？要多少？”的问题，减少了线边库存和资金占用的压力。

（4）在物料标识和包装上有了质的飞跃，重要件实现了二维码，其余件 100%实现一维码，在改善管理的同时，保证了物料过程流转的及时性，对于辨别假冒服务信息也起到了积极的作用。

（5）系统建立了过程防错、相互约束的关系，使过程受控更加准确，生产组织全过程各个环节更加透明化，更利于问题的解决和管理的提升。

（6）在信息发布、传递和接收上运用了无线网络和多种移动设备，使得信息传递实时、准确，且口径统一，生产组织全流程控制，问题定位准确、整改复发率低。

【项目总结】

在项目实施过程中，对公司自销售、设计、

工艺、制造、采购、库存等各个环节，涉及物料及 BOM 数据的流程进行全面梳理，制定相关制度文件、系统运作规范、操作手册共计 18 套；软件设计均以解决现场实际问题、生产效率、便捷操作为原点，反复优化，其中啮合印记拍照、质量呼叫、在线工艺展示、移动应用等创新点达 10 多项。最终保证了该系统从功能、性能、稳定性、硬件性能、硬件稳定性均可达到项目预设目标，满足当前对于质量控制、生产管理方面的需求，实现了项目“产品全生产周期管理无缝集成和业务串通”的目的。

鼎桥通信技术有限公司

——融合的 4G 专网　为你所用

【机遇挑战伴随宽带集群网络诞生】

随着行业用户业务的发展，在主要的行业应用中，如政府公共安全、交通、能源、电力等领域正面临越来越多的挑战。

如何提升效率应对越来越大的业务量需求；

如何解决各行业中业已存在的高速、频率干扰、恶劣环境、广覆盖等问题；

模转数的大潮中，如何选择一个代表未来发展方向的无线通信系统。

由于传统的窄带集群已经越来越难以满足行业客户需求，随着无线行业专网技术发展，传统窄带集群组织 TETRA 扩展到宽带集群组织 TCCA（TETRA 关键通信联盟），其所提供数据速率也从模拟集群 2.4kbps 发展到数字集群 28.8kbps，再到现在的宽带集群能提供 20Mbps 以上带宽，从而带动宽带多媒体集群业务的广泛应用。

【鼎桥通信市场回顾】

鼎桥在 TDD 领域已深耕 10 年。这 10 年，也是中国通信走向世界的 10 年。借着 3G、4G 的东风，鼎桥在公网领域取得了显著的成绩，成功占据全球 TDD 领域 60%的市场。

2010 年，在我们对全球专网领域进行深入调研后得出两点结论：

中国的专网要有自己的标准；

基于宽带的集群系统必将是未来趋势。

面对 4G 宽带集群这样一个巨大的市场，鼎桥已经拥有自主研发的宽带集群芯片、多行业成功的端到端产品及解决方案的应用；作为 B-Trunc 标准技术方案的主要贡献者，鼎桥通信在涉及网络架构、高层信令、空口优化等诸多方面均拥有核心专利。

过去 3 年是鼎桥专网快速发展时期。从 2012 年仅仅几百万元的销售额，到 2013 年上亿元的销售额。2014 年整个宽带集群专网产品的销售将挑战 10 亿元。在专网市场，鼎桥完全是通过合作伙伴进行销售，鼎桥致力于发展合作伙伴，现阶段已签约的合作伙伴已经达到了近百家。

鼎桥宽带集群解决方案在诸多政府及行业领域都取得了规模商用。在南京政务网项目中，鼎桥协调应急通信部门、南京市政府语音中心、南京市政府视频中心和信息中心，出色完成多部门之间的对接合作，此政务专网也成功地为 2014 年 8 月刚结束的青奥会提供了指挥调度保障工作，这也是在国际大型赛事中首次使用宽带多媒体数字集群作为指挥调度保障（见图 1）。

2014 年发生云南鲁甸地震时，鼎桥也积极参与到应急保障工作中。紧急调用当时在云南电力的应急通信车赶往现场，为电力抢修过程提供实时的抢修画面和故障定位（见图 2）。除此之外还为当地部门提供了一套 Rapid 快速部署系统，由于交通受阻，通过铲车运输抵达现场，快速建立起指挥中心，将现场的照片实时回传回来，保证现场可视，指挥可达（见图 3）。

图 1　鼎桥为青奥会提供指挥调度保障

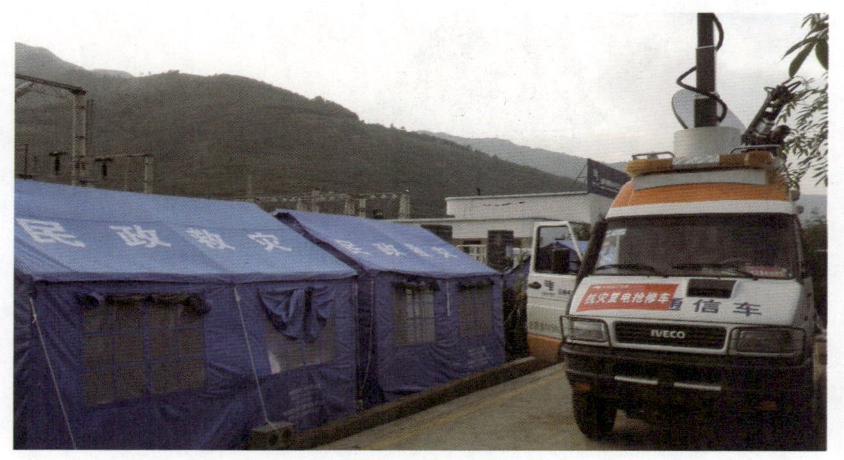

图 2　电力抢修应急通信车

图 3　快速部署系统放入铲车渡河

鼎桥的宽带集群产品，不但在中国得到了一个很好的发展，在海外也有很多成功案例。例如，加纳国家安全网、委内瑞拉国家安全网，这些都是全国铺设的大型网络；除了安全网之外，鼎桥在电力、机场交通等行业也都纷纷取得了突破。截至目前，鼎桥已成功服务于20多个国家、100多个行业项目。欧洲、北美等高端市场均已进入。

【融合的Witen，为你所用】

Witen解决方案经历了开拓期、发展期，逐步进入成熟期。鼎桥持续保持高水平的研发投入，在成熟可靠的硬件平台基础上，不断推出匹配客户诉求的新特性，在行业应用上引领宽带集群的发展。

在终端形态上，鼎桥已经形成高中低多个梯度的系列化产品，如大屏智能终端，高、中、低端手持终端等。同时针对不同行业的特点和需求，推出了车载终端、列车终端、数据卡、Mini PCIe Card、宽带接入终端以及许多行业合作终端如港口、机场、煤矿等，极大地丰富了集群终端的种类和数量，从而满足不同行业客户的需求（见图4）。

图4　专业宽带集群手持终端

【开放合作，携手共赢】

在宽带集群这条充满机遇与挑战的道路上，与产业链的各方朋友携手并进，共同发展是鼎桥行动的准则。我们致力于向合作伙伴提供可靠先进的通信平台、开放友好的二次开发接口，让合作伙伴更便利、高效的在我们的平台上进行二次开发；让我们的最终用户更容易进行使用。同时，合作伙伴开发的应用，也可以借助鼎桥在全球搭建的产业链平台面向全球进行销售，让客户的利益得以放大。

现在整个宽带集群行业迎来了高速发展期，而发展期的速度取决于整个产业链的共同推动。作为设备和方案的提供商，鼎桥将一如既往的深入研究行业客户的业务应用、使用习惯，与合作伙伴一起，做好各行各业顶层设计，推出满足客户需求的端到端的行业宽带集群解决方案！

先进人物（按姓氏首字母排序）

毕英杰

MES领域专家。上海市科委专家库专家、宝钢集团技术专家。1983年毕业于东北大学，教授级高工。

长期从事钢铁企业生产管理、计算机信息化系统的研究与开发工作。负责完成了多个国家“863”项目，以及国家工信部、上海市科委、经信委、冶金企业重大信息化工程项目，并主持研发了多个大型企业管理软件产品，积累了丰富的企业信息化及计算机应用技术方面的经验

1．作为技术负责人，承担了国家“863”项目——冶金工业MES架构和关键技术研究与示范应用，负责MES产品化软件总体设计与研发工作，形成了国内第一套覆盖冶金全流程的MES产品化软件，填补了国内冶金领域的一项空白。目前该产品已在国内冶金企业实施了150多套，市场占有率达到50%以上，并获国家重点新产品称号。该项目还获得上海市科学技术进步奖二等奖。

2．带领团队自主研发了基于云计算技术的现代冶金企业产供销一体化系统软件产品。项目获得2013年上海市科技进步三等奖。

3．作为项目负责人承担的“基于IT、产品和服务综合能力提升的大型软件企业标准化管理”项目，2010年获得上海市企业现代管理创新一等奖。

4．2009年获得上海市优秀学科带头人称号。获得上海市科委及软件协会共同颁发的“2009年度上海市软件标兵”称号。

5．发表论文20余篇，获国家发明专利5项、软件著作权6项，具体如下。

［1］发明专利：《一种基于计算机的连铸物流的仿真系统》，专利号CN200410009213.7，授权时间：2006-9-13。

［2］论文：《MES的整体架构及在钢铁行业的应用》，《控制工程》，2005年6月。

［3］论文：《Technical Framework and Industrial Application of Steel Enterprise MES》，2004年世界工程师大会会议论文集。

［4］论文《The Formulation and Application of MES Standard in Electronics Industry—The Fruit of Manufacturing Management Practice in Baosteel》，2008年第三届宝钢国际年会会议论文。

［5］国家电子行业MES标准：《企业信息化技术规范 制造执行系统（MES）规范》（主编），标准号：SJ/T 11362 2006。

［6］《流程工业综合自动化技术》（编写组成员），机械工业出版社，2004，ISBN：7111148274。

曹明生

致力于推动企业信息化的发展。在其带领下，华伍公司的信息成绩化硕果累累，应用水平一直处在前列。经过多年的

发展，华伍公司已经建立了多项信息化设施和系统。公司从1998年起，开始启用自建的MIS系统来管理公司内的存货，于2001年引进了江西用友软件公司的U8 ERP管理软件，并与用友公司建立了长期的合作伙伴关系。目前还在实施的有带条码扫描的立体化仓库管理系统、电子移动办公平台、电子商务平台、为企业经营提供数据支撑的商业智能BI系统。

常　明

男，1980年出生，汉族，中共党员，研究生学历，硕士学位，高级工程师，河北省信息化专家库成员，河北省招投标评标专家，河北省政府采购评标专家。自参加工作以来，一直工作在石家庄市政府信息化和电子政务建设前沿，多次参与石家庄市电子政务工程项目建设，熟悉政府信息化，尤其专注于网络与信息安全领域，具有丰富的理论基础和实践经验。

日常工作主要负责全市的电子政务外网建设、管理及信息安全保障工作，自2004年接手这项工作以来，石家庄市电子政务外网从无到有，从单位内部局域办公网络发展成为纵向连接国家和省、横向连接各市直部门的城域专网，网络规模翻了两番；网络与信息安全保障工作方面，连续十多年确保石家庄市电子政务网络与信息安全零事故；指导食药监、人社、园林、卫计委等十多个市直部门应用业务系统的网络接入与信息安全，为全市老百姓网上办事提供了便利。

主要参建大型项目

河北省政府部门互联网安全接入项目试点——石家庄市政府部门互联网统一接入工程。工程完工后，石家庄市电子政务外网初具规模，连接市直五十多个单位或部门，接入终端总数将近五千台。通过项目的集中建设、统一管理，节约石家庄市电子政务网络及信息安全维护资金上千万元。

河北省信息安全管理体系建设试点——石家庄市政府信息安全管理体系建设项目。通过项目建设建立起符合国家标准的规范化、体系化、文档化的信息安全管理体系，及时发现并解决信息系统中存在的安全隐患、薄弱环节和安全风险，增强抵御灾难性事件的能力，进一步提高了石家庄市电子政务网络与信息安全管理的规范性、科学性和有效性，全面提升信息安全管理水平。

获得荣誉

2008年河北省北京奥运会期间信息安全保障先进个人；

2012年石家庄市信息安全保障先进个人；

多次获得石家庄市政府办公厅系统优秀工作人员、优秀共产党员和嘉奖等奖励。

陈会军

石家庄市鹿泉区卫生局党委书记、局长，毕业于石家庄市地区卫校，从一名临床医生做起，先后历任乡镇卫生院院长、区医院院长，2008年担任卫生局局长，成为县（区）卫生系统信息化建设领头人。

2008年，是国家医药卫生体制综合改革的决策年，也是决定医疗事业发展方向的关键年。有着大量农村基层工作经验和敏锐洞察力的他，把握时代脉搏，凝聚集体智慧，团结和带领卫生系统广大干部职工，全面开展县域卫生信息化建设。在建设实践中，他始终遵循两个“坚持”，坚持顶层设计、分步实施，亲自牵头规划系统功能，确保每项应用都符合实际。坚持“标准统一、信息共享、互联互通”，亲自督导项目落实，确保各类数据、信息标准、规范统一，全面消除“信息孤岛”和“信息烟囱”现象。面对资金短缺难题，他与业务部门一道，将建设项目作出详尽预算，列出详细条目，细化到每个环节，摸清了信息化建设资金底数。按照“多方融资、互助共建”的策略，一是积极争取当地政府和上级专项资金支持；二是通过各医疗机构增收节支，自筹资金；

三是取得合作银行的支持，形成共建合力。几年来，共筹措资金4000余万元大力发展卫生信息化建设，在河北省取得三个率先：率先建设区域卫生信息平台，实现健康档案县乡村三级共享；率先采用“云计算”模式，完成县域全部医疗机构数字化医院建设，与区域卫生信息平台进行对接，实现了“健康档案”和“电子病历”两大数据库的无缝融合；率先全面实施电子病历CA认证，实现区域医疗无纸化。2008—2013年，鹿泉先后被确定为国家卫生部13个居民健康档案重点联系县、河北省信息化建设试点县（市）、石家庄市国家居民健康健康卡试点县（市）。2013年年底，在河北省首发国家居民健康卡，打响了河北省居民健康卡推广应用“第一枪”，促进了医疗服务和信息化的深度融合，全面提升了县域医疗卫生服务质效和水平，受到群众一致好评。鹿泉卫生信息化也由最初的“试验点”发展成指导河北省县级信息化建设的“示范点”。

程筱胜

南京航空航天大学机电学院教授，主要从事CAD/CAM、企业信息化等方向的科研工作。在上述主要研究领域发表学术论文40余篇，获省、部级科技进步奖2项。

丁朝阳

非常熟悉信息化建设工作，尤其是大力推进智慧新余建设，在他的带领下，新余市信息化建设成绩显著，亮点较多，人民日报、中央电视台等中央、省主流媒体对“智慧新余”进行了报道，在全国产生了广泛影响，新余市入选信息惠民国家试点城市、信息消费试点市，连续四次入选中国城市信息化50强。2014年获得“全国优秀首席信息官”荣誉称号。

付红军

1998年开始从事企业信息化工作，2000年主持企业开展新产品研制开发运用CAD技术，并获得国家科技部颁发的“全国CAD应用工程示范企业”称号。2007年主持企业开展“ERP管理系统”安装、运用、培训工作，实现企业物流、采购、销售、生产、计划等业务部门的的信息化。2007年，承担了十一五国家科技支撑计划项目——“四开高速单张纸多色胶印机的攻关与开发”项目。2009年，承担江西省科技厅组织的“制造业信息化甩图纸、甩帐表（两甩）应用示范”项目，项目实现以ERP、PDM系统为核心，通过千兆局域网联系的工程信息系统及数据分析应用。建立和形成协同运转、高效管理和科学决策需要的综合信息系统。2012年主持企业“ERP管理系统”的升级和完成企业（省级）工程技术中心建设三维“CAD/CAPP/CAM/PDM系统”。主持企业开展“基于物联网先进装备制造自动化技术”项目的研究开发和“基于物联网远程自动化控制技术的印刷机项目”的研究开发。

何　萍

女，中共党员，教授级高级工程师，硕士学位，博士在读。

1997.7—2012.3　上海交通大学医学院附属瑞金医院计算机中心副主任，高级工程师

2012.4—　上海申康医院发展中心医联中心（信息中心）主任，教授级高级工程师

工作兼任情况

2008.10—　兼任上海市健康信息网工程指挥部办公室信息技术总监

2009.9—　兼任上海卫生信息工程技术研究中心行业研究部部长

2013.10—　兼任国家卫生信息共享及应用工程技术研究中心行业研究部部长

主要从事医院数字化建设、上海医联工程及上海市健康信息网工程等区域医疗信息化项目建设，实现了38家市级医院之间临床诊疗信息的共享，具有很强的医院信息系统应用与区域医疗整体协调发展的融合能力，在区域医疗

信息化建设领域等方面具有相当的经验积累和深入研究。作为申康医联中心负责人，带领团队先后攻克诸多信息技术难题并进行业务流程改造，主要攻关上海这一特大型城市的市—区—医疗机构多层级、异质异构系统之间的信息共享与协同，保证医院信息系统的高效性能；重点专研并解决区域医疗信息的多级存储架构、跨医疗机构的文档共享标准、医疗信息传输与存储安全策略等关键技术。先后主持研发医联工程各信息系统，包括区域临床路径应用服务系统、医联智能提醒系统、医联预约服务等20多个大规模在各医院全面应用的医联业务系统、医院门急诊和住院医保结算系统升级、医生移动查房系统等医院业务系统开发，制定下发 10 余项医联信息标准和规范，获 11 项市科技成果证书。以课题负责人及主要研究员组织及参与17项国家及省部级重大课题的研发工作，并在公开发行刊物共发表论文 20 余篇。编著《健康医疗云》、《医疗大数据》等书籍。于 2013 年获国家科技进步奖二等奖、第十二届“上海 IT 青年十大新锐”获得者；于 2011 年获上海市科技进步奖一等奖、中国医院协会医院科技创新奖一等奖；于 2010 年获上海市科技进步奖三等奖、中国医院协会医院科技创新奖三等奖；并荣获“十一五”国家科技计划执行优秀团队奖、中国国际工业博览会银奖以及上海市信息技术优秀应用成果奖等诸多荣誉。

胡义华

现任江西江铃底盘股份有限公司副总经理，分管制造、信息化、技术改造、设备管理等工作。近年来主导或参与的技术攻关项目多次获江西省、市和江铃集团科技进步奖：《汽车后桥壳总成加工新技术》获中国汽车工业科技进步三等奖，《汽车后桥 3C 一体化技术研究》获江西省科学技术进步三等奖，2011 年获“全国机械工业职工技术创新先进个人”、“江西省重点用能企业节能工作先进个人”称号。

胡　云

教授级高级工程师，毕业于华东理工大学（原华东化工学院）自动化专业，现任上海宝信软件股份有限公司智能化事业本部副总经理。

长期从事企业和政府建设工程相关领域建设项目的技术方案设计、系统实现、综合管理工作；涉及冶金生产过程自动化、市政工程水务、桥隧、轨道、环保等工程智能化、自动化和信息化的技术研究和系统集成方案研究；承担和主持了多项大型企业的重点工程建设项目专业配套。承担的宝钢大型鼓风机自动控制系统设计、开发和调试工作填补了国内独立承担建设的空白，取得显著成效。作为核心团队成员参加成都地铁 1 号线工程、重庆地铁 1 号线工程，参与项目的技术方案评审与确定，负责项目的过程管理工作。其中，城市轨道交通综合监控技术及其在成都地铁 1 号线的应用于 2013 年获得了宝钢集团科技进步一等奖。

追随科技发展的步伐，理论结合实际应用，不断积累经验，将国内外科技发展前沿的先进技术引进消化和吸收。从基础自动化、检测监控仪表、集中分布式控制系统工作，到视频监控、网络集成，再到数据整合、数据仓库的建立、信息管理系统的建设过程；探索尝试把多种技术穿插应用，形成有特色、有实用价值的仪电自动化控制系统和信息应用管理系统，并取得了显著的成果。

在工业化、信息化的两化融合工作开展方面。将企业的环境监测、监控及信息化系统与政府的环保监测监控及综合管理信息化系统进行无缝对接。该系统的建立完成了对钢铁厂以及所属区域环境的全面监控管理。系统设计过程中坚持创新，将社会科学、计算机技术、网络通信技术、空间信息技术、物联网技术等多知识融合在一起应用到系统软件平台上，整合基础数据、空间数据、地理信息数据，构建“数字环保”、“一张图、一个网、千里眼”的 24 小时监测监控网。实现上海市、宝山区、宝钢企业的数据共享，强化了系统的监管能力，提升了应对环境风险的能力。研发系统通过了市环保局及相关专家的评审，达到了国内一流、国际先进的水平。

开展智慧城市建设方面。培养和带领团队参与了上海市水源地青草沙水库建设、崇明东风西沙水源地建设、上海虹桥枢纽综合信息管理系统建设等。

黄志辉

1976 年 11 月出生，华中科技大学软件工程专业毕业，高级工程师，现任广州市电子政务中心重大电子政务项目管理部部长、信息系统项目管理师和系统分析师。长期从事政府信息化工作研究和建设工作，2013 年，负责编写了《广州市电子政务总体技术框架》，指导广州市各部门信息化项目建设。负责多个国家、市级科技项目研究，2012 年承担国家重大科技专项——核高基《基于国产 CPU/OS 的地方政府部门办公信息系统应用研究及示范工程》，受到工信部信息化推进司及核高基专家组的一致好评；市级科技项目包括《政府网站资源云服务平台》、《基于物联网的增强现实（AR）关键技术研发项目》、《基于亚组委信息资产的电子政务云计算平台研发及产业化科技项目合同》等科技项目工作；作为骨干参与了多项广州市信息化建设重点工程项目建设，包括广州市政府信息共享平台、广州市社会保障信息系统、广州市市民网页系统、广州市网上办事系统、广州市统一身份认证系统、广州市社区综合信息化系统总体设计、广州市公共信用信息系统、广州市电子政务云、广州市政府网站群等一批市级重点项目前期策划和建设实施工作。2011 年，所承担的广州市市民网页，获得了“2011 年度服务创新型政府网站”殊荣，同时获得了广东省的高度重视，并在广东省推广。

李　红

中国中钢集团公司信息管理中心总经理，北京科技大学工商管理硕士研究生，中国人民大学 CIO 研究中心研究员。1983—1999 年在冶金工业部从事行业计划和统计工作。2000 年至今，在中钢集团工作，先后从事企业管理和信息化工作。在主持中钢集团信息管理部工作的 10 年多时间，大力改革和推进信息化建设，取得全面的建设成就。

在冶金工业部工作期间主持过冶金工业部综合统计年报管理系统、冶金工业第三次工业普查信息管理系统等 IT 项目建设与应用，1999 年曾主持制定《冶金工业生产统计指标体系》获得部级科技进步（管理类）二等奖。在中钢集团工作期间主持完成 20 多个信息化项目建设。2007 年参与《大型钢铁服务型企业提升集中管控能力的信息化建设》成果，荣获第十四届全国企业管理现代化创新成果二等奖。2010 年参与《中钢集团基于综合配套、系统集成服务的钢铁生产性服务企业战略转型》成果，荣获第十六届全国企业管理现代化创新成果一等奖。

李　萍

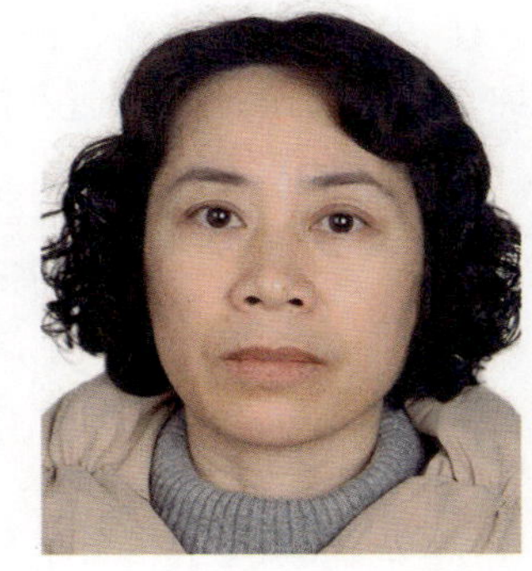

现任桂林市旅游公共服务管理处科长，工程师。

1998 年 11 月开始从事信息化工作，是桂林市旅游发展委员会最早从事信息化工作的人员之一。十几年来一直默默奋斗在信息化工作一线，多次被上级部门评为先进工作者，在信息技术与旅游业相结合领域作出了较大贡献。

工作历程

1998 年 10 月至今　在桂林市旅游公共服务

管理处担任网络工程师和技术促进科科长，从事旅游信息化建设、推广应用及计算机网络系统集成与维护工作。

1998—2005年　参与建设桂林旅游网及内部办公网，负责计算机网络系统集成、维护和网站维护、推广运行。

2006—2010年　参与了桂林旅游资讯网、桂林旅游政务网、桂林旅游超级办公室、桂林市导游考试报名系统的建设和运营。实现了市级到各旅游企业一体化的旅游信息化报送机制和交换机制，极大提高了旅游管理部门和企业的工作效率。期间参与编制了《桂林旅游公共服务体系规划纲要》、《桂林旅游公共信息服务平台建设项目可行性研究报告》。

2011—2013年　参与建设了桂林旅游目的地营销系统、基于移动互联网的桂林旅游服务平台研发及示范工程、桂林旅游呼叫中心、二维码认证技术在桂林数字旅游中的应用与示范、桂林旅游电子商务认证系统等，各项目均已投入运营，取得了较好效果。期间参与编制了《桂林智慧旅游总体规划》。

2014年与海航集团合作开发桂林旅游集群网站平台，以及桂林旅游综合数据中心一期、桂林智慧旅游企业标准评价体系、桂林旅游智能终端系统、国际旅游胜地多语种智慧旅游平台研究与示范等项目建设，均已通过验收。期间参与编制了《桂林智慧旅游标准体系》、《桂林旅游综合数据中心规划》。

发表的论文

发表的论文有《桂林智慧旅游信息平台数据库硬件架构设计方案》、《桂林智慧景区游客服务平台研发与应用》、《一种有效提高网站访问速度的途径及其监控方法》。

李志宏

女，汉族，中共党员，硕士研究生学历，1990年参加工作。现任石家庄市卫生和计划生育委员会党委书记、主任。1990年，大学毕业后分配到石家庄郊区区委党校工作，后到农村挂职锻炼，1998年任乡镇（办事处）计生办主任；2000年通过年轻干部公开招考，被选拔到石家庄市人口和计划生育委员会任副主任、党组成员；2012年任石家庄市卫生局党委书记、局长；2014年，石家庄市卫生局与市计生委机构合并后任石家庄市卫生计生委党委书记、主任。

工作20多年来，李志宏始终在民生战线上摸爬滚打，对民生事业充满了感情。在卫生计生信息化建设方面，更是倾注了大量的心血。有着新加坡南洋理工大学留学经历的她，对信息化建设情有独钟。早在2009年，国家人口计生委就在全国推广石家庄市人口计生信息建设工作经验，特别是到市卫生计生委工作后，将信息化建设摆到全委工作的重要位置，亲自谋划、实施和督导。针对信息建设水平低、底子薄等问题，提出信息化建设“以人为本，实用共享”的基本理念和要求，强调标准统一，突出政策引导与应用服务，保证业务管理和技术的深度融合。在她的主导下，推出了石家庄市区域卫生计生信息化建设“36211-2”战略工程，并积极协调政府财政和上级主管部门，争取项目建设资金，加强人才引进与培养，树立和宣传先进典型，并打出了一套漂亮的“组合拳”：搭建市级区域卫生计生信息平台，开展数字化医院建设，推进基层医疗卫生机构信息化升级，研发石家庄市人口计生公众服务平台、人口信息交流平台和流动人口信息服务管理系统，试行民营医疗机构电子病历信息监管，强化公共卫生信息资源整合，初步形成了以市级信息平台为核心、以大型医疗机构为龙头、以县级信息平台和乡镇卫生院为枢纽，以村卫生室为网底的综合信息服务体系。在民生服务领域，免费发放居民健康卡200万张，开通12320卫生计生公益服务热线，推出卫生监督二维码阳光公众信息服务平台，建立健康档案823万份、电子病历15万份，常驻人口健康档案覆盖率达85%，全面提升当地医疗卫生和计划生育服务效率、质量和水平。石家庄市先后被国家卫生计生委确定为全国电子病历试点城市、全国居民健康卡试点城市和全国孕产妇及儿童健康管理信息系统试点城市。

刘 峻

男，1975 年出生，中共党员，现任广州市电子政务中心主任，高级工程师，信息系统项目管理师，曾任亚运会亚残运会总指挥部办公室技术支撑组副组长，主要从事政府信息化工作研究和电子政务信息系统的总体规划、建设运营和项目管理工作。负责广州市政府信息共享平台、社会保障（市民）卡、政府门户网站、市民网页，以及市本级电子政务网络、云服务中心等公共基础设施的建设、运维和服务管理工作。还曾作为骨干参与了多项广州市信息化重点项目，包括广州市社会保障信息系统、广州市网上办事大厅、广州大学城一卡通、广州市电子政务网络畅通工程、广州市城镇职工医疗保险信息系统一期、广州市公共信用信息系统、电子证照系统、中国留学人员广州科技交流会信息网络系统、国家电子商务示范城市广州市金融 IC 卡多应用试点项目、第三批日元贷款国家经济信息系统项目、广州市社区建设信息化项目、第 16 届亚运会信息技术应用和成绩系统实施等。所承担的项目曾获国家信息技术应用“倍增计划”优秀项目、第三批日元贷款国家经济信息系统一等奖、中国信息协会“政府信息化应用推进奖”。全国首推的市民网页在 2012 年巴塞罗那智慧城市博览会上获得城市类决赛奖，所管理机构获 2012 年广州市创先争优先进基层党组织、第一届全国“敬老文明号”称号。个人因工作表现出色，曾获得“广州市社会保障信息系统项目建设先进工作者”称号及政府 CIO 年度贡献奖。

刘年风

江铃的企业信息化建设是国内汽车制造业甚至机械制造业的先行者与领先者，刘年风女士多年来作为江铃公司负责整个制造系统工作的高层领导，前瞻性和战略性地规划、领导与支持了江铃制造系统以及其他系统的信息化建设，负责了“QAD 系统与标准成本分厂”实施项目、“SAP 企业信息化大流程切换”项目、“MES 制造执行系统”项目、“福特 AWS（汽车三包系统）/WBDS（生产线在线信息系统）/FIS（福特信息系统）”等项目在江铃的导入与实施，使体现了江铃管理思想、管理技术的体系一体化管理与 IT 信息系统有机结合在一起，给江铃带来了流程管控的核心竞争力，奠定了企业信息化建设的基础。

刘文平

1992.10—2004.06，历任南京三乐集团（国营第七七二厂）团委书记、分厂副厂长、厂长、事业部总经理、集团副总经理；2004.06—2005.02，任南京康尼机电股份有限公司常务副总经理；2005.02—2011.11，任南京康尼机电股份有限公司总经理；2011.11—任南京康尼机电股份有限公司副总裁，分管集团信息化，兼轨道交通事业总部总经理。

在康尼任职期间，带领企业从 1 亿元跃升至近 10 亿元平台，连续三年销售增幅达 40%以上。在企业内部建立了扁平式的科学、高效、权责分明的组织架构，建立和完善了业务流程，建立了学习培训机制，强化信息化建设，重视人才队伍建设和人力资源开发管理。

刘文平同志一直分管和负责康尼公司两化融合工作，为更好推进企业信息化工作，曾参加北大 CIO 培训。组织制定《集团信息化战略规划》，并实施了该规划，从公司信息化框架、核心系统设计、信息安全体系、IT 治理架构等方面对企业信息化进行了规划，明确了集团和分子公司之间的 IT 治理关系，明确了企业信息化建设思路和步骤，有效支撑了企业战略规划的实施。

刘文平同志组织实施了 PDM、金思维 ERP、SAP ERP、HR、FRACAS、BPM、MES、MDM、CAI、情报专利数据库平台等重大信息化应用系统，通过信息系统的实施和应用，通过信息化的建设和应用，极大提高了工作效率；促进了标准化工作和技术管理水平的提高；使产品数据不断完善，实现了设计资源的共享与利用，保证了设计更改控制与管理数据的准确性、一致性、有效性和可追溯性；实施精益管理和VMI，有效降低了库存，减少了库存占用资金；有效降低了采购成本；生产效率显著提高；提高了产品质量和客户满意度；使人事管理向人才战略迈进，逐步实现企业决策科学化。通过信息化的深度应用，促使管理和经营观念转变，挖掘多个新兴经济增长点，例如，配件、服务市场。

在刘文平的组织领导下，2009年，康尼公司被评为“南京市信息化和工业化融合示范企业”，ERP管理信息系统荣获“南京市第十五届企业管理现代化创新成果”二等奖；2010年，康尼公司被评为“江苏省信息化与工业化融合示范企业”；2011年，康尼公司“基于‘两化’融合的数字化企业的构建与实施”被评为“江苏省第十七届企业管理现代化创新成果”一等奖。

刘文平同志对于信息化的理解不仅仅是工具，为企业管理服务，同时信息化又促进管理提升和转型。在企业，不能为了信息化而做信息化，应根据管理需求，将信息化与企业管理深度融合，方能发挥出信息化最大的效力，信息化最终使命是为企业带来效率和效益。信息化的核心就是“集成”与“融合”，就是运用信息技术改造传统业务作业方式，实现各个信息系统的集成与融合，实现组织、业务流程与信息系统的融合，实现信息系统与自动化系统、智能化系统的融合，实现产品整个全生命周期信息的集成与融合，最终实现信息化对企业发展战略的传承，信息化需要融入到企业价值链的各个环节、各个层次、各个业务之中，使其发生深度的“化学变化”，使信息系统如人体的血液和神经一样，融为企业业务活动的一部分，融为企业能力中的一部分，融为企业战略的一部分。

柳立峰

1996—2002年，进入中国电信南昌电信分公司工作，期间担任计算机中心主任工程师，承担了计费账务九七工程、联通公司互联互通结算系统、南昌电信公司小灵通码号受理系统等软件的研制与开发；期间被评为南昌电信公司优秀岗位技术能手，并于2000年被中国电信集团公司评为“21世纪跨世纪优秀人才”称号。2006—2014年，在江西省电信公司网络发展部工作，担任部门副主任职务，期间主持全省通信网络滚动规划的编制工作，负责江西电信业务网络、宽带接入网络等核心网络的规划、建设，牵头承担多项1000万元级以上的项目建设，负责江西电信公司云计算中心的筹建与投产，期间共获得集团科技进步一等奖1项、江西省科技进步三等奖2项、发表中文核心期刊论文2篇；2014年2月至今在中国电信上饶分公司工作，担任副总经理，分管公司的信息化建设、网络建设与维护等工作。

卢立铭

1977年毕业于上海华东师范大学数学系，专业为现代控制理论，研究数学模型的建模和应用。

1994—2002年任工程部门经理，2002—2005年任公司资深技术总监，2005—2010年任公司罗泾大客户经理，2010年至今任公司资深技术总监。

1978年4月进入宝钢总厂自动化部，从事炼铁高炉计算机应用系统软件维护和完善工作。

1986年历时18个月与日方共同进行连铸计算机应用系统的系统生成、基本设计、详细设计、系统测试和现场调试，该系统于1989年12月顺利投入运行。

1990—1995年主持宝钢三高炉过程控制计算机应用系统设计项目组，作为宝钢首次以中方力量开发的项目组负责人之一，负责项目组织、管理、技术方案规划、开发工作实施、应用软件制作、支援软件平台开发等工作，于1995年顺利投产，通过验收。

1996年12月获得宝钢三号高炉计算机应用软件系统的移植与创新项目宝钢重大科技进步成果一等奖（第二人）。

1995年11月—1997年5月主持宝钢一高炉

原地大修三电控制系统软件设计项目组，为项目负责人之一，负责项目组织、实施、软件设计，软件编制等工作。

1998 年 12 月获得国家冶金工业局科学技术进步奖高炉三电控制设备研制系统软件开发一等奖，并于 1998 年 12 月获得宝钢重大科技进步成果二等奖（第二人）。

1996—2001 年为宝钢一炼钢区域三电系统软件设计改造项目总负责人，组织、管理、实施转炉 L1/L2 控制系统、连铸计算机系统、精整计算机系统的软件设计等。该项目于 2000 年 11 月全面成功投入应用。于 2002 年获得宝钢股份公司一等奖。

2001—2004 年为集团公司“薄带连铸技术产业化攻关”项目三电控制系统设计宝信负责人，进行三电控制系统的系统设计、设备设计、施工设计、软件设计等。

2000—2001 年组织、策划并主持宝钢集团上钢一厂不锈钢工程冶炼区三电控制系统的前期工作，进行项目的规划、争取、竞争以及项目开发过程中的组织、管理、协调、技术方案的制定等。

2005—2010年任宝信公司罗泾工程大客户经理，主持、组织、管理和协调宝信公司从 L0/L1/L2/EMS/MES/ERP 等系统、从炼铁/炼钢/连铸/厚板轧机等信息化和自动化项目的实施、软件开发、生产准备、现场调试、投运等，于 2008 年 3 月全面顺利投产，并负责和策划宝信公司在罗泾新厂的 L1/L2/EMS/ MES/ERP 系统的维护，以及投产后的应用软件系统的完善。

为宝钢集团第三届、第四届、第五届、第六届计算机应用技术专家。

2001 年被评为教授级高工。

获得宝钢集团第一届 2002 年人才奖。

2004 年享受国务院特殊津贴。

马晓军

1990 年 7 月毕业于山东大学电子工程系，工作以来一直从事智能交通工程、行业电子政务和信息化规划、设计、组织实施及相关工作，现任云南省交通运输厅信息中心副主任，正高级工程师。

工作期间获得云南大学软件工程硕士学位，担任云南省物流学会理事、云南省云计算学会理事、云南省计算机学会管理信息系统专业委员会委员、云南省信息安全保护等级专家评审委员会评审专家、云南省党员干部现代远程教育基础设施专家组成员、昆明理工大学和云南大学工程硕士校外导师及答辩委员会主席、交通运输部西部项目专家组成员。

长期担任技术负责人的岗位，有较为坚实的理论基础和科研能力，承担了云南省交通行业专网的建设，主持开展了厅电子政务办公系统和行业电子公文传输系统的建设，并被评为交通运输部“十一五”优秀信息化项目。此外，还主持了行业多媒体应用系统的研发、行业人力资源管理系统的研发、全省交通 GIS“一张图”、12328 呼叫中心、协同办公平台、全省交通行业电子竣工档案管理系统、云南省交通运输行业数据中心、监控中心、全国高速公路通信工程联网云南段的设计和建设。通过近十年的建设，云南省交通运输厅信息化工作从 2003 年全国交通系统倒数第三名跃升到“十一五”全国交通运输系统信息化建设先进单位。在行业信息化的建设中，云南省交通运输始终坚持统一规划、顶层设计、分级实施的原则，主持编写了《云南省行业信息化“十二五”规划》，在厅党组提出建设智慧交通后，还主持编写了《云南省智慧交通建设纲要》，提出涵盖“智慧路网、智慧装备、智慧出行、智慧物流、智慧管理、智慧应急”六大应用的“1356”工程。还与云南大学开展合作，主持编写了《云南省交通运输行业资源共享整合指导意见》，更好地指导行业信息资源的整合与共享。此外，马晓军作为专家参加修订了《云南省高速公路联网技术规范》、审核了《多条高速公路三大系统联网方案》。

工作期间，参与完成的“云南省交通行业综合业务互联网络与多媒体业务系统研究开发与应用”项目获得 2008 年云南省科学技术进步二等奖，参与的“云南省公路水路交通运输人力资源平台建设研究与应用”项目获得 2012 年云南省科学技术进步二等奖，参与完成的“汽车销售、维修、备件供应、信息服务‘四位一体’电视管理系统”项目获得2000年云南省科学技术进步三等奖。2004年被评为云南省电子政务先进个人，2008年被评为交通部网站建设先进个人，2006年、2007年、2008年以及2009年被评为云南省交通厅优秀工作者，任现职以来年度考评连续为优秀。2014年云南省交通运输厅信息中心被评为中国交通运输信息化智能化工作先进集体。在工作实践的同时，不断提高自己的理论水平，在核心期刊发表论文5篇，非核心期刊发表论文多篇。

蒙　奕

毕业于云南大学信息与电子科学系电子学与信息系统专业，任云南省交通科学研究院副院长，为云南省交通工程专家委员会成员、云南省科技厅科技专家库成员、云南省财政厅政府采购专家库成员。2003年被云南省人民政府授予“云南省百佳智能型职工”光荣称号；2004年获得“云南省政府特殊津贴”，2010年被云南省人民政府授予“五一劳动奖章”。从事交通运输工程研究20年来，专注于智能交通运输工程领域，通过阅读大量书籍和参加各层次论坛不断提升专业能力，不仅在行业内成为了资深的ITS专家，英语能力也达到很高的水平，能够熟练运用英语与国外专家直接交流。近年来承担了大量技术工作，先后组织完成了交通机电工程、交通运输规划、电子政务、信息化等科技项目20多项。获省科技进步一等奖1项、二等奖1项、三等奖2项；获得交通工程类软件专利7项；已完成并通过鉴定验收省发改委产业化项目1项、交通运输部西部项目1项、省科技厅专项5项；共完成7个省部级以上部门下达的科研项目，以及“云南省高等级公路智能化系统建设”等17个由云南省交通运输厅下达的科研项目。同时正在组织执行“交通安全统筹WAP移动稽查平台”等3项省科技厅项目；“云南省公路、水运交通建设投资对GDP增长贡献的测算研究”等5个由省交通运输厅下达的科技项目。作为技术负责人完成了大保、楚大、玉元、嵩待、曲胜、昆石、元磨、鸡石、通建、永元、元武等高速公路机电系统工程，共计30余项，总产值1.7亿元；作为项目经理完成了云南省所有高速公路的计重收费费率测算工作，主持完成的技术咨询业务合同总额已过千万元；在全省90%的高等级公路收费站普及了主持设计、施工的计算机收费系统；在云南省玉溪地区首次实现了开放式高等级公路“一卡通”收费；在鸡石、通建、永元、元武4条高速公路实施了具有自主知识产权、国内领先的联网收费系统，具备先进的“防倒卡”功能，并可以在远程实现7×24小时不间断维护。

明桂生

现任桂林市旅游公共服务管理处主任，广西大学工学学士，在职研究生学历，信息与通信工程高级工程师。

自20世纪90年代起从事旅游行政管理和旅游信息化研发工作。曾聘为广西师范大学旅游研究院特约研究员、桂林理工大学旅游学院兼职教授、桂林旅游高等专科学校旅游外语系建设指导委员会委员、腾讯网旅游频道高级旅游顾问。历任桂林市旅游局人事科科长、桂林旅游咨询服务中心主任、桂林旅游网络信息中心主任等职务。擅长智慧旅游总体规划、旅游公共服务体系规划，参与近十几年来桂林旅游信息化发展的各项重大决策和标准规划；负责科技部、广西区科技厅和桂林市工信委等多个项目的研发工作，并全面指导项目推广实施及运营。

主要业绩成果

国家科技支撑计划课题《基于移动互联网的旅游服务平台研发及示范应用》（2012BAH18F03）。课题成果中提出的“基于移动互联网的旅游服务模式研究及解决方案设计、研究开发移动互联网旅游服务技术、基于移动互联网的旅游服务平台研发及示范应用”在国内区域性移动互联网旅游电商服务平台应用上处领先地位。

参与建议桂林旅游目的地营销系统、桂林旅游呼叫中心、桂林旅游公共信息服务平台智能终端系统开发及示范应用、桂林旅游集群网站平台及电子政务信息系统、多功能旅游卡（一期）、二维码认证技术在桂林数字旅游中的应用与示范系统、桂林旅游电子商务认证系统、桂林旅游综合数据中心、桂林智慧旅游标准体系、国际旅游胜地多语种智慧旅游平台研究与示范系统。

代表著作及论文

主编《桂林市旅游“十一五”信息化发展战略》、《桂林旅游公共服务体系规划纲要》、《桂林智慧旅游总体规划》、《桂林旅游公共信息服务平台建设项目可行性研究报告》。参与编著《中国旅游公共服务“十二五”专项规划》、《桂林市建设现代化国际旅游城市的标准和发展战略》、《桂林旅游业：规划与发展》、《桂林智慧旅游顶层设计》、《桂林旅游综合数据中心规划》、《桂林智慧旅游标准体系》。

发表的论文有《桂林旅游信息化建设现状及展望》、《桂林智慧景区游客服务平台研发与应用》。

饶　坚

1986.6—1999.10 参与筹建广州市信息中心，历任办公室副主任、综合处副处长。

1999.10—2002.9 任市信息中心信息产业研究室主任。

2002.9—2004.10 任市信息办计算机处处长。

2004.10—2006.3 任市信息办网络与信息安全处处长。

2006.4—2007.5 第 16 届亚运会组委会筹备建立信息技术部，完成了亚运会信息系统的总体规划。

2007.5—2011.11　第 16 届亚运会组委会信息技术部副部长（市副局级）。主持并组织了亚运会及亚残运会信息系统总体设计、建设、实施、测试、测试赛和系统试运行的全过程，并在最后三个月协助部主要领导完成了系统联调和赛时运行工作，组织完成了赛后总结及 IT 资产回收和处置工作。赛后还作为责任主编完成了亚运会志的信息技术篇（25 万字）编纂工作，完成了《广州亚运会亚残运会信息技术及通信系统建设与运行》（66 万字）的编写出版工作。

2011.11—　任广州市科技和信息化局党委委员、总工程师。组织并完成《广州市社会治安与城市管理智能化视频监控系统规划》、《智能化城市管理与运行体系顶层设计方案》、《广州市城市大数据信息资源库建设理论、技术及需求分析》、《广州市社区网格化服务管理系统总体设计》等方案的设计和编写工作。

任　峻

苏宁云商集团股份有限公司董事、高级副总裁、董事会秘书，分管集团财务及 IT 相关工作。中国互联网协会互联网商务应用工作委员会主任。

简要经历：在任苏宁云商集团股份有限公司副总裁期间，全面整合财务组织、业务流程及信息系统各方面工作，保证企业在预定的轨道上运行。提升 IT 部门管理水平，全力打造自动化、信息化、智能化、人性化的先进 IT 平台，建立具有竞争力的业务流程，提升客户和合作伙伴的满意度。实现企业前台互联融合、后台云端共享，将大数据、C2B 反向定制等贯穿整个供应链，提升运营效率。通过将内部资金流社会化为互联网金融，真正满足消费者多样化的金融需求和供应商的各类融资需求。加速完成了企业的互联网转型，使公司在零售行业的 IT 应用处于领先地位，为公司健康、良性发展作出不懈的努力，使企业顺利走向国际零售业的舞台。

荣誉

获选 2007—2009 新财富金牌董秘。2012 年 5 月 3 日，《财富》公布的 2012 年“中国 40 位 40 岁以下的商界精英”榜单，排名第 7。荣获“2012 年南京市软件行业领军人物”称号。2014 年 6 月，荣获“全国电子信息行业优秀企业家”称号。

主持项目

①苏宁电子商务云平台建设项目；②苏宁云商大数据解决方案的研发及推广项目；③国家发改委“南京市网络（电子）发票应用试点项目”；④国家工信部“基于移动互联网的社交营销项目”；⑤科技部“家电类消费品电子商务服务技术研究开发与应用示范项目”；⑥江苏省商务厅中央财政促进服务业发展专项资金“南京物流配送中心建设项目”。

创造企业荣誉

2011年中国商业联合会“中国商业联合会服务业科技创新奖”；2012年8月，国家发改委“国家电子商务示范城市电子商务试点”；2013年1月国家工信部“国家级信息化和工业化深度融合示范企业”；2013年9月国家商务部“商务部电子商务示范企业”；2014年中国互联企业100强第9位；2014年国家两化融合管理体系贯标试点企业。

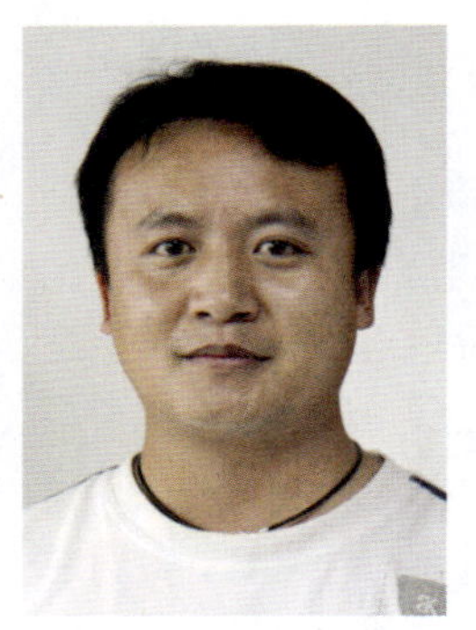

施智华

1979年11月30日出生，高级工程师。2001年7月毕业于云南大学计算数学及其应用软件专业。

长期从事智能交通工程、电子政务和交通运输行业信息化工作，负责和参与部、省信息化建设工程10多项，获省科技进步二等奖1项。先后承担了云南省交通行业专网的设计、建设和运维工作，通过MSTP分级汇聚实现云南省交通运输行业510多家单位全部并入行业专网，实现省、州市、县两级中心三级接入的行业专网架构；参与设计了云南省交通电子政务建设的架构及方案，提出了对内管理、对外服务、应急决策的三大目标和关键应用引导建设、公共应用统一建设和业务应用分级建设的理念，为云南省交通运输信息化发挥后发优势作出自己的贡献；参与开展了厅电子政务办公系统和行业电子公文传输系统的建设，目前系统已推广应用到行业380多家单位，并被评为交通运输部“十一五”优秀信息化项目和云南电子政务优秀项目；参与了行业多媒体应用系统的研发，并获得省科技进步二等奖；主持开展了行业人力资源管理系统、“数字乡村——交通”项目、交通地理信息资源共享系统、云南省公路交通信息资源整合与服务工程、交通行业运行监测信息整合分析及数据共享系统、交通综合运行分析系统开发研究、交通运输行业信息资源整合协同平台二期、交通综合运行分析系统开发研究等研发和工程建设项目，都取得了很好的社会和经济效益，有力推进了行业信息化发展。

参与《云南省交通运输行业十二五信息化发展规划》、《云南智慧交通发展纲要》和《云南省交通运输行业资源共享整合指导意见》的编制和执行工作；并主持开展了《云南省交通运输信息化建设管理办法》、《云南省交通运输厅信息网络系统安全管理办法》、《云南省交通运输厅政府网站管理办法》等相关信息化管理制度的编纂工作。同时，组织完成部、省“十二五”信息化相关重大工程和主题式项目的申报工作，并指导完成了昆明市出租汽车管理信息系统试点工程。

舒进良

积极推进企业信息化建设，建成为企业管理提供高效支持的SAP ERP信息平台，建立公司生产制造执行（MES）系统，实现MES系统与SAP ERP系统在基础数据信息上的无缝集成。建立公司统一的业务流程管理（BPM）系统平台，与现有的公司各种应用系统（SAP ERP、HR等）、AD域进行数据共享和集成，以达到提升工作效率和管理水平的目的，实现从传统的“人找事”转变成“事找人”工作模式的转变。

宋利康

中航工业集团特级专家，江西省制造业信息化专家组组长、江西省计算机学会副理事长、江西省工程图学学会副理事长。先后参加了多个型号飞机数模设计和技术管理工作，主持完成了多个国家级和省部级信息化项目课题的研究工作，获部级二等奖3项、计算机软件著作权1项，发表论文10余篇。

2004年被确定为江西省重点学科学术与技术带头人，2006年入选国防科技工业“511人才工程”学术技术带头人，2010年获“2005—2009年度南昌科技”明星奖，2011年获江西省政府特殊津贴，2011年6月荣获“中国航工业集团公司2010年度信息化工作突出贡献奖”。2010—2012年，承担省战略性新兴产业重大项目“大型客机前机身等直段研制关键技术”（航空制造技术领域），突破了大型客机前机身等直段研制过程中的5项关键技术，制定了5项制造技术标准规范。2011—2015年，组织行业钣金数字化研究和推进工作，主持国防基础科研计划“钣金件数字化制造数据库工程技术”项目研究（信息技术领域，在研）。项目预期达到国际先进水平，并已经在成飞、西飞、沈飞、航空625所等单位开始推广应用。

孙茂杰

江苏金恒信息科技有限公司总经理、党委书记，坚持打造“规范管理、注重实效、用心工作、追求卓越”的信息化团队，用了近5年来，共投资3亿元，完成了ERP等信息化建设。通过与韩国POSCO ICT、台湾中冠、宝信等著名信息化公司密切合作，并持续不断地进行信息化建设实践，打造出了一支高素质的软件开发和系统集成队伍，全面掌握了钢铁行业信息化建设方法和平台核心技术，成为推动南钢信息化建设的中坚力量。他提出的“NO.1 to Everyone”ERP实施手段被评为2009年全国“钢铁之最”。坚持以高效、优质、创新的服务理念为导向，整合各领域资源，构建运维工作机制，2010年荣获ERP获冶金科技进步一等奖。加强对云计算、虚拟化等新技术进行应用探索，成立云服务研究中心，进一步提升系统运行效率、降低运行成本，信息系统稳定运行率达到99.7%以上，居行业先进水平，促进了企业的两化深度融合。注重资质打造，金恒公司相继通过CMMI三级、系统集成三级资质认证，2014年8月，金恒公司从全国460多家申报单位中脱颖而出，成功获得全国首批两化融合管理体系贯标咨询服务资质，并作为全国钢铁行业唯一一家地方钢企信息与自动化公司成功入选。

向连超

在向连超的带领下，昌河汽车实现了从研发、生产、供应链、销售的全业务链信息化管控。2014年获得中国首席信息官联盟颁发的“2014全国优秀首席信息官”称号，带领昌河汽车顺利进入全国两化融合贯标企业和省两化融合示范企业。主持建设了昌河汽车集团化企业信息管理平台、面向销售售后业务一体化的营销数据平台、产品数据管理平台；建立了一整套完善的信息标准化体系，持续、高效、规范地推进昌河汽车信息化建设。通过信息化建设与综合治理，昌河汽车零部件重用度提高20%，研发效率提高20%，每年节省1500万元；整车旧件索赔每月降低50多万元，每年节省超过600万元；整车终端销售数据和库存数据达到100%准确度，每年节省查库费用500万元；实现了以昌河汽车主导的1200家供应商、经销商和服务站信息化集群，形成了良性循环的生态链。

袁 峰

在中国科学院从事过科研、工程、管理等岗位，在企业担任过研发主管和副总裁，近年来专注于科研成果产业化。

2011年起创建了广州中国科学院软件应用技术研究所，主持了国内多地的智慧城市顶层规划和建设项目，带领团队在智慧城市多个领域（智慧照明、视频智能分析、移动终端管控等）研发了广受市场认可的优秀产品，先后获得智慧城市国际博览会、物联网协会、工信部等国内外大奖。同时担任广东智慧城市产业技术创新联盟主席、工信部、住建部智慧城市专家、广东省食品药品监督管理局信息化专家组长等多项社会职务。

发表论文

[1] 黄祖成，袁峰，李引，基于6LoWPAN的无线传感网在智慧路灯中的应用，计算机工程

与应用，2014 年 3 月。

[2] 李引，袁峰，基于领域驱动设计的应用系统模型，计算机工程与应用，2013 年第 16 期，1-8 页。

[3] 袁峰，智慧城市建设初探，智慧城市，2012 年 10 月，创刊号邀稿。

[4] 袁峰，徐昊，智慧城市建设的思考与展望，城市观察，2012 年第 4 期，19-25 页。

[5] 袁锐，袁峰，李引，李然，基于 SMS 信息采集和 PAD 无线签到的会议管理系统，中国科技信息，2014 年 3 月。

[6] 方波，袁峰，李引，李然，城市公共自行车管理系统研究，中国科技信息，2014 年 3 月。

[7] 袁锐，袁峰，李引，李然，基于移动终端的会议管理系统，惠州学院学报（自然科学版），2014 年。

[8] 方波，袁峰，李引，李然，智慧绿道，惠州学院学报（自然科学版），2014 年。

获得专利

[1] 从软件过程到工作流的模型转换方法和系统，专利公开号：CN1896949。

[2] 一种基于云平台的超节能智慧路灯控制系统，专利号：ZL201220682191.0。

[3] 一种基于物联网的无线远程智能监控服务器，专利号：ZL 201220679940.4。

[4] 一种基于物联网的终端巡检与控制器，专利号：ZL 201220713082.0。

张劲锋

男，1972 年 7 月出生，云南省昆明市人，中国党员，现任云南铜业（集团）有限公司（以下简称云铜集团）持续改进和信息化管理部主任。

自 2008 年张劲锋同志负责云铜集团信息化建设以来，在他的带领下，云铜集团信息化建设发生了翻天覆地的变化，实现了从无到有、从初级应用到深度融合的跨越式提升。目前，云铜集团信息化建设已成为有色行业的领航者。

作为云铜集团信息化建设职能部门的负责人，张劲锋结合云铜集团实际情况，提出了“先基础、后提升，急用先行、实用优先”的信息化建设原则，同时针对信息化建设上下一致性的特性，提出了“五统一，六必须”的要求，完善了云铜集团信息化管理架构，加强制度建设、人员素质提升和信息化团队建设，建立了统一的企业门户、OA、即时通讯系统、视频会议系统、邮件系统等基础平台，强化机房管理和系统网络安全管理，推进软件正版化工作，规范信息化设备招标集中采购，引入虚拟化技术提升 PC 使用效率和稳定性，大力实施云铜集团冶炼板块 ERP+MES 系统建设和数字化矿山建设，积极推进云铜集团 4S1P 项目和全面预算及资金集中管理系统建设，强化集团管控能力。同时，为进一步规范云铜集团两化融合过程管理，张劲锋同志在云铜集团全面推进两化融合管理体系标准化建设工作。

在张劲锋的带领下，云铜集团信息化建设水平在云南省工信委 AHP 体系评价中名列云南省第二位。云铜集团也先后荣获“全国软件正版化工作示范单位”、工信部“工业信息化运行形势指数企业（2010）”、“工业信息化运行形势样本企业（2011）”、云铜集团和云铜股份外网获中国“可信网站示范单位”荣誉称号、云铜集团获“全国两化深度融合示范企业”荣誉称号。张劲锋同志主导的《大型企业集团快速夯实总部基础管理工作的信息化建设》获有色金属工业协会 2008 年度企业管理现代化成果二等奖、《大型企业服务器虚拟化的应用与研究》获有色金属工业协会 2010 年度企业管理优秀论文二等奖、《浅析集团化企业信息化建设之路》在 2012 年有色金属行业信息化优秀论文评选中获一等奖。

张韶井

国家 TD-SCDMA 专家组成员，从事无线产品研发及管理领域 20 年，经历过无线通信设备 2G/3G/4G 等产品的研发和商用工作，曾先后获得国家科技进步奖一等奖和二等奖，具有深厚的无线产品的开发、设计及管理经验，目前为鼎桥通信技术有限公司副总裁、全面负责公司研发和创新工作。

简要经历

1993 年毕业于北京邮电学院，同年加入原邮电部杭州通信设备厂，从事程控交换机的开发和测试工作。于 1996 年加入华为技术有限公司，加入之初即参与无线 GSM 的基站的研发工作，是华为无线基站最早的开发者和设计专家。在华为期间，历任开发工程师、产品经理、产品总监、无线业务部副部长。2005 年 3 月，正式调任诺基亚西门子通信和华为成立的合资公司——鼎桥通信技术有限公司，担任公司副总裁，主管研发工作，从事 TD-SCDMA 及 LTE 相关的产品研发。

2000 年，带领华为研发团队研发的 GSM 基站获得“国家科技进步奖二等奖”；2012 年，带领鼎桥研发团队以项目《TD-SCDMA 关键工程技术研究及产业化应用》，获得国家科学技术进步奖个人一等奖。

国内无线通信设备自主研发的奠基者

1996 年加入华为，从事 GSM 基站的研发工作。带领团队并作为最重要的设计师，设计并实现了第一代 GSM 基站，并在 1998 年通过国家鉴定，是中国自己研发并制造的第一代的可商用 GSM 基站，打破了国外在无线基站技术上对中国的垄断。在随后的几年内，推动 GSM 基站在国内的产业化，不仅取得了技术上的突破，而且对国内无线产品化的进程起到了关键的推动作用。在负责无线业务部整体研发工作期间，提出了统一平台的概念，并带领团队统一了 GSM/UMTS/CDMA 等基站平台，在统一平台基础上开发了不同的无线产品，极大地提升了产品的总体研发成本和产品的成熟度，为无线的大发展奠定了良好的基础。

资深的产业技术专家　中国自主 3G TD-SCDMA 技术商用化的成功推动者

2005 年的 TD 产业，在中国刚刚起步，如何能将这一关系着中国通信产业百年大计的自主创新技术快速转化为有形的产品并最终推向市场，与国际上已经比较成熟的 3G 技术比肩发展，是当时为数不多的几家 TD-SCDMA 设备商承担的重要责任和面临的巨大挑战。

鼎桥，由于它独具特色的企业背景，被业界寄予了深厚的期望。作为资深的无线通信技术专家，张韶井凭借多年的技术沉淀积累和管理研发团队的经验，快速打造起了一只融合两家母公司优势的研发队伍。张韶井作为鼎桥研发总负责人，在研发攻关关键的时刻，都会有他的身影，突破了一个又一个技术难题，和整个团队一起找到了最佳的解决方案。

经历了短暂的磨合期后，鼎桥研发团队就发挥出了战场奇兵的成果。鼎桥 TD-SCDMA 通信设备如期上市商用。2005 年第三季度末，鼎桥在业界率先推出了全套 TD-SCDMA 无线网络商用产品；同年，鼎桥率先在基于 TD-SCDMA 系统的 3G 业务平台上，与终端配合成功演示 WAP、IMS 等 3G 业务。

技术与商业融合的典范　推动自主创新的 TD 技术规模化成熟发展

2008 年，中国 3G 牌照正式发放。随着 TD 网络即将规模建设，整个 TD 产业也在经历着深刻和关键的变革，快速变化的市场为鼎桥带来了新的机遇，同时也面临着巨大的挑战。为了快速推出更成熟稳定的产品，满足市场需求，张韶井和鼎桥研发团队又开始了新一轮、同时也更为艰苦的奋斗。经过几年锤炼，张韶井和他带领的鼎桥研发团队已经相当成熟，在科学严格的管理下，张韶井带领研发团队在令业界瞠目的惊人速度下，推出了符合全球绿色节能理念业界体积最小功率最大集成度最高的 TD 无线基站产品，随后又陆续推出的具有创新技术的一体化解决方案、多频段组网解决方案等。鼎桥 TD-SCDMA 产品在中国移动 TD 二期和三期规模网络建设中广泛部署使用。 由于在 TD-SCDMA 技术和产品研发过程中的突出贡献，张韶井凭借项目《TD-SCDMA 关键工程技术研究及产业化应用》，获得国家科学技术进步奖个人一等奖。

LTE 宽带多媒体数字集群通信的推动者

2012 年，张韶井带领鼎桥通信研发团队开辟新的 LTE 宽带集群产品研发领域。短短一年时间，鼎桥就成功推出结合专业集群与 LTE 宽带技术的端到端解决方案产品族。在 2013 年工信部组织的测试中，鼎桥研发的 Witen 系统功能和性能均表现优异，语音集群主要功能和性能达到国际窄带专业语音集群技术 TETRA 的指标，数据达到了 LTE 峰值速率和时延指标。同时，张韶井关注标准演进，鼎桥积极协助 CCSA，推进宽带集群的国内标准 B-Trunc 国际化进程，将行业标准《基于 LTE 技术的宽带集群通信（B-TrunC）系统接口技术要求（第一阶段） 空中接口》成功写入即将出版的《M.2009 建议书》中，成为 ITU-R 推荐的 PPDR 宽带集群空中接口标准。张韶井受邀代表 CCSA 在 ITU WP5A 会议上进行发言及标准推动。作为全球宽带集群的积极参与者及推动者，张韶井率领鼎桥通信团队凭借在 LTE 领域多年的积累，秉承着“开放”与“合作”的理念，积极与产业链各方展开深入合作。现已成功在公共安全、交通、能源等诸多行业取得了实质性的突破和跨越式的增长，成功保障青奥会、亚青会等重要活动，在地震等抢险救灾指挥中发挥重要作用。基于解决方案的优异表现，张韶井和鼎桥通信专网团队获得了青奥组委会嘉奖、宽带集群杰出贡献奖、最具市场竞争力产品奖、IF 产品设计大奖等荣誉。

张晓东

研究员级高级工程师，现任南京新模式软件集成有限公司董事长兼总裁。张晓东从事软件工作 30 余年，在数据管理和数据安全等方面卓有建树，为我国信息产业的发展作出了突出贡献。先后获得“国家科技创新创业人才入选对象”、“全国电子信息产业优秀企业家”、“中国杰出管理专家”、“全国信息产业劳动模范”、“国家 863/CIMS 十五周年表彰先进个人”、江苏省“六大人才高峰”高层次人才选拔培养人选、“江苏省 333 工程中青年科学技术带头人”、江苏省首批“科技企业家培育工程”培育对象、“南京市软件企业十大领军人物”、“南京市有突出贡献中青年专家”、“南京市中青年行业技术学科带头人”等荣誉称号。

被政府和行业聘任为中国管理科学学会学术委员会执行主任兼秘书长、中国软件行业协会理事、中电标协企业信息化标准工作委员会专家、全国自动化系统与集成标准化技术委员会工业数据分技术委员会委员兼副秘书长、江苏省信息安全产业联盟秘书长、江苏信息产业专家委员会委员、江苏省人才创新创业促进会副会长兼电子信息专委会秘书长等。

张晓东带领新模式团队不断推出技术含量高、竞争性强的创新产品。经过多年的基础开发，推出了图文档卫士、文件外发管理系统、打印安全管理系统、数据自动备份系统、桌面安全管理系统、电子文件标签系统、云安全卫士系统、图文档易管理系统、企业研发容易管理系统、新模式产品数据管理系统、新模式信息集成平台系统、新模式产品全生命周期管理系统、新模式电子文件管理系统、文档管理系统等 20 多项盒装产品化软件、应用系统和解决方案。目前产品广泛应用于电子、家电、航空航天、机械、仪器仪表、汽车、商贸、政府等行业和部门，特别是成功地为中国一汽、东风汽车、南车集团、北车集团、苏宁电器、三一集团、中冶集团、北方重汽、太原重工、徐工集团、正大天晴、东方锅炉、上海纺机等行业龙头企业提供了优质的产品和全面的解决方案，对于中国数据管理和信息安全发展发挥了重要作用。

张晓辉

1984 年进入南昌市经济信息中心，开始了从事信息化事业工作生涯。曾担任南昌市经济信息中心副主任、主任，南昌市信息化办公室副主任，江西省信息产业厅信息化推进处处长，江西省工业和信息化委员会信息化推进处处长，江西省信息化工作领导小组办公室主任等职务；被聘任为江西省人大常委会和法工委专家、江西师范大学软件学院兼职教授、江西财经大学信息管理学院硕士生导师、江西省信息化专家库专家；高级工程师职称。

曾作为项目负责人主持南昌市政府下达的《南昌市经济信息管理系统总体方案》的设计工作，并通过江西省科委组织的专家鉴定；主持了南昌市第一个计算机“投入产出数学模型”的建立；组织建立了南昌市的第一个宏观经济预测系统，使南昌的宏观经济预测工作一直走在全省各地市的前列；开发了南昌市第一个宏观经济景气分析和动态经济预警系统，为市领导宏观决策提供科学依据；主持并执笔完成的《南昌市党政信息网总体方案》为南昌市形成统一的党政信息网络奠定了基础；执笔完成了《红谷滩行政园区综合布线方案》，并作为项目责任人主持了工程的实施；执笔完成《南昌市政务信息网络建设方案》制定工作，主持实施了南昌市政务信息网第一期工程，建立了高度统一的政务信息网络物理平台，创新了我国城市政务信息网建设和管理的模式，得到了国务院信息办和国家相关部门领导的肯定；主持研发了南昌市统一审批办证管理信息系统；主持研发了南昌市困难群众生产生活动态信息管理系统；2003 年任国家“863”计划 “基于国产基础软件的电子政务应用”项目组副组长，并主持项目的研发工作；主持了《南昌市政务信息网第二期工程建设方案》的设计工作，组织实施南昌市政务信息网第二期工程建设，实现了市县（区）联网工程，完成了政务信息网进社区；主持并执笔完成《“数字南昌”建设方案》；2005 年受命组建江西微软技术中心，并兼任总经理之职；主持完成了微软（中国）有限公司下达“China MSTC Online Platform”项目；主持完成了由南昌市政府、江西省信息产业厅、江西省教育厅、微软（中国）有限公司共建的“江西 IT 人才实训基地”组建工作，开展了高校教师、在校学生的实训。主持完成中华人民共和国第七届城市运动会“数字城运”项目规划方案。

周晓斌

工学博士，高级工程师，曾任广州市信息中心副主任科员、广州市机关信息网络中心部长、副主任，现为广州市信息安全测评中心主任。周晓斌同志长期从事电子政务和信息安全工作，先后承担了广州市电子政务外网畅通工程、市电子政务容灾备份中心、市数字证书管理平台、市信息安全监测预警平台、市信息安全应急管理平台等多项重大工程的建设，并于 2009 年领导组建广州市信息安全测评中心，打造了国内业务面最广、整合度最高的城市级信息安全综合服务专业机构。其开创的“电子证书联合服务体系”让一张数字证书能够全网通行，打破了不同证书机构间的鸿沟，为数字证书行业提供了全新的“证联”发展模式，并得到工信部和广东省的推广，其牵头制定的广州市数字证书应用接口标准获得全国安标委三等奖。在国内外刊物和会议论坛发表了电子政务网络和信息安全相关论文多篇，多篇被 EI 收录。承担的“基于流行为的大规模网络环境安全态势感知平台”获得 2014 年度广东省科学技术三等奖。

朱阳光

中盐安徽红四方股份有限公司董事会秘书、CIO，中国科学技术大学 MBA 专业硕士研究生，合肥市 CIO 协会副会长。1993.7—1999.12 在合肥江淮化肥厂精化车间担任团支部书记；1999.12—2001.2 在合肥江淮化肥总厂工会

担任主办科员；2001.2—2003.2 在合肥江淮化肥总厂办公室担任主办科员；2003.2—2009.2 在安徽海丰精细化工股份有限公司（原合肥江淮化肥厂）担任管理部副部长；2009.2—2009.9 在安徽红四方股份有限公司担任管理部副部长；2009.9— 在中盐安徽红四方股份有限公司担任董事会秘书，主管公司绩效管理、质量管理、信息化管理、流程建设、制度建设、体系管理、人力资源管理等工作。主持和参与了海丰股份 K3 系统和中盐红四方海软系统等信息化建设活动。目前，正组织公司进行两化融合管理体系贯标工作。

2011 年 12 月，带领质量技术人员制定并申报通过了两项国家标准，《工业用-2-吡咯烷酮》、《工业用-N-甲基-2-吡咯烷酮》。2012 年取得了“安徽省首席质量官”证书，2013 年主创的《整合的力量——中盐红四方复合肥产业资源整合纪实》荣获“第八届全国优秀企业管理成功案例奖”。2013 年还荣获“全国轻工业质量管理活动优秀推进者”。2014 年荣获“全国优秀首席信息官”。

信息化大事记

1978 年

翻译研究“黑八本”（包括企业管理流程技术等内容的专业资料）。

北京机械工业自动化研究所成立了 MIS 研究室，开始了企业管理信息化的研究。

3 月，邓小平代表党中央作出决定，亿次巨型计算机由国防科技大学负责。

10 月，沈阳第一机床厂提出计算机辅助生产管理系统项目。

12 月，国家制定了《1978—1985 年全国科学技术发展规划纲要》，要求部分重要的科学技术领域接近或达到 20 世纪 70 年代的世界先进水平；专业科学研究人员达到 80 万人；拥有一批现代化的科学实验基地；建成全国科学技术研究体系。

12 月 18 日， 十一届三中全会作出实行改革开放的新决策。1978 年前后，信息技术为主导的第三次工业革命正在将全世界各个区域市场之间的壁垒推倒，生产的国际合作、资金的跨国流动、商品的全球交换、制造的全球化，推动着各国利益相互渗透、相互融合。

1979 年

中国研制成功每秒运算 500 万次的集成电路计算机——HDS-9。

王选用中国第一台激光照排机排出样书。

在中断联系近 30 年之后，IBM 伴随着中国的改革开放再次来到中国。并在沈阳鼓风机厂安装了中华人民共和国成立后的第一台 IBM 中型计算机。

3 月，国务院决定成立国家电子计算机工业总局，这是中国计算机工业成长与发展的重要标志。

3 月 15 日，沈阳鼓风机厂生产了国内第一台大型计算机、国内第一套 MRPII 系统，并在国内最早开始 CAD 研究、最先尝试将信息中心商业化。

9 月，电子部计算机工业管理局召开了第一次微型计算机专业会议，确立了“根据中国国情、充分利用有利时机和一切可能条件、直接采用适合中国需要的国际先进技术，加强中国微机工业发展”的思路，这就是当时选择的“创新战略”，并提出计算机工业以微小为主的方针。

1980 年

1 月 1 日，沈阳鼓风机厂计算中心成立，这是全国最早成立的计算中心。

沈阳鼓风机厂启动生产管理系统。

烟台东方电子信息产业集团有限公司荣获中国计算机行业第一块国家质量奖银牌。

长江计算机（集团）公司研制成功我国第一台全部采用国产器件的 DJS051 微型计算机。

12 月，全国科技大会通过了《经济建设必须依靠科学技术，科学技术必须面向经济建设，科技、经济与社会协调发展》等文件。

1981 年

沈阳第一机床厂计算机辅助生产管理系统项目启动。

武汉邮电科学研究院在中国率先开发出光纤通信用长波长光器件。

1982 年

撤销了国家电子计算机工业总局和国家广播电视工业总局，成立了电子工业部。

烟台东方电子信息产业集团有限公司与山东工业大学合作开发了我国第一台微机电力远动设备，将企业带入了电力系统自动化领域。

长江计算机（集团）公司研制成功我国第一台 TQH-100 汉字智能终端。

武汉邮电科学研究院开通中国第一个光纤通信系统工程。

1983 年

12 月 22 日，中国第一台每秒运算一亿次以上的巨型计算机——“银河 I 型”，由国防科技大学计算机研究所在长沙研制成功，运算速度达每秒1亿次。

浪潮研制的第一台“浪潮微机”在济南诞生，这是中国IT发展的新起点。

7月1日,首钢自动化改造成功。首钢电子技术人员先后采用世界上最先进的电子技术对高炉进行改造,采用了当时最先进的计算机通信网络,在高炉炉体及各生产环节设置了3000多个控制点和监测点，实现了高炉生产过程的全部自动化控制。

1984年

9月，邓小平同志为《经济参考》创刊题词“开发信息资源，服务四化建设”，体现了小平同志对信息化建设的深思熟虑。

MIT“九十年代的管理”研究报告启动，调查了IT应用对各类机构的影响，于1991年结束;国内第一次出现了有关“IT黑洞”、“MIS泥潭”的大讨论。

联想集团的前身——新技术发展公司成立。

1985年

华光Ⅱ型汉字激光照排系统投入生产性使用。

5月，中共中央下发了《关于科技体制改革的决定》。

1986年

长江计算机（集团）公司研制成功我国第一套TQ-031银行业务计算机应用系统。

深圳市紫金支点技术股份有限公司向中国工商银行推广第一套XENIX多用户操作系统。

2月，首届中国信息化问题学术研讨会在北京召开。

3月3日，“863”计划启动

11月，中共中央、国务院批准了《高新技术研究开发计划纲要》。

1987年

第一台国产的286微机——长城286正式推出。

国家计委的计划中心、预测中心与信息管理办公室三个单位合并组建了国家信息中心，负责国家经济信息系统的规划与建设。

北京利玛软件信息技术有限公司（BRITC）（原隶属于机械部北京机械工业自动化研究所）开发出一套完整的计算机辅助生产管理系统——CAPMS，并完成全部系统的安装。

深圳市紫金支点技术股份有限公司与中国工商银行合作推出金融界第一套微机分布式通兑网络业务处理系统。

5月22日，北京北大方正集团公司运用汉字激光照排系统，世界上第一张整页输出的中文报纸在《经济日报》诞生。

9月14日，中国第一封电子邮件发出。

11月，全国信息化与商品经济研讨会在经济前沿地温州召开。

1988年

第一台国产386微机——长城386推出。

中国发现首例计算机病毒。

邓小平同志提出“科学技术是第一生产力”。

1989年

国务院批准了《关于我国电子信息产业发展战略的报告》。

《会计核算软件管理的几项规定》出台。

10月，国家计委利用世界银行贷款重点学科项目，国内命名为中关村地区教育与科研示范网络，世界银行命名为National Computing and Networking Facility of China（NCFC）正式立项。

1990年

中国首台高智能计算机——EST/IS4260智能工作站诞生。

长城486计算机问世。

3月，具有全国社团法人资格的信息行业民间组织“中国信息协会”在北京成立。

11月28日，在王运丰教授和Werner Zorn教授的努力下，中国的顶级域名.CN完成注册，钱天白任行政联络员，从此在国际互联网上中国有了自己的身份标识。

1991 年

新华社、科技日报、经济日报正式启用汉字激光照排系统。

6 月，国务院发布了《计算机软件保护条例》。

1992 年

中国最大的汉字字符集——6 万电脑汉字字库正式建立。

12 月底，清华大学校园网（TUNET）建成并投入使用，这是中国第一个采用 TCP/IP 体系结构的校园网，主干网首次成功采用 FDDI 技术，在网络规模、技术水平以及网络应用等方面处于国内领先水平。

1993 年

中国第一台 10 亿次巨型银河计算机Ⅱ型通过鉴定。

国家智能计算机研究开发中心（后成立北京市曙光计算机公司）研制成功曙光 1 号全对称共享存储多处理机，这是我国自行研制的第一台用微处理机芯片构成的全对称多处理机，是一个通用的并行计算平台。

中国第一套 565Mb/s PDH 设备在武汉邮电科学研究院诞生。

浪潮在新加坡的技术人员研制出中国第一台小型机服务器。

3 月 12 日，时任副总理的朱镕基主持国务院会议，提出了建设“三金”工程，即金桥、金关、金卡工程。金桥工程成为“三金”工程的启动工程。

4 月，中国科学院计算机网络信息中心召集在京部分网络专家调查了各国的域名体系，提出并确定了中国的域名体系。

6 月，江泽民总书记视察中国人民银行沙河卫星地面站，提出要推广金卡工程。

8 月 27 日，李鹏总理批准使用 300 万美元总理预备费支持启动金桥前期工程建设。

12 月 10 日，国务院批准成立国家经济信息化联席会议，国务院副总理邹家华任主席。

1994 年

银河计算机Ⅱ型在国家气象局投入正式运行，用于天气中期预报。

2 月 18 日，国务院颁布实施《计算机信息系统安全保护条例》。

5 月 15 日，中国科学院高能物理研究所设立了国内第一个 WEB 服务器，推出中国第一套网页，内容除介绍中国高科技发展外，还有一个栏目叫“Tour in China”。此后，该栏目开始提供包括新闻、经济、文化、商贸等更为广泛的、图文并茂的信息，并改名为《中国之窗》。

5 月，国家智能计算机研究开发中心开通曙光 BBS 站，这是中国大陆的第一个 BBS 站。

6 月 8 日，国务院办公厅向各部委、各省市明传发电《国务院办公厅关于“三金工程”有关问题的通知（国办发明电［1994］18 号）》，自此金桥前期工程建设全面展开。

7 月，国家信息化发展战略研讨会在北京召开。

1995 年

国家 CIMS 工程技术研究中心成立。

3 月，中国科学院完成上海、合肥、武汉、南京四个分院的远程连接（使用 IP/X.25 技术），开始将 Internet 向全国扩展。

8 月，金桥工程初步建成，在 24 省市开通联网（卫星网），并与国际网络实现互联。

9 月，杭州新中大软件股份有限公司正式推出新中大财务软件 V1.0 版，该软件成为国内首家基于客户机/服务器体系（C/S）的财务软件。

1996 年

经过众多跨国 IT 厂商和国内 IT 厂商的努力，“电子商务”这个名词概念和技术进入中国。

国家科委开始 CIMS 的推广和应用，有 100 多家企业积极参与，由此掀起了中国大中型制造企业信息技术建设的高潮。

中国第一套 2.5G SDH 设备在武汉邮电科学研究院诞生。

金蝶发布中国第一款基于 Windows 的财务软件。

SAP 中国推出了第一个中国本地化的SAPR/3 系统。

EMC 进入中国市场。

1 月 13 日，国务院信息化工作领导小组及其办公室成立，国务院副总理邹家华任领导小组组长。

2 月 27 日，外经贸部中国国际电子商务中心正式成立。

4 月，国务院办公厅发出《关于成立国务院信息化工作领导小组的通知（国办发［1996］15号》，邹家华副总理任组长。原国家经济信息化联席会议办公室改名为国务院信息化工作领导小组办公室，电子工业部副部长吕新奎任办公室主任。

1997 年

方正日文系统成功进入日本市场，开创了中国企业大规模出口拥有自主知识产权和自有品牌的应用软件产品的先河。

银河Ⅲ并行巨型计算机研制成功。

4 月，国家科委印发了《关于加强信息资源建设的若干意见》。

4 月 18～21 日，全国信息化工作会议在深圳市召开，提出了“统筹计划，国家主导；统一标准，联合建设；互联互通，资源共享”二十四字信息化建设指导方针及八项原则。会议确定了国家信息化体系的定义、组成要素、指导方针、工作原则、奋斗目标、主要任务，并通过了《国家信息化“九五”规划和 2000 年远景目标》，将中国互联网列入国家信息基础设施建设，并提出建立国家互联网信息中心和互联网交换中心。

6 月 3 日，受国务院信息化工作领导小组办公室的委托，中国科学院在中国科学院计算机网络信息中心组建了中国互联网络信息中心（CNNIC），行使国家互联网络信息中心的职责。同日，国务院信息化工作领导小组办公室宣布成立中国互联网络信息中心（CNNIC）工作委员会。

7 月，国务院信息化工作领导小组出台的《国家信息化“九五”规划和 2010 年远景目标纲要》。

1998 年

联想控股启动 ERP 工程。华为技术有限公司产品数字微蜂窝服务器控制交换机获得了专利。

2 月，邹家华主持召开国务院信息化领导小组第三次全体会议。

2 月，国家保密局制定了《计算机信息系统保密管理暂行规定》。

3 月，第九届全国人民代表大会第一次会议批准成立信息产业部，主管全国电子信息制造业、通信业和软件业，推进国民经济和社会信息化。信息产业部下设国家信息化办公室，其主要职责为：一是研究制定推进国民经济和社会信息化发展规划；二是指导各地区、各行业的国民经济信息化工作；三是协助推进重大信息化工程；四是组织协调和推进全国软件产业的发展；五是研究制定有关信息资源的发展政策和措施，指导、协调信息资源的开发利用和信息安全技术开发；六是推动信息化普及教育。

6 月，用友集团开发出国内第一套 B/S 版财务及企业管理软件。

8 月 20 日，用友 UFERP-S 系列第一个产品用友“内当家—商务管理系统”上市。

1999 年

银河四代巨型机研制成功。

珠海金山软件股份有限公司龙行世纪《WPS 2000》成功上市；启动“红色正版风暴”，创造软件销量 100 万套的奇迹。

2 月 3 日，由中国国际电子商务中心承担的“九五”国家重点科技攻关项目“商业电子信息安全认证系统”，通过科技部和国家密码管理委员会的科技成果鉴定，并获得有关管理部门的信息安全产品销售许可，成为国内第一家自主开发、具有完全自主版权的电子商务 CA 安全认证系统，并被成功应用于我国纺织品配额许可证管理系统上。

2 月，中国国家信息安全测评认证中心（CNISTEC）正式运行。

2 月，国家信息化办公室成立国家信息化专家委员会，叶培大院士任主任委员，郭诚忠任常务副主任。

9 月 7 日，信息产业部颁布《电信网间互联管理暂行规定》。

11 月，国家经贸委经济信息中心倡议并实施“企业信息化工程”。

12 月 23 日，国家信息化工作领导小组成立，国务院副总理吴邦国任组长，并将国家信息化办公室改名为国家信息化推进工作办公室。

2000 年

中国第一套 32X10G DWDM 系统在武汉邮电科学研究院诞生，在国内首次开发出 OXC、OADM 设备，向国际电联提交中国第一个 IP 通信标准（ITU-T X.85）并获批准。

我国自行研制成功高性能计算机“神威 I”。

曙光公司推出每秒 3000 亿次浮点运算的曙光 3000 超级服务器。

国内第一家 B2B 电子商务网站——神州数码电子商务交易平台 e-Bridge 开通。

金蝶软件（中国）有限公司推出中国本土第一个系统级中间件 Apusic J2EE 应用服务器。

4 月，用友推出第一套采用纯 Java 语言开发、第一套基于浏览器/服务器（B/S）结构和第一套真正基于 Web 技术的财务及企业管理软件——网络财务软件 V9.00（Web）版。

6 月，国务院印发了《鼓励软件产业和集成电路产业发展若干政策》。这项法规性的政策，主要规定了政策目标、投融资政策、税收政策、产业技术政策、出口政策、收入分配政策、人才吸纳与培养政策、采购政策、软件企业认定、知识产权保护、行业组织和行业管理、集成电路产业政策等方面。这项政策的出台对推动中国软件产业和集成电路产业的发展、增强信息产业创新能力、带动传统产业改造和产品升级换代都具有重要作用。

6 月 21 日，中国电子商务协会正式成立。该协会旨在加强中国与世界各国在电子商务领域的交流与合作，推进电子商务在中国的应用与发展，促进我国经济的全面发展。

10 月 11 日，中国共产党第十五届中央委员会第五次全体会议就信息化建设作出重大决策，全会审议并通过的《中共中央关于制定国民经济和社会发展第十个五年计划的建议》明确指出：“大力推进国民经济和社会信息化，是覆盖现代化建设全局的战略举措。以信息化带动工业化，发挥后发优势，实现社会生产力的跨越式发展。”

2001 年

中科院计算所研制成功我国第一款通用 CPU——“龙芯”芯片。

1 月 11 日，国家药品监督管理局公布了《互联网药品信息服务管理暂行规定》，并于 2001 年 2 月 1 日开始实施。

3 月，第九届全国人民代表大会第四次会通过了《国民经济和社会发展第十个五年计划纲要》，该纲要对“加快推进国民经济和社会信息化”作出了进一步的规定，明确提出要按照“应用主导、面向市场、网络共建、资源共事，技术创新、竞争开放”的发展思路，努力实现我国信息产业的跨越式发展，加速推进信息化，提高信息产业在国民经济中的比重。

5 月，经中央编制委员会批准，中国信息安全产品测评认证中心成立，主要负责对信息安全产品、信息系统安全、信息安全服务和信息安全专业人员进行国家认证。

7 月 29 日，由信息产业部会同有关部委共同研究制定的《国家信息化指标构成方案》出台，这是全球首例由国家制定的信息化标准，对于推进国民经济和社会信息化，产生了深远的影响。

8 月 23 日，国家信息化领导小组重新组建，中央政治局常委、国务院总理朱镕基任组长。

8 月，国家计算机网络与信息安全管理中心组建“中国计算机网络应急处理协调中心”，简称 CNCERT/CC。

11 月 20 日，中国电子政务应用示范工程通过论证，这标志着中国向“电子政府”迈出了重要一步。

12 月 25 日，中共中央政治局常委、国务院总理、国家信息化领导小组组长朱镕基主持召开了国家信息化领导小组第一次会议。他指出“要高度重视，加强统筹协调，坚持面向市场，防止重复建设，扎扎实实推进中国信息化建设”。

2002 年

5 月，国家标准委和国务院信息化工作办公室联合印发《电子政务标准化指南》（第一版），即总则部分。

7 月 3 日，召开国家信息化领导小组第二次会议，审议通过了《国民经济和社会发展第十个五年计划信息化重点专项规划》、《关于我国电子政务建设的指导意见》和《振兴软件产业行动纲要》。

10 月，国家信息化测评中心正式推出了中国第一个面向效益的信息化指标体系——企业信息化基本指标构成方案（试行），以全面评估中国境内各企业的信息化发展和应用水平。该体系第一次将“建设有效益的信息化”要求以评价指标的形式落到实处，并第一次提出从效能角度全面评估企业信息化水平并提供解决方案的咨询，旨在引导企业信息化建立在有效益、务实、统筹规划的基础上。

11 月，中国共产党的十六次全国代表大会上明确提出：“信息化是我国加快实现工业化和现代化的必然选择。坚持以信息化带动工业化，以工业化促进信息化……”

2003 年

1 月 18 日，大唐电信科技股份有限公司 TD-SCDMA 手机芯片问世。

2 月 26 日，“汉芯一号”问世（国内首个完全具有自主知识产权的 DSP）。

3 月，受国家信息化专家咨询委员会的委托，国家信息中心正式启动了《企业信息化与新型工业化道路》大型课题研究。这次活动得到了众多政府部门、科研机构、大专院校和企业事业单位的大力支持，100 多名专家学者以不同形式参与了研究活动。

6 月，“2003 年中国信息化应用大会新闻发布会”在京召开。信息产业部信息化推进司司长季金奎表示：“根据国家的整体部署，2003 年信息化建设将围绕市场需求，在电子政务、企业信息化和社会服务信息化三个方面取得新的实质性进展。”

6 月 4 日，信息产业部颁布了《企业信息化技术规范 第 1 部分：企业资源规划系统（ERP）规范》为国家电子行业标准，并于 2003 年 10 月 1 日正式实施。这是我国第一部关于 ERP 的标准规范，该《规范》以量化的方式为企业信息化建设提供意见。该《规范》中对 ERP 产品研发技术要求、ERP 产品服务技术要求、ERP 产品功能技术要求等方面均有详细陈述。

7 月 22 日，国家信息化领导小组第三次会议在北京召开。

8 月 27 日，南京商业银行发行了中国大陆地区第一张银联国际 BIN 号——“62”字开头的信用卡，银联标准卡正式问世。

2004 年

人大、政协“两会”期间，信息产业成为最受关注的产业之一，其中，农村信息化和信息产业立法问题成为热门话题。

3 月，国务院总理温家宝在第十届全国人民代表大会第二次会议上所作的《政府工作报告》中指出，要按照走新型工业化道路的要求，推进国民经济和社会信息化，促进产业结构优化升级。积极发展对经济增长带动作用大和拥有自主知识产权的高新技术产业。加快振兴装备制造业。

8 月，整合 NEC 在华 IT 相关业务子公司的 NEC 信息系统（中国）有限公司成立。

8 月 28 日，第十届全国人大常委会第十一次会议表决通过《中华人民共和国电子签名法》，并决定于 2005 年 4 月 1 日开始实行。此法标志着我国的信息化立法迈出了重要步伐，对我国的电子政务、电子商务等信息化建设有非常积极的促进和保障作用。

2005 年

2 月 8 日，信息产业部发布《电子认证服务管理办法》。该办法与《电子签名法》同步实施，为我国电子认证服务业的发展奠定了基础。

11 月 3 日，温家宝总理主持召开国家信息化领导小组第五次会议，审议并原则通过了《国家信息化发展战略（2006—2020)》。会议认为，制定和实施国家信息化发展战略，是顺应世界信息化发展潮流的重要部署，是实现经济和社会发展新阶段任务的重要举措。

2006 年

2 月 21 日，信息产业部启动了“阳光绿色网络工程”系列活动。包括：清除垃圾电子信息，畅享清洁网络空间；治理违法不良信息，倡导绿色手机文化；打击非法网上服务，引导绿色上网行为等活动。

3 月 19 日，国家信息化领导小组印发《国家电子政务总体框架》，制定了构建国家电子政务总体框架的要求与目标，描绘了我国电子政务总体结构形态，指出了我国电子政务未来一个阶段的价值取向和发展方向。

2007 年

金蝶宣布全面进军电子商务服务市场，成为中国第一家宣布全面进军电子商务服务及企业 SaaS 服务市场的管理软件企业。

9 月 30 日，国家电子政务网络中央级传输骨干网网络正式开通，这标志着统一的国家电子政务网络框架基本形成。

10 月 15 日，胡锦涛总书记在中国共产党第十七次全国代表大会报告中指出：“全面认识工业化、信息化、城镇化、市场化、国际化深入发展的新形势新任务”；“大力推进信息化与工业化融合”；“加强网络文化建设和管理，营造良好网络环境”，对信息化和互联网的发展提出明确要求。

11 月 1 日，七项信息安全国家标准正式实施。这七项国家标准分别是 GB/T 20984—2007《信息安全技术 信息安全风险评估规范》、GB/T 20979—2007《信息安全技术 虹膜识别系统技术要求》、GB/T 20983—2007《信息安全技术 网上银行系统信息安全保障评估准则》、GB/Z 20985—2007《信息技术 安全技术 信息安全事件管理指南》、GB/Z 20986—2007《信息安全技术 信息安全事件分类分级指南》、GB/T 20987—2007《信息安全技术 网上证券交易系统信息安全保障评估准则》和 GB/T20988—2007《信息安全技术 信息系统灾难恢复规范》。

2008 年

6 月 20 日，胡锦涛总书记通过人民网强国论坛同网友在线交流。互联网渠道受到中国党政高层越来越多的重视。

6 月 29 日，工业和信息化部正式挂牌。

9 月 30 日，工业和信息化部发布《信息技术改造提升传统产业“十一五”专项规划》。

11 月 6 日，工业和信息化部在北京召开“江泽民同志《新时期我国信息技术产业的发展》文章发表”座谈会。中共中央政治局委员、国务院副总理张德江出席座谈会并讲话。

2009 年

1 月 18 日，国务院常务会议审议并通过了《电子信息产业调整振兴规划》。

2 月，工业和信息化部部署“安全生产年”活动，提出“加快推广应用先进、适用的安全生产技术，推进安全生产信息化建设、提升整体工业安全生产水平”。

3 月，工业和信息化部在北京召开“两化融合试验区工作培训会议”，确定上海市、重庆市、珠三角地区、呼包鄂地区、广州市、南京市、青岛市、唐山暨曹妃甸地区成为首批八个国家级两化融合试验区。

4 月，国务院发布《电子信息产业调整和振兴规划》。

10 月，工业和信息化部发布《关于推进消费品工业两化融合的指导意见》。

2010 年

1 月 13 日，国务院总理温家宝主持召开国务院常务会议，决定加快推进电信网、广播电视网和互联网三网融合。

3 月，国家广播电影电视总局发放首批三张互联网电视牌照。

5 月，“2010 年机械工业两化融合推进大会暨推进机械行业物流和供应链信息化论坛”召开。

5 月，工业和信息化部发布《关于民用爆炸物品行业技术进步的指导意见》。意见提出要通过提升技术标准及准入条件，加快信息化技术与民爆生产技术的融合，推动民爆行业技术进步。

5 月 27～28 日，由工业和信息化部信息化推进司与中国机械工业联合会共同主办的“2010 年机械工业两化化融合推进大会——暨推进机械行业物流和供应链信息化论坛”在湖北省武汉市召开。

6 月，工业和信息化部召开全国中小企业信息化工作会议，明确了中小企业信息化任务和目标，提出要促进信息化服务资源与地方信息化推进工作的对接与互动。

6 月 8 日，国务院新闻办公室首次发表《中国互联网状况》白皮书，说明了中国政府关于互联网的基本政策："积极利用、科学发展、依法管理、确保安全"。

10 月，首届中国国际物联网（传感网）博览会召开。博览会以"应用，让物联网从概念走向现实"为主题，旨在通过博览会平台及时推广物联网行业优秀示范经验、探索物联网产业发展新路径，推动中国物联网产业发展。

10 月，国务院发布《关于加快培育和发展战略性新兴产业的决定》。

截至 2010 年 12 月 31 日，中国互联网络信息中心（CNNIC）统计数据显示，中国网民规模达 4.57 亿人，其中，手机网民规模达 3.03 亿人；IPv4 地址数达 2.78 亿个，域名总数 866 万个，其中，.CN 域名数为 435 万个，网站数 191 万个，国际出口带宽达 1098957Mbps。

2011 年

1 月 28 日，《国务院关于印发进一步鼓励软件产业和集成电路产业发展若干政策的通知》印发。

2 月 17 日，互联网实验室发布《互联网垄断调查研究报告》。

3 月 10 日，2011 年宽带中国、云计算、物联网、信息惠民等重大工程将实施。

4 月，工业和信息化部、科技部、财政部、商务部、国资委等部门联合印发了《关于加快推进信息化与工业化深度融合的若干意见》，明确了"重点围绕改造提升传统产业，着力推动制造业信息技术的集成应用，用信息技术促进生产性服务业发展，提高信息产业支撑融合发展的能力，加快走新型工业化道路步伐，促进工业结构整体优化升级"的主要任务。

4 月，工业和信息化部确定了湖南长株潭城市群等 8 个地区为第二批国家级两化融合试验区。制定了《关于国家级信息化与工业化融合试验区 2011 年重点工作任务的指导意见》。

5 月 4 日，国家互联网信息办公室成立。

5 月 25 日，国防部证实建立网上蓝军，提高部队网络安防水平。

8 月 29 日，国内最大的数字出版云计算中心正式上线运营。

10 月，国务院发布《关于坚持科学发展安全发展促进安全生产形势持续稳定好转的意见（国发［2011］40 号）》，强调"加强安全生产信息化建设，建立健全信息科技支撑服务体系"。

12 月 26～27 日，全国工业和信息化工作会议在京举行。中共中央政治局委员、国务院副总理张德江出席会议并作重要讲话。工业和信息化部党组书记、部长苗圩在会上作了《稳增长、促转型，努力实现工业通信业平稳较快发展》的工作报告。

12 月 31 日，通信村村通工程任务全面完成。

2012 年

2 月 15 日，国务院鼓励民间资本进入电信领域。

3 月，"2012 中国制造业信息化高峰论坛"在广东省东莞市举行。

3 月 30 日，《教育信息化十年发展规划（2011—2020）》公布。

4 月 5 日，移动 4G 网络在国内首次向社会开放。

4 月 26 日，《国务院关于"十二五"国家政务信息化工程建设规划的批复》发布。

5 月 4 日，中国首超美国成为全球最大智能手机市场。

5 月 9 日，国务院研究部署推进信息化发展保障信息安全工作。

5 月 15 日，中国统一启用电子护照。

5 月 30 日，国务院要求加快建设下一代信息网络。

6 月 28～30 日，由工业和信息化部主办的信息化与工业化融合成果展览会在北京举行。

7 月 23 日，国资委发布《关于加强"十二五"时期中央企业信息化工作的指导意见》。

8 月 21 日，海峡两岸第一条直通光缆建成。

10 月，工业和信息化部组织开展国家级信息化和工业化深度融合示范企业评定。

10 月 19 日，我国市县级政府软件正版化完成。

11 月 8 日，十八大报告中将信息化纳入全国建设小康社会目标。

12月3日，阿里巴巴集团旗下淘宝和天猫年度交易额突破10000亿元。

12月27日，中国北斗系统正式服务亚太地区。

2013年

1月4日，国家广播电影电视总局下发《广电总局关于促进主流媒体发展网络广播电视台的意见》。

1月9日，工业和信息化部发布《关于数据中心建设布局的指导意见》。

1月14日，交通运输部要求9省市安装北斗导航系统。

1月29日，住房和城乡建设部公布国家智慧城市试点名单。

2月1日，《信息安全技术公共及商用服务信息系统个人信息保护指南》实施。

2月5日，国务院公布《关于推进物联网有序健康发展的指导意见》。

2月16日，国家发改委下发《国家发展改革委关于加强和完善国家电子政务工程建设管理的意见》。

2月20日，工业和信息化部印发了《基于云计算的电子政务公共平台顶层设计指南》。

2月25日，国家税务总局审议通过《网络发票管理办法》。

4月16日，中央八部委联合发布《关于实施宽带中国2013专项行动的意见》。

5月7日，首个中央部委政务微信正式上线。

6月17日，天河二号超级计算机世界排名居首。

7月12日，工业和信息化部印发《互联网接入服务规范》。

7月16日，北京成为首个应用“中国GPS”城市。

8月21日，国务院办公厅转发商务部等部门《关于实施支持跨境电子商务零售出口有关政策意见的通知》。

8月26日，国家四部委开展“国家下一代互联网示范城市”建设。

9月12日，工信部确定首批基于云计算的电子政务公共平台建设和应用试点示范地区名单。

9月29日，工业和信息化部印发《信息化发展规划》。

11月9～12日，中国共产党十八届三中全会决定要求加大依法管理网络力度，加快完善互联网管理领导体制，形成从技术到内容、从日常安全到打击犯罪的互联网管理合力，确保国家网络和信息安全，以维护国家安全和社会稳定。

12月27日，中国香港特别行政区政府云端平台正式启用。

国际资料篇

全球各国政府信息化发展概况与总体趋势

信息化是当今世界发展的大趋势，是推动经济社会变革的重要力量。大力推进信息化，是覆盖我国现代化建设全局的战略举措，是贯彻落实科学发展观、全面建设小康社会、构建社会主义和谐社会和建设创新型国家的迫切需要和必然选择。

信息化是充分利用信息技术，开发利用信息资源，促进信息交流和知识共享，提高经济增长质量，推动经济社会发展转型的历史进程。20 世纪 90 年代以来，信息技术不断创新，信息产业持续发展，信息网络广泛普及，信息化成为全球经济社会发展的显著特征，并逐步向一场全方位的社会变革演进。进入 21 世纪，信息化对经济社会发展的影响更加深刻。广泛应用、高度渗透的信息技术正孕育着新的重大突破。信息资源日益成为重要生产要素、无形资产和社会财富。信息网络更加普及并日趋融合。信息化与经济全球化相互交织，推动着全球产业分工深化和经济结构调整，重塑着全球经济竞争格局。互联网加剧了各种思想文化的相互激荡，成为信息传播和知识扩散的新载体。电子政务在提高行政效率、改善政府效能、扩大民主参与等方面的作用日益显著。信息安全的重要性与日俱增，成为各国面临的共同挑战。信息化使现代战争形态发生重大变化，是世界新军事变革的核心内容。全球数字鸿沟呈现扩大趋势，发展失衡现象日趋严重。发达国家信息化发展目标更加清晰，正在出现向信息社会转型的趋向；越来越多的发展中国家主动迎接信息化发展带来的新机遇，力争跟上时代潮流。全球信息化正在引发当今世界的深刻变革，重塑世界政治、经济、社会、文化和军事发展的新格局。加快信息化发展，已经成为世界各国的共同选择。

移动互联网将会继续深化发展，终端种类更多、应用更多；产业互联网的崛起将深刻影响传统行业，对该领域的渗透将会更强；大数据、云计算、3D 打印、物联网等新兴技术的应用将会更加广泛，从而推动公共服务智能化进一步提升，并向更多行业和应用场景拓展。同时，随着上述诸多方面的发展，新兴国家将会继续争夺网络空间事务话语权，网络安全问题仍不容小觑。

【移动互联网推动多极化应用创新】

2014 年，移动互联网市场规模及用户体量继续高增长。据工信部公布的数据预测，移动互联网市场规模未来将会达到 4296 亿元，2017 年有望扩大至 6000 亿元。对于移动互联网的应用开发来说，那些适用于多平台多架构、稳定性良好、生产效率高的开发工具将成为主流。同时，随着新兴产品层出不穷，移动设备同质化问题亟待解决。爱立信预计，到 2019 年，全球移动宽带的用户数将达到 80 亿户，是 2013 年的 4 倍；其中，WCDMA/HSPA 网络的用户数将达到 48 亿户，LTE 网络的用户数将达到 26 亿户。

宽带网络的进一步普及将促使网络经济在多个传统领域迅速发展，智能家居和车联网将率先实现产业化，拥有广阔的发展前景，以智能手机、平板电脑、可穿戴设备为代表的移动智能终端将开启全面互联的智能生活。

【产业互联网深刻影响传统行业】

2014 年以来，产业互联网的概念开始频繁出现，深刻影响着包括工业在内的各个传统行业。未来，计算和存储形式将会因产业互联网而发生改变，从而带来传统服务器、数据库、数据中心产业的一系列改变，去IOE将成为趋势，自主创新公司将迎来前所未有的机会。在产业互联网时代，包括制造、医疗、农业、交通、运输、教育在内的各个产业都将在未来被互联网化。互联网在未来不仅会改变企业的生产和组织方式，还会对产业的边界和商业模式进行重构，最终带来社会经济和生活方式的巨大变革。

【智慧城市内容模式继续创新】

美国国家情报委员会在四年一度的研究报告《全球趋势2030年：变幻的世界》中提出，由于非洲、拉丁美洲，特别是亚洲中心城市在智慧城市基础设施上投资巨大，到2030年智慧城市的创新中心将会从欧洲和北美洲转移到非洲、拉丁美洲，特别是亚洲的中心城市。麦肯锡全球研究院分析认为，未来10年里将涌现出100多座新城。

对于新建城市，智慧城市将完全根据全面规划设计的蓝图进行建设，安装比较完善的信息基础设施。新兴城市将通过对项目建设、运营的各方面影响因素进行评估，实行以公众为中心、整合资源、多方参与、合作共赢的项目建设和运营模式，因此将呈现多种建设运营模式组合并进的态势。与此同时，随着智慧城市建设的深入，越来越多的智慧城市相关数据产生并随之流动，如何有效保证安全、趋利避害将成为智慧城市发展的重要课题。

【大数据向更多行业和应用场景拓展】

据加拿大银行CIBC预测，未来10年信息生成量将增长50倍。市场研究公司IDC预计，2009—2020年，数据生成量将增长44倍。移动设备、社交媒体、可穿戴设备和物联网将是推动数据量爆炸式增长的主力军。Wikibon发布的报告显示，未来5年，企业会进一步利用大数据铸就新的差异化竞争优势，与大数据相关的技术和服务将获得长足发展，大数据市场将呈现井喷式增长。大数据市场的平均年复合增长率将高达31%，到2017年，大数据市场规模将有望达到478亿美元。

【新兴国家与发达国家博弈影响互联网治理模式】

2015年，主要大国新政牵动世界大转型、大调整向纵深推进，围绕未来发展空间和战略主导权的综合国力竞争将进一步升温。美国艰难调整内外战略、欧盟力图重振国际地位、俄罗斯谋求新突破、日本力推“正常国家化”、印度和巴西等新兴大国谋转型，新一轮综合国力竞争展开。

新兴国家与发达国家两大“集群”力量将会继续处于相持阶段，双方竞合博弈将水涨船高，“集群化”、“高端化”更趋明显，博弈格局日渐成形，但仍将保持“东升西降”趋势。美西方统合“规则联盟”，以“大西方”联手应对新兴大国崛起。新兴大国则“联合自强”，全方位应对美西方战略压制。

同时，信息革命与金融危机共同促使全球化向碎片化方向发展，权力下沉，开放度提升，社会稳定性降低，成为两大“集群”共同面临的挑战。由于多方势力制衡及博弈，各国在处理分歧问题时将会趋向于由政府主导解决转变为多边治理。

国际网络空间安全建设动态综述

2013年是世界网络和信息安全建设史上关键的一年。6月斯诺登揭露的“棱镜门”事件，给全球的网络空间安全敲响了警钟，引发国际社会对网络和信息安全的高度关注；世界主要国家也纷纷通过发布网络空间安全战略或政策、出台网络安全法规、制定信息安全标准、举办网络空间防御演习等一系列举措，加快推进网络空间安全建设，强化网络空间防御能力。

【国际各国和地区网络空间建设一览】

本节对2013年以来联合国、欧盟、北约、东盟等国际主要组织，以及美国、俄罗斯、日本、印度、韩国、澳大利亚、英国、法国、德国、巴西等国家的网络空间安全建设动态进行了梳理，汇编如下。

（一）联合国

一是呼吁加强“网络信息安全权”。12月5日，联合国人权事务高级专员皮莱在当天有关互联网安全的主题辩论会上，呼吁各方避免使现代信息技术成为侵犯人权的新工具，加强个人的“网络信息安全权”。

二是拟发布《互联网安全公约》。9月23日，奥巴马的网络安全智囊詹姆斯表示，联合国将择期公布《互联网安全公约》，规定主权和国际法适用于网络空间。

三是通过《“数字时代隐私权”决议》。12月18日，联合国通过《“数字时代隐私权”决议》，反对大规模监控，呼吁保障通信隐私。《决议》指出，非法监控及非法收集个人数据是“高度侵入性行为”。

四是拟警示手机网络安全漏洞。7月23日，联合国属下的国际电信联盟表示，将向200个国家和地区的电信监管机构通报，提醒手机用户身份识别（SIM）卡存在安全漏洞，全球至少5亿手机用户可能成为“黑客”远程控制的目标。

五是宣称网络安全要在联合国框架下解决。6月27日，联合国副秘书长彼德·朗斯基·蒂芬索表示，网络安全问题是一项全球性挑战，需要由联合国来解决。

（二）欧盟

一是出台《欧盟网络安全战略》。2月7日，欧盟出台了《网络安全战略》，提出了构建一个“公开、自由和安全”的网络空间的目标，并制定了三大举措：倡导合作、分级应对和技术研发。

二是健全网络安全机构。1月11日，成立打击网络犯罪中心，负责整合欧盟各成员国的资源和信息，对网络犯罪开展调查等。5月，成立“欧洲网络安全组织”，协调政府、企业以及监管者的网络安全行动。

三是制定网络安全法规标准。6月24日，欧盟出台关于保护电子数据安全的“技术性落实措施”，加强保护电信及网络用户的个人信息。7月3日，通过新指令，对网络犯罪进行规定。10月16日，呼吁建立统一的欧盟个人数据保护法律，保护欧盟经济良性发展。10月21日，通过网络监控罚款提案，将对侵犯个人网络隐私的跨国企业予以年收入5%的罚款。

四是加强工业控制系统安全。10月9日，发布《工业控制系统网络安全白皮书》，加强工业控制系统（ICS）/SCADA的安全。12月6日，研发ICS/SCADA系统补丁程序，确保控制和数据采集系统安全。

五是发布《云计算安全指南》。12月19日，欧洲网络与信息安全局（ENISA）发布《云计算安全指南》，提议欧盟建立政府云联合战略，确保各成员国安全部署“政府云”。

六是加强国际合作。5月16日，欧盟宣称，将加强与世界各国在网络安全上的合作，美国是其主要的合作伙伴国。5月24日，欧盟建议成员国共享网络信息和设备，提升军事网络防御能力。6月3日，欧盟同日本签署扩大信息通信技术未来科技合作联合声明，以确保信息通信技术及互联网的安全和可靠性，保证互联网用户及利益相关方的相互信任等。

七是针对“棱镜门”事件，制定应对措施。7月10日，欧盟计划投资250亿欧元，推动电子零部件和系统设计领域的制造和创新，以保障信息安全，第一笔投资在2014年年初到位，初步投资48亿欧元。11月26日，欧盟对美国发出警告，如果不改变对待欧盟公民在线数据的方式，将废止《欧美“信息安全港”协议》。

八是提出加强智能电网网络安全措施。2月7日，欧洲网络和信息安全机构（ENISA）发布报告，提出了一系列的针对性举措，协助智能电网供应商阻止潜在的网络威胁。

（三）东盟

一是举办东盟地区网络安全论坛会议。9 月 11 日，东盟地区论坛（ARF）2013 年网络安全研讨会在北京召开，推动东盟地区在网络问题上的对话与合作。

二是召开东盟信息安全部长级会议，提出网络安全原则。9 月 12～13 日，东盟（ASEAN）各国在东京召开部长级会议，就网络安全达成四项原则：树立一个可靠的网络空间；保持信息流动和促进经济活动；鼓励互联网个人用户发展自己的有关网络安全；政策制定者和监管机构应与私营部门合作。

三是与中国达成电子签名证书跨境互认合作协议。10 月 31 日～11 月 1 日，马来西亚、印度尼西亚、文莱、柬埔寨、越南、缅甸等东盟代表，与中国代表达成了《中国—东盟电子签名证书跨境互认合作协议》。

（四）北约

一是发布《塔林网络战适用国际法手册》。3 月 15 日，北约发布《塔林网络战适用国际法手册》，提出了国际网络战争应遵循的一些规则，企图让网络战合法化。

二是组建快速反应网络空间防御小组。6 月 5 日，北约各国国防部长举行了关于网络空间问题的首次会晤，同意组建快速反应网络空间防御小组，以保护北约及各成员国网络免遭攻击。

三是举行网络防御演习，全面测试网络防御系统。4 月 24～25 日，举行“锁定盾牌 2013”国际网络空间防御演习，目的是在真实条件下测试网络人才防御技能和演练成员国并肩作战能力。11 月 26 日，举行为期 3 天的“2013 年网络联盟”演习，这是北约迄今举行的规模最大的网络安全演习，旨在应对大规模协同网络攻击。

四是就网络安全达成一致立场：加强网络入侵响应能力。10 月 22～23 日，北约各国国防部长在北大西洋理事会就网络安全问题达成一致，加强计算机事件响应能力中心的技术，提升网络威胁探测和响应水平。

五是网络防御体系达到完全作战能力。6 月 4 日，北约同意加强网络防御能力建设，考虑将“集体防御”原则适用于网络安全，并宣布北约网络防御体系将在秋季达到完全作战能力。

六是推动国际合作。3 月 14 日，丹麦、加拿大、荷兰、挪威和罗马尼亚五国启动了多国网络空间防御能力开发计划（MNCD2），旨在促进多国对网络空间防御信息的共享。4 月 15 日，北约与日本签署了首个“共同政治宣言”，表示将在网络安全、防范网络恐怖主义等安全保障领域加强合作。

（五）美国

一是发布《网络空间安全框架》草案。10 月 22 日，美国发布了面向基础设施网络和私营公司的《网络空间安全框架》草案，计划于 2014 年 2 月发布最终版《网络安全框架》，为网络空间安全提出应遵循的基础标准。

二是审议通过网络和信息安全法规。美国参议院在 1 月 22 日通过了《网络安全及美国网络竞争力法案》；3 月 22 日通过《2013 年网络勇士法案》；5 月 7 日通过了《阻止网络盗案法案》；6 月 6 日通过《网络经济间谍责任法案》。美国众议院通过了《网络安全教育加强法案》、《网络情报共享和保护法案》、《网络安全研发法案》、《2013 年推进美国网络和信息技术研发法案》、《2013 年网络隐私强化法案》、《2013 年联邦信息安全修正法案》和《网络经济间谍责任法案》。

三是加快网络扩军步伐。2 月 27 日，美国决定在现有人数的基础上，把网络空间安全部队扩编 5 倍，以增强保护主要计算机网络的能力。美军网络司令部现有人员大约 900 名，扩编后，将达到 4900 名左右。扩编后的网络司令部下设 3 支部队，分别是：“国家任务部队”（负责发电厂、电网和其他基础设施的信息系统）；“作战任务部队”（协助指挥海外行动、执行攻击或其他进攻任务）；“网络保护部队”（保护国防部自己的网络空间安全）。

四是加强关键信息基础设施安全。2 月 13 日，奥巴马总统发布《提升关键基础设施网络安全》行政令，提出：保护公民隐私权和自由权；为关键基础设施的所有者和运营商进行安全检查提供依据；促进政府与关键基础设施所有者分享机密信息，吸纳所有者参与到政府的相关决策中等安全举措。8 月 26 日，为了使基础设施免遭大规模的网络攻击，美国政府拟制定一系列刺激措施，向基础领域提供网络安全补贴，包括为参与该计划的公司提供网络安全保险等。

五是加强军事网络安全。6 月，美国国防部长批准一个新的组织架构，赋予地理区域作战司令官在进攻性和防御性作战行动方面更大权限，并建立联合网络中心，以联结作战司令官与提供情报信息和作战行动技能的网络战斗支援分队。10 月 10 日，美国国防部长发表国防备忘录，要求保护国防部非密但受控技术信息免遭网络入侵，使这类信息遭受损失后的后果最小化。11 月 18 日，国防部对《联邦采办条例国防部补充条例》进行了修正，要求国防承包商联合建立关于非密网络的信息安全标准，并报告导致非密但受控技术信息遭受损失的网络入侵事件。

六是完善智能电网网络安全指南。11 月 6 日，美国国家标准与技术研究所（NIST）发布智能电网技术安装实施指南——《NIST 跨机构报告（IR）7628 修订稿 1：智能电网网络安全指南》征求意见，对 NISTIR7628 在 2010 年 9 月发布以来的实施情况进行了总结，特别是对新出现的电网安全问题提出了新的安全规范。

七是金融机构举行网络袭击演习。7 月，美国摩根大通、美国银行、花旗银行等金融机构进行了一场应对网络袭击的演习，检验银行如何应对电脑黑客攻击，为应对新一轮全球威胁做好准备。

八是进行数据采集改革。12 月 18 日，美国白宫发布了一份长达 308 页的报告，提出了关于改革美国国家安全局（NSA）数据采集程序的几十条建议，以保护公民隐私和联邦网络免遭内部威胁。

（六）俄罗斯

一是发布《俄联邦关键网络基础设施安全》草案。8 月 20 日，俄罗斯发布《俄联邦关键网络基础设施安全》草案及相关修正案，拟于 2015 年 1 月 1 日正式实施。

二是修订《通信法》，解决垃圾短信骚扰问题。11 月 12 日，对《通信法》提出了修订草案，以保护手机用户免受垃圾短信骚扰，规定只有在手机用户同意的情况下，才可以向其发送广告等信息。

三是调整优化网络力量。3 月，俄罗斯国防部表示，将成立由大学生组建的科技连，负责对外国网络攻击进行检测，打击网络威胁等。7 月 9 日，两支科技连开始在莫斯科周边及沃罗涅日茹科夫斯基空军学院服役。3 月 26 日，俄罗斯表示，已完成组建网络司令部的研究，计划在 2013 年成立网络司令部，同时将建立专门应对网络战争的兵种。

四是建立国家网络安全系统。1 月 15 日，普京总统签署了《关于建立查明、预防和消除对俄罗斯信息资源计算机攻击后果的国家系统》的总统令，授权俄联邦安全局负责建立俄罗斯网络安全系统，确保国内以及驻外使领馆信息基础设施安全。

五是加强对互联网监控。10 月 21 日，俄罗斯联邦安全局与通信运营商达成共识，从 2014 年 7 月 1 日起，所有互联网服务提供商都应该在自己的网络上安装记录和保存互联网交换点至少 12 小时的设备，安全机构可以直接获得这些记录。

六是加强国际交流合作。1 月 25 日，俄外交部表示，将成立一个专门负责网络安全问题的部门，推动俄提出的互联网行为规范，汇总国外处理网络问题的经验，更好地开展国际合作。3 月 23 日，俄罗斯和韩国首次就保障国际信息安全合作达成协议，两国联合行动以保护计算机网络免受黑客攻击、打击利用信息和计算机技术犯罪。4 月 24 日，俄罗斯建议在加强互信框架下，在俄罗斯—北约理事会成员国之间发起网络安全领域的合作。6 月 19 日，美俄两国商定使用军事热线来分享网络安全信息，并建立关于应对网络信息技术威胁的工作组，定期举行会晤，评估、研究及解决遇到的风险。7 月底，俄罗斯发布《2020 年前国际信息安全国家基本政策》，指出俄罗斯应对国际网络安全威胁的主要方式是开展国际合作。

（七）日本

一是正式颁布《日本网络安全战略》。6 月 10 日，发布《日本网络安全战略》，创建“领先世界的强大而有活力的网络空间”，实现“网络安全立国”。

二是建立网络安全职能部门。5 月 17 日，日本警察厅建立了全国性的网络攻击分析中心，于 16 日正式运行。6 月 10 日，提出设立国家网络安全中心，打击日益严重的网络间谍袭击浪潮。

三是通过《特定秘密保护法案》。10月25日，日本政府召开内阁会议，通过了旨在严惩泄漏国家机密行为的《特定秘密保护法案》，将防卫、外交、反间谍和反恐指定为“特定秘密”。

四是网络扩军。1月3日，日本决定，从2013年度开始在日本主要都道府县的警察局建立“网络攻击对策队”，从事初期的防卫措施和搜查工作。4月11日，日本政府在所有省厅成立了网络攻击防范小组，应对黑客攻击。7月9日，日本防卫省宣布，计划于2013年年底组建一支由陆、海、空自卫队组成的网络部队——“网络空间防卫队”，提供24小时的一体化网络安全监控、检查、分析、防御、清理、训练职能。

五是建立网络防御技术实验室。4月11日，日本决定建立国内最大的网络防御技术研发实验设施，构建大约300万台计算机组成的网络系统，对网络病毒的感染途径、入侵痕迹识别方法及防御手段等展开研究。

六是举行信息安全演练和竞赛。3月12日，日本开展了首次关键基础设施应对网络攻击演习，来自于全国电力公司和研究机构的70多人参演。6月13日，日本警视厅宣布，将为“日本网络安全协会”主办的黑客大赛“SECCON2013”提供后援。9月25日，日本总务省、防卫省等5个中央政府部门在东京进行了首次网络攻击防御演习，并计划在该年度内共举行6次此类演习。12月9日，日本政府相关省厅联合电力和铁路等基础设施运营商，共同开展了史上最大规模的应对网络攻击演练。

七是加强国内军民合作和国际交流。7月12日，日本防卫省与军工企业共同成立了“网络防御合作委员会”，共享网络攻击信息。2月4日，日本与意大利签署相互提供安全保障信息的《信息保护协议》。5月10日，日美两国举行了关于网络空间的首次综合性对话，表示将在《日美防卫合作指针》的基础上，深化应对网络攻击方面的同盟关系。6月26日，日本签署《网络犯罪公约》，深化与国际社会的合作，打击网络犯罪。7月4日，日本与英国签署信息安全协议，确定了两国间涉密信息交换的相关标准和程序。

八是建立政府内部邮件系统。7月31日，针对公共邮件系统的安全风险，日本决定建立政府内部邮件系统，并在中央各部门专门配备信息安全官。

（八）韩国

一是出台《国家网络安全综合对策》。7月4日，韩国通过了《国家网络安保综合对策》，提出了构建网络威胁情报共有体系，扩大网络安全人员的数量，优先发展十大信息保护核心技术等举措。

二是调整优化安全机构。3月24日，韩国宣布，将在总统府新设网络安全秘书一职，直接向国家安全室室长报告。4月2日，在国防部设立“网络政策总管科”，整合韩军网络相关工作。10月22日，韩军宣布将组建专门负责网络战的部门——“联合网络中心”，负责保护联合参谋本部的网络安全，计划于2014年1月1日起正式挂牌运行。

三是修订信息安全法律。7月30日，韩国通过了《公开和使用公共数据的法律》，要求保护公共数据安全。8月3日，韩国议员提出《关于促进网络通信及个人信息保护法的部分修改提案》。8月7日，韩国宣布将制定“严惩名誉毁损犯方案”，严打以盈利为目的在网上散播虚假事实或持续捏造、散播毁损他人名誉的违法行为。

四是加强信息安全监管。4月11日，韩国宣布对泄露个人身份证号码的企业处以高额罚款，并要求解雇企业负责人。4月13日，韩国警方表示，将严肃处理传播假消息的始作俑者。7月5日，首尔地方法院宣判24名网民的网络诽谤罪名成立，并处以50万～100万韩元（约合2740～5480元人民币）的罚金。

五是大力培养人才。3月，根据《下一代信息安全专家培养计划》，选定60名高中和大学生电脑高手进行网络攻防比赛，培养未来信息安全专家。7月4日，决定在2017年之前培养5000名网络安全专家，弥补网络安全人才短缺现状，同时将网络战人才规模扩大到1000人。9月28日至10月1日，韩国国防部和国情院共同举办了第一届“白客大赛”，选拔高水平网络人才。

六是大力打造信息安全产业。7月4日，韩国发布《信息安全产业发展综合对策》，将在2017年之前培养约5000名信息安全专业精英人才，开发包括下一代密码软件、自动感应技术等10项世界一流安全技术。将信息安全产业扩大2倍，增长到10兆韩元的规模。

七是加强国际交流。6月16日，为了应对朝鲜DDoS攻击以及干扰卫星定位系统等网络攻击行为，韩国将与美国共同构建“网络安保协议体系”。10月17～18日，韩国举办了“2013首尔网络空间会议”，会议的主题是“通过开放和安全的网络空间促进全球繁荣——机遇、威胁与合作”。12月10日，中韩互联网圆桌会议在韩举行，会议以“发展与安全”为主题，两国政府部门、行业组织、知名互联网企业和学术机构近百位代表参加了会议。

八是构建智能网络防御系统。10月29日，韩国政府决定斥资98亿韩元（约合人民币5.4亿元）构建智能网络防御系统，提高国防、金融和能源等主要信息通信网安全性能。

九是强化金融信息系统安全。6月，韩国金融监督管理局（FSS）和其监督管理机构韩国金融服务委员会（FSC）发布综合措施，加大对金融行业机构最高层管理人员的监管力度，要求将5%的员工名额分配到IT部门，并将这5%的员工中的5%用于网络安全相关的工作岗位。同时，金融公司应将预算的7%用于在线网络安全建设。9月26日起，韩国要求包括银行、保险公司、经纪公司、储蓄银行等在内的所有金融企业，都必须使用网络用户认证程序（短信或自动应答系统）。

（九）印度

一是出台《国家网络安全政策》。7月2日，印度出台了《2013年国家网络安全政策》，提出了未来网络安全远景目标，制定了分级响应机构建设路线图、战略举措和具体行动等。

二是优化完善网络机构。5月26日，印度表示将设立网络司令部。6月14日，印度决定建立“国家网络协调中心”（NCCC），构建本国的“棱镜”系统。

三是扩充网络安全力量。6月19日，印度国家安全委员会秘书处（NSCS）表示，印度政府决定招募4446名信息技术专家，创建“网络安全体系构架”，其中，1887人配给军队，695人配给国家技术研究组织，电子信息技术部590人，国防情报局565人，国防研究与发展组织250人。

四是批准进行国家支持的网络攻击。6月11日，为保护其关键基础设施不受蠕虫病毒类攻击，印度政府允许国防情报局和国家技术研究院两家机构在必要时展开国家支持的攻击，以加强网络安全。

五是加强对社交媒体的监控。3月18日，孟买警方设立了印度首间“社交媒体实验室”，监控脸谱网、推特网及其他社交网站，由20名受过特殊训练的警官组成的工作组将在实验室工作。9月23日，印度要求各级政府必须采取切实措施管控社交媒体，总理辛格表示，任何人都不应利用社交媒体煽动公共暴力。

六是加强进口网络技术监管。6月4日，在印度跨部门工作组第二次会议上，印度国家安全事务官员建议封杀中国的微信业务。9月2日，印度政府打算在官方通信中禁用美国的电子邮件服务，如Gmail。印度政府向全国50多万名官员发出正式通知，要求他们使用印度国家信息中心提供的邮件地址和服务。11月1日，印度决定升级电信设备测试标准，并要求即日起，手机公司必须使用印度政府授权的实验室认定为“安全”的设备。

（十）澳大利亚

一是把网络安全上升至国家安全战略。1月23日，澳大利亚颁布《强大和安全：澳大利亚国家安全战略》，明确指出，网络安全对国家安全至关重要，要求把网络安全作为国防、司法和情报机构此后5年工作的重点之一。

二是成立国家网络安全中心。1月23日，澳大利亚宣布将斥资14.6亿澳元在2013年底前成立一个国家网络安全中心，提高国家网络安全能力。

三是公布网络犯罪法。6月22日，澳大利亚政府公布《网络犯罪法律》，打击日益增长的网络犯罪。新法律规定，警察和情报人员将有权要求网络服务提供商给出正在接受调查的网络犯罪嫌疑人的信息。

四是正式加入世界《网络犯罪公约》。4月，澳大利亚正式签署了由欧洲委员会推出、目前是世界上规模和影响最大的制裁网络犯罪的国际法律文件——《网络犯罪公约》，成为第39个签约国。

五是限制第三国企业参与本国信息网络工程。10 月 29 日，澳大利亚司法部长表示，新一届保守党政府支持对华为的禁令，禁止该公司竞标澳大利亚投资 380 亿美元的全国宽带网络（NBN）项目。

六是加强国际合作交流。3 月 26 日，澳大利亚和日本信息安全协议正式生效。协议将强化两国关于保密信息交流的法律框架，确保双边保密信息的保护，允许双方在及时的信息交流方面展开切实合作。目前澳大利亚和美国、法国、新西兰和欧盟签署了 12 份类似的条约。7 月 22 日，澳大利亚与美国、加拿大、新西兰和英国 5 个国家在加利福尼亚州举行会议，讨论如何为应对网络空间威胁，加强相互间长期以来的合作。会议集中讨论了关键基础设施的网络安全，提出了“减少诸如网上儿童性侵犯、身份盗用及网上欺诈等网络犯罪的扩散”等措施。

（十一）英国

一是建立全球网络安全中心。4 月 9 日，英国宣布，为了对抗全球网络威胁，决定在剑桥大学建立全球网络安全中心，帮助各国制定应对网络威胁的综合计划，提供全球网络威胁信息。

二是建立网络安全预备役部队。9 月 29 日，英国宣布将建立一支网络安全预备役部队，以应对并在必要时实施网络攻击，10 月启动网络预备役计划，并开始征召军队离职人员、具备必要技能的现任或曾任预备役军人，以及无从军经历但具备一定能力的人才。

三是建立网络安全信息共享系统。3 月 27 日，英国宣布将建立包括百余家企业在内的网络安全信息共享系统，确保一旦出现网络攻击，系统内的所有参与者都能接收到预先警报，及时作出应对，英国国家通信总局、军情五处、警方和企业都将派专家参与。

四是推出网络事件响应新计划。3 月 28 日，英国情报机构、政府通信总部（GCHQ）推出了一项网络事件响应新计划，为遭受网络攻击的私营和公共部门提供帮助。目前，英国政府已确认了 4 家公司，在网络攻击发生后为其提供帮助。

五是举行大规模网络攻击模拟演习。11 月 12 日晚上，由银行人员、监管机构和政府官员等数百人参加的“醒鲨 2 ”测试在伦敦举行，以评估其如何应对一系列网络破坏活动，测试金融市场对网络攻击的防御能力。

六是大力培养网络安全人才。5 月 17 日，英国政府向牛津大学和伦敦大学拨款 750 万英镑，合作开发对抗虚拟攻击的专门技术，培训网络安全专家。10 月 22 日，新成立的英国联合网络储备局称，如果已被定罪的计算机黑客能通过安全审查，他们可能被招募到该机构中任职，将从后备部队中招募数百人组成计算机专家组与常规部队协同作战。

七是积极推动国际合作。1 月 15 日，英国和新西兰宣布，两国将加强网络技术研发和信息交流合作，共同应对网络安全所面临的威胁。2 月 20 日，英国与印度签署网络安全协议，提出保护包括知识产权在内的两国敏感的商业和政府信息，以共同应对日益上升的全球网络犯罪威胁。协议还包括建立一个由两国警察部队组成的联合工作组，负责解决来自网络的安全威胁，并为此提供技术支持。7 月 4 日，英国与日本签署了信息安全协议，确定了两国间涉密信息交换的相关标准和程序。

（十二）法国

一是发布新版国防白皮书，强调网络安全。4 月 29 日，法国发布《2013 年国防与国家安全白皮书》，强调要加强网络信息安全，预防黑客的攻击，打击网络犯罪。《白皮书》确定网络安全与情报工作将是未来重点；法国还将加强对其计算机系统的保护，防范网络攻击。

二是加强信息安全立法。12 月 3 日，法国国民议会通过《2014—2019 年军事纲领法案》，扩大了网络监控领域，增加了网络监控的内容，新法案增加了：行政机关可以要求谷歌提供元数据；收集信息须由总理批准；总理有权强制关闭某个服务器等内容。

三是发展网络攻击能力。7 月 3 日，法国国防部长表示，面对网络攻击日益增多的情况，法国国防部门将发展网络攻击能力，而不是单纯采取防御手段，法国需要在第五战场拥有完全实战能力。

（十三）德国

一是成立网络安全机构。3 月 24 日，德国联邦情报局成立了一个部门，用以对付联邦机构和经济界遭受的黑客攻击。这个拥有多达 130 名员工的新部门将专门对付联邦机构和德国工业界遭受的黑客攻击。

二是持续发展网络战能力。6 月，德国联邦国防军表示，德军已经具备了攻击“敌方网络”的初步能力，并将持续发展这种能力。

三是创建全球网络态势感知系统。3 月 8 日，德国电信与网络安全联盟合作创建全球网络安全态势网站，旨在提供全球网络攻击活动的态势概况。攻击数据来自德国电信在全球各地部署的称作“蜜罐系统”的 97 个传感器。

四是发展本国网络安全技术。8 月 9 日，德国电信和联合网络公司宣布，将联手对抗各种网络间谍活动，采取加密措施保护用户隐私。届时，用户不再需要使用第三方的加密程序，邮件将会自动加密，并且“所有文件都储存在安全的德国数据中心”。8 月 14 日，德国政府通过欧洲信息技术公司初步计划，以替代美国信息技术公司产品，确保本国的信息网络安全。10 月 14 日，德国宣布将设立一个国内的电子邮件通讯网，以防止境外间谍和黑客对本地电子邮件内容的监视。11 月 10 日，德国电信公司表示，将建立只在德国国内使用的互联网。另外，德国电信和其他德国生产商研发的一种安全过滤器已经开始投入使用，将保护企业免遭网络攻击。

五是推动“反 NSA 监控”信息安全项目。8 月 17 日，德国议会推动防范 NSA 监控的信息安全和隐私保护计划，共计 8 个项目。

六是加强对物联网信息安全研发的支持。4 月 17 日，德国联邦教研部与联邦内政部联手，共同支持一批物联网信息安全领域的研发项目，以期尽快为物联网的发展创造更好的网络安全环境。

（十四）巴西

一是制定网络和信息安全法规。4 月 2 日，巴西第一个反互联网犯罪的法案正式生效。法案将入侵个人计算机、窃取他人信息和将信息在网上公布等行为定义为刑事犯罪，并规定相应的刑罚。10 月，巴西内阁召开会议，分析了当前巴西信息安全状况，提出加快立法速度，要求巴西众院和参院分别在 45 天内对《网络民法》草案进行审议并表决通过。10 月 29 日，有媒体报道，巴西正在起草一项法律，强制跨国互联网公司在巴西设立数据中心。

二是调查美国对巴西的大规模监控情况。10 月 25 日，巴西警方表示，已向美国司法部递交申请，要求传讯一批美国信息业巨头的高管，以调查美国情报机构对巴西政府和公司进行大规模监控的情况。到目前为止，巴西警方已经传讯了这些公司在巴西子公司的领导人。

三是发展自主网络系统。9 月 27 日，巴西国会要求所有在巴西境内运作的企业，必须将有关巴西公民的数据存储在巴西，摆脱美方的监控，带动巴西的互联网及其存储技术的发展。此外，巴西还强制所有的电话公司使用本地制造的设备在其境内开展业务。10 月 13 日，巴西宣布将建立一个完全由本国管控的电子邮件安全系统，以保护官方邮件不受外国监控，新邮件系统于 11 月开启运行。

四是与多国加强双边国际合作。9 月 13 日，巴西与阿根廷签署声明，在两国的防务合作中增加网络安全方面的内容。10 月 9 日，巴西表示，为避免美国对其他国家实施间谍监控活动，倡议 2014年在巴西举行一次有关互联网安全的国际大会。10 月 15 日，印度与巴西宣布，双方将共享网络安全知识，以应对美国及其盟国进行的间谍监控。11 月 1 日，德国和巴西共同向联合国提交保护公民隐私和人权的决议草案，要求无条件保护公民的隐私权，尤其是数字时代电子通讯的信息保护。同时，所有国家的海外监听、监控行为都应该受到有效约束。

【G8 国家网络安全战略比较及启示】

G8 国家是八国集团的简称，是由世界最重要的八个工业体国家结成的国际联盟。始创于 1975 年，最初的目的是共同解决世界经济和货币危机，协调经济政策，重振西方经济。当时只有六个国家，分别是法国、美国、日本、英国、西德和意大利，后来随着世界形势的发展变化，西德被统一后的德国替代，加拿大（1976 年）、俄罗斯（1998 年）也陆续加入该集团，形成现在的八国集团。

该集团汇集了世界上最强大的工业体国家，成员国的国家元首每年召开一次会议，简称“八国峰会”，对世界政治、经济、军事的发展产生重大影响。近年来，随着互联网的快速发展，网络安全问题日益凸显，已成为各国国家安全的重要组成部分。目前，G8国家中除俄罗斯外均正式公开发布了网络安全战略，所有成员国都采取多种措施、全方位加强网络安全管理，有很多成功经验值得中国国内借鉴。

（一）G8国家网络安全战略文本的基本框架

G8 国家中最早发布网络安全战略的是美国。早在2003年2月，小布什政府就发布了《确保网络安全国家战略》；2009年5月，奥巴马政府公布了《网络空间政策评估：保障可信任和稳健的信息和通信基础设施》；2011年5月，公布了现行的网络安全战略，其全称是《网络空间国际战略：网络世界中的繁荣、安全与开放》，该战略全文共25页，除序言外，正文由4个部分构成。①构建网络空间政策；②网络空间的未来；③优先政策；④勇往直前。为进一步落实该战略，美国国防部于2011年7月发布了《网络空间行动战略》，行动战略共19页内容，分为4个部分：①引言；②战略背景；③五大战略规划；④结论。

英国政府的第一个网络安全战略发布于2009年6月，由时任英国首相布朗发布，全称是《英国网络安全战略：网络空间的保密性、安全性和可恢复性》。在战略摘要中，布朗政府誓言“确保英国在21世纪拥有网络空间的优先地位，就像19世纪保障海洋安全、20世纪保障空气安全一样，而首个网络安全国家战略的颁布，就是朝着这个目标迈进的最重要的一步”。2010年10月，英国首相卡梅伦发布其上任以来的第一个国家安全战略《不确定时代的强大英国：国家安全战略》，提出：由于越来越多的关键数据和系统依靠网络，国家安全的保护和防御面临新的挑战，因此，英国政府把“其他国家对英国网络空间的恶意攻击和大规模网络犯罪”列为四大最高级别的安全威胁之一。英国政府现行网络安全战略于2011年11月发布，全称为《英国网络安全战略：保护和推动数字化世界中的英国》，全文共43页，分为6个部分。①引言；②网络空间驱动经济增长和增强社会稳定；③变化中的威胁；④2015年网络安全愿景；⑤行动：直面威胁，抓住机遇；⑥附录：执行方案。

法国现行网络安全战略于2011年2月发布，全称是《信息系统防护与安全法国战略》。战略的英文版全文共24页，分为引言、总结、四大战略目标、七项具体举措4个部分。其中，《总结》部分主要介绍《国家安全与防卫白皮书》的四大战略，显然这就是法国维护网络安全的核心战略。从这个意义上说，法国网络安全战略应该由法国战略和白皮书两部分组成，而前者更像是对战略的细化和实施办法。法国的《国家安全与防卫白皮书》是2008年6月萨科齐任总统期间公布的，共48页，明确提出未来十五年法国面临的主要威胁是针对国家信息基础设施的大规模黑客攻击，因此，维护信息系统安全是法国政府的首要任务。需要特别说明的是，2013年4月现任总统奥朗德发布了新的白皮书，从英文版看，内容扩充明显，由原来的48页增至137页。相比于五年前的白皮书，如今的法国政府不仅再次强调网络威胁的严重危害，而且明确提出要加强网络空间攻防能力建设，包括制定相关法律法规、建立网络防御学说、加强军事网络防御能力、加强网络安全领域的科技投入等5项举措。

《德国网络安全战略》颁布于2011年2月，内容简明扼要，英文版全文只有10页，正文包括6个部分：①引言；②信息技术威胁评估；③框架条件；④确立网络安全战略的基本原则；⑤战略目标与举措；⑥可持续发展。

加拿大的网络安全战略颁布于2010年10月，全称是《加拿大网络安全战略：为了建设更加繁荣富强的国家》，共17页，正文包括5个部分：①导言；②认识网络威胁；③加拿大的网络安全战略；④具体举措；⑤勇往直前。

日本网络安全战略发布于2013年6月，全称是《网络安全战略：创建领先世界的强健而有活力的网络空间》，全文共55页，分为5个部分：①导言；②环境的变化；③基本政策；④努力的方向；⑤推进系统及其他。

意大利的《网络空间安全国家战略框架》发

布于 2013 年 12 月，是已颁布战略的 7 国中最晚的一个，也是内容解读最为详尽的一个，总计有 48 页，包括前言、摘要、正文、附录 4 个部分。其中，正文有两部分内容：一是网络威胁及国家信息通信技术基础设施薄弱环节的本质及演化趋势；二是增强国家网络防御能力的工具和措施。附录 1 为有关部委的角色及授权，附录 2 为专业术语。

俄罗斯是 G8 国家中目前唯一未制定网络安全战略的国家，但是网络安全战略构想已进入议会讨论中，于 2013 年 11 月 29 日就草案举行听证会。听证会在俄罗斯联邦委员会（俄罗斯议会上院）举行，该院于 2014 年 1 月 10 日在其官网发布了《俄罗斯联邦网络安全战略构想》（草案），该草案俄文版只有 10 页内容，分别就为什么制定战略、如何制定战略等 8 个方面进行了说明。①制定战略的迫切性；②网络安全在信息安全架构中的作用；③战略在现行法律体系中的地位；④战略目的；⑤战略原则；⑥战略确保网络安全的优先事项；⑦战略应明确规定的网络安全行动方向；⑧战略的制定和实施。需要特别说明的是，在这个战略构想中，明确提出要延续《俄罗斯联邦信息安全学》提出的战略原则。

事实上，《俄罗斯联邦信息安全学》目前已经被西方国家当成俄罗斯的信息安全战略，在欧盟网络与信息安全机构的官网中，汇集了世界 35 个国家已经发布的网络安全战略，其中《俄罗斯联邦信息安全学》就赫然在列，可见，这个学说已经阐明了俄罗斯网络安全的基本原则与战略举措。该学说 2000 年 9 月由俄罗斯时任总统普京签署，基本框架包括 4 个部分：①俄罗斯联邦的信息安全；②确保俄罗斯联邦信息安全的方法；③俄罗斯国家信息安全政策的主要议题和迫切实现方法；④确保俄罗斯信息安全系统的组织基础。

从上述 G8 国家网络安全战略文本的基本框架看，虽然内容简繁差异较大，但是基本结构却趋同，都介绍了战略出台的背景，分析了网络安全威胁的严峻性，明确了战略目标和战略原则，规定了优先发展或重点建设的领域，制定了实施战略的具体举措，并展望了网络安全发展的未来。

（二）G8 国家网络安全战略目标比较

从 G8 国家网络安全战略目标看，可以分为三类。第一类是谋求霸主地位，期望建立国际社会网络空间的行动规则，利用自身的技术优势开展网络攻防，并引导国际合作，成为网络空间的领导者，以美国为代表。第二类是希望在网络安全方面确立世界领先地位，并充分挖掘网络空间的商业价值，以英国、法国、日本、俄罗斯为代表。第三类属于积极防御者，主要目的是确保本国网络安全，建立各种组织的合作伙伴关系，积极推动国际合作，以德国、加拿大、意大利为代表。

1. 美国的战略目标是成为世界网络空间领袖

美国网络安全战略的总目标是：通过国际合作推动开放、互惠、安全、可靠的信息和通信基础设施建设，用以支持国际贸易和商业，强化国际安全，培育言论自由和技术创新。为实现这一目标，美国将建立和维护这样的国际环境，利用负责任的行为规范指导各国行动、维护伙伴关系并支持网络空间的法治化。从总目标可以看出，美国要建立一个符合自身价值观偏好的国际网络空间秩序，并明确自己在未来网络空间中的角色，“就像在 20 世纪下半叶，美国帮助全球建立战后国际经济和安全合作框架一样，在 21 世纪，美国将秉持合作与共同负责的精神，致力于构建和平、可靠的网络空间”。

为此，美国从外交、国防、发展三个视角界定自己在未来网络空间中的角色。①在外交方面，加强合作伙伴关系。通过外交和联盟，建立双边或多边关系，寻求与国际组织及众多利益相关组织的合作与沟通，并与私营部门合作，就网络空间负责任行为的原则和有必要采取的行动等问题，达成广泛共识，创建一个开放、互惠、可靠的网络空间。②在国防方面，采取积极防御和有效威慑的战略。积极防御包括国内、国际两个层面，主要措施是培育网络安全文化，建立降低安全风险、应对紧急事件的有效机制。威慑则是针对威胁国家安全和经济安全的犯罪分子及其他非国家行为体，采取自卫反应，“美国将确保攻击或利用我方网络所带来的风险远远超出潜在的收益”。战略中还特别提到，收到预警时，美国将像应对国家受到的其他威胁一样应对网络空间的敌对行为，并根据对军事条约缔约伙伴的义务采取行动。③在发展方面，提升世界各国构建繁荣、安全网络空间的能力。在建设开放、安全、可靠网络的共识下，通过双边和多边组织，使各国有能力保护数字基础设施，强化全球网络活动，建立更紧密的伙伴关系。

2．英国、法国、日本、俄罗斯的战略目标是成为世界领先的网络强国

相比于美国在网络空间追逐主导者地位的雄心，英国的网络安全战略则更加务实，希望能够在网络安全技术中占据世界领先地位，同时从网络世界中攫取巨大商机并获取社会价值。在2011年的网络安全战略目标中，英国构建了未来四年的愿景：希望在2015年从充满活力、可靠和安全的网络空间获得巨大经济和社会价值。在网络空间践行核心价值观——自由、平等、透明和法治，以促进经济繁荣、国家安全并建设一个强大的社会。为此，英国提出网络安全战略的四大目标：①打击网络犯罪，使英国的网络空间成为世界上最安全的商务活动领域之一；②使英国具有更强的抗网络攻击能力，更好地保护英国在网络空间的利益；③继续帮助塑造开放、稳定、充满活力的网络空间，以供英国大众安全使用并支持开放社会建设；④英国需要构建跨领域的、有交叉的知识、技能和能力体系，以便支撑所有网络安全目标。为实现上述战略目标，英国网络安全战略提出了三大原则。①风险导向。针对网络安全的脆弱性和不确定性，在充分考虑风险的基础上建立响应机制。②通力合作。在国内加强政府与私营部门以及个人的合作，在国际上加强与其他国家和组织的合作。③平衡安全、自由与隐私关系。在加强网络安全的同时充分考虑公民隐私权、自由权和其他基础自由权利。

与英国一样，法国也希望成为世界一流的网络强国，且表述更直接，位列网络安全战略四大目标之首。①成为网络防御领域的世界强国。法国既要保持网络战略的独立性，同时也要确保跻身世界一流网络防御国家的行列。只有这样，法国才能在应对共同威胁的统一战略实施方面和运行层面获得多重效益。②通过保护与主权有关的信息，捍卫法国的决策能力。政府的权威和危机管理的角色需要保密通信设施的支持，必须保证在任何情况下都能进行保密交流。符合这一要求的互联网应该被扩大，尤其是在地方层面。确保信息在互联网中流转的保密性要求掌握信息安全方面的产品，法国要拥有必需的专业知识设计这些产品，优化产品开发，主导生产模式。③强化国家关键基础设施的网络安全。法国社会对信息系统和网络，尤其是互联网的依赖与日俱增。针对法国关键信息系统或互联网的有效攻击可能造成严重的人员或经济后果，国家必须与相关设备制造商和运营商紧密合作，努力确保并不断提高关键系统的安全性。④确保网络空间的安全。信息系统的威胁同时影响公共服务部门、私营企业和公民。公共服务部门应该在信息系统保护方面作出榜样，努力提高对信息系统以及委托给他们的数据的保护能力。同时，通过宣传来提高企业和个人信息保护的责任和意识。在打击网络犯罪方面，法国将加强立法工作并促进国际司法合作。

日本网络安全战略的总目标是：构建世界领先的、可靠的、充满活力的网络空间，使之成为社会系统的一部分，这个“网络国家”要能够强有力抵御网络攻击、充满创新，并让人民为之骄傲。为此，提出四项战略原则。①确保信息的自由流动。日本将努力构建安全、可靠的网络空间，使信息能够在其中自由流动，并确保网络空间的开放性和互用性，避免过度的调控与管理。②及时回应日益增长的严重威胁。如果网络空间脆弱到无法承受网络攻击或其他威胁，那么就无法实现信息的自由流动，甚至让人民对网络空间丧失信心。鉴于传统的防御措施已无法应对目前日益严重、波及全球的网络风险，因此，必须通过多方共同努力建立能快速反应，并能恰当处理变化中的威胁的新机制，以适应信息通信技术及其他因素带来的巨大变革。③强化基于风险的管理方法。日本一直致力于打造世界一流的网络防御能力，到目前为止，所有主体包括政府机构、重要基础设施运营商、企业及个人都在尽最大努力采取适合自身的信息安全措施。然而，重要信息和信息系统对网络的依赖性日益增加，遭受更复杂的网络攻击的可能性也在增加。因此，各主体除了继续实施现有措施外，还应针对时刻变化的网络风险，通过适当、及时分配资源以灵活应对。

具体包括提高对网络攻击事件的识别和分析能力，整合功能，促进信息共享，加强各主体间的合作等。④基于责任共担原则联手行动。政府机构、公共部门、学术界、产业界和民间的各种主体都从网络空间中获益颇丰，因此，面对日益复杂且不断扩大的网络威胁，上述主体应该共同分担维护网络安全的责任，采取自我防范措施，并联手行动实现“网络空间的健康”。

从俄罗斯的《国家信息安全学》看，俄罗斯的网络安全战略希望确立信息安全方面的领先地位。认为保护信息安全就是维护俄罗斯联邦的国家利益，有四个原则非常重要。①尊重公民获取和利用信息的宪法权利与自由，确保俄罗斯精神的复兴，保护和强化社会的道德价值、爱国主义、人道主义、文化科学传统。②向国内外公布关于俄罗斯的国家政策、国内外社会重大事件官方立场的准确信息，为俄罗斯公民提供公开的政府信息资源。③大力开发现代信息技术，加快国家信息产业尤其是信息、电信和通信设施领域的发展，以保障国内市场的发展需求，推动其进入国际市场。只有这样，才能发展高科技，重新装备产业，使国家科技成果转化效率倍增，“俄罗斯必须在世界微电子和计算机行业领导者中占据应得的位置”。④保护信息资源，杜绝非法使用，确保部署和已经设立在俄罗斯境内的信息和电信系统安全。

3．德国、加拿大、意大利的战略目标是积极防御并强调加强多边合作

德国的网络安全战略文本最为简单，对成为网络强国的战略目标的表述也相对隐晦。其战略目标包括以下几方面。①使联邦政府在维护网络空间安全方面发挥重大作用，以维护和促进德国经济、社会的繁荣发展。②网络安全水平必须与联网的信息基础设施的重要性及受保护的要求相一致，而且不能阻止或削弱网络空间提供的机会以及对网络空间的使用。在这个约束条件下，要综合国内外一切可能的措施，保护信息和通信技术的可用性和网络空间数据的完整性、真实性、机密性。③网络安全建设需要采取综合性的方法，以民用的方法和措施为核心，以军队的措施和预防战略为补充，并与各种国际组织广泛协调，争取包括联合国、欧盟、欧洲理事会、北约、八国集团、欧安组织等在内的国际合作。主要目的是确保国际社会在保护网络空间方面的一致性和能力。

在加拿大的网络安全战略文本中特别强调，“本战略反映了加拿大人的价值观，如法治、责任和隐私；战略将保持开放性并不断完善以应对新的威胁；战略是跨越加拿大政府的整合活动；突出加拿大人及省、地区间的合作，并与盟友建立紧密的工作协作”。为此，加拿大网络安全战略提出三大战略目标。①保护政府网络系统的安全，加拿大人信任政府会合理利用他们的个人和工作信息，也相信政府为他们提供的服务。政府将以适当的方式、工具和人力来承担保障网络安全的义务。②联手保障联邦政府外的关键网络系统安全，加拿大的经济繁荣和加拿大人的安全依赖于政府外围系统的顺利运行。通过与各级省和地方政府、私人机构合作，政府将支持加强包括重要基础设施区域在内的网络可靠性。③保障加拿大人的上网安全。政府将帮助加拿大人从网上安全地获取他们需要的信息，保障个人和家庭的在线安全，加强执法机构打击网络犯罪的能力。

意大利的网络安全战略用了 8 页篇幅分析网络威胁的性质和发展趋势，并将网络威胁分为网络犯罪、网络间谍、网络恐怖主义、网络战争四种，要求相关各方协作落实战略提出的八个目标。①增强所有网络安全相关机构的技术、操作和分析能力，撬动整个国家对各种网络威胁的分析、阻止、缓解和有效反应能力的提升。②加强保护关键基础设施和战略资产免受网络攻击的能力，同时确保他们业务的连续性且完全符合国际要求、安全标准和协议。③简化公私伙伴关系的设计，积极推进国家知识产权保护和技术创新。④提高民众和机构的安全文化意识，通过学术界的专家提高用户对网络威胁的认识。⑤在遵守国内和国际准则的前提下，加强民众有效反制网络犯罪活动的能力。⑥全力支持网络安全方面的国际合作项目，积极构建意大利为成员的国际组织或联盟的合作。

（三）对我国的启示

2014 年 2 月 27 日，中央网络安全和信息化领导小组正式成立，由习近平任组长，李克强、

刘云山任副组长。在中央网络安全和信息化领导小组第一次会议上，审议通过了《中央网络安全和信息化领导小组工作规则》、《中央网络安全和信息化领导小组办公室工作细则》、《中央网络安全和信息化领导小组 2014 年重点工作》。会上习近平总书记发表了重要讲话，强调："中央网络安全和信息化领导小组要发挥集中统一领导作用，统筹协调各个领域的网络安全和信息化重大问题，制定实施国家网络安全和信息化发展战略、宏观规划和重大政策，不断增强安全保障能力"。由此可见，制定我国的网络安全战略已进入中央的决策视野，而充分总结 G8 国家网络安全战略制定的经验，能带给我们很多有益的启示。

第一，围绕战略目标，精确定义核心概念。从 G8 国家网络安全战略文本看，目前八国对涉及网络安全的一些核心概念包括哪些并不统一，如法国在附录中界定了包括漏洞、僵尸网络、网络防御、信息系统等在内的 15 个核心概念，而意大利则在正文中界定了包括网络战争、网络威胁、网络漏洞、网络间谍等 15 个核心概念。更值得注意的是，即使对同一个名词，概念界定也有差异，如法国把网络空间定义为"由自动化数据处理设备在全世界范围内相互联接而构成的交流空间"。英国的网络安全战略则认为"网络空间概念涵盖了所有形式联网的数字活动，包括通过数字网络实施的内容传递及其行为"。而德国的网络安全战略这样界定："网络空间是在世界范围内、被数字联系在一起的信息技术系统虚拟空间，网络空间的基础是互联网，是在全球范围普遍存在、可公开访问的连接和传输网络，并且可以通过任何附加数据网络进行深度扩展。在独立虚拟空间中的信息技术系统不属于网络空间的一部分。"因此，对我国而言，未来的网络安全战略中需要首先明确包括哪些核心概念，并在正文或附录中对这些核心概念作出确切界定，以尽量减少歧义，并增强世界范围内相同概念的互识性。

第二，G8 国家网络安全战略都突出网络威胁的严重性，强调维护网络安全的重要性，但是表述方法有所不同。例如，加拿大通过数据列举方式介绍，开篇即强调全球 17 亿人通过互联网连接在一起，加拿大经济高度依赖互联网，2007 年有 87%的加拿大商人使用互联网，在线销售额 2007 年就达到 627 亿美元。2008 年有 170 万加拿大人身份被盗取，造成损失估计达 19 亿美元。英国也采用类似的方法，不仅列出商业安全事件及损失，还指出有 2/3 的关键基础设施公司报告，在 2011 年定期发现恶意软件蓄意破坏他们的系统，2010 年每个月超过 2 万封恶意邮件攻击政府网络等。多数国家通过较为宏观的方式描述网络威胁的严重性，例如，美国总结网络技术的增长会带来各种形式的挑战，包括：能够破坏美国本土及海外光缆、服务器和无线网络的自然灾害与事故；一国采取封锁网页的措施，将导致更大规模的国际网络的中断；勒索、诈骗、身份盗窃都将打击网络用户从事网络商务、社交的信心，甚至危及个人安全；对知识产权的侵犯将威胁到国家竞争和推动竞争的创新精神。法国强调"网络空间中有越来越多怀揣恶意的个人或组织，试图侵犯他人隐私，获取密码等信息，入侵银行账户或收集并贩卖个人资料等。远程恶意控制计算机的案例日益增多，包括网络攻击或发送恶意邮件，制造僵尸网络等，达到实施违法活动的最终目的"。对我国而言，未来的网络安全战略也应该论述网络威胁的严峻形势，可以借鉴吸收两种表述方法，同时说明国内网络安全形势的特殊性，毕竟中国有着世界上最大规模的网民，网络攻击与网络犯罪的数量也非常惊人，据统计，"截至 2013 年 12 月，我国网民规模达 6.18 亿人，手机网民规模达 5 亿人，占总网民数的 81.0%"。

第三，G8 国家在网络安全战略中都宣布了实施的侧重点，方式有简有繁，最少的是加拿大、日本，分别围绕三个战略支柱和三个总目标展开。最多的是德国和意大利，分别罗列了 10 个和 11 个侧重点，从执行机构的设立，到人员培训，再到国际合作，几乎涵盖了可能涉及的各个方面。美国、法国各列了 7 个侧重点，列举的方法有所不同，美国选择经济、执法、军事、网络保护、国际合作、网络治理和网络自由 7 个方面分别阐述战略侧重点。法国的 7 个方面则聚焦更为具体的层面，包括检测并阻止攻击、保护国家信息系统和关键基础设施运营商、修订法国的法律以适应技术变革等非常具体的描述。英国的战略侧重点有 8 个，描述方法介于美国和法国之间，既有未来资金投入的数量，也有建立网络安全专业人才队伍、构建防止网络犯罪法律体系、提高公众网络安全意识等较为宏观、系统化的描述。需要特别说明的是，网络安全的战略侧重点与战略总目标是一致的，因此，未来我国的网络安全战略可以围绕战略目标，选择宏观描述与具体举措结合的方式论证。

第四，G8 国家都建立了网络安全战略的执行机构。虽然 G8 国家网络安全战略的执行机构名称不尽相同，例如，英国叫“网络安全行动中心”、法国是“国家信息系统安全办公室”、德国名为“国家网络响应中心”等。但是，执行机构的性质基本相同，以德国的任务描述最具代表性：协调整合所有国家机构对信息技术事件的防御举措，确认攻击来源；对网络安全突发事件作出缜密的分析，并为统一行动提供可靠的建议。国家网络防御中心将定期就日常的基本预防和特定事件向国家网络安全委员会提交建议；网络安全危机迫在眉睫或已发生时，国家网络防御中心将直接通知联邦政府内务部的危机管理人员。在 G8 国家中，执行机构设置最具攻击性的是美国，2009 年 6 月，时任国防部长罗伯特 · 盖茨签署命令，成立网络空间司令部，于 2010 年 10 月正式运行。网络司令部将分散的不同机构协调、整合在一起，使美国防部和美政府提升各自的职权，确保网络空间行动与高效管理资源的能力。2011 年 7 月 14 日，美国国防部发布首份《网络空间行动战略》，正式将网络空间列为与陆、海、空、太空并列的第五域，目前该行动战略已经开始修订。美军高级军事顾问、陆军少将约翰 · 戴维斯认为，《网络空间行动战略》发布以来取得了显著成效，其中包括：建立美国网络司令部下属的网络服务机构；为每个作战司令部建立了联合网络中心；使用军事命令程序来处理网络作战行动；研发了网络部队的组织模型；举行网络战演习等。对我国而言，目前网络安全的决策机构已经明确，即中央网络安全和信息化领导小组，在此基础上，可以借鉴国外的经验尽快成立各种执行机构，以全面推进我国网络安全战略的制定与落实。

第五，G8 国家都重视网络安全的经费投入，尤其是在“棱镜门”事件后，经费增加趋势明显。例如，法国国防部长勒德里昂提出，要推广保密电话、加密技术和网络监控，以强化敏感计算机系统，阻止黑客入侵和间谍活动，提升应对日益增加的网络攻击的防御能力并加强监控能力。为此，法国在 2014 年 2 月 7 日公布了 10 亿欧元的投资计划，用于加强网络攻击防御，其中约 4 亿欧元将用于装备战略性企业，采取数据加密措施以保证数据安全、检测黑客入侵以及监视内部网络。此外，还将在法国西北部城市雷恩成立一个网络防御人员培训中心，并设立一个专门的研究机构，用于开发法国首个攻击性网络安全武器。在英国，从 2010 年起，网络空间威胁就被定义为一级威胁，成为英国最优先处理的事项。在网络安全战略中，英国在财政紧张的情况下提出在未来四年投入 6.5 亿英镑，以支持英国网络安全技术和法律行动的实施。在网络安全战略的实施部分，英国详细列举了 6.5 亿英镑的具体支出情况，其中，独立情报支出和构建跨部门的支出最大，占 59%；国防部主要网络的保护占 14%；政府关键通信技术、构建安全的在线服务占 10%；内政部处理网络犯罪占 10%；内阁办公室协调、维护对操作性威胁的发现占 5%；商务、技术创新部门携手私营机构提高网络的可靠性占 2%。

需要特别指出的是，2014 年年初，英国政府追加了 2.1 亿英镑经费，使 2016 年前政府对网络安全的持续投资达到 8.6 亿英镑。负责监督网络安全战略实施情况的内阁办公室大臣弗朗西斯 · 麦浩德解释说，在总体节俭和费用削减时期增加该项拨款，是因为网络攻击对国家安全依然构成严重的威胁。为此，政府将更加重视技能培训，帮助英国本土的安全软件开发商和咨询公司增加出口收入。“英国政府已制定了网络出口收入倍增目标，争取到 2016 年，实现 20 亿英镑的突破。”这一新目标有助于促进英国网络行业发展，并帮助英国保持在全球竞争中的领先地位。

总之，制定网络安全战略需要充分考量国内、国际形势的变化，在明确战略目标的前提下，如何界定核心概念、如何描述网络威胁、如何设计战略重点、如何建立实施机构、提供财政保障等都需要决策机构的深思熟虑。充分借鉴 G8 国家的经验，探索适合中国自身的网络安全战略模式，才能实现习近平总书记提出的“以安全促发展、以发展促安全，努力建久安之势、成长治之业”的目标。

全球跨境电子商务报告

2014 年，全球无卡支付网（cardnotpresent.com）联合国际支付方案提供商 Payvision 公司，对投资方、商业服务提供方、独立销售组织方、支付服务提供方，以及在线商人进行了一次全球性调查，其目的主要是了解目前无卡在线支付所面临的挑战，并确认无卡在线支付行业向跨境电子商务领域的延伸及商业驱动模式。

2012 年，全球跨境电子商务市场规模超过 1 万亿美元，同比增长约 21%。从区域上看，欧洲地区成为全球最大电子商务市场。2012 年，欧洲电子商务市场规模实现 4126 亿美元，占全球电子商务市场的 35.1%；北美地区电子商务市场规模达到 3895 亿美元，占全球 33.1%；亚太地区是全球增长最快的第三大电子商务市场，总交易额达到 3016 亿美元，占全球的 25.7%；拉美地区是电子商务的新兴市场，交易总额达到 557 亿美元，占全球的 4.8%；最后是中东和北非地区，交易额占到全球的 1.3%。电子商务正在全球快速发展，但国家之间或地区之间的发展都存在着巨大的差异。

此次调查结果展示了跨境电子商务在各个地区的发展模式以及新兴和成熟的电子商务市场在未来的发展走势，确认了欧洲的“联合与增长”商业模型（在此模型中，互联网、银行、国际支付服务供应商与全球卡公司联合作为全球几个股东并共享利润）。同时，也验证了在急速增长的电子商务背景下网上购物者和付款者的最佳组合模式。

【语言是强大的商业驱动力】

调查结果显示，近半数调查对象引入了跨境电子商务业务，其中 93.2%调查对象表示，跨境电子商务是盈利的；超过 44%的支付服务提供商和企业选择跨境电子商务，并从一开始就选择世界范围的跨境电子商务；与此同时，29.5%的企业先专注于邻国市场或有共同语言的地区；约 70.3%的受调查企业认为有共同的语言是跨境电子商务强大的内因，其次才是有共同边境的邻国。

这一结果表明，语言是能够增加跨境电子商务利润的强大的商业驱动力。大约 67%的被调查企业认为，有着相同语言的合作伙伴以及销售团队能够理解当地文化，并将为跨境电子商务带来更多的利润；56%的受访企业选择在拓展到国外市场之前首先调查当地的支付方式；53.3%的受访企业认为，给消费者提供的支付方式很复杂，但同时许多企业相信在传统信用卡基础上附加多种支付选择，可以给消费者提供更多选择，为在信用卡支付方式占领绝大部分份额的市场中达到操作方便的目的，值得进行投资；超过半数的企业认为，为了满足多语言用户的需求建立一个语言中心的任务十分困难。

【不同区域面临不同的商业机会】

Payvision 公司发布了部分国家的实地调研情况，调查主要针对那些不断扩大跨境电子商务的企业开展。调研结果反映了当地在线支付的现状，同时也可从图表数据中分析出跨境电子商务的多种驱动因素。

作为消费者来说，逐渐习惯了线上和线下渠道的同步搜索，回顾、比较、选择及购买商品或者服务，通过不同的渠道，在线商户就需要主要投资于能够满足顾客需要的产品。商户需要投资于做产品宣传册、招聘专业人才、使用社交媒体、进入实体商店和搭建方便客户通过手机访问和购物的客户友好型网站。德国、英国和法国等国家已经多渠道对在线策略进行了投资。64.4%的被调查者表示，他们已经进行了多策略的投资；70.1%的被调查者认为，使用社交媒体可以提高在线销售量。意大利作为欧洲的一个新兴电子商务市场，约52%的在线商户都在增大他们对于多渠道市场策略的投资，尤其是社交媒体市场。

在所服务商户的需求和期待日益增长的情况下，产品服务提供商（PSP）、移动服务提供商（MSP）和独立销售组织方（ISO）正在面临更多挑战。此次调研讨论了如何解决这些问题与挑战，并在他们各自所代表的领域内探索区域电子商务市场的新机会。调研的焦点放在了所选取的调查对象最为关注的几大区域上。

【全球网络让跨境电子商务更加有利可图】

研究表明，全球电子商务市场2015年的总销售额将实现1.4万亿美元，2012年该数字为1万亿美元。投资者有理由看好在线支付和全球电子商务行业的前景。

信用卡支付仍是国外购物时首选的支付方式。全世界非现金支付交易占比约为74%，主要的支付卡有VISA、MasterCard、Amex和Discover等，这些卡的公司都在采取不同策略来维持他们在在线支付领域的地位。银行也在抓紧加入到全球电子支付的大军中，并已从提供的服务开始获利。68%的受访者表示为了更好连接多个跨境电商市场，同意在在线商务中使用各个银行联盟提供的服务。

金融机构在加入到全球网络中时更能从电子商务市场中获利。对于国际的ISO、MSP、PSP以及他们的商户而言，一旦他们理解了如何克服法律和物流的障碍以后，扩大跨境电子商务便意味着更多的商业机会。大约27%的受访者承认，他们不愿意采用跨境电子商务是因为缺乏对当地政府法规的了解，并且有超过20%的商户因为国外复杂的税收法规而打起了退堂鼓。这一鸿沟可以通过市场参与者与专家的意见结合而得到填补。目前，在线产品提供商正在做一项基于全球网络的类似项目。很有趣的是，44.2%的受访商户承认，他们并不知道掌管卡支付业务的独立销售组织已经在全球很多地区集成银行体系。

Payvision公司创始人Rudolf Booker说，“我们相信，欧洲产品服务提供商的运营方式，可以为那些有雄心扩展海外市场的北美网络商户提供借鉴。通过直接加入那些支付提供者在各大区域已有的银行体系，这些商户足以打开他们进军海外的步伐。”

百万个国际买家在网络中寻求最大利益的交易，这些交易通常都发生在国外的网络商店中。通过提供比当地价格有竞争力的商品和服务，将消费者吸引到让他们舒服的购物空间中来，在能够给他们提供多种支付方法的网店上，消费者也宁愿用当地货币买东西。这一要求使得多币种卡支付方式应运而生。29.8%的受访者表示，提供多种货币需求的平台很困难，但也有约53.2%的受访者认为，提供多币种的支付刺激了电子商务消费。

每个区域的市场和消费者都不尽相同，这些差异使智能市场策略和自定义化信息流不断产生。当地基础设施的建设给物流和运送服务商增加了额外限制，从战略上看，当地物流中心从当地货仓将货物分配到相邻国家的货仓会增加效率。大约33.8%的受访者将在线购买业务与线下运送业务相结合作为策略，大约66.2%的受访者不为他们的顾客提供这种服务。很有趣的是，虽然62.3%的受访商户不提供免费运送服务，但33.8%的受访者声称提供免费运送服务会减少弃购率。

不同于以上提到的问题，大约76.1%的商户认为，虽然他们的实体店在电子商务冲击下损失惨重，但他们的在线销售业务却增长迅速。

跨境电子商务给支付服务使用者、提供者和商户们提供了无限商机，但若使跨境电子商务开始盈利，还有一些困难需要去克服。

新兴电子商务市场中最大的多样性就意味着，“一种尺寸适合所有人”是行不通的，因为每个国家的首选支付形式、互联网的普及率、购物习惯和在线下单的速度都不尽相同。

互联网商户可以将国际支付服务提供商、商业服务提供商和外国市场的专家经验和当地消费者的潜在需求结合起来，通过连接一个与当地商户有伙伴关系的国际卡支付中心可以架起不同文化之间沟通的桥梁。有着当地文化和政策法规敏锐感知的一方，可以帮助国际商户扩展他们的跨境电子商务版图。优先向国外和新兴市场扩展电子商务，进行区域偏好分析，将在线目录翻译成多种语言，选择可信任的物流伙伴。大约有30%的受访者发现，他们当地的物流系统都不是非常发达；52.8%的商户要依赖于国外的物流分配中心。

在线商户曾经将重点放在一个地理区域业务增长上。但是现如今，商户们需要提供更加全面的服务，多种多样的支付方式同时还需要多渠道的服务以便于打开全球市场。95%的受访者同意，增长的期望值对产品服务提供商有影响，并且约80%受访者表示，这增加了他们后台操作的额外压力。

PSP和ISO被期望能够提供一系列低成本服务。这与类似谷歌和Facebook互联网巨头们带来的残酷竞争有关，也促使支付领域形成了“查询直接下订单”的理念。76.4%的PSP感觉到来自新公司和行业老大所带来的严峻挑战。

支付服务提供者中，约3/4的商户掌握着保险业和风险管理的处理流程，但是约23%的商户却反映，他们并不满意PSP提供的服务，这些服务经常会使他们遭遇损失，尤其是在跨境电子商务的销售中。

对于84.7%的PSP、MSP和ISO来说，在新的地区实施支付操作还是有一定困难的，因为他们要想方设法地理解和适应当地的政策和法规。

在那些高风险和高欺诈的行业，不管对于咨询代理还是公司，发展自动风险管理解决措施还是能带来很多商机的。59%的受访者同意，全球已有的解决方案帮助PSP/MSP/ISO降低了成本和减少了操作的复杂性。

支付服务的提供者旨在建立一个直接的卡业务联盟，但61.7%的受访者同意，这个联盟必须包含时间消费性和复杂的技术集成，这些都要求有特定领域的专家。

大约73.2%的受访者表示，全球收购方可以选择最有效率的交易方式来降低成本费用。大约3/4的受访者认为，和全球性的合作伙伴合作能够创造效率。因为全球性合作伙伴的优势在于，通过流水线集成各种卡模式的数据以及包含银行的各种支付方式。对“与全球合作伙伴一起合作会为所有股东带来更大的利润”的说法，大约超过60%的受访者同意。半数的受访者看到了全球已有网络中银行分享的专家经验在一些非竞争问题上所带来的附加价值，与全球网络连接最终将会提高风险管理协议并共同扩展业务。

大约66%的受访者认为，传统的银行除了提供结算服务和电汇外，还应该承担更多任务。电子商务和支付服务提供者需要获取当地的政策法规、文化和税收的相关经验，并且要选取最有效率和最可信的物流和运输服务商。这可能促使零售商会通过跨境电子商务去扩大他们在全球的业务，因为跨境电子商务可简化这一问题的复杂性。

一个可能的解决方法是，连接一个卡支付商，该卡支付商已经与通过在不同地区的BIN码在本地提供全球支付业务的银行相连接，同时，连接一个全服务提供商，该提供商可以在单独的创新支付平台中处理所有的跨境交易。

后期的复杂性和集成问题可以得到解决，创新支付平台中兑换利率的优化和全新的报告界面可确保对全球交易的控制。通过与全球卡业务者进行合作，在世界每一个角落站稳脚跟，商业合作者了解当地的政策法规以及税法，电子商务平台的打造、可盈利的跨境销售、实现国际扩张便指日可待。

【地区之间差异明显】

（一）欧洲跨境电子商务市场

73%的受访者将其跨境电子商务的发展重心放在了欧洲这个世界上最大的电子商务市场。

欧洲的8.2亿居民中有5.3亿互联网用户、2.59亿在线购物用户。2012年，欧洲在线购物包裹达到35亿个。电子商务为欧洲贡献了大约5%的GDP，欧盟已经决定在2015年之前将这一数字增加一倍。

2012年，欧洲B2C电子商务的税收同比增长19%，达到3116亿欧元，其中61%的税收由英国、德国和法国这三个国家贡献。在欧盟28国电子商务销售量达到了2770亿欧元，占了整个欧洲市场的88.7%，年增长率达到18%。

欧洲电子商务协会希望，在2016年年底之前，欧洲B2C电子商务市场能够翻倍，达到6250

亿欧元；在 2015 年前，在互联网经济中的比例（目前是 3.5%）也实现翻倍。这个期望值是基于互联网经济增速超过目前线下传统经济增速的事实而产生的。前面的在线零售预测结果，给所有利益相关者提供了乐观的理由，并相信国际扩展会带来更多业务机会。

欧洲商情市场调研公司公布的 2012 年在线零售销售前十名中有八个在欧洲，足以证明欧洲才是真正的在线买家。其中，挪威以人均 921 美元位居第一，第二为芬兰（人均 904 美元），第三为英国（人均 869 美元），第四至第十名分别为丹麦（人均 686 美元）、美国（人均 594 美元）、爱尔兰（人均 553 美元）、瑞士（人均 553 美元）、韩国（人均 533 美元）、瑞典（人均 476 美元）、卢森堡（人均 474 美元）。

网上交易对经济的贡献率逐步增长，互联网对欧盟 GDP 的贡献在迅速增加，尤其是英国，它引领了欧洲电子商务的潮流。除了给 GDP 作出贡献以外，电子商务同时也为高失业率的欧洲创造了很多岗位。

在欧洲，不论是在成熟的还是新兴的欧洲市场里，移动电话渗透率超过了 100%，这意味着每个人至少拥有一部以上的手机。平均来说，5.5% 的电子商务交易都是通过移动设备进行的，这一数字在将来还会大幅提高。

欧盟电子商务协会副主席 Wijnand Jongen 说，“斯堪的纳维亚国家，荷兰和英国已经率先开始布局互联网移动设备应用。在这些国家，70%～80%互联网用户都是线上买家，其他欧洲国家也在努力追赶。欧洲电子商务协会期待着 2016 年年末能够将规模翻倍，销售额达到 6250 亿欧元，线上买家数量的急速增长给我们很大的信心”。在欧洲有些地区，电子商务销售量在一年内增长了 200%。

根据市场研究公司 ABI Research 调查，2013 年，每 1 美元中约有 97 美分都花在了北美、西欧、日韩地区。移动设备的应用增加了电子银行和电子支付的使用，为了方便比较产品和服务，通常会把社交软件中同类人的意见也纳入考虑。这改变了移动支付的发展前景，在一定程度上刺激了电子商务的发展，也给消费者提供了更多购买商品和服务的可能性。

一个统一的欧洲市场能给电子商户提供巨大商机，但是只有 27%的欧洲电子零售店主在跨境销售他们的产品；在不同地区，消费者的购买速度和商户的销售速度存在着很大差异，甚至包括英国、德国和法国。欧洲跨境电子商务买家的主力军是斯堪的纳维亚国家、比利时、荷兰、卢森堡，这些国家的消费者对于从网上购买国外的东西尤为热衷。

由于相应的税法和物流因素，在线商户们似乎还是有点不情愿做跨境电子商务。尽管如此，欧洲仍是世界上最有潜力的跨境电子商务地区和最有希望成为增长最快也是最大的跨境电子商务区。

最常见的一个误区就是当货物已经到达了消费者的国家时，所有的法律事项都是在这个商户所在的国家的监管下的。约有 47%的零售商表示，货物被退回的相关法律条款是影响跨境电子商务最主要的原因。

遵守当地资金流通法律而产生的成本，以及不同的标签和包裹方面的法律被受访者认为是一种发展障碍。欧盟率先通过执行一个联合的欧洲市场尝试减少这些阻碍。

通过访问欧洲很多在线商户、研究相关法律条文，得出了跨境电子商务将会持续增长的结论。

欧洲电子商务市场可以分为北部成熟的市场、南部增长迅速的市场和东部新兴市场。一旦资金和物流体系有所改善，东欧将会有很大改变。仅以俄罗斯来说，该国共有 6000 万互联网用户、1500 万在线购物用户和很高的移动设备渗透率，电子商务发展环境较好。但俄罗斯较低的信用卡渗透率、民众对银行缺少信任以及落后的运送服务等，导致了俄罗斯的电子商务仍停留在现金交易阶段。尽管如此，俄罗斯的在线零售市场依然有望在 2016 年达到 160 亿美元。

想要攻克欧洲市场的商户们，应该调整他们的多渠道策略以适应地区偏好，在这些地区，印刷商品目录或搞“交易周”活动很受欢迎。

为了从跨境电子商务获取利润，商户必须理解不同地区之间的差异，包括语言、文化、法律、顾客喜好和支付方式之间的区别。以支付方式为例，荷兰的 ideal、比利时的 mister cash、法国的 carte bleue，都是各自国家很受欢迎的支付方式。

欧洲立法的多样性，同时也阻碍了跨境电子

商务的进一步发展。埃森哲最近对146家欧洲商户进行了调研，超过1/4的受访者认为，如果能够利用多渠道机会销售在线和跨境物品，他们的销售额会增长25%。

促进在线商务增长，目前已成为欧盟的经常性议题。欧洲电子商务的市场规模在2012年超过3000亿欧元，欧盟已有了一项旨在使这一数字在2015年前翻倍的计划。为了达到这一目标，欧盟设立了数码单一市场，来消除除技术和法律的障碍。

2007年，欧盟立法合作者采用了一项支付服务指导意见，除了为单一欧洲支付地区的倡议提供法律基础外，这个指导意见还引进了一项新的认证制度，以鼓励非银行机构进入支付市场；建立了一个有着高透明度的共同的支付标准；在欧盟及其他地区执行最大限度使用欧元和其他欧洲货币支付的履行时间；鼓励更多更有效的支付种类；针对一些成员国，在供应商和消费者之间引进一种快速责任制来对消费者进行保护。

为了更好地保护和刺激跨境电子商务市场，欧盟执行委员会将这些都移植到了法律中。

1/3的受访者认为，欧盟刺激跨境电子商务的政策是有效的而且带来了增长。

刺激多渠道跨境电子商务可能会潜在地为欧盟贡献10%的GDP。电子商务除了可能会带动经济增长外，还能减少温室气体的排放。

超过一半的欧洲前300强在线零售商都在跨境销售，欧盟在线买家的数量也在不断扩大。如果产品和服务是线上销售，那么产品和服务会是来自美国商户或是欧洲近邻的商户。

在欧洲，我们也能看见由一个共同语言所驱动的跨境电子商务环境；澳洲和瑞士会从德国的电子零售商买货，比利时的商店会在法国的网站上卖东西，这些都取决于他们有共同的语言。2012年，欧盟对美国的电子商务销售额也增长了9.8%。

欧盟一直在积极促进跨境电子商务的发展，但是我们也看到许多协会在为促进欧洲电子商务的发展建立各种合作组织来分享经验。

欧洲电子商务协会便是其中一个首创，是一个旨在提升电子商务利润的协会。目前，该协会代表3000个欧洲公司，拥有23个合作成员，目的是打造一个有效的、灵活的、法规健全的、能够刺激电子商务交易的网站。

另一个组织是EPSM（欧洲支付服务提供者协会），大部分欧洲收购方和PSP都是它的成员。

EPIF（欧盟支付机构联合会）也是一个国际非盈利组织，它成立于2011年6月。为响应支付服务指导意见（PSD），建立了一个全新的支付服务提供商目录来鼓励更多的欧洲电商参与竞争。

在外国建立在线分支机构，需要考虑政策法规的多样性，分析当地产品退回相关法律和建立当地回购地址，提供多语言客户支持。支付卡的接受处理程序包含了由金融机构制定的法律要求和商业要求。各个国家对支付卡在多种币种和风险迁移问题上的解决办法上各有不同，这也是为什么一个全球让受方会拥有跨区域专家和商业合作伙伴银行和支付服务提供者的原因，ISO和MSP能够协助解决这些问题。

（二）美国和加拿大跨境电子商务市场

全球约37%的跨境在线买家集中在加拿大。美国拥有3.15亿居民、2.55亿网民、1.84亿在线购买者，美国是世界上最大的电子商务市场之一。美国和加拿大在线总销售额达到3895亿美元，占到全球的33.1%，在在线零售领域，美国是世界上最大的市场。

除拍卖外，2013年美国在线零售预期为2620亿美元，比2012年增长13%。美国在线零售行业从业人数超过40万人，由于手机等移动设备的应用，美国电子商务的销售额在2017年有望达到3700亿美元。

CyberSource的调研显示，超过半数的美国电子商户都从国外接受订单。他们在考虑风险、税率和物流等因素的同时，还会阻止其他商户向美国以外的网购用户出售产品和服务。虽然跨境电子商务存在各种挑战，依然挡不住巨大的商机。

尼尔森调查表明，美国（45%）是最受欢迎的跨境市场，紧接着是英国（37%）、中国大陆（26%）、中国香港（25%）、加拿大（18%）、澳大利亚（16%）和德国（14%）。

在跨境运送服务方式中，45%的美国商户会选择标准邮政渠道。

2012年，美国电子商务销售额达到2250亿美元。每一季度，B2C电子商务平均增长16%。2012

年，“黑色星期五”那天产生了约10亿美元的电子销售额。美国Javelin战略研究公司估计，美国零售电子商务市场会以7.5%的速度持续增长。

电子商务将会涵盖各个商品类别。目前，服装、消费电子，以及家庭用品的网店的增长率较大。

信用卡成为美国在线支付的首选。

虽然最活跃的买家大多都在25岁到45岁，但是不需要旅行就能进行购物的舒适性还是会吸引超过55岁以上的人，这部分人群正变得越来越习惯于网购。

在线支付是美国3/4网购者的钟爱，但是具有可替代性的移动支付方式正越来越流行。虽然移动电子商务在2011年只占了电子商务9%的份额，但这一比例在2012年已经上升到了20%。美国移动支付在全球的份额达到了1/3。

平板电脑也逐渐在全球在线买家中流行起来。北美平板电脑用户占到全球的47%。平均来说，通过智能手机或平板电脑网购的人要比用电脑的人买得更多。

目前，88%的美国网民都在网购，这一数字还在上升。语言是跨境电子商务的动力，因为在线销售一般开始于搜索，顾客会用自己的母语进行搜索，而搜索习惯是由语言驱动的；关键词是找到信息的催化剂，从而引导网购者到达指定的网络商店。

美国与英国、澳大利亚、新西兰，以及邻国加拿大都使用英语，消除了电子商务的语言障碍。

西班牙语是美国的第二大语言，亚利桑那州、加利福尼亚州、德克萨斯州、新墨西哥州等地方，有3700万美国公民说西班牙语。中文和法语也是美国特定地区的语言，他们可以推动美国与相应语言的地区之间开展电子商务。

加拿大的互联网、手机和银行服务的普及率很高，但由于加拿大地广人稀，物流对于加拿大偏远郊区来说是一个挑战。幸运的是，80%的加拿大人都生活在离美国边境不出60英里的地方，也就是加拿大的三个主要城市。加拿大也是美国跨境电子商务的重要市场之一，因为运送时间可以执行得非常准确，税率也比美国要更加优惠。

60%的加拿大人从美国网购，其中38%的加拿大人生活在安大略省。这里相对较低的物流费和相对较低的汇率，使加拿大居民的网购热情持续有增无减。

加拿大信用卡的渗透率也非常高，81%的在线支付都是信用卡支付，紧随其后的是使用PayPal（42%）。这些因素都促进了跨境金融的发展。

VISA公布了一个跨境电子商务手册，阐述了正在发展的美国与加拿大之间的电子商务的机遇。这个手册给B2C提供了有关加拿大市场方面的信息，特别是人口因素、法律差异等。要从跨境电子商务中获利，必须加强监管和进行多层次、全方位的防欺诈管理。

北美的南部和加勒比海地区的在线购物发展势头迅猛，同时，拉丁美洲也在增长。这些地区对于美国和加拿大来说都是潜在客户，但目前来看，欧洲电子商务发展得更加迅速。美国在线零售商期望在2015年达到2790亿美元的营业额，占全球总量的15%。

美元贬值吸引了更多欧洲、加拿大和亚洲的在线购买者。

虽然美国网上商家一直关注电子商务，但零售商们仍旧错过了跨境电子商务提供的绝佳机会。当中国以90%、日本以71%、加拿大以55%的速度增长时，美国落后了。

与此同时，电子支付也对加拿大的实体增长贡献颇多。美国应当意识到世界上95%的消费者都住在国外，跨境电子商务带来的机会大于挑战。在线商户们可以和全球的收购方一起合作，并且加入信用卡支付网络从而获得全球的资源，这将会使他们在跨境电子商务中更容易成功。

无卡支付网公司CEO认为，“要做一个多语言的网站或者要找出何种合适的支付方式都不容易，但致力于发展电子商务还是很重要的。”在逐渐复苏的经济中，商户应该多向前看，就能发现加入跨境电子商务是增加利润的良好路径。

（三）亚洲跨境电子商务

亚洲各地区之间有着极强的联系。排名前三的跨境电子商务地区分别是中国香港（96%）、中国大陆（90%）、日本（71%）。从卡的支付总量来看，前五名都分布在环太平洋地区。

北美和亚太地区高财富人口增长分别为11.5%和9.4%，财富值分别增长11.7%和12.2%。

除了增长的财富和繁荣的中产阶级，互联网

的普及是电子商务的重要推手，没有互联网的普及就不可能有在线销售。在网民增长率排名中，中国和印度分列第一位和第二位。

亚洲数字产业发展呈现出不同的情况。在一些国家，例如，印度互联网的渗透率只有 8%，但使用互联网的用户数量却很高。相比之下，日本有着相当高的互联网普及率（78%），但它的网民却只有 1.01 亿网民，明显小于印度的 1.37 亿网民。中国有 5.86 亿互联网用户，没有达到总人口的一半，但由于总量大，中国的网购十分活跃。

在亚洲在线销售表中，日本和韩国独树一帜，他们有 80%的人活跃在网上，大部分人都会网购。韩国拥有 4G 网络服务于电子商务市场，连接速度位列世界前茅。

25%的韩国人和 18%的日本网购者都会海淘。中国有 5.64 亿网民，其中 50%的人会网购及海淘。一个固定的社交媒体策略对于成功的电子商务是十分重要的，当社交网络的同类人对一个东西的评价很高时，会影响消费者的购买决定。消费者的信任和品牌也是决定性因素之一，这也就是为什么亚洲客户忠诚度特别高的原因。

中国增长的中产阶级数量已经达到了 3 亿人（和整个美国的人口差不多），同时拥有 5 亿多网民、2 亿多的在线买家和从 2006 年开始每年 78%的增长率，中国对于想拓展海外市场的商户来说是一个大金矿。中国当前的在线销售额是 1.9 万亿美元，并且这个数字将会在接下来的 5 年里在阿里巴巴和淘宝引领下翻 3 倍。

虽然目前中国电子商务市场被阿里巴巴主导，但京东、当当和腾讯等都想分享这块大蛋糕。

中国的城市和郊区在手机、银行、电子消费者方面有着很大差异。农村的体系十分不健全，在物流和配送等电商看中的关键性因素方面，更是存在较大差距。上海、北京和深圳是中国前三大电商市场，香港特别行政区和澳门特别行政区紧随其后。市场的领导者——淘宝，作为阿里巴巴的一部分创立了支付宝，促使中国的 B2C 迅速发展，新的电商也在努力想找到自己的一席之地。

大约 30%的受访者同意泛亚太地区正在积极主动地通过了解法律和税收等障碍因素来开展跨境电子商务业务。

Payvision 首席执行官认为，“亚洲正在出现越来越多的电子零售商，也正在生产越来越多的消费电子产品，亚洲正在吸引着全世界的消费者直接到这里购买”。

与全球已有的网络连接，使得国际的 PSP 和 ISO 可以向他们的商户提供更有效率更安全的跨境电子商务支付平台，从而满足全球消费者更大的需求。

中国的物流服务提供者和全球收购方将努力推动中国跨境电子商务的发展。由于中产阶级增长较为迅猛，中国正日益成为最吸引国际零售商的天堂。只要中国商户能够与全球收购方和国际支付服务提供者展开合作，中国出口产品很快就能到达国外商店。在全世界的互联网使用者中，前 5 名中有 3 个亚洲国家：中国、日本和印度。

在 12 亿人口的印度有 1.37 亿人使用互联网。这一比例相对较小，主要是由于在印度偏远地区只有 3%的人口拥有网络。印度的数字化概况十分多样化，城镇和农村的情况相差悬殊。20%的印度城市人口上网，在中国，这一比例是 60%。在线购物的情况在亚洲每个地区不尽相同。

尽管如此，印度在线交易量在 2011 年仍达到了 1 亿美元。我们还很惊奇地发现，2/3 的在线交易是通过手机完成的。

印度互联网渗透率正在急速上升，电子商务机会巨大。随着 3G 和 4G 技术的应用，印度政府计划在 2014 年为每个村庄都铺设高速宽带。如果采取正确的措施，并且公司都能认真选取商业策略模式，那么交易额有望在 2024 年达到 2600 亿美元。

马来西亚也是未来电子商务发展的潜力股，超过半数的人口都上网，并且银行客户比例很高。而在印度，旅行开支占了在线支付的大部分，其次是书籍销售。

日本和韩国电商成熟度较高。日本是亚洲第二大电子商务市场，2012 年，在线销售额达到 640 亿美元。日本的卡支付业务普及率非常高，信用卡是 52%的日本在线购物者支付的首选，共有 5600 万张日本银行卡在市场上流通。

早在全球普及前，日本和韩国的消费者就已经使用如 QRC（密码）或者 NFC（近距离通讯技术）等创新的支付方式。

NFC 这种支付方式已存在 10 年左右，同时，移动支付在电子商务中的份额也达到了20%。半数的日本电子买家会用智能手机和平板电脑在线购物。旅行支付收入达到16亿美元，化妆品、衣服、小商品的零售增长了125%。

日本电子商务的渗透率达到了97%，因为大部分日本人都居住在城里，这也就解释了为什么多渠道销售较为盈利，在一个基础设施发达且相对较小的国家中提供物流服务更能够令人满意。

2000年，泛亚太电子商务联盟成立，这是亚洲第一个区域性电子商务联盟。它的成立，旨在为亚洲提供一个安全的、可信任的、有价值的IT架构，增加全球贸易能力，促进跨境电商充分利用物流体系，提升和加强亚洲内部B2B跨境贸易。

2009年7月，中国人民银行宣布一项新政策，扩大了人民币跨境商务试点区域。此举使得跨境RMB的交易量达到7400亿元人民币。德意志银行表示，“自欧盟形成之后，人民币的国际市场化是金融市场最重要的改革”。

这些发展注定会给亚洲的跨境电子商务发展，以及中国与世界之间的跨国电子贸易带来巨大帮助。

（四）拉丁美洲的跨境电子商务市场

到2015年，拉丁美洲地区跨境电子商务预计将表现出最高的增长率。

在社交媒体和手机普及率高的地区，互联网普及率也在快速增长，这将为电子商务创建一个肥沃的土壤。拉丁美洲的电子商务市场从2011年的430亿美元增长到了2013年的690亿美元。在2012年，巴西9400万互联网用户在电子商务中的消费达到160亿美元，同比增长26%。

在互联网普及率方面，哥伦比亚、阿根廷、委内瑞拉以及乌拉圭表现不俗。这些数据反映了一个持续增长的拉丁美洲电子商务市场和在这些邻近国家之间的跨境交易机会，这些国家中的大多数都使用西班牙语。尽管这些地区信用卡普及率相对较低，仍有74%的拉丁美洲网民网购时倾向于使用信用卡。

除信用卡之外，拉丁美洲的网民也使用电子资金转账（41%）、借记卡（41%），还有26%的用户在交易时使用现金。除了服装和电子产品外（41%），拉丁美洲的网上购物者们也购买多媒体/娱乐产品（36%）、电器（35%）、电脑硬件（33%）、演出和活动门票以及应用程序（31%）。

拉丁美洲是一个新兴市场，预计到2013年年底，B2C电子商务销售额将达到690亿美元。在过去5年里，拉丁美洲电子商务规模几乎增长了两倍。在巴西，到2015年，在线销售将增加178%，达到260亿美元。在一个65%的网民在线支付使用信用卡的国家，对巴西1/4的卖家来说，Boleto信用卡仍然是首选的支付方式。持续增长的中产阶级（54%）、2014年的世界杯以及2016年的奥运会将促进电子商务和移动商务的繁荣。

拉丁美洲居民越来越多地购买电子消费品、书籍、美妆和时尚产品，旅游、电子产品和在线门票销售从电子商务中获益匪浅。在线旅游产生的收益占巴西全部电子商务收入的33%。

2015年，估计有1亿巴西人将通过他们的智能手机访问互联网，这将促进移动商务的增长。由于其规模和地理原因，巴西同中国一样，面临着来自物流和运输方面的挑战。在边远地区，基础设施还没有充分发展，人们在接入互联网时，经常通过手机接入。在消费者下订单后，很难找到可靠的物流和交付合作伙伴向这些客户运送货物。虽然大多数网上购物者居住在巴西城区，但居住在贫民窟和农村地区的潜在消费者正在稳步增长。

除了扎实的基础设施和交通设施外，更需要额外的安全措施。巴西政府正对空中运输、装运港口进行投资，并通过补充立法来防止欺诈。尽管巴西商人关注于国内贸易，但对于国外电商来说，这个幅员辽阔、人口最密集的地区之一蕴藏着巨大潜力。日本电商巨头乐天收购了池田光行，为超过100个巴西在线零售商提供了电子商务支付服务。

德国电子零售巨头Otto收购了巴西Posthaus在线市场的分支，该分支在2011年创造了超过1.25亿美元的交易量。

阿根廷、智力和乌拉圭是拉丁美洲典型的说西班牙语的国家。2013年，阿根廷电子商务增长了45%；哥伦比亚在线销售额增长了40%。AMIPCI（墨西哥互联网协会）调查显示，2012年，墨西哥电子商务增长了46%，达到60亿美元。

截至2018年年底，墨西哥将会有超过1.5亿的活跃的手机用户。IpsosOTX公司最近的调查数据显示，48%的墨西哥网民愿意用智能手机或者平板电脑来支付。墨西哥因邻近美国，所以电子商务方面有着巨大的潜力。唯一阻力是互联网速度比其他地方要慢很多。

墨西哥B2C电子商务市场在2013年将会增长30%。在线销售将在2013年年底增长到80亿美元。墨西哥有1.15亿人口，如果墨西哥发展互联网经济系统，那么，它将会跟随着巴西的步伐。墨西哥的金融和物流体系都在发展，同时它还有许多非银行客户的居民，信用卡的普及率也很低，因此拉丁美洲是跨境电子商务未开掘的金矿。

智利在线商务市场规模约15亿美元。智利宣称拥有强大的技术体系，较高的手机、信用卡和互联网普及率以及世界上很高的购物敏感度。智利人在线消费比北美人花得更多。智利人平均每人拥有2.6张信用卡。

EBAY在MERCADO LIBRE（译为“自由市场”，阿根廷著名的电子商务网站）拥有18%的市场份额，并在整个拉丁美洲形成了一个电子商务平台，其近一半的收入来自巴西买家。

自由市场吸引了拉丁美洲81%的在线买家，55%的人会购物。拉丁美洲人喜欢上购物网站浏览、比价，但不一定会完成购买。90%的电子买家会用智能手机来浏览网页上的商品、商店和通过社交媒体来讨论产品的质量和价格，只有23%的消费者会通过移动设备来下订单。

阿根廷人比其他拉丁美洲人（每月30个小时）上网花费时间更多。年轻的阿根廷人喜欢搜索网页，广告投放者提出了让受众去改善网页小工具、游戏和娱乐产品的建议。

社交媒体在拉丁美洲非常受欢迎，平均每天都有1.15亿人访问社交网络，因此Facebook和Twitter也是电子商务的驱动力。

由于地理位置和共同的语言及文化，智利、阿根廷、乌拉圭之间的跨境电子商务都非常有潜力。出于同样的原因，哥伦比亚在线买家也会从西班牙语的邻国搜索产品。如果拉丁的政府们准备好去创新和改革，那么，拉丁美洲的电子商务将会登上巅峰。

（五）太平洋地区跨境电子商务

根据Fiftyone公司最近的调查，世界上超过1/3的“强力”买家来自北美，超过1/4的“强力”买家来自欧洲。而澳大利亚和新西兰的“强力”买家的数量超过了英国的3倍，尽管人口数量并不太多。

2013年，澳大利亚在线电子商务市场规模约为377亿美元。澳大利亚邮局中，超过66%的包裹来自电子商务交易。从2011年开始，包裹总量以每年13%的速度增长。

国际邮政公司估计，通过电子商务交易的包裹将会超过传统邮件，澳大利亚是第一个在下一个十年内达到这个目标的国家。

澳大利亚超过90%的网购者都使用信用卡。2010年，在线旅行购物超过64亿美元，年增长率达到11%，旅行和食品已经占到澳大利亚零售商销售的50%，其次是电脑和个人电子产品。在线销售已经占据澳大利亚零售市场的较大份额，其中超过1/4的是零售业。

作为大洋洲的一部分，新西兰也开始意识到电子商务会带来巨大益处。超过半数新西兰人都在网上冲浪，但97%的新西兰人上网是为了搜索产品信息和在线服务。新西兰PriceMe在线比价网站调查了在线客户行为，20%的受访者认为他们在线购物的一半来自离岸网站，30%的受访者认为用移动电话购物更加舒心。

当进入到多渠道的线下和线上商务时，品牌营销、物流和配送成为在线商户面临的三大挑战。由于地域较广，在大洋洲发展物流和运送需要更多投资，因此成本需要和顾客共摊。致力于现代物流服务的商户们将会获得更多的客源，并会在电子商务提供的机会中获得更多利润。

驱车到达下一个大城市购买生活用品需要6个小时，这就解释了为什么在这一区域的网购者中，35%的人是农村居民。对购买者而言，主要的驱动力是便利性。跨境电子商务的买家并不是被价格和舒适度所吸引，而是被国外多种多样的商品和服务所吸引。

92%的澳大利亚人曾经进行过网购。虽然1/3的澳大利亚人认为从国内的电商购物更加安全，全球19%的跨境电子商务买家住在澳大利亚和新西兰。澳大利亚已经成为国际出口的新宠。40%的在线花费都指向海外，占澳大利亚每年包裹服务的19%。

太平洋地区的“强力”买家对亚太地区电子商务增长有着促进作用。

共同的语言可以促进美国、加拿大、英国以及澳洲的“强力”跨境电子商务市场的增长。美国电商还应该考虑澳大利亚出口低于 1000 美元不收费的情况，太平洋地区是一个有着巨大上升空间的跨境电子商务市场。

【电子商务毫无疑问会成为最盈利的模式之一】

电子商务就像是从全球经济危机中涅槃的凤凰，因为网民们可以在虚拟的世界中比价、挑选最心仪的产品、在社交平台上回顾和分享经验，并且轻轻一点鼠标就能下订单。我们有理由相信，共享专家经验的电子商务毫无疑问会成为最盈利的模式之一。

2012 年，跨境 B2C 电子商务达到了 3000 亿美元，全球电子商务也达到了 1.1 万亿美元，得益于移动互联，消费者通过移动设备就能轻松支付。互联网覆盖率正在发展中国家和新兴市场不断上升。在线零售商允许消费者不用出远门就可以购物。交通堵塞或去实体店的时间都可以省了，因为买家通过虚拟市场就可以进行比价、搜索心仪的商品、回顾历史信息、在社交媒体上分享评价，最终选择购买只需要轻轻鼠标一点。

相较于国内的电子商务，跨境电子商务更加复杂和具有挑战性。但是一旦主要条件满足了，扩展到新兴市场的商机就是值得投资的。

思科的 IBSG（互联网业务解决方案事业部）估计，一个价值 500 亿美元的电子商户扩展到 11 个国家可以带来 70 亿美元的收入增加，五年之内，增长率可以从 17%增长到 31%。

目前，国际管控法规十分复杂，依附于承诺和物流的现状都是发展面临的挑战。在新兴市场找到一个固定的物流和运送伙伴，并不是一件容易的事，并且有时文化的差异也影响着顾客的行为。需要对这些差异作出进一步分析和阐述，网站也需要支持多语种，同时支持多种支付方式、支持多种币种，这样才能满足网购者需求，方便他们下订单。

由于各个地区的互联网渗透率、银行的渗透率以及手机的渗透率各不相同，全球电子商务格局也呈现出很大的差异。进一步说，不同的体系和一套复杂的参数对一个国家的电子商务有很大影响。影响市场敏捷度的指标通常由市场的操作性和策略性来决定。

随着顾客总体满意度的提升，也触发了销售量的进一步提升。除了信用卡支付，提供一些移动支付的方法也更能吸引用户。一些关键性的驱动因素，例如，有竞争力的价格、共享地理边界或者共享同一种语言，都会促进一国的电子商务向跨境电子商务发展，在数字高速公路上，地理边界慢慢被模糊，电商正迎来令人激动的发展机遇。

国外电子政务发展现状

20 世纪 90 年代信息技术的迅猛发展，特别是互联网技术的普及应用，使电子政务的发展成为当代信息化的最重要的领域之一。根据联合国教科文组织在 2000 年对 62 个国家（39 个发展中国家、23 个发达国家）所进行的调查，89%的国家都在不同程度上着手推动电子政务的发展，并将其列为国家级的重要事项。

按照联合国经济与社会事务部掌握的数据，1996 年，全球只有不到 50 个政府部门建立了自己的网站；而到 2002 年，全球已经开通了 5 万个政府网站。事实上，电子政务已经迅速地列入了所有工业化国家的政治日程。

国际上著名的 Accenture 咨询公司，曾就 2001 年、2002 年电子政务在 23 个国家和地区的发展情况做过一个调查研究，并将这 23 个国家和地区按电子政务发展的成熟程度依序分成四个类别。

创新和领先的国家：加拿大、新加坡、美国；

发展较好的国家：澳大利亚、丹麦、英国、芬兰、中国香港、德国、爱尔兰、荷兰、法国、挪威；

稳步进展的国家：新西兰、西班牙、比利时、日本；

正在打基础的国家：葡萄牙、巴西、马来西亚、意大利、南非、墨西哥。

当然，这个研究尚没有包括像中国、印度、埃及等这样一些发展中国家，也没有包括俄国与东欧一些经济转型国家。

电子政务的发展之所以受到世界各国政治家的重视，一方面是因为政府是全社会中最大的信息拥有者和处理者、最大的信息技术的用户，有效地利用信息技术，可以极大地提高政府业务的有效性、效率和劳动生产率，建立一个更加勤政、廉政、精简和竞争力的政府；另一方面也是因为信息技术确实向各级政府提供了一个极好的机会来建立一个能够更好地为居民和企业服务的政府，能够使人民更好地参与各项决策活动的政府，从而在整体上促进全社会政治、经济和社会的进步。

20 世纪 90 年代以来，欧美等主要国家电子政务建设在政府与民众（G-C）之间，致力于网络系统、信息渠道以及在线服务的建设，为民众提供获取更便捷、质量更佳、内容更多元化的服务；在政府与企业（G-B）之间，致力于电子商务实践，营造安全、有序、合理的电子商务环境，引进和促进电子商务发展；在政府与政府（G-G）之间，致力于政府办公系统自动化建设，促进信息互动、信息共享以及资源整合，提高行政效率。

【国家案例】

（一）澳大利亚

2002 年，澳大利亚联邦政府提出了以“更优的服务、更好的政府”为目标的电子政务发展战略，整合联邦、州和地方三级政府和部门之间的网上服务，促进信息在不同层级政府及部门之间共享，面向公众提供一站式服务。

1．政府主导

澳大利亚政府认为电子政务成功的关键是政府的主导和政府各部门之间的协调。没有政府的主导，就可能只有电子没有政务。为此，澳大利亚联邦政府建立健全了电子政务建设的战略管理机构、组织协调机构和办事机构，确保电子政务建设的顺利实施。这些机构分别是在线服务委员会、联邦政府信息管理战略委员会、联邦政府首席信息官委员会和联邦政府信息管理办公室。在线服务委员会是跨联邦、州和地方政府开展咨询和协调工作的组织，主要任务是保障全国电子政务建设的协调一致发展。联邦政府信息管理战略委员会是国家电子政务建设的战略管理机构，负责制定统一的电子政务管理政策，领导政府在信息网络技术领域的投资、研发和建设工作，为内阁提供咨询意见。联邦政府信息管理战略委员会主席由财政和行政管理部部长兼任，成员包括总理内阁部、国防部、通信信息技术和艺术部等 11 个联邦部门的最高行政首长。联邦政府首席信息官委员会是电子政务建设的组织协调机构，主要负责公布信息管理战略委员会确定的优先项目，指导信息网络技术在政府部门的推广应用，确定发展战略问题。首席信息官委员会向信息战略委员会汇报工作。联邦政府信息管理办公室受联邦政府首席信息官领导，负责提出电子政务发展的意见和建议，落实信息管理战略委员会的决定事项。其具体职责包括领导和管理政府部门的信息网络技术项目，管理政府在线和电子政务服务相关事务，促进政府部门信息服务、应用等方面的合作等内容。

2．服务至上

澳政府将公众视为政府的“客户”，除提供及时、权威的信息外，主要是通过建立一系列以用户为导向的门户网站，使公众更易获取集成的服务。门户网站分为综合性和专业性两类。澳大利亚政府门户网站是综合性门户网站的代表。该网站内链接了 700 多个澳大利亚政府机构网站，可链接到 100 万个网页，其信息和服务涉及生活的方方面面，包括教育、就业、医疗保健、新闻、法律、文化、经济、旅游、开办企业、投资、移民等。公民通过网站得到的服务主要有：①网上表格下载：将以往需要到政府机构领取的纸质表格，变成电子表格放在网上，用户下载、打印、填写，回寄有关机构即可；②网上远程服务，用户无须了解政府内部的组织结构和职能分工，就可通过一个“窗口”直接获取所需要的服务内容，如退休金领取、证件申办或更新、修建住房、求职、交税、孩子入托、公司注册等，只要拥有一台联网的计算机，用户就可以在办公室或家里办理电子手续。网上服务有效地减少了公众到政府访问的人次，既方便了公众，又节省了政府行政成本。

3．“数字鸿沟”

澳大利亚政府提出要使全体澳大利亚公民都能享受信息技术带来的收益，政府服务不应只限于富有的精英阶层或少数科技爱好者，政府应通过服务帮助把澳大利亚建设成一个更加繁荣和公正的社会。为了避免出现地区间、群体间的“信息差”，澳大利亚政府开展了反“数字鸿沟”行动。一是重视基础设施建设，提高互联网普及率，尤其是偏远地区网络覆盖率。联邦政府制定了产业投资计划和改善偏远地区通信条件的行动框架，以及有关数字传播的推行计划。二是引入市场竞争机制，降低用户上网成本。通过采用市场机制，实行项目招投标，提高了信息化建设的速度和质量，有效改善了信息资源配置状况。由于引入了竞争机制，企业和公民的网络通讯费用显著降低。三是面向特殊群体提供专门信息服务。专门建立了农村、偏远地区及老年人信息服务中心，并为残疾人等弱势群体提供特殊信息服务，如建立专门网站、开发盲人专用系统等。

（二）新加坡

新加坡从20世纪80年代起就开始发展电子政务，现在已成为世界上电子政务最发达的国家之一。在新加坡，电子政务被列为《21世纪发展规划》中的一项重要目标。信息化已渗透到新加坡社会的各个层面，全国范围内已实现各政府部门的联网办公，发达的网上管理和服务体系已经建立。

1．“一站式”网上办公

1999年，新加坡的电子政务开始出现整合趋势，一些业务不再按照部门来设置，而是按照流程做打包处理，也就是说，公民或企业在办理网上业务时，不必再考虑要登陆各个政府站点，分别办完各种相关手续，而是按照业务流程，一步步地在一个单一的网站上完成所有这些相关业务手续，实现了“一站式”网上办公。目前，所有这些打包服务都可通过新加坡的政府门户网站找到。该政府站点就像一本政府白皮书，完全代表政府，而不是政府的某一个方面。中心站点将政府服务划分为政府信息与电子服务、新闻公告、为企业的信息与电子服务、为非新加坡公民的信息与电子服务以及电子公民服务等几大块，栏目的设置让人一目了然，给公众带来了极大方便。

2．电子公民中心

始建于1999年4月的“电子公民中心”，其目的是将政府机构所有能以电子方式提供的服务整合在一起，并以一揽子的方式轻松便捷的提供给全体新加坡公民。“电子公民中心”将一个人“从摇篮到坟墓”的人生过程划分为诸多阶段，在每一个阶段里，都可以得到相应的政府服务，政府部门就是公民人生旅途中的一个个“驿站”。每一个“驿站”都有一组相互关联的服务包，例如，“就业驿站”的服务包就包括：“雇佣员工”（专为雇主设计）、“寻找工作”（专为求职者设计）、“退休”、“提高技能”和“在新加坡工作”（专为外国人提供）等。目前“电子公民中心”网站里共有9个驿站，涵盖范围包括：商业贸易、国防、教育、就业、家庭、医疗健康、住房、法律法规和交通运输，这些驿站把不同政府部门的不同服务职能巧妙的联系在一起。例如，在“家庭”驿站里，“老人护理”服务包来自卫生部，而“结婚”服务包则来自于社区发展部。

3．“One-Stop；Non-Stop”

新加坡政府推行电子政务公共服务之所以取得成功，与坚持“One-Stop;Non-Stop”的理念紧密相关。“One-Stop”服务是指“一站式服务”，即访问者只要登陆到政府网站，即可享受到政府跨部门的服务，而不必关系它们之间是如何运作的。这一理念大大简化了政府工作的办事程序，相对于传统的、需要在不同政府部门来回穿梭才能办理的政府事务来说，是一个革命性的进步。因此，这种电子政务服务方式受到了广大民众的热情支持和积极参与。“Non-Stop”是指政府的电子政务服务是不间断的在线实时服务，用户在世界任何一个角落都可以享受到每周7天，每天24小时的服务，打破了传统政府管理和服务中的时间、空间界限，为社会公众带来最大限度的便利。

（三）韩国

1．发展历程

20世纪70年代后期，韩国政府把“运用现代信息通信技术发展生产力”作为国家发展的重要战略方针，大力推进国家IT经济，旨在提高公共服务部门的效率，使公众可以随时随地、便捷地得到政府所拥有的信息，提高生活质量，同时实现“清廉政府”的目标。韩国电子政务经历了如下四个发展阶段：

电子政务启动期（1979—1996年）20世纪70年代后期，韩国政府开始推进行政业务的电算化，韩国政府于1979年制定的“关于行政业务电算化的规定”标志着韩国信息化的开端。20世纪80年代中期，韩国政府投入2亿美元启动“国家基础信息系统工程”，该工程覆盖了韩国政府的多个领域，包括行政、国防、国家安全、财政金融、教育与研究等领域。“国家基础信息系统工程”的建设，促使政府简化了诸多办事流程，使公民能够不受时间、地域的限制获取各种文件，政府的办事效率得到提升。

电子政务基础期（1996—2000年）1996年，韩国政府的“促进信息化基本法”为政府各部门提供了法律保障，推进了韩国政府各部门之间信息化的发展，基本实现了政府各部门之间电子文档的交换、电子邮件的应用。1995年至2010年，韩国政府投资1313亿美元建设“韩国信息基础设施工程”，在大力发展基础设施的同时，建立相应的社会、文化环境。这一阶段为韩国电子政务的发展奠定了基础。

电子政务成长期（2001—2007年）韩国政府建立了“一站式”的电子政务门户网站（littp://www. korea. go. kr），以“你所希望了解的有关韩国的一切，都可以在韩国门户网站上找到”为理念，向公众提供在线服务，包括生活、健康、金融、福祉、旅游、安全、环境、教育、女性、中小企业等服务项目，并提供facebook、tweeter，me2day三种公众与政府、与社会沟通的方式。

2001年，电子政务特别委员会公布了韩国电子政务11项重点工程，并确保各种电子政务工程之间的协调与合作。11项重点工程可以归纳为四大类：先进的基础设施、透明和高效的政府、优质的公共服务、提升的商业环境。2001年7月正式实施“关于实现电子政务和

促进行政业务电子化的法律”，逐步完善的立法，在电子政务发展中功不可没。

电子政务成熟期（2008年至今）。韩国电子政务经历过成长期后，自2008年进入成熟期。韩国政府发布的“国家信息化基本规划”中部署了电子政务未来发展方向。随之发布的“国家信息化实施规划（2009—2012)”具体地部署了电子政务的实施计划，预期到2012年为止，创造可持续发展的信息化产业，增加就业岗位14.2万个，增加国民服务支出预算73120亿元，减少行政开支58250亿元。韩国政府经过长期卓有成效的努力，使电子政务在平稳中快速崛起。

2．现状

韩国电子政务发展在亚洲处于领先水平。总统金大中亲自主持的韩国“信息化战略会议”，国家信息化的最高决策、指挥和监督机构，韩国政府早在1996年就专门制定了《信息化促进基本法》，到2000年6月，共制定或修改了107项有关信息化方面的法律法规。1999年3月，韩国政府公布了“韩国21世纪信息化计划”并专门设置了数额巨大的“信息技术促进基金”，到2003年要基本实现“电子政府”建设目标。目前，韩国有850多万用户使用宽带互联网，占全国人口的60%，成为世界上宽带互联网拥有率最高的国家之一。37万名政府公务员基本适应电子政府发展要求。

2002年2月，行政自治部正式开设了韩国电子政府网页，54种行政服务，270多项便民服务项目都可直接通过网络实现。韩国居民可通过政府提供的便民服务项目来办理所需事务，使每个

居民在互联网上得到政府为自己提供的服务。例如：釜山市政府的城市基础设施信息管理系统（UIS），可向社会提供下水管道、互联网、公路管理、地址管理等信息管理系统的便民服务。

居民可随时随地通过公路管理系统了解和掌握道路交通状况、选择最佳道路途径等信息。上下水管道信息系统可以向社会提供当地发生故障时的具体情况，并将故障情况通过互联网及时通知所牵涉的用户，使其能及时采取相应对应的措施。便捷、高效、高质的电子政务便民服务不仅提高了韩国人民的生活质量，同时带动了韩国经济的发展，而这一切都与在韩国电子政务技术领域占领先地位的三星SDS公司对韩国电子政务建设的贡献是分不开的。

3．优缺点

直接有力的政府保障。从1987年开始，韩国政府就开始进行公共业务计算机化的试点，同时大力推进全社会的信息化，扶持 IT 产业。到1996年，已在行政、金融、不动产管理、国民信息管理等业务实现了电算化和自动化管理。此后，韩国政府开始制定标准化格式，着手统一全国的各项电子行政系统。2001年，韩国政府特别设立了电子政务特委会（SCEG），以保障电子政务建设在各部门间的协作问题。

SCEG 作为公民和政府间的桥梁，在韩国政府改革中享有一定的特殊地位，始终拥有韩国高层的决定性支持力量。SCEG 直接向总统汇报工作，并直接获得具体指示

完备配套的相关法律法规。韩国电子政务突飞猛进的另一大支撑就是完备配套的相关法律法规。在推进电子政务发展的过程中，韩国政府一直把完善相关的立法作为一项根本性的任务，现已形成了较为完善的电子政务法律体系。1996年11月韩国颁布了《公共机关信息公开法》，同年制定了《信息化促进基本法》；1999 年 1 月颁布《对公众机构的公众档案管理条例》；2000年更是制定或修改了 107 项法律法规。其中，关于促进公共部门信息化的56项；关于指导原则和促进私人部门信息化的51项，如《电子商务基本法》、《电子签名法令》、《个人情报保护条例》、《信息基础设施保护法规》、《数字内容管理条例》、《建立与运用国家地理信息系统条例》等。

2001 年通过了《缩小数字鸿沟条例》、《保护主要信息基础设施条例》、《关于推进行政部门的信息化以实现电子政府的条例》等法规，为信息化政务创建了完善的立法保障。

卓有成效的网络基础建设。韩国这个巨大的电子信息化帝国是建立在世界上首屈一指的网络基础之上的。在2008年全球宽带网络建设状况调查中，韩国的宽带得分为 15.92,雄踞世界之首。家庭宽带普及率达到惊人的 93%，平均速率高达 49.5Mbps

覆盖面极广的全民培训。韩国政府把提升公务员和社会公众的电子应用技能培训作为提高电子政务应用水平的一项重要工作。在公务员培训方面，韩国政府认为合格的管理人员不仅要能管人、管业务，还要懂得如何通过应用信息技术提高管理能力。为此，韩国政府开展了大规模的公务员培训，强化 IT 综合管理能力。

来自企业界的参与和支持。在韩国的电子政务发展史上，来自企业界的参与和支持的推动力量不可忽视。政府对与互联网相关的企业提供了相当大力度的支持。反之，企业也利用自己的资金、技术等各种资源发展与之相关的软件!浏览器等技术，解决了许多建设中的技术难题。

韩国最大的几个电信公司，韩国电信（KT）和 SK 电讯（SK Telecom）等都有着突出的表现。

但是，也有一些缺点。即使是电子政务发展最快的韩国，能够做到双向互动或事务处理的电子政务项目仍不占多数，能对政府部门形态实施电子政务改造的案例也寥寥无几。

（四）美国

美国是世界上公认的电子政务发展最早、信息化程度最高的国家，通过推行电子政务，以政府网站的形式为社会提供有针对性的公共服务，大大改进了政府的工作方式，提高了政府的工作效率，减少了政府员工，节约了开支。美国还建设了很多电子政府门户网站，其中美国政府的官方网站（www.usa.gov）集成了联邦政府的众多服务项目，并与许多联邦政府机构、州政府和外国政府建立了连接，基本上可以提供所有的政府服务。

美国电子政务公共服务有两个特色。

层次分明的门户整合。美国政府网站可以分为联邦、州与市县三级，每一级政府网站的服务内容均不相同，分工明确。联邦级的政府门户网站作为联邦政府唯一的政府服务网站，整合了联邦政府的所有服务项目，与立法、司法和行政部门等许多政府部门建立链接，同时也链接各州政府和市县政府网站。作为综合性网络门户，用户通过该网站可以通往任何政府网站，包括州和地方政府。每个州政府和市（县）政府都建立自己独立的门户网站，企业或公民根据业务内容，通过访问所在地的州或市（县）政府网站，即可获得相应的服务。

三位一体的服务。美国联邦政府门户网站的设计很有特色，它将政府服务分为三类，即面向公民的在线服务（Government to Citizens，G2C）、面向企业的在线服务（Government to Business,G2B）以及面向政府机构的在线服务（Government to Government，G2G）。“对公民的在线服务”包括申请护照、天气预报、彩票中奖号码等；“对企业的在线服务”包括在线申请专利与商标、转包合同、商业法律与法规等；“对政府机构的在线服务”包括联邦雇员薪水册变化表、联邦雇员远程培训以及联邦政府职位招聘等。这种设计简单明确，任何一个寻求政府在线服务的人都可以很方便地找到所需要的服务。G2C、G2B 和 G2G 构成了美国电子政府三位一体的服务。

1．发展历程

美国的电子政务起源于 20 世纪 90 年代初。1993 年，克林顿政府成立了“国家绩效评估委员会”（National Performance Review Committee，NPR），NPR 通过大量的调查研究后，递交了《创建经济高效的政府》和《运用信息技术改造政府》两份报告，提出应当用先进的信息网络技术克服美国政府在管理和提供服务方面所存在的弊端，这使得构建“电子政府”成为美国政府改革的一个重要方向，也揭开了美国电子政务建设的序幕。

1994 年 12 月，美国政府信息技术服务小组（Government Information Technology Services）提出了《政府信息技术服务的前景》报告，要求建立以顾客为导向的电子政府，为民众提供更多获得政府服务的机会与途径。1996 年，美国政府发动“重塑政府计划”，提出要让联邦机构最迟在 2003 年全部实现上网，使美国民众能够充分获得联邦政府掌握的各种信息。

1998 年，美国通过《文书工作缩减法》，要求各部门呈交的表格必须使用电子方式，规定到 2003 年 10 月全部使用电子文件，同时考虑风险、成本与收益，酌情使用电子签名，让公民与政府的互动关系电子化。

2000 年 9 月，美国政府开通“第一政府”网站（WWW. Firstgov. gov），这个超大型电子网站，旨在加速政府对公民需要的反馈，减少中间工作环节，让美国公众能更快捷、更方便地了解政府，并能在同一个政府网站站点内完成竞标合同和向政府申请贷款的业务。从内容分类来看，该网站一方面按地区划分，囊括了全美 50 个州以及地方县、市的有关材料及网站链接；另一方面又按农业与食品、文化与艺术、经济与商业等行业来划分，各行各业的有关介绍及网站也是随点随通。

此时，美国政府的网上交易也已经展开，在全国范围内实现了网上购买政府债券、网上缴纳税款以及邮票、硬币买卖等。为保障政府信息化发展，美国还制定了《政府信息公开法》、《个人隐私权保护法》、《美国联邦信息资源管理法》等一系列法律法规，对政府信息化发展起着重要的保障和规范的作用。

2．现状

据最新统计，美国 2.8 亿人中大约有一半的人不同程度地使用互联网。庞大的上网用户，良好的上网设施，为美国建立“电子政府”奠定了坚实的基础。目前，美国联邦政府一级机构和州一级的政府全部上网，几乎所有县市都建立了自己的站点。美国政府正在将一个个独立的网连接起来，做到网网相连。

美国的电子政务按照用户不同分为四种类型。

政府——公民：简称 GtoC，其主要目的是建成一站式在线服务，并引入现代管理工具，以改善服务质量和效率，使公民能得到高质量的政府服务；

政府——商界：简称 GtoB，其主要目的是通过大量削减数据收集的冗余度，减轻商界的负担，对商界提供顺畅的一站式支持服务，使用 XML（电子商务语言）与商界建立数字化通信系统；

政府机构之间：简称 GtoG，其主要目的是整合和共享联邦、州和地方三级政府的数据，以改善对信息系统的应用，为关键的政府行为（如救灾行动等）提供更好的综合服务；

政府内部：简称 IEE（内部效率和效能），其主要目的是借鉴产业界的先进经验（如供应链管理、财务管理和知识管理），更好地利用现代化技术减少政府支出，改善联邦政府机构的行政管理，使各机构能提高工作效率和改进绩效，消除工作拖沓现象，改善雇员的满意度和忠诚度。

3．优缺点

优点有以下几方面。

美国将电子政务用于政务公开。美国各级政府都广泛利用功能强大的政府网站向社会公开大量政务信息。这些信息包括：政府领导人的重要活动及演讲，政府工作的最新动态，民众到政府办理注册、登记等事项的有关信息，与政府工作相关的研究、支持机构的有关信息等。可以说，大部分与民众相关的政府事务，都能及时通过政府网站获得详尽的信息。

实行内部办公电子化。美国政府部门没有层层下发的带有强制力的政府文件，机关内部的办公事务主要依靠电子邮件来传递信息，同时，传统的纸质文件、书面签名方式仍然在处理一些重要事务时使用。

实现资源共享。各级政府通过政府网站，向大众提供政府所拥有的公用资料库信息资源。

提供互联网服务。美国的政府网站，大都在首页头版位置设有网上服务栏目，用于为民众提供各种查询、申请、交费、注册、申请许可等服务，具有"单一窗口"、"一站式"、"24 小时"、"自助式"等特点。

提供安全保障。美国政府部门内部办公都建有专门的内网，内网与外网（互联网）之间有严密的隔离措施。

缺点有以下方面。

各级政府之间、各州之间的办公网还没有做到网网相连，网络平台、安全技术方面没有统一标准。

领导人的应用水平仍是制约电子办公的瓶颈。

机构间的重复性工作，这一问题已成为建立以民众为中心的电子政府的主要障碍。

美国各部门和各州之间的文化差异会制约电子政务的统一发展。

（五）卢旺达

2007 年 10 月 29 日至 30 日在位于非洲腹地的卢旺达首都基加利举行。业内人士普遍认为，国际信息技术界把此次峰会选在卢旺达召开，无疑是对卢政府近年来努力发展信息技术产业的一种肯定。

10年前的卢旺达还是笼罩在大屠杀阴影下的非洲小国，通信条件落后，人们甚至还不知道电脑、因特网为何物。如今，卢旺达借助电子政务等措施，正致力于打造非洲的信息"硅谷"　卢旺达选择信息技术产业作为本国的发展重点，是基于自身条件的现实考虑。该国矿产资源稀缺，却是非洲人口密度最大的国家。

卢政府早在 1999 年就明确意识到人力资源是发展的基础，因此制定了依靠信息产业在 2020 年前达到中等国家发展水平的远景战略。作为发展计划的主导者，卢旺达总统卡加梅要求从政府办公无纸化开始，推动电子政务在国内的应用。卢旺达信息技术管理局还专门成立了主管电子政务的部门，制定了详尽的相关技术标准。

据卢能源和交通国务秘书阿尔贝·布塔雷介绍，目前卢各部部长每人都备有一台笔记本电脑，随时可以连接因特网；政府官员之间的联系全部通过网络操作；内阁会议议程也通过网络公布，当某位部长在会议中需要做进一步阐述时，会使用幻灯片辅助讲解。

此外，议会中各议员也配备了笔记本电脑。政府希望他们在条件成熟时，可以通过信息技术与自己的地区保持联系。卢政府还计划在农村地区安装电视会议系统，便于部长同地方官员之间随时保持密切联系。

目前，对普通民众而言，最先感受到的电子政务是政府即将颁发的高科技居民证。这种新证件内置电子芯片，可存储大量通过机器识别的个人信息，其中包括指纹、驾照、医疗保险、社会基金代码等内容。据悉，卢旺达公民可凭此证在当地网吧获得更好的服务，在明年的议会选举中居民证还将作为选民的资格证明。

卢旺达信息技术管理局执行总监巴库拉穆察在接受新华社记者专访时介绍说，电子政务是卢旺达加强信息通信基础设施建设的一个重要方面，卢政府已划定相当大的一块区域，计划在距首都基加利30公里到40公里的地方建设一座科技城，以吸引国内外企业前来设立分支机构。

目前，信息技术产业在卢旺达的国家预算中占1.6%，已达到主要由发达国家组成的经济合作与发展组织平均水平，远高于非洲国家的平均水平。素有“千山之国”之称的卢旺达在信息世界里，正在跨越重重艰难阻碍，向非洲信息发展的新高峰挺进。

卢旺达电子政务的发展可谓是在世界信息化大军的浪潮中发展起来的，迎接着挑战也拥有着机遇，借鉴各国的电子政务发展经验结合自身的发展情况，稳步地探索出一条卢旺达式电子政务模式。

【经验与启示】

现代信息通信技术正在改变着政府提供公共服务的方式，电子政务是构建服务型政府的重要手段。电子政务公共服务，是政府以公众为中心、以电子政务系统为依托，借助由互联网和其他信息化手段所构建的现代服务体系向社会大众提供的公共服务。作为一种新的服务范式，电子政务公共服务在改进公共部门的服务质量、效率和效能，提升政府公共服务均等化水平，推进服务型政府建设方面具有重要的作用。

2010年4月，联合国发布了《2010年度全球电子政务调查报告》，从国家排名看，排在前5位的分别是：韩国、美国、加拿大、英国和荷兰，而我国仅排在第72位。与电子政务应用和发展较为发达的国家相比，我国电子政务公共服务的发展尚处于起步阶段，吸收借鉴国际上推进电子政务公共服务的成功经验，对于提高我国电子政务公共服务发展水平具有重要的现实指导意义。

国外在推进电子政务公共服务发展方面，非常注重指导理念的创新，提出了两大类八大理念：一类是从公共服务维度来提的，分别是“以公众为中心”、“惠及所有人”、“无处不在”和“无缝整合”；另一类是从政府的维度来提的，分别是“开放的政府”、“快速响应的政府”、“变革的政府”和“集成的政府”。

1．以公众为中心（Citizen-Centered）

“以公众为中心”意味着，一切以方便公众使用和满足公众需求为出发点。在美国、加拿大、英国、新加坡等国家，以公众为中心是电子政务公共服务建设的首要原则。美国《2002年电子政务战略》中指出，过去以政府机构为中心的做法已经制约了政府生产力的提高，限制了为公众服务的能力，必须转变为“以公众为中心”的新模式。这一理念的重要程度和主要内容体现在：①“以公众为中心”是电子政务公共服务的核心理念；②重视公众利益，一切“以公众为中心”是21世纪政府管理创新的基本理念；③越重视公众服务的国家，其电子政务水平越高；④以公众为中心，而非以政府机构为中心；⑤公众（企业）就是政府的客户，以公众为中心就是以客户为中心，引入客户关系管理是许多政府的做法。

2．惠及所有人（For the Benefit of All）

“惠及所有人”这一理念的主要内涵是：电子政务公共服务的提供应面向包括老年人、残疾人、边远地区居民、少数民族等在内的所有群体；电子政务公共服务应通过多种渠道提供，这些渠道能够被大多数人承担、选择和使用；电子政务公共服务应能促进电子包容。联合国、欧盟都大力倡导这一理念。

3．无处不在（Ubiquitous）

最先倡导“无处不在”理念的是日本，日本在“e-Japan”战略后提出了“u-Japan”的理念，韩国随后也提出“u-Korea”的概念，主旨都是建造无处不在的网络环境，进而提供无处不在的公共服务。“u-Japan”中的理念可以概括为1个大“U”和3个小“U”。大“U”，即无处不在（ubiquitous），其核心是基础设施建设，通过技术发展引导和带动基础设施建设，并以泛在基础设施环境连接所有的人和物，构筑任何时间、任何地点、任何人都可以方便地上网办理任何事务的环境。第一个小“U”，即大众普及（universal），主张通过推广普及性的设计理念，实现普遍服务。第二个小“U”，即用户导向（user-oriented），主张通过贯彻“用户至上”的观点，实现“用户导向融合型社会”。第三个小“U”，即独具特色（unique），主张通过充分发挥信息技术的潜力，培育充满个性与活力的社会。

4．无缝整合（Seam1ess）

联合国和欧盟把其描绘为：资源实现无缝整合，基于信息技术的高度智能化使得政府趋于零成本运作，为每个用户提供个性化的服务，并且对用户需求进行即时响应。“无缝”的实质是“政府职能和服务实现超越行政和部门界限的完全电子化整合”。

5．开放的政府（Open Government）

“开放的政府”也称作“透明的政府”（Transparent Government），是指通过电子政务公共服务促进政府对公众的开放，提高政府行为的透明度，这是很多国家追求的目标。韩国是推行“开放的政府”理念较为成功的国家，成为“世界上最好的开放政府”是韩国电子政务建设的总体目标，即通过互联网、移动电话等多种方式，通过政府门户网站、上访中心、部门网站等渠道，通过集成处理平台，使用户能够获得多个政府部门的公共服务，并且能够参与到政府的决策中，使政府的效率和透明度提高。韩国“开放的政府”主要包括三个含义：创新服务提供，提高行政效率和透明度，促进公众参与。为了实现这三个目的，韩国提出了三个实施路径和目标：建设基于网络的政府，建设基于知识的政府，建设共享民主的政府。

6．快速响应的政府（Responsive Government）

澳大利亚提出“响应的政府”的理念，强调通过建设互联的政府，使公共服务满足公众的需求，其核心在于能够积极主动地为公众提供所需服务，呈现出政府的新姿态。澳大利亚在其2006年新电子政务战略《响应的政府：新的服务议程》中指出，建设响应的政府须集中在四个重要领域，即：满足用户需求，提供互联服务，实现经济效益，提升政府能力。响应的政府其益处不仅是为公众提供更高效的服务，更是要建立互联的政府，提供更好的服务，建设更好的政府。

7．变革的政府（Transformationa1 Government）

英国在其2006年电子政务新战略《以技术推动政府变革》中提出了“变革的政府”的理念，不仅要通过技术改造政府，更要建立并保持政府对创新及新技术的接受和利用能力，随着技术的发展及时、高效地从中受益。这一目标包含三个层次的具体含义：一是按需设计，二是共享文化，三是专业化。按需设计的主旨是深化对用户需求的理解和认识，并寻找现代化的服务渠道，积极促进渠道间的融合与切换。共享文化则是指通过资源再利用和投资共享的方式推行服务共享，在政府中形成服务共享文化。专业化是指加强政府的专业化水平，包括领导和治理、项目管理等方面。

8．集成的政府（Integrated Government）

新加坡在2006年新电子政务战略“iGov 2010”中提出了“集成的政府”的理念。澳大利亚、加拿大则提出了“一体化政府”。“集成的政府”是一个跨越组织界限、协同地向公众提供信息、充分理解用户需求并智能化地向公众提供服务的政府。在服务的前台，公众获得的是“集成的服务”，即公众可以通过统一的渠道和界面获得公共服务；在服务的后台，服务的提供是跨越部门界限的，是能够协同办公的政府部门。因而，“集成的政府”是在实现了政府互联以及服务集成之后的新超越。“集成的政府”这一理念的提出，标志着以新加坡为代表的电子政务领先国家的电子政务建设重点正在从前台向后台转移。

【变革方向】

从国外电子政务公共服务发展的理念和具体行动可以看出，随着内外环境的变化，电子政务公共服务正在处于新的变革中。这种变革主要体现在服务内容、服务方式和服务渠道等方面。

（一）由简单地满足公众需求向深入调查和理解公众需求转变

未来的电子政务公共服务将是以公众和企业为中心的个性化、多元化、增值化服务。澳大利亚政府制定的“服务提供框架”尤其注重对用户需求的调查和理解，在新战略中明确提出由政府信息管理办公室组织开发一套统一、科学的方法，用于研究用户需求、及时调查了解服务使用情况和服务满意度。这样不仅使各个部门能够更好地回应用户需求，而且能够更好地促进以“一体化”的方式提供政府服务。欧盟启动“eUser”项目则是通过定期调查和分析研究的方式，促进和巩固用户需求在信息社会建设中的核心地位，有助于明确公众的需求，对于提升欧盟各国电子政务服务水平将起到积极的作用。加拿大政府引入了“公共部门服务价值链”的概念，并以这一概念来指导政府服务提供的改革。

（二）由访问单个部门向访问统一门户转变

澳大利亚政府认为，简洁的、更加流程化的政府网站更易于提升关注度和使用率，因此澳大利亚在重新评估和整合政府网站后，形成了以“澳大利亚政府网”、“澳大利亚公众网”和“澳大利亚指南网”为支柱的政府门户网站体系，其他一些政府门户网站都将紧密地整合到“澳大利亚政府网”上，将所有的政府服务进行集成，并在统一的网站上提供。

（三）由单一渠道服务向多渠道一体化服务转变

一方面，公众可以通过多种渠道获取政府信息和服务；另一方面，对于同一项服务，公众可以根据自身需求和条件选择合适的渠道。也就是说，政府将根据细分用户群的特征和服务自身的特点确定适当的服务渠道。此外，调查发现，虽然互联网已经日益普及，但是当前及未来一段时间，电话仍将是公众最习惯、最喜欢用的与政府打交道的方式。因此，各国今后将加强传统服务方式与电子化、网络化服务方式的融合，以促进服务创新，并确保所有用户都能从电子政务服务中受益。

【启示与建议】

（一）构建有利于发挥电子政务效能，促进服务型政府建设的宏观环境

以政府为主导，制定清晰明确的电子政务公共服务发展战略和规划。明确国家和各地区强有力的电子政务管理机构，逐步建立政府首席信息官制度，建立跨部门、跨地区信息共享、业务互动协调机制，为利用电子政务推动服务型政府建设提供强有力的组织和体制保障。研究构建各级“电子政务服务体系框架”，提出电子政务公共服务参考模型，确定服务提供的优先级。建立国家级电子政务实验室，构建电子政务公共服务的模拟仿真环境。建立服务导向的电子政务绩效评价机制，扩大绩效管理范围，完善评价指标体系，引入社会化专业咨询服务，加强绩效评价的社会监督，建立全过程绩效跟踪制度，引导电子政务建设向集约化、低成本、见实效的方向发展。

（二）依托电子政务推行职能有机统一的公共服务大部门制

公共服务实行大部门制管理，是行政体制改革的发展趋势。电子政务在推动公共服务大部门制的机构变革进程中，可以发挥流程协同和技术赋能的作用。电子政务具备信息开放、流程关联等天然特性，在组织间的协调配合、业务间的协同运转等过程中可以充分发挥效用，促进相关机构的整合，加快公共服务大部门制的形成。电子政务的另一个重要功能就是便于实现资源共享，促进政府部门之间的整合，借助于电子政务打破信息垄断、业务分割和部门分割，整合原本各自分散的业务和资源，实现服务的规模效应和协同效应，提高政府的综合公共服务能力。

（三）围绕公众公共服务需求，尽快制定和启动电子政务重点行动计划

坚持“以需求为导向，以应用促发展”的指导方针，建立和完善电子政务公共服务的需求机制。

启动“政府服务上网行动计划”。从政务信息公开、在线事务处理、网上参政议政三个方面同步推进政府服务上网，各级政府都应当制定并向社会公开政府网上服务目录，提出服务上网数量和质量承诺，公布服务上线时间表，明确各项服务的提供部门和负责人，建立政府网上服务问责制。

启动“重大民生工程行动计划”，围绕社会热点问题利用电子政务支撑公共服务。开展电子政务公共服务时，应确定优先次序，选择既关系公众切身利益又适合电子手段实现的服务事项优先发展。当前公共服务的重点在公共教育、基础医疗、社区卫生、劳动就业、社会保障、住房、交通出行、农民工权益维护、公共安全和公用事业等领域，有关部门应当有计划、有组织地推出一批重点业务信息系统建设工程，通过这些工程的实施，大幅度提高电子政务促进

改善民生的水平。

（四）努力消除“数字鸿沟”，推进电子公共服务均等化

启动实施“最后一公里”行动计划，重点解决电子政务服务项目向社区、村镇延伸服务的问题，确保广大人民群众用得上、用得起、用得好。把电子政务建设与社区信息化、农村信息化紧密结合，充分利用电话、传真等传统信息手段，大力整合发展各类呼叫服务中心，试点推行移动电子政务。促进电子政务与数字电视相结合，大幅提高电子政务公共服务覆盖面。加大政策和资金引导力度，发展低成本信息终端，加大公共和公益性网络接入场所建设，加强社区、街道、村镇等基层单位的信息基础设施建设和信息化人才培养。设立专项资金帮助经济落后地区优先发展成本低、效益好的电子政务公共服务项目，重点为包括老年人、残疾人、边远地区居民、少数民族语言群体等弱势群体提供更多、更好的服务，使不同地区、不同社会阶层、不同教育背景以及不同性别和年龄的人群都尽可能跨越数字鸿沟成为电子政务的服务对象。

国际云计算和物联网发展启示

【国际云计算发展新趋势】

自 SaaS 在 20 世纪 90 年代末出现以来，云计算服务已经经历了十多年的发展历程。云计算服务真正受到整个 IT 产业的重视是始于 2005 年亚马逊推出的 AWS 服务，产业界认识到亚马逊建立了一种新的 IT 服务模式。在此之后，谷歌、IBM、微软等互联网和 IT 企业分别从不同的角度开始提供不同层面的云计算服务，云服务进入了快速发展的阶段。云服务正在逐步突破互联网市场的范畴，政府、公共管理部门、各行业企业也开始接受云服务的理念，并开始将传统的自建 IT 方式转为使用公共云服务方式，云服务将真正进入其产业的成熟期。

（一）国际云计算整体发展状况

全球云计算市场快速平稳增长。2013 年全球云服务市场约为 1317 亿美元，年增长率为 8%，据预测，未来几年云服务市场仍将保持 15%以上的增长率，2017 年将达到 2442 亿美元。其中以 IaaS、PaaS 和 SaaS 为代表的典型云服务市场在 2013 年达到了 333.4 亿美元，增长率高达 29.7%。

全球市场格局未来几年不会有显著变化。2013 年，欧美等发达国家占据了云服务市场的主导地位（75%以上），其中，美国、西欧分别占据了全球 50%和 23.5%的市场份额；虽然中国市场所占份额仅为 4%，但近几年一直呈上升之势（2011 年中国市场占全球 3.2%、2012 年占 3.7%）。由于云计算市场发展受到国家信息化水平、经济发展水平、ICT 产业发展程度等条件的制约，未来几年全球市场格局不会有显著变化。

在云计算细分市场中，SaaS 规模仍然最大，IaaS 市场增长最快。2013 年，IaaS、PaaS 和 SaaS 的市场规模分别达到 91.7 亿美元、15.7 亿美元和 226 亿美元，SaaS 市场规模是 IaaS 和 PaaS 市场规模总和的一倍还多；但从年增长率来看则分别为 45.2%、28.8%和 24.4%，IaaS 和 PaaS 的市场规模增速都超过 SaaS，预计未来几年这种情况还将延续。

（二）国际云计算发展特点

云服务成为 ICT 领域最具活力的增长点之一。云服务虽然整体产业规模尚小，但是其增长率远高于 ICT 产业平均水平，已经与移动智能终端一起成为全球 ICT 产业增长最快的领域。云计算充分体现了互联网“快速迭代”的特征，是当前 ICT 产业技术和应用创新最活跃的领域之一。据 Black Duck 统计，仅到 2010 年年底，平台型的开源云计算项目就已经达到 470 多项，其中参与度较高的开源社区版本更新非常快，OpenStack 平均每 5 个月就推出一个新版本，Hadoop 则平均每一个月就有一个新版本发布。主要的云服务提供商的业务创新也不断提速，2012 年亚马逊 AWS 共推出 159 项新的服务特性及能力，而仅到 2013 年 11 月，AWS 服务更新就已经达到了 243 项，同时其服务范围也从最初单纯的资源出租向包括 IT 资源、网络资源、软件资源、应用管理等在内的信息化整体解决方案方向发展。

云服务已成为互联网创新企业的重要孵化器。在全球排名前 50 万的网站中，约有 2%采用了公共云服务商提供的服务，其中 80%的网站采用了亚马逊和 Rackspace 的云服务，大型云服务提供商已经形成明显的市场优势。云服务既可以降低互联网创新企业初创期的 IT 构建和运营成本，又可以帮助其形成可持续的商业模式，从而降低运营风险。美国新出现的互联网公司 90%以上使用了云服务。亚马逊、谷歌、微软、Rackspace 等云服务的企业用户数均已达到 10 万量级。

美国领跑全球云服务市场。美国云计算产业体系完整，巨头企业加速向全球扩张，目前在全球 TOP 100 的云计算企业中，美国占 84 家；亚马逊占全球 IaaS 市场的 40%、微软占全球 PaaS 市场的64%；Salesforce 占全球 SaaS 市场的21%。欧日等国的发展空间受到美国企业的挤压，在全球 TOP100 的云计算企业中，欧洲只有 9 家，日本无一企业上榜。美国政府作为云服务的重要用户，加速了本土云计算产业的快速发展，目前已有 600 多家政府机构和 2400 家教育机构使用了云服务。

价格战成为云计算巨头竞争的重要手段。近年来亚马逊、谷歌和微软三大巨头已经开展了多次云服务的价格战。亚马逊自 2006 年推出 AWS 服务至今，价格已经下调了 30 多次，7 年间价格下降了 20 多倍。2012 年年底，谷歌、亚马逊和微软分别下调其云存储服务价格，2013 年 4 月三家再次降低云服务价格，降价服务类型从简单云存储服务转向虚拟机产品；2014 年 3 月，Google 再次宣布了一系列大幅的降价措施，包括云计算下调 32%、云存储下调 68%，数据库服务 BigQuery 更是降价了 85%。亚马逊 S3 存储服务平均降价 51%，EC2 计算服务降价 38%，关系型数据库服务 RDS 平均下降 28%，而基于 Hadoop 的大数据服务 EMR，按照服务内容的不同下降 27%到 61%不等。

安全担忧促进云保险诞生。云服务的安全问题可能会给用户造成损失，进而引发赔偿问题，因此，云服务提供商和用户都希望能为云服务的潜在风险进行必要的管理并尽量减少损失。云保险正是这样一种针对云服务提供的风险管理方式，即对于云服务提供商可能发生的服务失败作出经济赔偿的承诺。云保险可以被云服务提供商作为服务等级协议（SLA）的一部分，也可以由云服务提供商的合作伙伴——第三方保险公司单独提供。2013 年 5 月，世界两个知名组织达成合作关系：国际管理服务提供商行业协会 MSP Alliance（MSPA）与经纪公司 Lockton Affinity 达成了合作关系，将面向全球云服务提供商推出云计算和管理服务保险，2013 年 6 月，美国保险公司 Liberty Mutual 也开始提供云计算保单。

开源项目成为“事实标准”促进云计算技术发展与扩散。除了谷歌、亚马逊、VMware 等在云计算技术领域拥有绝对领先实力的公司以外，开源已经成为绝大多数公司进行云计算系统开发的基础。OpenStack、Hadoop 等部分开源项目已经建立起各自的产业生态，成为汇集产业不同环节的事实上的“标准”。核心的开源社区已经成为汇集产业最广泛力量的组织。以 OpenStack 为例，截至 2014 年 4 月，已经有 136 个国家的 15000 多名开发人员对其进行贡献，OpenStack 基金会的赞助企业也达到346 家，这其中既有 IBM、Intel、HP、EMC、RedHat、VMware 等 IT 领先企业，也有思科、华为、Juniper 等传统的网络设备制造商，还有一大批依附于 OpenStack 平台上的创新企业。云计算产业界的其他企业也通过开源社区获得了丰富的技术资源，许多企业在开源平台的基础上进行优化和发展，形成了各自的独立分支。

【物联网企业对比研究】

物联网被称为世界信息产业的第三次浪潮，越来越得到各国各应用领域的重视。在推进物联网应用的同时，其存在的安全问题也越来越突出。目前，物联网的安全主要是物联网终端的安全、感知层的安全和物联网整体的安全性。国内外一些企业已经意识到安全在物联网发展中的重要作用，针对物联网某一层次或某一关键环节的技术特点和安全需求，开展了安全技术和产品的研究开发，提供相应的物联网安全解决方案，以助力物联网的健康发展。本文简要介绍了国内外主要物联网安全企业，并进行了比较研究。

（一）国外主要的物联网安全企业

国外典型的物联网安全企业有：美国的Verayo公司主要提供RFID的安全技术和产品；荷兰的Intrinsic-ID公司致力于提高物联网终端设备中芯片的安全性；美国的风河公司主要提供终端设备开发软件环境和整体物联网安全解决方案。

1．Verayo公司

Verayo（威诚）公司是一家安全与认证方案提供商，由麻省理工学院的Srini Devadas教授和他的团队于2005年在美国硅谷成立。自成立以来，公司设计、建立并测试了基于硅生物（SiliconID）技术的硅芯片，融入了很多麻省理工学院的技术和知识产权，并在该技术基础上，开发出了相关的解决方案，创新了对产品、人员和机器的数字认证。

2007年Verayo公司研发出了基于PUF（Physical Unclonable Functions）技术的“芯片DNA”验证方法。PUF系统是一组微型的电路，通过提取硅芯片的电子DAN（或者硅芯片指纹），生成无限多个“密钥”。与传统企业采用的内存加密“密钥”相比，PUF系统产生的“密钥”不需内存，并且是唯一的，不可预测的，所以更加安全可靠。由于每个芯片都包含无数天然形成的口令响应序列，每个口令响应序列只会被使用一次，用过后就作废了，因此可有效抵御对PUF验证系统的窃取和重放式攻击。

2008年Verayo公司推出了第一款防复制芯片13.56MHz RFID芯片。2009年Verayo与Bartronics公司达成协议在印度推广不可复制芯片的应用，Bartronics公司将在其RFID电子标签中采用Verayo的防复制芯片。2010年Verayo新发布了一款无源RFID IC-Vera M1HW，新芯片符合ISO/IEC 14443-A标准，采用Verayo的PUF技术实现标签与阅读器的相互认证。基于PUF技术的RFID芯片尺寸小，无须传统的加密方法，但却能保证验证的可靠性，而且无法仿造。这拓宽了RFID芯片的应用范围，可以广泛应用在非接触会员卡及支付卡、公交卡和票证、消费品防伪、安全身份证和门禁卡等方面。

Verayo公司在发展方面，一是通过引进风险投资助力企业发展，公司本身是由美国科拉斯风险投资公司进行风险投资而出资创建的；二是注重引入高层次人才，公司从半导体、移动和安全行业寻找经验丰富的专业认识，组建了顾问委员会，为公司的发展提供方向性和专业性指导；三是注重产学研的结合实现技术创新，Verayo公司在产品设计和研发方面融入了麻省理工学院的的知识产权和技术，为其技术创新奠定了基础。在竞争优势方面，Verayo公司推出的基于硅生物技术的“芯片DNA”验证法为世界首创，为RFID防伪技术开辟了新的道路。

2．Intrinsic-ID公司

Intrinsic-ID公司是2008年从荷兰电子巨擘飞利浦分离出来而成立的，致力于保护移动设备、嵌入式系统和云上的个人隐私信息和企业数据的安全。2012年，Intrinsic-ID公司融资获得500万欧元，推动其芯片级的加密技术进入移动市场。目前该公司在嵌入式安全性以及物联网方面占有重要地位。

Intrinsic-ID公司提出了基于PUF技术的HIS（Hardware Intrinsic Security，硬件内在的安全性）技术方案。HIS系统针对每一个集成电路应用的独特特征来获得加密安全密钥。该方法被命名为“实体的不可复制功能”，这种方式能够使设备仅仅在需要时才生成一个密钥，从而可以减少黑客入侵的机会，而且当没有密钥时设备就会进入省电模式。HIS解决方案结合了现有模式的种种优势，直接从硬件提取密钥而不存储。这种模式下，设备可以在确有必要时才生成密钥，电源关闭后，密钥不复存在。由于不存储密钥，攻击者将无从下手。该技术已经应用于用来对付复制、篡改、盗窃服务以及逆向工程等的安全资产中，而且已经被应用于智慧卡、SIM 卡、自动的内嵌式处理器、网络装置等物联网终端设备中。

在发展策略方面，Intrinsic-ID 将数字安全确定为公司发展重点，使公司发展方向更加明确；同时注重与其他公司的合作，共同推动行业发展，2010 年该公司与恩智浦合作，将其 HIS 解决方案应用于恩智浦的 SmartMX TM 安全芯片技术中，共同推动芯片安全应用和安全标准。在竞争方面，Intrinsic-ID 依靠自己的创新技术 HIS，在行业占有重要地位。

3．风河公司

风河（Wind River）公司是 Intel 的全资子公司,从 1981 年开始一直致力于嵌入式设备中计算技术的研究。风河公司提供全方位设备开发解决方案和物联网安全解决方案，其解决方案可以灵活应用于 Intel，Freescale，PowerPC，ARM，MIPS 以及其他厂商的硬件平台。

在物联网安全整体解决方案方面，风河公司对现有各种安全方法不断进行改进，使其能够应对物联网应用的挑战和联网设备的限制，提出了系统的物联网安全解决方案，在设备启动阶段引入硬件可信根，通过对设备软件栈的扩展，确保软件的真实性和完整性，保证整个过程中可信数据可以不被篡改，为整个安全应用建立基础；同时还提供各种访问控制机制、设备身份认证、防火墙和 IPS 以及系统更新和补丁在内的全面的物联网信息安全解决方案。

在物联网终端设备开发环境方面，风河公司作为领先的嵌入式开发环境提供商，其提供的 Hypervisor 为物联网设备的安全开发提供了良好的开发环境。同时对物联网相关设备的规划、开发和管理的整个过程提供安全、可靠和可兼容的系统环境。目前，已经有超过 10 亿台产品应用了风河公司的技术成果。

在发展策略方面具有如下特点：一是注重与其他公司的合作，使其产品更具有专注性，2013 年风河公司与惠普公司合作，联合推出运营商级网络功能虚拟化服务器平台，以适应物联网需求以及不断演变的网络基础设施；二是提供多样化的培训服务，推广产品应用，针对客户不同需求提供不同形式的培训，包括公共培训、私人培训、定制培训等。在竞争方面，风河公司专注于嵌入式操作系统的应用开发，同时注重业务与应用的结合，其提供的互联网解决方案能够适用于各个领域。

（二）国内主要的物联网安全企业

国内物联网安全企业主要分为两类：一类是以提供物联网建设中的智慧网关为主，代表性企业是卫士通信息产业股份有限公司；一类是针对实际物联网实际建设中的问题，提供全面的物联网安全解决方案，以深圳市奥联科技有限公司为代表。

1．卫士通信息产业股份有限公司

卫士通信息产业股份有限公司(以下简称“卫士通”）成立于 1998 年，由中国电子科技集团公司第 30 研究所发起成立,现已成为国内较大的信息安全产品供应商之一。卫士通公司拥有密码产品、信息安全产品和 IT 类产品三大类产品体系，近 20 个产品族类、100 余个产品/系统。

卫士通通过多年的技术积累，研发了具有自主知识产权的防火墙、VPN、网关防病毒等信息安全产品。基于这些产品，针对物联网信息安全问题，卫士通开发了智慧网关，针对物联网的安全威胁、安全架构和体系等进行了系统分析和研究。卫士通研发的智慧网关具有病毒检查、身份认证、应用访问控制等功能，用于物联网的感知层和网络，可以为物联网的安全提供标准化的安全保障。

卫士通在竞争策略方面具有以下特点：一是坚持国内和国际全面发展，在发展国内信息安全市场的同时，已经与数十个国家开展长期的外贸交易，通过与华为等大型企业合作，进行 IT 产品的集成配套出口；二是利用国家政策发展物联网安全，卫士通凭借自身实力承担国家物联网专题项目，进行物联网安全专题研究。在竞争方面，卫士通凭借其技术优势，承担国家信息安全标准制定确立其行业地位，同时承担国家重大技术攻关项目。

2．北京力控华康科技有限公司

北京力控华康科技有限公司成立于2009年，是专业从事工业网络通信和网络安全产品与服务的企业。凭借在工业通信以及网络安全领域积累的丰富经验，力控华康为石油、石化、冶金、电力、市政等多个行业控制系统的信息安全接入和数据交换提供解决方案。

力控华康主要注重于工业控制的网络安全，尤其是在安全网关方面，力控华康研发出了典型的pSafetyLink网关，以适用于工业物联网系统。pSafetyLink通过内部的双独立主机系统，通过专用的硬件装置连接，分别接入到信息网络和控制网络，从物理层上断开信息网络与控制网络的直接连接，以保证应用中各种数据交换的安全。同时，通过嵌入高性能工业通信软件，以实现对OPC、Modbus、DNP3等主流工业SCADA通信标准的支持，从而有效解决工业控制网络外联时面临的安全问题。此类安全网关产品虽然是针对工业物联网研发的，但是其技术可以解决方案可以为广泛物联网安全提供经验。

在发展策略方面，力控华康专注于工业网络及相关安全产品的研发，提供包括数据采集与监控、分布式控制系统、过程控制系统等所有工业控制系统和智能化数据交换的安全解决方案，专注性使得其更加专业化。在竞争优势方面，注重自主研发和创新，针对工业控制系统的安全需求进行响应的隔离网关、工业通信网关的研发，使其产品更具有特色和针对性。

3．深圳市奥联科技有限公司

深圳市奥联科技有限公司（以下简称“奥联科技”）是2002年2月在深圳成立的一家高新技术企业，2005年获得国家密码局商密定点生产单位和销售单位资质。奥联科技专注于IBC密码体系研究，已提交两项IEEE及IETF标准，参与制定了六项国家密码应用标准，拥有多项核心密码技术专利。奥联科技拥有自主研发的信息安全市场全线产品及整体解决方案。包括IPSec VPN、上网行为管理、加密电子邮件、IBCkey智能密码钥匙等安全产品。

奥联科技的物联网安全解决方案是利用IBC（Identity-Based Cryptography）技术解决传感器之间的数据传输安全问题。IBC是基于标识的密码技术，是在传统的PKI（Public Key Infrastructure）基础上发展而来的。IBC的应用降低了具体安全应用在部署和使用上的复杂度，避免了安全应用中产生的大量数字证书交换。IBC算法于2008年正式获得国家密码管理局的商密算法型号——SM9（商密九号算法）。采用IBC技术，物品标签即是公钥，这使得大规模部署也变得非常容易，无须为每个物品或传感器申请证书，双方建立安全通讯之前无须事先获取对方的数字证书。系统部署方便、使用简单、总体拥有成本低，节约了后续的管理和维护成本。

发展策略方面，奥联科技专注于信息安全产品的研发和销售，尤其是注重基于IBC算法的应用和创新。同时注重技术研究，扩大公司的国际影响力，在国际上发表了多篇论文，并参与了ISO14888—3的标准化工作，已提交两项IEEE及IETF标准，在国内申请了三项有关IBC算法的发明专利。在竞争方面，奥联科技凭借自身的技术实力进行市场开拓，为香港电讯盈科提供相关服务，同时为电力、电信等多个行业提供信息安全服务。

（三）国内外物联网安全企业对比分析

第一，我国企业在感知层、应用层安全研究上与国外有较大差距。在感知层方面，我国由于材料、工艺等基础薄弱，传感器技术创新能力不足，因此在RFID等感知层进行安全研究的相关企业较少。在网络层，我国的关键技术与国外基本同步，所以安全网关相关厂商将其研究开发成果应用于物联网安全。在应用层，我国无论是中间件还是软件都较多使用IBM、Sun等国外公司产品，在嵌入式方面设备开发环境也多依赖于风河公司的软件开发平台。此外，在云计算以及云计算安全等物联网应用层，国内技术研究和发展也比较滞后。

第二，国外企业注重技术创新和技术优化，我国企业在此方面较弱。国外安全企业都是在物联网概念刚刚提出时都已经开始进行相关的安全研究，注重技术创新和预先研究。而且，风河公司等国外安全企业通过对已有尖端IT安全控制方法进行了优化，使其适应物联网的信息安全需求。在国内，由于物联网发展处于初级阶段，关注物联网安全的企业和专家虽不少，但是由于没有旺盛的市场需求，因此专门从事物联网安全产品研发及物联网安全解决方案的企业较少。

第三，国外信息安全企业注重与学术界、研究机构以及相关企业的合作，使其技术研发和创新更有效果。例如，美国 Verayo 公司是麻省理工学院教授发起成立的公司，其一些核心技术和知识产权是从麻省理工学院获得并得到其许可；同时 Intrinsic-ID 与恩智浦合作，在共同推动芯片安全标准，推广了自身产品的应用；风河公司与惠普公司合作，联合推出相应的产品，较好的适应了不断演变的网络基础设施。国内企业在与产业链上下游合作方面还较弱。

第四，国外企业在资金方面较易获得风投的支持，国内企业多依赖政府项目资金支持，限制了其创新方向及应用领域。在企业发展资金方面国外企业比较容易获得风险投资，Verayo 公司本身是由风投公司进行投资成立的，而 Intrinsic-ID 公司，为推动公司核心技术的发展和应用也通过融资获得 500 万欧元的支持，企业可以根据自己的业务方向和重点自由支配风投或融资资金。在国内，企业多依靠政府项目资金支持，卫士通在国内信息安全行业具有一席之地，但是其物联网安全方面主要依靠政府项目资金支持，而其他资金来源较少，这就决定了其创新方向或新技术应用领域主要受政府主导。

基础数据篇

2014年全国信息化发展水平评估各省市信息化发展指数

（数据来源：中国电子信息产业发展研究院）

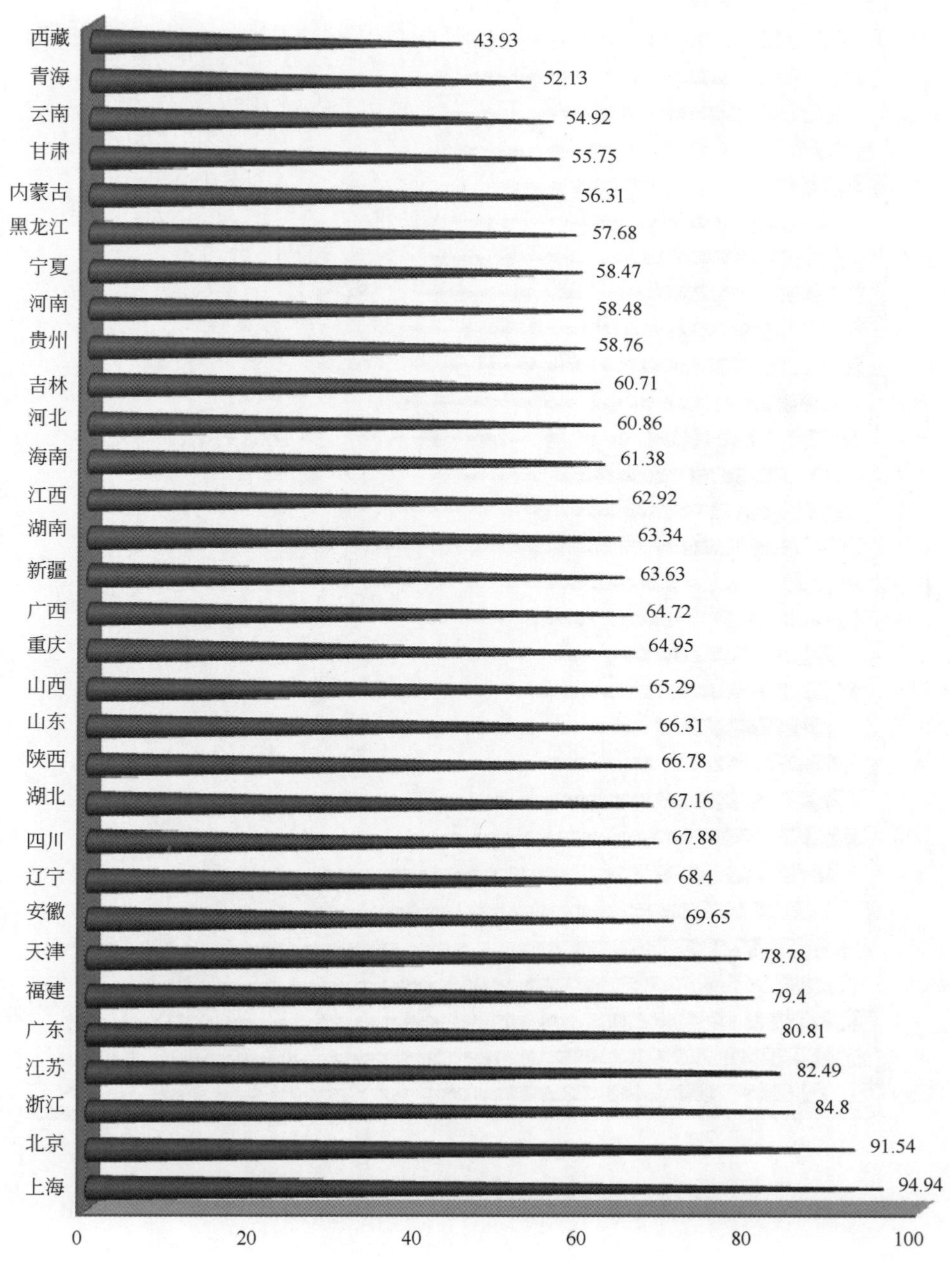

2013 年全国信息化发展水平评估各省市信息化发展指数

（数据来源：中国电子信息产业发展研究院）

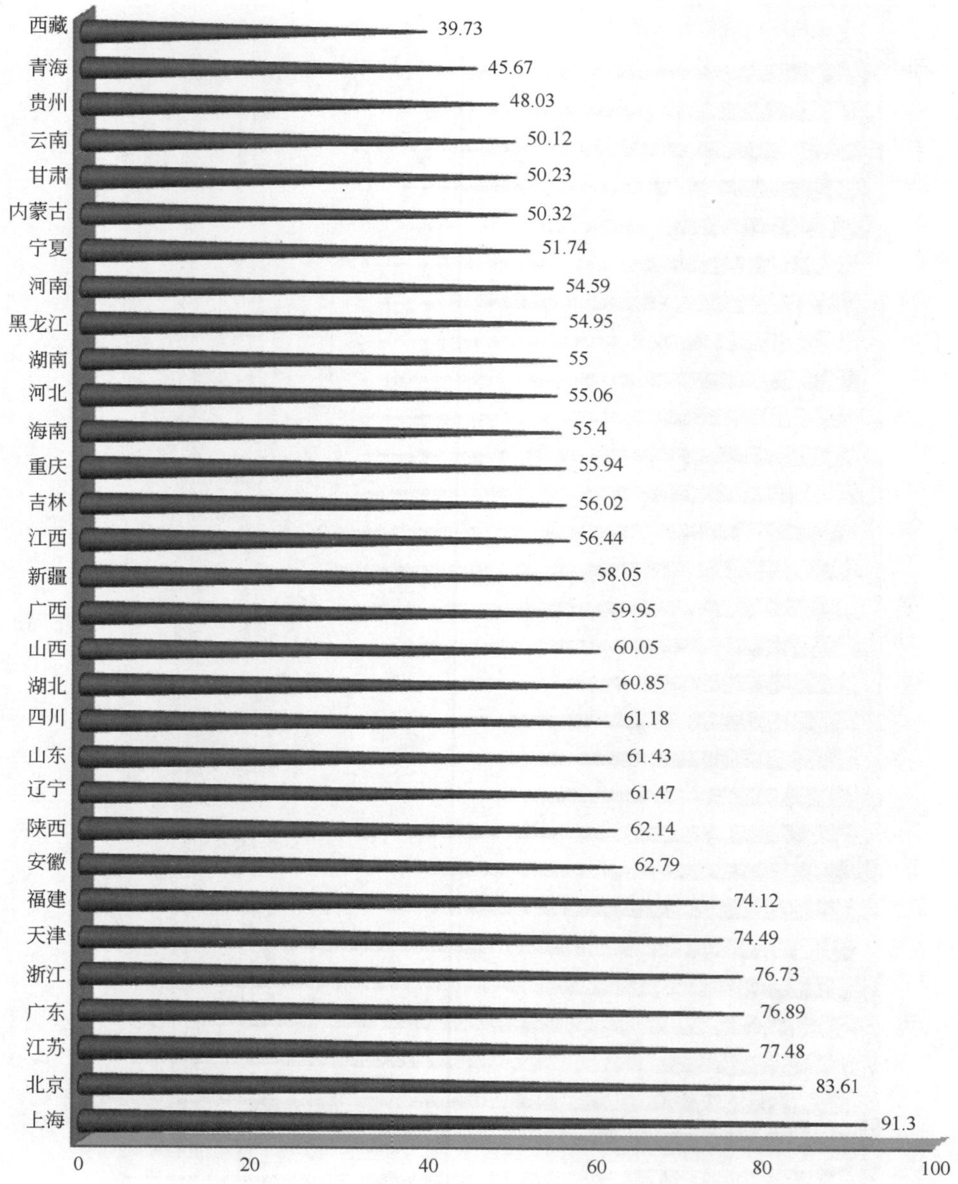

省市	信息化发展指数
西藏	39.73
青海	45.67
贵州	48.03
云南	50.12
甘肃	50.23
内蒙古	50.32
宁夏	51.74
河南	54.59
黑龙江	54.95
湖南	55
河北	55.06
海南	55.4
重庆	55.94
吉林	56.02
江西	56.44
新疆	58.05
广西	59.95
山西	60.05
湖北	60.85
四川	61.18
山东	61.43
辽宁	61.47
陕西	62.14
安徽	62.79
福建	74.12
天津	74.49
浙江	76.73
广东	76.89
江苏	77.48
北京	83.61
上海	91.3

0 20 40 60 80 100

2013—2014 年全国信息化发展指数情况比较表

（数据来源：中国电子信息产业发展研究院）

年份	网络就绪度指数	信息通信技术应用指数	应用效益指数	信息化发展指数
2013 年	50.89	66.33	69.08	60.7
2014 年	60.94	69.38	72.19	66.56
增长量	10.05	3.05	3.11	5.86

2013—2014 年全国信息化发展指数情况比较

（数据来源：中国电子信息产业发展研究院）

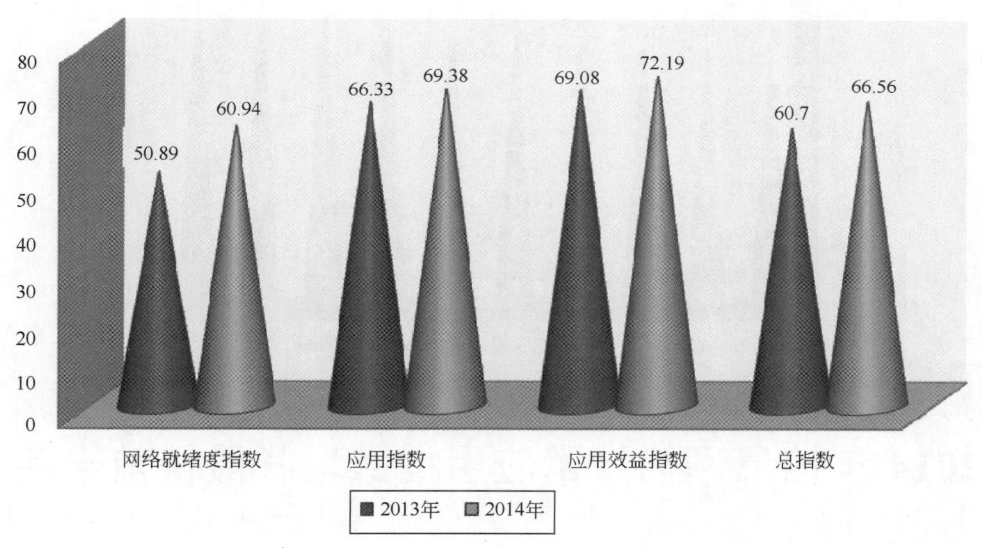

2013—2014 年信息化发展指数东、中、西部地区差距

年份	东部地区	中部地区	西部地区
2013 年	71.63	57.59	52.76
2014 年	77.25	63.19	59.02
增长量	5.62	5.6	6.26

2014 年信息化发展指数增长最快前十名

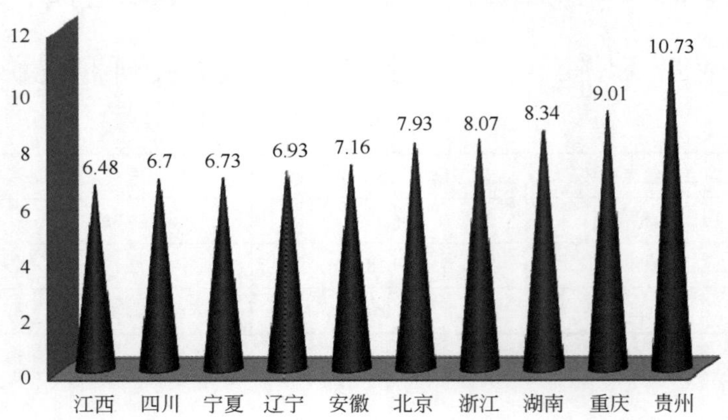

2014 年网络就绪度指数增长最快前十名

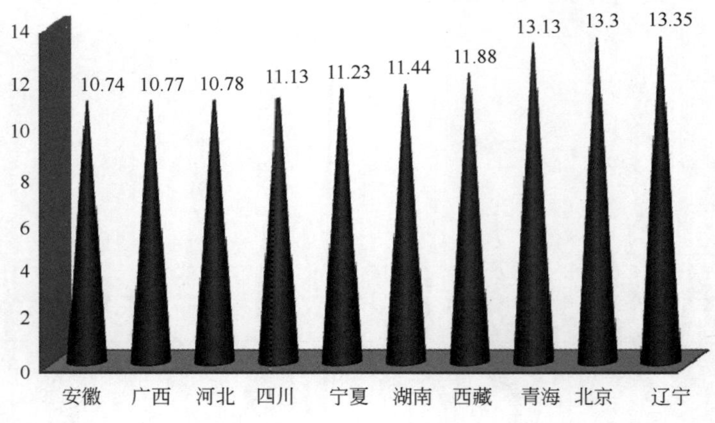

2014 年信息通信技术应用指数增长最快前十名

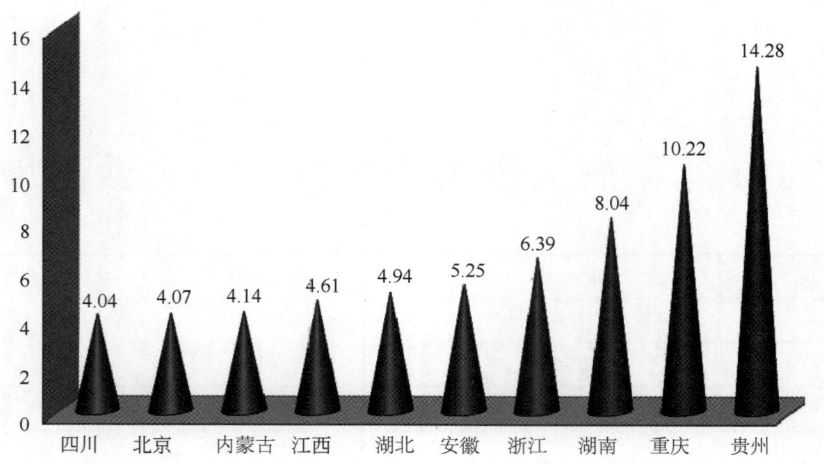

2014年全国信息化发展水平评估各省市信息化发展指数表

序号	省份	网络就绪度指数	信息通信技术应用指数	应用效益指数	信息化发展指数
1	上海	88.45	96.77	104.25	94.94
2	北京	86.65	88.85	106.68	91.54
3	浙江	77.21	83.6	102.35	84.8
4	江苏	76.43	78.53	102.55	82.49
5	广东	71.22	84.87	91.89	80.81
6	福建	72.87	84.37	82.56	79.4
7	天津	71.03	66.49	118.85	78.78
8	安徽	55.46	82.27	74.27	69.95
9	辽宁	65.07	64.4	83.04	68.4
10	四川	59.18	74.74	71.56	67.88
11	湖北	60.52	70.88	72.99	67.16
12	陕西	56.94	69.59	80.87	66.78
13	山东	59.19	63.55	86.07	66.31
14	山西	61.81	69.25	64.34	65.29
15	重庆	57.53	64.55	80.57	64.95
16	广西	59.29	75.18	54.64	64.72
17	新疆	58.93	73.46	53.39	63.63
18	湖南	54.77	70.16	66.83	63.34
19	江西	53.41	73.48	60.83	62.92
20	海南	59.43	68.43	51.2	61.38
21	河北	63.25	57	63.81	60.86
22	吉林	59.03	56.36	72.76	60.71
23	贵州	47.51	73.69	51.41	58.76
24	河南	53.04	60.46	65.42	58.48
25	宁夏	58.59	62.27	50.65	58.47
26	黑龙江	52.36	56.71	70.27	57.68
27	内蒙古	54.24	51.93	69.2	56.31
28	甘肃	47.58	67.53	48.52	55.75
29	云南	50.55	63.1	47.31	54.92
30	青海	56.02	50.16	48.28	52.13
31	西藏	41.47	48.08	40.53	43.93
全国平均值		60.94	69.38	72.19	66.56

2013年全国信息化发展水平评估各省市信息化发展指数表

序号	省份	网络就绪度指数	信息通信技术应用指数	应用效益指数	信息化发展指数
1	上海	81.28	94.88	104.16	91.3
2	北京	73.35	84.78	101.79	83.61
3	江苏	66.7	75.7	102.59	77.48
4	广东	61.78	86.05	88.78	76.89
5	浙江	66.76	77.21	95.69	76.73
6	天津	64.03	65.42	113.55	74.49
7	福建	64.72	81.42	78.31	74.12
8	安徽	44.72	77.02	70.5	62.79
9	陕西	49.21	68.44	75.37	62.14
10	辽宁	51.72	61.8	80.31	61.47
11	山东	48.72	63.31	83.11	61.43
12	四川	48.05	70.7	68.4	61.18
13	湖北	51.26	65.94	69.87	60.85
14	山西	51.14	67.25	63.47	60.05
15	广西	48.52	76.4	49.93	59.95
16	新疆	48.27	71.24	51.23	58.05
17	江西	43.65	68.87	57.16	56.44
18	吉林	50.25	54.96	69.69	56.02
19	重庆	46.91	54.33	77.24	55.94
20	海南	49.23	65.05	48.45	55.4
21	河北	52.47	54.59	61.19	55.06
22	湖南	43.33	62.12	64.11	55
23	黑龙江	44.49	57.54	70.71	54.95
24	河南	43	62.24	62.49	54.59
25	宁夏	47.36	58.83	46.34	51.74
26	内蒙古	44.28	47.79	67.45	50.32
27	甘肃	39.24	63.97	44.73	50.23
28	云南	42.53	60.53	44.49	50.12
29	贵州	38.11	59.41	45.08	48.03
30	青海	42.89	48.13	46.3	45.67
31	西藏	29.59	50.27	38.92	39.73
全国平均值		50.89	66.33	69.08	60.7

2014 年各省市网络就绪度指数

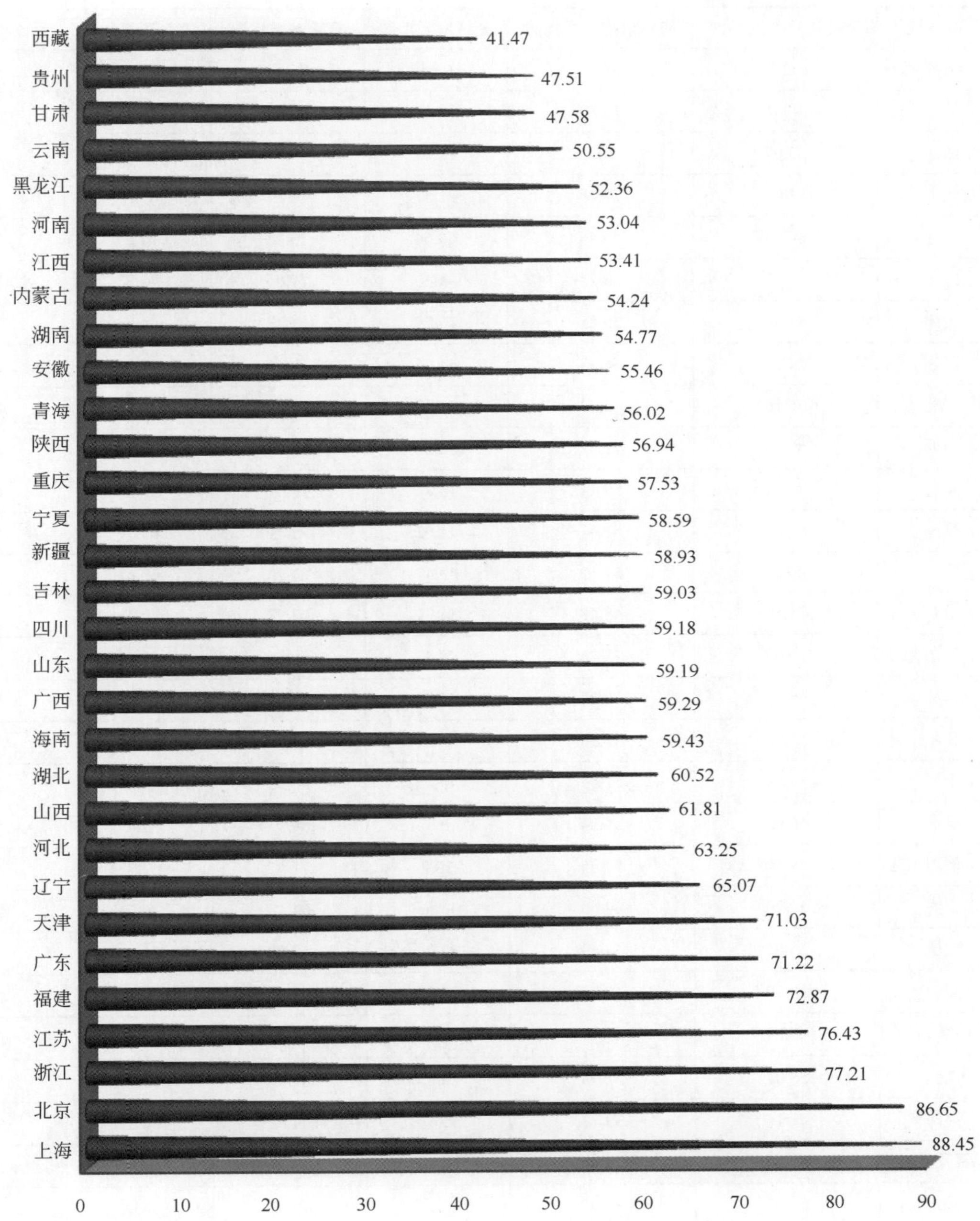

2014年各省市网络就绪度指数表

序 号	省 份	智能终端普及指数	有线电视发展指数	光纤发展指数	宽带普及指数	宽带速率指数	网络就绪度指数
1	上海	102.13	68.73	108.34	75.13	79.56	88.45
2	北京	100.65	70.39	92.44	85.63	76.58	86.65
3	浙江	88.67	70.8	72.13	77.81	72.2	77.21
4	江苏	81.03	79.16	71.57	76.81	73.1	76.43
5	福建	84.03	56.44	66.64	76.28	74.04	72.87
6	广东	90.68	63.24	46.9	77.06	71.35	71.22
7	天津	81.88	59.85	70.79	67.28	69.84	71.03
8	辽宁	74.52	66.93	44.06	69.61	68.31	65.07
9	河北	66.16	45.83	57.82	70.76	70.6	63.25
10	山西	67.38	49.42	52.66	68.23	66.86	61.81
11	湖北	65.6	59.44	36.82	70.01	69.2	60.52
12	海南	63.26	51.61	41.02	72.79	65.57	59.43
13	广西	62.2	51.19	43.47	67.22	69.61	59.29
14	山东	71.59	48.48	31.71	67.92	70.48	59.19
15	四川	59.07	55.26	48.43	59.78	72.42	59.18
16	吉林	66.79	60.27	34.84	61.58	70.02	59.03
17	新疆	62.08	37.98	53.21	69.77	65.57	58.93
18	宁夏	64.54	51.55	40.45	66.35	66.8	58.59
19	重庆	66.03	54.24	26.6	69.93	67.89	57.53
20	陕西	68.54	53.85	19.2	71.67	67.77	56.94
21	青海	59.29	44.69	43.63	64.15	64.7	56.02
22	安徽	59.01	44.69	37.04	62.39	70.6	55.46
23	湖南	58.19	48.94	28.33	65.88	70.19	54.77
24	内蒙古	67.38	43.49	27	58.92	68.43	54.24
25	江西	58.02	52.95	22.23	63.49	69.08	53.41
26	河南	61.14	39.77	26	64.62	68.31	53.04
27	黑龙江	61.86	52.14	15.63	60.19	69.55	52.36
28	云南	54.49	45.03	22.34	60.52	68.01	50.55
29	甘肃	55.42	35.96	15.4	57.58	68.66	47.58
30	贵州	55.13	43.22	14.64	56.45	65.14	47.51
31	西藏	46.23	0	22.97	60.97	65.63	41.47
全国平均值		68.48	51.79	43.04	67.64	69.55	60.94

2013年各省市网络就绪度指数

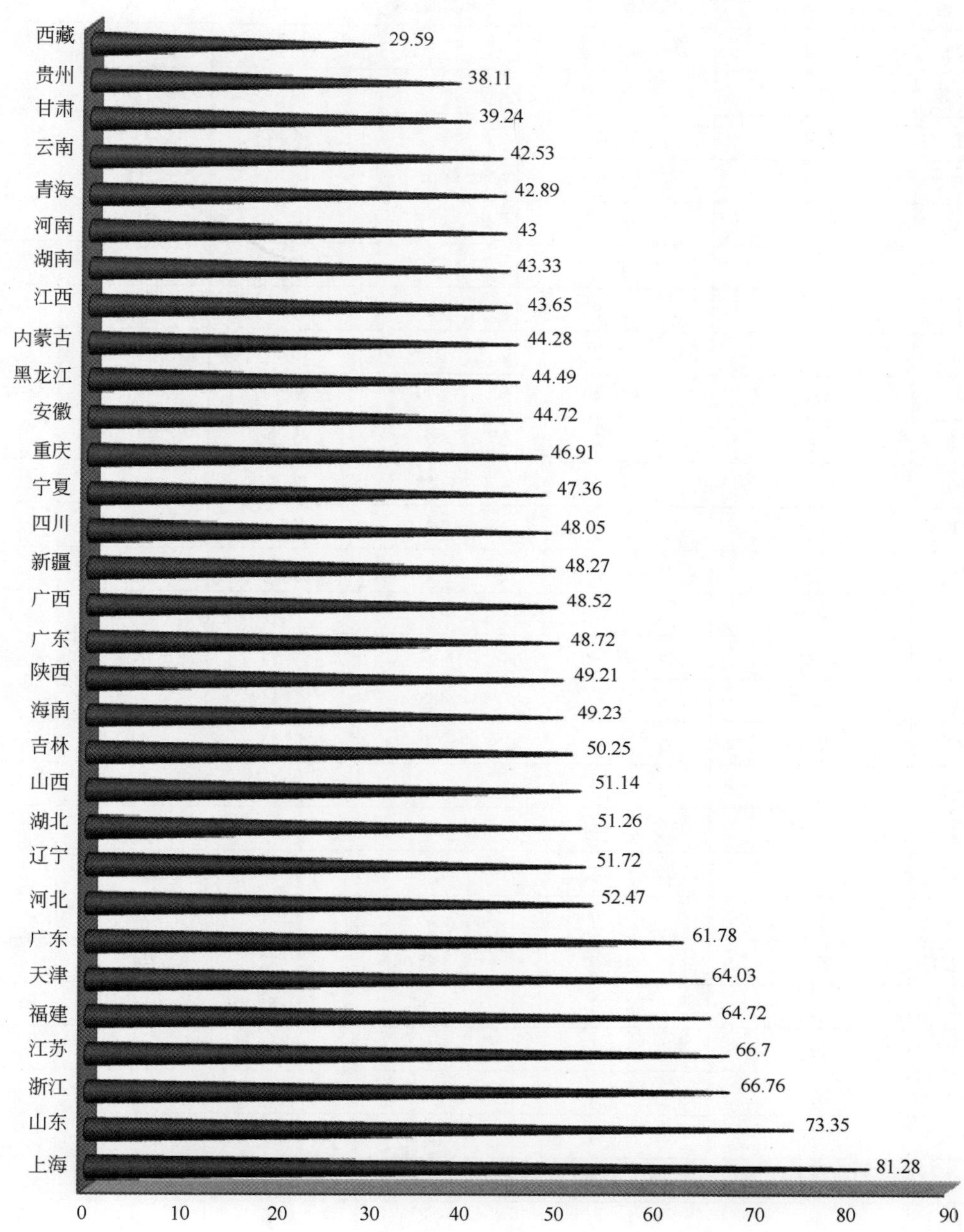

2013年各省市网络就绪度指数表

序　号	省　份	智能终端普及指数	有线电视发展指数	光纤发展指数	宽带普及指数	宽带速率指数	网络就绪度指数
1	上海	99.03	67.38	95.11	69.26	67.71	81.28
2	北京	97.33	67.25	66.15	73.97	54.54	73.35
3	浙江	84.33	70.02	54.17	66.82	54.9	66.76
4	江苏	77.8	77.07	51.04	67.42	59.97	66.7
5	福建	80.85	56.69	53.07	66.48	60.5	64.72
6	天津	81.3	61.07	58.75	60.18	53.82	64.03
7	广东	85.16	63.39	26.85	69.37	58.68	61.78
8	河北	62.82	42.33	34.53	59.15	58.41	52.47
9	辽宁	70.68	62.14	12.79	61.18	49.69	51.72
10	湖北	64.2	61.77	18.09	56.2	55.41	51.26
11	山西	63	48.93	30.58	59.35	50.31	51.14
12	吉林	63.53	59.87	19.31	54.4	53.23	50.25
13	海南	59.43	47.77	21.75	62.52	51.75	49.23
14	陕西	65.49	50.85	9.51	59.82	56.75	49.21
15	山东	67.6	47.54	8.62	58.44	56.4	48.72
16	广西	58.12	51.76	24.99	55.15	50.99	48.52
17	新疆	58.99	37.06	32.35	55.55	51.9	48.27
18	四川	54.33	57.05	21.65	51.4	56.47	48.05
19	宁夏	61.42	51.04	16.84	51.01	53.89	47.36
20	重庆	61.34	53.85	11.39	56.66	49.46	46.91
21	安徽	55.35	35.17	22.71	52.51	52.79	44.72
22	黑龙江	57.06	48.49	3.45	50.82	60.5	44.49
23	内蒙古	64.16	44.63	2.9	50.55	54.26	44.28
24	江西	54.3	49.41	8.5	50.87	53.96	43.65
25	湖南	54.98	43.2	10.08	51.77	53.67	43.33
26	河南	55.09	38.74	8.05	54.01	55.05	43
27	青海	57.11	43	17.98	48.83	43.99	42.89
28	云南	49.1	47.42	10.14	49.65	55.9	42.53
29	甘肃	50.96	34.08	7.72	43.27	55.97	39.24
30	贵州	49.03	44.17	6.08	43.36	46.7	38.11
31	西藏	42.29	0	4.61	44.94	45.56	29.59
全国平均值		64.72	50.42	24.83	56.61	54.29	50.89

2014年各省市智能终端普及指数

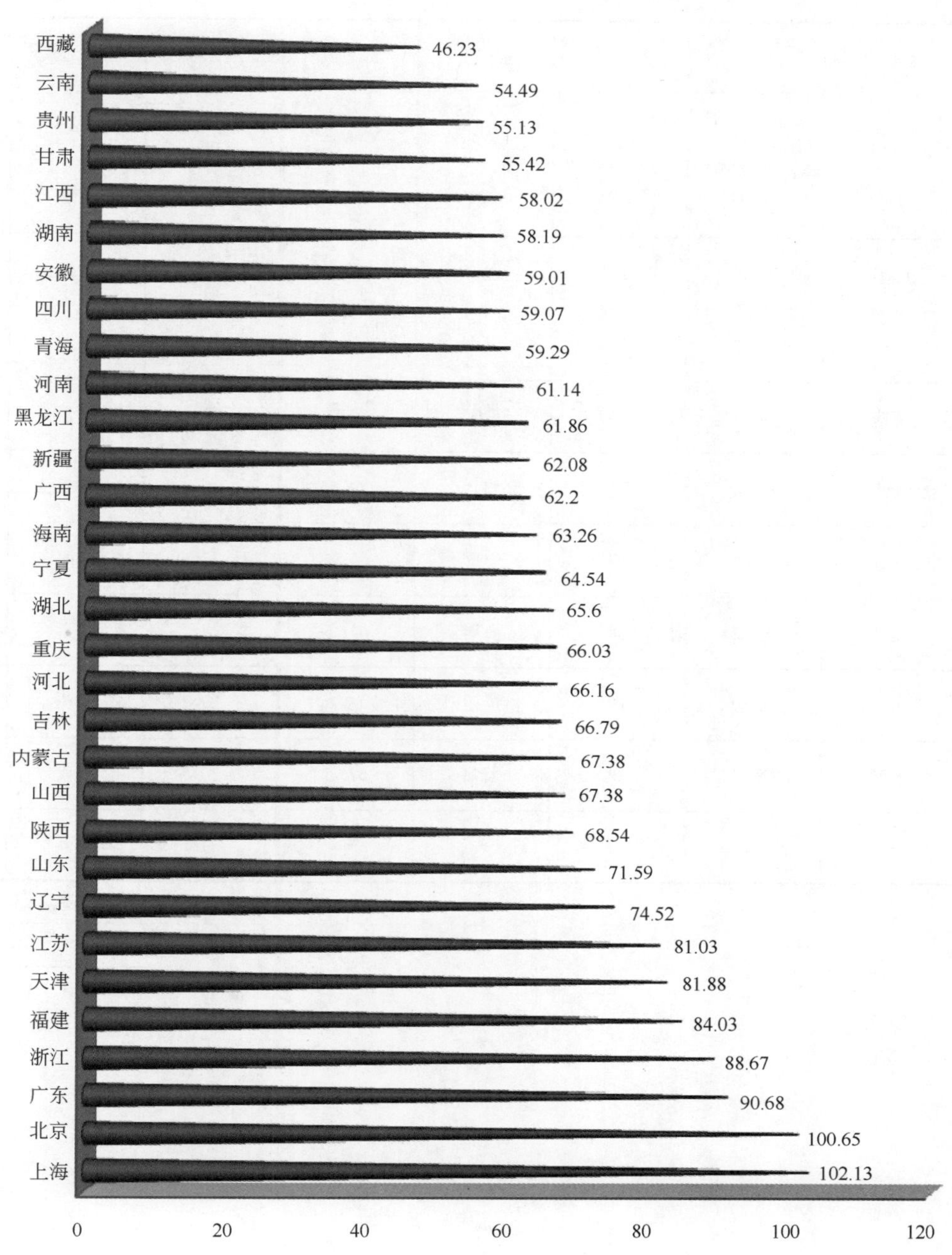

2014年各省市智能终端普及指数表

序 号	省 份	数 值	序 号	省 份	数 值	序 号	省 份	数 值
1	上海	102.13	11	山西	67.38	21	黑龙江	61.86
2	北京	100.65	12	内蒙古	67.38	22	河南	61.14
3	广东	90.68	13	吉林	66.79	23	青海	59.29
4	浙江	88.67	14	河北	66.16	24	四川	59.07
5	福建	84.03	15	重庆	66.03	25	安徽	59.01
6	天津	81.88	16	湖北	65.6	26	湖南	58.19
7	江苏	81.03	17	宁夏	64.54	27	江西	58.02
8	辽宁	74.52	18	海南	63.26	28	甘肃	55.42
9	山东	71.59	19	广西	62.2	29	贵州	55.13
10	陕西	68.54	20	新疆	62.08	30	云南	54.49
—	—	—	—	—	—	31	西藏	46.23

2014 年各省市有线电视发展指数

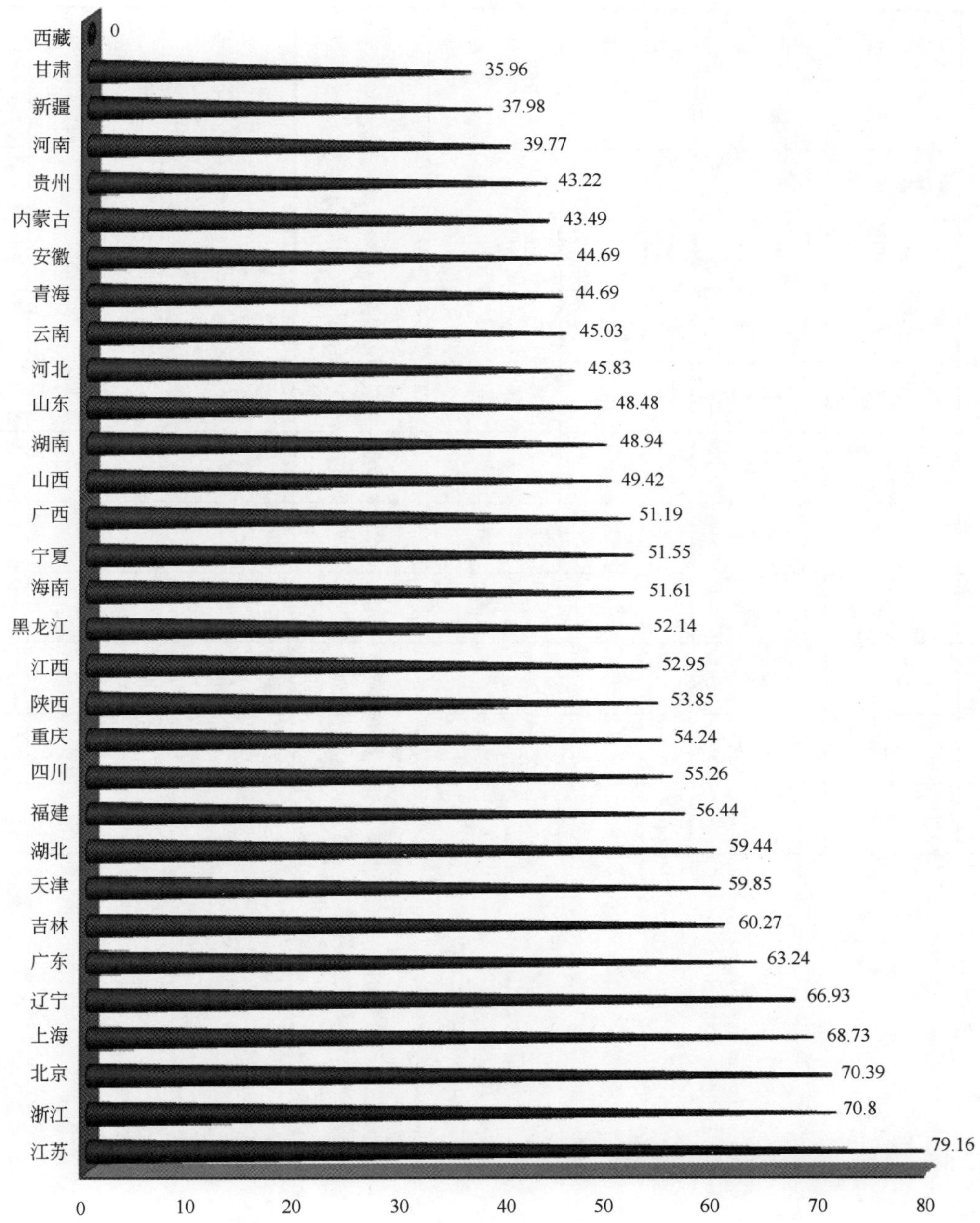

2014年各省市有线电视发展指数表

序　号	省　份	数　值	序　号	省　份	数　值	序　号	省　份	数　值
1	江苏	79.16	11	四川	55.26	21	山东	48.48
2	浙江	70.8	12	重庆	54.24	22	河北	45.83
3	北京	70.39	13	陕西	53.85	23	云南	45.03
4	上海	68.73	14	江西	52.95	24	青海	44.69
5	辽宁	66.93	15	黑龙江	52.14	25	安徽	44.69
6	广东	63.24	16	海南	51.61	26	内蒙古	43.49
7	吉林	60.27	17	宁夏	51.55	27	贵州	43.22
8	天津	59.85	18	广西	51.19	28	河南	39.77
9	湖北	59.44	19	山西	49.42	29	新疆	37.98
10	福建	56.44	20	湖南	48.94	30	甘肃	35.96
—	—	—	—	—	—	31	西藏	0

2013 年各省市有线电视发展指数

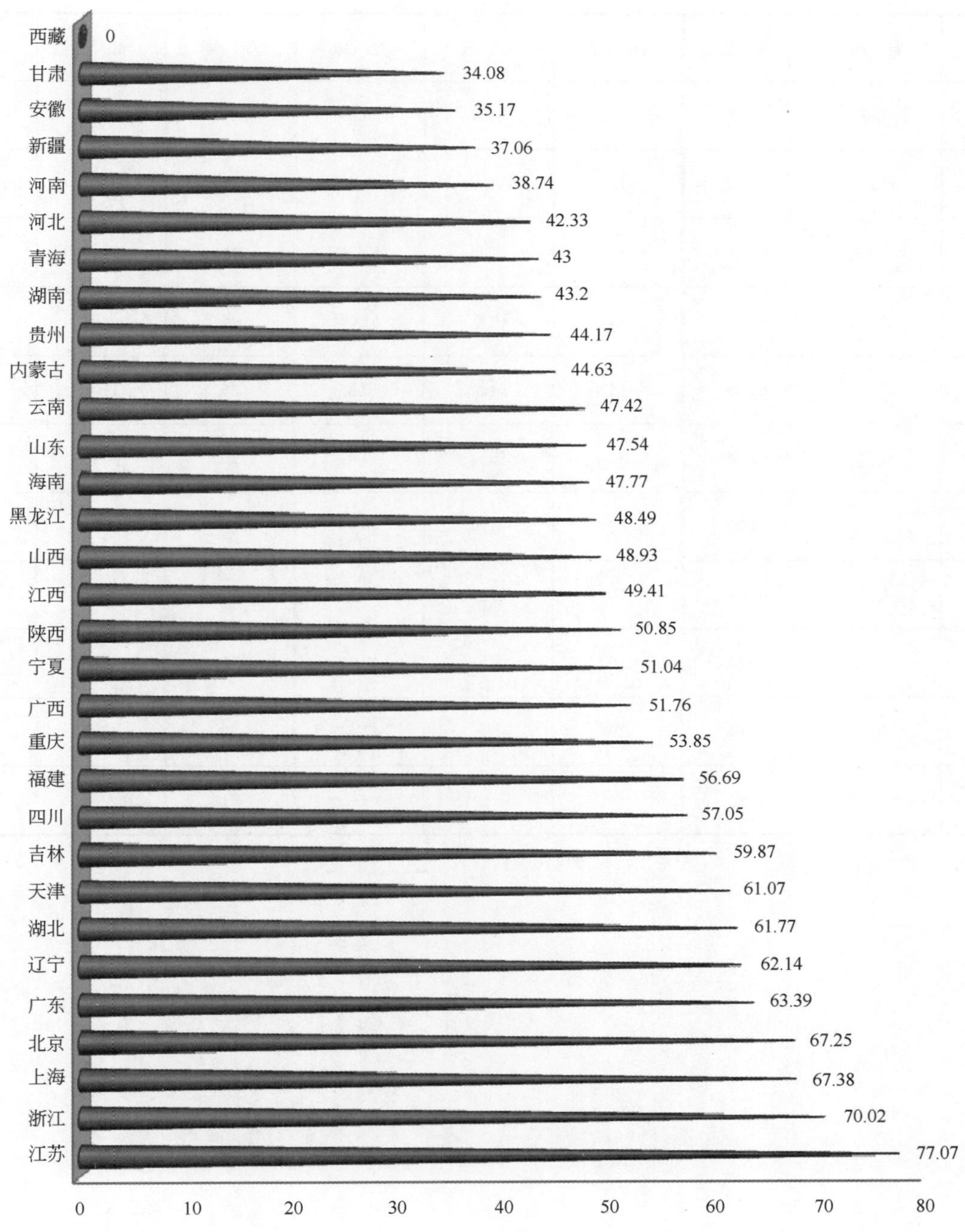

2013年各省市有线电视发展指数表

序号	省份	数值	序号	省份	数值	序号	省份	数值
1	江苏	77.07	11	福建	56.69	21	云南	47.42
2	浙江	70.02	12	重庆	53.85	22	内蒙古	44.63
3	上海	67.38	13	广西	51.76	23	贵州	44.17
4	北京	67.25	14	宁夏	51.04	24	湖南	43.2
5	广东	63.39	15	陕西	50.85	25	青海	43
6	辽宁	62.14	16	江西	49.41	26	河北	42.33
7	湖北	61.77	17	山西	48.93	27	河南	38.74
8	天津	61.07	18	黑龙江	48.49	28	新疆	37.06
9	吉林	59.87	19	海南	47.77	29	安徽	35.17
10	四川	57.05	20	山东	47.54	30	甘肃	34.08
—	—	—	—	—	—	31	西藏	0

2014 年各省市光纤发展指数

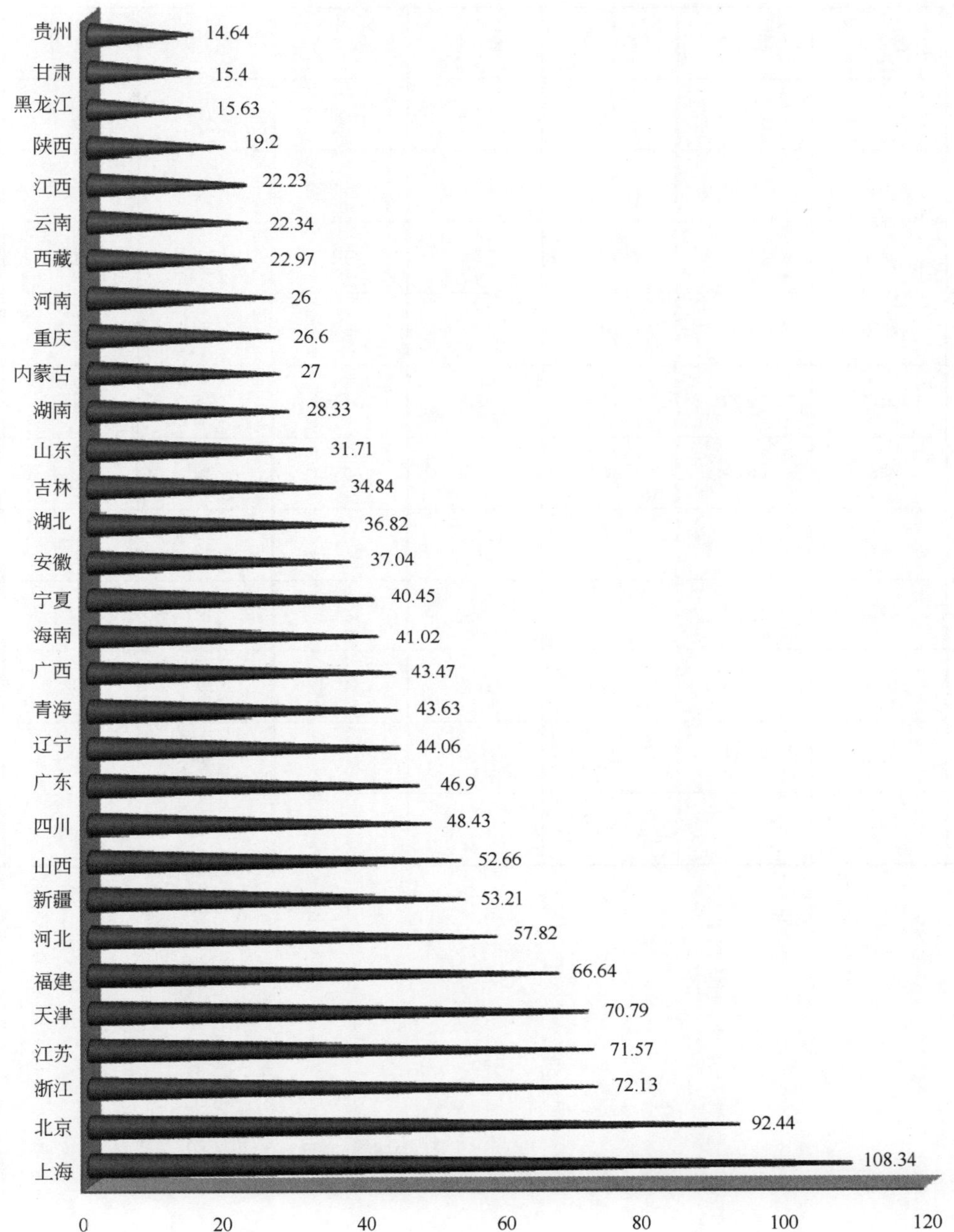

2014年各省市光纤发展指数表

序　号	省　份	数　值	序　号	省　份	数　值	序　号	省　份	数　值
1	上海	108.34	11	广东	46.9	21	湖南	28.33
2	北京	92.44	12	辽宁	44.06	22	内蒙古	27
3	浙江	72.13	13	青海	43.63	23	重庆	26.6
4	江苏	71.57	14	广西	43.47	24	河南	26
5	天津	70.79	15	海南	41.02	25	西藏	22.97
6	福建	66.64	16	宁夏	40.45	26	云南	22.34
7	河北	57.82	17	安徽	37.04	27	江西	22.23
8	新疆	53.21	18	湖北	36.82	28	陕西	19.2
9	山西	52.66	19	吉林	34.84	29	黑龙江	15.63
10	四川	48.43	20	山东	31.71	30	甘肃	15.4
—	—	—	—	—	—	31	贵州	14.64

2013 年各省市光纤发展指数

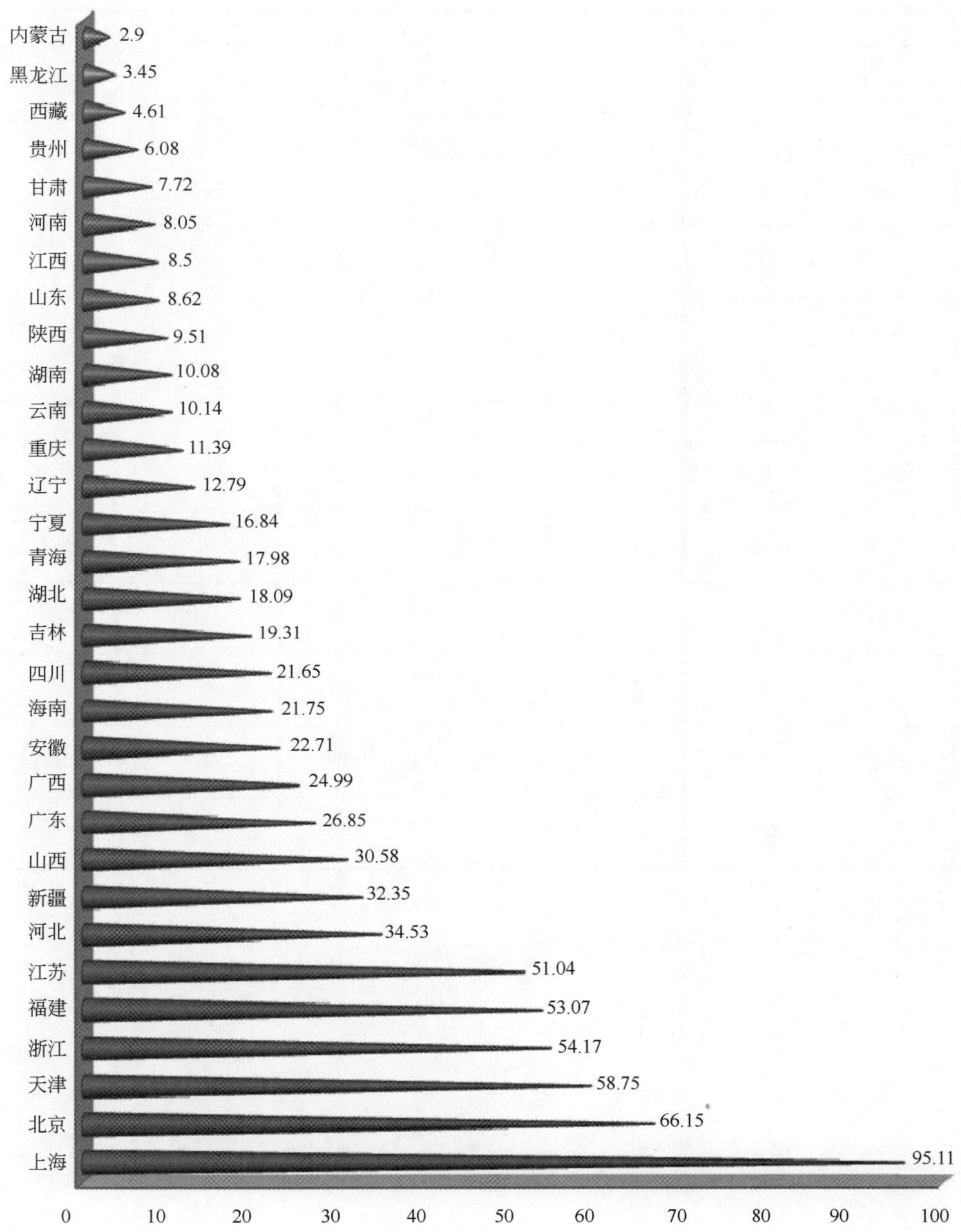

2013年各省市光纤发展指数表

序号	省份	数值	序号	省份	数值	序号	省份	数值
1	上海	95.11	11	广西	24.99	21	云南	10.14
2	北京	66.15	12	安徽	22.71	22	湖南	10.08
3	天津	58.75	13	海南	21.75	23	陕西	9.51
4	浙江	54.17	14	四川	21.65	24	山东	8.62
5	福建	53.07	15	吉林	19.31	25	江西	8.5
6	江苏	51.04	16	湖北	18.09	26	河南	8.05
7	河北	34.53	17	青海	17.98	27	甘肃	7.72
8	新疆	32.35	18	宁夏	16.84	28	贵州	6.08
9	山西	30.58	19	辽宁	12.79	29	西藏	4.61
10	广东	26.85	20	重庆	11.39	30	黑龙江	3.45
—	—	—	—	—	—	31	内蒙古	2.9

2014 年各省市宽带普及指数

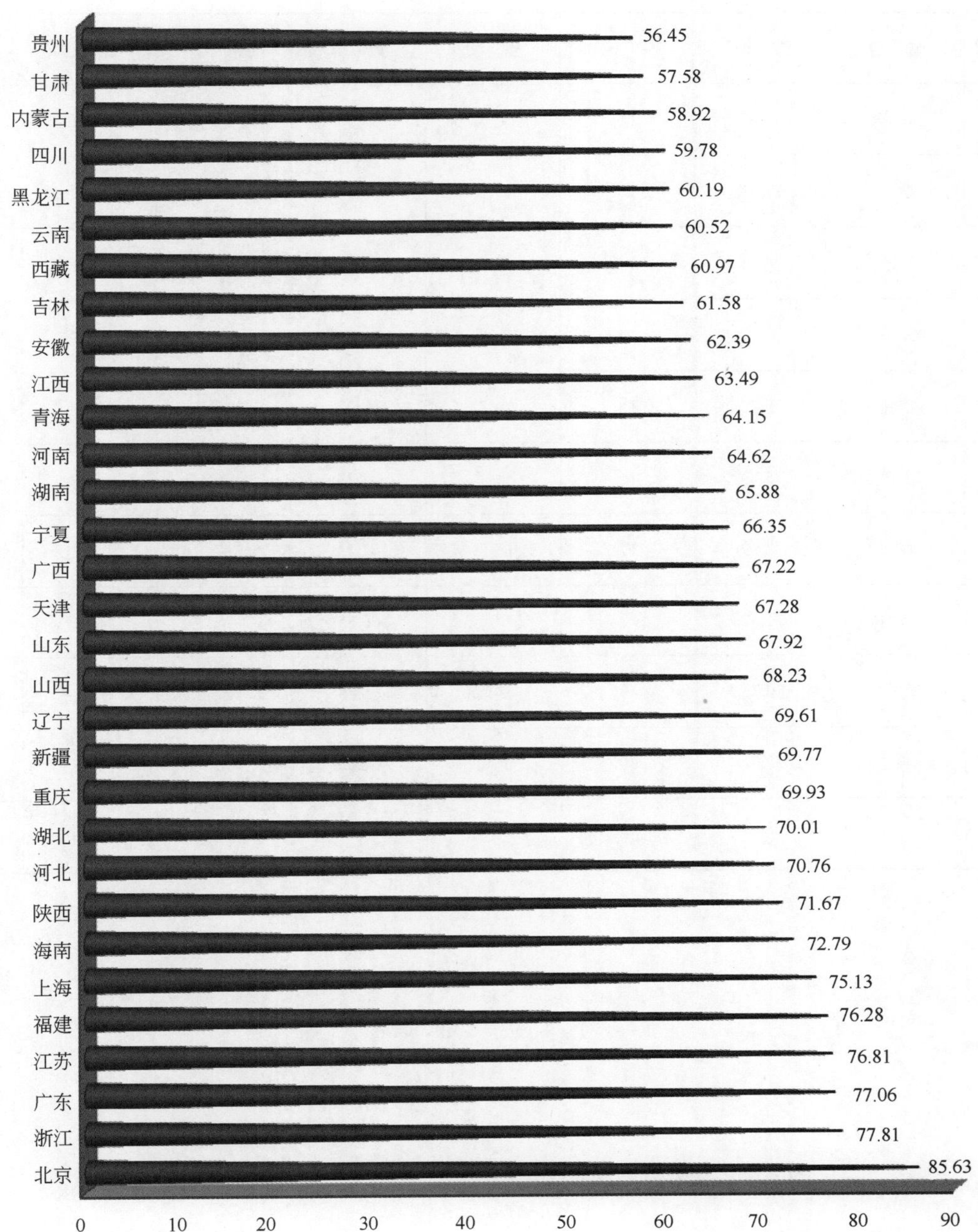

2014年各省市宽带普及指数表

序号	省份	数值	序号	省份	数值	序号	省份	数值
1	北京	85.63	11	重庆	69.93	21	青海	64.15
2	浙江	77.81	12	新疆	69.77	22	江西	63.49
3	广东	77.06	13	辽宁	69.61	23	安徽	62.39
4	江苏	76.81	14	山西	68.23	24	吉林	61.58
5	福建	76.28	15	山东	67.92	25	西藏	60.97
6	上海	75.13	16	天津	67.28	26	云南	60.52
7	海南	72.79	17	广西	67.22	27	黑龙江	60.19
8	陕西	71.67	18	宁夏	66.35	28	四川	59.78
9	河北	70.76	19	湖南	65.88	29	内蒙古	58.92
10	湖北	70.01	20	河南	64.62	30	甘肃	57.58
—	—	—	—	—	—	31	贵州	56.45

2013 年各省市宽带普及指数

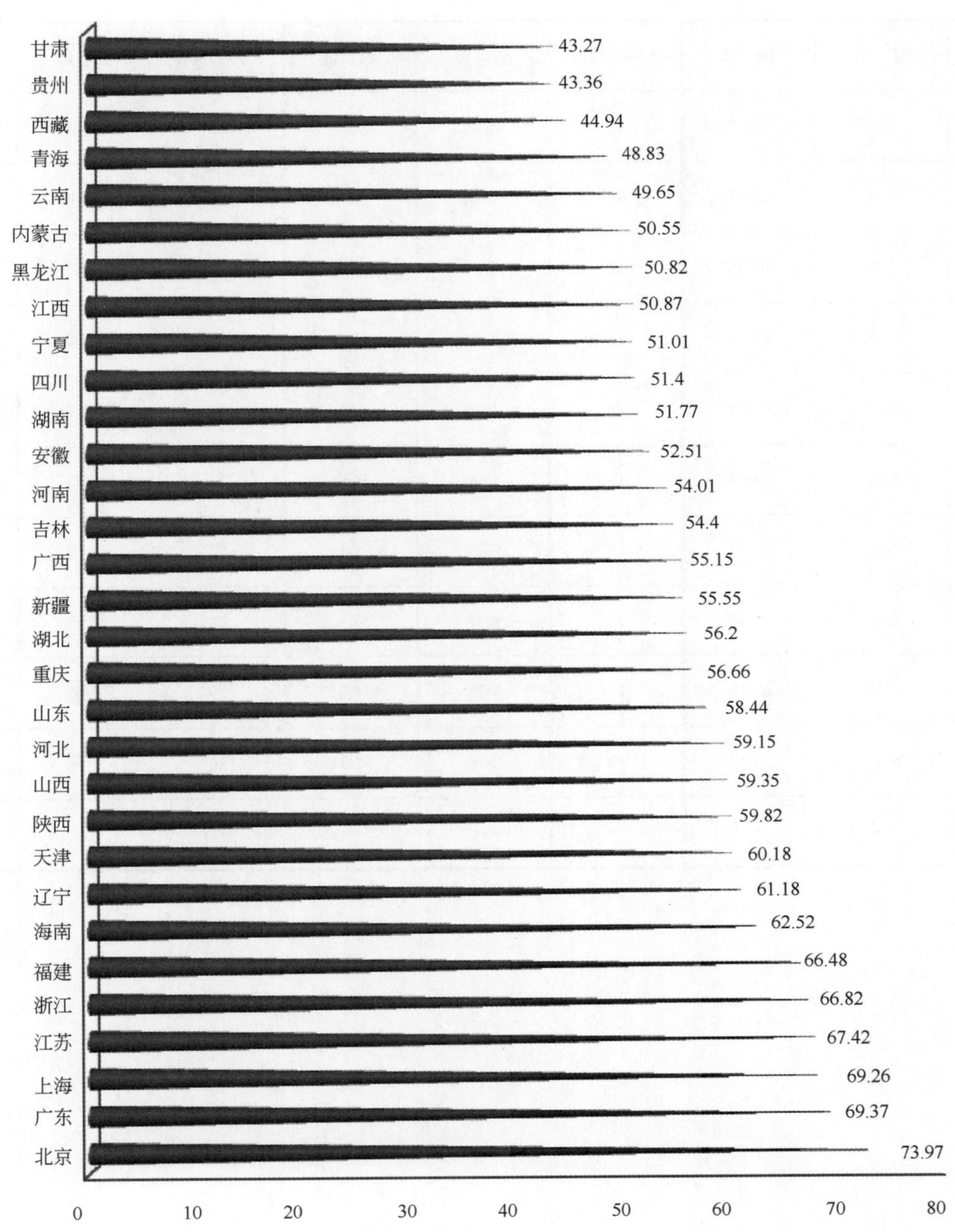

2013 年各省市宽带普及指数表

序号	省份	数值	序号	省份	数值	序号	省份	数值
1	北京	73.97	11	山西	59.35	21	湖南	51.77
2	广东	69.37	12	河北	59.15	22	四川	51.4
3	上海	69.26	13	山东	58.44	23	宁夏	51.01
4	江苏	67.42	14	重庆	56.66	24	江西	50.87
5	浙江	66.82	15	湖北	56.2	25	黑龙江	50.82
6	福建	66.48	16	新疆	55.55	26	内蒙古	50.55
7	海南	62.52	17	广西	55.15	27	云南	49.65
8	辽宁	61.18	18	吉林	54.4	28	青海	48.83
9	天津	60.18	19	河南	54.01	29	西藏	44.94
10	陕西	59.82	20	安徽	52.51	30	贵州	43.36
—	—	—	—	—	—	31	甘肃	43.27

2014 年各省市宽带速率指数

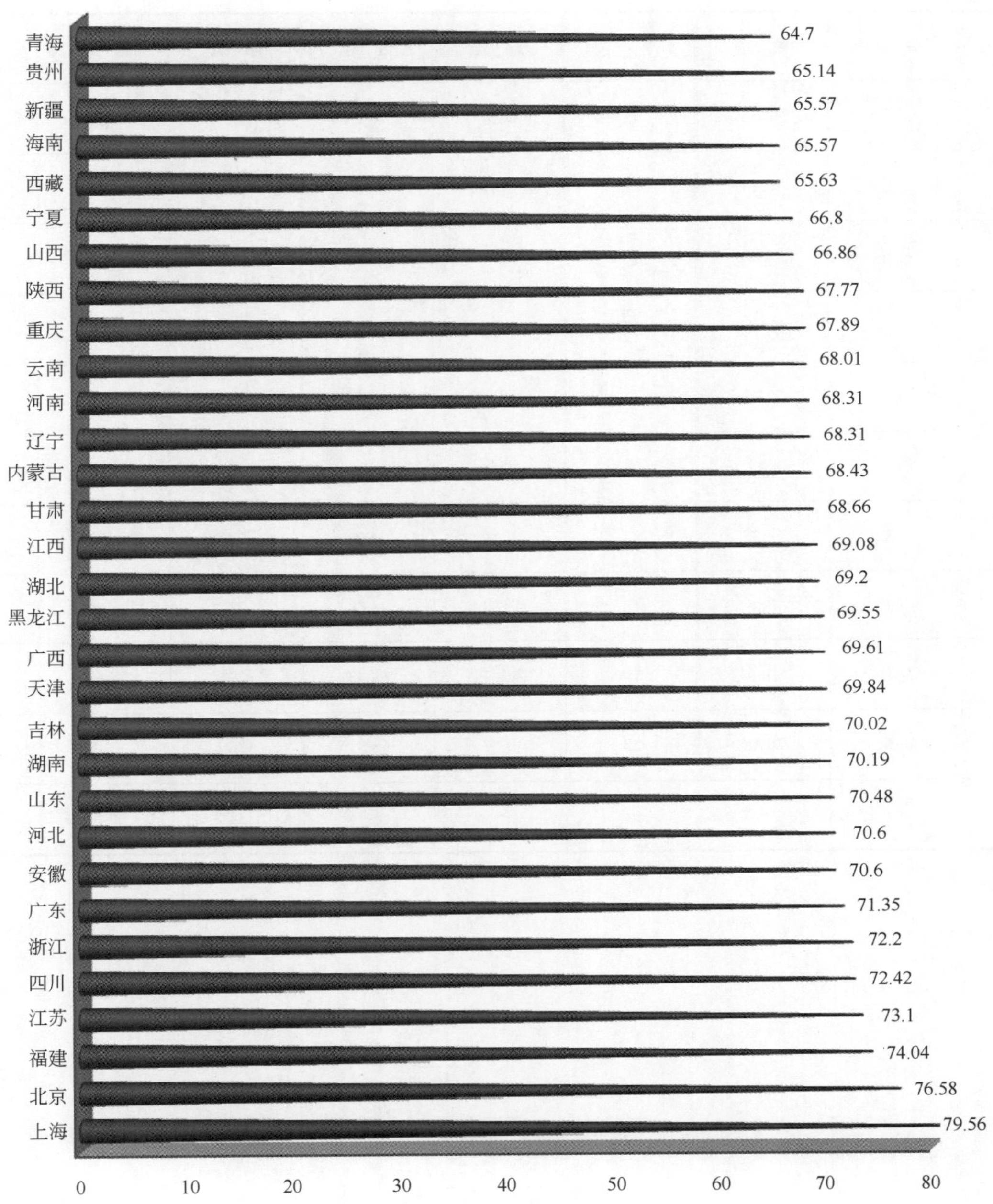

2014年各省市宽带速率指数表

序号	省份	数值	序号	省份	数值	序号	省份	数值
1	上海	79.56	11	湖南	70.19	21	河南	68.31
2	北京	76.58	12	吉林	70.02	22	云南	68.01
3	福建	74.04	13	天津	69.84	23	重庆	67.89
4	江苏	73.1	14	广西	69.61	24	陕西	67.77
5	四川	72.42	15	黑龙江	69.55	25	山西	66.86
6	浙江	72.2	16	湖北	69.2	26	宁夏	66.8
7	广东	71.35	17	江西	69.08	27	西藏	65.63
8	安徽	70.6	18	甘肃	68.66	28	海南	65.57
9	河北	70.6	19	内蒙古	68.43	29	新疆	65.57
10	山东	70.48	20	辽宁	68.31	30	贵州	65.14
—	—	—	—	—	—	31	青海	64.7

2013 年各省市宽带速率指数

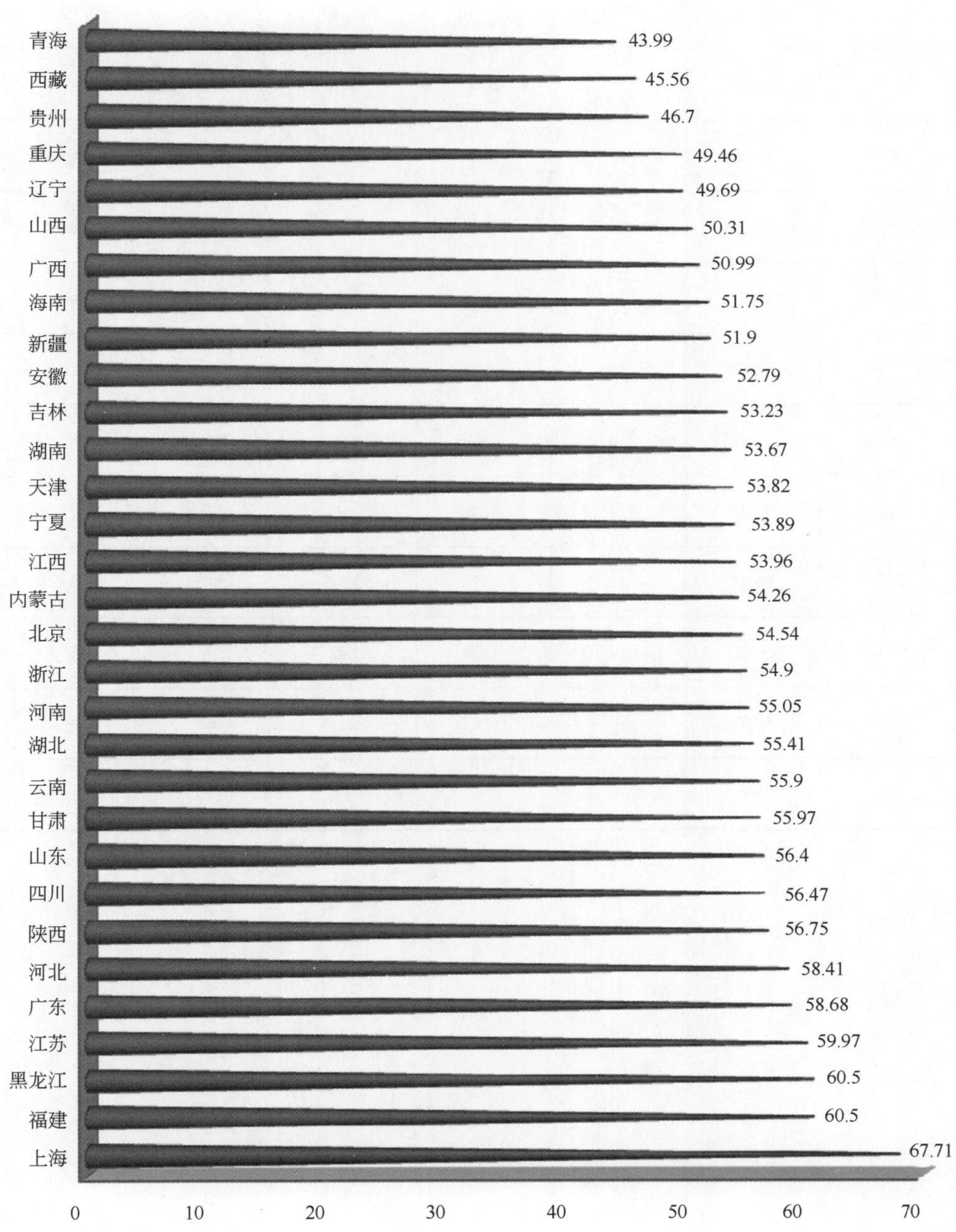

2013年各省市宽带速率指数表

序　号	省　份	数　值	序　号	省　份	数　值	序　号	省　份	数　值
1	上海	67.71	11	云南	55.9	21	吉林	53.23
2	福建	60.5	12	湖北	55.41	22	安徽	52.79
3	黑龙江	60.5	13	河南	55.05	23	新疆	51.9
4	江苏	59.97	14	浙江	54.9	24	海南	51.75
5	广东	58.68	15	北京	54.54	25	广西	50.99
6	河北	58.41	16	内蒙古	54.26	26	山西	50.31
7	陕西	56.75	17	江西	53.96	27	辽宁	49.69
8	四川	56.47	18	宁夏	53.89	28	重庆	49.46
9	山东	56.4	19	天津	53.82	29	贵州	46.7
10	甘肃	55.97	20	湖南	53.67	30	西藏	45.56
—	—	—	—	—	—	31	青海	43.99

2014 年各省市信息通信技术应用指数

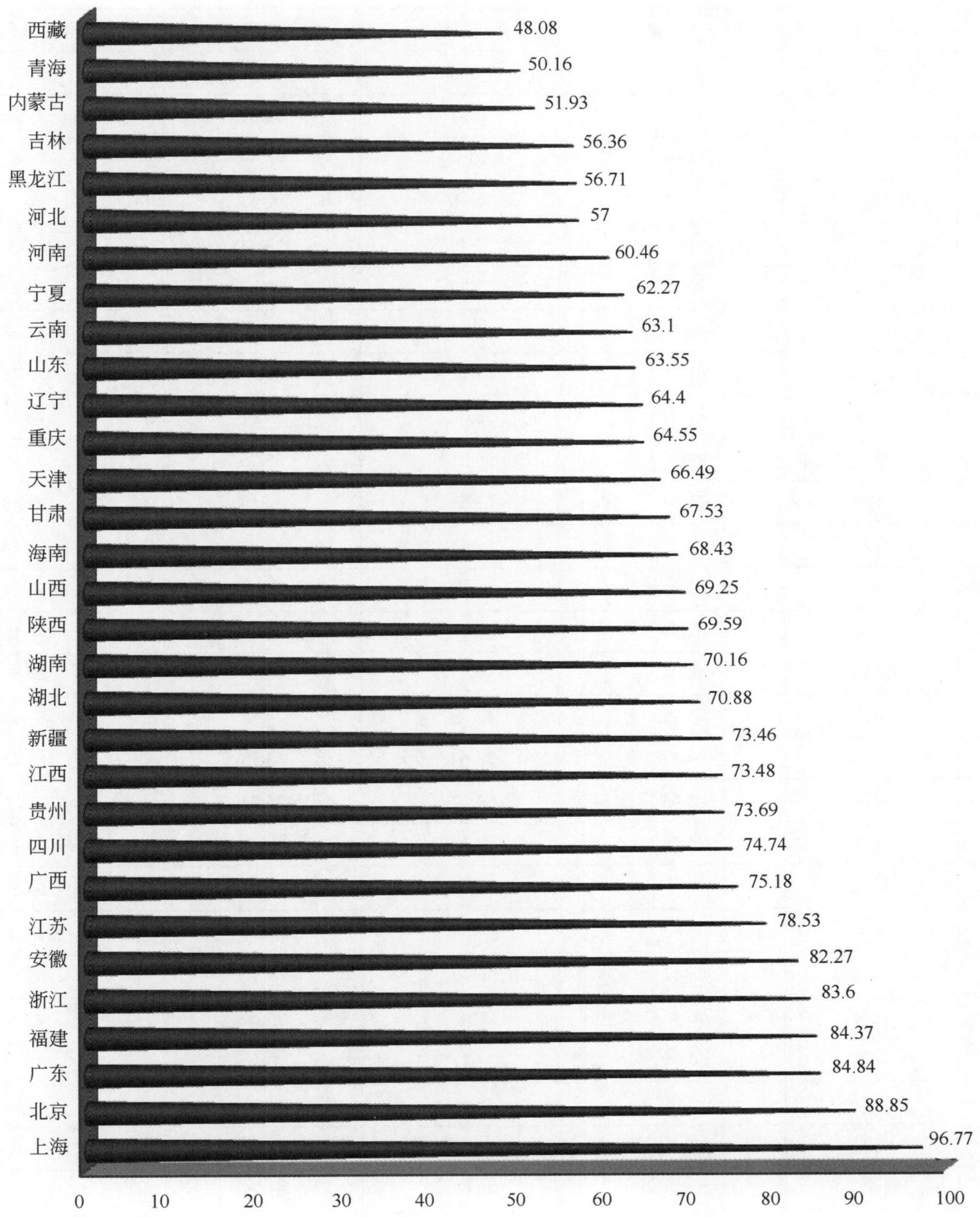

2014年各省市信息通信技术应用指数表

序　号	省　份	企业应用指数	政务应用指数	居民应用指数	信息通信技术应用指数
1	上海	87.07	79.88	110.07	96.77
2	北京	88.41	82.97	92.01	88.85
3	广东	86.99	75.5	88.49	84.87
4	福建	70.56	81.96	92.47	84.37
5	浙江	90.01	57.49	93.45	83.6
6	安徽	82.35	69.79	88.48	82.27
7	江苏	92.58	61.82	79.86	78.53
8	广西	82.81	57.22	80.35	75.18
9	四川	61.09	78.03	79.91	74.74
10	贵州	67.37	55.91	85.75	73.69
11	江西	76.04	53.58	82.15	73.48
12	新疆	78.2	51.62	82.01	73.46
13	湖北	67.09	76.4	70.01	70.88
14	湖南	63.52	83.56	66.78	70.16
15	陕西	40.64	70.53	83.58	69.59
16	山西	75.39	52.98	74.32	69.25
17	海南	67.53	78.62	63.78	68.43
18	甘肃	66.43	54.22	74.73	67.53
19	天津	70.18	47.37	74.2	66.49
20	重庆	61.4	48.81	74	64.55
21	辽宁	34.83	61.68	80.54	64.4
22	山东	67.47	56.39	65.17	63.55
23	云南	40.44	57.8	77.09	63.1
24	宁夏	56.46	33.41	79.6	62.27
25	河南	84.63	35.41	60.89	60.46
26	河北	53.9	37.49	68.31	57
27	黑龙江	54.38	40.97	65.75	56.71
28	吉林	47.49	38.96	69.49	56.36
29	内蒙古	27.77	52.61	63.68	51.93
30	青海	43.6	51.62	52.7	50.16
31	西藏	30.93	28.25	66.56	48.08
	全国平均值	65.08	58.48	76.97	69.38

2013年各省市信息通信技术应用指数

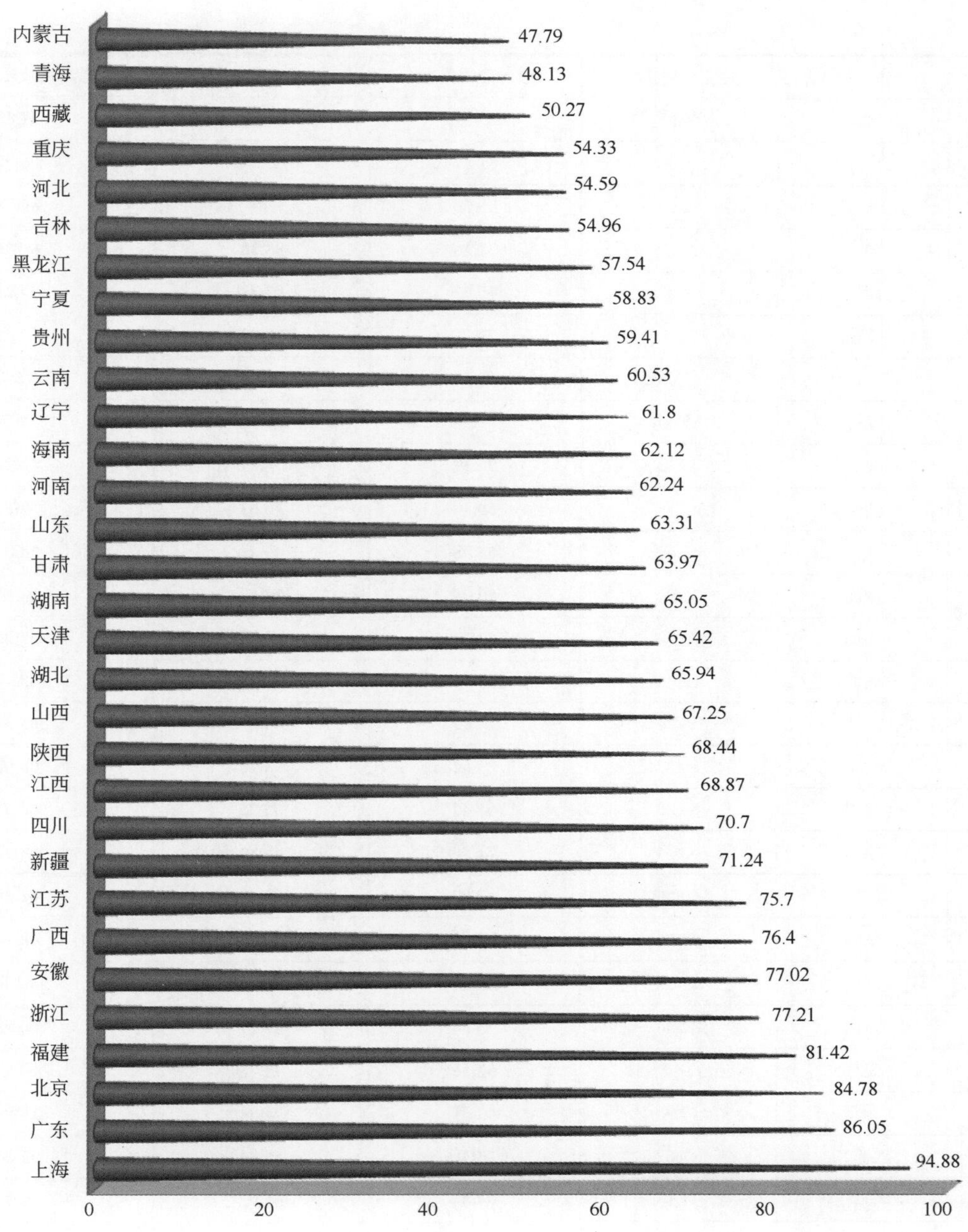

2013年各省市信息通信技术应用指数表

序 号	省 份	企业应用指数	政务应用指数	居民应用指数	信息通信技术应用指数
1	上海	85.23	83.85	105.22	94.88
2	广东	99.4	81.17	81.82	86.05
3	北京	82.04	85.06	86	84.78
4	福建	70.3	78.66	88.36	81.42
5	浙江	61.57	70.62	88.32	77.21
6	安徽	72.5	77.11	79.23	77.02
7	广西	93.91	67.44	72.12	76.4
8	江苏	88.65	72.24	70.95	75.7
9	新疆	78.15	56.39	75.22	71.24
10	四川	49.15	80.38	76.63	70.7
11	江西	62.51	65.78	73.6	68.87
12	陕西	35.84	80.97	78.47	68.44
13	山西	76.53	64.34	64.06	67.25
14	湖北	63.49	76.52	61.88	65.94
15	天津	57.24	75.11	64.67	65.42
16	海南	66.21	83.62	55.18	65.05
17	甘肃	64.05	61.33	65.25	63.97
18	山东	63.74	71.78	58.86	63.31
19	河南	80.54	60.69	53.87	62.24
20	湖南	41.96	82.53	61.99	62.12
21	辽宁	27.38	69.66	75.07	61.8
22	云南	32.96	73.58	67.79	60.53
23	贵州	35.5	58.58	71.78	59.41
24	宁夏	49.28	42.37	71.84	58.83
25	黑龙江	47.62	70.9	55.81	57.54
26	吉林	31.15	64.84	61.92	54.96
27	河北	45.83	58.5	57.01	54.59
28	重庆	38.3	60.69	59.16	54.33
29	西藏	34.73	49.48	58.44	50.27
30	青海	33.1	64.45	47.47	48.13
31	内蒙古	26.31	57.81	53.53	47.79
全国平均值		57.91	69.24	69.08	66.33

2014 年各省市企业应用指数

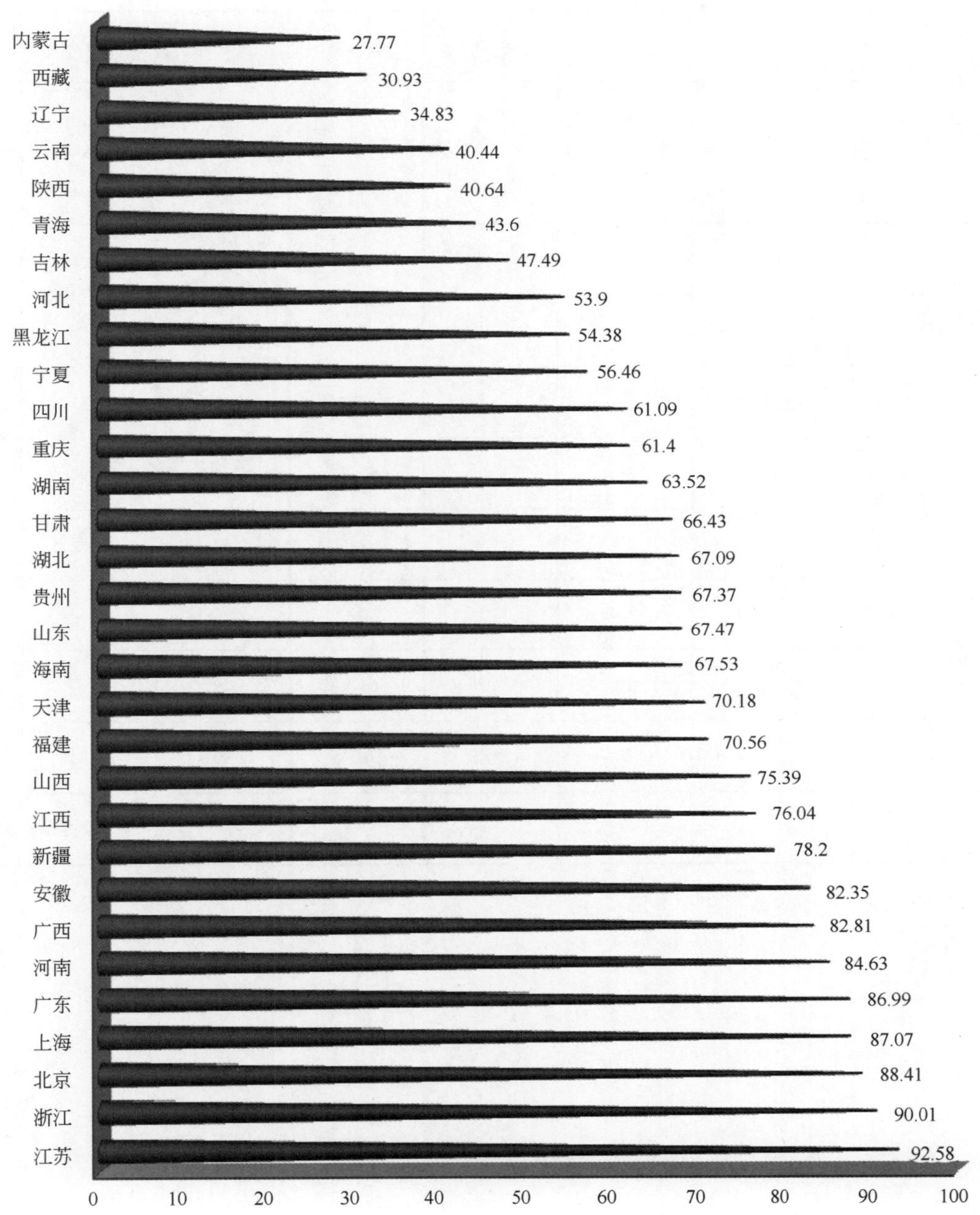

2014年各省市企业应用指数表

序　号	省　份	数　值	序　号	省　份	数　值	序　号	省　份	数　值
1	江苏	92.58	11	山西	75.39	21	四川	61.09
2	浙江	90.01	12	福建	70.56	22	宁夏	56.46
3	北京	88.41	13	天津	70.18	23	黑龙江	54.38
4	上海	87.07	14	海南	67.53	24	河北	53.9
5	广东	86.99	15	山东	67.47	25	吉林	47.49
6	河南	84.63	16	贵州	67.37	26	青海	43.6
7	广西	82.81	17	湖北	67.09	27	陕西	40.64
8	安徽	82.35	18	甘肃	66.43	28	云南	40.44
9	新疆	78.2	19	湖南	63.52	29	辽宁	34.83
10	江西	76.04	20	重庆	61.4	30	西藏	30.93
—	—	—	—	—	—	31	内蒙古	27.77

2013 年各省市企业应用指数

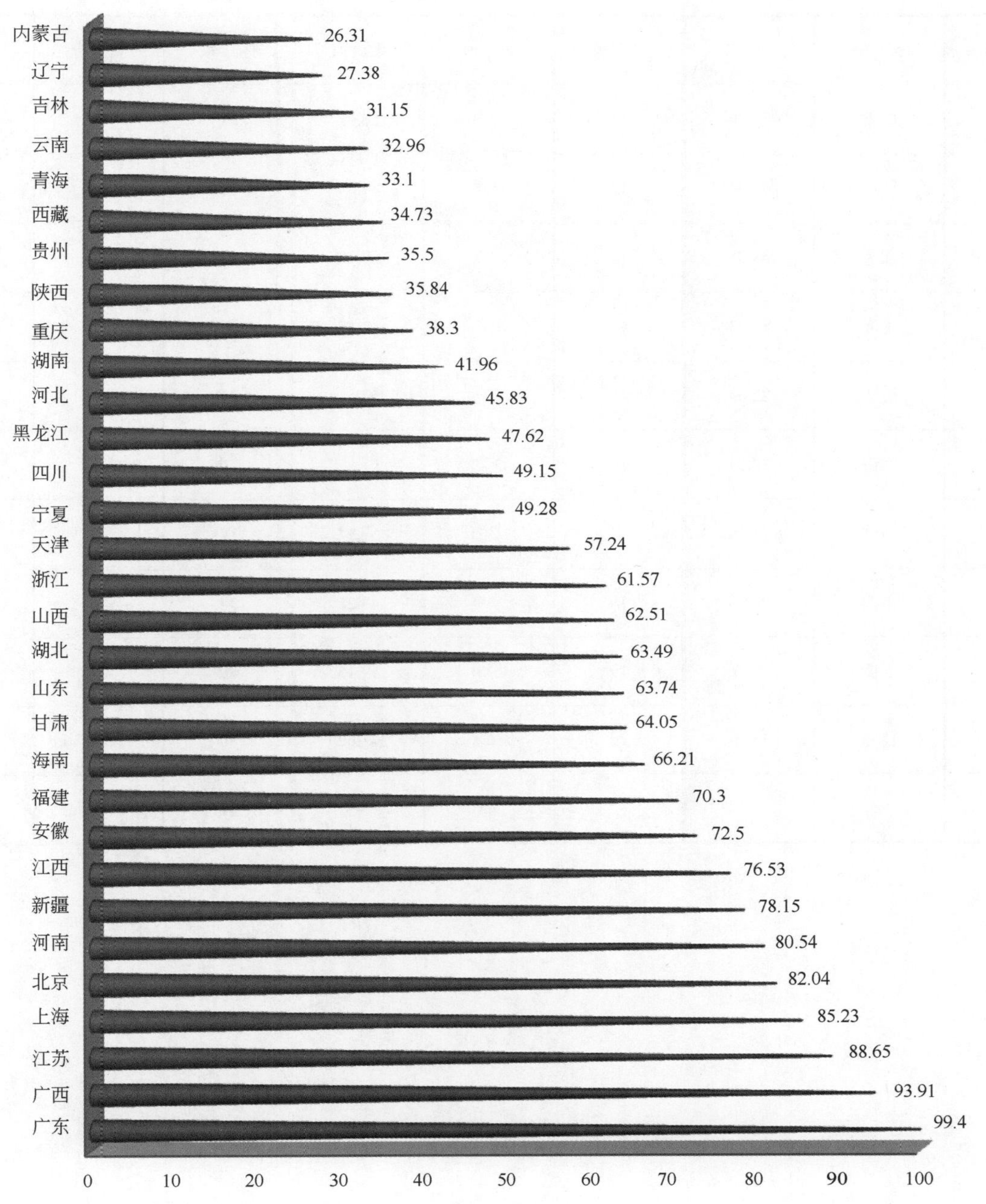

2013 年各省市企业应用指数表

序　号	省　份	数　值	序　号	省　份	数　值	序　号	省　份	数　值
1	广东	99.4	11	海南	66.21	21	河北	45.83
2	广西	93.91	12	甘肃	64.05	22	湖南	41.96
3	江苏	88.65	13	山东	63.74	23	重庆	38.3
4	上海	85.23	14	湖北	63.49	24	陕西	35.84
5	北京	82.04	15	江西	62.51	25	贵州	35.5
6	河南	80.54	16	浙江	61.57	26	西藏	34.73
7	新疆	78.15	17	天津	57.24	27	青海	33.1
8	山西	76.53	18	宁夏	49.28	28	云南	32.96
9	安徽	72.5	19	四川	49.15	29	吉林	31.15
10	福建	70.3	20	黑龙江	47.62	30	辽宁	27.38
—	—	—	—	—	—	31	内蒙古	26.31

2014 年各省市居民应用指数

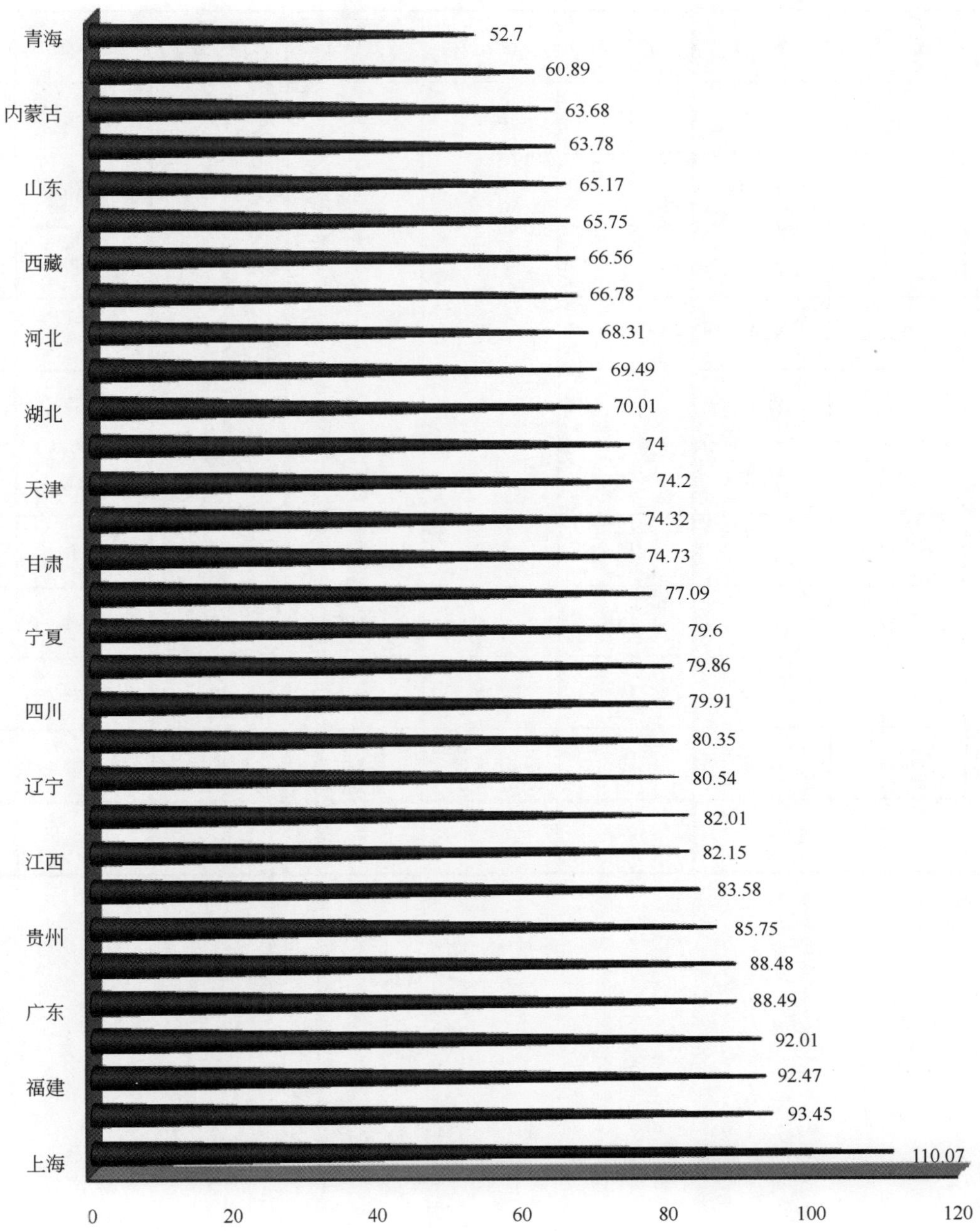

2014年各省市居民应用指数表

序　号	省　份	数　值	序　号	省　份	数　值	序　号	省　份	数　值
1	上海	110.07	11	辽宁	80.54	21	湖北	70.01
2	浙江	93.45	12	广西	80.35	22	吉林	69.49
3	福建	92.47	13	四川	79.91	23	河北	68.31
4	北京	92.01	14	江苏	79.86	24	湖南	66.78
5	广东	88.49	15	宁夏	79.6	25	西藏	66.56
6	安徽	88.48	16	云南	77.09	26	黑龙江	65.75
7	贵州	85.75	17	甘肃	74.73	27	山东	65.17
8	陕西	83.58	18	山西	74.32	28	海南	63.78
9	江西	82.15	19	天津	74.2	29	内蒙古	63.68
10	新疆	82.01	20	重庆	74	30	河南	60.89
—	—	—	—	—	—	31	青海	52.7

2013 年各省市居民应用指数

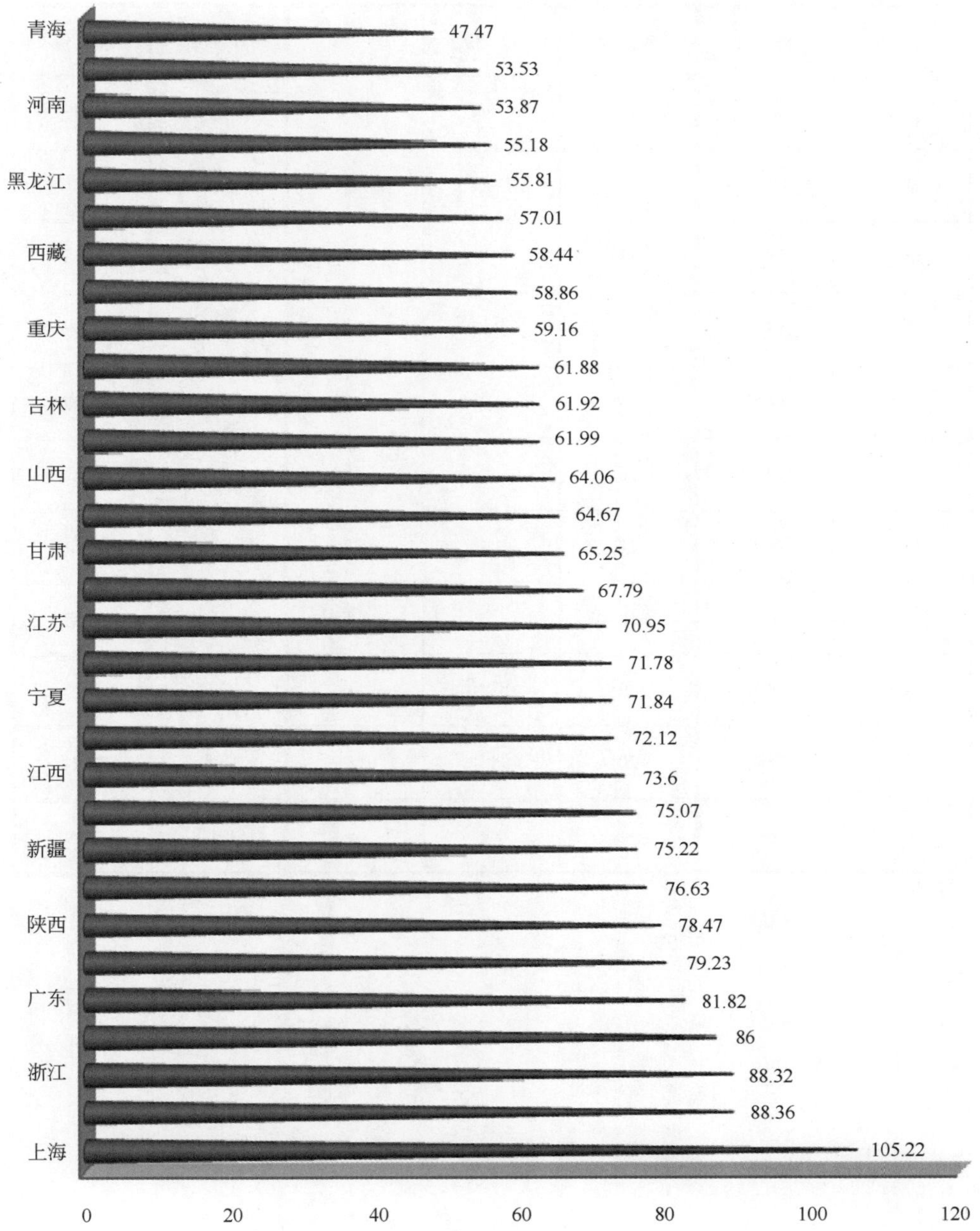

2013年各省市居民应用指数表

序号	省份	数值	序号	省份	数值	序号	省份	数值
1	上海	105.22	11	江西	73.6	21	吉林	61.92
2	福建	88.36	12	广西	72.12	22	湖北	61.88
3	浙江	88.32	13	宁夏	71.84	23	重庆	59.16
4	北京	86	14	贵州	71.78	24	山东	58.86
5	广东	81.82	15	江苏	70.95	25	西藏	58.44
6	安徽	79.23	16	云南	67.79	26	河北	57.01
7	陕西	78.47	17	甘肃	65.25	27	黑龙江	55.81
8	四川	76.63	18	天津	64.67	28	海南	55.18
9	新疆	75.22	19	山西	64.06	29	河南	53.87
10	辽宁	75.07	20	湖南	61.99	30	内蒙古	53.53
—	—	—	—	—	—	31	青海	47.47

2014 年各省市应用效益指数

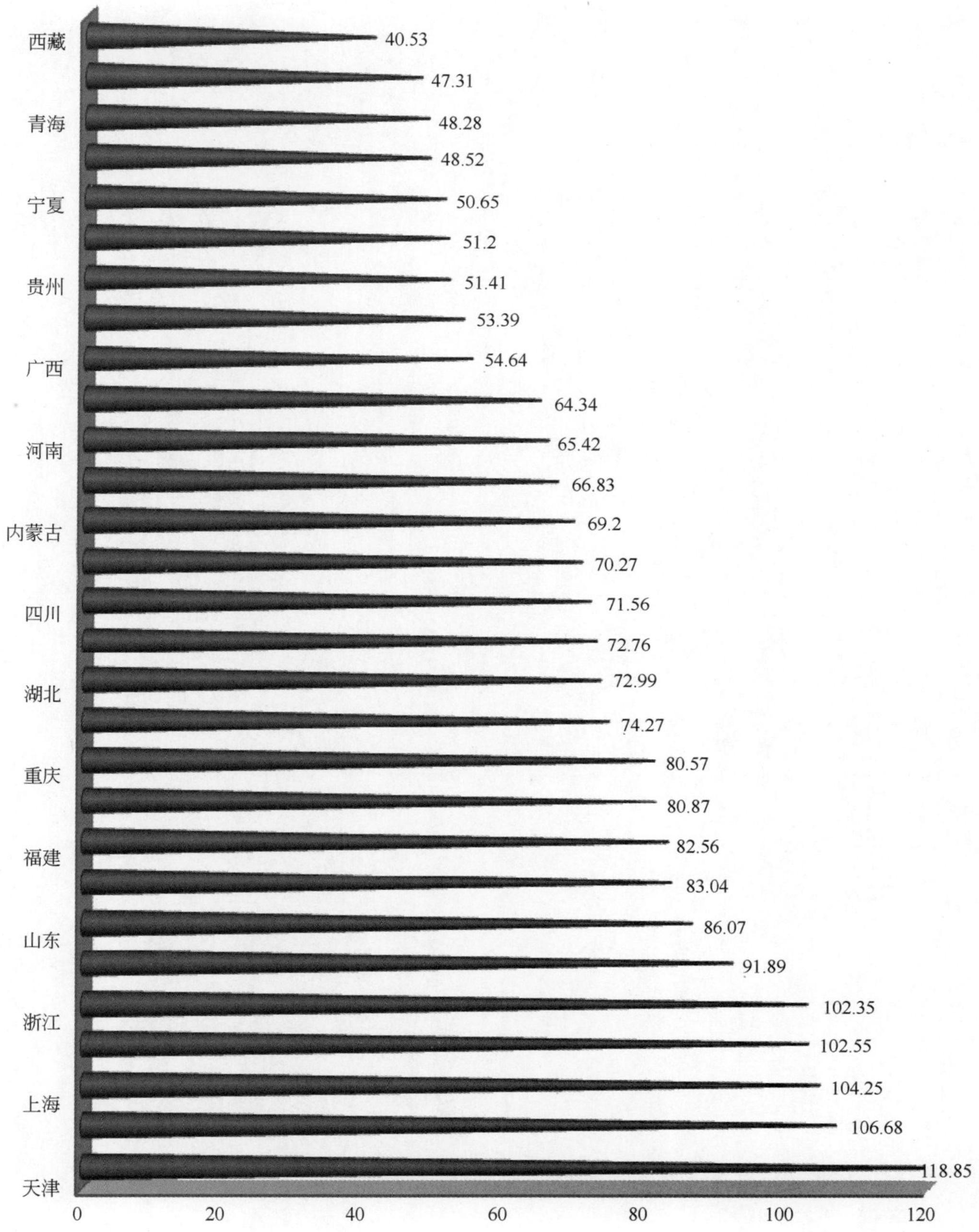

附　录

世界各经济体信息化程度排名

（资料来源：世界经济论坛）

国家和地区	2013 年得分	2013 年排名	2012 年得分	2012 年排名	2011 年得分	2011 年排名	2010 年得分	2010 年排名
芬兰	6.04	1	5.98	1	5.81	3	5.43	3
新加坡	5.97	2	5.96	2	5.86	2	5.59	2
瑞典	5.93	3	5.91	3	5.94	1	5.60	1
荷兰	5.79	4	5.81	4	5.60	6	5.19	11
挪威	5.70	5	5.66	5	5.59	7	5.21	9
瑞士	5.62	6	5.66	6	5.61	5	5.33	4
美国	5.61	7	5.57	9	5.56	8	5.33	5
中国香港特别行政区	5.60	8	5.40	14	5.46	13	5.19	12
英国	5.54	9	5.64	7	5.50	10	5.12	15
韩国	5.54	10	5.46	11	5.47	12	5.19	10
卢森堡	5.53	11	5.37	16	5.22	21	5.14	14
德国	5.50	12	5.43	13	5.32	16	5.14	13
丹麦	5.50	13	5.58	8	5.70	4	5.29	7
中国台湾	5.47	14	5.47	10	5.48	11	5.30	6
以色列	5.42	15	5.39	15	5.24	20	4.81	22
日本	5.41	16	5.24	21	5.25	18	4.95	19
加拿大	5.41	17	5.44	12	5.51	9	5.21	8
澳大利亚	5.40	18	5.26	18	5.29	17	5.06	17
冰岛	5.30	19	5.31	17	5.33	15	5.07	16
新西兰	5.27	20	5.25	20	5.36	14	5.03	18
爱沙尼亚	5.27	21	5.12	22	5.09	24	4.76	26
奥地利	5.26	22	5.25	19	5.25	19	4.90	21
卡塔尔	5.22	23	5.10	23	4.81	28	4.79	25
阿拉伯联合酋长国	5.20	24	5.07	25	4.77	30	4.80	24
法国	5.09	25	5.06	26	5.12	23	4.92	20
爱尔兰	5.07	26	5.05	27	5.02	25	4.71	29
比利时	5.06	27	5.10	24	5.13	22	4.80	23
马耳他	4.96	28	4.90	28	4.91	26	4.76	27
巴林	4.86	29	4.83	29	4.90	27	4.64	30

续表

国家和地区	2013年得分	2013年排名	2012年得分	2012年排名	2011年得分	2011年排名	2010年得分	2010年排名
马来西亚	4.83	30	4.82	30	4.80	29	4.74	28
立陶宛	4.78	31	4.72	32	4.66	31	4.20	42
沙特阿拉伯	4.78	32	4.82	31	4.62	34	4.44	33
葡萄牙	4.73	33	4.67	33	4.63	33	4.50	32
西班牙	4.69	34	4.51	38	4.54	38	4.33	37
智利	4.61	35	4.59	34	4.44	39	4.28	39
斯洛文尼亚	4.60	36	4.53	37	4.58	37	4.44	34
塞浦路斯	4.60	37	4.59	35	4.66	32	4.50	31
哈萨克斯坦	4.58	38	4.32	43	4.03	55	3.80	67
拉脱维亚	4.58	39	4.43	41	4.35	41	3.93	52
阿曼	4.56	40	4.48	40	4.35	40	4.25	41
波多黎各	4.54	41	4.55	36	4.59	36	4.10	43
捷克共和国	4.49	42	4.38	42	4.33	42	4.27	40
巴拿马	4.36	43	4.22	46	4.01	57	3.89	60
约旦	4.36	44	4.20	47	4.17	47	4.00	50
文莱	4.34	45	4.11	57	4.04	54	3.89	57
克罗地亚	4.34	46	4.17	51	4.22	45	3.91	54
匈牙利	4.32	47	4.29	44	4.30	43	4.03	49
毛里求斯	4.31	48	4.12	55	4.06	53	4.03	47
阿塞拜疆	4.31	49	4.11	56	3.95	61	3.79	70
俄罗斯	4.30	50	4.13	54	4.02	56	3.69	77
土耳其	4.30	51	4.22	45	4.07	52	3.79	71
黑山共和国	4.27	52	4.20	48	4.22	46	4.09	44
哥斯达黎加	4.25	53	4.15	53	4.00	58	4.05	46
波兰	4.24	54	4.19	49	4.16	49	3.84	62
巴巴多斯	4.22	55	4.49	39	4.61	35	4.32	38
乌拉圭	4.22	56	4.16	52	4.28	44	4.06	45
马其顿	4.19	57	3.89	67	3.91	66	3.79	72
意大利	4.18	58	4.18	50	4.17	48	3.97	51
斯洛伐克共和国	4.12	59	3.95	61	3.94	64	3.79	69
格鲁吉亚	4.09	60	3.93	65	3.60	88	3.45	98
蒙古	4.07	61	4.01	59	3.95	63	3.57	85

续表

国家和地区	2013年得分	2013年排名	2012年得分	2012年排名	2011年得分	2011年排名	2010年得分	2010年排名
中国	4.05	62	4.03	58	4.11	51	4.35	36
哥伦比亚	4.05	63	3.91	66	3.87	73	3.89	58
印度尼西亚	4.04	64	3.84	76	3.75	80	3.92	53
亚美尼亚	4.03	65	3.76	82	3.49	94	3.24	109
塞舌尔	4.02	66	3.80	79	n/a	n/a	n/a	n/a
泰国	4.01	67	3.86	74	3.78	77	3.89	59
波斯尼亚黑塞哥维那	3.99	68	3.80	78	3.65	84	3.24	110
巴西	3.98	69	3.97	60	3.92	65	3.90	56
南非	3.98	70	3.87	70	3.87	72	3.86	61
特立尼达和多巴哥	3.97	71	3.87	72	3.98	60	3.83	63
科威特	3.96	72	3.94	62	3.95	62	3.74	75
保加利亚	3.96	73	3.87	71	3.89	70	3.79	68
希腊	3.95	74	3.93	64	3.99	59	3.83	64
罗马尼亚	3.95	75	3.86	75	3.90	67	3.81	65
斯里兰卡	3.94	76	3.88	69	3.88	71	3.81	66
摩尔多瓦	3.89	77	3.84	77	3.78	78	3.45	97
菲律宾	3.89	78	3.73	86	3.64	86	3.57	86
墨西哥	3.89	79	3.93	63	3.82	76	3.69	78
塞尔维亚	3.88	80	3.70	87	3.64	85	3.52	93
乌克兰	3.87	81	3.87	73	3.85	75	3.53	90
厄瓜多尔	3.85	82	3.58	91	3.46	96	3.26	108
印度	3.85	83	3.88	68	3.89	69	4.03	48
越南	3.84	84	3.74	84	3.70	83	3.90	55
卢旺达	3.78	85	3.68	88	3.70	82	—	—
牙买加	3.77	86	3.74	85	3.87	74	3.78	73
突尼斯	3.77	87	n/a	n/a	n/a	n/a	n/a	n/a
圭亚那	3.77	88	3.45	100	3.58	90	3.43	100
佛得角	3.73	89	3.78	81	3.71	81	3.57	84
秘鲁	3.73	90	3.39	103	3.34	106	3.54	89
埃及	3.71	91	3.78	80	3.77	79	3.76	74
肯尼亚	3.71	92	3.54	92	3.51	93	3.60	81

续表

国家和地区	2013年得分	2013年排名	2012年得分	2012年排名	2011年得分	2011年排名	2010年得分	2010年排名
多米尼加共和国	3.69	93	3.62	90	3.60	87	3.62	79
不丹	3.68	94	n/a	n/a	n/a	n/a	n/a	n/a
阿尔巴尼亚	3.66	95	3.75	83	3.89	68	3.56	87
加纳	3.65	96	3.51	95	3.44	97	3.44	99
黎巴嫩	3.64	97	3.53	94	3.49	95	3.49	95
萨尔瓦多	3.63	98	3.53	93	3.38	103	3.52	92
摩洛哥	3.61	99	3.64	89	3.56	91	3.57	83
阿根廷	3.53	100	3.47	99	3.52	92	3.47	96
危地马拉	3.52	101	3.42	102	3.43	98	3.51	94
巴拉圭	3.47	102	3.37	104	3.25	111	3.00	127
博茨瓦纳	3.43	103	3.50	96	3.58	89	3.53	91
伊朗	3.42	104	3.43	101	3.36	104	3.41	101
纳米比亚	3.41	105	3.29	111	3.35	105	3.58	82
委内瑞拉	3.39	106	3.33	108	3.32	107	3.16	119
赞比亚	3.38	107	3.47	98	3.41	101	3.36	102
柬埔寨	3.36	108	3.34	106	3.32	108	3.23	111
老挝	3.34	109	n/a	n/a	n/a	n/a	n/a	n/a
赞比亚	3.34	110	3.19	115	3.26	109	n/a	n/a
巴基斯坦	3.33	111	3.35	105	3.39	102	3.54	88
尼日利亚	3.31	112	3.27	113	3.22	112	3.32	104
苏里南	3.30	113	3.13	117	2.99	121	n/a	n/a
塞内加尔	3.30	114	3.33	107	3.42	100	3.61	80
乌干达	3.25	115	3.30	110	3.25	110	3.26	107
洪都拉斯	3.24	116	3.32	109	3.43	99	3.34	103
津巴布韦	3.24	117	3.17	116	2.94	124	2.93	132
吉尔吉斯共和国	3.22	118	3.09	118	3.13	115	3.18	116
孟加拉国	3.21	119	3.22	114	3.20	113	3.19	115
玻利维亚	3.21	120	3.01	119	2.92	127	2.89	135
利比里亚	3.19	121	3.48	97	n/a	n/a	n/a	n/a
科特迪瓦	3.14	122	3.00	120	2.98	122	3.20	113
尼泊尔	3.09	123	2.93	126	2.92	128	2.97	131
尼加拉瓜	3.08	124	2.93	125	2.84	131	2.99	128

续表

国家和地区	2013 年得分	2013 年排名	2012 年得分	2012 年排名	2011 年得分	2011 年排名	2010 年得分	2010 年排名
坦桑尼亚	3.04	125	2.92	127	2.95	123	3.16	118
斯威士兰	3.00	126	2.69	136	2.70	136	2.91	134
马里	3.00	127	2.97	122	2.93	126	3.14	120
加蓬	2.98	128	2.97	121	n/a	n/a	n/a	n/a
阿尔及利亚	2.98	129	2.78	131	3.01	118	3.17	117
埃塞俄比亚	2.95	130	2.85	128	2.85	130	3.08	123
喀麦隆	2.94	131	2.95	124	2.93	125	3.04	125
马拉维	2.90	132	2.83	129	3.05	116	3.31	105
莱索托	2.88	133	2.68	138	2.78	133	3.14	121
塞拉利昂	2.85	134	2.53	143	n/a	n/a	n/a	n/a
贝宁	2.82	135	2.97	123	3.05	117	3.20	114
布基纳法索	2.78	136	2.80	130	2.72	135	3.09	122
莫桑比克	2.77	137	2.76	133	2.99	120	3.29	106
利比亚	2.75	138	2.77	132	n/a	n/a	n/a	n/a
马达加斯加	2.74	139	2.69	137	2.73	134	2.98	129
也门	2.73	140	2.63	139	2.41	141	n/a	n/a
东帝汶	2.69	141	2.72	134	2.84	132	2.72	136
毛里塔尼亚	2.61	142	2.71	135	2.55	139	2.98	130
海地	2.52	143	2.58	141	2.27	142	n/a	n/a
安哥拉	2.52	144	n/a	n/a	n/a	n/a	n/a	n/a
几内亚	2.48	145	2.61	140	n/a	n/a	n/a	n/a
缅甸	2.35	146	n/a	n/a	n/a	n/a	n/a	n/a
布隆迪	2.31	147	2.30	144	2.57	137	2.67	137
乍得	2.22	148	2.53	142	2.55	138	2.59	138

2013 年（第二十八届）中国电子信息百强企业名单

名　次	公司名称
1	华为技术有限公司
2	联想控股有限公司
3	中国电子信息产业集团有限公司
4	海尔集团
5	中兴通讯股份有限公司
6	海信集团有限公司
7	四川长虹电子集团有限公司
8	TCL 集团股份有限公司
9	北大方正集团有限公司
10	比亚迪股份有限公司
11	浪潮集团有限公司
12	京东方科技集团股份有限公司
13	创维集团有限公司
14	亨通集团有限公司
15	同方股份有限公司
16	南京南瑞集团公司
17	康佳集团股份有限公司
18	宝胜集团有限公司
19	上海贝尔股份有限公司
20	武汉邮电科学研究院
21	永鼎集团有限公司
22	晶龙实业有限公司
23	航天信息股份有限公司
24	通鼎集团有限公司
25	许继集团有限公司
26	四川九洲电器集团有限责任公司
27	中天科技集团有限公司
28	江苏宏图高科技股份有限公司
29	宇龙计算机通信科技（深圳）有限公司
30	骆驼集团股份有限公司
31	河南森源集团有限公司
32	富通集团有限公司
33	中利科技集团股份有限公司
34	深圳华强集团有限公司
35	天津中环电子信息集团有限公司

续表

名　次	公司名称
36	深圳市普联技术有限公司
37	杭州海康威视数字技术股份有限公司
38	共青城赛龙通信技术有限责任公司
39	浙江富春江通信集团有限公司
40	广东无线电集团有限公司
41	惠州市德赛集团有限公司
42	惠州市华阳集团有限公司
43	陕西电子信息集团公司
44	株洲南车时代电气股份有限公司
45	福建省电子信息（集团）有限责任公司
46	福州福大自动化科技有限公司
47	中芯国际集成电路制造（上海）有限公司
48	东软集团股份有限公司
49	歌尔声学股份有限公司
50	天康集团
51	益阳科力远电池有限责任公司
52	大连辽无二电器有限公司
53	大连环宇阳光集团
54	沈阳先锋计算机工程有限公司
55	浙江大华技术股份有限公司
56	中冶赛迪集团有限公司
57	铜陵精达铜材（集团）有限责任公司
58	紫光股份有限公司
59	普天东方通信集团
60	中国四联仪器仪表集团有限公司
61	震雄铜业集团有限公司
62	中国华录集团有限公司
63	北京华胜天成科技股份有限公司
64	上海华虹（集团）有限公司
65	深圳市兆驰股份有限公司
66	广东生益科技股份有限公司
67	长飞光纤光缆有限公司
68	江苏新潮科技集团有限公司
69	深圳市神舟电脑股份有限公司
70	横店集团东磁有限公司
71	扬州曙光电缆股份有限公司
72	哈尔滨光宇集团股份有限公司

续表

名　次	公司名称
73	宜昌劲森光电科技股份有限公司
74	大唐电信科技股份有限公司
75	侨兴集团有限公司
76	深圳市共进电子股份有限公司
77	河南环宇集团有限公司
78	双登集团股份有限公司
79	宁波韵升股份有限公司
80	威海北洋电气集团股份有限公司
81	国电南京自动化股份有限公司
82	风帆股份有限公司
83	浙江天乐集团有限公司
84	深圳欧菲光科技股份有限公司
85	山东鲁鑫贵金属有限公司
86	广东汕头超声电子股份有限公司
87	深圳市航盛电子股份有限公司
88	深圳市康冠技术有限公司
89	浙大网新科技股份有限公司
90	大恒新纪元科技股份有限公司
91	中航光电科技股份有限公司
92	南通华达微电子集团有限公司
93	浙江晶科能源有限公司
94	华润微电子有限公司
95	天津力神电池股份有限公司
96	天马微电子股份有限公司
97	浙江南都电源动力股份有限公司
98	河南科隆集团有限公司
99	海太半导体（无锡）有限公司
100	江西省电子集团有限公司

2013 年（第十二届）中国软件业务收入前百家企业名单

名　次	企业名称	软件业务收入（万元）
1	华为技术有限公司	10177282
2	海尔集团公司	3785032
3	浪潮集团有限公司	953682
4	北大方正集团有限公司	947393
5	南京南瑞集团公司	742043
6	南京联创科技集团股份有限公司	717800
7	东软集团股份有限公司	688389
8	中国银联股份有限公司	598637
9	航天信息股份有限公司	566275
10	神州数码系统集成服务有限公司	563878
11	海信集团有限公司	553782
12	同方股份有限公司	540000
13	熊猫电子集团有限公司	527117
14	北京华胜天成科技股份有限公司	522859
15	杭州海康威视数字技术股份有限公司	504624
16	福州福大自动化科技有限公司	476594
17	株洲南车时代电气股份有限公司	465764
18	武汉邮电科学研究院	443237
19	用友软件股份有限公司	423521
20	杭州恒生电子集团有限公司	380048
21	浙大网新科技股份有限公司	359375
22	东华软件股份公司	347143
23	国电南京自动化股份有限公司	343100
24	大唐电信科技股份有限公司	319503
25	上海宝信软件股份有限公司	314342
26	沈阳先锋计算机工程有限公司	308115
27	中冶赛迪工程技术股份有限公司	293064
28	浙江大华技术股份有限公司	291596
29	北京全路通信信号研究设计院有限公司	283273
30	中国软件与技术服务股份有限公司	265671
31	中国民航信息网络股份有限公司	252828
32	四川省通信产业服务有限公司	248623
33	中科软科技股份有限公司	217130

续表

名　次	企业名称	软件业务收入（万元）
34	上海贝尔软件有限公司	215911
35	江苏省通信服务有限公司	210005
36	软通动力信息技术（集团）有限公司	194176
37	太极计算机股份有限公司	191162
38	山东中创软件工程股份有限公司	190530
39	深圳市金证科技股份有限公司	186507
40	大连环宇阳光集团	185209
41	石化盈科信息技术有限责任公司	185014
42	联动优势科技有限公司	181651
43	福建星网锐捷通讯股份有限公司	178519
44	北京小米移动软件有限公司	173473
45	深圳市大族激光科技股份有限公司	172783
46	中控科技集团有限公司	171751
47	四川九洲电器集团有限责任公司	170638
48	江苏集群信息产业股份有限公司	169715
49	博雅软件股份有限公司	161735
50	信雅达系统工程股份有限公司	160070
51	深圳创维数字技术股份有限公司	156994
52	东方电子集团有限公司	156800
53	大连华信计算机技术股份有限公司	147353
54	广州广电运通金融电子股份有限公司	143786
55	启明信息技术股份有限公司	143302
56	珠海金山软件有限公司	141116
57	金蝶软件（中国）有限公司	134478
58	北京神州泰岳软件股份有限公司	130685
59	云南南天电子信息产业股份有限公司	129340
60	深圳市怡化电脑有限公司	126396
61	银江股份有限公司	124135
62	文思海辉技术有限公司	118875
63	一丁集团股份有限公司	116675
64	北京握奇数据系统有限公司	112211
65	江苏南大苏富特科技股份有限公司	107355
66	福建新大陆电脑股份有限公司	105990
67	辽宁天久信息科技产业有限公司	105230
68	杭州和利时自动化有限公司	104775

续表

名　次	企业名称	软件业务收入（万元）
69	高德软件有限公司	102850
70	江苏国光信息产业股份有限公司	101987
71	云南省通信产业服务有限公司	101864
72	广联达软件股份有限公司	101366
73	沈阳易讯科技股份有限公司	99225
74	北京四方继保自动化股份有限公司	97862
75	珠海全志科技股份有限公司	96594
76	东信和平科技股份有限公司	94861
77	北明软件有限公司	94665
78	三维通信股份有限公司	93351
79	晨讯科技（沈阳）有限公司	93330
80	深圳市紫金支点技术股份有限公司	93117
81	上海汇付数据服务有限公司	92593
82	成都国腾实业集团有限公司	91537
83	长城信息产业股份有限公司	90514
84	杭州士兰微电子股份有限公司	90317
85	上海华讯网络系统有限公司	88957
86	北京宇信易诚科技有限公司	86376
87	江苏金智科技股份有限公司	83697
88	亿阳信通股份有限公司	83647
89	博彦科技股份有限公司	81444
90	广州海格通信集团股份有限公司	81146
91	上海电科智能系统股份有限公司	81119
92	北京神舟航天软件技术有限公司	81006
93	天津天地伟业数码科技有限公司	80521
94	北京启明星辰信息技术股份有限公司	80437
95	广州理想电子信息技术有限公司	80160
96	威海北洋电气集团股份有限公司	80012
97	广州杰赛科技股份有限公司	79171
98	先锋软件股份有限公司	79132
99	福建富士通信息软件有限公司	78638
100	远光软件股份有限公司	77978

2014年（第二十七届）中国电子元件百强企业名单

排　名	企业名称	2013年主营业务收入（千元）	主营产品
1	亨通集团有限公司	29610360	光电线缆
2	瑞声科技控股有限公司	8095889	电声器件
3	中天科技集团有限公司	14527713	光电线缆
4	歌尔声学股份有限公司	9748677	电声器件
5	永鼎集团有限公司	12632181	光电线缆
6	富通集团有限公司	13386659	光电线缆
7	长飞光纤光缆股份有限公司	7760000	光电线缆
8	广东生益科技股份有限公司	6479221	覆铜板
9	浙江富春江通信集团有限公司	11081554	光电线缆
10	潮州三环（集团）股份有限公司	2019650	陶瓷插芯、基座、阻容元件、陶瓷材料
11	厦门宏发电声股份有限公司	3341955	继电器
12	立讯精密工业股份有限公司	4591657	连接器
13	北京中科三环高技术股份有限公司	3627885	磁性材料
14	中航光电科技股份有限公司	2601760	连接器
15	江苏俊知技术有限公司	2458000	光电线缆
16	中山大洋电机股份有限公司	2601169	微特电机
17	横店集团东磁有限公司	4868128	磁性材料
18	广东东阳光铝业股份有限公司	4854543	铝箔
19	浙江长城电工科技股份有限公司	3408588	光电线缆
20	杭州富生电器股份有限公司	2632181	微特电机
21	深圳市德润电子股份有限公司	2041551	连接器
22	国光电器股份有限公司	1963223	电声器件
23	江苏中联科技集团有限公司	1771200	电极箔
24	湖南艾华集团股份有限公司	1487452	铝电解电容器
25	南通江海电容器（集团）股份有限公司	1730242	铝电解电容器
26	贵州航天电器股份有限公司	1359564	连接器、继电器
27	汕头超声印制板公司	1745184	印制电路板
28	厦门法拉电子股份有限公司	1302766	薄膜电容器
29	新疆众和股份有限公司	3721660	电极箔
30	浙江天乐集团有限公司	3464010	电声器件
31	四川九洲线缆有限责任公司	2912053	光电线缆
32	广东风华高新科技股份有限公司	2230701	阻容感元件、电子材料等

续表

排　名	企业名称	2013 年主营业务收入（千元）	主营产品
33	开平依利安达电子有限公司	1718443	印制电路板
34	江苏华威世纪电子集团有限公司	1600614	铝电解电容器
35	深圳顺络电子股份有限公司	1019802	电感器、LTCC 射频器件
36	深圳市崇达电路技术股份有限公司	1203516	印制电路板
37	广东江粉磁材股份有限公司	1392409	磁性材料
38	上海京瓷电子有限公司	1459339	MLCC、基座、光器件
39	北京七星华电科技集团有限责任公司	1353082	电声器件、阻容元件、晶体器件等
40	东莞美维电路有限公司	1376742	印制电路板
41	合兴集团有限公司	1027916	连接器
42	安徽铜峰电子集团有限公司	1251741	薄膜电容器及薄膜、石英晶体器件
43	江苏上骐集团有限公司	1036819	微特电机
44	湖北瀛通通讯线材股份有限公司	507392	光电线缆
45	成都宏明电子股份有限公司	837788	陶瓷电容器、电阻器
46	中国振华（集团）新云电子元器件有限责任公司	850871	铝电解电容器
47	电连精密技术有限公司	486433	连接器
48	深圳市凯中精密技术股份有限公司	674753	微特电机
49	杭州日月电器股份有限公司	747994	电接插件
50	天通控股股份有限公司	1155691	磁性材料
51	东莞市大忠电子有限公司	603352	电子变压器
52	深圳市和宏实业股份有限公司	665327	电接插件
53	东莞铭普光磁股份有限公司	845101	电子变压器
54	南通万宝实业有限公司	669251	磁性材料
55	汇港控股集团有限公司	573191	继电器
56	福建火炬电子科技股份有限公司	264596	MLCC
57	山东国瓷功能材料股份有限公司	266449	陶瓷电容器
58	绵阳开元磁性材料有限公司	694748	磁性材料
59	杭州微光电子股份有限公司	342070	微特电机
60	深圳市宇阳科技发展有限公司	603150	MLCC
61	新岱电子（深圳）有限公司	384943	印制电路板
62	浙江凯文磁钢有限公司	471726	磁性材料
63	东莞市三友联众电器有限公司	662146	继电器
64	山东共达电声股份有限公司	507409	电声器件
65	四川永星电子有限公司	258663	电阻器
66	浙江永贵电器股份有限公司	224652	连接器

续表

排　名	企业名称	2013年主营业务收入（千元）	主营产品
67	普天法尔胜光通信有限公司	561837	光电线缆
68	宁波福特继电器有限公司	406630	继电器
69	湖北泰晶电子科技股份有限公司	206432	石英晶体器件
70	陕西华达科技股份有限公司（853厂）	502984	连接器
71	宁波碧彩实业有限公司	535015	薄膜电容器
72	金龙控股集团有限公司	414286	微特电机
73	合肥博维田村电气有限公司	412046	电子变压器
74	海宁联丰瓷业股份有限公司	396818	磁性材料
75	汕头高新区松田实业有限公司	267700	陶瓷电容器等
76	广东惠伦晶体科技股份有限公司	400288	石英晶体器件
77	扬州升达集团	471409	电极箔
78	信华科技（厦门）有限公司	451693	继电器、电感器、滤波器、开关等
79	深圳可立克科技股份有限公司	652269	电子变压器
80	深圳市京泉华科技股份有限公司	622875	电子变压器
81	江西联创宏声电子有限公司	360665	电声器件
82	北京元六鸿远电子技术有限公司	367481	MLCC
83	常州祥明电机有限公司	267947	微特电机
84	深圳市海光电子有限公司	500478	电子变压器
85	上海埃斯凯变压器有限公司	310867	电子变压器
86	广州市番禺奥迪威电子有限公司	177307	压电电子元器件、传感器
87	深圳市金洋电子股份有限公司	492760	连接器
88	深圳振华富电子有限公司	240398	片式电感器
89	深圳市豪恩声学股份有限公司	309973	电声器件
90	应达利电子（深圳）有限公司	159709	石英晶体器件
91	浙江五峰电子有限公司	281477	薄膜电容器
92	浙江凯恩特种材料股份有限公司	565959	电解纸
93	杭州航天电子技术有限公司	233982	连接器
94	深圳市麦捷微电子科技股份有限公司	158215	电感器、LTCC射频器件
95	四川华丰企业集团有限公司	476133	连接器
96	浙江嘉康电子股份有限公司	149730	陶瓷频率器件
97	肇庆华锋电子铝箔股份有限公司	253958	电极箔
98	嘉兴佳利电子股份有限公司	215910	微波介质器件
99	江苏江佳电子股份有限公司	278051	陶瓷频率器件
100	浙江东晶电子股份有限公司	244347	石英晶体器件

2013 年中国政府网站绩效评估排名

（资料来源：中国软件测评中心）

（一）2013 年部委网站绩效评估前 20 名

排　名	部　委	信息公开指数	政策引导指数	互动交流指数	在线办事指	新技术应用指数	总分（分）
1	商务部	0.89	0.91	0.90	0.95	0.65	87.4
2	质检总局	0.84	0.88	0.78	0.97	0.73	84.3
3	林业局	0.81	0.78	0.81	0.90	0.83	82.8
4	海关总署	0.82	0.90	0.85	0.74	0.71	80.6
5	交通运输部	0.82	0.79	0.83	0.76	0.67	78.7
6	工业和信息化部	0.76	0.95	0.84	0.85	0.33	76.9
7	税务总局	0.82	0.81	0.66	0.72	0.79	75.0
7	农业部	0.80	0.88	0.70	0.92	0.35	75.0
9	工商总局	0.70	0.69	0.71	0.80	0.77	73.1
10	食品药品监管总局	0.76	0.74	0.78	0.84	0.37	72.7
11	公安部	0.83	0.85	0.61	0.75	0.19	67.4
11	发展改革委	0.80	0.95	0.62	0.49	0.59	67.4
11	水利部	0.81	0.82	0.66	0.68	0.29	67.4
14	财政部	0.76	0.77	0.61	0.73	0.30	65.3
15	科技部	0.82	0.78	0.56	0.64	0.35	64.5
16	安全监管总局	0.74	0.73	0.60	0.67	0.33	63.1
17	国土资源部	0.64	0.84	0.68	0.58	0.31	62.1
17	环境保护部	0.79	0.67	0.64	0.54	0.33	62.1
19	文化部	0.62	0.48	0.66	0.67	0.55	61.5
20	邮政局	0.61	0.80	0.67	0.57	0.28	59.8

（二）2013 年省级政府网站评估结果

排名	省（市）	信息公开指数	民生领域服务指数	重点服务指数	互动交流指数	新技术应用指数	网络舆情引导指数	总分（分）
1	北京	0.72	0.91	0.66	0.93	0.80	0.64	79.7
2	上海	0.78	0.76	0.62	0.79	0.66	0.72	72.8
3	四川	0.79	0.70	0.71	0.73	0.70	0.54	71.9
4	福建	0.76	0.84	0.52	0.68	0.70	0.25	69.3

续表

排名	省（市）	信息公开指数	民生领域服务指数	重点服务指数	互动交流指数	新技术应用指数	网络舆情引导指数	总分（分）
5	湖南	0.73	0.92	0.55	0.76	0.38	0.10	68.2
5	海南	0.76	0.74	0.70	0.82	0.36	0.10	68.2
7	广东	0.78	0.64	0.60	0.86	0.36	0.59	66.8
8	湖北	0.72	0.71	0.53	0.66	0.66	0.39	64.8
9	安徽	0.77	0.51	0.43	0.72	0.72	0.50	61.1
10	陕西	0.72	0.56	0.35	0.68	0.27	0.26	53.0
11	江苏	0.68	0.40	0.33	0.66	0.34	0.05	47.0
12	浙江	0.53	0.41	0.21	0.47	0.63	0.31	43.0
13	云南	0.51	0.43	0.46	0.39	0.31	0.24	42.6
14	广西	0.48	0.44	0.24	0.61	0.35	0.05	41.2
15	辽宁	0.43	0.58	0.12	0.53	0.35	0.05	40.0
16	山东	0.56	0.37	0.23	0.47	0.33	0.31	39.3
16	黑龙江	0.47	0.18	0.43	0.69	0.34	0.12	39.3
18	贵州	0.50	0.40	0.25	0.39	0.35	0.30	38.2
19	天津	0.59	0.21	0.43	0.34	0.29	0.35	37.9
20	新疆	0.40	0.39	0.20	0.41	0.55	0.24	36.8
20	内蒙古	0.55	0.31	0.20	0.48	0.34	0.15	36.8
22	山西	0.51	0.34	0.18	0.40	0.32	0.51	35.9
23	青海	0.40	0.39	0.14	0.59	0.29	0.15	35.3
24	江西	0.48	0.37	0.16	0.38	0.31	0.30	34.5
25	甘肃	0.44	0.41	0.11	0.34	0.34	0.42	34.0
26	重庆	0.55	0.25	0.01	0.72	0.24	0.00	33.5
27	吉林	0.48	0.15	0.15	0.28	0.56	0.12	29.1
28	河北	0.51	0.12	0.01	0.49	0.37	0.19	27.7
29	河南	0.43	0.13	0.11	0.38	0.33	0.46	27.3
30	宁夏	0.32	0.16	0.10	0.44	0.31	0.08	24.5
31	新疆兵团	0.42	0.12	0.03	0.35	0.32	0.05	22.7
32	西藏	0.32	0.10	0.08	0.13	0.27	0.14	17.0

（三）2013年副省级城市政府网站评估结果

排名	副省级城市	信息公开指数	民生领域服务指数	重点服务指数	互动交流指数	新技术应用指数	网络舆情引导指数	总分（分）
1	青岛	0.80	0.88	0.54	0.91	0.72	0.63	77.3
2	深圳	0.74	0.82	0.62	0.83	0.86	0.57	76.2
3	广州	0.76	0.82	0.57	0.93	0.63	0.62	74.3
4	厦门	0.72	0.80	0.51	0.81	0.71	0.65	71.2
5	成都	0.77	0.82	0.54	0.79	0.38	0.67	69.6
5	济南	0.75	0.76	0.55	0.90	0.58	0.30	69.6
7	武汉	0.71	0.76	0.47	0.88	0.40	0.67	66.8
8	西安	0.75	0.74	0.51	0.85	0.37	0.60	66.4
9	南京	0.72	0.81	0.49	0.79	0.33	0.45	66.0
10	大连	0.59	0.62	0.46	0.90	0.38	0.50	59.4
11	宁波	0.68	0.40	0.24	0.72	0.56	0.21	47.3
12	杭州	0.68	0.44	0.24	0.59	0.32	0.10	43.8
12	哈尔滨	0.68	0.44	0.21	0.64	0.29	0.15	43.8
14	沈阳	0.63	0.37	0.20	0.68	0.28	0.05	40.5
15	长春	0.56	0.30	0.21	0.65	0.31	0.37	38.4

（四）2013年省会城市政府网站评估结果

排名	省会城市	信息公开指数	民生领域服务指数	重点服务指数	互动交流指数	新技术应用指数	网络舆情引导指数	总分（分）
1	广州	0.76	0.82	0.57	0.93	0.63	0.62	74.3
2	长沙	0.75	0.79	0.56	0.86	0.59	0.30	70.4
3	成都	0.77	0.82	0.54	0.79	0.38	0.67	69.6
3	济南	0.75	0.76	0.55	0.90	0.58	0.30	69.6
5	武汉	0.71	0.76	0.47	0.88	0.40	0.67	66.8
6	福州	0.72	0.76	0.45	0.81	0.65	0.22	66.6
7	西安	0.75	0.74	0.51	0.85	0.37	0.60	66.4
8	南京	0.72	0.81	0.49	0.79	0.33	0.45	66.0
9	贵阳	0.66	0.70	0.29	0.70	0.35	0.40	55.9
10	合肥	0.69	0.58	0.37	0.69	0.30	0.52	53.9
11	南昌	0.65	0.46	0.22	0.52	0.56	0.47	46.5
12	杭州	0.68	0.44	0.24	0.59	0.32	0.10	43.8

续表

排名	省会城市	信息公开指数	民生领域服务指数	重点服务指数	互动交流指数	新技术应用指数	网络舆情引导指数	总分（分）
12	哈尔滨	0.68	0.44	0.21	0.64	0.29	0.15	43.8
14	太原	0.64	0.41	0.34	0.42	0.34	0.30	42.7
15	南宁	0.62	0.36	0.24	0.59	0.38	0.35	41.6
16	沈阳	0.63	0.37	0.20	0.68	0.28	0.05	40.5
17	海口	0.59	0.45	0.23	0.39	0.29	0.15	39.3
18	长春	0.56	0.30	0.21	0.65	0.31	0.37	38.4
19	郑州	0.62	0.30	0.16	0.61	0.27	0.35	37.3
20	石家庄	0.51	0.27	0.07	0.66	0.29	0.08	32.4
21	呼和浩特	0.39	0.29	0.03	0.66	0.32	0.26	31.2
22	兰州	0.39	0.30	0.14	0.43	0.28	0.22	30.0
23	西宁	0.58	0.16	0.11	0.34	0.41	0.20	28.0
24	昆明	0.40	0.28	0.12	0.31	0.33	0.00	26.9
25	银川	0.58	0.14	0.07	0.28	0.25	0.49	25.0
26	拉萨	0.39	0.13	0.01	0.58	0.28	0.00	23.0
27	乌鲁木齐	0.31	0.22	0.09	0.25	0.23	0.14	21.3

（五）2013年地市政府网站评估前20名

排名	地　市	信息公开指数	民生领域服务指数	重点服务指数	互动交流指数	新技术应用指数	网络舆情引导指数	总分（分）
1	佛山	0.81	0.74	0.54	0.86	0.76	0.69	73.5
2	中山	0.80	0.74	0.49	0.85	0.67	0.60	71.0
3	无锡	0.77	0.72	0.46	0.85	0.69	0.56	68.7
4	宿迁	0.77	0.71	0.40	0.82	0.71	0.66	67.6
5	南平	0.76	0.73	0.43	0.85	0.53	0.48	66.7
6	柳州	0.76	0.68	0.46	0.78	0.69	0.45	65.9
7	凉山州	0.80	0.68	0.39	0.79	0.59	0.60	65.4
8	温州	0.78	0.74	0.52	0.77	0.13	0.45	64.7
9	咸阳	0.78	0.71	0.46	0.78	0.33	0.38	64.1
10	苏州	0.72	0.72	0.46	0.79	0.24	0.46	63.2
11	鄂尔多斯	0.74	0.73	0.42	0.79	0.09	0.45	61.7
12	龙岩	0.74	0.71	0.41	0.81	0.19	0.25	61.2
13	镇江	0.73	0.70	0.32	0.82	0.19	0.50	60.1

续表

排名	地　市	信息公开指数	民生领域服务指数	重点服务指数	互动交流指数	新技术应用指数	网络舆情引导指数	总分（分）
14	潍坊	0.74	0.73	0.34	0.82	0.13	0.15	59.6
15	六安	0.75	0.68	0.31	0.77	0.13	0.39	57.9
16	威海	0.73	0.72	0.29	0.77	0.13	0.10	57.2
17	惠州	0.76	0.53	0.20	0.82	0.69	0.50	56.6
18	常州	0.73	0.55	0.36	0.72	0.60	0.10	56.2
19	攀枝花	0.76	0.62	0.28	0.72	0.27	0.45	55.9
20	江门	0.70	0.54	0.29	0.73	0.56	0.45	55.0

2013年电子商务集成创新试点工程入选项目名单

一、大企业电子商务和供应链信息化提升方向（74个）	
钢铁行业（4个）	
项目名称	承担单位
钢铁E化供应链集成服务平台	南京南钢钢铁联合有限公司
五矿发展集成化钢铁电子商务交易平台	五矿发展股份有限公司
钢铁企业供应链协同信息平台	湖南华菱湘潭钢铁有限公司
邯钢电子商务系统平台	河北钢铁集团邯钢公司
有色金属行业（2个）	
宝钛全程电子商务系统建设与管理提升	宝钛集团有限公司
中国铝业电子商务采购平台与供应链集成创新工程项目	中国铝业股份有限公司
石油化工行业（5个）	
中国石化物资采购电子商务改造提升	中国石油化工集团公司
铁路燃油电子商务和供应链系统	中铁物总电子商务技术有限公司
山东黄河三角洲石油化工交易中心	山东黄河三角洲石油化工电子商务有限公司
中化化肥运营管理信息平台项目	中化化肥有限公司
中国化学工程集团电子采购交易平台	中国化学工程集团公司
煤炭行业（9个）	
中煤电子商务供应链管理平台	中国中煤能源集团有限公司
基于供应链优化的中国矿用物资网建设	山东能源国际贸易有限公司
煤炭物流信息化平台暨电子商务项目	山西煤炭运销集团有限公司
物资采购电子商务项目	陕西煤业化工集团有限责任公司
物资集约化管理水平提升及系统建设	神华集团有限责任公司
东方煤炭电子交易中心	淮北矿业（集团）有限责任公司
中煤集团综合管理及采购电子商务协同系统	中国中煤能源集团有限公司
吕梁孝龙煤炭综合物流园区信息化工程	山西煤炭运销集团；吕梁孝龙煤炭综合物流园区
神华销售电子商务平台	神华集团有限责任公司
电力行业（7个）	
国家电网公司电子商务平台	国家电网公司
华能集团电子商务平台	中国华能集团公司
集团级电力物资电子商务集成系统	国电物资集团有限公司

续表

电力行业（7 个）	
项目名称	承担单位
采购及物资管控平台	中国大唐集团公司
华电集团集中采购平台的建设与实施	华电招标有限公司
国家电网公司物资集约化管理系统建设	南京南瑞集团公司
中电电气电子商务平台	中电电气（江苏）股份有限公司
建材行业（1 个）	
水泥散装智能发运系统	冀东发展集团有限责任公司
机械行业（14 个）	
面向发动机产业链的潍柴电子商务协同平台	潍柴动力股份有限公司
哑铃型主制造商供应链协同创新项目	北京机械工业自动化研究所
南阳防爆集团电子商务集成创新平台	南阳防爆集团股份有限公司
中国北车供应链管理电子商务平台建设项目	中国北车股份有限公司
中国兵器物资采购信息服务平台	中国兵工物资集团有限公司
陕鼓电子商务和供应链管控系统	西安陕鼓动力股份有限公司
电子商务和供应链信息化提升	中国一拖集团有限公司
徐工集团电子商务平台	徐州工程机械集团有限公司
工程机械产品销售电子商务系统	广西柳工机械股份有限公司
全球工业辅料分销服务中心第一分中心	嘉兴川山甲物资供应链有限公司
东风汽车电子商务应用集成平台	东风汽车公司
采购一体化管理信息平台	重庆长安汽车股份有限公司
一汽国际物流供应链信息资源协同管理平台	长春一汽国际物流有限公司
基于汽车行业供应链协同的公共电子商务平台	北汽福田汽车股份有限公司
船舶行业（1 个）	
大型造船企业集成供应链电子商务平台	武昌船舶重工有限责任公司
航空航天行业（3 个）	
面向军民融合电子商务的供应链提升创新试点工程	中国航天科工集团公司
航天型号物资供应链管理平台	北京神舟航天软件技术有限公司
航空工业集中采购平台	中航金网（北京）电子商务有限公司

续表

纺织服装行业（8 个）	
项目名称	承担单位
支持大规模个性化定制的服装电子商务协同平台	青岛红领服饰股份有限公司
VANCL 多用户自适应供应链管理平台	凡客诚品（北京）科技有限公司
拓展 OTO 电商业务	真维斯服饰（中国）有限公司
罗莱家纺电子商务和供应链信息化提升	罗莱家纺股份有限公司
支持电子商务的后台销售管理系统	际华三五一四制革制鞋有限公司
线上线下移动互联网一体化云运营平台	特步（中国）有限公司
太平鸟电商供应链管理平台项目	宁波太平鸟时尚服饰股份有限公司
波司登电子商务集成创新试点工程	波司登羽绒服装有限公司
食品行业（5 个）	
供应链信息化系统及流程升级项目	内蒙古小尾羊牧业科技股份有限公司
中盐“精谷尚厨”电子商务平台	中盐黑龙江盐业集团有限公司
农产品电子商务和供应链集成服务平台建设项目	河南众品食业股份有限公司
九三粮油工业集团公司	九三粮油工业集团有限公司
五芳斋电子商务集成创新试点工程	浙江五芳斋实业股份有限公司
家电行业（1 个）	
九阳卓越运营供应链项目	九阳股份有限公司
日化行业（3 个）	
立白合作伙伴服务平台	广州立白企业集团有限公司
国家级元器件电子商务交易平台	中国电子器材深圳有限公司
中电供应链管理与集采购平台	中电科技（南京）子信息发展
通信器材行业（3 个）	
大唐高鸿电子商务产业集聚平台建设项目	北京大唐高鸿科技发展有限公司
电信行业智能供应链管理平台	北京泛太物流有限公司
烽火通信终端产品统一运营平台	烽火通信科技股份有限公司
服务业（8 个）	
苏宁易购供应链信息化建设	江苏苏宁易购电子商务有限公司
中国中铁电子商务平台	中国中铁股份有限公司

续表

服务业（8 个）	
项目名称	承担单位
中远物流电子商务和供应链信息化提升	中国远洋物流有限公司
爱卡司智能货运管理系统	无锡爱卡司科技有限公司
大华捷通平台（银联商务电子商务及物流行业创新平台）	银联商务有限公司
广新交易会	广东省广新控股集团有限公司
面向工业企业的集群供应链云服务平台	辽宁畅通数据通信有限公司
首旅集团“首采网”集中采购电子商务平台	首旅集团首采运通电子商务有限责任公司
二、行业电子商务平台服务创新方向（146 个）	
钢铁行业（15 个）	
兰格钢铁电子商务平台集成创新项目	北京兰格信息咨询有限责任公司
平台+基地供应链管理模式	淮矿现代物流有限责任公司
钢铁现货电子交易平台	西本新干线电子商务有限公司
面向产业集群生态圈的云商务服务平台研究及应用	东方钢铁电子商务有限公司；上海宝信软件股份有限公司
基于物联网的钢铁电子商务平台	湖北钢易科技有限公司
唐山北方钢铁物流交易中心项目	唐山北方国际钢铁交易中心有限责任公司
黄河三角洲区域钢铁超市电子商务平台	山东华兴网络科技有限公司
华菱钢材电子商务公共服务平台	湖南华菱电子商务有限公司
基于真实库存的钢铁仓储物流信息服务平台构建	五矿网络科技有限公司
钢铁行业大数据现货电子交易平台	河北顺邦物流有限公司
河北钢铁交易中心项目	河北钢铁集团
齐鲁钢铁电子商务平台的建设与应用	济钢集团有限公司
无锡市不锈钢电子交易中心电子商务物联网平台	无锡市不锈钢电子交易中心有限公司
全国有色金属现货电子交易平台	沈阳诚通金属有限公司
揭阳不锈钢金属电子商务平台	广东中德金属集团有限公司
石油化工行业（5 个）	
中国化工电子商务集成创新工程项目	中国化工集团公司
塑料现货一体化综合服务平台升级改造	广东塑料交易所股份有限公司
深圳石油化工交易产业服务平台	深圳石油化工交易所
滨海化工电子商务交易平台	天津一商电子商务有限公司
科研研发用试剂资源共享及公共服务平台建设	国药集团化学试剂有限公司

续表

煤炭行业（4个）	
项目名称	承担单位
煤炭电子商务信息化平台建设项目	陕西煤业化工集团有限责任公司
秦皇岛煤炭交易电子商务平台	秦皇岛股份有限公司
煤炭电子交易平台建设项目	中国太原煤炭交易中心有限公司
山东煤炭交易中心门户网站及现货交易系统	山东煤炭交易中心有限公司
电力行业（2个）	
电工电气行业交易平台	国网物资有限公司
国电物资网上商城	国电物资集团有限公司
建材行业（3个）	
建筑装饰企业电子商务平台	北京盟友软件技术有限公司
中国木材与木制品现货交易平台	中国林业产权交易所有限公司
九正建材网公共服务平台商务集成创新	成都九正科技实业有限公司
机械行业（6个）	
电缆行业电子商务“一网两平台”建设	远东买卖宝网络科技有限公司
中国兵器内蒙古第一机械制造集团公司网上电子招投标采购服务	包头市万佳信息工程有限公司
京城机电供应链管理服务平台	北京京城工业物流有限公司
专工网	中丝贸易物流有限公司
中阿工业品在线博览会电子商务平台	宁夏菲麦森流程控制技术有限公司
工程机械行业备件电子商务平台示范应用及推广	重庆金算盘软件有限公司
汽车行业（2个）	
汽车产业链一体化集成电子商务平台	武汉莱恩软件技术有限公司
基于跨终端车联网系统的车主电商平台	上海高德软件有限公司
航空航天行业（1个）	
基于军转民行业的综合型电子商务服务平台	航天新商务信息科技有限公司
轻工行业（4个）	
安平丝网产业电子商务集威创新工程项目	河北玛世电子商务有限责任公司
义乌购电子商务平台建设	义乌中国小商品城信息技术有限公司
基于大数据挖掘分析的 LED 照明行业电商平台及移动互联网应用	佛山市南海区联合广东新光源产业创新中心
福建省钟表电子商务集成服务平台	福建瑞达精工股份有限公司
纺织行业（5个）	
纺织材料交易中心平台	红豆集团有限公司

续表

纺织行业（5 个）	
项目名称	承担单位
面向纺织产业集群的电子商务试点项目	吴江绸都盛泽电子商务信息有限公司
基于服务集成的纺织品在线交易平台	浙江中国轻纺城网络有限公司
家纺行业服务创新平台	南通微纺电子商务有限公司
广东省丝绸纺织产业全程外贸供应链电子商务服务平台	广东省丝绸纺织集团有限公司
服装行业（3 个）	
汉帛服装电子商务平台服务创新试点项目	汉帛（中国）有限公司
福建省制鞋行业电子商务服务平台	福建省讯网网络科技有限公司
买买鞋电子商务平台	福建莆田电商投资管理股份有限公司
医药行业（12 个）	
商康医药电子商务集成创新平台	湖南商康医药电子商务有限公司
全国中药材电子商务集成服务平台建设	成都天地网信息科技有限公司
医药零售服务平台	国药控股国大药房有限公司
医药流通行业电子商务平台服务创新试点项目	九州通医药集团股份有限公司
中国通用医药电子商务平台系统	中国通用医药电子商务有限公司
中药材大宗商品信息与电子交易服务平台创新与应用	康美药业股份有限公司
中粮我买网食品行业电子商务项目	中粮我买网有限公司
粮油大宗商品电子商务平台	天津粮油商品交易所股份有限公司
贡天下山西特产网手札网机场项目	山西贡天下商贸有限公司
家事易生鲜速递服务平台	武汉家事易农业科技有限公司
大连水产网	大连汇海网络科技有限公司
酒类产品电子交易服务创新体系建设	泸州老窖集团有限责任公司、四川中国白酒产品交易中心有限公司
电子信息行业（3 个）	
构建行业首创、面向互联网的“一级架构”通信产品电子商务平台	中国联合网络通信集团有限公司
基于产业链服务的电子商务服务平台	中国电子器材总公司
引进第三方品牌入驻绿森数码电子商务平台建设	浙江绿森数码科技有限公司
农业（13 个）	
农产品网上交易全程供应链平台	深圳中农网股份有限公司
面向区域的农副产品电子商务平台	常州买东西网络科技有限公司

续表

农业（13 个）	
项目名称	承担单位
两湖绿谷电子商务集成创新项目	两湖绿谷股份有限公司
农业电子商务信息服务平台	吉林
农民专业合作社电子商务平台	山东农友软件有限公司
江西农产品综合产业链电子商务交易平台	江西三联融创投资有限公司
宁夏特色农产品电子商务平台项目	西部电子商务股份有限公司
全国粮食竞价交易统一平台	安徽粮食批发交易市场有限公司
惠农农业电子商务产业链	黑龙江惠农信息技术服务有限公司
海西新农村电子商务集成创新试点工程	福建鼎天农业科技有限公司
网上供销社涉农产品网上交易市场建设项目	娄底供销电子商务有限公司
大宗农产品电子商务服务试点项目	吉林玉米中心批发市场有限公司
畜产品活体在线交易平台	江西新海传媒科技有限公司
中小企业服务（7 个）	
网上中华	北京中软宏大信息技术有限公司
电子商务服务平台一体化整合创新项目	北京瑞金麟网络技术服务有限公司
单品电子商务服务管理中心	北京网库互通信息技术有限公司
行业电子商务平台	北京远中和科技有限公司
风云在线云软件电子商务交易服务平台	江苏风云网络服务有限公司
面向行业企业的大型电子商务平台（东北区域超算中心）建设项目	东北大学客机产业集团有限公司
垂直式智慧云商务平台	宜春脉恩多能科技有限公司
生产资料流通服务（11 个）	
食糖行业电子商务和物流服务集成创新项目	广西糖网食糖批发市场有限责任公司
全国供销合作社信息化与电子商务平台项目	湖南供销电子商务股份有限公司
大宗产品在线融资服务平台	金银岛（北京）网络科技股份有限公司
大宗商城平台建设项目	天津物产金属国际贸易有限公司
大宗物品全程电子商务服务平台	中储电子商务（天津）有限公司
中航大宗商品电子交易平台	中航金网（北京）电子商务有限公司
华南大宗物资交易中心电子商务平台建设	广东广物电子商务有限公司
融通物资大宗商品电子商务平台	天津荣程祥泰投资控股集团有限公司
大宗商品第三方电子商务平台项目	青岛大宗商品交易中心有限公司
新一代 B2B 电子商务平台	江苏买卖网电子商务有限公司
海南大宗商品供应链融资平台	海南大宗商品交易中心有限责任公司

续表

采购（2个）	
项目名称	**承担单位**
云南省招标采购服务行业电子化平台构建及运营试点项目	云南云投电子商务有限公司
中国通用招标网暨电子招标投标平台	中国通用咨询投资有限公司
零售行业（10个）	
特色商业街智慧商务平台	中商联动（北京）科技股份有限公司
广东省电子商务综合服务平台	广东省电子商务协会
基于O2O的综合服务型电子商务平台	山西优合信息科技有限公司
重庆智慧城市电子商务信息服务云平台	重庆澳达科技有限公司
广货商城电子商务平台	广东盛世商潮网络科技有限公司
网上新街口	三宝集团有限公司
易成商街电子商务云平台	北京思特奇信息技术股份有限公司
中国特产网A2C平台项目	青海聚宝盆电子商务有限公司
南昌商圈购物电子商务平台建设	江西省创谷文化传媒有限公司
大贺会电子商务平台	南京会购信息科技有限责任公司
产权交易（2个）	
产权交易行业网络交易平台建设	北京金马甲产权网络交易有限公司
中国企业国有产权交易机构协会“四统一“信息集成服务平台	中国企业国有产权交易机构协会
物流服务（13个）	
物流电子商务——林安物流园	广东林安物流发展有限公司
海旺达石化水运电子商务平台	山东海旺达现代物流有限公司
宁波航运电子商务服务平台	宁波航运交易所有限公司
电子商务及配送服务一体化平台项目	北京顺丰电子商务有限公司
传化公路港物流信息交易平台	传化公路港物流有限公司
物流在线交易平台项目	大连锦程物流网络技术有限公司
餐饮业全程冷链电子服务平台（二期）	武汉良中行供应链管理有限公司
中国航空货运联盟	大连乾瀚国际物流有限公司
青海民和现代物流港公共信息平台工程项目	青海铭德能源物流集团有限公司

续表

物流服务（13 个）	
项目名称	承担单位
湖南省公共信息平台	湖南省物流公共信息平台有限公司
物流园区信息化电子商务公共信息平台	湖南天骄物流信息科技有限公司
内贸全程服务电子商务销售平台	中远集装箱运输有限公司
中国物流云	上海西本钢铁贸易发展有限公司
金融服务（10 个）	
面向物流行业的现代化支付平台的研发与产业化	快钱支付清算信息有限公司
中银通综合金融服务平台	中银通支付商务有限公司
基于电子商务的供应链网络融资云服务平台	浙江珍诚医药在线股份有限公司
中小工业企业供应链融资服务平台	新疆润物网络有限公司
山东一卡通综合支付平台	山东一卡通科技有限公司
基于云架构的电子账单业务运营平台项目	中软国际信息技术有限公司
商贸流通行业供应链资金综合管理平台	迅付信息科技有限公司
金融物流信息系统	中铁现代物流科技股份有限公司
外贸信托 CRM 项目制网上信托、手机信托、微信托建设项目	中国对外经济贸易信托有限公司
驿信资金云管家	上海理想信息产业集团（有限）公司
信用服务（1 个）	
在线交易与电子信用体系建设	北京慧聪国际资讯有限公司
法律服务（2 个）	
电子商务纠纷在线调节服务平台项目	工业和信息化部国际经济技术合作中心
裕邦智能法律服务平台	长沙裕邦软件开发有限公司
旅游服务（2 个）	
山西荣国旅游电子商务集成服务平台	山西荣国科技有限公司
基于数字票务的智慧旅游电子商务平台研发及应用示范	长城信息产业股份有限公司
文化传媒（4 个）	
中国经济广播全媒体数字转化基地电子商务平台	天津迅龙科技有限公司
“酷狗”云计算文化创意电子商务平台	广州酷狗计算机科技有限公司
中国动漫衍生产品对外营销技术服务平台	湖南山猫卡通有限公司
趣游轻娱乐互动电子商务平台	趣游科技集团有限公司

续表

便民服务（4 个）	
项目名称	承担单位
城市居家智联应用与便捷服务	湖北东慧通信网络投资有限公司
三网融合下的社区电子商务云服务平台	云浮宅里活电子商务有限公司
燃气电子商务管理平台	海南民生管理燃气有限公司
沈阳市便民电子商务服务平台建设	拉卡拉支付有限公司辽宁分公司
三、跨境电子商务方向（58 个）	
专业交易（14 个）	
易单跨境电子商务交易平台	中建材国际贸易有限公司
旅游电子商务服务平台	桂林中国国际旅行社有限责任公司
榕金国际 B2B 安全食品电子商务交易平台	福建榕金实业有限公司
石汇网国际电子商务平台建设	云浮市阿门网络科技有限公司
工矿机械韩各样电子商务跨境营销综合服务平台	山东中煤工矿物资集团有限公司
中粮我买网跨境电子商务项目	中粮我买网有限公司
全程供应链跨境电子商务服务平台	厦门市嘉晟对外贸易有限公司
设备时代网	辽宁迈克集团
基于中国制造的跨境电子商务集成建设试点项目	焦点科技股份有限公司
分布式服务化第三方跨境电子商务平台	世纪禾光科技发展（北京）有限公司
外贸 B2B 电子商务平台	中兴通讯股份有限公司
4PX 跨国电子商务服务平台	深圳市道四方速递有限公司
跨境贸易电子商务综合服务平台	南京三宝科技股份有限责任公司
海商网多语种精准贸易平台	浙江海商网络科技有限公司
边贸贸易（3 个）	
图们江区域国际贸易多语种电子商务平台	延边智远信息技术有限公司
跨境小额电子商务平台（俄文）	满洲里海方贸易有限公司
“中俄云仓”	绥芬河市宏美电子科技有限公司
两岸贸易（4 个）	
海峡两岸全网电子商务支撑应用系统平台	中国台湾网；重庆灵狐科技有限公司
海峡两岸电子商务服务平台	南威软件股份有限公司
中马台两岸三地跨域食品防伪溯源&电子商务公共服务平台	福州欣创摩尔电子科技有限公司
海峡两岸贸易中心电子商务平台	厦门象屿商业发展有限责任公司

续表

商务服务（15 个）	
项目名称	承担单位
跨境电子商务保税项目及“京 E 信息平台”建设	北京市邮政速递物流有限公司
中国银行跨境电子商务平台	中国银行股份
面向跨境电子商务超市信息化管理平台	深圳市一达通企业服务有限公司
跨境贸易电子商务综合服务系统	东方物通科技（北京）有限公司
两岸电子商务合作试验区综合信息平台	福建电子口岸股份有限公司
苏州跨境贸易电子商务服务平台	苏州物流中心有限公司
深圳跨境贸易电子商务服务平台	深圳市南方电子口岸有限公司
宁波跨境贸易电子商务服务平台	宁波国际物流发展股份有限公司
“智慧”跨境通面向跨境电子商务的综合性服务平台	北京爱农驿站科技服务有限公司
基于粤港 CA 互认环境下的一站式跨境电子通关商务平台	佛山市电子口岸有限公司
基于供应链的移动电子商务应用	山东省电子商务综合运营管理有限公司
农村移动电子商务平台开发及应用	湖南现代农商信息有限公司
电梯安全监控与管理系统	中移物联网有限公司
纳爱斯深度营销项目	纳爱斯集团有限公司
烟草等快消品行业移动互联网及云计算技术的应用	沈阳八维时空科技发展有限公司
生产性服务业（12 个）	
苏宁电器移动电子商务平台项目	中国移动通信集团江苏有限公司南京分公司
智能互联创造物流运营新模式	北京汇通天下五联科技有限公司
口岸物流移动应用平台	大连口岸物流网有限公司
金奔腾车联网云服务移动电子商务平台	广西金奔腾汽车科技有限公司
客户协同及移动商务系统	中盐安徽红四方股份有限公司
新能源汽车充换电网络移动计费及综合服务平台	普天新能源有限责任公司
中国银行移动支付与电子商务综合平台	中国银行股份有限公司
企业移动电子商务服务平台	深圳市迪蒙网络科技有限公司
基于移动物联网的新型大宗物资交易电子商务平台	中铁物资集团有限公司
河北鑫农大宗商品现货电子商务综合服务平台	河北鑫农电子商务有限公司
物流公共信息交易平台	河北神龙物流信息科技有限公司
掌上 4S 店	中进名车文化传播（北京）有限公司

续表

移动零售（10 个）	
项目名称	承担单位
闪购移动电子商务集成创新服务平台	广州闪购软件服务有限公司
“优随享”移动社区连锁电子商务平台	贵州众智博信科技有限公司
嘉联移动支付系统	辽宁嘉联科技有限公司
零售业移动电子商务系统	北京南北天地科技股份有限公司
“掌上万家”移动电子商务平台	安徽大尺度网络传媒有限公司
基于移动支付国家标准的移动电子商务开放平台研发及应用示范	成都中联信通科技有限公司
彩礼多	杭州单向街通信技术有限公司
汽车客票电子商务平台	交运集团公司青岛信息科技分公司
爱帮营销通	爱帮聚信（北京）科技有限公司
传统商场移动电子商务解决方案	盛耀无线通讯科技（北京）有限公司
四、移动电子商务方向（13 个）	
移动支付（6 个）	
移动支付集成应用综合服务平台及示范应用	拓维信息系统股份有限公司
面向手机终端的移动支付安全产品集成与创新	北京网秦天下科技有限公司
建设电子商务移动支付新模式	中国移动通信集团宁夏有限公司
翼支付客户端	天翼电子商务有限公司
移动电子商务综合业务平台	中移电子商务有限公司
安徽电信翼支付项目	中国电信股份有限公司安徽分公司
旅游服务（5 个）	
航旅纵横	中国民航信息网络股份有限公司
云南藏区迪庆香格里拉旅游文化移动电子商务二期工程建设项目	中国移动通信集团有限公司云南公司迪庆分公司
中国航信差旅随行	中国民航信息网络股份有限公司
实时旅游要素交易平台	重庆橙旅通网络科技有限公司
甘肃丝路大遗址移动旅游服务平台	甘肃读者动漫科技有限公司
便民服务（2 个）	
基于泊位感知的城市智能停车管理及 LBS 公众信息服务试点项目	中国船舶重工集团公司第七〇九研究所
统 e 省——无线消费增值服务平台	新万蓝科技有限公司

续表

五、产品信息追溯方向（51 个）	
服务平台（17 个）	
项目名称	承担单位
基于追溯的产品电子商务平台的建设与应用	北京农信通科技有限责任公司
北京市危险化学品交易监管平台	北京石油交易所股份有限公司
基于卫星导航的电子商务物流服务应用示范	北京京东叁佰陆拾度电子商务有限公司
基于北斗导航的高附加值货物运输全程定位追踪系统	中国北车股份有限公司
农产品（食品）电子商务、物流、金融、溯源及信息服务综合平台应用示范	成都曙光光纤网络有限责任公司
食品安全信息平台	太原新汇科计算机有限公司
通过可追溯技术实现古玩艺术品电子商务平台可信交易	北京十一街科技发展有限公司
中国轻工业产品全生命周期信息追溯平台建设	北京理工大学
食品质量安全追踪追溯平台	中国电信集团系统集成有限责任公司
医药产品信息追溯平台	贵州西拓科技有限公司
中国酒类产品信息追溯平台	中国酒业协会
南方现代物流公共信息平台	广东省数字广东研究院；广东射频识别公共技术支持中心；广东新供销天润农产品有限公司
海南省冬季瓜菜质量安全田头监管 3G 系统	中国移动通信集团海南分公司
玉柴产品信息追溯系统 YCPTS	广西玉柴机器集团有限公司
特变电工变压器产品信息追溯系统	特变电工股份有限公司
面向制造业的全供应链信息管理平台	广州市嘉诚国际物流股份有限公司
航空零备件全生命周期管理信息系统	中航金网（北京）电子商务有限公司
纺织服装行业（2 个）	
纺织品安全追溯平台	中纺网络信息技术有限责任公司
前丰制帽生产条码管理系统	青岛前丰国际帽艺有限公司
食品行业（10 个）	
基于物联网的肉制品质量安全信息溯源系统应用示范项目	江苏雨润肉类产业集团有限公司
基于 RFID 的肉类食品信息追溯体系	河南双汇投资发展股份有限公司
冷鲜猪肉产品信息追溯项目	河北千喜鹤肉类产业有限公司
食安伴电子商务平台	长春市万易科技有限公司
中国蜂产品溯源信息平台	中国航天系统工程有限公司
产品双向追溯信息系统	济南伊利乳业有限责任公司
猪肉产品追溯及冷链物流监控系统建设项目	自贡市新星源食品有限公司

续表

食品行业（10 个）	
项目名称	承担单位
础明食品质量追溯信息化系统	大连础明肉联有限公司
锡林郭勒盟牛羊肉追溯系统综合服务平台	锡林浩特市联创信达科技有限公司
五粮液集团公司酒类食品质量安全追溯物联网应用工程项目	五粮液集团有限公司
医药行业（7 个）	
基于国家药品监管码的药品追溯管控平台	江苏正大天晴药业股份有限公司
中药材质量追溯系统的示范应用项目	陇西中天药业有限责任公司
医药运输信息服务平台	国药控股湖北有限公司
基于三七的中药材电子交易平台以及中药材种植与流通追溯体系	文山三七电子商务股份有限公司
桂林三金溯源防窜货项目	桂林三金药业股份有限公司
药品疫苗全程物流温度信息采集监测预警服务平台	宁波博能印刷电子科技有限公司；工信通（北京）信息技术有限公司
药品生产与配送信息化工程	江西青春康源医药有限公司
烟草行业（1 个）	
卷烟信息追溯平台研发与集成示范	浙江中烟工业有限责任公司
民爆和危化品（3 个）	
数码电子雷管及起爆系统	河北卫星化工股份有限公司
江南化工数字化民爆产业链项目	安徽江南化工股份有限公司
基于物料衡算的剧毒化学品实时监控管理系统	机械工业第六设计研究院有限公司
农业（11 个）	
盘锦农产品质量安全保障信息平台	首都信息发展股份有限公司
北大荒电子商务交易平台	黑龙江中科北大荒物联网科技有限公司
少数民族地区特色农副产品信息追溯电子商务集成产业化	武汉矽感科技有限公司
柑桔产品质量追溯系统建设	湖南果秀食品有限公司
求证点评型产品追溯信息网络系统	攀枝花市锐华农业开发有限责任公司
基于 OID 体系的农产品追溯公共服务平台	河北广联
郑州市肉类蔬菜流通追溯体系建设系统集成项目	中国电信集团系统集成有限责任公司
跨境农产品信息追溯平台系统	黑龙江省东宁华信经济贸易有限公司
内蒙古肉类蔬菜生产流通追溯体系平台和数据中心建设	内蒙古呼和浩特市立信电气技术有限责任公司
天润农产品电子商务平台建设	广东新供销天润农产品有限公司；广东省数字广东研究院；广东泛在无线射频识别公共技术支持有限公司
武夷山茶叶溯源系统项目	武夷山市数字武夷电子商务发展有限公司

2014年首批两化融合管理体系贯标咨询服务机构

序　　号	贯标服务机构名称
1	工业和信息化部电子第五研究所
2	工业和信息化部电子科学技术情报研究所
3	工业和信息化部电信研究院
4	大连圣达信息工程有限公司
5	上海工业自动化仪表研究院
6	上海东方申信科技发展有限公司
7	上海质量管理科学研究院
8	上海宝信软件股份有限公司
9	山东省计算中心
10	山东省电子产品监督检验所（山东省电子信息产品检验院）
11	山西精英科技股份有限公司
12	广东省电信规划设计院有限公司
13	天津鼎韬外包服务有限公司
14	云南省机械研究设计院
15	太极计算机股份有限公司
16	太钢信息与自动化技术有限公司
17	中汇会计师事务所有限公司
18	中国电力企业联合会科技开发服务中心
19	中国电子技术标准化研究院
20	中国电子信息产业发展研究院
21	中国机械工业企业管理协会
22	中国兵器工业信息中心
23	中国船级社质量认证公司
24	中国船舶重工集团公司第七一四研究所
25	长城（天津）质量保证中心
26	世纪纵横（北京）管理咨询有限公司

续表

序　号	贯标服务机构名称
27	石化盈科信息技术有限责任公司
28	北京中电力企业管理咨询有限责任公司
29	北京中电普华信息技术有限公司
30	北京中船信息科技有限公司
31	北京东方易初标准技术有限公司
32	北京机械工业自动化研究所
33	北京英大长安风险管理咨询有限公司
34	北京国金恒信管理体系认证有限公司
35	北京金源动力信息化测评技术有限公司
36	北京京航计算通讯研究所
37	北京首钢自动化信息技术有限公司
38	北京数码大方科技股份有限公司
39	北京慧点科技有限公司
40	用友软件股份有限公司
41	宁夏菲麦森流程控制技术有限公司
42	吉林省电子信息产品监督检验研究院
43	机械工业第六设计研究院有限公司
44	西安热工研究院有限公司
45	成都市软件产业发展中心
46	合肥昊邦信息科技有限公司
47	江苏金恒信息科技有限公司
48	江苏省生产力促进中心
49	江苏省金思维信息技术有限公司
50	江苏鸿信系统集成有限公司
51	安徽省新世纪认证咨询有限责任公司
52	佛山市顺德区信息化与工业化融合创新中心
53	沈阳格微软件有限责任公司
54	沈阳赛宝科技服务有限公司

续表

序　号	贯标服务机构名称
55	武汉制造业信息化工程技术有限公司
56	金航数码科技有限责任公司
57	金蝶软件（中国）有限公司
58	河北中机盛科信息技术有限公司
59	河北省电子信息技术研究院
60	建筑材料工业信息中心
61	陕西省信息化工程研究院
62	陕西思宇信息技术有限公司
63	南京慧德信息管理咨询有限公司
64	南瑞集团有限公司
65	贵州博网科技咨询有限公司（贵州省信息化促进中心）
66	重庆海特克制造业信息化生产力促进中心有限公司
67	重庆路睿科技有限公司
68	徐州徐工信息技术服务股份有限公司
69	高博技术与战略研究所（杭州）有限公司
70	浙江中控技术股份有限公司
71	浙江省电子信息产品检验所
72	浙江省企业信息化促进会
73	联通系统集成有限公司
74	厦门邑通软件科技有限公司
75	黑龙江省电子信息产品监督检验院
76	湘西自治州德友软件有限责任公司
77	新疆天衡信息系统咨询管理有限公司
78	镇江高科信息科技有限公司
79	德勤华永会计师事务所
80	赣州市企业技术创新促进中心有限公司

国家级信息化和工业化深度融合示范企业（2012年）名单

钢铁行业

1．宝山钢铁股份有限公司
2．济钢集团有限公司
3．武汉钢铁股份有限公司
4．南京钢铁联合有限公司
5．鞍山钢铁集团公司
6．首钢总公司
7．江阴兴澄特种钢铁有限公司
8．太原钢铁（集团）有限公司
9．新兴铸管股份有限公司
10．江苏沙钢集团有限公司

有色金属行业

1．铝业股份有限公
2．铜陵有色金属集团控股有限公司
3．金川集团股份有限公司
4．云南铜业(集团)有限公司
5．中色（宁夏）东方集团有限公司
6．山东招金集团有限公司
7．湖北三鑫金铜股份有限公司
8．阳谷祥光铜业有限公司
9．河南豫光金铅集团有限责任公司
10．云南锡业集团（控股）有限责任公司

稀土行业

1．宜兴新威利成稀土有限公司
2．赣州虔东稀土集团股份有限公司

石化行业

1．中国石油化工集团公司
2．中海石油化学股份有限公司
3．大庆油田有限责任公司
4．中国石化扬子石油化工有限公司
5．中国石油天然气股份有限公司大港油田分公司
6．中国石油长庆油田分公司
7．中化化肥有限公司
8．中国石化集团北京燕山石油化工有限公司
9．中国石化集团胜利石油管理局
10．中国石化股份有限公司天津分公司
11．中海炼化惠州炼化分公司
12．云南云天化国际化工股份有限公司
13．中国石化青岛炼油化工有限责任公司
14．中国石化上海石油化工股份有限公司

建材行业

1．甘肃祁连山水泥集团股份有限公司
2．安徽海螺集团有限责任公司
3．华新水泥股份有限公司
4．徐州中联水泥有限公司
5．冀东发展集团有限责任公司
6．泰山玻璃纤维有限公司
7．巨石集团有限公司
8．大亚科技股份有限公司
9．广东省东鹏陶瓷股份有限公司

机械行业

1．潍柴控股集团有限公司
2．徐州工程机械集团有限公司
3．中联重科股份有限公司
4．西安陕鼓动力股份有限公司
5．上海电气集团股份有限公司
6．福田雷沃国际重工股份有限公司
7．沈阳鼓风机集团股份有限公司
8．济南二机床集团有限公司
9．唐山轨道客车有限责任公司
10．沈阳机床（集团）有限责任公司
11．宗申产业集团有限公司
12．安徽叉车集团有限责任公司
13．西安西电开关电气有限公司
14．中国一拖集团有限公司
15．广西柳工机械股份有限公司
16．三一重工股份有限公司

17. 中国铁建重工集团有限公司
18. 襄樊五二五泵业有限公司

汽车行业

1. 中国第一汽车股份有限公司
2. 重庆长安汽车股份有限公司
3. 安徽江淮汽车股份有限公司
4. 浙江吉利控股集团有限公司
5. 郑州宇通客车股份有限公司
6. 奇瑞汽车股份有限公司
7. 北汽福田汽车股份有限公司
8. 长城汽车股份有限公司
9. 上海汽车集团股份有限公司乘用车分公司
10. 南车株洲电力机车研究所有限公司
11. 北京汽车股份有限公司
12. 金龙联合汽车工业（苏州）有限公司
13. 湖北中航精机科技股份有限公司

航空航天行业

1. 中航工业沈阳飞机工业（集团）有限公司
2. 中航工业西安飞行自动控制研究所
3. 北京电子工程总体研究所

船舶行业

1. 沪东中华造船（集团）有限公司
2. 上海外高桥造船有限公司
3. 武昌船舶重工有限责任公司
4. 广州广船国际股份有限公司
5. 大连船舶重工集团有限公司

轻工行业

1. 青岛啤酒股份有限公司
2. 纳爱斯集团有限公司
3. 浙江奥康鞋业股份有限公司
4. 华泰集团有限公司
5. 福建恒安集团有限公司
6. 农夫山泉股份有限公司
7. 淄博大桓九宝恩皮革集团有限公司
8. 上海晨光文具股份有限公司
9. 燕京啤酒（桂林漓泉）股份有限公司
10. 浙江传化股份有限公司
11. 双星集团有限责任公司
12. 金发科技股份有限公司
13. 岳阳林纸股份有限公司
14. 南宁糖业股份有限公司
15. 好孩子集团有限公司

纺织行业

1. 波司登股份有限公司
2. 无锡市第一棉纺织厂
3. 江苏悦达纺织集团有限公司
4. 安徽华茂集团有限公司
5. 山东南山纺织服饰有限公司
6. 鲁泰纺织股份有限公司
7. 际华三五四二纺织有限公司
8. 福建七匹狼实业股份有限公司
9. 浙江雅莹服装有限公司
10. 红豆集团有限公司

食品行业

1. 内蒙古伊利实业集团股份有限公司
2. 杭州娃哈哈集团有限公司
3. 北京燕京啤酒股份有限公司
4. 河南省漯河市双汇实业集团有限责任公司
5. 江苏雨润肉类产业集团有限公司
6. 中国长城葡萄酒有限公司
7. 北京三元食品股份有限公司
8. 天狮集团有限公司
9. 泸州老窖股份有限公司
10. 河南众品食业股份有限公司
11. 佛山市海天（高明）调味食品有限公司
12. 贵州茅台酒股份有限公司
13. 黑龙江飞鹤乳业有限公司
14. 江苏洋河酒厂股份有限公司
15. 烟台张裕葡萄酿酒股份有限公司
16. 山东禹王实业有限公司
17. 安琪酵母股份有限公司
18. 广州珠江啤酒股份有限公司

医药行业

1. 四川科伦药业股份有限公司
2. 浙江海正药业股份有限公司
3. 西安杨森制药有限公司
4. 神威医药科技股份有限公司
5. 云南白药集团股份有限公司
6. 山东东阿阿胶股份有限公司
7. 石药集团有限公司
8. 北京同仁堂健康药业股份有限公司

9. 沈阳东软医疗系统有限公司
10. 江苏恒瑞医药股份有限公司
11. 广州白云山中一药业有限公司
12. 东北制药集团股份有限公司

家电行业

1. 海尔集团公司
2. 海信集团有限公司
3. 九阳股份有限公司
4. 格力电器（重庆）有限公司
5. 宁波方太厨具有限公司

烟草行业

1. 上海烟草集团有限责任公司
2. 中国烟草总公司湖南省公司
3. 广东中烟工业有限责任公司
4. 红塔烟草(集团)有限责任公司
5. 中国烟草总公司四川省公司

集成电路行业

1. 上海华虹 NEC 电子有限公司
2. 天水华天电子集团
3. 大唐微电子技术有限公司

电子基础行业

1. 京东方科技集团股份有限公司
2. 同方股份有限公司
3. 中国振华（集团）新云电子元器件有限责任公司（国营第四三二六厂）

信息通信行业

1. 中国电子科技集团公司第十四研究所
2. 烽火通信科技股份有限公司
3. 福建星网锐捷通信股份有限公司
4. 江苏省亨通光电股份有限公司
5. 广州海格通信集团股份有限公司
6. 武汉凡谷电子技术股份有限公司

视听行业

1. 四川长虹电器股份有限公司
2. 康佳集团股份有限公司
3. TCL 集团股份有限公司

应用电子行业

1. 重庆山外山科技有限公司
2. 广州广电运通金融电子股份有限公司
3. 中国华录集团有限公司

民爆行业

1. 湖北凯龙化工集团股份有限公司
2. 四川雅化实业集团股份有限公司
3. 葛洲坝易普力股份有限公司

工业物流行业

1. 顺丰速运（集团）有限公司
2. 秦皇岛港股份有限公司
3. 北京医药股份有限公司
4. 广东欧浦钢铁物流股份有限公司
5. 连云港港口集团有限公司
6. 北京京城工业物流有限公司
7. 中电科技（南京）电子信息发展有限公司
8. 上海华谊天原化工物流有限公司]
9. 上海惠尔物流有限公司
10. 天津众品食业有限公司

工业电子商务

1. 东方钢铁电子商务有限公司
2. 苏宁电器股份有限公司
3. 广西糖网食糖批发市场有限责任公司
4. 凡客诚品（北京）科技有限公司
5. 上海西本钢铁贸易发展有限公司
6. 浙江中国轻纺城网络有限公司
7. 成都天地网信息科技有限公司
8. 武汉莱恩软件技术有限公司
9. 广东省广新控股集团有限公司
10. 焦点科技股份有限公司

节能减排

1. 唐山钢铁集团有限责任公司
2. 湖南省同力循环经济发展有限公司
3. 中国石油化工股份有限公司镇海炼化分公司
4. 东北特殊钢集团有限责任公司
5. 中钢集团吉林炭素股份有限公司
6. 青岛积成电子有限公司
7. 北京市琉璃河水泥有限公司
8. 北京京诚凤凰工业炉工程技术有限公司

安全生产

1. 开滦（集团）有限责任公司
2. 阳泉煤业（集团）有限责任公司

需求侧管理

1．银川隆基硅材料有限公司
2．北京京东方光电科技有限公司
3．北京泰豪电力技术有限公司

能源电力行业

1．国家电网公司
2．辽宁省电力有限公司大连供电公司
3．中国华能集团公司
4．浙江省电力公司
5．大亚湾核电运营管理有限责任公司
6．山东日照发电有限公司
7．国电大渡河流域水电开发有限公司
8．中国水电顾问集团华东勘测设计研究院
9．深圳供电局有限公司
10．广州供电局有限公司
11．兖矿集团有限公司
12．中煤平朔集团有限公司
13．中国平煤神马能源化工集团有限责任公司
14．淮北矿业（集团）有限责任公司
15．山西焦煤集团有限责任公司

互联网与工业融合创新试点企业名单及创新模式

地　区	编　号	企　业	创新模式
北京	1	中国国电集团、中国大唐集团	电力互联网创新应用综合平台
	2	北京京东科技有限公司	智能硬件虚拟孵化平台
	3	百度	工业 APP 应用众包研发平台
	4	北京智慧联合科技有限公司	工业企业大数据情报服务平台
河南	5	郑州思念食品有限公司	食品微信直营解决方案
	6	郑州回家软件有限公司	家居行业消费服务模式创新 O2O 平台
	7	郑州向心力通信技术股份有限公司	电子信息制造业互联网个性化定制解决方案
山东	8	海尔集团	互联网全业务交互式创新体系
	9	好品山东网络营销管理服务平台	消费品行业互联网营销生态服务平台
	10	鲁泰纺织股份有限公司	基于虚拟试衣及大数据技术的网络化定制生产体系
	11	烟台惠通网络技术有限公司	智能移动社区商业 O2O 服务平台
广东	12	中国南方航空股份有限公司	民航客户服务及管理全流程移动创新体系
	13	广州普金计算机科技股份有限公司	基于制造企业财税外贸数据挖掘的综合服务创新平台
	14	广新信息技术产业发展有限公司	基于防伪溯源技术的移动运营管理创新平台
	15	北江纺织有限公司	基于激光技术的面料工艺创新及在线定制生产
安徽	16	普天新能源有限责任公司	新能源汽车智能管理网络化平台
江苏	17	江苏洋河酒厂股份有限公司	移动互联全柔性生产模式
	18	苏宁云商集团股份有限公司	移动互联网社交营销解决方案
内蒙古	19	内蒙古伊利实业集团股份有限公司	基于大数据的产品创新及透明产业链建设
浙江	20	杭州九阳小家电有限公司	基于用户体验的消费者行为大数据分析平台
	21	浙江维尔科技股份有限公司	移动互联网第三方支付安全保障体系
重庆	22	重庆猪八戒网络有限公司	工业服务众包平台
福建	23	东胜网源信息科技（厦门）有限公司	流体机械制造企业网络化营销服务解决方案

2013 年度国家智慧城市试点名单

（资料来源：住房和城乡建设部）

一、市、区（83 个）	
北京市	北京经济技术开发区
天津市	武清区、河西区
重庆市	永川区、江北区
河北省	唐山市曹妃甸区
山西省	阳泉市、大同市城区、晋城市
内蒙古自治区	呼伦贝尔市、鄂尔多斯市、包头市石拐区
黑龙江省	齐齐哈尔市、牡丹江市、安达市
吉林省	四平市、榆树市、长春高新技术产业开发区
辽宁省	营口市、庄河市、大连市普湾新区
山东省	烟台市、曲阜市、济宁市任城区、青岛市崂山区、青岛高新技术产业开发区、青岛中德生态园
江苏省	南通市、丹阳市、苏州吴中太湖新城、宿迁市洋河新城、昆山市
安徽省	阜阳市、黄山市、淮北市、合肥高新技术产业开发区、宁国港口生态工业园区
浙江省	杭州市拱墅区、杭州市萧山区、宁波市（含海曙区、梅山保税港区、鄞州区咸祥镇）
福建省	莆田市、泉州台商投资区
江西省	新余市、樟树市、共青城市
河南省	许昌市、舞钢市、灵宝市
湖北省	黄冈市、咸宁市、宜昌市、襄阳市
湖南省	岳阳市岳阳楼区
广东省	肇庆市端州区、东莞市东城区、中山翠亨新区
广西壮族自治区	南宁市、柳州市（含鱼峰区）、桂林市、贵港市、
云南省	红河哈尼族彝族自治州蒙自市、红河哈尼族彝族自治州弥勒市
贵州省	贵阳市、遵义市（含仁怀市、湄潭县）、毕节市、凯里市
甘肃省	兰州市、金昌市、白银市、陇南市、敦煌市
四川省	绵阳市、遂宁市、崇州市
西藏自治区	林芝地区
陕西省	宝鸡市、渭南市、延安市
宁夏回族自治区	银川市、石嘴山市（含大武口区）
新疆维吾尔自治区	乌鲁木齐市、克拉玛依市、伊宁

续表

二、县、镇（20 个）	
北京市	房山区长阳镇
河北省	唐山市滦南县、保定市博野县
山西省	朔州市怀仁县
吉林省	白山市抚松县、吉林市船营区搜登站镇
山东省	潍坊市昌乐县、平度市明村镇
江苏省	徐州市丰县、连云港市东海县
安徽省	六安市霍山县
浙江省	宁波市宁海县、临安市昌化镇
江西省	上饶市婺源县
湖南省	长沙市长沙县、郴州市永兴县、郴州市嘉禾县、常德市桃源县漳江镇
贵州省	六盘水市盘县
宁夏回族自治区	银川市永宁县
三、2012 年试点扩大范围（9 个）	
常州市	试点新增新北区
武汉市	试点新增蔡甸区，2012 年试点含江岸区
沈阳市	新增沈河区、铁西区、沈北新区，2012 年已批复浑南新区
南京市	新增高淳区、麒麟科技创新园（生态科技城），2012 年已批复河西新城区（建邺区）
长沙大河西先导区	新增洋湖生态新城和滨江商务新城，2012 年试点含梅溪湖区
佛山市	新增南海区，2012 年已批复顺德区、顺德区乐从镇

2013 年度中国电子学会科学技术奖名单

（资料来源：中国电子学会）

自然科学类一等奖：1 项

项目名称	主要完成单位
基于图结构的数字媒体分析基础理论和关键技术研究	北京航空航天大学、中国科学院自动化研究所、中国石油大学（华东）

技术发明类一等奖：2 项

项目名称	主要完成单位
面向多体制多频共存移动通信系统的终端共形天线技术、标准和应用	北京邮电大学、工信部电信研究院、华为技术有限公司、天珑移动技术股份有限公司
Nd：YAG 微片激光回馈干涉仪	清华大学

科技进步类一等奖：7 项

项目名称	主要完成单位
华为 SingleFAN 超宽带接入解决方案研制与创新	华为技术有限公司
基于框计算的新一代搜索引擎	北京百度网讯科技有限公司
浪潮天梭高端容错计算机	浪潮集团有限公司、中国人民解放军国防科学技术大学
高端装备监测运维支撑平台关键技术及应用	清华大学、三一重工股份有限公司
光纤宽带接入系统与规模部署关键技术研究及应用实践	中国电信集团公司
国家电子税务大数据分析关键技术及其应用	税友软件集团股份有限公司、西安交通大学
面向物联网应用的一种智慧服务系统及其关键技术	南京邮电大学、江苏金智教育信息技术有限公司

自然科学类二等奖：3 项

项目名称	主要完成单位
语义网理论与方法研究	清华大学
计算机辅助几何建模与仿真计算的理论与方法	浙江大学
极端恶劣振动冲击环境电子信息装备加固机理研究	江苏大学

技术发明类二等奖：5 项

项目名称	主要完成单位
高效宽带多频智能射频与天线关键技术	清华大学、山东泉清通信责任有限公司
大规模可编程逻辑器件关键技术研究	中国科学院电子学研究所
大规模电网合环操作仿真计算技术研究与系统开发	中国电力科学研究院、国网新疆电力公司
硅基 MEMS 可制造性设计关键技术及其应用	东南大学、江苏英特神斯科技有限公司、无锡华润上华半导体有限公司
基于 HADS-TN 技术的超极本面板用 TFT-LCD 技术开发项目	合肥京东方光电科技有限公司

科技进步类二等奖：15 项

项目名称	主要完成单位
高速钞票识别与处理技术研发及产业化	广州广电运通金融电子股份有限公司
DTMB 国际标准开发及产业化与海外推广应用	清华大学、中国普天信息产业股份有限公司、北京海尔集成电路设计有限公司、北京北广科技股份有限公司、云南无线数字电视文化传媒有限公司、北京数字电视国家工程实验室有限公司
轨道交通用 3300V 等级 IGBT 芯片开发及其应用推广	株洲南车时代电气股份有限公司
大容量动态随机存储器（DRAM）芯片	山东华芯半导体有限公司
高温型阀控式密封铅酸蓄电池	浙江南都电源动力股份有限公司
面向人口生殖健康的一体化服务系统及应用	徐州雷奥医疗设备有限公司、清华大学、北京航空航天大学、湖北工业大学
蒙藏维阿民族文字识别与跨文种理解技术及系统	清华大学、西北民族大学、新疆大学、内蒙古大学
基于公网的高性能集群智能调度指挥系统和终端	中国电信集团公司、福州开睿动力通信科技有限公司、微网信通（北京）通信技术有限公司、华为技术有限公司
华大九天 EDA 工具软件 V6	北京华大九天软件有限公司
非接触 IC 卡模块大规模生产工艺研究	中电智能卡有限责任公司
基于网络流媒体的隐蔽通信及其检测的关键技术	清华大学、华中科技大学
面向重大行业应用的云计算支撑平台	中国软件与技术服务股份有限公司、长城计算机软件与系统有限公司
典型家电产品再资源化关键技术研究及应用	四川长虹电器电器股份有限公司、清华大学
TD-SCDMA 终端协议一致性测试系统	大唐联仪科技有限公司
节能型光源液晶电视关键技术创新及产业化	青岛海信电器股份有限公司、东南大学

自然科学类三等奖：1 项

项目名称	主要完成单位
基于进化优化的复杂软件自动测试理论及应用	中国矿业大学、北京化工大学、大连理工大学

技术发明类三等奖：6 项

项目名称	主要完成单位
eMMC 控制器片上系统芯片关键技术研发及产业化应用	杭州电子科技大学、杭州华澜微科技有限公司、银江股份有限公司、杭州信核数据科技有限公司、北海华澜微电子有限公司
植入式脑机接口微系统芯片	北京航空航天大学
3G 通信系统干扰抵消关键技术与应用	中兴通讯股份有限公司
新一代高清非线性编辑系统	新奥特（北京）视频技术有限公司
穿戴式生理参数检测与心血管自主功能无创评估—干预调节技术研究	中国人民解放军总医院
瓦斯突出预测及高效抽采控制关键技术	中国矿业大学,、扬中市南方矿用电器有限公司、徐州测控科技有限公司

科技进步类三等奖：37 项

项目名称	主要完成单位
两化融合理论研究和陕西省的实践探索	西安邮电大学、陕西省工业和信息化厅、陕西省信息化工程研究院
基于 TD-SCDMA 技术的空空\空地宽带无线通信自组织网	大唐联诚信息系统技术有限公司
智能移动存储安全 SOC 芯片	北京华虹集成电路设计有限责任公司
国家电网继电保护设备运行分析平台关键技术及应用	中国电力科学研究院、国网浙江省电力公司、国网河北省电力公司、国网江西省电力公司、国家电网公司西北分部、国网辽宁省电力有限公司、国网陕西省电力公司
国产基础软件集成应用测试平台研制及应用	工业和信息化部计算机与微电子发展研究中心（中国软件评测中心）、工业和信息化部软件与集成促进中心、北京交通大学
跨平台“金维地学信息处理研究应用系统（GeoIPAS V3.0）”	乌鲁木齐金维图文信息科技有限公司、新疆维吾尔自治区地质矿产勘查开发局
面向数据处理的软件生产线	清华大学、深圳市点通数据有限公司、北京辉煌点通数据有限公司
双核 TD-HSPA 智能终端基带芯片及解决方案	联芯科技有限公司
基于云计算技术的智能视频监控系统关键技术开发及规模应用	中国电信集团公司、中兴通讯股份有限公司
面向智能电网的信息安全边界接入系统研究与开发	中国电力科学研究院
基于 WEB 的城市地下管线三维数据管理系统关键技术及应用	昆明市城市地下管线探测管理办公室、沈阳金建数字城市软件有限公司
生物识别技术与应用	吉林大学、长春当代信息产业集团有限公司
消费品质量安全影响因子信息系统	北京航空航天大学、中国标准化研究院
网络流量检测及管理系统	南京邮电大学
远程安全智能虚拟柜员系统（VTM）	长城信息产业股份有限公司、湖南长城信息金融设备有限责任公司
面向信息化与工业化融合的复杂过程在线软测量、建模与控制研究	江苏瑞奇自动化有限公司、河海大学、徐州工程学院、淮阴工学院
ADS 核心技术及新型平板电视的开发	北京京东方显示技术有限公司
DM4550 高性能永磁铁氧体材料	横店集团东磁股份有限公司
互联网信息监测和用户的网络行为识别	南京邮电大学、南京安讯科技有限责任公司、苏州锐创通信有限责任公司
面向审计预警的深度报文挖掘技术及应用示范	南京中新赛克科技有限责任公司(原南京中兴特种软件有限责任公司)、东南大学、江苏大学、南京审计学院
城市集中智能供热节能控制技术研发及产业化	北京华大智宝电子系统有限公司
TD-SCDMA 增强技术终端综合测试仪	中国电子科技集团公司第四十一研究所
电子机读旅行证件数字安全体系	公安部第一研究所、无锡江南信息安全工程技术中心、长春吉大正元信息技术股份有限公司
机载多波段多极化雷达遥感技术与测图应用	中国电子科技集团公司第三十八研究所
基于 MES 的信息与系统集成及其应用推广	河海大学、南京测瑞科技有限公司、南京工程学院、江苏瑞奇自动化有限公司

续表

项目名称	主要完成单位
高分辨率频率测量技术及应用	郑州轻工业学院
基于电机节能技术的能量管理系统	北京六所和瑞科技发展有限公司
安全可靠办公信息系统软硬件集成适配关键技术研发及应用	中国长城计算机深圳股份有限公司
一种Φ8 英寸<110>直拉硅单晶的制造方法及其热系统	天津市环欧半导体材料技术有限公司
公安系统用宽带移动专网系统	北京国通创安报警网络技术有限公司
支持新型人机交互的智能电视系统	深圳创维—RGB 电子有限公司
基于物联网的智慧矿山综合监控系统	中国矿业大学、徐州中矿大华洋通信设备有限公司、徐州华讯科技有限公司
传感器网络标准化测试验证平台	工业和信息化部电子工业标准化研究院、东南大学、重庆邮电大学
旅游资源综合保护和应急指挥调度系统	黄山风景区管理委员会
多媒体 Java 处理器 JM8 及应用系统	广州市花都区中山大学国光电子与通信研究院、国光电器股份有限公司、中山大学
嵌入式软件安全性检测平台	工业和信息化部电子第五研究所
ECVT800-35 电子式互感器	许继集团有限公司

2013—2014 年度信息化优秀供应商名录

企业名称	华为技术有限公司		
主要业务领域	全球领先的信息与通信（ICT）解决方案供应商，华为在电信网络、企业网络、终端和云计算等领域构筑了端到端的解决方案优势。通过全球专注敬业的 15 万名华为人，致力于为运营商客户、企业客户和消费者创造最大的价值，提供有竞争力的 ICT 解决方案、产品和服务。目前，华为的业务遍及全球 170 多个国家和地区，服务全世界 1/3 以上的人口		
通信地址	北京市东城区永定门西滨河路 8 号院 7 号楼中海地产广场西塔		
办公电话	010-81034499	网址	www.huawei.com

企业名称	东华软件股份公司		
主要业务领域	系统集成，智慧城市解决方案，智慧城市顶层设计，市民卡，SAP 软件代理		
通信地址	北京市海淀区知春路紫金数码园 3 号楼东华合创大厦 16 层		
办公电话	010-62662288	网址	www.dhcc.com.cn

企业名称	曙光信息产业股份有限公司		
主要业务领域	曙光公司主要从事研究、开发、生产高性能计算机、通用服务器及存储产品，并围绕高端计算机提供软件开发、系统集成与技术服务。同时，曙光作为中国云计算技术的先行者和实践者，布局全国，陆续主导或参与建设了成都、无锡、包头、南京、宜昌等十余个城市云计算中心		
通信地址	北京市海淀区东北旺西路 8 号中关村软件园 36 号		
办公电话	010-56308000	网址	www.sugon.com

企业名称	联迪恒星（南京）信息系统有限公司		
主要业务领域	设计、开发、生产计算机应用软件及相关硬件配套产品、系统集成、售后技术服务；销售自产产品		
通信地址及邮编	南京市建邺区奥体大街 69 号新城科技园 5 栋 5 楼		
办公电话	025-83249500	网址	www.liandisys.com.cn

企业名称	苏州工业园区凌志软件股份有限公司		
主要业务领域	金融行业软件产品研发、软件外包服务及 IT 系统集成服务		
通信地址及邮编	苏州工业园区星湖街 328 号创意产业园		
办公电话	0512-62529688	网址	www.linkstec.com

企业名称	北京护航科技有限公司		
主要业务领域	信息技术管理服务：信息化规划、信息系统集成实施、运行维护及优化。 信息技术咨询服务：信息技术管理咨询与培训。		
通信地址及邮编	北京市昌平区北清路中关村生命科学园生命园路 4 号院 4 号楼二层 （邮编：102206）		
办公电话	010-53276166	网址	www.novots.com

企业名称	柯莱特信息系统有限公司		
主要业务领域	柯莱特成立于 1994 年，作为中国市场企业应用服务（EAS）的领军企业，即可为客户提供成熟知名厂商的套装软件实施，也有自主知识产权的解决方案，更可根据客户的要求进行定制化开发服务。柯莱特还可为各银行提供包括前、中、后台多种 IT 解决方案，拥有百余项著作权		
通信地址	北京市北三环中路甲 6 号柯莱特集团大厦		
办公电话	010-82019000	网址	www.camelotchina.com

企业名称	远光软件股份有限公司		
主要业务领域	国内领先的企业管理和社会服务信息系统供应商，致力用优质的产品和服务，推动企业管理和社会进步，在电力行业企业管理软件领域占有 80%以上的市场份额		
通信地址及邮编	广东省珠海市科技创新海岸远光软件园 （邮编：519085）		
办公电话	0756-3399888	网址	www.ygsoft.com

企业名称	北京数码大方科技股份有限公司		
主要业务领域	数码大方是中国领先的工业软件和服务公司，主要提供数字化设计（CAD）、数字化制造（MES）、产品全生命周期管理（PLM）及工业云的产品和服务。数码大方是中国最大的 CAD 和 PLM 软件供应商，也是工业云服务的倡导者和领跑者		
通信地址及邮编	北京市海淀区丰秀中路 3 号院 9 号楼 （邮编：100094）		
办公电话	010-62490300	网址	www.caxa.com

企业名称	长天科技有限公司		
主要业务领域	长天科技集团是中国领先的 IT 解决方案和专业服务提供商之一，长期致力于为政府、金融等重要行业提供行业解决方案，是中国智慧城市建设的专业服务提供商		
通信地址及邮编	北京市海淀区学院路 35 号世宁大厦 305 室（邮编：100191）		
办公电话	010-82336868	网址	www.pansky.com.cn

企业名称	黑龙江共友软件有限公司		
主要业务领域	建筑安全监控领域研发生产销售、生物识别领域虹膜识别系统研发生产销售、建筑信息化建设、服务外包		
通信地址及邮编	黑龙江省哈尔滨市平房开发区松花路9号3号楼四层（邮编：150006）		
办公电话	0451-87987771	网址	www.goyo.net.cn

企业名称	哈尔滨乐辰科技有限责任公司		
主要业务领域	乐辰科技是国家"千人计划"特聘专家薛杨创立的，集医疗卫生、电子政务和IT职教于一体的医疗云计算企业		
通信地址及邮编	黑龙江省哈尔滨市平房哈平路集中区松花路9号中国云谷5号楼（邮编：150000）		
办公电话	0451-51933828	网址	www.livechain.com.cn

企业名称	北京中百信工程咨询有限公司		
主要业务领域	工程技术咨询；工程监理；技术服务、技术转让、技术咨询、技术服务、技术推广；计算机技术培训；计算机系统服务；销售计算机、软件及辅助设备、电子产品；企业管理咨询；投资管理；投资咨询		
通信地址及邮编	北京市海淀区知春路23号409室（邮编：100191）		
办公电话	010-82358855	网址	www.sinobasalt.com

企业名称	国家信息技术安全研究中心		
主要业务领域	国家主管部门明确的信息安全风险评估专控队伍、信息安全等级保护测评单位、网络与信息安全应急响应技术支撑团队、电子政务项目信息安全专业测评机构和“国家IC卡芯片安全检测中心”		
通信地址及邮编	北京市海淀区农大南路1号硅谷亮城2号楼C座		
办公电话	010-59613999	网址	www.isra.org.cn

企业名称	中国交通通信信息中心		
主要业务领域	致力于行业尖端信息通信资源的整合和建设，提供全方位的安全应急、信息通信、定位导航等服务		
通信地址及邮编	北京市朝阳区安外外馆后身一号（邮编：100011）		
办公电话	010-65293675	网址	www.cttic.cn

企业名称	中国太平洋保险（集团）股份有限公司		
主要业务领域	集团旗下拥有寿险、产险、资产管理、养老保险和在线服务等专业子公司，建立了覆盖全国的营销网络和多元化服务平台，为全国超过 8100 万客户提供全方位风险保障解决方案、投资理财和资产管理服务。截至 2013 年年末，公司拥有近 9 万名员工和超过 30 万名保险营销员		
通信地址及邮编	上海银城中路 190 号南楼（邮编：200120）		
办公电话	021-33960000	网址	www.cpic.com.cn

企业名称	广东机场白云信息科技有限公司		
主要业务领域	民用机场信息系统建设及咨询服务、机场信息系统运维技术支持、信息系统集成及软件开发、互联网服务及通信建设、信息产品代理及销售、技术培训		
通信地址及邮编	广东省广州市白云区人和镇新机场南工作区空港横二路 A4 综合楼（邮编：510470）		
办公电话	020-36063181	网址	

企业名称	公安部第三研究所		
主要业务领域	公安部第三研究所主要研究领域包括信息网络安全、物联网、特种通信、禁毒、反恐防爆、图像处理和传输以及社会公共安全防范技术等		
通信地址及邮编	上海市徐汇区岳阳路 76 号		
办公电话	021-64336810	网址	www.trimps.ac.cn

2014年中国软件和信息技术服务行业最具创新能力企业（部分）

企业名称	华为技术有限公司		
主要业务领域	全球领先的信息与通信（ICT）解决方案供应商，华为在电信网络、企业网络、终端和云计算等领域构筑了端到端的解决方案优势。通过全球专注敬业的15万名华为人，致力于为运营商客户、企业客户和消费者创造最大的价值，提供有竞争力的ICT解决方案、产品和服务。目前，华为的业务遍及全球170多个国家和地区，服务全世界1/3以上的人口		
通信地址	北京市东城区永定门西滨河路8号院7号楼中海地产广场西塔		
办公电话	010-81034499	网址	www.huawei.com

企业名称	远光软件股份有限公司		
主要业务领域	国内领先的企业管理和社会服务信息系统供应商， 致力用优质的产品和服务，推动企业管理和社会进步，在电力行业企业管理软件领域占有80%以上的市场份额		
通信地址及邮编	广东省珠海市科技创新海岸远光软件园 （邮编：519085）		
办公电话	0756-3399888	网址	www.ygsoft.com

企业名称	北京数码大方科技股份有限公司		
主要业务领域	数码大方是中国领先的工业软件和服务公司，主要提供数字化设计（CAD）、数字化制造（MES）、产品全生命周期管理（PLM）及工业云的产品和服务。数码大方是中国最大的CAD和PLM软件供应商，也是工业云服务的倡导者和领跑者		
通信地址及邮编	北京市海淀区丰秀中路3号院9号楼 （邮编：100094）		
办公电话	010-62490300	网址	www.caxa.com

企业名称	黑龙江共友软件有限公司		
主要业务领域	建筑安全监控领域研发生产销售、生物识别领域虹膜识别系统研发生产销售、建筑信息化建设、服务外包		
通信地址及邮编	黑龙江省哈尔滨市平房开发区松花路9号3号楼四层（邮编：150006）		
办公电话	0451-87987771	网址	www.goyo.net.cn